U0923130

劳动热点问题
法律法规及案例汇编

广东东维律师事务所　编

中国政法大学出版社

2017·北京

图书在版编目（CIP）数据

劳动热点问题法律法规及案例汇编/广东东维律师事务所编.—北京:中国政法大学出版社,2017.8
ISBN 978-7-5620-7708-4

Ⅰ.①劳… Ⅱ.①广… Ⅲ.①劳动法－汇编－中国②劳动法－案例－汇编－中国 Ⅳ.①D922.509

中国版本图书馆CIP数据核字(2017)第203612号

出 版 者　中国政法大学出版社
地　　址　北京市海淀区西土城路 25 号
邮寄地址　北京 100088 信箱 8034 分箱　邮编 100088
网　　址　http://www.cuplpress.com (网络实名：中国政法大学出版社)
电　　话　010-58908586(编辑部) 58908334(邮购部)
编辑邮箱　zhengfadch@126.com
承　　印　北京九州迅驰传媒文化有限公司
开　　本　787mm×1092mm　1/16
印　　张　62.75
字　　数　1520 千字
版　　次　2017 年 8 月第 1 版
印　　次　2020 年 6 月第 2 次印刷
定　　价　188.00 元

PREFACE 前　言

我国作为全球劳动人口最多的国家，面对如此庞大的就业群体，如何厘清用工过程中存在的各类法律关系，平衡用人单位与劳动者的各项权益与义务，以及如何妥善解决由此引发的各类纠纷，已成为我国立法机关、人民政府、企事业单位、个体经营者及劳动者们普遍关注的热点问题。

我国立法、行政及司法机关为处理不断出现的新型问题，在各自的职能范围内陆续颁布了各类型的规范性法律文件，除法律、法规、部门规章、司法解释外，还包括各省、市的地方性法规、政府规章以及各级法院形成的会议纪要等；并且，每个规范性法律文件往往涵盖数个不同的劳动法律问题（诸如：劳动关系的区分和认定，加班费、节假日等各种权益的计算依据和适用标准等），以致大部分劳动法律问题所涉及的各项规定是零星分散在不同级别、不同类型的规范性法律文件中，让诸多企业主、人事经理、劳动者以及从事该领域的法官、仲裁员、律师等各类人士均难以适应和全面掌握与运用。

广东东维律师事务所鉴于此，希望通过本律所累积的司法实践经验、透过法律人的视角和认知、且经长期不懈的整理和编集，力求为每位读者提供一本足以了解与防范、平衡与解决劳动争议问题的宝典。本汇编根据用工的习惯分为九个章节，每个章节均以具体的劳动热点问题进行汇编，将该劳动热点问题所涉及的法律、法规、司法解释、部门规章以及省、市的地方性法规、政府规章、各层级法院及劳动人事争议部门形成的会议纪要（以广东省、北京市、上海市为主）进行统一汇编，让每位读者均可全面梳理并快速检索到该劳动热点问题所涉及的各项规定，帮助各位读者解决法律条文繁多且分散的困扰。本汇编现已收录了诸如：调岗、加班工资、工伤待遇、经济补偿金等七十个较为被关注的劳动热点问题。另外，本汇编还收录八十个典型案例以供参考，包括了如：末位考核的定性、整体裁员的实施、加班费的认定标准等不同类型。每个参考案例均经过专业的筛选和裁剪，保留案例的核心部分的同时提供了案例的索引，兼顾了实用性和完整性的特点。

本汇编虽不烦校对，仍难免有疏漏之处，还望各位指正，感谢！

广东东维律师事务所

2017 年 5 月 2 日

目　录

Contents

法规篇

案例篇

法规篇

FAGUIPIAN

第一章

劳动关系的确立及劳动合同履行相关

导读：本章节主要收录的相关条文主要分为：劳动关系的确认、员工招聘、劳动合同的关键性事项等三个部分，简要如下：

关于劳动关系的确认部分：主要包含了劳动关系中用人单位的确定以及劳动关系的确认等两部分内容，在司法审判中较为常用的条文为《劳动和社会保障部关于确立劳动关系有关事项的通知》（详见目录：1.1.4）。

关于员工招聘部分：主要包含了平等就业机会和公平就业的条件，不得对面试者的种族、性别、宗教信仰等进行歧视，亦不能在招聘及签订合同过程中限制劳动者的合法权益。

关于劳动合同的关键性事项部分：本章节按照《劳动合同法》的编排顺序，对劳动合同的订立、变更、履行、解除等框架性条文进行汇总后，将其中的热点问题，如：试用期、调岗、规章制度、无固定期限等进行汇总，方便读者快速查询。另外，因合同的解除产生的经济补偿金及赔偿金，统一收录在本汇编的第七章，请读者到该章节查询相关条文。

最后，就本章收录的条文，笔者已编制了相应的目录及表格，对关键性事项进行简要列举，方便读者有基本的了解。

目　录

第一章　劳动关系的确立及劳动合同履行相关	
劳动关系的确认	1. 用人单位招用劳动者未订立书面劳动合同，但同时具备下列情形的，劳动关系成立[1.1.4]： （一）用人单位和劳动者符合法律、法规规定的主体资格； （二）用人单位依法制定的各项劳动规章制度适用于劳动者，劳动者受用人单位的劳动管理，从事用人单位安排的有报酬的劳动； （三）劳动者提供的劳动是用人单位业务的组成部分。
	2. 用人单位未与劳动者签订劳动合同，认定双方存在劳动关系时可参照下列凭证：（一）工资支付凭证或记录（职工工资发放花名册）、缴纳各项社会保险费的记录；（二）用人单位向劳动者发放的“工作证”“服务证”等能够证明身份的证件；（三）劳动者填写的用人单位招工招聘“登记表”“报名表”等招用记录；（四）考勤记录；（五）其他劳动者的证言等。 其中，（一）（三）（四）项的有关凭证由用人单位负举证责任[1.1.4]。
就业歧视	1. 提供平等的就业机会和公平的就业条件[1.2.2]；
	2. 不因民族、种族、性别、宗教信仰等不同而受歧视[1.2.2]；
	3. 录用女职工，不得在劳动合同中规定限制女职工结婚、生育的内容[1.2.2]；
	4. 不得歧视残疾人[1.2.2]；
	5. 不得以是传染病病原携带者为由拒绝录用[1.2.2]。
就业补助	1. 个人和单位的补贴：职业培训补贴、职业技能鉴定补贴、社会保险补贴、公益性岗位补贴、就业见习补贴、求职创业补贴[1.2.3]；
	2. 公共补助：创业服务补助和高技能人才培养补助[1.2.3]。
劳动合同的建立	1. 用人单位招用劳动者时，应当如实告知劳动者工作内容、条件、地点、职业危害、安全生产状况、劳动报酬，以及劳动者要求了解的其他情况；用人单位有权了解劳动者与劳动合同直接相关的基本情况，劳动者应当如实说明[1.3.1]；
	2. 用人单位招用劳动者，不得扣押劳动者的居民身份证和其他证件，不得要求劳动者提供担保或者以其他名义向劳动者收取财物[1.3.1]；
	3. 从事非全日制工作的劳动者，可以与一个或一个以上用人单位建立劳动关系，可以订立口头劳动合同。但劳动者提出订立书面劳动合同的，应当以书面形式订立[1.3.1]。
劳动合同的内容	1. 用人单位与劳动者应当按照劳动合同的约定，全面履行各自义务[1.4.1]；
	2. 用人单位变更名称、法定代表人、主要负责人或者投资人等事项，不影响劳动合同的履行[1.4.1]；
	3. 用人单位发生合并或者分立等情况，原劳动合同继续有效，劳动合同由承继其权利和义务的用人单位继续履行[1.4.1]；
	4. 用人单位与劳动者协商一致，可以变更劳动合同约定的内容。变更劳动合同，应当采用书面形式[1.4.1]。

续表

<table>
<tr><td rowspan="3">合同无效</td><td colspan="2">1. 下列劳动合同无效或者部分无效：（一）以欺诈、胁迫的手段或者乘人之危，使对方在违背真实意思的情况下订立或者变更劳动合同的；（二）用人单位免除自己的法定责任、排除劳动者权利的；（三）违反法律、行政法规强制性规定的。对劳动合同的无效或者部分无效有争议的，由劳动争议仲裁机构或者人民法院确认[1.5.1]；</td></tr>
<tr><td colspan="2">2. 劳动合同部分无效，不影响其他部分效力的，其他部分仍然有效[1.5.1]；</td></tr>
<tr><td colspan="2">3. 已付出劳动，同工同酬[1.5.1]。</td></tr>
<tr><td rowspan="4">合同解除</td><td>劳动者提出</td><td>用人单位提出</td></tr>
<tr><td>1. 自离提前30日[1.5.1]；</td><td>1. 情况变化解除：非因工负伤、不胜任工作、客观情况发生重大变化、经济性裁员；（提前30日或支付一个月工资）[1.5.1]；</td></tr>
<tr><td rowspan="2">2. 用人单位过错解除：不符合约定或条件、不足额支付报酬、社保、违反法律法规、合同无效[1.5.1]。</td><td>2. 员工过错解除：“试用严规无效，失损严重被刑究”（试用期不符合、严重违反规则制度、合同无效、严重失职损失大、被追究刑事责任）[1.5.1]；</td></tr>
<tr><td>3. 只能因劳动者过错或协商解除：危害岗位未进行离岗前职业病检查（包括观察期）、患职业病或工伤，有伤残等级、医疗期内的、三期女职工、工作满十五年，且距离退休不足五年的[1.5.1]。</td></tr>
<tr><td rowspan="4">合同解除
注意事项</td><td colspan="2">1. 经济补偿金的支付[1.5.1]；</td></tr>
<tr><td colspan="2">2. 违法解除，按补偿金的2倍支付赔偿金[1.5.1]；</td></tr>
<tr><td colspan="2">3. 合同文本保存二年[1.5.1]；</td></tr>
<tr><td colspan="2">4. 末位淘汰制属违法[1.5.9]。</td></tr>
<tr><td rowspan="2">合同期满</td><td colspan="2">1. 合同期满，服务期未到期，延续至到期[1.6.3]；</td></tr>
<tr><td colspan="2">2. 合同期满超过一个月不签合同，双倍赔偿[1.6.4]。</td></tr>
<tr><td rowspan="4">责任承担</td><td colspan="2">1. 对不具备合法经营资格的用人单位的违法犯罪行为，依法追究法律责任；劳动者已经付出劳动的，该单位或者其出资人应当依照本法有关规定向劳动者支付劳动报酬、经济补偿、赔偿金；造成损害的，应当承担赔偿责任[1.7.1]；</td></tr>
<tr><td colspan="2">2. 个人承包经营者的连带赔偿责任[1.7.1]；</td></tr>
<tr><td colspan="2">3. 工程总承包企业不得将工程违反规定发包、分包给不具备用工主体资格的组织或个人，否则应承担清偿拖欠工资连带责任[1.7.2]；</td></tr>
<tr><td colspan="2">4. 用人单位分立、合并、转让的，承继单位应当承担原用人单位的工伤保险责任；原用人单位已经参加工伤保险的，承继单位应当到当地经办机构办理工伤保险变更登记。用人单位实行承包经营的，工伤保险责任由职工劳动关系所在单位承担。职工被借调期间受到工伤事故伤害的，由原用人单位承担工伤保险责任，但原用人单位与借调单位可以约定补偿办法。企业破产的，在破产清算时依法拨付应当由单位支付的工伤保险待遇费用[1.7.3]。</td></tr>
</table>

续表

规章制度	1. 用人单位在制定、修改或者决定有关劳动报酬、工作时间、休息休假、劳动安全卫生、保险福利、职工培训、劳动纪律以及劳动定额管理等直接涉及劳动者切身利益的规章制度或者重大事项时，应当经职工代表大会或者全体职工讨论，提出方案和意见，与工会或者职工代表平等协商确定[1.8.1]；
	2. "重大损害"，应由企业内部规章来规定，不便于在全国对其作统一解释。若用人单位以此为由解除劳动合同，与劳动者发生劳动争议，当事人向劳动争议仲裁委员会申请仲裁的，由劳动争议仲裁委员会根据企业类型、规模和损害程度等情况，对企业规章中规定的"重大损害"进行认定[1.8.4]；
	3. 制度内容、程序合法，可作为审理的依据[1.8.5]；
	4. 与合同不一致，劳动者可优先适用合同[1.8.6]。
服务期 保密 竞业限制 违约金相关	1. 合同期满，服务期未到期，延续至到期[1.9.3]；
	2. 竞业限制要有经济补偿，最长二年[1.9.1]；
	3. 劳资双方仅能就服务期、竞业限制设立违约金[1.9.1]；
	4. 司法解释四对履行情况作出多种规定，地方法院有特殊情形。
试用期	1. 试用期只能约定一次，合同 3 个月~1 年，≤1 个月；1 年~3 年，≤2 个月；3 年以上，≤6 个月[1.10.1]；
	2. 劳动者在试用期的工资不得低于本单位相同岗位最低档工资或劳动合同约定工资的 80%，并不得低于用人单位所在地的最低工资标准[1.10.1]；
	3. 非全日制不得约定试用期[1.10.1]。
无固定期限 劳动合同	1. 劳动者在该用人单位连续工作满十年的[1.11.1]；
	2. 连续订立二次固定期限劳动合同[1.11.1]；
	3. 自用工之日起满一年不与劳动者订立书面劳动合同的[1.11.1]。
调岗	1. 调整劳动者工作岗位是用人单位生产经营需[1.12.1]；
	2. 调整工作岗位后的工资水平与原岗位基本相当[1.12.1]；
	3. 不具有侮辱性和惩罚性[1.12.1]。
变更工作地点	1. 企业本市行政区域内搬迁，职工上下班可乘坐本市公共交通工具，或企业提供交通补贴、免费交通工具接送等便利条件，对职工生活未造成明显影响的，劳动合同继续履行[1.13.1]。
同工同酬	1. 没有签订劳动合同，且劳动报酬不明确[1.14.1]；
	2. 劳动合同约定不明确，且不能协商一致[1.14.1]；
	3. 劳动合同无效，且付出了劳动[1.14.1]；
	4. 被派遣劳动者，享有与用工单位的劳动者同工同酬的权利[1.14.1]。

续表

集体合同	1. 集体合同草案应当提交职工代表大会或者全体职工讨论通过[1.15.1]； 2. 集体合同订立后，应当报送劳动行政部门[1.15.1]； 3. 用人单位与劳动者订立的劳动合同中劳动报酬和劳动条件等标准不得低于集体合同[1.15.2]； 4. 用人单位制定的内部规章制度与集体合同或者劳动合同约定的内容不一致，劳动者请求优先适用合同约定的，人民法院应予支持[1.15.3]。
协商调解	1. 当事人在劳动争议调解委员会主持下达成的具有劳动权利义务内容的调解协议具有劳动合同的约束力，可作为人民法院裁判的根据[1.16.2]； 2. 劳动者与用人单位就解除或者终止劳动合同办理相关手续、支付工资报酬、加班费、经济补偿或者赔偿金等达成的协议，不违反法律、行政法规的强制性规定，且不存在欺诈、胁迫或者乘人之危情形的，应当认定有效。 前款协议存在重大误解或者显失公平情形，当事人请求撤销的，人民法院应予支持[1.16.3]。
工作年限	1. 劳动者非因本人原因从原用人单位被安排到新用人单位工作的，劳动者在原单位的工作年限合并计算为新单位的工作年限[1.17.1]； 2. 计算劳动者工作年限，由用人单位负举证责任[1.17.4]； 3. 企业合并、分立后，劳动者工作年限和订立固定期限劳动合同的次数仍应连续计算[1.17.5]。
赔偿相关	1. 因劳动者本人原因给用人单位造成经济损失的，用人单位可按照劳动合同的约定要求其赔偿经济损失[1.18.1]； 2. 经济损失的赔偿，可从劳动者本人的工资中扣除。但每月扣除的部分不得超过劳动者当月工资的20%[1.18.1]； 3. 若扣除后的剩余工资部分低于当地月最低工资标准，则按最低工资标准支付[1.18.6]； 4. 劳动者在履行劳动合同过程中造成用人单位损失，用人单位在解除劳动合同时要求劳动者一次性赔偿的，应予支持[1.18.9]。

1.1 劳动关系的确认

★ 法律

1.1.1 关于贯彻执行《中华人民共和国劳动法》若干问题的意见（劳部发［1995］309号）

第一条　劳动法第二条中的“个体经济组织”是指一般雇工在七人以下的个体工商户。

第二条　中国境内的企业、个体经济组织与劳动者之间，只要形成劳动关系，即劳动者事实上已成为企业、个体经济组织的成员，并为其提供有偿劳动，适用劳动法。

第三条　国家机关、事业组织、社会团体实行劳动合同制度的以及按规定应实行劳动合同制度的工勤人员；实行企业化管理的事业组织的人员；其他通过劳动合同与国家机关、事业组织、社会团体建立劳动关系的劳动者，适用劳动法。

第四条　公务员和比照实行公务员制度的事业组织和社会团体的工作人员，以及农村劳动者（乡镇企业职工和进城务工、经商的农民除外）、现役军人和家庭保姆等不适用劳动法。

第五条　中国境内的企业、个体经济组织在劳动法中被称为用人单位。国家机关、事业组织、社会团体和与之建立劳动合同关系的劳动者依照劳动法执行。根据劳动法的这一规定，国家机关、事业组织、社会团体应当视为用人单位。

第六条　用人单位应与其富余人员、放长假的职工，签订劳动合同，但其劳动合同与在岗职工的劳动合同在内容上可以有所区别。用人单位与劳动者经协商一致可以在劳动合同中就不在岗期间的有关事项作出规定。

第七条　用人单位应与其长期被外单位借用的人员、带薪上学人员，以及其他非在岗但仍保持劳动关系的人员签订劳动合同，但在外借和上学期间，劳动合同中的某些相关条款经双方协商可以变更。

第八条　请长病假的职工，在病假期间与原单位保持着劳动关系，用人单位应与其签订劳动合同。

第九条　原固定工中经批准的停薪留职人员，愿意回原单位继续工作的，原单位应与其签订劳动合同；不愿回原单位继续工作的，原单位可以与其解除劳动关系。

第十条　根据劳动部《实施〈劳动法〉中有关劳动合同问题的解答》（劳部发［1995］202号）的规定，党委书记、工会主席等党群专职人员也是职工的一员，依照劳动法的规定，与用人单位签订劳动合同。对于有特殊规定的，可以按有关规定办理。

第十一条　根据劳动部《实施〈劳动法〉中有关劳动合同问题的解答》（劳部发［1995］202号）的规定，经理由其上级部门聘任（委任）的，应与聘任（委任）部门签订劳动合同。实行公司制的经理和有关经营管理人员，应依照《中华人民共和国公司法》的规定与董事会签订劳动合同。

第十二条　在校生利用业余时间勤工助学，不视为就业，未建立劳动关系，可以不签订劳动合同。

第十三条　用人单位发生分立或合并后，分立或合并后的用人单位可以依照其实际情况与原用人单位的劳动者遵循平等自愿、协商一致的原则变更原劳动合同。

第十四条　派出到合资、参股单位的职工如果与原单位仍保持着劳动关系，应当与原单位签订劳动合同，原单位可就劳动合同的有关内容在与合资、参股单位订立的劳务合同时，明确职工的工资、保险、福利、休假等有关待遇。

第十五条 租赁经营（生产）、承包经营（生产）的企业，所有权并没有发生改变，法人名称未变，在与职工订立劳动合同时，该企业仍为用人单位一方。依照租赁合同或承包合同，租赁人、承包人如果作为该企业的法定代表人或者该法定代表人的授权委托人时，可代表该企业（用人单位）与劳动者订立劳动合同。

★ 行政法规/部门规章/司法解释

1.1.2 中华人民共和国劳动合同法实施条例（国务院令第535号 2008年9月起施行）

第四条 劳动合同法规定的用人单位设立的分支机构，依法取得营业执照或者登记证书的，可以作为用人单位与劳动者订立劳动合同；未依法取得营业执照或者登记证书的，受用人单位委托可以与劳动者订立劳动合同。

1.1.3 最高人民法院关于审理劳动争议案件适用法律若干问题的解释（法释［2001］14号）

第十二条 劳动者在用人单位与其他平等主体之间的承包经营期间，与发包方和承包方双方或者一方发生劳动争议，依法向人民法院起诉的，应当将承包方和发包方作为当事人。

1.1.4 劳动和社会保障部关于确立劳动关系有关事项的通知（劳社部发［2005］12号）

各省、自治区、直辖市劳动和社会保障厅（局）：

近一个时期，一些地方反映部分用人单位招用劳动者不签订劳动合同，发生劳动争议时因双方劳动关系难以确定，致使劳动者合法权益难以维护，对劳动关系的和谐稳定带来不利影响。为规范用人单位用工行为，保护劳动者合法权益，促进社会稳定，现就用人单位与劳动者确立劳动关系的有关事项通知如下：

一、用人单位招用劳动者未订立书面劳动合同，但同时具备下列情形的，劳动关系成立。

（一）用人单位和劳动者符合法律、法规规定的主体资格；

（二）用人单位依法制定的各项劳动规章制度适用于劳动者，劳动者受用人单位的劳动管理，从事用人单位安排的有报酬的劳动；

（三）劳动者提供的劳动是用人单位业务的组成部分。

二、用人单位未与劳动者签订劳动合同，认定双方存在劳动关系时可参照下列凭证：

（一）工资支付凭证或记录（职工工资发放花名册）、缴纳各项社会保险费的记录；

（二）用人单位向劳动者发放的“工作证”“服务证”等能够证明身份的证件；

（三）劳动者填写的用人单位招工招聘“登记表”“报名表”等招用记录；

（四）考勤记录；

（五）其他劳动者的证言等。

其中，（一）、（三）、（四）项的有关凭证由用人单位负举证责任。

三、用人单位招用劳动者符合第一条规定的情形的，用人单位应当与劳动者补签劳动合同，劳动合同期限由双方协商确定。协商不一致的，任何一方均可提出终止劳动关系，但对符合签订无固定期限劳动合同条件的劳动者，如果劳动者提出订立无固定期限劳动合同，用人单位应当订立。

用人单位提出终止劳动关系的，应当按照劳动者在本单位工作年限每满一年支付一个月工资的经济补偿金。

四、建筑施工、矿山企业等用人单位将工程（业务）或经营权发包给不具备用工主体资格的组织或自然人，对该组织或自然人招用的劳动者，由具备用工主体资格的发包方承担用工主体责任。

五、劳动者与用人单位就是否存在劳动关系引发争议的，可以向有管辖权的劳动争议仲裁委员会申请仲裁。

1.1.5 最高人民法院关于审理劳动争议案件适用法律若干问题的解释（三）（法释［2010］12号）

第五条　未办理营业执照、营业执照被吊销或者营业期限届满仍继续经营的用人单位，以挂靠等方式借用他人营业执照经营的，应当将用人单位和营业执照出借方列为当事人。

第七条　用人单位与其招用的已经依法享受养老保险待遇或领取退休金的人员发生用工争议，向人民法院提起诉讼的，人民法院应当按劳务关系处理。

第八条　企业停薪留职人员、未达到法定退休年龄的内退人员、下岗待岗人员以及企业经营性停产放长假人员，因与新的用人单位发生用工争议，依法向人民法院提起诉讼的，人民法院应当按劳动关系处理。

1.1.6 最高人民法院关于仰海水与北京市鑫裕盛船舶管理有限公司之间是否为劳动合同关系的请示的复函（［2011］民四他字第4号）

天津市高级人民法院：

你院［2011］津高民四他字第2号《关于仰海水与北京市鑫裕盛船舶管理有限公司之间是否为劳动合同关系的请示报告》收悉。经研究，答复如下：

北京鑫裕盛船舶管理公司（以下简称鑫裕盛公司）与 Ofer Ships Management Inc. 及 Ofer（Ships Hoding）Ltd. 签订《船员招募合同》，约定鑫裕盛公司为其招募合格船员。2008年7月14日，鑫裕盛公司与仰海水签订《船员聘用合同》，约定鑫裕盛公司负责仰海水的外派工作、监督仰海水在外派期间的行为并协助其办理出境手续及相关证件。2008年7月15日，鑫裕盛公司安排仰海水前往以色列 Ofer（Ships Hoding）Ltd. 所属的"ZIMLIVOR-NO"轮工作，之后，Ofer Ships Management Inc. 与仰海水签订《船员雇佣合同》。根据上述合同约定，鑫裕盛公司为劳务派遣单位，Ofer Ships Management Inc. 及 Ofer（Ships Hoding）Ltd. 为用人单位，仰海水为劳动者。

我国《劳动合同法》第五十八条规定："劳务派遣单位是本法所称用人单位，应当履行用人单位对劳动者的义务。劳务派遣单位与被派遣劳动者订立的劳动合同，除应当载明本法第十七条规定的事项外，还应当载明被派遣劳动者的用工单位以及派遣期限、工作岗位等情况。"根据上述规定，劳务派遣单位属于用人单位的，应当履行用人单位对劳动者的义务。根据交通运输部颁布的《船员服务管理规定》，船员服务机构向船员提供船员服务业务，应当与船员签订船员服务协议。本案鑫裕盛公司是具有从事对外劳务合作经营资格的船员外派服务机构，不是劳动者的用工单位。因此，仰海水与鑫裕盛公司签订的《船员聘用合同》为船员服务合同，不属于船员劳务合同，也不属于船员劳动合同，不适用《劳动合同法》的规定。对涉案纠纷，按照鑫裕盛公司与仰海水签订的《船员聘用合同》约定，并根据有关法律规定，依法审理。

此复

附：

天津市高级人民法院关于仰海水与北京市鑫裕盛船舶管理有限公司之间是否为劳动合同关系的请示报告（2011年1月18日［2011］津高民四他字第2号）

最高人民法院：

天津海事法院受理原告仰海水与被告北京鑫裕盛船舶管理有限公司（以下简称鑫裕盛公司）船员劳务合同纠纷（暂定）一案，该院就双方当事人之间为劳动合同关系还是劳务合同关系产生不同意见，并就此向我院请示。我院经审查后认为仰海水与鑫裕盛公司之间为劳动合同关系，应当适用《中华人民共和国劳动合同法》的相关规定。因此类案件如何定性各地司法实践掌握不一，且该案具有一定的代表性，故将有关问题向钧院请示如下：

一、案件由来及审理经过

2009年9月8日，仰海水向北京市东城区劳动争议仲裁委员会对鑫裕盛公司提起劳动争议仲裁申请。同年12月14日，北京市东城区劳动争议仲裁委员会以双方当事人之间的争议不符合劳动争议仲裁处理范围为由，决定不予受理该案。12月29日，仰海水向北京市东城区人民法院提起诉讼。北京市东城区人民法院认为双方当事人之间系船员劳务合同纠纷，应由海事法院审理，故将该案移送天津海事法院。天津海事法院收到案件后，先后三次开庭对本案进行了审理。

二、当事人基本情况

原告（反诉被告）：仰海水，男，1977年出生，汉族，住安徽省合肥市包河区美菱大道。

委托代理人：郭雪海，北京金栋律师事务所律师。

被告（反诉原告）：北京鑫裕盛船舶管理有限公司。住所地，北京市东城区安定门东大街28号雍和大厦东楼C座806室。

法定代表人：王吉宣，该公司董事长。

委托代理人：王群，该公司员工。

委托代理人：孙士强，上海市锦天城律师事务所律师。

三、天津海事法院查明的案件事实

2008年7月14日，仰海水与鑫裕盛公司签订《船员聘用合同》，约定：鑫裕盛公司负责仰海水的派出工作，监督仰海水在外派期间的行为并协助其办理出境手续及相关证件；仰海水应为合格船员，服从鑫裕盛公司领导，遵守鑫裕盛公司与船东签订的船员派出协议及船公司的各项规章制度。该合同还对仰海水的工资待遇、工作时间、加班工资、劳动保护、医疗、人身保险、违约、解雇等问题作了约定，该合同期限为10个月。7月15日，鑫裕盛公司安排仰海水前往以色列OFER（SHIPS HOLDING）LTD. 所属“ZIMLIVORNO”轮担任水手。11月15日，仰海水被安排离船做赴美国的签证并等待派遣。

2009年4月23日，仰海水又与鑫裕盛公司签订一份《船员聘用合同》，约定仰海水担任上述船舶的水手长，其他内容与前述2008年7月14日合同相同，合同期限亦为10个月。2009年7月16日，由于仰海水懈怠检查，致使一个集装箱在没有任何捆锁固定的情况下被装上船，“ZIMLIVORNO”船长王晓辉对仰海水提出了书面警告并将该情况记入航海日志。

8月28日，鑫裕盛公司安排仰海水离船。仰海水实际领取了上述在船期间的工资。至法庭辩论终结，仰海水持有编号为DA-D40AC08070002的海员证。

另查，鑫裕盛公司与Ofer Ships Management Inc. 及Ofer (Ships Holding) Ltd. （以上两公司简称船东）签订《船员招募合同》，约定鑫裕盛公司为船东招募合格船员，船东每雇佣一个船员向鑫裕盛公司支付费用80美元，船东通过鑫裕盛公司向雇佣的船员支付工资及其他报酬。仰海水于2009年4月24日与Ofer Ships Management Inc. 签订《船员雇佣合同》，约定了仰海水的工资待遇、休假及各项纪律等。

因仰海水与鑫裕盛公司之间就工资、保险等问题未能达成一致，仰海水起诉请求：(1) 判令鑫裕盛公司为仰海水补交养老保险、医疗保险、工伤保险、失业保险、住房公积金共计10 5478元人民币，为了少缴纳诉讼费用，仅请求55 265元人民币；(2) 由于鑫裕盛公司未按照法律规定支付社会劳动保险，双方自2010年6月9日解除劳动合同，鑫裕盛公司应支付经济补偿金5732元人民币及50%的额外经济补偿金2866元人民币；(3) 鑫裕盛公司支付仰海水在船期间拖欠的加班工资50 000元人民币（实际为105 978元人民币，只主张50 000元人民币）；(4) 鑫裕盛公司支付拖欠的工资11 740元人民币及25%的补偿金2935元人民币；(5) 本案诉讼费用由鑫裕盛公司承担。

鑫裕盛公司答辩称，双方不存在劳动合同关系，鑫裕盛公司是根据国家有关规定成立的船员外派中介机构或者服务机构，并非我国《劳动合同法》中规定的劳务派遣单位或者用人单位，《劳动合同法》规定的劳务派遣仅适用境内的劳务派遣，而不适用对外劳务外派，船员劳务外派应适用我国《合同法》的相关规定。

鑫裕盛公司反诉称，仰海水于2009年4月23日由鑫裕盛公司派到OFER (SHIPS HOLDING) LTD公司ZIMLIVORNO轮担任水手长之职。由于仰海水缺乏责任心，玩忽职守、消极怠工、工作不称职，按照《中华人民共和国船员条例》第24条的规定"对不称职的船员，可以责令其离岗"以及船员聘用合同7.1与7.5条的约定，安排仰海水于2009年8月27日在中国蛇口港离船。但是，仰海水拒不服从安排不肯下船，且对船长进行威胁。为了保证船期，鑫裕盛公司在被胁迫情况下答应了仰海水的无理要求，由船长和鑫裕盛公司同时出具仰海水系正常调动离船的证明，且鑫裕盛公司多支付100美元差旅费作为仰海水的遣返费。鑫裕盛公司认为上述证明在法律上无效。故请求法院判令仰海水将海员证交还鑫裕盛公司，赔偿鑫裕盛公司遣返费100美元和利息，以及其他损失9348.1元人民币和利息，本案全部诉讼费用由仰海水承担。

仰海水辩称，船员证系由其保存，是否交还由法院裁决。其是正常调动离船，并非因玩忽职守被用人单位和鑫裕盛公司安排离船，故仰海水不应返还遣返费或承担其他费用。

四、天津海事法院请示的问题及处理意见

天津海事法院认为，本案的争议焦点是应当适用《中华人民共和国劳动合同法》还是适用中华人民共和国商务部、国家工商行政管理总局制定的《外派海员类对外劳务合作经营资格管理规定》及《商务部关于执行〈对外劳务合作经营资格管理办法〉有关问题的通知》来认定双方当事人之间的法律关系。

天津海事法院对本案的法律适用存在以下两种意见：

第一种意见：《中华人民共和国劳动合同法》全面适用于国内企业和劳动者，其效力级别高于上述部门规章，且颁布实施的时间在后，因此本案应适用《中华人民共和国劳动合同法》关于劳务派遣的有关规定，认定仰海水与鑫裕盛公司之间系劳动合同关系。

第二种意见：因仰海水系外派船员，鑫裕盛公司系取得对外劳务合作经营资格的船员服务机构，二者的法律关系应依据《商务部关于执行〈对外劳务合作经营资格管理办法〉有关问题的通知》第二条第七项的规定认定为船员外派劳务合同关系。《中华人民共和国劳动合同法》虽明确规定了劳务派遣主体的法律地位，但其作为调整国内劳动关系的法律并不适用于对外劳务派遣。

五、我院的审查意见

经审查，我院认为仰海水与鑫裕盛公司之间为劳动合同关系，应当适用《中华人民共和国劳动合同法》的相关规定。理由如下：

第一，《船员聘用合同》具有劳动合同的特征。从双方当事人签订的《船员聘用合同》内容上看，仰海水是以其具有的担任水手的特殊技能向鑫裕盛公司提供劳动，接受该公司的管理，并获得劳动报酬及劳动保护，而鑫裕盛公司负责仰海水的派遣工作，协助办理工作所需要的手续和证件，按约向仰海水支付劳动报酬。由此可见该合同具有劳动合同的特征：（1）主体一方属于《中华人民共和国劳动合同法》规定的企业，另一方为劳动者个人；（2）仰海水与鑫裕盛公司之间除经济关系外还存在行政隶属关系，即仰海水需服从鑫裕盛公司的管理安排；（3）鑫裕盛公司需保证仰海水享有法定的各项保险。该《船员聘用合同》亦符合劳动力使用与被使用关系的劳动合同成立的法定要件。因此，仰海水与鑫裕盛公司之间为劳动合同关系，双方所签订的《船员聘用合同》应当适用《中华人民共和国劳动合同法》的规定，且该合同符合该法中有关劳务派遣的特别规定。

第二，《船员聘用合同》提示适用《中华人民共和国劳动合同法》。该合同第11.2款约定“仰海水特别声明：仰海水知晓《劳动合同法》第五十八条第二款关于‘劳务派遣单位应当与被派遣劳动者订立二年以上的固定期限劳动合同’的规定。由于船员行业特殊性质，仰海水要求订立期限少于二年的劳动合同”，该项约定表明鑫裕盛公司知晓其制定的《船员聘用合同》要受《中华人民共和国劳动合同法》的约束，且合同中有不符合法律规定的条款需要提醒合同相对方，并以对方明示放弃法定权利的方式对该法律规定予以排除适用。因此，鑫裕盛公司是明知该《船员聘用合同》应适用《中华人民共和国劳动合同法》的。

第三，仰海水与鑫裕盛公司之间不是船员劳务合同关系。参照《最高人民法院关于民事案件案由规定理解与适用》一书对船员劳务合同的释义，船员劳务合同是指船员与船舶所有人或船舶经营人达成的船员在船上尽职工作或服务，船舶所有人或船舶经营人向船员支付工资报酬的合同。本案鑫裕盛公司并非船舶所有人或船舶经营人，故涉案《船员聘用合同》不是船员劳务合同，合同双方当事人之间也不存在船员劳务合同关系。但鉴于仰海水未对北京市东城区人民法院将本案移送至天津海事法院一事提出异议，且天津海事法院已对本案进行了开庭审理，因此本案仍由天津海事法院继续审理为宜。

以上意见妥否，请示复。

1.1.7 最高人民法院关于适用《中华人民共和国民事诉讼法》的解释（法释［2015］5号）

第五十二条 民事诉讼法第四十八条规定的其他组织是指合法成立、有一定的组织机构和财产，但又不具备法人资格的组织，包括：

（一）依法登记领取营业执照的个人独资企业；

（二）依法登记领取营业执照的合伙企业；

（三）依法登记领取我国营业执照的中外合作经营企业、外资企业；

（四）依法成立的社会团体的分支机构、代表机构；

（五）依法设立并领取营业执照的法人的分支机构；

（六）依法设立并领取营业执照的商业银行、政策性银行和非银行金融机构的分支机构；

（七）经依法登记领取营业执照的乡镇企业、街道企业；

（八）其他符合本条规定条件的组织。

1.1.8 中国保险监督管理委员会关于个人保险代理人法律地位的复函（保监厅函［2006］265号）

贵州保监局：

你局《关于保险个人代理人在保险公司中法律地位问题的请示》收悉。经研究，现函复如下：

一、根据《中华人民共和国保险法》（以下简称《保险法》）第一百二十五条和一百二十八条的规定，个人保险代理人属于保险代理人的一种，其与保险公司之间属于委托代理关系。

二、在具体案件中，保险公司的业务人员是否属于个人保险代理人，保险公司与该业务人员之间是否属于委托代理关系，应当依据二者间订立的具体协议的法律性质确定。

三、根据《保险法》第一百三十六条的规定，保险公司对个人保险代理人有培训和管理的责任，以确保个人保险代理人的职业道德和业务素质。

★ 地方性文件·广东省

1.1.9 广东省高级人民法院关于中国人寿保险公司阳春公司与胡成义、胡婷劳动争议纠纷一案的批复（［2002］粤高法民一复字第34号）

阳江市中级人民法院：

你院关于中国人寿保险公司阳春支公司与胡成义、胡婷劳动争议纠纷一案的请示收悉。经研究，答复如下：

来函所指保险业务代理人与保险公司是代理关系还是构成劳动关系，目前还未见有相关法律规定可作依据，有关部门的意思也存在分歧，难以认定。在未有新的规定出台之前，可暂依当事人之间的合同书确认的“代理”关系为据，处理该案。因此，倾向你院审判委员会的意见，即可依据袁国兰与中国人寿保险公司阳春支公司签订的《个人代理人代理合同书》，认定双方形成代理关系。

1.1.10 广东省高级人民法院关于张运财诉东莞市南城区雅园区居委会劳动争议纠纷一案的批复（粤高法民一复字［2006］1号）

东莞市中级人民法院：

你院《关于张运财诉东莞市南城区雅园区居委会劳动争议纠纷一案的请示报告》收悉。经研究，答复如下：

根据你市南城区委员会、东莞市南城区办事处制定的《南城区警务责任区管理办法（暂行）》，警务责任区由派出所管理。张运财的工作证也表明其工作单位是东莞市公安局南城分局西平派出所雅园警务区，且张运财亦是由西平派出所辞退。据此，在警备责任区不具备民事主体资格的情况下，东莞市公安局南城分局与张运财已构成事实上的劳动关系，本案宜由东莞市公安局南城分局作为被告。

1.1.11 广东省高级人民法院、广东省劳动人事争议仲裁委员会关于印发《广东省高级人民法院广东省劳动人事争议仲裁委员会关于审理劳动人事争议案件若干问题的座谈会纪要》的通知（粤高法［2012］284号）

第十三条 发包单位将建设工程非法发包给不具有用工主体资格的实际施工人或者承包单位将承包的建设工程非法转包、分包给不具有用工主体资格的实际施工人，实际施工人招用的劳动者请求确认其与具有用工主体资格的发包单位或者承包单位存在劳动关系的，不予支持，但社会保险行政部门已认定工伤的除外。劳动者依照《广东省工资支付条例》第三十二条、第三十三条或《劳动合同法》第九十四条与《非法用工单位伤亡人员一次性赔偿办法》直接主张由发包单位或者承包单位与实际施工人连带承担相应法律责任的，应予支持。

1.1.12 惠州市中级人民法院、惠州市劳动人事争议仲裁委员会《关于审理劳动争议案件若干问题的会议纪要（试行）》（2012年）

第二条 【持《合作协议》或《承包协议》请求确认劳动关系是否受理】用人单位与劳动者签订《合作协议》《承包协议》等而未签订劳动合同的，劳动者持《合作协议》或《承包协议》要求确认劳动关系，可依法向劳动仲裁机构申请仲裁。

《合作协议》或《承包协议》的内容具有《劳动合同法》第十七条规定的主要条款的，根据协议的实际履行情况，可以认定双方存在劳动合同关系。否则，可由当事人持《合作协议》或《承包协议》直接向人民法院起诉。

第三十四条 【挂靠的责任承担问题】挂靠在其他单位名下进行生产经营的挂靠人违反法律法规的规定侵害其招用的劳动者合法权益，区分下列四种情形进行处理：

（一）挂靠人以自己的名义招用劳动者但不具有用工主体资格的，由挂靠人承担责任，被挂靠人承担补充清偿责任；

（二）挂靠人以自己的名义招用劳动者且具有用工主体资格的，被挂靠人不承担责任；

（三）挂靠人以被挂靠人名义招用劳动者的，被挂靠人未提供证据证明其已提出反对并将挂靠事实告知劳动者，挂靠人不具有用工主体资格的，由被挂靠人承担责任；

（四）挂靠人以被挂靠人名义招用劳动者的，被挂靠人未提供证据证明其已提出反对并将挂靠事实告知劳动者，挂靠人具有用工主体资格的，由挂靠人承担责任，被挂靠人承担补充清偿责任。承担责任后，被挂靠人享有追偿权。

1.1.13 深圳市劳动合同管理疑难问题研讨会会议纪要（深人社专纪［2012］11号）

第一条 建筑企业与非法承包、转包、分包施工人所招用的劳动者的关系问题。依据《广东省高级人民法院广东省劳动人事争议仲裁委员会关于审理劳动人事争议案件若干问题的座谈会纪要》，建筑企业与非法承包、转包、分包施工人所招用的劳动者不存在劳动关系，但给劳动者造成损害的，建筑企业应承担连带责任。

第二条 餐饮企业与厨房大厨所招用的劳动者的关系问题。若劳动者同时受企业管理，符合原劳动和社会保障部印发的《关于确立劳动关系有关事项的通知》中劳动关系的确认条件，则餐饮企业与劳动者存在劳动关系；若劳动者未签订劳动合同，完全由厨房大厨管理，不符合原劳动和社会保障部印发的《关于确立劳动关系有关事项的通知》中劳动关系的确认条件，则餐饮企业与劳动者不存在劳动关系，但给劳动者造成损害的，餐饮企业应承担连带责任。

第三条　桑拿按摩企业与只拿提成、小费劳动者的关系问题。若劳动者同时受企业管理，符合原劳动和社会保障部印发的《关于确立劳动关系有关事项的通知》中劳动关系的确认条件，则桑拿按摩企业与劳动者存在劳动关系；若劳动者未签订劳动合同，且不符合原劳动和社会保障部印发的《关于确立劳动关系有关事项的通知》中劳动关系的确认条件，则桑拿按摩企业与劳动者不存在劳动关系。

第四条　企业搬迁劳动关系处理问题。企业在深圳行政区域内搬迁的，双方应当继续履行劳动合同，员工提出解除劳动合同的不得要求经济补偿。企业搬迁至深圳行政区域外的，员工如果提出解除或者终止劳动合同，并要求支付经济补偿的，企业应当向员工支付经济补偿。

第五条　三来一补企业升级转型劳动中劳动关系处理问题。三来一补企业升级转型后，企业如果承接了原企业的权利义务的，则双方应当继续履行劳动合同；员工以企业升级转型为由提出解除劳动合同要求经济补偿的，不予支持。

第六条　劳务派遣劳动者无固定期限劳动合同适用问题。综合《中华人民共和国劳动合同法》第十四条和第五十八条的规定，劳务派遣机构与劳动者经协商可以签订无固定期限劳动合同。

第七条　女职工违法计划生育问题。女职工违法计划生育仍然适用《女职工劳动保护特别规定》的有关条款，用人单位不得以女职工违法计划生育为由解除劳动合同。劳动合同、集体合同、规章制度另有约定的除外。

1.1.14 深圳市中级人民法院关于审理劳动争议案件的裁判指引（2015年）

第五十条　假冒他人名义与用人单位订立劳动合同的，应按冒用人的真实身份确定主体。

第五十一条　企业集团将其员工派往下级法人单位或将员工在下级法人单位之间调动，按员工与所在单位签订的劳动合同来确认劳动关系；未签订劳动合同的，按工资关系确定劳动关系。

第五十二条　用人单位招用劳动者未订立书面劳动合同，但同时具备下列情形的，劳动关系成立：（1）用人单位和劳动者符合法律、法规规定的主体资格；（2）用人单位依法制定的各项劳动规章制度适用于劳动者，劳动者受用人单位的劳动管理，从事用人单位安排的有报酬的劳动；（3）劳动者提供的劳动是用人单位业务的组成部分。

第五十三条　外国人、港澳台人员在中国内地就业应办理相应用工手续，其产生的用工关系应按劳动关系处理。未依法办理《外国人就业证》、《台港澳人员就业证》等用工手续的，应认定有关劳动合同为无效劳动合同，外国人、港澳台人员已经付出劳动的，由所在单位参照合同约定支付劳动报酬。

外国企业常驻代表机构、港澳台地区企业未通过涉外就业服务单位直接招用中国雇员的，应认定有关用工关系为雇佣关系。

第五十四条 已办理了就业证的外国人、台港澳人员离开就业证所登记的用人单位，入职新用人单位，若未变更就业证上的用人单位信息的，则外国人与新用人单位之间的劳动关系不成立。

第五十五条 劳务派遣关系中，用工单位违反法定义务，造成劳动者损害的，由用工单位承担赔偿责任，劳务派遣单位承担连带责任。

第五十六条 用人单位与其招用的已达到法定退休年龄的人员发生用工争议，应当按照劳务关系处理。

第五十七条 劳动者与不具备合法经营资格的用人单位因用工关系产生争议，应当将该单位或出资人列为当事人，按照《劳动合同法》第九十三条的规定支付相关费用，即劳动报酬、经济补偿、赔偿金和损害赔偿责任，但不包括未签订书面劳动合同的二倍工资差额。

第五十八条 个人承包、挂靠他人经营或借用他人营业执照经营的，承包人、挂靠人或借用人招用的劳动者请求确认其与具有用工主体资格的发包人、被挂靠人或被借用人存在劳动关系的，不予支持，但社会保险行政部门已认定工伤的除外。劳动者依据《广东省工资支付条例》第三十二条、第三十三条或《劳动合同法》第九十四条与《非法用工单位伤亡人员一次性赔偿办法》直接主张由发包人、被挂靠人或被借用人与承包人、挂靠人或借用人连带承担相应法律责任的，应予支持。

1.1.15 广东省高级人民法院印发《广东省高级人民法院关于审理劳动争议案件疑难问题的解答》的通知（粤高法［2017］147号　2017年8月1日实施）

1. 个人承包、挂靠、借用他人营业执照经营情形下的用工关系如何确定？

个人承包、挂靠他人经营或借用他人营业执照经营的，承包人、挂靠人或借用人自行招用的劳动者不受发包人、被挂靠人或被借用人管理和支配，劳动者的工资也并非由发包人、被挂靠人或被借用人支付，双方之间的关系不符合劳动关系的特征，因此，被招用的劳动者主张与具有用工主体资格的发包人、被挂靠人或被借用人存在劳动关系的，一般不予支持。发包人、被挂靠人或被借用人须承担相应责任的，可结合具体的案情并参照《广东省高级人民法院、广东省劳动人事争议仲裁委员会关于审理劳动人事争议案件若干问题的座谈会纪要》第13条规定处理。

2. 快递、送水等从业人员与其用工单位之间的关系如何认定？

快递等相关行业中，用工单位可与快递人员等建立多种形式的用工关系，快递等人员与其用工单位之间的关系，应按双方的约定认定。但如果用工单位依法制定的各项劳动规章制度适用于该劳动者，该劳动者亦受用工单位的劳动管理，从事用工单位安排的有报酬的劳动，且该劳动者提供的劳动是用工单位业务的组成部分，应认定双方存在劳动关系。

3. 出租车公司与出租车司机的用工关系如何认定？

国务院办公厅《关于进一步规范出租汽车行业管理有关问题的通知》及广东省人民政府《广东省出租汽车管理办法》均规定出租汽车企业须依法与驾驶员签订劳动合同和参加社会保险，因此，以承包、租赁等方式经营的出租车司机主张与出租车公司存在劳动关系的，予以支持。但出租车司机自行招用的代班司机系出租车司机自行招用，不受出租车公司管理和支配，不宜认定代班司机与出租车公司存在劳动关系。

4. 村委会等基层自治组织聘用人员关系如何认定?

村民委员会、居民委员会与其对外招聘人员发生的用工关系符合劳动关系特征的，应按劳动关系处理。

★地方性文件·上海市

1.1.16 上海市高级人民法院关于适用《劳动合同法》若干问题的意见（沪高法［2009］73号）

一、律师事务所等组织与其工作人员之间纠纷的处理

律师事务所中专职从事行政事务或勤杂工作的劳动者、在律师事务所从事法律事务并领取固定工资或底薪的劳动者，与律师事务所之间就劳动报酬等事项产生的纠纷，属于劳动争议，按照劳动争议的有关规定处理。其他涉及律师事务所与律师之间因合伙利益的分配方式及具体利益分配等问题产生的纠纷，属于民事纠纷，适用相关民事法律处理。

会计事务所、基金会等组织与职工之间产生的纠纷，与前款情况相似的，参照前款规定处理。

1.1.17 上海市高级人民法院关于劳动争议最新审判意见（2011年第3期）

七、关于建筑施工、矿山企业非法将工程发包、转包给不具备用工主体资格的组织或个人，该组织或个人对外招用劳动者，建筑施工、矿山企业与劳动者之间是否存在劳动关系的问题

劳社部发［2005］12号《关于确立劳动关系有关事项的通知》（以下简称“通知”）第4条作出“建筑施工、矿山企业等用人单位将工程（业务）或经营权发包给不具有用工主体资格的组织或自然人，对该组织或自然人招用的劳动者，由具备用工主体资格的发包方承担用工主体责任”的规定后，审判实践对“发包方承担用工主体责任”的理解发生分歧。一种意见认为，该“用工主体责任”应理解为发包方与劳动者形成事实劳动关系，发包方应承担《劳动法》《劳动合同法》规定的用人单位的法律责任。另一种意见认为，根据《最高院关于审理人身损害赔偿案件适用法律若干问题的解释》第11条第2款的规定:“雇员在从事雇佣活动中因安全生产事故遭受人身损害，发包人、分包人知道或者应当知道接受发包或者分包业务的雇主没有相应资质或者安全生产条件的，应当与雇主承担连带赔偿责任”的规定，发包方、分包方对雇员承担的是侵权赔偿责任，而非《劳动法》《劳动合同法》意义上的用人单位的责任。我们认为，一般而言，不具备用工主体资格的组织或个人直接对外招用劳动者，劳动者一般不直接受建筑施工、矿山企业的管理和指挥，也不存在身份上的从属和依附关系，故建筑施工、矿山企业与劳动者之间不存在事实劳动关系。

对于建筑、施工企业在劳动者遭受人身损害时是否需承担民事责任的问题，根据《安全生产法》第86条有关“生产经营单位将生产经营项目、场所、设备发包或出租给不具备安全生产条件或者相应资质的单位或者个人，导致发生生产安全事故给他人造成损害的，与承包方、承租方承担连带赔偿责任”的规定和上述《最高院关于审理人身损害赔偿案件适用法律若干问题的解释》第11条的规定，因建筑施工、矿山企业将工程项目发包给不具备用工主体资格的组织或个人，本身存在一定过错，故应由其与不具备用工主体资格的组织或个人对受到人身损害的劳动者承担连带赔偿责任。

同时，最高院法办［2011］442号《关于印发〈全国民事审判工作会议纪要〉的通知》

中也明确："发包人将工程发包给承包人，承包人又转包或者分包给实际施工人，实际施工人招用的劳动者请求确认与发包人之间存在劳动关系的，不予支持。"

★地方性文件·北京市

1.1.18 北京市高级人民法院、北京市劳动争议仲裁委员会关于劳动争议案件法律适用问题研讨会会议纪要（2009年）

12. 在认定用人单位与劳动者之间具有劳动关系时，可考虑下列因素：（1）用人单位和劳动者符合法律、法规规定的主体资格；（2）用人单位依法制定的各项规章制度适用于劳动者，劳动者受用人单位的劳动管理，从事用人单位安排的有报酬的劳动；（3）劳动者提供的劳动是用人单位工作的组成部分。

13. 对于以自己的技能、知识或设施为用人单位提供劳动或服务，自行承担经营风险，与用人单位没有身份隶属关系，一般不受用人单位的管理或支配的人员，应认定其与用人单位之间的关系不属于劳动关系。

14. 劳动者长期未向用人单位提供劳动，用人单位也长期不再向劳动者支付劳动报酬等相关待遇，双方长期两不找的，可以认定此期间双方不享有和承担劳动法上的权利义务。

15. 外国人、港澳台地区居民未依法办理《外国人就业证》《台港澳人员就业证》的，其与用人单位签订的劳动合同应为无效劳动合同。外国人、港澳台地区居民已经付出劳动的，由用人单位参照合同约定支付劳动报酬。

16. 外国企业常驻代表机构未通过涉外就业服务单位直接招用中国雇员的，应认定有关用工关系为雇佣关系。

1.1.19 北京市高级人民法院、北京市劳动争议仲裁委员会关于劳动争议案件法律适用问题研讨会会议纪要（二）（京高法发［2014］220号）

12. 依法享受养老保险待遇的人员、领取退休金的人员、达到法定退休年龄的人员，与原用人单位或新用人单位之间建立用工关系的，如何处理？

依法享受养老保险待遇的人员、领取退休金的人员、达到法定退休年龄的人员，其与原用人单位或者新用人单位之间的用工关系按劳务关系处理。上述人员可依据《最高人民法院关于审理人身损害赔偿案件适用法律若干问题的解释》第十一条，《最高人民法院关于审理劳动争议案件适用法律若干问题的解释（三）》第七条规定主张权利。

13. 未达到法定退休年龄的内退人员、停薪留职人员、下岗待岗人员、企业经营性停产放长假人员在退休之前与新用人单位建立用工关系的，如何处理？

未达到法定退休年龄的内退人员、停薪留职人员、下岗待岗人员、企业经营性停产放长假人员在退休之前与新用人单位建立用工关系，应按劳动关系处理，但对于新用人单位因客观原因不能为其缴纳社会保险，该劳动者以此为由提出解除劳动合同并要求经济补偿金的，不予支持。

14. 未达到法定退休年龄的内退人员、停薪留职人员、下岗待岗人员、企业经营性停产放长假人员在退休之前与新用人单位建立用工关系的，其与原用人单位的关系如何认定？

未达到法定退休年龄的内退人员、停薪留职人员、下岗待岗人员、企业经营性停产放长假人员在退休之前与新用人单位建立用工关系的，一般情况下可以认定原用人单位与其保持劳动关系，相关待遇依双方的约定。双方未约定或约定不明的，考虑国家法律法规和政策、同行业同类型劳动者保护标准，从保护劳动者的基本利益和用人单位现实情况进行综合判断。

15. 用人单位自动歇业、视为自动歇业、被撤销或吊销营业执照，如何确定当事人？

用人单位自动歇业、视为自动歇业、被撤销、被吊销营业执照应列该用人单位为当事人。如用人单位成立清算组清理债权债务的，由清算组负责人代表用人单位参加仲裁或诉讼；尚未成立清算组的，由原法定代表人代表用人单位参加仲裁或诉讼。清算组负责人或原法定代表人可以委托诉讼代理人参加仲裁或诉讼。

16. 劳动者向未办理营业执照、被吊销营业执照或者营业期限届满仍继续经营的用人单位提供劳动，如何处理？

劳动者向未办理营业执照、被吊销营业执照或者营业期限届满仍继续经营的用人单位提供劳动，劳动者有权依照《中华人民共和国劳动合同法》（以下简称《劳动合同法》）的规定向用人单位主张权利，用人单位不存在或者无力承担责任时，出资人应当依法承担相应责任。

17. 涉及建筑工程的用工关系中，包工头能否主张工人劳务费、工资、劳动报酬？

包工头与发包单位之间存在承包合同关系，可另行依据合同追索承包费用，其以支付劳务费、工资、劳动报酬为由提起仲裁或诉讼的不予支持。

18. 农民工向违法分包、非法转包工程给包工头的建筑施工企业主张追索劳务费、工资、劳动报酬时，仲裁委、法院是否需追加包工头？

建筑施工企业将工程违法分包、非法转包给包工头，包工头自行招工、自行管理，自发劳务费、工资、劳动报酬的，应当在仲裁或诉讼中追加包工头。

农民工没有将包工头列为当事人的，仲裁委、法院应向农民工释明，要求追加包工头为当事人。农民工在释明后不同意追加包工头的，仲裁委、法院可依职权进行追加。

19. 农民工在建筑施工过程中发生工伤损害的，如何承担责任？

建筑施工企业未为农民工办理工伤社会保险的，对在建筑施工过程中发生工伤损害的农民工承担工伤保险待遇赔偿。建筑施工企业将工程违法分包或非法转包给没有用工主体资格的单位或人员时，农民工不能享受工伤保险待遇时，建筑施工企业对工伤保险待遇赔偿承担连带赔偿责任。

20. 劳动者与用人单位签订劳动合同后，被该用人单位派往其他单位工作，发生争议时如何处理？

劳动者虽在被派往单位工作，应认定其与签订劳动合同的用人单位存在劳动关系。可根据案件审理情况，追加实际用人单位参加诉讼。在判决仅由签订劳动合同的用人单位承担责任，可能损害劳动者实际利益的情况下，可判决由实际用人单位承担连带责任。

21. 因工死亡职工的亲属能否要求确认劳动关系？

因工死亡职工的亲属可以要求确认劳动者与用人单位之间存在劳动关系，因工死亡职工的亲属的范围包括该职工的配偶、父母、子女、兄弟姐妹、祖父母、外祖父母、孙子女、外孙子女和其他具有扶养、赡养关系的亲属，因工死亡职工的亲属中任何一人均可作为仲裁申请人或诉讼原告。涉及因工死亡职工赔偿及享受待遇等主张，应由全部亲属作为当事人参加诉讼。

22. 村民委员会、居民委员会成员与村民委员会、居民委员会组织之间是否属于劳动关系？

依照《中华人民共和国村民委员会组织法》和《中华人民共和国居民委员会组织法》的规定，村民委员会和居民委员会成员（主任、副主任和委员）依法由选举产生，其与该组织之间不属于劳动关系。

23. 在校学生在用人单位进行实习，是否应认定劳动关系？

在校学生在用人单位进行实习，应当根据具体事实进行判断，对完成学校的社会实习安排或自行从事社会实践活动的实习，不认定劳动关系。但用人单位与在校学生之间名为实习，实为劳动关系的除外。

24. 破产清算组与其聘用人员之间是否属于劳动关系？

破产清算组作为法院指定的管理人，不属于用人单位，不能作为用工主体与其聘用人员建立劳动关系，应按劳务关系处理。

25. 破产清算期间，用人单位与继续从事工作的劳动者之间的法律关系如何认定？

破产清算期间，用人单位与劳动者未解除、终止劳动关系，且劳动者继续在用人单位从事相关工作的，符合劳动关系认定条件的，按劳动关系处理，双方另有约定的或破产清算组与劳动者建立劳务关系的除外。

26. 有关联关系的用人单位交叉轮换使用劳动者，根据现有证据难以查明劳动者实际工作状况的，如何处理？

有关联关系的用人单位交叉轮换使用劳动者的，根据现有证据难以查明劳动者实际工作状况的，参照以下原则处理：（1）订立劳动合同的，按劳动合同确认劳动关系；（2）未订立劳动合同的，可以根据审判需要将有关联关系的用人单位列为当事人，以有关联关系的用人单位发放工资、缴纳社会保险、工作地点、工作内容，作为判断存在劳动关系的因素；（3）在有关联关系的用人单位交叉轮换使用劳动者，工作内容交叉重叠的情况下，对劳动者涉及给付内容的主张，可根据劳动者的主张，由一家用人单位承担责任，或由多家用人单位承担连带责任。

1.1.20 北京市高级人民法院关于印发《2014年部分劳动争议法律适用疑难问题研讨会会议纪要》的通知

五、《会议纪要二》第21条："因工死亡职工的亲属可以要求确认劳动者与用人单位之间存在劳动关系，因工死亡职工的亲属的范围包括该职工的配偶、父母、子女、兄弟姐妹、祖父母、外祖父母、孙子女、外孙子女和其他具有扶养、赡养关系的亲属，因工死亡职工的亲属中任何一人均可作为仲裁申请人或诉讼原告。涉及因工死亡职工赔偿及享受待遇等主张，应由全部亲属作为当事人参加诉讼。"

问题：能否理解为，只要求确认劳动关系的，任一亲属作原告即可；但要求赔偿或享受待遇的，应按照《继承法》规定的有继承权的全部亲属做原告。

研讨意见：只要求确认劳动关系的，任一亲属均可作为仲裁申请人或诉讼原告；但要求赔偿或享受待遇的，一般应由全部亲属作为当事人参加诉讼。

六、《会议纪要二》第16条："劳动者向未办理营业执照、被吊销营业执照或者营业期限届满仍继续经营的用人单位提供劳动，劳动者有权依照《中华人民共和国劳动合同法》（以下简称《劳动合同法》）的规定向用人单位主张权利，用人单位不存在或者无力承担责任时，出资人应当依法承担相应责任。"

问题：1. 出资人的诉讼地位是否为被告？如果出资人有多个，是否必须全部追加？

2. 出借营业执照的，出借方对借用方招聘的劳动者是否可以比照该条承担责任？

研讨意见：1. 出资人的诉讼地位列为被告。如果出资人有多个，应当全部追加。

2. 出借营业执照的，根据《最高人民法院关于审理劳动争议案件适用法律若干问题的解释（三）》第五条规定，应当将用人单位和营业执照出借方列为当事人。

1.1.21 北京市高级人民法院与北京市劳动人事争议仲裁委员会关于审理劳动争议案件法律适用问题的解答（2017 年 4 月）

1.《最高人民法院关于审理工伤保险行政案件若干问题的规定》（法释［2014］9 号）第三条第一款第四项中“用工单位”“不具备用工主体资格的组织或者自然人”，第五项中“被挂靠单位”“个人”与“因工伤亡职工（人员）”之间产生争议，如何处理？

“用工单位”“被挂靠单位”与“因工伤亡职工（人员）”之间不是劳动关系或雇佣关系。“用工单位”“被挂靠单位”仅是承担工伤保险责任的单位。

“不具备用工主体资格的组织或者自然人”“个人”与“因工伤亡职工（人员）”之间不是劳动关系，而是雇佣关系。

社会保险行政部门以“用工单位”“被挂靠单位”与“因工伤亡职工（人员）”之间无劳动关系为由，作出不予受理工伤认定申请或者决定不予认定工伤产生的纠纷，属于行政争议。

承担工伤保险责任的单位承担赔偿责任或者社会保险经办机构从工伤保险基金支付工伤保险待遇后，向“不具备用工主体资格的组织或者自然人”“个人”追偿产生的纠纷，不属于劳动争议。

2. 发包单位将业务发包给有用人主体资格的用人单位（包括有用人主体资格的组织、个体经营者），从事该发包业务的劳动者与上述主体发生争议的，如何处理？

应当认定劳动者与承包的有用人主体资格的用人单位存在劳动关系，但发包单位与劳动者存在劳动关系的除外。

3. 农民专业合作社与其聘用参与日常生产经营活动的社员产生争议，如何认定？

结合农民合作社的生产经营性质和用工特点等因素，区分情况予以严格判定。对符合原劳动和社会保障部《关于确认劳动关系有关事项的通知》规定精神的，应依法确认参与农民合作社日常生产经营活动的社员与该合作社存在劳动关系。

4. 仲裁裁决不存在劳动关系的情况下，当事人以双方存在劳动关系为由提起诉讼，经审查发现双方之间存在劳务关系或其他法律关系，经释明后当事人不变更诉讼请求的，如何处理？

在此种情况下，只要符合《民事诉讼法》第一百一十九条的规定，应予受理并判决驳回当事人的诉讼请求。

1.2 招聘相关（就业歧视/就业补助）

★ 法律

1.2.1 中华人民共和国就业促进法（主席令 24 号　2015 年 4 月起施行）

目　录

第一章　总　则

第一条　为了促进就业，促进经济发展与扩大就业相协调，促进社会和谐稳定，制定本法。

第二条　国家把扩大就业放在经济社会发展的突出位置，实施积极的就业政策，坚持劳动者自主择业、市场调节就业、政府促进就业的方针，多渠道扩大就业。

第三条　劳动者依法享有平等就业和自主择业的权利。

劳动者就业，不因民族、种族、性别、宗教信仰等不同而受歧视。

第四条　县级以上人民政府把扩大就业作为经济和社会发展的重要目标，纳入国民经济和社会发展规划，并制定促进就业的中长期规划和年度工作计划。

第五条　县级以上人民政府通过发展经济和调整产业结构、规范人力资源市场、完善就业服务、加强职业教育和培训、提供就业援助等措施，创造就业条件，扩大就业。

第六条　国务院建立全国促进就业工作协调机制，研究就业工作中的重大问题，协调推动全国的促进就业工作。国务院劳动行政部门具体负责全国的促进就业工作。

省、自治区、直辖市人民政府根据促进就业工作的需要，建立促进就业工作协调机制，协调解决本行政区域就业工作中的重大问题。

县级以上人民政府有关部门按照各自的职责分工，共同做好促进就业工作。

第七条　国家倡导劳动者树立正确的择业观念，提高就业能力和创业能力；鼓励劳动者自主创业、自谋职业。

各级人民政府和有关部门应当简化程序，提高效率，为劳动者自主创业、自谋职业提供便利。

第八条　用人单位依法享有自主用人的权利。

用人单位应当依照本法以及其他法律、法规的规定，保障劳动者的合法权益。

第九条　工会、共产主义青年团、妇女联合会、残疾人联合会以及其他社会组织，协助人民政府开展促进就业工作，依法维护劳动者的劳动权利。

第十条　各级人民政府和有关部门对在促进就业工作中作出显著成绩的单位和个人，给予表彰和奖励。

第二章　政策支持

第十一条　县级以上人民政府应当把扩大就业作为重要职责，统筹协调产业政策与就业政策。

第十二条　国家鼓励各类企业在法律、法规规定的范围内，通过兴办产业或者拓展经营，增加就业岗位。

国家鼓励发展劳动密集型产业、服务业，扶持中小企业，多渠道、多方式增加就业岗位。

国家鼓励、支持、引导非公有制经济发展，扩大就业，增加就业岗位。

第十三条　国家发展国内外贸易和国际经济合作，拓宽就业渠道。

第十四条　县级以上人民政府在安排政府投资和确定重大建设项目时，应当发挥投资和重大建设项目带动就业的作用，增加就业岗位。

第十五条　国家实行有利于促进就业的财政政策，加大资金投入，改善就业环境，扩大就业。

县级以上人民政府应当根据就业状况和就业工作目标，在财政预算中安排就业专项资金用于促进就业工作。

就业专项资金用于职业介绍、职业培训、公益性岗位、职业技能鉴定、特定就业政策和社会保险等的补贴，小额贷款担保基金和微利项目的小额担保贷款贴息，以及扶持公共就业服务等。就业专项资金的使用管理办法由国务院财政部门和劳动行政部门规定。

第十六条　国家建立健全失业保险制度，依法确保失业人员的基本生活，并促进其实现就业。

第十七条　国家鼓励企业增加就业岗位，扶持失业人员和残疾人就业，对下列企业、人员依法给予税收优惠：

（一）吸纳符合国家规定条件的失业人员达到规定要求的企业；

（二）失业人员创办的中小企业；

（三）安置残疾人员达到规定比例或者集中使用残疾人的企业；

（四）从事个体经营的符合国家规定条件的失业人员；

（五）从事个体经营的残疾人；

（六）国务院规定给予税收优惠的其他企业、人员。

第十八条　对本法第十七条第四项、第五项规定的人员，有关部门应当在经营场地等方面给予照顾，免除行政事业性收费。

第十九条　国家实行有利于促进就业的金融政策，增加中小企业的融资渠道；鼓励金融机构改进金融服务，加大对中小企业的信贷支持，并对自主创业人员在一定期限内给予小额信贷等扶持。

第二十条　国家实行城乡统筹的就业政策，建立健全城乡劳动者平等就业的制度，引导农业富余劳动力有序转移就业。

县级以上地方人民政府推进小城镇建设和加快县域经济发展，引导农业富余劳动力就地就近转移就业；在制定小城镇规划时，将本地区农业富余劳动力转移就业作为重要内容。

县级以上地方人民政府引导农业富余劳动力有序向城市异地转移就业；劳动力输出地和输入地人民政府应当互相配合，改善农村劳动者进城就业的环境和条件。

第二十一条 国家支持区域经济发展，鼓励区域协作，统筹协调不同地区就业的均衡增长。

国家支持民族地区发展经济，扩大就业。

第二十二条 各级人民政府统筹做好城镇新增劳动力就业、农业富余劳动力转移就业和失业人员就业工作。

第二十三条 各级人民政府采取措施，逐步完善和实施与非全日制用工等灵活就业相适应的劳动和社会保险政策，为灵活就业人员提供帮助和服务。

第二十四条 地方各级人民政府和有关部门应当加强对失业人员从事个体经营的指导，提供政策咨询、就业培训和开业指导等服务。

第三章　公平就业

第二十五条 各级人民政府创造公平就业的环境，消除就业歧视，制定政策并采取措施对就业困难人员给予扶持和援助。

第二十六条 用人单位招用人员、职业中介机构从事职业中介活动，应当向劳动者提供平等的就业机会和公平的就业条件，不得实施就业歧视。

第二十七条 国家保障妇女享有与男子平等的劳动权利。

用人单位招用人员，除国家规定的不适合妇女的工种或者岗位外，不得以性别为由拒绝录用妇女或者提高对妇女的录用标准。

用人单位录用女职工，不得在劳动合同中规定限制女职工结婚、生育的内容。

第二十八条 各民族劳动者享有平等的劳动权利。

用人单位招用人员，应当依法对少数民族劳动者给予适当照顾。

第二十九条 国家保障残疾人的劳动权利。

各级人民政府应当对残疾人就业统筹规划，为残疾人创造就业条件。

用人单位招用人员，不得歧视残疾人。

第三十条 用人单位招用人员，不得以是传染病病原携带者为由拒绝录用。但是，经医学鉴定传染病病原携带者在治愈前或者排除传染嫌疑前，不得从事法律、行政法规和国务院卫生行政部门规定禁止从事的易使传染病扩散的工作。

第三十一条 农村劳动者进城就业享有与城镇劳动者平等的劳动权利，不得对农村劳动者进城就业设置歧视性限制。

第四章　就业服务和管理

第三十二条 县级以上人民政府培育和完善统一开放、竞争有序的人力资源市场，为劳动者就业提供服务。

第三十三条 县级以上人民政府鼓励社会各方面依法开展就业服务活动，加强对公共就业服务和职业中介服务的指导和监督，逐步完善覆盖城乡的就业服务体系。

第三十四条 县级以上人民政府加强人力资源市场信息网络及相关设施建设，建立健全人力资源市场信息服务体系，完善市场信息发布制度。

第三十五条 县级以上人民政府建立健全公共就业服务体系，设立公共就业服务机构，为劳动者免费提供下列服务：

（一）就业政策法规咨询；

（二）职业供求信息、市场工资指导价位信息和职业培训信息发布；

（三）职业指导和职业介绍；

（四）对就业困难人员实施就业援助；

（五）办理就业登记、失业登记等事务；

（六）其他公共就业服务。

公共就业服务机构应当不断提高服务的质量和效率，不得从事经营性活动。

公共就业服务经费纳入同级财政预算。

第三十六条　县级以上地方人民政府对职业中介机构提供公益性就业服务的，按照规定给予补贴。

国家鼓励社会各界为公益性就业服务提供捐赠、资助。

第三十七条　地方各级人民政府和有关部门不得举办或者与他人联合举办经营性的职业中介机构。

地方各级人民政府和有关部门、公共就业服务机构举办的招聘会，不得向劳动者收取费用。

第三十八条　县级以上人民政府和有关部门加强对职业中介机构的管理，鼓励其提高服务质量，发挥其在促进就业中的作用。

第三十九条　从事职业中介活动，应当遵循合法、诚实信用、公平、公开的原则。

用人单位通过职业中介机构招用人员，应当如实向职业中介机构提供岗位需求信息。

禁止任何组织或者个人利用职业中介活动侵害劳动者的合法权益。

第四十条　设立职业中介机构应当具备下列条件：

（一）有明确的章程和管理制度；

（二）有开展业务必备的固定场所、办公设施和一定数额的开办资金；

（三）有一定数量具备相应职业资格的专职工作人员；

（四）法律、法规规定的其他条件。

设立职业中介机构应当在工商行政管理部门办理登记后，向劳动行政部门申请行政许可。

未经依法许可和登记的机构，不得从事职业中介活动。

国家对外商投资职业中介机构和向劳动者提供境外就业服务的职业中介机构另有规定的，依照其规定。

第四十一条　职业中介机构不得有下列行为：

（一）提供虚假就业信息；

（二）为无合法证照的用人单位提供职业中介服务；

（三）伪造、涂改、转让职业中介许可证；

（四）扣押劳动者的居民身份证和其他证件，或者向劳动者收取押金；

（五）其他违反法律、法规规定的行为。

第四十二条　县级以上人民政府建立失业预警制度，对可能出现的较大规模的失业，实施预防、调节和控制。

第四十三条 国家建立劳动力调查统计制度和就业登记、失业登记制度，开展劳动力资源和就业、失业状况调查统计，并公布调查统计结果。

统计部门和劳动行政部门进行劳动力调查统计和就业、失业登记时，用人单位和个人应当如实提供调查统计和登记所需要的情况。

第五章 职业教育和培训

第四十四条 国家依法发展职业教育，鼓励开展职业培训，促进劳动者提高职业技能，增强就业能力和创业能力。

第四十五条 县级以上人民政府根据经济社会发展和市场需求，制定并实施职业能力开发计划。

第四十六条 县级以上人民政府加强统筹协调，鼓励和支持各类职业院校、职业技能培训机构和用人单位依法开展就业前培训、在职培训、再就业培训和创业培训；鼓励劳动者参加各种形式的培训。

第四十七条 县级以上地方人民政府和有关部门根据市场需求和产业发展方向，鼓励、指导企业加强职业教育和培训。

职业院校、职业技能培训机构与企业应当密切联系，实行产教结合，为经济建设服务，培养实用人才和熟练劳动者。

企业应当按照国家有关规定提取职工教育经费，对劳动者进行职业技能培训和继续教育培训。

第四十八条 国家采取措施建立健全劳动预备制度，县级以上地方人民政府对有就业要求的初高中毕业生实行一定期限的职业教育和培训，使其取得相应的职业资格或者掌握一定的职业技能。

第四十九条 地方各级人民政府鼓励和支持开展就业培训，帮助失业人员提高职业技能，增强其就业能力和创业能力。失业人员参加就业培训的，按照有关规定享受政府培训补贴。

第五十条 地方各级人民政府采取有效措施，组织和引导进城就业的农村劳动者参加技能培训，鼓励各类培训机构为进城就业的农村劳动者提供技能培训，增强其就业能力和创业能力。

第五十一条 国家对从事涉及公共安全、人身健康、生命财产安全等特殊工种的劳动者，实行职业资格证书制度，具体办法由国务院规定。

第六章 就业援助

第五十二条 各级人民政府建立健全就业援助制度，采取税费减免、贷款贴息、社会保险补贴、岗位补贴等办法，通过公益性岗位安置等途径，对就业困难人员实行优先扶持和重点帮助。

就业困难人员是指因身体状况、技能水平、家庭因素、失去土地等原因难以实现就业，以及连续失业一定时间仍未能实现就业的人员。就业困难人员的具体范围，由省、自治区、直辖市人民政府根据本行政区域的实际情况规定。

第五十三条 政府投资开发的公益性岗位，应当优先安排符合岗位要求的就业困难人员。被安排在公益性岗位工作的，按照国家规定给予岗位补贴。

第五十四条　地方各级人民政府加强基层就业援助服务工作，对就业困难人员实施重点帮助，提供有针对性的就业服务和公益性岗位援助。

地方各级人民政府鼓励和支持社会各方面为就业困难人员提供技能培训、岗位信息等服务。

第五十五条　各级人民政府采取特别扶助措施，促进残疾人就业。

用人单位应当按照国家规定安排残疾人就业，具体办法由国务院规定。

第五十六条　县级以上地方人民政府采取多种就业形式，拓宽公益性岗位范围，开发就业岗位，确保城市有就业需求的家庭至少有一人实现就业。

法定劳动年龄内的家庭人员均处于失业状况的城市居民家庭，可以向住所地街道、社区公共就业服务机构申请就业援助。街道、社区公共就业服务机构经确认属实的，应当为该家庭中至少一人提供适当的就业岗位。

第五十七条　国家鼓励资源开采型城市和独立工矿区发展与市场需求相适应的产业，引导劳动者转移就业。

对因资源枯竭或者经济结构调整等原因造成就业困难人员集中的地区，上级人民政府应当给予必要的扶持和帮助。

第七章　监督检查

第五十八条　各级人民政府和有关部门应当建立促进就业的目标责任制度。县级以上人民政府按照促进就业目标责任制的要求，对所属的有关部门和下一级人民政府进行考核和监督。

第五十九条　审计机关、财政部门应当依法对就业专项资金的管理和使用情况进行监督检查。

第六十条　劳动行政部门应当对本法实施情况进行监督检查，建立举报制度，受理对违反本法行为的举报，并及时予以核实、处理。

第八章　法律责任

第六十一条　违反本法规定，劳动行政等有关部门及其工作人员滥用职权、玩忽职守、徇私舞弊的，对直接负责的主管人员和其他直接责任人员依法给予处分。

第六十二条　违反本法规定，实施就业歧视的，劳动者可以向人民法院提起诉讼。

第六十三条　违反本法规定，地方各级人民政府和有关部门、公共就业服务机构举办经营性的职业中介机构，从事经营性职业中介活动，向劳动者收取费用的，由上级主管机关责令限期改正，将违法收取的费用退还劳动者，并对直接负责的主管人员和其他直接责任人员依法给予处分。

第六十四条　违反本法规定，未经许可和登记，擅自从事职业中介活动的，由劳动行政部门或者其他主管部门依法予以关闭；有违法所得的，没收违法所得，并处一万元以上五万元以下的罚款。

第六十五条　违反本法规定，职业中介机构提供虚假就业信息，为无合法证照的用人单位提供职业中介服务，伪造、涂改、转让职业中介许可证的，由劳动行政部门或者其他主管部门责令改正；有违法所得的，没收违法所得，并处一万元以上五万元以下的罚款；情节严重的，吊销职业中介许可证。

第六十六条 违反本法规定，职业中介机构扣押劳动者居民身份证等证件的，由劳动行政部门责令限期退还劳动者，并依照有关法律规定给予处罚。

违反本法规定，职业中介机构向劳动者收取押金的，由劳动行政部门责令限期退还劳动者，并以每人五百元以上二千元以下的标准处以罚款。

第六十七条 违反本法规定，企业未按照国家规定提取职工教育经费，或者挪用职工教育经费的，由劳动行政部门责令改正，并依法给予处罚。

第六十八条 违反本法规定，侵害劳动者合法权益，造成财产损失或者其他损害的，依法承担民事责任；构成犯罪的，依法追究刑事责任。

第九章 附 则

第六十九条 本法自2008年1月1日起施行。

★ 行政法规/部门规章/司法解释

1.2.2 就业服务与就业管理规定（人力资源和社会保障部令第24号 2015年修订）

第一章 总 则

第一条 为了加强就业服务和就业管理，培育和完善统一开放、竞争有序的人力资源市场，为劳动者就业和用人单位招用人员提供服务，根据就业促进法等法律、行政法规，制定本规定。

第二条 劳动者求职与就业，用人单位招用人员，劳动保障行政部门举办的公共就业服务机构和经劳动保障行政部门审批的职业中介机构从事就业服务活动，适用本规定。

本规定所称用人单位，是指在中华人民共和国境内的企业、个体经济组织、民办非企业单位等组织，以及招用与之建立劳动关系的劳动者的国家机关、事业单位、社会团体。

第三条 县级以上劳动保障行政部门依法开展本行政区域内的就业服务和就业管理工作。

第二章 求职与就业

第四条 劳动者依法享有平等就业的权利。劳动者就业，不因民族、种族、性别、宗教信仰等不同而受歧视。

第五条 农村劳动者进城就业享有与城镇劳动者平等的就业权利，不得对农村劳动者进城就业设置歧视性限制。

第六条 劳动者依法享有自主择业的权利。劳动者年满16周岁，有劳动能力且有就业愿望的，可凭本人身份证件，通过公共就业服务机构、职业中介机构介绍或直接联系用人单位等渠道求职。

第七条 劳动者求职时，应当如实向公共就业服务机构或职业中介机构、用人单位提供个人基本情况以及与应聘岗位直接相关的知识技能、工作经历、就业现状等情况，并出示相关证明。

第八条 劳动者应当树立正确的择业观念，提高就业能力和创业能力。

国家鼓励劳动者在就业前接受必要的职业教育或职业培训，鼓励城镇初高中毕业生在就业前参加劳动预备制培训。

国家鼓励劳动者自主创业、自谋职业。各级劳动保障行政部门应当会同有关部门，简化程序，提高效率，为劳动者自主创业、自谋职业提供便利和相应服务。

第三章　招用人员

第九条　用人单位依法享有自主用人的权利。用人单位招用人员，应当向劳动者提供平等的就业机会和公平的就业条件。

第十条　用人单位可以通过下列途径自主招用人员：

（一）委托公共就业服务机构或职业中介机构；

（二）参加职业招聘洽谈会；

（三）委托报纸、广播、电视、互联网站等大众传播媒介发布招聘信息；

（四）利用本企业场所、企业网站等自有途径发布招聘信息；

（五）其他合法途径。

第十一条　用人单位委托公共就业服务机构或职业中介机构招用人员，或者参加招聘洽谈会时，应当提供招用人员简章，并出示营业执照（副本）或者有关部门批准其设立的文件、经办人的身份证件和受用人单位委托的证明。

招用人员简章应当包括用人单位基本情况、招用人数、工作内容、招录条件、劳动报酬、福利待遇、社会保险等内容，以及法律、法规规定的其他内容。

第十二条　用人单位招用人员时，应当依法如实告知劳动者有关工作内容、工作条件、工作地点、职业危害、安全生产状况、劳动报酬以及劳动者要求了解的其他情况。

用人单位应当根据劳动者的要求，及时向其反馈是否录用的情况。

第十三条　用人单位应当对劳动者的个人资料予以保密。公开劳动者的个人资料信息和使用劳动者的技术、智力成果，须经劳动者本人书面同意。

第十四条　用人单位招用人员不得有下列行为：

（一）提供虚假招聘信息，发布虚假招聘广告；

（二）扣押被录用人员的居民身份证和其他证件；

（三）以担保或者其他名义向劳动者收取财物；

（四）招用未满16周岁的未成年人以及国家法律、行政法规规定不得招用的其他人员；

（五）招用无合法身份证件的人员；

（六）以招用人员为名牟取不正当利益或进行其他违法活动。

第十五条　用人单位不得以诋毁其他用人单位信誉、商业贿赂等不正当手段招聘人员。

第十六条　用人单位在招用人员时，除国家规定的不适合妇女从事的工种或者岗位外，不得以性别为由拒绝录用妇女或者提高对妇女的录用标准。

用人单位录用女职工，不得在劳动合同中规定限制女职工结婚、生育的内容。

第十七条　用人单位招用人员，应当依法对少数民族劳动者给予适当照顾。

第十八条　用人单位招用人员，不得歧视残疾人。

第十九条　用人单位招用人员，不得以是传染病病原携带者为由拒绝录用。但是，经医学鉴定传染病病原携带者在治愈前或者排除传染嫌疑前，不得从事法律、行政法规和国务院卫生行政部门规定禁止从事的易使传染病扩散的工作。

用人单位招用人员，除国家法律、行政法规和国务院卫生行政部门规定禁止乙肝病原携带者从事的工作外，不得强行将乙肝病毒血清学指标作为体检标准。

第二十条　用人单位发布的招用人员简章或招聘广告，不得包含歧视性内容。

第二十一条 用人单位招用从事涉及公共安全、人身健康、生命财产安全等特殊工种的劳动者，应当依法招用持相应工种职业资格证书的人员；招用未持相应工种职业资格证书人员的，须组织其在上岗前参加专门培训，使其取得职业资格证书后方可上岗。

第二十二条 用人单位招用台港澳人员后，应当按有关规定到当地劳动保障行政部门备案，并为其办理《台港澳人员就业证》。

第二十三条 用人单位招用外国人，应当在外国人入境前，按有关规定到当地劳动保障行政部门为其申请就业许可，经批准并获得《中华人民共和国外国人就业许可证书》后方可招用。

用人单位招用外国人的岗位必须是有特殊技能要求、国内暂无适当人选的岗位，并且不违反国家有关规定。

第四章 公共就业服务

第二十四条 县级以上劳动保障行政部门统筹管理本行政区域内的公共就业服务工作，根据政府制定的发展计划，建立健全覆盖城乡的公共就业服务体系。

公共就业服务机构根据政府确定的就业工作目标任务，制定就业服务计划，推动落实就业扶持政策，组织实施就业服务项目，为劳动者和用人单位提供就业服务，开展人力资源市场调查分析，并受劳动保障行政部门委托经办促进就业的相关事务。

第二十五条 公共就业服务机构应当免费为劳动者提供以下服务：

（一）就业政策法规咨询；

（二）职业供求信息、市场工资指导价位信息和职业培训信息发布；

（三）职业指导和职业介绍；

（四）对就业困难人员实施就业援助；

（五）办理就业登记、失业登记等事务；

（六）其他公共就业服务。

第二十六条 公共就业服务机构应当积极拓展服务功能，根据用人单位需求提供以下服务：

（一）招聘用人指导服务；

（二）代理招聘服务；

（三）跨地区人员招聘服务；

（四）企业人力资源管理咨询等专业性服务；

（五）劳动保障事务代理服务；

（六）为满足用人单位需求开发的其他就业服务项目。

第二十七条 公共就业服务机构应当加强职业指导工作，配备专（兼）职职业指导工作人员，向劳动者和用人单位提供职业指导服务。

公共就业服务机构应当为职业指导工作提供相应的设施和条件，推动职业指导工作的开展，加强对职业指导工作的宣传。

第二十八条 职业指导工作包括以下内容：

（一）向劳动者和用人单位提供国家有关劳动保障的法律法规和政策、人力资源市场状况咨询；

（二）帮助劳动者了解职业状况，掌握求职方法，确定择业方向，增强择业能力；

（三）向劳动者提出培训建议，为其提供职业培训相关信息；

（四）开展对劳动者个人职业素质和特点的测试，并对其职业能力进行评价；

（五）对妇女、残疾人、少数民族人员及退出现役的军人等就业群体提供专门的职业指导服务；

（六）对大中专学校、职业院校、技工学校学生的职业指导工作提供咨询和服务；

（七）对准备从事个体劳动或开办私营企业的劳动者提供创业咨询服务；

（八）为用人单位提供选择招聘方法、确定用人条件和标准等方面的招聘用人指导；

（九）为职业培训机构确立培训方向和专业设置等提供咨询参考。

第二十九条　公共就业服务机构在劳动保障行政部门的指导下，组织实施劳动力资源调查和就业、失业状况统计工作。

第三十条　公共就业服务机构应当针对特定就业群体的不同需求，制定并组织实施专项计划。

公共就业服务机构应当根据服务对象的特点，在一定时期内为不同类型的劳动者、就业困难对象或用人单位集中组织活动，开展专项服务。

公共就业服务机构受劳动保障行政部门委托，可以组织开展促进就业的专项工作。

第三十一条　县级以上公共就业服务机构建立综合性服务场所，集中为劳动者和用人单位提供一站式就业服务，并承担劳动保障行政部门安排的其他工作。

街道、乡镇、社区公共就业服务机构建立基层服务窗口，开展以就业援助为重点的公共就业服务，实施劳动力资源调查统计，并承担上级劳动保障行政部门安排的其他就业服务工作。

公共就业服务机构使用全国统一标识。

第三十二条　公共就业服务机构应当不断提高服务的质量和效率。

公共就业服务机构应当加强内部管理，完善服务功能，统一服务流程，按照国家制定的服务规范和标准，为劳动者和用人单位提供优质高效的就业服务。

公共就业服务机构应当加强工作人员的政策、业务和服务技能培训，组织职业指导人员、职业信息分析人员、劳动保障协理员等专业人员参加相应职业资格培训。

公共就业服务机构应当公开服务制度，主动接受社会监督。

第三十三条　县级以上劳动保障行政部门和公共就业服务机构应当按照劳动保障信息化建设的统一规划、标准和规范，建立完善人力资源市场信息网络及相关设施。

公共就业服务机构应当逐步实行信息化管理与服务，在城市内实现就业服务、失业保险、就业培训信息共享和公共就业服务全程信息化管理，并逐步实现与劳动工资信息、社会保险信息的互联互通和信息共享。

第三十四条　公共就业服务机构应当建立健全人力资源市场信息服务体系，完善职业供求信息、市场工资指导价位信息、职业培训信息、人力资源市场分析信息的发布制度，为劳动者求职择业、用人单位招用人员以及培训机构开展培训提供支持。

第三十五条　县级以上劳动保障行政部门应当按照信息化建设统一要求，逐步实现全国人力资源市场信息联网。其中，城市应当按照劳动保障数据中心建设的要求，实现网络和数据资源的集中和共享；省、自治区应当建立人力资源市场信息网省级监测中心，对辖区内人力资源市场信息进行监测；劳动保障部设立人力资源市场信息网全国监测中心，对全国人力资源市场信息进行监测和分析。

第三十六条 县级以上劳动保障行政部门应当对公共就业服务机构加强管理，定期对其完成各项任务情况进行绩效考核。

第三十七条 公共就业服务经费纳入同级财政预算。各级劳动保障行政部门和公共就业服务机构应当根据财政预算编制的规定，依法编制公共就业服务年度预算，报经同级财政部门审批后执行。

公共就业服务机构可以按照就业专项资金管理相关规定，依法申请公共就业服务专项扶持经费。

公共就业服务机构接受社会各界提供的捐赠和资助，按照国家有关法律法规管理和使用。

公共就业服务机构为用人单位提供的服务，应当规范管理，严格控制服务收费。确需收费的，具体项目由省级劳动保障行政部门会同相关部门规定。

第三十八条 公共就业服务机构不得从事经营性活动。

公共就业服务机构举办的招聘会，不得向劳动者收取费用。

第三十九条 各级残疾人联合会所属的残疾人就业服务机构是公共就业服务机构的组成部分，负责为残疾劳动者提供相关就业服务，并经劳动保障行政部门委托，承担残疾劳动者的就业登记、失业登记工作。

第五章 就业援助

第四十条 公共就业服务机构应当制定专门的就业援助计划，对就业援助对象实施优先扶持和重点帮助。

本规定所称就业援助对象包括就业困难人员和就业家庭。就业困难对象是指因身体状况、技能水平、家庭因素、失去土地等原因难以实现就业，以及连续失业一定时间仍未能实现就业的人员。就业家庭是指法定劳动年龄内的家庭人员均处于失业状况的城市居民家庭。

对援助对象的认定办法，由省级劳动保障行政部门依据当地人民政府规定的就业援助对象范围制定。

第四十一条 就业困难人员和就业家庭可以向所在地街道、社区公共就业服务机构申请就业援助。经街道、社区公共就业服务机构确认属实的，纳入就业援助范围。

第四十二条 公共就业服务机构应当建立就业困难人员帮扶制度，通过落实各项就业扶持政策、提供就业岗位信息、组织技能培训等有针对性的就业服务和公益性岗位援助，对就业困难人员实施优先扶持和重点帮助。

在公益性岗位上安置的就业困难人员，按照国家规定给予岗位补贴。

第四十三条 公共就业服务机构应当建立就业家庭即时岗位援助制度，通过拓宽公益性岗位范围，开发各类就业岗位等措施，及时向就业家庭中的失业人员提供适当的就业岗位，确保就业家庭至少有一人实现就业。

第四十四条 街道、社区公共就业服务机构应当对辖区内就业援助对象进行登记，建立专门台账，实行就业援助对象动态管理和援助责任制度，提供及时、有效的就业援助。

第六章 职业中介服务

第四十五条 县级以上劳动保障行政部门应当加强对职业中介机构的管理，鼓励其提高服务质量，发挥其在促进就业中的作用。

本规定所称职业中介机构，是指由法人、其他组织和公民个人举办，为用人单位招用人员和劳动者求职提供中介服务以及其他相关服务的经营性组织。

政府部门不得举办或者与他人联合举办经营性的职业中介机构。

第四十六条 从事职业中介活动，应当遵循合法、诚实信用、公平、公开的原则。

禁止任何组织或者个人利用职业中介活动侵害劳动者和用人单位的合法权益。

第四十七条 职业中介实行行政许可制度。设立职业中介机构或其他机构开展职业中介活动，须经劳动保障行政部门批准，并获得职业中介许可证。

未经依法许可和登记的机构，不得从事职业中介活动。

职业中介许可证由劳动保障部统一印制并免费发放。

第四十八条 设立职业中介机构应当具备下列条件：

（一）有明确的机构章程和管理制度；

（二）有开展业务必备的固定场所、办公设施和一定数额的开办资金；

（三）有一定数量具备相应职业资格的专职工作人员；

（四）法律、法规规定的其他条件。

第四十九条 设立职业中介机构，应当向当地县级以上劳动保障行政部门提出申请，提交下列文件：

（一）设立申请书；

（二）机构章程和管理制度草案；

（三）场所使用权证明；

（四）拟任负责人的基本情况、身份证明；

（五）具备相应职业资格的专职工作人员的相关证明；

（六）工商营业执照（副本）；

（七）法律、法规规定的其他文件。

第五十条 劳动保障行政部门接到设立职业中介机构的申请后，应当自受理申请之日起 20 日内审理完毕。对符合条件的，应当予以批准；不予批准的，应当说明理由。

劳动保障行政部门对经批准设立的职业中介机构实行年度审验。

职业中介机构的具体设立条件、审批和年度审验程序，由省级劳动保障行政部门统一规定。

第五十一条 职业中介机构变更名称、住所、法定代表人等或者终止的，应当按照设立许可程序办理变更或者注销登记手续。

设立分支机构的，应当在征得原审批机关的书面同意后，由拟设立分支机构所在地县级以上劳动保障行政部门审批。

第五十二条 职业中介机构可以从事下列业务：

（一）为劳动者介绍用人单位；

（二）为用人单位和居民家庭推荐劳动者；

（三）开展职业指导、人力资源管理咨询服务；

（四）收集和发布职业供求信息；

（五）根据国家有关规定从事互联网职业信息服务；

（六）组织职业招聘洽谈会；

（七）经劳动保障行政部门核准的其他服务项目。

第五十三条 职业中介机构应当在服务场所明示营业执照、职业中介许可证、服务项目、收费标准、监督机关名称和监督电话等，并接受劳动保障行政部门及其他有关部门的监督检查。

第五十四条 职业中介机构应当建立服务台账，记录服务对象、服务过程、服务结果和收费情况等，并接受劳动保障行政部门的监督检查。

第五十五条 职业中介机构提供职业中介服务不成功的，应当退还向劳动者收取的中介服务费。

第五十六条 职业中介机构租用场地举办大规模职业招聘洽谈会，应当制定相应的组织实施办法和安全保卫工作方案，并向批准其设立的机关报告。

职业中介机构应当对入场招聘用人单位的主体资格真实性和招用人员简章真实性进行核实。

第五十七条 职业中介机构为特定对象提供公益性就业服务的，可以按照规定给予补贴。可以给予补贴的公益性就业服务的范围、对象、服务效果和补贴办法，由省级劳动保障行政部门会同有关部门制定。

第五十八条 禁止职业中介机构有下列行为：

（一）提供虚假就业信息；

（二）发布的就业信息中包含歧视性内容；

（三）伪造、涂改、转让职业中介许可证；

（四）为无合法证照的用人单位提供职业中介服务；

（五）介绍未满16周岁的未成年人就业；

（六）为无合法身份证件的劳动者提供职业中介服务；

（七）介绍劳动者从事法律、法规禁止从事的职业；

（八）扣押劳动者的居民身份证和其他证件，或者向劳动者收取押金；

（九）以暴力、胁迫、欺诈等方式进行职业中介活动；

（十）超出核准的业务范围经营；

（十一）其他违反法律、法规规定的行为。

第五十九条 县级以上劳动保障行政部门应当依法对经审批设立的职业中介机构开展职业中介活动进行监督指导，定期组织对其服务信用和服务质量进行评估，并将评估结果向社会公布。

县级以上劳动保障行政部门应当指导职业中介机构开展工作人员培训，提高服务质量。

县级以上劳动保障行政部门对在诚信服务、优质服务和公益性服务等方面表现突出的职业中介机构和个人，报经同级人民政府批准后，给予表彰和奖励。

第六十条 设立外商投资职业中介机构以及职业中介机构从事境外就业中介服务的，按照有关规定执行。

第七章 就业与失业管理

第六十一条 劳动保障行政部门应当建立健全就业登记制度和失业登记制度，完善就业管理和失业管理。

公共就业服务机构负责就业登记与失业登记工作，建立专门台账，及时、准确地记录劳动者就业与失业变动情况，并做好相应统计工作。

就业登记和失业登记在各省、自治区、直辖市范围内实行统一的就业失业登记证（以下简称登记证），向劳动者免费发放，并注明可享受的相应扶持政策。

就业登记、失业登记的具体程序和登记证的样式，由省级劳动保障行政部门规定。

第六十二条　劳动者被用人单位招用的，由用人单位为劳动者办理就业登记。用人单位招用劳动者和与劳动者终止或者解除劳动关系，应当到当地公共就业服务机构备案，为劳动者办理就业登记手续。用人单位招用人员后，应当于录用之日起30日内办理登记手续；用人单位与职工终止或者解除劳动关系后，应当于15日内办理登记手续。

劳动者从事个体经营或灵活就业的，由本人在街道、乡镇公共就业服务机构办理就业登记。

就业登记的内容主要包括劳动者个人信息、就业类型、就业时间、就业单位以及订立、终止或者解除劳动合同情况等。就业登记的具体内容和所需材料由省级劳动保障行政部门规定。

公共就业服务机构应当对用人单位办理就业登记及相关手续设立专门服务窗口，简化程序，方便用人单位办理。

第六十三条　在法定劳动年龄内，有劳动能力，有就业要求，处于无业状态的城镇常住人员，可以到常住地的公共就业服务机构进行失业登记。

第六十四条　劳动者进行失业登记时，须持本人身份证件和证明原身份的有关证明；有单位就业经历的，还须持与原单位终止、解除劳动关系或者解聘的证明。

登记失业人员凭登记证享受公共就业服务和就业扶持政策；其中符合条件的，按规定申领失业保险金。

登记失业人员应当定期向公共就业服务机构报告就业失业状况，积极求职，参加公共就业服务机构安排的就业培训。

第六十五条　失业登记的范围包括下列失业人员：

（一）年满16周岁，从各类学校毕业、肄业的；

（二）从企业、机关、事业单位等各类用人单位失业的；

（三）个体工商户业主或私营企业业主停业、破产停止经营的；

（四）承包土地被征用，符合当地规定条件的；

（五）军人退出现役且未纳入国家统一安置的；

（六）刑满释放、假释、监外执行的；

（七）各地确定的其他失业人员。

第六十六条　登记失业人员出现下列情形之一的，由公共就业服务机构注销其失业登记：

（一）被用人单位录用的；

（二）从事个体经营或创办企业，并领取工商营业执照的；

（三）已从事有稳定收入的劳动，并且月收入不低于当地最低工资标准的；

（四）已享受基本养老保险待遇的；

（五）完全丧失劳动能力的；

（六）入学、服兵役、移居境外的；

（七）被判刑收监执行的；

（八）终止就业要求或拒绝接受公共就业服务的；

（九）连续6个月未与公共就业服务机构联系的；

（十）已进行就业登记的其他人员或各地规定的其他情形。

第八章　罚　则

第六十七条　用人单位违反本规定第十四条第（二）、（三）项规定的，按照劳动合同法第八十四条的规定予以处罚；用人单位违反第十四条第（四）项规定的，按照国家禁止使用童工和其他有关法律、法规的规定予以处罚。用人单位违反第十四条第（一）、（五）、（六）项规定的，由劳动保障行政部门责令改正，并可处以一千元以下的罚款；对当事人造成损害的，应当承担赔偿责任。

第六十八条　用人单位违反本规定第十九条第二款规定，在国家法律、行政法规和国务院卫生行政部门规定禁止乙肝病原携带者从事的工作岗位以外招用人员时，将乙肝病毒血清学指标作为体检标准的，由劳动保障行政部门责令改正，并可处以一千元以下的罚款；对当事人造成损害的，应当承担赔偿责任。

第六十九条　违反本规定第三十八条规定，公共就业服务机构从事经营性职业中介活动向劳动者收取费用的，由劳动保障行政部门责令限期改正，将违法收取的费用退还劳动者，并对直接负责的主管人员和其他直接责任人员依法给予处分。

第七十条　违反本规定第四十七条规定，未经许可和登记，擅自从事职业中介活动的，由劳动保障行政部门或者其他主管部门按照就业促进法第六十四条规定予以处罚。

第七十一条　职业中介机构违反本规定第五十三条规定，未明示职业中介许可证、监督电话的，由劳动保障行政部门责令改正，并可处以一千元以下的罚款；未明示收费标准的，提请价格主管部门依据国家有关规定处罚；未明示营业执照的，提请工商行政管理部门依据国家有关规定处罚。

第七十二条　职业中介机构违反本规定第五十四条规定，未建立服务台账，或虽建立服务台账但未记录服务对象、服务过程、服务结果和收费情况的，由劳动保障行政部门责令改正，并可处以一千元以下的罚款。

第七十三条　职业中介机构违反本规定第五十五条规定，在职业中介服务不成功后未向劳动者退还所收取的中介服务费的，由劳动保障行政部门责令改正，并可处以一千元以下的罚款。

第七十四条　职业中介机构违反本规定第五十八条第（一）、（三）、（四）、（八）项规定的，按照就业促进法第六十五条、第六十六条规定予以处罚。违反本规定第五十八条第（五）项规定的，按照国家禁止使用童工的规定予以处罚。违反本规定第五十八条其他各项规定的，由劳动保障行政部门责令改正，没有违法所得的，可处以一万元以下的罚款；有违法所得的，可处以不超过违法所得三倍的罚款，但最高不得超过三万元；情节严重的，提请工商部门依法吊销营业执照；对当事人造成损害的，应当承担赔偿责任。

第七十五条　用人单位违反本规定第六十二条规定，未及时为劳动者办理就业登记手续的，由劳动保障行政部门责令改正，并可处以一千元以下的罚款。

第九章 附 则

第七十六条 本规定自2008年1月1日起施行。劳动部1994年10月27日颁布的《职业指导办法》、劳动保障部2000年12月8日颁布的《劳动力市场管理规定》同时废止。

1.2.3 就业补助资金管理暂行办法（财社［2015］290号）

第一条 为落实好各项就业政策，规范就业补助资金管理，提高资金使用效益，根据《中华人民共和国预算法》《中华人民共和国就业促进法》等相关法律法规，制定本办法。

第二条 就业补助资金是由县级以上人民政府设立，通过一般公共预算安排用于促进就业创业的专项资金，由财政部门会同人力资源社会保障部门（以下简称人社部门）管理。

第三条 就业补助资金管理应遵循的原则：

公平公正。落实国家普惠性的就业创业政策，重点支持就业困难群体就业，适度向中西部地区、就业工作任务重地区倾斜，促进不同群体间、地区间公平就业。

激励相容。优化机制设计，奖补结合，先缴（垫）后补，充分发挥各级政策执行部门、政策对象等积极性。

精准效能。提高政策可操作性和精准性，加强监督与控制，以绩效导向、结果导向强化就业资金管理。

第二章 资金支出范围

第四条 就业补助资金分为对个人和单位的补贴、公共就业服务能力建设补助两类。

对个人和单位的补贴资金用于职业培训补贴、职业技能鉴定补贴、社会保险补贴、公益性岗位补贴、就业见习补贴、求职创业补贴等支出；公共就业服务能力建设补助资金用于就业创业服务补助和高技能人才培养补助等支出。

第五条 职业培训补贴。享受职业培训补贴的人员范围包括：贫困家庭子女、毕业年度高校毕业生（含技师学院高级工班、预备技师班和特殊教育院校职业教育类毕业生，下同）、城乡未继续升学的应届初高中毕业生、农村转移就业劳动者、城镇登记失业人员（以下简称五类人员），以及符合条件的企业在职职工。

（一）五类人员就业技能培训或创业培训。对参加就业技能培训或创业培训的五类人员，培训后取得职业资格证书的（或专项职业能力证书或培训合格证书，下同），给予一定标准的职业培训补贴。

对为城乡未继续升学的应届初高中毕业生垫支劳动预备制培训费的培训机构，给予一定标准的职业培训补贴。其中农村学员和城市低保家庭学员参加劳动预备制培训的，同时给予一定标准的生活费补贴。

（二）符合条件的企业在职职工岗位技能培训。对按国家有关规定参加企业新型学徒制培训、技师培训的企业在职职工，培训后取得职业资格证书的，给予职工个人或企业一定标准的职业培训补贴。

第六条 职业技能鉴定补贴。对通过初次职业技能鉴定并取得职业资格证书或专项职业能力证书的五类人员，给予职业技能鉴定补贴。

第七条 社会保险补贴。享受社会保险补贴的人员范围包括：就业困难人员和高校毕业生。

（一）就业困难人员社会保险补贴。对招用就业困难人员并缴纳社会保险费的单位，以及通过公益性岗位安置就业困难人员并缴纳社会保险费的单位，按其为就业困难人员实际缴纳的基本养老保险费、基本医疗保险费和失业保险费给予补贴，不包括就业困难人员个人应缴纳的部分。

对就业困难人员灵活就业后缴纳的社会保险费，给予一定数额的社会保险补贴，补贴标准原则上不超过其实际缴费的2/3。

就业困难人员社会保险补贴期限，除对距法定退休年龄不足5年的就业困难人员可延长至退休外，其余人员最长不超过3年（以初次核定其享受社会保险补贴时年龄为准）。

（二）高校毕业生社会保险补贴。对招用毕业年度高校毕业生，与之签订1年以上劳动合同并为其缴纳社会保险费的小微企业，给予最长1年的社会保险补贴。

对离校1年内未就业的高校毕业生灵活就业后缴纳的社会保险费，给予一定数额的社会保险补贴，补贴标准原则上不超过其实际缴费的2/3，补贴期限最长不超过2年。

第八条　公益性岗位补贴。享受公益性岗位补贴的人员范围为就业困难人员，重点是大龄失业人员和就业家庭人员。

对公益性岗位安置的就业困难人员给予岗位补贴，补贴标准参照当地最低工资标准执行。

公益性岗位补贴期限，除对距法定退休年龄不足5年的就业困难人员可延长至退休外，其余人员最长不超过3年（以初次核定其享受公益性岗位补贴时年龄为准）。

第九条　就业见习补贴。享受就业见习补贴的人员范围为离校1年内未就业高校毕业生。对吸纳离校1年内未就业高校毕业生参加就业见习并支付见习人员见习期间基本生活费的单位，给予一定标准的就业见习补贴。对见习人员见习期满留用率达到50%以上的单位，可适当提高见习补贴标准。

第十条　求职创业补贴。对在毕业年度有就业创业意愿并积极求职创业的低保家庭、残疾及获得国家助学贷款的高校毕业生，给予一次性求职创业补贴。

第十一条　就业创业服务补助。用于加强公共就业创业服务机构服务能力建设，重点支持信息网络系统建设及维护等，以及用于向社会购买基本就业创业服务成果。

第十二条　高技能人才培养补助。重点用于高技能人才培训基地建设和技能大师工作室建设等支出。

第十三条　上述各项针对个人和单位的补贴资金的具体标准，在符合以上原则规定的基础上，由省级财政、人社部门结合当地实际确定。

各地确需新增其他支出项目的，须经省级人民政府批准，并按国家专项转移支付相关管理规定执行。

第十四条　就业补助资金不得用于以下支出：

（一）办公用房建设支出；

（二）职工宿舍建设支出；

（三）购置交通工具支出；

（四）创业担保贷款基金和贴息等支出；

（五）发放人员津贴补贴等支出；

（六）“三公”经费支出。

第三章　资金分配

第十五条　中央财政就业补助资金中用于对个人和单位的补贴资金及公共就业服务能力建设补助中的就业创业服务补助资金，实行因素法分配。

分配因素包括基础因素、投入因素和绩效因素三类。其中：基础因素主要根据劳动力人口等指标，重点考核就业工作任务量；投入因素主要根据地方政府就业资金的安排使用等指标，重点考核地方投入力度；绩效因素主要根据各地失业率和新增就业人数等指标，重点考核各地落实各项就业政策的成效。每年分配资金选择的因素和权重，可根据年度就业工作任务重点适当调整。

第十六条 公共就业服务能力建设补助资金中的高技能人才培养补助资金，实行项目管理，各地人社部门要编制高技能人才培养中长期规划，确定本地区支持的高技能人才重点领域。

各省级人社部门每年需会同财政部门组织专家对拟实施高技能人才项目进行评审，评审结果需报人力资源社会保障部和财政部备案。财政部会同人力资源社会保障部根据各地申报的评审结果给予定额补助。

第十七条 财政部会同人力资源社会保障部于每年9月30日前将下一年度就业补助资金预计数下达至各省级财政和人社部门；每年在全国人民代表大会审查批准中央预算后90日内，正式下达中央财政就业补助资金预算。

第十八条 各省级财政、人社部门应在收到中央财政就业补助资金后30日内，正式下达到市、县级财政和人社部门；省、市级财政、人社部门应当将本级政府预算安排给下级政府的就业补助资金在本级人民代表大会批准预算后60日内正式下达到下级财政、人社部门。地方各级财政、人社部门应对其使用的就业补助资金提出明确的资金管理要求，及时组织实施各项就业创业政策。

第十九条 就业补助资金应按照财政部关于专项转移支付绩效目标管理的规定，做好绩效目标的设定、审核、下达工作。

第四章 资金使用

第二十条 对单位和个人补贴的申领与发放。

（一）职业培训补贴。职业培训补贴实行“先垫后补”的办法。

五类人员应向当地人社部门申请就业技能培训和创业培训补贴并应提供以下材料：《就业创业证》（或《就业失业登记证》，下同）复印件、职业资格证书复印件、培训机构开具的行政事业性收费票据（或税务发票）等。职业培训机构为未继续升学的初高中毕业生代为申请劳动预备制培训补贴的，还应提供以下材料：身份证复印件、初高中毕业证书复印件、代为申请协议；城市低保家庭学员的生活费补贴申请材料还应附城市居民最低生活保障证明材料。

符合条件的企业在职职工应向当地人社部门申请技师培训补贴并应提供以下材料：劳动合同复印件、职业资格证书、培训机构出具的行政事业性收费票据（或税务发票）等。

企业应为在职职工向当地人社部门申请新型学徒制培训补贴并应提供以下材料：职业资格证书、培训机构出具的行政事业性收费票据（或税务发票）等。企业在开展技师培训或新型学徒制培训前，还应将培训计划、培训人员花名册、劳动合同复印件等有关材料报当地人社部门备案。

上述申请材料经人社部门审核后，对五类人员和企业在职职工个人申请的培训补贴或生活费补贴资金，按规定支付到申请者本人个人银行账户；对企业和培训机构代为申请的培训补贴，按规定支付到企业和培训机构在银行开立的基本账户。

（二）职业技能鉴定补贴。五类人员应向当地人社部门申请职业技能鉴定补贴并应提供以下材料：《就业创业证》复印件、职业资格证书复印件、职业技能鉴定机构开具的行政事业性收费票据（或税务发票）等。经人社部门审核后，按规定将补贴资金支付到申请者本人个人银行账户。

（三）社会保险补贴。社会保险补贴实行“先缴后补”的办法。

招用就业困难人员就业的单位和招用毕业年度高校毕业生的小微企业，应向当地人社部门申请社会保险补贴并应提供以下材料：符合条件人员名单、《就业创业证》复印件或毕业证书复印件、劳动合同复印件、社会保险费征缴机构出具的社会保险缴费明细账（单）等。经人社部门审核后，按规定将补贴资金支付到单位在银行开立的基本账户。

灵活就业的就业困难人员和灵活就业的离校1年内高校毕业生，应向当地人社部门申请社会保险补贴并应提供以下材料：《就业创业证》复印件或毕业证书复印件、灵活就业证明材料、社会保险费征缴机构出具的社会保险缴费明细账（单）等。经人社部门审核后，按规定将补贴资金支付到申请者本人个人银行账户。

通过公益性岗位安置就业困难人员的单位，应向当地人社部门申请社会保险补贴并应提供以下材料：《就业创业证》复印件、享受社会保险补贴年限证明材料、社会保险费征缴机构出具的社会保险缴费明细账（单）等。经人社部门审核后，按规定将补贴资金支付到单位在银行开立的基本账户。

（四）公益性岗位补贴。通过公益性岗位安置就业困难人员的单位，应向当地人社部门申请公益性岗位补贴并应提供以下材料：《就业创业证》复印件、享受公益性岗位补贴年限证明材料、单位发放工资明细账（单）等。经人社部门审核后，按规定将补贴资金支付到公益性岗位安置人员个人银行账户。

（五）就业见习补贴。离校1年内未就业高校毕业生参加就业见习的单位，应向当地人社部门申请就业见习补贴并应提供以下材料：参加就业见习的人员名单、就业见习协议书、《就业创业证》复印件或毕业证书复印件、单位发放基本生活补助明细账（单）等。经人社部门审核后，按规定将补贴资金支付到单位在银行开立的基本账户。

（六）求职创业补贴。符合条件的高校毕业生所在高校应向当地人社部门申请求职创业补贴并应提供以下材料：毕业生获得国家助学贷款（或享受低保或身有残疾）证明材料、毕业证书（或学籍证明）复印件等。申请材料经毕业生所在高校初审报当地人社部门审核后，按规定将补贴资金支付到毕业生在银行开立的个人账户。

第二十一条 公共就业服务能力建设补助资金的使用。

（一）就业创业服务补助。各地要综合考虑基层公共就业服务机构承担免费公共就业服务的工作量，安排补助资金用于保障和提升其服务能力；补助资金还可按政府购买服务相关规定，用于向社会购买基本就业创业服务成果，具体范围由省级财政、人社部门确定。

（二）高技能人才培养补助。

高技能人才培训基地建设项目资金的使用。各地要结合区域经济发展、产业振兴发展规划和新兴战略性产业发展的需要，依托具备高技能人才培训能力的职业培训机构和城市公共实训基地，建设高技能人才培训基地，重点开展高技能人才研修提升培训、高技能人才评价、职业技能竞赛、高技能人才课程研发、高技能人才成果交流等活动。

技能大师工作室建设项目资金的使用。各地要发挥高技能领军人才在带徒传技、技能攻关、技艺传承、技能推广等方面的重要作用，选拔行业、企业生产、服务一线的优秀高技能人才，依托其所在单位建设技能大师工作室，开展培训、研修、攻关、交流等技能传承提升活动。

第二十二条 地方各级人社部门每年要在部门官网上负责对上述各项补贴资金的使用情况向社会公示。公示内容包括：享受各项补贴的单位名称或人员名单（含身份证号）、补贴标准及具体金额等。其中，职业培训补贴还应公示培训的内容、取得的培训成果等；公益性岗位补贴还应公示公益性岗位名称、设立单位、安置人员名单、享受补贴时间等；求职创业补贴应在各高校初审时先行在校内公示。

第二十三条 就业补助资金的支付，按财政国库管理制度相关规定执行。

第五章 资金管理

第二十四条 地方各级财政、人社部门要建立健全财务管理规章制度，强化内部财务管理，优化业务流程，加强内部风险防控。

地方各级人社部门要建立和完善就业补助资金发放台账，做好补助资金使用管理的基础工作，有效甄别享受补贴政策的人员、单位的真实性，防止出现造假行为。落实好政府采购等法律法规的有关规定，规范采购行为。加强信息化建设，将享受补贴人员、项目补助单位、资金标准及预算安排及执行等情况及时纳入管理信息系统，并实现与财政部门的信息共享。

第二十五条 各地财政、人社部门要探索建立科学规范的绩效评价指标体系，积极推进就业补助资金的绩效管理。财政部和人力资源社会保障部要根据各地就业工作情况，定期委托第三方进行就业补助资金绩效评价。地方各级财政和人社部门要对本地区就业补助资金使用情况进行绩效评价，并将评价结果作为就业补助资金分配的重要依据。

第二十六条 各级财政、人社部门要将就业补助资金管理使用情况列入重点监督检查范围，自觉接受审计等部门的检查和社会监督。有条件的地方，可聘请具备资质的社会中介机构开展第三方监督检查。

第二十七条 地方各级财政、人社部门要按照财政预决算管理的总体要求，做好年度预决算工作。

第二十八条 各级财政、人社部门要做好信息公开工作，通过当地媒体、部门网站等向社会公开年度就业工作总体目标、工作任务完成等情况。

第二十九条 地方各级财政、人社部门要建立就业补助资金“谁使用、谁负责”的责任追究机制。对滞留、截留、挤占、挪用、虚列、套取、私分就业补助资金等行为，按照《预算法》《财政违法行为处罚处分条例》等国家有关规定追究法律责任。对疏于管理、违规使用资金，并直接影响各项促进就业创业政策目标实现的地区，中央财政将相应扣减其下一年度就业补助资金；情节严重的，取消下一年度该地区获得就业补助资金的资格，并在全国范围内予以通报。

第六章 附 则

第三十条 地方各级财政、人社部门可依据本办法，制定就业补助资金管理和使用的具体实施细则。

第三十一条 本办法自 2016 年 1 月 1 日起施行。《财政部人力资源社会保障部关于进一步加强就业专项资金管理有关问题的通知》（财社［2011］64 号）同时废止。

1.3 劳动合同的订立

★ 法律

1.3.1 中华人民共和国劳动合同法（主席令第73号　2012年12月修正）

第七条　【劳动关系的建立】用人单位自用工之日起即与劳动者建立劳动关系。用人单位应当建立职工名册备查。

第八条　【用人单位的告知义务和劳动者的说明义务】用人单位招用劳动者时，应当如实告知劳动者工作内容、工作条件、工作地点、职业危害、安全生产状况、劳动报酬，以及劳动者要求了解的其他情况；用人单位有权了解劳动者与劳动合同直接相关的基本情况，劳动者应当如实说明。

第九条　【用人单位不得扣押劳动者证件和要求提供担保】用人单位招用劳动者，不得扣押劳动者的居民身份证和其他证件，不得要求劳动者提供担保或者以其他名义向劳动者收取财物。

第十条　【订立书面劳动合同】建立劳动关系，应当订立书面劳动合同。

已建立劳动关系，未同时订立书面劳动合同的，应当自用工之日起一个月内订立书面劳动合同。

用人单位与劳动者在用工前订立劳动合同的，劳动关系自用工之日起建立。

第十一条　【未订立书面劳动合同时劳动报酬不明确的解决】用人单位未在用工的同时订立书面劳动合同，与劳动者约定的劳动报酬不明确的，新招用的劳动者的劳动报酬按照集体合同规定的标准执行；没有集体合同或者集体合同未规定的，实行同工同酬。

第十二条　【劳动合同的种类】劳动合同分为固定期限劳动合同、无固定期限劳动合同和以完成一定工作任务为期限的劳动合同。

第十三条　【固定期限劳动合同】固定期限劳动合同，是指用人单位与劳动者约定合同终止时间的劳动合同。

用人单位与劳动者协商一致，可以订立固定期限劳动合同。

第十五条　【以完成一定工作任务为期限的劳动合同】以完成一定工作任务为期限的劳动合同，是指用人单位与劳动者约定以某项工作的完成为合同期限的劳动合同。

用人单位与劳动者协商一致，可以订立以完成一定工作任务为期限的劳动合同。

第十六条　【劳动合同的生效】劳动合同由用人单位与劳动者协商一致，并经用人单位与劳动者在劳动合同文本上签字或者盖章生效。

劳动合同文本由用人单位和劳动者各执一份。

1.3.2 中华人民共和国劳动法（主席令第18号　2009年修正）

第三条　【劳动者权利】劳动者享有平等就业和选择职业的权利、取得劳动报酬的权利、休息休假的权利、获得劳动安全卫生保护的权利、接受职业技能培训的权利、享受社会保险和福利的权利、提请劳动争议处理的权利以及法律规定的其他劳动权利。

劳动者应当完成劳动任务，提高职业技能，执行劳动安全卫生规程，遵守劳动纪律和职业道德。

第四条　【用人单位义务】用人单位应当依法建立和完善规章制度，保障劳动者享有劳动权利和履行劳动义务。

第十二条　【就业平等】劳动者就业，不因民族、种族、性别、宗教信仰不同而受歧视。

第十三条　【就业男女平等】妇女享有与男子平等的就业权利。在录用职工时，除国家规定的不适合妇女的工种或者岗位外，不得以性别为由拒绝录用妇女或者提高对妇女的录用标准。

第十四条　【特殊人员的就业】残疾人、少数民族人员、退出现役的军人的就业，法律、法规有特别规定的，从其规定。

第十五条　【禁招未成年人和特殊行业相关规定】禁止用人单位招用未满十六周岁的未成年人。

文艺、体育和特种工艺单位招用未满十六周岁的未成年人，必须依照国家有关规定，履行审批手续，并保障其接受义务教育的权利。

第十六条　【劳动合同】劳动合同是劳动者与用人单位确立劳动关系、明确双方权利和义务的协议。

建立劳动关系应当订立劳动合同。

★ 行政法规/部门规章/司法解释

1.3.3 中华人民共和国劳动合同法实施条例（国务院令第535号　2008年9月起施行）

第三条　依法成立的会计师事务所、律师事务所等合伙组织和基金会，属于劳动合同法规定的用人单位。

第四条　劳动合同法规定的用人单位设立的分支机构，依法取得营业执照或者登记证书的，可以作为用人单位与劳动者订立劳动合同；未依法取得营业执照或者登记证书的，受用人单位委托可以与劳动者订立劳动合同。

第八条　劳动合同法第七条规定的职工名册，应当包括劳动者姓名、性别、公民身份号码、户籍地址及现住址、联系方式、用工形式、用工起始时间、劳动合同期限等内容。

第三十三条　用人单位违反劳动合同法有关建立职工名册规定的，由劳动行政部门责令限期改正；逾期不改正的，由劳动行政部门处2000元以上2万元以下的罚款。

1.3.4 劳动和社会保障部关于非全日制用工若干问题的意见（劳社部发［2003］12号）

一、关于非全日制用工的劳动关系

（一）非全日制用工是指以小时计酬、劳动者在同一用人单位平均每日工作时间不超过5小时累计每周工作时间不超过30小时的用工形式。（注意：本条规定已现与劳动合同法第68条不一致）

从事非全日制工作的劳动者，可以与一个或一个以上用人单位建立劳动关系。用人单位与非全日制劳动者建立劳动关系，应当订立劳动合同。劳动合同一般以书面形式订立。劳动合同期限在一个月以下的，经双方协商同意，可以订立口头劳动合同。但劳动者提出订立书面劳动合同的，应当以书面形式订立。

1.4 劳动合同的内容及变更

★ 法律

1.4.1 中华人民共和国劳动合同法（主席令第 73 号　2012 年 12 月修正）

第十七条　【劳动合同的内容】劳动合同应当具备以下条款：

（一）用人单位的名称、住所和法定代表人或者主要负责人；

（二）劳动者的姓名、住址和居民身份证或者其他有效身份证件号码；

（三）劳动合同期限；

（四）工作内容和工作地点；

（五）工作时间和休息休假；

（六）劳动报酬；

（七）社会保险；

（八）劳动保护、劳动条件和职业危害防护；

（九）法律、法规规定应当纳入劳动合同的其他事项。

劳动合同除前款规定的必备条款外，用人单位与劳动者可以约定试用期、培训、保守秘密、补充保险和福利待遇等其他事项。

第十八条　劳动合同对劳动报酬和劳动条件等标准约定不明确，引发争议的，用人单位与劳动者可以重新协商；协商不成的，适用集体合同规定；没有集体合同或者集体合同未规定劳动报酬的，实行同工同酬；没有集体合同或者集体合同未规定劳动条件等标准的，适用国家有关规定。

第二十九条　【劳动合同的履行】用人单位与劳动者应当按照劳动合同的约定，全面履行各自的义务。

第三十条　【劳动报酬】用人单位应当按照劳动合同约定和国家规定，向劳动者及时足额支付劳动报酬。

用人单位拖欠或者未足额支付劳动报酬的，劳动者可以依法向当地人民法院申请支付令，人民法院应当依法发出支付令。

第三十一条　【加班】用人单位应当严格执行劳动定额标准，不得强迫或者变相强迫劳动者加班。用人单位安排加班的，应当按照国家有关规定向劳动者支付加班费。

第三十二条　【劳动者拒绝违章指挥、强令冒险作业】劳动者拒绝用人单位管理人员违章指挥、强令冒险作业的，不视为违反劳动合同。

劳动者对危害生命安全和身体健康的劳动条件，有权对用人单位提出批评、检举和控告。

第三十三条　【用人单位名称、法定代表人等的变更】用人单位变更名称、法定代表人、主要负责人或者投资人等事项，不影响劳动合同的履行。

第三十四条　【用人单位合并或者分立】用人单位发生合并或者分立等情况，原劳动合同继续有效，劳动合同由承继其权利和义务的用人单位继续履行。

第三十五条　【劳动合同的变更】用人单位与劳动者协商一致，可以变更劳动合同约定的内容。变更劳动合同，应当采用书面形式。

变更后的劳动合同文本由用人单位和劳动者各执一份。

1.4.2 中华人民共和国劳动法（主席令第18号　2009年修正）

第十七条　【合同的订立和变更】订立和变更劳动合同，应当遵循平等自愿、协商一致的原则，不得违反法律、行政法规的规定。

劳动合同依法订立即具有法律约束力，当事人必须履行劳动合同规定的义务。

第十九条　【合同形式和条款】劳动合同应当以书面形式订立，并具备以下条款：

（一）劳动合同期限；

（二）工作内容；

（三）劳动保护和劳动条件；

（四）劳动报酬；

（五）劳动纪律；

（六）劳动合同终止的条件；

（七）违反劳动合同的责任。

劳动合同除前款规定的必备条款外，当事人可以协商约定其他内容。

第二十条　【合同期限】劳动合同的期限分为有固定期限、无固定期限和以完成一定的工作为期限。

劳动者在同一用人单位连续工作满十年以上，当事人双方同意延续劳动合同的，如果劳动者提出订立无固定期限的劳动合同，应当订立无固定期限的劳动合同。

第四十七条　【工资分配方式、水平确定】用人单位根据本单位的生产经营特点和经济效益，依法自主确定本单位的工资分配方式和工资水平。

★ 行政法规/部门规章/司法解释

1.4.3 中华人民共和国劳动合同法实施条例（国务院令第535号　2008年9月起施行）

第十一条　除劳动者与用人单位协商一致的情形外，劳动者依照劳动合同法第十四条第二款的规定，提出订立无固定期限劳动合同的，用人单位应当与其订立无固定期限劳动合同。对劳动合同的内容，双方应当按照合法、公平、平等自愿、协商一致、诚实信用的原则协商确定；对协商不一致的内容，依照劳动合同法第十八条的规定执行。

1.4.4 劳动和社会保障部关于非全日制用工若干问题的意见（劳社部发［2003］12号）

一、关于非全日制用工的劳动关系

（三）非全日制劳动合同的内容由双方协商确定，应当包括工作时间和期限、工作内容、劳动报酬、劳动保护和劳动条件五项必备条款，但不得约定试用期。

1.4.5 劳动部关于实行劳动合同制度若干问题的通知（劳部发［1996］354号）

第五条　劳动合同可以规定合同的生效时间。没有规定劳动合同生效时间的，当事人签字之日即视为该劳动合同生效时间。

劳动合同的终止时间，应当以劳动合同期限最后一日的二十四时为准。

第十四条　有固定期限的劳动合同期满后，因用人单位方面的原因未办理终止或续订手续而形成事实劳动关系的，视为续订劳动合同。用人单位应及时与劳动者协商合同期限，办理续订手续。由此给劳动者造成损失的，该用人单位应当依法承担赔偿责任。（注：

7.1.9 有变更，劳动者和原用人单位之间存在的是一种事实上的劳动关系，而不等于双方按照原劳动合同约定的期限续签了一个新的劳动合同。一方提出终止劳动关系的，应认定为终止事实上的劳动关系。）

★地方性文件·上海市

1.4.6 上海市高级人民法院关于审理劳动争议案件若干问题的解答（沪高法民一［2006］17号）

六、关于用人单位调整劳动者工作内容和工资报酬的问题

（一）用人单位与劳动者对调整工作内容和工资报酬有明确的书面约定，或者虽无明确书面约定但已通过实际履行等方式默示调整了原合同约定的，视为双方对变更达成一致。

（二）用人单位在劳动者不胜任工作、劳动者医疗期满后不能从事原工作、对负有保守用人单位商业秘密的劳动者采取保密措施等情形下依法调整劳动者工作内容和工资报酬，用人单位应对调整劳动者工作内容的合理依据承担举证责任。

（三）劳动合同中明确约定调整工作内容与工资报酬的有关调解，当事人可按约定履行。劳动合同中虽有工作内容和工资报酬调整的约定，但调整的调解和指向不明确的，用人单位应当提供充分证据证明调整的合理性，用人单位不能证明调整合理性的，劳动者可以要求撤销用人单位的调整决定。

1.4.7 上海市高级人民法院关于适用《劳动合同法》若干问题的意见（沪高法［2009］73号）

三、劳动合同变更的形式要求

《劳动合同法》第三十五条规定，劳动合同变更的应当采取书面形式。这里的书面形式要求，包括发给劳动者的工资单、岗位变化通知等等。因为随着劳动合同的持续履行，劳动合同双方的权利义务本身就必然会不断变化。如随着劳动者工作时间的增加，其休假、奖金标准发生的自然变化等等，都属于劳动合同的变更。因此，对于依法变更劳动合同的，只要能够通过文字记载或者其他形式证明的，可以视为“书面变更”。

★地方性文件·北京市

1.4.8 北京市高级人民法院、北京市劳动争议仲裁委员会关于劳动争议案件法律适用问题研讨会会议纪要（二）（京高法发［2014］220号）

36. 劳动者要求仲裁委裁决或法院判决与用人单位签订书面劳动合同的，如何处理？

订立书面劳动合同需要当事人意思表示一致，由劳动者与用人单位平等协商，以确定合同期限、工作内容、劳动报酬等事项。经劳动者与用人单位协商，双方就劳动合同必要条款能够达成一致的，可以裁判双方订立书面劳动合同，并在裁判文书中就达成一致的条款予以表述。

双方就劳动合同必要条款不能达成一致的，由仲裁委裁决或法院直接判令双方订立书面劳动合同有违当事人意思自治原则，亦无法确定具体执行内容和申请强制执行。故在此情况下，劳动者要求与用人单位订立书面劳动合同的，仲裁委、法院可释明当事人变更请求，主张确认双方存在劳动关系。

因可归责于用人单位的原因导致无法订立书面劳动合同的，劳动者可另行依法主张用人单位承担未订立书面劳动合同的法律责任。

1.5 劳动合同的效力（无效、终止、解除）

★ 法律

1.5.1 中华人民共和国劳动合同法（主席令第73号 2012年12月修正）

第二十六条 【劳动合同的无效】下列劳动合同无效或者部分无效：

（一）以欺诈、胁迫的手段或者乘人之危，使对方在违背真实意思的情况下订立或者变更劳动合同的；

（二）用人单位免除自己的法定责任、排除劳动者权利的；

（三）违反法律、行政法规强制性规定的。

对劳动合同的无效或者部分无效有争议的，由劳动争议仲裁机构或者人民法院确认。

第二十七条 【劳动合同部分无效】劳动合同部分无效，不影响其他部分效力的，其他部分仍然有效。

第二十八条 【劳动合同无效后劳动报酬的支付】劳动合同被确认无效，劳动者已付出劳动的，用人单位应当向劳动者支付劳动报酬。劳动报酬的数额，参照本单位相同或者相近岗位劳动者的劳动报酬确定。

第三十六条 【协商解除劳动合同】用人单位与劳动者协商一致，可以解除劳动合同。

第三十七条 【劳动者提前通知解除劳动合同】劳动者提前三十日以书面形式通知用人单位，可以解除劳动合同。劳动者在试用期内提前三日通知用人单位，可以解除劳动合同。

第三十八条 【劳动者单方解除劳动合同】用人单位有下列情形之一的，劳动者可以解除劳动合同：

（一）未按照劳动合同约定提供劳动保护或者劳动条件的；

（二）未及时足额支付劳动报酬的；

（三）未依法为劳动者缴纳社会保险费的；

（四）用人单位的规章制度违反法律、法规的规定，损害劳动者权益的；

（五）因本法第二十六条第一款规定的情形致使劳动合同无效的；

（六）法律、行政法规规定劳动者可以解除劳动合同的其他情形。

用人单位以暴力、威胁或者非法限制人身自由的手段强迫劳动者劳动的，或者用人单位违章指挥、强令冒险作业危及劳动者人身安全的，劳动者可以立即解除劳动合同，不需事先告知用人单位。

第三十九条 【用人单位单方解除劳动合同（过失性辞退）】劳动者有下列情形之一的，用人单位可以解除劳动合同：

（一）在试用期间被证明不符合录用条件的；

（二）严重违反用人单位的规章制度的；

（三）严重失职，营私舞弊，给用人单位造成重大损害的；

（四）劳动者同时与其他用人单位建立劳动关系，对完成本单位的工作任务造成严重影响，或者经用人单位提出，拒不改正的；

（五）因本法第二十六条第一款第一项规定的情形致使劳动合同无效的；

（六）被依法追究刑事责任的。

第四十条 【无过失性辞退】有下列情形之一的，用人单位提前三十日以书面形式通知劳动者本人或者额外支付劳动者一个月工资后，可以解除劳动合同：

（一）劳动者患病或者非因工负伤，在规定的医疗期满后不能从事原工作，也不能从事由用人单位另行安排的工作的；

（二）劳动者不能胜任工作，经过培训或者调整工作岗位，仍不能胜任工作的；

（三）劳动合同订立时所依据的客观情况发生重大变化，致使劳动合同无法履行，经用人单位与劳动者协商，未能就变更劳动合同内容达成协议的。

第四十一条 【经济性裁员】有下列情形之一，需要裁减人员二十人以上或者裁减不足二十人但占企业职工总数百分之十以上的，用人单位提前三十日向工会或者全体职工说明情况，听取工会或者职工的意见后，裁减人员方案经向劳动行政部门报告，可以裁减人员：

（一）依照企业破产法规定进行重整的；

（二）生产经营发生严重困难的；

（三）企业转产、重大技术革新或者经营方式调整，经变更劳动合同后，仍需裁减人员的；

（四）其他因劳动合同订立时所依据的客观经济情况发生重大变化，致使劳动合同无法履行的。

备注：企业裁员的注意事项以及具体流程，详见本章节 1.5.9 广东省劳动和社会保障厅颁布《关于印发企业裁员、停产、倒闭及职工后续处理工作指引的通知》

裁减人员时，应当优先留用下列人员：

（一）与本单位订立较长期限的固定期限劳动合同的；

（二）与本单位订立无固定期限劳动合同的；

（三）家庭无其他就业人员，有需要扶养的老人或者未成年人的。

用人单位依照本条第一款规定裁减人员，在六个月内重新招用人员的，应当通知被裁减的人员，并在同等条件下优先招用被裁减的人员。

第四十二条 【用人单位不得解除劳动合同的情形】劳动者有下列情形之一的，用人单位不得依照本法第四十条、第四十一条的规定解除劳动合同：

（一）从事接触职业病危害作业的劳动者未进行离岗前职业健康检查，或者疑似职业病病人在诊断或者医学观察期间的；

（二）在本单位患职业病或者因工负伤并被确认丧失或者部分丧失劳动能力的；

（三）患病或者非因工负伤，在规定的医疗期内的；

（四）女职工在孕期、产期、哺乳期的；

（五）在本单位连续工作满十五年，且距法定退休年龄不足五年的；

（六）法律、行政法规规定的其他情形。

第四十三条 【工会在劳动合同解除中的监督作用】用人单位单方解除劳动合同，应当事先将理由通知工会。用人单位违反法律、行政法规规定或者劳动合同约定的，工会有权要求用人单位纠正。用人单位应当研究工会的意见，并将处理结果书面通知工会。

第四十四条 【劳动合同的终止】有下列情形之一的，劳动合同终止：

（一）劳动合同期满的；

（二）劳动者开始依法享受基本养老保险待遇的；

（三）劳动者死亡，或者被人民法院宣告死亡或者宣告失踪的；

（四）用人单位被依法宣告破产的；

（五）用人单位被吊销营业执照、责令关闭、撤销或者用人单位决定提前解散的；

（六）法律、行政法规规定的其他情形。

第四十五条　【劳动合同的逾期终止】劳动合同期满，有本法第四十二条规定情形之一的，劳动合同应当续延至相应的情形消失时终止。但是，本法第四十二条第二项规定丧失或者部分丧失劳动能力劳动者的劳动合同的终止，按照国家有关工伤保险的规定执行。

第四十八条　【违法解除或者终止劳动合同的法律后果】用人单位违反本法规定解除或者终止劳动合同，劳动者要求继续履行劳动合同的，用人单位应当继续履行；劳动者不要求继续履行劳动合同或者劳动合同已经不能继续履行的，用人单位应当依照本法第八十七条规定支付赔偿金。

第五十条　【劳动合同解除或者终止后双方的义务】用人单位应当在解除或者终止劳动合同时出具解除或者终止劳动合同的证明，并在十五日内为劳动者办理档案和社会保险关系转移手续。

劳动者应当按照双方约定，办理工作交接。用人单位依照本法有关规定应当向劳动者支付经济补偿的，在办结工作交接时支付。

用人单位对已经解除或者终止的劳动合同的文本，至少保存二年备查。

1.5.2 中华人民共和国劳动法（主席令第 18 号　2009 年修正）

第十八条　【无效合同】下列劳动合同无效：

（一）违反法律、行政法规的劳动合同；

（二）采取欺诈、威胁等手段订立的劳动合同。

无效的劳动合同，从订立的时候起，就没有法律约束力。确认劳动合同部分无效的，如果不影响其余部分的效力，其余部分仍然有效。

劳动合同的无效，由劳动争议仲裁委员会或者人民法院确认。

第二十三条　【合同终止】劳动合同期满或者当事人约定的劳动合同终止条件出现，劳动合同即行终止。

第二十四条　【合同解除】经劳动合同当事人协商一致，劳动合同可以解除。

第二十五条　【单位解除劳动合同事项】劳动者有下列情形之一的，用人单位可以解除劳动合同：

（一）在试用期间被证明不符合录用条件的；

（二）严重违反劳动纪律或者用人单位规章制度的；

（三）严重失职，营私舞弊，对用人单位利益造成重大损害的；

（四）被依法追究刑事责任的。

第二十六条　【解除合同提前通知】有下列情形之一的，用人单位可以解除劳动合同，但是应当提前三十日以书面形式通知劳动者本人：

（一）劳动者患病或者非因工负伤，医疗期满后，不能从事原工作也不能从事由用人单位另行安排的工作的；

（二）劳动者不能胜任工作，经过培训或者调整工作岗位，仍不能胜任工作的；

（三）劳动合同订立时所依据的客观情况发生重大变化，致使原劳动合同无法履行，经当事人协商不能就变更劳动合同达成协议的。

第二十七条 【用人单位裁员】用人单位濒临破产进行法定整顿期间或者生产经营状况发生严重困难，确需裁减人员的，应当提前三十日向工会或者全体职工说明情况，听取工会或者职工的意见，经向劳动行政部门报告后，可以裁减人员。

用人单位依据本条规定裁减人员，在六个月内录用人员的，应当优先录用被裁减的人员。

第二十九条 【用人单位解除合同的限制情形】劳动者有下列情形之一的，用人单位不得依据本法第二十六条、第二十七条的规定解除劳动合同：

（一）患职业病或者因工负伤并被确认丧失或者部分丧失劳动能力的；

（二）患病或者负伤，在规定的医疗期内的；

（三）女职工在孕期、产期、哺乳期内的；

（四）法律、行政法规规定的其他情形。

第三十条 【工会职权】用人单位解除劳动合同，工会认为不适当的，有权提出意见。如果用人单位违反法律、法规或者劳动合同，工会有权要求重新处理；劳动者申请仲裁或者提起诉讼的，工会应当依法给予支持和帮助。

第三十一条 【劳动者解除合同的提前通知期限】劳动者解除劳动合同，应当提前三十日以书面形式通知用人单位。

第三十二条 【劳动者随时通知解除合同情形】有下列情形之一的，劳动者可以随时通知用人单位解除劳动合同：

（一）在试用期内的；

（二）用人单位以暴力、威胁或者非法限制人身自由的手段强迫劳动的；

（三）用人单位未按照劳动合同约定支付劳动报酬或者提供劳动条件的。

★ 行政法规/部门规章/司法解释

1.5.3 中华人民共和国劳动合同法实施条例（国务院令第535号 2008年9月起施行）

第十三条 用人单位与劳动者不得在劳动合同法第四十四条规定的劳动合同终止情形之外约定其他的劳动合同终止条件。

第十八条 有下列情形之一的，依照劳动合同法规定的条件、程序，劳动者可以与用人单位解除固定期限劳动合同、无固定期限劳动合同或者以完成一定工作任务为期限的劳动合同：

（一）劳动者与用人单位协商一致的；

（二）劳动者提前30日以书面形式通知用人单位的；

（三）劳动者在试用期内提前3日通知用人单位的；

（四）用人单位未按照劳动合同约定提供劳动保护或者劳动条件的；

（五）用人单位未及时足额支付劳动报酬的；

（六）用人单位未依法为劳动者缴纳社会保险费的；

（七）用人单位的规章制度违反法律、法规的规定，损害劳动者权益的；

（八）用人单位以欺诈、胁迫的手段或者乘人之危，使劳动者在违背真实意思的情况下订立或者变更劳动合同的；

（九）用人单位在劳动合同中免除自己的法定责任、排除劳动者权利的；

（十）用人单位违反法律、行政法规强制性规定的；

（十一）用人单位以暴力、威胁或者非法限制人身自由的手段强迫劳动者劳动的；

（十二）用人单位违章指挥、强令冒险作业危及劳动者人身安全的；

（十三）法律、行政法规规定劳动者可以解除劳动合同的其他情形。

第十九条　有下列情形之一的，依照劳动合同法规定的条件、程序，用人单位可以与劳动者解除固定期限劳动合同、无固定期限劳动合同或者以完成一定工作任务为期限的劳动合同：

（一）用人单位与劳动者协商一致的；

（二）劳动者在试用期间被证明不符合录用条件的；

（三）劳动者严重违反用人单位的规章制度的；

（四）劳动者严重失职，营私舞弊，给用人单位造成重大损害的；

（五）劳动者同时与其他用人单位建立劳动关系，对完成本单位的工作任务造成严重影响，或者经用人单位提出，拒不改正的；

（六）劳动者以欺诈、胁迫的手段或者乘人之危，使用人单位在违背真实意思的情况下订立或者变更劳动合同的；

（七）劳动者被依法追究刑事责任的；

（八）劳动者患病或者非因工负伤，在规定的医疗期满后不能从事原工作，也不能从事由用人单位另行安排的工作的；

（九）劳动者不能胜任工作，经过培训或者调整工作岗位，仍不能胜任工作的；

（十）劳动合同订立时所依据的客观情况发生重大变化，致使劳动合同无法履行，经用人单位与劳动者协商，未能就变更劳动合同内容达成协议的；

（十一）用人单位依照企业破产法规定进行重整的；

（十二）用人单位生产经营发生严重困难的；

（十三）企业转产、重大技术革新或者经营方式调整，经变更劳动合同后，仍需裁减人员的；

（十四）其他因劳动合同订立时所依据的客观经济情况发生重大变化，致使劳动合同无法履行的。

第二十条　用人单位依照劳动合同法第四十条的规定，选择额外支付劳动者一个月工资解除劳动合同的，其额外支付的工资应当按照该劳动者上一个月的工资标准确定。

第二十一条　劳动者达到法定退休年龄的，劳动合同终止。

第二十二条　以完成一定工作任务为期限的劳动合同因任务完成而终止的，用人单位应当依照劳动合同法第四十七条的规定向劳动者支付经济补偿。

第二十三条　用人单位依法终止工伤职工的劳动合同的，除依照劳动合同法第四十七条的规定支付经济补偿外，还应当依照国家有关工伤保险的规定支付一次性工伤医疗补助金和伤残就业补助金。

第二十四条 用人单位出具的解除、终止劳动合同的证明，应当写明劳动合同期限、解除或者终止劳动合同的日期、工作岗位、在本单位的工作年限。

1.5.4 劳动部办公厅关于印发《关于〈劳动法〉若干条文的说明》的通知（劳办发[1994] 289号）

第二十六条 有下列情形之一的，用人单位可以解除劳动合同，但是应当提前三十日以书面形式通知劳动者本人：

（一）劳动者患病或者非因工负伤，医疗期满后，不能从事原工作也不能从事由用人单位另行安排的工作的；

（二）劳动者不能胜任工作，经过培训或者调整工作岗位，仍不能胜任工作的；

（三）劳动合同订立时所依据的客观情况发生重大变化，致使原劳动合同无法履行，经当事人协商不能就变更劳动合同达成协议的。

本条第（一）项指劳动者医疗期满后，不能从事原工作的，由原用人单位另行安排适当工作之后，仍不能从事另行安排的工作的，可以解除劳动合同。

本条第（二）项中的“不能胜任工作”，是指不能按要求完成劳动合同中约定的任务或者同工种，同岗位人员的工作量。用人单位不得故意提高定额标准，使劳动者无法完成。

本条中的“客观情况”指：发生不可抗力或出现致使劳动合同全部或部分条款无法履行的其他情况，如企业迁移、被兼并、企业资产转移等，并且排除本法第二十六条所列的客观情况。

第二十七条 用人单位濒临破产进行法定整顿期间或者生产经营状况发生严重困难，确需裁减人员的，应当提前三十日向工会或者全体职工说明情况，听取工会或者职工的意见，经向劳动行政部门报告后，可以裁减人员。

用人单位依据本条规定裁减人员，在六个月内录用人员的，应当优先录用被裁减的人员。

本条中的“法定整顿期间”指依据《中华人民共和国破产法》和《民事诉讼法》的破产程序进入的整顿期间。“生产经营状况发生严重困难”可以根据地方政府规定的困难企业标准来界定。“报告”仅指说明情况，无批准的含义。“优先录用”指同等条件下优先录用。

1.5.5 劳动部关于印发《企业经济性裁减人员规定》的通知（劳部发[1994] 447号）

第一条 为指导用人单位依法正确行使裁减人员权利，根据《中华人民共和国劳动法》的有关规定，制定本规定。

第二条 用人单位濒临破产，被人民法院宣告进入法定整顿期间或生产经营发生严重困难，达到当地政府规定的严重困难企业标准，确需裁减人员的，可以裁员。

第三条 用人单位有条件的，应为被裁减的人员提供培训或就业帮助。

第四条 用人单位确需裁减人员，应按下列程序进行：

（一）提前三十日向工会或者全体职工说明情况，并提供有关生产经营状况的资料；

（二）提出裁减人员方案，内容包括：被裁减人员名单，裁减时间及实施步骤，符合法律、法规规定和集体合同约定的被裁减人员经济补偿办法；

（三）将裁减人员方案征求工会或者全体职工的意见，并对方案进行修改和完善；

（四）向当地劳动行政部门报告裁减人员方案以及工会或者全体职工的意见，并听取劳动行政部门的意见；

（五）由用人单位正式公布裁减人员方案，与被裁减人员办理解除劳动合同手续，按照有关规定向被裁减人员本人支付经济补偿金，出具裁减人员证明书。

第五条　用人单位不得裁减下列人员：

（一）患职业病或者因工负伤并被确认丧失或者部分丧失劳动能力的；

（二）患病或者负伤，在规定的医疗期内的；

（三）女职工在孕期、产期、哺乳期内的；

（四）法律、行政法规规定的其他情形。

第六条　对于被裁减而失业的人员，参加失业保险的，可到当地劳动就业服务机构登记，申领失业救济金。

第七条　用人单位从裁减人员之日起，六个月内需要新招人员的，必须优先从本单位裁减的人员中录用，并向当地劳动行政部门报告录用人员的数量、时间、条件以及优先录用人员的情况。

第八条　劳动行政部门对用人单位违反法律、法规和有关规定裁减人员的，应依法制止和纠正。

第九条　工会或职工对裁员提出的合理意见，用人单位应认真听取。

用人单位违反法律、法规规定和集体合同约定裁减人员的，工会有权要求重新处理。

第十条　因裁减人员发生的劳动争议，当事人双方应按照劳动争议处理的有关规定执行。

第十一条　各省、自治区、直辖市劳动行政部门可根据本规定和本地区实际情况制定实施办法。

第十二条　本规定自1995年1月1日起施行。

1.5.6 劳动部关于印发《关于贯彻执行〈中华人民共和国劳动法〉若干问题的意见》的通知（劳部发［1995］309号）

第26条　劳动合同的解除是指劳动合同订立后，尚未全部履行以前，由于某种原因导致劳动合同一方或双方当事人提前消灭劳动关系的法律行为。劳动合同的解除分为法定解除和约定解除两种。根据劳动法的规定，劳动合同既可以由单方依法解除，也可以双方协商解除。劳动合同的解除，只对未履行的部分发生效力，不涉及已履行的部分。

第28条　劳动者涉嫌违法犯罪被有关机关收容审查、拘留或逮捕的，用人单位在劳动者被限制人身自由期间，可与其暂时停止劳动合同的履行。

暂时停止履行劳动合同期间，用人单位不承担劳动合同规定的相应义务。劳动者经证明被错误限制人身自由的，暂时停止履行劳动合同期间劳动者的损失，可由其依据《国家赔偿法》要求有关部门赔偿。

第29条　劳动者被依法追究刑事责任的，用人单位可依据劳动法第二十五条解除劳动合同。

“被依法追究刑事责任”是指：被人民检察院免予起诉的、被人民法院判处处罚的、被人民法院依据刑法第三十二条免予刑事处分的。

劳动者被人民法院判处拘役、三年以下有期徒刑缓刑的，用人单位可以解除劳动合同。

第32条 按照劳动法第三十一条的规定，劳动者解除劳动合同，应当提前三十日以书面形式通知用人单位。超过三十日，劳动者可以向用人单位提出办理解除劳动合同手续，用人单位予以办理。如果劳动者违法解除劳动合同给原用人单位造成经济损失，应当承担赔偿责任。

1.5.7 最高人民法院关于审理劳动争议案件适用法律若干问题的解释（法释［2001］14号）

第十四条 劳动合同被确认为无效后，用人单位对劳动者付出的劳动，一般可参照本单位同期、同工种、同岗位的工资标准支付劳动报酬。

根据《劳动法》第九十七条之规定，由于用人单位的原因订立的无效合同，给劳动者造成损害的，应当比照违反和解除劳动合同经济补偿金的支付标准，赔偿劳动者因合同无效所造成的经济损失。

1.5.8 劳动和社会保障部办公厅关于职工被人民检察院作出不予起诉决定用人单位能否据此解除劳动合同问题的复函（劳社厅函［2003］367号）

云南省劳动和社会保障厅：

你厅《关于职工被人民检察院作出不予起诉决定用人单位解除劳动合同适用依据问题的请示》（滇劳社厅办［2003］35号）收悉。经商最高人民检察院、全国人大常委会法制工作委员会，现答复如下：

人民检察院根据《中华人民共和国刑事诉讼法》第一百四十二条第二款规定作出不起诉决定的，不属于《劳动法》第二十五条第（四）项规定的被依法追究刑事责任的情形。因此，对人民检察院根据《中华人民共和国刑事诉讼法》第一百四十二条第二款规定作出不起诉决定的职工，用人单位不能依据《劳动法》第二十五条第（四）项规定解除其劳动合同。但其行为符合《劳动法》第二十五条其他情形的，用人单位可以解除劳动合同。

二〇〇三年七月三十一日

1.5.9 第八次全国法院民事商事审判工作会议（民事部分）纪要（2016年）

第二十九条 用人单位在劳动合同期限内通过“末位淘汰”或“竞争上岗”等形式单方解除劳动合同，劳动者可以用人单位违法解除劳动合同为由，请求用人单位继续履行劳动合同或者支付赔偿金。

★ 地方性文件·广东省

1.5.10 广东省高级人民法院关于印发《广东省高级人民法院关于审理劳动争议案件若干问题的指导意见》的通知（粤高法发［2002］21号）

第十九条 劳动者提前30天以书面形式通知用人单位，可以解除劳动合同，用人单位不得以特别约定排除或限制劳动者的解除权。但由于劳动者行使解除权而违反劳动合同有关约定，给用人单位造成经济损失的，劳动者应当赔偿用人单位的直接损失。

用人单位违反诚信原则，在劳动合同中设定高额违约金条款来限制劳动者解除劳动合同的权利的，可确认违约金条款无效。

1.5.11 广东省劳动和社会保障厅《关于印发企业裁员、停产、倒闭及职工后续处理工作指引的通知》（粤劳社函［2008］1950号）

各地级以上市劳动和社会保障局（劳动局、社会保障局），省直有关单位：

现将《企业裁员、停产、倒闭及职工后续处理工作指引》（以下简称《指引》）印发给你们，请及时转发所辖的基层劳动保障部门和有关单位，并向企业、劳动者和社会各界广泛宣传。各级劳动保障部门要积极贯彻《指引》，加强政策法规指导，引导企业尽量避免或减少解除、终止职工劳动合同，帮助企业规范裁员行为，督促停产、倒闭企业做好职工安置工作，认真落实失业人员社会保险待遇问题，及时提供优质的再就业服务，积极预防和快速处理劳动纠纷，切实保护企业和劳动者双方的合法权益，维护社会和谐稳定。

二〇〇八年十二月八日

企业裁员、停产、倒闭及职工后续处理工作指引

各类企业要积极应对国际金融风暴对企业用工的影响，承担社会责任，规范用工管理，保持职工队伍稳定，尽量避免职工失业。职工要理性认识当前的经济和就业形势，依法遵守企业内部规章制度，积极履行劳动义务，与企业共渡难关。企业应当按照法定条件和程序解除或终止职工劳动合同，职工应当按照法定程序理性维权，在政府、企业帮助下通过自身努力尽快实现再就业，共同维护社会和谐稳定。

一、企业裁员

本《指引》所称的裁员，是指企业一次性裁减人员20人以上或裁减不足20人但占企业职工总数的10%以上的行为。

（一）依法裁员，避免或减少规模性集中裁员。

1. 企业要尽可能维持职工队伍稳定。要采取积极措施克服生产经营的暂时困难，可根据生产经营情况，与职工协商变更工作岗位、工资报酬等劳动合同内容；可通过工资集体协商，建立工资能升能降机制；未安排职工依法享受带薪年休假的，应统筹安排职工休带薪年假；对符合《劳动合同法》第十四条情形的职工，应依法与其订立无固定期限劳动合同；可通过开展职工在岗技能培训，提高职工素质，储备人才，抓住机遇促进转型升级。

2. 企业确需裁减人员应依法平稳有序进行。要严格按照《劳动合同法》等法律法规规定的条件和程序实施裁员行为。要事先与工会、职工和当地劳动保障部门沟通协调。不得裁减法定的特殊人员，优先留用法定的困难人员，注意保留技术和管理骨干。要避免大规模集中裁员，妥善处理好各项善后工作，防止因裁员的对象、程序、处置等违法而出现社会不稳定因素。

（二）依法规范裁员行为。

企业实施裁员，要按照以下步骤办理：

企业自我确认是否具备裁员条件梳理职工情况和拟订裁员预案启动裁员程序听取本企业工会意见并制定裁员方案征求意见稿召开全体职工大会并全面修改完善裁员方案向劳动保障部门报告情况正式实施裁员方案

正式实施裁员方案=出具解除或终止证明+结清劳动报酬+支付经济补偿等法定费用+办理档案、社保转移手续+整理保管用工材料

1. 实施裁员前，要自我确认是否属于下列情形之一，否则不得裁员：

（1）本企业依照《企业破产法》规定进行重整；

（2）本企业的生产经营发生严重困难；

（3）本企业存在转产、重大技术革新或者经营方式调整情形，已经与职工依法变更了劳动合同，但仍然需要裁减人员；

（4）本企业与职工在订立劳动合同时所依据的客观经济情况发生了重大变化，致使劳动合同已经无法履行。

如果无法自我确认是否符合裁员条件，各企业不要贸然裁员，要及时与所在地劳动保障部门沟通，得到劳动保障部门确认后再启动裁员程序。

2. 确定可以实施裁员后，先梳理职工情况，初步确定裁员对象，拟订裁员预案。组织工作人员对本企业职工情况进行全面梳理，掌握职工总数、用工性质、入职时间、劳动合同签订情况、在本单位的工作年限、家庭经济情况、伤病情况、月平均工资情况等；初步确定裁员对象和人数、优先留用对象和人数；对裁员可能产生的经济成本进行全面测算，确保资金到位；对裁员可能产生对生产经营的负面影响和对社会的负面影响进行充分的分析评估，依法科学确定启动裁员程序的时机。

特别注意以下事项：

（1）不得裁减的人员：

①从事接触职业病危害作业而未进行离岗前职业健康检查的职工，或者是疑似职业病、还在诊断或者医学观察期间的职工；

②在本企业患职业病或者因工负伤并被确认丧失或部分丧失劳动能力的职工（提示：注意查阅《广东省工伤保险条例》）；

③患病或者非因负伤，在规定的医疗期内的职工（提示：注意查阅《企业职工患病或非因工负伤医疗期规定》）；

④处在孕期、产期限、哺乳期的女职工；

⑤在本企业连续工作满十五年，且距法定退休年龄不足五年的职工；

⑥法律、行政法规规定的其他情形。

（2）裁员时须优先留用的人员：

①具有一定技术专长的职工；

②与本企业订立较长期限的固定期限劳动合同的职工；

③与本企业订立无固定期限劳动合同的职工；

④家庭无其他就业人员，有需要扶养的老人或者未成年人的职工。

3. 启动裁员程序后，首先向本企业工会说明情况，听取工会对裁员预案的意见，并进行修改完善，制定裁员方案（征求意见稿）。听取本企业工会意见时，应当制作会议记录，如实记录工会意见，能当场解决，应当当场解释答复或修改完善，由与会人员签名确认并存档备查。不能当场解决的，应当认真研究，并书面答复工会。

本企业没有设立工会的，可直接进入下列第 4 步。

4. 召开全体职工会议，向职工说明情况，听取职工意见，正式确定裁员方案。

召开会议前应当通知全体职工会议日期和地点，会议日期应当安排在正式解除劳动合同之日的 30 日前，对无法直接联系的职工应当采取有效方式（例如挂号信函、邮政专递等）通知其本人。

企业要在与会职工进入会场时组织书面签到备查。

企业应当在会上向职工说明裁员背景（一般包括经营情况和资产状况等）和裁员方案的具体内容和操作步骤，可采取会上当场听取职工意见或会后收取职工书面意见等方式全面掌握职工对裁员方案的意见和建议。企业应当制作会议记录备查。

会后应当对职工所提出的意见和建议进行梳理、分析，并可采取面谈等方式与提出意见、建议的职工进行答复解释，特别是要注意疏导存有异议的职工群体的情绪。如工会或者职工反映其中的被裁减人员符合法定不得裁减人员范围的，企业应重新核实，情况属实的不得裁减，情况不实的应答复工会或者职工。如工会或者职工反映其中的被裁减人员符合法定优先留用范围的，企业应重新核实，情况属实的应优先留用职工，情况不实的应答复工会或者职工。

企业要对职工提出的意见或建议逐一进行充分解释或答复，确保职工无明显对抗情绪后，正式确定裁员方案。

5. 正式实施裁员方案前，企业应当向劳动保障部门书面报告裁员工作准备过程和最终确定的裁员方案。书面报告中应说明企业裁减人员的理由、被裁减人员的基本情况、是否已向工会或者全体职工说明情况并听取工会或者职工的意见、负责人和联系方式等内容，附上裁减人员方案和相关证明材料。劳动保障部门对裁员事项提出意见或建议的，企业应当认真研究，依法逐一解决并作出书面报告，直至劳动保障部门最终认可。劳动保障部门对裁员工作直接介入协调处理的，企业应积极配合。

6. 在职工全体会议召开之日起满30日并完成上述第4、5步骤后，可正式实施裁员方案。

（1）企业应对被列为裁员的职工，出具解除或者终止劳动合同的书面证明。书面证明中应当写明该职工工作岗位、劳动合同期限、解除或者终止劳动合同的日期、在本单位的工作年限等内容。

（2）在解除或终止劳动合同的生效之日足额支付全部劳动报酬。企业应当按照《广东省工资支付条例》的规定，在解除或终止劳动合同当日结清并一次性向被裁减人员足额支付工资。

（3）在被裁减人员完成工作交接之日，一次性依法足额支付解除或终止劳动合同的经济补偿，对符合条件的人员，还要支付伤残补助、抚恤等法定费用。计算标准和方法参见后文。

（4）在解除或终止劳动合同之日起15日内，为被裁减人员办理档案转移手续，并依法办理社会保险待遇申领手续和转移手续。办理方式参见后文。

（5）收集、汇总被裁减人员的劳动合同文本、工资支付台账（包括能证明职工已领取相应工资的凭证）、劳动合同签收公示表等文件资料（特别是注意保留被裁减人员的联系方式），整理归档备查，至少保存二年。《劳动合同签收公示表》应当按照《关于印发广东省劳动合同签收公示暂行办法的通知》（粤劳社发［2007］16号）的要求制作。

（三）优先招用被裁减人员。企业实施裁员行为之日起六个月内，需重新招用人员的，应当通过企业保留的被裁减人员联系方式，采取有效方式通知被裁减人员，并在同等条件下优先招用被裁减的人员。

二、企业停工停产

本《指引》所称停工停产，是指企业非因劳动者的原因而停工停产的情形。

（一）企业决定停工停产时，首先应当向职工说明情况。企业非因劳动者原因而停工停产的，应当采取会议等方式向职工说明停工停产原因、期限、停工停产期间拟安排的工作任务情况和拟执行的工资支付标准等相关情况，听取职工意见，并依法作出解释答复。

企业在可能或已经出现停工停产情形时，请及时向所在地劳动保障部门反映情况，在劳动保障部门指引下做好预案，并将职工异常情况随时报告劳动保障部门，共同确保停工停产期间的企业秩序与社会秩序的和谐安定。

（二）企业在短期停工停产期间的工资支付标准。停工停产不超过一个工资支付周期（最长三十日）的，为短期停工停产。

停工停产前的工资，应当依法正常结算支付。

停工停产开始后一个工资支付周期内，企业应当按照正常工作时间支付停工停产职工工资。

（三）企业在长期停工停产期间的工资支付标准。停工停产超过一个工资支付周期的，为长期停工停产。

企业还能安排职工从事部分生产任务但不饱和的，可以根据拟安排的生产任务情况与职工依法展开协商，对停工停产满30日后次日起的工资标准进行重新约定，达成一致后签订书面的变更协议。实际履行期间，企业应按照新的协议，根据职工提供的实际劳动结算并支付工资。

企业已无任何生产任务可安排，职工不需要从事任何劳动的，企业应当按照不低于当地最低工资标准的80%向所停工停产职工支付生活费。生活费的发放期限从停工停产满一个工资支付周期后的次日起直至企业复工复产之日止，或者到解除、终止劳动合同之日止。当地最低工资标准可向所在地劳动保障部门查询。

（四）复工复产。企业应采取积极措施，尽快复工复产。

复工复产后，企业应继续履行原劳动合同，或者结合复工复产后的实际生产经营情况，依法在平等自愿、协商一致的基础上与职工重新约定新工资标准等内容，达成一致的，应签订书面的变更协议。

（五）无法复工复产而解除或终止劳动合同。企业经过努力认为确已无法恢复正常生产经营的，可依法实施裁员（参见前文）、破产或提前解散等，并按照本《指引》相关内容办理职工安置手续。

三、企业倒闭

本《指引》所称倒闭，是指企业因破产、被吊销营业执照、被责令关闭、被撤销或者企业自行决定提前解散等原因而终止企业主体的情形。

（一）企业出现倒闭情形的，应当向职工说明情况。企业应当采取会议等方式向职工说明倒闭原因、职工安置相关费用计发标准和依据等情况，听取职工意见和建议，依法逐一进行解释答复，特别是要做好存有对抗情绪的职工群体的说服解释工作，避免引发群体性事件。企业应当按照法定标准，积极筹措资金。

（二）企业出现倒闭的，属于《劳动合同法》第四十四条规定的劳动合同终止情形，可与职工终止劳动合同。具体要做到：

1. 出具终止劳动合同的证明。企业应向每名职工出具终止劳动合同的证明，写明劳动合同期限、解除或者终止劳动合同的日期、工作岗位、在本单位的工作年限等内容。

2. 支付终止劳动合同时职工应当享受的补偿、补助等法定费用。企业应当在终止劳动合同当日结清并一次性支付职工工资。企业还应依法支付职工经济补偿、伤残补助、抚恤等法定费用。企业的资产变现所得，应优先用于支付上述费用。

3. 办理档案和社会保险相关手续。在终止劳动合同之日起 15 日内，为职工办理档案转移手续，并依法办理社会保险待遇申领等有关手续。办理方式参见后文。

（三）国有企业关闭破产。国有企业关闭破产的，应按照国家和省关于国有企业关闭破产的规定，妥善做好职工安置工作。其中属国有企业政策性关闭破产的，应参照省劳动保障厅《关于印发国有企业改革职工安置方案参考样本的通知》（粤劳社办［2006］407 号）中的《中央驻粤国有企业政策性关闭破产职工安置方案参考样本》办理（可到广东省劳动和社会保障厅网站 http://gd.lss.gov.cn 查阅）。

四、计发经济补偿的注意事项

（一）主要计发依据：

1.《劳动合同法》；

2.《劳动合同法实施条例》；

3.《违反和解除劳动合同的经济补偿办法》（劳部发［1994］481 号）；

4.《广东省劳动合同管理规定》（粤府［1995］22 号）；

5.《关于修改广东省劳动合同管理规定第二十九条、三十条的决定》（粤府［2003］40 号）。

（二）签订固定期限劳动合同的职工，在合同期满后被终止劳动合同时经济补偿金的计发办法。不符合《劳动合同法》第十四条规定的应签订无固定期限劳动合同条件，且劳动合同期满时因企业不愿维持或提高原劳动合同约定条件续订而被终止劳动合同的职工，除在本企业转为合同制职工的 1986 年 9 月 30 日（含本日）以前参加工作的原固定工（含干部）外，经济补偿年限应从 2008 年 1 月 1 日《劳动合同法》施行之日起计算。

（三）月工资的标准。月工资是指劳动者在劳动合同解除或者终止前十二个月的平均工资，按照劳动者应得工资计算，包括计时工资或者计件工资以及奖金、津贴和补贴等货币性收入。劳动者在劳动合同解除或者终止前 12 个月的平均工资低于当地最低工资标准的，按照当地最低工资标准计算。劳动者工作不满 12 个月的，按照实际工作的月数计算平均工资。

五、办理社会保险待遇申领等手续

企业解除或者终止职工劳动合同后，应当办理养老、失业、医疗、工伤、生育等社会保险的相关手续。其中养老、失业、医疗保险手续按以下程序办理：

（一）养老保险手续。

1. 企业与职工解除、终止劳动合同后，应尽快到参保地社会保险经办机构为其办理减员停保手续。

2. 企业破产、倒闭的，应由留守人员办理减员停保手续。

在上述两种情形下办理减员停保手续时，企业需提供《在职职工减员申报表》，解除、终止劳动合同通知书或职工处理审批表等减员证明材料。

3. 职工解除、终止劳动合同后重新就业的，应由新用人单位到所在地社会保险经办机构为其办理参加养老保险手续。

4. 鼓励解除、终止劳动合同后回原籍的农村户籍职工，保留原参保地的养老保险关系，重新就业参保的，原缴费年限可以累计计算。农村户籍职工也可由其本人到参保所在地社会保险经办机构办理退保手续，退保后终止养老保险关系，重新就业参保的，原缴费年限不能累计计算。

农村户籍职工办理退保时，需提供本人身份证或户口簿原件和复印件及书面申请。

（二）办理失业保险手续。

1. 申领就业失业手册。企业解除或者终止职工的劳动合同后，须按广东省就业和失业登记的有关规定，持《广东省企业招用（解除）人员备案登记表》、解除劳动关系人员花名册电子版等资料，向所属的公共就业服务机构为职工申领《广东省就业失业手册》（以下简称《就业失业手册》）。

2. 办理失业登记。在法定劳动年龄内、有劳动能力、有就业要求且符合相关规定的失业人员，可到公共就业服务机构进行失业登记。

本地城镇户籍人员持本人有效身份证件、《就业失业手册》、原企业出具的终止或者解除劳动关系证明书或生效的裁判文书等有关资料，到户籍所在地或原单位所属的公共就业服务机构办理失业登记。

农村进城务工人员和其他非本地户籍人员在常住地稳定就业满6个月的，失业后可以在常住地公共就业服务机构进行失业登记。

3. 申领失业保险待遇。

（1）城镇户籍失业人员。符合领取失业保险待遇的城镇户籍失业人员，应当在终止、解除劳动合同或者劳动争议的裁决、判决之日起60日内，持本人有效身份证件、《就业失业手册》、原企业出具的终止或者解除劳动关系证明书或生效的裁判文书等有关资料，到受理其失业保险业务的社会保险经办机构办理申领失业保险手续。

（2）农民合同制工人。农民合同制工人连续工作满一年，单位已按规定为其缴纳失业保险费的，在终止或者解除劳动关系后，可持本人有效身份证件、原企业出具的终止或者解除劳动关系证明书或生效的裁判文书等有关资料，到受理其失业保险业务的社会保险经办机构办理一次性生活补助的申领手续。

（3）未参加失业保险的失业人员。企业未参加失业保险或者擅自停止缴纳失业保险费的，导致失业人员不能按规定享受失业保险待遇或者农民合同制工人不能按规定享受一次性生活补助的，失业人员、农民合同制工人可要求企业依法按照本人应当享受的失业保险金或者一次性生活补助总额的二倍给予一次性赔偿。

4. 医疗保险的相关手续。对于符合当地政府医疗保险政策规定条件的职工，企业在解除、终止其劳动合同时，应按照当地政府规定的标准支付过渡性基本医疗保险金。

六、职工合法权益的维护

（一）职工投诉。

1. 投诉的渠道。职工对企业在裁员、停产、倒闭过程中存在违反劳动保障法律、法规，侵害其合法权益的行为，可以通过如下渠道进行投诉：

（1）直接到当地劳动保障部门投诉；

（2）拨打12333投诉咨询电话和当地劳动保障部门公布的举报投诉电话；

（3）向当地劳动保障部门邮寄投诉信件；

（4）开通网上投诉的地区，可通过电子邮件、劳动保障部门门户网站举报投诉专栏投诉。

如职工是因同一事由引起集体投诉，投诉人可以推荐代表投诉。

2. 提交的材料。职工投诉企业违反劳动保障法律、侵犯其合法权益时，需提交下列材料：

（1）按要求填写的《投诉登记表》。《投诉登记表》内容包括：投诉人的姓名、性别、年龄、职业、工作单位、文书指定送达地址、联系地址和联系电话；被投诉企业的名称、地址、法定代表人或者主要负责人的姓名、职务、联系方式；建立劳动关系的情况；就投诉事项是否已申请劳动仲裁和提起诉讼；劳动保障合法权益受到侵害的事实和投诉请求等事项。《投诉登记表》应有投诉人本人的签章。

（2）投诉人身份证明复印件（应提供原件核对）。

（3）证明劳动关系和与投诉请求有关的事实证据。

属于推荐代表集体投诉的，同时要求提交推荐人签章的推荐委托文书和相关投诉材料。

投诉人书写投诉文书确有困难的，接受投诉的工作人员应进行笔录，由投诉人签字。

3. 对投诉的受理。劳动保障部门对不属于劳动保障监察事项的投诉，将及时提出不予受理的意见，并告知投诉人通过劳动争议处理或者诉讼程序等其他途径办理；对应当受理的案件，从受理之日起依法按照劳动保障监察程序优先快速办理。

4. 对违法行为的处理。对于职工的投诉，经查实企业存在拖欠工资、违法解除或终止劳动合同时未依法支付经济补偿等违法行为，劳动保障部门将按照《劳动合同法》等法律法规责令限期支付，逾期不支付的责令加付赔偿金：

（1）对企业未及时足额支付职工报酬的，由劳动保障部门责令限期支付，逾期不支付的，责令企业按应付金额的百分之五十以上百分之一百以下标准向职工加付赔偿金；

（2）对企业违法解除或终止劳动合同的，按照《劳动合同法》第四十七条规定的经济补偿标准的二倍向劳动者支付赔偿金；

（3）对企业违反规定未向职工出具解除或者终止劳动合同的书面证明，由劳动保障部门责令改正。

（二）劳动争议处理。

1. 劳动争议处理范围。职工与企业发生下列劳动争议事项可以依法向有管辖权的劳动争议仲裁委员会申请仲裁：

（1）因确认劳动关系发生的争议；

（2）因订立、履行、变更、解除和终止劳动合同发生的争议；

（3）因除名、辞退和辞职、离职发生的争议；

（4）因工作时间、休息休假、社会保险、福利、培训以及劳动保护发生的争议；

（5）因劳动报酬、工伤医疗费、经济补偿或者赔偿金等发生的争议；

（6）法律、法规规定的其他劳动争议。

2. 劳动争议仲裁委员会管辖划分。劳动争议由劳动合同履行地或者企业所在地的劳动争议仲裁委员会管辖。双方当事人分别向劳动合同履行地和企业所在地的劳动争议仲裁委员会申请仲裁的，由劳动合同履行地的劳动争议仲裁委员会管辖。法律法规等另有规定的，按规定执行。

3. 劳动争议仲裁时效。职工申请仲裁应在法律规定的仲裁时效内提出书面申请。如果劳动争议发生在2008年5月1日前，职工应当自劳动争议发生之日起60日内提出书面申请；劳动争议发生在2008年5月1日后的，职工应当自劳动争议发生之日起1年内向劳动争议仲裁委员会提出书面申请。

4. 需提交的材料。职工申请劳动争议仲裁需提交下列材料：

（1）按规定填写的《仲裁申请书》，申请书中写明当事人基本情况（姓名、性别、民族、出生年月、原籍、现住址、联系电话、确认无误的通讯地址；企业的名称、法定代表人姓名及职务、地址和联系电话）、具体的仲裁请求及金额、事实和理由等。申请人通讯地址变更的须及时书面告知仲裁委员会。

（2）提供身份证原件进行核对，并附相关证据材料。

（3）向当地工商行政管理机关查询、打印的企业法人注册资料原件一份。

5. 推举代表人。职工人数在30人以上的，应当推举3-5名代表人代为参加仲裁活动，涉及承认、放弃、变更仲裁请求，代为和解、调解事项的，代表人应当告知并征求职工的意见。

6. 委托代理人。职工可以委托律师，近亲属，工、青、妇等社会团体或者所在单位推荐的人，有正当理由经劳动争议仲裁委员会许可的其他公民作为代理人。

（1）代理人范围。职工委托近亲属为代理人的，应提供当事人户籍所在地公安机关出具的亲属证明或公证机关出具的亲属关系证明书。职工委托有关的社会团体或所在单位推荐人为代理人的，应提供社会团体或单位开具的证明。职工委托律师作为代理人的，代理人应提交律师事务所开具的所函，仲裁工作人员应查验律师执业证书。律师代理涉及10名以上当事人的案件，需按《关于加强对律师代理重大群体性敏感案件监督指导的通知》（粤司［2004］208号）的规定报告当地司法局和律师协会备案。

有正当理由经劳动争议仲裁委员会许可的其他公民，主要指：一是取得了法律职业资格证或律师资格证的公民；二是获得企业法律顾问资格的公民；三是从事法学研究、教育工作的公民；四是从事劳动保障部门、工会组织、企业协会工作的公民；五是法律法规规定的其他法律工作者。

（2）书面授权委托。职工委托代理人参加仲裁活动的，应按照规定填写《授权委托书》，由劳动争议仲裁委员会对代理人资格进行审查。

（3）付酬问题。公民代理人参加劳动仲裁活动不得向当事人收取报酬。当事人与代理人应签订不收费的协议书，并提供给劳动争议仲裁委员会。不向劳动争议仲裁委员会提供不收费协议，或者提供虚假证明材料的，劳动争议仲裁委员会有权取消其代理资格。

（4）法律援助。职工经济困难的，可以向司法行政部门申请法律援助（具体申请手续，可通过所在地的114查询司法行政部门的联系电话和地址后进行咨询）。

七、失业人员培训

（一）再就业培训。登记失业人员凭《就业失业手册》或《社会保障卡》、身份证等相关材料向当地劳动保障部门认定的职业培训机构提出再就业培训申请，接受再就业培训服务，按规定享受一次性职业培训补贴，其中就业困难人员通过初次职业技能鉴定（限国家规定实行就业准入制度的特殊工种），取得职业资格证书的，可申请领取一次性职业技能鉴定补贴。

（二）创业培训。失业人员有创业意愿的，可向当地劳动保障部门下属的创业培训机构提出参加培训申请，参加创业培训。其中登记失业人员、本省进城务工的农村劳动者可按规定享受一次性创业培训补贴，培训合格的可继续接受劳动保障部门提供的政策咨询、创业项目推介、开业指导等一站式免费创业服务。

八、再就业途径

（一）公益性职业介绍。失业人员办理失业登记后，可参加当地公共就业服务机构组织的现场就业岗位信息发布会或专场招聘活动，根据自身就业意愿选择就业岗位。

（二）技能岗位对接。失业人员办理失业登记后，在参加现场就业岗位信息发布会后2天内未能就业或签订就业协议的，可前往原单位所在地公共就业服务机构参加由公共就业服务机构组织的岗位对接活动。由公共就业服务机构根据失业人员的专长，从发布的岗位信息中搜索匹配新的就业岗位，并提供落实政策、就业指导、再就业技能培训等一站式的就业服务。

（三）就业援助。对参加技能岗位对接活动后仍未再就业且符合我省就业困难对象范围的失业人员，可向公共就业服务机构申请公益性岗位托底安置等就业援助服务。

（四）自主创业。有创业愿望的失业人员可参加当地劳动保障部门开展的创业培训，培训合格后可自主创业，并按规定享受当地有关创业扶持政策，通过创业带动就

1.5.12 广东省人力资源和社会保障厅关于做好企业转型升级过程中劳资纠纷预防处理工作的意见（粤人社规［2013］3号）

二、指导企业理顺劳动关系和社保关系应重点把握的几个问题

（四）关于劳动合同变更与解除问题。企业转型升级过程中，订立劳动合同时所依据的客观情况发生重大变化，致使劳动合同无法履行的，企业应当与职工平等协商，协商达成协议的应当采用书面形式变更劳动合同；经协商未能就变更劳动合同内容达成协议的，企业可依据《劳动合同法》第四十条第（三）项的规定解除劳动合同并依法支付经济补偿。

企业与职工协商一致，可以解除劳动合同并依法支付经济补偿。

企业裁减人员20人以上（含20人）或者裁减不足20人但占企业职工总数10%以上的，依照《劳动合同法》第四十一条规定，提前30日向工会或者全体职工说明情况，听取工会或者全体职工的意见，并将裁员方案向人力资源社会保障行政部门报告后，可以裁减人员并依法支付经济补偿。

经济补偿的计发办法按照《劳动合同法》及有关规定执行，计发经济补偿的月工资按照职工应得工资计算，包括正常工作时间工资、加班工资以及奖金、津贴和补贴等货币性收入。依法终止或者解除劳动关系的，应当在终止或者解除劳动关系当日结清并一次性支付职工工资。企业存在拖欠职工工资、欠缴社会保险费情况的，应当依法补发、清缴。

企业应当及时为失业人员出具终止或解除劳动关系的证明，告知其按规定享受失业保险待遇的权利，并自终止或解除劳动关系之日起15日内将终止或解除劳动关系人员名单报社会保险经办机构备案。失业人员持终止或解除劳动关系的证明，到社会保险经办机构办理申请领取失业保险待遇手续。

1.5.13 中山市中级人民法院关于审理劳动争议案件若干问题的参考意见（2011年）

9.3【主张继续履约的处理】依照《劳动合同法》第四十八条的规定，用人单位解除或者终止劳动合同不符合法律规定，劳动者坚持要求继续履行劳动合同，而用人单位坚持解除或者终止劳动合同，经向当事人释明后双方仍然坚持的，可以认定劳动合同已经不能

继续履行，应判令双方劳动关系解除或终止，并由用人单位依照《劳动合同法》第八十七条规定支付劳动者赔偿金。

9.4【解约程序瑕疵的处理】用人单位解除劳动合同本身符合法律规定，仅存在未提前三十日书面通知劳动者的程序性瑕疵，劳动者以用人单位违法解除劳动合同为由请求用人单位继续履行劳动合同或支付赔偿金情形的，用人单位除应当继续承担未提前一个月书面通知解除合同应付的一个月工资外，对劳动者主张用人单位违法解除劳动合同等其余主张不应支持。

9.5【旷工解约的认定】对劳动者无正当理由未办理请假手续，用人单位规章制度已有规定的，按相关规定执行；用人单位规章制度无规定而劳动者擅自离岗连续超过五日或者六个月内累计超过十日，用人单位据此以劳动者严重违反劳动纪律为由解除劳动合同的，可予支持。

9.6【欠保费解约补偿的处理】劳动者以用人单位未足额缴纳或已经经过征收部门审批的欠缴社会保险费为由，请求解除劳动合同并要求用人单位支付经济补偿金的，不予支持。

9.7【欠保费解约之诉时限】劳动者以用人单位在《劳动合同法》实施前未依法缴纳社会保险为由，请求解除劳动合同并要求用人单位支付经济补偿金的，不予支付。

若该事实发生在《劳动合同法》实施后，且在提出解除时未超过仲裁申请时效的，应予支持。

9.8【解约之诉的诉讼理由】劳动者依《劳动合同法》第三十八条、《关于审理劳动争议案件适用法律若干问题的解释》第十五条规定解除劳动合同时，用人单位应当支付劳动者经济补偿金。

用人单位实际存在前款情形（如拖欠、克扣劳动者工资等），但劳动者以“待遇低、压力大、家中有事、身体不适”等为由提出解除劳动合同后，又以用人单位存在前款情形迫使其辞职为由而要求用人单位支付经济补偿金的，不予支持。

劳动者依据《劳动合同法》第三十八条第一款的规定提出解除劳动合同的，应事先告知用人单位。劳动者未事先告知，给用人单位造成损失的，应当承担赔偿责任，但用人单位仍须支付经济补偿金。

9.9【劳动者致损赔偿的处理】劳动者在履行劳动合同过程中造成用人单位损失，用人单位在解除劳动合同时要求劳动者一次性赔偿的，应予支持。赔偿数额由法院根据劳动者的过错程度、造成损失的大小等具体情况酌情确定。

9.10【末位淘汰的效力认定】用人单位在合同期限内通过“末位淘汰”或者“竞争上岗”等形式单方解除与劳动者的劳动合同，属违法解除行为。

9.11【解约限制条款的效力认定】劳动者提前三十日以书面形式通知用人单位，可以依法解除劳动合同。用人单位在劳动合同中设定违约金条款以限制劳动者上述解除权的，该违约金条款无效。

1.5.14 深圳市中级人民法院关于审理劳动争议案件的裁判指引（2015年）

第八十五条 用人单位在劳动合同期限内通过“末位淘汰”或者“竞争上岗”等形式单方解除与劳动者的劳动合同的，属违法解除行为。

第八十八条 用人单位解除劳动合同未提前三十日以书面形式通知劳动者，劳动者以此为由主张构成违法解除劳动合同的，不予支持。

用人单位裁员未履行《劳动合同法》第四十一条规定的法定程序，劳动者以此为由主张构成违法解除劳动合同的，应予支持。

第八十九条 劳动者严重违反劳动纪律，用人单位可以依据《劳动法》第二十五条的规定解除劳动合同。

1.5.15 广州市中级人民法院关于审理劳动人事争议案件若干问题的研讨会纪要（2014年）

第二十条 职工非因工负伤且被鉴定为完全丧失劳动能力，用人单位无法为其办理退休、退职手续的情形，只要不存在《中华人民共和国劳动合同法》第四十二条规定不得解除情形的，用人单位可以解除与劳动者的劳动关系。但用人单位需要支付经济补偿金、医疗补助金。

1.5.16 广东省高级人民法院印发《广东省高级人民法院关于审理劳动争议案件疑难问题的解答》的通知（粤高法［2017］147号 2017年8月1日实施）

7. 用人单位以劳动者违反计划生育规定为由解除劳动合同，劳动者能否要求用人单位支付违法解除劳动合同的赔偿金？

用人单位以劳动者违反计划生育规定为由解除与劳动者劳动合同的，劳动者要求用人单位支付违法解除劳动合同的赔偿金，予以支持。但劳动合同、集体合同、用人单位规章制度另有约定的除外。

8. 劳动者以用人单位存在《中华人民共和国劳动合同法》第三十八条第一款情形为由主张被迫解除劳动合同是否应在离职时明确提出？

劳动者以用人单位存在《中华人民共和国劳动合同法》第三十八条第一款情形为由主张被迫解除劳动合同，应当在离职时明确提出，劳动者在离职时未以用人单位存在《中华人民共和国劳动合同法》第三十八条第一款情形为由主张被迫解除劳动合同，其之后以用人单位存在《中华人民共和国劳动合同法》第三十八条第一款情形主张被迫解除劳动合同经济补偿金的，一般不予支持。

★地方性文件·上海市

1.5.17 上海市高级人民法院关于适用《劳动合同法》若干问题的意见（沪高法［2009］73号）

五、用人单位解除劳动合同时如需要向劳动者支付一个月的替代通知期工资（简称“代通金”），其支付标准如何确定

用人单位是否需要支付“代通金”，应当根据法律的规定来判断，法律没有规定的，不能要求用人单位支付。

《实施条例》规定“代通金”的支付标准，应当以上个月的工资标准确定，但只以单月的工资为准，可能过高或过低，既有可能对用人单位不利，也有可能对劳动者不利，从整体上看不利于促进和形成和谐稳定的劳动关系。所以，结合劳动法和劳动合同法的立法精神，上个月的“工资标准”，应当是指劳动者的正常工资标准。如其上月工资不能反映正常工资水平的，可按解除劳动合同之前劳动者十二个月的平均工资确认。

八、用人单位因“违法解除或终止合同”需向劳动者支付赔偿金的适用范围

根据《劳动合同法》第四十八条的适用前提，是劳动合同应当履行而实际上已经不再

继续履行，不包括劳动合同本来就符合解除和终止条件的情况，即用人单位在不具备合法解除或终止条件的情况下解除合同。因此，如果依法已经具备解除或终止的条件，只是用人单位在办理解除或终止的程序上存在瑕疵的，不属于本条规定的范围。如用人单位在已经具备解除条件的情况下，只是存在未提前30天通知劳动者等程序瑕疵的，则用人单位应当通过支付相应的“代通金”等方式加以补正，但无需支付赔偿金。

九、劳动者以用人单位未“及时、足额”支付劳动报酬及“未缴纳”社保金为由解除合同的，“及时、足额”支付及“未缴纳”情形的把握

用人单位依法向劳动者支付劳动报酬和缴纳社保金，是用人单位的基本义务。但是，劳动报酬和社保金的计算标准，在实际操作中往往比较复杂。而法律规定的目的就是要促使劳动合同当事人双方都诚信履行，无论用人单位还是劳动者，其行使权利、履行义务都不能违背诚实信用的原则。如果用人单位存在有悖诚信的情况，从而拖延支付或拒绝支付的，才属于立法所要规制的对象。因此，用人单位因主观恶意而未“及时、足额”支付劳动报酬或“未缴纳”社保金的，可以作为劳动者解除合同的理由。但对确因客观原因导致计算标准不清楚、有争议，导致用人单位未能“及时、足额”支付劳动报酬或未缴纳社保金的，不能作为劳动者解除合同的依据。

劳动者以存在《劳动合同法》第三十八条规定的其他情形为由主张解除劳动合同的，应当遵循合法、合理、公平的原则，参照前款精神处理。

十二、劳动者占有用人单位价值较高的财产时，用人单位与劳动者约定设置担保的效力

根据劳动合同法第九条的规定，用人单位不得在招工时扣押劳动者身份证件、要求劳动者提供担保或收取劳动者财物。在劳动合同履行过程中，对于劳动者占有单位价值较高的财物，单位为防止财物灭失或被轻易毁坏，与劳动者约定设置了相应的合理担保的，法律没有禁止，可以认定有效。但该约定为流押、流质担保，或者名义上为财物“担保”实际上却是要求劳动者购买该财物的，该约定无效。

十五、用人单位依法终止工伤职工的劳动关系后相关待遇的支付

用人单位依法终止工伤职工的劳动合同，除依法支付经济补偿外，还应当按工伤保险的规定支付一次性工伤医疗补助金和伤残就业补助金的，主要是指以下情形：

（一）劳动合同期满的；

（二）用人单位被依法宣告破产的；

（三）用人单位被吊销营业执照、责令关闭、撤销或者用人单位决定提前解散的；

（四）自用工之日起一年内，劳动者不愿意订立书面劳动合同的。

十六、如何看待“退休年龄”和“依法享受基本养老保险待遇”作为终止劳动合同的依据的关系

《劳动合同法》第四十四条规定，劳动者开始依法享受基本养老保险待遇的劳动合同终止，而《实施条例》第二十一条规定，劳动者达到退休年龄的劳动合同终止。用人单位依据前述规定，均可以终止劳动合同。

二十、用人单位未经法定程序即实行经济性裁员的处理

根据《劳动合同法》第四十一条的规定，企业进行经济性裁员必须满足一定的前提条件，用人单位在未满足该条件的情况下进行裁员，被裁的劳动者要求恢复劳动关系的，可

以支持。

★地方性文件·北京市

1.5.18 北京市高级人民法院、北京市劳动争议仲裁委员会关于劳动争议案件法律适用问题研讨会会议纪要（2009年）

35. 因用人单位未为农民工缴纳养老保险费，农民工在与用人单位解除或终止劳动合同后，要求用人单位赔偿损失的，应当自劳动合同解除或终止之日起一年内提出，赔偿数额的确定可参照《农民合同制职工参加北京市养老、失业保险暂行办法》（京劳险发［1999］99号）和《北京市农民工养老保险暂行办法》（京劳社养发［2001］125号）的规定。

1.5.19 北京市高级人民法院与北京市劳动人事争议仲裁委员会关于审理劳动争议案件法律适用问题的解答（2017年4月）

8. 用人单位违法解除或终止劳动合同，劳动者要求继续履行劳动合同的，如何处理？

劳动者要求继续履行劳动合同的，一般应予以支持。

在仲裁中发现确实无法继续履行劳动合同的，应做好释明工作，告知劳动者将要求继续履行劳动合同的请求变更为要求用人单位支付违法解除劳动合同赔偿金等请求。如经充分释明，劳动者仍坚持要求继续履行劳动合同的，应尊重劳动者的诉权，驳回劳动者的请求，告知其可另行向用人单位主张违法解除劳动合同赔偿金等。如经释明后，劳动者的请求变更为要求用人单位支付违法解除劳动合同赔偿金等的，应当继续处理。

在诉讼中发现确实无法继续履行劳动合同的，驳回劳动者的诉讼请求，告知其可另行向用人单位主张违法解除劳动合同赔偿金等。

9. 用人单位违法解除或终止劳动合同后，劳动者要求继续履行劳动合同，哪些情形可以认定为“劳动合同确实无法继续履行”？

劳动合同确实无法继续履行主要有以下情形：（1）用人单位被依法宣告破产、吊销营业执照、责令关闭、撤销，或者用人单位决定提前解散的；（2）劳动者在仲裁或者诉讼过程中达到法定退休年龄的；（3）劳动合同在仲裁或者诉讼过程中到期终止且不存在《劳动合同法》第十四条规定应当订立无固定期限劳动合同情形的；（4）劳动者原岗位对用人单位的正常业务开展具有较强的不可替代性和唯一性（如总经理、财务负责人等），且劳动者原岗位已被他人替代，双方不能就新岗位达成一致意见的；（5）劳动者已入职新单位的；（6）仲裁或诉讼过程中，用人单位向劳动者送达复工通知，要求劳动者继续工作，但劳动者拒绝的；（7）其他明显不具备继续履行劳动合同条件的。

劳动者原岗位已被他人替代的，用人单位仅以此为由进行抗辩，不宜认定为“劳动合同确实无法继续履行的”情形。

10. 劳动者与用人单位因劳动合同是否为违法解除发生争议，劳动者要求继续履行劳动合同的情况下，原单位提交了其他单位为劳动者缴纳社会保险的凭证，并以此主张劳动者与新单位之间已经形成劳动关系，此时社会保险缴纳记录能否作为认定劳动者与新单位形成劳动关系的依据？并由此导致劳动者与用人单位“劳动合同已经不能继续履行”？

不能仅以社会保险缴纳记录作为认定劳动者与新单位形成劳动关系的依据。但此时举证责任转移，由劳动者证明其与新用人单位之间不是劳动关系。若劳动者不能提出反证，则依据其与新用人单位之间的社保缴费记录确认劳动者与原用人单位“劳动合同确实无法继续履行”。新用人单位不是案件当事人的，劳动者与新用人单位之间的社保缴费记录仅为“劳动合同确实无法继续履行”的裁判理由，不应径行裁判劳动者与新用人单位之间是否形成劳动关系。

11. 用人单位依据《劳动合同法》第三十九条第一项的规定解除劳动合同的，如何处理？

用人单位在录用劳动者时应当向劳动者明确告知录用条件，用人单位在解除劳动合同时应当向劳动者说明理由及法律依据。

用人单位证明已向劳动者明确告知录用条件，并且提供证据证明劳动者在试用期间不符合录用条件的，可依照《劳动合同法》第三十九条第一项的规定解除劳动合同。

就劳动者是否符合录用条件的认定，在试用期的认定标准可适当低于试用期届满后的认定标准。劳动者不符合录用条件的情况主要有以下情形：（1）劳动者违反诚实信用原则对影响劳动合同履行的自身基本情况有隐瞒或虚构事实的，包括提供虚假学历证书、假身份证、假护照等个人重要证件；对履历、知识、技能、业绩、健康等个人情况说明与事实有重大出入的；（2）在试用期间存在工作失误的，对工作失误的认定以劳动法相关规定、用人单位规章制度以及双方合同约定内容为判断标准；（3）双方约定属于用人单位考核劳动者试用期不符合录用条件的其他情况。

12. 哪些情形属于《劳动合同法》第四十条第三项规定的“劳动合同订立时所依据的客观情况发生重大变化”？

“劳动合同订立时所依据的客观情况发生重大变化”是指劳动合同订立后发生了用人单位和劳动者订立合同时无法预见的变化，致使双方订立的劳动合同全部或者主要条款无法履行，或者若继续履行将出现成本过高等显失公平的状况，致使劳动合同目的难以实现。

下列情形一般属于“劳动合同订立时所依据的客观情况发生重大变化”：（1）地震、火灾、水灾等自然灾害形成的不可抗力；（2）受法律、法规、政策变化导致用人单位迁移、资产转移或者停产、转产、转（改）制等重大变化的；（3）特许经营性质的用人单位经营范围等发生变化的。

13. 在规章制度未作出明确规定、劳动合同亦未明确约定的情况下，劳动者严重违反劳动纪律和职业道德的，用人单位是否可以解除劳动合同？

《劳动法》第三条第二款中规定：“劳动者应当遵守劳动纪律和职业道德”。上述规定是对劳动者的基本要求，即便在规章制度未作出明确规定、劳动合同亦未明确约定的情况下，如劳动者存在严重违反劳动纪律或职业道德的行为，用人单位可以依据《劳动法》第三条第二款的规定与劳动者解除劳动合同。

14. 在不属于《劳动合同法》第三十八条规定的情况下，劳动者违反劳动合同约定的期限提前解除合同，用人单位拒绝继续履行约定的正常劳动报酬、福利外的经济方面的特殊待遇，或者要求劳动者返还正常劳动报酬、福利外的经济方面的特殊待遇，如何处理？

用人单位除向劳动者支付正常劳动报酬外，还特别给予劳动者如汽车、房屋、住房补贴等经济方面特殊待遇，双方对特殊待遇与约定工作期限的关联性有明确约定的按约定；虽无明确约定，但能够认定用人单位系基于劳动者的工作期限给予劳动者特殊待遇的，由于劳动者未完全履行合同，用人单位可以就劳动者未履行合同对应部分拒绝给付特殊待遇，对已经预先给付的，可以按照相应比例要求返还。

1.6 劳动合同期满的处理

★ 行政法规/部门规章/司法解释

1.6.1 劳动和社会保障部办公厅关于对事实劳动关系解除是否应该支付经济补偿金问题的复函（劳社厅函［2001］249号）

浙江省劳动和社会保障厅：

你厅《关于事实劳动关系解除是否应该支付经济补偿金问题的请示》（浙劳社仲［2001］259号）收悉。经商最高人民法院，现答复如下：

最高人民法院《关于审理劳动争议案件适用法律若干问题的解释》（法释［2001］14号）第十六条规定："劳动合同期满后，劳动者仍在原用人单位工作，原用人单位未表示异议的，视为双方同意以原条件继续履行劳动合同。一方提出终止劳动关系的，人民法院应当支持"。该规定中的"终止"，是指劳动合同期满后，劳动者仍在原用人单位工作，用人单位未表示异议的，劳动者和原用人单位之间存在的是一种事实上的劳动关系，而不等于双方按照原劳动合同约定的期限续签了一个新的劳动合同。一方提出终止劳动关系的，应认定为终止事实上的劳动关系。

二〇〇一年十一月二十六日

1.6.2 最高人民法院关于审理劳动争议案件适用法律若干问题的解释（法释［2001］14号）

第十六条　劳动合同期满后，劳动者仍在原用人单位工作，原用人单位未表示异议的，视为双方同意以原条件继续履行劳动合同。一方提出终止劳动关系的，人民法院应当支持。

根据《劳动法》第二十条之规定，用人单位应当与劳动者签订无固定期限劳动合同而未签订的，人民法院可以视为双方之间存在无固定期限劳动合同关系，并以原劳动合同确定双方的权利义务关系。

1.6.3 中华人民共和国劳动合同法实施条例（国务院令第535号　2008年9月起施行）

第十七条　劳动合同期满，但是用人单位与劳动者依照劳动合同法第二十二条的规定约定的服务期尚未到期的，劳动合同应当续延至服务期满；双方另有约定的，从其约定。

★ 地方性文件·广东省

1.6.4 广东省高级人民法院、广东省劳动人事争议仲裁委员会《关于审理劳动人事争议案件若干问题的座谈会纪要》（粤高法［2012］284号）

第十四条　用人单位自用工之日起超过一个月不满一年未与劳动者签订书面劳动合同，或者虽通知劳动者签订书面劳动合同但劳动者无正当理由拒不签订，用人单位未书面通知劳动者终止劳动关系的，应当按照《劳动合同法》第八十二条的规定向劳动者每月支付二倍工资。二倍工资差额的计算基数为劳动者当月应得工资，但不包括以下两项：

（1）支付周期超过一个月的劳动报酬，如季度奖、半年奖、年终奖、年底双薪以及按照季度、半年、年结算的业务提成等；

（2）未确定支付周期的劳动报酬，如一次性的奖金，特殊情况下支付的津贴、补贴等。

劳动合同期满后，劳动者仍在原用人单位工作，超过一个月双方仍未续订劳动合同，劳动者根据《劳动合同法》第八十二条第一款规定要求支付二倍工资的，应予支持。

第十六条 劳动者依法请求用人单位与其订立无固定期限劳动合同的，劳动人事仲裁机构或人民法院应告知其将仲裁或诉讼请求变更为确认双方已存在无固定期限劳动合同。劳动者拒不变更的，劳动人事仲裁机构或人民法院不得直接判令双方当事人签订无固定期限劳动合同，但可以依法确认双方当事人已存在事实上的无固定期限劳动关系，并参照原劳动合同确定双方的权利义务内容。

第十七条 劳动者虽然符合《劳动合同法》第十四条第二款规定的可签订无固定期限劳动合同的条件，但与用人单位签订了固定期限劳动合同，在该固定期限劳动合同履行过程中又请求与用人单位重新签订无固定期限劳动合同的，不予支持。

第十八条 劳动合同期限届满后，因符合《劳动合同法》第四十二条第（一）（三）（四）项规定情形而续延，致使劳动者在同一用人单位连续工作满十年，劳动者提出签订无固定期限劳动合同的，应予支持。

第十九条 用人单位与劳动者已连续订立二次固定期限劳动合同，第二次固定期限劳动合同期满后，且劳动者没有《劳动合同法》第三十九条和第四十条第一项、第二项规定的情形，劳动者提出续订劳动合同并要求订立无固定期限劳动合同的，用人单位应当与劳动者订立无固定期限劳动合同。

第二十条 劳动关系符合《劳动合同法》第十四条第二款第（一）（二）（三）项规定的情形，用人单位在与劳动者协商订立无固定期限劳动合同时提出的劳动报酬、劳动条件、福利待遇等事项不低于订立无固定期限劳动合同前的标准，劳动者拒不接受的，用人单位可以终止合同，且无须向劳动者支付经济补偿。

1.6.5 广东省人力资源和社会保障厅关于做好企业转型升级过程中劳资纠纷预防处理工作的意见（粤人社规［2013］3号）

二、指导企业理顺劳动关系和社保关系应重点把握的几个问题

（五）关于特殊人员处理问题。对在孕期、产期、哺乳期内的女职工，除法定情形外，企业不得解除劳动合同，在此期间劳动合同期满的，也不得终止劳动合同，应将合同期限延续至哺乳期满为止。

对患病或非因工负伤并在医疗期内的职工，除法定情形外，企业不得与其解除劳动合同，在医疗期内劳动合同到期的，也不得终止劳动合同，应将劳动合同期限延续至医疗期满，由企业继续履行劳动合同。

患职业病或因工负伤的职工，按国务院《工伤保险条例》和《广东省工伤保险条例》等有关规定办理。

1.6.6 深圳市中级人民法院关于审理劳动争议案件的裁判指引（2015年）

第六十五条 自用工之日起一个月内，或者劳动合同期满后劳动者仍在用人单位工作的一个月内，发生下列情形之一，导致用人单位未能与劳动者订立书面劳动合同的，该情形存续期间不计算在用人单位应当订立书面劳动合同的一个月期限内：

（1）不可抗力；

（2）劳动者丧失意思能力或被依法限制人身自由，客观上无法订立劳动合同；

（3）因确认劳动关系争议或解除劳动关系是否合法争议申请劳动仲裁或者诉讼尚未

结案；

（4）因其他客观原因足以影响双方签订书面劳动合同的。

自前款规定的情形消除之日起，用人单位应当订立书面劳动合同的一个月期限继续计算。

第六十八条　劳动合同期满，因劳动者具有《劳动合同法》第四十二条情形而导致双方劳动合同续延的，劳动者要求续延期间未签订书面劳动合同二倍工资，不予支持。

第七十六条　用人单位在劳动合同期满前，通知劳动者不用上班，但正常发放劳动者工资至劳动合同期满，视为用人单位提前通知劳动者合同期满时终止双方劳动合同，应当允许。

第七十七条　在固定期限劳动合同履行过程中，符合签订无固定期限劳动合同条件的劳动者要求在固定期限劳动合同期满后与用人单位续签无固定期限劳动合同的，应在固定期限劳动合同期满终止前提出。

第九十三条　对于用人单位与劳动者之间在劳动合同中约定，每一劳动合同履行期满由用人单位发放“解约补偿金”，或用人单位在劳动合同期满终止发放补偿金，后双方依然延续劳动关系的，在用人单位应当支付劳动者经济补偿时，应以其连续工作年限计发，但已领取的上述款项应予以扣除。

1.6.7 惠州市中级人民法院惠州市劳动人事争议仲裁委员会关于审理劳动争议案件若干问题的会议纪要（试行）(2012年)

第二十五条　【劳动合同期满未续签或终止的是否执行双倍工资】用人单位自用工之日起超过一个月不满一年未与劳动者签订劳动合同的，用人单位应自用工满一个月的次日起支付双倍工资至用工满一年或双方签订劳动合同前一日止，最长不超过11个月。

劳动合同期满，劳动者继续在用人单位工作的，用人单位在劳动合同期满之日超过一个月不满一年未与劳动者续签劳动合同的，参照前款处理。如果属于劳动者的原因，不与用人单位订立书面劳动合同，用人单位无需向劳动者支付双倍工资。

劳动合同期满，劳动者继续在用人单位工作的，用人单位在劳动合同期满之日超过一个月不满一年未与劳动者签订劳动合同的，符合《劳动合同法》第四十二条规定的情形，应按《劳动合同法》第四十五条执行，不支持双倍工资。

用人单位的人事经理等负责签订劳动合同事务的特定职位人员如未能举证证明未签劳动合同的责任在于用人单位的，其主张未签劳动合同双倍工资，不予支持。

用人单位未与其高级管理人员签订书面劳动合同，但用人单位能够提供聘任决定或聘任书，证明双方存在劳动权利义务且已实际履行的，高级管理人员以未签订书面劳动合同为由请求用人单位每月支付双倍工资的，不予支持。

高级管理人员的范围依据《中华人民共和国公司法》第二百一十七条第（一）项的规定予以确定。

★地方性文件·上海市

1.6.8 上海市高级人民法院关于适用《劳动合同法》若干问题的意见（沪高法［2009］73号）

六、劳动合同期满而约定的服务期未到期的处理

服务期是用人单位以给付一定培训费用为代价，要求接受对价的劳动者为用人单位相

应提供服务的约定。用人单位依约支付相应对价后，即已完全履行自己的合同义务，是否要求劳动者履行提供服务则成为用人单位的权利。基于民事权利都可以放弃的原则，在劳动合同期满后，用人单位放弃对剩余服务期要求的，应当准许。

此时，劳动合同可以终止，但用人单位不得向劳动者追索服务期的赔偿责任；用人单位继续提供工作岗位并要求劳动者履行服务期约定的，双方当事人应当继续履行。继续履行合同期间，用人单位不提供工作岗位的，视为其放弃对剩余服务期的要求，劳动合同终止。

八、用人单位因“违法解除或终止合同”需向劳动者支付赔偿金的适用范围

根据《劳动合同法》第四十八条的适用前提，是劳动合同应当履行而实际上已经不再继续履行，不包括劳动合同本来就符合解除和终止条件的情况，即用人单位在不具备合法解除或终止条件的情况下解除合同。因此，如果依法已经具备解除或终止的条件，只是用人单位在办理解除或终止的程序上存在瑕疵的，不属于本条规定的范围。如用人单位在已经具备解除条件的情况下，只是存在未提前30天通知劳动者等程序瑕疵的，则用人单位应当通过支付相应的“代通金”等方式加以补正，但无需支付赔偿金。

★地方性文件·北京市

1.6.9 北京市高级人民法院、北京市劳动争议仲裁委员会关于劳动争议案件法律适用问题研讨会会议纪要（二）（京高法发［2014］220号）

27. 劳动合同期满后未订立劳动合同，劳动者仍在原用人单位继续工作，如何处理？

劳动合同期满后未订立劳动合同，劳动者仍在原用人单位继续工作，应适用《劳动合同法》第十条、第十四条第三款、第八十二条，《中华人民共和国劳动合同法实施条例》第六条、第七条的规定进行处理。在此情况下，因为用人单位对原劳动合同期满和继续用工的法律后果均有预期，因此不需要再给予一个月的宽限期，原劳动合同期满次日，即是用人单位应当订立劳动合同之日和承担未订立劳动合同的法律后果之日。

1.6.10 北京市高级人民法院关于印发《2014年部分劳动争议法律适用疑难问题研讨会会议纪要》的通知

七、《会议纪要二》第27条：“劳动合同期满后未订立劳动合同，劳动者仍在原用人单位继续工作，应适用《劳动合同法》第十条、第十四条第三款、第八十二条，《劳动合同法实施条例》第六条、第七条的规定进行处理。在此情况下，因为用人单位对原劳动合同期满和继续用工的法律后果均有预期，因此不需要再给予一个月的宽限期，原劳动合同期满次日，即是用人单位应当订立劳动合同之日和承担未订立劳动合同的法律后果之日。”

问题：如果劳动合同期满后仍继续工作，但劳动者经通知不与用人单位续签劳动合同，用人单位能否适用《劳动合同法实施条例》第六条终止劳动关系？

研讨意见：可以。

1.7 责任承担

★ 法律

1.7.1 中华人民共和国劳动合同法（主席令第73号 2012年12月修正）

第八十条 【规章制度违法的法律责任】用人单位直接涉及劳动者切身利益的规章制度违反法律、法规规定的，由劳动行政部门责令改正，给予警告；给劳动者造成损害的，应当承担赔偿责任。

第八十一条 【缺乏必备条款、不提供劳动合同文本的法律责任】用人单位提供的劳动合同文本未载明本法规定的劳动合同必备条款或者用人单位未将劳动合同文本交付劳动者的，由劳动行政部门责令改正；给劳动者造成损害的，应当承担赔偿责任。

第八十二条 【不订立书面劳动合同的法律责任】用人单位自用工之日起超过一个月不满一年未与劳动者订立书面劳动合同的，应当向劳动者每月支付二倍的工资。

用人单位违反本法规定不与劳动者订立无固定期限劳动合同的，自应当订立无固定期限劳动合同之日起向劳动者每月支付二倍的工资。

第八十三条 【违法约定试用期的法律责任】用人单位违反本法规定与劳动者约定试用期的，由劳动行政部门责令改正；违法约定的试用期已经履行的，由用人单位以劳动者试用期满月工资为标准，按已经履行的超过法定试用期的期间向劳动者支付赔偿金。

第八十四条 【扣押劳动者身份等证件的法律责任】用人单位违反本法规定，扣押劳动者居民身份证等证件的，由劳动行政部门责令限期退还劳动者本人，并依照有关法律规定给予处罚。

用人单位违反本法规定，以担保或者其他名义向劳动者收取财物的，由劳动行政部门责令限期退还劳动者本人，并以每人五百元以上二千元以下的标准处以罚款；给劳动者造成损害的，应当承担赔偿责任。

劳动者依法解除或者终止劳动合同，用人单位扣押劳动者档案或者其他物品的，依照前款规定处罚。

第八十五条 【未依法支付劳动报酬、经济补偿等的法律责任】用人单位有下列情形之一的，由劳动行政部门责令限期支付劳动报酬、加班费或者经济补偿；劳动报酬低于当地最低工资标准的，应当支付其差额部分；逾期不支付的，责令用人单位按应付金额百分之五十以上百分之一百以下的标准向劳动者加付赔偿金：

（一）未按照劳动合同的约定或者国家规定及时足额支付劳动者劳动报酬的；

（二）低于当地最低工资标准支付劳动者工资的；

（三）安排加班不支付加班费的；

（四）解除或者终止劳动合同，未依照本法规定向劳动者支付经济补偿的。

第八十六条 【订立无效劳动合同的法律责任】劳动合同依照本法第二十六条规定被确认无效，给对方造成损害的，有过错的一方应当承担赔偿责任。

第八十七条 【违反解除或者终止劳动合同的法律责任】用人单位违反本法规定解除或者终止劳动合同的，应当依照本法第四十七条规定的经济补偿标准的二倍向劳动者支付赔偿金。

第八十八条 【侵害劳动者人身权益的法律责任】用人单位有下列情形之一的，依法给予行政处罚；构成犯罪的，依法追究刑事责任；给劳动者造成损害的，应当承担赔偿责任：

（一）以暴力、威胁或者非法限制人身自由的手段强迫劳动的；

（二）违章指挥或者强令冒险作业危及劳动者人身安全的；

（三）侮辱、体罚、殴打、非法搜查或者拘禁劳动者的；

（四）劳动条件恶劣、环境污染严重，给劳动者身心健康造成严重损害的。

第八十九条 【不出具解除、终止书面证明的法律责任】用人单位违反本法规定未向劳动者出具解除或者终止劳动合同的书面证明，由劳动行政部门责令改正；给劳动者造成损害的，应当承担赔偿责任。

第九十条 【劳动者的赔偿责任】劳动者违反本法规定解除劳动合同，或者违反劳动合同中约定的保密义务或者竞业限制，给用人单位造成损失的，应当承担赔偿责任。

第九十一条 【用人单位的连带赔偿责任】用人单位招用与其他用人单位尚未解除或者终止劳动合同的劳动者，给其他用人单位造成损失的，应当承担连带赔偿责任。

第九十二条 【劳务派遣单位的法律责任】违反本法规定，未经许可，擅自经营劳务派遣业务的，由劳动行政部门责令停止违法行为，没收违法所得，并处违法所得一倍以上五倍以下的罚款；没有违法所得的，可以处五万元以下的罚款。

劳务派遣单位、用工单位违反本法有关劳务派遣规定的，由劳动行政部门责令限期改正；逾期不改正的，以每人五千元以上一万元以下的标准处以罚款，对劳务派遣单位，吊销其劳务派遣业务经营许可证。用工单位给被派遣劳动者造成损害的，劳务派遣单位与用工单位承担连带赔偿责任。

第九十三条 【无营业执照经营单位的法律责任】对不具备合法经营资格的用人单位的违法犯罪行为，依法追究法律责任；劳动者已经付出劳动的，该单位或者其出资人应当依照本法有关规定向劳动者支付劳动报酬、经济补偿、赔偿金；给劳动者造成损害的，应当承担赔偿责任。

第九十四条 【个人承包经营者的连带赔偿责任】个人承包经营违反本法规定招用劳动者，给劳动者造成损害的，发包的组织与个人承包经营者承担连带赔偿责任。

第九十五条 【不履行法定职责、违法行使职权的法律责任】劳动行政部门和其他有关主管部门及其工作人员玩忽职守、不履行法定职责，或者违法行使职权，给劳动者或者用人单位造成损害的，应当承担赔偿责任；对直接负责的主管人员和其他直接责任人员，依法给予行政处分；构成犯罪的，依法追究刑事责任。

★ 行政法规/部门规章/司法解释

1.7.2 劳动和社会保障部、建设部关于印发《建设领域农民工工资支付管理暂行办法》的通知（劳社部发［2004］22号）

第七条 企业应将工资直接发放给农民工本人，严禁发放给“包工头”或其他不具备用工主体资格的组织和个人。企业可委托银行发放农民工工资。

第十二条 工程总承包企业不得将工程违反规定发包、分包给不具备用工主体资格的组织或个人，否则应承担清偿拖欠工资连带责任。

1.7.3 工伤保险条例（国务院令第375号　2010年12月修正）

第四十三条　用人单位分立、合并、转让的，承继单位应当承担原用人单位的工伤保险责任；原用人单位已经参加工伤保险的，承继单位应当到当地经办机构办理工伤保险变更登记。

用人单位实行承包经营的，工伤保险责任由职工劳动关系所在单位承担。

职工被借调期间受到工伤事故伤害的，由原用人单位承担工伤保险责任，但原用人单位与借调单位可以约定补偿办法。

企业破产的，在破产清算时依法拨付应当由单位支付的工伤保险待遇费用。

★ 地方性文件·广东省

1.7.4 广东省高级人民法院关于印发《广东省高级人民法院关于审理劳动争议案件若干问题的指导意见》的通知（粤高法发［2002］21号）

第二十九条　派出到合资、参股单位工作的劳动者与原用人单位仍保持劳动关系，原用人单位与合资、参股单位对劳动者的工资、社会保险、福利等有明确约定，且劳动者没有提出异议的，按该约定处理；无约定或无明确约定的，劳动者的相关待遇可由原用人单位和合资、参股单位共同负担。

第三十条　劳动者冒用他人名义与用人单位订立劳动合同的，应按实际劳动关系确定主体。用人单位以劳动者假冒身份证明为其投保而遭受社会保险损失的，用人单位和劳动者应按各自的过错承担相应的民事责任。

不满16岁的未成年人冒用他人名义与用人单位订立劳动合同或形成事实劳动关系的，劳动合同无效，但用人单位仍应按合同的约定支付报酬。该未成年人因工作遭致伤害的，应由用人单位负人身损害赔偿责任。

1.7.5 广东省工伤保险条例（广东省第十一届人民代表大会常务委员会公告第69号　2012年1月起施行）

第四十二条　用人单位实行承包经营的，工伤保险责任由职工劳动关系所在单位承担。

用人单位实行承包经营，使用劳动者的承包方不具备用人单位资格的，由具备用人单位资格的发包方承担工伤保险责任。

非法承包建筑工程发生工伤事故，劳动者的工伤待遇应当由分包方或者承包方承担，分包方或者承包方承担工伤保险责任后有权向发包方追偿。职工被借调期间受到工伤事故伤害的，由原用人单位承担工伤保险责任，但原用人单位与借调单位可以约定补偿办法。

1.7.6 惠州市中级人民法院、惠州市劳动人事争议仲裁委员会《关于审理劳动争议案件若干问题的会议纪要（试行）》（2012年）

第二条　【持《合作协议》或《承包协议》请求确认劳动关系是否受理】用人单位与劳动者签订《合作协议》、《承包协议》等而未签订劳动合同的，劳动者持《合作协议》或《承包协议》要求确认劳动关系，可依法向劳动仲裁机构申请仲裁。

《合作协议》或《承包协议》的内容具有《劳动合同法》第十七条规定的主要条款的，根据协议的实际履行情况，可以认定双方存在劳动合同关系。否则，可由当事人持《合作协议》或《承包协议》直接向人民法院起诉。

第三十四条　【挂靠的责任承担问题】挂靠在其他单位名下进行生产经营的挂靠人违

反法律法规的规定侵害其招用的劳动者合法权益，区分下列四种情形进行处理：（一）挂靠人以自己的名义招用劳动者但不具有用工主体资格的，由挂靠人承担责任，被挂靠人承担补充清偿责任；（二）挂靠人以自己的名义招用劳动者且具有用工主体资格的，被挂靠人不承担责任；（三）挂靠人以被挂靠人名义招用劳动者的，被挂靠人未提供证据证明其已提出反对并将挂靠事实告知劳动者，挂靠人不具有用工主体资格的，由被挂靠人承担责任；（四）挂靠人以被挂靠人名义招用劳动者的，被挂靠人未提供证据证明其已提出反对并将挂靠事实告知劳动者，挂靠人具有用工主体资格的，由挂靠人承担责任，被挂靠人承担补充清偿责任。承担责任后，被挂靠人享有追偿权。

1.7.7 深圳市中级人民法院关于审理劳动争议案件的裁判指引（2015 年）

第五十五条 劳务派遣关系中，用工单位违反法定义务，造成劳动者损害的，由用工单位承担赔偿责任，劳务派遣单位承担连带责任。

第五十七条 劳动者与不具备合法经营资格的用人单位因用工关系产生争议，应当将该单位或出资人列为当事人，按照《劳动合同法》第九十三条的规定支付相关费用，即劳动报酬、经济补偿、赔偿金和损害赔偿责任，但不包括未签订书面劳动合同的二倍工资差额。

第五十八条 个人承包、挂靠他人经营或借用他人营业执照经营的，承包人、挂靠人或借用人招用的劳动者请求确认其与具有用工主体资格的发包人、被挂靠人或被借用人存在劳动关系的，不予支持，但社会保险行政部门已认定工伤的除外。劳动者依据《广东省工资支付条例》第三十二条、第三十三条或《劳动合同法》第九十四条与《非法用工单位伤亡人员一次性赔偿办法》直接主张由发包人、被挂靠人或被借用人与承包人、挂靠人或借用人连带承担相应法律责任的，应予支持。

1.8 规章制度

★ 法律

1.8.1 中华人民共和国劳动合同法（主席令第 73 号　2012 年 12 月修正）

第四条　用人单位应当依法建立和完善劳动规章制度，保障劳动者享有劳动权利、履行劳动义务。

用人单位在制定、修改或者决定有关劳动报酬、工作时间、休息休假、劳动安全卫生、保险福利、职工培训、劳动纪律以及劳动定额管理等直接涉及劳动者切身利益的规章制度或者重大事项时，应当经职工代表大会或者全体职工讨论，提出方案和意见，与工会或者职工代表平等协商确定。

在规章制度和重大事项决定实施过程中，工会或者职工认为不适当的，有权向用人单位提出，通过协商予以修改完善。

用人单位应当将直接涉及劳动者切身利益的规章制度和重大事项决定公示，或者告知劳动者。

第三十八条　用人单位有下列情形之一的，劳动者可以解除劳动合同：

（一）未按照劳动合同约定提供劳动保护或者劳动条件的；

（二）未及时足额支付劳动报酬的；

（三）未依法为劳动者缴纳社会保险费的；

（四）用人单位的规章制度违反法律、法规的规定，损害劳动者权益的；

（五）因本法第二十六条第一款规定的情形致使劳动合同无效的；

（六）法律、行政法规规定劳动者可以解除劳动合同的其他情形。

第三十九条　劳动者有下列情形之一的，用人单位可以解除劳动合同：

（一）在试用期间被证明不符合录用条件的；

（二）严重违反用人单位的规章制度的；

（三）严重失职，营私舞弊，给用人单位造成重大损害的；

（四）劳动者同时与其他用人单位建立劳动关系，对完成本单位的工作任务造成严重影响，或者经用人单位提出，拒不改正的；

（五）因本法第二十六条第一款第一项规定的情形致使劳动合同无效的；

（六）被依法追究刑事责任的。

第八十条　用人单位直接涉及劳动者切身利益的规章制度违反法律、法规规定的，由劳动行政部门责令改正，给予警告；给劳动者造成损害的，应当承担赔偿责任。

1.8.2 中华人民共和国劳动法（主席令第 18 号　2009 年修正）

第四条　【用人单位义务】用人单位应当依法建立和完善规章制度，保障劳动者享有劳动权利和履行劳动义务。

第八十九条　【对劳动规章违法的处罚】用人单位制定的劳动规章制度违反法律、法规规定的，由劳动行政部门给予警告，责令改正；对劳动者造成损害的，应当承担赔偿责任。

★行政法规/部门规章/司法解释

1.8.3 劳动部办公厅关于印发《关于〈劳动法〉若干条文的说明》的通知（劳办发［1994］289号）

第四条 用人单位应当依法建立和完善规章制度，保障劳动者享有劳动权利和履行劳动义务。

本条中的“依法”应当作广义理解，指所有的法律、法规和规章。包括：宪法、法律、行政法规、地方法规，民族自治，还要依据地方的自治条例和单行条例，以及关于劳动方面的行政规章。

1.8.4 劳动部关于印发《关于贯彻执行〈中华人民共和国劳动法〉若干问题的意见》的通知（劳部发［1995］309号）

第八十七条 劳动法第二十五条第（三）项中的“重大损害”，应由企业内部规章来规定，不便于在全国对其作统一解释。若用人单位以此为由解除劳动合同，与劳动者发生劳动争议，当事人向劳动争议仲裁委员会申请仲裁的，由劳动争议仲裁委员会根据企业类型、规模和损害程度等情况，对企业规章中规定的“重大损害”进行认定。

1.8.5 最高人民法院关于审理劳动争议案件适用法律若干问题的解释（法释［2001］14号）

第十九条 用人单位根据《劳动法》第四条之规定，通过民主程序制定的规章制度，不违反国家法律、行政法规及政策规定，并已向劳动者公示的，可以作为人民法院审理劳动争议案件的依据。

1.8.6 最高人民法院关于审理劳动争议案件适用法律若干问题的解释（二）（法释［2006］6号）

第十六条 用人单位制定的内部规章制度与集体合同或者劳动合同约定的内容不一致，劳动者请求优先适用合同约定的，人民法院应予支持。

★ 地方性文件·广东省

1.8.7 广东省高级人民法院、广东省劳动争议仲裁委员会关于适用《劳动争议调解仲裁法》《劳动合同法》若干问题的指导意见（粤高法发［2008］13号）

第二十条 用人单位在《劳动合同法》实施前制定的规章制度，虽未经过《劳动合同法》第四条第二款规定的民主程序，但内容未违反法律、行政法规及政策规定，并已向劳动者公示或告知的，可以作为用人单位用工管理的依据。

《劳动合同法》实施后，用人单位制定、修改直接涉及劳动者切身利益的规章制度或者重大事项时，未经过《劳动合同法》第四条第二款规定的民主程序的，原则上不能作为用人单位用工管理的依据。但规章制度或者重大事项的内容未违反法律、行政法规及政策规定，不存在明显不合理的情形，并已向劳动者公示或告知，劳动者没有异议的，可以作为劳动仲裁和人民法院裁判的依据。

1.8.8 深圳市中级人民法院关于审理劳动争议案件的裁判指引（2015年）

第十条 劳动者要求对用人单位的规章制度予以纠正的，不作劳动争议处理；劳动者以用人单位的规章制度违反法律法规，给其造成损害为由，要求用人单位承担赔偿责任的，应作为劳动争议处理。

第二十六条　当事人因劳动合同的订立与解除发生争议的，举证责任如下分配：

（1）当事人主张订立无固定期限劳动合同的，应就订立无固定期限劳动合同条件成立举证；

（2）当事人主张存在解除劳动合同或存在解除事实劳动关系事实的，应就此主张举证；

（3）用人单位解除劳动关系的，应就其解除原因举证；

（4）用人单位主张劳动者严重违反劳动纪律或企业规章制度的，应就劳动者存在严重违反劳动纪律或企业规章制度的事实以及企业规章制度经过民主程序制定并已向劳动者公示的事实举证。

第七十二条　用人单位在《劳动合同法》实施前制定的规章制度，虽未经过《劳动合同法》第四条第二款规定的民主程序，但内容未违反法律、行政法规及政策规定，并已向劳动者公示或告知的，可以作为用人单位用工管理的依据。

《劳动合同法》实施后，用人单位制定、修改直接涉及劳动者切身利益的规章制度或重大事项时，未经过《劳动合同法》第四条第二款规定的民主程序的，原则上不能作为用人单位用工管理的依据。但规章制度或重大事项的内容未违反法律、行政法规及政策规定，不存在明显不合理的情形，并已向劳动者公示或告知的，劳动者没有异议的，可以作为用人单位用工管理的依据。

第七十三条　《劳动合同法》第四条第二款规定的“平等协商确定”主要是指程序上的要求，如果平等协商无法达成一致，最后决定权在用人单位。如该规章制度违反法律法规的规定，给劳动者造成损害的，劳动者可依据《劳动合同法》第八十条寻求救济。

1.8.9 中山市中级人民法院关于审理劳动争议案件若干问题的参考意见（2011 年）

1.8【单位罚款的处理】对用人单位在章程及劳动合同中就劳动者违反劳动纪律或造成损害予以“罚款”的约定，在处理时应把握如下原则：

（一）用人单位为维护其正常经营管理，监督员工严格、准确执行有关规章制度，在不违反法律强制性规定的情况下，以已经通过民主程序制定并已向劳动者公示的规章制度或者以双方通过合意方式在劳动合同中的明确约定作为依据，对劳动者予以“罚款”的，应合理支持，但不宜在裁判中直接载明支持用人单位“罚款”，应当表述其为一种扣款形式的经济管理手段。

（二）为避免用人单位滥用上述经济惩罚措施侵害劳动者合法权益，应对用人单位所主张的事由、依据进行严格审查，并对其惩罚的金额是否合理和有失公平作出判断。对企业的经济惩罚措施超过劳动者月标准工资百分之十的，不予支持。

（三）用人单位既无章程制度依据，也无劳动合同依据对劳动者采取“罚款”的经济惩罚措施，不予支持。如用人单位认为劳动者的行为造成用人单位经济损失的，用人单位应另行诉求追索。

1.10【劳动者借款抵扣的处理】对劳动者尚欠用人单位的借款等债务，用人单位一直从其工资中冲减抵扣，且劳动者一直未提出异议，劳动者以用人单位非法克扣工资为由请求返还或主张其他权利的，不予支持。

1.8.10 惠州市中级人民法院惠州市劳动人事争议仲裁委员会关于审理劳动争议案件若干问题的会议纪要（试行）（2012年）

第三十一条　【规章制度效力问题】用人单位制订的规章制度相关条款存在违反法律、行政法规及政策规定、存在明显不合理以及免除自己法定责任、排除劳动者权利的情形，可以认定规章制度相关条款不能作为劳动仲裁和人民法院裁判的依据。

1.9 服务期、保密、竞业限制、违约金相关

★ 法律

1.9.1 中华人民共和国劳动合同法（主席令第73号　2012年12月修正）

第二十二条　【服务期】用人单位为劳动者提供专项培训费用，对其进行专业技术培训的，可以与该劳动者订立协议，约定服务期。

劳动者违反服务期约定的，应当按照约定向用人单位支付违约金。违约金的数额不得超过用人单位提供的培训费用。用人单位要求劳动者支付的违约金不得超过服务期尚未履行部分所应分摊的培训费用。

用人单位与劳动者约定服务期的，不影响按照正常的工资调整机制提高劳动者在服务期期间的劳动报酬。

第二十三条　【保密义务和竞业限制】用人单位与劳动者可以在劳动合同中约定保守用人单位的商业秘密和与知识产权相关的保密事项。

对负有保密义务的劳动者，用人单位可以在劳动合同或者保密协议中与劳动者约定竞业限制条款，并约定在解除或者终止劳动合同后，在竞业限制期限内按月给予劳动者经济补偿。劳动者违反竞业限制约定的，应当按照约定向用人单位支付违约金。

第二十四条　【竞业限制的范围和期限】竞业限制的人员限于用人单位的高级管理人员、高级技术人员和其他负有保密义务的人员。竞业限制的范围、地域、期限由用人单位与劳动者约定，竞业限制的约定不得违反法律、法规的规定。

在解除或者终止劳动合同后，前款规定的人员到与本单位生产或者经营同类产品、从事同类业务的有竞争关系的其他用人单位，或者自己开业生产或者经营同类产品、从事同类业务的竞业限制期限，不得超过二年。

第二十五条　【违约金】除本法第二十二条和第二十三条规定的情形外，用人单位不得与劳动者约定由劳动者承担违约金。

第九十条　【劳动者的赔偿责任】劳动者违反本法规定解除劳动合同，或者违反劳动合同中约定的保密义务或者竞业限制，给用人单位造成损失的，应当承担赔偿责任。

1.9.2 中华人民共和国劳动法（主席令第18号　2009年修正）

第二十二条　【商业秘密事项约定】劳动合同当事人可以在劳动合同中约定保守用人单位商业秘密的有关事项。

★ 行政法规/部门规章/司法解释

1.9.3 中华人民共和国劳动合同法实施条例（国务院令第535号　2008年9月起施行）

第十六条　劳动合同法第二十二条第二款规定的培训费用，包括用人单位为了对劳动者进行专业技术培训而支付的有凭证的培训费用、培训期间的差旅费用以及因培训产生的用于该劳动者的其他直接费用。

第十七条　劳动合同期满，但是用人单位与劳动者依照劳动合同法第二十二条的规定约定的服务期尚未到期的，劳动合同应当续延至服务期满；双方另有约定的，从其约定。

第二十六条　用人单位与劳动者约定了服务期，劳动者依照劳动合同法第三十八条的

规定解除劳动合同的，不属于违反服务期的约定，用人单位不得要求劳动者支付违约金。

有下列情形之一，用人单位与劳动者解除约定服务期的劳动合同的，劳动者应当按照劳动合同的约定向用人单位支付违约金：

（一）劳动者严重违反用人单位的规章制度的；

（二）劳动者严重失职，营私舞弊，给用人单位造成重大损害的；

（三）劳动者同时与其他用人单位建立劳动关系，对完成本单位的工作任务造成严重影响，或者经用人单位提出，拒不改正的；

（四）劳动者以欺诈、胁迫的手段或者乘人之危，使用人单位在违背真实意思的情况下订立或者变更劳动合同的；

（五）劳动者被依法追究刑事责任的。

1.9.4 最高人民法院关于审理劳动争议案件适用法律若干问题的解释（四）（法释［2013］4号）

第六条 当事人在劳动合同或者保密协议中约定了竞业限制，但未约定解除或者终止劳动合同后给予劳动者经济补偿，劳动者履行了竞业限制义务，要求用人单位按照劳动者在劳动合同解除或者终止前十二个月平均工资的30%按月支付经济补偿的，人民法院应予支持。

前款规定的月平均工资的30%低于劳动合同履行地最低工资标准的，按照劳动合同履行地最低工资标准支付。

第七条 当事人在劳动合同或者保密协议中约定了竞业限制和经济补偿，当事人解除劳动合同时，除另有约定外，用人单位要求劳动者履行竞业限制义务，或者劳动者履行了竞业限制义务后要求用人单位支付经济补偿的，人民法院应予支持。

第八条 当事人在劳动合同或者保密协议中约定了竞业限制和经济补偿，劳动合同解除或者终止后，因用人单位的原因导致三个月未支付经济补偿，劳动者请求解除竞业限制约定的，人民法院应予支持。

第九条 在竞业限制期限内，用人单位请求解除竞业限制协议时，人民法院应予支持。

在解除竞业限制协议时，劳动者请求用人单位额外支付劳动者三个月的竞业限制经济补偿的，人民法院应予支持。

第十条 劳动者违反竞业限制约定，向用人单位支付违约金后，用人单位要求劳动者按照约定继续履行竞业限制义务的，人民法院应予支持。

1.9.5 第八次全国法院民事商事审判工作会议（民事部分）纪要（2016年）

第28条 用人单位和劳动者在竞业限制协议中约定的违约金过分高于或者低于实际损失，当事人请求调整违约金数额的，人民法院可以参照《最高人民法院关于适用〈中华人民共和国合同法〉若干问题的解释（二）》第二十九条的规定予以处理。

★ 地方性文件·广东省

1.9.6 广东省高级人民法院、广东省劳动人事争议仲裁委员会关于印发《广东省高级人民法院广东省劳动人事争议仲裁委员会关于审理劳动人事争议案件若干问题的座谈会纪要》的通知（粤高法［2012］284号）

第二十一条 劳动合同解除或者终止后，劳动者请求用人单位支付竞业限制经济补偿或以用人单位未按约定支付竞业限制经济补偿为由要求不履行竞业限制义务，对用人单位以其在劳动关系存续期间向劳动者支付的劳动报酬已包含竞业限制经济补偿提出的抗辩，不予支持。

1.9.7 广东省高级人民法院、广东省劳动争议仲裁委员会关于适用《劳动争议调解仲裁法》《劳动合同法》若干问题的指导意见（粤高法发［2008］13号）

第二十六条 用人单位与劳动者约定竞业限制的，应当在竞业限制期限内依法给予劳动者经济补偿，用人单位未按约定支付经济补偿的，劳动者可要求用人单位履行竞业限制协议。至工作交接完成时，用人单位尚未承诺给予劳动者经济补偿的，竞业限制条款对劳动者不具有约束力。

用人单位在竞业限制条款中约定的违约金过分高于实际损失的，人民法院、劳动争议仲裁委员会可以依据劳动者的请求对违约金数额予以适当调整。

1.9.8 中山市中级人民法院关于审理劳动争议案件若干问题的参考意见（2011年）

6.1【竞业限制补偿的认定】用人单位与劳动者约定竞业限制但未同时约定经济补偿，或者约定经济补偿的数额明显过低、不足以维持劳动者在当地的最低生活标准的，属于《劳动合同法》第二十六条第（二）项规定的“用人单位免除自己的法定责任、排除劳动者权利的”情形，该竞业限制条款无效。

用人单位与劳动者约定的竞业限制补偿费虽然高于当地的最低生活标准，但与双方约定的违约金相比显失公正的，法院可以根据用人单位支付的补偿金标准，按照公平合理的原则对违约金予以适当变更。

6.2【无约束力竞业限制条款】具有以下情形之一的，竞业限制条款对劳动者不再具有约束力：

（一）劳动者依《劳动合同法》第三十八条第二款规定，被迫解除劳动合同的；

（二）用人单位依《劳动合同法》第四十一条规定，解除劳动合同的；

（三）用人单位破产、关闭、停业、转行或解散的；

（四）用人单位未按约定支付经济补偿的；

（五）法律、行政法规规定的其他情形。

6.3【竞业限制条款告知】用人单位与劳动者在劳动合同或保密协议中约定了竞业限制条款，用人单位如在此后认为劳动者不必履行竞业限制约定的，应当明确告知劳动者。

在用人单位告知前劳动者已按约定履行了义务，因而要求用人单位支付履行期间的经济补偿的，应予支持。

6.4【服务期违约金】依据《劳动合同法》第二十二条的规定，劳动者违反劳动合同中有关服务期约定的，应当按照约定支付违约金，但属于《劳动合同法》第三十八条、第四十一条规定情形的除外。约定违约金过高的，应当依据《劳动合同法》第二十二条第二款的规定予以调整。

《劳动合同法》第二十二条中规定的“培训费用”，不包括劳动者接受专项培训期间的基本工资；“专业技术培训”是指为提高劳动者特定技能而提供的培训，不包括上岗前的培训和日常业务培训。

用人单位以劳动者违反劳动合同中有关服务期的约定为由，请求劳动者支付违约金的，应对其已为劳动者提供专项培训及具体费用等相关事实负举证责任。

6.5【特殊待遇条款的认定】用人单位为其引进的部分非本市户籍人员办理本市户籍，可约定其为特殊待遇当事人通过书面合同约定，明确将用人单位为引进人员办理本市户口作为特殊待遇，并据此设定服务期和违约责任的，可予确认。

所设定的服务期期限和违约金数额不合理的，可根据当事人的具体违约原因、违约程度酌情调整。

6.6【解约违约金的处理】劳动者同时请求经济补偿金和合同约定的解除劳动合同违约金的，可予支持。约定违约金过高的，可以根据当事人的请求酌情调整。

1.9.9 深圳市中级人民法院关于审理劳动争议案件的裁判指引（2015年）

第九十八条 劳动者与用人单位在订立或履行劳动合同过程中，事先就解除劳动合同约定由用人单位支付的高于法定标准的经济补偿或违约金的，该约定有效。

当事人主张双方约定的经济补偿或违约金标准过高，要求调整的，人民法院可依法予以调整。

第一百〇六条 用人单位与劳动者约定竞业限制的，应当在竞业限制期限内依法给予劳动者经济补偿。用人单位未按约定支付经济补偿的，劳动者自用人单位违反约定之日起三十日内可要求用人单位一次性支付尚未支付的经济补偿，并继续履行竞业限制协议；劳动者未在三十日内要求一次性支付的，可通知用人单位解除竞业限制协议或支付已履行竞业限制义务期间的经济补偿。

劳动者在职期间违反竞业限制义务，用人单位依据双方约定要求劳动者支付违约金的，应予支持。

当事人主张双方约定的违约金过高请求调整的，人民法院可依法予以调整。

第一百〇七条 《深圳经济特区企业技术秘密保护条例》及《深圳经济特区和谐劳动关系条例》关于竞业限制的有关规定与最高人民法院《关于审理劳动争议案件适用法律若干问题的解释（三）》相应规定不一致的，优先适用深圳经济特区条例的相关规定。

第一百〇八条 双方约定劳动者在职期间的工资中包含竞业限制经济补偿的，该约定无效。用人单位在劳动者离职后的竞业限制期内仍负有支付竞业限制经济补偿的义务。

1.9.10 广州市中级人民法院关于审理劳动人事争议案件若干问题的研讨会纪要（2014年）

第十二条 竞业限制补偿协议中如未约定经济补偿金和违约金，鉴于竞业限制补偿是劳动者履行竞业限制义务的对价，劳动者可履行抗辩权，自由决定是否仍然履行竞业限制义务。如未约定经济补偿金，却约定了违约金，劳动者未履行竞业限制义务或违反了竞业限制义务，用人单位主张劳动者按约定支付违约金的，不予支持。

第十三条 在竞业限制期限内，用人单位请求解除竞业限制协议及在解除竞业限制协议时，劳动者请求用人单位额外支付劳动者三个月的竞业限制经济补偿的情形，属于劳动关系衍生的权利义务，根据《中华人民共和国劳动争议调解仲裁法》第二条的规定，劳动仲裁应予受理。

第十四条 竞业限制违约责任与侵权损害赔偿责任发生竞合时，如果双方约定有违约金的，应首先适用违约金条款，如该违约金过分低于或高于造成的实际损失的，可适当予以调整。双方未约定违约金的，按实际损失确定赔偿责任。

第十五条　劳动者达到法定退休年龄导致劳动合同终止，劳动合同中的竞业限制条款对退休后的劳动者仍有约束力，履行了竞业限制义务的劳动者，仍然有权获得竞业限制补偿。

第十六条　用人单位和劳动者约定竞业限制补偿金在解除或终止劳动合同后提前一次性支付，如该约定是双方真实意思表示，内容未违反法律、法规的强制性规定，可以认定有效。

第十七条　在竞业限制纠纷中，原用人单位如要求裁决新用人单位解除与劳动者的劳动关系，应不予支持。但原用人单位如要求劳动者按照约定继续履行竞业限制义务的，人民法院应予支持。

1.9.11 广东省高级人民法院印发《广东省高级人民法院关于审理劳动争议案件疑难问题的解答》的通知（粤高法［2017］147号　2017年8月1日实施）

21. 劳动者能否要求用人单位支付违约金？

《中华人民共和国劳动合同法》第二十五条只是对用人单位要求劳动者支付违约金作出限制，并未禁止劳动者主张违约金。因此，在法律法规未对违反劳动合同的违约金性质和适用条件作出具体规定的情况下，劳动者可以同时主张违约金、经济补偿金，劳动者依据劳动合同的约定要求用人单位支付解除劳动合同的违约金的，予以支持。

★地方性文件·上海市

1.9.12 上海市高级人民法院关于审理劳动争议案件若干问题的解答（沪高法民一［2006］17号）

七、用人单位为其引进的部分非本市户籍人员办理本市户籍，可约定其为特殊待遇

当事人通过书面合同约定，明确将用人单位为引进人员办理本市户口作为特殊待遇，并据此设定服务期和违约责任的，劳动争议处理机构可予确认。

服务期期限和违约金数额应当合理确定，审理中发现所设定的服务期期限和违约金数额不合理的，可以根据当事人的具体违约原因、违约程度酌情调整。

1.9.13 上海市高级人民法院关于适用《劳动合同法》若干问题的意见（沪高法［2009］73号）

十三、当事人对竞业限制条款约定不清的处理

劳动合同当事人仅约定劳动者应当履行竞业限制义务，但未约定是否向劳动者支付补偿金，或者虽约定向劳动者支付补偿金但未明确约定具体支付标准的，基于当事人就竞业限制有一致的意思表示，可以认为竞业限制条款对双方仍有约束力。补偿金数额不明的，双方可以继续就补偿金的标准进行协商；协商不能达成一致的，用人单位应当按照劳动者此前正常工资的20%~50%支付。协商不能达成一致的，限制期最长不得超过两年。

★地方性文件·北京市

1.9.14 北京市高级人民法院、北京市劳动争议仲裁委员会关于劳动争议案件法律适用问题研讨会会议纪要（2009年）

37. 用人单位与劳动者在劳动合同或保密协议中约定了竞业限制条款，用人单位如在此后认为劳动者不必履行竞业限制约定的，应当明确告知劳动者。在用人单位告知前劳动者

已按约定履行了义务，因此要求用人单位支付履行期间经济补偿的，应予支持。

38. 用人单位与劳动者在劳动合同或保密协议中约定了竞业限制条款，但未就补偿费的给付或具体给付标准进行约定，不应据此认定竞业限制条款无效，双方在劳动关系存续期间或在解除、终止劳动合同时，可以通过协商予以补救，经协商不能达成一致的，可按照双方劳动关系终止前最后一个年度劳动者工资的20%~60%确定补偿费数额。用人单位明确表示不支付补偿费的，竞业限制条款对劳动者不具有约束力。

劳动者与用人单位未约定竞业限制期限的，应由双方协商确定，经协商不能达成一致的，限制期最长不得超过两年。

1.9.15 北京市高级人民法院、北京市劳动争议仲裁委员会关于劳动争议案件法律适用问题研讨会会议纪要（二）（京高法发［2014］220号）

38. 劳动者依据劳部发［1994］481号《违反和解除劳动合同的经济补偿办法》第三条、第四条关于25%的经济补偿金的规定主张给付经济补偿金，如何处理？

劳动者依据劳部发［1994］481号《违反和解除劳动合同的经济补偿办法》第三条、第四条规定主张给付经济补偿金，仲裁委、法院应当向劳动者释明其应依据《劳动合同法》第八十五条规定先经劳动行政部门处理，劳动者坚持主张给付经济补偿金的，应驳回其请求。

劳动者依据《劳动合同法》第八十五条向仲裁委、法院主张加付赔偿金的，应当向仲裁委、法院提供已经依法先经劳动行政部门处理的证据，包括提供劳动行政部门责令用人单位限期支付劳动报酬、加班费、经济补偿或低于最低工资标准的差额部分的限期整改证据，以及用人单位逾期不履行上述义务的证据。

劳动行政部门已经责令用人单位加付赔偿金的，由劳动行政部门处理，仲裁委、法院不再重复处理。

39. 劳动者以《劳动合同法》第三十八条规定之外的情形为由提出解除劳动合同的，在仲裁或诉讼阶段又主张是用人单位存在前述法定情形迫使其解除劳动合同，请求用人单位支付经济补偿金或赔偿金的如何处理？

对于劳动者提出解除劳动合同的，应以劳动者当时实际解除劳动合同时提出理由作为认定案件事实的依据，劳动者以《劳动合同法》第三十八条规定之外的情形为由提出解除劳动合同，在仲裁或诉讼阶段又主张是用人单位存在前述法定情形迫使其解除劳动合同，请求用人单位支付经济补偿金或赔偿金的，仲裁委、法院不予支持，但劳动者证明在解除劳动合同时，存在欺诈、胁迫、重大误解等违背其真实意思表示的情形的除外。

43. 出租车公司与司机签订的承包合同、劳动合同期满后，出租车公司对车辆进行更新，承包金在市政府规定的标准内作相应调整的，劳动者不同意续订劳动合同，并以用人单位降低劳动合同条件为由，要求用人单位应支付终止劳动合同经济补偿金的，如何处理？

应视为出租车公司维持原劳动合同约定的条件与劳动者续订劳动合同，劳动者不同意续订的，不应支付其终止劳动合同经济补偿金。

1.10 试用期

★ 法律

1.10.1 中华人民共和国劳动合同法（主席令第 73 号　2012 年 12 月修正）

第十九条　【试用期】劳动合同期限三个月以上不满一年的，试用期不得超过一个月；劳动合同期限一年以上不满三年的，试用期不得超过二个月；三年以上固定期限和无固定期限的劳动合同，试用期不得超过六个月。

同一用人单位与同一劳动者只能约定一次试用期。

以完成一定工作任务为期限的劳动合同或者劳动合同期限不满三个月的，不得约定试用期。

试用期包含在劳动合同期限内。劳动合同仅约定试用期的，试用期不成立，该期限为劳动合同期限。

第二十条　【试用期工资】劳动者在试用期的工资不得低于本单位相同岗位最低档工资或者劳动合同约定工资的百分之八十，并不得低于用人单位所在地的最低工资标准。

第二十一条　【试用期内解除劳动合同】在试用期中，除劳动者有本法第三十九条和第四十条　第一项、第二项规定的情形外，用人单位不得解除劳动合同。用人单位在试用期解除劳动合同的，应当向劳动者说明理由。

第七十条　【非全日制用工不得约定试用期】非全日制用工双方当事人不得约定试用期。

第八十三条　【违法约定试用期的法律责任】用人单位违反本法规定与劳动者约定试用期的，由劳动行政部门责令改正；违法约定的试用期已经履行的，由用人单位以劳动者试用期满月工资为标准，按已经履行的超过法定试用期的期间向劳动者支付赔偿金。

1.10.2 中华人民共和国劳动法（主席令第 18 号　2009 年修正）

第二十一条　【试用期约定】劳动合同可以约定试用期。试用期最长不得超过六个月。

★行政法规/部门规章/司法解释

1.10.3 中华人民共和国劳动合同法实施条例（国务院令第 535 号　2008 年 9 月起施行）

第十五条　劳动者在试用期的工资不得低于本单位相同岗位最低档工资的 80%或者不得低于劳动合同约定工资的 80%，并不得低于用人单位所在地的最低工资标准。

第十八条　有下列情形之一的，依照劳动合同法规定的条件、程序，劳动者可以与用人单位解除固定期限劳动合同、无固定期限劳动合同或者以完成一定工作任务为期限的劳动合同：

（三）劳动者在试用期内提前 3 日通知用人单位的；

第十九条　有下列情形之一的，依照劳动合同法规定的条件、程序，用人单位可以与劳动者解除固定期限劳动合同、无固定期限劳动合同或者以完成一定工作任务为期限的劳动合同：

（二）劳动者在试用期间被证明不符合录用条件的；

1.10.4 劳动部关于印发《关于贯彻执行〈中华人民共和国劳动法〉若干问题的意见》的通知（劳部发［1995］309号）

第十八条 劳动者被用人单位录用后，双方可以在劳动合同中的约定试用期，试用期应包括在劳动合同期限内。

第十九条 试用期是用人单位和劳动者为相互了解、选择而约定的不超过六个月的考察期。一般对初次就业或再次就业的职工可以约定。在原固定工进行劳动合同制度的转制过程中，用人单位与原固定工签订劳动合同时，可以不再约定试用期。

1.10.5 劳动和社会保障部关于非全日制用工若干问题的意见（劳社部发［2003］12号）

一、关于非全日制用工的劳动关系：

（三）非全日制劳动合同的内容由双方协商确定，应当包括工作时间和期限、工作内容、劳动报酬、劳动保护和劳动条件五项必备条款，但不得约定试用期

1.10.6 劳务派遣暂行规定（中华人民共和国人力资源和社会保障部令第22号 2014年3月起施行）

第六条 劳务派遣单位可以依法与被派遣劳动者约定试用期。劳务派遣单位与同一被派遣劳动者只能约定一次试用期。

1.11 无固定期限合同

★ 法律

1.11.1 中华人民共和国劳动合同法（主席令第73号　2012年12月修正）

第十四条　【无固定期限劳动合同】无固定期限劳动合同，是指用人单位与劳动者约定无确定终止时间的劳动合同。

用人单位与劳动者协商一致，可以订立无固定期限劳动合同。有下列情形之一，劳动者提出或者同意续订、订立劳动合同的，除劳动者提出订立固定期限劳动合同外，应当订立无固定期限劳动合同：

（一）劳动者在该用人单位连续工作满十年的；

（二）用人单位初次实行劳动合同制度或者国有企业改制重新订立劳动合同时，劳动者在该用人单位连续工作满十年且距法定退休年龄不足十年的；

（三）连续订立二次固定期限劳动合同，且劳动者没有本法第三十九条和第四十条第一项、第二项规定的情形，续订劳动合同的。

用人单位自用工之日起满一年不与劳动者订立书面劳动合同的，视为用人单位与劳动者已订立无固定期限劳动合同。

第八十二条　用人单位自用工之日起超过一个月不满一年未与劳动者订立书面劳动合同的，应当向劳动者每月支付二倍的工资。

用人单位违反本法规定不与劳动者订立无固定期限劳动合同的，自应当订立无固定期限劳动合同之日起向劳动者每月支付二倍的工资。

★ 行政法规/部门规章/司法解释

1.11.2 中华人民共和国劳动合同法实施条例（国务院令第535号　2008年9月起施行）

第七条　用人单位自用工之日起满一年未与劳动者订立书面劳动合同的，自用工之日起满一个月的次日至满一年的前一日应当依照劳动合同法第八十二条的规定向劳动者每月支付两倍的工资，并视为自用工之日起满一年的当日已经与劳动者订立无固定期限劳动合同，应当立即与劳动者补订书面劳动合同。

第九条　劳动合同法第十四条第二款规定的连续工作满10年的起始时间，应当自用人单位用工之日起计算，包括劳动合同法施行前的工作年限。

第十一条　除劳动者与用人单位协商一致的情形外，劳动者依照劳动合同法第十四条第二款的规定，提出订立无固定期限劳动合同的，用人单位应当与其订立无固定期限劳动合同。对劳动合同的内容，双方应当按照合法、公平、平等自愿、协商一致、诚实信用的原则协商确定；对协商不一致的内容，依照劳动合同法第十八条的规定执行。

第十二条　地方各级人民政府及县级以上地方人民政府有关部门为安置就业困难人员提供的给予岗位补贴和社会保险补贴的公益性岗位，其劳动合同不适用劳动合同法有关无固定期限劳动合同的规定以及支付经济补偿的规定。

1.11.3 劳动部关于印发《关于贯彻执行〈中华人民共和国劳动法〉若干问题的意见》的通知（劳部发［1995］309号）

第二十二条 劳动法第二十条中的“在同一用人单位连续工作满十年以上”是指劳动者与同一用人单位签订的劳动合同的期限不间断达到十年，劳动合同期满双方同意续订劳动合同时，只要劳动者提出签订无固定期限劳动合同的，用人单位应当与其签订无固定期限的劳动合同。在固定工转制中各地如有特殊规定的，从其规定。

★ 地方性文件·广东省

1.11.4 广东省高级人民法院、广东省劳动人事争议仲裁委员会关于印发《广东省高级人民法院广东省劳动人事争议仲裁委员会关于审理劳动人事争议案件若干问题的座谈会纪要》的通知（粤高法［2012］284号）

第十六条 劳动者依法请求用人单位与其订立无固定期限劳动合同的，劳动人事仲裁机构或人民法院应告知其将仲裁或诉讼请求变更为确认双方已存在无固定期限劳动合同。劳动者拒不变更的，劳动人事仲裁机构或人民法院不得直接判令双方当事人签订无固定期限劳动合同，但可以依法确认双方当事人已存在事实上的无固定期限劳动关系，并参照原劳动合同确定双方的权利义务内容。

第十七条 劳动者虽然符合《劳动合同法》第十四条第二款规定的可签订无固定期限劳动合同的条件，但与用人单位签订了固定期限劳动合同，在该固定期限劳动合同履行过程中又请求与用人单位重新签订无固定期限劳动合同的，不予支持。

第十八条 劳动合同期限届满后，因符合《劳动合同法》第四十二条第（一）（三）（四）项规定情形而续延，致使劳动者在同一用人单位连续工作满十年，劳动者提出签订无固定期限劳动合同的，应予支持。

第十九条 用人单位与劳动者已连续订立二次固定期限劳动合同，第二次固定期限劳动合同期满后，且劳动者没有《劳动合同法》第三十九条和第四十条第一项、第二项规定的情形，劳动者提出续订劳动合同并要求订立无固定期限劳动合同的，用人单位应当与劳动者订立无固定期限劳动合同。

第二十条 劳动关系符合《劳动合同法》第十四条第二款第（一）（二）（三）项规定的情形，用人单位在与劳动者协商订立无固定期限劳动合同时提出的劳动报酬、劳动条件、福利待遇等事项不低于订立无固定期限劳动合同前的标准，劳动者拒不接受的，用人单位可以终止合同，且无须向劳动者支付经济补偿。

1.11.5 广州市中级人民法院关于审理劳动人事争议案件若干问题的研讨会纪要（2014年）

第二十八条 劳务派遣是一种特殊的用工形式，劳务派遣单位作为用人单位，应当履行用人单位对劳动者的义务。故劳务派遣用工适用《劳动合同法》关于劳动合同的订立、履行、变更、解除和终止等一般规定，同样也适用《劳动合同法》第十四条关于无固定期限劳动合同的规定。

1.11.6 深圳市中级人民法院关于审理劳动争议案件的裁判指引（2015年）

第七十七条 在固定期限劳动合同履行过程中，符合签订无固定期限劳动合同条件的劳动者要求在固定期限劳动合同期满后与用人单位续签无固定期限劳动合同的，应在固定期限劳动合同期满终止前提出。

★地方性文件·上海市

1.11.7 上海市高级人民法院关于适用《劳动合同法》若干问题的意见（沪高法［2009］73号）

四、涉及无固定期限劳动合同的几个问题

（一）应订未订无固定期限劳动合同的处理

劳动者提出订立无固定期限劳动合同的请求符合法律规定，用人单位未依法与其订立的，根据《最高人民法院关于审理劳动争议案件适用法律若干问题的解释》（法释［2001］14号）第十六条第二款的规定，可以"视为双方之间存在无固定期限劳动合同关系，并以原劳动合同确定双方的权利义务关系"。其中，"原劳动合同确定的双方权利义务关系"，包括书面合同方式确定的权利义务关系和以事实劳动关系方式确定的权利义务关系。

（二）符合订立无固定期限劳动合同的条件，但当事人订立了固定期限合同的效力

劳动者符合签订无固定期限劳动合同的条件，但与用人单位签订固定期限劳动合同的，根据《劳动合同法》第十四条及《实施条例》第十一条的规定，该固定期限劳动合同对双方当事人具有约束力。合同期满时，该合同自然终止。

（三）因法定顺延事由，使得劳动者在同一单位工作时间超过十年的，是否作为签订无固定期限劳动合同的理由

劳动合同期满，合同自然终止。合同期限的续延只是为了照顾劳动者的特殊情况，对合同终止时间进行了相应的延长，而非不得终止。《劳动合同法》第四十五条也明确规定："劳动合同期满，有本法第四十二条规定情形之一的，劳动合同应当延续至相应的情形消失时终止。"在法律没有对终止的情况做出特别规定的情况下，不能违反法律关于合同终止的有关规定随意扩大解释，将订立无固定期限合同的后果纳入其中。因此，法定的续延事由消失时，合同自然终止。

（四）用人单位与劳动者连续订立几次固定期限劳动合同以后，续订合同应当订立无固定期限合同

《劳动合同法》第十四条第二款第（三）项的规定，应当是指劳动者已经与用人单位连续订立二次固定期限劳动合同后，与劳动者第三次续订合同时，劳动者提出签订无固定期限劳动合同的情形。

十、《劳动合同法》九十七条第一款"继续履行"的理解

根据《劳动合同法》九十七条第一款的规定，"本法实施前已依法订立且在本法施行之日存续的劳动合同继续履行"。因此，在《劳动合同法》施行之前签订劳动合同，《劳动合同法》施行之后发生原合同约定的终止事由，但劳动者在用人单位连续工作已满十年，按照《劳动合同法》的规定应当订立无固定期限合同，劳动者也提出要求订立无固定期限劳动合同的，应当订立无固定期限劳动合同。

★地方性文件·北京市

1.11.8 北京市高级人民法院、北京市劳动争议仲裁委员会关于劳动争议案件法律适用问题研讨会会议纪要（二）（京高法发［2014］220号）

33. 用人单位与劳动者约定劳动合同到期续延，此后劳动者以连续订立两次固定期限劳

动合同为由，提出或者同意续订、订立无固定期限劳动合同，如何处理？

用人单位与劳动者约定劳动合同到期续延，且实际续延劳动合同的，合同约定了续延期限的，续延期限届满时，劳动者以连续订立两次固定期限劳动合同为由，提出或者同意续订、订立无固定期限劳动合同，用人单位应当与劳动者订立无固定期限劳动合同。用人单位不与劳动者订立无固定期限劳动合同的，可以依劳动者的主张确认存在无固定期限劳动合同关系。

34. 用人单位与劳动者连续订立二次固定期限劳动合同的，第二次固定期限劳动合同到期时，用人单位能否终止劳动合同？

根据《劳动合同法》第十四条第二款第三项规定，劳动者有权选择订立固定期限劳动合同或者终止劳动合同，用人单位无权选择订立固定期限劳动合同或者终止劳动合同。上述情形下，劳动者提出或者同意续订、订立无固定期限劳动合同，用人单位应当与劳动者订立无固定期限劳动合同。

35. 用人单位与劳动者连续订立二次固定期限劳动合同后，劳动者与用人单位再次订立固定期限劳动合同的，最后一次固定期限劳动合同到期时，用人单位是否可以终止劳动合同？

在用人单位与劳动者连续订立二次固定期限劳动合同后，劳动者与用人单位再次订立固定期限劳动合同的，适用《劳动合同法》第十四条规定。在最后一次固定期限劳动合同到期时，应认定符合连续订立二次固定期限劳动合同的条件，排除法定情形外，劳动者提出或者同意续订、订立无固定期限劳动合同，用人单位应当与劳动者订立无固定期限劳动合同。

37. 对用人单位存在规避签订无固定期限劳动合同和连续计算工作年限的情况，如何处理？

用人单位存在规避《劳动合同法》第十四条规定的下列行为，劳动者订立固定期限劳动合同和工作年限的次数仍应连续计算：

（一）为减少计算劳动者的工龄，迫使劳动者与其解除或终止劳动合同后重新与其签订劳动合同的；

（二）通过设立关联用人单位，在与劳动者签订合同时交替变换用人单位名称的；

（三）仅就劳动合同的终止期限进行变更，用人单位无法做出合理解释的；

（四）采取注销原单位、设立新单位的方式，将劳动者重新招用到新单位，且单位经营内容与劳动者的工作地点、工作内容均没有实质性变化的；

（五）其他明显违反诚信和公平原则的规避行为。

42. 固定期限劳动合同履行过程中，用人单位与劳动者协商对劳动合同终止时间作出变更，是否认定属于签订了两次劳动合同？

用人单位与劳动者协商一致变更固定期限合同终止时间的，如变更后的终止时间晚于原合同终止时间，使整个合同履行期限增加，视为用人单位与劳动者连续订立两次劳动合同。对初次订立固定期限合同时间变更的，按连续订立两次固定期限劳动合同的相关规定处理，对两次及多次订立固定期限合同时间变更的，按订立无固定期限劳动合同的相关规定处理。如变更后的终止时间比原合同终止时间提前，使整个合同履行期限减少，则仅视为对原合同终止时间的变更。

1.11.9 北京市高级人民法院与北京市劳动人事争议仲裁委员会关于审理劳动争议案件法律适用问题的解答（2017 年 4 月）

17. 劳动者依照《劳动合同法》规定符合与用人单位签订无固定期限劳动合同条件，

但已与用人单位签订了固定期限劳动合同的，现劳动者要求将其固定期限合同变更为无固定期限合同的，如何处理？

劳动者与用人单位签订了固定期限劳动合同后，劳动者要求变更为无固定期限劳动合同的，不予支持，但有证据证明用人单位存在欺诈、胁迫、乘人之危等情形的除外。

1.12 调　岗

★ 地方性文件·广东省

1.12.1 广东省高级人民法院、广东省劳动人事争议仲裁委员会关于印发《广东省高级人民法院广东省劳动人事争议仲裁委员会关于审理劳动人事争议案件若干问题的座谈会纪要》的通知（粤高法［2012］284号）

第二十二条　用人单位调整劳动者工作岗位，同时符合以下情形的，视为用人单位合法行使用工自主权，劳动者以用人单位擅自调整其工作岗位为由要求解除劳动合同并请求用人单位支付经济补偿的，不予支持：

（1）调整劳动者工作岗位是用人单位生产经营的需要；

（2）调整工作岗位后劳动者的工资水平与原岗位基本相当；

（3）不具有侮辱性和惩罚性；

（4）无其他违反法律法规的情形。

用人单位调整劳动者的工作岗位且不具有上款规定的情形，劳动者超过一年未明确提出异议，后又以《劳动合同法》第三十八条第一款第（一）项规定要求解除劳动合同并请求用人单位支付经济补偿的，不予支持。

1.12.2 惠州市中级人民法院、惠州市劳动人事争议仲裁委员会关于审理劳动争议案件若干问题的会议纪要（试行）（2012年）

第三十二条　【调岗效力问题】用人单位调整劳动者工作岗位的，一般应经劳动者同意。如没有变更劳动合同主要内容，或虽有变更但确属用人单位生产经营所必需和劳动者不能胜任原工作岗位，且对劳动者的报酬及其劳动条件等未作不利变更的，劳动者应服从安排。

1.12.3 中山市中级法院关于审理劳动争议案件若干问题的参考意见（2011年）

9.1【岗位调整原则】用人单位调整劳动者工作岗位，一般应经劳动者同意。如没有变更劳动合同主要内容，或虽有变更但确属用人单位生产经营所必需，且对劳动者的报酬及其他劳动条件未作不利变更的，劳动者有服从安排的义务。

9.2【调岗、调酬的处理】用人单位调整劳动者工作内容和工资报酬的，按照以下原则处理：

（一）用人单位与劳动者对调整工作内容和工资报酬有明确的书面约定，或者虽无明确书面约定但已通过实际履行等方式调整了原合同约定且劳动者在合理期限内未提出异议的，视为双方对变更达成一致。

（二）用人单位在劳动者不胜任工作、劳动者医疗期满后不能从事原工作、对负有保守用人单位商业秘密的劳动者采取保密措施等情形下依法调整劳动者工作内容和工资报酬，用人单位应对调整劳动者工作内容的合理依据承担举证责任。

（三）劳动合同中明确约定调整工作内容与工资报酬的有关条款，当事人可按约定履行。劳动合同中虽有工作内容和工资报酬调整的约定，但调整的条款和指向不明确的，用人单位应当提供充分证据证明调整的合理性，用人单位不能证明调整合理性的，劳动者可以要求撤销用人单位的调整决定。

1.12.4 广州市中级人民法院关于审理劳动人事争议案件若干问题的研讨会纪要（2014 年）

第二十三条 《广东省高级人民法院、广东省劳动人事争议仲裁委员会关于审理劳动人事争议案件若干问题的座谈会纪要》（粤高法［2012］284 号）第二十二条并不排除《中华人民共和国劳动法》、《中华人民共和国劳动合同法》关于变更劳动合同须经协商一致的规定。关于条文中的“生产经营需要”，应当结合具体案情具体分析，一般情况下只要用人单位存在客观上的调整需要，而且不是刻意通过该种方式给劳动者制造障碍或迫使劳动者离职的，都可以认定为生产经营需要。关于工资水平的举证责任，应当由用人单位承担。

★地方性文件·上海市

1.12.5 上海市高级人民法院关于审理劳动争议案件若干问题的解答（沪高法民一［2006］17 号）

六、关于用人单位调整劳动者工作内容和工资报酬的问题

（一）用人单位与劳动者对调整工作内容和工资报酬有明确的书面约定，或者虽无明确书面约定但已通过实际履行等方式默示调整了原合同约定的，视为双方对变更达成一致。

（二）用人单位在劳动者不胜任工作、劳动者医疗期满后不能从事原工作、对负有保守用人单位商业秘密的劳动者采取保密措施等情形下依法调整劳动者工作内容和工资报酬，用人单位应对调整劳动者工作内容的合理依据承担举证责任。

（三）劳动合同中明确约定调整工作内容与工资报酬的有关调解，当事人可按约定履行。劳动合同中虽有工作内容和工资报酬调整的约定，但调整的调解和指向不明确的，用人单位应当提供充分证据证明调整的合理性，用人单位不能证明调整合理性的，劳动者可以要求撤销用人单位的调整决定。

1.12.6 上海市高级人民法院关于适用《劳动合同法》若干问题的意见（沪高法［2009］73 号）

三、劳动合同变更的形式要求

《劳动合同法》第三十五条规定，劳动合同变更的应当采取书面形式。这里的书面形式要求，包括发给劳动者的工资单、岗位变化通知等等。因为随着劳动合同的持续履行，劳动合同双方的权利义务本身就必然会不断变化。如随着劳动者工作时间的增加，其休假、奖金标准发生的自然变化等等，都属于劳动合同的变更。因此，对于依法变更劳动合同的，只要能够通过文字记载或者其他形式证明的，可以视为“书面变更”。

★地方性文件·北京市

1.12.7 北京市高级人民法院与北京市劳动人事争议仲裁委员会关于审理劳动争议案件法律适用问题的解答（2017 年 4 月）

5. 用人单位调整劳动者工作岗位的，如何处理？

用人单位与劳动者约定可根据生产经营情况调整劳动者工作岗位的，经审查用人单位证明生产经营情况已经发生变化，调岗属于合理范畴，应支持用人单位调整劳动者工作岗位。

用人单位与劳动者在劳动合同中未约定工作岗位或约定不明的，用人单位有正当理由，根据生产经营需要 合理地调整劳动者工作岗位属于用人单位自主用工行为。判断合理性

应参考以下因素：用人单位经营必要性、目的正当性，调整后的岗位为劳动者所能胜任、工资待遇等劳动条件无不利变更。

用人单位与劳动者签订的劳动合同中明确约定工作岗位但未约定如何调岗的，在不符合《劳动合同法》第四十条所列情形时，用人单位自行调整劳动者工作岗位的属于违约行为，给劳动者造成损失的，用人单位应予以赔偿，参照原岗位工资标准补发差额。对于劳动者主张恢复原工作岗位的，根据实际情况进行处理。经审查难以恢复原工作岗位的，可释明劳动者另行主张权利，释明后劳动者仍坚持要求恢复原工作岗位，可驳回请求。

用人单位在调整岗位的同时调整工资，劳动者接受调整岗位但不接受同时调整工资的，由用人单位说明调整理由。应根据用人单位实际情况、劳动者调整后的工作岗位性质、双方合同约定等内容综合判断是否侵犯劳动者合法权益。

1.13 变更工作地点

★ 地方性文件·广东省

1.13.1 广东省人力资源和社会保障厅关于做好企业转型升级过程中劳资纠纷预防处理工作的意见（粤人社规［2013］3号）

第二条　第三项企业在本市行政区域内搬迁，职工上下班可乘坐本市公共交通工具，或企业提供交通补贴、免费交通工具接送等便利条件，对职工生活未造成明显影响的，劳动合同继续履行。

原劳动合同继续履行的，企业不需支付经济补偿。企业与职工应当按照劳动合同的约定，全面履行各自的义务，企业不得擅自降低职工薪酬待遇；职工的本企业工作年限连续计算，双方可在劳动合同或以其他书面形式注明职工在本企业的工作年限。

1.13.2 深圳市中级人民法院关于审理劳动争议案件的裁判指引（2015年）

第八十条　用人单位在深圳市行政区域内搬迁，劳动者要求用人单位支付经济补偿的，不予支持。

用人单位由深圳市行政区域内向深圳市行政区域外搬迁，劳动者要求支付经济补偿的，应予支持。

1.13.3 广东省高级人民法院印发《广东省高级人民法院关于审理劳动争议案件疑难问题的解答》的通知（粤高法［2017］147号　2017年8月1日实施）

9. 因企业搬迁引起的劳动合同履行问题如何处理?

企业因自身发展规划进行的搬迁，属于劳动合同订立时所依据的客观情况发生重大变化，用人单位应与劳动者协商变更劳动合同内容。未能就变更劳动合同内容达成协议的，劳动者要求解除劳动合同以及用人单位支付解除劳动合同的经济补偿金的，予以支持。但如企业搬迁未对劳动者造成明显的影响，且用人单位采取了合理的弥补措施（如提供班车、交通补贴等），劳动者解除劳动合同理由不充分的，用人单位无须支付解除劳动合同的经济补偿金。

★ 地方性文件·北京市

1.13.4 北京市高级人民法院与北京市劳动人事争议仲裁委员会关于审理劳动争议案件法律适用问题的解答（2017年4月）

6. 用人单位与劳动者在劳动合同中宽泛地约定工作地点是“全国”“北京”等，用人单位在履行劳动合同过程中调整劳动者的工作地点，劳动者不同意，用人单位依据规章制度作出解除劳动合同决定是否支持?

用人单位与劳动者在劳动合同中宽泛地约定工作地点是“全国”“北京”等，如无对用人单位经营模式、劳动者工作岗位特性等特别提示，属于对工作地点约定不明。劳动者在签订劳动合同后，已经在实际履行地点工作的，视为双方确定具体的工作地点。用人单位不得仅以工作地点约定为“全国”“北京”为由，无正当理由变更劳动者的工作地点。

用人单位与劳动者在劳动合同中明确约定用人单位可以单方变更工作地点的，仍应对工作地点的变更进行合理性审查。具体审查时，除考虑对劳动者的生活影响外，还应考虑用人单位是否采取了合理的弥补措施（如提供交通补助、班车）等。

7. 劳动者按变更后的工作地点实际履行合同，又以未采用书面形式为由主张劳动合同变更无效的是否支持？

劳动者已经按变更后的工作地点实际履行合同，又以未采用书面形式为由主张劳动合同变更无效的，适用《最高人民法院关于审理劳动争议案件适用法律若干问题的解释（四）》第十一条的规定处理。

1.14 同工同酬

★ 法律

1.14.1 中华人民共和国劳动合同法（主席令第73号　2012年12月修正）

第十一条　用人单位未在用工的同时订立书面劳动合同，与劳动者约定的劳动报酬不明确的，新招用的劳动者的劳动报酬按照集体合同规定的标准执行；没有集体合同或者集体合同未规定的，实行同工同酬。

第十八条　劳动合同对劳动报酬和劳动条件等标准约定不明确，引发争议的，用人单位与劳动者可以重新协商；协商不成的，适用集体合同规定；没有集体合同或者集体合同未规定劳动报酬的，实行同工同酬；没有集体合同或者集体合同未规定劳动条件等标准的，适用国家有关规定。

第二十八条　劳动合同被确认无效，劳动者已付出劳动的，用人单位应当向劳动者支付劳动报酬。劳动报酬的数额，参照本单位相同或者相近岗位劳动者的劳动报酬确定。

第六十三条　被派遣劳动者享有与用工单位的劳动者同工同酬的权利。用工单位应当按照同工同酬原则，对被派遣劳动者与本单位同类岗位的劳动者实行相同的劳动报酬分配办法。用工单位无同类岗位劳动者的，参照用工单位所在地相同或者相近岗位劳动者的劳动报酬确定。

★地方性文件·上海市

1.14.2 上海市高级人民法院关于适用《劳动合同法》若干问题的意见（沪高法［2009］73号）

十四、如何把握同工同酬的标准

同工同酬是劳动法确立的一项基本规则，用人单位必须严格遵守。但由于劳动者存在个体差异，因此，不能简单以不同劳动者是否在相同岗位工作作为“同工”的标准，而应综合考虑劳动者的个人工作经验、工作技能、工作积极性等特殊因素，允许用人单位依此对相对工作岗位的劳动者在劳动报酬方面有所差别。

1.15 集体合同

★ 法律

1.15.1 中华人民共和国劳动合同法（主席令第73号　2012年12月修正）

第五十一条　【集体合同的订立和内容】企业职工一方与用人单位通过平等协商，可以就劳动报酬、工作时间、休息休假、劳动安全卫生、保险福利等事项订立集体合同。集体合同草案应当提交职工代表大会或者全体职工讨论通过。

集体合同由工会代表企业职工一方与用人单位订立；尚未建立工会的用人单位，由上级工会指导劳动者推举的代表与用人单位订立。

第五十二条　【专项集体合同】企业职工一方与用人单位可以订立劳动安全卫生、女职工权益保护、工资调整机制等专项集体合同。

第五十三条　【行业性集体合同、区域性集体合同】在县级以下区域内，建筑业、采矿业、餐饮服务业等行业可以由工会与企业方面代表订立行业性集体合同，或者订立区域性集体合同。

第五十四条　【集体合同的报送和生效】集体合同订立后，应当报送劳动行政部门；劳动行政部门自收到集体合同文本之日起十五日内未提出异议的，集体合同即行生效。

依法订立的集体合同对用人单位和劳动者具有约束力。行业性、区域性集体合同对当地本行业、本区域的用人单位和劳动者具有约束力。

第五十五条　【集体合同中劳动报酬、劳动条件等标准】集体合同中劳动报酬和劳动条件等标准不得低于当地人民政府规定的最低标准；用人单位与劳动者订立的劳动合同中劳动报酬和劳动条件等标准不得低于集体合同规定的标准。

第五十六条　【集体合同纠纷和法律救济】用人单位违反集体合同，侵犯职工劳动权益的，工会可以依法要求用人单位承担责任；因履行集体合同发生争议，经协商解决不成的，工会可以依法申请仲裁、提起诉讼。

1.15.2 中华人民共和国劳动法（主席令第18号　2009年修正）

第三十三条　【集体合同】企业职工一方与企业可以就劳动报酬、工作时间、休息休假、劳动安全卫生、保险福利等事项，签订集体合同。集体合同草案应当提交职工代表大会或者全体职工讨论通过。

集体合同由工会代表职工与企业签订；没有建立工会的企业，由职工推举的代表与企业签订。

第三十四条　【集体合同生效】集体合同签订后应当报送劳动行政部门；劳动行政部门自收到集体合同文本之日起十五日内未提出异议的，集体合同即行生效。

第三十五条　【集体合同效力】依法签订的集体合同对企业和企业全体职工具有约束力。职工个人与企业订立的劳动合同中劳动条件和劳动报酬等标准不得低于集体合同的规定。

1.15.3 中华人民共和国职业病防治法（主席令第48号　2016年7月起施行）

第四十条　工会组织应当督促并协助用人单位开展职业卫生宣传教育和培训，有权对用人单位的职业病防治工作提出意见和建议，依法代表劳动者与用人单位签订劳动安全卫生专项集体合同，与用人单位就劳动者反映的有关职业病防治的问题进行协调并督促解决。

工会组织对用人单位违反职业病防治法律、法规，侵犯劳动者合法权益的行为，有权要求纠正；产生严重职业病危害时，有权要求采取防护措施，或者向政府有关部门建议采取强制性措施；发生职业病危害事故时，有权参与事故调查处理；发现危及劳动者生命健康的情形时，有权向用人单位建议组织劳动者撤离危险现场，用人单位应当立即作出处理。

★ 行政法规/部门规章/司法解释

1.15.4 最高人民法院关于审理劳动争议案件适用法律若干问题的解释（二）（法释［2006］6号）

第十六条 用人单位制定的内部规章制度与集体合同或者劳动合同约定的内容不一致，劳动者请求优先适用合同约定的，人民法院应予支持。

★ 地方性文件·广东省

1.15.5 广东省企业集体合同条例（广东省第十二届人民代表大会常务委员会公告第21号 2015年施行）

第一章 总 则

第一条 为了规范集体协商行为，完善集体合同制度，维护职工和企业的合法权益，建立和谐稳定的劳动关系，根据《中华人民共和国劳动法》《中华人民共和国劳动合同法》《中华人民共和国工会法》《中华人民共和国劳动争议调解仲裁法》和《中华人民共和国人民调解法》等法律，结合本省实际，制定本条例。

第二条 本省行政区域内的企业与职工方开展集体协商，签订集体合同，适用本条例。

第三条 企业依法建立健全集体协商和集体合同制度。

本条例所称集体协商，是指职工方与企业就劳动报酬、工作时间、休息休假、劳动安全卫生、保险福利等事项进行平等协商的行为。

本条例所称集体合同，是指职工方与企业经集体协商达成一致意见签订的书面协议。

第四条 开展集体协商、订立集体合同，应当遵循合法、公平、平等自愿、协商一致、诚实信用的原则，兼顾双方合法权益。

第五条 各级人民政府应当加强劳动关系协调工作，构建和发展和谐稳定的劳动关系，及时研究解决集体协商和集体合同工作中的重大问题。

县级以上人民政府人力资源社会保障行政部门会同工会和企业方面代表组织建立协调劳动关系三方机制。

各级人力资源社会保障行政部门依法对集体协商和集体合同制度的实施进行指导、协调和监督。

第六条 地方总工会依法组织、指导、协调企业工会开展集体协商和签订、履行集体合同。

企业工会依法代表职工与企业进行集体协商，签订集体合同，维护职工合法权益。

第七条 企业联合会、工商业联合会、协会、商会等企业方面代表组织协助企业建立健全集体协商和集体合同制度。

第二章 集体协商

第一节 集体协商内容

第八条 职工方与企业可以就下列内容进行集体协商：

（一）劳动报酬的确定、增减；

（二）工作时间，主要包括工时制度、延长工作时间办法、特殊工种的工作时间、劳动定额标准；

（三）休息休假，主要包括日休息时间、周休息日安排、年休假办法、不能实行标准工时职工的休息休假和其他假期；

（四）劳动安全与卫生；

（五）保险和福利；

（六）女职工、年满十六周岁不满十八周岁的未成年工的特殊保护措施；

（七）集体合同的违约责任；

（八）双方认为应当协商的其他内容。

第九条 工资集体协商应当遵循工资分配按劳分配原则，实行同工同酬。职工方与企业可以就下列内容进行协商：

（一）工资标准、工资分配形式和其他工资分配事项及工资支付办法；

（二）职工年度平均工资水平及其调整幅度和调整办法；

（三）试用期、病事假期间的工资待遇；

（四）双方认为应当协商的其他有关工资事项。

第十条 工资集体协商应当综合参考下列因素：

（一）本企业劳动生产率和经济效益；

（二）本企业上年度职工工资总额和职工平均工资水平；

（三）当地人力资源社会保障行政部门发布的企业工资指导线、劳动力市场工资指导价位；

（四）当地人民政府统计机构发布的本地区城镇居民消费价格指数；

（五）当地最低工资标准和当地人民政府有关部门发布的地区、行业的职工工资平均增长率；

（六）其他与工资集体协商有关的情况。

第十一条 职工方与企业开展工资集体协商，可以提出工资增长、不增长或者负增长的协商要求。

职工方可以根据企业年度利润增长情况、当地人民政府发布的工资指导线、本地区职工工资增长率、本企业在同地区同行业工资水平等因素，提出增长工资的协商要求。

企业可以根据年度严重亏损的实际情况并综合考虑物价、政府工资指导线等因素，提出工资不增长或者负增长的协商要求。

第二节 集体协商代表

第十二条 开展集体协商，职工方与企业应当选定本方集体协商代表。集体协商代表（以下称协商代表）有权代表本方利益进行集体协商。

职工方与企业每方协商代表三至九人，并各确定一名首席协商代表。企业规模较大和职工人数较多的，经职工方与企业双方同意，可以适当增加协商代表的人数。双方可另行选派适当数量的列席代表。

企业协商代表与职工方协商代表不得相互兼任。

第十三条　企业方协商代表由企业法定代表人确定，首席协商代表应当由企业法定代表人或者企业法定代表人书面委托的本企业其他管理人员担任。

职工方协商代表由工会选派或者工会组织职工民主推选产生。首席协商代表应当由工会负责人担任。企业未建立工会的，由企业所在地地方总工会组织职工民主推选协商代表，并经本企业半数以上职工同意；首席协商代表由参加协商的代表推选产生。

协商代表的更换和替补，按照协商代表产生的程序进行。

第十四条　协商代表履行以下职责：

（一）参加集体协商相关活动，提出协商意见；

（二）收集、掌握和提供集体协商有关的情况和资料；

（三）听取和收集本方人员意见，接受本方人员对集体协商有关问题的询问，向本方人员及时通报或者反馈协商情况；

（四）代表本方参加集体协商争议的处理；

（五）法律、法规规定的其他职责。

第十五条　企业应当保障协商代表履行协商职责所必要的工作条件和工作时间，向职工方协商代表提供与集体协商有关的真实情况与资料。协商代表应当保守企业商业秘密。

职工方协商代表应当向企业提供其掌握的与集体协商有关的资料。

第十六条　协商代表的合法权益受法律保护，其履行协商职责，视为提供正常劳动，企业无正当理由不得调整其工作岗位、降低其工资及各项福利待遇。

协商代表在履行职责期间劳动合同期满的，劳动合同期限自动延长至完成履行职责时止。协商代表履行职责期间，企业不得解除其劳动合同，但《中华人民共和国劳动合同法》第三十六条、第三十九条规定的情形除外。

第三节　集体协商程序

第十七条　职工方与企业可以提出集体协商要求，依法进行平等协商。

集体协商一般情况下一年进行一次。

第十八条　集体协商要求应当以书面的形式提出。

职工认为需要与企业进行集体协商的，应当向企业工会提出。企业工会可以根据职工意见和企业的具体情况决定是否向企业提出集体协商要求。经半数以上职工或者半数以上职工代表大会代表提议，企业工会应当向企业提出集体协商要求。企业尚未建立工会的，职工可以向企业所在地地方总工会提出集体协商请求。企业所在地地方总工会征得半数以上职工或者半数以上职工代表大会代表同意，应当向企业提出集体协商要求。

企业认为需要与职工进行集体协商的，应当向企业工会提出集体协商要求。企业尚未建立工会的，企业可以向所在地地方总工会提出集体协商要求。

第十九条　职工方或者企业书面提出集体协商要求的，对方应当在收到集体协商要求书面材料时在送达回执上签收，并于三十日内给予书面答复，对应协商要求内容逐一作出回应，并就有关事项进行协商。集体协商要求书面材料应当包含协商时间、地点、内容等，并对其主张说明理由。

第二十条 集体协商期限为送达集体协商要求书面材料之日起三个月内。根据企业实际情况，双方协商同意可以适当缩短或者延长，但延长时间最长不超过六十日。

第二十一条 集体协商一般采用会议协商的形式，也可以采用书面形式或者双方认可的其他形式。一方要求采用会议协商形式的，应当采用会议协商形式。

集体协商采用会议协商形式的，由双方首席代表轮流或者共同主持。集体协商会议记录应当由全体与会协商代表签字确认。集体协商采用书面形式的，所提交的书面意见应当经全体协商代表签字确认。

企业应当为协商会议提供会议场地等必要条件。

第二十二条 开展集体协商，职工方与企业应当采用平和、理性的方式，维护企业正常的生产经营秩序，不得有下列行为：

（一）拒绝或者无正当理由故意拖延集体协商；

（二）威胁或者利诱对方协商代表；

（三）以暴力、胁迫或者其他非法手段扰乱、破坏集体协商秩序；

（四）限制有关人员人身自由，或者进行侮辱、恐吓、暴力伤害；

（五）其他可能激化矛盾的行为。

第二十三条 开展集体协商，企业不得有下列行为：

（一）限制、干扰工会履行职权或者职工方产生协商代表，对职工方协商代表打击报复；

（二）拒绝提供集体协商所必需的材料或者提供虚假材料；

（三）拒绝执行集体协商调解协议。

第二十四条 开展集体协商，职工不得有下列行为：

（一）违反劳动合同约定，不完成劳动任务；

（二）违反劳动纪律，或者以各种方式迫使企业其他员工离开工作岗位；

（三）堵塞、阻碍或者封锁企业的出入通道和交通要道，阻止人员、物资等进出，破坏企业设备、工具或者破坏企业正常生产经营秩序和公共秩序。

第二十五条 集体协商双方达成一致意见的，由企业方制作集体合同草案。

集体协商未达成一致意见的，经双方同意，可以中止协商并商定恢复协商的时间。

第三章 集体合同

第二十六条 集体合同草案应当由工会或者职工方协商代表提交职工代表大会或者全体职工讨论。职工代表大会或者全体职工讨论集体合同草案，应当有三分之二以上职工代表或者职工出席，且经全体职工代表半数或者全体职工半数以上同意，集体合同草案方获通过。集体合同草案讨论通过后，由集体协商双方首席协商代表签字盖章后成立，并由企业自订立集体合同之日起七日内送当地人力资源社会保障行政部门备案。

集体合同草案未获通过的，职工方协商代表应当就未通过事项听取和收集职工的意见，与企业协商代表进行补充协商后，再次提交讨论通过。

第二十七条 集体合同订立并依法生效后，对企业和企业全体职工具有约束力，双方应当严格履行。企业应当自集体合同生效之日起五日内将集体合同向全体职工公布。

第二十八条 集体合同期限为一至三年。集体合同期限届满或者双方约定的终止条件出现，集体合同即行终止。

集体合同期满前三个月内，任何一方均可向对方提出重新签订或者续订的要求。

第二十九条 集体合同有效期内企业变更名称、法定代表人、主要负责人、股权和增资减资等事项，不影响集体合同效力。

第三十条 有下列情形之一的，可以变更或者解除集体合同：

（一）双方协商一致；

（二）因不可抗力致使集体合同部分不能履行或者全部不能履行；

（三）企业破产、停产、解散，致使集体合同无法履行；

（四）法律、法规规定的其他情形。

变更或者解除集体合同适用本条例规定的集体协商和签订集体合同程序。

第四章 争议处理

第三十一条 职工方和企业应当根据事实，遵循合法、有序、平和的原则，处理集体协商争议。

第三十二条 在开展集体协商或者履行集体合同过程中发生争议的，职工方与企业不愿协商、协商不成或者达成和解协议后不履行的，可以向依法设立的基层人民调解组织或者具有劳动争议调解职能的组织申请调解。

争议经调解达成协议的，职工和企业应当履行。

第三十三条 开展集体协商，职工方与企业发生争议的，职工方可以向企业所在地地方总工会提出协调请求，企业所在地地方总工会应当及时介入，指导、帮助职工方与企业依法开展协商，协调双方达成一致意见。

第三十四条 开展集体协商，职工方与企业发生争议的，企业方面代表组织应当及时介入，指导、督促企业依法与职工方开展集体协商，协助企业维护正常生产经营秩序，协调双方达成一致意见。

第三十五条 经企业所在地地方总工会、企业方面代表组织协调仍未能解决争议的，当地人力资源社会保障行政部门应当派出人员或者从集体协商专家名册中指定人员进行协调。

第三十六条 发生涉及人数较多、影响较大的集体协商争议，各级人民政府应当统筹协调人力资源社会保障、公安、司法行政、国有资产监督管理机构等有关部门，会同地方总工会、企业方面代表组织共同协调处理。

第三十七条 开展集体协商，供水、供电、供气、公共运输、广播通信、电视、公共卫生、医疗、教育、金融等提供公共服务的企业事业单位发生停产、停业，或者职工影响提供公共服务的企业事业单位正常生产经营秩序等情形，导致或者可能导致下列后果之一的，当地人民政府可以根据实际情况发布命令，责令上述企业事业单位、职工停止该项行为，恢复正常秩序：

（一）危害公共安全；

（二）损害正常的社会秩序和居民生活秩序；

（三）其他严重危害公共利益的后果。

当地人力资源社会保障行政部门、政府有关部门、地方总工会、企业方面代表组织应当指导和督促双方开展集体协商，化解矛盾。

第三十八条 因履行集体合同发生争议，经协商解决不成的，工会或者企业可以依法申请仲裁、提起诉讼。

第五章 法律责任

第三十九条 协商代表违反本条例第十五条规定，泄露企业商业秘密，给企业造成损失的，依法承担赔偿责任；构成犯罪的，依法追究刑事责任。

第四十条 企业有关人员有本条例第二十二条第二项、第三项、第四项，或者第二十三条第一项规定的行为，违反治安管理规定的，按照《中华人民共和国治安管理处罚法》有关规定处理；构成犯罪的，依法追究当事人的刑事责任。

职工有本条例第二十二条第二项、第三项、第四项，或者第二十四条第三项规定的行为，违反治安管理规定的，按照《中华人民共和国治安管理处罚法》有关规定处理；构成犯罪的，依法追究当事人的刑事责任。

第四十一条 提供公共服务的企业事业单位或者职工拒不执行当地人民政府根据本条例第三十七条规定发布的命令，违反治安管理规定的，按照《中华人民共和国治安管理处罚法》有关规定处理。

第四十二条 企业方面代表组织工作人员在集体协商工作中不依法履行职责或者损害企业合法权益，由企业方面代表组织责令改正；情节严重的，依照企业方面代表组织的章程予以罢免，或者依法给予处分。

第四十三条 工会工作人员在集体协商工作中不依法履行职责或者损害职工合法权益，由同级工会或者上级工会责令改正；情节严重的，依照《中国工会章程》予以罢免，或者依法给予处分；构成犯罪的，依法追究刑事责任。

第四十四条 政府有关部门工作人员在集体协商工作中玩忽职守、滥用职权、徇私舞弊的，由有关主管部门给予处分；构成犯罪的，依法追究刑事责任。

第六章 附 则

第四十五条 企业分支机构经企业授权同意，与分支机构的职工方就有关事项进行集体协商和签订、履行集体合同，依照本条例执行。

实行企业化管理的事业单位和民办非企业单位开展集体协商和签订、履行集体合同，依照本条例执行。

第四十六条 本条例自 2015 年 1 月 1 日起施行。

1.16 协商调解

★ 法律

1.16.1 中华人民共和国劳动法（主席令第18号 2009年修正）

第八十条 【劳动争议调委会及调解协议】在用人单位内，可以设立劳动争议调解委员会。劳动争议调解委员会由职工代表、用人单位代表和工会代表组成。劳动争议调解委员会主任由工会代表担任。

劳动争议经调解达成协议的，当事人应当履行。

第八十四条 【集体合同争议处理】因签订集体合同发生争议，当事人协商解决不成的，当地人民政府劳动行政部门可以组织有关各方协调处理。

因履行集体合同发生争议，当事人协商解决不成的，可以向劳动争议仲裁委员会申请仲裁；对仲裁裁决不服的，可以自收到仲裁裁决书之日起十五日内向人民法院提起诉讼。

★ 行政法规/部门规章/司法解释

1.16.2 最高人民法院关于审理劳动争议案件适用法律若干问题的解释（二）（法释［2006］6号）

第十七条 当事人在劳动争议调解委员会主持下达成的具有劳动权利义务内容的调解协议，具有劳动合同的约束力，可以作为人民法院裁判的根据。

1.16.3 最高人民法院关于审理劳动争议案件适用法律若干问题的解释（三）（法释［2010］12号）

第十条 劳动者与用人单位就解除或者终止劳动合同办理相关手续、支付工资报酬、加班费、经济补偿或者赔偿金等达成的协议，不违反法律、行政法规的强制性规定，且不存在欺诈、胁迫或者乘人之危情形的，应当认定有效。

前款协议存在重大误解或者显失公平情形，当事人请求撤销的，人民法院应予支持。

1.16.4 最高人民法院关于审理劳动争议案件适用法律若干问题的解释（四）（法释［2013］4号）

第四条 当事人在人民调解委员会主持下仅就给付义务达成的调解协议，双方认为有必要的，可以共同向人民调解委员会所在地的基层人民法院申请司法确认。

★ 地方性文件·广东省

1.16.5 广东省高级人民法院关于进一步加强劳动争议案件审判工作的若干意见（粤高法［2005］16号）

第六条 在劳动争议调解委员会主持下，双方当事人达成的调解协议，具有民事合同的效力。一方当事人不履行调解协议确定的给付义务的，对方当事人可直接向法院起诉。

1.16.6 广州市中级人民法院关于审理劳动人事争议案件若干问题的研讨会纪要（2014年）

第二十五条 劳动者与用人单位在申请仲裁前签订了协议，其中有“不得再向用人单位主张权利”“双方签订协议后互不追求任何一方经济责任”的表述，但就工资、未订立书面劳动合同双倍工资、加班工资、高温津贴等项目都未在协议中有明确约定或仅部分项目有明确约定，如劳动者就有约定的项目及未约定的项目申请仲裁，应审查协议是否存在可撤销的情形以及协议事项是否包含了劳动者申请仲裁的事项等。如果劳动者申请仲裁的事项已经包含在协议事项之内，且协议不存在可撤销的情形，则尊重当事人的意思自治，认可双方签订的协议书的效力。

1.16.7 广东省高级人民法院印发《广东省高级人民法院关于审理劳动争议案件疑难问题的解答》的通知（粤高法［2017］147号　2017年8月1日实施）

23. 用人单位和劳动者在诉前达成调解协议的，能否申请法院进行司法确认

根据《广东省高级人民法院、广东省人力资源和社会保障厅、广东省总工会、广东省工商业联合会、广东省企业联合会关于进一步加强调裁诉衔接多元化解劳资纠纷的意见》及《广东省高级人民法院关于非诉讼调解协议司法确认的指导意见》的规定，劳动争议纠纷在非诉讼调解组织主持下达成调解协议后，当事人可向有管辖权的人民法院申请确认调解协议效力，人民法院依法审查后对符合条件的可出具民事调解书予以确认。

1.17 工作年限

★ 行政法规/部门规章/司法解释

1.17.1 中华人民共和国劳动合同法实施条例（国务院令第 535 号　2008 年 9 月起施行）

第九条　劳动合同法第十四条第二款规定的连续工作满 10 年的起始时间，应当自用人单位用工之日起计算，包括劳动合同法施行前的工作年限。

第十条　劳动者非因本人原因从原用人单位被安排到新用人单位工作的，劳动者在原用人单位的工作年限合并计算为新用人单位的工作年限。原用人单位已经向劳动者支付经济补偿的，新用人单位在依法解除、终止劳动合同计算支付经济补偿的工作年限时，不再计算劳动者在原用人单位的工作年限。

第二十四条　用人单位出具的解除、终止劳动合同的证明，应当写明劳动合同期限、解除或者终止劳动合同的日期、工作岗位、在本单位的工作年限。

1.17.2 全国总工会劳动保险部关于劳动保险问题解答（1964 年）

十二、有关工龄计算问题

109. 转业军人、复员军人、退伍军人离开军队时，有的是直接转到企业，有的回到农村后过了一个时期才到企业工作的，有的是经过组织介绍的，但也有少数人自行到企业工作的，其工龄应如何计算？

不论他们转业、复员和退伍时领过任何待遇，也不论他们直接转到企业工作或回农村后过了一段时间又到企业工作的，在享受劳动保险待遇时，他们的军令均可计算为连续工龄。

110. 职工在刚解放时自动响应人民政府号召报名参军，现又转入企业工作，其连续工龄如何计算？

其参军前连续工作的时间，可计算为连续工龄。

112. 革命军人被开除军籍到企业工作，其原来的军龄可否计算为工龄？

如果不是因反革命罪行，而是因其他犯罪被开除军籍的，其军龄可计算为一般工龄。

126. 回国华乔考入或分配到工厂企业工作，他们的工龄应该怎样计算？

归国华侨回国参加工厂企业工作后的工龄计算，应按劳动保险条例实施细则第 39 条的规定，连续工龄从进入本企业工作之日算起，其在国外工厂企业工作的时间（以工资收入作为主要或全部生活来源）应计算为一般工龄。

归国华侨在国外参加革命斗争，因革命工作的需要，被组织调回国参加企业工作者，其在国外从事革命斗争的工作时间，应和回国参加企业工作后的连续工作期间合并计算为连续工龄。

131. 有的企业招考职工要在训练班经过一段学习或训练的时间以后才分配工作，在训练班学习或训练的时间，能不能算为工龄？

职工考入企业以后，还没有正式发给工资，在训练班学习，主要是为了熟悉业务，掌握技术知识，为直接参加工作做准备。在没有正式参加工作前的学习阶段，不能计算工龄。

132. 在工农速成中学学习期间是否计算工龄？

根据 1950 年 12 月 24 日政务院“关于举办工农速成中学和工农干部文化补习学校的指

示”中第五条规定，职工离职在工农速成中学的学习期间应连续计算工龄。

139. 从事保姆、女佣的工作时间是否可以计算工龄？

如其主要是依靠该项工作的工资收入维持生活，有可靠证明，可计算为一般工龄。

141. 有些临时工人，每月工作5、6天或者十几天，就回家种地，他们的工龄怎样计算？现在他们已经改为固定工人，可不可以计算连续工龄？

半工半农的临时工，实际上主要是靠种地为主的，因此，担任临时工期间部计算工龄，他们的一般工龄和连续工龄应该自该为固定工人之日起计算。

142. 半工半读的工龄如何计算？

半工半读应确定以哪样为主，如以学习为主，即不应计算工龄；如以做工为主，即按工作日计算工龄。

143. 原在手工业生产合作社工作的职工或社员，以后转入国营或公私合营企业后，他们的工龄如何计算？

此问题劳动部1960年4月7日以［60］中劳薪久字38号函复如下：

一、原来在手工业生产合作社工作的长期工，在转入国营企业或者公私合营企业以后，可以作为企业的长期工。他们在手工业生产合作社工作期间的工龄，也可以作为连续工龄，并且与所在企业单位的长期工，享受同样的劳动保险待遇。

原来在手工业生产合作社工作的临时工（合同工，下同），在转入国营企业或者公私合营企业以后，未经上级批准转为长期工的，仍然为临时工，他们的劳动保险待遇，可以按照所在企业单位的临时工的有关规定办理；经过上级批准转为长期工的，他们在手工业生产合作社最后一次作临时工的期间，可以作为连续工龄，并且与所在企业单位的长期工，享受同样的劳动保险待遇。

原来在手工业生产合作社工作的职员，可以分别不同情况仿照工人的办法办理。

二、原来在手工业生产合作社工作，并且以工资收入为主要生活来源的集股社员在转入国营企业或者公私合营企业以后，可以作为企业的长期工或职员，他们在手工业生产合作社工作期间的工龄，可以作为连续工龄，并且和所在企业单位的长期工、职员，享受同样的劳动保险待遇。

原来在手工业生产合作社工作的小业主，按照私方人员的规定办理。

三、其他在信用合作社、供销合作社工作的工人、职员，在转入国营企业或者公私合营企业以后，都可以仿照上述有关规定办理。

144. 原来在运输合作社、合作商店工作的职工和社员，后转到国有企业工作，其工龄如何计算？

如果他们所在社是统一管理，集体分配，本人以工资收入为主要生活来源的连续工作时间，可以计算为连续工龄，他们在合作小组或者其他组织不以工资收入为主要生活来源的工作时间，不能计算工龄。

1.17.3 劳动部办公厅对《关于如何理解“同一用人单位连续工作时间”和“本单位工作年限”的请示》的复函（劳办发［1996］191号）

上海市劳动局：

你局《关于如何理解“同一用人单位连续工作时间”和“本单位工作年限”的请示》（沪劳保字［1996］18号）收悉，经研究，现函复如下：

一、“同一用人单位连续工作时间”是指劳动者与同一用人单位保持劳动关系的时间。

二、按照《劳动法》及有关配套规章的规定，劳动者患病或非因工负伤，依法享有医疗期，因此在计算“同一用人单位连续工作时间”时，不应扣除劳动者依法享有的医疗期时间。

三、在计算医疗期、经济补偿时，“本单位工作年限”与“同一用人单位连续工作时间”为同一概念，也不应扣除劳动者此前依法享有的医疗期时间。

一九九六年九月十六日

1.17.4 最高人民法院关于审理劳动争议案件适用法律若干问题的解释（法释［2001］14号）

第十三条　因用人单位作出的开除、除名、辞退、解除劳动合同、减少劳动报酬、计算劳动者工作年限等决定而发生的劳动争议，用人单位负举证责任。

1.17.5《劳动和社会保障部办公厅关于复转军人军龄及有关人员工龄是否作为计算职工经济补偿金年限的答复意见》（劳社厅函［2002］20号）

黑龙江省劳动和社会保障厅：

你厅《关于复转军人军龄及有关人员工龄是否作为计算职工经济补偿金年限的请示》（黑劳社呈［2001］45号）收悉。经研究，答复如下：

一、关于退伍、复员、转业军人的军龄是否作为计发经济补偿年限问题。按照《中华人民共和国兵役法》和中共中央、国务院、中央军委《军队转业干部安置暂行办法》（中发［2001］3号）第三十七条以及国务院、中央军委《关于退伍义务兵安置工作随用人单位改革实行劳动合同制度的意见》（国发［1993］54号）第五条规定，军队退伍、复员、转业军人的军龄，计算为接收安置单位的连续工龄。原劳动部《违反和解除劳动合同的经济补偿办法》（劳部发［1994］481号）规定，经济补偿金按职工在本单位的工作年限计发，因此，企业与职工解除劳动关系计发法定的经济补偿金时，退伍、转业军人的军龄应当计算为“本单位工作年限”。

二、关于组织调动、企业分立、合并后，经济补偿金年限计算问题，原劳动部办公厅《对〈关于终止或解除劳动合同计发经济补偿金有关问题的请示〉的复函》（劳办发［1996］33号）中第四条已有明确规定：“因用人单位的合并、兼并、合资、单位改变性质，法人改变名称等原因而改变工作单位的，其改变前的工作时间可以计算为在本单位的工作时间，由于成建制调动、组织调动等原因而改变工作单位的，是否计算为在本单位的工作时间，在行业直属企业间成建制调动或组织调动等，由行业主管部门作出规定，其他调动，由各省、自治区、直辖市作出规定。”对企业改制改组中已经向职工支付经济补偿金的，职工被改制改组后企业重新录用的，在解除劳动合同支付经济补偿金时，职工在改制前单位的工作年限可以不计算为改制后单位的工作年限。

二〇〇二年一月二十八日

1.17.6 最高人民法院关于审理劳动争议案件适用法律若干问题的解释（四）（法释［2013］4号）

第五条　劳动者非因本人原因从原用人单位被安排到新用人单位工作，原用人单位未支付经济补偿，劳动者依照劳动合同法第三十八条规定与新用人单位解除劳动合同，或者新用人单位向劳动者提出解除、终止劳动合同，在计算支付经济补偿或赔偿金的工作年限时，劳动者请求把在原用人单位的工作年限合并计算为新用人单位工作年限的，人民法院应予支持。

用人单位符合下列情形之一的，应当认定属于“劳动者非因本人原因从原用人单位被安排到新用人单位工作”：（一）劳动者仍在原工作场所、工作岗位工作，劳动合同主体由原用人单位变更为新用人单位；（二）用人单位以组织委派或任命形式对劳动者进行工作调动；（三）因用人单位合并、分立等原因导致劳动者工作调动；（四）用人单位及其关联企业与劳动者轮流订立劳动合同；（五）其他合理情形。

★ 地方性文件·广东省

1.17.7 广东省高级人民法院、广东省劳动争议仲裁委员会关于适用《劳动争议调解仲裁法》《劳动合同法》若干问题的指导意见（粤高法发［2008］13号）

第二十二条 用人单位恶意规避《劳动合同法》第十四条的下列行为，应认定为无效行为，劳动者的工作年限和订立固定期限劳动合同的次数仍应连续计算：（一）为使劳动者“工龄归”，迫使劳动者辞职后重新与其签订劳动合同的；（二）通过设立关联企业，在与劳动者签订合同时交替变换用人单位名称的；（三）通过非法劳务派遣的；（四）其他明显违反诚信和公平原则的规避行为。

《劳动合同法》实施前，用人单位已按国家和省有关主辅分离辅业改制、劣势企业关闭退出和富余人员安置等规定，办理了解除劳动合同手续并依法支付经济补偿金的，工作年限不连续计算。

第二十三条 用人单位变更名称、法定代表人、主要负责人或者投资人，不影响劳动合同的履行，劳动者的工作年限应连续计算。劳动者要求解除劳动关系并由用人单位（投资人）支付经济补偿金的，不予支持。

1.17.8 惠州市中级人民法院惠州市劳动人事争议仲裁委员会关于审理劳动争议案件若干问题的会议纪要（试行）（2012年）

第三十三条 【企业合并、分立后劳动者工作年限计算问题】企业合并、分立后，劳动者工作年限和订立固定期限劳动合同的次数仍应连续计算。

★地方性文件·上海市

1.17.9 上海市高级人民法院关于适用《劳动合同法》若干问题的意见（沪高法［2009］73号）

十八、如何把握《实施条例》第十条规定的劳动者非因本人原因，由原用人单位被安排到新用人单位工作，其连续工作年限的计算问题

2008年9月18日之后，不是由劳动者本人提出，而是由用人单位以组织调动、委派等方式安排到另外一个用人单位工作，且用人单位未向劳动者支付解除或终止合同的经济补偿金的，属于非因劳动者本人原因而由单位安排到新用人单位的情况。如，用人单位根据工作需要，在关联企业之间、集团企业内部调整劳动者具体工作单位等等。2008年9月18日之前产生的类似问题，按当时的规定处理。

十九、企业改制、转制劳动者工作年限的计算

用人单位已按国家和地方有关转制、主辅分离、辅业改制、劣势企业关闭退出和富余人

员安置等规定，办理了解除劳动合同手续并依法支付经济补偿金的，工作年限不连续计算。

★地方性文件·北京市

1.17.10 北京市高级人民法院、北京市劳动争议仲裁委员会关于劳动争议案件法律适用问题研讨会会议纪要（2009年）

39. 劳动者在用人单位设立筹备阶段的工作时间一般不计算为本单位工作年限，但双方另有约定的除外。

1.18 赔偿相关

★ 行政法规/部门规章/司法解释

1.18.1 劳动部关于印发《工资支付暂行规定》的通知（劳部发［1994］489号）

第十五条 用人单位不得克扣劳动者工资。有下列情况之一的，用人单位可以代扣劳动者工资：

（1）用人单位代扣代缴的个人所得税；

（2）用人单位代扣代缴的应由劳动者个人负担的各项社会保险费用；

（3）法院判决、裁定中要求代扣的抚养费、赡养费；

（4）法律、法规规定可以从劳动者工资中扣除的其他费用。

第十六条 因劳动者本人原因给用人单位造成经济损失的，用人单位可按照劳动合同的约定要求其赔偿经济损失。经济损失的赔偿，可从劳动者本人的工资中扣除。但每月扣除的部分不得超过劳动者当月工资的20%。若扣除后的剩余工资部分低于当地月最低工资标准，则按最低工资标准支付。

1.18.2 劳动部关于印发《对〈工资支付暂行规定〉有关问题的补充规定》的通知（劳部发［1995］226号）

第三条 《规定》第十五条中所称“克扣”系指用人单位无正当理由扣减劳动者应得工资（即在劳动者已提供正常劳动的前提下用人单位按劳动合同规定的标准应当支付给劳动者的全部劳动报酬）。不包括以下减发工资的情况：（1）国家的法律、法规中有明确规定的；（2）依法签订的劳动合同中有明确规定的；（3）用人单位依法制定并经职代会批准的厂规、厂纪中有明确规定的；（4）企业工资总额与经济效益相联系，经济效益下浮时，工资必须下浮的（但支付给劳动者工资不得低于当地最低工资标准）；（5）因劳动者请事假等相应减发工资等。

1.18.3 劳动部关于印发《关于贯彻执行〈中华人民共和国劳动法〉若干问题的意见》的通知（劳部发［1995］309号）

第三十三条 劳动者违反劳动法规定或劳动合同的约定解除劳动合同（如擅自离职），给用人单位造成经济损失的，应当根据劳动法第一百二条和劳动部《违反〈劳动法〉有关劳动合同规定的赔偿办法》（劳部发［1995］223号）的规定，承担赔偿责任。

1.18.4 劳动部关于发布《违反〈劳动法〉有关劳动合同规定的赔偿办法》的通知（劳部发［1995］223号）

第一条 为明确违反《劳动法》有关劳动合同规定的赔偿责任，维护劳动合同双方当事人的合法权益，根据《中华人民共和国劳动法》的有关规定，制定本办法。

第二条 用人单位有下列情形之一，对劳动者造成损害的，应赔偿劳动者损失：

（一）用人单位故意拖延不订立劳动合同，即招用后故意不按规定订立劳动合同以及劳动合同到期后故意不及时续订劳动合同的；

（二）由于用人单位的原因订立无效劳动合同，或订立部分无效劳动合同的；

（三）用人单位违反规定或劳动合同的约定侵害女职工或未成年工合法权益的；

（四）用人单位违反规定或劳动合同的约定解除劳动合同的。

第三条 本办法第二条规定的赔偿，按下列规定执行：

（一）造成劳动者工资收入损失的，按劳动者本人应得工资收入支付给劳动者，并加付应得工资收入25%的赔偿费用；

（二）造成劳动者劳动保护待遇损失的，应按国家规定补足劳动者的劳动保护津贴和用品；

（三）造成劳动者工伤、医疗待遇损失的，除按国家规定为劳动者提供工伤、医疗待遇外，还应支付劳动者相当于医疗费用25%的赔偿费用；

（四）造成女职工和未成年工身体健康损害的，除按国家规定提供治疗期间的医疗待遇外，还应支付相当于其医疗费用25%的赔偿费用；

（五）劳动合同约定的其他赔偿费用。

第四条 劳动者违反规定或劳动合同的约定解除劳动合同，对用人单位造成损失的，劳动者应赔偿用人单位下列损失：

（一）用人单位招收录用其所支付的费用；

（二）用人单位为其支付的培训费用，双方另有约定的按约定办理；

（三）对生产、经营和工作造成的直接经济损失；

（四）劳动合同约定的其他赔偿费用。

第五条 劳动者违反劳动合同中约定的保密事项，对用人单位造成经济损失的，按《反不正当竞争法》第二十条的规定支付用人单位赔偿费用。

第六条 用人单位招用尚未解除劳动合同的劳动者，对原用人单位造成经济损失的，除该劳动者承担直接赔偿责任外，该用人单位应当承担连带赔偿责任。其连带赔偿的分额应不低于对原用人单位造成经济损失总额的百分之七十。向原用人单位赔偿下列损失：

（一）对生产、经营和工作造成的直接经济损失；

（二）因获取商业秘密给原用人单位造成的经济损失。

赔偿本条第（二）项规定的损失，按《反不正当竞争法》第二十条的规定执行。

第七条 因赔偿引起争议的，按照国家有关劳动争议处理的规定办理。

第八条 本办法自发布之日起施行。

★ 地方性文件·广东省

1.18.5 广东省高级人民法院关于印发《广东省高级人民法院关于审理劳动争议案件若干问题的指导意见》的通知（粤高法发［2002］21号）

第十九条 劳动者提前30天以书面形式通知用人单位，可以解除劳动合同，用人单位不得以特别约定排除或限制劳动者的解除权。但由于劳动者行使解除权而违反劳动合同有关约定，给用人单位造成经济损失的，劳动者应当赔偿用人单位的直接损失。

用人单位违反诚信原则，在劳动合同中设定高额违约金条款来限制劳动者解除劳动合同的权利的，可确认违约金条款无效。

1.18.6 广东省工资支付条例（广东省第十二届人民代表大会常务委员会公告第65号 2016年9月起施行）

第十五条 因劳动者过错造成用人单位直接经济损失，依法应当承担赔偿责任的，用人单位可以从其工资中扣除赔偿费，但应当提前书面告知扣除原因及数额；未书面告知的不得扣除。扣除赔偿费后的月工资余额不得低于当地最低工资标准。

1.18.7 中山市中级人民法院关于审理劳动争议案件若干问题的参考意见（2011年）

7.6【单位罚款的处理】对用人单位在章程及劳动合同中就劳动者违反劳动纪律或造成损害予以“罚款”的约定，在处理时应把握如下原则：

（一）用人单位为维护其正常经营管理，监督员工严格、准确执行有关规章制度，在不违反法律强制性规定的情况下，以已经通过民主程序制定并已向劳动者公示的规章制度或者以双方通过合意方式在劳动合同中的明确约定作为依据，对劳动者予以“罚款”的，应合理支持，但不宜在裁判中直接载明支持用人单位“罚款”，应当表述其为一种扣款形式的经济管理手段。

（二）为避免用人单位滥用上述经济惩罚措施侵害劳动者合法权益，应对用人单位所主张的事由、依据进行严格审查，并对其惩罚的金额是否合理和有失公平作出判断。对企业的经济惩罚措施超过劳动者月标准工资百分之十的，不予支持。

7.8【劳动者借款抵扣的处理】对劳动者尚欠用人单位的借款等债务，用人单位一直从其工资中冲减抵扣，且劳动者一直未提出异议，劳动者以用人单位非法克扣工资为由请求返还或主张其他权利的，不予支持。

9.9【劳动者致损赔偿的处理】劳动者在履行劳动合同过程中造成用人单位损失，用人单位在解除劳动合同时要求劳动者一次性赔偿的，应予支持。赔偿数额由法院根据劳动者的过错程度、造成损失的大小等具体情况酌情确定。

1.18.8 深圳经济特区和谐劳动关系促进条例（深圳市第四届人民代表大会常务委员会公告第83号 2008年）

第十六条 用人单位依照规章制度对劳动者实施经济处分的，单项和当月累计处分金额不得超过该劳动者当月工资的百分之三十，且对同一违纪行为不得重复处分。

实施处分后的月工资不得低于市政府公布的特区最低工资标准。

1.18.9 深圳市中级人民法院关于审理劳动争议案件的裁判指引（2015年）

第九十九条 劳动者在履行劳动合同过程中造成用人单位损失，用人单位在解除劳动合同时要求劳动者一次性赔偿的，应予支持，但赔偿数额由人民法院根据劳动者的过错程度、造成损失的大小等具体情况酌情进行确定。

1.18.10 广东省高级人民法院印发《广东省高级人民法院关于审理劳动争议案件疑难问题的解答》的通知（粤高法［2017］147号 2017年8月1日实施）

5. 因劳动者过错造成用人单位损失，用人单位能否在劳动合同解除后要求劳动者承担赔偿责任？

劳动者在劳动关系存续期间因故意或重大过失造成用人单位直接经济损失，用人单位在双方劳动合同解除后要求劳动者一次性赔偿的，予以支持。劳动者应承担赔偿数额根据劳动者的过错程度等具体情况酌情确定，且不得把属于用人单位应承担的经营风险扩大由劳动者承担。

★地方性文件·上海市

1.18.11 上海市高级人民法院关于适用《劳动合同法》若干问题的意见（沪高法［2009］73号）

十一、用人单位要求劳动者承担合同责任的处理

劳动合同的履行应当遵循依法、诚实信用的原则。劳动合同的当事人之间除了规章制度的约束之外，实际上也存在很多约定的义务和依据诚实信用原则而应承担的合同义务。如《劳动法》第三条第二款关于“劳动者应当遵守劳动纪律和职业道德”等规定，就是类似义务的法律基础。因此，在规章制度无效的情况下，劳动者违反必须遵守的合同义务，用人单位可以要求其承担责任。劳动者以用人单位规章制度没有规定为由提出抗辩的，不予支持。但在规范此类行为时，应当仅对影响劳动关系的重大情况进行审核，以免过多干涉用人单位的自主管理权。

★地方性文件·北京市

1.18.12 北京市高级人民法院、北京市劳动争议仲裁委员会关于劳动争议案件法律适用问题研讨会会议纪要（2009年）

40. 因用人单位的过错而使档案迟延移转，劳动者要求用人单位赔偿损失，劳动仲裁委或人民法院在确定赔偿额时，可参照《北京市失业保险规定》及相关政策文件的规定；劳动者因其档案丢失而向用人单位主张赔偿损失的，劳动仲裁委或人民法院可根据当事人的过错程度和受损情况酌情确定赔偿数额，一般不超过六万元。

1.18.13 北京市高级人民法院、北京市劳动争议仲裁委员会关于劳动争议案件法律适用问题研讨会会议纪要（二）（京高法发［2014］220号）

40. 劳动者未按规定提前三十天（在试用期内提前三天）通知用人单位解除劳动合同即自行离职，或虽然履行通知义务，但有未履行的相关义务，给用人单位造成损失的，应否赔偿？

劳动者未提前三十天（在试用期内提前三天）通知用人单位解除劳动合同，自行离职，或虽然履行通知义务，但有未履行的相关义务，如其应当履行的办理工作交接等义务，给用人单位造成直接经济损失的，应当承担相应的赔偿责任，对所造成的经济损失，用人单位负有举证责任。

41. 解除或终止劳动合同后，用人单位拒不向劳动者出具终止或者解除劳动关系证明或者未在法律规定的期限内为劳动者办理档案和社会保险关系转移手续，造成劳动者无法就业的，劳动者请求用人单位赔偿损失的，如何处理？

劳动者能够证明因用人单位的过错造成其无法就业并发生实际经济损失的，应当予以支持。劳动者对用人单位过错与其无法就业有直接的因果关系以及因此所造成经济损失的具体数额负有举证责任，不能证明有直接因果关系的不予支持，如确实造成经济损失，但无法确定经济损失具体数额的，可以按照劳动者在解除或终止劳动合同前十二个月平均工资确定。

第二章 

工种及用工形式相关

导读：本章节收录了不同工种以及用工形式相关的条文，主要分为两类：一是对劳动者的属性进行汇总，包括外国人及港澳台等就业人员、童工、未成年工、在校生等学生工，离退休工、女职工、残疾工、特种工、建筑工、国有企业职工等各类型工种；二是在用工形式上，收集了劳动派遣及非全日制用工的相关法律规定，因综合制以及不定时制等两种工种，在性质上与工作时间有密切的关联，为此，笔者将该两种用工形式收录在本汇编的第三章“工作时间和休息休假”，烦请各位读者到该章节查询相关的内容。

最后，就本章节收录的条文，笔者已编制了相应的目录及表格，对关键性事项进行简要性列举，方便读者有基本的了解。

目　录

第二章　工种及用工形式相关	
台港澳就业人员	1. 台、港、澳人员在内地就业实行就业许可制度。用人单位拟聘雇或者接受被派遣上述人员的，应当为其申请办理《台港澳人员就业证》；港、澳人员在内地从事个体工商经营的，应当由本人申请办理就业证[2.1.3]；
	2. 台、港、澳人员在内地就业，与企业签订劳动合同的，应当参加企业所在地基本养老保险、医疗保险、失业保险和工伤保险[2.1.8]。
外国人就业	1. 外国人在中国境内工作，应当按照规定取得工作许可和工作类居留证件。任何单位和个人不得聘用未取得工作许可和工作类居留证件的外国人[2.1.1]；
	2. 特殊人员可凭职业签证、《外国专家证》等，免办许可证书[2.1.4]；
	3. 禁止个体经济组织和公民个人聘用外国人[2.1.4]；
	4. 应参加企业所在地基本养老保险、医疗保险、失业保险和工伤保险[2.1.6]。
童工	1. 不得招用不满16周岁的未成年人[2.2.1]；
	2. 用人单位招用人员时，必须核查被招用人员的身份证；对不满16周岁的未成年人，一律不得录用。用人单位录用人员的录用登记、核查材料应当妥善保管，否则将面临1万元处罚[2.2.3]；
	3. 童工患病或者受伤，用人单位承担全部医疗和生活费用[2.2.3]；
	4. 童工从事高空、井下、放射性、高毒、易燃易爆高危劳动，用人单位将面临刑事追究[2.2.3]。
未成年工	1. 年满十六周岁，未满十八周岁的劳动者[2.2.4]；
	2. 定期检查、安排岗位前体检[2.2.4]；
	3. 需到劳动部门登记备案[2.2.4]；
	4. 不得从事高强度工作[2.2.4]。

续表

在校生	1. 种类分为认识实习、跟岗实习和顶岗实习三种[2.2.7]； 2. 顶岗实习人数不超过职工总数的10%[2.2.7]； 3. 不得从事高危岗位、不得在法定节假日工作、不得加班和夜班[2.2.7]； 4. 不得安排在酒吧、夜总会、歌厅、洗浴中心等营业性娱乐场所实习[2.2.7]； 5. 不得向收取押金、提成、管理费或者其他形式的实习费用，不得扣押学生的居民身份证[2.2.7]。
女职工	1. 不得因女职工怀孕、生育、哺乳降低其工资或将其辞退[2.3.3]； 2. 怀孕7个月以上，不得加班和夜班[2.3.2]； 3. 禁止从事高危以及高强度岗位[2.3.2]； 4. 用人单位在录用时不得规定限制女职工结婚、生育的内容[2.3.1]。
离退休人员	1. 基本养老金在发放给离退休人员之前，仍属于养老保险基金，任何单位不得查封、冻结和划扣[2.4.4]； 2. 未享受养老保险待遇的，用人单位依法承担工伤保险责任[2.4.9]。
残疾人	1. 集中使用残疾人的用人单位中从事全日制工作的残疾人职工，应当占本单位在职职工总数的25%以上[2.5.1]； 2. 用人单位安排残疾人就业的比例不得低于本单位在职职工总数的1.5%。具体比例由省、自治区、直辖市人民政府根据本地区的实际情况规定。低于比例的用人单位，须缴纳残疾人就业保障金[2.5.2]。
特种作业人员	1. 取得作业操作证后，方可上岗作业[2.6.1]； 2. 未取得作业操作证，进行上岗作业的，责令限期改正，可以处5万元以下的罚款[2.6.1]。
建筑工	1. 个人承包经营违反本法规定招用劳动者，给劳动者造成损害的，发包的组织与个人承包经营者承担连带赔偿责任[2.7.1]； 2. 劳动者在用人单位与其他平等主体之间的承包经营期间，与发包方和承包方双方或者一方发生劳动争议，依法向人民法院起诉的，应当将承包方和发包方作为当事人[2.7.3]； 3. 非法承包建筑工程发生工伤事故，劳动者的工伤待遇应当由分包方或者承包方承担，分包方或者承包方承担工伤保险责任后有权向发包方追偿。职工被借调期间受到工伤事故伤害的，由原用人单位承担工伤保险责任，但原用人单位与借调单位可以约定补偿办法[2.7.8]； 4. 用人单位实行承包经营，使用劳动者的承包方不具备用人单位资格的由具备用人单位资格的发包方承担工伤保险责任[2.7.8]； 5. 建设领域的工人工资支付实行专户管理，以银行转账方式支付工资，专用账户内的资金除发放工人工资外，不得用于其他用途[2.7.10]； 6. 施工单位应当在建设项目开工前，在项目所在地商业银行设立工人工资支付专用账户，并在用工之日起15日内为每个工人办理工资个人账户[2.7.10]。

续表

国有企业职工	1. 事业单位工作人员连续旷工超过 15 个工作日，或者 1 年内累计旷工超过 30 个工作日的，事业单位可以解除聘用合同；[2.8.1.1]
	2. 处分的种类为：（一）警告；（二）记过；（三）降低岗位等级或者撤职；（四）开除。其中，撤职处分适用于行政机关任命的事业单位工作人员；[2.8.1.2]
	3. 职工探亲假期：（一）职工探望配偶的，每年给予一方探亲假一次，假期为 30 天。（二）未婚职工探望父母，原则上每年给假一次，假期为 20 天。如果因为工作需要，本单位当年不能给予假期，或者职工自愿两年探亲一次的，可以两年给假一次，假期为 45 天。（三）已婚职工探望父母的，每四年给假一次，假期为 20 天；[2.8.2.1]
	4. 申请辞职的富余职工，经企业批准，在办理辞职手续时，企业应当按照国家有关规定发给一次性的生活补助费[2.8.3.2]；
	5. 用人单位应与其富余人员、放长假的职工，签订劳动合同，但其劳动合同与在岗职工的劳动合同在内容上可以有所区别。用人单位与劳动者经协商一致可以在劳动合同中就不在岗期间的有关事项作出规定；[2.8.3.3]
	6. 事业单位人事争议案件由用人单位或聘用合同履行地的基层法院管辖；[2.8.4.2]
	7. 仲裁庭处理人事争议案件，一般应当在受理案件之日起九十日内结案。需要延期的，经人事争议仲裁委员会批准，可以适当延期，但是延长的期限不得超过三十日；[2.8.4.3]
	8. 当事人对仲裁裁决不服的，可以按照《中华人民共和国公务员法》、《中国人民解放军文职人员条例》以及最高人民法院相关司法解释的规定，自收到裁决书之日起十五日内向人民法院提起诉讼；逾期不起诉的，裁决书即发生法律效力。[2.8.4.3]
劳务派遣	1. 劳务派遣单位跨地区派遣劳动者的，被派遣劳动者享有的报酬和劳动条件，按照用工单位所在地的标准执行，与用工单位的劳动者同工同酬的权利[2.9.1]；
	2. 应订立二年以上的固定期限劳动合同[2.9.1]；
	3. 劳务派遣单位不得以非全日制用工形式招用被派遣劳动者[2.9.2]；
	4. 劳务派遣单位或者被派遣劳动者依法解除、终止劳动合同的经济补偿，依照劳动合同法第四十六条、第四十七条的规定执行[2.9.2]；
	5. 企业不得设立劳务派遣单位向本单位或者所属单位派遣劳动者[2.9.2]；
	6. 派遣单位为承担工伤保险责任的单位[2.9.5]；
	7. 不得超过其用工总量的 10%[2.9.6]；

续表

非全日制用工	1. 日工作≦4 小时；周工作≦24 小时[2.10.1]；
	2. 可订立口头协议、没试用期、没经济补偿金[2.10.1]；
	3. 用人单位应当为非全日制劳动者缴纳工伤保险[2.10.3]；
	4. 劳务派遣单位不得以非全日制用工形式招用被派遣劳动者[2.10.2]；
	5. 工资结算周期最长不得超过十五日[2.10.1]。
备注：综合制及不定时工作制，因与工作时间的规定较为密切，为此，将该两种用工方式收录在“三、工作时间和休息休假相关”的章节中。	

2.1 外国人、港澳台等就业人员

★ 法律

2.1.1 中华人民共和国出境入境管理法（主席令第57号　2013年7月起施行）

第三十条　外国人所持签证注明入境后需要办理居留证件的，应当自入境之日起三十日内，向拟居留地县级以上地方人民政府公安机关出入境管理机构申请办理外国人居留证件。

申请办理外国人居留证件，应当提交本人的护照或者其他国际旅行证件，以及申请事由的相关材料，并留存指纹等人体生物识别信息。公安机关出入境管理机构应当自收到申请材料之日起十五日内进行审查并作出审查决定，根据居留事由签发相应类别和期限的外国人居留证件。

外国人工作类居留证件的有效期最短为九十日，最长为五年；非工作类居留证件的有效期最短为一百八十日，最长为五年。

第四十一条　外国人在中国境内工作，应当按照规定取得工作许可和工作类居留证件。任何单位和个人不得聘用未取得工作许可和工作类居留证件的外国人。

第四十二条　国务院人力资源社会保障主管部门、外国专家主管部门会同国务院有关部门根据经济社会发展需要和人力资源供求状况制定并定期调整外国人在中国境内工作指导目录。

国务院教育主管部门会同国务院有关部门建立外国留学生勤工助学管理制度，对外国留学生勤工助学的岗位范围和时限作出规定。

第四十三条　外国人有下列行为之一的，属于非法就业：

（一）未按照规定取得工作许可和工作类居留证件在中国境内工作的；

（二）超出工作许可限定范围在中国境内工作的；

（三）外国留学生违反勤工助学管理规定，超出规定的岗位范围或者时限在中国境内工作的。

第四十五条　聘用外国人工作或者招收外国留学生的单位，应当按照规定向所在地公安机关报告有关信息。

公民、法人或者其他组织发现外国人有非法入境、非法居留、非法就业情形的，应当及时向所在地公安机关报告。

第六十二条　外国人有下列情形之一的，可以遣送出境：

（一）被处限期出境，未在规定期限内离境的；

（二）有不准入境情形的；

（三）非法居留、非法就业的；

（四）违反本法或者其他法律、行政法规需要遣送出境的。

其他境外人员有前款所列情形之一的，可以依法遣送出境。

被遣送出境的人员，自被遣送出境之日起一至五年内不准入境。

第八十条　外国人非法就业的，处五千元以上二万元以下罚款；情节严重的，处五日以上十五日以下拘留，并处五千元以上二万元以下罚款。

介绍外国人非法就业的，对个人处每非法介绍一人五千元，总额不超过五万元的罚款；对单位处每非法介绍一人五千元，总额不超过十万元的罚款；有违法所得的，没收违法所得。

非法聘用外国人的，处每非法聘用一人一万元，总额不超过十万元的罚款；有违法所得的，没收违法所得。

★ 行政法规/部门规章/司法解释

2.1.2 劳动和社会保障部办公厅关于对外国人在中国就业管理有关问题的函（劳社厅函［2005］231号）

甘肃省劳动和社会保障厅：

你厅《关于外国人在中国就业管理有关问题的请示》（甘劳社发［2005］86号）收悉。经研究，现就外国人在中国就业办理就业手续有关问题，提出如下答复意见：

按照《外国人在中国就业管理规定》（劳部发［1996］29号）规定，外国人在中国就业，应当持职业签证入境，凭职业签证办理《外国人就业证》（以下简称就业证）后，办理外国人居留手续。

根据《外国人在中国就业管理规定》第八条“特殊情况，应由用人单位按本规定规定的审批程序申领许可证书，被聘用的外国人凭许可证书到公安机关改变身份，办理就业证、居留证后方可就业”规定，外国企业常驻中国代表机构的首席代表因设立机构而持访问签证入境，可凭访问签证到劳动保障部门直接办理就业证，凭就业证到公安机关申请居留许可。

二〇〇五年七月四日

2.1.3 台湾香港澳门居民在内地就业管理规定（劳动和社会保障部令第26号　2005年起施行）

第一条　为维护台湾居民、香港和澳门居民中的中国公民（以下简称台、港、澳人员）在内地就业的合法权益，加强内地用人单位聘雇台、港、澳人员的管理，根据《中华人民共和国劳动法》和有关法律、行政法规，制定本规定。

第二条　本规定适用于在内地就业的台、港、澳人员和聘雇或者接受被派遣台、港、澳人员的内地企业事业单位、个体工商户以及其他依法登记的组织（以下简称用人单位）。

台湾、香港、澳门地区专家在内地就业的管理，国家另有规定的，从其规定。

第三条　本规定所称在内地就业的台、港、澳人员，是指：

（一）与用人单位建立劳动关系的人员；

（二）在内地从事个体经营的香港、澳门人员；

（三）与境外或台、港、澳地区用人单位建立劳动关系并受其派遣到内地一年内（公历年1月1日起至12月31日止）在同一用人单位累计工作三个月以上的人员。

第四条　台、港、澳人员在内地就业实行就业许可制度。用人单位拟聘雇或者接受被派遣台、港、澳人员的，应当为其申请办理《台港澳人员就业证》（以下简称就业证）；香港、澳门人员在内地从事个体工商经营的，应当由本人申请办理就业证。经许可并取得就业证的台、港、澳人员在内地就业受法律保护。

用人单位聘雇或者接受被派遣台、港、澳人员，实行备案制度。

就业证由劳动保障部统一印制。

第五条 用人单位聘雇或者接受被派遣台、港、澳人员，应当遵守国家的法律、法规。

第六条 用人单位拟聘雇或者接受被派遣的台、港、澳人员，应当具备下列条件：

（一）年龄18至60周岁（直接参与经营的投资者和内地急需的专业技术人员可超过60周岁）；

（二）身体健康；

（三）持有有效旅行证件（包括内地主管机关签发的台湾居民来往大陆通行证、港澳居民往来内地通行证等有效证件）；

（四）从事国家规定的职业（技术工种）的，应当按照国家有关规定，具有相应的资格证明；

（五）法律、法规规定的其他条件。

第七条 用人单位为台、港、澳人员在内地就业申请办理就业证，应当向所在地的地（市）级劳动保障行政部门提交《台湾香港澳门居民就业申请表》和下列有效文件：

（一）用人单位营业执照或登记证明；

（二）拟聘雇或者接受被派遣人员的个人有效旅行证件；

（三）拟聘雇或者接受被派遣人员的健康状况证明；

（四）聘雇意向书或者任职证明；

（五）拟聘雇人员从事国家规定的职业（技术工种）的，提供拟聘雇人员相应的职业资格证书；

（六）法律、法规规定的其他文件。

第八条 劳动保障行政部门应当自收到用人单位提交的《台湾香港澳门居民就业申请表》和有关文件之日起10个工作日内作出就业许可决定。对符合本规定第六条规定条件的，准予就业许可，颁发就业证；对不符合本规定第六条规定条件不予就业许可的，应当以书面形式告知用人单位并说明理由。

第九条 用人单位应当持就业证到颁发该证的劳动保障行政部门办理聘雇台、港、澳人员登记备案手续。

第十条 香港、澳门人员在内地从事个体工商经营的，由本人持个体经营执照、健康证明和个人有效旅行证件向所在地的地（市）级劳动保障行政部门申请办理就业证。劳动保障行政部门应当自收到香港、澳门人员提交的文件之日起5个工作日内办理。

第十一条 用人单位与聘雇的台、港、澳人员应当签订劳动合同，并按照《社会保险费征缴暂行条例》的规定缴纳社会保险费。

第十二条 用人单位与聘雇的台、港、澳人员终止或者解除劳动合同，或者被派遣台、港、澳人员任职期满的，用人单位应当自终止、解除劳动合同或者台、港、澳人员任职期满之日起10个工作日内，到原发证机关办理就业证注销手续。

在内地从事个体工商经营的香港、澳门人员歇业或者停止经营的，应当在歇业或者停止经营之日起30日内到颁发该证的劳动保障行政部门办理就业证注销手续。

第十三条 就业证遗失或损坏的，用人单位应当向颁发该证的劳动保障行政部门申请为台、港、澳人员补发就业证。

第十四条 台、港、澳人员的就业单位应当与就业证所注明的用人单位一致。用人单位变更的，应当由变更后的用人单位到所在地的地（市）级劳动保障行政部门为台、港、澳人员重新申请办理就业证。

第十五条 用人单位与聘雇的台、港、澳人员之间发生劳动争议，依照国家有关劳动争议处理的规定处理。

第十六条 用人单位聘雇或者接受被派遣台、港、澳人员，未为其办理就业证或未办理备案手续的，由劳动保障行政部门责令其限期改正，并可以处1000元罚款。

第十七条 用人单位与聘雇台、港、澳人员终止、解除劳动合同或者台、港、澳人员任职期满，用人单位未办理就业证注销手续的，由劳动保障行政部门责令改正，并可以处1000元罚款。

第十八条 用人单位伪造、涂改、冒用、转让就业证的，由劳动保障行政部门责令其改正，并处1000元罚款，该用人单位一年内不得聘雇台、港、澳人员。

第十九条 本规定自2005年10月1日起施行。原劳动部1994年2月21日颁布的《台湾和香港、澳门居民在内地就业管理规定》同时废止。

2.1.4 外国人在中国就业管理规定（人力资源和社会保障部令第32号 2017年3月施行）

第一章 总 则

第一条 为加强外国人在中国就业的管理，根据有关法律、法规的规定，制定本规定。

第二条 本规定所称外国人，指依照《中华人民共和国国籍法》规定不具有中国国籍的人员。本规定所称外国人在中国就业，指没有取得定居权的外国人在中国境内依法从事社会劳动并获取劳动报酬的行为。

第三条 本规定适用于在中国境内就业的外国人和聘用外国人的用人单位。本规定不适用于外国驻华使、领馆和联合国驻华代表机构、其他国际组织中享有外交特权与豁免的人员。

第四条 各省、自治区、直辖市人民政府劳动行政部门及其授权的地市级劳动行政部门负责外国人在中国就业的管理。

第二章 就业许可

第五条 用人单位聘用外国人须为该外国人申请就业许可，经获准并取得《中华人民共和国外国人就业许可证书》（以下简称许可证书）后方可聘用。

第六条 用人单位聘用外国人从事的岗位应是有特殊需要，国内暂缺适当人选，且不违反国家有关规定的岗位。用人单位不得聘用外国人从事营业性文艺演出，但符合本规定第九条第三项规定的人员除外。

第七条 外国人在中国就业须具备下列条件：

（一）年满18周岁，身体健康；

（二）具有从事其工作所必须的专业技能和相应的工作经历；

（三）无犯罪记录；

（四）有确定的聘用单位；

（五）持有有效护照或能代替护照的其他国际旅行证件（以下简称代替护照的证件）。

第八条 在中国就业的外国人应持Z字签证入境（有互免签证协议的，按协议办理），入境后取得《外国人就业证》（以下简称就业证）和外国人居留证件，方可在中国境内就业。

未取得居留证件的外国人（即持 F、L、C、G 字签证者）、在中国留学、实习的外国人及持职业签证外国人的随行家属不得在中国就业。特殊情况，应由用人单位按本规定规定的审批程序申领许可证书，被聘用的外国人凭许可证书到公安机关改变身份，办理就业证、居留证后方可就业。

外国驻中国使、领馆和联合国系统、其他国际组织驻中国代表机构人员的配偶在中国就业，应按《中华人民共和国外交部关于外国驻中国使领馆和联合国系统组织驻中国代表机构人员的配偶在中国任职的规定》执行，并按本条　第二款规定的审批程序办理有关手续。

许可证书和就业证由劳动部统一制作。

第九条　凡符合下列条件之一的外国人可免办就业许可和就业证：

（一）由我国政府直接出资聘请的外籍专业技术和管理人员，或由国家机关和事业单位出资聘请，具有本国或国际权威技术管理部门或行业协会确认的高级技术职称或特殊技能资格证书的外籍专业技术和管理人员，并持有外国专家局签发的《外国专家证》的外国人；

（二）持有《外国人在中华人民共和国从事海上石油作业工作准证》从事海上石油作业、不需登陆、有特殊技能的外籍劳务人员；（三）经文化部批准持《临时营业演出许可证》进行营业性文艺演出的外国人。

第十条　凡符合下列条件之一的外国人可免办许可证书，入境后凭 Z 字签证及有关证明直接办理就业证：

（一）按照我国与外国政府间、国际组织间协议、协定，执行中外合作交流项目受聘来中国工作的外国人；

（二）外国企业常驻中国代表机构中的首席代表、代表。

第三章　申请与审批

第十一条　用人单位聘用外国人，须填写《聘用外国人就业申请表》（以下简称申请表），向其与劳动行政主管部门同级的行业主管部门（以下简称行业主管部门）提出申请，并提供下列有效文件：

（一）拟聘用外国人履历证明；

（二）聘用意向书；

（三）拟聘用外国人原因的报告；

（四）拟聘用的外国人从事该项工作的资格证明；

（五）拟聘用的外国人健康状况证明；

（六）法律、法规规定的其他文件。

行业主管部门应按照本规定第六条、第七条及有关法律、法规的规定进行审批。

第十二条　经行业主管部门批准后，用人单位应持申请表到本单位所在地区的省、自治区、直辖市劳动行政部门或其授权的地市级劳动行政部门办理核准手续。省、自治区、直辖市劳动行政部门或授权的地市级劳动行政部门应指定专门机构（以下简称发证机关）具体负责签发许可证书工作。发证机关应根据行业主管部门的意见和劳动力市场的需求状况进行核准，并在核准后向用人单位签发许可证书。

第十三条　中央级用人单位、无行业主管部门的用人单位聘用外国人，可直接到劳动行政部门发证机关提出申请和办理就业许可手续。

外商投资企业聘雇外国人，无须行业主管部门审批，可凭合同、章程、批准证书、营业执照和本规定第十一条所规定的文件直接到劳动行政部门发证机关申领许可证书。

第十四条 获准来中国工作的外国人，应凭许可证书及本国有效护照或能代替护照的证件，到中国驻外使、领馆、处申请 Z 字签证。

凡符合第九条第二项规定的人员，应凭中国海洋石油总公司签发的通知函电申请 Z 字签证；凡符合第九条第三项规定的人员，应凭文化部的批件申请 Z 字签证。

凡符合本规定第十条第一款规定的人员，应凭合作交流项目书申请 Z 字签证；凡符合第十条第二项规定的人员，应凭工商行政管理部门的登记证明申请 Z 字签证。

第十五条 用人单位应在被聘用的外国人入境后 15 日内，持许可证书、与被聘用的外国人签订的劳动合同及其有效护照或能代替护照的证件到原发证机关为外国人办理就业证，并填写《外国人就业登记表》。

就业证只在发证机关规定的区域内有效。

第十六条 已办理就业证的外国人，应在入境后 30 日内，持就业证到公安机关申请办理居留证。居留证件的有效期限可根据就业证的有效期确定。

第四章 劳动管理

第十七条 用人单位与被聘用的外国人应依法订立劳动合同。劳动合同的期限最长不得超过五年。劳动合同期限届满即行终止，但按本规定第十九条的规定履行审批手续后可以续订。

第十八条 被聘用的外国人与用人单位签订的劳动合同期满时，其就业证即行失效。如需续订，该用人单位应在原合同期满前 30 日内，向劳动行政部门提出延长聘用时间的申请，经批准并办理就业证延期手续。

第十九条 外国人被批准延长在中国就业期限或变更就业区域、单位后，应在 10 日内到当地公安机关办理居留证件延期或变更手续。

第二十条 被聘用的外国人与用人单位的劳动合同被解除后，该用人单位应及时报告劳动、公安部门，交还该外国人的就业证和居留证件，并到公安机关办理出境手续。

第二十一条 用人单位支付所聘用外国人的工资不得低于当地最低工资标准。

第二十二条 在中国就业的外国人的工作时间、休息、休假劳动安全卫生以及社会保险按国家有关规定执行。

第二十三条 外国人在中国就业的用人单位必须与其就业证所注明的单位相一致。

外国人在发证机关规定的区域内变更用人单位但仍从事原职业的，须经原发证机关批准，并办理就业证变更手续。

外国人离开发证机关规定的区域就业或在原规定的区域内变更用人单位且从事不同职业的，须重新办理就业许可手续。

第二十四条 因违反中国法律被中国公安机关取消居留资格的外国人，用人单位应解除劳动合同，劳动部门应吊销就业证。

第二十五条 用人单位与被聘用的外国人发生劳动争议，应按照《中华人民共和国劳动法》和《中华人民共和国企业劳动争议调解仲裁法》处理。

第二十六条 劳动行政部门对就业证实行年检。用人单位聘用外国人就业每满 1 年，应在期满前 30 日内到劳动行政部门发证机关为被聘用的外国人办理就业证年检手续。逾期未办的，就业证自行失效。

外国人在中国就业期间遗失或损坏其就业证的，应立即到原发证机关办理挂失、补办或换证手续。

第五章　罚　则

第二十七条　对违反本规定未申领就业证擅自就业的外国人和未办理许可证书擅自聘用外国人的用人单位，由公安机关按《中华人民共和国外国人入境出境管理法实施细则》第四十四条处理。

第二十八条　对拒绝劳动行政部门检查就业证、擅自变更用人单位、擅自更换职业、擅自延长就业期限的外国人，由劳动行政部门收回其就业证，并提请公安机关取消其居留资格。对需该机关遣送出境的，遣送费用由聘用单位或该外国人承担。

第二十九条　对伪造、涂改、冒用、转让、买卖就业证和许可证书的外国人和用人单位，由劳动行政部门收缴就业证和许可证书，没收其非法所得，并处以1万元以上10万元以下的罚款；情节严重构成犯罪的，移送司法机关依法追究刑事责任。

第三十条　发证机关或者有关部门的工作人员滥用职权、非法收费、徇私舞弊，构成犯罪的，依法追究刑事责任；不构成犯罪的，给予行政处分。

第六章　附　则

第三十一条　中国的台湾和香港、澳门地区居民在内地就业按《台湾和香港、澳门居民在内地就业管理规定》执行。

第三十二条　外国人在中国的台湾和香港、澳门地区就业不适用本规定。

第三十三条　禁止个体经济组织和公民个人聘用外国人。

第三十四条　省、自治区、直辖市劳动行政部门可会同公安等部门依据本规定制定本地区的实施细则，并报劳动部、公安部、外交部、对外贸易经济合作部备案。

第三十五条　本规定由劳动部解释。

第三十七条　本规定自1996年5月1日起施行。原劳动人事部和公安部1987年10月5日发布的《关于未取得居留证件的外国人和来中国留学的外国人在中国就业的若干规定》同时废止。

2.1.5 人力资源和社会保障部关于做好在我国境内就业的外国人参加社会保险工作有关问题的通知（人社厅发［2011］113号）

各省、自治区、直辖市人力资源和社会保障厅（局），新疆生产建设兵团劳动保障局：

根据《中华人民共和国社会保险法》和《在中国境内就业的外国人参加社会保险暂行办法》（人社部令第16号，以下简称《暂行办法》）规定，现就做好在中国境内就业的外国人参加社会保险工作有关事宜通知如下：

一、依法将符合规定的外国人纳入参保范围

各地要严格执行社会保险法和《暂行办法》，于2011年12月31日前将符合条件的外国人纳入社会保险覆盖范围，督促用人单位和外国人按照现行法律法规参保并按时足额缴纳社会保险费。2011年10月15日之前已经在中国境内就业，且符合参保条件的外国人，统一从2011年10月15日起参保缴费。2011年10月15日至12月31日办理参保缴费手续的，免收其滞纳金。2012年1月1日之后办理参保缴费手续的，从2011年10月15日起收取滞纳金。2011 年 10 月 15 日以后在中国境内就业的，从在中国境内就业开始之月起参保缴费。用人单位申报外国人的缴费基数，统一按人民币形式申报。各地要按照有关政策规定，做好社会保险费收缴以及个人权益记录等工作。

二、完善外国人社会保险登记办理程序

各地要完善社会保险登记办理程序，方便用人单位为聘雇的外国人办理参保登记手续。驻华代表机构、外国常驻新闻机构、外国企业常驻代表机构等单位办理社会保险登记手续时，应要求其提供由中国主管部门颁发的批准设立文件及由中国质量技术监督部门颁发的组织机构代码证书等证明文件。

对于首次参保的外国人，应要求用人单位提供其本人有效护照、《外国人就业证》或《外国专家证》、《外国常驻记者证》等就业证件（取得在中国永久居留资格的人员，应提供本人《外国人永久居留证》），以及劳动合同或派遣合同等证明材料，到用人单位参保所在地社保机构办理社会保险登记手续。经审核通过的，社保机构根据《外国人社会保障号码编制规则》，为其建立社会保障号码，发放社会保障卡。

具有与我国签订社会保险缴费双边或多边协议（或协定，以下简称协议）国家国籍的就业人员，在其依法获得在我国境内就业证件 3 个月内提供协议国出具参保证明的，应按协议规定免除其规定险种在规定期限内的缴费义务。对于依法获得在我国境内就业证件 3 个月后不能提供协议国出具的参保证明的，应按规定征收社会保险费并收取相应的滞纳金。对于协议之外的险种以及协议规定险种超过规定期限的，应要求其按规定缴纳社会保险费。

三、明确外国人参保的相关政策

在我国就业的外国人领取养老保险待遇的年龄，原则上按照现行退休年龄政策的相关规定执行。

外国人在我国境内发生的生育保险费用，由生育保险基金支付，具体办法由各省、自治区、直辖市确定。

四、优化和改进管理服务工作

各地要针对外国人参保的特点和具体情况，调整和优化业务经办规程和管理办法，改进管理服务方式。外国人就业较多的地区可印制外文版本的政策规定、办事指南等材料，方便用人单位和外国人办理参保和待遇核定等手续，并提供有中英文对照的社会保险权益记录；有条件的地区，可为外国人参保提供外语咨询服务。要统一调整相关用表（相关表格调整指标见附件），及时完善社会保险数据库，尽快在社会保险业务管理系统中实现外国人参保的业务办理。加强基础信息数据的采集与维护，保障参保人员信息的准确和安全。加快社会保障卡发放进度，方便外国人参保缴费和信息查询。建立外国人参保数据定期上报机制，支持查询和分析服务。

社保机构要加强与当地就业部门的业务联系，建立就业与社保信息交换共享机制，通过信息网络第一时间获取外国人就业信息，为督促聘雇外国人的用人单位和外国人办理参保手续提供基础信息。同时，要建立与外国专家局以及公安、文化、民政等部门的协作机制，实现部门间信息共享机制，及时掌握外国人入境、离境和在国内就业等情况。

建立部级外国人参保信息查询系统，各地社保机构可通过人力资源社会保障业务专网查询外国人办理《外国人就业证》、《外国专家证》和其他国家提供的为该国在中国就业人员出具的参保证明以及外国人在中国参保及社会保障号码等信息。

外国人参保数据上报、信息查询的具体内容和系统方案另行制定。

五、加强工作调度和监督检查

各地要建立外国人参保工作的调度制度，按照规定的时间统一上报外国人参保工作进展情况，我部将定期进行通报。要加大对聘雇外国人的用人单位参保缴费情况的监督检查力度，建立经常性检查工作机制，对外国人就业相对集中的企业要进行重点检查，对拒不参保的，依法处理，确保社会保险法的真正落实。

做好在我国境内就业的外国人参加社会保险工作，事关我国法律实施的权威性和严肃性。各级人力资源社会保障部门要从政治和全局的角度予以高度重视，认真组织贯彻落实。要及时收集并重视网络和媒体舆情，坚持正确的舆论导向，通过电视、网络等媒体，运用多种形式，加强对外国人参保政策要点的宣传，公开参保缴费、待遇核定等经办程序，有条件的地区要到外国人就业相对较多的企业进行政策讲解，送政策上门，使参保单位和外国人能够及时准确了解相关政策内容，依法履行参保缴费义务。已经开展外国人参保的地区，要按照社会保险法和《暂行办法》的规定，调整相关政策，做好政策和经办管理的衔接工作。对工作中发现的问题要及时向人力资源社会保障部报告。

附件：在中国境内就业的外国人参保涉及社会保险相关用表及调整指标

人力资源和社会保障部

二〇一一年十二月二日

附件：在中国境内就业的外国人参保涉及社会保险相关用表及调整指标

一、社会保险登记表

“单位类型”增加基金会、律师事务所、会计师事务所、驻华代表机构、外国常驻新闻机构、外国企业常驻代表机构。

二、参保人员基本情况表

（一）“姓名”：对于外国人，填写与有效护照一致的英文名字。

（二）“国籍”调整为“国籍/地区”：填写外国人所在国家或地区名称。

（三）填加“证件类型”：外国人填写“护照”或“外国人永久居留证”。

（四）填加“证件号码”：外国人填写居留证号码或护照号码。

（五）“公民身份号码”调整为“社会保障号码”：外国人为按照统一编码规则编制的社会保障号码。

（六）填加“就业证件类型”：外国人填写《外国人就业证》、《外国专家证》、《外国常驻记者证》等有效就业证件。取得永久居留全的外国人，本项为空。

（七）填加“就业证件登记时间”：填写上述证件中签署的登记时间。

参保人员基本情况表中的民族、个人身份、用工形式、参加工作日期、视同缴费年限、实际缴费年限、从事特殊工种等项目，外国人不填。

三、基本养老保险参保缴费凭证

“户籍地”填写外国人所在国家或地区名称。

四、基本养老保险关系转移接续信息表

“户籍地地址”填写外国人所在国家或地区名称。

五、参保人员终止社会保险关系申请表

主要内容：

（一）参保人员基本情况：个人编号、姓名、性别、社会保障号码、国籍或地区、单位编号、单位名称、终止关系年月。

（二）申请人须知：主要告知政策依据、个人相关权益。

（三）个人申请：主要内容有自愿申领养老保险个人账户储存额、清算医疗保险个人账户、终止社保关系等。

（四）社保机构审核意见：明确是否符合办理条件（加盖公章）。

（五）说明：办理时需提供的材料、个人账户清单打印等情况。

2.1.6 在中国境内就业的外国人参加社会保险暂行办法（人力资源和社会保障部令第16号 2011年起施行）

第一条 为了维护在中国境内就业的外国人依法参加社会保险和享受社会保险待遇的合法权益，加强社会保险管理，根据《中华人民共和国社会保险法》（以下简称社会保险法），制定本办法。

第二条 在中国境内就业的外国人，是指依法获得《外国人就业证》、《外国专家证》、《外国常驻记者证》等就业证件和外国人居留证件，以及持有《外国人永久居留证》，在中国境内合法就业的非中国国籍的人员。

第三条 在中国境内依法注册或者登记的企业、事业单位、社会团体、民办非企业单位、基金会、律师事务所、会计师事务所等组织（以下称用人单位）依法招用的外国人，应当依法参加职工基本养老保险、职工基本医疗保险、工伤保险、失业保险和生育保险，由用人单位和本人按照规定缴纳社会保险费。

与境外雇主订立雇用合同后，被派遣到在中国境内注册或者登记的分支机构、代表机构（以下称境内工作单位）工作的外国人，应当依法参加职工基本养老保险、职工基本医疗保险、工伤保险、失业保险和生育保险，由境内工作单位和本人按照规定缴纳社会保险费。

第四条 用人单位招用外国人的，应当自办理就业证件之日起30日内为其办理社会保险登记。

受境外雇主派遣到境内工作单位工作的外国人，应当由境内工作单位按照前款规定为其办理社会保险登记。

依法办理外国人就业证件的机构，应当及时将外国人来华就业的相关信息通报当地社会保险经办机构。社会保险经办机构应当定期向相关机构查询外国人办理就业证件的情况。

第五条 参加社会保险的外国人，符合条件的，依法享受社会保险待遇。

在达到规定的领取养老金年龄前离境的，其社会保险个人账户予以保留，再次来中国就业的，缴费年限累计计算；经本人书面申请终止社会保险关系的，也可以将其社会保险个人账户储存额一次性支付给本人。

第六条 外国人死亡的，其社会保险个人账户余额可以依法继承。

第七条 在中国境外享受按月领取社会保险待遇的外国人，应当至少每年向负责支付其待遇的社会保险经办机构提供一次由中国驻外使、领馆出具的生存证明，或者由居住国有关机构公证、认证并经中国驻外使、领馆认证的生存证明。

外国人合法入境的，可以到社会保险经办机构自行证明其生存状况，不再提供前款规定的生存证明。

第八条 依法参加社会保险的外国人与用人单位或者境内工作单位因社会保险发生争议的，可以依法申请调解、仲裁、提起诉讼。用人单位或者境内工作单位侵害其社会保险权益的，外国人也可以要求社会保险行政部门或者社会保险费征收机构依法处理。

第九条 具有与中国签订社会保险双边或者多边协议国家国籍的人员在中国境内就业的，其参加社会保险的办法按照协议规定办理。

第十条 社会保险经办机构应当根据《外国人社会保障号码编制规则》，为外国人建立社会保障号码，并发放中华人民共和国社会保障卡。

第十一条 社会保险行政部门应当按照社会保险法的规定，对外国人参加社会保险的情况进行监督检查。用人单位或者境内工作单位未依法为招用的外国人办理社会保险登记或者未依法为其缴纳社会保险费的，按照社会保险法、《劳动保障监察条例》等法律、行政法规和有关规章的规定处理。

用人单位招用未依法办理就业证件或者持有《外国人永久居留证》的外国人的，按照《外国人在中国就业管理规定》处理。

第十二条 本办法自2011年10月15日起施行。

2.1.7 最高人民法院关于审理劳动争议案件适用法律若干问题的解释（四）（法释［2013］4号）

第十四条 外国人、无国籍人未依法取得就业证件即与中国境内的用人单位签订劳动合同，以及香港特别行政区、澳门特别行政区和台湾地区居民未依法取得就业证件即与内地用人单位签订劳动合同，当事人请求确认与用人单位存在劳动关系的，人民法院不予支持。

持有《外国专家证》并取得《外国专家来华工作许可证》的外国人，与中国境内的用人单位建立用工关系的，可以认定为劳动关系。

★ 地方性文件·广东省

2.1.8 广东省劳动和社会保障厅关于贯彻执行《台湾香港澳门居民在内地就业管理规定》的通知（粤劳社［2005］133号）

各地级以上市劳动保障局（劳动局）：

根据劳动和社会保障部《台湾香港澳门居民在内地就业管理规定》（劳动和社会保障部令第26号）的有关规定，结合我省实际提出以下意见，请一并贯彻执行。

一、台港澳居民在内地就业管理权限

（一）省直、中央、部队驻穗单位拟聘雇或者接受被派遣台、港、澳人员，由省级劳动保障行政部门负责受理申请、签发就业证和监督管理；

（二）省直、中央、部队驻其他地级以上市单位、各地级以上市辖区内的用人单位聘雇台、港、澳或者接受被派遣人员，由地级以上市劳动保障行政部门负责受理申请、签发就业证和统一监督管理。各地级以上市可根据工作需要在县（市、区）设立办事窗口，接受《台港澳人员就业证》（以下简称就业证）申请。

此前关于台、港、澳居民就业权限政策规定与本通知不一致的，以本通知为准。

二、台港澳居民就业登记备案管理

用人单位聘雇或者接受被派遣台、港、澳人员后10个工作日内，应当持就业证和填写好的《台港澳人员就业备案登记表》，到颁发就业证的劳动保障行政部门办理登记备案手续。

港、澳人员在内地从事个体经营办理就业证的，无须进行登记备案。各地在核发此类就业证时，应在“工作单位”栏内注明为“个体工商户”。

三、招用技术工种从业人员管理

用人单位聘雇台、港、澳人员从事国家规定的职业（技术工种）的，拟聘雇或派遣的台、港、澳人员应持有相应的职业资格证书。职业资格证书包括劳动保障部门核发的以职业技能为主的职业资格证书和其他部门核发的专业技术人员职业资格证书。

四、就业证的期限、延期、变更和注销

（一）期限确定。就业证的有效期限由地级以上市劳动保障行政部门根据国家有关规定决定，但最长不得超过用人单位工商营业执照或登记证、劳动合同或派遣证明的有效期。

（二）就业证延期。台、港、澳人员劳动合同期满或派遣任职期满后，原单位需续聘的，应凭原就业证、续签劳动合同或续聘派遣证明和相关资料（见附表6）到原发证的劳动保障部门办理。

（三）变更用人单位。台、港、澳人员在内地变更用人单位的，由变更后的用人单位填报《台港澳人员就业证申请表》并持营业执照或登记证明，组织机构代码证复印件和原就业证的注销证明，到新就业所在地地级以上市劳动保障行政部门重新申办就业证。

（四）注销办理。用人单位为其聘雇的台、港、澳人员办理就业证注销手续时，应持终止、解除劳动合同证明（或任职期满证明）和原就业证到原发证的劳动保障部门办理。

五、参加社会保险

（一）台、港、澳人员在内地就业，与企业签订劳动合同的，应当参加企业所在地基本养老保险、医疗保险、失业保险和工伤保险。

（二）香港、澳门人员在内地从事个体经营的，应当为所雇佣的人员缴纳基本养老保险、医疗保险、失业保险和工伤保险费。

（三）与境外或台、港、澳地区用人单位建立劳动关系并派遣到内地就业，并未与内地用人单位签订劳动合同的台、港、澳人员，可不参加所在地的社会保险。

六、若干具体问题

（一）关于有效旅行证件。有效旅行证件包括公安机关签发的《台湾居民来往大陆通行证》、《港澳居民来往内地通行证》或外交部门为台港澳人员在境外签发的《中华人民共和国旅行证》。

（二）关于健康状况证明。台港澳居民在内地就业的健康状况证明是指由内地卫生检验检疫部门出具的《健康证书》，或台港澳地区批准设立的医疗机构出具的健康证明。

（三）为统一办事程序、规范管理、提高效率，现印发有关就业证申办事项表格（文书）样本（见附表），供各地参考使用。

广东省劳动和社会保障厅

二〇〇五年十一月二十五日

2.1.9 广东省高级人民法院、广东省劳动争议仲裁委员会关于适用《劳动争议调解仲裁法》《劳动合同法》若干问题的指导意见（粤高法发［2008］13号）

第十八条 外国人、港澳台地区居民在中国内地就业产生的用工关系应按劳动关系处理。外国人、港澳台居民未依法办理《外国人就业证》《台港澳人员就业证》的，应认定有关劳动合同为无效劳动合同。外国人、港澳台地区居民已经付出劳动的，由用人单位参照合同约定支付劳动报酬。

第十九条 外国企业常驻代表机构、港澳台地区企业未通过涉外就业服务单位直接招用中国雇员的，应认定有关用工关系为雇佣关系。

2.1.10 广东省人力资源和社会保障厅、广东省人民政府外事办公室、广东省公安厅、广东省文化厅转发人力资源社会保障部等部门关于印发《外国人入境完成短期工作任务的相关办理程序（试行）》的通知（粤人社发［2015］30号）

各地级以上市人力资源和社会保障（人力资源）局、外办（外事侨务局）、公安局、文广新局（文体旅游局），顺德区民政和人力资源社会保障局、外事侨务局、公安局、市场安全监督局：

现将《人力资源和社会保障部外交部公安部文化部关于印发〈外国人入境完成短期工作任务的相关办理程序（试行）〉的通知》（人社部发［2014］78号，以下简称《办理程序》）转给你们，并结合我省实际，提出以下意见，请一并贯彻执行。

一、属于《办理程序》第一条所列情形，且在我国境内停留不超过90日的外国人，视为入境完成短期工作任务，均应办理《外国人在中国短期工作证明》（以下简称工作证明）。其中，属于《办理程序》第一条第（五）项“从事涉外营业性演出”的情形，由文化主管部门负责办理；第一条所列的其他情形，由地级以上市人力资源和社会保障部门负责办理。

二、办理工作证明应由境内用人单位（演出举办单位）向单位所在地人力资源和社会保障部门或首次演出所在地文化主管部门提出申请。个体经济组织和公民个人不得邀请外国人入境完成短期工作任务。

外国人入境后需在两个或两个以上合作方完成短期工作任务的，应在第一个合作方所在地提出申请，在提交证明材料时，需同时提交其他合作方的登记证明、组织机构代码证等证明文件的复印件。

三、入境事由为涉外营业性演出的，每份批准文件出具一份工作证明，并附《外国人在中国短期工作人员名单》；入境事由为短期工作的，每个申请人应持有单独的就业许可证书和工作证明，可不出具《外国人在中国短期工作人员名单》。入境到两个或两个以上合作方完成短期工作的，第一个合作单位名称填写在就业许可中，其他单位名称填写在工作证明中。

四、工作证明正面为中文，背面为英文，中文页面加盖审批机关印章，英文页面不盖章。查验时以中文页面内容为准，英文页面仅供参考。工作证明按以下规则编号：行政区号（6位）+年份（4位）+审批编号（6位），共16位数字。

五、各地人力资源社会保障部门应每半个月将《外国人短期工作信息表》报送省人力资源社会保障厅，由省厅汇总报人力资源社会保障部。《外国人短期工作信息表》模板另行发放。

六、属《办理程序》第二条规定情形需要紧急入境的外国人，可向公安机关口岸签证部门申请办理口岸签证。

七、各地人力资源社会保障、外事、公安、文化等部门要根据自身职能，严格按照《办理程序》要求为来粤完成短期工作任务的外国人办理相关手续。要加强对外国人来粤就业情况的日常巡查，对未按规定办理手续入境及不按就业许可、工作证明所列事项在粤工作的外国人，对持Z字签证和停留期为90日的工作类居留证件但超出工作证明注明的工作期限和地点工作的外国人，以及具有《办理程序》第一条规定所列情形但持其他种类签证和居留证件的外国人，均按非法就业依法查处。

2.1.11 广州市中级人民法院关于审理劳动人事争议案件若干问题的研讨会纪要（2014年）

第三十条　持有《外国专家证》并取得《外国专家来华工作许可证》的外国人，如达到我国法定退休年龄，或已在所在国领取养老金的，都属于达到法定退休年龄的劳动者，其与中国境内用人单位之间建立的用工关系不属于劳动关系。

★地方性文件·上海市

2.1.12 上海市高级人民法院关于审理劳动争议案件若干问题的解答（沪高法民一［2006］17号）

二、在国内就业的外国人适用中国劳动标准的问题

（一）原劳动部、公安部、外交部、原对外贸易经济合作部等四部门颁布的外国人在中国就业管理规定（劳部发［1996］29号）第二十二条、第二十三条规定的最低工资、工作时间、休息休假、劳动安全卫生、社会保险等方面的劳动标准，当事人要求适用的，劳动争议处理机构可予支持。

（二）当事人之间在上述规定之外约定或履行的其他劳动权利义务，劳动争议处理机构可按当事人的书面劳动合同、单项协议、其他协议形式以及实际履行的内容予以确定。

（三）当事人在上述（一）（二）所列的依据之外，提出适用有关劳动标准和劳动待遇要求的，劳动争议处理机构不予支持。

2.1.13 上海市贯彻中组部、人社部等25部门《外国人在中国永久居留享有相关待遇的办法》的意见（沪人社外发［2014］19号）

《外国人永久居留证》是获得在中国永久居留资格的外国人在中国境内居留的合法身份证件，可以单独使用。凡持有中国《外国人永久居留证》的外籍人员，可享有以下待遇：

一、除政治权利和法律法规规定不可享有的特定权利和义务外，原则上和中国公民享有相同权利，承担相同义务。（责任部门：本市各有关部门）

二、在中国居留期限不受限制，可以凭有效护照和《外国人永久居留证》出入中国国境，无需另外办理签证等手续；其配偶及直系亲属，可按有关规定申请办理相应签证、居留证件或《外国人永久居留证》。（责任部门：市政府外办、市公安局出入境管理局）

三、进出境自用物品由上海海关按照海关对定居旅客的有关规定办理通关手续。（责任部门：上海海关）

四、在上海就业，免办《外国人就业证》；符合条件的，可按照国家和本市有关规定向

市人力资源社会保障局、市外专局申请办理《外国专家证》《回国（来华）专家证》以及《上海市海外人才居住证》。（责任部门：市人力资源社会保障局、市外专局）

五、可以技术入股或者投资等方式来沪创办外商投资企业，可以合法获得的人民币在上海进行外商直接投资。（责任部门：市工商局、市商务委、市科委等）

六、在上海投资项目、设立外商投资企业的，市发展改革委、市商务委、市工商局、市外汇局等部门按照外资管理有关规定提高备案、核准及审批效率。（责任部门：市发展改革委、市商务委、市工商局、市外汇局等）

七、可以按规定参加专业技术职务任职资格评审和专业技术人员资格考试。（责任部门：市人力资源社会保障局）

八、随迁子女义务教育阶段入学，符合条件的，可享受相关政策，由居住地所属区县教育行政部门按照就近入学的原则办理入、转学手续，不收取国家规定以外的费用。（责任部门：市教委）

九、可以《外国人永久居留证》作为有效身份证件办理参加社会保险各项手续。在上海就业的，可按照国家和本市有关规定参加各项社会保险；在上海居住但未就业的，可按照本市有关规定参加城镇居民基本医疗保险和居民社会养老保险，按规定享受相关待遇。办理社会保险关系转移接续、终止等手续，社会保险经办机构按照有关规定简化流程、提供方便。（责任部门：市人力资源社会保障局、市财政局）

十、可按照《住房公积金管理条例》等规定，在上海缴存和使用住房公积金，离开上海时，可按规定办理住房公积金的提取手续。（责任部门：市建设管理委）

十一、可不受《关于规范房地产市场外资准入和管理的意见》中关于境外个人在境内购买自用商品住房需在境内工作、学习超过一年的限制，按照其他有关规定在上海购买自用、自住商品住房。（责任部门：市住房保障房屋管理局）

十二、在缴纳所得税方面，按照中国税收法律法规以及税收协定的有关规定，履行相应的纳税义务。（责任部门：市地税局）

十三、在上海办理银行、保险、证券和期货等金融方面业务，可以《外国人永久居留证》作为身份凭证，享有中国公民同等权利、义务和统计归属。（责任部门：人民银行上海总部、上海银监局、上海证监局、上海保监局）

十四、在本市合法的收入，依法纳税并持有税务部门出具的对外支付税务证明后，可兑换外汇汇出境外。可以《外国人永久居留证》作为身份凭证，按照相关外汇管理规定办理外汇业务。（责任部门：人民银行上海总部、市外汇局）

十五、在本市购物、购买公园及各类文体场馆门票、进行文化娱乐商旅等消费活动与本市市民同等待遇、价格相同。（责任部门：市发展改革委、市旅游局、市商务委等）

十六、乘坐中国国内航班，可凭《外国人永久居留证》办理有关登机手续；在国内乘坐火车，可凭《外国人永久居留证》购买火车票；在国内旅馆住宿，可凭《外国人永久居留证》办理有关入住手续。（责任部门：民航华东地区管理局、上海铁路局、市公安局）

十七、在申领机动车驾驶证和办理机动车登记方面，享受中国公民同等待遇。初次申领或持境外机动车驾驶证换领《中华人民共和国机动车驾驶证》，符合驾驶证申领或换领条件的，可凭《外国人永久居留证》、公安部门出具的住宿登记证明、身体条件证明，经考试合格后，由市公安局交管部门核发《中华人民共和国机动车驾驶证》。申请办理机动车登记，可凭《外国人永久居留证》、公安部门出具的住宿登记证明及机动车相关证明、凭证，到市公安局交管部门办理机动车登记业务。（责任部门：市公安局）

十八、加入或恢复中国国籍，由市公安局按照《中华人民共和国国籍法》等有关规定，为其办理加入或恢复中国国籍手续。（责任部门：市公安局）

2.2 童工、未成年工、学生工相关

★ 法律

2.2.1 中华人民共和国劳动法（主席令第18号　2009年修正）

第十五条　【禁招未成年人和特殊行业相关规定】禁止用人单位招用未满十六周岁的未成年人。

文艺、体育和特种工艺单位招用未满十六周岁的未成年人，必须依照国家有关规定，履行审批手续，并保障其接受义务教育的权利。

第五十八条　【女职工和未成年工特殊劳动保护】国家对女职工和未成年工实行特殊劳动保护。

未成年工是指年满十六周岁未满十八周岁的劳动者。

第六十四条　【未成年工劳动保护】不得安排未成年工从事矿山井下、有毒有害、国家规定的第四级体力劳动强度的劳动和其他禁忌从事的劳动。

第六十五条　【未成年工健康检查】用人单位应当对未成年工定期进行健康检查。

第九十四条　【非法招用未成年工处罚】用人单位非法招用未满十六周岁的未成年人的，由劳动行政部门责令改正，处以罚款；情节严重的，由工商行政管理部门吊销营业执照。

第九十五条　【侵害女工和未成年工合法权益的处罚】用人单位违反本法对女职工和未成年工的保护规定，侵害其合法权益的，由劳动行政部门责令改正，处以罚款；对女职工或者未成年工造成损害的，应当承担赔偿责任。

2.2.2 中华人民共和国职业病防治法（主席令第48号　2016年7月修正）

第三十八条　用人单位不得安排未成年工从事接触职业病危害的作业；不得安排孕期、哺乳期的女职工从事对本人和胎儿、婴儿有危害的作业。

★ 行政法规/部门规章/司法解释

2.2.3 禁止使用童工规定（国务院令第364号　2002年起施行）

第一条　为保护未成年人的身心健康，促进义务教育制度的实施，维护未成年人的合法权益，根据宪法和劳动法、未成年人保护法，制定本规定。

第二条　国家机关、社会团体、企业事业单位、民办非企业单位或者个体工商户（以下统称用人单位）均不得招用不满16周岁的未成年人（招用不满16周岁的未成年人，以下统称使用童工）。

禁止任何单位或者个人为不满16周岁的未成年人介绍就业。

禁止不满16周岁的未成年人开业从事个体经营活动。

第三条　不满16周岁的未成年人的父母或者其他监护人应当保护其身心健康，保障其接受义务教育的权利，不得允许其被用人单位非法招用。

不满16周岁的未成年人的父母或者其他监护人允许其被用人单位非法招用的，所在地的乡（镇）人民政府、城市街道办事处以及村民委员会、居民委员会应当给予批评教育。

第四条　用人单位招用人员时，必须核查被招用人员的身份证；对不满16周岁的未成

年人，一律不得录用。用人单位录用人员的录用登记、核查材料应当妥善保管。

第五条 县级以上各级人民政府劳动保障行政部门负责本规定执行情况的监督检查。

县级以上各级人民政府公安、工商行政管理、教育、卫生等行政部门在各自职责范围内对本规定的执行情况进行监督检查，并对劳动保障行政部门的监督检查给予配合。

工会、共青团、妇联等群众组织应当依法维护未成年人的合法权益。

任何单位或者个人发现使用童工的，均有权向县级以上人民政府劳动保障行政部门举报。

第六条 用人单位使用童工的，由劳动保障行政部门按照每使用一名童工每月处5000元罚款的标准给予处罚；在使用有毒物品的作业场所使用童工的，按照《使用有毒物品作业场所劳动保护条例》规定的罚款幅度，或者按照每使用一名童工每月处5000元罚款的标准，从重处罚。劳动保障行政部门并应当责令用人单位限期将童工送回原居住地交其父母或者其他监护人，所需交通和食宿费用全部由用人单位承担。

用人单位经劳动保障行政部门依照前款规定责令限期改正，逾期仍不将童工送交其父母或者其他监护人的，从责令限期改正之日起，由劳动保障行政部门按照每使用一名童工每月处1万元罚款的标准处罚，并由工商行政管理部门吊销其营业执照或者由民政部门撤销民办非企业单位登记；用人单位是国家机关、事业单位的，由有关单位依法对直接负责的主管人员和其他直接责任人员给予降级或者撤职的行政处分或者纪律处分。

第七条 单位或者个人为不满16周岁的未成年人介绍就业的，由劳动保障行政部门按照每介绍一人处5000元罚款的标准给予处罚；职业中介机构为不满16周岁的未成年人介绍就业的，并由劳动保障行政部门吊销其职业介绍许可证。

第八条 用人单位未按照本规定第四条的规定保存录用登记材料，或者伪造录用登记材料的，由劳动保障行政部门处1万元的罚款。

第九条 无营业执照、被依法吊销营业执照的单位以及未依法登记、备案的单位使用童工或者介绍童工就业的，依照本规定第六条、第七条、第八条规定的标准加一倍罚款，该非法单位由有关的行政主管部门予以取缔。

第十条 童工患病或者受伤的，用人单位应当负责送到医疗机构治疗，并负担治疗期间的全部医疗和生活费用。

童工伤残或者死亡的，用人单位由工商行政管理部门吊销营业执照或者由民政部门撤销民办非企业单位登记；用人单位是国家机关、事业单位的，由有关单位依法对直接负责的主管人员和其他直接责任人员给予降级或者撤职的行政处分或者纪律处分；用人单位还应当一次性地对伤残的童工、死亡童工的直系亲属给予赔偿，赔偿金额按照国家工伤保险的有关规定计算。

第十一条 拐骗童工，强迫童工劳动，使用童工从事高空、井下、放射性、高毒、易燃易爆以及国家规定的第四级体力劳动强度的劳动，使用不满14周岁的童工，或者造成童工死亡或者严重伤残的，依照刑法关于拐卖儿童罪、强迫劳动罪或者其他罪的规定，依法追究刑事责任。

第十二条 国家行政机关工作人员有下列行为之一的，依法给予记大过或者降级的行政处分；情节严重的，依法给予撤职或者开除的行政处分；构成犯罪的，依照刑法关于滥用职权罪、玩忽职守罪或者其他罪的规定，依法追究刑事责任：

（一）劳动保障等有关部门工作人员在禁止使用童工的监督检查工作中发现使用童工的情况，不予制止、纠正、查处的；

（二）公安机关的人民警察违反规定发放身份证或者在身份证上登录虚假出生年月的；

（三）工商行政管理部门工作人员发现申请人是不满16周岁的未成年人，仍然为其从事个体经营发放营业执照的。

第十三条 文艺、体育单位经未成年人的父母或者其他监护人同意，可以招用不满16周岁的专业文艺工作者、运动员。用人单位应当保障被招用的不满16周岁的未成年人的身心健康，保障其接受义务教育的权利。文艺、体育单位招用不满16周岁的专业文艺工作者、运动员的办法，由国务院劳动保障行政部门会同国务院文化、体育行政部门制定。

学校、其他教育机构以及职业培训机构按照国家有关规定组织不满16周岁的未成年人进行不影响其人身安全和身心健康的教育实践劳动、职业技能培训劳动，不属于使用童工。

第十四条 本规定自2002年12月1日起施行。1991年4月15日国务院发布的《禁止使用童工规定》同时废止。

2.2.4 未成年工特殊保护规定（劳部发［1994］498号）

第一条 为维护未成年工的合法权益，保护其在生产劳动中的健康，根据《中华人民共和国劳动法》的有关规定，制定本规定。

第二条 未成年工是指年满十六周岁，未满十八周岁的劳动者。

未成年工的特殊保护是针对未成年工处于生长发育期的特点，以及接受义务教育的需要，采取的特殊劳动保护措施。

第三条 用人单位不得安排未成年工从事以下范围的劳动：

（一）《生产性粉尘作业危害程度分级》国家标准中第一级以上的接尘作业；

（二）《有毒作业分级》国家标准中第一级以上的有毒作业；

（三）《高处作业分级》国家标准中第二级以上的高处作业；

（四）《冷水作业分级》国家标准中第二级以上的冷水作业；

（五）《高温作业分级》国家标准中第三级以上的高温作业；

（六）《低温作业分级》国家标准中第三级以上的低温作业；

（七）《体力劳动强度分级》国家标准中第四级体力劳动强度的作业；

（八）矿山井下及矿山地面采石作业；

（九）森林业中的伐木、流放及守林作业；

（十）工作场所接触放射性物质的作业；

（十一）有易燃易爆、化学性烧伤和热烧伤等危险性大的作业；

（十二）地质勘探和资源勘探的野外作业；

（十三）潜水、涵洞、涵道作业和海拔三千米以上的高原作业（不包括世居高原者）；

（十四）连续负重每小时在六次以上并每次超过二十公斤，间断负重每次超过二十五公斤的作业；

（十五）使用凿岩机、捣固机、气镐、气铲、铆钉机、电锤的作业；

（十六）工作中需要长时间保持低头、弯腰、上举、下蹲等强迫体位和动作频率每分钟在于五十次的流水线作业；

（十七）锅炉司炉。

第四条 未成年工患有某种疾病或具有某些生理缺陷（非残疾型）时，用人单位不得安排其从事以下范围的劳动：

（一）《高处作业分级》国家标准中第一级以上的高处作业；

（二）《低温作业分级》国家标准中第二级以上的低温作业；

（三）《高温作业分级》国家标准中第二级以上的高温作业；

（四）《体力劳动强度分级》国家标准中第三级以上体力劳动强度的作业；

（五）接触铅、苯、汞、甲醛、二硫化碳等易引起过敏反应的作业。

第五条 患有某种疾病或具有某些生理缺陷（非残疾型）的未成年工，是指有以下一种或一种以上情况者：

（一）心血管系统

1. 先天性心脏病；

2. 克山病；

3. 收缩期或舒张期二级以上心脏杂音。

（二）呼吸系统

1. 中度以上气管炎或支气管哮喘；

2. 呼吸音明显减弱；

3. 各类结核病；

4. 体弱儿，呼吸道反复感染者。

（三）消化系统

1. 各类肝炎；

2. 肝、脾肿大；

3. 胃、十二指肠溃疡；

4. 各种消化道疝。

（四）泌尿系统

1. 急、慢性肾炎；

2. 泌尿系感染。

（五）内分泌系统

1. 甲状腺机能亢进；

2. 中度以上糖尿病。

（六）精神神经系统

1. 智力明显低下；

2. 精神忧郁或狂暴。

（七）肌肉、骨骼运动系统

1. 身高和体重低于同龄人标准；

2. 一个及一个以上肢体存在明显功能障碍；

3. 躯干四分之一以上部位活动受限，包括强直或不能旋转。

（八）其它

1. 结核性胸膜炎；

2. 各类重度关节炎；

3. 血吸虫病；

4. 严重贫血，其血色素每升低于九十五克（<9.5g/dL）。

第六条 用人单位应按下列要求对未成年工定期进行健康检查：

（一）安排工作岗位之前；

（二）工作满一年；

（三）年满十八周岁，距前一次的体检时间已超过半年。

第七条 未成年工的健康检查，应按本规定所附《未成年工健康检查表》列出的项目进行。

第八条 用人单位应根据未成年工的健康检查结果安排其从事适合的劳动，对不能胜任原劳动岗位的，应根据医务部门的证明，予以减轻劳动量或安排其他劳动。

第九条 对未成年工的使用和特殊保护实行登记制度。

（一）用人单位招收使用未成年工，除符合一般用工要求外，还须向所在地的县级以上劳动行政部门办理登记。劳动行政部门根据《未成年工健康检查表》《未成年工登记表》，核发《未成年工登记证》。

（二）各级劳动行政部门须按本规定第三、四、五、七条 的有关规定，审核体检情况和拟安排的劳动范围。

（三）未成年工须持《未成年工登记证》上岗。

（四）《未成年工登记证》由国务院劳动行政部门统一印制。

第十条 未成年工上岗前用人单位应对其进行有关的职业安全卫生教育、培训；未成年工体检和登记，由用人单位统一办理和承担费用。

第十一条 县级以上劳动行政部门对用人单位执行本规定的情况进行监督检查，对违犯本规定的行为依照有关法规进行处罚。

各级工会组织对本规定的执行情况进行监督。

第十二条 省、自治区、直辖市劳动行政部门可以根据本规定制定实施办法。

第十三条 本规定自一九九五年一月一日起施行。

2.2.5 财政部、国家税务总局关于企业支付学生实习报酬有关所得税政策问题的通知（财税［2006］107号）

各省、自治区、直辖市、计划单列市财政厅（局）、国家税务局、地方税务局，新疆生产建设兵团财务局：

根据《国务院关于大力发展职业教育的决定》（国发［2005］135号）有关要求，为促进教育事业发展，现对企业支付中等职业学校和高等院校实习生报酬有关所得税政策问题明确如下：

一、凡与中等职业学校和高等院校签订三年以上期限合作协议的企业，支付给学生实习期间的报酬，准予在计算缴纳企业所得税税前扣除。具体征管办法由国家税务总局另行制定。

对中等职业学校和高等院校实习生取得的符合我国个人所得税法规定的报酬，企业应代扣代缴其相应的个人所得税款。

二、本通知所称中等职业学校包括普通中等专业学校、成人中等专业学校、职业高中

（职教中心）和技工学校；高等院校包括高等职业院校、普通高等院校和全日制成人高等院校。

三、本通知自2006年1月1日起执行。

2.2.6 非法用工单位伤亡人员一次性赔偿办法（人力资源和社会保障部令9号 2011年1月起施行）

第三条 一次性赔偿包括受到事故伤害或者患职业病的职工或童工在治疗期间的费用和一次性赔偿金。一次性赔偿金数额应当在受到事故伤害或者患职业病的职工或童工死亡或者经劳动能力鉴定后确定。

劳动能力鉴定按照属地原则由单位所在地设区的市级劳动能力鉴定委员会办理。劳动能力鉴定费用由伤亡职工或童工所在单位支付。

第四条 职工或童工受到事故伤害或者患职业病，在劳动能力鉴定之前进行治疗期间的生活费按照统筹地区上年度职工月平均工资标准确定，医疗费、护理费、住院期间的伙食补助费以及所需的交通费等费用按照《工伤保险条例》规定的标准和范围确定，并全部由伤残职工或童工所在单位支付。

第五条 一次性赔偿金按照以下标准支付：

一级伤残的为赔偿基数的16倍，二级伤残的为赔偿基数的14倍，三级伤残的为赔偿基数的12倍，四级伤残的为赔偿基数的10倍，五级伤残的为赔偿基数的8倍，六级伤残的为赔偿基数的6倍，七级伤残的为赔偿基数的4倍，八级伤残的为赔偿基数的3倍，九级伤残的为赔偿基数的2倍，十级伤残的为赔偿基数的1倍。

前款所称赔偿基数，是指单位所在工伤保险统筹地区上年度职工年平均工资。

第八条 伤残职工或者死亡职工的近亲属、伤残童工或者死亡童工的近亲属就赔偿数额与单位发生争议的，按照劳动争议处理的有关规定处理。

2.2.7 职业学校学生实习管理规定（教职成［2016］3号）

第一章 总 则

第一条 为规范和加强职业学校学生实习工作，维护学生、学校和实习单位的合法权益，提高技术技能人才培养质量，增强学生社会责任感、创新精神和实践能力，更好服务产业转型升级需要，依据《中华人民共和国教育法》《中华人民共和国职业教育法》《中华人民共和国劳动法》《中华人民共和国安全生产法》《中华人民共和国未成年人保护法》《中华人民共和国职业病防治法》及相关法律法规、规章，制定本规定。

第二条 本规定所指职业学校学生实习，是指实施全日制学历教育的中等职业学校和高等职业学校学生（以下简称职业学校）按照专业培养目标要求和人才培养方案安排，由职业学校安排或者经职业学校批准自行到企（事）业等单位（以下简称实习单位）进行专业技能培养的实践性教育教学活动，包括认识实习、跟岗实习和顶岗实习等形式。

认识实习是指学生由职业学校组织到实习单位参观、观摩和体验，形成对实习单位和相关岗位的初步认识的活动。

跟岗实习是指不具有独立操作能力、不能完全适应实习岗位要求的学生，由职业学校组织到实习单位的相应岗位，在专业人员指导下部分参与实际辅助工作的活动。

顶岗实习是指初步具备实践岗位独立工作能力的学生，到相应实习岗位，相对独立参与实际工作的活动。

第三条 职业学校学生实习是实现职业教育培养目标，增强学生综合能力的基本环节，是教育教学的核心部分，应当科学组织、依法实施，遵循学生成长规律和职业能力形成规律，保护学生合法权益；应当坚持理论与实践相结合，强化校企协同育人，将职业精神养成教育贯穿学生实习全过程，促进职业技能与职业精神高度融合，服务学生全面发展，提高技术技能人才培养质量和就业创业能力。

第四条 地方各级人民政府相关部门应高度重视职业学校学生实习工作，切实承担责任，结合本地实际制定具体措施鼓励企（事）业等单位接收职业学校学生实习。

第二章 实习组织

第五条 教育行政部门负责统筹指导职业学校学生实习工作；职业学校主管部门负责职业学校实习的监督管理。职业学校应将学生跟岗实习、顶岗实习情况报主管部门备案。

第六条 职业学校应当选择合法经营、管理规范、实习设备完备、符合安全生产法律法规要求的实习单位安排学生实习。在确定实习单位前，职业学校应进行实地考察评估并形成书面报告，考察内容应包括：单位资质、诚信状况、管理水平、实习岗位性质和内容、工作时间、工作环境、生活环境以及健康保障、安全防护等方面。

第七条 职业学校应当会同实习单位共同组织实施学生实习。

实习开始前，职业学校应当根据专业人才培养方案，与实习单位共同制订实习计划，明确实习目标、实习任务、必要的实习准备、考核标准等；并开展培训，使学生了解各实习阶段的学习目标、任务和考核标准。

职业学校和实习单位应当分别选派经验丰富、业务素质好、责任心强、安全防范意识高的实习指导教师和专门人员全程指导、共同管理学生实习。

实习岗位应符合专业培养目标要求，与学生所学专业对口或相近。

第八条 学生经本人申请，职业学校同意，可以自行选择顶岗实习单位。对自行选择顶岗实习单位的学生，实习单位应安排专门人员指导学生实习，学生所在职业学校要安排实习指导教师跟踪了解实习情况。

认识实习、跟岗实习由职业学校安排，学生不得自行选择。

第九条 实习单位应当合理确定顶岗实习学生占在岗人数的比例，顶岗实习学生的人数不超过实习单位在岗职工总数的10%，在具体岗位顶岗实习的学生人数不高于同类岗位在岗职工总人数的20%。

任何单位或部门不得干预职业学校正常安排和实施实习计划，不得强制职业学校安排学生到指定单位实习。

第十条 学生在实习单位的实习时间根据专业人才培养方案确定，顶岗实习一般为6个月。支持鼓励职业学校和实习单位合作探索工学交替、多学期、分段式等多种形式的实践性教学改革。

第三章 实习管理

第十一条 职业学校应当会同实习单位制定学生实习工作具体管理办法和安全管理规定、实习学生安全及突发事件应急预案等制度性文件。

职业学校应对实习工作和学生实习过程进行监管。鼓励有条件的职业学校充分运用现代信息技术，构建实习信息化管理平台，与实习单位共同加强实习过程管理。

第十二条 学生参加跟岗实习、顶岗实习前，职业学校、实习单位、学生三方应签订实习协议。协议文本由当事方各执一份。

未按规定签订实习协议的，不得安排学生实习。

认识实习按照一般校外活动有关规定进行管理。

第十三条 实习协议应明确各方的责任、权利、义务，协议约定的内容不得违反相关法律法规。

实习协议应包括但不限于以下内容：

（一）各方基本信息；

（二）实习的时间、地点、内容、要求与条件保障；

（三）实习期间的食宿和休假安排；

（四）实习期间劳动保护和劳动安全、卫生、职业病危害防护条件；

（五）责任保险与伤亡事故处理办法，对不属于保险赔付范围或者超出保险赔付额度部分的约定责任；

（六）实习考核方式；

（七）违约责任；

（八）其他事项。

顶岗实习的实习协议内容还应当包括实习报酬及支付方式。

第十四条 未满18周岁的学生参加跟岗实习、顶岗实习，应取得学生监护人签字的知情同意书。

学生自行选择实习单位的顶岗实习，学生应在实习前将实习协议提交所在职业学校，未满18周岁学生还需要提交监护人签字的知情同意书。

第十五条 职业学校和实习单位要依法保障实习学生的基本权利，并不得有下列情形：

（一）安排、接收一年级在校学生顶岗实习；

（二）安排未满16周岁的学生跟岗实习、顶岗实习；

（三）安排未成年学生从事《未成年工特殊保护规定》中禁忌从事的劳动；

（四）安排实习的女学生从事《女职工劳动保护特别规定》中禁忌从事的劳动；

（五）安排学生到酒吧、夜总会、歌厅、洗浴中心等营业性娱乐场所实习；

（六）通过中介机构或有偿代理组织、安排和管理学生实习工作。

第十六条 除相关专业和实习岗位有特殊要求，并报上级主管部门备案的实习安排外，学生跟岗和顶岗实习期间，实习单位应遵守国家关于工作时间和休息休假的规定，并不得有以下情形：

（一）安排学生从事高空、井下、放射性、有毒、易燃易爆，以及其他具有较高安全风险的实习；

（二）安排学生在法定节假日实习；

（三）安排学生加班和夜班。

第十七条 接收学生顶岗实习的实习单位，应参考本单位相同岗位的报酬标准和顶岗实习学生的工作量、工作强度、工作时间等因素，合理确定顶岗实习报酬，原则上不低于本单位相同岗位试用期工资标准的80%，并按照实习协议约定，以货币形式及时、足额支付给学生。

第十八条 实习单位因接收学生实习所实际发生的与取得收入有关的、合理的支出，按现行税收法律规定在计算应纳税所得额时扣除。

第十九条 职业学校和实习单位不得向学生收取实习押金、顶岗实习报酬提成、管理费或者其他形式的实习费用，不得扣押学生的居民身份证，不得要求学生提供担保或者以其他名义收取学生财物。

第二十条 实习学生应遵守职业学校的实习要求和实习单位的规章制度、实习纪律及实习协议，爱护实习单位设施设备，完成规定的实习任务，撰写实习日志，并在实习结束时提交实习报告。

第二十一条 职业学校要和实习单位相配合，建立学生实习信息通报制度，在学生实习全过程中，加强安全生产、职业道德、职业精神等方面的教育。

第二十二条 职业学校安排的实习指导教师和实习单位指定的专人应负责学生实习期间的业务指导和日常巡视工作，定期检查并向职业学校和实习单位报告学生实习情况，及时处理实习中出现的有关问题，并做好记录。

第二十三条 职业学校组织学生到外地实习，应当安排学生统一住宿；具备条 件的实习单位应为实习学生提供统一住宿。职业学校和实习单位要建立实习学生住宿制度和请销假制度。学生申请在统一安排的宿舍以外住宿的，须经学生监护人签字同意，由职业学校备案后方可办理。

第二十四条 鼓励职业学校依法组织学生赴国（境）外实习。安排学生赴国（境）外实习的，应当根据需要通过国家驻外有关机构了解实习环境、实习单位和实习内容等情况，必要时可派人实地考察。要选派指导教师全程参与，做好实习期间的管理和相关服务工作。

第二十五条 鼓励各地职业学校主管部门建立学生实习综合服务平台，协调相关职能部门、行业企业、有关社会组织，为学生实习提供信息服务。

第二十六条 对违反本规定组织学生实习的职业学校，由职业学校主管部门责令改正。拒不改正的，对直接负责的主管人员和其他直接责任人依照有关规定给予处分。因工作失误造成重大事故的，应依法依规对相关责任人追究责任。

对违反本规定中相关条款和违反实习协议的实习单位，职业学校可根据情况调整实习安排，并根据实习协议要求实习单位承担相关责任。

第二十七条 对违反本规定安排、介绍或者接收未满16周岁学生跟岗实习、顶岗实习的，由人力资源社会保障行政部门依照《禁止使用童工规定》进行查处；构成犯罪的，依法追究刑事责任。

第四章 实习考核

第二十八条 职业学校要建立以育人为目标的实习考核评价制度，学生跟岗实习和顶岗实习，职业学校要会同实习单位根据学生实习岗位职责要求制订具体考核方式和标准，实施考核工作。

第二十九条 跟岗实习和顶岗实习的考核结果应当记入实习学生学业成绩，考核结果分优秀、良好、合格和不合格四个等次，考核合格以上等次的学生获得学分，并纳入学籍档案。实习考核不合格者，不予毕业。

第三十条 职业学校应当会同实习单位对违反规章制度、实习纪律以及实习协议的学生，进行批评教育。学生违规情节严重的，经双方研究后，由职业学校给予纪律处分；给实习单位造成财产损失的，应当依法予以赔偿。

第三十一条 职业学校应组织做好学生实习情况的立卷归档工作。实习材料包括：(1) 实习协议；(2) 实习计划；(3) 学生实习报告；(4) 学生实习考核结果；(5) 实习日志；(6) 实习检查记录等；(7) 实习总结。

第五章 安全职责

第三十二条 职业学校和实习单位要确立安全第一的原则，严格执行国家及地方安全生产和职业卫生有关规定。职业学校主管部门应会同相关部门加强实习安全监督检查。

第三十三条 实习单位应当健全本单位生产安全责任制，执行相关安全生产标准，健全安全生产规章制度和操作规程，制定生产安全事故应急救援预案，配备必要的安全保障器材和劳动防护用品，加强对实习学生的安全生产教育培训和管理，保障学生实习期间的人身安全和健康。

第三十四条 实习单位应当会同职业学校对实习学生进行安全防护知识、岗位操作规程教育和培训并进行考核。未经教育培训和未通过考核的学生不得参加实习。

第三十五条 推动建立学生实习强制保险制度。职业学校和实习单位应根据国家有关规定，为实习学生投保实习责任保险。责任保险范围应覆盖实习活动的全过程，包括学生实习期间遭受意外事故及由于被保险人疏忽或过失导致的学生人身伤亡，被保险人依法应承担的责任，以及相关法律费用等。

学生实习责任保险的经费可从职业学校学费中列支；免除学费的可从免学费补助资金中列支，不得向学生另行收取或从学生实习报酬中抵扣。职业学校与实习单位达成协议由实习单位支付投保经费的，实习单位支付的学生实习责任保险费可从实习单位成本（费用）中列支。

第三十六条 学生在实习期间受到人身伤害，属于实习责任保险赔付范围的，由承保保险公司按保险合同赔付标准进行赔付。不属于保险赔付范围或超出保险赔付额度的部分，由实习单位、职业学校及学生按照实习协议约定承担责任。职业学校和实习单位应当妥善做好救治和善后工作。

第六章 附 则

第三十七条 各省、自治区、直辖市教育行政部门应会同人力资源社会保障等相关部门依据本规定，结合本地区实际制定实施细则或相应的管理制度。

第三十八条 非全日制职业教育、高中后中等职业教育学生实习参照本规定执行。

第三十九条 本规定自发布之日起施行，《中等职业学校学生实习管理办法》（教职成[2007] 4 号）同时废止。

★ 地方性文件·广东省

2.2.8 广东省高等学校学生实习与毕业生就业见习条例（广东省第十一届人民代表大会常务委员会第十六次会议通过 2010 年）

第一章 总 则

第一条 为了提高学生实践能力、就业能力和创新能力，完善人才培养机制，促进毕业生就业，根据《中华人民共和国教育法》《中华人民共和国高等教育法》《中华人民共和国职业教育法》等法律、法规，结合本省实际，制定本条例。

第二条 本省行政区域内的高等学校学生实习与本省常住户口的高等学校毕业生就业见习，适用本条例。

本条例所称实习，是指高等学校按照专业培养目标和教学计划，组织学生到国家机关、企业事业单位、社会团体及其他社会组织进行与专业相关的实践性教学活动。

本条例所称毕业生就业见习（以下简称见习），是指各级人民政府或者人民团体组织毕业后一年内尚未就业的毕业生到国家机关、企业事业单位、社会团体及其他社会组织进行的就业适应性训练。

本省行政区域内的中等职业学校、技工学校的学历教育学生实习与本省常住户口的中等职业学校、技工学校的学历教育毕业生就业见习，依照本条例执行。

第三条 学生实习坚持学校组织、政府扶持、社会参与的原则。

见习坚持个人自愿参与、政府扶持帮助、社会共同参与的原则。

第四条 县级以上人民政府教育、人力资源和社会保障主管部门按照各自职责，负责学生实习工作的指导、协调和监督管理。

财政、卫生、安全生产监督管理、工商、税务等部门按照各自职责，做好学生实习的相关工作。

第五条 县级以上人民政府应当统筹规划见习工作，加强见习指导与协调，促进毕业生提高就业能力。

人力资源和社会保障、教育、财政等部门按照各自职责，做好见习的相关工作。

工会、共产主义青年团、妇女联合会以及其他社会组织，协助人民政府及其有关部门做好见习工作。

第六条 县级以上人民政府应当制定优惠政策，鼓励各类企业事业单位、社会团体及其他社会组织接收学生实习和毕业生见习，为当地经济社会可持续发展吸纳、培养和储备人才。

第二章 组织与保障

第七条 学校应当根据专业特点和培养目标，认真履行学生实习的组织责任，提高学生的实践能力、创造能力、就业能力和创业能力。

第八条 保障学生实习是全社会的共同责任。

国家机关、国有和国有控股企业、财政拨款的事业单位和社会团体应当按照在职职工的一定比例接收学生实习，具体比例由地级以上市人民政府确定。

其他企业事业单位、社会团体及社会组织应当为学校组织的学生实习活动提供帮助和便利。

第九条 学校与国家机关、企业事业单位、社会团体按照自愿协商、优势互补、利益共享的原则，建设实习基地，为学生实习提供便利。

第十条 行业组织应当引导和鼓励本行业企业事业单位与学校开展合作，并发挥行业资源、技术和信息优势，推动共建实习基地和开展合作项目。

第十一条 学校应当按照规定安排专项经费用于学生实习。

第十二条 县级以上人民政府及其人力资源和社会保障主管部门应当及时掌握本地毕

业生就业情况，有计划地组织当地毕业后一年内尚未就业的毕业生参加见习，扩展就业机会。

第十三条 县级以上人民政府可以根据需要，将符合下列条件的单位确定为见习基地：

（一）具有较强的社会责任感，管理规范；

（二）自愿且能够持续提供一定数量的见习岗位；

（三）提供的见习岗位具备一定技术含量和业务内容，能确保毕业生提高技能水平和工作能力

县级以上人民政府在确定见习基地时，应当考虑单位的行业分布，优先考虑当地重点发展的优势产业，同时吸纳不同行业的企业事业单位参加，以满足见习的需求。

第十四条 行业组织应当引导和鼓励本行业企业事业单位积极提供见习岗位。

第十五条 县级以上人民政府要加强对见习基地的检查与指导，及时解决见习工作中遇到的困难和问题。

见习单位未依法履行见习管理职责的，由县级以上人民政府取消其作为见习基地的资格。

第十六条 学校应当加强对见习政策的宣传，将见习作为就业指导的重要内容。

第十七条 报刊、广播、电视、网络等媒体应当广泛宣传见习制度和企业事业单位开展见习的经验做法，形成社会普遍关注、各方共同参与的良好氛围。

第三章 实习规范与管理

第十八条 学生实习一般由学校统一组织。学生要求自行联系实习单位的，应当经学校同意。学校应当安排实习指导教师掌握实习情况，统一管理和考核。

第十九条 学校组织学生在实习基地实习，学校、实习基地和实习学生应当签订三方实习协议，明确各方的权利、义务和责任。

实习协议应当包括以下主要内容：

（一）学校和实习单位的名称、地址、法定代表人或者主要负责人，实习学生的姓名、住址和注册学号；

（二）符合教学大纲要求的实习期限；

（三）实习方式、内容和岗位；

（四）实习终止条件；

（五）违约责任；

（六）争议的解决方式。

实习协议可以根据实习的性质和需要，约定意外伤害保险的投保人、投保额度、损害赔偿、实习报酬、保密等其他事项。

其他实习单位接收学生实习的，可以参照本条第二、三款的规定与学校、学生签订三方实习协议，明确各方的权利、义务。

第二十条 学校在学生实习工作中应当履行以下职责：

（一）建立健全实习管理制度；

（二）按照专业培养目标和教学大纲，制定实习计划；

（三）联系并合理安排实习单位；

（四）安排责任心强，有一定经验的实习指导教师；

（五）对学生进行安全、纪律教育；

（六）检查学生实习情况，及时协调处理有关问题；

（七）建立学生实习管理档案；

（八）法律法规规定或者实习协议约定的其他事项。

第二十一条　实习单位应当履行以下职责：

（一）做好实习学生在单位内的管理工作；

（二）提供合适的实习岗位、必要的实习条件和安全健康的实习环境；

（三）根据实习要求，选派有经验的实习指导人员；

（四）对学生进行安全培训和技能培训；

（五）向学校反馈学生的实习情况；

（六）法律法规规定或者实习协议约定的其他事项。

第二十二条　学校和实习单位不得有下列行为：

（一）安排未满十六周岁学生顶岗实习；

（二）安排学生到夜总会、歌厅、洗浴中心等场所实习；

（三）安排学生从事高毒、易燃易爆、国家规定的第四级体力劳动强度以及其他具有安全隐患的劳动，但完成学生本专业实习所必需的除外；

（四）安排学生在需要相应职业资格的岗位上顶岗实习；

（五）安排学生周实习时间超过四十小时；

（六）委托中介机构或者个人代为组织和管理实习；

（七）其他影响实习学生人身安全、身心健康的行为。

第二十三条　实习单位接收学生顶岗实习的，当期接收实习学生的人数不得超过本单位在职职工总人数的百分之三十。

第二十四条　学校组织学生实习，不得违反规定向实习学生收取费用。

第二十五条　实习指导教师应当加强与实习单位的联系，根据实习计划和实习单位的具体情况，做好学生的实习指导、教育和管理工作。

第二十六条　实习单位应当合理安排实习指导人员的工作，保证实习指导人员指导学生实习的时间。

实习指导人员应当根据实习计划和实习协议，对学生实习进行指导。

第二十七条　学生应当根据学校和实习单位的要求实习，接受学校和实习单位的管理和考核评定。

学生应当尊重实习指导教师和实习指导人员，遵守实习单位的规章制度和劳动纪律，保守实习单位的秘密。

第二十八条　学生顶岗实习期间，实习单位应当按照同岗位职工工资的一定比例向学生支付实习报酬，具体比例由地级以上市人民政府根据本地实际情况予以确定。

非顶岗实习的学生，学校、实习单位和学生可以在实习协议中约定给予实习补助。

实习单位、学校应当按照规定或者约定，按时足额向学生支付实习报酬、实习补助，不得拖欠、克扣。

第二十九条　实习协议确定的投保人，应当及时为学生办理意外伤害保险等相关保险。

第三十条 实习结束时，实习单位应当根据学生实习期间的表现考核评定成绩，出具实习鉴定

第四章 见习规范与管理

第三十一条 县级以上人民政府人力资源和社会保障主管部门具体负责见习的组织和管理工作，建立健全相关制度。

第三十二条 国家机关、企业事业单位、社会团体及其他社会组织应当积极创造条件，提供见习岗位，并向县级以上人民政府人力资源和社会保障主管部门报送见习岗位信息。

第三十三条 本省常住户口的毕业生在毕业后一年内未能就业的，可以自愿参加其常住户口所在地的市、县人民政府或者人民团体组织的见习。

各级人民政府可以根据本地区人才引进工作的需要，吸纳非本地常住户口的毕业生参加见习，改善本地人才队伍结构。非本地常住户口毕业生参加见习享受的优惠政策，由地级以上市人民政府制定。

第三十四条 见习单位应当与毕业生按照平等自愿、协商一致的原则签订见习协议。

见习协议应当包括以下主要内容：

（一）见习单位的名称、地址、法定代表人或者主要负责人，毕业生的姓名、住址、毕业院校；

（二）见习期限；

（三）见习计划安排；

（四）岗位职责；

（五）见习待遇；

（六）见习单位和见习人员的权利和义务；

（七）见习协议的解除条件；

（八）违约责任；

（九）争议的解决方式。

第三十五条 见习期限一般为三个月至六个月，最长不超过十二个月。

第三十六条 见习单位应当履行以下职责：

（一）提供合适的见习岗位、必要的见习条件和安全健康的见习环境；

（二）配备相关工种岗位训练的设施、设备和见习指导人员；

（三）对见习人员进行安全培训和技能培训；

（四）见习协议约定的其他事项。

第三十七条 见习单位不得有下列行为：

（一）安排见习人员从事高毒、易燃易爆、国家规定的第四级体力劳动强度以及其他具有安全隐患的劳动；

（二）未经见习人员同意安排见习人员周工作时间超过四十小时；

（三）其他影响见习人员人身安全、身心健康的行为。

第三十八条 见习单位当期接收见习人员的人数不得超过本单位在职职工总人数的百分之三十。

第三十九条 见习人员应当遵守见习单位的规章制度和劳动纪律，服从见习指导人员

的管理，保守见习单位的秘密。

第四十条 见习单位应当每月向见习人员提供不低于当地最低工资标准百分之八十的生活补贴。

见习单位支付生活补贴后，见习单位所在地人民政府应当落实省人民政府的有关规定，对见习单位给予补贴，补贴的具体数额由地级以上市人民政府根据本地实际情况予以确定。

第四十一条 见习人员可以在见习基地所在地参加城镇居民基本医疗保险，个人缴费标准和政府补助标准按照当地学生参加城镇居民基本医疗保险相应标准执行，并享受相应待遇。

见习单位应当为见习人员购买人身伤害意外保险。

第四十二条 政府所属的人才服务机构、公共就业服务机构应当及时组织开展见习单位和毕业生的双向选择活动；见习人员要求托管人事档案的，应当提供免费人事档案托管服务。

见习人员在见习期间落实就业单位的，可以随时办理就业派遣手续。

第四十三条 见习人员见习期满，见习单位应当进行考核鉴定并为其出具见习证明。

第四十四条 鼓励见习单位优先录用见习人员。

见习人员见习期间或者期满后被见习单位正式录用的，见习单位应及时与其签订劳动合同。

第四十五条 见习期满仍未能实现就业的毕业生，由政府所属人才中介服务机构、公共就业服务机构和学校毕业生就业服务机构继续进行就业指导和推荐就业。

毕业生有创业愿望的，政府所属人才中介服务机构、公共就业服务机构应当提供项目开发、方案设计、风险评估、开业指导、融资服务、跟踪扶持等创业服务。

第五章 扶持与奖励

第四十六条 县级以上人民政府教育行政部门应当会同人力资源和社会保障部门，利用现有信息网络资源，建立学生实习公共服务信息平台，及时公布有关单位提供的实习岗位、当年本地区学校学生实习信息，为学校、实习单位和实习学生提供服务。

学校应当于每年六月底前，将下一年度的学生实习人数、专业类型、实习时间等信息分别报送省教育、人力资源和社会保障部门。

鼓励国家机关、企业事业单位、社会团体及其他社会组织向县级以上人民政府教育、人力资源和社会保障部门报送可提供实习岗位的信息。

第四十七条 县级以上人民政府建立见习信息服务平台，收集并发布见习供求信息，推荐有意向参加见习的毕业生到相关岗位见习；通过各种方式引导和鼓励国家机关、企业事业单位、社会团体及其他社会组织接收毕业生见习。

第四十八条 各级人民政府应当按照国家和省的有关规定，结合实习、见习状况和实习、见习工作目标，在本级财政预算中安排资金，用于实习和见习的指导、培训和补贴等。资金的筹集和使用管理办法，由各级人民政府制定。

第四十九条 各级人民政府应当创造条件，为建立实习基地、合作建设实验室或者生产车间等校企合作项目提供资助。

第五十条 除本条例第四十条规定的补贴之外，有条件的地方人民政府可以给予见习基地一定的补贴。

第五十一条　发展改革、经济和信息化、农业等部门应当引导和鼓励建立实习基地、见习基地，对基地有关促进当地经济和社会发展的重点项目优先予以扶持。

第五十二条　科学技术行政部门应当对生产、教学、科研结合效果良好的实习基地、见习基地，在科学研究和技术开发等方面优先给予资金支持。

第五十三条　对企业接收学生和毕业生实习、见习并支付实习报酬、见习补贴的，按照国家规定给予税收优惠。

对实习基地、见习基地依法减免有关行政事业性收费。

第六章　法律责任

第五十四条　学校有下列行为之一的，由教育行政主管部门处以警告、责令改正，对拒不改正或者因工作失误造成重大损失的，对直接负责的主管人员和其他直接责任人员给予处分；构成犯罪的，依法追究刑事责任：

（一）未按规定安排实习经费或者挪用实习经费的；

（二）安排未满十六周岁学生顶岗实习的；

（三）安排学生到夜总会、歌厅、洗浴中心等场所实习的；

（四）拖欠、克扣学生实习补助的；

（五）未按照协议为学生购买意外伤害保险的；

（六）发现实习单位违反本条例规定侵害学生权益未及时采取有效措施制止的；

（七）其他影响学生实习或者侵害学生合法权益的行为的。

第五十五条　实习、见习单位有下列行为之一的，由人力资源和社会保障部门处以警告、责令改正，并依法追究相关人员的责任：

（一）未为实习学生、见习人员提供必要的实习、见习条件和安全健康的实习、见习环境的；

（二）违法安排实习学生、见习人员超时实习、见习的；

（三）克扣、拖欠实习学生、见习人员的报酬、补助或者补贴的；

（四）未按照约定或者规定为实习学生、见习人员购买意外伤害保险的；

（五）其他侵害实习学生、见习人员合法权益的行为的。

第五十六条　实习、见习单位有下列行为之一的，由人力资源和社会保障部门责令改正，并按照实习学生、见习人员人数处以每人一千元的罚款：

（一）接纳未满十六周岁学生顶岗实习的；

（二）安排学生到夜总会、歌厅、洗浴中心等场所实习的；

（三）违法安排实习学生、见习人员从事高毒、易燃易爆、国家规定的第四级体力劳动强度以及其他具有安全隐患的劳动的；

（四）当期接收顶岗实习学生、见习人员人数超过本单位在职职工总人数的百分之三十的。

第五十七条　学校委托中介机构或者个人代为组织和管理实习的，由教育行政主管部门责令改正，并按照实习学生人数处以每人一千元罚款。

第五十八条　学校和实习单位有本条例第五十四条、第五十五条、第五十六条所列行为的，除由有关部门依法处罚外，应当将学生送回学校所在地，并承担所需费用。

第五十九条　实习指导教师未按照本条例规定履行指导、教育和管理职责的，由学校依照有关规定予以处理；造成严重后果的，依法追究法律责任。

第六十条 实习单位有违反本条例规定行为的，实习学生应当向学校报告。学校应当及时对有关问题进行协调处理。

学校、实习单位、见习单位违反本条例规定或者实习、见习协议约定，对实习学生、见习人员造成损害的，应当依法承担赔偿责任。

第六十一条 实习学生、见习人员在实习、见习期间严重违反单位规章制度的，实习、见习单位可以终止其在本单位的实习、见习。

第六十二条 单位和个人违反本条例规定，弄虚作假，骗取政府补贴、资助、补助的，由相关行政部门追回已发放的补贴、资助、补助，并取消其三年内获得相关补贴、资助、补助的资格；构成犯罪的，依法追究刑事责任。

第六十三条 教育、人力资源和社会保障部门、其他有关部门及其工作人员违反本条例规定，在实习、见习工作中玩忽职守、滥用职权、徇私舞弊的，由上级机关或者其他有权机关责令改正，并对直接负责的主管人员和其他直接责任人员，依法给予处分；构成犯罪的，依法追究刑事责任。

第七章 附 则

第六十四条 省外学校学生在本省行政区域内实习，依照本条例进行管理。

第六十五条 本条例自2010年3月1日起施行。

★地方性文件·上海市

2.2.9 上海市未成年人保护条例（上海市第十四届人民代表大会常务委员会第十次会议修正 2013年12月）

第二十九条 除国家另有规定外，任何组织和个人不得招用未满十六周岁的未成年人。

任何组织和个人依照国家有关规定招收已满十六周岁未满十八周岁的未成年人的，应当在工种、劳动时间、劳动强度和保护措施等方面执行国家有关规定，不得安排其从事过重、有毒、有害的劳动或者危险作业。

2.3 女职工相关

★ 法律

2.3.1 中华人民共和国妇女权益保障法（主席令第40号 2005年修正）

第二十二条 国家保障妇女享有与男子平等的劳动权利和社会保障权利。

第二十三条 各单位在录用职工时，除不适合妇女的工种或者岗位外，不得以性别为由拒绝录用妇女或者提高对妇女的录用标准。

各单位在录用女职工时，应当依法与其签订劳动（聘用）合同或者服务协议，劳动（聘用）合同或者服务协议中不得规定限制女职工结婚、生育的内容。

禁止录用未满十六周岁的女性未成年人，国家另有规定的除外。

第二十四条 实行男女同工同酬。妇女在享受福利待遇方面享有与男子平等的权利。

第二十五条 在晋职、晋级、评定专业技术职务等方面，应当坚持男女平等的原则，不得歧视妇女。

第二十六条 任何单位均应根据妇女的特点，依法保护妇女在工作和劳动时的安全和健康，不得安排不适合妇女从事的工作和劳动。

妇女在经期、孕期、产期、哺乳期受特殊保护。

第二十七条 任何单位不得因结婚、怀孕、产假、哺乳等情形，降低女职工的工资，辞退女职工，单方解除劳动（聘用）合同或者服务协议。但是，女职工要求终止劳动（聘用）合同或者服务协议的除外。

各单位在执行国家退休制度时，不得以性别为由歧视妇女。

第二十八条 国家发展社会保险、社会救助、社会福利和医疗卫生事业，保障妇女享有社会保险、社会救助、社会福利和卫生保健等权益。

国家提倡和鼓励为帮助妇女开展的社会公益活动。

第二十九条 国家推行生育保险制度，建立健全与生育相关的其他保障制度。

地方各级人民政府和有关部门应当按照有关规定为贫困妇女提供必要的生育救助。

第五十七条 违反本法规定，对侵害妇女权益的申诉、控告、检举，推诿、拖延、压制不予查处，或者对提出申诉、控告、检举的人进行打击报复的，由其所在单位、主管部门或者上级机关责令改正，并依法对直接负责的主管人员和其他直接责任人员给予行政处分。

国家机关及其工作人员未依法履行职责，对侵害妇女权益的行为未及时制止或者未给予受害妇女必要帮助，造成严重后果的，由其所在单位或者上级机关依法对直接负责的主管人员和其他直接责任人员给予行政处分。

违反本法规定，侵害妇女文化教育权益、劳动和社会保障权益、人身和财产权益以及婚姻家庭权益的，由其所在单位、主管部门或者上级机关责令改正，直接负责的主管人员和其他直接责任人员属于国家工作人员的，由其所在单位或者上级机关依法给予行政处分。

第五十八条 违反本法规定，对妇女实施性骚扰或者家庭暴力，构成违反治安管理行为的，受害人可以提请公安机关对违法行为人依法给予行政处罚，也可以依法向人民法院提起民事诉讼。

2.3.2 中华人民共和国劳动法（主席令第18号 2009年修正）

第十三条 【就业男女平等】妇女享有与男子平等的就业权利。在录用职工时，除国家规定的不适合妇女的工种或者岗位外，不得以性别为由拒绝录用妇女或者提高对妇女的录用标准。

第五十八条 【女职工和未成年工特殊劳动保护】国家对女职工和未成年工实行特殊劳动保护。

未成年工是指年满十六周岁未满十八周岁的劳动者。

第五十九条 【劳动强度限制】禁止安排女职工从事矿山井下、国家规定的第四级体力劳动强度的劳动和其他禁忌从事的劳动。

第六十条 【经期劳动强度限制】不得安排女职工在经期从事高处、低温、冷水作业和国家规定的第三级体力劳动强度的劳动。

第六十一条 【孕期劳动强度限制】不得安排女职工在怀孕期间从事国家规定的第三级体力劳动强度的劳动和孕期禁忌从事的活动。对怀孕七个月以上的女职工，不得安排其延长工作时间和夜班劳动。

第六十二条 【产假】女职工生育享受不少于九十天的产假。

第六十三条 【哺乳期劳动保护】不得安排女职工在哺乳未满一周岁的婴儿期间从事国家规定的第三级体力劳动强度的劳动和哺乳期禁忌从事的其他劳动，不得安排其延长工作时间和夜班劳动。

第九十五条 【侵害女工和未成年工合法权益的处罚】用人单位违反本法对女职工和未成年工的保护规定，侵害其合法权益的，由劳动行政部门责令改正，处以罚款；对女职工或者未成年工造成损害的，应当承担赔偿责任。

2.3.3 中华人民共和国社会保险法（主席令第35号 2011年7月起施行）

第五十三条 职工应当参加生育保险，由用人单位按照国家规定缴纳生育保险费，职工不缴纳生育保险费。

第五十四条 用人单位已经缴纳生育保险费的，其职工享受生育保险待遇；职工未就业配偶按照国家规定享受生育医疗费用待遇。所需资金从生育保险基金中支付。

生育保险待遇包括生育医疗费用和生育津贴。

第五十五条 生育医疗费用包括下列各项：

（一）生育的医疗费用；

（二）计划生育的医疗费用；

（三）法律、法规规定的其他项目费用。

第五十六条 职工有下列情形之一的，可以按照国家规定享受生育津贴：

（一）女职工生育享受产假；

（二）享受计划生育手术休假；

（三）法律、法规规定的其他情形。

生育津贴按照职工所在用人单位上年度职工月平均工资计发。

★ 行政法规/部门规章/司法解释

2.3.4 全国总工会劳动保险部关于劳动保险问题解答（1964年）

九、有关生育待遇问题

83. 在因病歇工期间生育的，怎样计算产假？

女职工因病或非因工负伤连续歇工在6个月以内生育时，自生育（包括小产）之日起算产假，发给产假待遇。产假期满，病伤仍未痊愈的，其病假应与生育前的病假合并计算。

女职工因病与非因工负伤连续歇工在6个月以上生育时，不再发给产假工资，继续享受疾病待遇。

84. 有的工厂因原料不足暂时停工，职工的工资也减发了，在此期间产假工资怎样发给？

女职工的产假如发生在停工以前，应按劳动保险条例第16条甲项办理，如发生在暂时停工之间，应与其他职工一样，产假也要按停产工资标准发给。

85. 女职工生育休息超过56天假期，还不能工作，其待遇如何享受？

由于产期检查不准，产前休息时间过长，或身体衰弱经医生诊断证明确需继续休息者，其产假工资及医疗费用按条例第13条有关疾病待遇享受。

86. 女职工月经期间是否有假期，工资如何支付？

没有假期规定，但由于患月经病，经医生诊断必须停工治疗时，应按照病假待遇处理。

87. 女职工怀孕反应必须休息的时间，是否按病假待遇处理？

女职工因怀孕反应得厉害，经医师批准需要休息，其假期及医疗待遇，可按劳动保险条例第13条规定处理。

88. 男职工供养之妻在企业举办的或特约的医疗机构中生育时，其接生费等可否享受半费待遇？

应由本人负担。如果是在生育时发生疾病，则因疾病所需的医疗费用，可按职工供养直系亲属医疗待遇处理。

89. 劳动保险条例中规定的怀孕检查费，指哪些费用？

怀孕检查费是指挂号费、检查手续费。如果是孕期刚开始，要做青蛙试验，化验费也包括在检查费内。

90、女职工遇到葡萄胎、子宫外孕需要停工休息，如何享受待遇？

子宫外孕、葡萄胎系属病理现象，应按病假待遇处理。

91. 怀孕6个月生育的，是不是按正产办理？

算作正产，应按规定发给产假工资。

92. 女职工住企业的特约医院生育时，新生婴儿生病所需的医疗费用如何处理？

如新生婴儿符合供养条件，就按供养直系亲属的医疗待遇处理。

93. 女工产后领了产假工资不久因病死了，再领丧葬补助费和救济费，是否算领了双份？

产假工资与产后病死丧葬补助费和救济费是两回事，不能算作双份。

2.3.5 劳动部工资局复女职工非婚生育时是否享受劳保待遇问题（［65］中劳薪便字381号）

甘肃省劳动局：

你局八月三十一日（65）劳薪字第0678号函收到。现简复如下：

女职工非婚生育时，不能按照劳动保险条例的规定享受生育待遇。其需要休养的时间不应发给工资。对于生活有困难的，可以由企业行政方面酌情给予补助。

2.3.6 劳动部关于印发《女职工劳动保护规定问题解答》的通知（劳安字［1989］1号）

《女职工劳动保护规定》发布施行以后，一些单位来函询问有关问题。经研究，对带普遍性的几个问题做出解答，现印发给你们，请按照执行。

1. 集体企、事业单位应否执行本规定？

答：应执行本规定。《规定》中的“企业”系指我国境内全民、集体企业，中外合资、合作、独资企业，乡镇企业，农村联户企业，私人企业和城镇街道企业等。

2. 军队系统的单位是否执行本规定？

答：《女职工劳动保护规定》是一个行政性的法规，军队系统的单位可参照执行。

3. 单位实行承包或租赁后，单位领导人应否执行本规定？

答：单位实行承包或租赁只是经营形式的改变，单位领导人仍应执行本规定。

4. 如何理解“不得在女职工怀孕期、产期、哺乳期解除劳动合同”？

答：实行劳动合同制的女职工，在合同期未满的情况下，任何企业和个人都不得以怀孕、生育和哺乳为由，解除其劳动合同。

5. 如何理解“矿山井下作业”？

答：矿山井下作业系指常年在矿山井下从事各种劳动。不包括临时性的工作，如医务人员下矿井进行治疗和抢救等。

6. 什么是国家规定的第三级、第四级体力劳动强度？

答：是指国家标准《体力劳动强度分级》（GB3869-83）中规定的第三、四级的体力劳动强度。体力劳动强度的大小是以劳动强度指数来衡量的，劳动强度指数是由该工种的平均劳动时间率、平均能量代谢率两个因素构成的。劳动强度指数越大，体力劳动强度也越大。反之，体力劳动强度就越小。标准中规定：劳动强度指数小于15，体力劳动强度为一级；大于15，小于20，为二级；大于20，小于25，为三级；大于25，为五级。若需了解某工种劳动强度的大小，可请当地劳动部门劳动安全卫生检测站实地测量和计算。

7. 什么是夜班劳动？

答：夜班劳动系指在当日22点至次日6点时间从事劳动或工作。

8. 如何理解“一般不得安排其从事夜班劳动”？

答：一般都应执行本规定。对于女职工比较集中的企业，不安排其从事夜班劳动确有困难的，请当地劳动部门批准，可以暂时放宽执行，但要在较短时间内积极创造条件实施本规定的要求。

9. 如何理解“孕妇产前检查算作劳动时间”？

答：为了保证孕妇和胎儿的健康，应按卫生部门的要求做产前检查。女职工产前检查应按出勤对待，不能按病假、事假、旷工处理。对在生产第一线的女职工，要相应地减少生产定额，以保证产前检查时间。

10. 如何理解产前休假15天的规定？

答：女职工产假90天，分为产前假、产后假两部分。即产前假15天，产后假75天。所谓产前假15天，系指预产期前15天的休假。产前假一般不得放到产后使用。若孕妇提前生产，可将不足的天数和产后假合并使用；若孕妇推迟生产，可将超出的天数按病假处理。

11. 休产假能否提前或推后？教师产假正值寒暑假期间，是否能延长寒暑假休假时间？

答：国家规定产假90天，是为了能保证产妇恢复身体健康。因此，休产假不能提前或推后。至于教师产假正值寒暑假期间，能否延长寒暑假的时间，则由主管部门确定。

12. 按原规定休56天产假的女职工，1988年9月1日还在休产假者。如何计算产假？

答：应按本规定休产假90天计算。

13. 女职工流产应休息多长时间？

答：女职工流产休假按劳险字［1988］2号《关于女职工生育待遇若干问题的通知》执行，即"女职工怀孕不满4个月流产时，应当根据医务部门的意见，给予15天至30天的产假；怀孕满4个月以上流产者，给予42天产假。产假期间，工资照发。"

14. 本规定发布前哺乳期有10个月的，也有18个月的，是否都应按本规定执行？

答：凡哺乳（包括人工喂养）1周岁以内婴儿的女职工都应按本规定执行。企、事业单位有条件的，也可适当延长哺乳期。

15. 哺乳期满，有的婴儿身体特别虚弱，或正值夏季，可否适当延长哺乳期？

答：女职工哺乳婴儿满周岁后，一般不再延长哺乳期。如果婴儿身体特别虚弱，经医务部门证明，可将哺乳期酌情延长。如果哺乳期满时正值夏季，也可一、二个月。

16. 如何理解劳动部门对执行本规定的权力？

答：各级劳动部门对本规定的实施有监督检查权。当女职工劳动保护的权益受到侵害时，劳动部门应受理女职工的申诉。

17. 如何理解女职工违反了国家有关计划生育规定，应当按照国家有关计划生育规定办理？

答：女职工违反了国家有关计划生育规定，生育待遇应按照计划生育规定处理。

2.3.7 企业职工生育保险试行办法（劳部发［1994］504号）

第一条 为了维护企业女职工的合法权益，保障她们在生育期间得到必要的经济补偿和医疗保健，均衡企业间生育保险费用的负担，根据有关法律、法规的规定，制定本办法。

第二条 本办法适用于城镇企业及其职工。

第三条 生育保险按属地原则组织。生育保险费用实行社会统筹。

第四条 生育保险根据"以支定收，收支基本平衡"的原则筹集资金，由企业按照其工资总额的一定比例向社会保险经办机构缴纳生育保险费，建立生育保险基金。生育保险费的提取比例由当地人民政府根据计划内生育人数和生育津贴、生育医疗费等项费用确定，并可根据费用支出情况适时调整，但最高不得超过工资总额的百分之一。企业缴纳的生育保险费作为期间费用处理，列入企业管理费用。职工个人不缴纳生育保险费。

第五条 女职工生育按照法律、法规的规定享受产假。产假期间的生育津贴按照本企业上年度职工月平均工资计发，由生育保险基金支付。

第六条 女职工生育的检查费、接生费、手术费、住院费和药费由生育保险基金支付。超出规定的医疗服务费和药费（含自费药品和营养药品的药费）由职工个人负担。

女职工生育出院后，因生育引起疾病的医疗费，由生育保险基金支付；其它疾病的医疗费，按照医疗保险待遇的规定办理。女职工产假期满后，因病需要休息治疗的，按照有关病假待遇和医疗保险待遇规定办理。

第七条 女职工生育或流产后，由本人或所在企业持当地计划生育部门签发的计划生育证明，婴儿出生、死亡或流产证明，到当地社会保险经办机构办理手续，领取生育津贴和报销生育医疗费.

第八条 生育保险基金由劳动部门所属的社会保险经办机构负责收缴、支付和管理。

生育保险基金应存入社会保险经办机构在银行开设的生育保险基金专户。银行应按照城乡居民个人储蓄同期存款利率计息，所得利息转入生育保险基金。

第九条 社会保险经办机构可从生育保险基金中提取管理费，用于本机构经办生育保险工作所需的人员经费、办公费及其它业务经费。管理费标准，各地根据社会保险经办机构人员设置情况，由劳动部门提出，经财政部门核定后，报当地人民政府批准。管理费提取比例最高不得超过生育保险基金的百分之二。

生育保险基金及管理费不征税费。

第十条 生育保险基金的筹集和使用，实行财务预、决算制度，由社会保险经办机构作出年度报告，并接受同级财政、审计监督。

第十一条 市（县）社会保险监督机构定期监督生育保险基金管理工作。

第十二条 企业必须按期缴纳生育保险费。对逾期不缴纳的，按日加收千分之二的滞纳金。滞纳金转入生育保险基金。滞纳金计入营业外支出，纳税时进行调整。

第十三条 企业虚报、冒领生育津贴或生育医疗费的，社会保险经办机构应追回全部虚报、冒领金额，并由劳动行政部门给予处罚。

企业欠付或拒付职工生育津贴、生育医疗费的，由劳动行政部门责令企业限期支付；对职工造成损害的，企业应承担赔偿责任。

第十四条 劳动行政部门或社会保险经办机构的工作人员滥用职权、玩忽职守、徇私舞弊，贪污、挪用生育保险基金，构成犯罪的，依法追究刑事责任；不构成犯罪的，给予行政处分。

第十五条 省、自治区、直辖市人民政府劳动行政部门可以按照本办法的规定，结合本地区实际情况制定实施办法。

第十六条 本办法自 1995 年 1 月 1 日起试行

2.3.8 女职工劳动保护特别规定（国务院令第 619 号 2012 年 4 月起施行）

第一条 为了减少和解决女职工在劳动中因生理特点造成的特殊困难，保护女职工健康，制定本规定。

第二条 中华人民共和国境内的国家机关、企业、事业单位、社会团体、个体经济组织以及其他社会组织等用人单位及其女职工，适用本规定。

第三条 用人单位应当加强女职工劳动保护，采取措施改善女职工劳动安全卫生条件，对女职工进行劳动安全卫生知识培训。

第四条 用人单位应当遵守女职工禁忌从事的劳动范围的规定。用人单位应当将本单位属于女职工禁忌从事的劳动范围的岗位书面告知女职工。

女职工禁忌从事的劳动范围由本规定附录列示。国务院安全生产监督管理部门会同国务院人力资源社会保障行政部门、国务院卫生行政部门根据经济社会发展情况，对女职工禁忌从事的劳动范围进行调整。

第五条　用人单位不得因女职工怀孕、生育、哺乳降低其工资、予以辞退、与其解除劳动或者聘用合同。

第六条　女职工在孕期不能适应原劳动的，用人单位应当根据医疗机构的证明，予以减轻劳动量或者安排其他能够适应的劳动。

对怀孕7个月以上的女职工，用人单位不得延长劳动时间或者安排夜班劳动，并应当在劳动时间内安排一定的休息时间。

怀孕女职工在劳动时间内进行产前检查，所需时间计入劳动时间。

第七条　女职工生育享受98天产假，其中产前可以休假15天；难产的，增加产假15天；生育多胞胎的，每多生育1个婴儿，增加产假15天。

女职工怀孕未满4个月流产的，享受15天产假；怀孕满4个月流产的，享受42天产假。

第八条　女职工产假期间的生育津贴，对已经参加生育保险的，按照用人单位上年度职工月平均工资的标准由生育保险基金支付；对未参加生育保险的，按照女职工产假前工资的标准由用人单位支付。

女职工生育或者流产的医疗费用，按照生育保险规定的项目和标准，对已经参加生育保险的，由生育保险基金支付；对未参加生育保险的，由用人单位支付。

第九条　对哺乳未满1周岁婴儿的女职工，用人单位不得延长劳动时间或者安排夜班劳动。

用人单位应当在每天的劳动时间内为哺乳期女职工安排1小时哺乳时间；女职工生育多胞胎的，每多哺乳1个婴儿每天增加1小时哺乳时间。

第十条　女职工比较多的用人单位应当根据女职工的需要，建立女职工卫生室、孕妇休息室、哺乳室等设施，妥善解决女职工在生理卫生、哺乳方面的困难。

第十一条　在劳动场所，用人单位应当预防和制止对女职工的性骚扰。

第十二条　县级以上人民政府人力资源社会保障行政部门、安全生产监督管理部门按照各自职责负责对用人单位遵守本规定的情况进行监督检查。

工会、妇女组织依法对用人单位遵守本规定的情况进行监督。

第十三条　用人单位违反本规定第六条第二款、第七条、第九条第一款规定的，由县级以上人民政府人力资源社会保障行政部门责令限期改正，按照受侵害女职工每人1000元以上5000元以下的标准计算，处以罚款。

用人单位违反本规定附录第一条、第二条规定的，由县级以上人民政府安全生产监督管理部门责令限期改正，按照受侵害女职工每人1000元以上5000元以下的标准计算，处以罚款。用人单位违反本规定附录第三条、第四条规定的，由县级以上人民政府安全生产监督管理部门责令限期治理，处5万元以上30万元以下的罚款；情节严重的，责令停止有关作业，或者提请有关人民政府按照国务院规定的权限责令关闭。

第十四条　用人单位违反本规定，侵害女职工合法权益的，女职工可以依法投诉、举报、申诉，依法向劳动人事争议调解仲裁机构申请调解仲裁，对仲裁裁决不服的，依法向人民法院提起诉讼。

第十五条 用人单位违反本规定，侵害女职工合法权益，造成女职工损害的，依法给予赔偿；用人单位及其直接负责的主管人员和其他直接责任人员构成犯罪的，依法追究刑事责任。

第十六条 本规定自公布之日起施行。1988 年 7 月 21 日国务院发布的《女职工劳动保护规定》同时废止。

附录：女职工禁忌从事的劳动范围

一、女职工禁忌从事的劳动范围：

（一）矿山井下作业；

（二）体力劳动强度分级标准中规定的第四级体力劳动强度的作业；

（三）每小时负重 6 次以上、每次负重超过 20 公斤的作业，或者间断负重、每次负重超过 25 公斤的作业。

二、女职工在经期禁忌从事的劳动范围：

（一）冷水作业分级标准中规定的第二级、第三级、第四级冷水作业；

（二）低温作业分级标准中规定的第二级、第三级、第四级低温作业；

（三）体力劳动强度分级标准中规定的第三级、第四级体力劳动强度的作业；

（四）高处作业分级标准中规定的第三级、第四级高处作业。

三、女职工在孕期禁忌从事的劳动范围：

（一）作业场所空气中铅及其化合物、汞及其化合物、苯、镉、铍、砷、氰化物、氮氧化物、一氧化碳、二硫化碳、氯、己内酰胺、氯丁二烯、氯乙烯、环氧乙烷、苯胺、甲醛等有毒物质浓度超过国家职业卫生标准的作业；

（二）从事抗癌药物、己烯雌酚生产，接触麻醉剂气体等的作业；

（三）非密封源放射性物质的操作，核事故与放射事故的应急处置；

（四）高处作业分级标准中规定的高处作业；

（五）冷水作业分级标准中规定的冷水作业；

（六）低温作业分级标准中规定的低温作业；

（七）高温作业分级标准中规定的第三级、第四级的作业；

（八）噪声作业分级标准中规定的第三级、第四级的作业；

（九）体力劳动强度分级标准中规定的第三级、第四级体力劳动强度的作业；

（十）在密闭空间、高压室作业或者潜水作业，伴有强烈振动的作业，或者需要频繁弯腰、攀高、下蹲的作业。

四、女职工在哺乳期禁忌从事的劳动范围：

（一）孕期禁忌从事的劳动范围的第一项、第三项、第九项；

（二）作业场所空气中锰、氟、溴、甲醇、有机磷化合物、有机氯化合物等有毒物质浓度超过国家职业卫生标准的作业。

★地方性规定·广东省

2.3.9 广东省职工生育保险规定（广东省人民政府令第 203 号　2015 年 1 月起施行）

第一章　总　则

第一条 为了使职工在生育期间获得基本的医疗和生活保障，均衡用人单位生育费用负担，促进公平就业，根据《中华人民共和国社会保险法》、《女职工劳动保护特别规定》等法律、法规，结合本省实际，制定本规定。

第二条 本省行政区域内的国家机关、企业、事业单位、社会团体、民办非企业单位、基金会、律师事务所、会计师事务所等组织和有雇工的个体工商户（以下统称用人单位）及其全部职工和雇工（以下统称职工）参加生育保险，适用本规定。

第三条 用人单位及其职工按照属地管理原则在用人单位注册登记地参加生育保险。用人单位为国家机关、人民团体的，在单位所在地参加生育保险。

中央驻粤单位、省属单位及其职工，有非军籍职工的军队、武警部队所属用人单位及其非军籍职工，在本单位参加职工基本医疗保险所在地参加生育保险。

第四条 县级以上人民政府社会保险行政部门负责本行政区域的生育保险管理工作，其他有关部门在各自的职责范围内负责有关的生育保险工作。

社会保险经办机构具体承办生育保险登记、生育保险费核定、个人权益记录、生育保险待遇支付等生育保险事务，负责提供生育保险业务咨询、查询等服务。

第五条 生育保险费由社会保险费征收机构负责征收。

第六条 生育保险基金及其收益、生育保险待遇按照国家规定不计征税费。

第七条 生育保险基金由各地级以上市统筹，并按照国家规定逐步实行省级统筹。

第二章 生育保险基金

第八条 生育保险基金按照以支定收、收支平衡的原则筹集和使用。

县级以上人民政府在生育保险基金出现支付不足时，给予补足。

第九条 生育保险基金由下列各项资金构成：

（一）生育保险费；

（二）生育保险基金的利息；

（三）滞纳金；

（四）财政补贴；

（五）依法纳入生育保险基金的其他资金。

第十条 生育保险费由用人单位按月缴纳。职工个人不缴纳生育保险费。

用人单位按照不超过本单位上月职工工资总额1%的比例缴纳生育保险费，具体缴费比例由统筹地区社会保险行政部门根据当地实际情况测算后提出，经统筹地区人民政府批准后实施，并报省社会保险行政部门备案。

用人单位上月职工工资总额超过所在地级以上市上年度在岗职工月平均工资的3倍乘以本单位职工人数之积的，按照所在地级以上市上年度在岗职工月平均工资的3倍乘以本单位职工人数之积计算。

用人单位无上月职工工资的，以本单位本月职工工资总额为基数计算。

第十一条 生育保险基金应当存入社会保障基金财政专户并实行预算管理，单独建账，分账核算，专款专用，不得挪作他用。

存入银行的生育保险基金参照城镇职工基本医疗保险基金计息办法计息。

第三章 生育保险待遇

第十二条 用人单位已经按时足额缴纳生育保险费的，其职工享受生育保险待遇；职工未就业配偶享受生育医疗费用待遇。所需资金从生育保险基金中支付。

生育保险待遇包括生育医疗费用和生育津贴。

第十三条 职工享受的生育医疗费用包括下列各项：

（一）生育的医疗费用，即女职工在孕产期内因怀孕、分娩发生的医疗费用，包括符合国家和省规定的产前检查的费用，终止妊娠的费用，分娩住院期间的接生费、手术费、住院费、药费及诊治妊娠合并症、并发症的费用。

（二）计划生育的医疗费用，包括职工放置或者取出宫内节育器，施行输卵管、输精管结扎或者复通手术、人工流产、引产术等发生的医疗费用。

（三）法律、法规、规章规定的其他项目费用。

职工未就业配偶享受的生育医疗费用待遇，参照职工所在统筹地区城镇居民基本医疗保险生育医疗待遇标准执行。

从生育保险基金中支付生育医疗费用，应当符合国家和省规定的生育保险药品目录和基本医疗保险诊疗项目、医疗服务设施标准。不属于生育保险基金支付范围的生育医疗费用，按照规定纳入基本医疗保险基金支付范围。

第十四条 下列医疗费用不纳入生育保险基金支付范围：

（一）因医疗事故发生的应当由医疗机构承担的费用；

（二）应当由公共卫生或者计划生育技术服务项目负担的费用；

（三）应当由基本医疗保险基金或者工伤保险基金支付的费用；

（四）在国外或者港澳台地区发生的医疗费用；

（五）法律、法规、规章规定不应当由生育保险基金支付的其他医疗费用。

第十五条 职工应当享受的生育津贴，按照职工生育或者施行计划生育手术时用人单位上年度职工月平均工资除以30再乘以规定的假期天数计发。

用人单位上年度职工月平均工资，按照社会保险经办机构核定的本单位上一自然年度参保职工各月工资总额之和除以其各月参保职工数之和确定。用人单位无上年度职工月平均工资的，生育津贴以本单位本年度职工月平均工资为基数计算。

第十六条 职工享受生育津贴的假期天数，按照下列规定计算：

（一）女职工生育享受产假：顺产的，98天；难产的，增加30天；生育多胞胎的，每多生育1个婴儿，增加15天；怀孕未满4个月流产的，15天；怀孕满4个月流产的，42天。

（二）享受计划生育手术休假：取出宫内节育器的，1天；放置宫内节育器的，2天；施行输卵管结扎的，21天；施行输精管结扎的，7天；施行输卵管或者输精管复通手术的，14天。同时施行两种节育手术的，合并计算假期。

不符合前款规定的假期期间，包括职工依照计划生育法律、法规规定享受奖励增加的产假或者看护假期间，由用人单位按照规定发放工资，职工不享受生育津贴。

统筹地区规定增加生育津贴计发项目及期限的，从其规定。

第十七条 职工按照规定享受产假或者计划生育手术休假期间，其生育津贴由用人单位按照职工原工资标准逐月垫付，再由社会保险经办机构按照规定拨付给用人单位。有条件的统筹地区可以由社会保险经办机构委托金融机构将生育津贴直接发放给职工。

职工已享受生育津贴的，视同用人单位已经支付相应数额的工资。生育津贴高于职工原工资标准的，用人单位应当将生育津贴余额支付给职工；生育津贴低于职工原工资标准的，差额部分由用人单位补足。

职工依法享受的生育津贴，按规定免征个人所得税。

本条所称职工原工资标准，是指职工依法享受产假或者计划生育手术休假前12个月的月平均工资。职工依法享受假期前参加工作未满12个月的，按其实际参加工作的月份数计算。

第十八条　职工失业前已参加生育保险的，其在领取失业保险金期间发生符合本规定的生育医疗费用，从生育保险基金中支付。

第十九条　职工达到法定退休年龄后发生符合本规定的生育医疗费用，从生育保险基金中支付。

第二十条　职工未就业配偶已享受城乡居民基本医疗保险、城镇居民基本医疗保险、新型农村合作医疗的生育待遇或者本规定第十八条规定的待遇的，不再享受生育医疗费用待遇。

第四章　生育保险管理监督

第二十一条　各统筹地区社会保险行政部门负责在职工基本医疗保险定点医疗机构范围内确定生育保险定点医疗机构。社会保险经办机构应当与生育保险定点医疗机构签订服务协议，并将全部已签订服务协议的生育保险定点医疗机构名单向社会公布。

第二十二条　累计参加生育保险满1年的职工生育的，应当事先在统筹地区社会保险经办机构公布的生育保险定点医疗机构范围内选定产前检查和分娩的医疗机构，并向选定的医疗机构申请办理就医确认手续。材料齐全且符合条件的，医疗机构应当即时予以办理确认手续，并在7日内将相关材料及确认情况报送统筹地区社会保险经办机构。

职工因医疗条件限制、住所变化等特殊事由确需变更产前检查和分娩的医疗机构的，应当持原就医确认凭证和变更事由的相关凭证向统筹地区社会保险经办机构申请办理变更手续。

第二十三条　申请办理就医确认手续，应当提供以下材料：

（一）就医确认申请表；

（二）医院诊断妊娠证明；

（三）社会保障卡等参保凭证；

（四）享受待遇人员的身份证明；

（五）符合计划生育规定的证明。

符合本规定第十八条、第十九条规定的人员和职工未就业配偶办理就医确认的程序及所需材料，由统筹地区规定。

第二十四条　累计参加生育保险满1年的职工已办理就医确认手续并且在就医确认的定点医疗机构生育的，其生育的医疗费用由统筹地区社会保险经办机构与定点医疗机构直接结算。

前款职工在分娩住院期间因诊治妊娠合并症、并发症需要，可以按照规定转至统筹地区内其他职工基本医疗保险定点医疗机构就医，所需医疗费用由统筹地区社会保险经办机构与医疗机构按照规定直接结算。

第二十五条　累计参加生育保险满1年的职工未办理就医确认手续而在统筹地区内定点医疗机构生育，或者已办理就医确认手续但在就医确认以外的统筹地区内定点医疗机构生育的，其生育的医疗费用先由职工个人支付，待分娩后1年内，凭享受生育保险待遇申请表、享受待遇人员的身份证明及参保凭证、婴儿出生或者死亡证明、相关医疗费用明细、票据和符合计划生育规定的证明等材料向统筹地区社会保险经办机构申请报销，具体报销标准由统筹地区规定。

累计参加生育保险满1年的职工因急诊、抢救而在统筹地区内非定点医疗机构或者统筹地区以外医疗机构生育的，其生育的医疗费用先由职工个人支付，待分娩后1年内，凭本条第一款规定的材料和相关医疗机构诊断证明向统筹地区社会保险经办机构申请报销。社会保险经办机构应当核实，并参照相同级别的定点医疗机构的结算标准，从生育保险基金中支付，超出部分不予支付。

累计参加生育保险满1年的职工非因急诊、抢救而在统筹地区内非定点医疗机构或者统筹地区以外医疗机构生育的，其生育的医疗费用由职工个人支付，待分娩后1年内，凭本条第一款规定的材料和相关医疗机构诊断证明向统筹地区社会保险经办机构申请拨付一次性生育保险医疗费用补贴，具体标准由统筹地区规定。

第二十六条　累计参加生育保险满1年的职工在统筹地区内定点医疗机构施行计划生育手术，或者因急诊、抢救而在统筹地区内非定点医疗机构、统筹地区以外医疗机构施行计划生育手术的，其计划生育的医疗费用先由职工个人支付，待手术后1年内，凭享受生育保险待遇申请表、享受待遇人员的身份证明及参保凭证、相关医疗机构诊断证明、医疗费用明细和票据等材料向统筹地区社会保险经办机构申请报销。有条件的地方可以由社会保险经办机构与定点医疗机构直接结算。

累计参加生育保险满1年的职工非因急诊、抢救而在统筹地区内非定点医疗机构或者统筹地区以外医疗机构施行计划生育手术的，按照前款规定的程序、材料和统筹地区规定的标准报销计划生育的医疗费用。

第二十七条　累计参加生育保险未满1年的职工生育或者施行计划生育手术的，其生育医疗费用先由职工个人支付，待其累计参加生育保险满12个月后的1年内，凭本规定第二十五条或者第二十六条规定的相应材料和下列材料向统筹地区社会保险经办机构申请报销，具体报销标准由统筹地区规定：

（一）劳动合同或者用人单位的招录证明。属于劳务派遣的，还需提供劳务派遣协议。

（二）职工就业期间的工资支付凭证。

（三）用人单位的营业执照、登记证书或者机构代码证。

第二十八条　职工未就业配偶生育或者施行计划生育手术的，其生育医疗费用支付办法由统筹地区规定。

第二十九条　按照本规定第二十五条至第二十八条规定申请支付生育医疗费用的，统筹地区社会保险经办机构应当及时审核。符合支付条件的，社会保险经办机构应当在接到申请后30日内支付有关费用；不符合支付条件的，应当在30日内作出不予支付的书面决定并说明理由和依据。

第三十条　职工累计参加生育保险满1年并且用人单位已向其垫付生育津贴的，用人单位可在职工生育或者施行计划生育手术的次月起1年内向统筹地区社会保险经办机构申请拨付生育津贴。

申请拨付女职工生育享受产假的生育津贴，应当提供享受生育保险待遇申请表、享受待遇人员的身份证明、婴儿出生证明或者死亡证明、用人单位垫付生育津贴的凭证、符合计划生育规定的证明。难产、生育多胞胎或者终止妊娠的，还应当提供医疗机构的诊断证明。

申请拨付职工享受计划生育手术休假的生育津贴，应当提供享受生育保险待遇申请表、享受待遇人员的身份证明、用人单位垫付生育津贴的凭证和医疗机构的诊断证明。

统筹地区规定由金融机构直接发放生育津贴的，按照其规定执行。

第三十一条 累计参加生育保险未满 1 年的职工生育或者施行计划生育手术的，用人单位可在为职工累计缴纳生育保险费满 12 个月并向职工垫付生育津贴后 1 年内，向统筹地区社会保险经办机构申请拨付生育津贴。

按照前款规定申请拨付生育津贴的，除应当相应提供本规定第三十条第二款或者第三款规定的材料外，还应当提供相关劳动合同、劳务派遣协议或者用人单位的招录证明，职工就业期间的工资支付凭证，用人单位的营业执照、登记证书或者机构代码证。

第三十二条 职工按照规定享受产假或者计划生育手术休假期间，用人单位因被吊销营业执照、责令关闭、撤销等客观原因或者无正当理由未垫付生育津贴的，职工本人可以在产假或者计划生育手术休假结束后 1 年内，直接向统筹地区社会保险经办机构申请拨付生育津贴。

按照前款规定申请拨付生育津贴的，应当相应提供本规定第三十条第二款或者第三款规定中除用人单位垫付生育津贴的凭证以外的材料，以及相关劳动合同、劳务派遣协议或者用人单位的招录证明、用人单位未垫付生育津贴的证明材料。

第三十三条 符合生育津贴支付条件的，社会保险经办机构应当在接到拨付申请之日起 30 日内拨付，并将拨付情况及时告知享受待遇的职工；不符合支付条件的，应当在 30 日内作出不予拨付的书面决定并说明理由和依据。

第三十四条 负责计划生育工作的部门或者机构应当按照规定出具计划生育证明。

第三十五条 职工在本省行政区域内跨统筹地区参加生育保险的，其缴费时间累计计算。各统筹地区社会保险经办机构应当为有需要的职工出具缴费凭证。

职工和职工未就业配偶在职工最后参保地按照规定享受生育保险待遇或者生育医疗费用待遇。

第三十六条 各有关单位和职工本人应当如实反映与生育保险有关的情况，并对所提供材料的真实性负责。

职工、用人单位、医疗机构及其他有关单位、人员隐瞒事实真相、出具伪证或者以其他不正当手段参加生育保险、骗取生育保险待遇的，社会保险行政部门、社会保险经办机构、社会保险费征收机构应当记录在案，按照规定将有关人员或者单位的违法信息及时纳入相关信用信息数据库，并通过新闻媒体或者本单位门户网站予以公开。

第三十七条 社会保险行政部门、财政部门、审计机关应当按照各自职责，对生育保险基金的收支、管理和投资运营情况实施监督。

社会保险经办机构、社会保险费征收机构应当及时核查用人单位申报、缴纳生育保险费的信息，监督用人单位依法参加生育保险。

对申请享受生育保险待遇的有关材料，社会保险经办机构应当依法审核，必要时还应当对有关情况进行实地核查。发现有违法情形的，应当及时移送社会保险行政部门依法处理。

第三十八条 用人单位应当按月将缴纳生育保险费的明细情况告知职工本人，接受职工监督。

社会保险经办机构应当定期向社会公布参加生育保险情况以及生育保险基金的收入、支出、结余和收益情况，接受社会监督。

医疗机构、负责计划生育工作的部门或者机构发现有违反生育保险规定的行为的，应当及时将有关情况告知社会保险经办机构。

任何组织或者个人对违反生育保险规定的行为，有权向社会保险行政部门或者其他有关部门、机构举报、投诉。社会保险行政部门或者其他有关部门、机构应当及时依法处理。

第五章 法律责任

第三十九条 用人单位未按照规定为职工办理生育保险登记或者未按时足额缴纳生育保险费的，依照《中华人民共和国社会保险法》有关规定处理；造成职工或者职工未就业配偶不能享受生育保险待遇的，由用人单位按照本规定及所在统筹地区规定的生育保险待遇标准向职工支付相关费用。

用人单位未足额申报本单位职工工资总额造成职工生育津贴损失的，由用人单位负责赔偿。

第四十条 用人单位未按照本规定第十七条第二款规定将生育津贴足额支付给职工的，由社会保险行政部门责令限期改正；逾期不改正的，可对用人单位处2000元以上2万元以下的罚款。

第四十一条 隐瞒事实真相、出具伪证或者以其他不正当手段参加生育保险的，由社会保险行政部门责令改正，并处2000元以上2万元以下的罚款；相关人员已享受生育保险待遇的，由社会保险行政部门责令退回社会保险经办机构支付的生育保险待遇费用，并处相应金额2倍以上5倍以下的罚款。涉嫌犯罪的，移送司法机关依法处理。

第四十二条 以欺诈、伪造证明材料或者其他手段骗取生育保险基金支出或者骗取生育保险待遇的，依照《中华人民共和国社会保险法》有关规定处理。

第四十三条 各级人民政府、有关行政管理部门、社会保险经办机构、社会保险费征收机构及其工作人员未依法履行生育保险工作职责或者在生育保险工作中有违法行为的，依照《中华人民共和国社会保险法》等有关法律法规的规定处理。

第四十四条 用人单位或者个人认为社会保险费征收机构、社会保险经办机构的具体行政行为侵害其生育保险权益的，可以依法申请行政复议或者提起行政诉讼。

个人与用人单位发生生育保险待遇及损失赔偿等方面争议的，按照劳动争议处理的有关规定处理。

第六章 附 则

第四十五条 本规定所规定的就医确认申请表、享受生育保险待遇申请表，由统筹地区社会保险行政部门统一格式体例并在其门户网站上公布，供用人单位和职工免费下载使用。

第四十六条 省社会保险行政部门根据国家城镇职工基本医疗保险和生育保险的规定，制定本省相关药品目录、诊疗项目、医疗服务设施标准。

各统筹地区社会保险行政部门制定生育保险定点医疗机构管理办法并负责定点医疗机构的资格审查。

本规定明确由统筹地区制定的配套规定和标准，各统筹地区应当在本规定公布之日起60日内制定并向省社会保险行政部门备案，同时向社会公布。

第四十七条 外国人和港澳台地区人员参加生育保险、享受生育保险待遇，按照国家规定执行

第四十八条 本规定自2015年1月1日起施行。广东省人民政府2008年4月25日发布的《广东省职工生育保险规定》（省人民政府令第123号）同时废止。

2.3.10 广东省人口与计划生育条例（广东省第十二届人民代表大会常务委员会第66号 2016年9月起施行）

第三十条 符合法律、法规规定生育子女的夫妻，女方享受八十日的奖励假，男方享受十五日的陪产假。在规定假期内照发工资，不影响福利待遇和全勤评奖。

第三十一条 职工接受节育手术的，享受国家规定的假期。同时施行两种节育手术的，合并计算假期。在规定假期内照发工资，不影响福利待遇和全勤评奖。

2.3.11 广东省实施《女职工劳动保护特别规定》办法（粤府令第227号 2017年2月起施行）

第一条 为了实施《女职工劳动保护特别规定》，结合本省实际，制定本办法。

第二条 本办法适用于本省行政区域内国家机关、企业、事业单位、社会团体、个体经济组织以及其他社会组织等用人单位女职工的劳动保护。

第三条 县级以上人民政府应当加强对女职工劳动保护工作的领导。

县级以上人民政府人力资源社会保障行政部门、安全生产监督管理部门按照各自职责，对用人单位女职工劳动保护工作进行监督检查。

第四条 工会、妇女组织依法对用人单位女职工劳动保护工作进行监督，支持和协助女职工维护其合法权益。

第五条 用人单位应当建立健全女职工劳动保护制度，改善女职工劳动安全卫生条件，加强对女职工的劳动安全卫生知识培训。

第六条 用人单位应当遵守女职工禁忌从事的劳动范围的规定。用人单位应当将本单位属于女职工禁忌从事的劳动范围的岗位书面告知女职工。

女职工禁忌从事的劳动范围依照《女职工劳动保护特别规定》的规定执行。

第七条 用人单位不得在劳动合同或者聘用合同中与女职工约定限制其结婚、生育等合法权益的内容；不得因性别原因在薪酬调整、职务晋升等方面歧视或者限制女职工。

第八条 从事连续4个小时以上立位作业的女职工，月经期间经本人申请，用人单位应当为其安排适当的工间休息。

用人单位每月可以向女职工发放必要的卫生用品或者劳动保护卫生费。

第九条 女职工需要在劳动时间内进行婚前检查的，用人单位应当给予便利。

第十条 在女职工怀孕期间，用人单位应当遵守以下规定：

（一）女职工不能适应原劳动岗位的，应当根据医疗机构的证明，予以减轻劳动量或者安排其他能够适应的岗位。

（二）女职工经医疗机构诊断确需保胎休息的，保胎休息的时间按照病假处理。

（三）女职工怀孕7个月以上的，每天安排1小时工间休息，工间休息时间视同其正常劳动并支付正常工作时间的工资，并不得安排其延长工作时间或者从事夜班劳动；对从事立位作业的女职工，还应在其工作场所设休息座位。

（四）女职工在劳动时间内按照规定进行产前检查的，所需时间视同其正常劳动并支付正常工作时间的工资。

第十一条 女职工生育享受98天产假，其中产前可以休假15天；生育时遇有难产的，增加30天产假；生育多胞胎的，每多生育1个婴儿，增加15天产假；符合法律、法规规定生育子女的，按照《广东省人口与计划生育条例》的有关规定享受奖励假。

女职工怀孕未满4个月终止妊娠的，根据医疗机构的意见，享受15天至30天产假；怀孕4个月以上7个月以下终止妊娠的，享受42天产假；怀孕满7个月终止妊娠的，享受75天产假。

《广东省职工生育保险规定》对女职工生育享受生育津贴的产假天数的规定与本条第二款规定不一致的，按照本条第二款规定执行。

第十二条 女职工实行计划生育手术的假期按照国家和省的有关规定执行。

第十三条 女职工按照规定休产假或者计划生育手术假的，享受国家和省规定的生育保险待遇。用人单位未参加生育保险或者欠缴生育保险费，造成女职工不能享受生育保险待遇的，由用人单位按照本省及所在统筹地区规定的生育保险待遇标准向女职工支付费用；其中生育津贴低于女职工原工资标准的，用人单位还应补足差额部分。

前款所称女职工原工资标准，是指女职工依法享受产假或者计划生育手术假前12个月的月平均工资。前12个月的月平均工资按照女职工应得的全部劳动报酬计算，包括计时工资或者计件工资以及奖金、津贴、补贴等货币性收入。前12个月的月平均工资低于女职工正常工作时间工资的，按照正常工作时间工资标准计算。女职工享受假期前在用人单位工作未满12个月的，按照其实际参加工作的月份数计算。

第十四条 女职工妊娠期间引产的，用人单位可以结合本单位实际，发给一次性营养补助。

第十五条 女职工产假期满上班，用人单位应当给予1至2周的适应时间。

第十六条 女职工产假期满，确有实际困难的，经本人申请，用人单位批准，可以请哺乳假至婴儿1周岁。哺乳假期间的工资待遇由双方协商决定。

第十七条 对哺乳未满1周岁婴儿的女职工，用人单位不得延长劳动时间或者安排夜班劳动。

用人单位应当在每天的劳动时间内为哺乳期女职工安排1小时哺乳时间；女职工生育多胞胎的，每多哺乳1个婴儿每天增加1小时哺乳时间。哺乳时间和在本单位内为哺乳往返途中的时间，视同其正常劳动并支付正常工作时间的工资。

第十八条 女职工比较多的用人单位应当根据女职工的需要，配备女职工卫生室、孕妇休息室、哺乳室等设施。

第十九条 女职工经二级以上医疗机构确诊为更年期综合症，且不适应原劳动岗位的，经本人申请，用人单位应当适当减轻其劳动量，或者协商安排其他合适的岗位。

第二十条 用人单位可以每1至2年组织女职工进行一次妇科疾病检查，鼓励有条件的用人单位定期组织女职工进行乳腺癌、宫颈癌筛查。

第二十一条　用人单位应当加强劳动场所的防范措施，预防和制止对女职工的性骚扰。

女职工在劳动场所受到性骚扰，向用人单位反映或者投诉的，用人单位应当及时处理，并依法保护女职工的个人隐私。

第二十二条　用人单位违反本办法规定，应当给予行政处罚的，由县级以上人民政府人力资源社会保障行政部门或者安全生产监督管理部门按照《中华人民共和国劳动法》《女职工劳动保护特别规定》等法律、法规的规定予以处罚。

第二十三条　用人单位违反本办法规定，侵害女职工合法权益的，女职工可以依法投诉、举报、申诉，或者依法向劳动人事争议调解组织申请调解，也可以依法向劳动人事争议仲裁机构申请仲裁。对仲裁裁决不服的，依法向人民法院提起诉讼。

第二十四条　用人单位违反本办法规定，侵害女职工合法权益，造成女职工损害的，依法承担赔偿责任；对用人单位直接负责的主管人员和其他直接责任人员依法处理；涉嫌犯罪的，移送司法机关依法处理。

第二十五条　本办法自2017年2月1日起施行。1989年1月29日广东省人民政府发布的《广东省女职工劳动保护实施办法》（粤府［1989］16号）同时废止。

2.3.12 惠州市中级人民法院、惠州市劳动人事争议仲裁委员会《关于审理劳动争议案件若干问题的会议纪要（试行）》（2012年）

第十五条　【女职工特殊劳动保护】用人单位违法解除与“三期”内女职工的劳动合同，如女职工要求继续履行劳动合同，则应撤销用人单位解除劳动合同的决定，双方继续履行劳动合同。造成劳动者工资收入损失的，用人单位还要支付工资。如在案件处理过程中劳动合同期限届满的，则应在撤销用人单位解除劳动合同决定的同时，认定双方劳动合同的期限自动延续“三期”期满终止，并由用人单位支付至劳动合同终止之日的工资待遇和经济补偿金。如女职工不要求继续履行劳动合同或劳动合同已经不能履行的，应认定双方劳动合同解除，并依照《劳动合同法》第八十七条的规定，由用人单位支付赔偿金。

违反计划生育法规的“三期”内女职工不适用上述规定。

第十六条　【用人单位对“三期”内女职工可以解除劳动合同的情形】“三期”内女职工有《劳动合同法》第三十九条规定的情形之一的，用人单位可以解除劳动合同。

第十七条　【女职工提出被迫解除劳动合同】女职工在“三期”内依《劳动合同法》第三十八条、最高人民法院《关于审理劳动争议案件适用法律若干问题的解释》第十三条的规定，提出被迫解除劳动合同，除要求经济补偿金、赔偿金外，还要求用人单位支付工资至“三期”期满的，应予支持。

第十八条　【“三期”女职工工资】“三期”女职工孕期工资按照实际上班情况计发；产假期间的工资，按原工资待遇照发；哺乳期的工资按照实际上班情况计发；哺乳期未上班的，本人申请并经用人单位领导批准，依《广东省女职工劳动保护实施办法》规定按不低于本人标准工资的百分之七十五发给工资（注：原规定有载明，2017年2月实施的新规中变更为：“双方商议”）；如有县级以上医院证明，哺乳期的工资可按照职工患病工资支付。

2.3.13 惠州市社会基本医疗保险办法（惠府［2015］158号）

第三十四条　参保职工连续缴纳医保费不满6个月（含6个月），符合计划生育政策终止妊娠或分娩的，发生的住院政策内费用，医保基金的支付比例为70%；连续缴纳医保费满6个月后（不含6个月），医保基金的支付比例为100%。

参保职工符合计划生育政策，在本市行政区域外住院分娩或终止妊娠的医疗费用（含生育时产生的其他医疗费用），以及参保职工未就业配偶未参加职工生育保险（本市职工医保）和户籍所在地新型农村合作医疗或城镇居民基本医疗保险（本市居民医保），符合计划生育政策住院分娩或终止妊娠产生的政策内住院医疗费用，实行总额包干，标准为2000元。

第三十五条 参保职工，按规定缴纳了职工补充医疗保险费，有下列情形之一的，享受生育津贴：

（一）女职工生育享受产假。

（二）享受计划生育手术休假。

（三）法律、法规、规章规定的其他情形。

参保职工符合上述条件享受生育津贴时，应当同时具备下列条件：

（一）用人单位为职工累计缴费（灵活就业人员连续参保缴费）满12个月（含12个月）以上，并继续缴费；参保职工生育（含住院分娩、中止妊娠和计划生育手术，下同）前6个月直至用人单位申领生育津贴时均处于职工医保参保缴费状态。参加居民医保的缴费时间不予累计计算为享受生育津贴的时间。

（二）已在社保经办机构办理生育备案登记。

（三）符合国家和省人口与计划生育规定。

第三十六条 生育津贴发放的标准：

（一）计发基数：生育津贴按照职工所在用人单位上年度在岗职工月平均工资计发（即：以参保人生育假期开始之日时的市上年度在岗职工月平均工资计算），每天的计发基数为全市上年度在岗职工月平均工资除以30天。

（二）生育假期的计算天数：

1. 产假：未满4个月流产的，15天；满4个月流产的，42天；分娩假期，98天；难产的增加30天；多胞胎的（每多一个），增加15天；大于23周岁怀孕生育第一孩的增加15天、领取独生子女证的增加35天；

2. 计划生育假：取出宫内节育器的，1天；放置宫内节育器的，2天；结扎输卵管的，21天；施行输精管结扎的，7天；施行输卵管或者输精管复通手术的，14天。同时施行两种节育手术的，合并计算假期。

不符合前款规定的假期期间，包括职工依照计划生育法律、法规规定享受奖励的产假或者看护假期，由用人单位按照规定发放工资，职工不享受生育津贴。

国家和省对前款规定的生育假期作出新规定的，生育津贴的计算天数相应调整。

2.3.14 深圳市劳动合同管理疑难问题研讨会会议纪要（深人社专纪［2012］11号）

第七条 女职工违法计划生育问题。女职工违法计划生育仍然适用《女职工劳动保护特别规定》的有关条款，用人单位不得以女职工违法计划生育为由解除劳动合同。劳动合同、集体合同、规章制度另有约定的除外。

2.3.15 深圳市中级人民法院关于审理劳动争议案件的裁判指引（2015年）

第一百〇一条 用人单位违法解除与“三期”内女职工的劳动合同，女职工要求继续履行劳动合同的，应撤销用人单位解除劳动合同的决定，双方继续履行劳动合同；造成该女职工工资收入损失的，用人单位还应支付违法解除劳动合同期间的工资。在案件处理过程中劳动合同期限届满的，应在撤销用人单位解除劳动合同决定的同时，认定双方劳动合同终止，判令用人单位支付女职工工资和福利待遇至劳动合同终止之日以及终止劳动合同的经济补偿。

女职工未要求继续履行劳动合同或劳动合同已经不能继续履行的，应认定双方劳动合同解除，并依据《劳动合同法》第四十八条和第八十七条的规定，由用人单位支付违法解除劳动合同赔偿金。

第一百〇二条 女职工在“三期”内依据《劳动合同法》第三十八条或最高人民法院《关于审理劳动争议案件适用法律若干问题的规定》第十五条的规定，提出被迫解除劳动合同，除要求经济补偿外，还要求用人单位支付工资及福利待遇至“三期”期满的，对劳动合同解除后的工资和福利待遇，不予支持。

第一百〇三条 未参加生育保险的女职工产假期间的生育津贴，应由用人单位按该女职工产假前12个月包括加班工资在内的平均工资计发。

★地方性文件·上海市

2.3.16 上海市城镇生育保险办法（上海市人民政府令第11号 2009年3月修正）

第一条 【目的和依据】为了保障妇女生育期间的基本生活和医疗需求，促进妇女就业，根据《中华人民共和国劳动法》和本市实际，制定本办法。

第二条 【适用范围】本办法适用于具有本市城镇户籍并参加本市城镇社会保险的从业或者失业生育妇女。

第三条 【管理部门】上海市人力资源和社会保障局（以下简称市人力资源社会保障局）是本市城镇生育保险的行政主管部门，负责本市城镇生育保险的统一管理。市和区、县生育保险经办机构（以下简称经办机构）负责城镇生育保险的具体管理工作。

市卫生、人口和计划生育、财政等部门按照各自职责，协同做好城镇生育保险管理工作。

本市社会保险经办机构负责城镇生育保险费的征缴工作。

第四条 【缴费主体】本市行政区域内的城镇企业、事业单位、国家机关、社会团体、民办非企业单位、个体工商户（以下统称用人单位）依照本办法规定，缴纳城镇生育保险费。

第五条 【登记手续】用人单位应当向市人力资源社会保障局指定的社会保险经办机构办理城镇生育保险登记手续。其中，新设立的用人单位应当自设立之日起30日内，办理有关登记手续。

用人单位依法终止或者城镇生育保险登记事项发生变更，应当自有关情形发生之日起30日内，向原办理登记机构办理注销或者变更登记手续。

第六条 【缴费基数的计算方式及缴费比例】用人单位缴纳城镇养老保险费缴费基数，

为本单位缴纳城镇生育保险费基数。

用人单位每月按缴费基数 0.5% 的比例缴纳城镇生育保险费。个人不缴纳城镇生育保险费。

城镇生育保险费缴费比例的调整，由市人力资源社会保障局会同市财政局共同提出，报市政府批准后执行。

第七条 【城镇生育保险费的列支渠道】用人单位缴纳的城镇生育保险费，按照财政部门规定的渠道列支。

第八条 【征缴管理】用人单位缴纳城镇生育保险费的程序以及征缴争议的处理，按照国家和本市社会保险费征缴管理的有关规定执行。

第九条 【基金来源】城镇生育保险基金的来源：

（一）用人单位缴纳的城镇生育保险费；

（二）城镇生育保险基金的利息收入；

（三）城镇生育保险基金的增值运营收入；

（四）按照规定收取的滞纳金；

（五）其他依法应当纳入城镇生育保险基金的资金。

城镇生育保险基金不敷使用时，由地方财政补贴。

第十条 【待遇项目及支付渠道】城镇生育保险待遇项目包括：

（一）生育生活津贴；

（二）生育医疗费补贴。

从业妇女的生育生活津贴由城镇生育保险基金支付，失业妇女的生育生活津贴由失业保险基金支付；生育妇女的生育医疗费补贴由城镇职工基本医疗保险基金支付。

第十一条 【基金管理】城镇生育保险基金实行全市统筹。城镇生育保险基金纳入财政专户，实行收支两条线管理。城镇生育保险基金应当专款专用，任何单位和个人不得擅自动用。

城镇生育保险基金的管理和监督，依照国家和本市社会保险基金的有关规定执行。

第十二条 【预决算】城镇生育保险基金的年度预算和决算，由市经办机构负责编制，市人力资源社会保障局审核，市财政局复核，报市政府批准。

第十三条 【津贴、补贴申领条件】申领生育生活津贴、生育医疗费补贴的妇女必须同时具备下列条件：

（一）具有本市城镇户籍；

（二）参加本市城镇社会保险；

（三）属于计划内生育；

（四）在按规定设置产科、妇科的医疗机构生产或者流产（包括自然流产和人工流产）。

第十四条 【享受生育生活津贴的期限】符合本办法第十三条规定的生育妇女，按照下列期限享受生育生活津贴：

（一）妊娠 7 个月（含 7 个月）以上生产的，按 3 个月享受生育生活津贴；

（二）妊娠不满 7 个月早产的，按 3 个月享受生育生活津贴；

（三）妊娠 3 个月（含 3 个月）以上、7 个月以下流产的，按 1 个半月享受生育生活津贴；

（四）妊娠3个月以下流产或者患子宫外孕的，按1个月享受生育生活津贴。

按照前款第（一）项、第（二）项规定享受生育生活津贴的生育妇女，还可以按照下列规定享受生育生活津贴：

（一）难产的，增加半个月的生育生活津贴；

（二）符合计划生育晚育条件的，增加一个月的生育生活津贴；

（三）多胞胎生育的，每多生育一个婴儿，增加半个月的生育生活津贴。

第十五条 【月生育生活津贴标准】从业妇女的月生育生活津贴标准，为本人生产或者流产当月城镇养老保险费缴费基数；从业妇女生产或者流产前12个月内因变动工作单位缴费基数发生变化的，月生育生活津贴按其生产或者流产前12个月的实际缴费基数的平均数计发。

从业妇女缴纳城镇养老保险费不满一年的，或者虽满一年但缴费基数低于市人力资源社会保障局规定的最低标准的，其月生育生活津贴，按最低标准计发。

失业妇女的月生育生活津贴，按市人力资源社会保障局规定的最低标准计发。

生产或者流产的从业妇女已经享受的生育生活津贴不足其应享受的工资性收入的，不足部分的发放，按照国家和本市有关规定执行。

第十六条 【生育医疗费补贴标准】符合本办法第十三条规定的妇女，可以享受生育医疗费补贴。支付标准为：

（一）妊娠7个月（含7个月）以上生产或者妊娠不满7个月早产的，生育医疗费补贴为3000元；

（二）妊娠3个月（含3个月）以上、7个月以下自然流产的，生育医疗费补贴为500元；

（三）妊娠3个月以下自然流产的，生育医疗费补贴为300元。

第十七条 【申领津贴、补贴的手续】符合本办法第十三条规定的妇女生育后，可以到指定的经办机构申请领取生育生活津贴、生育医疗费补贴。申请时需提供下列材料：

（一）人口和计划生育管理部门出具的属于计划内生育的证明；

（二）本人的身份证；

（三）医疗机构出具的生育医学证明。

申领人是失业妇女的除提供前款规定的材料外，还需提供经失业保险机构审核的《劳动手册》。

受委托代为申领的被委托人，还需提供申领人出具的委托书和被委托人的身份证。

任何人不得提供虚假的材料冒领或者多领生育生活津贴、生育医疗费补贴。

第十八条 【审核与计发】经办机构应当自受理申请之日起20日内，对生育妇女享受生育生活津贴、生育医疗费补贴的条件进行审核。对符合条件的，核定其享受期限和标准，并予以一次性计发；对不符合条件的，应当书面告知。

第十九条 【失业妇女的特别规定】失业妇女领取生育生活津贴以后，不再享受《上海市失业保险办法》规定的生育补助金。

失业妇女生育所发生的检查费、药费、住院医疗费总额超过生育医疗费补贴标准以上的部分，仍可按《上海市失业保险办法》的规定申领医疗补助金。

第二十条 【经办机构经费】经办机构开展城镇生育保险所需经费，由财政部门按规定核定。

第二十一条 【医疗机构的义务】经办机构审核个人提供的材料时，需要医疗机构出具有关记录和病情证明的，医疗机构应当予以配合。

医疗机构及其工作人员不得出具虚假证明或者伪造病史。

第二十二条 【个人违法责任】违反本办法第十七条第四款规定，提供虚假材料冒领、多领生育生活津贴、生育医疗费补贴的，由市人力资源社会保障局责令其限期退回，并处以警告、100元以上1000元以下的罚款。

第二十三条 【经办机构的法律责任】经办机构工作人员滥用职权、徇私舞弊、玩忽职守，致使城镇生育保险基金流失的，经办机构应当追回流失的城镇生育保险基金，并给予有关责任人员行政处分；情节严重构成犯罪的，依法追究刑事责任。

第二十四条 【参照执行】下列从业的生育妇女，参照本办法执行：

（一）具有本市户籍，参加本市农村社会保险，但按本市城镇社会保险规定的缴费比例缴纳养老保险费、医疗保险费的生育妇女；

（二）在本市城镇就业并参加本市城镇社会保险的非本市城镇户籍生育妇女。

单位有参加本市农村社会保险，但按本市城镇社会保险规定的缴费比例缴纳养老保险费、医疗保险费的职工的，参照本办法的规定缴纳城镇生育保险费。

第二十五条 【其他有关事项】参加本市小城镇社会保险的用人单位缴纳生育保险费以及生育妇女享受生育保险待遇的有关事项，按照本办法的有关规定执行。

第二十六条 【费用结算】按照本办法规定应由城镇职工基本医疗保险基金和失业保险基金支付的费用，由经办机构从城镇生育保险基金中按照规定支付后，再与本市城镇职工基本医疗保险经办机构和失业保险经办机构分别结算。

第二十七条 【实施日期】本办法自2001年11月1日起施行。市政府以前发布的有关规定与本办法不一致的，以本办法为准。

2.3.17 上海市女职工劳动保护办法（上海市人民政府令第52号　2010年12月修正）

第一条 为切实保护女职工在劳动中的安全和健康，维护其合法权益，发挥广大女职工在社会主义各项事业中的重要作用，根据国务院《女职工劳动保护规定》，结合本市实际情况，制定本办法。

第二条 本办法适用于本市全民所有制企业、城镇集体所有制企业、外商投资企业、私营企业以及国家机关、团体和事业单位（以下简称单位）。

本办法所称的女职工是指固定职工、合同制职工和临时职工。

第三条 各单位及其上级主管部门，必须严格执行国家和本市有关女职工劳动保护的法律、法规和规章，并确定负责女职工劳动保护工作的机构或人员，加强管理和监督。

第四条 各单位必须根据女职工的生理特点和所从事工作的特点，加强劳动保护工作；应通过技术改造、工艺改革、设备更新、改进劳防用品等途径和方式，改善劳动条件，并采取有效措施加强对女职工的安全教育和安全技术培训。

第五条 凡适合妇女从事劳动的单位，不得拒绝招收女职工；各单位在安排女职工工作岗位时，不得以任何方式加以歧视和限制。

第六条 各单位不得在女职工妊娠期、产期和哺乳期降低其基本工资；不得以女职工妊娠、生育和哺乳为由，解除其劳动合同。

第七条 禁止安排女职工从事下列工作：

（一）矿山井下、人工锻打、人工装卸、冷藏、强烈振动的工作；

（二）国家规定的第四级体力劳动强度的劳动；

（三）建筑业脚手架的组装和拆除作业，以及电力、电信行业的高处架线作业；

（四）连续负重（指每小时负重次数在六次以上）每次超过二十公斤，间断负重每次超过二十五公斤的工作。

第八条 对从事高空、低温、冷水、野外流动和国家规定的第三级体力劳动强度作业的女职工，在月经期间应暂时调做其他工作或给予公假一天。对其他生产第一线的女职工，在月经期间也应酌情给予照顾。

第九条 禁止安排妊娠期和哺乳期的女职工从事下列工作：

（一）国家规定的第三级体力劳动强度的工作。

（二）生产或使用铅、苯、汞、镉、二硫化碳的工作，以及超过卫生防护要求剂量当量限值的放射性工作。

（三）生产抗癌药物、性激素的工作或接触锰、铬、铍、砷、磷及其化合物和苯胺、环氧乙烷、氯乙烯及其他有机氯化合物的工作。

（四）在氰化物、氮氧化物、一氧化碳、氯、己内酰胺、甲醛、氟、溴、甲醇等浓度超过国家卫生标准的场所内工作。

前款第（二）项所指的生产或使用铅、苯、汞、镉和二硫化碳工作的具体范围，由市人力资源社会保障局另行规定。

第十条 禁止安排未育女职工从事本办法第九条第一款第（二）项或生产性激素工作。

第十一条 对妊娠期的女职工，不应延长其劳动时间；对从事频繁弯腰、攀高、下蹲、抬举、搬运等容易引起流产、早产的工作，或者经区、县级以上医疗机构证明不宜从事原工作的，应暂时调做其他适当工作或酌情减轻工作量。

第十二条 女职工妊娠七个月以上（按二十八周计算），应给予每天工间休息一小时，不得安排夜班劳动。如工作许可，经本人申请，单位批准，可请产前假两个半月。

第十三条 女职工妊娠期间在医疗保健机构约定的劳动时间内进行产前检查（包括妊娠十二周内的初查），应算作劳动时间。

第十四条 女职工产假分别按下列情况执行：

（一）单胎顺产者，给予产假九十天，其中产前休息十五天，产后休息七十五天。

（二）难产者，增加产假十五天；多胞胎生育者，每多生育一个婴儿，增加产假十五天。

（三）妊娠三个月内自然流产或子宫外孕者，给予产假三十天；妊娠三个月以上，七个月以下自然流产者，给予产假四十五天。

第十五条 女职工生育后，在其婴儿一周岁内应照顾其在每班劳动时间内授乳两次（包括人工喂养）。每次单胎纯授乳时间为三十分钟，亦可将两次授乳时间合并使用。多胞胎生育者，每多生一胎，每次哺乳时间增加三十分钟。

婴儿满一周岁后，经区、县级以上医疗保健机构确诊为体弱儿的，可适当延长女职工授乳时期，但最多不超过六个月。

授乳时间及在本单位内授乳往返时间，应算作劳动时间。

第十六条 女职工生育后，若有困难且工作许可，由本人提出申请，经单位批准，可请哺乳假六个半月。

第十七条 女职工在哺乳期间，不得延长其劳动时间，一般不得安排其从事夜班劳动。

第十八条 女职工在产假期间的工资照发。按本规定享受的产前假和哺乳假的工资按本人原工资的百分之八十发给。单位增加工资时，女职工按规定享受的产前假、产假、哺乳假，应作出勤对待。

第十九条 对经区、县级以上医疗保健机构确诊患有较严重更年期综合症的女职工，应给予照顾，可暂时调做其他适当工作或酌情减轻工作量。

第二十条 日班次中有一个班次的女职工在一百人以上的单位，应设置女职工卫生室和孕妇休息室等妇幼保健设施；日班次女职工均不满一百人的单位，可设置简易的温水箱及冲洗器，具体的设置标准，由市人力资源社会保障局另行规定。

流动、分散作业的单位，可发放单人自用冲洗器。

第二十一条 各单位应每两年对女职工（含退休女职工）进行一次妇科病检查，及时治疗妇科疾病。

女职工在四百人以上设有医务室的单位，应逐步配备一名专职或兼职妇科医生。

第二十二条 女职工劳动保护的权益受到侵害时，依照国务院的有关规定，有权向所在单位的上级主管部门或者该单位所在地区、县人力资源社会保障部门提出申诉。受理申诉的部门应当自收到申诉书之日起三十日内作出处理决定。女职工对处理决定不服的，可在收到处理决定书之日起十五日内向人民法院起诉。

第二十三条 对违反国务院《女职工劳动保护规定》和本办法，侵害女职工劳动保护权益的单位负责人及其直接责任者，由其所在单位的上级主管部门，根据情节轻重，分别给予警告、记过、记大过等行政处分，并责令该单位给予被侵害女职工合理的经济补偿；构成犯罪的，由司法机关依法追究刑事责任。

各级人力资源社会保障部门应对各单位贯彻执行本办法的情况实行国家监察。对违反者，应依照国家和本市有关规定给予惩处。

第二十四条 各级工会、妇联组织应根据自身工作的特点，开展对女职工劳动保护的宣传、教育、咨询、服务工作，依靠群众，协同有关部门，实行社会监督。

第二十五条 对违反国家和本市有关计划生育规定的女职工，其产前假、产假、哺乳假等待遇按有关规定处理。

第二十六条 乡镇集体企业的女职工劳动保护，由市人力资源社会保障局会同有关部门参照本办法另行规定。

第二十七条 本办法由上海市人力资源和社会保障局负责解释。

第二十八条 本办法自一九九〇年十一月一日起施行。一九八七年三月五日上海市人民政府发布的《上海市女职工劳动保护暂行规定》同时废止。

2.3.18 上海市人民政府关于贯彻实施《女职工劳动保护特别规定》调整本市女职工生育保险待遇有关规定的通知（沪府发［2013］5号）

各区、县人民政府，市政府各委、办、局：

为贯彻实施国务院发布的《女职工劳动保护特别规定》（2012年国务院令第619号），

现就调整本市女职工生育保险待遇有关规定作如下通知：

一、关于本市女职工产假期限

（一）本市女职工生育享受98天产假，其中产前可以休假15天；难产的，增加产假15天；生育多胞胎的，每多生育1个婴儿，增加产假15天；符合计划生育晚育条件的，增加晚育假30天。

（二）本市女职工怀孕未满4个月流产的，享受产假15天；怀孕满4个月流产的，享受产假42天。

二、关于本市女职工产假待遇

本市女职工符合计划生育规定生育或者流产的，按照以下规定享受生育生活津贴：

（一）参加本市城镇生育保险的女职工生育或者流产的，其生育生活津贴按照女职工所在用人单位上年度职工月平均工资除以30天再乘以应享受的产假天数计发，所需资金由本市城镇生育保险基金支付。

（二）本市女职工享受的生育生活津贴低于本人产假前工资标准的，按照《中华人民共和国妇女权益保障法》第二十七条第一款和《女职工劳动保护特别规定》第五条执行。

（三）未参加本市城镇生育保险的女职工生育或者流产的，其生育生活津贴按照女职工产假前工资标准和应享受的产假天数计发，所需资金由用人单位支付。

本通知自印发之日起实施，有效期至2017年12月31日。

2012年4月28日《女职工劳动保护特别规定》实施后生育或者流产的本市女职工生育保险待遇，参照本通知规定执行。

上海市人民政府

2013年1月19日

2.3.19 关于申领本市生育保险待遇有关问题的通知（沪人社福发［2016］22号）

各委、办、局，控股（集团）公司，市社会保险事业管理中心，各区县人力资源和社会保障局：

为进一步完善本市生育保险制度，切实保障生育女职工依法合规、及时足额享受生育保险待遇，现对申领本市生育保险待遇的有关问题通知如下：

一、参加本市生育保险，且符合国家和本市法律、法规规定条件的女职工生育、流产的，可以按规定向本市社会保险经办机构申领生育保险待遇。

二、女职工生育、流产当月用人单位为其累计缴纳生育保险费满12个月或者连续缴纳生育保险费满9个月的，其生育生活津贴由生育保险基金全额支付。

三、女职工生育、流产当月用人单位为其累计缴纳生育保险费不满12个月且连续缴纳生育保险费不满9个月的，其生育生活津贴由生育保险基金按已缴费月数÷12后所得的比例支付，剩余部分由女职工生育、流产当月所在用人单位先行支付；用人单位为该职工累计缴费满12个月或者连续缴费满9个月后，可向社保经办机构申请拨付已先行支付的费用。

四、本通知自2016年7月1日起实施，有效期5年。本市已有规定如与本通知不一致的，以本通知为准。

2.3.20 上海市人口与计划生育条例（上海市第十四届人民代表大会常务委员会第二十七次会议修正 2016年）

第三十一条 符合法律规定结婚的公民，除享受国家规定的婚假外，增加婚假七天。

符合法律法规规定生育的夫妻，女方除享受国家规定的产假外，还可以再享受生育假三十天，男方享受配偶陪产假十天。生育假享受产假同等待遇，配偶陪产假期间的工资，按照本人正常出勤应得的工资发给。

第三十二条 公民实行计划生育手术，享受国家规定的休假及其待遇。

第三十三条 实行计划生育的育龄夫妻免费享受国家规定的基本项目的计划生育技术服务。

2.3.21 上海市人民政府关于外来从业人员参加本市生育、失业保险若干问题的通知（沪府发［2016］20号）

一、与本市用人单位建立劳动关系的外来从业人员，应当参加本市生育、失业保险。

二、外来从业人员参加本市生育保险，生育保险费由用人单位按照本市相关规定的缴费基数和比例缴纳，个人不缴纳。

四、外来从业人员享受本市生育、失业保险待遇，按照国家和本市相关规定执行。

★地方性文件·北京市

2.3.22 北京市高级人民法院、北京市劳动争议仲裁委员会关于劳动争议案件法律适用问题研讨会会议纪要（二）（京高法发［2014］220号）

45. 女职工在未知自己怀孕的情况下与用人单位协商解除劳动合同后，又要求撤销解除协议或者要求继续履行原合同的，如何处理？

女职工与用人单位协商解除劳动合同后，发现自己怀孕后又要求撤销协议或者要求继续履行原合同的，一般不予支持。

2.4 离退休人员

★ 法律

2.4.1 中华人民共和国劳动法（主席令第18号 2009年8月修正）

第七十三条 劳动者在下列情形下，依法享受社会保险待遇：

（一）退休；

（二）患病、负伤；

（三）因工伤残或者患职业病；

（四）失业；

（五）生育。劳动者死亡后，其遗属依法享受遗属津贴。劳动者享受社会保险待遇的条件和标准由法律、法规规定。劳动者享受的社会保险金必须按时足额支付。

2.4.2 中华人民共和国社会保险法（主席令第35号 2011年7月起施行）

第十六条 参加基本养老保险的个人，达到法定退休年龄时累计缴费满十五年的，按月领取基本养老金。

参加基本养老保险的个人，达到法定退休年龄时累计缴费不足十五年的，可以缴费至满十五年，按月领取基本养老金；也可以转入新型农村社会养老保险或者城镇居民社会养老保险，按照国务院规定享受相应的养老保险待遇。

第十九条 个人跨统筹地区就业的，其基本养老保险关系随本人转移，缴费年限累计计算。个人达到法定退休年龄时，基本养老金分段计算、统一支付。具体办法由国务院规定。

第二十七条 参加职工基本医疗保险的个人，达到法定退休年龄时累计缴费达到国家规定年限的，退休后不再缴纳基本医疗保险费，按照国家规定享受基本医疗保险待遇；未达到国家规定年限的，可以缴费至国家规定年限。

★ 行政法规/部门规章/司法解释

2.4.3 国务院关于工人退休、退职的暂行办法（国发［1978］104号）

老年工人和因工、因病丧失劳动能力的工人，对社会主义革命和建设做出了应有的贡献。妥善安置他们的生活，使他们愉快地度过晚年，这是社会主义制度优越性的具体体现，同时也有利于工人队伍的精干，对实现我国的四个现代化，必将起促进作用。为了做好这项工作，特制定本办法。

第一条 全民所有制企业、事业单位和党政机关、群众团体的工人，符合下列条件之一的，应该退休。

（一）男年满六十周岁，女年满五十周岁，连续工龄满十年的。

（二）从事井下、高空、高温、特别繁重体力劳动或者其他有害身体健康的工作，男年满五十五周岁、女年满四十五周岁，连续工龄满十年的。

本项规定也适用于工作条件与工人相同的基层干部。

（三）男年满五十周岁，女年满四十五周岁，连续工龄满十年，由医院证明，并经劳动鉴定委员会确认，完全丧失劳动能力的。

（四）因工致残，由医院证明，并经劳动鉴定委员会确定，完全丧失劳动能力的。

第二条 工人退休以后，每月按下列标准发给退休费，直至去世为止。

（一）符合第一条第（一）、（二）、（三）项条件，抗日战争时期参加革命工作的，按本人标准工资的百分之九十发给。解放战争时期参加革命工作的，按本人标准工资的百分之八十发给。中华人民共和国成立后参加革命工作，连续工龄满二十年的，按本人标准工资百分之七十五发给；连续工龄满十五年不满二十年的，按本人标准工资的百分之七十发给；连续工龄满十年不满十五年的，按本人标准工资的百分之六十发给。退休费低于二十五元的，按二十五元发给。

（二）符合第一条第（四）项条件，饮食起居需要人扶助的，按本人标准工资的百分之九十发给，还可以根据实际情况发给一定数额的护理费，护理费标准，一般不得超过一个普通工人的工资；饮食起居不需要人扶助的，按本人标准工资的百分之八十发给。同时具备两项以上的退休条件，应按最高的标准发给。退休费低于三十五元的，按三十五元发给。

第三条 患二、三期矽肺病离职休养的工人，如果本人自愿，也可以退休。退休费按本人标准工资的百分之九十发给，并享受原单位矽肺病人在离职休养期间的待遇。

患二、三期矽肺病离职休养的干部，也可以按照本条的办法执行。

第四条 获得全国劳动英雄、劳动模范称号，在退休时仍然保持其荣誉的工人；省、市、自治区革命委员会认为在革命和建设中有特殊贡献的工人；部队军以上单位授予战斗英雄称号的转业、复员军人，在退休时仍保持其荣誉的，其退休费可以酌情高于本办法所定标准的百分之五至百分之十五，但提高标准后的退休费，不得超过本人原标准工资。

第五条 不具备退休条件，由医院证明，并经劳动鉴定委员会确认，完全丧失劳动能力的工人，应该退职。退职后，按月发给相当于本人标准工资百分之四十的生活费，低于二十元的，按二十元发给。

第六条 退休工人易地安家的，一般由原工作单位一次发给一百五十元的安家补助费，从大中城市到农村安家的，发给三百元。

退职工人易地安家的，可以发给相当于本人两个月标准工资的安家补助费。

第七条 工人退休、退职的时侯，本人及其供养的直系亲属前往居住地点途中所需的车船费、旅馆费、行李搬运费和伙食补助费，都按照现行的规定办理。

第八条 退休、退职工人本人，可以继续享受公费医疗待遇。

第九条 工人的退休费、退职生活费，企业单位，由企业行政支付；党政机关、群众团体和事业单位，由退休、退职工人居住地方的县级民政部门另列预算支付。

第十条 工人退休、退职后，家庭生活确实困难的，或多子女上山下乡、子女就业少的，原则上可以招收其一名符合招工条件的子女参加工作。招收的子女，可以是按政策规定留城的知识青年，可以是上山下乡知识青年，也可以是城镇应届中学毕业生。

我国农业生产水平还比较低，粮食还没有过关，对增加城镇和其他吃商品粮的人口，必须严加控制。因此，家居农村的退休、退职工人，应尽量回到农村安置，本人户口迁回农村的，也可以招收他们在农村的一名符合招工条件的子女参加工作；退休、退职工人回农村后，其口粮由所在生产队供应。

招收退休、退职工人的子女，应当由当地劳动部门统一安排。招收子女的具体办法，由省、市、自治区根据上述原则结合本地区的实际情况自行规定。

第十一条 工人退休、退职后，不要继续留在全民所有制单位。他们到城镇街道、农村社队后，街道组织和社队要加强对他们的管理教育，关心他们的生活，注意发挥他们的积极作用。街道、社队集体所有制单位如果需要退休、退职工人从事力所能及的工作，可以付给一定的报酬，但连同本人退休费或退职生活费在内，不能超过本人在职时的标准工资。

对于单身在外地工作的工人，退休、退职后要求迁到家属所在地居住的，迁入地区应当准予落户。

第十二条 各地区、各部门、各单位要切实加强对工人退休、退职工作的领导。对应该退休、退职的工人，要做好深入细致的思想政治工作，动员他们退休、退职。退休、退职工作要分期分批进行。要严格掌握退休、退职条件和招工条件，防止因招收退休、退职工人子女而任意扩大退休、退职范围和降低招工质量。

第十三条 集体所有制企业、事业单位工人的退休、退职，由省、市、自治区革命委员会参照本办法，结合本地区集体所有制单位的实际情况，自行制定具体办法，其各项待遇，不得高于本办法所定的标准。

第十四条 过去有关工人退休、退职的规定与本办法不一致的，按本办法执行。已按有关规定办理了退休的工人，其退休费标准低于本办法所定标准的，自本办法下达之月起，改按本办法规定的标准发给，但解放战争时期参加革命工作，连续工龄不满二十年的，只按本人标准工资的百分之七十五发给。改变退休费标准后的差额部分一律不予补发。已按有关规定办理了退职的工人，其待遇一律不再变动。

2.4.4 劳动和社会保障部办公厅关于对扣发离退休人员基本养老金抵偿债务问题的复函（劳社厅函［2002］27号）

重庆市劳动和社会保障局：

你局《关于养老保险经办机构能否协助法院扣发离退休人员养老金抵偿债务的请示》（渝劳社文［2002］72号）收悉。经研究，答复如下：

基本养老金是保障离退休人员的“养命钱”，离退休人员能否按时足额领取养老金直接关系到离退休人员的合法权益和社会稳定。同时基本养老金在发放给离退休人员之前，仍属于养老保险基金，任何单位不得查封、冻结和划扣。最高人民法院《关于在审理和执行民事、经济纠纷案件时不得查封、冻结和扣划社会保险基金的通知》（法［2000］19号）对此也做出了相应规定。社会保险经办机构作为法定授权的社会保险基金收支、管理和运营机构，承担着将基本养老金按时足额发放给离退休人员的职能，社会保险经办机构不能直接扣发离退休人员基本养老金抵偿法院判决的债务。

二〇〇二年二月四日

2.4.5 最高人民法院行政审判庭关于离退休人员与现工作单位之间是否构成劳动关系以及工作时间内受伤是否适用《工伤保险条例》问题的答复（［2007］行他字第6号）

重庆市高级人民法院：

你院（2006）渝高法行示字第14号《关于离退休人员与现在工作单位之间是否构成劳动关系以及工作时间内受伤是否适用〈工伤保险条例〉一案的请示》收悉。经研究，原则同意你院第二种意见，即：根据《工伤保险条例》第二条、第六十一条等有关规定，离退休人员受聘于现工作单位，现工作单位已经为其缴纳了工伤保险费，其在受聘期间因工作受到事故伤害的，应当适用《工伤保险条例》的有关规定处理。

附：

重庆市高级人民法院关于离退休人员与现在工作单位之间是否构成劳动关系以及工作时间内受伤是否适用《工伤保险条例》一案的请示（2007 年 2 月 15 日［2006］渝高法行示字第 14 号）

最高人民法院：

我院办理了重庆市第一中级人民法院请示的重庆市少云建筑安装工程有限公司不服铜梁县劳动和社会保障局工伤认定案，经本院审判委员会讨论，对离退休人员与现在工作单位之间是否构成劳动关系以及工作时间内受伤是否适用《工伤保险条例》有不同意见，特向贵院请示。

一、请示案件的由来

重庆市第一中级人民法院在办理铜梁县人民法院请示的重庆市少云建筑安装工程有限公司不服铜梁县劳动和社会保障局工伤认定案时，因案件涉及离退休人员在受聘期间因工受伤是否适用《工伤保险条例》的问题，经审判委员会讨论后有不同意见，遂向本院请示。本院审判委员会于 2007 年 2 月 1 日进行了讨论，决定上报贵院请示。

二、本院审判委员会讨论的意见

本院审判委员会讨论认为，离退休人员离休或退休后又受聘到新工作单位（主要系企业）工作，在工作时间内因工受伤是否适用《工伤保险条例》的争议焦点在于离退休人员与现在工作单位之间是否构成《劳动法》所规定的劳动关系。如构成劳动关系，则应适用《工伤保险条例》。如不构成劳动关系，则可通过民事诉讼等方式解决损害赔偿争议。本院审判委员会讨论后，有两种意见：

第一种意见认为：

广义的雇佣关系包括劳动关系，狭义的雇佣关系不包括劳动关系。从现行立法现状看，我国民法和劳动法分属于不同部门法，雇佣关系属民法调整，劳动关系属劳动法调整。劳动关系一般是指劳动者在劳动过程中与用人单位之间形成的一种相对稳定的社会关系。劳动关系的主体是双方当事人，即劳动者和用人单位；书面劳动合同是判断劳动关系是否形成的基本标准；劳动关系还体现了国家的强制干预性，劳动合同除了体现双方当事人的意志外，国家对劳动者的工资、社会保险等方面作了强制性规定，体现了国家意志，劳动关系兼具国家意志与当事人意志的双重属性。而离退休人员与现在工作单位之间多通过订立聘用合同（部分未订立聘用各同）来约定双方的权利义务，该聘用合同只要双方意思达成一致，合同即告成立。劳动部《关于实行劳动合同制度若干问题的通知》（劳部发［1996］354 号）第十三条就明确规定“已享受养老保险待遇的离退休人员被再次聘用时，用人单位应与其签订书面协议，明确聘用期内的工作内容、报酬、医疗、劳动待遇等权利和义务”。聘用合同是离退休人员与企业之间签订的合同，虽符合劳动者与用人单位之间关系的表象，但国家对聘用合同的内容一般不予强制干预。故应将离退休人员与现在的工作单位之间的关系认定为雇佣关系。

中共中央办公厅、国务院办公厅转发的《中央组织部、中央宣传部、中央统战部、人事科技部、劳动保障部、解放军总政治部、中国科协关于进一步发挥离退休专业技术人员作用的意见》（中办发［2005］9号文件）中曾规定，“离退休专业技术人员受聘工作期间，因工作发生职业伤害的，应由聘用单位参照工伤保险的相关待遇妥善处理；因工作发生职业伤害与聘用单位发生争议的，可通过民事诉讼处理：与聘用单位之间因履行聘用合同发生争议的，可通过人事或劳动争议仲裁渠道解决。”中办发［2005］9号文件虽不是法院裁判行政诉讼案件的依据，但其精神可被看作政策导向，即聘用合同不应简单的视为劳动合同，应区分发生职业伤害与因履行聘用合同发生争议之间的差异。如果将离退休人员与现在工作单位之间发生的职业伤害认定为以劳动关系成立为前提的工伤伤害，用人单位就应当按照相关行政法规的规定缴纳工伤保险费、基本养老保险费、基本医疗保险费、失业保险费等社会保险费用，是否准许用人单位只针对退休职工缴纳工伤保险费，而不缴纳其他社会保险费用又会成为新的难题。如果将离退休人员与现在工作单位之间发生的职业伤害认定为以劳动关系成立为前提的工伤伤害，离退休人员应享受工伤保险待遇，就会出现离退休人员如何执行《工伤保险条例》第三十三条规定的冲突问题，即因工致残被鉴定为一级至四级伤残的职工，保留劳动关系，退出工作岗位，享受按伤残等级支付一次性伤残补助金、按月支付伤残津贴等待遇，工伤职工达到退休年龄并办理退休手续后，停发伤残津贴，享受基本养老保险待遇。

此外，将离退休人员与现在工作单位之间的聘用关系认定为雇佣关系，根据最高人民法院《关于审理人身损害赔偿案件适用法律若干问题的解释》第十一条第一款“雇员在从事雇佣活动中遭受人身损害，雇主应当承担赔偿责任。雇佣关系以外的第三人造成雇员人身损害的，赔偿权利人可以请求第三人承担赔偿责任，也可以请求雇主承担赔偿责任。雇主承担赔偿责任后，可以向第三人追偿”的规定，雇主承担赔偿责任是实行严格责任原则，一般不会考虑雇员对受伤是否存在过错，避免了离退休人员因提起民事诉讼，考虑其受伤应适用过错责任原则而带来的赔偿金额减少的不利后果。因人身损害赔偿标准和工伤保险待遇标准对残疾赔偿金（伤残补助金）计算的基数和期限的不同，对多数离退休职工而言，采用人身损害赔偿标准所获得的赔偿金额应高于采用工伤保险待遇标准所获得的赔偿金额。采用人身损害赔偿救济程序（即直接提起民事诉讼）没有工伤保险救济程序（即申请工伤认定、行政复议、提起行政诉讼、再申请工伤保险待遇、对待遇不服再行政诉讼或申请劳动争议仲裁）繁琐。

综上所述，应将离退休人员与现在工作单位之间的关系认定为雇佣关系，在受聘期间因工受伤不适用《工伤保险条例》，当事人对损害赔偿有争议的，可建议其提起民事诉讼。

第二种意见认为：

《宪法》规定了公民有劳动的权利和义务。现行法律只对劳动者年龄的下限作出了规定，对劳动者年龄的上限没有作规定，不能因是离退休职工就否定其劳动者身份。《工伤保险条例》第六十一条第一款规定：“本条例所称职工，是指与用人单位存在劳动关系（包括事实劳动关系）的各种用工形式、各种用工期限的劳动者。”劳动部《关于贯彻执行〈中华人民共和国劳动法〉若干问题的意见》第二条规定：“中国境内的企业、个体经济组织与劳动者之间，只要形成劳动关系，即劳动者事实上已成为企业、个体经济组织的成员，并为其提供有偿劳动，适用劳动法”；第四条规定：“公务员和比照实行公务员制度的事业组织和社会团体的工作人员，以及农村劳动者（乡镇企业职工和进城务工、经商的农民除外）、现役军人和家庭保姆等不适用劳动法。”由此可见，是否形成劳动关系应看劳动者是否事实上已成为企业、个体经济组织的成员，并为其提供有偿劳动。离退休人员与现在工作单位之间签订的聘用合同实质上就是用人单位与劳动者之间订立的劳动合同，不能因其名称不同就排除在《劳动法》及相关法规、规章的规定之外。

如果不将离退休人员与现在工作单位之间的聘用关系认定为劳动关系，相关行政机关不强制用人单位按规定缴纳工伤保险费，就会出现劳动者在遭受工伤损害后，因用人单位破产、逃避债务等原因而得不到赔偿的情况。且中办发［2005］9号文件没有明确将离退休人员排除在劳动关系之外。故应将离退休人员与现在工作单位之间的聘用关系认定为劳动关系，离退休人员在受聘期间因工受伤应适用《工伤保险条例》。

本院审判委员会多数委员倾向于第一种意见。

三、请示的问题

离退休人员与现在工作单位之间是否构成劳动关系以及工作时间内受伤是否适用《工伤保险条例》。

现予请示，请批复。

2.4.6 最高人民法院行政审判庭关于超过法定退休年龄的进城务工农民因工伤亡的应否适用《工伤保险条例》请示的答复（［2010］行他字第10号）

山东省高级人民法院：

你院报送的《关于超过法定退休年龄的进城务工农民工作时间内受伤是否适用〈工伤保险条例〉的请示》收悉。经研究，原则同意你院的倾向性意见。即：用人单位聘用的超过法定退休年龄的务工农民，在工作时间内、因工作原因伤亡的，应当适用《工伤保险条例》的有关规定进行工伤认定。

此复。

二〇一〇年三月十七日

附：

山东省高级人民法院关于超过法定退休年龄的进城务工农民工作时间内受伤是否适用《工伤保险条例》的请示（鲁高法函［2009］31号）

最高人民法院：

东营市中级人民法院在办理垦利县人民法院报送请示的原告李克英诉被告垦利县劳动和社会保障局劳动保障行政确认一案中，对超过法定退休年龄的进城务工农民，工作时间内受伤是否适用《工伤保险条例》形成不同意见，就有关问题向我院请示。我院研究后认为，相关法律适用问题涉及面广，各地规定不一致，特向你院请示。

一、案件的由来

原告李克英之夫许长峰系利津县明集乡玉皇庙村农民，1942年9月15日出生。许长峰自2008年6月2日至2008年9月29日在东营市龙翔石业有限责任公司从事门卫工作。2008年9月29日19时左右，许长峰由北向南推人力三轮车过公路时，与一机动车相撞，发生交通事故，许长峰死亡。原告李克英于2008年12月30日向被告垦利县劳动和社会保障局申报许长峰工伤认定申请，被告垦利县劳动和社会保障局于2009年1月5日以受害者许长峰于1942年9月出生，至受伤之日时年龄已经超过60周岁为由，根据《工伤保险条例》以及《山东省工伤认定工作规程》之规定作出［2008］NO.6-02号《工伤认定申请不予受理通知书》，对申请人的申请决定不予受理。李克英不服，向法院提起行政诉讼。

二、东营中院对案件处理的不同意见

多数人意见：超过法定退休年龄的人员应不属于《工伤保险条例》的调整范围，对其发生的损害赔偿争议，可通过民事诉讼等方式解决。理由是：

对于超过法定退休年龄的人员又受聘到新工作单位工作，在工作时间内受伤是否适用《工伤保险条例》的争议焦点在于，该类人员与现工作单位之间是否构成《劳动法》所规定的劳动关系。如构成劳动关系，则应适用《工伤保险条例》，反之，则不应适用。劳动和社会保障部1999年3月9日发布了《关于制止和纠正违反国家规定办理企业职工提前退休有关问题的通知》(劳社部发［1999］8号)，通知指出：国家法定的企业职工退休年龄是男年满60周岁，女工人年满50周岁，女干部年满55周岁。而《中华人民共和国劳动合同法实施条例》第二十一条规定："劳动者达到法定退休年龄的，劳动合同终止。"本案当事人许长峰发生事故时年龄已达到66周岁，不管其身份是农民抑或离退休人员，均属于达到法定退休年龄的人员，其与现工作单位之间已不属于《劳动合同法》调整的范围。同样也不应适用《工伤保险条例》进行调整。

少数人意见：超过法定退休年龄的人员与现用人单位间可以形成劳动关系，因工受伤应适用《工伤保险条例》。理由是：

我国《劳动法》只有禁止使用童工的规定，对达到法定退休年龄仍然从事劳动的人员，法律未作禁止性规定。劳动部《关于贯彻执行〈中华人民共和国劳动法〉若干问题的意见》第二条规定："中国境内的企业、个体经济组织与劳动者之间，只要形成劳动关系，即劳动者事实上已成为企业、个体经济组织的成员，并为其提供有偿劳动，适用劳动法。"由此可见，是否形成劳动关系应看劳动者是否事实上已成为企业、个体经济组织的成员，并为其提供有偿劳动。随着我国人口的老龄化趋势，离退休人员及超过法定退休年龄的农民二次就业的情形会越来越普遍，认定他们与现用人单位间存在劳动关系有利于对这一人群的劳动保护。

三、东营中院请示的问题及我院意见

东营中院向我院请示的法律问题是：超过法定退休年龄的务工农民，工作时间内受伤是否适用《工伤保险条例》的规定进行工伤认定。

我院审判委员会研究后认为，法律并未禁止使用超过法定退休年龄的农民工，而且作为农民也无所谓何时退休。超过六十周岁继续在城市务工的农民比较多，有些与用工单位形成劳动关系，依法应当保护这些务工人员的合法权益，给予其平等对待。从《工伤保险条例》的规定来看，也没有将这些人排除出去，既然用人单位已经实际用工，职工在工作时间受伤的，参照《最高人民法院行政审判庭关于离退休人员与现单位之间是否构成劳动关系以及工作时间内受伤是否适用〈工伤保险条例问题的答复》精神，应可以适用《工伤保险条例》的规定进行工伤认定。

鉴于本案法律适用问题影响面较大，各地做法不一致，对于今后的案件审理具有指导意义，为保证法律适用的统一，现提出对以上问题的请示，请予答复。

附录：相关法律规定

二〇〇九年十二月九日

相关法律规定：

一、目前针对超龄职工在工作中受伤是否为工伤的认定在全国各个省市规定并不相同，大致有三种情况：（一）明确规定不予受理。如《北京市实施办法》规定不予受理，其规定："工伤认定申请有下列情形之一的，不予受理：受伤害人员是用人单位聘用的离退休人员或者超过法定退休年龄的。"（二）明确规定可以享受劳动保险。如《上海市劳动和社会保障局、上海市医疗保险局关于实施若干问题的通知》规定："本市用人单位聘用的退休人员发生事故伤害的，其工伤认定、劳动能力鉴定按照《实施办法》的规定执行，工伤保险待遇参照《实施办法》的规定由聘用单位支付。"（三）没有明确规定，如东营市对此未规定，但实践中的做法就是对此类申请不予受理。

二、《最高人民法院行政审判庭关于离退休人员与现单位之间是否构成劳动关系以及工作时间内受伤是否适用〈工伤保险条例〉问题的答复》："根据《工伤保险条例》第二条、第六十一条等有关规定，离退休人员受聘于现工作单位，现工作单位已经为其缴纳了工伤保险费，其在受聘期间因工作受到事故伤害的，应当适用《工伤保险条例》的有关规定处理。"

2.4.7 最高人民法院关于审理劳动争议案件适用法律若干问题的解释（三）（法释［2010］12号）

第七条 用人单位与其招用的已经依法享受养老保险待遇或领取退休金的人员发生用工争议，向人民法院提起诉讼的，人民法院应当按劳务关系处理。

2.4.8 最高人民法院关于超过法定退休年龄的进城务工农民在工作时间内因公伤亡的，能否认定工伤的答复（［2012］行他字第13号）

江苏省高级人民法院：

你院（2012）苏行他字第0902号《关于杨通诉南京市人力资源和社会保障局终止工伤行政确认一案的请示》收悉。经研究，答复如下：

同意你院倾向性意见。相同问题我庭2010年3月17日在给山东省高级人民法院的《关于超过法定退休年龄的进城务工农民因公伤亡的，应否适用〈工伤保险条例〉请示的答复》（［2010］行他字第10号）中已经明确。即，用人单位聘用的超过法定退休年龄的务工农民，在工作时间内、因工作原因伤亡的，应当适用《工伤保险条例》的有关规定进行工伤认定。

此复。

二〇一二年十一月二十五日

附：

江苏省高级人民法院关于杨通诉南京市人力资源和社会保障局终止工伤行政确认一案的请示（［2012］苏行他字第0002号）

最高人民法院：

原告杨通诉被告南京市人力资源和社会保障局终止工伤行政确认一案，南京市玄武区人民法院于2011年12月10日向南京中院请示。南京中院于2012年3月7日以（2012）宁行他字第1号《关于杨通诉南京市人力资源和社会保障局工伤认定终止一案的请示》向我院书面请示。我院受理后，经审判委员会研究，对超过法定退休年龄的人员因工作遭受事故伤害能否认定工伤存在不同意见。因本案法律适用问题影响面较大，对于今后的案件审理具有指导意义，为保证法律适用的统一，特向贵院请示。

一、当事人的基本情况

原告：杨通

被告：南京市人力资源和社会保障局

第三人：南京鸿镀物业管理有限公司

二、本案被诉具体行政行为

南京市人力资源和社会保障局（以下简称南京市人社局）于2011年5月5日作出《工伤认定终止通知书》，认为原告父亲杨从得在工作中突发疾病经医院抢救无效死亡时，已达到法定退休年龄，依据原江苏省劳动和社会保障厅《关于实施〈工伤保险条例〉若干问题的处理意见》（苏劳社医［2005］6号）第七条“离、退休仍在工作的人员，不属于《条例》调整的范围”以及《江苏省实施〈工伤保险条例〉办法》第十六条“劳动保障行政部门受理工伤认定申请后，对不符合受理条件的，应当终止工伤认定”的规定，决定对杨从得的工伤认定申请终止审理。

三、案件基本事实

玄武法院经审理查明：

原告杨通之父杨从得系农民，1947年出生（无养老保险）。2010年7月，第三人南京鸿镀物业公司招用杨从得（未签订书面用工合同）派往华润苏果超市从事保洁岗位工作。2011年2月17日上午，杨从得在从事保洁工作时突发疾病，经医院抢救无效于当日死亡。2011年4月27日，原告向被告递交了工伤认定申请。被告受理后，于2011年5月5日作出《工伤认定终止通知书》，以杨从得在工作中突发疾病经医院抢救无效死亡时，已达到法定退休年龄为由，依据原江苏省劳动和社会保障厅《关于实施〈工伤保险条例〉若干问题的处理意见》（苏劳社医［2005］6号）第七条“离、退休仍在工作的人员，不属于《条例》调整的范围”以及《江苏省实施〈工伤保险条例）办法》第十六条“劳动保障行政部门受理工伤认定申请后，对不符合受理条件的，应当终止工伤认定”的规定，决定对杨从得的工伤认定申请终止审理。

玄武法院对本案的处理形成了两种意见。多数意见认为，杨从得在工作中突发疾病死亡时其年龄已达64周岁，已超过法定退休年龄。被告终止工伤认定适用法律正确，应判决驳回原告的诉讼请求。少数意见认为，最高人民法院行政审判庭2010年3月17日作出的［2010］行他字第10号《关于超过法定退休年龄的进城务工农民因工伤亡的，应否适用〈工伤保险条例〉请示的答复》认为：“用人单位聘用的超过法定退休年龄的务工农民，在工作时间内、因工作原因伤亡的，应当适用《工伤保险条例》的有关规定进行工伤认定”。应判决撤销被告作出的《工伤认定终止通知书》。

四、南京市中级人民法院请示的主要问题

南京中院请示的问题是：超过法定退休年龄的人员在工作期间突发疾病死亡能否适用《工伤保险条例》认定工伤。

南京中院审判委员会研究后形成了两种意见：

（一）倾向性意见认为原告提出的工伤认定申请符合受理条件，本案应适用《工伤保

险条例》进行工伤认定

理由有三点：

1. 最高法院行政庭有对该类情况应当认定工伤的明确批复。

2. 该职工与用人单位之间存在劳动关系。法释［2010］12号最高人民法院《关于审理劳动争议案件适用法律若干问题的解释（三）》第七条规定："用人单位与其招用的已经依法享受养老保险待遇或领取退休金的人员发生用工争议，向人民法院提起诉讼的，人民法院应当按劳务关系处理。"本案中，杨从得未享受养老保险待遇或领取退休金，不应认定其和鸿镀物业公司之间为劳务关系，应当根据［2010］行他字第10号批复精神，认定为劳动关系。

3. 将该类情况纳入工伤保障范围更有利于保护劳动者合法权益。

（二）少数意见认为原告提出的工伤认定申请不符合受理条件，本案不应适用《工伤保险条例》进行工伤认定

理由有三点：

1. 原省人社厅的规范性文件明确规定对此类情况不应进行工伤认定。

2. 最高法院的批复与本案的情形有差异，不宜适用。本案中，杨从得是在工作时间、工作岗位突发疾病于48小时内经医院抢救无效死亡，属于《工伤保险条例》第十五条规定的"视同工伤"情形，和前述批复中"在工作时间内、因工作原因伤亡"的"应当认定为工伤"（《工伤保险条例》第十四条）情形有所区别，故该批复不适用于本案。

3. 此类情况涉及面太广，且认定工伤将会加重企业负担。

五、我院请示的问题及审判委员会意见

我院请示的问题是：超过法定退休年龄的人员在工作期间突发疾病死亡能否适用《工伤保险条例》认定工伤。

审委会多数意见认为：原告提出的工伤认定申请符合受理条件，本案应适用《工伤保险条例》进行工伤认定。理由如下：

1. 应当认定当事人与用人单位之间存在着事实上的劳动关系。工伤保障的本意是保护因工受伤的劳动者的合法权益。鉴于我国目前工伤保障范围在逐步扩大，职工退休年龄有延长的呼声，且农民工进城务工有老龄化的趋势，为了更好地保障依然务工的超过法定退休年龄的人员的合法权益，应当认定超过法定退休年龄的人员与用人单位之间存在着事实劳动关系。

2. 与民事赔偿方式相比，工伤保障更有利于维护受伤职工的合法权益。如果要求申请人走民事赔偿途径，采用的是过错责任，保障范围相对较窄，且申请人举证相当困难，这不利于充分保障申请人的合法权益。而工伤认定采用的是原因责任，在保障范围、举证责任等方面更有利于保护申请人的合法权益。从保护因工遭受伤害的劳动者，维护社会和谐稳定、促进劳动保护的角度出发，也应当将其纳入保障范围。

3. 申请人的工伤认定申请符合受理条件。受伤职工除年龄超过法定退休年龄外，其与用人单位之间的关系与其他职工并无任何差异，仅仅一句其超过法定退休年龄就不予工伤认定缺乏法律依据。从平等保护角度看，也应当认定符合申请条件。

审委会少数意见认为：原告提出的工伤认定申请不符合受理条件，本案不应进行工伤认定。理由如下：

1. 因为当事人与用工单位没有书面劳务合同工；

2. 超过法定年龄的农民工没有缴纳工伤保险。如果对超过法定退休年龄的人员认定工伤，则突破了法律的界限，应当通过民事赔偿的途径救济。

特此请示，望复。

二〇一二年八月十六日

附相关法律条文：

一、江苏省劳动和社会保障厅《关于实施〈工伤保险条例〉若干问题的处理意见》（苏劳社医［2005］6号）第七条："离、退休仍在工作的人员，不属于《工伤保险条例》调整的范围。"

南京市劳动和社会保障局《南京市工伤保险实施细则》（宁劳社工［2006］5号）第三条："职工是指与用人单位存在劳动关系（包括事实劳动关系）的各种用工形式、各种用工期限的劳动者，包括非本市户籍的外来务工人员，不包括已办理离、退休手续或已超过法定退休年龄（按国家规定可以延期的除外）仍在从事劳动并取得劳动报酬的人员、在用人单位实习（包括勤工俭学）的在校学生和家庭（个人）雇佣的人员。"

江苏省人民政府令第29号《江苏省实施〈工伤保险条例〉办法》第十六条："劳动保障行政部门受理工伤认定申请后，对不符合受理条件的，应当终止工伤认定。终止工伤认定，应当向申请人送达《工伤认定终止通知书》。"

二、法释［2010］12号最高人民法院《关于审理劳动争议案件适用法律若干问题的解释（三）》第七条："用人单位与其招用的已经依法享受养老保险待遇或领取退休金的人员发生用工争议，向人民法院提起诉讼的，人民法院应当按劳务关系处理。"

三、《中华人民共和国劳动合同法实施条例》（2008年9月施行）第二十一条："劳动者达到法定退休年龄的，劳动合同终止。"

2.4.9 人力资源社会保障部关于执行《工伤保险条例》若干问题的意见（二）（人社部发［2016］29号）

第二条　达到或超过法定退休年龄，但未办理退休手续或者未依法享受城镇职工基本养老保险待遇，继续在原用人单位工作期间受到事故伤害或患职业病的，用人单位依法承担工伤保险责任。

用人单位招用已经达到、超过法定退休年龄或已经领取城镇职工基本养老保险待遇的人员，在用工期间因工作原因受到事故伤害或患职业病的，如招用单位已按项目参保等方式为其缴纳工伤保险费的，应适用《工伤保险条例》。

★ 地方性文件·广东省

2.4.10 广东省高级人民法院关于已退休人员与用人单位之间的用工关系是否应按劳动关系处理及相关问题的批复（粤高法民一复字［2007］14号）

中山市中级人民法院：

你院《关于审理劳动争议案件有关问题的请示》收悉。经研究，答复如下：

一、《劳动法》及相关行政法规明确禁止用人单位非法招用未满十六周岁的未成年人，但未禁止用人单位在不损害劳动者健康的前提下招用已达法定退休年龄或已办理退休手续的人员。因此，为充分维护退休再聘人员的合法权益，在法律、行政法规未有明确规定之前，宜将该类用工关系按劳动关系处理。但对于劳动关系解除或终止时的经济补偿问题，可参照劳动部办公厅《对〈关于实行劳动合同制度若干问题的请示〉的复函》的规定处理，即对于已享受养老保险待遇的退休人员，除非其与用人单位已就劳动关系解除或终止时的经济补偿问题作出特别规定，否则双方在劳动关系解除或终止时不适用《劳动法》第二十八条有关经济补偿的规定。

二、外国人在我国就业产生的用工关系应按劳动关系处理。外国人无就业许可证在我国境内就业违反了《外国人入境出境管理法》第五条、《外国人入境出境管理法实施细则》第四十四条及《外国人在中国就业管理规定》第五条的规定，因此，根据《劳动法》第十八条的规定应认定相关劳动合同无效。对于就业期间的报酬，可参照合同约定处理，但同时应建议公安机关对双方当事人作出相应的行政处罚。

此复。

二〇〇七年十二月十日

2.4.11 广东省高级人民法院、广东省劳动人事争议仲裁委员会关于印发《广东省高级人民法院广东省劳动人事争议仲裁委员会关于审理劳动人事争议案件若干问题的座谈会纪要》的通知（粤高法［2012］284号）

第十一条 用人单位招用已达到法定退休年龄但尚未享受基本养老保险待遇或领取退休金的劳动者，双方形成的用工关系按劳务关系处理。

2.4.12 广东省高级人民法院印发《广东省高级人民法院关于审理劳动争议案件疑难问题的解答》的通知（粤高法［2017］147号　2017年8月1日实施）

13. 达到法定退休年龄人员受聘到用工单位工作期间因工作原因受到事故伤害的处理原则？

达到法定退休年龄的人员受聘到用工单位工作期间，因工作原因受到事故伤害或患职业病，经劳动行政部门认定为工伤的，可参照《工伤保险条例》处理；未被认定为工伤的，人民法院应告知其按照人身损害赔偿相关规定进行处理，如其坚持主张工伤保险待遇的，判决驳回其诉讼请求。

20. 退休人员就调休前的事宜发生劳动争议的，仲裁时效何时起计？

根据《广东省高级人民法院、广东省劳动人事争议仲裁委员会关于审理劳动人事争议案件若干问题的座谈会纪要》第11条的规定，达到退休年龄人员与用工单位之间的关系为劳务关系。劳动者达到退休年龄还继续在用人单位工作，后双方就退休前的事宜发生劳动争议的，仲裁时效从该劳动者达到退休年龄之日起计算。

2.5 残疾工相关

★ 法律

2.5.1 中华人民共和国就业促进法（主席令24号 2015年4月起施行）

第十七条 国家鼓励企业增加就业岗位，扶持失业人员和残疾人就业，对下列企业、人员依法给予税收优惠：

（一）吸纳符合国家规定条件的失业人员达到规定要求的企业；

（二）失业人员创办的中小企业；

（三）安置残疾人员达到规定比例或者集中使用残疾人的企业；

（四）从事个体经营的符合国家规定条件的失业人员；

（五）从事个体经营的残疾人；

（六）国务院规定给予税收优惠的其他企业、人员。

第二十九条 国家保障残疾人的劳动权利。

各级人民政府应当对残疾人就业统筹规划，为残疾人创造就业条件。

用人单位招用人员，不得歧视残疾人。

第五十五条 各级人民政府采取特别扶助措施，促进残疾人就业。

用人单位应当按照国家规定安排残疾人就业，具体办法由国务院规定。

★ 行政法规/部门规章/司法解释

2.5.2 残疾人就业条例（国务院令第488号 2007年5月起施行）

第一章 总 则

第一条 为了促进残疾人就业，保障残疾人的劳动权利，根据《中华人民共和国残疾人保障法》和其他有关法律，制定本条例。

第二条 国家对残疾人就业实行集中就业与分散就业相结合的方针，促进残疾人就业。

县级以上人民政府应当将残疾人就业纳入国民经济和社会发展规划，并制定优惠政策和具体扶持保护措施，为残疾人就业创造条件。

第三条 机关、团体、企业、事业单位和民办非企业单位（以下统称用人单位）应当依照有关法律、本条例和其他有关行政法规的规定，履行扶持残疾人就业的责任和义务。

第四条 国家鼓励社会组织和个人通过多种渠道、多种形式，帮助、支持残疾人就业，鼓励残疾人通过应聘等多种形式就业。禁止在就业中歧视残疾人。

残疾人应当提高自身素质，增强就业能力。

第五条 各级人民政府应当加强对残疾人就业工作的统筹规划，综合协调。县级以上人民政府负责残疾人工作的机构，负责组织、协调、指导、督促有关部门做好残疾人就业工作。

县级以上人民政府劳动保障、民政等有关部门在各自的职责范围内，做好残疾人就业工作。

第六条 中国残疾人联合会及其地方组织依照法律、法规或者接受政府委托，负责残疾人就业工作的具体组织实施与监督。

工会、共产主义青年团、妇女联合会，应当在各自的工作范围内，做好残疾人就业工作。

第七条 各级人民政府对在残疾人就业工作中做出显著成绩的单位和个人，给予表彰和奖励。

第二章 用人单位的责任

第八条 用人单位应当按照一定比例安排残疾人就业，并为其提供适当的工种、岗位。

用人单位安排残疾人就业的比例不得低于本单位在职职工总数的1.5%。具体比例由省、自治区、直辖市人民政府根据本地区的实际情况规定。

用人单位跨地区招用残疾人的，应当计入所安排的残疾人职工人数之内。

第九条 用人单位安排残疾人就业达不到其所在地省、自治区、直辖市人民政府规定比例的，应当缴纳残疾人就业保障金。

第十条 政府和社会依法兴办的残疾人福利企业、盲人按摩机构和其他福利性单位（以下统称集中使用残疾人的用人单位），应当集中安排残疾人就业。

集中使用残疾人的用人单位的资格认定，按照国家有关规定执行。

第十一条 集中使用残疾人的用人单位中从事全日制工作的残疾人职工，应当占本单位在职职工总数的25%以上。

第十二条 用人单位招用残疾人职工，应当依法与其签订劳动合同或者服务协议。

第十三条 用人单位应当为残疾人职工提供适合其身体状况的劳动条件和劳动保护，不得在晋职、晋级、评定职称、报酬、社会保险、生活福利等方面歧视残疾人职工。

第十四条 用人单位应当根据本单位残疾人职工的实际情况，对残疾人职工进行上岗、在岗、转岗等培训。

第三章 保障措施

第十五条 县级以上人民政府应当采取措施，拓宽残疾人就业渠道，开发适合残疾人就业的公益性岗位，保障残疾人就业。

县级以上地方人民政府发展社区服务事业，应当优先考虑残疾人就业。

第十六条 依法征收的残疾人就业保障金应当纳入财政预算，专项用于残疾人职业培训以及为残疾人提供就业服务和就业援助，任何组织或者个人不得贪污、挪用、截留或者私分。残疾人就业保障金征收、使用、管理的具体办法，由国务院财政部门会同国务院有关部门规定。

财政部门和审计机关应当依法加强对残疾人就业保障金使用情况的监督检查。

第十七条 国家对集中使用残疾人的用人单位依法给予税收优惠，并在生产、经营、技术、资金、物资、场地使用等方面给予扶持。

第十八条 县级以上地方人民政府及其有关部门应当确定适合残疾人生产、经营的产品、项目，优先安排集中使用残疾人的用人单位生产或者经营，并根据集中使用残疾人的用人单位的生产特点确定某些产品由其专产。

政府采购，在同等条件下，应当优先购买集中使用残疾人的用人单位的产品或者服务。

第十九条 国家鼓励扶持残疾人自主择业、自主创业。对残疾人从事个体经营的，应当依法给予税收优惠，有关部门应当在经营场地等方面给予照顾，并按照规定免收管理类、登记类和证照类的行政事业性收费。

国家对自主择业、自主创业的残疾人在一定期限内给予小额信贷等扶持。

第二十条　地方各级人民政府应当多方面筹集资金，组织和扶持农村残疾人从事种植业、养殖业、手工业和其他形式的生产劳动。

有关部门对从事农业生产劳动的农村残疾人，应当在生产服务、技术指导、农用物资供应、农副产品收购和信贷等方面给予帮助。

第四章　就业服务

第二十一条　各级人民政府和有关部门应当为就业困难的残疾人提供有针对性的就业援助服务，鼓励和扶持职业培训机构为残疾人提供职业培训，并组织残疾人定期开展职业技能竞赛。

第二十二条　中国残疾人联合会及其地方组织所属的残疾人就业服务机构应当免费为残疾人就业提供下列服务：

（一）发布残疾人就业信息；

（二）组织开展残疾人职业培训；

（三）为残疾人提供职业心理咨询、职业适应评估、职业康复训练、求职定向指导、职业介绍等服务；

（四）为残疾人自主择业提供必要的帮助；

（五）为用人单位安排残疾人就业提供必要的支持。

国家鼓励其他就业服务机构为残疾人就业提供免费服务。

第二十三条　受劳动保障部门的委托，残疾人就业服务机构可以进行残疾人失业登记、残疾人就业与失业统计；经所在地劳动保障部门批准，残疾人就业服务机构还可以进行残疾人职业技能鉴定。

第二十四条　残疾人职工与用人单位发生争议的，当地法律援助机构应当依法为其提供法律援助，各级残疾人联合会应当给予支持和帮助。

第五章　法律责任

第二十五条　违反本条例规定，有关行政主管部门及其工作人员滥用职权、玩忽职守、徇私舞弊，构成犯罪的，依法追究刑事责任；尚不构成犯罪的，依法给予处分。

第二十六条　违反本条例规定，贪污、挪用、截留、私分残疾人就业保障金，构成犯罪的，依法追究刑事责任；尚不构成犯罪的，对有关责任单位、直接负责的主管人员和其他直接责任人员依法给予处分或者处罚。

第二十七条　违反本条例规定，用人单位未按照规定缴纳残疾人就业保障金的，由财政部门给予警告，责令限期缴纳；逾期仍不缴纳的，除补缴欠缴数额外，还应当自欠缴之日起，按日加收5‰的滞纳金。

第二十八条　违反本条例规定，用人单位弄虚作假，虚报安排残疾人就业人数，骗取集中使用残疾人的用人单位享受的税收优惠待遇的，由税务机关依法处理。

第六章　附　则

第二十九条　本条例所称残疾人就业，是指符合法定就业年龄有就业要求的残疾人从事有报酬的劳动。

第三十条 本条例自2007年5月1日起施行。

2.5.3 促进残疾人就业增值税优惠政策管理办法（国家税务总局公告［2016］33号）

第一条 为加强促进残疾人就业增值税优惠政策管理，根据《财政部国家税务总局关于促进残疾人就业增值税优惠政策的通知》（财税［2016］52号）、《国家税务总局关于发布〈税收减免管理办法〉的公告》（国家税务总局公告2015年第43号）及有关规定，制定本办法。

第二条 纳税人享受安置残疾人增值税即征即退优惠政策，适用本办法规定。

本办法所指纳税人，是指安置残疾人的单位和个体工商户。

第三条 纳税人首次申请享受税收优惠政策，应向主管税务机关提供以下备案资料：

（一）《税务资格备案表》。

（二）安置的残疾人的《中华人民共和国残疾人证》或者《中华人民共和国残疾军人证（1至8级）》复印件，注明与原件一致，并逐页加盖公章。安置精神残疾人的，提供精神残疾人同意就业的书面声明以及其法定监护人签字或印章的证明精神残疾人具有劳动条件和劳动意愿的书面材料。

（三）安置的残疾人的身份证明复印件，注明与原件一致，并逐页加盖公章。

第四条 主管税务机关受理备案后，应将全部《中华人民共和国残疾人证》或者《中华人民共和国残疾军人证（1至8级）》信息以及所安置残疾人的身份证明信息录入征管系统。

第五条 纳税人提供的备案资料发生变化的，应于发生变化之日起15日内就变化情况向主管税务机关办理备案。

第六条 纳税人申请退还增值税时，需报送如下资料：

（一）《退（抵）税申请审批表》。

（二）《安置残疾人纳税人申请增值税退税声明》（见附件）。

（三）当期为残疾人缴纳社会保险费凭证的复印件及由纳税人加盖公章确认的注明缴纳人员、缴纳金额、缴纳期间的明细表。

（四）当期由银行等金融机构或纳税人加盖公章的按月为残疾人支付工资的清单。

特殊教育学校举办的企业，申请退还增值税时，不提供资料（三）和资料（四）。

第七条 纳税人申请享受税收优惠政策，应对报送资料的真实性和合法性承担法律责任。主管税务机关对纳税人提供资料的完整性和增值税退税额计算的准确性进行审核。

第八条 主管税务机关受理退税申请后，查询纳税人的纳税信用等级，对符合信用条件的，审核计算应退增值税额，并按规定办理退税。

第九条 纳税人本期应退增值税额按以下公式计算：

本期应退增值税额=本期所含月份每月应退增值税额之和

月应退增值税额=纳税人本月安置残疾人员人数×本月月最低工资标准的4倍

月最低工资标准，是指纳税人所在区县（含县级市、旗）适用的经省（含自治区、直辖市、计划单列市）人民政府批准的月最低工资标准。

纳税人本期已缴增值税额小于本期应退税额不足退还的，可在本年度内以前纳税期已缴增值税额扣除已退增值税额的余额中退还，仍不足退还的可结转本年度内以后纳税期退还。年度已缴增值税额小于或等于年度应退税额的，退税额为年度已缴增值税额；年度已缴增值税额大于年度应退税额的，退税额为年度应退税额。年度已缴增值税额不足退还的，不得结转以后年度退还。

第十条　纳税人新安置的残疾人从签订劳动合同并缴纳社会保险的次月起计算，其他职工从录用的次月起计算；安置的残疾人和其他职工减少的，从减少当月计算。

第十一条　主管税务机关应于每年2月底之前，在其网站或办税服务厅，将本地区上一年度享受安置残疾人增值税优惠政策的纳税人信息，按下列项目予以公示：纳税人名称、纳税人识别号、法人代表、计算退税的残疾人职工人次等。

第十二条　享受促进残疾人就业增值税优惠政策的纳税人，对能证明或印证符合政策规定条件的相关材料负有留存备查义务。纳税人在税务机关后续管理中不能提供相关材料的，不得继续享受优惠政策。税务机关应追缴其相应纳税期内已享受的增值税退税，并依照税收征管法及其实施细则的有关规定处理。

第十三条　各地税务机关要加强税收优惠政策落实情况的后续管理，对纳税人进行定期或不定期检查。检查发现纳税人不符合财税［2016］52号文件规定的，按有关规定予以处理。

第十四条　本办法实施前已办理税收优惠资格备案的纳税人，主管税务机关应检查其已备案资料是否满足本办法第三条规定，残疾人信息是否已按第四条规定录入信息系统，如有缺失，应要求纳税人补充报送备案资料，补录信息。

第十五条　各省、自治区、直辖市和计划单列市国家税务局，应定期或不定期在征管系统中对残疾人信息进行比对，发现异常的，按相关规定处理。

第十六条　本办法自2016年5月1日起施行。

2.5.4 财政部、国家税务总局关于促进残疾人就业增值税优惠政策的通知（财税［2016］52号）

各省、自治区、直辖市、计划单列市财政厅（局）、国家税务局，新疆生产建设兵团财务局：

为继续发挥税收政策促进残疾人就业的作用，进一步保障残疾人权益，经国务院批准，决定对促进残疾人就业的增值税政策进行调整完善。现将有关政策通知如下：

第一条　对安置残疾人的单位和个体工商户（以下称纳税人），实行由税务机关按纳税人安置残疾人的人数，限额即征即退增值税的办法。

安置的每位残疾人每月可退还的增值税具体限额，由县级以上税务机关根据纳税人所在区县（含县级市、旗，下同）适用的经省（含自治区、直辖市、计划单列市，下同）人民政府批准的月最低工资标准的4倍确定。

第二条　享受税收优惠政策的条件

（一）纳税人（除盲人按摩机构外）月安置的残疾人占在职职工人数的比例不低于25%（含25%），并且安置的残疾人人数不少于10人（含10人）；

盲人按摩机构月安置的残疾人占在职职工人数的比例不低于25%（含25%），并且安置的残疾人人数不少于5人（含5人）。

（二）依法与安置的每位残疾人签订了一年以上（含一年）的劳动合同或服务协议。

（三）为安置的每位残疾人按月足额缴纳了基本养老保险、基本医疗保险、失业保险、工伤保险和生育保险等社会保险。

（四）通过银行等金融机构向安置的每位残疾人，按月支付了不低于纳税人所在区县适用的经省人民政府批准的月最低工资标准的工资。

第三条 《财政部国家税务总局关于教育税收政策的通知》（财税［2004］39号）第一条第7项规定的特殊教育学校举办的企业，只要符合本通知第二条第（一）项第一款规定的条件，即可享受本通知第一条规定的增值税优惠政策。这类企业在计算残疾人人数时可将在企业上岗工作的特殊教育学校的全日制在校学生计算在内，在计算企业在职职工人数时也要将上述学生计算在内。

第四条 纳税人中纳税信用等级为税务机关评定的C级或D级的，不得享受本通知第一条、第三条规定的政策。

第五条 纳税人按照纳税期限向主管国税机关申请退还增值税。本纳税期已交增值税额不足退还的，可在本纳税年度内以前纳税期已交增值税扣除已退增值税的余额中退还，仍不足退还的可结转本纳税年度内以后纳税期退还，但不得结转以后年度退还。纳税期限不为按月的，只能对其符合条件的月份退还增值税。

第六条 本通知第一条规定的增值税优惠政策仅适用于生产销售货物，提供加工、修理修配劳务，以及提供营改增现代服务和生活服务税目（不含文化体育服务和娱乐服务）范围的服务取得的收入之和，占其增值税收入的比例达到50%的纳税人，但不适用于上述纳税人直接销售外购货物（包括商品批发和售）以及销售委托加工的货物取得的收入。

纳税人应当分别核算上述享受税收优惠政策和不得享受税收优惠政策业务的销售额，不能分别核算的，不得享受本通知规定的优惠政策。

第七条 如果既适用促进残疾人就业增值税优惠政策，又适用重点群体、退役士兵、随军家属、军转干部等支持就业的增值税优惠政策的，纳税人可自行选择适用的优惠政策，但不能累加执行。一经选定，36个月内不得变更。

第八条 残疾人个人提供的加工、修理修配劳务，免征增值税。

第九条 税务机关发现已享受本通知增值税优惠政策的纳税人，存在不符合本通知第二条、第三条规定条件，或者采用伪造或重复使用残疾人证、残疾军人证等手段骗取本通知规定的增值税优惠的，应将纳税人发生上述违法违规行为的纳税期内按本通知已享受到的退税全额追缴入库，并自发现当月起36个月内停止其享受本通知规定的各项税收优惠。

第十条 本通知有关定义

（一）残疾人，是指法定劳动年龄内，持有《中华人民共和国残疾人证》或者《中华人民共和国残疾军人证（1至8级）》的自然人，包括具有劳动条 件和劳动意愿的精神残疾人。

（二）残疾人个人，是指自然人。

（三）在职职工人数，是指与纳税人建立劳动关系并依法签订劳动合同或者服务协议的雇员人数。

（四）特殊教育学校举办的企业，是指特殊教育学校主要为在校学生提供实习场所、并由学校出资自办、由学校负责经营管理、经营收入全部归学校所有的企业。

第十一条 本通知规定的增值税优惠政策的具体征收管理办法，由国家税务总局制定。

第十二条 本通知自2016年5月1日起执行，《财政部国家税务总局关于促进残疾人就业税收优惠政策的通知》（财税［2007］92号）、《财政部国家税务总局关于将铁路运输和邮政业纳入营业税改征增值税试点的通知》（财税［2013］106号）附件3第二条第（二）项同时废止。纳税人2016年5月1日前执行财税［2007］92号和财税［2013］106号文件发生的应退未退的增值税余额，可按照本通知第五条规定执行。

财政部
国家税务总局
2016年5月5日

★地方性文件·上海市

2.5.5 上海市残疾人分散安排就业办法（上海市人民政府令第52号　2010年12月起施行）

第一条　根据《上海市实施〈中华人民共和国残疾人保障法〉办法》的有关规定，制定本办法。

第二条　市和区、县人民政府残疾人工作协调委员会（以下简称市或区、县协调委员会）是本市残疾人分散安排就业工作的主管部门，下设市和区、县残疾人劳动服务机构。

第三条　凡具有本市城镇常住户口，符合法定就业年龄、本人有就业要求、生活能够自理并具有一定劳动能力的无业残疾人，为本办法分散安排就业的对象。

第四条　本市辖区范围内的国家机关、社会团体、企业、事业单位（以下简称单位），均须按本单位上一年度在职职工平均人数1.6%的比例安排残疾人就业（一名盲人按两名残疾人计算）。但属集中安排残疾人就业的福利型企业、事业单位除外。

第五条　安排残疾人就业未达到规定比例的单位，应当按本单位上一年度职工工资总额1.6%的比例缴纳残疾人就业保障金。但单位上一年度职工平均工资为全市职工上一年度平均工资一定比例以上的，超过比例以上的部分不计入缴纳残疾人就业保障金的基数。具体比例由市人民政府另行规定。

第六条　单位必须在每年2月底前，填写本单位上一年度在职职工劳动情况表和残疾职工情况表，并报所在地的区、县残疾人劳动服务机构。

在职职工劳动情况表由上海市统计局监制。

残疾职工情况表由市协调委员会统一印制。

第七条　区、县残疾人劳动服务机构应当自收到残疾职工情况表和在职职工劳动情况表之日起30日内，对单位安排残疾人就业情况进行审核，并出具单位实际安排残疾人就业比例的证明。对安排残疾人就业达到或超过规定比例的，应当向该单位出具免缴残疾人就业保障金的证明；对安排残疾人就业未达到规定比例的，应当向该单位出具缴纳残疾人就业保障金的通知。

第八条　安排残疾人就业未达到规定比例的单位应当按本办法第五条规定，到市人力资源社会保障局所属的社会保险经办机构（以下简称社会保险经办机构）缴纳残疾人就业保障金。残疾人就业保障金的征收时间为每年5月。

安排残疾人就业达到规定比例的单位，应当向社会保险经办机构出具区、县残疾人劳动服务机构发给的残疾人就业达到规定比例的证明，经社会保险经办机构核准后，免予征收残疾人就业保障金。

第九条　已安排残疾人就业，但未达到规定比例的单位，缴纳残疾人就业保障金后，可以在每年6月向所在地的区、县残疾人劳动服务机构申请返回已安排残疾人就业实有人数比例的残疾人就业保障金。区、县残疾人劳动服务机构应当在接到单位申请之日起1个月内，按安排残疾人就业实有人数比例返回残疾人就业保障金。

第十条 残疾人就业保障金应当解入市协调委员会指定的银行账户，并委托市残疾人劳动服务机构统一管理残疾人就业保障金的使用，接受财政、审计部门的检查和监督。

残疾人就业保障金的具体征缴和管理办法，由市协调委员会制定。

第十一条 残疾人就业保障金的使用范围：

（一）对超比例安排残疾人就业单位的奖励；

（二）残疾人就业前职业培训费用的补贴；

（三）扶持残疾人个体开业的借款（有偿使用）或者补贴；

（四）为安排残疾人就业所需设备、设施费用的补贴；

（五）有关残疾人社会保障费用的补贴；

（六）残疾人劳动服务机构的经费开支。

残疾人就业保障金使用比例，由市协调委员会确定。

第十二条 对超比例安排残疾人就业的单位，根据超比例的人数，每年的9月由所在地的区、县残疾人劳动服务机构报市协调委员会审核批准后给予奖励。奖励标准参照全市平均的单位缴纳的社会保险费和公积金标准的一定比例，由市协调委员会确定。

第十三条 单位安排就业的残疾人，可以由所在地的区、县残疾人劳动服务机构推荐录用，也可以通过其它途径招收录用，并按国家或者本市有关规定办理用工手续。

第十四条 单位未按规定缴纳残疾人就业保障金的，由人力资源社会保障行政部门责令限期缴纳。对逾期缴纳的单位，从欠缴之日起，按日加收5‰滞纳金。滞纳金并入残疾人就业保障金。

逾期拒不缴纳残疾人就业保障金的，由人力资源社会保障行政部门申请人民法院依法强制征缴，并可以对直接负责的主管人员和其他直接责任人员处以1000元以上2万元以下罚款。

第十五条 人力资源社会保障行政部门、残疾人劳动服务机构和社会保险经办机构的工作人员应当遵纪守法，秉公执法。对玩忽职守、滥用职权、徇私舞弊、索贿受贿、枉法执行者，由其所在单位或者上级主管部门给予行政处分；构成犯罪的，依法追究刑事责任。

第十六条 乡、镇、村办企业安排残疾人就业未达到规定比例的，缴纳残疾人就业保障金的标准和使用办法，由区、县人民政府另行规定。

第十七条 本办法的具体应用问题由市协调委员会负责解释。

第十八条 本办法自1994年1月15日起施行。

2.5.6 上海市实施《中华人民共和国残疾人保障法》办法（上海市人民代表大会常务委员会公告第4号　2014年4月起施行）

第三十条 各级人民政府应当对残疾人劳动就业进行统筹规划。对具有一定劳动能力、生活能够自理、达到法定就业年龄的残疾人，按照集中与分散相结合的方针，通过多渠道、多层次、多种形式安排劳动就业，并采取优惠政策予以扶持，使残疾人劳动就业逐步普及、稳定、合理。

各级人民政府应当开发适合残疾人就业的公益性岗位，完善相关政策，促进残疾人就业。

第三十一条 各级人民政府应当鼓励社会力量依法兴办残疾人福利企业、盲人按摩机构和其他福利性单位，集中安排残疾人就业，并加大在生产、经营、技术、资金、物资、场地等方面的扶持力度；税务部门应当按照国家规定，给予税收优惠。

残疾人福利企业应当妥善安排残疾职工的生产和生活，积极研制和采用残疾职工专用设备，兴建福利设施，开展文体活动，提高残疾职工的文化水平和健康水平。

市和区、县人民政府及其发展改革、经济信息、民政等部门应当落实相关政策，确定适合残疾人生产、经营的产品、项目，优先安排残疾人福利性单位生产或者经营，并根据残疾人福利性单位的生产特点确定某些产品由其专产。提倡其他企业为残疾人福利性单位提供合适的生产项目。

政府采购部门在同等条件下，应当优先购买残疾人福利性单位的产品或者服务。

第三十二条 国家机关、社会团体、企业事业单位、民办非企业单位均须按照在职职工人数百分之一点六的比例，安排残疾人就业；对符合其招收、招聘条件的残疾人，应当录用。

国家机关、事业单位应当提供适合残疾人就业的岗位，依照公开、公平的原则招录残疾人；对残疾人能够胜任的其他岗位，同等条件下应当优先招录符合条件的残疾人。

国家机关、社会团体、企业事业单位、民办非企业单位安排残疾人就业超过前款规定比例的，按照规定标准给予经济奖励；达不到前款规定比例的，应当按照其职工工资总额的一定比例，缴纳残疾人就业保障金。

残疾人就业保障金，由人力资源社会保障部门所属的社会保险经办机构征收。残疾人就业保障金应当按照有关规定合理有效安排使用，并接受财政、审计等部门的监督管理。

第三十三条 各级人民政府应当鼓励、扶持残疾人自主择业、自主创业。

对从事个体经营的残疾人，有关部门应当依法免除行政事业性收费、给予税收优惠，并在经营场地等方面给予照顾；区、县人民政府给予适当的社会保险费补贴。

第三十四条 市和区、县人力资源社会保障部门设立的公共就业服务机构，应当为残疾人免费提供就业服务。

市和区、县残疾人联合会举办的残疾人就业服务机构，应当组织开展免费的职业指导、职业介绍和职业培训，为残疾人就业和用人单位招用残疾人提供服务和帮助。

鼓励各级各类职业培训机构举办有助于残疾人就业的职业技能培训项目。

市和区、县人民政府对残疾人在职业培训机构接受职业技能培训，按照本市有关规定给予适当的经费补贴。

第三十五条 各级人民政府和农村基层组织应当组织和扶持农村残疾人从事种植业、养殖业、手工业和其他形式的生产劳动。

对从事农业生产劳动的农村残疾人，发展改革、农业、人力资源社会保障等部门应当在生产服务、技术指导、技能培训、农用物资供应、农副产品收购和信贷等方面给予帮助。

第三十六条 用人单位在职工招用、转正、晋级、职称评定、培训进修、劳动报酬、生活福利、休息休假、社会保险等方面，不得歧视残疾人。

用人单位应当根据残疾职工的生理、心理特点，为其安排适当的工种和岗位，提供相应的劳动条件和劳动保护，并根据实际需要对劳动场所、劳动设备和生活设施进行改造。

第四十条 国家机关、社会团体、企业事业单位、民办非企业单位和其他组织应当采取措施，保障残疾人接受社会救助、参加社会保险和享受社会福利的权利。

第四十一条 各级人民政府应当根据国家和本市有关规定，对符合救助条件的残疾人实施救助。

民政部门对申请最低生活保障的残疾人家庭进行经济状况认定时，依照有关规定，对其获得的部分津贴、补贴，不计入家庭收入；对享受最低生活保障的重残无业残疾人提高救助标准。

鼓励社会力量、慈善机构对残疾人给予救助。

第四十二条 市和区、县人民政府按照国家和本市有关规定，对重度和生活困难残疾人参加城镇居民社会养老保险、城镇居民基本医疗保险、新型农村社会养老保险、新型农村合作医疗个人缴费部分给予适当补贴。

第四十三条 人力资源社会保障部门应当将符合规定的残疾人医疗康复项目纳入各类基本医疗保险支付范围，减轻残疾人医疗康复负担。

重度残疾人及其他符合条件的残疾人除享受医疗保险待遇外自行承担的医疗费用，可以依照本市有关规定，享受相应补助。

第五十六条 违反本办法第三十二条第二款规定，国家机关、社会团体、企业事业单位、民办非企业单位未按照规定缴纳残疾人就业保障金的，由人力资源社会保障部门责令限期缴纳；逾期仍不缴纳的，除补缴欠缴数额外，还应当自欠缴之日起，按日加收千分之五的滞纳金。滞纳金并入残疾人就业保障金。

拒不缴纳残疾人就业保障金、滞纳金的，由人力资源社会保障部门依法申请人民法院强制征缴。

2.6 特种工

★ 行政法规/部门规章/司法解释

2.6.1 特种作业人员安全技术培训考核管理规定（国家安全监管总局令第80号 2015年5月修正）

第一章 总 则

第一条 为了规范特种作业人员的安全技术培训考核工作，提高特种作业人员的安全技术水平，防止和减少伤亡事故，根据《安全生产法》、《行政许可法》等有关法律、行政法规，制定本规定。

第二条 生产经营单位特种作业人员的安全技术培训、考核、发证、复审及其监督管理工作，适用本规定。

有关法律、行政法规和国务院对有关特种作业人员管理另有规定的，从其规定。

第三条 本规定所称特种作业，是指容易发生事故，对操作者本人、他人的安全健康及设备、设施的安全可能造成重大危害的作业。特种作业的范围由特种作业目录规定。

本规定所称特种作业人员，是指直接从事特种作业的从业人员。

第四条 特科作业人员应当符合下列条件：

（一）年满18周岁，且不超过国家法定退休年龄；

（二）经社区或者县级以上医疗机构体检健康合格，并无妨碍从事相应特种作业的器质性心脏病、癫痫病、美尼尔氏症、眩晕症、癔病、震颤麻痹症、精神病、痴呆症以及其他疾病和生理缺陷；

（三）具有初中及以上文化程度；

（四）具备必要的安全技术知识与技能；

（五）相应特种作业规定的其他条件。

危险化学品特种作业人员除符合前款第一项、第二项、第四项和第五项规定的条件外，应当具备高中或者相当于高中及以上文化程度。

第五条 特种作业人员必须经专门的安全技术培训并考核合格，取得《中华人民共和国特种作业操作证》（以下简称特种作业操作证）后，方可上岗作业。

第六条 特种作业人员的安全技术培训、考核、发证、复审工作实行统一监管、分级实施、教考分离的原则。

第七条 国家安全生产监督管理总局（以下简称安全监管总局）指导、监督全国特种作业人员的安全技术培训、考核、发证、复审工作；省、自治区、直辖市人民政府安全生产监督管理部门指导、监督本行政区域特种作业人员的安全技术培训工作，负责本行政区域特种作业人员的考核、发证、复审工作；县级以上地方人民政府安全生产监督管理部门负责监督检查本行政区域特种作业人员的安全技术培训和持证上岗工作。

国家煤矿安全监察局（以下简称煤矿安监局）指导、监督全国煤矿特种作业人员（含煤矿矿井使用的特种设备作业人员）的安全技术培训、考核、发证、复审工作；省、自治区、直辖市人民政府负责煤矿特种作业人员考核发证工作的部门或者指定的机构指导、监督本行政区域煤矿特种作业人员的安全技术培训工作，负责本行政区域煤矿特种作业人员的考核、发证、复审工作。

省、自治区、直辖市人民政府安全生产监督管理部门和负责煤矿特种作业人员考核发证工作的部门或者指定的机构（以下统称考核发证机关）可以委托设区的市人民政府安全生产监督管理部门和负责煤矿特种作业人员考核发证工作的部门或者指定的机构实施特种作业人员的考核、发证、复审工作。

第八条 对特种作业人员安全技术培训、考核、发证、复审工作中的违法行为，任何单位和个人均有权向安全监管总局、煤矿安监局和省、自治区、直辖市及设区的市人民政府安全生产监督管理部门、负责煤矿特种作业人员考核发证工作的部门或者指定的机构举报。

第二章 培 训

第九条 特种作业人员应当接受与其所从事的特种作业相应的安全技术理论培训和实际操作培训。

已经取得职业高中、技工学校及中专以上学历的毕业生从事与其所学专业相应的特种作业，持学历证明经考核发证机关同意，可以免予相关专业的培训。

跨省、自治区、直辖市从业的特种作业人员，可以在户籍所在地或者从业所在地参加培训。

第十条 对特种作业人员的安全技术培训，具备安全培训条件的生产经营单位应当以自主培训为主，也可以委托具备安全培训条件的机构进行培训。

不具备安全培训条件的生产经营单位，应当委托具备安全培训条件的机构进行培训。

生产经营单位委托其他机构进行特种作业人员安全技术培训的，保证安全技术培训的责任仍由本单位负责。

第十一条 从事特种作业人员安全技术培训的机构（以下统称培训机构），应当制定相应的培训计划、教学安排，并按照安全监管总局、煤矿安监局制定的特种作业人员培训大纲和煤矿特种作业人员培训大纲进行特种作业人员的安全技术培训。

第三章 考核发证

第十二条 特种作业人员的考核包括考试和审核两部分。考试由考核发证机关或其委托的单位负责；审核由考核发证机关负责。

安全监管总局、煤矿安监局分别制定特种作业人员、煤矿特种作业人员的考核标准，并建立相应的考试题库。

考核发证机关或其委托的单位应当按照安全监管总局、煤矿安监局统一制定的考核标准进行考核。

第十三条 参加特种作业操作资格考试的人员，应当填写考试申请表，由申请人或者申请人的用人单位持学历证明或者培训机构出具的培训证明向申请人户籍所在地或者从业所在地的考核发证机关或其委托的单位提出申请。

考核发证机关或其委托的单位收到申请后，应当在60日内组织考试。

特种作业操作资格考试包括安全技术理论考试和实际操作考试两部分。考试不及格的，允许补考1次。经补考仍不及格的，重新参加相应的安全技术培训。

第十四条 考核发证机关委托承担特种作业操作资格考试的单位应当具备相应的场所、设施、设备等条件，建立相应的管理制度，并公布收费标准等信息。

第十五条　考核发证机关或其委托承担特种作业操作资格考试的单位，应当在考试结束后10个工作日内公布考试成绩。

第十六条　符合本规定第四条规定并经考试合格的特种作业人员，应当向其户籍所在地或者从业所在地的考核发证机关申请办理特种作业操作证，并提交身份证复印件、学历证书复印件、体检证明、考试合格证明等材料。

第十七条　收到申请的考核发证机关应当在5个工作日内完成对特种作业人员所提交申请材料的审查，作出受理或者不予受理的决定。能够当场作出受理决定的，应当当场作出受理决定；申请材料不齐全或者不符合要求的，应当当场或者在5个工作日内一次告知申请人需要补正的全部内容，逾期不告知的，视为自收到申请材料之日起即已被受理。

第十八条　对已经受理的申请，考核发证机关应当在20个工作日内完成审核工作。符合条件的，颁发特种作业操作证；不符合条件的，应当说明理由。

第十九条　特种作业操作证有效期为6年，在全国范围内有效。

特种作业操作证由安全监管总局统一式样、标准及编号。

第二十条　特种作业操作证遗失的，应当向原考核发证机关提出书面申请，经原考核发证机关审查同意后，予以补发。

特种作业操作证所记载的信息发生变化或者损毁的，应当向原考核发证机关提出书面申请，经原考核发证机关审查确认后，予以更换或者更新。

第四章　复　审

第二十一条　特种作业操作证每3年复审1次。

特种作业人员在特种作业操作证有效期内，连续从事本工种10年以上，严格遵守有关安全生产法律法规的，经原考核发证机关或者从业所在地考核发证机关同意，特种作业操作证的复审时间可以延长至每6年1次。

第二十二条　特种作业操作证需要复审的，应当在期满前60日内，由申请人或者申请人的用人单位向原考核发证机关或者从业所在地考核发证机关提出申请，并提交下列材料：

（一）社区或者县级以上医疗机构出具的健康证明；

（二）从事特种作业的情况；

（三）安全培训考试合格记录。

特种作业操作证有效期届满需要延期换证的，应当按照前款的规定申请延期复审。

第二十三条　特种作业操作证申请复审或者延期复审前，特种作业人员应当参加必要的安全培训并考试合格。

安全培训时间不少于8个学时，主要培训法律、法规、标准、事故案例和有关新工艺、新技术、新装备等知识。

第二十四条　申请复审的，考核发证机关应当在收到申请之日起20个工作日内完成复审工作。复审合格的，由考核发证机关签章、登记，予以确认；不合格的，说明理由。

申请延期复审的，经复审合格后，由考核发证机关重新颁发特种作业操作证。

第二十五条　特种作业人员有下列情形之一的，复审或者延期复审不予通过：

（一）健康体检不合格的；

（二）违章操作造成严重后果或者有2次以上违章行为，并经查证确实的；

（三）有安全生产违法行为，并给予行政处罚的；

（四）拒绝、阻碍安全生产监管监察部门监督检查的；

（五）未按规定参加安全培训，或者考试不合格的；

（六）具有本规定第三十条、第三十一条规定情形的。

第二十六条 特种作业操作证复审或者延期复审符合本规定第二十五条第二项、第三项、第四项、第五项情形的，按照本规定经重新安全培训考试合格后，再办理复审或者延期复审手续。

再复审、延期复审仍不合格，或者未按期复审的，特种作业操作证失效。

第二十七条 申请人对复审或者延期复审有异议的，可以依法申请行政复议或者提起行政诉讼。

第五章 监督管理

第二十八条 考核发证机关或其委托的单位及其工作人员应当忠于职守、坚持原则、廉洁自律，按照法律、法规、规章的规定进行特种作业人员的考核、发证、复审工作，接受社会的监督。

第二十九条 考核发证机关应当加强对特种作业人员的监督检查，发现其具有本规定第三十条规定情形的，及时撤销特种作业操作证；对依法应当给予行政处罚的安全生产违法行为，按照有关规定依法对生产经营单位及其特种作业人员实施行政处罚。

考核发证机关应当建立特种作业人员管理信息系统，方便用人单位和社会公众查询；对于注销特种作业操作证的特种作业人员，应当及时向社会公告。

第三十条 有下列情形之一的，考核发证机关应当撤销特种作业操作证：

（一）超过特种作业操作证有效期未延期复审的；

（二）特种作业人员的身体条件已不适合继续从事特种作业的；

（三）对发生生产安全事故负有责任的；

（四）特种作业操作证记载虚假信息的；

（五）以欺骗、贿赂等不正当手段取得特种作业操作证的。

特种作业人员违反前款第四项、第五项规定的，3年内不得再次申请特种作业操作证。

第三十一条 有下列情形之一的，考核发证机关应当注销特种作业操作证：

（一）特种作业人员死亡的；

（二）特种作业人员提出注销申请的；

（三）特种作业操作证被依法撤销的。

第三十二条 离开特种作业岗位6个月以上的特种作业人员，应当重新进行实际操作考试，经确认合格后方可上岗作业。

第三十三条 省、自治区、直辖市人民政府安全生产监督管理部门和负责煤矿特种作业人员考核发证工作的部门或者指定的机构应当每年分别向安全监管总局、煤矿安监局报告特种作业人员的考核发证情况。

第三十四条 生产经营单位应当加强对本单位特种作业人员的管理，建立健全特种作业人员培训、复审档案，做好申报、培训、考核、复审的组织工作和日常的检查工作。

第三十五条 特种作业人员在劳动合同期满后变动工作单位的，原工作单位不得以任何理由扣押其特种作业操作证。

跨省、自治区、直辖市从业的特种作业人员应当接受从业所在地考核发证机关的监督管理。

第三十六条 生产经营单位不得印制、伪造、倒卖特种作业操作证，或者使用非法印制、伪造、倒卖的特种作业操作证。

特种作业人员不得伪造、涂改、转借、转让、冒用特种作业操作证或者使用伪造的特种作业操作证。

第六章 罚 则

第三十七条 考核发证机关或其委托的单位及其工作人员在特种作业人员考核、发证和复审工作中滥用职权、玩忽职守、徇私舞弊的，依法给予行政处分；构成犯罪的，依法追究刑事责任。

第三十八条 生产经营单位未建立健全特种作业人员档案的，给予警告，并处1万元以下的罚款。

第三十九条 生产经营单位使用未取得特种作业操作证的特种作业人员上岗作业的，责令限期改正，可以处5万元以下的罚款；逾期未改正的，责令停产停业整顿，并处5万元以上10万元以下的罚款，对直接负责的主管人员和其他直接责任人员处1万元以上2万元以下的罚款。

煤矿企业使用未取得特种作业操作证的特种作业人员上岗作业的，依照《国务院关于预防煤矿生产安全事故的特别规定》的规定处罚。

第四十条 生产经营单位非法印制、伪造、倒卖特种作业操作证，或者使用非法印制、伪造、倒卖的特种作业操作证的，给予警告，并处1万元以上3万元以下的罚款；构成犯罪的，依法追究刑事责任。

第四十一条 特种作业人员伪造、涂改特种作业操作证或者使用伪造的特种作业操作证的，给予警告，并处1000元以上5000元以下的罚款。

特种作业人员转借、转让、冒用特种作业操作证的，给予警告，并处2000元以上1万元以下的罚款。

第七章 附 则

第四十二条 特种作业人员培训、考试的收费标准，由省、自治区、直辖市人民政府安全生产监督管理部门会同负责煤矿特种作业人员考核发证工作的部门或者指定的机构统一制定，报同级人民政府物价、财政部门批准后执行，证书工本费由考核发证机关列入同级财政预算。

第四十三条 省、自治区、直辖市人民政府安全生产监督管理部门和负责煤矿特种作业人员考核发证工作的部门或者指定的机构可以结合本地区实际，制定实施细则，报安全监管总局、煤矿安监局备案。

第四十四条 本规定自2010年7月1日起施行。1999年7月12日原国家经贸委发布的《特种作业人员安全技术培训考核管理办法》（原国家经贸委令第13号）同时废止。

附件：

特种作业目录

1 电工作业

指对电气设备进行运行、维护、安装、检修、改造、施工、调试等作业（不含电力系统进网作业）。

1.1 高压电工作业

指对1千伏（kv）及以上的高压电气设备进行运行、维护、安装、检修、改造、施工、调试、试验及绝缘工、器具进行试验的作业。

1.2 低压电工作业

指对1千伏（kv）以下的低压电器设备进行安装、调试、运行操作、维护、检修、改造施工和试验的作业。

1.3 防爆电气作业

指对各种防爆电气设备进行安装、检修、维护的作业。

适用于除煤矿井下以外的防爆电气作业。

2 焊接与热切割作业

指运用焊接或者热切割方法对材料进行加工的作业（不含《特种设备安全监察条例》规定的有关作业）。

2.1 熔化焊接与热切割作业

指使用局部加热的方法将连接处的金属或其他材料加热至熔化状态而完成焊接与切割的作业。

适用于气焊与气割、焊条电弧焊与碳弧气刨、埋弧焊、气体保护焊、等离子弧焊、电渣焊、电子束焊、激光焊、氧熔剂切割、激光切割、等离子切割等作业。

2.2 压力焊作业

指利用焊接时施加一定压力而完成的焊接作业。

适用于电阻焊、气压焊、爆炸焊、摩擦焊、冷压焊、超声波焊、锻焊等作业。

2.3 钎焊作业

指使用比母材熔点低的材料作钎料，将焊件和钎料加热到高于钎料熔点，但低于母材熔点的温度，利用液态钎料润湿母材，填充接头间隙并与母材相互扩散而实现连接焊件的作业。

适用于火焰钎焊作业、电阻钎焊作业、感应钎焊作业、浸渍钎焊作业、炉中钎焊作业，不包括烙铁钎焊作业。

3 高处作业

指专门或经常在坠落高度基准面2米及以上有可能坠落的高处进行的作业。

3.1 登高架设作业

指在高处从事脚手架、跨越架架设或拆除的作业。

3.2 高处安装、维护、拆除作业

指在高处从事安装、维护、拆除的作业。

适用于利用专用设备进行建筑物内外装饰、清洁、装修，电力、电信等线路架设，高处管道架设，小型空调高处安装、维修，各种设备设施与户外广告设施的安装、检修、维护以及在高处从事建筑物、设备设施拆除作业。

4 制冷与空调作业

指对大中型制冷与空调设备运行操作、安装与修理的作业。

4.1 制冷与空调设备运行操作作业

指对各类生产经营企业和事业等单位的大中型制冷与空调设备运行操作的作业。

适用于化工类（石化、化工、天然气液化、工艺性空调）生产企业，机械类（冷加工、冷处理、工艺性空调）生产企业，食品类（酿造、饮料、速冻或冷冻调理食品、工艺性空调）生产企业，农副产品加工类（屠宰及肉食品加工、水产加工、果蔬加工）生产企业，仓储类（冷库、速冻加工、制冰）生产经营企业，运输类（冷藏运输）经营企业，服务类（电信机房、体育场馆、建筑的集中空调）经营企业和事业等单位的大中型制冷与空调设备运行操作作业。

4.2 制冷与空调设备安装修理作业

指对4.1所指制冷与空调设备整机、部件及相关系统进行安装、调试与维修的作业。

5 煤矿安全作业

5.1 煤矿井下电气作业

指从事煤矿井下机电设备的安装、调试、巡检、维修和故障处理，保证本班机电设备安全运行的作业。

适用于与煤共生、伴生的坑探、矿井建设、开采过程中的井下电钳等作业。

5.2 煤矿井下爆破作业

指在煤矿井下进行爆破的作业。

5.3 煤矿安全监测监控作业

指从事煤矿井下安全监测监控系统的安装、调试、巡检、维修，保证其安全运行的作业。

适用于与煤共生、伴生的坑探、矿井建设、开采过程中的安全监测监控作业。

5.4 煤矿瓦斯检查作业

指从事煤矿井下瓦斯巡检工作，负责管辖范围内通风设施的完好及通风、瓦斯情况检查，按规定填写各种记录，及时处理或汇报发现的问题的作业。

适用于与煤共生、伴生的矿井建设、开采过程中的煤矿井下瓦斯检查作业。

5.5 煤矿安全检查作业

指从事煤矿安全监督检查，巡检生产作业场所的安全设施和安全生产状况，检查并督促处理相应事故隐患的作业。

5.6 煤矿提升机操作作业

指操作煤矿的提升设备运送人员、矿石、矸石和物料，并负责巡检和运行记录的作业。

适用于操作煤矿提升机，包括立井、暗立井提升机，斜井、暗斜井提升机以及露天矿山斜坡卷扬提升的提升机作业。

5.7 煤矿采煤机（掘进机）操作作业

指在采煤工作面、掘进工作面操作采煤机、掘进机，从事落煤、装煤、掘进工作，负责采煤机、掘进机巡检和运行记录，保证采煤机、掘进机安全运行的作业。

适用于煤矿开采、掘进过程中的采煤机、掘进机作业。

5.8 煤矿瓦斯抽采作业

指从事煤矿井下瓦斯抽采钻孔施工、封孔、瓦斯流量测定及瓦斯抽采设备操作等，保证瓦斯抽采工作安全进行的作业。

适用于煤矿、与煤共生和伴生的矿井建设、开采过程中的煤矿地面和井下瓦斯抽采作业。

5.9 煤矿防突作业

指从事煤与瓦斯突出的预测预报、相关参数的收集与分析、防治突出措施的实施与检查、防突效果检验等，保证防突工作安全进行的作业。

适用于煤矿、与煤共生和伴生的矿井建设、开采过程中的煤矿井下煤与瓦斯防突作业。

5.10 煤矿探放水作业

指从事煤矿探放水的预测预报、相关参数的收集与分析、探放水措施的实施与检查、效果检验等，保证探放水工作安全进行的作业。

适用于煤矿、与煤共生和伴生的矿井建设、开采过程中的煤矿井下探放水作业。

6 金属非金属矿山安全作业

6.1 金属非金属矿井通风作业

指安装井下局部通风机，操作地面主要扇风机、井下局部通风机和辅助通风机，操作、维护矿井通风构筑物，进行井下防尘，使矿井通风系统正常运行，保证局部通风，以预防中毒窒息和除尘等的作业。

6.2 尾矿作业

指从事尾矿库放矿、筑坝、巡坝、抽洪和排渗设施的作业。

适用于金属非金属矿山的尾矿作业。

6.3 金属非金属矿山安全检查作业

指从事金属非金属矿山安全监督检查，巡检生产作业场所的安全设施和安全生产状况，检查并督促处理相应事故隐患的作业。

6.4 金属非金属矿山提升机操作作业

指操作金属非金属矿山的提升设备运送人员、矿石、矸石和物料，及负责巡检和运行记录的作业。

适用于金属非金属矿山的提升机，包括竖井、盲竖井提升机，斜井、盲斜井提升机以及露天矿山斜坡卷扬提升的提升机作业。

6.5 金属非金属矿山支柱作业

指在井下检查井巷和采场顶、帮的稳定性，撬浮石，进行支护的作业。

6.6 金属非金属矿山井下电气作业

指从事金属非金属矿山井下机电设备的安装、调试、巡检、维修和故障处理，保证机电设备安全运行的作业。

6.7 金属非金属矿山排水作业

指从事金属非金属矿山排水设备日常使用、维护、巡检的作业。

6.8 金属非金属矿山爆破作业

指在露天和井下进行爆破的作业。

7 石油天然气安全作业

7.1 司钻作业

指石油、天然气开采过程中操作钻机起升钻具的作业。

适用于陆上石油、天然气司钻（含钻井司钻、作业司钻及勘探司钻）作业。

8 冶金（有色）生产安全作业

8.1 煤气作业

指冶金、有色企业内从事煤气生产、储存、输送、使用、维护检修的作业。

9 危险化学品安全作业

指从事危险化工工艺过程操作及化工自动化控制仪表安装、维修、维护的作业。

9.1 光气及光气化工艺作业

指光气合成以及厂内光气储存、输送和使用岗位的作业。

适用于一氧化碳与氯气反应得到光气，光气合成双光气、三光气，采用光气作单体合成聚碳酸酯，甲苯二异氰酸酯（TDI）制备，4，4′-二苯基甲烷二异氰酸酯（MDI）制备等工艺过程的操作作业。

9.2 氯碱电解工艺作业

指氯化钠和氯化钾电解、液氯储存和充装岗位的作业。

适用于氯化钠（食盐）水溶液电解生产氯气、氢氧化钠、氢气，氯化钾水溶液电解生产氯气、氢氧化钾、氢气等工艺过程的操作作业。

9.3 氯化工艺作业

指液氯储存、气化和氯化反应岗位的作业。

适用于取代氯化，加成氯化，氧氯化等工艺过程的操作作业。

9.4 硝化工艺作业

指硝化反应、精馏分离岗位的作业。

适用于直接硝化法，间接硝化法，亚硝化法等工艺过程的操作作业。

9.5 合成氨工艺作业

指压缩、氨合成反应、液氨储存岗位的作业。

适用于节能氨五工艺法（AMV），德士古水煤浆加压气化法、凯洛格法，甲醇与合成氨联合生产的联醇法，纯碱与合成氨联合生产的联碱法，采用变换催化剂、氧化锌脱硫剂和甲烷催化剂的“三催化”气体净化法工艺过程的操作作业。

9.6 裂解（裂化）工艺作业

指石油系的烃类原料裂解（裂化）岗位的作业。

适用于热裂解制烯烃工艺，重油催化裂化制汽油、柴油、丙烯、丁烯，乙苯裂解制苯乙烯，二氟一氯甲烷（HCFC-22）热裂解制得四氟乙烯（TFE），二氟一氯乙烷（HCFC-142b）热裂解制得偏氟乙烯（VDF），四氟乙烯和八氟环丁烷热裂解制得六氟乙烯（HFP）工艺过程的操作作业。

9.7 氟化工艺作业

指氟化反应岗位的作业。

适用于直接氟化，金属氟化物或氟化氢气体氟化，置换氟化以及其他氟化物的制备等工艺过程的操作作业。

9.8 加氢工艺作业

指加氢反应岗位的作业。

适用于不饱和炔烃、烯烃的三键和双键加氢，芳烃加氢，含氧化合物加氢，含氮化合物加氢以及油品加氢等工艺过程的操作作业。

9.9 重氮化工艺作业

指重氮化反应、重氮盐后处理岗位的作业。

适用于顺法、反加法、亚硝酰硫酸法、硫酸铜触媒法以及盐析法等工艺过程的操作作业。

9.10 氧化工艺作业

指氧化反应岗位的作业。

适用于乙烯氧化制环氧乙烷，甲醇氧化制备甲醛，对二甲苯氧化制备对苯二甲酸，异丙苯经氧化-酸解联产苯酚和丙酮，环己烷氧化制环己酮，天然气氧化制乙炔，丁烯、丁烷、C4馏分或苯的氧化制顺丁烯二酸酐，邻二甲苯或萘的氧化制备邻苯二甲酸酐，均四甲苯的氧化制备均苯四甲酸二酐，苊的氧化制1，8-萘二甲酸酐，3-甲基吡啶氧化制3-吡啶甲酸（烟酸），4-甲基吡啶氧化制4-吡啶甲酸（异烟酸），2-乙基已醇（异辛醇）氧化制备2-乙基已酸（异辛酸），对氯甲苯氧化制备对氯苯甲醛和对氯苯甲酸，甲苯氧化制备苯甲醛、苯甲酸，对硝基甲苯氧化制备对硝基苯甲酸，环十二醇/酮混合物的开环氧化制备十二碳二酸，环己酮/醇混合物的氧化制己二酸，乙二醛硝酸氧化法合成乙醛酸，以及丁醛氧化制丁酸以及氨氧化制硝酸等工艺过程的操作作业。

9.11 过氧化工艺作业

指过氧化反应、过氧化物储存岗位的作业。

适用于双氧水的生产，乙酸在硫酸存在下与双氧水作用制备过氧乙酸水溶液，酸酐与双氧水作用直接制备过氧二酸，苯甲酰氯与双氧水的碱性溶液作用制备过氧化苯甲酰，以及异丙苯经空气氧化生产过氧化氢异丙苯等工艺过程的操作作业。

9.12 胺基化工艺作业

指胺基化反应岗位的作业。

适用于邻硝基氯苯与氨水反应制备邻硝基苯胺，对硝基氯苯与氨水反应制备对硝基苯胺，间甲酚与氯化铵的混合物在催化剂和氨水作用下生成间甲苯胺，甲醇在催化剂和氨气作用下制备甲胺，1-硝基蒽醌与过量的氨水在氯苯中制备1-氨基蒽醌，2，6-蒽醌二磺酸氨解制备2，6-二氨基蒽醌，苯乙烯与胺反应制备N-取代苯乙胺，环氧乙烷或亚乙基亚胺与胺或氨发生开环加成反应制备氨基乙醇或二胺，甲苯经氨氧化制备苯甲腈，以及丙烯氨氧化制备丙烯腈等工艺过程的操作作业。

9.13 磺化工艺作业

指磺化反应岗位的作业。

适用于三氧化硫磺化法，共沸去水磺化法，氯磺酸磺化法，烘焙磺化法，以及亚硫酸盐磺化法等工艺过程的操作作业。

9.14 聚合工艺作业

指聚合反应岗位的作业。

适用于聚烯烃、聚氯乙烯、合成纤维、橡胶、乳液、涂料粘合剂生产以及氟化物聚合等工艺过程的操作作业。

9.15 烷基化工艺作业

指烷基化反应岗位的作业。

适用于C-烷基化反应，N-烷基化反应，O-烷基化反应等工艺过程的操作作业。

9.16 化工自动化控制仪表作业

指化工自动化控制仪表系统安装、维修、维护的作业。

10 烟花爆竹安全作业

指从事烟花爆竹生产、储存中的药物混合、造粒、筛选、装药、筑药、压药、搬运等危险工序的作业。

10.1 烟火药制造作业

指从事烟火药的粉碎、配药、混合、造粒、筛选、干燥、包装等作业。

10.2 黑火药制造作业

指从事黑火药的潮药、浆硝、包片、碎片、油压、抛光和包浆等作业。

10.3 引火线制造作业

指从事引火线的制引、浆引、漆引、切引等作业。

10.4 烟花爆竹产品涉药作业

指从事烟花爆竹产品加工中的压药、装药、筑药、褙药剂、已装药的钻孔等作业。

10.5 烟花爆竹储存作业

指从事烟花爆竹仓库保管、守护、搬运等作业。

11 安全监管总局认定的其他作业。

2.7 建筑工人相关

★ 法律

2.7.1 中华人民共和国劳动合同法（主席令第73号 2012年12月修正）

第九十四条 个人承包经营违反本法规定招用劳动者，给劳动者造成损害的，发包的组织与个人承包经营者承担连带赔偿责任。

2.7.2 中华人民共和国安全生产法（主席令第13号 2014年修正）

第四十九条 生产经营单位与从业人员订立的劳动合同，应当载明有关保障从业人员劳动安全、防止职业危害的事项，以及依法为从业人员办理工伤保险的事项。

生产经营单位不得以任何形式与从业人员订立协议，免除或者减轻其对从业人员因生产安全事故伤亡依法应承担的责任。

第五十条 生产经营单位的从业人员有权了解其作业场所和工作岗位存在的危险因素、防范措施及事故应急措施，有权对本单位的安全生产工作提出建议。

第五十一条 从业人员有权对本单位安全生产工作中存在的问题提出批评、检举、控告；有权拒绝违章指挥和强令冒险作业。

生产经营单位不得因从业人员对本单位安全生产工作提出批评、检举、控告或者拒绝违章指挥、强令冒险作业而降低其工资、福利等待遇或者解除与其订立的劳动合同。

第五十二条 从业人员发现直接危及人身安全的紧急情况时，有权停止作业或者在采取可能的应急措施后撤离作业场所。

生产经营单位不得因从业人员在前款紧急情况下停止作业或者采取紧急撤离措施而降低其工资、福利等待遇或者解除与其订立的劳动合同。

第五十三条 因生产安全事故受到损害的从业人员，除依法享有工伤保险外，依照有关民事法律尚有获得赔偿的权利的，有权向本单位提出赔偿要求。

第五十四条 从业人员在作业过程中，应当严格遵守本单位的安全生产规章制度和操作规程，服从管理，正确佩戴和使用劳动防护用品。

第五十五条 从业人员应当接受安全生产教育和培训，掌握本职工作所需的安全生产知识，提高安全生产技能，增强事故预防和应急处理能力。

第五十六条 从业人员发现事故隐患或者其他不安全因素，应当立即向现场安全生产管理人员或者本单位负责人报告；接到报告的人员应当及时予以处理。

第五十七条 工会有权对建设项目的安全设施与主体工程同时设计、同时施工、同时投入生产和使用进行监督，提出意见。

工会对生产经营单位违反安全生产法律、法规，侵犯从业人员合法权益的行为，有权要求纠正；发现生产经营单位违章指挥、强令冒险作业或者发现事故隐患时，有权提出解决的建议，生产经营单位应当及时研究答复；发现危及从业人员生命安全的情况时，有权向生产经营单位建议组织从业人员撤离危险场所，生产经营单位必须立即作出处理。

工会有权依法参加事故调查，向有关部门提出处理意见，并要求追究有关人员的责任。

第五十八条 生产经营单位使用被派遣劳动者的，被派遣劳动者享有本法规定的从业人员的权利，并应当履行本法规定的从业人员的义务。

★ 行政法规/部门规章/司法解释

2.7.3 最高人民法院关于审理劳动争议案件适用法律若干问题的解释（法释［2001］14号）

第十二条 劳动者在用人单位与其他平等主体之间的承包经营期间，与发包方和承包方双方或者一方发生劳动争议，依法向人民法院起诉的，应当将承包方和发包方作为当事人。

2.7.4 劳动和社会保障部、建设部关于印发《建设领域农民工工资支付管理暂行办法》的通知（劳社部发［2004］22号）

各省、自治区、直辖市劳动和社会保障厅（局）、建设厅（建委）：

为维护建设领域农民工合法报酬权益，规范建筑业企业工资支付行为，现将《建设领域农民工工资支付管理暂行办法》印发给你们，请结合实际情况制定实施办法，认真贯彻执行。

各级劳动和社会保障行政部门应会同建设行政主管部门积极探索建立解决建筑业企业拖欠或克扣农民工工资问题的长效机制，大力推进农民工工资支付监控制度及信用制度建设，在有条件的地区探索建立工资支付保障制度。要加强同各级工会组织、企业联合会/企业家协会（企业组织）的协调和沟通，指导、推动企业建立集体协商制度，充分发挥劳动关系三方协商机制在解决拖欠或克扣农民工工资问题中的作用。

劳动和社会保障部

建设部

二〇〇四年九月六日

为规范建设领域农民工工资支付行为，预防和解决建筑业企业拖欠或克扣农民工工资问题，根据《中华人民共和国劳动法》、《工资支付暂行规定》等有关规定，制定本办法。

一、本办法适用于在中华人民共和国境内的建筑业企业（以下简称企业）和与之形成劳动关系的农民工。

本办法所指建筑业企业，是指从事土木工程、建筑工程、线路管道设备安装工程、装修工程的新建、扩建、改建活动的企业。

二、县级以上劳动和社会保障行政部门负责企业工资支付的监督管理，建设行政主管部门协助劳动和社会保障行政部门对企业执行本办法的情况进行监督检查。

三、企业必须严格按照《劳动法》、《工资支付暂行规定》和《最低工资规定》等有关规定支付农民工工资，不得拖欠或克扣。

四、企业应依法通过集体协商或其他民主协商形式制定内部工资支付办法，并告知本企业全体农民工，同时抄报当地劳动和社会保障行政部门与建设行政主管部门。

五、企业内部工资支付办法应包括以下内容：支付项目、支付标准、支付方式、支付周期和日期、加班工资计算基数、特殊情况下的工资支付以及其他工资支付内容。

六、企业应当根据劳动合同约定的农民工工资标准等内容，按照依法签订的集体合同或劳动合同约定的日期按月支付工资，并不得低于当地最低工资标准。具体支付方式可由企业结合建筑行业特点在内部工资支付办法中规定。

七、企业应将工资直接发放给农民工本人，严禁发放给“包工头”或其他不具备用工主体资格的组织和个人。

企业可委托银行发放农民工工资。

八、企业支付农民工工资应编制工资支付表，如实记录支付单位、支付时间、支付对象、支付数额等工资支付情况，并保存两年以上备查。

九、工程总承包企业应对劳务分包企业工资支付进行监督，督促其依法支付农民工工资。

十、业主或工程总承包企业未按合同约定与建设工程承包企业结清工程款，致使建设工程承包企业拖欠农民工工资的，由业主或工程总承包企业先行垫付农民工被拖欠的工资，先行垫付的工资数额以未结清的工程款为限。

十一、企业因被拖欠工程款导致拖欠农民工工资的，企业追回的被拖欠工程款，应优先用于支付拖欠的农民工工资。

十二、工程总承包企业不得将工程违反规定发包、分包给不具备用工主体资格的组织或个人，否则应承担清偿拖欠工资连带责任。

十三、企业应定期如实向当地劳动和社会保障行政部门及建设行政主管部门报送本单位工资支付情况。

十四、企业违反国家工资支付规定拖欠或克扣农民工工资的，记入信用档案，并通报有关部门

建设行政主管部门可依法对其市场准入、招投标资格和新开工项目施工许可等进行限制，并予以相应处罚。

十五、企业应按有关规定缴纳工资保障金，存入当地政府指定的专户，用于垫付拖欠的农民工工资。

十六、农民工发现企业有下列情形之一的，有权向劳动和社会保障行政部门举报：

（一）未按照约定支付工资的；

（二）支付工资低于当地最低工资标准的；

（三）拖欠或克扣工资的；

（四）不支付加班工资的；

（五）侵害工资报酬权益的其他行为。

十七、各级劳动和社会保障行政部门依法对企业支付农民工工资情况进行监察，对违法行为进行处理。企业在接受监察时应当如实报告情况，提供必要的资料和证明。

十八、农民工与企业因工资支付发生争议的，按照国家劳动争议处理有关规定处理。

对事实清楚、不及时裁决会导致农民工生活困难的工资争议案件，以及涉及农民工工伤、患病期间工资待遇的争议案件，劳动争议仲裁委员会可部分裁决；企业不执行部分裁决的，当事人可依法向人民法院申请强制执行。

十九、本办法自发布之日起施行。

2.7.5 最高人民法院关于审理劳动争议案件适用法律若干问题的解释（三）（法释［2010］12号）

第五条 未办理营业执照、营业执照被吊销或者营业期限届满仍继续经营的用人单位，以挂靠等方式借用他人营业执照经营的，应当将用人单位和营业执照出借方列为当事人。

2.7.6 工伤保险条例（国务院令第375号 2010年12月修正）

第四十三条 用人单位分立、合并、转让的，承继单位应当承担原用人单位的工伤保

险责任；原用人单位已经参加工伤保险的，承继单位应当到当地经办机构办理工伤保险变更登记。

用人单位实行承包经营的，工伤保险责任由职工劳动关系所在单位承担。

职工被借调期间受到工伤事故伤害的，由原用人单位承担工伤保险责任，但原用人单位与借调单位可以约定补偿办法。

企业破产的，在破产清算时依法拨付应当由单位支付的工伤保险待遇费用。

2.7.7 人力资源和社会保障部、住房和城乡建设部、国家安全、生产监督管理总局、全国总工会关于进一步做好建筑业工伤保险工作的意见（人社部发［2014］103号）

各省、自治区、直辖市及新疆生产建设兵团人力资源社会保障厅（局）、住房城乡建设厅（委、局）、安全生产监督管理局、总工会：

改革开放以来，我国建筑业蓬勃发展，建筑业职工队伍不断发展壮大，为经济社会发展和人民安居乐业做出了重大贡献。建筑业属于工伤风险较高行业，又是农民工集中的行业。为维护建筑业职工特别是农民工的工伤保障权益，国家先后出台了一系列法律法规和政策，各地区、各有关部门积极采取措施，加强建筑施工安全生产制度建设和监督检查，大力推进建筑施工企业依法参加工伤保险，使建筑业职工工伤权益保障工作不断得到加强。但目前仍存在部分建筑施工企业安全管理制度不落实、工伤保险参保覆盖率低、一线建筑工人特别是农民工工伤维权能力弱、工伤待遇落实难等问题。

为贯彻落实党中央、国务院关于切实保障和改善民生的要求，依据社会保险法、建筑法、安全生产法、职业病防治法和《工伤保险条例》等法律法规规定，现就进一步做好建筑业工伤保险工作、切实维护建筑业职工工伤保障权益提出以下意见：

一、完善符合建筑业特点的工伤保险参保政策，大力扩展建筑企业工伤保险参保覆盖面。建筑施工企业应依法参加工伤保险。针对建筑行业的特点，建筑施工企业对相对固定的职工，应按用人单位参加工伤保险；对不能按用人单位参保、建筑项目使用的建筑业职工特别是农民工，按项目参加工伤保险。房屋建筑和市政基础设施工程实行以建设项目为单位参加工伤保险的，可在各项社会保险中优先办理参加工伤保险手续。建设单位在办理施工许可手续时，应当提交建设项目工伤保险参保证明，作为保证工程安全施工的具体措施之一；安全施工措施未落实的项目，各地住房城乡建设主管部门不予核发施工许可证。

二、完善工伤保险费计缴方式。按用人单位参保的建筑施工企业应以工资总额为基数依法缴纳工伤保险费。以建设项目为单位参保的，可以按照项目工程总造价的一定比例计算缴纳工伤保险费。

三、科学确定工伤保险费率。各地区人力资源社会保障部门应参照本地区建筑企业行业基准费率，按照以支定收、收支平衡原则，商住房城乡建设主管部门合理确定建设项目工伤保险缴费比例。要充分运用工伤保险浮动费率机制，根据各建筑企业工伤事故发生率、工伤保险基金使用等情况适时适当调整费率，促进企业加强安全生产，预防和减少工伤事故。

四、确保工伤保险费用来源。建设单位要在工程概算中将工伤保险费用单独列支，作为不可竞争费，不参与竞标，并在项目开工前由施工总承包单位一次性代缴本项目工伤保险费，覆盖项目使用的所有职工，包括专业承包单位、劳务分包单位使用的农民工。

五、健全工伤认定所涉及劳动关系确认机制。建筑施工企业应依法与其职工签订劳动合同，加强施工现场劳务用工管理。施工总承包单位应当在工程项目施工期内督促专业承包单位、劳务分包单位建立职工花名册、考勤记录、工资发放表等台账，对项目施工期内全部施工人员实行动态实名制管理。施工人员发生工伤后，以劳动合同为基础确认劳动关系。对未签订劳动合同的，由人力资源社会保障部门参照工资支付凭证或记录、工作证、招工登记表、考勤记录及其他劳动者证言等证据，确认事实劳动关系。相关方面应积极提供有关证据；按规定应由用人单位负举证责任而用人单位不提供的，应当承担不利后果。

六、规范和简化工伤认定和劳动能力鉴定程序。职工发生工伤事故，应当由其所在用人单位在30日内提出工伤认定申请，施工总承包单位应当密切配合并提供参保证明等相关材料。用人单位未在规定时限内提出工伤认定申请的，职工本人或其近亲属、工会组织可以在1年内提出工伤认定申请，经社会保险行政部门调查确认工伤的，在此期间发生的工伤待遇等有关费用由其所在用人单位负担。各地社会保险行政部门和劳动能力鉴定机构要优化流程，简化手续，缩短认定、鉴定时间。对于事实清楚、权利义务关系明确的工伤认定申请，应当自受理工伤认定申请之日起15日内作出工伤认定决定。探索建立工伤认定和劳动能力鉴定相关材料网上申报、审核和送达办法，提高工作效率。

七、完善工伤保险待遇支付政策。对认定为工伤的建筑业职工，各级社会保险经办机构和用人单位应依法按时足额支付各项工伤保险待遇。对在参保项目施工期间发生工伤、项目竣工时尚未完成工伤认定或劳动能力鉴定的建筑业职工，其所在用人单位要继续保证其医疗救治和停工期间的法定待遇，待完成工伤认定及劳动能力鉴定后，依法享受参保职工的各项工伤保险待遇；其中应由用人单位支付的待遇，工伤职工所在用人单位要按时足额支付，也可根据其意愿一次性支付。针对建筑业工资收入分配的特点，对相关工伤保险待遇中难以按本人工资作为计发基数的，可以参照统筹地区上年度职工平均工资作为计发基数。

八、落实工伤保险先行支付政策。未参加工伤保险的建设项目，职工发生工伤事故，依法由职工所在用人单位支付工伤保险待遇，施工总承包单位、建设单位承担连带责任；用人单位和承担连带责任的施工总承包单位、建设单位不支付的，由工伤保险基金先行支付，用人单位和承担连带责任的施工总承包单位、建设单位应当偿还；不偿还的，由社会保险经办机构依法追偿。

九、建立健全工伤赔偿连带责任追究机制。建设单位、施工总承包单位或具有用工主体资格的分包单位将工程（业务）发包给不具备用工主体资格的组织或个人，该组织或个人招用的劳动者发生工伤的，发包单位与不具备用工主体资格的组织或个人承担连带赔偿责任。

十、加强工伤保险政策宣传和培训。施工总承包单位应当按照项目所在地人力资源社会保障部门统一规定的式样，制作项目参加工伤保险情况公示牌，在施工现场显著位置予以公示，并安排有关工伤预防及工伤保险政策讲解的培训课程，保障广大建筑业职工特别是农民工的知情权，增强其依法维权意识。各地人力资源社会保障部门要会同有关部门加大工伤保险政策宣传力度，让广大职工知晓其依法享有的工伤保险权益及相关办事流程。开展工伤预防试点的地区可以从工伤保险基金提取一定比例用于工伤预防，各地人力资源社会保障部门应会同住房城乡建设部门积极开展建筑业工伤预防的宣传和培训工作，并将建筑业职工特别是农民工作为宣传和培训的重点对象。建立健全政府部门、行业协会、建筑施工企业等多层次的培训体系，不断提升建筑业职工的安全生产意识、工伤维权意识和岗位技能水平，从源头上控制和减少安全事故。

十一、严肃查处谎报瞒报事故的行为。发生生产安全事故时，建筑施工企业现场有关人员和企业负责人要严格依照《生产安全事故报告和调查处理条例》等规定，及时、如实向安全监管、住房城乡建设和其他负有监管职责的部门报告，并做好工伤保险相关工作。事故报告后出现新情况的，要及时补报。对谎报、瞒报事故和迟报、漏报的有关单位和人员，要严格依法查处。

十二、积极发挥工会组织在职工工伤维权工作中的作用。各级工会要加强基层组织建设，通过项目工会、托管工会、联合工会等多种形式，努力将建筑施工一线职工纳入工会组织，为其提供维权依托。提升基层工会组织在职工工伤维权方面的业务能力和服务水平。具备条件的企业工会要设立工伤保障专员，学习掌握工伤保险政策，介入工伤事故处理的全过程，了解工伤职工需求，跟踪工伤待遇支付进程，监督工伤职工各项权益落实情况。

十三、齐抓共管合力维护建筑工人工伤权益。人力资源社会保障部门要积极会同相关部门，把大力推进建筑施工企业参加工伤保险作为当前扩大社会保险覆盖面的重要任务和重点工作领域，对各类建筑施工企业和建设项目进行摸底排查，力争尽快实现全面覆盖。各地人力资源社会保障、住房城乡建设、安全监管等部门要认真履行各自职能，对违法施工、非法转包、违法用工、不参加工伤保险等违法行为依法予以查处，进一步规范建筑市场秩序，保障建筑业职工工伤保险权益。人力资源社会保障、住房城乡建设、安全监管等部门和总工会要定期组织开展建筑业职工工伤维权工作情况的联合督查。有关部门和工会组织要建立部门间信息共享机制，及时沟通项目开工、项目用工、参加工伤保险、安全生产监管等信息，实现建筑业职工参保等信息互联互通，为维护建筑业职工工伤权益提供有效保障。

交通运输、铁路、水利等相关行业职工工伤权益保障工作可参照本文件规定执行。

各地人力资源社会保障、住房城乡建设、安全监管等部门和工会组织要依据国家法律法规和本文件精神，结合本地实际制定具体实施方案，定期召开有关部门协调工作会议，共同研究解决有关难点重点问题，合力做好建筑业职工工伤保险权益保障工作。

人力资源社会保障部

住房城乡建设部

安全监管总局

全国总工会

2014 年 12 月 29 日

★ 地方性文件·广东省

2.7.8 广东省工伤保险条例（广东省第十一届人民代表大会常务委员会公告第 69 号 2012 年 1 月起施行）

第四十二条 用人单位实行承包经营的，工伤保险责任由职工劳动关系所在单位承担。

用人单位实行承包经营，使用劳动者的承包方不具备用人单位资格的，由具备用人单位资格的发包方承担工伤保险责任。

非法承包建筑工程发生工伤事故，劳动者的工伤待遇应当由分包方或者承包方承担，分包方或者承包方承担工伤保险责任后有权向发包方追偿。职工被借调期间受到工伤事故伤害的，由原用人单位承担工伤保险责任，但原用人单位与借调单位可以约定补偿办法。

2.7.9 广东省高级人民法院、广东省劳动人事争议仲裁委员会关于印发《广东省高级人民法院广东省劳动人事争议仲裁委员会关于审理劳动人事争议案件若干问题的座谈会纪要》的通知（粤高法［2012］284号）

第十三条 发包单位将建设工程非法发包给不具有用工主体资格的实际施工人或者承包单位将承包的建设工程非法转包、分包给不具有用工主体资格的实际施工人，实际施工人招用的劳动者请求确认其与具有用工主体资格的发包单位或者承包单位存在劳动关系的，不予支持，但社会保险行政部门已认定工伤的除外。劳动者依照《广东省工资支付条例》第三十二条、第三十三条或《劳动合同法》第九十四条与《非法用工单位伤亡人员一次性赔偿办法》直接主张由发包单位或者承包单位与实际施工人连带承担相应法律责任的，应予支持。

2.7.10 广东省建设领域工人工资支付分账管理暂行办法（粤人社规［2015］3号）

第一条 为规范我省建设领域的工资支付行为，预防和解决建设领域拖欠劳动者工资问题，维护劳动者合法权益，根据《中华人民共和国劳动合同法》、《中华人民共和国建筑法》、《广东省工资支付条例》、《广东省劳动保障监察条例》和《建设领域农民工工资支付管理暂行办法》等有关规定，结合本省实际，制定本办法。

第二条 我省建设领域的工人工资支付与工程款支付分账管理适用本办法。

本办法所称建设项目，包括土木工程、房屋建筑、装修装饰、交通、水利、市政公用、通信、铁路、电力等项目。

第三条 建设领域的工人工资支付实行专户管理，以银行转账方式支付工资。

工程总承包单位和施工单位（包括专业分包和劳务分包，下同）对建设项目工程款中的工人工资与其他款项实行分开银行账户管理，在商业银行设立工人工资支付专用账户用于支付工资。工人工资支付专用账户的开立、使用和管理应按照人民银行相关规定执行。

工人工资支付专用账户内的资金除发放工人工资外，不得用于其他用途，不得开通网上银行等电子支付渠道，不得提取现金。

第四条 建设单位（业主单位或代建项目管理单位）对建设项目的工人工资支付情况进行监督，并及时协调解决工人工资发放中存在的问题。

建设单位与施工总承包单位在签订项目施工合同时，应当对施工总承包单位设立工人工资支付专用账户、拨付工资款项方式以及建立劳动用工管理台账等事项作出明确约定。

建设单位应当按照合同约定，按时足额将工程款中的工资款项拨入施工总承包单位的工人工资支付专用账户。

第五条 施工总承包单位将建设项目分包给其他施工单位的，应当按照本办法第四条规定执行。

施工总承包单位应当对施工单位支付工人工资情况进行监督，并及时协调解决工人工资发放中存在的问题。

第六条 施工单位应当在建设项目开工前，在项目所在地商业银行设立工人工资支付专用账户，并在用工之日起15日内为每个工人办理工资个人账户。

施工单位应当通过工人工资支付专用账户，依法按时足额将工人工资直接支付到工人的工资个人账户，并按月将工人工资支付明细表报施工总承包单位和建设单位备案。

施工单位应当建立用工管理台账，真实、准确记录工人名册、劳动合同、劳务合同、工程进度、工时、劳务承包款和工人工资支付情况等信息，并保存两年以上备查。

施工单位发现施工总承包单位、建设单位未按照约定拨付工资款项到工人工资支付专用账户的，可以向人力资源社会保障部门和建设项目行政主管审批部门反映。

第七条 建设项目行政主管审批部门在审核施工许可申请时，应当依法核实建设资金已落实等施工许可证申领条件，并督促建设单位在签订建设项目施工合同时，应当约定施工总承包单位、施工单位设立工人工资支付专用账户。

第八条 建设项目施工所在地的县级以上住房城乡建设、交通运输、水利、市政、代建等部门以及通信等具有行政管理职能的单位，在依法实施行业监督管理的同时要求建设单位、施工总承

包单位和施工单位建立工人工资分账管理制度。

审批建设项目施工许可证或开工报告的行政主管部门，牵头负责监督该建设项目实施工人工资支付分账管理。

通信、铁路、电力等建设项目由本系统内上级部门审批的，由系统属地管理单位牵头负责监督该建设项目实施工人工资支付分账管理。

第九条 建设项目施工所在地的县级以上人力资源社会保障部门和总工会负责对建设领域的工人工资支付进行监督。

第十条 施工总承包单位、施工单位开立工人工资支付专用账户时，应当按照开户银行要求提供相关开户资料。

开户银行应协助施工总承包单位、施工单位做好工人工资支付专用账户的开立、使用、销户以及工人工资个人账户开办工作，加强对专户监管，确保专户资金专门用于支付工人工资。

第十一条 人力资源社会保障部门对连续拖欠工人工资 2 个月以上或者累计拖欠达 3 个月以上的施工总承包单位、施工单位实施重点监察，依法作出行政处罚后记入劳动保障守法诚信档案，并将行政处罚结果通报当地征信系统管理部门和各行政主管部门。征信管理部门及时录入当地征信系统，住建、交通、水利、通信等行政主管部门予以公布，并按规定对其市场准入、招投标资格和新开工项目施工许可等进行限制。

以逃避支付工人劳动报酬为目的，采取隐匿财产、恶意清偿、虚构债务、虚假破产、虚假倒闭或其他方法转移、处分财产；逃跑、藏匿；隐匿、销毁或篡改账目、职工名册、工资支付记录、考勤记录等与劳动报酬相关的材料；或者以其他方法逃避支付劳动报酬，涉嫌犯罪的，移送公安机关追究刑事责任。

第十二条 各级总工会对建设单位、施工总承包单位和施工单位遵守本办法的情况进行监督，发现违法行为的，有权要求改正，并及时向人力资源社会保障部门通报。

第十三条 本办法自 2015 年 5 月 1 日起施行，有效期 3 年。各地可结合本地实际制订实施细则。

2.7.11 广东省工资支付条例（广东省第十二届人民代表大会常务委员会公告第 65 号 2016 年 9 月起施行）

第三十二条 建设工程领域实行用工实名管理制度。施工总承包单位应当建立施工人员进出场登记制度，加强对分包单位劳动用工和工资发放的监督管理。施工总承包单位、

分包单位应当建立用工管理台账，并保存至工程竣工且工资全部结清后至少两年。

第三十三条 建设工程领域劳动者工资支付实行专户管理制度，施工总承包单位和分包单位应当将建设项目工程款中的劳动者工资与其他款项分开银行账户管理。工资支付专用账户内的资金除发放工资外，不得用于其他用途，不得提取现金。

建设单位与施工总承包单位、施工总承包单位与分包单位签订工程承包合同时，应当对工程款中的人工费比例和支付期限作出明确约定，建设单位应当按照合同约定的比例按月将应付工程款中的人工费单独足额拨付到施工总承包单位开设的工资支付专用账户，施工总承包单位应当按照合同约定的比例按月将应付工程款中的人工费单独足额拨付到分包单位开设的工资支付专用账户。

工资支付专用账户内资金少于应发劳动者工资总额的，开户单位应当按时补足。工程竣工且工资全部结清后，工资支付专用账户可以注销，账户内余额归开户单位所有。

第三十四条 建设工程领域用工实名管理和工资支付专户管理的具体办法由省人民政府在一年内另行制定。

第三十五条 对建设资金来源不落实的政府投资工程项目不予批准。

建设单位申请施工许可证时，应当提供工资支付专用账户的开立等建设资金落实情况。负责建设项目审批的部门应当将工资支付专用账户的开立作为建设资金落实的具体要求进行审查，不符合法定条 件的，不予颁发施工许可证。

第三十六条 不具备本条例第二条规定的用人单位资格的承包人拖欠或者克扣劳动者工资，作为发包方的用人单位应当先支付工资，再依法向承包人追偿。

第三十七条 建设单位（业主）未按照合同约定拨付或者结清工程款，致使施工单位拖欠劳动者工资的，人力资源社会保障部门可以责令建设单位（业主）先行垫付劳动者工资，先行垫付的工资数额以未结清的工程款为限。

分包建设工程的承包人拖欠或者克扣劳动者工资的，分包建设工程的发包人在未结清的工程款额度内先行垫付劳动者工资，垫付部分抵扣工程款。

分包建设工程的发包人违法分包、转包或者违法允许他人以本企业名义承揽工程发生拖欠工资的，由分包建设工程的发包人垫付劳动者工资。

第三十八条 用人单位合并或者分立前拖欠劳动者工资的，应当在合并或者分立时清偿拖欠的工资；不能清偿的，由合并或者分立后的用人单位清偿拖欠工资。

第三十九条 非因劳动者原因造成用人单位停工、停产，未超过一个工资支付周期（最长三十日）的，用人单位应当按照正常工作时间支付工资。超过一个工资支付周期的，可以根据劳动者提供的劳动，按照双方新约定的标准支付工资；用人单位没有安排劳动者工作的，应当按照不低于当地最低工资标准的百分之八十支付劳动者生活费，生活费发放至企业复工、复产或者解除劳动关系。

第四十条 用人单位破产、解散或者撤销的，经依法清算后的财产应当用于优先支付劳动者工资、社会保险费。

2.7.12 惠州市中级人民法院、惠州市劳动人事争议仲裁委员会《关于审理劳动争议案件若干问题的会议纪要（试行）》（2012 年）

第二条 【持《合作协议》或《承包协议》请求确认劳动关系是否受理】用人单位与劳动者签订《合作协议》《承包协议》等而未签订劳动合同的，劳动者持《合作协议》或

《承包协议》要求确认劳动关系，可依法向劳动仲裁机构申请仲裁。

《合作协议》或《承包协议》的内容具有《劳动合同法》第十七条规定的主要条款的，根据协议的实际履行情况，可以认定双方存在劳动合同关系。否则，可由当事人持《合作协议》或《承包协议》直接向人民法院起诉。

第三十四条　【挂靠的责任承担问题】挂靠在其他单位名下进行生产经营的挂靠人违反法律法规的规定侵害其招用的劳动者合法权益，区分下列四种情形进行处理：（一）挂靠人以自己的名义招用劳动者但不具有用工主体资格的，由挂靠人承担责任，被挂靠人承担补充清偿责任；（二）挂靠人以自己的名义招用劳动者且具有用工主体资格的，被挂靠人不承担责任；（三）挂靠人以被挂靠人名义招用劳动者的，被挂靠人未提供证据证明其已提出反对并将挂靠事实告知劳动者，挂靠人不具有用工主体资格的，由被挂靠人承担责任；（四）挂靠人以被挂靠人名义招用劳动者的，被挂靠人未提供证据证明其已提出反对并将挂靠事实告知劳动者，挂靠人具有用工主体资格的，由挂靠人承担责任，被挂靠人承担补充清偿责任。承担责任后，被挂靠人享有追偿权。

2.7.13 深圳市劳动合同管理疑难问题研讨会会议纪要（深人社专纪［2012］11号）

为应对劳动合同管理中出现的新情况、新问题，提高全市劳动合同管理水平，市人力资源和社会保障局于2012年8月组织召开了全市劳动合同管理疑难问题研讨会，纪要如下：

第一条　建筑企业与非法承包、转包、分包施工人所招用的劳动者的关系问题。依据《广东省高级人民法院广东省劳动人事争议仲裁委员会关于审理劳动人事争议案件若干问题的座谈会纪要》，建筑企业与非法承包、转包、分包施工人所招用的劳动者不存在劳动关系，但给劳动者造成损害的，建筑企业应承担连带责任。

2.7.14 深圳市中级人民法院关于审理劳动争议案件的裁判指引（2015年）

第五十七条　劳动者与不具备合法经营资格的用人单位因用工关系产生争议，应当将该单位或出资人列为当事人，按照《劳动合同法》第九十三条的规定支付相关费用，即劳动报酬、经济补偿、赔偿金和损害赔偿责任，但不包括未签订书面劳动合同的二倍工资差额。

第五十八条　个人承包、挂靠他人经营或借用他人营业执照经营的，承包人、挂靠人或借用人招用的劳动者请求确认其与具有用工主体资格的发包人、被挂靠人或被借用人存在劳动关系的，不予支持，但社会保险行政部门已认定工伤的除外。劳动者依据《广东省工资支付条例》第三十二条、第三十三条或《劳动合同法》第九十四条与《非法用工单位伤亡人员一次性赔偿办法》直接主张由发包人、被挂靠人或被借用人与承包人、挂靠人或借用人连带承担相应法律责任的，应予支持。

★地方性文件·上海市

2.7.15 关于进一步做好本市建筑业工伤保险工作若干意见的通知（沪人社福发［2015］34号）

各委、办、局，市社会保险事业管理中心，各区县人力资源和社会保障局、建设和交通委员会、安全生产监督管理局，各区县局（产业）工会，各有关单位：

为贯彻落实人力资源社会保障部、住房城乡建设部、安全监管总局、全国总工会《关于进一步做好建筑业工伤保险工作的意见》（人社部发［2014］103号），切实维护建筑施工企业从业人员工伤保险权益，现就进一步做好本市建筑业工伤保险工作的若干意见通知如下：

一、在本市行政区域内从事房屋建筑和市政基础设施工程的建筑施工企业及其从业人员均应根据《工伤保险条例》《上海市工伤保险实施办法》（以下简称《实施办法》）的规定参加本市工伤保险。其中，对不能按用人单位参保、建筑项目使用的建筑施工企业从业人员特别是农民工，按建设项目参加本市工伤保险。

二、按项目参加本市工伤保险的，工伤保险费按建设工程施工合同载明的合同价的1‰确定，并根据以支定收、收支平衡的原则适时调整。

三、按项目参保的新建项目，建设单位应当在工程概算中单独列支工伤保险费，作为不可竞争费，不参与竞标，并在施工合同签订后、施工许可证申请前，支付给施工总承包企业。施工总承包企业应当在办理施工许可证前，至项目所在地的区县社会保险经办机构或登录“上海市人力资源和社会保障自助经办平台”办理参保手续，并一次性代缴工伤保险费。

四、按项目参保的在建项目，施工总承包企业应当在本通知实施之日起30日内，办理项目参保和代缴工伤保险费的手续。具体缴费数额为工伤保险费×剩余工期天数/项目工程总工期天数。建设单位尚未支付工伤保险费的，应及时支付给施工总承包企业。

五、社会保险经办机构根据本通知的规定按项目征收工伤保险费后，向施工总承包企业出具《建筑施工项目工伤保险参保证明》（以下简称《参保证明》），并作为建筑施工企业按项目参加本市工伤保险的凭证。

施工总承包企业取得《参保证明》后，应当及时将《参保证明》复印分送建设单位、施工专业承包企业和劳务分包企业。

六、建设单位在办理施工许可证时，应当提交建设项目《参保证明》，作为保证工程安全施工的具体措施之一；未提交的，本市各级施工许可办理部门不予核发施工许可证。

七、建筑施工企业按项目参保后，建设单位追加工程投资的，应当将追加投资后应补缴的工伤保险费支付给施工总承包企业，由施工总承包企业在确定追加投资的次月月底前一次性补缴。

八、施工总承包企业应当按时足额缴纳工伤保险费，非因不可抗力等法定事由不得缓缴、减免。施工总承包企业未按时足额缴纳或追加补缴工伤保险费的，按照《社会保险法》和《实施办法》的有关规定处理。

九、按项目参保的新建项目，其工伤保险期限自施工合同载明的开工日期起，至施工合同载明的竣工日期止；按项目参保的在建项目，其工伤保险期限自办理《参保证明》次日起，到施工合同载明的竣工日期止。

施工工期需要延长的，施工总承包企业应当于施工合同竣工日期30日前，携施工合同和工程延期施工报告至项目所在地的区县社会保险经办机构或登录“上海市人力资源和社会保障自助经办平台”办理备案手续。备案手续办理后，建设项目工伤保险终止日期相应顺延。

十、建筑施工企业应依法与从业人员签订劳动合同。加强施工现场劳务用工管理，建立从业人员花名册、考勤记录、工资发放表等台账，并按照《关于在本市建筑工程施工现场推行作业人员实名制管理的通知》（沪建管［2014］612号）的要求，通过“上海市建筑工程作业人员实名制信息系统”（简称“实名制信息系统”）进行个人信息采集和进退场登记。“实名制信息系统”登记的从业人员信息作为本市社会保险经办机构支付工伤保险待遇的依据之一。

十一、按项目参保的从业人员在建设项目施工期内发生事故伤害或者患职业病的，由所在的用人单位自事故伤害发生之日或者被诊断、鉴定为职业病之日起30日内向项目所在地的区县社会保险行政部门提出工伤认定申请。遇有特殊情况，经报区县社会保险行政部门同意，申请时限可以适当延长。用人单位未按规定提出工伤认定申请的，从业人员或者其近亲属、工会组织在事故伤害发生之日或者被诊断、鉴定为职业病之日起1年内，可以直接向项目所在地的区县社会保险行政部门提出工伤认定申请。用人单位未在规定时限内提出工伤认定申请的，相关待遇按照《实施办法》的规定处理。

十二、区县社会保险行政部门应优化流程、简化手续，对于事实清楚、权利义务明确的工伤认定申请，应当自受理工伤认定申请之日起15日内作出工伤认定决定。工伤认定过程中涉及项目从业人员劳动关系的问题，以劳动合同为基础进行确认；不能提供劳动合同的，可以参照工资支付凭证或记录、工作证、招工登记表、考勤记录及其他从业人员证言等证据，确认事实劳动关系。

十三、工伤人员经治疗伤情相对稳定后存在残疾、影响劳动能力的，应当按照《实施办法》的有关规定，由所在的用人单位、工伤人员或者其近亲属向项目所在地的区县劳动能力鉴定委员会提出劳动能力鉴定申请，其中职业病向市劳动能力鉴定委员会提出申请。

十四、按项目参保的从业人员，发生事故伤害或者患职业病被认定为工伤的，按照《实施办法》的规定享受相关工伤保险待遇。其中，基金承担的工伤保险待遇，由所在的用人单位至项目所在地的区县社会保险经办机构办理申领手续。

十五、未参加本市工伤保险的项目从业人员发生工伤事故，依法由所在的用人单位支付工伤保险待遇，施工总承包企业、建设单位承担连带责任；从业人员所在的用人单位、承担连带责任的施工总承包企业、建设单位不支付的，由工伤保险基金先行支付，从业人员所在的用人单位和承担连带责任的施工总承包企业、建设单位应当偿还；不偿还的，由社会保险经办机构依法追偿。

十六、按项目参保的建设项目，其工伤保险期满后，工伤人员、因工死亡人员供养亲属的相关待遇按下列规定处理：

（一）伤残1-4级的工伤人员，由工伤保险基金按《实施办法》的规定继续支付相关工伤保险待遇至失去享受条件时止；

（二）伤残5级及其以下的工伤人员，依法与所在的用人单位解除或终止劳动关系的，由工伤保险基金和工伤人员所在的用人单位按《实施办法》的规定分别支付一次性工伤医疗补助金和一次性伤残就业补助金；

（三）因工死亡人员的供养亲属，由工伤保险基金继续按规定支付供养亲属抚恤金至失去享受条件时止。

十七、按项目参保的工伤人员、因工死亡人员在计发工伤保险待遇时难以按照本人工资作为计发基数的，参照本市上年度职工月平均工资作为计发基数。

十八、本通知规定的按项目参保的建筑施工企业从业人员，不包括建筑施工企业中应按用人单位参加本市工伤保险的管理人员和专业技术人员等。

十九、在依法参加本市工伤保险的基础上，鼓励建筑施工企业为项目施工现场从事危险作业的从业人员办理意外伤害保险。

二十、施工总承包企业、专业承包企业、劳务分包企业等建筑施工企业应当加强安全生产宣传和上岗培训，严格遵守有关安全生产的法律法规，执行安全卫生标准和规程，积极预防工伤事故的发生，切实保障从业人员的合法权益。

二十一、本市各级社会保险行政部门、建设管理行政部门、安全监管行政部门以及各级工会组织要加强沟通，认真履行各自工作职能，对违法施工，非法转包，违法用工，不参加工伤保险，谎报、瞒报建设工程生产安全事故等违法行为依法予以查处，切实保障本市建筑施工企业从业人员的工伤保险权益。

二十二、本通知自下发之日起施行，有效期为五年。

上海市人力资源和社会保障局
上海市城乡建设和管理委员会
上海市安全生产监督管理局
上海市总工会
2015 年 7 月 31 日

★地方性文件 · 北京市

2.7.16 北京市高级人民法院、北京市劳动争议仲裁委员会关于劳动争议案件法律适用问题研讨会会议纪要（二）（京高法发［2014］220 号）

17. 涉及建筑工程的用工关系中，包工头能否主张工人劳务费、工资、劳动报酬？

包工头与发包单位之间存在承包合同关系，可另行依据合同追索承包费用，其以支付劳务费、工资、劳动报酬为由提起仲裁或诉讼的不予支持。

18. 农民工向违法分包、非法转包工程给包工头的建筑施工企业主张追索劳务费、工资、劳动报酬时，仲裁委、法院是否需追加包工头？

建筑施工企业将工程违法分包、非法转包给包工头，包工头自行招工、自行管理，自发劳务费、工资、劳动报酬的，应当在仲裁或诉讼中追加包工头。

农民工没有将包工头列为当事人的，仲裁委、法院应向农民工释明，要求追加包工头为当事人。农民工在释明后不同意追加包工头的，仲裁委、法院可依职权进行追加。

19. 农民工在建筑施工过程中发生工伤损害的，如何承担责任？

建筑施工企业未为农民工办理工伤社会保险的，对在建筑施工过程中发生工伤损害的农民工承担工伤保险待遇赔偿。建筑施工企业将工程违法分包或非法转包给没有用工主体资格的单位或人员时，农民工不能享受工伤保险待遇时，建筑施工企业对工伤保险待遇赔偿承担连带赔偿责任。

20. 劳动者与用人单位签订劳动合同后，被该用人单位派往其他单位工作，发生争议时如何处理？

劳动者虽在被派往单位工作，应认定其与签订劳动合同的用人单位存在劳动关系。可根据案件审理情况，追加实际用人单位参加诉讼。在判决仅由签订劳动合同的用人单位承担责任，可能损害劳动者实际利益的情况下，可判决由实际用人单位承担连带责任。

2.7.17 北京市高级人民法院关于印发《2014年部分劳动争议法律适用疑难问题研讨会会议纪要》的通知

四、《会议纪要二》第19条："建筑施工企业未为农民工办理工伤社会保险的，对在建筑施工过程中发生工伤损害的农民工承担工伤保险待遇赔偿。建筑施工企业将工程违法分包或非法转包给没有用工主体资格的单位或人员时，农民工不能享受工伤保险待遇时，建筑施工企业对工伤保险待遇赔偿承担连带赔偿责任。"

问题：在建筑施工过程中农民工遭受工伤后，要求确认与建筑施工企业存在劳动关系以便进行工伤认定的，是否不再支持？

研讨意见：是否能够认定劳动关系，应根据用工的具体情况来确定。用工符合劳动关系特征的，应认定为劳动关系。

1. 具备用工主体资格的发包人将工程发包给同样具备用工主体资格的承包人时，承包人与其招用的劳动者之间形成劳动关系，发包人与该劳动者之间不存在劳动关系。

2. 如果承包人将工程层层分包或者转包给不具备用工主体资格的单位或人员时（承包人或者实际施工人），该承包人与非其所招用劳动者之间不具有劳动关系。

3. 根据原劳动和社会保障部《关于确立劳动关系有关事项的通知》第4条规定，在建筑施工、矿山企业等用人单位将工程或业务发包给不具备用工主体资格的组织或自然人时，对该组织或自然人招用的劳动者，由具备用工主体资格的发包方承担用工主体责任。该"用工主体责任"并非确认双方存在劳动关系，而是对劳动者特殊保护的一种替代责任。

4. 在劳动过程中，劳动者出现工伤时，上述建筑施工企业等用人单位应承担用工主体责任，在劳动者不能享受工伤保险待遇时，可以主张工伤保险待遇赔偿。建筑施工企业等用人单位与没有用工主体资格的单位或人员（承包人或者实际施工人）对工伤保险待遇赔偿承担连带赔偿责任。

2.8 国有企业职工相关

2.8.1 人事录用及处分相关

★ 行政法规/部门规章/司法解释

2.8.1.1 事业单位人事管理条例（国务院令第652号　2014年7月1日起施行）

第一章　总　则

第一条　为了规范事业单位的人事管理，保障事业单位工作人员的合法权益，建设高素质的事业单位工作人员队伍，促进公共服务发展，制定本条例。

第二条　事业单位人事管理，坚持党管干部、党管人才原则，全面准确贯彻民主、公开、竞争、择优方针。

国家对事业单位工作人员实行分级分类管理。

第三条　中央事业单位人事综合管理部门负责全国事业单位人事综合管理工作。

县级以上地方各级事业单位人事综合管理部门负责本辖区事业单位人事综合管理工作。

事业单位主管部门具体负责所属事业单位人事管理工作。

第四条　事业单位应当建立健全人事管理制度。

事业单位制定或者修改人事管理制度，应当通过职工代表大会或者其他形式听取工作人员意见。

第二章　岗位设置

第五条　国家建立事业单位岗位管理制度，明确岗位类别和等级。

第六条　事业单位根据职责任务和工作需要，按照国家有关规定设置岗位。

岗位应当具有明确的名称、职责任务、工作标准和任职条件。

事业单位拟订岗位设置方案，应当报人事综合管理部门备案。

第三章　公开招聘和竞聘上岗

第八条　事业单位新聘用工作人员，应当面向社会公开招聘。但是，国家政策性安置、按照人事管理权限由上级任命、涉密岗位等人员除外。

第九条　事业单位公开招聘工作人员按照下列程序进行：

（一）制定公开招聘方案；

（二）公布招聘岗位、资格条件等招聘信息；

（三）审查应聘人员资格条件；

（四）考试、考察；

（五）体检；

（六）公示拟聘人员名单；

（七）订立聘用合同，办理聘用手续。

第十条　事业单位内部产生岗位人选，需要竞聘上岗的，按照下列程序进行：

（一）制定竞聘上岗方案；

（二）在本单位公布竞聘岗位、资格条件、聘期等信息；

（三）审查竞聘人员资格条件；

（四）考评；

（五）在本单位公示拟聘人员名单；

（六）办理聘任手续。

第十一条 事业单位工作人员可以按照国家有关规定进行交流。

第四章 聘用合同

第十二条 事业单位与工作人员订立的聘用合同，期限一般不低于3年。

第十三条 初次就业的工作人员与事业单位订立的聘用合同期限3年以上的，试用期为12个月。

第十四条 事业单位工作人员在本单位连续工作满10年且距法定退休年龄不足10年，提出订立聘用至退休的合同的，事业单位应当与其订立聘用至退休的合同。

第十五条 事业单位工作人员连续旷工超过15个工作日，或者1年内累计旷工超过30个工作日的，事业单位可以解除聘用合同。

第十六条 事业单位工作人员年度考核不合格且不同意调整工作岗位，或者连续两年年度考核不合格的，事业单位提前30日书面通知，可以解除聘用合同。

第十七条 事业单位工作人员提前30日书面通知事业单位，可以解除聘用合同。但是，双方对解除聘用合同另有约定的除外。

第十八条 事业单位工作人员受到开除处分的，解除聘用合同。

第十九条 自聘用合同依法解除、终止之日起，事业单位与被解除、终止聘用合同人员的人事关系终止。

第五章 考核和培训

第二十条 事业单位应当根据聘用合同规定的岗位职责任务，全面考核工作人员的表现，重点考核工作绩效。考核应当听取服务对象的意见和评价。

第二十一条 考核分为平时考核、年度考核和聘期考核。

年度考核的结果可以分为优秀、合格、基本合格和不合格等档次，聘期考核的结果可以分为合格和不合格等档次。

第二十二条 考核结果作为调整事业单位工作人员岗位、工资以及续订聘用合同的依据。

第二十三条 事业单位应当根据不同岗位的要求，编制工作人员培训计划，对工作人员进行分级分类培训。

工作人员应当按照所在单位的要求，参加岗前培训、在岗培训、转岗培训和为完成特定任务的专项培训。

第二十四条 培训经费按照国家有关规定列支。

第六章 奖励和处分

第二十五条 事业单位工作人员或者集体有下列情形之一的，给予奖励：

（一）长期服务基层，爱岗敬业，表现突出的；

（二）在执行国家重要任务、应对重大突发事件中表现突出的；

（三）在工作中有重大发明创造、技术革新的；

（四）在培养人才、传播先进文化中作出突出贡献的；

（五）有其他突出贡献的。

第二十六条 奖励坚持精神奖励与物质奖励相结合、以精神奖励为主的原则。

第二十七条 奖励分为嘉奖、记功、记大功、授予荣誉称号。

第二十八条 事业单位工作人员有下列行为之一的，给予处分：

（一）损害国家声誉和利益的；

（二）失职渎职的；

（三）利用工作之便谋取不正当利益的；

（四）挥霍、浪费国家资财的；

（五）严重违反职业道德、社会公德的；

（六）其他严重违反纪律的。

第二十九条 处分分为警告、记过、降低岗位等级或者撤职、开除。

受处分的期间为：警告，6个月；记过，12个月；降低岗位等级或者撤职，24个月。

第三十条 给予工作人员处分，应当事实清楚、证据确凿、定性准确、处理恰当、程序合法、手续完备。

第三十一条 工作人员受开除以外的处分，在受处分期间没有再发生违纪行为的，处分期满后，由处分决定单位解除处分并以书面形式通知本人。

第七章 工资福利和社会保险

第三十二条 国家建立激励与约束相结合的事业单位工资制度。

事业单位工作人员工资包括基本工资、绩效工资和津贴补贴。

事业单位工资分配应当结合不同行业事业单位特点，体现岗位职责、工作业绩、实际贡献等因素。

第三十三条 国家建立事业单位工作人员工资的正常增长机制。

事业单位工作人员的工资水平应当与国民经济发展相协调、与社会进步相适应。

第三十四条 事业单位工作人员享受国家规定的福利待遇。

事业单位执行国家规定的工时制度和休假制度。

第三十五条 事业单位及其工作人员依法参加社会保险，工作人员依法享受社会保险待遇。

第三十六条 事业单位工作人员符合国家规定退休条件的，应当退休。

第八章 人事争议处理

第三十七条 事业单位工作人员与所在单位发生人事争议的，依照《中华人民共和国劳动争议调解仲裁法》等有关规定处理。

第三十八条 事业单位工作人员对涉及本人的考核结果、处分决定等不服的，可以按照国家有关规定申请复核、提出申诉。

第三十九条 负有事业单位聘用、考核、奖励、处分、人事争议处理等职责的人员履行职责，有下列情形之一的，应当回避：

（一）与本人有利害关系的；

（二）与本人近亲属有利害关系的；

（三）其他可能影响公正履行职责的。

第四十条 对事业单位人事管理工作中的违法违纪行为，任何单位或者个人可以向事业单位人事综合管理部门、主管部门或者监察机关投诉、举报，有关部门和机关应当及时调查处理。

第九章 法律责任

第四十一条 事业单位违反本条例规定的，由县级以上事业单位人事综合管理部门或者主管部门责令限期改正；逾期不改正的，对直接负责的主管人员和其他直接责任人员依法给予处分。

第四十二条 对事业单位工作人员的人事处理违反本条例规定给当事人造成名誉损害的，应当赔礼道歉、恢复名誉、消除影响；造成经济损失的，依法给予赔偿。

第四十三条 事业单位人事综合管理部门和主管部门的工作人员在事业单位人事管理工作中滥用职权、玩忽职守、徇私舞弊的，依法给予处分；构成犯罪的，依法追究刑事责任。

第十章 附 则

第四十四条 本条例自2014年7月1日起施行。

2.8.1.2 事业单位工作人员处分暂行规定（人力资源和社会保障部、监察部令第18号 2012年9月1日起施行）

第一章 总 则

第一条 为严肃事业单位纪律，规范事业单位工作人员行为，保证事业单位及其工作人员依法履行职责，制定本规定。

第二条 事业单位工作人员违法违纪，应当承担纪律责任的，依照本规定给予处分。

对法律、法规授权的具有公共事务管理职能的事业单位中经批准参照《中华人民共和国公务员法》管理的工作人员给予处分，参照《行政机关公务员处分条例》的有关规定办理。

对行政机关任命的事业单位工作人员，法律、法规授权的具有公共事务管理职能的事业单位中不参照《中华人民共和国公务员法》管理的工作人员，国家行政机关依法委托从事公共事务管理活动的事业单位工作人员给予处分，适用本规定；但监察机关对上述人员违法违纪行为进行调查处理的程序和作出处分决定的权限，以及作为监察对象的事业单位工作人员对处分决定不服向监察机关提出申诉的，依照《中华人民共和国行政监察法》及其实施条例办理。

第三条 给予事业单位工作人员处分，应当坚持公正、公平和教育与惩处相结合的原则。

给予事业单位工作人员处分，应当与其违法违纪行为的性质、情节、危害程度相适应。

给予事业单位工作人员处分，应当事实清楚、证据确凿、定性准确、处理恰当、程序合法、手续完备。

第四条 事业单位工作人员涉嫌犯罪的，应当移送司法机关依法追究刑事责任。

第二章 处分的种类和适用

第五条 处分的种类为：

（一）警告；

（二）记过；

（三）降低岗位等级或者撤职；

（四）开除。

其中，撤职处分适用于行政机关任命的事业单位工作人员。

第六条 受处分的期间为：

（一）警告，6个月；

（二）记过，12个月；

（三）降低岗位等级或者撤职，24个月。

第七条 事业单位工作人员受到警告处分的，在受处分期间，不得聘用到高于现聘岗位等级的岗位；在作出处分决定的当年，年度考核不能确定为优秀等次。

事业单位工作人员受到记过处分的，在受处分期间，不得聘用到高于现聘岗位等级的岗位，年度考核不得确定为合格及以上等次。

事业单位工作人员受到降低岗位等级处分的，自处分决定生效之日起降低一个以上岗位等级聘用，按照事业单位收入分配有关规定确定其工资待遇；在受处分期间，不得聘用到高于受处分后所聘岗位等级的岗位，年度考核不得确定为基本合格及以上等次。

行政机关任命的事业单位工作人员在受处分期间的任命、考核、工资待遇按照干部人事管理权限，参照本条第一款、第二款、第三款规定执行。

事业单位工作人员受到开除处分的，自处分决定生效之日起，终止其与事业单位的人事关系。

第八条 事业单位工作人员受到记过以上处分的，在受处分期间不得参加本专业（技术、技能）领域专业技术职务任职资格或者工勤技能人员技术等级考试（评审）。应当取消专业技术职务任职资格或者职业资格的，按照有关规定办理。

第九条 事业单位工作人员同时有两种以上需要给予处分的行为的，应当分别确定其处分。应当给予的处分种类不同的，执行其中最重的处分；应当给予开除以外多个相同种类处分的，执行该处分，但处分期应当按照一个处分期以上、两个处分期之和以下确定。

事业单位工作人员在受处分期间受到新的处分的，其处分期为原处分期尚未执行的期限与新处分期限之和，但是最长不得超过48个月。

第十条 事业单位工作人员两人以上共同违法违纪，需要给予处分的，按照各自应当承担的责任，分别给予相应的处分。

第十一条 有下列情形之一的，应当从重处分：

（一）在两人以上的共同违法违纪行为中起主要作用的；

（二）隐匿、伪造、销毁证据的；

（三）串供或者阻止他人揭发检举、提供证据材料的；

（四）包庇同案人员的；

（五）法律、法规、规章规定的其他从重情节。

第十二条 有下列情形之一的，应当从轻处分：

（一）主动交代违法违纪行为的；

（二）主动采取措施，有效避免或者挽回损失的；

（三）检举他人重大违法违纪行为，情况属实的。

第十三条 事业单位工作人员主动交代违法违纪行为，并主动采取措施有效避免或者挽回损失的，应当减轻处分或者免予处分。

事业单位工作人员违法违纪行为情节轻微，经过批评教育后改正的，可以免予处分。

第十四条 事业单位工作人员有本规定第十一条、第十二条规定情形之一的，应当在本规定第三章规定的处分幅度以内从重或者从轻给予处分。

事业单位工作人员有本规定第十三条第一款规定情形的，应当在本规定第三章规定的处分幅度以外，减轻一个处分的档次给予处分。应当给予警告处分，又有减轻处分的情形的，免予处分。

第十五条 事业单位有违法违纪行为，应当追究纪律责任的，依法对负有责任的领导人员和直接责任人员给予处分。

第三章 违法违纪行为及其适用的处分

第十六条 有下列行为之一的，给予记过处分；情节较重的，给予降低岗位等级或者撤职处分；情节严重的，给予开除处分：

（一）散布损害国家声誉的言论，组织或者参加旨在损害国家利益的集会、游行、示威等活动的；

（二）组织或者参加非法组织的；

（三）接受境外资助从事损害国家利益或者危害国家安全活动的；

（四）接受损害国家荣誉和利益的境外邀请、奖励，经批评教育拒不改正的；

（五）违反国家民族宗教法规和政策，造成不良后果的；

（六）非法出境、未经批准获取境外永久居留资格或者取得外国国籍的；

（七）携带含有依法禁止内容的书刊、音像制品、电子读物进入国（境）内的；

（八）其他违反政治纪律的行为。

有前款第（一）项至第（三）项规定的行为，但属于不明真相被裹挟参加、经批评教育后确有悔改表现的，可以减轻或者免予处分。

第十七条 有下列行为之一的，给予警告或者记过处分；情节较重的，给予降低岗位等级或者撤职处分；情节严重的，给予开除处分：

（一）在执行国家重要任务、应对公共突发事件中，不服从指挥、调遣或者消极对抗的；

（二）破坏正常工作秩序，给国家或者公共利益造成损失的；

（三）违章指挥、违规操作，致使人民生命财产遭受损失的；

（四）发生重大事故、灾害、事件，擅离职守或者不按规定报告、不采取措施处置或者处置不力的；

（五）在项目评估评审、产品认证、设备检测检验等工作中徇私舞弊，或者违反规定造成不良影响的；

（六）泄露国家秘密的；

（七）泄露因工作掌握的内幕信息，造成不良后果的；

（八）采取不正当手段为本人或者他人谋取岗位，或者在事业单位公开招聘等人事管理工作中有其他违反组织人事纪律行为的；

（九）其他违反工作纪律失职渎职的行为。

有前款第（六）项规定行为的，给予记过以上处分。

第十八条 有下列行为之一的，给予警告或者记过处分；情节较重的，给予降低岗位等级或者撤职处分；情节严重的，给予开除处分：

（一）贪污、索贿、受贿、行贿、介绍贿赂、挪用公款的；

（二）利用工作之便为本人或者他人谋取不正当利益的；

（三）在公务活动或者工作中接受礼金、各种有价证券、支付凭证的；

（四）利用知悉或者掌握的内幕信息谋取利益的；

（五）用公款旅游或者变相用公款旅游的；

（六）违反国家规定，从事、参与营利性活动或者兼任职务领取报酬的；

（七）其他违反廉洁从业纪律的行为。

有前款第（一）项规定行为的，给予记过以上处分。

第十九条 有下列行为之一的，给予警告或者记过处分；情节较重的，给予降低岗位等级或者撤职处分；情节严重的，给予开除处分：

（一）违反国家财政收入上缴有关规定的；

（二）违反规定使用、骗取财政资金或者社会保险基金的；

（三）擅自设定收费项目或者擅自改变收费项目的范围、标准和对象的；

（四）挥霍、浪费国家资财或者造成国有资产流失的；

（五）违反国有资产管理规定，擅自占有、使用、处置国有资产的；

（六）在招标投标和物资采购工作中违反有关规定，造成不良影响或者损失的；

（七）其他违反财经纪律的行为。

第二十条 有下列行为之一的，给予警告或者记过处分；情节较重的，给予降低岗位等级或者撤职处分；情节严重的，给予开除处分：

（一）利用专业技术或者技能实施违法违纪行为的；

（二）有抄袭、剽窃、侵吞他人学术成果，伪造、篡改数据文献，或者捏造事实等学术不端行为的；

（三）利用职业身份进行利诱、威胁或者误导，损害他人合法权益的；

（四）利用权威、地位或者掌控的资源，压制不同观点，限制学术自由，造成重大损失或者不良影响的；

（五）在申报岗位、项目、荣誉等过程中弄虚作假的；

（六）工作态度恶劣，造成不良社会影响的；

（七）其他严重违反职业道德的行为。

有前款第（一）项规定行为的，给予记过以上处分。

第二十一条 有下列行为之一的，给予警告或者记过处分；情节较重的，给予降低岗位等级或者撤职处分；情节严重的，给予开除处分：

（一）制造、传播违法违禁物品及信息的；

（二）组织、参与卖淫、嫖娼等色情活动的；

（三）吸食毒品或者组织、参与赌博活动的；

（四）违反规定超计划生育的；

（五）包养情人的；

（六）有虐待、遗弃家庭成员，或者拒不承担赡养、抚养、扶养义务等的；

（七）其他严重违反公共秩序、社会公德的行为。

有前款第（二）项、第（三）项、第（四）项、第（五）项规定行为的，给予降低岗位等级或者撤职以上处分。

第二十二条 事业单位工作人员被依法判处刑罚的，给予降低岗位等级或者撤职以上处分。其中，被依法判处有期徒刑以上刑罚的，给予开除处分。

行政机关任命的事业单位工作人员，被依法判处刑罚的，给予开除处分。

第四章 处分的权限和程序

第二十三条 对事业单位工作人员的处分，按照以下权限决定：

（一）警告、记过、降低岗位等级或者撤职处分，按照干部人事管理权限，由事业单位或者事业单位主管部门决定。其中，由事业单位决定的，应当报事业单位主管部门备案。

（二）开除处分由事业单位主管部门决定，并报同级事业单位人事综合管理部门备案。

对中央和地方直属事业单位工作人员的处分，按照干部人事管理权限，由本单位或者有关部门决定；其中，由本单位作出开除处分决定的，报同级事业单位人事综合管理部门备案。

第二十四条 对事业单位工作人员的处分，按照以下程序办理：

（一）对事业单位工作人员违法违纪行为初步调查后，需要进一步查证的，应当按照干部人事管理权限，经事业单位负责人批准或者有关部门同意后立案；

（二）对被调查的事业单位工作人员的违法违纪行为作进一步调查，收集、查证有关证据材料，并形成书面调查报告；

（三）将调查认定的事实及拟给予处分的依据告知被调查的事业单位工作人员，听取其陈述和申辩，并对其所提出的事实、理由和证据进行复核，记录在案。被调查的事业单位工作人员提出的事实、理由和证据成立的，应予采信；

（四）按照处分决定权限，作出对该事业单位工作人员给予处分、免予处分或者撤销案件的决定；

（五）处分决定单位印发处分决定；

（六）将处分决定以书面形式通知受处分事业单位工作人员本人和有关单位，并在一定范围内宣布；

（七）将处分决定存入受处分事业单位工作人员的档案。

处分决定自作出之日起生效。

第二十五条 事业单位工作人员涉嫌违法违纪，已经被立案调查，不宜继续履行职责的，可以按照干部人事管理权限，由事业单位或者有关部门暂停其职责。

被调查的事业单位工作人员在违法违纪案件立案调查期间，不得解除聘用合同、出国（境）或者办理退休手续。

第二十六条 对事业单位工作人员违法违纪案件进行调查，应当由两名以上办案人员进行；接受调查的单位和个人应当如实提供情况。

以暴力、威胁、引诱、欺骗等非法方式收集的证据不得作为定案的根据。

第二十七条 参与事业单位工作人员违法违纪案件调查、处理的人员有下列情形之一的，应当提出回避申请；被调查的事业单位工作人员以及与案件有利害关系的公民、法人或者其他组织有权要求其回避：

（一）与被调查的事业单位工作人员有夫妻关系、直系血亲、三代以内旁系血亲关系或者近姻亲关系的；

（二）与被调查的案件有利害关系的；

（三）与被调查的事业单位工作人员有其他关系，可能影响案件公正处理的。

第二十八条 处分决定单位负责人的回避，按照干部人事管理权限决定；其他参与违法违纪案件调查、处理的人员的回避，由处分决定单位负责人决定。

处分决定单位发现参与违法违纪案件调查、处理的人员有应当回避情形的，可以直接决定该人员回避。

第二十九条 给予事业单位工作人员处分，应当自批准立案之日起6个月内作出决定；案情复杂或者遇有其他特殊情形的可以延长，但是办案期限最长不得超过12个月。

第三十条 处分决定应当包括下列内容：

（一）受处分事业单位工作人员的姓名、工作单位、原所聘岗位（所任职务）名称及等级等基本情况；

（二）经查证的违法违纪事实；

（三）处分的种类、受处分的期间和依据；

（四）不服处分决定的申诉途径和期限；

（五）处分决定单位的名称、印章和作出决定的日期。

第三十一条 事业单位工作人员受到开除处分后，事业单位应当及时办理档案和社会保险关系转移手续，具体办法按照有关规定执行。

第五章 处分的解除

第三十二条 事业单位工作人员受开除以外的处分，在受处分期间有悔改表现，并且没有再出现违法违纪情形的，处分期满，经原处分决定单位批准后解除处分。

事业单位工作人员在受处分期间终止或解除聘用合同的，处分期满后，自然解除处分。受处分事业单位工作人员要求原处分决定单位提供解除处分相关证明的，原处分决定单位应当予以提供。

第三十三条 事业单位工作人员在受处分期间有重大立功表现，按照有关规定给予个人记功以上奖励的，经批准后可以提前解除处分。

第三十四条 事业单位工作人员处分的解除或者提前解除，按照以下程序办理：

（一）按照干部人事管理权限，事业单位或者有关部门对受处分事业单位工作人员在受处分期间的表现情况，进行全面了解，并形成书面报告；

（二）按照处分决定权限，作出解除或者提前解除处分的决定；

（三）印发解除或者提前解除处分的决定；

（四）将解除或者提前解除处分的决定以书面形式通知本人，并在原宣布处分的范围内宣布；

（五）将解除或者提前解除处分的决定存入该工作人员的档案。

解除处分决定自作出之日起生效。

第三十五条 事业单位工作人员处分的解除或者提前解除按照本规定第二十七条、第二十八条的规定执行回避。

第三十六条　解除或者提前解除处分的决定应当包括原处分的种类和解除或者提前解除处分的依据，以及该工作人员在受处分期间的表现情况等内容。

第三十七条　处分解除后，考核、竞聘上岗和晋升工资按照国家有关规定执行，不再受原处分的影响。但是，受到降低岗位等级或者撤职处分的，不视为恢复受处分前的岗位等级和工资待遇。

第三十八条　解除处分的决定应当在处分期满后一个月内作出。

第六章　复核和申诉

第三十九条　受到处分的事业单位工作人员对处分决定不服的，可以自知道或者应当知道该处分决定之日起三十日内向原处分决定单位申请复核。对复核结果不服的，可以自接到复核决定之日起三十日内，按照规定向原处分决定单位的主管部门或者同级事业单位人事综合管理部门提出申诉。

受到处分的中央和地方直属事业单位工作人员的申诉，按照干部人事管理权限，由同级事业单位人事综合管理部门受理。

第四十条　原处分决定单位应当自接到复核申请后的三十日内作出复核决定。受理申诉的单位应当自受理之日起六十日内作出处理决定；案情复杂的，可以适当延长，但是延长期限最多不超过三十日。

复核、申诉期间不停止处分的执行。

事业单位工作人员不因提出复核、申诉而被加重处分。

第四十一条　有下列情形之一的，受理处分复核、申诉的单位应当撤销处分决定，重新作出决定或者责令原处分决定单位重新作出决定：

（一）处分所依据的事实不清、证据不足的；

（二）违反规定程序，影响案件公正处理的；

（三）超越职权或者滥用职权作出处分决定的。

第四十二条　有下列情形之一的，受理复核、申诉的单位应当变更处分决定或者责令原处分决定单位变更处分决定：

（一）适用法律、法规、规章错误的；

（二）对违法违纪行为的情节认定有误的；

（三）处分不当的。

第四十三条　事业单位工作人员的处分决定被变更，需要调整该工作人员的岗位等级或者工资待遇的，应当按照规定予以调整；事业单位工作人员的处分决定被撤销的，应当恢复该工作人员的岗位等级、工资待遇，按照原岗位等级安排相应的岗位，并在适当范围内为其恢复名誉。

被撤销处分或者被减轻处分的事业单位工作人员工资待遇受到损失的，应当予以补偿。

第七章　附　则

第四十四条　已经退休的事业单位工作人员有违法违纪行为应当受到处分的，不再作出处分决定。但是，应当给予降低岗位等级或者撤职以上处分的，相应降低或者取消其享受的待遇。

第四十五条　对事业单位工作人员处分工作中有滥用职权、玩忽职守、徇私舞弊、收受贿赂等违法违纪行为的工作人员，按照有关规定给予处分；涉嫌犯罪的，移送司法机关依法追究刑事责任。

第四十六条 对机关工勤人员给予处分，参照本规定执行。

第四十七条 教育、医疗卫生、科技、体育等部门，可以依据本规定，结合自身工作的实际情况，与国务院人力资源社会保障部门和国务院监察机关联合制定具体办法。

第四十八条 本规定自2012年9月1日起施行。

2.8.2 福利及假期相关

★ 行政法规/部门规章/司法解释

2.8.2.1 国务院关于公布《国务院关于职工探亲待遇的规定》的通知（国发［1981］36号）

第一条 为了适当地解决职工同亲属长期远居两地的探亲问题，特制定本规定。

第二条 凡在国家机关、人民团体和全民所有制企业、事业单位工作满一年的固定职工，与配偶不住在一起，又不能在公休假日团聚的，可以享受本规定探望配偶的待遇；与父亲、母亲都不住在一起，又不能在公休假日团聚的，可以享受本规定探望父母的待遇。但是，职工与父亲或与母亲一方能够在公休假日团聚的，不能享受本规定探望父母的待遇。

第三条 职工探亲假期：

（一）职工探望配偶的，每年给予一方探亲假一次，假期为30天。

（二）未婚职工探望父母，原则上每年给假一次，假期为20天。如果因为工作需要，本单位当年不能给予假期，或者职工自愿两年探亲一次的，可以两年给假一次，假期为45天。

（三）已婚职工探望父母的，每四年给假一次，假期为20天。

探亲假期是指职工与配偶、父、母团聚的时间，另外，根据实际需要给予路程假。上述假期均包括公休假日和法定节日在内。

第四条 凡实行休假制度的职工（例如学校的教职工），应该在休假期间探亲；如果休假期较短，可由本单位适当安排，补足其探亲假的天数。

第五条 职工在规定的探亲假期和路程假期内，按照本人的标准工资发给工资。

第六条 职工探望配偶和未婚职工探望父母的往返路费，由所在单位负担。已婚职工探望父母的往返路费，在本人月标准工资30%以内的，由本人自理，超过部分由所在单位负担。

第七条 各省、直辖市人民政府可以根据本规定制定实施细则，并抄送国家劳动总局备案。

自治区可以根据本规定的精神制定探亲规定，报国务院批准执行。

第八条 集体所有制企业、事业单位职工的探亲待遇，由各省、自治区、直辖市人民政府根据本地区的实际情况自行规定。

第九条 本规定自发布之日起施行。1958年2月9日《国务院关于工人、职员回家探亲的假期和工资待遇的暂行规定》同时废止。

2.8.2.2 机关事业单位工作人员带薪年休假实施办法（人事部令第9号 2008年2月15日施行）

第一条 为了规范机关、事业单位实施带薪年休假（以下简称年休假）制度，根据《职工带薪年休假条例》（以下简称《条例》）及国家有关规定，制定本办法。

第二条 《条例》第二条中所称“连续工作”的时间和第三条、第四条中所称“累计工作”的时间，机关、事业单位工作人员（以下简称工作人员）均按工作年限计算。

工作人员工作年限满1年、满10年、满20年后，从下月起享受相应的年休假天数。

第三条 国家规定的探亲假、婚丧假、产假的假期，不计入年休假的假期。

第四条 工作人员已享受当年的年休假，年内又出现《条例》第四条第（二）（三）（四）（五）项规定的情形之一的，不享受下一年的年休假。

第五条 依法应享受寒暑假的工作人员，因工作需要未休寒暑假的，所在单位应当安排其休年休假；因工作需要休寒暑假天数少于年休假天数的，所在单位应当安排补足其年休假天数。

第六条 工作人员因承担野外地质勘查、野外测绘、远洋科学考察、极地科学考察以及其他特殊工作任务，所在单位不能在本年度安排其休年休假的，可以跨1个年度安排。

第七条 机关、事业单位因工作需要不安排工作人员休年休假，应当征求工作人员本人的意见。

机关、事业单位应当根据工作人员应休未休的年休假天数，对其支付年休假工资报酬。年休假工资报酬的支付标准是：每应休未休1天，按照本人应休年休假当年日工资收入的300%支付，其中包含工作人员正常工作期间的工资收入。

工作人员年休假工资报酬中，除正常工作期间工资收入外，其余部分应当由所在单位在下一年第一季度一次性支付，所需经费按现行经费渠道解决。实行工资统发的单位，应当纳入工资统发。

第八条 工作人员应休年休假当年日工资收入的计算办法是：本人全年工资收入除以全年计薪天数（261天）。

机关工作人员的全年工资收入，为本人全年应发的基本工资、国家规定的津贴补贴、年终一次性奖金之和；事业单位工作人员的全年工资收入，为本人全年应发的基本工资、国家规定的津贴补贴、绩效工资之和。其中，国家规定的津贴补贴不含根据住房、用车等制度改革向工作人员直接发放的货币补贴。

第九条 机关、事业单位已安排年休假，工作人员未休且有下列情形之一的，只享受正常工作期间的工资收入：

（一）因个人原因不休年休假的；

（二）请事假累计已超过本人应休年休假天数，但不足20天的。

第十条 机关、事业单位根据工作的具体情况，并考虑工作人员本人意愿，统筹安排，保证工作人员享受年休假。机关、事业单位应当加强年休假管理，严格考勤制度。

县级以上地方人民政府人事行政部门应当依据职权，主动对机关、事业单位执行年休假的情况进行监督检查。

第十一条 机关、事业单位不安排工作人员休年休假又不按本办法规定支付年休假工资报酬的，由县级以上地方人民政府人事行政部门责令限期改正。对逾期不改正的，除责令该单位支付年休假工资报酬外，单位还应当按照年休假工资报酬的数额向工作人员加付赔偿金。

对拒不支付年休假工资报酬、赔偿金的，属于机关和参照公务员法管理的事业单位的，应当按照干部管理权限，对直接负责的主管人员以及其他直接责任人员依法给予处分，并责令支付；属于其他事业单位的，应当按照干部管理权限，对直接负责的主管人员以及其他直接责任人员依法给予处分，并由同级人事行政部门或工作人员本人申请人民法院强制执行。

第十二条 工作人员与所在单位因年休假发生的争议，依照国家有关公务员申诉控告和人事争议处理的规定处理。

第十三条 驻外使领馆工作人员、驻港澳地区内派人员以及机关、事业单位驻外非外交人员的年休假，按照《条例》和本办法的规定执行。

按照国家规定经批准执行机关、事业单位工资收入分配制度的其他单位工作人员的年休假，参照《条例》和本办法的规定执行。

第十四条 本办法自发布之日起施行。

2.8.2.3 财政部关于企业加强职工福利费财务管理的通知（财企［2009］242号）

党中央有关部门，国务院各部委、各直属机构，全国人大常委会办公厅，全国政协办公厅，解放军总后勤部，武警总部，各省、自治区、直辖市、计划单列市财政厅（局），新疆生产建设兵团财务局，各中央管理企业：

为加强企业职工福利费财务管理，维护正常的收入分配秩序，保护国家、股东、企业和职工的合法权益，根据《公司法》《企业财务通则》（财政部令第41号）等有关精神，现通知如下：

一、企业职工福利费是指企业为职工提供的除职工工资、奖金、津贴、纳入工资总额管理的补贴、职工教育经费、社会保险费和补充养老保险费（年金）、补充医疗保险费及住房公积金以外的福利待遇支出，包括发放给职工或为职工支付的以下各项现金补贴和非货币性集体福利：

（一）为职工卫生保健、生活等发放或支付的各项现金补贴和非货币性福利，包括职工因公外地就医费用、暂未实行医疗统筹企业职工医疗费用、职工供养直系亲属医疗补贴、职工疗养费用、自办职工食堂经费补贴或未办职工食堂统一供应午餐支出、符合国家有关财务规定的供暖费补贴、防暑降温费等。

（二）企业尚未分离的内设集体福利部门所发生的设备、设施和人员费用，包括职工食堂、职工浴室、理发室、医务所、托儿所、疗养院、集体宿舍等集体福利部门设备、设施的折旧、维修保养费用以及集体福利部门工作人员的工资薪金、社会保险费、住房公积金、劳务费等人工费用。

（三）职工困难补助，或者企业统筹建立和管理的专门用于帮助、救济困难职工的基金支出。

（四）离退休人员统筹外费用，包括离休人员的医疗费及离退休人员其他统筹外费用。企业重组涉及的离退休人员统筹外费用，按照《财政部关于企业重组有关职工安置费用财务管理问题的通知》（财企［2009］117号）执行。国家另有规定的，从其规定。

（五）按规定发生的其他职工福利费，包括丧葬补助费、抚恤费、职工异地安家费、独生子女费、探亲假路费，以及符合企业职工福利费定义但没有包括在本通知各条款项目中的其他支出。

二、企业为职工提供的交通、住房、通讯待遇，已经实行货币化改革的，按月按标准发放或支付的住房补贴、交通补贴或者车改补贴、通讯补贴，应当纳入职工工资总额，不再纳入职工福利费管理；尚未实行货币化改革的，企业发生的相关支出作为职工福利费管理，但根据国家有关企业住房制度改革政策的统一规定，不得再为职工购建住房。

企业给职工发放的节日补助、未统一供餐而按月发放的午餐费补贴，应当纳入工资总额管理。

三、职工福利是企业对职工劳动补偿的辅助形式，企业应当参照历史一般水平合理控制职工福利费在职工总收入的比重。按照《企业财务通则》第四十六条规定，应当由个人承担的有关支出，企业不得作为职工福利费开支。

四、企业应当逐步推进内设集体福利部门的分离改革，通过市场化方式解决职工福利待遇问题。同时，结合企业薪酬制度改革，逐步建立完整的人工成本管理制度，将职工福利纳入职工工资总额管理。

对实行年薪制等薪酬制度改革的企业负责人，企业应当将符合国家规定的各项福利性货币补贴纳入薪酬体系统筹管理，发放或支付的福利性货币补贴从其个人应发薪酬中列支。

五、企业职工福利一般应以货币形式为主。对以本企业产品和服务作为职工福利的，企业要严格控制。国家出资的电信、电力、交通、热力、供水、燃气等企业，将本企业产品和服务作为职工福利的，应当按商业化原则实行公平交易，不得直接供职工及其亲属免费或者低价使用。

六、企业职工福利费财务管理应当遵循以下原则和要求：

（一）制度健全。企业应当依法制订职工福利费的管理制度，并经股东会或董事会批准，明确职工福利费开支的项目、标准、审批程序、审计监督。

（二）标准合理。国家对企业职工福利费支出有明确规定的，企业应当严格执行。国家没有明确规定的，企业应当参照当地物价水平、职工收入情况、企业财务状况等要求，按照职工福利项目制订合理标准。

（三）管理科学。企业应当统筹规划职工福利费开支，实行预算控制和管理。职工福利费预算应当经过职工代表大会审议后，纳入企业财务预算，按规定批准执行，并在企业内部向职工公开相关信息。

（四）核算规范。企业发生的职工福利费，应当按规定进行明细核算，准确反映开支项目和金额。

七、企业按照企业内部管理制度，履行内部审批程序后，发生的职工福利费，按照《企业会计准则》等有关规定进行核算，并在年度财务会计报告中按规定予以披露。

在计算应纳税所得额时，企业职工福利费财务管理同税收法律、行政法规的规定不一致的，应当依照税收法律、行政法规的规定计算纳税。

八、本通知自印发之日起施行。以前有关企业职工福利费的财务规定与本通知不符的，以本通知为准。金融企业另有规定的，从其规定。

财政部

二〇〇九年十一月十二日

2.8.3 富余职工相关

★ 行政法规/部门规章/司法解释

2.8.3.1 国有企业富余职工安置规定（国务院令第111号 1993年4月施行）

第一条 为了妥善安置国有企业富余职工，增强企业活力，提高企业经济效益，制定本规定。

安置国有企业（以下简称企业）中的富余职工，应当遵循企业自行安置为主、社会帮助安置为辅，保障富余职工基本生活的原则。

第三条 企业安置富余职工应当依照本规定采取拓展多种经营、组织劳务活动、发展第三产业、综合利用资源和其它措施。

企业行政主管部门、劳动行政主管部门和工会组织应当指导、帮助和支持企业做好富余职工安置工作，积极创造条件，培育和完善劳务市场，开辟社会安置渠道。

第四条 企业为安置富余职工而兴办的从事第三产业的独立核算企业，自开业之日起两年免征、三年减半征收企业所得税。

第五条 企业开办的劳动就业服务企业，应当承担安置本企业富余职工的任务。企业应当按照国家有关国有资产管理的规定，在资金、场地、原材料和设备等方面给予扶持。

第六条 企业组织本企业富余职工依法兴办的独立核算企业，可以承担本企业中原由外单位承包的技术改造或者劳务项目。

第七条 企业可以对富余职工实行待岗和转业培训，培训期间的工资待遇由企业自行确定。

第八条 经企业职工代表大会讨论同意并报企业行政主管部门备案，企业可以对职工实行有限期的放假。职工放假期间，由企业发给生活费。

孕期或者哺乳期的女职工，经本人申请，企业可以给予不超过二年的假期，放假期间发给生活费。假期内含产假的，产假期间按照国家规定发给工资。

第九条 职工距退休年龄不到五年的，经本人申请，企业领导批准，可以退出工作岗位休养。职工退出工作岗位休养期间，由企业发给生活费。已经实行退休费用统筹的地方，企业和退出工作岗位休养的职工应当按照有关规定缴纳基本养老保险费。职工退出工作岗位休养期间达到国家规定的退休年龄时，按照规定办理退休手续。职工退出工作岗位休养期间视为工龄，与其以前的工龄合并计算。

第十条 职工可以申请辞职。经企业批准辞职的职工，在办理辞职手续时，企业应当按照国家有关规定发给一次性生活补助费。

第十一条 按照本规定第八条、第九条规定发放的生活费在企业工资基金中列支，生活费标准由企业自主确定，但是不得低于省、自治区、直辖市人民政府规定的最低标准。

第十二条 企业因生产经营发生重大变化，必须裁减职工的，对劳动合同制职工，经企业职工代表大会讨论同意，可以提前解除劳动合同，但是应当按照合同约定履行义务；合同没有约定的，企业对被提前解除劳动合同的职工，按照其在本企业工作的年限，工龄每满一年，发给相当于本人一个月标准工资的补偿费。

第十三条 各级劳动行政主管部门和企业行政主管部门应当做好富余职工的社会安置和调剂工作，鼓励和帮助富余职工组织起来就业和自谋职业。企业之间调剂职工，可以正式调动，也可以临时借调；临时借调的，借调期间的工资和福利待遇由双方企业在协议中商定。

第十四条 富余职工由企业自行安置有困难到社会待业的，在待业期间，依法享受待业保险待遇。劳动行政主管部门和有关行政主管部门应当创造条件，帮助职工再就业。

第十五条 企业依照本规定兴办的独立核算企业安置的职工，按照国家有关规定纳入新办企业的职工人数和经济指标的统计范围。

第十六条 省、自治区、直辖市人民政府可以根据本规定制定实施办法。

第十七条 本规定由国务院劳动行政主管部门负责解释。

第十八条 本规定自发布之日起施行。

2.8.3.2 劳动部办公厅关于贯彻执行《国有企业富余职工安置规定》中有关职工辞职后的工龄计算问题的批复（劳办发［1994］340号）

浙江省劳动厅：

你厅1994年9月7日来电请示，在贯彻执行《国有企业富余职工安置规定》（国务院第111号令）中，经本人申请，企业批准辞职的职工，在办理辞职手续时，企业按国家有关规定发给一次性生活补助费后，其在企业工作的工龄是否可与再次就业后的工龄合并计算为连续工龄问题。经研究，现对有关问题批复如下：

申请辞职的富余职工，经企业批准，在办理辞职手续时，企业应当按照国家有关规定发给一次性的生活补助费，标准是：家居城镇的，工龄每满一年，发给相当于本人半个月标准工资的一次性生活补助费，最多不超过六个月的工资；随户口转回农村的，工龄每满一年，发给相当于本人一个月标准工资的一次性生活补助费，最高不超过十二个月的工资。再次就业后又申请辞职的企业富余职工，应按再次就业后重新计算的实际工作年限计发，其生活补助费，不得同以前的工作年限合并重复领取。但无论参加养老保险社会统筹与否，其辞职前和再次就业后的工龄，可合并计算为连续工龄。

一九九四年十月二十五日

2.8.3.3 劳动部关于印发《关于贯彻执行〈中华人民共和国劳动法〉若干问题的意见》的通知（劳部发［1995］309号）

用人单位应与其富余人员、放长假的职工，签订劳动合同，但其劳动合同与在岗职工的劳动合同在内容上可以有所区别。用人单位与劳动者经协商一致可以在劳动合同中就不在岗期间的有关事项作出规定。

2.8.3.4 劳动部关于实行劳动合同制度若干问题的通知（劳部发［1996］354号）

7. “停薪留职”的职工愿意回原单位工作的，用人单位应当与其签订劳动合同，明确权利义务关系。如果用人单位不能安排工作岗位，而职工又愿意到其他单位工作并继续与原单位保留劳动关系的，应当按照劳动部《关于贯彻实施〈中华人民共和国劳动法〉若干问题的意见》第7条规定办理，即职工与原单位保持劳动关系但不在岗的，可以变更劳动合同相关内容。

8. 用人单位与本单位富余人员签订劳动合同，对待岗或放长假的应当变更劳动合同相关内容，并就有关内容协商签订专项协议。

12. 已办理厂内离岗休养或退养手续的原固定工，用人单位应当与其签订劳动合同，明确权利义务关系，其离岗休养或退养的有关文件作为劳动合同的附件。

2.8.3.5 最高人民法院关于审理劳动争议案件适用法律若干问题的解释（三）（法释［2010］12号）

企业停薪留职人员、未达到法定退休年龄的内退人员、下岗待岗人员以及企业经营性停产放长假人员，因与新的用人单位发生用工争议，依法向人民法院提起诉讼的，人民法院应当按劳动关系处理。

★ 地方性文件·广东省

2.8.3.6 广东省国有企业富余职工安置实施办法（粤府［1995］5号）

第一条 根据国务院《国有企业富余职工安置规定》（以下简称《规定》），结合我省情况，制定本办法。

第二条 本规定所称企业富余职工是指国有企业生产经营情况发生变化，调整劳动组织和人员结构后生产（工作）不需要并撤原生产（工作）岗位的人员。

第三条 企业富余职工的安置实行企业自行安置为主，社会帮助安置为辅，保障富余职工基本生活的原则。

第四条 为安置富余职工而兴办的从事第三产业的独立核算、自负盈亏的企业，原企业要给予支持，工商管理机关应根据企业登记的有关规定进行登记注册，工商管理机关应根据企业登记的有关规定进行登记注册，发给营业执照；上述企业自开业之日起，税务部门按规定给予一定期限的减征或免征所得税照顾。对初建期间资金有困难的企业，银行应在筹集资金方面予以支持。

第五条 对兴办安置富余职工的企业，各级待业保险机构可按富余职工数适当拨付部分待业保险金给予扶持，具体办法另行制定。

第六条 实行工效挂钩或工资总额包干的企业，在接收安置富余职工后，劳动、财政部门可根据实际情况相应核增其工资总额基数。

第七条 企业对富余职工在待岗、放假或转业培训期间的工资或生活补助费发放标准，由企业自定，但不得低于当地的待业救济标准。

第八条 按《规定》第十二条解除劳动合同的，由企业按其本企业工龄每满一年（超过六个月的按一年计）发给相当于本人一个月标准工资的补偿费，并按最后一个合同期的未满期限每年加发一个月的标准工资作为补偿。

对患病或非因工负伤的合同制工人，按国务院《国营企业实行劳动合同制暂行规定》第二十一、二十三条规定办理。

第九条 按《规定》经企业批准辞职的人员，在待业期间可参照终止、解除劳动合同的劳动合同制工人享受待业保险待遇；重新就业并参加社会保险的，其原工龄和新参加投保年限可连续计算。

第十条 富余职工辞职或解除劳动合同外出务工的，可向户口所在地劳动部门申请办理挂靠人事关系手续，其原工龄和投保年限可以保留。在外务工期间，继续参加投保的，其投保年限可连续计算。

第十一条 企业对三次以上不服从正常分配的富余职工，可予以辞退。

第十二条 经本人申请企业批准办理停薪留职的富余职工，不享受待业保险待遇，在停薪留职期间应按规定的标准向企业定期缴纳垫支的各项社会保险基金，并以此计算职工的连续工龄和享受相应的保险待遇。

停薪留职时间最长不超过三年，具体时间由企业和停薪留职者商定。

第十三条 富余职工离开企业从事个体经营的，应继续参加当地退休养老保险，其继续缴费年限与原有缴费年限合并连续计算并按省的有关规定享受相应的保险待遇。

第十四条 富余职工中的女工因怀孕或哺育婴儿自愿请长假的，企业应予同意，一般不超过两年（含法定产假期），个别确有困难的，经批准可延长一年。产假期间的工资按规定发给，非产假期间（含延长的假期）的工资由企业根据实际情况发给生活费，但不得低于当地待业职工救济标准，对有特殊困难的女工，企业应视其困难程度适当给予补助。经批准请长假的职工要按在职职工统计计算为连续工龄，并继续按规定缴纳各项社会保险基金。

第十五条 按《规定》第九条办理离岗休养的职工，由企业参照其退休应享受的待遇支付其离岗休养费用，享受与在职职工同等的保险福利待遇，并继续参加各项社会保险，在达到法定退休条件时，按国家和省的有关规定办理退休手续。

第十六条 离岗休养人员在社会从事其他有固定收入的工作，其收入经原所在单位认可达到或超过企业发给的离岗休养费时，企业可适当减发其离岗休养费。

第十七条 富余人员因病或因工负伤住院治疗期间，企业不能辞退，住院治疗终结后，经市、县劳动鉴定委员会鉴定不能坚持正常工作又不符合离岗休养条件的，由企业按照略高于社会救济标准（或按长期病休的规定）支付生活费，直至其达到离岗休养条件后按离岗休养办理。

第十八条 因工致残完全或部分丧失劳动能力的，以及按规定安置的残疾人员，企业不得将其列为富余人员处理。

第十九条 对男年满45周岁，女年满40周岁且连续工龄满20年的富余人员，企业原则上不能推向社会，要尽量安排其力所能及的工作。

第二十条 本办法适用于广东省境内的所有国有企业。县（区）以上集体企业是否参照执行，由各市自行确定。

第二十一条 各市可依据本地情况制定具体实施细则。

第二十二条 本办法自1995年3月1日实施。

2.8.3.7 广东省高级人民法院关于对长期离岗的国有、集体企业职工与所在企业的劳动纠纷案件人民法院不予受理的批复（［2005］粤高法立复字第35号）

汕头市中级人民法院：

你院汕中法［2005］80号《关于处理当前汕头市国有、集体企业涉及历史遗留问题劳动纠纷案件的请示》收悉。经研究，答复如下：

企业职工因长期离岗而被所在企业解除劳动关系，现因企业改制引致纠纷，这属于政府有关部门主导的企业改制和劳动制度改革中出现的特殊现象，不是履行劳动合同中的问题，宜由政府协调有关部门统筹解决。同意你院请示的处理意见，人民法院对此类案件不应作为劳动争议案件受理。鉴于此类纠纷属于群体性纠纷，涉及人数众多，影响面广，你院应积极配合当地党委、政府，做好当事人的教育引导工作，尽力缓解矛盾，防止把群体性纠纷引向诉讼。

2.8.3.8 关于印发《广州市劳动争议仲裁委员会、广州市中级人民法院关于劳动争议案件研讨会会议纪要》的通知（穗劳仲会纪［2011］2号）

14. 对《最高人民法院关于审理劳动争议案件适用法律若干问题的解释（三）》第八条 所列人员，如原用人单位继续为其缴纳社保，新用人单位无法为其参保，此类人员发生工伤争议，按照劳动行政部门作出的工伤认定书认定责任。

发生非因工死亡待遇争议，作为被申请人的用人单位能举证证实劳动者存在多重劳动关系的，由多个用人单位共同承担非因工死亡待遇责任。不能举证证实的，由作为被申请人的用人单位依法承担责任。

★ 地方性文件·上海市

2.8.3.9 上海市高级人民法院民一庭关于审理劳动争议案件若干问题的解答（2002年2月6日）

十二、劳动合同履行过程中，劳动者长期未提供正常劳动，用人单位又未依法解除劳动关系的，双方之间的关系如何认定？

答： 劳动者长期不提供正常劳动，用人单位又未解除劳动关系的，可以认定双方劳动关系处于中止履行状态，中止履行期间用人单位和劳动者不存在劳动法上的权利义务关系。

［**说明**］

本条是有关劳动者长期未提供正常劳动，单位又未依法解除劳动关系的，如何认定双方关系的规定。

在八十年代后期到九十年代初，有一些劳动者采取停薪留职的办法“下海”或是以其他方式工作。但是一般签有协议，约定单位在一定时间内保留劳动关系，自己缴纳“管理费”，但有的劳动者在期满后未回到单位办理续延手续，对这种职工单位本可以旷工作出解除劳动关系的决定，但许多单位又未作出，有关档案也挂在原单位，导致劳动关系“空壳化”。随着这些停薪留职者年龄的增大，他们提出要确认与原单位存在劳动关系，并要求原单位缴纳社会保险费。

我们认为，劳动关系的确立需要有一定的内容或双方约定以一定的方式履行。停薪留职者在期满后未实际付出劳动，用人单位又未实际支付劳动报酬，他们之间已没有实际劳动权利义务内容，单位可以行使单方解除权，但在单位作出单方解除之前，双方的劳动关系处于中止履行状态，没有实体上的劳动权利义务。

［**理由**］

用人单位和劳动者签订的停薪留职协议或类似协议，实际上也是劳动合同的一种，双方都应实际履行。劳动者在期满后，不回单位就业的，按照《中华人民共和国企业职工奖惩条例》等有关规定，单位可以直接解除劳动合同，但并非一定要解除，是否解除，决定权在企业。如果单位决定解除的，则应履行一定的解约手续，劳动关系并不能因为一方不履行而自然终止。所以，我们将这段时间的关系定性为劳动关系的中止履行。

★ 地方性文件·北京市

2.8.3.10 北京市北京市高级人民法院、北京市劳动争议仲裁委员会关于劳动争议案件法律适用问题研讨会会议纪要（2009年）

14. 劳动者长期未提供劳动，用人单位又未依法与其解除劳动关系，双方“长期两不找”，可以认定双方劳动关系处于中止履行状态，中止履行期间用人单位和劳动者不存在劳动法上的权利义务关系，也不计算为本单位工作年限。如此后一方当事人提出解除劳动关系，另一方因不同意解除而申请仲裁，劳动仲裁委或人民法院经审查后如认为上述解除符合法律有关规定的，应当确认解除。

2.8.4 申诉及人事仲裁相关

★ 行政法规/部门规章/司法解释

2.8.4.1 最高人民法院关于人民法院审理事业单位人事争议案件若干问题的规定（法释［2003］13号）

第一条 事业单位与其工作人员之间因辞职、辞退及履行聘用合同所发生的争议，适用《中华人民共和国劳动法》的规定处理。

第二条 当事人对依照国家有关规定设立的人事争议仲裁机构所作的人事争议仲裁裁决不服，自收到仲裁裁决之日起十五日内向人民法院提起诉讼的，人民法院应当依法受理。一方当事人在法定期间内不起诉又不履行仲裁裁决，另一方当事人向人民法院申请执行的，人民法院应当依法执行。

第三条 本规定所称人事争议是指事业单位与其工作人员之间因辞职、辞退及履行聘用合同所发生的争议。

2.8.4.2 最高人民法院关于事业单位人事争议案件适用法律等问题的答复（法函［2004］30号）

北京市高级人民法院：

你院《关于审理事业单位人事争议案件如何适用法律及管辖的请示》（京高法［2003］353号）收悉。经研究，答复如下：

一、《最高人民法院关于人民法院审理事业单位人事争议案件若干问题的规定》（法释［2003］13号）第一条规定，“事业单位与其工作人员之间因辞职、辞退及履行聘用合同所发生的争议，适用《中华人民共和国劳动法》的规定处理。”这里“适用《中华人民共和国劳动法》的规定处理”是指人民法院审理事业单位人事争议案件的程序运用《中华人民共和国劳动法》的相关规定。人民法院对事业单位人事争议案件的实体处理应当适用人事方面的法律规定，但涉及事业单位工作人员劳动权利的内容在人事法律中没有规定的，适用《中华人民共和国劳动法》的有关规定。

二、事业单位人事争议案件由用人单位或者聘用合同履行地的基层人民法院管辖。

三、人民法院审理事业单位人事争议案件的案由为“人事争议”。

最高人民法院

二〇〇四年四月三十日

2.8.4.3 人事争议处理规定（人社部发［2011］88号）

2007年8月9日中共中央组织部、人事部、总政治部印发根据2011年8月15日《中共中央组织部、人力资源和社会保障部、总政治部关于修改人事争议处理规定的通知》修正。

目　录

第一章　总　则

第一条　为公正及时地处理人事争议，保护当事人的合法权益，根据《中华人民共和国公务员法》、《中国人民解放军文职人员条例》等有关法律法规，制定本规定。

第二条　本规定适用于下列人事争议：

（一）实施公务员法的机关与聘任制公务员之间、参照《中华人民共和国公务员法》管理的机关（单位）与聘任工作人员之间因履行聘任合同发生的争议。

（二）事业单位与工作人员之间因解除人事关系、履行聘用合同发生的争议。

（三）社团组织与工作人员之间因解除人事关系、履行聘用合同发生的争议。

（四）军队聘用单位与文职人员之间因履行聘用合同发生的争议。

（五）依照法律、法规规定可以仲裁的其他人事争议。

第三条　人事争议发生后，当事人可以协商解决；不愿协商或者协商不成的，可以向主管部门申请调解，其中军队聘用单位与文职人员的人事争议，可以向聘用单位的上一级单位申请调解；不愿调解或调解不成的，可以向人事争议仲裁委员会申请仲裁。当事人也可以直接向人事争议仲裁委员会申请仲裁。当事人对仲裁裁决不服的，可以向人民法院提起诉讼。

第四条　当事人在人事争议处理中的地位平等，适用法律、法规平等。

当事人有使用本民族语言文字申请仲裁的权利。人事争议仲裁委员会对于不熟悉当地通用语言文字的当事人，应当为他们翻译。

第五条　处理人事争议，应当注重调解，遵循合法、公正、及时的原则，以事实为依据，以法律为准绳。

第二章　组织机构

第六条　省（自治区、直辖市）、副省级市、地（市、州、盟）、县（市、区、旗）设立人事争议仲裁委员会。

人事争议仲裁委员会独立办案，相互之间无隶属关系。

第七条　人事争议仲裁委员会由公务员主管部门代表、聘任（用）单位代表、工会组织代表、受聘人员代表以及人事、法律专家组成。人事争议仲裁委员会组成人员应当是单数，设主任一名、副主任二至四名、委员若干名。

同级人民政府分管人事工作的负责人或者政府人事行政部门的主要负责人任人事争议仲裁委员会主任。

第八条　人事争议仲裁委员会实行少数服从多数原则，不同意见应如实记录。

第九条　人事争议仲裁委员会的职责是：

（一）负责处理管辖范围内的人事争议。

（二）决定仲裁员的聘任和解聘。

（三）法律、法规规定由人事争议仲裁委员会承担的其他职责。

第十条　人事争议仲裁委员会下设办事机构，其职责是：负责人事争议案件的受理、仲裁文书送达、档案管理以及仲裁员的考核、培训等日常工作，办理人事争议仲裁委员会授权的其他事宜。办事机构设在同级人民政府人事部门。

第十一条　人事争议仲裁委员会处理人事争议案件实行仲裁庭制度，仲裁庭是人事争议仲裁委员会处理人事争议案件的基本形式。仲裁庭一般由三名仲裁员组成。人事争议仲裁委员会指定一名仲裁员担任首席仲裁员，主持仲裁庭工作；另两名仲裁员可由双方当事人各选定一名，也可由人事争议仲裁委员会指定。简单的人事争议案件，经双方当事人同意，人事争议仲裁委员会可以指定一名仲裁员独任处理。

第十二条　人事争议仲裁委员会可以聘任有关部门的工作人员、专家学者和律师为专职或兼职仲裁员。仲裁员的职责是：受人事争议仲裁委员会的委托或当事人的选择，负责人事争议案件的具体处理工作。

兼职仲裁员与专职仲裁员在仲裁活动中享有同等权利。

兼职仲裁员进行仲裁活动时，所在单位应当给予支持。

第三章　管　辖

第十三条　中央机关、直属机构、直属事业单位及其在京所属单位的人事争议由北京市负责处理人事争议的仲裁机构处理，也可由北京市根据情况授权所在地的区（县）负责处理人事争议的仲裁机构处理。

中央机关在京外垂直管理机构以及中央机关、直属机构、直属事业单位在京外所属单位的人事争议，由所在地的省（自治区、直辖市）设立的人事争议仲裁委员会处理，也可由省（自治区、直辖市）根据情况授权所在地的人事争议仲裁委员会处理。

第十四条　省（自治区、直辖市）、副省级市、地（市、州、盟）、县（市、区、旗）人事争议仲裁委员会的管辖范围，由省（自治区、直辖市）确定。

第十五条　军队聘用单位与文职人员的人事争议，一般由聘用单位所在地的县（市、区、旗）人事争议仲裁委员会处理，其中师级聘用单位与文职人员的人事争议，由所在地的地（市、州、盟）、副省级市人事争议仲裁委员会处理，军级以上聘用单位与文职人员的人事争议由所在地的省（自治区、直辖市）人事争议仲裁委员会处理。

第四章　仲　裁

第十六条　当事人从知道或应当知道其权利受到侵害之日起六十日内，以书面形式向有管辖权的人事争议仲裁委员会申请仲裁。

当事人因不可抗力或者有其他正当理由超过申请仲裁时效，经人事争议仲裁委员会调查确认的，人事争议仲裁委员会应当受理。

第十七条 当事人向人事争议仲裁委员会申请仲裁，应当提交仲裁申请书，并按被申请人人数递交副本。

仲裁申请书应当载明下列事项：

（一）申请人和被申请人姓名、性别、年龄、职业及职务、工作单位、住所和联系方式。申请人或被申请人是单位的，应写明单位的名称、住所、法定代表人或者主要负责人的姓名、职务和联系方式。

（二）仲裁请求和所依据的事实、理由。

（三）证据和证据来源、证人姓名和住所。

发生人事争议的一方在五人以上，并且有共同的仲裁请求和理由的，可以推举一至两名代表参加仲裁活动。代表人放弃、变更仲裁请求或者承认对方的仲裁请求，进行和解，必须经过被代表的当事人同意。

第十八条 人事争议仲裁委员会在收到仲裁申请书之日起十个工作日内，认为不符合受理条件的，应当书面通知申请人不予受理，并说明理由；认为符合受理条件的，应当受理，将受理通知书送达申请人，将仲裁申请书副本送达被申请人。

第十九条 被申请人应当在收到仲裁申请书副本之日起十个工作日内提交答辩书。被申请人没有按时提交或者不提交答辩书的，不影响仲裁的进行。

第二十条 仲裁应当公开开庭进行，涉及国家、军队秘密和个人隐私的除外。涉及商业秘密，当事人申请不公开开庭的，可以不公开开庭。当事人协议不开庭的，仲裁庭可以书面仲裁。

第二十一条 人事争议仲裁委员会应当在开庭审理人事争议案件五个工作日前，将开庭时间、地点、仲裁庭组成人员等书面通知当事人。申请人经书面通知无正当理由不到庭，或者到庭后未经仲裁庭许可中途退庭的，视为撤回仲裁申请。被申请人经书面通知无正当理由不到庭，或者未经仲裁庭许可中途退庭的，可以缺席裁决。

当事人有正当理由的，在开庭前可以申请延期开庭，是否延期由仲裁庭决定。

第二十二条 仲裁庭处理人事争议应注重调解。自受理案件到作出裁决前，都要积极促使当事人双方自愿达成调解协议。

当事人经调解自愿达成书面协议的，仲裁庭应当根据调解协议的内容制作仲裁调解书。协议内容不得违反法律法规，不得侵犯社会公共利益和他人的合法权益。

调解书由仲裁庭成员署名，加盖人事争议仲裁委员会印章。调解书送达后，即发生法律效力。

当庭调解未达成协议或者仲裁调解书送达前当事人反悔的，仲裁庭应当及时进行仲裁裁决。

第二十三条 当事人应当对自己的主张提供证据。仲裁庭认为有关证据由用人单位提供更方便的，应要求用人单位提供。

用人单位作出解除人事关系和不同意工作人员要求辞职或终止聘任（用）合同引发的人事争议，由用人单位负责举证。

仲裁庭认为需要调查取证的，可以自行取证。

第二十四条 人事争议仲裁委员会在处理人事争议时，有权向有关单位查阅与案件有关的档案、资料和其他证明材料，并有权向知情人调查，有关单位和个人不得拒绝并应当如实提供相关材料。人事争议仲裁委员会及其工作人员对调查人事争议案件中涉及的国家秘密、军队秘密、商业秘密和个人隐私应当保密。

第二十五条 当事人的举证材料应在仲裁庭上出示，并进行质证。只有经过质证认定的事实和证据，才能作为仲裁裁决的依据。

第二十六条 当事人在仲裁过程中有权进行辩论。辩论终结时，仲裁庭应当征询当事人的最后意见。

第二十七条 仲裁庭应当将开庭情况记入笔录。当事人和其他仲裁参与人认为对自己陈述的记录有遗漏或者差错的，有权申请补正。如果不予补正，应当记录该申请，并注明不予补正的原因。

笔录由仲裁员、书记员、当事人和其他仲裁参与人署名或者盖章。

第二十八条 仲裁裁决应当按照多数仲裁员的意见作出，少数仲裁员的不同意见应当记入笔录。

仲裁庭对重大、疑难以及仲裁庭不能形成多数处理意见案件的处理，应当提交人事争议仲裁委员会讨论决定；人事争议仲裁委员会作出的决定，仲裁庭必须执行。

仲裁庭应当在裁决作出后五个工作日内制作裁决书。裁决书由仲裁庭成员署名并加盖人事争议仲裁委员会印章。

第二十九条 仲裁庭处理人事争议案件，一般应当在受理案件之日起九十日内结案。需要延期的，经人事争议仲裁委员会批准，可以适当延期，但是延长的期限不得超过三十日。

第三十条 当事人、法定代理人可以委托一至二名律师或其他代理人进行仲裁活动。委托律师和其他代理人进行仲裁活动，应当向人事争议仲裁委员会提交有委托人签名或盖章的委托书。委托书应当明确委托事项和权限。

第三十一条 有下列情形之一的，仲裁员应当自行申请回避，当事人和代理人有权以口头或书面方式申请其回避：

（一）是案件的当事人、代理人或者当事人、代理人的近亲属。

（二）与案件有利害关系。

（三）与案件当事人、代理人有其他关系，可能影响公正仲裁的。

前款规定适用于书记员、鉴定人员、勘验人员和翻译人员。

第三十二条 当事人对仲裁裁决不服的，可以按照《中华人民共和国公务员法》、《中国人民解放军文职人员条例》以及最高人民法院相关司法解释的规定，自收到裁决书之日起十五日内向人民法院提起诉讼；逾期不起诉的，裁决书即发生法律效力。

第三十三条 对发生法律效力的调解书或者裁决书，当事人必须履行。一方当事人逾期不履行的，另一方当事人可以依照国家有关法律法规和最高人民法院相关司法解释的规定申请人民法院执行。

第五章 罚 则

第三十四条 当事人及有关人员在仲裁过程中有下列行为之一的，人事争议仲裁委员会应当予以批评教育、责令改正；触犯法律的，提请司法机关依法追究法律责任：

（一）干扰仲裁活动，阻碍仲裁工作人员工作的。

（二）拒绝提供有关文件、资料和其他证明材料的。

（三）提供虚假情况的。

（四）对仲裁工作人员、仲裁参与人、证人进行打击报复的。

（五）其他应予以批评教育、责令改正或应依法追究法律责任的行为。

第三十五条 仲裁工作人员在仲裁活动中有徇私舞弊、收受贿赂、敲诈勒索、滥用职权等侵犯当事人合法权益行为的，由所在单位或上级机关给予处分；是仲裁员的，由人事争议仲裁委员会予以解聘；触犯法律的，提请司法机关依法追究法律责任。

第六章 附 则

第三十六条 因考核、职务任免、职称评审等发生的人事争议，按照有关规定处理。

第三十七条 本规定由中共中央组织部、人力资源和社会保障部、中国人民解放军总政治部负责解释，省、自治区、直辖市可根据本规定制定实施办法。

第三十八条 本规定自2007年10月1日起施行，1997年人事部发布的《人事争议处理暂行规定》（人发［1997］71号）同时废止。

2.8.4.4 中共中央组织部、人力资源社会保障部关于印发《事业单位工作人员申诉规定》的通知（人社部发［2014］45号）

各省、自治区、直辖市党委组织部、政府人力资源社会保障厅（局），中央和国家机关各部委、各人民团体组织人事部门，新疆生产建设兵团党委组织部、人力资源社会保障局，部分高等学校党委：

为贯彻实施《事业单位人事管理条例》，中央组织部、人力资源社会保障部共同研究制定了《事业单位工作人员申诉规定》，现印发给你们，请认真贯彻执行。

中共中央组织部

人力资源社会保障部

2014年6月27日

目 录

第一章 总 则

第一条 为保障事业单位工作人员合法权益，依法处理事业单位工作人员的申诉，促进事业单位及其主管部门依法行使职权，根据《事业单位人事管理条例》，制定本规定。

第二条 事业单位工作人员对涉及本人的人事处理不服的，可以依照本规定申请复核；对复核结果不服的，可以依照本规定提出申诉、再申诉。

法律法规对事业单位工作人员申诉另有规定的，从其规定。

各级党委管理的事业单位领导人员的申诉，依照干部人事管理权限，按照有关规定办理。

第三条 处理事业单位工作人员申诉，应当坚持合法、公正、公平、及时的原则，依照规定的权限、条件和程序进行。

第四条 事业单位工作人员提出申诉，应当以事实为依据，不得捏造事实，诬告、陷害他人。

第五条 复核、申诉、再申诉期间不停止人事处理的执行。

事业单位工作人员不因申请复核或者提出申诉、再申诉而被加重处理。

第六条 复核、申诉、再申诉应当由事业单位工作人员本人申请。本人丧失行为能力、部分丧失行为能力或者死亡的，可以由其近亲属或监护人代为申请。

第二章 管 辖

第七条 事业单位工作人员对人事处理不服申请复核的，由原处理单位管辖。

第八条 事业单位工作人员对中央和地方直属事业单位作出的复核决定不服提出的申诉，由同级事业单位人事综合管理部门管辖。

事业单位工作人员对中央和地方各部门所属事业单位作出的复核决定不服提出的申诉，由主管部门管辖。

事业单位工作人员对主管部门或者其他有关部门作出的复核决定不服提出的申诉，由同级事业单位人事综合管理部门管辖。

事业单位工作人员对乡镇党委和人民政府作出的复核决定不服提出的申诉，由县级事业单位人事综合管理部门管辖。

第九条 事业单位工作人员对主管部门作出的申诉处理决定不服提出的再申诉，由同级事业单位人事综合管理部门管辖。

事业单位工作人员对市级、县级事业单位人事综合管理部门作出的申诉处理决定不服提出的再申诉，由上一级事业单位人事综合管理部门管辖。

第十条 事业单位工作人员对中央垂直管理部门省级以下机关作出的复核决定不服提出的申诉，由上一级机关管辖；对申诉处理决定不服提出的再申诉，由作出申诉处理决定机关的同级事业单位人事综合管理部门或者上一级机关管辖。

第三章 申请与受理

第十一条 事业单位工作人员对涉及本人的下列人事处理不服，可以申请复核或者提出申诉、再申诉：

（一）处分；

（二）清退违规进人；

（三）撤销奖励；

（四）考核定为基本合格或者不合格；

（五）未按国家规定确定或者扣减工资福利待遇；

（六）法律、法规、规章规定可以提出申诉的其他人事处理。

第十二条 申请复核或者提出申诉、再申诉的时效期间为三十日。复核的时效期间自申请人知道或者应当知道人事处理之日起计算；申诉、再申诉的时效期间自申请人收到复核决定、申诉处理决定之日起计算。

因不可抗力或者有其他正当理由，当事人不能在本条规定的时效期间内申请复核或者提出申诉、再申诉的，经受理机关批准可以延长期限。

第十三条 申请人申请复核和提出申诉、再申诉，应当提交申请书，同时提交原人事处理决定、复核决定或者申诉处理决定等材料的复印件。申请书可以通过当面提交、邮寄或者传真等方式提出。

申请人当面递交申请书的，受理单位应当场出具收件回执。

第十四条 申请书应当载明下列内容：

（一）申请人的姓名、出生年月、单位、岗位、政治面貌、联系方式、住址及其他基本情况；

（二）原处理单位的名称、地址、联系方式；

（三）复核、申诉、再申诉的事项、理由和要求；

（四）申请日期。

第十五条 受理单位应当对申请人提交的申请书是否符合受理条件进行审查，在接到申请书之日起十五日内，作出受理或者不予受理的决定，并以书面形式通知申请人。不予受理的，应当说明理由。

第十六条 符合以下条件的复核、申诉、再申诉，应予受理：

（一）申请人符合本规定第六条的规定；

（二）复核、申诉、再申诉事项属于本规定第十一条规定的受理范围；

（三）在规定的期限内提出；

（四）属于受理单位管辖范围；

（五）材料齐备。

凡不符合上述条件之一的，不予受理。申请材料不齐备的，应当一次性告知申请人所需补正的全部材料，申请人按照要求补正全部材料的，应予受理。

第十七条 在处理决定作出前，申请人可以以书面形式提出撤回复核、申诉、再申诉的申请。

受理单位在接到申请人关于撤回复核、申诉、再申诉的书面申请后，可以决定终结处理工作。

终结复核决定应当以书面形式告知申请人；终结申诉处理决定应以书面形式告知申请人和原处理单位；终结再申诉处理决定应当以书面形式告知申请人、申诉受理单位和原处理单位。

第四章　审理与决定

第十八条 受理复核申请的单位应当自接到申请书之日起三十日内作出维持、撤销或者变更原人事处理的复核决定，并以书面形式通知申请人。

受理申诉、再申诉申请的单位应当自决定受理之日起六十日内作出处理决定。案情复杂的，可以适当延长，但是延长期限不得超过三十日。

第十九条 受理申诉、再申诉的单位应当组成申诉公正委员会审理案件。

申诉公正委员会由受理申诉、再申诉的单位相关工作人员组成，必要时可以吸收其他相关人员参加。申诉公正委员会组成人数应当是单数，不得少于三人。申诉公正委员会负责人一般由主管申诉、再申诉工作的单位负责人或者负责申诉、再申诉的工作机构负责人担任。

第二十条 受理申诉、再申诉的单位有权要求有关单位提交答辩材料，有权对申诉、再申诉事项进行相关调查。

调查应当由两名以上工作人员进行，接受调查的单位或者个人有配合调查的义务，应当如实提供情况和证据。

第二十一条 申诉公正委员会应当根据调查情况对下列事项进行审议：

（一）原人事处理认定的事实是否存在、清楚，证据是否确实充分；

（二）原人事处理适用的法律、法规、规章和有关规定是否正确；

（三）原人事处理的程序是否符合规定；

（四）原人事处理是否显失公正；

（五）被申诉单位有无超越或者滥用职权的情形；

（六）其他需要审议的事项。

在审理对复核决定、申诉处理决定不服的申诉、再申诉时，申诉公正委员会还应当对复核决定、申诉处理决定进行审议。

审理期间，申诉公正委员会应当允许申请人进行必要的陈述或者申辩。

第二十二条 申诉公正委员会应当按照客观公正和少数服从多数的原则，提出审理意见。

第二十三条 受理单位应当根据申诉公正委员会的审理意见，区别不同情况，作出下列申诉处理决定：

（一）原人事处理认定事实清楚，适用法律、法规、规章和有关规定正确，处理恰当、程序合法的，维持原人事处理；

（二）原人事处理认定事实不存在的，或者超越职权、滥用职权做出处理的，按照管理权限责令原处理单位撤销或者直接撤销原人事处理；

（三）原人事处理认定事实清楚，但认定情节有误，或者适用法律、法规、规章和有关规定有错误，或者处理明显不当的，按照管理权限责令原处理单位变更或者直接变更原人事处理；

（四）原人事处理认定事实不清，证据不足，或者违反规定程序和权限的，责令原处理单位重新处理。

再申诉处理决定应当参照前款规定作出。

事业单位工作人员对重新处理后作出的处理决定不服，可以提出申诉或者再申诉。

第二十四条 作出申诉处理决定后，应当制作申诉处理决定书。申诉处理决定书应当载明下列内容：

（一）申诉人的姓名、出生年月、单位、岗位及其他基本情况；

（二）原处理单位的名称、地址、联系方式、人事处理和复核决定所认定的事实、理由及适用的法律、法规、规章和有关规定；

（三）申诉的事项、理由及要求；

（四）申诉公正委员会认定的事实、理由及适用的法律、法规、规章和有关规定；

（五）申诉处理决定；

（六）作出决定的日期；

（七）其他需要载明的内容。

再申诉处理决定作出后，应当制作再申诉处理决定书。再申诉处理决定书除前款规定内容外，还应当载明申诉处理决定的内容和作出申诉处理决定的日期。

申诉、再申诉处理决定书应当加盖受理申诉、再申诉单位或者申诉公正委员会的印章。

第二十五条 复核决定应当及时送达申请人。

申诉处理决定书应当及时送达申请人和原处理单位。

再申诉处理决定书应当及时送达申请人、申诉受理单位和原处理单位。

第二十六条 复核决定、申诉处理决定书、再申诉处理决定书按照下列规定送达：

（一）直接送达申请人本人，受送达人在送达回证上签名或者盖章，签收日期为送达日期；

（二）申请人本人不在的，可以由其同住的具有完全民事行为能力的近亲属在送达回证上签名或者盖章，视为送达，签收日期为送达日期；

（三）申请人或者其同住的具有完全民事行为能力的近亲属拒绝接收或者拒绝签名、盖章的，送达人应当邀请有关基层组织的代表或者其他有关人员到场，见证现场情况，由送达人在送达回证上记明拒收事由和日期，由送达人、见证人签名或者盖章，将处理决定留在申请人的住所或者所在单位，视为送达。送达人、见证人签名或者盖章日期为送达日期；

（四）直接送达确有困难的，可以通过邮寄送达。以回执上注明的收件日期为送达日期；

（五）上述规定的方式无法送达的，可以在相关媒体上公告送达，并在案卷中记明原因和经过。自公告发布之日起，经过六十日，即视为送达。

第二十七条 原处理单位应当将复核决定、申诉处理决定书、再申诉处理决定书存入申请人的个人档案。

第五章 执行与监督

第二十八条 处理决定应当在发生效力后三十日内执行。

下列处理决定是发生效力的最终决定：

（一）已过规定期限没有提出申诉的复核决定；

（二）已过规定期限没有提出再申诉的申诉处理决定；

（三）中央和省级事业单位人事综合管理部门作出的申诉处理决定；

（四）再申诉处理决定。

第二十九条 除维持原人事处理外，原处理单位应当在申诉、再申诉决定执行期满后三十日内将执行情况报申诉、再申诉受理单位备案。

原处理单位逾期不执行的，申请人可以向作出发生效力的决定的单位提出执行申请。接到执行申请的单位应当责令原处理单位执行。

第三十条 对事业单位工作人员处理错误的，应当及时予以纠正；造成名誉损害的，应当赔礼道歉、恢复名誉、消除影响；造成经济损失的，应当根据有关规定给予赔偿。

第三十一条 参与复核、申诉、再申诉审理的工作人员有下列情形之一的，应当提出回避申请：

（一）与申请人或者原处理单位主要负责人、承办人员有夫妻关系、直系血亲、三代以内旁系血亲关系或者近姻亲关系的；

（二）与原人事处理及案件有利害关系的；

（三）与申请人或者原处理单位主要负责人、承办人员有其他关系，可能影响案件公正处理的。

有前款规定的情形的，申请人、与原人事处理及案件有利害关系的公民、法人或者其他组织有权要求其回避。

复核案件审理工作人员的回避，由受理复核单位负责人决定。申诉或再申诉案件审理工作组织负责人的回避由受理单位负责人员集体决定；其他工作人员的回避，由申诉或再申诉案件审理工作组织负责人决定。回避决定作出前，相关人员应当暂停参与案件的调查和审理。

第三十二条 因下列情形之一侵害事业单位工作人员合法权益的，对相关责任人员和直接责任人员，应当根据有关规定，视情节轻重，给予批评教育、调离岗位或者处分；涉嫌犯罪的，移送司法机关处理；

（一）对申请复核或者提出申诉、再申诉的事业单位工作人员打击报复的；

（二）超越或者滥用职权的；

（三）适用法律、法规、规章错误或者违反规定程序的；

（四）在复核、申诉、再申诉工作中应当作为而不作为的；

（五）拒不执行发生效力的申诉、再申诉处理决定的；

（六）违反本规定的其他情形。

第三十三条 申请复核、提出申诉的事业单位工作人员弄虚作假、捏造事实、诬陷他人的，根据情节轻重，给予批评教育或者处分；涉嫌犯罪的，移送司法机关处理。

第六章 附 则

第三十四条 机关工勤人员申请复核或者提出申诉、再申诉，参照本规定执行。

第三十五条 本规定自2014年7月1日起施行。

2.9 劳务派遣相关

★ 法律

2.9.1 中华人民共和国劳动合同法（主席令第73号 2012年修正）

第五十七条【劳务派遣单位的设立】经营劳务派遣业务应当具备下列条件：

（一）注册资本不得少于人民币二百万元；

（二）有与开展业务相适应的固定的经营场所和设施；

（三）有符合法律、行政法规规定的劳务派遣管理制度；

（四）法律、行政法规规定的其他条件。

经营劳务派遣业务，应当向劳动行政部门依法申请行政许可；经许可的，依法办理相应的公司登记。未经许可，任何单位和个人不得经营劳务派遣业务。

第五十八条【劳务派遣单位、用工单位及劳动者的权利义务】劳务派遣单位是本法所称用人单位，应当履行用人单位对劳动者的义务。劳务派遣单位与被派遣劳动者订立的劳动合同，除应当载明本法第十七条规定的事项外，还应当载明被派遣劳动者的用工单位以及派遣期限、工作岗位等情况。

劳务派遣单位应当与被派遣劳动者订立二年以上的固定期限劳动合同，按月支付劳动报酬；被派遣劳动者在无工作期间，劳务派遣单位应当按照所在地人民政府规定的最低工资标准，向其按月支付报酬。

第五十九条【劳务派遣协议】劳务派遣单位派遣劳动者应当与接受以劳务派遣形式用工的单位（以下称用工单位）订立劳务派遣协议。劳务派遣协议应当约定派遣岗位和人员数量、派遣期限、劳动报酬和社会保险费的数额与支付方式以及违反协议的责任。

用工单位应当根据工作岗位的实际需要与劳务派遣单位确定派遣期限，不得将连续用工期限分割订立数个短期劳务派遣协议。

第六十条【劳务派遣单位的告知义务】劳务派遣单位应当将劳务派遣协议的内容告知被派遣劳动者。

劳务派遣单位不得克扣用工单位按照劳务派遣协议支付给被派遣劳动者的劳动报酬。

劳务派遣单位和用工单位不得向被派遣劳动者收取费用。

第六十一条【跨地区派遣劳动者的劳动报酬、劳动条件】劳务派遣单位跨地区派遣劳动者的，被派遣劳动者享有的劳动报酬和劳动条件，按照用工单位所在地的标准执行。

第六十二条【用工单位的义务】用工单位应当履行下列义务：

（一）执行国家劳动标准，提供相应的劳动条件和劳动保护；

（二）告知被派遣劳动者的工作要求和劳动报酬；

（三）支付加班费、绩效奖金，提供与工作岗位相关的福利待遇；

（四）对在岗被派遣劳动者进行工作岗位所必需的培训；

（五）连续用工的，实行正常的工资调整机制。

用工单位不得将被派遣劳动者再派遣到其他用人单位。

第六十三条【被派遣劳动者同工同酬】被派遣劳动者享有与用工单位的劳动者同工同酬的权利。用工单位应当按照同工同酬原则，对被派遣劳动者与本单位同类岗位的劳动者实行相同的劳动报酬分配办法。用工单位无同类岗位劳动者的，参照用工单位所在地相同或者相近岗位劳动者的劳动报酬确定。

劳务派遣单位与被派遣劳动者订立的劳动合同和与用工单位订立的劳务派遣协议，载明或者约定的向被派遣劳动者支付的劳动报酬应当符合前款规定。

第六十四条【被派遣劳动者参加或者组织工会】被派遣劳动者有权在劳务派遣单位或者用工单位依法参加或者组织工会，维护自身的合法权益。

第六十五条【劳务派遣中解除劳动合同】被派遣劳动者可以依照本法第三十六条、第三十八条的规定与劳务派遣单位解除劳动合同。

被派遣劳动者有本法第三十九条和第四十条第一项、第二项规定情形的，用工单位可以将劳动者退回劳务派遣单位，劳务派遣单位依照本法有关规定，可以与劳动者解除劳动合同。

第六十六条【劳务派遣的适用岗位】劳动合同用工是我国的企业基本用工形式。劳务派遣用工是补充形式，只能在临时性、辅助性或者替代性的工作岗位上实施。

前款规定的临时性工作岗位是指存续时间不超过六个月的岗位；辅助性工作岗位是指为主营业务岗位提供服务的非主营业务岗位；替代性工作岗位是指用工单位的劳动者因脱产学习、休假等原因无法工作的一定期间内，可以由其他劳动者替代工作的岗位。

用工单位应当严格控制劳务派遣用工数量，不得超过其用工总量的一定比例，具体比例由国务院劳动行政部门规定。

第六十七条【用人单位不得自设劳务派遣单位】用人单位不得设立劳务派遣单位向本单位或者所属单位派遣劳动者。

第九十二条【劳务派遣单位的法律责任】违反本法规定，未经许可，擅自经营劳务派遣业务的，由劳动行政部门责令停止违法行为，没收违法所得，并处违法所得一倍以上五倍以下的罚款；没有违法所得的，可以处五万元以下的罚款。

劳务派遣单位、用工单位违反本法有关劳务派遣规定的，由劳动行政部门责令限期改正；逾期不改正的，以每人五千元以上一万元以下的标准处以罚款，对劳务派遣单位，吊销其劳务派遣业务经营许可证。用工单位给被派遣劳动者造成损害的，劳务派遣单位与用工单位承担连带赔偿责任。

★ 行政法规/部门规章/司法解释

2.9.2 中华人民共和国劳动合同法实施条例（国务院令第535号 2008年9月起施行）

第四章 劳务派遣特别规定

第二十八条 用人单位或者其所属单位出资或者合伙设立的劳务派遣单位，向本单位或者所属单位派遣劳动者的，属于劳动合同法第六十七条规定的不得设立的劳务派遣单位。

第二十九条 用工单位应当履行劳动合同法第六十二条规定的义务，维护被派遣劳动者的合法权益。

第三十条 劳务派遣单位不得以非全日制用工形式招用被派遣劳动者。

第三十一条 劳务派遣单位或者被派遣劳动者依法解除、终止劳动合同的经济补偿，依照劳动合同法第四十六条、第四十七条的规定执行。

第三十二条 劳务派遣单位违法解除或者终止被派遣劳动者的劳动合同的，依照劳动合同法第四十八条的规定执行。

第三十五条 用工单位违反劳动合同法和本条例有关劳务派遣规定的，由劳动行政部门和其他有关主管部门责令改正；情节严重的，以每位被派遣劳动者1000元以上5000元以下的标准处以罚款；给被派遣劳动者造成损害的，劳务派遣单位和用工单位承担连带赔偿责任。

2.9.3 劳务派遣行政许可实施办法（人力资源和社会保障部令第19号 2003年7月起施行）

第一章 总 则

第一条 为了规范劳务派遣，根据《中华人民共和国劳动合同法》《中华人民共和国行政许可法》等法律，制定本办法。

第二条 劳务派遣行政许可的申请受理、审查批准以及相关的监督检查等，适用本办法。

第三条 人力资源社会保障部负责对全国的劳务派遣行政许可工作进行监督指导。

县级以上地方人力资源社会保障行政部门按照省、自治区、直辖市人力资源社会保障行政部门确定的许可管辖分工，负责实施本行政区域内劳务派遣行政许可工作以及相关的监督检查。

第四条 人力资源社会保障行政部门实施劳务派遣行政许可，应当遵循权责统一、公开公正、优质高效的原则。

第五条 人力资源社会保障行政部门应当在本行政机关办公场所、网站上公布劳务派遣行政许可的依据、程序、期限、条件和需要提交的全部材料目录以及监督电话，并在本行政机关网站和至少一种全地区性报纸上向社会公布获得许可的劳务派遣单位名单及其许可变更、延续、撤销、吊销、注销等情况。

第二章 劳务派遣行政许可

第六条 经营劳务派遣业务，应当向所在地有许可管辖权的人力资源社会保障行政部门（以下称许可机关）依法申请行政许可。

未经许可，任何单位和个人不得经营劳务派遣业务。

第七条 申请经营劳务派遣业务应当具备下列条件：

（一）注册资本不得少于人民币200万元；

（二）有与开展业务相适应的固定的经营场所和设施；

（三）有符合法律、行政法规规定的劳务派遣管理制度；

（四）法律、行政法规规定的其他条件。

第八条 申请经营劳务派遣业务的，申请人应当向许可机关提交下列材料：

（一）劳务派遣经营许可申请书；

（二）营业执照或者《企业名称预先核准通知书》；

（三）公司章程以及验资机构出具的验资报告或者财务审计报告；

（四）经营场所的使用证明以及与开展业务相适应的办公设施设备、信息管理系统等清单；

（五）法定代表人的身份证明；

（六）劳务派遣管理制度，包括劳动合同、劳动报酬、社会保险、工作时间、休息休假、劳动纪律等与劳动者切身利益相关的规章制度文本；拟与用工单位签订的劳务派遣协议样本。

第九条 许可机关收到申请材料后，应当根据下列情况分别作出处理：

（一）申请材料存在可以当场更正的错误的，应当允许申请人当场更正；

（二）申请材料不齐全或者不符合法定形式的，应当当场或者在5个工作日内一次告知申请人需要补正的全部内容，逾期不告知的，自收到申请材料之日起即为受理；

（三）申请材料齐全、符合法定形式，或者申请人按照要求提交了全部补正申请材料的，应当受理行政许可申请。

第十条 许可机关对申请人提出的申请决定受理的，应当出具《受理决定书》；决定不予受理的，应当出具《不予受理决定书》，说明不予受理的理由，并告知申请人享有依法申请行政复议或者提起行政诉讼的权利。

第十一条 许可机关决定受理申请的，应当对申请人提交的申请材料进行审查。根据法定条件和程序，需要对申请材料的实质内容进行核实的，许可机关应当指派2名以上工作人员进行核查。

第十二条 许可机关应当自受理之日起20个工作日内作出是否准予行政许可的决定。20个工作日内不能作出决定的，经本行政机关负责人批准，可以延长10个工作日，并应当将延长期限的理由告知申请人。

第十三条 申请人的申请符合法定条件的，许可机关应当依法作出准予行政许可的书面决定，并自作出决定之日起5个工作日内通知申请人领取《劳务派遣经营许可证》。

申请人的申请不符合法定条件的，许可机关应当依法作出不予行政许可的书面决定，说明不予行政许可的理由，并告知申请人享有依法申请行政复议或者提起行政诉讼的权利。

第十四条 《劳务派遣经营许可证》应当载明单位名称、住所、法定代表人、注册资本、许可经营事项、有效期限、编号、发证机关以及发证日期等事项。《劳务派遣经营许可证》分为正本、副本。正本、副本具有同等法律效力。

《劳务派遣经营许可证》有效期为3年。

《劳务派遣经营许可证》由人力资源社会保障部统一制定样式，由各省、自治区、直辖市人力资源社会保障行政部门负责印制、免费发放和管理。

第十五条 劳务派遣单位取得《劳务派遣经营许可证》后，应当妥善保管，不得涂改、倒卖、出租、出借或者以其他形式非法转让。

第十六条 劳务派遣单位名称、住所、法定代表人或者注册资本等改变的，应当向许可机关提出变更申请。符合法定条件的，许可机关应当自收到变更申请之日起10个工作日内依法办理变更手续，并换发新的《劳务派遣经营许可证》或者在原《劳务派遣经营许可证》上予以注明；不符合法定条件的，许可机关应当自收到变更申请之日起10个工作日内作出不予变更的书面决定，并说明理由。

第十七条 劳务派遣单位分立、合并后继续存续，其名称、住所、法定代表人或者注册资本等改变的，应当按照本办法第十六条规定执行。

劳务派遣单位分立、合并后设立新公司的，应当按照本办法重新申请劳务派遣行政许可。

第十八条 劳务派遣单位需要延续行政许可有效期的，应当在有效期届满60日前向许可机关提出延续行政许可的书面申请，并提交3年以来的基本经营情况；劳务派遣单位逾期提出延续行政许可的书面申请的，按照新申请经营劳务派遣行政许可办理。

第十九条 许可机关应当根据劳务派遣单位的延续申请，在该行政许可有效期届满前作出是否准予延续的决定；逾期未作决定的，视为准予延续。

准予延续行政许可的，应当换发新的《劳务派遣经营许可证》。

第二十条 劳务派遣单位有下列情形之一的，许可机关应当自收到延续申请之日起10个工作日内作出不予延续书面决定，并说明理由：

（一）逾期不提交劳务派遣经营情况报告或者提交虚假劳务派遣经营情况报告，经责令改正，拒不改正的；

（二）违反劳动保障法律法规，在一个行政许可期限内受到2次以上行政处罚的。

第二十一条 劳务派遣单位设立子公司经营劳务派遣业务的，应当由子公司向所在地许可机关申请行政许可；劳务派遣单位设立分公司经营劳务派遣业务的，应当书面报告许可机关，并由分公司向所在地人力资源社会保障行政部门备案。

第三章 监督检查

第二十二条 劳务派遣单位应当于每年3月31日前向许可机关提交上一年度劳务派遣经营情况报告，如实报告下列事项：

（一）经营情况以及上年度财务审计报告；

（二）被派遣劳动者人数以及订立劳动合同、参加工会的情况；

（三）向被派遣劳动者支付劳动报酬的情况；

（四）被派遣劳动者参加社会保险、缴纳社会保险费的情况；

（五）被派遣劳动者派往的用工单位、派遣数量、派遣期限、用工岗位的情况；

（六）与用工单位订立的劳务派遣协议情况以及用工单位履行法定义务的情况；

（七）设立子公司、分公司等情况。

劳务派遣单位设立的子公司或者分公司，应当向办理许可或者备案手续的人力资源社会保障行政部门提交上一年度劳务派遣经营情况报告。

第二十三条 许可机关应当对劳务派遣单位提交的年度经营情况报告进行核验，依法对劳务派遣单位进行监督，并将核验结果和监督情况载入企业信用记录。

第二十四条 有下列情形之一的，许可机关或者其上级行政机关，可以撤销劳务派遣行政许可：

（一）许可机关工作人员滥用职权、玩忽职守，给不符合条件的申请人发放《劳务派遣经营许可证》的；

（二）超越法定职权发放《劳务派遣经营许可证》的；

（三）违反法定程序发放《劳务派遣经营许可证》的；

（四）依法可以撤销行政许可的其他情形。

第二十五 条申请人隐瞒真实情况或者提交虚假材料申请行政许可的，许可机关不予受理、不予行政许可。

劳务派遣单位以欺骗、贿赂等不正当手段和隐瞒真实情况或者提交虚假材料取得行政许可的，许可机关应当予以撤销。被撤销行政许可的劳务派遣单位在1年内不得再次申请劳务派遣行政许可。

第二十六条 有下列情形之一的，许可机关应当依法办理劳务派遣行政许可注销手续：

（一）《劳务派遣经营许可证》有效期届满，劳务派遣单位未申请延续的，或者延续申请未被批准的；

（二）劳务派遣单位依法终止的；

（三）劳务派遣行政许可依法被撤销，或者《劳务派遣经营许可证》依法被吊销的；

（四）法律、法规规定的应当注销行政许可的其他情形。

第二十七条 劳务派遣单位向许可机关申请注销劳务派遣行政许可的，应当提交已经依法处理与被派遣劳动者的劳动关系及其社会保险权益等材料，许可机关应当在核实有关情况后办理注销手续。

第二十八条 当事人对许可机关作出的有关劳务派遣行政许可的行政决定不服的，可以依法申请行政复议或者提起行政诉讼。

第二十九条 任何组织和个人有权对实施劳务派遣行政许可中的违法违规行为进行举报，人力资源社会保障行政部门应当及时核实、处理。

第四章 法律责任

第三十条 人力资源社会保障行政部门有下列情形之一的，由其上级行政机关或者监察机关责令改正，对直接负责的主管人员和其他直接责任人员依法给予处分；构成犯罪的，依法追究刑事责任：

（一）向不符合法定条件的申请人发放《劳务派遣经营许可证》，或者超越法定职权发放《劳务派遣经营许可证》的；

（二）对符合法定条件的申请人不予行政许可或者不在法定期限内作出准予行政许可决定的；

（三）在办理行政许可、实施监督检查工作中，玩忽职守、徇私舞弊，索取或者收受他人财物或者谋取其他利益的；

（四）不依法履行监督职责或者监督不力，造成严重后果的。

许可机关违法实施行政许可，给当事人的合法权益造成损害的，应当依照国家赔偿法的规定给予赔偿。

第三十一条 任何单位和个人违反《中华人民共和国劳动合同法》的规定，未经许可，擅自经营劳务派遣业务的，由人力资源社会保障行政部门责令停止违法行为，没收违法所得，并处违法所得1倍以上5倍以下的罚款；没有违法所得的，可以处5万元以下的罚款。

第三十二条 劳务派遣单位违反《中华人民共和国劳动合同法》有关劳务派遣规定的，由人力资源社会保障行政部门责令限期改正；逾期不改正的，以每人5000元以上1万元以下的标准处以罚款，并吊销其《劳务派遣经营许可证》。

第三十三条 劳务派遣单位有下列情形之一的，由人力资源社会保障行政部门处1万元以下的罚款；情节严重的，处1万元以上3万元以下的罚款：

（一）涂改、倒卖、出租、出借《劳务派遣经营许可证》，或者以其他形式非法转让《劳务派遣经营许可证》的；

（二）隐瞒真实情况或者提交虚假材料取得劳务派遣行政许可的；

（三）以欺骗、贿赂等不正当手段取得劳务派遣行政许可的。

第五章 附 则

第三十四条 劳务派遣单位在2012年12月28日至2013年6月30日之间订立的劳动合同和劳务派遣协议，2013年7月1日后应当按照《全国人大常委会关于修改〈中华人民共和国劳动合同法〉的决定》执行。

本办法施行前经营劳务派遣业务的单位，应当按照本办法取得劳务派遣行政许可后，方可经营新的劳务派遣业务；本办法施行后未取得劳务派遣行政许可的，不得经营新的劳务派遣业务。

第三十五条 本办法自2013年7月1日起施行。

2.9.4 企业职工带薪年休假实施办法（人力资源和社会保障部令第1号 2008年7月起施行）

第十四条 劳务派遣单位的职工符合本办法第三条规定条件的（本单位工作满十二个月），享受年休假。

被派遣职工在劳动合同期限内无工作期间由劳务派遣单位依法支付劳动报酬的天数多于其全年应当享受的年休假天数的，不享受当年的年休假；少于其全年应当享受的年休假天数的，劳务派遣单位、用工单位应当协商安排补足被派遣职工年休假天数。

2.9.5 最高人民法院关于审理工伤保险行政案件若干问题的规定（法释［2014］9号）

第三条 社会保险行政部门认定下列单位为承担工伤保险责任单位的，人民法院应予支持：

（一）职工与两个或两个以上单位建立劳动关系，工伤事故发生时，职工为之工作的单位为承担工伤保险责任的单位；

（二）劳务派遣单位派遣的职工在用工单位工作期间因工伤亡的，派遣单位为承担工伤保险责任的单位；

（三）单位指派到其他单位工作的职工因工伤亡的，指派单位为承担工伤保险责任的单位；

（四）用工单位违反法律、法规规定将承包业务转包给不具备用工主体资格的组织或者自然人，该组织或者自然人聘用的职工从事承包业务时因工伤亡的，用工单位为承担工伤保险责任的单位；

（五）个人挂靠其他单位对外经营，其聘用的人员因工伤亡的，被挂靠单位为承担工伤保险责任的单位。

前款第（四）、（五）项明确的承担工伤保险责任的单位承担赔偿责任或者社会保险经办机构从工伤保险基金支付工伤保险待遇后，有权向相关组织、单位和个人追偿。

2.9.6 劳务派遣暂行规定（人力资源和社会保障部令第22号 2014年3月起施行）

第一章 总 则

第一条 为规范劳务派遣，维护劳动者的合法权益，促进劳动关系和谐稳定，依据《中华人民共和国劳动合同法》（以下简称劳动合同法）和《中华人民共和国劳动合同法实施条例》（以下简称劳动合同法实施条例）等法律、行政法规，制定本规定。

第二条 劳务派遣单位经营劳务派遣业务，企业（以下称用工单位）使用被派遣劳动者，适用本规定。

依法成立的会计师事务所、律师事务所等合伙组织和基金会以及民办非企业单位等组织使用被派遣劳动者，依照本规定执行。

第二章 用工范围和用工比例

第三条 用工单位只能在临时性、辅助性或者替代性的工作岗位上使用被派遣劳动者。

前款规定的临时性工作岗位是指存续时间不超过6个月的岗位；辅助性工作岗位是指为主营业务岗位提供服务的非主营业务岗位；替代性工作岗位是指用工单位的劳动者因脱产学习、休假等原因无法工作的一定期间内，可以由其他劳动者替代工作的岗位。

用工单位决定使用被派遣劳动者的辅助性岗位，应当经职工代表大会或者全体职工讨论，提出方案和意见，与工会或者职工代表平等协商确定，并在用工单位内公示。

第四条 用工单位应当严格控制劳务派遣用工数量，使用的被派遣劳动者数量不得超过其用工总量的10%。

前款所称用工总量是指用工单位订立劳动合同人数与使用的被派遣劳动者人数之和。

计算劳务派遣用工比例的用工单位是指依照劳动合同法和劳动合同法实施条例可以与劳动者订立劳动合同的用人单位。

第三章 劳动合同、劳务派遣协议的订立和履行

第五条 劳务派遣单位应当依法与被派遣劳动者订立2年以上的固定期限书面劳动合同。

第六条 劳务派遣单位可以依法与被派遣劳动者约定试用期。劳务派遣单位与同一被派遣劳动者只能约定一次试用期。

第七条 劳务派遣协议应当载明下列内容：

（一）派遣的工作岗位名称和岗位性质；

（二）工作地点；

（三）派遣人员数量和派遣期限；

（四）按照同工同酬原则确定的劳动报酬数额和支付方式；

（五）社会保险费的数额和支付方式；

（六）工作时间和休息休假事项；

（七）被派遣劳动者工伤、生育或者患病期间的相关待遇；

（八）劳动安全卫生以及培训事项；

（九）经济补偿等费用；

（十）劳务派遣协议期限；

（十一）劳务派遣服务费的支付方式和标准；

（十二）违反劳务派遣协议的责任；

（十三）法律、法规、规章规定应当纳入劳务派遣协议的其他事项。

第八条 劳务派遣单位应当对被派遣劳动者履行下列义务：

（一）如实告知被派遣劳动者劳动合同法第八条规定的事项、应遵守的规章制度以及劳务派遣协议的内容；

（二）建立培训制度，对被派遣劳动者进行上岗知识、安全教育培训；

（三）按照国家规定和劳务派遣协议约定，依法支付被派遣劳动者的劳动报酬和相关待遇；

（四）按照国家规定和劳务派遣协议约定，依法为被派遣劳动者缴纳社会保险费，并办理社会保险相关手续；

（五）督促用工单位依法为被派遣劳动者提供劳动保护和劳动安全卫生条件；

（六）依法出具解除或者终止劳动合同的证明；

（七）协助处理被派遣劳动者与用工单位的纠纷；

（八）法律、法规和规章规定的其他事项。

第九条 用工单位应当按照劳动合同法第六十二条规定，向被派遣劳动者提供与工作岗位相关的福利待遇，不得歧视被派遣劳动者。

第十条 被派遣劳动者在用工单位因工作遭受事故伤害的，劳务派遣单位应当依法申请工伤认定，用工单位应当协助工伤认定的调查核实工作。劳务派遣单位承担工伤保险责任，但可以与用工单位约定补偿办法。

被派遣劳动者在申请进行职业病诊断、鉴定时，用工单位应当负责处理职业病诊断、鉴定事宜，并如实提供职业病诊断、鉴定所需的劳动者职业史和职业危害接触史、工作场所职业病危害因素检测结果等资料，劳务派遣单位应当提供被派遣劳动者职业病诊断、鉴定所需的其他材料。

第十一条 劳务派遣单位行政许可有效期未延续或者《劳务派遣经营许可证》被撤销、吊销的，已经与被派遣劳动者依法订立的劳动合同应当履行至期限届满。双方经协商一致，可以解除劳动合同。

第十二条 有下列情形之一的，用工单位可以将被派遣劳动者退回劳务派遣单位：

（一）用工单位有劳动合同法第四十条第三项、第四十一条规定情形的；

（二）用工单位被依法宣告破产、吊销营业执照、责令关闭、撤销、决定提前解散或者经营期限届满不再继续经营的；

（三）劳务派遣协议期满终止的。

被派遣劳动者退回后在无工作期间，劳务派遣单位应当按照不低于所在地人民政府规定的最低工资标准，向其按月支付报酬。

第十三条 被派遣劳动者有劳动合同法第四十二条规定情形的，在派遣期限届满前，用工单位不得依据本规定第十二条第一款第一项规定将被派遣劳动者退回劳务派遣单位；派遣期限届满的，应当延续至相应情形消失时方可退回。

第四章 劳动合同的解除和终止

第十四条 被派遣劳动者提前30日以书面形式通知劳务派遣单位，可以解除劳动合同。被派遣劳动者在试用期内提前3日通知劳务派遣单位，可以解除劳动合同。劳务派遣单位应当将被派遣劳动者通知解除劳动合同的情况及时告知用工单位。

第十五条 被派遣劳动者因本规定第十二条规定被用工单位退回，劳务派遣单位重新派遣时维持或者提高劳动合同约定条件，被派遣劳动者不同意的，劳务派遣单位可以解除劳动合同。

被派遣劳动者因本规定第十二条规定被用工单位退回，劳务派遣单位重新派遣时降低劳动合同约定条件，被派遣劳动者不同意的，劳务派遣单位不得解除劳动合同。但被派遣劳动者提出解除劳动合同的除外。

第十六条 劳务派遣单位被依法宣告破产、吊销营业执照、责令关闭、撤销、决定提前解散或者经营期限届满不再继续经营的，劳动合同终止。用工单位应当与劳务派遣单位协商妥善安置被派遣劳动者。

第十七条 劳务派遣单位因劳动合同法第四十六条或者本规定第十五条、第十六条规定的情形，与被派遣劳动者解除或者终止劳动合同的，应当依法向被派遣劳动者支付经济补偿。

第五章 跨地区劳务派遣的社会保险

第十八条 劳务派遣单位跨地区派遣劳动者的，应当在用工单位所在地为被派遣劳动者参加社会保险，按照用工单位所在地的规定缴纳社会保险费，被派遣劳动者按照国家规定享受社会保险待遇。

第十九条 劳务派遣单位在用工单位所在地设立分支机构的，由分支机构为被派遣劳动者办理参保手续，缴纳社会保险费。

劳务派遣单位未在用工单位所在地设立分支机构的，由用工单位代劳务派遣单位为被派遣劳动者办理参保手续，缴纳社会保险费。

第六章 法律责任

第二十条 劳务派遣单位、用工单位违反劳动合同法和劳动合同法实施条例有关劳务派遣规定的，按照劳动合同法第九十二条规定执行。

第二十一条 劳务派遣单位违反本规定解除或者终止被派遣劳动者劳动合同的，按照劳动合同法第四十八条、第八十七条规定执行。

第二十二条 用工单位违反本规定第三条第三款规定的，由人力资源社会保障行政部门责令改正，给予警告；给被派遣劳动者造成损害的，依法承担赔偿责任。

第二十三条 劳务派遣单位违反本规定第六条规定的，按照劳动合同法第八十三条规定执行。

第二十四条 用工单位违反本规定退回被派遣劳动者的，按照劳动合同法第九十二条第二款规定执行。

第七章 附 则

第二十五条 外国企业常驻代表机构和外国金融机构驻华代表机构等使用被派遣劳动者的，以及船员用人单位以劳务派遣形式使用国际远洋海员的，不受临时性、辅助性、替代性岗位和劳务派遣用工比例的限制。

第二十六条 用人单位将本单位劳动者派往境外工作或者派往家庭、自然人处提供劳动的，不属于本规定所称劳务派遣。

第二十七条 用人单位以承揽、外包等名义，按劳务派遣用工形式使用劳动者的，按照本规定处理。

第二十八条 用工单位在本规定施行前使用被派遣劳动者数量超过其用工总量10%的，应当制定调整用工方案，于本规定施行之日起2年内降至规定比例。但是，《全国人民代表大会常务委员会关于修改〈中华人民共和国劳动合同法〉的决定》公布前已依法订立的劳动合同和劳务派遣协议期限届满日期在本规定施行之日起2年后的，可以依法继续履行至期限届满。

用工单位应当将制定的调整用工方案报当地人力资源社会保障行政部门备案。

用工单位未将本规定施行前使用的被派遣劳动者数量降至符合规定比例之前，不得新用被派遣劳动者。

2.9.7 最高人民法院关于适用《中华人民共和国民事诉讼法》的解释（法释［2015］5号）

第五十八条 在劳务派遣期间，被派遣的工作人员因执行工作任务造成他人损害的，以接受劳务派遣的用工单位为当事人。当事人主张劳务派遣单位承担责任的，该劳务派遣单位为共同被告。

2.9.8 人力资源社会保障部关于执行《工伤保险条例》若干问题的意见（二）（人社部发［2016］29号）

第七条 用人单位注册地与生产经营地不在同一统筹地区的，原则上应在注册地为职工参加工伤保险；未在注册地参加工伤保险的职工，可由用人单位在生产经营地为其参加工伤保险。

劳务派遣单位跨地区派遣劳动者，应根据《劳务派遣暂行规定》参加工伤保险。建筑施工企业按项目参保的，应在施工项目所在地参加工伤保险。

职工受到事故伤害或者患职业病后，在参保地进行工伤认定、劳动能力鉴定，并按照参保地的规定依法享受工伤保险待遇；未参加工伤保险的职工，应当在生产经营地进行工伤认定、劳动能力鉴定，并按照生产经营地的规定依法由用人单位支付工伤保险待遇。

★ 地方性文件·广东省

2.9.9 广东省人力资源和社会保障厅关于印发《劳务派遣调整用工方案参考样本》的通知（粤人社函［2015］2963号）

各地级以上市人力资源社会保障（人力资源）局、顺德区民政和人力资源社会保障局：

为规范劳务派遣用工行为，指导和帮助超比例使用被派遣劳动者的用工单位依法制定调整用工方案，保障被派遣劳动者的合法权益，根据《劳动合同法》、《劳动合同法实施条例》（国务院令第535号）、《劳务派遣暂行规定》（人力资源和社会保障部令第22号）等法律规定，我厅制定了《劳务派遣调整用工方案参考样本》，现印发给你们，并就有关问题通知如下：

一、加强组织领导。《劳务派遣暂行规定》设定了过渡期，要求用工单位使用被派遣劳动者数量超过其用工总量10%的，应当制定调整用工方案，于2016年2月29日前降至规定比例。目前过渡期仅余三个月时间，但仍有部分用工单位未将使用的被派遣劳动者比例降至10%以内。各级人力资源社会保障部门要高度重视，结合本地实际制定劳务派遣调整用工工作方案，明确工作机构、人员、职责，设立工作台账及时间进度表，依法指导用工单位制定、完善、备案、实施调整用工方案，落实劳务派遣相关法律法规。

二、加强宣传服务。各级人力资源社会保障部门要加强正面宣传，通过报纸、电视、网络等多种形式广泛宣传规范劳务派遣调整用工的重要意义。要提供法规政策咨询服务，加强对用工单位、劳务派遣单位调整用工的具体指导，引导用工单位、劳务派遣单位共同依法有序地调整劳务派遣用工比例，实现劳务派遣用工平稳过渡。

三、加强督促指导。各级人力资源社会保障部门要加强对本地区劳务派遣用工的调查摸底，动态掌握数据情况，有针对性地对用工单位分批开展指导。要加快推进劳务派遣调整用工工作步伐，敦促用工单位备案调整用工方案及相关材料，并主动约谈大规模超比例使用被派遣劳动者的用工单位，指导其制定、完善和实施调整用工方案，依法有序安置被派遣劳动者。

四、加强预防处置。各级人力资源社会保障部门要制定劳务派遣调整用工应急处置预案，动态掌握用工单位、劳务派遣单位、被派遣劳动者的情况，畅通信访渠道，预防化解群体性事件，避免矛盾纠纷升级激化，维护劳动关系和谐稳定。

附件：

1. 劳务派遣调整用工方案参考样本
2. 涉及的主要法律法规

广东省人力资源和社会保障厅
2015 年 11 月 30 日

附件 1

劳务派遣调整用工方案参考样本

为进一步规范劳务派遣用工，保障被派遣劳动者的合法权益，维护劳动关系和谐稳定，本用工单位（以下简称本单位）依法制定调整用工方案。

一、调整用工涉及的主要法律

按照《劳动合同法》第六十二条、《全国人民代表大会常务委员会关于修改〈中华人民共和国劳动合同法〉的决定》、《劳动合同法实施条例》第十条、《劳务派遣暂行规定》（人力资源和社会保障部令第 22 号）第三条、第四条、第九条、第十二条、第十三条、第十六条、第二十八条以及《最高院关于审理劳动争议案件适用法律若干问题的解释（四）》第五条等规定（详见附件 2），依法妥善调整劳务派遣用工比例。

二、本单位用工基本情况

截至年月日，本单位使用被派遣劳动者情况如下：

（一）与本单位订立劳动合同的职工人。

（二）使用被派遣劳动者人。

（三）劳务派遣法律法规执行情况：

1. 被派遣劳动者主要从事的岗位：

临时性人；

辅助性人；

替代性人；

其他人。

2. 辅助性岗位的确定（可选：已经、暂未）履行民主程序。

3. （可选：已经、暂未）执行同工同酬的规定。

4. 参加社会保险的被派遣劳动者人。其中参加养老保险人。

5. （可选：已经、暂未）向被派遣劳动者提供与工作岗位相关的不受歧视的福利待遇。

（四）调整用工计划：

1. 截至目前本单位使用被派遣劳动者人，超过法定比例人。

2. 至年月日被派遣劳动者减少到人，劳务派遣用工比例为%。

3. 至年月日被派遣劳动者减少到人，劳务派遣用工比例为%。

4. 至2016年2月29日被派遣劳动者减少到人，达到（或低于）法定10%的劳务派遣用工比例

本单位未将2014年3月1日《劳务派遣暂行规定》施行前使用的被派遣劳动者数量降至符合规定比例之前，依法不新用被派遣劳动者。

三、被派遣劳动者分流安置办法

本单位计划分流安置被派遣劳动者的途径如下：

（一）转为本单位职工

经协商一致，被派遣劳动者转为本单位的职工，由劳务派遣单位、本单位与被派遣劳动者签订三方变更劳动合同协议，将用人单位由劳务派遣单位变更为本单位，劳动者在劳务派遣单位的工作年限计算为本单位工作年限（或由劳务派遣单位解除被派遣劳动者的劳动合同并支付经济补偿，本单位与被派遣劳动者订立新的劳动合同）。

涉及被派遣劳动者约人。

（二）解除劳动合同离开本单位

1. 劳务派遣单位与被派遣劳动者协商一致解除劳动合同，离开本单位。

涉及被派遣劳动者约人。

2. 被派遣劳动者提出解除劳动合同，离开本单位。

涉及被派遣劳动者约人。

（三）劳务派遣协议或劳动合同期满依法退回

1. 本单位与劳务派遣单位之间订立的劳务派遣协议于年月日期满（期满时间在法定2年过渡期内，即2016年2月29日前），依法退回被派遣劳动者到劳务派遣单位。

涉及被派遣劳动者约人。

2. 在法定2年过渡期内（2016年2月29日前）被派遣劳动者的劳动合同期满，由劳务派遣单位依法终止被派遣劳动者的劳动合同。

涉及被派遣劳动者约人。

（四）出现法定情形依法退回或妥善安置

1. 本单位出现《劳务派遣暂行规定》第十二条第一款第一项、第二项规定情形，依法退回被派遣劳动者。

涉及被派遣劳动者约人。

2. 劳务派遣单位出现《劳务派遣暂行规定》第十六条规定情形，本单位与劳务派遣单位协商妥善安置被派遣劳动者。

涉及被派遣劳动者约人。

四、注意事项

（一）本方案中有关条款如与国家、省和当地有关法律、法规和政策相违背的，以国家、省、当地的有关规定为准。本方案报当地人力资源社会保障部门备案。

（二）被派遣劳动者非因本人原因从原用人单位被安排到新用人单位工作，其经济补偿的计发办法按照《劳动合同法》第四十六条、第四十七条、第九十七条、《劳动合同法实

施条例》第十条以及《最高院关于审理劳动争议案件适用法律若干问题的解释（四）》第五条执行。

（三）本单位承诺严格按照《劳动合同法》和《劳务派遣暂行规定》等规定依法退回被派遣劳动者，认真细致做好被派遣劳动者分流安置工作，不非法退回，尽量避免集中裁员，维护社会稳定。

（四）本单位承诺不违法以业务外包、承揽等名义按劳务派遣用工形式使用劳动者。本单位如因调整用工需要通过业务外包、承揽等方式减少劳务派遣用工的，将依照有关法律和政策规范业务外包、承揽等方式，依法做好已使用被派遣劳动者的劳动关系转移接续工作，防止出现“假外包，真派遣”等问题损害劳动者的合法权益。

附件 2：涉及的主要法律法规

《劳动合同法》（节选）

第六十二条 用工单位应当履行下列义务：

（一）执行国家劳动标准，提供相应的劳动条件和劳动保护；

（二）告知被派遣劳动者的工作要求和劳动报酬；

（三）支付加班费、绩效奖金，提供与工作岗位相关的福利待遇；

（四）对在岗被派遣劳动者进行工作岗位所必需的培训；

（五）连续用工的，实行正常的工资调整机制。

用工单位不得将被派遣劳动者再派遣到其他用人单位。

第六十三条 被派遣劳动者享有与用工单位的劳动者同工同酬的权利。用工单位应当按照同工同酬原则，对被派遣劳动者与本单位同类岗位的劳动者实行相同的劳动报酬分配办法。用工单位无同类岗位劳动者的，参照用工单位所在地相同或者相近岗位劳动者的劳动报酬确定。

劳务派遣单位与被派遣劳动者订立的劳动合同和与用工单位订立的劳务派遣协议，载明或者约定的向被派遣劳动者支付的劳动报酬应当符合前款规定。

第六十六条 劳动合同用工是我国的企业基本用工形式。劳务派遣用工是补充形式，只能在临时性、辅助性或者替代性的工作岗位上实施。

前款规定的临时性工作岗位是指存续时间不超过六个月的岗位；辅助性工作岗位是指为主营业务岗位提供服务的非主营业务岗位；替代性工作岗位是指用工单位的劳动者因脱产学习、休假等原因无法工作的一定期间内，可以由其他劳动者替代工作的岗位。

用工单位应当严格控制劳务派遣用工数量，不得超过其用工总量规定的比例，具体比例由国务院劳动行政部门规定。

《劳动合同法实施条例》（节选）

第十条 劳动者非因本人原因从原用人单位被安排到新用人单位工作的，劳动者在原用人单位的工作年限合并计算为新用人单位的工作年限。原用人单位已经向劳动者支付经济补偿的，新用人单位在依法解除、终止劳动合同计算支付经济补偿的工作年限时，不再计算劳动者在原用人单位的工作年限。

《劳务派遣暂行规定》（节选）

第三条 用工单位只能在临时性、辅助性或者替代性的工作岗位上使用被派遣劳动者。

前款规定的临时性工作岗位是指存续时间不超过6个月的岗位；辅助性工作岗位是指为主营业务岗位提供服务的非主营业务岗位；替代性工作岗位是指用工单位的劳动者因脱产学习、休假等原因无法工作的一定期间内，可以由其他劳动者替代工作的岗位。

用工单位决定使用被派遣劳动者的辅助性岗位，应当经职工代表大会或者全体职工讨论，提出方案和意见，与工会或者职工代表平等协商确定，并在用工单位内公示。

第四条 用工单位应当严格控制劳务派遣用工数量，使用的被派遣劳动者数量不得超过其用工总量的10%。

前款所称用工总量是指用工单位订立劳动合同人数与使用的被派遣劳动者人数之和。

计算劳务派遣用工比例的用工单位是指依照劳动合同法和劳动合同法实施条例可以与劳动者订立劳动合同的用人单位。

第九条 用工单位应当按照劳动合同法第六十二条规定，向被派遣劳动者提供与工作岗位相关的福利待遇，不得歧视被派遣劳动者。

第十二条 有下列情形之一的，用工单位可以将被派遣劳动者退回劳务派遣单位：

（一）用工单位有劳动合同法第四十条第三项、第四十一条规定情形的；

（二）用工单位被依法宣告破产、吊销营业执照、责令关闭、撤销、决定提前解散或者经营期限届满不再继续经营的；

（三）劳务派遣协议期满终止的。

被派遣劳动者退回后在无工作期间，劳务派遣单位应当按照不低于所在地人民政府规定的最低工资标准，向其按月支付报酬。

第十三条 被派遣劳动者有劳动合同法第四十二条规定情形的，在派遣期限届满前，用工单位不得依据本规定第十二条第一款第一项规定将被派遣劳动者退回劳务派遣单位；派遣期限届满的，应当延续至相应情形消失时方可退回。

第十六条 劳务派遣单位被依法宣告破产、吊销营业执照、责令关闭、撤销、决定提前解散或者经营期限届满不再继续经营的，劳动合同终止。用工单位应当与劳务派遣单位协商妥善安置被派遣劳动者。

第二十八条 用工单位在本规定施行前使用被派遣劳动者数量超过其用工总量10%的，应当制定调整用工方案，于本规定施行之日起2年内降至规定比例。但是，《全国人民代表大会常务委员会关于修改〈中华人民共和国劳动合同法〉的决定》公布前已依法订立的劳动合同和劳务派遣协议期限届满日期在本规定施行之日起2年后的，可以依法继续履行至期限届满。

用工单位应当将制定的调整用工方案报当地人力资源社会保障行政部门备案。

用工单位未将本规定施行前使用的被派遣劳动者数量降至符合规定比例之前，不得新用被派遣劳动者。

最高人民法院关于审理劳动争议案件

适用法律若干问题的解释（四）（节选）

第五条 劳动者非因本人原因从原用人单位被安排到新用人单位工作，原用人单位未支付经济补偿，劳动者依照劳动合同法第三十八条规定与新用人单位解除劳动合同，或者新用人单位向劳动者提出解除、终止劳动合同，在计算支付经济补偿或赔偿金的工作年限时，劳动者请求把在原用人单位的工作年限合并计算为新用人单位工作年限的，人民法院应予支持。

用人单位符合下列情形之一的，应当认定属于"劳动者非因本人原因从原用人单位被安排到新用人单位工作"：

（一）劳动者仍在原工作场所、工作岗位工作，劳动合同主体由原用人单位变更为新用人单位；

（二）用人单位以组织委派或任命形式对劳动者进行工作调动；

（三）因用人单位合并、分立等原因导致劳动者工作调动；

（四）用人单位及其关联企业与劳动者轮流订立劳动合同；

（五）其他合理情形。

2.9.10 广州市中级人民法院关于审理劳动人事争议案件若干问题的研讨会纪要（2014 年）

第二十八条 劳务派遣是一种特殊的用工形式，劳务派遣单位作为用人单位，应当履行用人单位对劳动者的义务。故劳务派遣用工适用《劳动合同法》关于劳动合同的订立、履行、变更、解除和终止等一般规定，同样也适用《劳动合同法》第十四条关于无固定期限劳动合同的规定。

第二十九条 根据法律规定，劳务派遣单位作为用人单位，应承担缴纳社保、支付工资等责任，实际用工单位应承担支付加班工资、福利待遇等责任。在劳务派遣争议案件中，认定用人单位和用工单位承担连带责任应该有法律明确规定或约定作为依据，不宜一概适用连带责任。根据《中华人民共和国劳动合同法》第 92 条的规定，对于合法的劳务派遣，原则上对于属于用工单位的责任，用人单位承担连带责任；而属于用人单位自身的责任，用工单位不承担连带责任。

2.9.11 广东省高级人民法院印发《广东省高级人民法院关于审理劳动争议案件疑难问题的解答》的通知（粤高法［2017］147 号 2017 年 8 月 1 日实施）

6. 劳务派遣中，劳动者请求用人单位和用工单位连带支付加班费的，应否支持

根据《中华人民共和国劳动合同法》第六十二条的规定，加班费、绩效奖金应由用工单位负责支付。但实践中并不容易将劳动者的正常上班时间、工资与劳动者的加班时间、加班费进行明确区分，为维护劳动者的合法权益，在劳务派遣争议纠纷案件中，涉及到追索劳动报酬的，如不能明确区分基本工资与加班费，劳动者请求由用工单位与劳务派遣单位连带支付劳动报酬的，予以支持。

★地方性文件·上海市

2.9.12 上海市高级人民法院关于审理劳动争议案件若干问题的解答（沪高法民一［2006］17 号）

五、关于不具备劳务派遣资格的单位从事劳务派遣的问题

在劳动争议案件审理中，发现劳务派遣单位虽不具备劳务派遣资格，但已与其派出的劳动者签有劳动合同、与实际使用单位签有派遣协议等情形的，劳动争议处理机构按以下方式处理：

（一）实际使用单位需要继续使用劳动者，劳动者同意在实际使用单位工作的，双方劳动关系于明确达成合意之时成立。

（二）实际使用单位与劳动者就劳动关系的成立未能达成合意的，对争议发生前的权利义务，劳动争议处理机构可按原协议处理。被派人员与派遣单位按照现有劳动合同履行。

（三）用人单位将其职工的劳动关系转入不具劳务派遣资格的单位，作为劳务派遣人员继续使用的，该派遣关系不成立。若用人单位与职工原签有书面劳动合同的，双方劳动权利义务内容可参照原劳动合同确定；若双方原未签有书面劳动合同的，应按事实劳动关系处理。

2.9.13 上海人力资源和社会保障局、上海高院关于劳务派遣适用法律若干问题的会议纪要（2014年）

一、关于行政许可的过渡期问题

根据《修改决定》规定，对该决定施行前经营劳务派遣业务的单位依法取得行政许可给予一年过渡期，过渡期满后未取得行政许可的，不得经营新的派遣业务。因此，在2013年7月1日至2014年6月30日期间，《修改决定》施行前已经从事派遣业务的单位未取得行政许可仍从事派遣业务的，所订立的劳动合同和派遣协议可继续履行至期限届满。

二、关于行政许可被撤销、吊销、未延续的处理问题

因不符合行政许可条件，劳务派遣单位的《劳务派遣经营许可证》有效期满未延续或者被撤销、吊销的，原已依法订立的劳动合同和派遣协议可继续履行至派遣期限届满。

三、关于未经许可擅自经营派遣业务的处理问题

未经许可的单位擅自经营派遣业务的，派遣协议被判定无效之前三方已经履行的权利义务可依照原协议和实际履行的内容确定。

用人单位依照《劳动合同法》第四十条第三项规定解除劳动合同，劳动者要求支付经济补偿的，应予支持。

四、关于违反法律规定派遣的问题

《修改决定》、《派遣规定》关于“三性”岗位、派遣用工比例的规定均是以派遣单位或用工单位为义务主体的管理性规定，仅违反上述管理性规定的，不影响派遣协议和劳动合同的效力。派遣单位、用工单位违反上述管理性规定的，由人力资源社会保障行政部门责令其限期整改。

当事人以确认某具体岗位是否属于“三性”岗位或者用工单位是否超出法定比例用工而发生的争议，不属于《调解仲裁法》规定的劳动争议案件受理范围，劳动争议处理机构不予受理。当事人要求确认劳动合同或派遣协议无效或者劳动者要求确认与用工单位存在劳动关系的，缺乏法律依据，不予支持。

五、关于同工同酬争议的问题

用工单位未按照《修改决定》的规定执行，仍对劳动合同制员工和派遣员工实行不同的劳动报酬分配办法，派遣员工要求用工单位按照《修改决定》的规定执行相同的劳动报酬分配办法的，由人力资源社会保障行政部门督促用工单位依法整改。但是，当事人之间发生《调解仲裁法》规定范围内的劳动报酬争议，劳动争议处理机构应当依法处理。

六、关于劳务派遣退回情形的问题

《派遣规定》第十二条对退回情形作了部分列举式规定，属于提示性条款，实践中，还存在法律规定的退回情形、派遣单位主动撤回劳动者、协商一致退回等情况。因此，依据以下情形之一的，也可退回劳动者：

（一）《劳动合同法》第六十五条第二款规定的情形；

（二）《劳动合同法》第四十四条第（一）、（二）项规定的情形；

（三）《劳动合同法实施条例》第二十一条规定的情形；

（四）派遣期限届满的；

（五）劳务派遣协议解除的；

（六）三方事前约定或者事后达成合意的；

（七）用工单位不履行义务，派遣单位主动撤回劳动者的；

（八）依据《派遣规定》第十六条规定，派遣单位在办理注销登记手续前，用工单位与派遣单位协商后退回的；

（九）违反法律规定派遣进行整改的；

（十）其他依据法律规定确需退回的。

七、关于退回后重新派遣争议的处理问题

劳动者退回派遣单位后，因重新派遣发生争议的，按以下办法处理：

劳动者被用工单位按照《派遣规定》第十二条规定情形退回的，派遣单位和用工单位应当按照《派遣规定》第十三条、第十五条、第十七条、第二十四条规定执行。

依据本纪要第六条情形，劳动者被退回，派遣单位依据劳动合同约定等对劳动者进行合理重新派遣而劳动者不同意的，派遣单位可按规章制度、劳动纪律或者劳动合同等相关规定处理，双方当事人由此发生争议的，劳动争议处理机构应当依法处理。

派遣单位依照《劳动合同法》第四十条第三项规定与不接受重新派遣的劳动者解除劳动合同，劳动者要求派遣单位支付经济补偿的，应予支持。

八、关于退回依据不足争议的处理问题

劳动者被退回依据不足，且派遣单位未在合理期限内（一般为一个月）进行合理重新派遣的，劳动者参照《劳动合同法》第三十八条规定解除劳动合同并要求支付经济补偿的，劳动争议处理机构应予支持。

九、关于劳务派遣三方当事人权利义务纠纷的处理问题

劳务派遣涉及派遣单位、用工单位、劳动者三方当事人，派遣单位和用工单位对劳动者分别承担义务。劳动者与派遣单位或者用工单位发生劳动争议的，劳动争议处理机构应当按照《调解仲裁法》的规定，将派遣单位和用工单位作为共同当事人，并根据《劳动合同法》等相关法律规定分别确定派遣单位和用工单位的法律责任。用工单位给劳动者造成损害的，派遣单位与用工单位承担连带赔偿责任。

十、关于《修改决定》施行前订立的劳动合同和派遣协议的履行问题

《修改决定》公布后至施行前的期间内已经依法订立的劳动合同和派遣协议的履行问题，法律未作规定。根据“法无特别规定，不溯及既往；法有特别规定，可溯及既往”的原则，以及《修改决定》对其公布前已经依法订立的劳动合同和派遣协议的处理原则，《修改决定》施行前已经依法订立的劳动合同和派遣协议可继续履行至期限届满，但是不符合《修改决定》关于同工同酬规定的内容，应当依照《修改决定》进行调整。

十一、关于派遣用工与人力资源服务外包的区分问题

人力资源服务外包属于市场转型中出现的新情况，派遣用工转为人力资源服务外包过程中涉及法律关系变化、管理权调整等，比较复杂。案件处理中涉及派遣用工与人力资源

服务外包的区分问题时，要结合规章制度的适用、用人单位所行使指挥管理权的强弱程度等因素综合作出判断。发包单位基于消防、安全生产、产品服务质量、工作场所秩序等方面管理需要而对承包单位的劳动者行使部分指挥管理权的，劳动争议处理机构要根据案件事实谨慎处理，不可简单判定法律关系已发生改变。

在人力资源服务外包中，发包单位和承包单位可通过协议方式合理确定具体的管理界限。在外包协议未被判定为无效的情况下，发包单位对承包单位的劳动者部分越权指挥且未对法律关系改变起决定性作用的，应当进行整改；劳动者以此为由要求按劳务派遣处理或确认与发包单位存在劳动关系的，缺乏法律依据，不予支持。

2.9.14 关于规范本市劳务派遣用工若干问题的意见（沪人社关发［2014］27号）

各区县人力资源和社会保障局、各市企业（集团）公司及有关单位：

为贯彻《全国人大常委会关于修改〈中华人民共和国劳动合同法〉的决定》（以下简称《修改决定》）、人力资源和社会保障部《劳务派遣暂行规定》（以下简称《派遣规定》）、人力资源和社会保障部《劳务派遣行政许可实施办法》（以下简称《许可办法》），对执行过程中的若干具体问题提出以下实施意见：

一、关于过渡期内规范用工比例的问题

按照《派遣规定》的规定，用工单位在该规定施行前使用派遣员工数量超过用工总量10%的，应当于该规定施行之日起2年内降至规定比例。用工单位应当按照《派遣规定》的要求，制定调整用工方案，明确降低派遣用工比例的计划和期限，并将该调整用工方案报所在地区县人力资源社会保障行政部门备案。《修改决定》施行后使用的派遣员工数量不超过规定比例的用工单位，为确保调整用工方案平稳实施、降低派遣用工总量，在降低用工比例的过程中，确因生产经营特殊需要而新用的派遣员工，必须纳入报备调整用工方案的降比范围。

二、关于行政许可被撤销、吊销、未延续的处理问题

按照《许可办法》、《上海市行政审批告知承诺办法》（沪府发［2012］46号）和《关于实施劳务派遣行政许可有关问题的通知》（沪人社关发［2013］32号）的规定，因不符合许可条件，劳务派遣单位的《劳务派遣经营许可证》有效期满未延续或者被撤销、吊销的，原已经依法订立的劳动合同和劳务派遣协议可继续履行至派遣期限届满。

三、关于落实同工同酬的问题

本市用工单位应当按照《修改决定》关于同工同酬的规定，对派遣员工与本单位同类岗位的劳动者实行相同的劳动报酬分配办法。

用工单位未按照同工同酬原则实行相同的劳动报酬分配办法的，人力资源社会保障行政部门应责令其限期整改；用工单位逾期未整改的，人力资源社会保障行政部门按照《劳动保障监察条例》的相关规定予以处罚。

四、关于辅助性岗位的问题

用工单位要按照《派遣规定》的规定，经职工代表大会或者全体职工讨论，提出方案和意见，与工会或者职工代表平等协商确定适用劳务派遣用工的辅助性岗位范围，并在单位内公示。

用工单位未按规定确定辅助性岗位范围的，人力资源社会保障行政部门应责令其限期

整改；用工单位逾期未整改的，人力资源社会保障行政部门按照《劳动保障监察条例》的相关规定予以处罚。

五、关于派遣员工发生工伤的问题

派遣员工在本市用工单位发生事故伤害的，由劳务派遣单位或者外省市劳务派遣单位在本市设立的分支机构向注册地区县人力资源社会保障行政部门提出工伤认定申请，并承担申请工伤劳动能力鉴定、申领工伤保险待遇等工伤保险责任；用工单位应当协助工伤认定的调查核实工作，并按国家和本市工伤保险规定承担应当由用人单位支付的工伤保险待遇及浮动费率等工伤保险责任。

外省市劳务派遣单位未在本市设立分支机构的，由本市用工单位向注册地区县人力资源社会保障行政部门提出工伤认定申请，并按国家和本市工伤保险规定承担工伤保险责任。

发生工伤的派遣员工在劳动关系存续期间被退回劳务派遣单位的，用工单位应当按《上海市工伤保险实施办法》的规定与劳务派遣单位结清该员工依法享有的一次性伤残就业补助金；该员工与劳务派遣单位解除或者终止劳动关系时，由工伤保险基金和劳务派遣单位按规定分别支付一次性工伤医疗补助金和一次性伤残就业补助金。

劳务派遣单位对用工单位的工伤保险责任依法承担连带赔偿责任。

六、关于跨地区劳务派遣的招工用工备案和社会保险的问题

外省市劳务派遣单位向本市派遣员工的，应当按照本市标准，在本市为派遣员工缴纳社会保险。

外省市劳务派遣单位在本市设立分支机构的，由分支机构办理招工备案手续，并按照本市标准，在本市为派遣员工缴纳社会保险。外省市劳务派遣单位未在本市设立分支机构的，由本市用工单位办理用工备案手续，并按照本市标准，在本市代劳务派遣单位为派遣员工缴纳社会保险。

外省市劳务派遣单位未在本市设立分支机构且本市用工单位未按规定在本市缴纳社会保险的，派遣员工在发生纠纷时要求本市用工单位承担工伤、医疗等社会保险待遇的，本市用工单位应当先行承担。

外省市劳务派遣单位将非本市户籍员工派遣到本市用工单位设在外省市劳务派遣单位所在地岗位工作的，不适用本条规定。

七、关于欠薪保障金垫付的问题

劳务派遣单位或用工单位符合欠薪保障金垫付情形的，相关行政机关在查清纠纷情况和欠薪事实后，可以根据市人民政府《上海市企业欠薪保障金筹集和垫付的若干规定》对劳动者的欠薪进行垫付，但对同一个劳动者的同一欠薪事项只垫付一次。

八、关于派遣用工转为人力资源服务外包的问题

劳务派遣单位和用工单位将派遣用工转为人力资源服务外包的，应当调整原劳务派遣法律关系所形成对劳动者的管理方式，根据人力资源服务外包的性质，参照直接管理和间接管理的原则合理确定管理界限，防止引发相关纠纷。用工单位以承揽、外包等名义，按照劳务派遣用工形式使用劳动者的，按照《派遣规定》处理。

2.9.15 关于实施《上海市工伤保险实施办法》若干问题处理意见的通知（沪人社福发［2014］36号）

十二、劳务派遣人员发生工伤后，经劳务派遣单位、用工单位、发生工伤的劳务派遣

人员协商一致，将劳动合同用人单位主体由劳务派遣单位变更为用工单位的，工伤人员的工伤保险关系可以转移至用工单位。由用工单位持变更后的劳动合同及变更情况说明到本市社会保险事业管理中心办理相关手续。

2.10 非全日制用工相关

★ 法律

2.10.1 中华人民共和国劳动合同法（主席令第73号 2012年12月修正）

第六十八条 非全日制用工，是指以小时计酬为主，劳动者在同一用人单位一般平均每日工作时间不超过四小时，每周工作时间累计不超过二十四小时的用工形式。

第六十九条 非全日制用工双方当事人可以订立口头协议。

从事非全日制用工的劳动者可以与一个或者一个以上用人单位订立劳动合同；但是，后订立的劳动合同不得影响先订立的劳动合同的履行。

第七十条 非全日制用工双方当事人不得约定试用期。

第七十一条 非全日制用工双方当事人任何一方都可以随时通知对方终止用工。终止用工，用人单位不向劳动者支付经济补偿。

第七十二条 非全日制用工小时计酬标准不得低于用人单位所在地人民政府规定的最低小时工资标准。

非全日制用工劳动报酬结算支付周期最长不得超过十五日。

★ 行政法规/部门规章/司法解释

2.10.2 中华人民共和国劳动合同法实施条例（国务院令第535号 2008年9月起施行）

第三十条 劳务派遣单位不得以非全日制用工形式招用被派遣劳动者。

2.10.3 劳动和社会保障部关于非全日制用工若干问题的意见（劳社部发［2003］12号）

各省、自治区、直辖市劳动和社会保障厅（局）：

近年来，以小时工为主要形式的非全日制用工发展较快。这一用工形式突破了传统的全日制用工模式，适应了用人单位灵活用工和劳动者自主择业的需要，已成为促进就业的重要途径。为规范用人单位非全日制用工行为，保障劳动者的合法权益，促进非全日制就业健康发展，根据《中共中央国务院关于进一步做好下岗失业人员再就业工作的通知》（中发［2002］12号）精神，对非全日制用工劳动关系等问题，提出以下意见：

一、关于非全日制用工的劳动关系

第一条 非全日制用工是指以小时计酬、劳动者在同一用人单位平均每日工作时间不超过5小时累计每周工作时间不超过30小时的用工形式。

从事非全日制工作的劳动者，可以与一个或一个以上用人单位建立劳动关系。用人单位与非全日制劳动者建立劳动关系，应当订立劳动合同。劳动合同一般以书面形式订立。劳动合同期限在一个月以下的，经双方协商同意，可以订立口头劳动合同。但劳动者提出订立书面劳动合同的，应当以书面形式订立。

第二条 劳动者通过依法成立的劳务派遣组织为其他单位、家庭或个人提供非全日制劳动的，由劳务派遣组织与非全日制劳动者签订劳动合同。（法条变更：《劳动合同法实施条例》第30条劳务派遣单位不得以非全日制用工形式招用被派遣劳动者。）

第三条 非全日制劳动合同的内容由双方协商确定，应当包括工作时间和期限、工作内容、劳动报酬、劳动保护和劳动条件五项必备条款，但不得约定试用期。

第四条 非全日制劳动合同的终止条件，按照双方的约定办理。劳动合同中，当事人未约定终止劳动合同提前通知期的，任何一方均可以随时通知对方终止劳动合同；双方约定了违约责任的，按照约定承担赔偿责任。

第五条 用人单位招用劳动者从事非全日制工作，应当在录用后到当地劳动保障行政部门办理录用备案手续。

第六条 从事非全日制工作的劳动者档案可由本人户口所在地劳动保障部门的公共职业介绍机构代管。

二、关于非全日制用工的工资支付

第七条 用人单位应当按时足额支付非全日制劳动者的工资。用人单位支付非全日制劳动者的小时工资不得低于当地政府颁布的小时最低工资标准。

第八条 非全日制用工的小时最低工资标准由省、自治区、直辖市规定，并报劳动保障部备案。确定和调整小时最低工资标准应当综合参考以下因素：当地政府颁布的月最低工资标准；单位应缴纳的基本养老保险费和基本医疗保险费（当地政府颁布的月最低工资标准未包含个人缴纳社会保险费因素的，还应考虑个人应缴纳的社会保险费）；非全日制劳动者在工作稳定性、劳动条件和劳动强度、福利等方面与全日制就业人员之间的差异。小时最低工资标准的测算方法为：

小时最低工资标准=【（月最低工资标准÷20.92÷8）×（1+单位应当缴纳的基本养老保险费和基本医疗保险费比例之和）】×（1+浮动系数）

第九条 非全日制用工的工资支付可以按小时、日、周或月为单位结算。

三、关于非全日制用工的社会保险

第十条 从事非全日制工作的劳动者应当参加基本养老保险，原则上参照个体工商户的参保办法执行。对于已参加过基本养老保险和建立个人账户的人员，前后缴费年限合并计算，跨统筹地区转移的，应办理基本养老保险关系和个人账户的转移、接续手续。符合退休条件时，按国家规定计发基本养老金。

第十一条 从事非全日制工作的劳动者可以以个人身份参加基本医疗保险，并按照待遇水平与缴费水平相挂钩的原则，享受相应的基本医疗保险待遇。参加基本医疗保险的具体办法由各地劳动保障部门研究制定。

第十二条 用人单位应当按照国家有关规定为建立劳动关系的非全日制劳动者缴纳工伤保险费。从事非全日制工作的劳动者发生工伤，依法享受工伤保险待遇；被鉴定为伤残5~10级的，经劳动者与用人单位协商一致，可以一次性结算伤残待遇及有关费用。

四、关于非全日制用工的劳动争议处理

第十三条 从事非全日制工作的劳动者与用人单位因履行劳动合同引发的劳动争议，按照国家劳动争议处理规定执行。

第十四条 劳动者直接向其他家庭或个人提供非全日制劳动的，当事人双方发生的争议不适用劳动争议处理规定。

五、关于非全日制用工的管理与服务

第十五条 非全日制用工是劳动用工制度的一种重要形式，是灵活就业的主要方式。各级劳动保障部门要高度重视，从有利于维护非全日制劳动者的权益、有利于促进灵活就业、有利于规范非全日制用工的劳动关系出发，结合本地实际，制定相应的政策措施。要在劳动关系建立、工资支付、劳动争议处理等方面为非全日制用工提供政策指导和服务。

第十六条 各级劳动保障部门要切实加强劳动保障监察执法工作，对用人单位不按照本意见要求订立劳动合同、低于最低小时工资标准支付工资以及拖欠克扣工资的行为，应当严肃查处，维护从事非全日制工作劳动者的合法权益。

第十七条 各级社会保险经办机构要为非全日制劳动者参保缴费提供便利条件，开设专门窗口，可以采取按月、季或半年缴费的办法，及时为非全日制劳动者办理社会保险关系及个人账户的接续和转移手续；按规定发放社会保险缴费对账单，及时支付各项社会保险待遇，维护他们的社会保障权益。

第十八条 各级公共职业介绍机构要积极为从事非全日制工作的劳动者提供档案保管、社会保险代理等服务，推动这项工作顺利开展。

★ 地方性文件 · 广东省

2.10.4 广东省人力资源社会保障厅、广东省财政厅、广东省地方税务局关于完善灵活就业人员参加企业职工基本养老保险有关规定的通知（粤人社规［2016］4号）

各地级以上市人力资源和社会保障（社会保障）局、财政局（委）、地方税务局，横琴新区地方税务局，深汕合作区地方税务局，顺德区地方税务局：

为完善企业职工基本养老保险制度，扩大养老保险覆盖范围，进一步推动我省灵活就业人员参加企业职工基本养老保险，促进基本养老保险城乡一体化，经省人民政府同意，现就灵活就业人员参保有关问题通知如下：

一、参保条件

在我省以灵活就业人员身份参加企业职工基本养老保险的人员包括无雇工的个体工商户，未在用人单位参加企业职工基本养老保险的非全日制从业人员，以及其他灵活就业人员。具体条件如下：

（一）本省户籍灵活就业人员（不含男60周岁、女55周岁后取得我省户籍人员），尚未领取企业职工基本养老金或城乡居民基本养老金的，可在户籍地参加企业职工基本养老保险。在省内跨市流动就业，且在最后参保地实际缴纳企业职工基本养老保险费累计满5年的，可在最后参保地参加企业职工基本养老保险。

（二）外省户籍灵活就业人员，男年满55周岁、女年满45周岁，且未达到法定退休年龄，在我省实际缴纳企业职工基本养老保险费累计满10年，且在最后参保地实际缴纳企业职工基本养老保险费累计满5年的，可在最后参保地参加企业职工基本养老保险。

（三）本省和外省户籍无雇工的个体工商户均可在工商营业执照上登记的经营场所所在地，以灵活就业人员身份参加企业职工基本养老保险。

二、缴费基数和缴费比例

灵活就业人员的月缴费工资基数，在所在地级以上市企业职工基本养老保险的缴费工资基数上下限范围内，由本人根据实际收入状况和经济承受能力自行申报。灵活就业人员的缴费比例为20%，其中12%记入统筹基金，8%记入个人账户。

三、关于一次性缴费政策

本省户籍灵活就业人员男年满45周岁、女年满40周岁之月至本通知实施之月存在未参保缴费时段，且未领取企业职工基本养老金的，可向户籍地社会保险经办机构申请一次性缴纳该未参保缴费时段的养老保险费，但一次性缴费的最长年限为：从 2006 年 7 月 1 日起至本通知实施时间止。

一次性月缴费工资基数，由本人在申请缴费时所在地级以上市企业职工基本养老保险的缴费工资基数上下限范围内自行申报。一次性缴费额计算公式为：

一次性缴费额=本人的月缴费工资基数×20%×一次性缴费月数

一次性缴费后，统一按本人月缴费工资基数之和的 8%记入个人账户（其余部分记入统筹基金）；一次性缴费指数为月缴费工资基数除以缴费时上年度全省在岗职工月平均工资。

一次性缴费数额经社会保险经办机构核定后，由社会保险费征收机构负责按核定结果征收。缴费时效为 60 个工作日，超过缴费时效未缴费的，原核定结果自动失效，应重新申请、重新核定。

四、关于一次性趸缴政策

已参加企业职工基本养老保险的灵活就业人员男年满 65 周岁、女年满 60 周岁，但缴费年限（含一次性缴费年限）未满 15 年的，同时符合《关于完善企业职工基本养老保险继续缴费有关规定的通知》（粤人社发［2011］37 号）、《关于完善企业职工基本养老保险继续缴费有关规定的补充通知》（粤人社函［2012］1579 号）规定的，可按规定申请一次性趸缴养老保险费。

一次性趸缴的本人月缴费工资基数，可在申请时所在地级以上市企业职工基本养老保险的缴费工资基数上下限范围内，由本人自行申报，并按年递增 5%。一次性趸缴的养老保险费，按缴费基数（含年递增 5%部分）的 8%计入个人账户，其余部分计入统筹基金。一次性趸缴期间的缴费指数，统一按本人申报趸缴的月缴费基数除以缴费时上年度全省在岗职工月平均工资计算。

五、办理凭证

灵活就业人员凭身份证或户口簿办理，无雇工的个体工商户在工商营业执照上登记的经营场所所在地参保缴费的，凭工商营业执照，以及身份证或户口簿办理。

六、本通知与相关政策的衔接

本通知实施后，申请按省相关文件（详见附件）办理一次性缴纳养老保险费的人员，缴费基数、缴费比例、个人账户规模、缴费指数、缴费时效均统一改按本通知第三条的标准确定，其他按原有文件规定执行。各市经省批准出台的早期离开国有和集体企业人员一次性缴纳企业职工基本养老保险费政策也按此原则衔接。

七、本通知自 2016 年 5 月 1 日起施行，省政府及省政府部门已有规定与本通知不一致的，按照本通知的规定执行。

第三章 

工作时间和休息休假相关

导读：本章节主要收录的相关条文主要分为：工作时间及休息、综合制以及不定时用工制、年休假等三个部分，简要如下：

关于工作时间及休息部分：主要收录了关于标准工作时间的限定、休息日排班、法定节假日（包括部分公民节假日）的规定，另外，关于探亲假、婚假、丧假等特殊假期，收录在本章节的《广东省企业职工假期待遇死亡抚恤待遇暂行规定》中（详见目录号：3.1.10）。

关于综合制以及不定时用工制部分：主要收录了该两种用工形式中关于审批流程、工作岗位、工作时间、加班费、年休假的计算及认定等。

关于年休假部分：主要收录了年休假享有的条件、天数的规定、连续工作的计算及认定、等、未提供年休假需支付赔偿的计算标准等。

最后，就本章节收录的条文，笔者已编制了相应的目录及表格，对关键性事项进行简要性列举，方便读者有基本的了解。

目　录

<table>
<tr><th colspan="2">第三章 工作时间和休息休假相关</th></tr>
<tr><td rowspan="2">标准工时</td><td>1. 职工每日工作8小时、每周工作40小时[3.1.4/3.1.5]；</td></tr>
<tr><td>2. 星期六和星期日为周休息日，每周至少休息1日[3.1.1]。</td></tr>
<tr><td rowspan="3">加班</td><td>1. 每日不得超过三小时，但是每月不得超过三十六小时[3.1.1]；</td></tr>
<tr><td>2. 休息日不能补休的，需支付200%工资[3.1.1]；</td></tr>
<tr><td>3. 补休时间应等同于加班时间[3.1.7]。</td></tr>
<tr><td rowspan="6">各种假期</td><td>1. 婚假：职工本人结婚，可享受婚假3天，晚婚者（男年满25周岁、女年满23周岁）增加10天。职工结婚双方不在一地工作的，可根据路程远近给予路程假。途中交通费由职工自理[3.1.10]；</td></tr>
<tr><td>2. 丧假：职工的直系亲属（父母、配偶、子女）死亡，可给予3天以内的丧假。职工配偶的父母死亡，经单位领导批准，可给予3天以内丧假。需要到外地料理丧事的，可根据路程远近给予路程假，途中交通费由职工自理[3.1.10]；</td></tr>
<tr><td>3. 年休假：职工累计工作已满1年不满10年的，年休假5天；已满10年不满20年的，年休假10天；已满20年的，年休假15天。国家法定休假日、休息日不计入年休假的假期[3.3.1]；</td></tr>
<tr><td>4. 法定节假日：新年1天、春节3天、清明节1天、劳动节1天、端午节1天、中秋节1天、国庆节3天，共11天[3.1.9]；</td></tr>
<tr><td>5. 探亲假：（一）职工探望配偶的，每年给予一方探亲假一次，假期为30天。（二）未婚职工探望父母，原则上每年给假一次，假期为20天。如果因为工作需要，本单位当年不能给予假期，或者职工自愿两年探亲一次的，可以两年给假一次，假期为45天。（三）已婚职工探望父母的，每四年给假一次，假期为20天[3.1.3]；</td></tr>
<tr><td>6. 全体公民放假的假日，如果适逢星期六、星期日，应当在工作日补假。部分公民放假的假日，如果适逢星期六、星期日，则不补假[3.1.8/3.1.9]。</td></tr>
</table>

续表

不定时工作制和综合计算工时工作制	1. 平均日工作时间和平均周工作时间应与法定标准工作时间基本相同[3.2.1]；
	2. 综合计算周期内的总实际工作时间不应超过总法定标准工作时间；超过按150%支付加班费；法定休假日加班，3倍支付[3.2.5]；
	3. 每周至少有一个连续24小时的休息时间[3.2.5/3.2.6]；
	4. 需经劳动部门审批通过，方可实施[3.2.7]。

3.1 工作时间和休息休假相关

★ 法律

3.1.1 中华人民共和国劳动法（主席令第18号 2009年修正）

第三十六条 国家实行劳动者每日工作时间不超过八小时、平均每周工作时间不超过四十四小时的工时制度。

第三十七条 对实行计件工作的劳动者，用人单位应当根据本法第三十六条规定的工时制度合理确定其劳动定额和计件报酬标准。

第三十八条 用人单位应当保证劳动者每周至少休息一日。

第三十九条 企业因生产特点不能实行本法第三十六条、第三十八条规定的，经劳动行政部门批准，可以实行其他工作和休息办法。

第四十条 用人单位在下列节日期间应当依法安排劳动者休假：

（一）元旦；

（二）春节；

（三）国际劳动节；

（四）国庆节；

（五）法律、法规规定的其他休假节日。

第四十一条 用人单位由于生产经营需要，经与工会和劳动者协商后可以延长工作时间，一般每日不得超过一小时；因特殊原因需要延长工作时间的，在保障劳动者身体健康的条件下延长工作时间每日不得超过三小时，但是每月不得超过三十六小时。

第四十二条 有下列情形之一的，延长工作时间不受本法第四十一条规定的限制：

（一）发生自然灾害、事故或者因其他原因，威胁劳动者生命健康和财产安全，需要紧急处理的；

（二）生产设备、交通运输线路、公共设施发生故障，影响生产和公众利益，必须及时抢修的；

（三）法律、行政法规规定的其他情形。

第四十三条 用人单位不得违反本法规定延长劳动者的工作时间。

第四十四条 有下列情形之一的，用人单位应当按照下列标准支付高于劳动者正常工作时间工资的工资报酬：

（一）安排劳动者延长工作时间的，支付不低于工资的百分之一百五十的工资报酬；

（二）休息日安排劳动者工作又不能安排补休的，支付不低于工资的百分之二百的工资报酬；

（三）法定休假日安排劳动者工作的，支付不低于工资的百分之三百的工资报酬。

第四十五条 国家实行带薪年休假制度。劳动者连续工作一年以上的，享受带薪年休假。具体办法由国务院规定。

3.1.2 中华人民共和国劳动合同法（主席令第73号 2012年12月修正）

第四条 【规章制度】用人单位应当依法建立和完善劳动规章制度，保障劳动者享有劳动权利、履行劳动义务。

用人单位在制定、修改或者决定有关劳动报酬、工作时间、休息休假、劳动安全卫生、保险福利、职工培训、劳动纪律以及劳动定额管理等直接涉及劳动者切身利益的规章制度或者重大事项时，应当经职工代表大会或者全体职工讨论，提出方案和意见，与工会或者职工代表平等协商确定。

在规章制度和重大事项决定实施过程中，工会或者职工认为不适当的，有权向用人单位提出，通过协商予以修改完善。

第七十四条 【劳动行政部门监督检查事项】县级以上地方人民政府劳动行政部门依法对下列实施劳动合同制度的情况进行监督检查：

（一）用人单位制定直接涉及劳动者切身利益的规章制度及其执行的情况；

（二）用人单位与劳动者订立和解除劳动合同的情况；

（三）劳务派遣单位和用工单位遵守劳务派遣有关规定的情况；

（四）用人单位遵守国家关于劳动者工作时间和休息休假规定的情况；

（五）用人单位支付劳动合同约定的劳动报酬和执行最低工资标准的情况；

（六）用人单位参加各项社会保险和缴纳社会保险费的情况；

（七）法律、法规规定的其他劳动监察事项。

★ 行政法规/部门规章/司法解释

3.1.3 国务院关于公布《国务院关于职工探亲待遇的规定》的通知（国发［1981］36号）

第一条 为了适当地解决职工同亲属长期远居两地的探亲问题，特制定本规定。

第二条 凡在国家机关、人民团体和全民所有制企业、事业单位工作满一年的固定职工，与配偶不住在一起，又不能在公休假日团聚的，可以享受本规定探望配偶的待遇；与父亲、母亲都不住在一起，又不能在公休假日团聚的，可以享受本规定探望父母的待遇。但是，职工与父亲或与母亲一方能够在公休假日团聚的，不能享受本规定探望父母的待遇。

第三条 职工探亲假期：

（一）职工探望配偶的，每年给予一方探亲假一次，假期为30天。

（二）未婚职工探望父母，原则上每年给假一次，假期为20天。如果因为工作需要，本单位当年不能给予假期，或者职工自愿两年探亲一次的，可以两年给假一次，假期为45天。

（三）已婚职工探望父母的，每四年给假一次，假期为20天。

探亲假期是指职工与配偶、父、母团聚的时间，另外，根据实际需要给予路程假。上述假期均包括公休假日和法定节日在内。

第四条 凡实行休假制度的职工（例如学校的教职工），应该在休假期间探亲；如果休假期较短，可由本单位适当安排，补足其探亲假的天数。

第五条 职工在规定的探亲假期和路程假期内，按照本人的标准工资发给工资。

第六条 职工探望配偶和未婚职工探望父母的往返路费，由所在单位负担。已婚职工探望父母的往返路费，在本人月标准工资30%以内的，由本人自理，超过部分由所在单位负担。

第七条 各省、直辖市人民政府可以根据本规定制定实施细则，并抄送国家劳动总局备案。

自治区可以根据本规定的精神制定探亲规定，报国务院批准执行。

第八条 集体所有制企业、事业单位职工的探亲待遇，由各省、自治区、直辖市人民政府根据本地区的实际情况自行规定。

第九条 本规定自发布之日起施行。1958 年 2 月 9 日《国务院关于工人、职员回家探亲的假期和工资待遇的暂行规定》同时废止。

3.1.4 劳动部贯彻《国务院关于职工工作时间的规定》的实施办法（劳部发［1995］143 号）

第一条 根据《国务院关于职工工作时间的规定》（以下简称《规定》），制定本办法。

第二条 本办法适用于中华人民共和国境内的企业的职工和个体经济组织的劳动者（以下统称职工）。

第三条 职工每日工作 8 小时、每周工作 40 小时。实行这一工时制度，应保证完成生产和工作任务，不减少职工的收入。

第四条 在特殊条件下从事劳动和有特殊情况，需要在每周工作 40 小时的基础上再适当缩短工作时间的，应在保证完成生产和工作任务的前提下，根据《中华人民共和国劳动法》第三十六条的规定，由企业根据实际情况决定。

第六条 任何单位和个人不得擅自延长职工工作时间。企业由于生产经营需要而延长职工工作时间的，应按《中华人民共和国劳动法》第四十一条的规定执行。

第七条 有下列特殊情形和紧急任务之一的，延长工作时间不受本办法第六条规定的限制：

（一）发生自然灾害、事故或者因其他原因，使人民的安全健康和国家资财遭到严重威胁，需要紧急处理的；

（二）生产设备、交通运输线路、公共设施发生故障，影响生产和公众利益，必须及时抢修的；

（三）必须利用法定节日或公休假日的停产期间进行设备检修、保养的；

（四）为完成国防紧急任务，或者完成上级在国家计划外安排的其他紧急生产任务，以及商业、供销企业在旺季完成收购、运输、加工农副产品紧急任务的。

第八条 根据本办法第六条、第七条延长工作时间的，企业应当按照《中华人民共和国劳动法》第四十四条的规定，给职工支付工资报酬或安排补休。

第九条 企业根据所在地的供电、供水和交通等实际情况，经与工会和职工协商后，可以灵活安排周休息日。

第十条 县级以上各级人民政府劳动行政部门对《规定》实施的情况进行监督检查。

第十一条 各省、自治区、直辖市人民政府劳动行政部门和国务院行业主管部门应根据《规定》和本办法及本地区、本行业的实际情况制定实施步骤，并报劳动部备案。

第十二条 本办法与《规定》同时实施。从 1995 年 5 月 1 日起施行每周 40 小时工时制度有困难的企业，可以延期实行，但最迟应当于 1997 年 5 月 1 日起施行。在本办法施行前劳动部、人事部于 1994 年 2 月 8 日共同颁发的《〈国务院关于职工工作时间的规定〉的实施办法》继续有效。

3.1.5 国务院关于职工工作时间的规定（国务院令第 174 号 1995 年修正）

第一条 为了合理安排职工的工作和休息时间，维护职工的休息权利，调动职工的积极性，促进社会主义现代化建设事业的发展，根据宪法有关规定，制定本规定。

第二条 本规定适用于在中华人民共和国境内的国家机关、社会团体、企业事业单位以及其他组织的职工。

第三条 职工每日工作 8 小时、每周工作 40 小时。

第四条 在特殊条件下从事劳动和有特殊情况，需要适当缩短工作时间的，按照国家有关规定执行。

第五条 因工作性质或者生产特点的限制，不能实行每日工作 8 小时、每周工作 40 小时标准工时制度的，按照国家有关规定，可以实行其他工作和休息办法。

第六条 任何单位和个人不得擅自延长职工工作时间。因特殊情况和紧急任务确需延长工作时间的，按照国家有关规定执行。

第七条 国家机关、事业单位实行统一的工作时间，星期六和星期日为周休息日。

企业和不能实行前款规定的统一工作时间的事业单位，可以根据实际情况灵活安排周休息日

第八条 本规定由劳动部、人事部负责解释；实施办法由劳动部、人事部制定。

第九条 本规定自 1995 年 5 月 1 日起施行。1995 年 5 月 1 日施行有困难的企业、事业单位，可以适当延期；但是，事业单位最迟应当自 1996 年 1 月 1 日起施行，企业最迟应当自 1997 年 5 月 1 日起施行。

3.1.6 劳动部关于印发《〈国务院关于职工工作时间的规定〉问题解答》的通知（劳部发［1995］187 号）

各省、自治区、直辖市及计划单列市劳动（劳动人事）厅（局），国务院有关部门：

《国务院关于修改〈国务院关于职工工作时间的规定〉的决定》发布后，一些地区和部门询问有关问题，经研究，对带有普遍性的问题做出解答，现印发给你们，请按照执行，并将执行中的情况及时转告我部。

一九九五年四月二十二日

一、**问：**1995 年 2 月 17 日《国务院关于职工工作时间的规定》（以下简称《规定》）发布后，企业职工每周工作时间不超过 40 小时，是否一定要每周休息两天？

答：有条件的企业应尽可能实行职工每日工作 8 小时、每周工作 40 小时这一标准工时制度。有些企业因工作性质和生产特点不能实行标准工时制度的，应将贯彻《规定》和贯彻《劳动法》结合起来，保证职工每周工作时间不超过 40 小时，每周至少休息 1 天；有些企业还可以实行不定时工作制、综合计算工时工作制等其他工作和休息办法。

二、**问：**实行新工时制后，企业职工原有的年休假还实行吗？

答：劳动法第四十五条规定，“国家实行带薪年休假制度。劳动者连续工作一年以上的，享受带薪年休假。具体办法由国务院规定”。在国务院没有发布企业职工年休假规定以前，1991 年 6 月 15 日中共中央、国务院共同发出的《关于职工休假问题的通知》应继续贯彻执行。

三、**问：**《规定》第九条中“1995 年 5 月 1 日施行有困难的企业”主要指的是哪些？

答：贯彻执行《规定》有一个很重要的原则，这就是既要维护职工的休息权利，也要保证生产和工作任务的完成，确保全国生产工作秩序的正常，以促进社会主义现代化建设事业的发展。《规定》所提到的有困难的企业主要是指：需要连续生产作业，而劳动组织、班制一时难以调整到位的关系国计民生的行业、企业；确有较多业务技术骨干需经较长时间培训合格上岗才能进一步缩短工时的企业；如立即实行新工时制，可能要严重影响企业完成生产任务、企业信誉和企业职工收入，确需一段准备过渡时间的企业。

这里特别需要指出的是，对于上述暂时存在困难的企业，各地区、各部门务必加强领导，精心指导，帮助他们制定切实可行的实施步骤；上述企业也应立足自身，挖掘潜力，积极创造条件，力争早日实行新工时制度，而不要非拖到1997年5月1日再实行。

四、**问**：如果有些企业只因极少数技术骨干轮换不过来而影响《规定》的贯彻实施，能不能用加班加点的办法予以解决？

答：为了使更多的企业职工能够实施新工时制度，企业首先要抓紧进行业务、技术骨干的培养，以便有足够的技术力量轮换顶班。只有这样才能既保证全体职工的健康和休息权利，也能保证正常的生产和工作秩序。在抓紧培养技术骨干的同时，为使企业绝大多数职工能尽早实行新工时制度，可以采取一些过渡性措施，即对极少数技术骨干发加班工资或补休。但是，一要与工会和劳动者本人协商，做好工作；二要保障技术骨干的身体健康；三不能无限期地延续下去，必须尽快招聘合格人才或抓紧培养合格人才。

七、**问**：在特殊条件下从事劳动和有特殊情况的，是否可以进一步缩短工作时间？

答：在特殊条件下从事劳动和有特殊情况，需要在每周工作40小时的基础上再适当缩短工作时间的，应在保证完成生产和工作任务的前提下，根据《中华人民共和国劳动法》第三十六条的规定，由企业根据实际情况决定。

八、**问**：中外合营企业中外籍人员，应如何执行《规定》？

答：根据《中华人民共和国涉外经济合同法》第四十条规定："在中华人民共和国境内履行、经国家批准成立的中外合资经营企业合同、中外合作经营企业合同、中外合作勘探开发自然资源合同，在法律有新的规定时，可以仍然按照合同的规定执行。"因此，在《规定》发布前，凡以合同形式聘用的外籍员工，其工作时间仍可按原合同执行。

九、**问**：企业因生产经营需要延长工作时间是在每周40小时、还是在每周44小时基础上计算？

答：1997年5月1日以前，以企业所执行的工时制度为基础。即实行每周40小时工时制度的企业，以每周40小时为基础计算加班加点时间；实行每周44小时工时制度的企业，以每周44小时为基础计算加班加点时间。上述加班加点，仍然按《劳动法》的有关规定执行。1997年5月1日以后，一律应以每周40小时为基础计算。

3.1.7 劳动部关于职工工作时间有关问题的复函（劳部发［1997］271号）

广州市劳动局：

你局《关于职工工作时间有关问题的请示》（穗劳函字［1997］127号）收悉，经研究，函复如下：

一、企业和部分不能实行统一工作时间的事业单位，可否不实行"双休日"而安排每周工作六天，每天工作不超过6小时40分钟？

根据《劳动法》和《国务院关于职工工作时间的规定》(国务院令第174号)的规定，我国目前实行劳动者每日工作8小时，每周工作40小时这一标准工时制度。有条件的企业应实行标准工时制度。有些企业因工作性质和生产特点不能实行标准工时制度，应保证劳动者每天工作不超过8小时、每周工作不超过40小时、每周至少休息一天。此外，根据一些企业的生产实际情况还可实行不定时工作制和综合计算工时工作制。实行不定时工作制综合计算工时工作制的企业应按劳动部《关于企业实行不定时工作制和综合计算工时工作制的审批办法》(劳部发［1994］503号)的规定办理审批手续。

二、用人单位要求劳动者每周工作超过40不时但不超过44小时，且不作延长工作时间处理，劳动行政机关可否认定其违法并依据《劳动法》第九十、九十一条和劳部发［1994］489、532号文件的规定予以处罚?

《国务院关于职工工作时间的规定》(国务院令第174号)是依据《劳动法》第三十六条的规定，按照我国经济和社会发展的需要，在标准工时制度方面进一步作出的规定。如果用人单位要求劳动者每周工作超过40小时但不超过44小时，且不作延长工作时间处理，劳动行政机关有权要求其改正。

三、《劳动法》第四十一、四十四条中的“延长工作时间”是否仅指加点，而不包括休息日或节日等法定休假日的加班(即是否加班不受《劳动法》的第四十一条限制)?

《劳动法》第四十一条有关延长工作时间的限制包括正常工作日的加点、休息日和法定休假日的加班。即每月工作日的加点、休息日和法定休假日的加班的总时数不得超过36小时。在国家立法部门没有作出立法解释前，应按此精神执行。

四、休息日或法定休假日加班，用人单位可否不支付加班费而给予补休?补休的标准如何确定?

依据《劳动法》第四十四条规定，休息日安排劳动者加班工作的，应首先安排补休，不能补休时，则应支付不低于工资的百分之二百的工资报酬。补休时间应等同于加班时间。法定休假日安排劳动者加班工作的，应另外支付不低于工资的百分之三百的工资报酬，一般不安排补休。

一九九七年九月十日

3.1.8 劳动和社会保障部办公厅关于部分公民放假有关工资问题的函(劳社厅函［2000］18号)

上海市劳动和社会保障局:

你局《关于部分公民放假有关问题的请示》收悉。经研究，答复如下:

关于部分公民放假的节日期间，用人单位安排职工工作，如何计发职工工资报酬问题。按照国务院《全国年节及纪念日放假办法》(国务院令第270号)中关于妇女节、青年节等部分公民放假的规定，在部分公民放假的节日期间，对参加社会或单位组织庆祝活动和照常工作的职工，单位应支付工资报酬，但不支付加班工资。如果该节日恰逢星期六、星期日，单位安排职工加班工作，则应当依法支付休息日的加班工资。

3.1.9 全国年节及纪念日放假办法(国务院令第644号　2013年修正)

第一条　为统一全国年节及纪念日的假期，制定本办法。

第二条　全体公民放假的节日:

（一）新年，放假1天（1月1日）；
（二）春节，放假3天（农历正月初一、初二、初三）；
（三）清明节，放假1天（农历清明当日）；
（四）劳动节，放假1天（5月1日）；
（五）端午节，放假1天（农历端午当日）；
（六）中秋节，放假1天（农历中秋当日）；
（七）国庆节，放假3天（10月1日、2日、3日）。

第三条 部分公民放假的节日及纪念日：
（一）妇女节（3月8日），妇女放假半天；
（二）青年节（5月4日），14周岁以上的青年放假半天；
（三）儿童节（6月1日），不满14周岁的少年儿童放假1天；
（四）中国人民解放军建军纪念日（8月1日），现役军人放假半天。

第四条 少数民族习惯的节日，由各少数民族聚居地区的地方人民政府，按照各该民族习惯，规定放假日期。

第五条 二七纪念日、五卅纪念日、七七抗战纪念日、九三抗战胜利纪念日、九一八纪念日、教师节、护士节、记者节、植树节等其他节日、纪念日，均不放假。

第六条 全体公民放假的假日，如果适逢星期六、星期日，应当在工作日补假。部分公民放假的假日，如果适逢星期六、星期日，则不补假。

第七条 本办法自公布之日起施行。

★ 地方性文件·广东省

3.1.10 广东省企业职工假期待遇死亡抚恤待遇暂行规定（粤劳薪［1997］115号）

一、企业在以下法定节日，应依法安排职工休假：（一）元旦放假1天；（一）春节放假3天；（三）国际劳动节放假1天；（四）国庆节放假2天。

其他节日假期按有关法律、法规执行。

二、在一个单位连续工作满一年以上的职工，可享受带薪年休假。休假时间按本企业工龄计算：工作满一年未满五年者5天；满五年未满十年者7天；满十年未满二十年者10天；满二十年以上者14天。

三、职工本人结婚，可享受婚假3天，晚婚者（男年满25周岁、女年满23周岁）增加10天。职工结婚双方不在一地工作的，可根据路程远近给予路程假。途中交通费由职工自理。

四、职工的直系亲属（父母、配偶、子女）死亡，可给予3天以内的丧假。职工配偶的父母死亡，经单位领导批准，可给予3天以内丧假。需要到外地料理丧事的，可根据路程远近给予路程假，途中交通费由职工自理。

五、在一个单位连续工作满一年以上的职工，与配偶或父母不住在一地，又不能在公休假日内回家居住一个白天和一个晚上的，应在年休假期间安排探亲。其中，国有单位职工探亲时，年休假天数不足于原规定的探亲假天数部分可给予补齐。旅途车船费按财政部门有关规定执行。

六、女职工生育，产假90天，其中产前休假15天，难产的增加产假30天。多胞胎生育的，每多生育一个婴儿增加产假 15 天。实行晚育者（24 周岁后生育第一胎）增加产假 15 天。领取《独生子女优待证》者增加产假 35 天，产假期间给予男方看护假 10 天。

七、职工享受节日休假、年休假、婚假、丧假、探亲假、产假、看护假期间，企业应按劳动合同规定的工资标准支付工资。其中，参加了生育保险的企业，女职工产假工资，可按当地生育保险规定的标准发给。

八、按国家规定可出国、出境探亲的职工，其探亲假待遇按国家有关规定办理。

九、年休假、婚假、丧假、探亲假、产假、看护假的假期原则上应一次性连续安排，假期内遇公休假日的，均不另加假期天数。

【法条延伸】广东省工资支付条例（广东省第十二届人民代表大会常务委员会公告第 65 号 2016 年 9 月起施行）

第十九条 劳动者依法享受法定休假日、年休假、探亲假、婚假、丧假、产假、看护假、计划生育假等假期期间，用人单位应当视同其正常劳动并支付正常工作时间的工资。

3.1.11 广东省劳动和社会保障厅关于严格执行工时制度有关问题的通知（粤劳社［2003］98 号）

各地级以上市劳动保障局（劳动局、社保局），省属有关单位：

自《劳动法》和国务院颁布的新工时制度实施以来，大多数企业都能够严格执行国家的工时规定，维护劳动者的合法权益，保持劳动关系的和谐稳定。但是，也有一些企业未经劳动保障部门批准，擅自实行不定时工作制或综合计算工时工作制，或者随意扩大实行的范围；还有的企业强迫职工延长工作时间，或者延长工作时间大大超出法律法规允许的范围；有的企业安排劳动者加班后不按规定支付加班工资。这些违法行为，严重侵犯了劳动者的合法权益，影响了企业和社会的稳定。为了更好地保障劳动者的合法权益，维护社会稳定，促进经济发展，现就严格依法执行国家工时制度有关问题通知如下：

一、严格执行国家有关规定，合理安排职工的工作时间。各类企业都必须认真贯彻执行国家和省有关工作时间的规定，任何单位和个人都不得擅自或任意安排劳动者延长工作时间。企业确因生产经营需要，要延长工作时间的，应与企业工会和劳动者协商后，才可适当延长工作时间，但延长工作时间一般每日不得超过一小时，因特殊原因需要延长工作时间的，在保障劳动者身体健康的条件下可延长工作时间，但每日不得超过三小时，每月累计不得超过三十六小时（《劳动法》第四十二条规定的情形除外）。安排劳动者延长工作时间的，应按规定支付延长工作时间的工资报酬。休息日安排劳动者工作的，不能安排补休的应按规定支付延长工作时间的工资报酬。法定节假日安排劳动者工作的，应按规定支付延长工作时间的工资报酬。

对于实行计件工资制的劳动者，应按照国家有关标准工作时间的规定合理确定劳动定额；对于生产工艺流程不能中断，需 24 小时连续作业的岗位，企业应实行多班工作制，灵活安排轮班工作，如实行“四班三运转”办法等，禁止“两班”连续轮流作业的行为，确保劳动者每周至少有一个连续 24 小时的休息时间。

三、建立健全工时管理和监督制度。各级劳动保障部门要加强法律法规的宣传教育，引导和监督企业建立职工工作时间的登记制度。企业要书面记录职工工作时间情况，并保存备案。鼓励企业实行上下班电子打卡等科学管理手段。

四、加大对企业违法行为的查处力度。各级劳动保障部门应把企业执行工时制度情况作为劳动保障执法监察的重点内容之一，加强监督检查，加大执法力度，及时受理劳动者的举报投诉，严肃查处企业违反国家工时规定的行为，并按照《违反〈中华人民共和国劳动法〉行政处罚办法》（劳部发［1994］532号）规定处罚，对造成职工伤害或违法雇佣童工的，应从重处罚。要加强对企业建立健全工时管理制度和加班工资发放制度情况的监督检查，对未建立工时管理制度而不如实提供有关工时资料的用人单位，应责令其改正，未在规定期限内改正的，按照《广东省劳动监察条例》第二十四条的有关规定予以处罚，切实维护劳动者的合法权益。

二〇〇三年六月三十日

3.2 综合制及不定时用工制

★ 行政法规/部门规章/司法解释

3.2.1 关于企业实行不定时工作制和综合计算工时工作制的审批办法（劳部发［1994］503号）

第一条 根据《中华人民共和国劳动法》第三十九条的规定，制定本办法。

第二条 本办法适用于中华人民共和国境内的企业。

第三条 企业因生产特点不能实行《中华人民共和国劳动法》第三十六条、第三十八条规定的，可以实行不定时工作制或综合计算工时工作制等其他工作和休息办法。

第四条 企业对符合下列条件之一的职工，可以实行不定时工作制。

（一）企业中的高级管理人员、外勤人员、推销人员、部分值班人员和其他因工作无法按标准工作时间衡量的职工；

（二）企业中的长途运输人员、出租汽车司机和铁路、港口、仓库的部分装卸人员以及因工作性质特殊，需机动作业的职工；

（三）其他因生产特点、工作特殊需要或职责范围的关系，适合实行不定时工作制的职工。

第五条 企业对符合下列条件之一的职工，可实行综合计算工时工作制，即分别以周、月、季、年等为周期，综合计算工作时间，但其平均日工作时间和平均周工作时间应与法定标准工作时间基本相同。

（一）交通、铁路、邮电、水运、航空、渔业等行业中因工作性质特殊，需连续作业的职工；

（二）地质及资源勘探、建筑、制盐、制糖、旅游等受季节和自然条件限制的行业的部分职工；

（三）其他适合实行综合计算工时工作制的职工。

第六条 对于实行不定时工作制和综合计算工时工作制等其他工作和休息办法的职工，企业应根据《中华人民共和国劳动法》第一章、第四章有关规定，在保障职工身体健康并充分听取职工意见的基础上，采用集中工作、集中休息、轮休调休、弹性工作时间等适当方式，确保职工的休息休假权利和生产、工作任务的完成。

第七条 中央直属企业实行不定时工作制和综合计算工时工作制等其他工作和休息办法的，经国务院行业主管部门审核，报国务院劳动行政部门批准。

地方企业实行不定时工作制和综合计算工时工作制等其他工作和休息办法的审批办法，由各省、自治区、直辖市人民政府劳动行政部门制定，报国务院劳动行政部门备案。

第八条 本办法自一九九五年一月一日起实行。

3.2.2 劳动部关于印发《关于贯彻执行〈中华人民共和国劳动法〉若干问题的意见》的通知（劳部发［1995］309号）

第六十条 实行每天不超过8小时，每周不超过44小时或40小时标准工作时间制度的企业，以及经批准实行综合计算工时工作制的企业，应当按照劳动法的规定支付劳动者延长工作时间的工资报酬。全体职工已实行劳动合同制度的企业，一般管理人员（实行不定时工作制人员除外）经批准延长工作时间的，可以支付延长工作时间的工资报酬。

第六十二条 实行综合计算工时工作制的企业职工，工作日正好是周休息日的，属于正常工作；工作日正好是法定节假日时，要依照劳动法第四十四条第（三）项的规定支付职工的工资报酬。

第六十五条 经批准实行综合计算工作时间的用人单位，分别以周、月、季、年等为周期综合计算工作时间，但其平均日工作时间和平均周工作时间应与法定标准工作时间基本相同。

第六十六条 对于那些在市场竞争中，由于外界因素的影响，生产任务不均衡的企业的部分职工，经劳动行政部门严格审批后，可以参照综合计算工时工作制的办法实施，但用人单位应采取适当方式确保职工的休息休假权利和生产、工作任务的完成。

第六十七条 经批准实行不定时工作制的职工，不受劳动法第四十一条规定的日延长工作时间标准和月延长工作时间标准的限制，但用人单位应采用弹性工作时间等适当的工作和休息方式，确保职工的休息休假权利和生产、工作任务的完成。

第六十八条 实行标准工时制度的企业，延长工作时间应严格按劳动法第四十一条的规定执行，不能按季、年综合计算延长工作时间。

第六十九条 中央直属企业、企业化管理的事业单位实行不定时工作制和综合计算工时工作制等其他工作和休息办法的，须经国务院行业主管部门审核，报国务院劳动行政部门批准。地方企业实行不定时工作制和综合计算工时工作制等其他工作和休息办法的审批办法，由省、自治区、直辖市人民政府劳动行政部门制定，报国务院劳动行政部门备案。

3.2.3 劳动部贯彻《国务院关于职工工作时间的规定》的实施办法（劳部发［1995］143号）

第五条 因工作性质或生产特点的限制，不能实行每日工作8小时、每周工作40小时标准工时制度的，可以实行不定时工作制或综合计算工时工作制等其他工作和休息办法，并按照劳动部《关于企业实行不定时工作制和综合计算工时工作制的审批办法》执行。

3.2.4 劳动部关于印发《〈国务院关于职工工作时间的规定〉问题解答》的通知（劳部发［1995］187号）

一、**问：**1995年2月17日《国务院关于职工工作时间的规定》（以下简称《规定》）发布后，企业职工每周工作时间不超过40小时，是否一定要每周休息两天？

答：有条件的企业应尽可能实行职工每日工作8小时、每周工作40小时这一标准工时制度。有些企业因工作性质和生产特点不能实行标准工时制度的，应将贯彻《规定》和贯彻《劳动法》结合起来，保证职工每周工作时间不超过40小时，每周至少休息1天；有些企业还可以实行不定时工作制、综合计算工时工作制等其他工作和休息办法。

五、**问：**哪些企业职工可实行不定时工作制？

答：不定时工作制是针对因生产特点、工作特殊需要或职责范围的关系，无法按标准工作时间衡量或需要机动作业的职工所采用的一种工时制度。例如：企业中从事高级管理、推销、货运、装卸、长途运输驾驶、押运、非生产性值班和特殊工作形式的个体工作岗位的职工，出租车驾驶员等，可实行不定时工作制。鉴于每个企业的情况不同，企业可依据上述原则结合企业的实际情况进行研究，并按有关规定报批。

六、问：哪些企业职工可实行综合计算工时工作制？

答：综合计算工时工作制是针对因工作性质特殊，需连续作业或受季节及自然条件限制的企业的部分职工，采用的以周、月、季、年等为周期综合计算工作时间的一种工时制度，但其平均日工作时间和平均周工作时间应与法定标准工作时间基本相同。主要是指：交通、铁路、邮电、水运、航空、渔业等行业中因工作性质特殊，需要连续作业的职工；地质、石油及资源勘探、建筑、制盐、制糖、旅游等受季节和自然条件限制的行业的部分职工；亦工亦农或由于受能源、原材料供应等条件限制难以均衡生产的乡镇企业的职工等。另外，对于那些在市场竞争中，由于外界因素影响，生产任务不均衡的企业的部分职工也可以参照综合计算工时工作制的办法实施。

对于因工作性质或生产特点的限制，实行不定时工作制或综合计算工时工作制等其他工作和休息办法的职工，企业都应根据《中华人民共和国劳动法》和《规定》的有关条款，在保障职工身体健康并充分听取职工意见的基础上，采取集中工作、集中休息、轮休调休、弹性工作时间等适当的工作和休息方式，确保职工的休息休假权利和生产、工作任务的完成。同时，各企业主管部门也应积极创造条件，尽可能使企业的生产任务均衡合理，帮助企业解决贯彻《规定》中的实际问题。

3.2.5 劳动部关于职工工作时间有关问题的复函（劳部发［1997］271号）

一、企业和部分不能实行统一工作时间的事业单位，可否不实行“双休日”而安排每周工作六天，每天工作不超过6小时40分钟？

根据《劳动法》和《国务院关于职工工作时间的规定》（国务院令第174号）的规定，我国目前实行劳动者每日工作8小时，每周工作40小时这一标准工时制度。有条件的企业应实行标准工时制度。有些企业因工作性质和生产特点不能实行标准工时制度，应保证劳动者每天工作不超过8小时、每周工作不超过40小时、每周至少休息一天。此外，根据一些企业的生产实际情况还可实行不定时工作制和综合计算工时工作制。实行不定时工作制综合计算工时工作制的企业应按劳动部《关于企业实行不定时工作制和综合计算工时工作制的审批办法》（劳部发［1994］503号）的规定办理审批手续。

五、经批准实施综合计算工时工作制的用人单位，在计算周期内若日（或周）的平均工作时间没超过法定标准工作时间，但某一具体日（或周）的实际工作时间工作超过8小时（或40小时），‘超过’部分是否视为加点（或加班）且受《劳动法》第四十一条的限制？

依据劳动部《关于企业实行不定时工作制和综合计算工时工作制的审批办法》第五条的规定，综合计算工时工作制采用的是以周、月、季、年等为周期综合计算工作时间，但其平均日工作时间和平均周工作时间应与法定标准工作时间基本相同。也就是说，在综合计算周期内，某一具体日（或周）的实际工作时间可以超过8小时（或40小时），但综合计算周期内的总实际工作时间不应超过总法定标准工作时间，超过部分应视为延长工作时间并按《劳动法》第四十四条第一款的规定支付工资报酬，其中法定休假日安排劳动者工作的，按《劳动法》第四十四条第三款的规定支付工资报酬。而且，延长工作时间的小时数平均每月不得超过36小时。

六、若甲企业经批准以季为周期综合计算工时（总工时应为40时/周×12周/季=480时/季）。若乙职工在该季的第一、二月份刚好完成了480小时的工作，第三个月整月休息。

甲企业这样做是否合法且不存在着延长工作时间问题，该季各月的工资及加班费（若认定为延长工作时间的话）应如何计发？

某企业经劳动行政部门批准以季为周期综合计算工时（总工时应为508小时/季）。该企业因生产任务需要，经商工会和劳动者同意，安排劳动者在该季的第一、二月份刚好完成了508小时的工作，第三个月整月休息。该企业这样做应视为合法且没有延长工作时间。对于这种打破常规的工作时间安排，一定要取得工会和劳动者的同意，并且注意劳逸结合，切实保障劳动者身体健康。

工时计算方法应为：

1. 工作日的计算

年工作日：356天/年-104天/年（休息日）-7天/年（法定休假日）=254天/年

季工作日：254天/年÷4季=63.5天

月工作日：254天/年÷12月=21.16天

2. 工作小时数的计算

以每周、月、季、年的工作日乘以每日的8小时。

七、劳部发［1994］489号文第十三条中“其综合工作时间超过法定标准工作时间部分”是指日（或周）平均工作时间超过，还是指某一具体日（或周）实际工作时间超过？

实行综合计算工时工作制的企业，在综合计算周期内，如果劳动者的实际工作时间总数超过该周期的法定标准工作时间总数，超过部分应视为延长工作时间。如果在整个综合计算周期内的实际工作时间总数不超过该周期的法定标准工作时间总数，只是该综合计算周期内的某一具体日（或周、或月、或季）超过法定标准工作时间，其超过部分不应视为延长工作时间。

八、实行不定时工作制的工资如何计发？其休息休假如何确定？

对于实行不定时工作制的劳动者，企业应当根据标准工时制度合理确定劳动者的劳动定额或其他考核标准，以便安排劳动者休息。其工资由企业按照本单位的工资制度和工资分配办法，根据劳动者的实际工作时间和完成劳动定额情况计发。对于符合带薪年休假条件的劳动者，企业可安排其享受带薪年休假。

九、本市拟在审批综合计算工时过程中强制性地附加“保证劳动者每周至少休息一天”和“每日实际工作时间不得超过11小时”两个条件，是否妥当？

实行综合计算工时工作制是从部分企业生产实际出发，允许实行相对集中工作、集中休息的工作制度，以保证生产的正常进行和劳动者的合法权益。因此，在审批综合计算工时工作制过程中不宜再要求企业实行符合标准工时工作制的规定。但是，在审批综合计算工时工作制过程中应要求企业做到以下两点：

1. 企业实行综合计算工时工作制以及在实行综合计算工时工作中采取何种工作方式，一定要与工会和劳动者协商。

2. 对于第三级以上（含第三级）体力劳动强度的工作岗位，劳动者每日连续工作时间不得超过11小时，而且每周至少休息一天。

★ 地方性文件·广东省

3.2.6 广东省劳动和社会保障厅关于严格执行工时制度有关问题的通知（粤劳社［2003］98号）

二、加强对实行不定时工作制和综合计算工时工作制的审批和管理。符合条件实行不定时工作制和综合计算工时工作制的，省直属企业报省劳动保障厅审批；市（地级以上，下同）、县属企业分别报市、县级劳动保障行政部门审批。对于市场竞争中，由于外界因素的影响，生产任务不均衡的企业的部分职工，经劳动保障行政部门严格审批后，可以参照综合计算工时工作制的办法实施。对经批准实行（或参照实行）不定时工作制和综合计算工时工作制的劳动者，企业应明确其工种和人员，不得混岗混员，不得擅自扩大范围；同时要在保障职工身体健康、充分听取职工意见的基础上，采用集中工作、集中休息、轮休调休、弹性工作时间等方式，确保职工的休息休假权利和生产、工作任务的完成。

对于实行综合计算工时工作制的劳动者，其综合计算周期内的总实际工作时间不能超过总法定标准工作时间，超过部分应视为延长工作时间，并按《劳动法》第四十四条第一款的规定支付加班工资。周期内遇法定休假日工作的，应按《劳动法》第四十四条第三款的规定支付加班工资。对从事第三级以上（含第三级）体力劳动强度的工作岗位的劳动者每日工作时间不得超过11小时，而且每周至少有一个连续24小时的休息时间。

3.2.7 广东省劳动和社会保障厅关于印发《关于企业实行不定时工作制和综合计算工时工作制的审批管理办法》的通知（粤劳社发［2009］8号）

第一条　为加强对企业实行不定时工作制和综合计算工时工作制的审批管理，维护劳动者的合法权益，根据《中华人民共和国劳动法》、原劳动部《关于企业实行不定时工作制和综合计算工时工作制的审批办法》（劳部发［1994］503号）和国家有关规定，制定本办法。

第二条　企业部分岗位因生产特点或工作性质不能实行标准工时制度的，经企业申请、劳动保障行政部门批准，可以实行不定时工作制或综合计算工时工作制。

国家机关、事业单位、社会团体、个体经济组织、民办非企业单位和与其建立劳动关系的劳动者，依照本办法执行。

第三条　不定时工作制是指因生产特点、工作特殊需要或职责范围，无法按标准工作时间衡量、需机动作业而采取不确定工作时间的一种工时制度。

综合计算工时工作制是指因工作性质特殊或受季节及自然条件限制，需在一段时间内连续作业，采取以周、月、季、年等为周期综合计算工作时间的一种工时制度。

第四条　企业申请实行不定时或综合计算工时工作制，应报企业法人工商营业执照登记注册地县级以上劳动保障行政部门审批。省直属企业、部队企业经主管部门审核后报省劳动保障行政部门审批。中央企业驻粤分支机构按国家及省有关规定执行，已经国务院人力资源和社会保障部门批准的，应将批复文件报送企业登记地县级以上劳动保障行政部门备案。

第五条　企业申请实行不定时或综合计算工时工作制，应当提交以下材料：

（一）企业实行不定时或综合计算工时工作制申请表（见附件一），写明岗位（工种）的职能、特点和申请理由。

（二）企业实行不定时或综合计算工时工作制的申请报告、实施方案、工时管理及工资支付规章制度。实施方案及规章制度需向本单位职工公示至少 5 个工作日，并提交公示反馈意见。

（三）企业申请实行不定时或综合计算工时工作制职工名册及职工签名表（见附件二）

（四）企业法人营业执照副本及复印件。

（五）实行期满需再次申请的企业，应当书面报告上期实施情况。

（六）法律、法规或规章规定需要提交的其他材料。

第六条　劳动保障行政部门应对企业报送的申请材料进行审核。根据实际需要，可指派两名以上工作人员对企业进行实地核查。有下列情形之一，应对企业进行实地核查：

（一）申请实行不定时和综合计算工时工作制职工人数占企业职工总数 50%以上；

（二）申请实行以季、半年或年为周期的综合计算工时工作制的。

第七条　劳动保障行政部门对申报不定时或综合计算工时工作制企业实地核查的内容应当包括：

（一）企业生产经营特点，工作时间、考勤管理制度及执行情况，工资分配制度及支付情况；

（二）申请实行不定时或综合计算工时工作制人员工作岗位和工时安排等情况；

（三）企业工会或职工代表意见。

企业和劳动者应当对审查工作予以配合，据实提供材料。

第八条　劳动保障行政部门应当在受理申请之日起 20 个工作日内作出是否准予实行不定时或综合计算工时工作制决定。如情况特殊需要延长时间的，经劳动保障行政部门负责人批准，可延长 10 个工作日。申请材料不齐全的，从补齐之日起计算。

批准决定中应当包含企业实行不定时或综合计算工时工作制的岗位名称、实行时间、综合计算工时计算周期、执行中的注意事项，并可根据不同岗位特点对劳动者日或周工作时限作出具体规定。每次批准实行期限一般为一年，最长不得超过两年。

第九条　经批准实行不定时工作制和综合计算工时工作制的企业，应当将劳动保障行政部门的批准决定在单位内公示，明确实行的工种及人员，并在劳动合同中予以明确，不得混岗混员、擅自扩大实行范围。

企业应根据标准工时制度合理确定劳动者的劳动定额和其他考核标准，合理安排劳动者休息。对实行综合计算工时工作制的职工，应按《广东省工资支付条例》及国家有关规定计发加班或延长工作时间工资。

第十条　企业应当建立实行不定时和综合计算工时工作制登记存档制度。登记存档内容应包括实行人员、岗位、实行时间、综合计算工时计算周期、综合计算工时考勤记录，并应经劳动者签名确认。档案应至少保存两年。

第十一条　各级劳动保障行政部门应加强对企业实行不定时和综合计算工时工作制的监督检查，建立企业执行工时情况定期检查和信息公布制度，并将企业执行工时制度情况纳入企业信用监督机制。对于违反工作时间和休息休假规定的用人单位，严格按照《劳动保障监察条例》的规定作出处理。

第十二条　本办法自 2009 年 3 月 1 日开始施行。已批准实行但没有规定实行期限的企业，应在本办法发出之日起 60 日内重新办理申报手续。

3.3 年休假相关

3.3.1 职工带薪年休假条例（国务院令第514号　2008年1月起施行）

第一条　为了维护职工休息休假权利，调动职工工作积极性，根据劳动法和公务员法，制定本条例。

第二条　机关、团体、企业、事业单位、民办非企业单位、有雇工的个体工商户等单位的职工连续工作1年以上的，享受带薪年休假（以下简称年休假）。单位应当保证职工享受年休假。职工在年休假期间享受与正常工作期间相同的工资收入。

第三条　职工累计工作已满1年不满10年的，年休假5天；已满10年不满20年的，年休假10天；已满20年的，年休假15天。

国家法定休假日、休息日不计入年休假的假期。

第四条　职工有下列情形之一的，不享受当年的年休假：

（一）职工依法享受寒暑假，其休假天数多于年休假天数的；

（二）职工请事假累计20天以上且单位按照规定不扣工资的；

（三）累计工作满1年不满10年的职工，请病假累计2个月以上的；

（四）累计工作满10年不满20年的职工，请病假累计3个月以上的；

（五）累计工作满20年以上的职工，请病假累计4个月以上的。

第五条　单位根据生产、工作的具体情况，并考虑职工本人意愿，统筹安排职工年休假。

年休假在1个年度内可以集中安排，也可以分段安排，一般不跨年度安排。单位因生产、工作特点确有必要跨年度安排职工年休假的，可以跨1个年度安排。

单位确因工作需要不能安排职工休年休假的，经职工本人同意，可以不安排职工休年休假。对职工应休未休的年休假天数，单位应当按照该职工日工资收入的300%支付年休假工资报酬。

第六条　县级以上地方人民政府人事部门、劳动保障部门应当依据职权对单位执行本条例的情况主动进行监督检查。

工会组织依法维护职工的年休假权利。

第七条　单位不安排职工休年休假又不依照本条例规定给予年休假工资报酬的，由县级以上地方人民政府人事部门或者劳动保障部门依据职权责令限期改正；对逾期不改正的，除责令该单位支付年休假工资报酬外，单位还应当按照年休假工资报酬的数额向职工加付赔偿金；对拒不支付年休假工资报酬、赔偿金的，属于公务员和参照公务员法管理的人员所在单位的，对直接负责的主管人员以及其他直接责任人员依法给予处分；属于其他单位的，由劳动保障部门、人事部门或者职工申请人民法院强制执行。

第八条　职工与单位因年休假发生的争议，依照国家有关法律、行政法规的规定处理。

第九条　国务院人事部门、国务院劳动保障部门依据职权，分别制定本条例的实施办法。

第十条　本条例自2008年1月1日起施行。

3.3.2 企业职工带薪年休假实施办法（人力资源和社会保障部令第1号　2008年9月起施行）

第一条　为了实施《职工带薪年休假条例》（以下简称条例），制定本实施办法。

第二条　中华人民共和国境内的企业、民办非企业单位、有雇工的个体工商户等单位（以下称用人单位）和与其建立劳动关系的职工，适用本办法。

第三条　职工连续工作满12个月以上的，享受带薪年休假（以下简称年休假）。

第四条　年休假天数根据职工累计工作时间确定。职工在同一或者不同用人单位工作期间，以及依照法律、行政法规或者国务院规定视同工作期间，应当计为累计工作时间。

第五条　职工新进用人单位且符合本办法第三条规定的，当年度年休假天数，按照在本单位剩余日历天数折算确定，折算后不足1整天的部分不享受年休假。

前款规定的折算方法为：（当年度在本单位剩余日历天数÷365天）×职工本人全年应当享受的年休假天数。

第六条　职工依法享受的探亲假、婚丧假、产假等国家规定的假期以及因工伤停工留薪期间不计入年休假假期。

第七条　职工享受寒暑假天数多于其年休假天数的，不享受当年的年休假。确因工作需要，职工享受的寒暑假天数少于其年休假天数的，用人单位应当安排补足年休假天数。

第八条　职工已享受当年的年休假，年度内又出现条例第四条第（二）（三）（四）（五）项规定情形之一的，不享受下一年度的年休假。

第九条　用人单位根据生产、工作的具体情况，并考虑职工本人意愿，统筹安排年休假。用人单位确因工作需要不能安排职工年休假或者跨1个年度安排年休假的，应征得职工本人同意。

第十条　用人单位经职工同意不安排年休假或者安排职工年休假天数少于应休年休假天数，应当在本年度内对职工应休未休年休假天数，按照其日工资收入的300%支付未休年休假工资报酬，其中包含用人单位支付职工正常工作期间的工资收入。

用人单位安排职工休年休假，但是职工因本人原因且书面提出不休年休假的，用人单位可以只支付其正常工作期间的工资收入。

第十一条　计算未休年休假工资报酬的日工资收入按照职工本人的月工资除以月计薪天数（21.75天）进行折算。

前款所称月工资是指职工在用人单位支付其未休年休假工资报酬前12个月剔除加班工资后的月平均工资。在本用人单位工作时间不满12个月的，按实际月份计算月平均工资。

职工在年休假期间享受与正常工作期间相同的工资收入。实行计件工资、提成工资或者其他绩效工资制的职工，日工资收入的计发办法按照本条第一款、第二款的规定执行。

第十二条　用人单位与职工解除或者终止劳动合同时，当年度未安排职工休满应休年休假的，应当按照职工当年已工作时间折算应休未休年休假天数并支付未休年休假工资报酬，但折算后不足1整天的部分不支付未休年休假工资报酬。

前款规定的折算方法为：（当年度在本单位已过日历天数÷365天）×职工本人全年应当享受的年休假天数－当年度已安排年休假天数。

用人单位当年已安排职工年休假的，多于折算应休年休假的天数不再扣回。

第十三条　劳动合同、集体合同约定的或者用人单位规章制度规定的年休假天数、未休年休假工资报酬高于法定标准的，用人单位应当按照有关约定或者规定执行。

第十四条　劳务派遣单位的职工符合本办法第三条规定条件的，享受年休假。

被派遣职工在劳动合同期限内无工作期间由劳务派遣单位依法支付劳动报酬的天数多于其全年应当享受的年休假天数的，不享受当年的年休假；少于其全年应当享受的年休假天数的，劳务派遣单位、用工单位应当协商安排补足被派遣职工年休假天数。

第十五条　县级以上地方人民政府劳动行政部门应当依法监督检查用人单位执行条例及本办法的情况。

用人单位不安排职工休年休假又不依照条例及本办法规定支付未休年休假工资报酬的，由县级以上地方人民政府劳动行政部门依据职权责令限期改正；对逾期不改正的，除责令该用人单位支付未休年休假工资报酬外，用人单位还应当按照未休年休假工资报酬的数额向职工加付赔偿金；对拒不执行支付未休年休假工资报酬、赔偿金行政处理决定的，由劳动行政部门申请人民法院强制执行。

第十六条　职工与用人单位因年休假发生劳动争议的，依照劳动争议处理的规定处理。

第十七条　除法律、行政法规或者国务院另有规定外，机关、事业单位、社会团体和与其建立劳动关系的职工，依照本办法执行。

船员的年休假按《中华人民共和国船员条例》执行。

第十八条　本办法中的“年度”是指公历年度。

第十九条　本办法自发布之日起施行。

3.3.3 人力资源和社会保障部办公厅关于《企业职工带薪年休假实施办法》有关问题的复函（人社厅函［2009］149号）

上海市人力资源和社会保障局：

你局《关于〈企业职工带薪年休假实施办法〉若干问题的请示》（沪人社福字［2008］15号）收悉。经研究，现函复如下：

一、关于带薪年休假的享受条件《企业职工带薪年休假实施办法》第三条中的“职工连续工作满12个月以上”，既包括职工在同一用人单位连续工作满12个月以上的情形，也包括职工在不同用人单位连续工作满12个月以上的情形。

二、关于累计工作时间的确定《企业职工带薪年休假实施办法》第四条中的“累计工作时间”，包括职工在机关、团体、企业、事业单位、民办非企业单位、有雇工的个体工商户等单位从事全日制工作期间，以及依法服兵役和其他按照国家法律、行政法规和国务院规定可以计算为工龄的期间（视同工作期间）。职工的累计工作时间可以根据档案记载、单位缴纳社保费记录、劳动合同或者其他具有法律效力的证明材料确定。

二〇〇九年四月十五日

第四章 

工资报酬及权益相关

导读：本章节主要收录的相关条文主要分为：工资报酬及权益等两个部分，简要如下：

关于工工资部分：本章节先行收录了关于工资的定义以及工资的组成部分，尔后，在不同种类的工资中，将用工过程中较为关注的类别进行汇总，如加班工资的认定及计算、最低工资的认定、年休假工资的计算等，其余的关于值班工资、停工工资、病假工资等，收录在“其他工资”的类别（详见目录号：4.5）。

关于员工权益部分：主要收录用工过程中较常遇到的三部分权益，即高温津贴、患病及非因工伤亡、生产安全等，劳动者享有的其他权益，如生育权益，包括产假、生育津贴、生育保险等，均收录在“女职工”的类别（详见目录号：2.3），另外，如社会保险，包括养老、医疗、失业、工伤等，均收录在本汇编的第五章节“社会保险及工伤相关”的类别，请读者到相关章节进行查阅。

最后，就本章节收录的条文，笔者已编制了相应的目录及表格，对关键性事项进行简要性列举，方便读者有基本的了解。

目 录

<table>
<tr><th colspan="2">第四章 工资报酬及权益相关</th></tr>
<tr><td rowspan="3">工资</td><td>1. 工资包括：计时工资、计件工资、奖金、津贴和补贴、延长工作时间的工资报酬以及特殊情况下支付的工资等（保险福利费用、劳动保护方面的费用不属于工资）[4.1.3]；</td></tr>
<tr><td>2. 因工资支付发生争议，用人单位负有举证责任，应当编制工资支付台账，并保存两年[4.1.7]；</td></tr>
<tr><td>3. 应当明确约定工资支付周期和支付日期，应每月支付工资[4.6.3]。</td></tr>
<tr><td rowspan="6">加班工资</td><td>1. 计件加班工资的认定：安排劳动者在正常工作时间以外工作的，应当依照广东省工资支付条例第20条规定支付加班或者延长工作时间的工资[4.2.6]；</td></tr>
<tr><td>2. 综合工作制加班费认定：实际工作时间超过该周期内累计法定工作时间的部分，视为延长工作时间，用人单位应当依照工资的150%支付加班工资。在法定休假日安排劳动者工作的，依照工资的300%支付加班工资（不定时工作制不适用）[4.2.6]；</td></tr>
<tr><td>3. 加班基数的认定：用人单位与劳动者约定奖金、津贴、补贴等项目不属于正常工作时间工资的，从其约定。但约定的工资低于当地最低工资标准的除外[4.2.5]；</td></tr>
<tr><td>4. 举证责任：劳动者主张加班费的，应承担举证责任。有证据证明用人单位掌握加证据，用人单位不提供的，由用人单位承担不利后果[4.2.5]；</td></tr>
<tr><td>5. 自行加班的认定：劳动者未有用人单位的加班安排或指令而自行加班的，其加班工资请求一般不予支持[4.2.8]；</td></tr>
<tr><td>6. 计算标准：平时延长150%；休息日200%；法定节假日300%[4.2.1]。</td></tr>
</table>

续表

<table>
<tr><td>伤病工资</td><td>1. 非因工医疗期，工资支付标准不得低于当地最低工资标准的 80%[4.5.1]。</td></tr>
<tr><td rowspan="2">停工留薪工资</td><td>1. 资福利待遇不变，用人单位按月支付[4.5.2.1]；</td></tr>
<tr><td>2. 停工留薪期间一般不超过 12 个月，由市级劳动能力鉴定委员会确认；工伤职工评定伤残等级后，停发，按工伤待遇履行 4.5.2.1。</td></tr>
<tr><td>停工工资</td><td>1. 非因劳动者原因造成用人单位停工、停产，未超过一个工资支付周期，照常支付；超过一个支付周期的，没用工作，支付的工资不得低于最低工资的 80%[4.5.3]。</td></tr>
<tr><td rowspan="2">不支付工资情形</td><td>1. 因事假未提供劳动[4.5.4.1]；</td></tr>
<tr><td>2. 因涉嫌违法犯罪被采取司法强制措施或者被行政拘留[4.5.4.1]。</td></tr>
<tr><td>假期以及职工参与社会活动工资</td><td>1. 劳动者依法享受法定休假日、年休假、探亲假、婚假、丧假、产假、看护假、计划生育假等假期期间，用人单位应当视同其正常劳动并支付正常工作时间的工资[4.5.5.1]。</td></tr>
<tr><td>节假日值班工资</td><td>1. 用人单位因安全、消防、节假日等需要，安排劳动者从事与本职工作无关的值班任务，不属于加班，劳动者可要求相应待遇[4.5.4.1/4.5.4.2]。</td></tr>
<tr><td rowspan="2">年休假工资</td><td>1. 用人单位不能安排年休的，应当支付 300%的工资报酬（即除正常支付工资外，仍需支付 200%）[4.4.2]；</td></tr>
<tr><td>2. 用人单位实行包月工资制，但劳动者实际加班时间无法确定，如用人单位能证明包月工资中加班工资计算基数的，且该基数不低于最低工资标准的，以该基数作为未休年休假工资的计算基数[4.4.3]。</td></tr>
<tr><td rowspan="2">提成工资</td><td>1. 劳动者离职，业务提成支付周期在一个月内的，用人单位应立即支付[4.5.6]；</td></tr>
<tr><td>2. 业务提成约定在货款收回后才支付的，则用人单位可在条件成就后支付[4.5.6]。</td></tr>
<tr><td>最低工资</td><td>1. 在劳动者提供正常劳动的情况下，用人单位应支付给劳动者的工资在剔除下列各项以后，不得低于当地最低工资标准：[4.3.3]
（一）延长工作时间工资；
（二）中班、夜班、高温、低温、井下、有毒有害等特殊工作环境、条件下的津贴；
（三）法律、法规和国家规定的劳动者福利待遇等。</td></tr>
<tr><td rowspan="2">高温津贴</td><td>1. 每年 6 月至 10 月期间，劳动者从事露天岗位工作或作业场所温度不能降低到 33℃，每人每月 150 元[4.7.3]；</td></tr>
<tr><td>2. 用人单位应当为高温作业、高温天气作业的劳动者供给足够的、符合卫生标准的防暑降温饮料及必需的药品。不得以发放钱物替代提供防暑降温饮料。防暑降温饮料不得充抵高温津贴[4.7.1]。</td></tr>
</table>

续表

安全	1. 生产经营单位的特种作业人员必须按照国家有关规定经专门的安全作业培训，取得相应资格，方可上岗作业[4.9.2]；
	2. 因生产安全事故受到损害的从业人员，除依法享有工伤保险外，依照有关民事法律尚有获得赔偿的权利的，有权向本单位提出赔偿要求[4.9.2]；
	3. 强令劳动者违章冒险作业，发生重大伤亡事故，造成严重后果的，对责任人员依法追究刑事责任[4.9.1]。
职工患病或非因工负伤医疗期	1. 根据职工的工作年限，给予3至24个月的医疗期[4.10.4]；
	2. 医疗期内，用人单位不得依照劳动合同法的第四十条、第四十一条的规定解除劳动合同[4.10.1]。
非因工死亡	1. 3个月丧葬补助费、6个月供养直系亲属救济金、6个月一次性抚恤金，月工资按当地上年度社会月平均工资计[4.10.7]；
	2. 职工自缢身亡，企业应当按照发给死亡抚恤待遇[4.10.7]。
备注：本章节未列举的其他权益：如女职工的其他权益（在“一、劳动关系的确立及履行相关”章节）或年休假、法定节假日等（在“三、工作时间和休息休假相关”章节）、社会保险（在“五、社会保险及工伤相关”章节）等，请参考查询具体规定。	

4.1 工　资

★ 法律

4.1.1 中华人民共和国劳动法（主席令第18号　2009年修正）

第四十六条　工资分配应当遵循按劳分配原则，实行同工同酬。工资水平在经济发展的基础上逐步提高。国家对工资总量实行宏观调控。

第四十七条　用人单位根据本单位的生产经营特点和经济效益，依法自主确定本单位的工资分配方式和工资水平。

第五十条　工资应当以货币形式按月支付给劳动者本人。不得克扣或者无故拖欠劳动者的工资。

第九十一条　用人单位有下列侵害劳动者合法权益情形之一的，由劳动行政部门责令支付劳动者的工资报酬、经济补偿，并可以责令支付赔偿金：

（一）克扣或者无故拖欠劳动者工资的；

（二）拒不支付劳动者延长工作时间工资报酬的；

（三）低于当地最低工资标准支付劳动者工资的；

（四）解除劳动合同后，未依照本法规定给予劳动者经济补偿的。

4.1.2 中华人民共和国个人所得税法（主席令第48号　2011年6月施行）

第三条　个人所得税的税率：

一、工资、薪金所得，适用超额累进税率，税率为百分之三至百分之四十五。

四、劳务报酬所得，适用比例税率，税率为百分之二十。对劳务报酬所得一次收入畸高的，可以实行加成征收，具体办法由国务院规定。

第六条　应纳税所得额的计算：

一、工资、薪金所得，以每月收入额减除费用三千五百元后的余额，为应纳税所得额。

★ 行政法规/部门规章/司法解释

4.1.3 国家统计局关于工资总额组成的规定（国家统计局令第1号　1990年起施行）

第一章　总　则

第一条　为了统一工资总额的计算范围，保证国家对工资进行统一的统计核算和会计核算，有利于编制、检查计划和进行工资管理以及正确地反映职工的工资收入，制定本规定。

第二条　全民所有制和集体所有制企业、事业单位，各种合营单位，各级国家机关、政党机关和社会团体，在计划、统计、会计上有关工资总额范围的计算，均应遵守本规定。

第三条　工资总额是指各单位在一定时期内直接支付给本单位全部职工的劳动报酬总额。

工资总额的计算应以直接支付给职工的全部劳动报酬为根据。

第二章　工资总额的组成

第四条　工资总额由下列六个部分组成：

（一）计时工资；

（二）计件工资；

（三）奖金；

（四）津贴和补贴；

（五）加班加点工资；

（六）特殊情况下支付的工资。

第五条 计时工资是指按计时工资标准（包括地区生活费补贴）和工作时间支付给个人的劳动报酬。包括：

（一）对已做工作按计时工资标准支付的工资；

（二）实行结构工资制的单位支付给职工的基础工资和职务（岗位）工资；

（三）新参加工作职工的见习工资（学徒的生活费）；

（四）运动员体育津贴。

第六条 计件工资是指对已做工作按计件单价支付的劳动报酬。包括：

（一）实行超额累进计件、直接无限计件、限额计件、超定额计件等工资制，按劳动部门或主管部门批准的定额和计件单价支付给个人的工资；

（二）按工作任务包干方法支付给个人的工资；

（三）按营业额提成或利润提成办法支付给个人的工资。

第七条 奖金是指支付给职工的超额劳动报酬和增收节支的劳动报酬。包括：

（一）生产奖；

（二）节约奖；

（三）劳动竞赛奖；

（四）机关、事业单位的奖励工资；

（五）其他奖金。

第八条 津贴和补贴是指为了补偿职工特殊或额外的劳动消耗和因其他特殊原因支付给职工的津贴，以及为了保证职工工资水平不受物价影响支付给职工的物价补贴。

（一）津贴。包括：补偿职工特殊或额外劳动消耗的津贴，保健性津贴，技术性津贴，年功性津贴及其他津贴。

（二）物价补贴。包括：为保证职工工资水平不受物价上涨或变动影响而支付的各种补贴。

第九条 加班加点工资是指按规定支付的加班工资和加点工资。

第十条 特殊情况下支付的工资。包括：

（一）根据国家法律、法规和政策规定，因病、工伤、产假、计划生育假、婚丧假、事假、探亲假、定期休假、停工学习、执行国家或社会义务等原因按计时工资标准或计时工资标准的一定比例支付的工资；

（二）附加工资、保留工资。

第三章 工资总额不包括的项目

第十一条 下列各项不列入工资总额的范围：

（一）根据国务院发布的有关规定颁发的发明创造奖、自然科学奖、科学技术进步奖和支付的合理化建议和技术改进奖以及支付给运动员、教练员的奖金；

（二）有关劳动保险和职工福利方面的各项费用；
（三）有关离休、退休、退职人员待遇的各项支出；
（四）劳动保护的各项支出；
（五）稿费、讲课费及其他专门工作报酬；
（六）出差伙食补助费、误餐补助、调动工作的旅费和安家费；
（七）对自带工具、牲畜来企业工作职工所支付的工具、牲畜等的补偿费用；
（八）实行租赁经营单位的承租人的风险性补偿收入；
（九）对购买本企业股票和债券的职工所支付的股息（包括股金分红）和利息；
（十）劳动合同制职工解除劳动合同时由企业支付的医疗补助费、生活补助费等；
（十一）因录用临时工而在工资以外向提供劳动力单位支付的手续费或管理费；
（十二）支付给家庭工人的加工费和按加工订货办法支付给承包单位的发包费用；
（十三）支付给参加企业劳动的在校学生的补贴；
（十四）计划生育独生子女补贴。

第十二条 前条所列各项按照国家规定另行统计。

第四章 附 则

第十三条 中华人民共和国境内的私营单位、华侨及港、澳、台工商业者经营单位和外商经营单位有关工资总额范围的计算，参照本规定执行。

第十四条 本规定由国家统计局负责解释。

第十五条 各地区、各部门可依据本规定制定有关工资总额组成的具体范围的规定。

第十六条 本规定自发布之日起施行。国务院一九五五年五月二十一日批准颁发的《关于工资总额组成的暂行规定》同时废止。

4.1.4 国家统计局《关于工资总额组成的规定》若干具体范围的解释（统制字［1990］1号 1990年施行）

一、关于工资总额的计算

工资总额的计算原则应以直接支付给职工的全部劳动报酬为根据。各单位支付给职工的劳动报酬以及其他根据有关规定支付的工资，不论是计入成本的还是不计入成本的，不论是按国家规定列入计征奖金税项目的还是未列入计征奖金税项目的，不论是以货币形式支付的还是以实物形式支付的，均应列入工资总额的计算范围。

二、关于奖金的范围

（一）生产（业务）奖包括超产奖、质量奖、安全（无事故）奖、考核各项经济指标的综合奖、提前竣工奖、外轮速遣奖、年终奖（劳动分红）等。

（二）节约奖包括各种动力、燃料、原材料等节约奖。

（三）劳动竞赛奖包括发给劳动模范，先进个人的各种奖和实物奖励。

（四）其他奖金包括从兼课酬金和业余医疗卫生服务收入提成中支付的奖金等。

三、关于津贴和补贴的范围

（一）津贴。包括：

1. 补偿职工特殊或额外劳动消耗的津贴。具体有：高空津贴、井下津贴、流动施工津贴、野外工作津贴、林区津贴、高温作业临时补贴、海岛津贴、艰苦气象台（站）津贴、微波站津贴、高原地区临时补贴、冷库低温津贴、基层审计人员外勤工作补贴、学校班主任津贴、三种艺术（舞蹈、武功、管乐）人员工种补贴、运动队班（队）干部驻队补贴、公安干警值勤岗位津贴、环卫人员岗位津贴、广播电视天线工岗位津贴、盐业岗位津贴、废品回收人员岗位津贴、殡葬特殊行业津贴、城市社会福利事业单位津贴、环境监测津贴、收容遣送岗位津贴等。

2. 保健性津贴。具体有：卫生防疫津贴、医疗卫生贴、科技保健津贴、各种社会福利院职工特殊保健津贴等。

3. 技术性津贴。具体有：特级教师补贴、科研津贴、工人技师津贴、中药老药工技术津贴、特殊教育津贴等。

4. 年功性津贴。具体有：直接支付给个人的伙食津贴（火车司机和乘务员的乘务津贴、航行和空勤人员伙食津贴、水产捕捞人员伙食津贴、专业车队汽车司机行车津贴、小伙食单位补贴等）、合同制职工的工资性补贴以及书报费等。

（二）补贴。包括：

为保证职工工资水平不受物价上涨或变动影响而支付的各种补贴，如肉类等价格补贴、副食品价格补贴、食价补贴、煤价补贴、房贴、水电站等。

四、关于工资总额不包括的项目的范围

（一）有关劳动保险和职工福利方面的费用。具体有：职工死亡丧葬费及抚恤费、医疗卫生或公费医疗费用、职工生活困难补助费、集体福利事业补贴、工会文教费、集体福利费、探亲路费、冬季取暖补贴、上下班交通补贴以及洗理费等。

（二）劳动保护的各种支出。具体有：工作服、手套等劳保用品，解毒剂、清凉饮料，以及按照一九六三年七月十九日劳动部等七单位规定的范围对接触有毒物质、砂尘作业、放射线作业和潜水、沉箱作业、高温作业等五类工种所享受的由劳动保护费开支的保健食品待遇。

五、关于标准工资（基本工资，下同）和非标准工资（辅助工资，下同）的定义

（一）标准工资是指按规定的工资标准计算的工资（包括实行结构工资制的基础工资、职务工资和工龄津贴）。

（二）非标准工资是指标准工资以外的各种工资。

六、奖金范围内的节约奖、从兼课酬金和医疗卫生服务收入提成中支付的奖金及津贴和补贴范围内的各种价格补贴，在统计报表中单列统计。

4.1.5 劳动部关于印发《关于贯彻执行〈中华人民共和国劳动法〉若干问题的意见》的通知（劳部发［1995］309号）

第五十三条 劳动法中的“工资”是指用人单位依据国家有关规定或劳动合同的约定，以货币形式直接支付给本单位劳动者的劳动报酬，一般包括计时工资、计件工资、奖金、津贴和补贴、延长工作时间的工资报酬以及特殊情况下支付的工资等。“工资”是劳动者劳动收入的主要组成部分。劳动者的以下劳动收入不属于工资范围：（1）单位支付给劳动者个人的社会保险福利费用，如丧葬抚恤救济费、生活困难补助费、计划生育补贴等；（2）劳动保护方面的费用，如用人单位支付给劳动者的工作服、解毒剂、清凉饮料费用等；（3）按规定未列入工资总额的各种劳动报酬及其他劳动收入，如根据国家规定发放的创造发明奖、国家星火奖、自然科学奖、科学技术进步奖、合理化建议和技术改进奖、中华技

能大奖等，以及稿费、讲课费、翻译费等。

4.1.6 劳动和社会保障部关于职工全年月平均工作时间和工资折算问题的通知（劳社部发［2008］3号）

各省、自治区、直辖市劳动和社会保障厅（局）：

根据《全国年节及纪念日放假办法》（国务院令第513号）的规定，全体公民的节日假期由原来的10天增设为11天。据此，职工全年月平均制度工作天数和工资折算办法分别调整如下：

一、制度工作时间的计算

年工作日：365天-104天（休息日）-11天（法定节假日）=250天

季工作日：250天÷4季=62.5天/季

月工作日：250天÷12月=20.83天/月

工作小时数的计算：以月、季、年的工作日乘以每日的8小时。

二、日工资、小时工资的折算

按照《劳动法》第五十一条的规定，法定节假日用人单位应当依法支付工资，即折算日工资、小时工资时不剔除国家规定的11天法定节假日。据此，日工资、小时工资的折算为：

日工资：月工资收入÷月计薪天数

小时工资：月工资收入÷（月计薪天数×8小时）。

月计薪天数=（365天-104天）÷12月=21.75天

三、2000年3月17日劳动保障部发布的《关于职工全年月平均工作时间和工资折算问题的通知》（劳社部发［2000］8号）同时废止。

劳动和社会保障部

二〇〇八年一月三日

★ 地方性文件·广东省

4.1.7 广东省工资支付条例（广东省第十二届人民代表大会常务委员会公告第65号 2016年9月修正）

第四十八条 因工资支付发生争议，用人单位负有举证责任。用人单位拒绝提供或者在规定时间内不能提供有关工资支付凭证等证据材料的，人力资源社会保障部门、劳动人事争议仲裁委员会或者人民法院可以按照劳动者提供的工资数额及其他有关证据作出认定。

用人单位和劳动者都不能对工资数额举证的，由劳动争议仲裁委员会或者人民法院参照本单位同岗位的平均工资或者当地在岗职工平均工资水平，按照有利于劳动者的原则计算确定。

第六十二条 本条例中下列用语的含义是：

（一）工资，是指用人单位基于劳动关系，按照劳动者提供劳动的数量和质量，以货币形式支付给劳动者本人的全部劳动报酬。一般包括：各种形式的工资（计时工资、计件工资、岗位工资、职务工资、技能工资等）、奖金、津贴、补贴、延长工作时间及特殊情况下支付的属于劳动报酬性的工资收入等；但不包括用人单位按照规定负担的各项社会保险费、住房公积金，人力资源社会保障部门和安全生产监察行政部门规定的劳动保护费用，按照规定标准支付的独生子女补贴、计划生育奖，丧葬费、抚恤金等国家规定的福利费用和属于非劳动报酬性的收入。

（二）正常工作时间工资，是指劳动者在法定工作时间内提供了正常劳动，用人单位依法应当支付的劳动报酬。正常工作时间工资不包括下列各项：

1. 延长工作时间工资；

2. 中班、夜班、高温、低温、井下、有毒有害等特殊工作环境、条件下的津贴；

3. 法律、法规和国家规定的劳动者福利待遇等。

（三）最低工资，是指按照前项规定劳动者在法定工作时间内提供了正常劳动，用人单位依法应当支付的最低劳动报酬。

（四）拖欠工资，是指用人单位无法定理由逾期未支付或者未足额支付劳动者应得工资的行为

（五）克扣工资，是指用人单位无法定理由扣减劳动者应得工资的行为。

（六）民办非企业单位，是指企业事业单位、社会团体和其他社会力量以及公民个人利用非国有资产举办的，从事非营利性社会服务活动的社会组织。

4.1.8 广州市中级人民法院关于审理劳动人事争议案件若干问题的研讨会纪要（2014年）

第二十四条 劳动者与用人单位订立书面劳动合同后，用人单位安排劳动者进行岗前培训，考虑劳动者进行岗前培训是用人单位安排的，可视为双方已建立劳动关系，培训期间的工资按双方约定方式发放。

★地方性文件·上海市

4.1.9 上海市高级人民法院关于适用《劳动合同法》若干问题的意见（沪高法［2009］73号）

七、劳动者违反合同约定的期限解除合同，用人单位要求劳动者返还特殊待遇的处理

用人单位向劳动者支付报酬，劳动者付出相应的劳动，是劳动合同双方当事人的基本合同义务。用人单位给予劳动者价值较高的财务，如汽车、房屋或住房补贴等特殊待遇的，属于预付性质。劳动者未按照约定期限付出劳动的，属于不完全履行合同。根据合同履行的对等原则，对劳动者未履行的部分，用人单位可以拒绝给付；已经给付的，也可以要求相应返还。因此，用人单位以劳动者未完全履行劳动合同为由，要求劳动者按照相应比例返还的，可以支持。

4.1.10 关于印发《上海市企业工资支付办法》的通知（沪人社综发［2016］29号）

一、本办法适用于本市行政区域内的各类企业和与之形成劳动关系的劳动者。个体经济组织、民办非企业单位以及依法成立的会计师事务所、律师事务所、基金会等组织和与之形成劳动关系的劳动者参照执行。

二、本办法所称工资是指企业根据国家和本市的规定，以货币形式支付给劳动者的劳动报酬，包括计时工资、计件工资、奖金、津贴、补贴、加班工资等。

三、工资应当以法定货币形式支付。

四、企业通过银行发放工资的，应当按时将工资划入劳动者本人账户。

企业直接发放工资的，应当将工资支付给劳动者本人，并办理签收手续。劳动者本人

因故不能领取工资时，可由其委托亲属或他人代领。

五、企业应当书面记载支付劳动者工资的数额、项目、时间、本人姓名等，并按有关规定保存备查。企业不管以何种形式发放工资，都应当向劳动者提供一份本人的工资清单。

六、企业应当每月至少支付一次工资，支付工资的具体日期由企业与劳动者约定。如遇法定休假节日或休息日，通过银行发放工资的，不得推迟支付工资；直接发放工资的，应提前支付工资。

对实行年薪制或按考核周期兑现工资的劳动者，企业应当每月按不低于最低工资的标准预付工资，年终或考核周期期满时结算。

七、企业与劳动者终止或依法解除劳动合同的，企业应当在与劳动者办妥手续时，一次性付清劳动者的工资。对特殊情况双方有约定且不违反法律、法规规定的，从其约定。

八、劳动者在法定工作时间内依法参加社会活动的，企业应视同其提供了正常劳动而支付工资。

十、企业确因生产经营困难，资金周转受到影响，暂时无法按时支付工资的，经与本企业工会或职工代表协商一致，可以延期在一个月内支付劳动者工资，延期支付工资的时间应告知全体劳动者。

十九、企业破产时，欠付劳动者的工资应当按照《中华人民共和国企业破产法》《中华人民共和国公司法》规定的清偿顺序予以清偿。

二十、企业不得克扣劳动者工资。有下列情况之一的，企业可以代扣工资：

（一）代缴应由劳动者个人缴纳的个人所得税；

（二）代缴应由劳动者个人承担的社会保险费和住房公积金；

（三）按法院判决、裁定代扣的抚养费、赡养费；

（四）法律、法规规定可以从劳动者工资中扣除的其他费用。

二十一、企业克扣或者无故拖欠劳动者工资，低于最低工资标准支付劳动者工资，以及安排劳动者加班不按规定支付加班工资的，由人力资源社会保障行政部门责令企业按规定限期支付；逾期不支付的，还应按应付金额百分之五十以上百分之一百以下的标准向劳动者加付赔偿金。

二十二、劳动者因本人原因给企业造成经济损失，企业依法要其赔偿，并需从工资中扣除赔偿费的，扣除的部分不得超过劳动者当月工资的20%，且扣除后的剩余工资不得低于本市规定的最低工资标准。

二十三、企业解除劳动者的劳动合同，引起劳动争议，劳动人事争议仲裁部门或人民法院裁决撤销企业原决定，并且双方恢复劳动关系的，企业应当支付劳动者在调解、仲裁、诉讼期间的工资。其标准为企业解除劳动合同前12个月劳动者本人的月平均工资乘以停发月数。双方都有责任的，根据责任大小各自承担相应的责任。

二十四、非全日制就业的劳动者，小时工资由企业与劳动者约定，但不得低于本市规定的小时最低工资标准，且支付周期最长不得超过十五日。

二十五、企业与职工代表可以根据本办法确定的原则，通过工资集体协商等民主管理程序，制定本企业的工资支付办法，并告知本企业的全体劳动者。

二十六、劳动者与企业因工资支付发生劳动争议的，当事人可以依法申请调解、仲裁，提起诉讼。劳动者认为企业侵犯其工资权益的，有权向人力资源社会保障行政部门投诉或举报。

二十七、本办法自2016年8月1日起执行，有效期5年。原《关于印发〈上海市企业工资支付办法〉的通知》（沪劳保综发［2003］2号）同时废止。

★地方性文件·北京市

4.1.11 北京市高级人民法院、北京市劳动争议仲裁委员会关于劳动争议案件法律适用问题研讨会会议纪要（2009年）

17. 用人单位应当按照工资支付周期编制工资支付记录表，并至少保存二年备查。劳动者与用人单位因劳动报酬问题产生争议时，在二年保存期间内，由用人单位承担举证责任。超出这一期间的则应适用“谁主张，谁举证”的证明责任分配规则。

“两年”是指劳动者申请仲裁之日起往前推算两年。

18. 工资结算支付周期届满后，用人单位应当在与劳动者约定的日期内支付工资，最迟不应超过约定支付日期的七天。如工资支付日遇节假日或休息日时，应当提前在最近的工作日支付。

24. 用人单位作出的与劳动者解除劳动合同的处理决定被劳动仲裁委或人民法院依法撤销后，劳动者主张用人单位给付上述处理决定作出后至仲裁或诉讼期间的工资，应按以下原则把握：（1）用人单位作出的处理决定仅因程序方面存在瑕疵而被依法撤销的，用人单位应按最低工资标准向劳动者支付上述期间的工资；（2）用人单位作出的处理决定因在实体方面存在问题而被依法撤销的，用人单位应按劳动者正常劳动时的工资标准向劳动者支付上述期间的工资。

4.1.12 北京市高级人民法院与北京市劳动人事争议仲裁委员会关于审理劳动争议案件法律适用问题的解答（2017年4月）

21. 用人单位给付劳动者的工资标准计算基数按哪些原则确定？

（1）劳动者每月应得工资与实得工资的主要差别在于各类扣款和费用，应得工资包括个人应当承担的社会保险金、税费等。对于社会保险金、税费，用人单位承担的仅是代缴义务，劳动者的纳税由税务机关负责，社会保险金缴纳由社会保险机构负责，审理中一般按照劳动者应得工资确定工资标准。

（2）用人单位与劳动者在劳动合同中约定了工资标准的，以该约定为准。劳动合同没有约定的，按照集体合同约定的工资标准确定。劳动合同、集体合同均未约定的，按照劳动者本人正常劳动实际发放的工资标准工资确定。依照本款确定的工资标准不得低于本市规定的最低工资标准。

（3）计算“二倍工资”的工资标准时，因基本工资、岗位工资、职务工资、工龄工资、级别工资等按月支付的工资组成项目具有连续性、稳定性特征，金额相对固定，属于劳动者正常劳动的应得工资，应作为未订立劳动合同二倍工资差额的计算基数，不固定发放的提成工资、奖金等一般不作为未订立劳动合同二倍工资差额的计算基数。

（4）在计算劳动者解除劳动合同前十二个月平均工资时，应当包括计时工资或者计件工资以及奖金、津贴和补贴等货币性收入。其中包括正常工作时间的工资，还包括劳动者延长工作时间的加班费。劳动者应得的年终奖或年终双薪，计入工资基数时应按每年十二个月平均分摊。《劳动合同法》第四十七条规定的计算经济补偿的月工资标准应依照《劳动合同法实施条例》第二十七条规定予以确定；《劳动合同法实施条例》第二十七条中的“应得工资”包含由个人缴纳的社会保险和住房公积金以及所得税。

（5）劳动者所得实际工资扣除该月加班费后的数额低于本市规定的最低工资标准的，按照本市规定的最低工资标准执行。

4.2 加班工资（含计件工资）

★ 法律

4.2.1 中华人民共和国劳动法（主席令第18号 2009年修正）

第四十四条 【延长工时的报酬支付】有下列情形之一的，用人单位应当按照下列标准支付高于劳动者正常工作时间工资的工资报酬：

（一）安排劳动者延长工作时间的，支付不低于工资的百分之一百五十的工资报酬；

（二）休息日安排劳动者工作又不能安排补休的，支付不低于工资的百分之二百的工资报酬；

（三）法定休假日安排劳动者工作的，支付不低于工资的百分之三百的工资报酬。

4.2.2 中华人民共和国劳动合同法（主席令第73号 2012年12月修正）

第三十一条 用人单位应当严格执行劳动定额标准，不得强迫或者变相强迫劳动者加班。用人单位安排加班的，应当按照国家有关规定向劳动者支付加班费。

★ 行政法规/部门规章/司法解释

4.2.3 最高院关于审理劳动争议案件适用法律若干问题的解释（三）（法释［2010］12号）

第九条 劳动者主张加班费的，应当就加班事实的存在承担举证责任。但劳动者有证据证明用人单位掌握加班事实存在的证据，用人单位不提供的，由用人单位承担不利后果。

第十条 劳动者与用人单位就解除或者终止劳动合同办理相关手续、支付工资报酬、加班费、经济补偿或者赔偿金等达成的协议，不违反法律、行政法规的强制性规定，且不存在欺诈、胁迫或者乘人之危情形的，应当认定有效。

★ 地方性文件·广东省

4.2.4 广东省高级人民法院关于印发《广东省高级人民法院关于审理劳动争议案件若干问题的指导意见》的通知（粤高法发［2002］21号）

第二十一条 用人单位依照《劳动法》第四十四条的规定应向劳动者支付延长工作时间工资报酬的，人民法院可以参照劳动部《关于贯彻执行〈劳动法〉若干问题的意见》第53条的规定计算延长工作时间工资报酬的基准工资，但应减去其中的延长工作时间的劳动报酬。

4.2.5 广东省高级人民法院、广东省劳动争议仲裁委员会关于适用《劳动争议调解仲裁法》《劳动合同法》若干问题的指导意见（粤高法发［2008］13号）

第二十七条 用人单位与劳动者虽然未书面约定实际支付的工资是否包含加班工资，但用人单位有证据证明已支付的工资包含正常工作时间工资和加班工资的，可以认定用人单位已支付的工资包含加班工资。但折算后的正常工作时间工资低于当地最低工资标准的除外。

第二十八条 劳动者加班工资计算基数为正常工作时间工资。用人单位与劳动者约定奖金、津贴、补贴等项目不属于正常工作时间工资的，从其约定。但约定的正常工作时间工资低于当地最低工资标准的除外。

第二十九条 劳动者主张加班工资，用人单位否认有加班的，用人单位应对劳动者未加班的事实负举证责任。用人单位以已经劳动者确认的电子考勤记录证明劳动者未加班的，对用人单位的电子考勤记录应予采信。

劳动者追索两年前的加班工资，原则上由劳动者负举证责任，如超过两年部分的加班工资数额确实无法查证的，对超过两年部分的加班工资一般不予保护。

4.2.6 广东省工资支付条例（广东省第十二届人民代表大会常务委员会公告第65号 2016年9月修正）

第二十条 用人单位安排劳动者加班或者延长工作时间，应当按照下列标准支付劳动者加班或者延长工作时间的工资报酬：（一）工作日安排劳动者延长工作时间的，支付不低于劳动者本人日或者小时正常工作时间工资的百分之一百五十的工资报酬；（二）休息日安排劳动者工作又不能安排补休的，支付不低于劳动者本人日或者小时正常工作时间工资的百分之二百的工资报酬；（三）法定休假日安排劳动者工作的，支付不低于劳动者本人日或者小时正常工作时间工资的百分之三百的工资报酬。

第二十一条 实行计件工资的，用人单位应当科学合理确定劳动定额和计件单价，并予以公布

确定的劳动定额原则上应当使本单位同岗位百分之七十以上的劳动者在法定劳动时间内能够完成。

用人单位在劳动者完成劳动定额后，安排劳动者在正常工作时间以外工作的，应当依照本条例第二十条规定支付加班或者延长工作时间的工资。

第二十二条 经劳动保障部门批准实行综合计算工时工作制的，劳动者在综合计算周期内实际工作时间超过该周期内累计法定工作时间的部分，视为延长工作时间，用人单位应当依照本条例第二十条第（一）项的规定支付工资。在法定休假日安排劳动者工作的，用人单位应当依照本条例第二十条第（三）项的规定支付工资。

第二十三条 经劳动保障部门批准实行不定时工作制的，不适用本条例第二十条的规定。

4.2.7 深圳市中级人民法院关于审理劳动争议案件的裁判指引（2015年）

第六十一条 【约定加班工资基数】用人单位依据《劳动法》第四十四条的规定应向劳动者支付加班工资的，劳动者的加班工资计算基数应为正常工作时间工资；用人单位与劳动者约定奖金、津贴、补贴等项目不属于正常工作时间工资的，从其约定。但约定的正常工作时间工资低于当地最低工资标准的除外。

双方在劳动合同中约定了计发加班工资基数标准或从工资表中可看出计发加班工资基数标准，而用人单位也确实按照该标准计发了劳动者加班工资，并据此制作工资表，该工资表亦经劳动者签名确认的，只要双方的约定不低于最低工资标准，即可认定双方已约定以该计发加班工资基数标准为加班工资的计算基数。用人单位根据此标准计发给劳动者的工资符合法律规定的加班工资计算标准的，应认定用人单位已足额支付了加班工资。

第六十二条 【包含加班工资的认定】劳动者与用人单位在签订劳动合同时约定的工资中注明“已包含加班工资”或虽未书面约定实际支付的工资是否包含加班工资，但用人

单位有证据证明已支付的工资包含了正常工作时间工资和加班工资的，劳动者的时薪为：时薪=约定工资÷（21.75天×8小时+约定包含在工资中的平时加班时间小时数×150%+约定包含在工资中的休息日加班时间小时数×200%+约定包含在工资中的法定节假日加班时间小时数×300%）。

按上述方法计算出的劳动者的时薪低于当地最低工资标准的，该约定为无效；劳动者的工资应以最低工资标准为基本工资，超过法定工作时间为加班时间，加班工资以最低工资标准按法律规定标准计算。

第六十三条　【计件工资加班费计算】双方约定实行计件工资制，但现有证据无法查明正常工作时间工作定额，根据劳动者的工资、工作时间和法定加班倍数折算出的时薪不低于最低工资标准的，可认定用人单位支付的工资中已包含了加班工资。

第七十一条　用人单位实行包月工资制，但劳动者实际加班时间无法确定，如用人单位能证明包月工资中加班工资计算基数的，且该基数不低于最低工资标准的，以该基数作为未休年休假工资的计算基数。否则，以全部包月工资作为未休年休假工资的计算基数。

4.2.8 惠州市中级人民法院、惠州市劳动人事争议仲裁委员会《关于审理劳动争议案件若干问题的会议纪要（试行）》（2012年）

第十九条　【加班工资的计算基数】双方当事人约定加班工资基数的，按照约定处理；劳动合同没有约定加班工资计算基数但约定标准工资的，按劳动合同约定的标准工资作为加班工资计算基数；劳动合同没有约定标准工资但实发工资列明工资构成的，可按实发工资中标准（基本）工资作为加班工资的计算基数，其中不得将加班工资重复算入加班工资计算基数内，且加班工资的计算基数不得低于当地最低工资标准。

劳动合同既没有约定标准工资且实发工资中未明确具体工资构成的，如双方当事人对此长期未提出异议，可以参照当地同行业工资收入水平和双方当事人劳动惯例确定加班工资计算基数，但该加班工资计算基数不得低于当地最低工资标准。

第二十条　【计时加班工资的认定】用人单位应发工资高于劳动合同约定的正常工作时间工资，如果应发工资列明工资构成的，但工资构成无加班工资项目且用人单位也不能证实其他收入项目具有加班工资性质的，应当认定用人单位未支付加班工资；如果应发工资未明确工资构成的，但用人单位有证据证明应发工资包含正常工作时间工资和加班工资的，可以认定用人单位已支付的工资包含加班工资。但折算后的正常工作时间工资低于当地最低工资标准除外。

第二十一条　【计件加班工资的认定】用人单位与劳动者有约定正常工作时间工资数额，按照劳动者的月工资总额、工作时间和法定加班倍数折算出的实际月正常工作时间工资数额不低于双方劳动合同约定的正常工作时间工资的，可视为用人单位已足额发放劳动者在延长工作时间、休息日和法定节假日的劳动报酬，否则按此标准补足；

用人单位与劳动者未约定正常工作时间工资数额，按照劳动者的月工资总额、工作时间和法定加班倍数折算出的实际月正常工作时间工资数额不低于当地最低工资标准的，可视为用人单位已足额发放劳动者在延长工作时间、休息日和法定节假日的劳动报酬，否则按此标准补足。

第二十二条　【高薪劳动者加班工资】对与用人单位已约定较高年薪制的企业高级管理人员、高级技术人员等，以及难以用标准工时衡量工作时间、劳动报酬而与用人单位约定实行较高年薪制的劳动者，其主张加班工资的，一般不予支持。

用人单位因安全、消防、节假日等需要，安排前款劳动者从事相应的值班任务，劳动者主张加班工资的，一般不予支持。劳动者主张按照劳动合同、规章制度、集体合同或惯例等支付相应待遇的，应予支持。

本条所称较高年薪制工资是指月平均工资高于当地上年度在岗职工月平均工资五倍的工资

第二十三条 【灵活岗位的加班工资是否支持】对于在岗时间较长、劳动强度不大、工作时间灵活或间断性、具有提成性工资性质等特殊行业岗位，应当充分考虑上述岗位的工作性质和当地劳动力价格水平，且尊重该行业和岗位工资支付的行规惯例，对于劳动者主张在标准工作时间以外的加班工资，从严掌握。

第二十四条 【自行加班行为是否支持加班费】劳动者未有用人单位的加班安排或指令而自行加班的，其加班工资请求一般不予支持。法律法规另有规定或当事人另有约定除外。

4.2.9 中山市中级人民法院关于审理劳动争议案件若干问题的参考意见（2011年）

4.2【加班工资的认定】劳动者与用人单位对是否支付加班工资发生争议，应参照以下原则进行认定和处理：

（一）劳动者主张加班工资，应当负有合理的事实说明和表面证据证明的举证责任。劳动者有证据证明用人单位持有证明加班事实存在的证据，用人单位拒不提供的，可推定加班事实成立。

（二）用人单位认为已经足额支付劳动者近两年来的加班工资的，应由用人单位负举证责任；劳动者追索两年前的加班工资的，由劳动者对用人单位未足额支付加班工资负举证责任。

（三）对劳动者在岗时间长，但劳动强度与工作时间明显不一致或者长期处于等待状态且等待期间有休息场所可以休息、将在岗时间完全认定为工作时间明显不合理的特殊情况或者特殊岗位，在认定加班时间时，应充分考虑上述岗位的工作性质和当地劳动力价格水平，并尊重该行业和岗位工资支付的行规惯例，从严掌握和判断劳动者主张在标准工作时间以外的加班工资和加班时间。

（四）对劳动者主张的加班时间等存在明显不合理现象，在认定时应当进行合理性审查和折算

（五）用人单位实际支付劳动者的工资未明确区分正常工作时间工资和加班工资，但用人单位有证据证明已支付的工资包含正常工作时间工资和加班工资的，可以认定用人单位已支付的工资包含加班工资。但折算后的正常工作时间工资低于当地最低工资标准或者计件工资中的劳动定额明显不合理的除外。

（六）劳动者与用人单位就工资、加班工资等劳动报酬的计算、支付达成结算协议，不违反法律、行政法规的强制性规定的，应认定有效，但有证据证明在协议签订时存在欺诈、胁迫、重大误解、显失公平或乘人之危等违背当事人真实意思表示的情形除外。

（七）双方当事人约定加班工资基数（如双方约定奖金、津贴、补贴等项目不属于加班工资基数）的，按照约定处理，但该加班工资基数低于最低工资标准的除外；劳动合同没有约定加班工资计算基数但明确约定标准工资（或正常工作时间工资）的，按劳动合同约定的标准工资（或正常工作时间工资）作为加班工资计算基数，非按月发放的一次性奖

金、津贴等收入一般不列入加班工资计算基数。但对双方在劳动合同中虽然约定了标准工资或者工资单上记载了标准工资，但用人单位有证据证明其一直是固定采取超过国家法定正常工作时间的工作制度，而劳动者也一直按照该工作制度在用人单位工作的，应当认定该基本工资属于用人单位对劳动者在该固定工作时间内所给付的报酬。在确定加班基数时，应当剔除该固定工作时间超出国家法定工作时间之外，属于加班工资性质部分，从而折算出劳动者法定正常工作时间的工资标准，并以此作为加班基数。但折算结果低于最低工资标准除外。

（八）虽然订立劳动合同时，劳动合同对加班费的标准和计付方式有约定，但在履行中事实上已对上述标准和计付方式进行了变更，且用人单位有充分证据证实劳动者知道或者应当知道该变更的事实和情况后，长期以来仍一直没有提出异议的，应当按照实际执行的标准和计付方式予以确认。但上述标准和计付方式违反法律法规禁止性规定的除外。

4.3【约定加班工资已结算的处理】双方在劳动报酬清单、离职清单等文件上约定已结清加班工资，并已实际结算的，可认定双方对加班工资已无争议。但确有证据证明未支付加班工资的，可支持劳动者关于加班工资的主张。

4.4【高管加班工资的处理】对与用人单位已约定较高年薪制的企业高级管理人员、高级技术人员等，以及难以用标准工时衡量工作时间、劳动报酬而与用人单位约定实行较高年薪制的劳动者，其主张加班工资的，一般不予支持。

用人单位因安全、消防、节假日等需要，安排前款劳动者从事与本职工作无关的值班任务，或安排从事与其本职工作有关的值班任务且值班期间可以休息，劳动者主张加班工资的，一般不予支持。但劳动者主张按照劳动合同、规章制度、集体合同或惯例等支付相应待遇的，应予支持。

4.5【非标准工时制加班工资的处理】对可以实行综合计算工时工作制和不定时工作制的用人单位，如果未依法办理综合计算工时与不定时工时工作制的审批手续，仍然应当视为实行标准工时工作制，但法院在裁决纠纷时可以综合考虑以下因素，合理计算加班工资：

（一）劳动者的工作岗位确具有综合计算工时或不定时工时工作制的特点；

（二）依据标准工时计算加班工资等具有明显的不合理性；

（三）工作时间无法根据标准工时进行计算；

（四）其上级单位或行业主管部门已办理了相应岗位、工种的综合计算工时或不定时工时工作制的审批手续。

4.2.10 广州市中级人民法院关于审理劳动人事争议案件若干问题的研讨会纪要（2014年）

第26条 用人单位安排劳动者加班的，正常工作日、休息日、法定节假日的加班工资分别按照不低于正常工作时间工资的150%、200%、300%计算。其中，法定节假日属于带薪休假，法定节假日的加班费不包括劳动者的正常工资。

4.2.11 广东省高级人民法院印发《广东省高级人民法院关于审理劳动争议案件疑难问题的解答》的通知（粤高法［2017］147号 2017年8月1日实施）

6. 劳务派遣中，劳动者请求用人单位和用工单位连带支付加班费的，应否支持

根据《中华人民共和国劳动合同法》第六二条的规定，加班费、绩效奖金应由用工单位负责支付。但实践中并不容易将劳动者的正常上班时间、工资与劳动者的加班时间、加

班费进行明确区分，为维护劳动者的合法权益，在劳务派遣争议纠纷案件中，涉及到追索劳动报酬的，如不能明确区分基本工资与加班费，劳动者请求由用工单位与劳务派遣单位连带支付劳动报酬的，予以支持。

★地方性文件·上海市

4.2.12 上海市高院关于审理劳动争议案件若干问题的解答（沪高法民一［2006］17号）

三、关于单位值班的若干问题

（一）以下情形中，劳动者要求单位支付加班待遇的，劳动争议处理机构不予支持：

1. 因单位安全、消防、假日等需要担任单位临时安排或制度安排的与劳动者本职工作无关的值班；

2. 单位安排劳动者从事与其本职工作有关的值班任务，但值班期间可以休息的；

（二）上述情形中，劳动者可以要求单位按照规章制度、集体合同、单项集体协议、劳动合同或惯例等支付相应待遇。

4.2.13 上海市高级人民法院《劳动争议案件若干问题的解答》（民一调研［2010］34号）

二、关于加班工资计算基数如何确定的问题

我们认为，用人单位与劳动者对月工资有约定的，加班工资基数应按双方约定的正常工作时间的月工资来确定；如双方对月工资没有约定或约定不明的，应按《劳动合同法》第18条规定来确定正常工作时间的月工资，并以确定的工资数额作为加班工资的计算基数。

如按《劳动合同法》第18条规定仍无法确定正常工作时间工资数额的，对加班工资的基数，可按照劳动者实际获得的月收入扣除非常规性奖金、福利性、风险性等项目后的正常工作时间的月工资确定。

如工资系打包支付，或双方形式上约定的“正常工作时间工资”标准明显不合常理，或有证据可以证明用人单位恶意将本应计入正常工作时间工资的项目归入非常规性奖金、福利性、风险性等项目中，以达到减少正常工作时间工资数额计算目的的，可参考实际收入X70%的标准进行适当调整。

按上述原则确定的加班工资基数均不得低于本市月最低工资标准。

4.2.14 关于印发《上海市企业工资支付办法》的通知（沪人社综发［2016］29号）

九、企业安排劳动者加班的，应当按规定支付加班工资。劳动者在依法享受婚假、丧假、探亲假、病假等假期期间，企业应当按规定支付假期工资。

加班工资和假期工资的计算基数为劳动者所在岗位相对应的正常出勤月工资，不包括年终奖，上下班交通补贴、工作餐补贴、住房补贴，中夜班津贴、夏季高温津贴、加班工资等特殊情况下支付的工资。

加班工资和假期工资的计算基数按以下原则确定：

（一）劳动合同对劳动者月工资有明确约定的，按劳动合同约定的劳动者所在岗位相对应的月工资确定；实际履行与劳动合同约定不一致的，按实际履行的劳动者所在岗位相对应的月工资确定。

（二）劳动合同对劳动者月工资未明确约定，集体合同（工资专项集体合同）对岗位相对应的月工资有约定的，按集体合同（工资专项集体合同）约定的与劳动者岗位相对应的月工资确定。

（三）劳动合同、集体合同（工资专项集体合同）对劳动者月工资均无约定的，按劳动者正常出勤月依照本办法第二条规定的工资（不包括加班工资）的70%确定。

加班工资和假期工资的计算基数不得低于本市规定的最低工资标准。法律、法规另有规定的，从其规定。

十三、企业根据实际需要安排劳动者在法定标准工作时间以外工作的，应以本办法第九条确定的计算基数，按以下标准支付加班工资：

（一）安排劳动者在日法定标准工作时间以外延长工作时间的，按照不低于劳动者本人小时工资的150%支付；

（二）安排劳动者在休息日工作，而又不能安排补休的，按照不低于劳动者本人日或小时工资的200%支付；

（三）安排劳动者在法定休假节日工作的，按照不低于劳动者本人日或小时工资的300%支付。

企业依法安排实行计件工资制的劳动者完成计件定额任务后，在法定标准工作时间以外工作的，应当根据以上原则相应调整计件单价。计件定额应通过一定的民主管理程序合理制定。

经人力资源社会保障行政部门批准实行综合计算工时工作制的企业，劳动者综合计算工作时间超过法定标准工作时间的，应当视为延长工作时间，并按本条第（一）项的规定支付劳动者延长工作时间的加班工资；企业在法定休假节日安排劳动者工作的，按本条第（三）项的规定支付加班工资。

经人力资源社会保障行政部门批准实行不定时工时制的劳动者，在法定休假节日由企业安排工作的，按本条第（三）项的规定支付加班工资。

在妇女节、青年节等部分公民休假的节日期间，对参加社会或企业组织的庆祝活动和照常工作的劳动者，企业应支付工资，但不支付加班工资。如果该节日恰逢休息日，企业安排劳动者工作的，应当按本条第（二）项的规定支付加班工资。

★地方性文件·北京市

4.2.15 北京市高级人民法院、北京市劳动争议仲裁委员会关于劳动争议案件法律适用问题研讨会会议纪要（二）（京高法发［2014］220号）

44. 出租车司机主张休息日和法定节假日加班费如何处理？

出租车行业实行不定时工作制，休息、休假由出租车司机自行安排，故对出租车司机主张休息日和法定节假日加班费的不予支持。

4.2.16 北京市高级人民法院、北京市劳动争议仲裁委员会关于劳动争议案件法律适用问题研讨会会议纪要（2009年）

19. 对于加班工资的日或小时工资基数的确定，应参照《北京市工资支付规定》第四十四条的规定执行。

用人单位与劳动者在劳动合同中约定了工资标准，但同时又约定以本市最低工资标准或低于劳动合同约定的工资标准作为加班工资基数，劳动者主张以劳动合同约定的工资标准作为加班工资基数的，应予支持。

20. 经用人单位和劳动者予以确认的考勤记录可以作为认定是否存在加班事实的依据。劳动者仅凭电子打卡记录要求认定存在加班事实的，一般不予支持。

21. 用人单位因工作性质和生产特点不能实行标准工时制度的，应保证劳动者每天工作时间不超过 8 小时、每周工作时间不超过 40 小时，每周至少休息一天，职工少休息的一天，不应视为加班。

22. 下列情形中，劳动者要求用人单位支付加班工资的，一般不予支持：（1）用人单位因安全、消防、节假日等需要，安排劳动者从事与本职工作无关的值班任务；（2）用人单位安排劳动者从事与其本职工作有关的值班任务，但值班期间可以休息的。

在上述情况下，劳动者可以要求用人单位按照劳动合同、规章制度、集体合同等支付相应待遇。

23. 用人单位与劳动者虽然未书面约定实际支付的工资是否包含加班工资，但用人单位有证据证明已支付的工资包含正常工作时间工资和加班工资的，可以认定用人单位已支付的工资包含加班工资。但折算后的正常工作时间工资不得低于当地最低工资标准。

4.2.17 北京市高级人民法院与北京市劳动人事争议仲裁委员会关于审理劳动争议案件法律适用问题的解答（2017 年 4 月）

22. 如何确定劳动者加班费计算基数?

劳动者加班费计算基数，应当按照法定工作时间内劳动者提供正常劳动应得工资确定，劳动者每月加班费不计到下月加班费计算基数中。具体情况如下：

（1）用人单位与劳动者在劳动合同中约定了加班费计算基数的，以该约定为准；双方同时又约定以本市规定的最低工资标准或低于劳动合同约定的工资标准作为加班费计算基数，劳动者主张以劳动合同约定的工资标准作为加班费计算基数的，应予支持。

（2）劳动者正常提供劳动的情况下，双方实际发放的工资标准高于原约定工资标准的，可以视为双方变更了合同约定的工资标准，以实际发放的工资标准作为计算加班费计算基数。实际发放的工资标准低于合同约定的工资标准，能够认定为双方变更了合同约定的工资标准的，以实际发放的工资标准作为计算加班费的计算基数。

（3）劳动合同没有明确约定工资数额，或者合同约定不明确时，应当以实际发放的工资作为计算基数。用人单位按月直接支付给职工的工资、奖金、津贴、补贴等都属于实际发放的工资，具体包括国家统计局《〈关于工资总额组成的规定〉若干具体范围的解释》中规定“工资总额”的几个组成部分。加班费计算基数应包括“基本工资”、“岗位津贴”等所有工资项目。不能以“基本工资”、“岗位工资”或“职务工资”单独一项作为计算基数。在以实际发放的工资作为加班费计算基数时，加班费（前月）、伙食补助等应当扣除，不能列入计算基数范围。国家相关部门对工资组成规定有调整的，按调整的规定执行。

（4）劳动者的当月奖金具有“劳动者正常工作时间工资报酬”性质的，属于工资组成部分。劳动者的当月工资与当月奖金发放日期不一致的，应将这两部分合计作为加班费计算基数。用人单位不按月、按季发放的奖金，根据实际情况判断可以不作为加班费计算基数。

（5）在确定职工日平均工资和小时平均工资时，应当按照原劳动和社会保障部《关于职工全年月平均工作时间和工资折算问题的通知》规定，以每月工作时间为21.75天和174小时进行折算。

（6）实行综合计算工时工作制的用人单位，当综合计算周期为季度或年度时，应将综合周期内的月平均工资作为加班费计算基数。

4.3 最低工资

★ 法律

4.3.1 中华人民共和国劳动法（主席令第18号　2009年修正）

第四十八条　【最低工资保障】国家实行最低工资保障制度。最低工资的具体标准由省、自治区、直辖市人民政府规定，报国务院备案。

用人单位支付劳动者的工资不得低于当地最低工资标准。

第四十九条　【最低工资标准参考因素】确定和调整最低工资标准应当综合参考下列因素

（一）劳动者本人及平均赡养人口的最低生活费用；

（二）社会平均工资水平；

（三）劳动生产率；

（四）就业状况；

（五）地区之间经济发展水平的差异。

★ 行政法规/部门规章/司法解释

4.3.2 中华人民共和国劳动合同法实施条例（国务院令第535号　2008年9月起施行）

第十四条　劳动合同履行地与用人单位注册地不一致的，有关劳动者的最低工资标准、劳动保护、劳动条件、职业危害防护和本地区上年度职工月平均工资标准等事项，按照劳动合同履行地的有关规定执行；用人单位注册地的有关标准高于劳动合同履行地的有关标准，且用人单位与劳动者约定按照用人单位注册地的有关规定执行的，从其约定。

4.3.3 最低工资规定（中华人民共和国劳动和社会保障部令第21号　2004年3月起施行）

第一条　为了维护劳动者取得劳动报酬的合法权益，保障劳动者个人及其家庭成员的基本生活，根据劳动法和国务院有关规定，制定本规定。

第二条　本规定适用于在中华人民共和国境内的企业、民办非企业单位、有雇工的个体工商户（以下统称用人单位）和与之形成劳动关系的劳动者。

国家机关、事业单位、社会团体和与之建立劳动合同关系的劳动者，依照本规定执行。

第三条　本规定所称最低工资标准，是指劳动者在法定工作时间或依法签订的劳动合同约定的工作时间内提供了正常劳动的前提下，用人单位依法应支付的最低劳动报酬。

本规定所称正常劳动，是指劳动者按依法签订的劳动合同约定，在法定工作时间或劳动合同约定的工作时间内从事的劳动。劳动者依法享受带薪年休假、探亲假、婚丧假、生育（产）假、节育手术假等国家规定的假期间，以及法定工作时间内依法参加社会活动期间，视为提供了正常劳动。

第四条　县级以上地方人民政府劳动保障行政部门负责对本行政区域内用人单位执行本规定情况进行监督检查。

各级工会组织依法对本规定执行情况进行监督，发现用人单位支付劳动者工资违反本规定的，有权要求当地劳动保障行政部门处理。

第五条　最低工资标准一般采取月最低工资标准和小时最低工资标准的形式。月最低工资标准适用于全日制就业劳动者，小时最低工资标准适用于非全日制就业劳动者。

第六条 确定和调整月最低工资标准，应参考当地就业者及其赡养人口的最低生活费用、城镇居民消费价格指数、职工个人缴纳的社会保险费和住房公积金、职工平均工资、经济发展水平、就业状况等因素。

确定和调整小时最低工资标准，应在颁布的月最低工资标准的基础上，考虑单位应缴纳的基本养老保险费和基本医疗保险费因素，同时还应适当考虑非全日制劳动者在工作稳定性、劳动条件和劳动强度、福利等方面与全日制就业人员之间的差异。

月最低工资标准和小时最低工资标准具体测算方法见附件。

第七条 省、自治区、直辖市范围内的不同行政区域可以有不同的最低工资标准。

第八条 最低工资标准的确定和调整方案，由省、自治区、直辖市人民政府劳动保障行政部门会同同级工会、企业联合会/企业家协会研究拟订，并将拟订的方案报送劳动保障部。方案内容包括最低工资确定和调整的依据、适用范围、拟订标准和说明。劳动保障部在收到拟订方案后，应征求全国总工会、中国企业联合会/企业家协会的意见。

劳动保障部对方案可以提出修订意见，若在方案收到后14日内未提出修订意见的，视为同意

第九条 省、自治区、直辖市劳动保障行政部门应将本地区最低工资标准方案报省、自治区、直辖市人民政府批准，并在批准后7日内在当地政府公报上和至少一种全地区性报纸上发布。省、自治区、直辖市劳动保障行政部门应在发布后10日内将最低工资标准报劳动保障部。

第十条 最低工资标准发布实施后，如本规定第六条所规定的相关因素发生变化，应当适时调整。最低工资标准每两年至少调整一次。

第十一条 用人单位应在最低工资标准发布后10日内将该标准向本单位全体劳动者公示。

第十二条 在劳动者提供正常劳动的情况下，用人单位应支付给劳动者的工资在剔除下列各项以后，不得低于当地最低工资标准：

（一）延长工作时间工资；

（二）中班、夜班、高温、低温、井下、有毒有害等特殊工作环境、条件下的津贴；

（三）法律、法规和国家规定的劳动者福利待遇等。

实行计件工资或提成工资等工资形式的用人单位，在科学合理的劳动定额基础上，其支付劳动者的工资不得低于相应的最低工资标准。

劳动者由于本人原因造成在法定工作时间内或依法签订的劳动合同约定的工作时间内未提供正常劳动的，不适用于本条规定。

第十三条 用人单位违反本规定第十一条规定的，由劳动保障行政部门责令其限期改正；违反本规定第十二条规定的，由劳动保障行政部门责令其限期补发所欠劳动者工资，并可责令其按所欠工资的1至5倍支付劳动者赔偿金。

第十四条 劳动者与用人单位之间就执行最低工资标准发生争议，按劳动争议处理有关规定处理。

第十五条 本规定自2004年3月1日起实施。1993年11月24日原劳动部发布的《企业最低工资规定》同时废止。

4.3.4 劳动和社会保障部关于进一步健全最低工资制度的通知（劳社部发［2007］20号）

各省、自治区、直辖市劳动和社会保障厅（局）：

最低工资制度实施以来，有效地保障了劳动者的基本生活，在社会经济发展中发挥着越来越重要的作用。但实施中也存在一些问题，主要是一些地区最低工资标准确定不够科学合理，部分企业按照最低工资标准支付职工工资，少数企业采取延长劳动时间、随意提高劳动定额、降低计件单价等手段变相违反最低工资规定。为改进和加强对企业工资分配的宏观调节，促进低收入劳动者的工资水平合理增长，维护劳动者的合法劳动报酬权益，现就进一步健全和严格执行最低工资制度通知如下：

一、充分认识健全和执行最低工资制度的重要意义

健全并严格执行最低工资制度是政府调节企业工资分配的重要措施。进一步做好这项工作，在经济发展基础上逐步合理提高低收入劳动者的工资水平，有利于维护劳动者的合法权益，更好地保障劳动者个人及其家庭成员的基本生活；有利于扩大消费需求，促进国民经济又好又快发展；有利于改善工资分配关系，促进社会公平，实现社会和谐。各地劳动保障部门要继续高度重视健全和执行最低工资制度工作，将其作为当前促进社会发展和解决民生问题的重要任务摆到更加突出的位置，进一步采取积极措施加以推进。

二、继续加大调整最低工资标准的力度

（一）各地劳动保障部门要会同同级工会、企业联合会/企业家协会，定期对最低工资标准进行评估，根据本地区经济发展水平、职工平均工资、城镇居民消费价格指数和就业状况等相关因素变化情况，及时提出调整月最低工资标准和小时最低工资标准的方案，按照规定程序报批。

（二）近两年内只对最低工资标准进行一次调整的地区，以及近年来最低工资标准调整幅度明显低于当地职工平均工资增长幅度和现行最低工资标准相当于当地职工平均工资比例明显偏低的地区，2007年年底前原则上都要对最低工资标准再次进行调整。各地要通过适时调整最低工资标准，确保最低工资实际水平不因当地消费价格指数上升而降低，并随经济增长逐步提高，使广大普通劳动者共享经济发展成果。

（三）现行最低工资标准档次偏多的地区，要进行合理归并，适当减少不同行政区域的最低工资标准档次。

三、规范用人单位工资支付行为

（一）各地要依托协调劳动关系三方机制，积极推动用人单位建立和完善工资集体协商制度，通过平等协商确定本单位的工资水平、工资分配制度、工资标准和工资支付办法，确保支付劳动者的工资不低于当地的最低工资标准。

（二）实行计件工资形式的用人单位，要通过平等协商合理确定劳动定额和计件单价，保证劳动者在法定工作时间内提供正常劳动的前提下，应得工资不低于当地的最低工资标准；劳动者在完成计件定额任务后，由用人单位安排在日法定工作时间以外、休息日和法定休假节日工作的，应分别按照不低于其本人法定工作时间计件单价的150%、200%、300%支付工资。

（三）各地要结合实际进一步研究规范用人单位执行最低工资标准的条件和程序。生产经营正常、经济效益持续增长的用人单位，原则上不得以最低工资标准支付劳动者在法定

工作时间内提供劳动的工资；因生产经营原因确须以最低工资标准支付全体劳动者或部分岗位劳动者工资的，应当经全体职工或职工代表大会讨论同意，并报当地劳动保障部门备案。

四、加强对最低工资制度执行情况的监督检查

各地要在今年已开展劳动用工专项检查的基础上，进一步通过日常巡查、举报专查等方式，加强对用人单位支付劳动者工资和执行最低工资标准情况的执法监察。重点查处用人单位违反加班工资支付规定和变相违反最低工资规定的行为。在认定用人单位支付劳动者工资低于最低工资标准的违法行为时，要严格剔除加班工资、艰苦岗位津贴等项目。对违反《最低工资规定》的用人单位，要依法严肃处理，并记入劳动保障守法诚信档案；对严重违法的，要向社会公布，真正形成社会舆论监督氛围，切实维护劳动者的合法权益。

★ 地方性文件 · 广东省

4.3.5 广东省人民政府关于调整我省企业职工最低工资标准的通知（粤府函［2015］20号）

各地级以上市人民政府，顺德区人民政府，省政府各部门、各直属机构：

根据《中华人民共和国劳动法》和《最低工资规定》（原劳动保障部令第21号）的规定，结合我省经济社会发展状况，决定调整我省企业职工最低工资标准和非全日制职工小时最低工资标准。现将有关事项通知如下：

一、从2015年5月1日起，调整我省企业职工最低工资标准和非全日制职工小时最低工资标准，具体标准和适用地区见附件。各地级以上市原则上应统一执行省确定的标准，有条件的地区可在省确定的标准上适当上调标准，并报省人力资源社会保障厅备案。深圳市按《深圳市员工工资支付条例》执行。

二、各地级以上市政府应在本通知下发之日起7日内，向社会公布本地区的最低工资标准。

三、各地要加大对提高最低工资标准的宣传，严格执行最低工资保障制度，加强监督检查，切实保障职工合法权益。

广东省人民政府

2015年2月15日

附件

广东省企业职工最低工资标准表

类别	月最低工资标准（元/月）	非全日制职工小时最低工资标准（元/小时）	适用地区
一类	1895	18.3	广州
二类	1510	14.4	珠海、佛山、东莞、中山
三类	1350	13.3	汕头、惠州、江门、肇庆
四类	1210	12	韶关、河源、梅州、汕尾、阳江、湛江、茂名、清远、潮州、揭阳、云浮

4.3.6 广东省工资支付条例（广东省第十二届人民代表大会常务委员会公告第65号　2016年9月修正）

第三条　省人民政府按照规定制定最低工资标准，地级以上市人民政府应当在省人民政府公布的最低工资标准中确定本市的最低工资标准。

县级以上人民政府应当定期公布劳动力市场工资指导价位和工资指导线，并为用人单位和劳动者提供指导和服务。

第八条　用人单位与劳动者应当在劳动合同中依法约定正常工作时间工资，约定的工资不得低于所在地政府公布的本年度最低工资标准。

未约定的或者约定不明确的，以用人单位所在地县级人民政府公布的上年度职工月平均工资作为正常工作时间工资；实际支付的工资高于当地政府公布的上年度职工月平均工资的，实际支付的工资视为与劳动者约定的正常工作时间工资。

★地方性文件·上海市

4.3.7 上海市企业职工最低工资规定（上海市人民政府令第52号　2010年12月起施行）

第一条　【目的和依据】为了保护职工的合法权益，保障职工及其家庭成员的基本生活，有利于企业之间的公平竞争，根据《中华人民共和国劳动法》及其他有关规定，结合本市实际情况，制定本规定。

第二条　【适用范围】本规定适用于本市范围内的企业及与其形成劳动关系的职工。

第三条　【定义】本规定所称的最低工资，是指职工在法定工作时间内提供正常劳动后所在企业必须支付的最低劳动报酬。

第四条　【最低工资的形式和支付】最低工资分为月最低工资和小时最低工资。

全日制劳动合同关系适用于月最低工资；非全日制劳动合同关系适用于小时最低工资。

最低工资应当以货币形式按时支付。

第五条　【最低工资的构成】最低工资由国家统计部门规定的应当列入工资总额的各项工资性收入剔除下列项目后构成：

（一）延长法定工作时间所得的工资报酬；

（二）中班、夜班、高温、低温、井下、有毒有害等特殊工作环境条件下的津贴；

（三）市人力资源社会保障局规定的不列入最低工资的其他收入。

法律、法规、规章规定的职工劳动保险、福利待遇，不得列入最低工资。

第六条　【最低工资的计算】实行计件或者提成工资形式的，职工的月实际劳动报酬不得低于月最低工资。

形成全日制劳动合同关系的职工因个人原因，在法定工作时间内提供的正常劳动不满一个月的，其月最低工资按照实际提供的劳动时间进行折算。

形成全日制劳动合同关系的职工享受法定的休假日和婚丧假以及依法参加社会活动，视为提供了正常劳动。

第七条　【最低工资标准的确定和调整原则】确定和调整最低工资标准应当综合参考下列因素：

（一）职工本人及平均赡养人口的最低生活费用；

（二）社会平均工资水平；

（三）劳动生产率；

（四）就业状况；

（五）本市城乡之间经济发展水平的差异。

确定和调整小时最低工资标准，还应当综合考虑非全日制工作的职业稳定、福利待遇等因素。

第八条 【最低工资标准确定和调整的审批程序】确定和调整最低工资标准由市人力资源社会保障局会同市总工会和企业界代表提出方案，报市人民政府批准后实施，并报国务院备案。

最低工资标准应当每年公布1次。

第九条 【财务列支】企业支付的最低工资可以全额列入成本。

第十条 【工会监督】工会组织有权对最低工资标准的执行情况进行监督，发现企业支付职工的工资低于最低工资标准的，可以提请人力资源社会保障行政部门处理。

第十一条 【赔偿责任】企业违反本规定，支付职工的工资低于最低工资标准的，由人力资源社会保障行政部门责令其限期补发按最低工资标准计算的欠付数额，并按国家有关规定支付补偿金。

第十二条 【争议处理】职工对企业违反本规定的行为，有权向人力资源社会保障行政部门举报；对支付最低工资发生争议的，可以依法向劳动人事争议仲裁委员会申请仲裁。对仲裁裁决不服的，可以依法向人民法院起诉。

第十三条 【复议和诉讼】企业对人力资源社会保障行政部门的具体行政行为不服的，可以按照《中华人民共和国行政复议法》和《中华人民共和国行政诉讼法》的规定，申请行政复议或者提起行政诉讼。

第十四条 【适用范围的除外情形】企业因生产经营发生困难，按有关规定经政府或者有关部门批准或者裁定而关闭、整顿或者进入破产程序的，不适用本规定。

职工病假、事假期间的工资待遇，按有关病假、事假的规定执行。

第十五条 【参照执行本规定的情形】本规定第二条以外的其他劳动者，其最低劳动报酬参照本规定执行。

第十六条 【应用解释部门】本规定的具体应用问题由市人力资源社会保障局负责解释。

第十七条 【施行日期】本规定自1995年1月1日起施行。

4.3.8 上海市人力资源和社会保障局关于调整本市最低工资标准的通知（沪人社综发［2016］11号）

各委、办、局，各控股（集团）公司、企业（集团）公司，各区、县人力资源和社会保障局，各有关用人单位：

经市政府同意，从2016年4月1日起，本市调整最低工资标准。现通知如下：

一、月最低工资标准从2020元调整为2190元。下列项目不作为月最低工资的组成部分，单位应按规定另行支付：

（一）延长法定工作时间的工资。

（二）中班、夜班、高温、低温、有毒有害等特殊工作环境、条件下的津贴。

（三）个人依法缴纳的社会保险费和住房公积金。

（四）伙食补贴（饭贴）、上下班交通费补贴、住房补贴。

二、小时最低工资标准从18元调整为19元。小时最低工资不包括个人和单位依法缴纳的社会保险费。

三、月最低工资标准适用于全日制就业劳动者，小时最低工资标准适用于非全日制就业劳动者。

上海市人力资源和社会保障局

2016年3月30日

4.3.9 关于调整本市最低工资标准的通知（沪人社综发［2016］11号）

各委、办、局，各控股（集团）公司、企业（集团）公司，各区、县人力资源和社会保障局，各有关用人单位：

经市政府同意，从2016年4月1日起，本市调整最低工资标准。现通知如下：

一、月最低工资标准从2020元调整为2190元。下列项目不作为月最低工资的组成部分，单位应按规定另行支付：

（一）延长法定工作时间的工资。

（二）中班、夜班、高温、低温、有毒有害等特殊工作环境、条件下的津贴。

（三）个人依法缴纳的社会保险费和住房公积金。

（四）伙食补贴（饭贴）、上下班交通费补贴、住房补贴。

二、小时最低工资标准从18元调整为19元。小时最低工资不包括个人和单位依法缴纳的社会保险费。

三、月最低工资标准适用于全日制就业劳动者，小时最低工资标准适用于非全日制就业劳动者。

上海市人力资源和社会保障局

2016年3月30日

4.4 年休假工资

★ 行政法规/部门规章/司法解释

4.4.1 职工带薪年休假条例（国务院令第514号 2008年起施行）

第五条 单位根据生产、工作的具体情况，并考虑职工本人意愿，统筹安排职工年休假。

年休假在1个年度内可以集中安排，也可以分段安排，一般不跨年度安排。单位因生产、工作特点确有必要跨年度安排职工年休假的，可以跨1个年度安排。

单位确因工作需要不能安排职工休年休假的，经职工本人同意，可以不安排职工休年休假。对职工应休未休的年休假天数，单位应当按照该职工日工资收入的300%支付年休假工资报酬。

4.4.2 企业职工带薪年休假实施办法（人力资源和社会保障部令第1号 2008年施行）

第十条 用人单位经职工同意不安排年休假或者安排职工年休假天数少于应休年休假天数，应当在本年度内对职工应休未休年休假天数，按照其日工资收入的300%支付未休年休假工资报酬，其中包含用人单位支付职工正常工作期间的工资收入。

用人单位安排职工休年休假，但是职工因本人原因且书面提出不休年休假的，用人单位可以只支付其正常工作期间的工资收入。

★ 地方性文件·广东省

4.4.3 深圳市中级人民法院关于审理劳动争议案件的裁判指引（2015年）

第七十一条 用人单位实行包月工资制，但劳动者实际加班时间无法确定，如用人单位能证明包月工资中加班工资计算基数的，且该基数不低于最低工资标准的，以该基数作为未休年休假工资的计算基数。否则，以全部包月工资作为未休年休假工资的计算基数。

第一百一十条 劳动合同、集体合同或规章制度约定了超过法定天数的年休假天数，并对超过法定年休假天数的未休年休假约定了是否予以补偿或具体的补偿标准的，该约定有效。劳动合同、集体合同或规章制度对超过法定年休假天数的未休年休假未约定补偿，或约定了补偿但未明确具体补偿标准的，劳动者要求按照法定标准支付超过法定年休假天数的未休年休假工资的，应予支持。

第一百一十一条 未休年休假工资的申请劳动仲裁时效期间应从第三个年度的1月1日当天开始计算。但双方劳动合同解除或终止的，应从劳动合同解除或终止之日起计算。

【**注**：年休假的具体规定，收录在“三、工作时间和休息休假相关”的章节中，以上仅为年休假中关于工资支付部分的规定】

★ 地方性文件·北京市

4.4.4 北京市高级人民法院与北京市劳动人事争议仲裁委员会关于审理劳动争议案件法律适用问题的解答（2017年4月）

18. 如何计算劳动者享受带薪年休假的时间？

《职工带薪年休假条例》中规定职工累计已满1年不满10年的，年休假5天；已满10

年不满20年的，年休假10天；已满20年的，年休假15天。其中“累计”应指工作时间的相加，其中中断工作时间予以扣除。对于参加工作第1年的时间的“累计”，应按《企业职工带薪年休假实施办法》“连续工作满12个月”的规定执行。“连续工作满12个月”，指劳动者在参加工作后曾经在同一或两个以上用人单位连续不中断工作满12个月。

劳动者在符合参加工作后曾经“连续工作满12个月”条件后，此后年休假时间以当年度在用人单位已工作时间计算。

用人单位未安排职工休满应休年休假的，应当按照职工当年已工作时间折算应休未休年休假天数并支付未休年休假工资报酬，但折算后不足1整天的部分不支付未休年休假工资报酬。未休年休假折算方法为：当年度在本单位已过日历天数÷365天×职工本人全年应当享受的年休假天数-当年度已安排年休假天数。

19. 劳动者要求用人单位支付未休带薪年休假工资的，如何处理？

对劳动者应休未休的年休假天数，单位应当按照该职工日工资收入的300%支付年休假工资报酬。劳动者要求用人单位支付其未休带薪年休假工资中法定补偿（200%福利部分）诉请的仲裁时效期间应适用《劳动争议调解仲裁法》第二十七条第一款规定，即劳动争议申请仲裁的时效期间为一年。仲裁时效期间从当事人知道或者应当知道其权利被侵害之日起计算。考虑年休假可以集中、分段和跨年度安排的特点，故劳动者每年未休带薪年休假应获得年休假工资报酬的时间从第二年的12月31日起算。

20. 劳动者因用人单位不支付未休年休假工资，而依据《劳动合同法》第三十八条“未及时足额支付劳动报酬”的规定要求解除劳动合同并支付经济补偿，如何处理？

劳动者未休年休假，根据《职工带薪年休假条例》第5条规定，用人单位按职工日工资收入300%支付年休假工资报酬。支付未休年休假的工资报酬与正常劳动工资报酬、加班工资报酬的性质不同，其中包含用人单位支付职工正常工作期间的工资收入（100%部分）及法定补偿（200%部分）。《职工带薪年休假条例》在于维护劳动者休息休假权利，劳动者以用人单位未支付其未休带薪年休假工资中法定补偿（仅200%部分）而提出解除劳动合同时，不宜认定属于用人单位“未及时足额支付劳动报酬”的情形。

4.5 其他工资报酬

4.5.1 伤病假工资（非工伤期间工资）

★ 地方性文件 · 广东省

4.5.1.1 广东省工资支付条例（广东省第十二届人民代表大会常务委员会公告第65号　2016年9月起施行）

第二十四条　劳动者因病或者非因工负伤停止工作进行治疗，在国家规定医疗期内，用人单位应当依照劳动合同、集体合同的约定或者国家有关规定支付病伤假期工资。

用人单位支付的病伤假期工资不得低于当地最低工资标准的百分之八十。法律、法规另有规定的，从其规定。

【法条延伸】：

《企业职工患病或非因工负伤医疗期规定》第三条：“企业职工因患病或非因工负伤，需要停止工作医疗时，根据本人实际参加工作年限和在本单位工作年限，给予三个月到二十四个月的医疗期：（一）实际工作年限十年以下的，在本单位工作年限五年以下的为三个月；五年以上的为六个月。（二）实际工作年限十年以上的，在本单位工作年限五年以下的为六个月；五年以上十年以下的为九个月；十年以上十五年以下的为十二个月；十五年以上二十年以下的为十八个月；二十年以上的为二十四个月。”

4.5.2 停工留薪期工资（工伤期间工资）

★ 行政法规/部门规章/司法解释

4.5.2.1 工伤保险条例（国务院令第375号　2010年12月修正）

第三十三条　职工因工作遭受事故伤害或者患职业病需要暂停工作接受工伤医疗的，在停工留薪期内，原工资福利待遇不变，由所在单位按月支付。

停工留薪期一般不超过12个月。伤情严重或者情况特殊，经设区的市级劳动能力鉴定委员会确认，可以适当延长，但延长不得超过12个月。工伤职工评定伤残等级后，停发原待遇，按照本章的有关规定享受伤残待遇。工伤职工在停工留薪期满后仍需治疗的，继续享受工伤医疗待遇。

生活不能自理的工伤职工在停工留薪期需要护理的，由所在单位负责。

★ 地方性文件 · 广东省

4.5.2.2 广东省工伤保险条例（广东省第十一届人民代表大会常务委员会公告第69号　2012年1月起施行）

第二十六条　职工因工伤需要暂停工作接受工伤医疗的，在停工留薪期内，原工资福利待遇不变，由所在单位按月支付。停工留薪期根据医疗终结期确定，由劳动能力鉴定委员会确认，最长不超过二十四个月。

工伤职工鉴定伤残等级后，停发原待遇，按照本章的有关规定享受伤残待遇。工伤职工在鉴定伤残等级后仍需治疗的，经劳动能力鉴定委员会批准，一级至四级伤残，享受伤残津贴和工伤医疗待遇；五级至十级伤残，享受工伤医疗和停工留薪期待遇。

经劳动能力鉴定委员会确认可以进行康复的，工伤职工在签订服务协议的康复机构发生的符合规定的工伤康复费用，从工伤保险基金支付。

工伤职工在停工留薪期间生活不能自理需要护理的，由所在单位负责。所在单位未派人护理的，应当参照当地护工从事同等级别护理的劳务报酬标准向工伤职工支付护理费。

4.5.3 停工工资

★ 地方性文件·广东省

4.5.3.1 广东省工资支付条例（广东省第十二届人民代表大会常务委员会公告第65号 2016年9月起施行）

第三十九条 非因劳动者原因造成用人单位停工、停产，未超过一个工资支付周期（最长三十日）的，用人单位应当按照正常工作时间支付工资。超过一个工资支付周期的，可以根据劳动者提供的劳动，按照双方新约定的标准支付工资；用人单位没有安排劳动者工作的，应当按照不低于当地最低工资标准的百分之八十支付劳动者生活费，生活费发放至企业复工、复产或者解除劳动关系。

★地方性文件·上海市

4.5.3.2 关于印发《上海市企业工资支付办法》的通知（沪人社综发［2016］29号）

十、企业确因生产经营困难，资金周转受到影响，暂时无法按时支付工资的，经与本企业工会或职工代表协商一致，可以延期在一个月内支付劳动者工资，延期支付工资的时间应告知全体劳动者。

十二、企业停工、停产在一个工资支付周期内的，应当按约定支付劳动者工资。超过一个工资支付周期的，企业可根据劳动者提供的劳动，按双方新的约定支付工资，但不得低于本市规定的最低工资标准。

4.5.4 事假或被强制期间不支付工资

★ 地方性文件·广东省

4.5.4.1 广东省工资支付条例（广东省第十二届人民代表大会常务委员会公告第65号 2016年9月起施行）

第二十五条 劳动者因事假未提供劳动期间，用人单位可以不支付工资。

第二十八条 劳动者因涉嫌违法犯罪被采取司法强制措施或者被行政拘留期间，未提供劳动的，用人单位可以不支付工资。

★地方性文件·上海市

4.5.4.2 关于印发《上海市企业工资支付办法》的通知（沪人社综发［2016］29号）

十五、在采取公共卫生预防控制措施时，劳动者疑似患传染病或者病原携带者的密切接触者，经隔离观察后排除的，企业应当视同劳动者提供正常劳动，支付其隔离观察期间的工资。

十六、被人民法院判处管制、缓刑的劳动者，继续在原企业工作的，企业应当支付劳动者工资。

十七、劳动者违反劳动纪律或规章制度，企业降低其工资的，降低后的工资不得低于本市规定的最低工资标准。

十八、劳动者因涉嫌违法犯罪被拘押或者其他客观原因，使劳动合同无法履行的，企业不支付劳动者工资，但法律、法规另有规定或者双方另有约定的除外。

4.5.5 节假日值班工资

★ 地方性文件·北京市

4.5.5.1 北京市高级人民法院、北京市劳动争议仲裁委员会关于印发《北京市高级人民法院、北京市劳动争议仲裁委员会关于劳动争议案件法律适用问题研讨会会议纪要》的通知（2009年）

第二十二条 下列情形中，劳动者要求用人单位支付加班工资的，一般不予支持：（1）用人单位因安全、消防、节假日等需要，安排劳动者从事与本职工作无关的值班任务；（2）用人单位安排劳动者从事与其本职工作有关的值班任务，但值班期间可以休息的。

在上述情况下，劳动者可以要求用人单位按照劳动合同、规章制度、集体合同等支付相应待遇

★地方性文件·广东省

4.5.5.2 惠州市中级人民法院、惠州市劳动人事争议仲裁委员会《关于审理劳动争议案件若干问题的会议纪要（试行）》（2012年）

第二十二条 对与用人单位已约定较高年薪制的企业高级管理人员、高级技术人员等，以及难以用标准工时衡量工作时间、劳动报酬而与用人单位约定实行较高年薪制的劳动者，其主张加班工资的，一般不予支持。

用人单位因安全、消防、节假日等需要，安排前款劳动者从事相应的值班任务，劳动者主张加班工资的，一般不予支持。劳动者主张按照劳动合同、规章制度、集体合同或惯例等支付相应待遇的，应予支持。

本条所称较高年薪制工资是指月平均工资高于当地上年度在岗职工月平均工资五倍的工资。

4.5.5.3 中山市中级法院关于审理劳动争议案件若干问题的参考意见（2011年）

4.4 对与用人单位已约定较高年薪制的企业高级管理人员、高级技术人员等，以及难以用标准工时衡量工作时间、劳动报酬而与用人单位约定实行较高年薪制的劳动者，其主张加班工资的，一般不予支持。

用人单位因安全、消防、节假日等需要，安排前款劳动者从事与本职工作无关的值班任务，或安排从事与其本职工作有关的值班任务且值班期间可以休息，劳动者主张加班工资的，一般不予支持。但劳动者主张按照劳动合同、规章制度、集体合同或惯例等支付相应待遇的，应予支持。

★地方性文件·上海市

4.5.5.4 上海市高级人民法院关于审理劳动争议案件若干问题的解答（沪高法民一［2006］17号）

三、关于单位值班的若干问题

（一）以下情形中，劳动者要求单位支付加班待遇的，劳动争议处理机构不予支持：

1、因单位安全、消防、假日等需要担任单位临时安排或制度安排的与劳动者本职工作无关的值班；

2、单位安排劳动者从事与其本职工作有关的值班任务，但值班期间可以休息的；

（二）上述情形中，劳动者可以要求单位按照规章制度、集体合同、单项集体协议、劳动合同或惯例等支付相应待遇。

4.5.6 参加社会活动期限的工资报酬

★ 地方性文件·广东省

4.5.6.1 广东省工资支付条例（广东省第十二届人民代表大会常务委员会公告第65号 2016年9月起施行）

第二十六条 劳动者在正常工作时间内依法参加下列社会活动的，用人单位应当支付正常工作时间工资：

（一）依法行使选举权或者被选举权；

（二）人大代表、政协委员依法履行职责；

（三）当选代表出席乡（镇）以上政府、党派以及工会、共青团、妇联等组织召开的会议；

（四）人民陪审员参加审判活动；

（五）不脱产工会基层委员会委员依法参加工会活动；

（六）职工代表参加集体合同协商活动；

（七）法律、法规规定的其他情形。

第十九条 劳动者依法享受法定休假日、年休假、探亲假、婚假、丧假、产假、看护假、计划生育假等假期期间，用人单位应当视同其正常劳动并支付正常工作时间的工资。

【法条延伸】：

中华人民共和国劳动法 主席令第18号 2009年修正

第五十一条 劳动者在法定休假日和婚丧假期间以及依法参加社会活动期间，用人单位应当依法支付工资。

4.5.7 提成工资

★ 地方性文件·广东省

4.5.7.1 中山市中级人民法院关于审理劳动争议案件若干问题的参考意见（2011年）

1.5【劳动者投资、入股的处理】由劳动者投资或以技术入股的用人单位与劳动者发生争议的，如果争议内容属于与劳动权利义务有关的，属于劳动争议案件，应予受理；如果争议内容属于因入股、退股、盈余分配、责任承担等非劳动权利义务纷争，不属于劳动争议案件，不予受理。

7.7【业务提成的举证责任】劳动者与用人单位约定业务提成在业务款回收后才支付，且业务款回收由劳动者经手的，劳动者应对业务款回收的事实负举证责任。

4.5.7.2 深圳市中级人民法院关于审理劳动争议案件的裁判指引（2015年）

第二十五条 当事人因工资支付发生争议的，举证责任如下分配：

（1）用人单位应就劳动者已领取工资的情况进行举证。

（2）用人单位延期支付工资，劳动者主张用人单位系无故拖欠工资的，用人单位应就延期支付工资的原因进行举证

（3）劳动者主张工资标准高于劳动合同约定或已实际领取的工资数额的，劳动者应就其主张的工资标准举证。

（4）因用人单位减少劳动报酬发生争议，由用人单位负举证责任。

⑸劳动者与用人单位约定业务提成在货款收回后才支付的，对货款收回的举证责任由劳动者负担。

⑹劳动者主张加班工资，用人单位否认有加班的，劳动者应就其存在加班事实或用人单位掌握加班事实存在证据承担举证责任；劳动者已举证证明其存在加班事实或用人单位掌握加班事实存在证据的，用人单位应就劳动者申请劳动仲裁之日前两年内的工作时间承担举证责任；

用人单位考勤记录虽无劳动者签名，但有其他证据（如经劳动者确认的工资支付凭证等）相佐证的，可作为认定劳动者工作时间的证据。

⑺劳动者主张用人单位拖欠劳动报酬的，用人单位应对劳动者申请劳动仲裁之日前两年内的工资支付情况承担举证责任，但劳动者有证据证明其在申请劳动仲裁前已向用人单位主张过权利的，用人单位应对劳动者首次主张权利之日前两年内的工资支付情况承担举证责任。

上款所称的工资支付情况应包括《深圳市员工工资支付条例》第十五条第二款所规定的相关内容。

第六十条 如劳动者与用人单位约定业务提成在货款收回后才支付的，该约定应认定为有效。员工请求业务提成，在约定条件成就后予以支持。

劳动者离职，业务提成支付周期在一个月内的，用人单位应立即支付；业务提成约定在货款收回后才支付的，则用人单位可在条件成就后支付。

4.6 标准及综合

★ 行政法规/部门规章/司法解释

4.6.1 最高人民法院关于作出国家赔偿决定时适用 2015 年度全国职工日平均工资标准的通知（法［2016］158 号）

各省、自治区、直辖市高级人民法院，解放军军事法院，新疆维吾尔自治区高级人民法院生产建设兵团分院：

根据国家统计局 2016 年 5 月 13 日发布的 2015 年城镇非私营单位在岗职工年平均工资（即原“全国在岗职工年平均工资”）数额，2015 年城镇非私营单位在岗职工年平均工资为 63241 元。按照人力资源和社会保障部提供的日平均工资的计算公式，日平均工资标准为 63241（元）÷12（月）÷21.75（月计薪天数）= 242.30 元。据此，根据《中华人民共和国国家赔偿法》第三十三条和《最高人民法院、最高人民检察院关于办理刑事赔偿案件适用法律若干问题的解释》第二十一条第二款的规定，各级人民法院自 2016 年 5 月 16 日起，作出国家赔偿决定时，对侵犯公民人身自由权每日的赔偿金应为 242.30 元。

特此通知，请遵照执行。

最高人民法院

2016 年 5 月 16 日

★ 地方性文件·广东省

4.6.2 2016 年惠州市上年度职工月平均工资

各县（区）人力资源和社会保障局（社会事务局），市直有关单位：

根据市统计局提供的数据，2015 年我市在岗职工月平均工资为 4884 元。从 2016 年 7 月 1 日起，凡计发工资待遇涉及“上年度职工月平均工资”、“上年度社会月平均工资”或“统筹地区职工平均工资”标准事项的，请统一按上年度职工月平均工资 4884 元标准执行。具体事项如下：

一、解除或终止劳动合同支付经济补偿金的；

二、正常工作时间工资未约定或约定不明确的；

三、职工（含离退休人员）因病或非因工负伤死亡支付待遇的；

四、未参保由用人单位计发工伤保险待遇的。

惠州市人力资源和社会保障局

2016 年 6 月 28 日

4.6.3 广东省工资支付条例（广东省第十二届人民代表大会常务委员会公告第 65 号 2016 年 9 月起施行）

第一章 总 则

第一条 为规范工资支付，保障劳动者取得劳动报酬的权利，建立和谐的劳动关系，促进社会稳定和经济发展，根据《中华人民共和国劳动法》和有关法律、行政法规，结合本省实际，制定本条例。

第二条 本条例适用于本省行政区域内的企业、民办非企业单位、个体经济组织、基金会、会计师事务所、律师事务所等组织（以下统称用人单位）和与之建立劳动关系的劳动者。

国家机关、事业单位、社会团体和与之建立劳动关系的劳动者，依照本条例执行。

第三条　省人民政府按照规定制定最低工资标准，地级以上市人民政府应当在省人民政府公布的最低工资标准中确定本市的最低工资标准。

县级以上人民政府应当定期公布劳动力市场工资指导价位和工资指导线，并为用人单位和劳动者提供指导和服务。

第四条　工资支付实行按时足额、优先支付原则。

劳动者在法定工作时间或者劳动合同约定的工作时间内提供正常劳动的，用人单位确定其工资标准不得低于当地最低工资标准。

第五条　各级人民政府应当建立健全工资支付预警机制、信用监督机制和应急处置机制。

各地级以上市人民政府应当建立欠薪应急周转金制度。

第六条　县级以上人民政府人力资源社会保障部门负责对本行政区域内用人单位的工资支付行为进行指导和监督检查。

工商、住房城乡建设、交通运输、水利、海关、税务等有关部门和银行，应当在各自职责范围内协助人力资源社会保障部门对工资支付行为实施监督。

工会、共产主义青年团、妇女联合会、残疾人联合会等组织依法维护劳动者获得劳动报酬的权利。

任何单位和个人有权检举工资支付的违法行为。

第二章　工资支付

第七条　用人单位应当依法制定本单位的工资支付制度，并书面告知本单位全体劳动者。

工资支付制度包括如下事项：

（一）工资的分配形式、项目、标准及其确定、调整办法；

（二）工资支付的周期和日期；

（三）加班、延长工作时间和特殊情况下的工资及支付办法；

（四）工资的代扣、代缴及扣除事项；

（五）其他有关事项。

劳动者有权向用人单位查询有关工资支付制度的内容。

第八条　用人单位与劳动者应当在劳动合同中依法约定正常工作时间工资，约定的工资不得低于所在地政府公布的本年度最低工资标准。

未约定的或者约定不明确的，以用人单位所在地县级人民政府公布的上年度职工月平均工资作为正常工作时间工资；实际支付的工资高于当地政府公布的上年度职工月平均工资的，实际支付的工资视为与劳动者约定的正常工作时间工资。

第九条　用人单位可以依法与本单位工会或者职工代表就工资支付有关事项进行集体协商，签订集体协议。

第十条　用人单位应当以货币形式按照确定的工资支付周期足额支付工资，不得拖欠或者克扣。

实行月、周、日、小时工资制的，工资支付周期可以按月、周、日、小时确定。

实行计件工资制或者以完成一定任务计发工资的，工资支付周期可以按计件或者完成工作任务情况约定，但支付周期超过一个月的，用人单位应当按照约定每月支付工资。

实行年薪制或者按考核周期支付工资的，用人单位应当按照约定每月支付工资，年终或者考核周期届满时应当结算并付清工资。

第十一条 用人单位应当将工资直接支付给劳动者本人。劳动者本人因故不能领取工资时，可以委托他人代领，但应当出具委托书。

用人单位委托银行代发工资的，应当在约定的工资支付日将劳动者的工资足额存入其本人账户。

第十二条 用人单位与劳动者应当在劳动合同中明确约定工资支付周期和支付日期。

用人单位应当按照约定的日期支付劳动者工资；遇法定休假日或者休息日，应当提前在最近的工作日支付。

第十三条 用人单位与劳动者依法终止或者解除劳动关系的，应当在终止或者解除劳动关系当日结清并一次性支付劳动者工资。

第十四条 用人单位按照有关规定从劳动者工资中代扣下列款项：

（一）劳动者应当缴纳的个人所得税；

（二）劳动者个人应当缴纳的各项社会保险费和住房公积金；

（三）人民法院判决、裁定代扣的抚养费、赡养费、扶养费；

（四）法律、法规规定或者双方约定应当代扣的其他款项。

第十五条 因劳动者过错造成用人单位直接经济损失，依法应当承担赔偿责任的，用人单位可以从其工资中扣除赔偿费，但应当提前书面告知扣除原因及数额；未书面告知的不得扣除。扣除赔偿费后的月工资余额不得低于当地最低工资标准。

第十六条 用人单位应当按照工资支付周期如实编制工资支付台账。工资支付台账应当至少保存二年。

工资支付台账应当包括支付日期、支付周期、支付对象姓名、工作时间、应发工资项目及数额，代扣、代缴、扣除项目和数额，实发工资数额，银行代发工资凭证或者劳动者签名等内容。

第十七条 用人单位支付工资时，应当向劳动者提供其本人的工资清单。

用人单位延长劳动者工作时间或者在休息日、法定休假日安排劳动者工作的，应当在工资清单中列明相应的工资报酬；未列明且无法举证已支付的，视为未支付相应的工资报酬。

工资清单项目及数额应当与工资支付台账相一致。

劳动者有权查询和核对本人工资清单。

第十八条 日工资按照劳动者月工资额除以国家规定的月平均工作天数确定；小时工资以日工资除以日工作时间确定，日工作时间不得超过八小时。

第十九条 劳动者依法享受法定休假日、年休假、探亲假、婚假、丧假、产假、看护假、计划生育假等假期期间，用人单位应当视同其正常劳动并支付正常工作时间的工资。

第二十条 用人单位安排劳动者加班或者延长工作时间，应当按照下列标准支付劳动者加班或者延长工作时间的工资报酬：

（一）工作日安排劳动者延长工作时间的，支付不低于劳动者本人日或者小时正常工作时间工资的百分之一百五十的工资报酬；

（二）休息日安排劳动者工作又不能安排补休的，支付不低于劳动者本人日或者小时正常工作时间工资的百分之二百的工资报酬；

（三）法定休假日安排劳动者工作的，支付不低于劳动者本人日或者小时正常工作时间工资的百分之三百的工资报酬。

第二十一条　实行计件工资的，用人单位应当科学合理确定劳动定额和计件单价，并予以公布

确定的劳动定额原则上应当使本单位同岗位百分之七十以上的劳动者在法定劳动时间内能够完成。

用人单位在劳动者完成劳动定额后，安排劳动者在正常工作时间以外工作的，应当依照本条例第二十条规定支付加班或者延长工作时间的工资。

第二十二条　经人力资源社会保障部门批准实行综合计算工时工作制的，劳动者在综合计算周期内实际工作时间超过该周期内累计法定工作时间的部分，视为延长工作时间，用人单位应当依照本条例第二十条第（一）项的规定支付工资。在法定休假日安排劳动者工作的，用人单位应当依照本条例第二十条第（三）项的规定支付工资。

第二十三条　经人力资源社会保障部门批准实行不定时工作制的，不适用本条例第二十条的规定。

第二十四条　劳动者因病或者非因工负伤停止工作进行治疗，在国家规定医疗期内，用人单位应当依照劳动合同、集体合同的约定或者国家有关规定支付病伤假期工资。

用人单位支付的病伤假期工资不得低于当地最低工资标准的百分之八十。

法律、法规另有规定的，从其规定。

第二十五条　劳动者因事假未提供劳动期间，用人单位可以不支付工资。

第二十六条　劳动者在正常工作时间内依法参加下列社会活动的，用人单位应当支付正常工作时间工资：

（一）依法行使选举权或者被选举权；

（二）人大代表、政协委员依法履行职责；

（三）当选代表出席乡（镇）以上政府、党派以及工会、共青团、妇联等组织召开的会议；

（四）人民陪审员参加审判活动；

（五）不脱产工会基层委员会委员依法参加工会活动；

（六）职工代表参加集体合同协商活动；

（七）法律、法规规定的其他情形。

第二十七条　劳动者被人民法院判处管制、拘役适用缓刑或者有期徒刑适用缓刑，被假释、取保候审、监外执行期间，为用人单位提供正常劳动的，用人单位应当支付工资。

第二十八条　劳动者因涉嫌违法犯罪被采取司法强制措施或者被行政拘留期间，未提供劳动的，用人单位可以不支付工资。

第二十九条　用人单位解除劳动关系的决定被裁决撤销或者判决无效的，应当支付劳动者在被违法解除劳动关系期间的工资，其工资标准为劳动者本人前十二个月的平均正常

工作时间工资；劳动者已领取失业保险金的，应当全部退回社会保险经办机构。

对前款规定的期间有争议的，可以由劳动人事争议仲裁委员会或者人民法院予以裁决。

第三十条 合伙企业拖欠劳动者工资的，应当先以其全部财产进行清偿；合伙企业财产不足清偿的，各合伙人应当承担无限连带清偿责任。

第三十一条 租用场地、厂房的用人单位的经营者拖欠工资逃匿的，当地政府和有关部门应当采取有效措施，及时组织相关单位和人员处理垫付临时生活费及追偿等事宜。

第三十二条 建设工程领域实行用工实名管理制度。施工总承包单位应当建立施工人员进出场登记制度，加强对分包单位劳动用工和工资发放的监督管理。施工总承包单位、分包单位应当建立用工管理台账，并保存至工程竣工且工资全部结清后至少两年。

第三十三条 建设工程领域劳动者工资支付实行专户管理制度，施工总承包单位和分包单位应当将建设项目工程款中的劳动者工资与其他款项分开银行账户管理。工资支付专用账户内的资金除发放工资外，不得用于其他用途，不得提取现金。

建设单位与施工总承包单位、施工总承包单位与分包单位签订工程承包合同时，应当对工程款中的人工费比例和支付期限作出明确约定，建设单位应当按照合同约定的比例按月将应付工程款中的人工费单独足额拨付到施工总承包单位开设的工资支付专用账户，施工总承包单位应当按照合同约定的比例按月将应付工程款中的人工费单独足额拨付到分包单位开设的工资支付专用账户。

工资支付专用账户内资金少于应发劳动者工资总额的，开户单位应当按时补足。工程竣工且工资全部结清后，工资支付专用账户可以注销，账户内余额归开户单位所有。

第三十四条 建设工程领域用工实名管理和工资支付专户管理的具体办法由省人民政府在一年内另行制定。

第三十五条 对建设资金来源不落实的政府投资工程项目不予批准。

建设单位申请施工许可证时，应当提供工资支付专用账户的开立等建设资金落实情况。负责建设项目审批的部门应当将工资支付专用账户的开立作为建设资金落实的具体要求进行审查，不符合法定条件的，不予颁发施工许可证。

第三十六条 不具备本条例第二条规定的用人单位资格的承包人拖欠或者克扣劳动者工资，作为发包方的用人单位应当先支付工资，再依法向承包人追偿。

第三十七条 建设单位（业主）未按照合同约定拨付或者结清工程款，致使施工单位拖欠劳动者工资的，人力资源社会保障部门可以责令建设单位（业主）先行垫付劳动者工资，先行垫付的工资数额以未结清的工程款为限。

分包建设工程的承包人拖欠或者克扣劳动者工资的，分包建设工程的发包人在未结清的工程款额度内先行垫付劳动者工资，垫付部分抵扣工程款。

分包建设工程的发包人违法分包、转包或者违法允许他人以本企业名义承揽工程发生拖欠工资的，由分包建设工程的发包人垫付劳动者工资。

第三十八条 用人单位合并或者分立前拖欠劳动者工资的，应当在合并或者分立时清偿拖欠的工资；不能清偿的，由合并或者分立后的用人单位清偿拖欠工资。

第三十九条 非因劳动者原因造成用人单位停工、停产，未超过一个工资支付周期（最长三十日）的，用人单位应当按照正常工作时间支付工资。超过一个工资支付周期的，可以根据劳动者提供的劳动，按照双方新约定的标准支付工资；用人单位没有安排劳动者工作的，应当按照不低于当地最低工资标准的百分之八十支付劳动者生活费，生活费发放至企业复工、复产或者解除劳动关系。

第四十条 用人单位破产、解散或者撤销的，经依法清算后的财产应当用于优先支付劳动者工资、社会保险费。

第三章 监督检查

第四十一条 县级以上人民政府根据本行政区域内工资支付的实际情况，建立工资支付预警制度。

人力资源社会保障部门可以对连续拖欠劳动者工资二个月以上或者累计拖欠达三个月以上的用人单位实施工资支付重点监察；情节严重的，可以向社会公布。

纳入工资支付重点监察的用人单位，付清原拖欠的劳动者工资，且在六个月期限内未再发生新的拖欠的，人力资源社会保障部门应当解除其重点监察；已向社会公布的，应当在原公布范围内公示解除重点监察。

第四十二条 县级以上人民政府应当制定工资支付应急预案。因拖欠、克扣劳动者工资引发群体性事件的，人力资源社会保障部门应当根据应急预案，迅速会同有关部门处理，有关部门应当配合。

第四十三条 人力资源社会保障部门应当建立健全对用人单位工资支付行为的监督检查制度，规范监督检查程序，依法对用人单位工资支付情况进行监察，对违法行为进行处理。

人力资源社会保障部门依法对用人单位工资支付情况进行执法检查时，用人单位应当如实报告情况，提供相关资料和证明，不得弄虚作假、阻碍、拒绝。

第四十四条 人力资源社会保障部门应当建立健全对工资支付违法行为的举报投诉制度，设立举报投诉信箱，公布举报投诉电话，为劳动者举报投诉提供便利条件，并为举报人保密。

第四十五条 人力资源社会保障部门应当建立健全包括工资支付情况在内的用人单位劳动守法诚信档案，推行劳动守法诚信评价制度；建立拖欠、克扣工资单位黑名单制度，对拖欠、克扣劳动者工资情况严重的用人单位，通过传播媒体或者在职业介绍场所、用人单位工作场所等地点予以公布，并将有关情况向人民银行分支机构、工商、住房城乡建设、交通运输、水利、发展改革、经济信息化、财政等有关部门和单位通报。

被列入拖欠、克扣工资黑名单的用人单位，其失信记录纳入人民银行企业征信系统、企业信用信息公示系统以及行业诚信信息平台；属于政府投资工程项目的，同时纳入政府工程项目投资审批系统。有关部门在政府资金支持、政府采购、招投标、生产许可、履约担保、资质审核、融资贷款、市场准入、评优评先等方面，应当对其予以严格限制。

第四十六条 县级以上人民政府应当加强对人力资源社会保障部门工资支付执法情况的监督检查。上级人力资源社会保障部门应当加强对下级人力资源社会保障部门工资支付执法情况的监督检查，发现下级人力资源社会保障部门对用人单位工资支付的违法行为不作为或者作出的行政处理决定违法、不当的，应当责令其限期改正。

第四十七条 用人单位有下列情形之一的，劳动者有权向人力资源社会保障部门举报投诉：

（一）拖欠或者克扣劳动者工资的；

（二）支付劳动者工资低于当地最低工资标准的；

（三）拒不支付或者不按规定支付劳动者加班或者延长工作时间工资的；

（四）其他侵害劳动者合法工资报酬权益的行为。

第四十八条 因工资支付发生争议，用人单位负有举证责任。用人单位拒绝提供或者在规定时间内不能提供有关工资支付凭证等证据材料的，人力资源社会保障部门、劳动人事争议仲裁委员会或者人民法院可以按照劳动者提供的工资数额及其他有关证据作出认定。

用人单位和劳动者都不能对工资数额举证的，由劳动争议仲裁委员会或者人民法院参照本单位同岗位的平均工资或者当地在岗职工平均工资水平，按照有利于劳动者的原则计算确定。

第四十九条 在用人单位与劳动者约定的工资支付日期前，有证据证明用人单位法定代表人、实际经营者或者主要负责人采取逃匿、转移财产等方式逃避支付工资义务的，由人力资源社会保障部门责令其限期支付。

第五十条 人力资源社会保障部门在办理拒不支付劳动报酬案件过程中，发现涉案人员有拒绝调查、逃匿或者转移、隐藏、销毁证据等行为，依法可以要求公安机关提前介入调查，公安机关应当予以配合。有关行为涉嫌犯罪的，人力资源社会保障部门应当依法向公安机关移送案件。

第五十一条 工会组织对用人单位遵守工资支付法律、法规的情况依法进行监督，发现违法行为的，有权要求用人单位改正，并及时向人力资源社会保障部门通报。用人单位拒不改正或者经营者逃匿的，工会组织可以代表职工请求当地人力资源社会保障部门依法处理，劳动者申请劳动仲裁或者提起诉讼的，工会组织应当依法予以支持和帮助。

第五十二条 用人单位拖欠或者克扣工资，劳动者要求工会组织协助解决的，工会组织应当代表职工与用人单位进行协商，并协助用人单位维护正常的生产、工作秩序。

第四章　法律责任

第五十三条 用人单位连续拖欠或者克扣劳动者工资二个月以上或者情节特别严重的，人力资源社会保障部门应当责令其改正并作出行政处理决定。用人单位在规定的期限内拒不执行行政处理决定的，人力资源社会保障部门可以依法申请人民法院强制执行。

第五十四条 用人单位有下列情形之一的，由县级以上人力资源社会保障部门责令限期改正；逾期未改正的，可以对用人单位处以五千元以上一万元以下的罚款，并可以对其法定代表人处以一千元以上五千元以下的罚款：

（一）未依法制定工资支付制度并告知本单位全体劳动者的；

（二）未以货币形式支付劳动者工资的；

（三）未在终止或者解除劳动关系当日结清并一次性支付劳动者工资的；

（四）未如实编制工资支付台账的；

（五）未向劳动者本人提供其工资清单的。

第五十五条 施工总承包单位、分包单位违反本条例规定，未实行用工实名管理、工资支付专户管理等制度的，由人力资源社会保障部门责令限期改正；逾期不改正的，处以五万元以上十万元以下的罚款。

第五十六条 用人单位有下列情形之一的，由人力资源社会保障部门分别责令限期支付劳动者的工资报酬、劳动者工资低于当地最低工资标准的差额、加班或者延长工作时间的工资。逾期不支付的，责令用人单位按照应付金额百分之五十以上一倍以下的标准计算，向劳动者加付赔偿金：

（一）拖欠或者克扣劳动者工资的；

（二）支付劳动者工资低于当地最低工资标准的；

（三）拒不支付或者不按照规定支付劳动者加班或者延长工作时间工资的。

第五十七条　用人单位有下列行为之一的，由人力资源社会保障部门视情节轻重，处以二千元以上二万元以下的罚款：

（一）拒绝、阻碍劳动保障行政执法人员依法执行公务的；

（二）不按照人力资源社会保障部门的要求报送书面材料、隐瞒事实真相、出具伪证或者隐匿、毁灭证据的；

（三）经人力资源社会保障部门责令改正拒不改正，或者拒不履行人力资源社会保障部门的行政处理决定的。

第五十八条　对采取逃匿等方式拖欠工资，致使劳动者难以追偿其工资而引发严重影响公共秩序事件的用人单位的法定代表人或者经营者，由公安机关依法处理；构成犯罪的，依法追究刑事责任。

因用人单位拖欠、克扣工资而引发严重影响公共秩序事件的，用人单位法定代表人或者主要经营者应当在二十四小时内到现场协助人力资源社会保障部门处理事件；未到现场的，由人力资源社会保障部门处以一万元以上五万元以下的罚款。

第五十九条　政府投资工程项目因拖欠工程款引发拖欠、克扣劳动者工资的，追究项目负责人的责任。

第六十条　人力资源社会保障部门及其工作人员违反本条例规定，有下列行为之一的，由其上级行政机关或者监察机关责令改正；情节严重的，对直接负责的主管人员和其他直接责任人员依法给予行政处分：

（一）未建立用人单位工资支付违法行为举报制度的；

（二）未为举报人保密的；

（三）未依法及时处理劳动者举报或者工会组织按照本条例第五十一条规定提出的处理建议的；

（四）发生群体性事件，未启动应急预案的。

第六十一条　人力资源社会保障部门及其工作人员有下列行为之一的，可以根据情节轻重，给予主要负责人及直接责任人员行政处分；构成犯罪的，由司法机关依法追究刑事责任：

（一）玩忽职守、滥用职权的；

（二）利用职权谋取私利的；

（三）泄露用人单位的商业秘密的。

第五章　附　则

第六十二条　本条例中下列用语的含义是：

（一）工资，是指用人单位基于劳动关系，按照劳动者提供劳动的数量和质量，以货币形式支付给劳动者本人的全部劳动报酬。一般包括：各种形式的工资（计时工资、计件工资、岗位工资、职务工资、技能工资等）、奖金、津贴、补贴、延长工作时间及特殊情况下支付的属于劳动报酬性的工资收入等；但不包括用人单位按照规定负担的各项社会保险费、住房公积金，人力资源社会保障部门和安全生产监察行政部门规定的劳动保护费用，按照规定标准支付的独生子女补贴、计划生育奖，丧葬费、抚恤金等国家规定的福利费用和属于非劳动报酬性的收入。

（二）正常工作时间工资，是指劳动者在法定工作时间内提供了正常劳动，用人单位依法应当支付的劳动报酬。正常工作时间工资不包括下列各项：

1. 延长工作时间工资；

2. 中班、夜班、高温、低温、井下、有毒有害等特殊工作环境、条件下的津贴；

3. 法律、法规和国家规定的劳动者福利待遇等。

（三）最低工资，是指按照前项规定劳动者在法定工作时间内提供了正常劳动，用人单位依法应当支付的最低劳动报酬。

（四）拖欠工资，是指用人单位无法定理由逾期未支付或者未足额支付劳动者应得工资的行为

（五）克扣工资，是指用人单位无法定理由扣减劳动者应得工资的行为。

（六）民办非企业单位，是指企业事业单位、社会团体和其他社会力量以及公民个人利用非国有资产举办的，从事非营利性社会服务活动的社会组织。

第六十三条 劳动者与用人单位因工资支付数额发生争议的，应当按照劳动争议处理规定处理。

第六十四条 本条例自2005年5月1日起施行。

4.6.4 深圳市员工工资支付条例（深圳市第十三届人民代表大会常务委员会公告第118号 2009年）

第一章 总 则

第一条 为了维护员工获得劳动报酬的权利，规范工资支付行为，依据《中华人民共和国劳动法》和其他有关法律、法规的规定，结合深圳市实际，制定本条例。

第二条 本条例适用于本市行政区域内的企业、个体经济组织以及民办非企业单位等组织（以下统称用人单位）和与之形成劳动关系的员工。

国家机关、事业单位、社会团体和与之建立劳动关系的员工，依照本条例执行，但公务员、参照公务员管理的人员等除外。

第三条 本条例所称工资，是指用人单位依据国家有关规定和劳动关系双方的约定，以货币形式支付给员工的劳动报酬。但依据法律、法规、规章的规定，由用人单位承担或者支付给员工的下列费用不属于工资：

（一）社会保险费；

（二）劳动保护费；

（三）福利费；

（四）用人单位与员工解除劳动关系时支付的一次性补偿费；

（五）计划生育费；

（六）其他不属于工资的费用。

第四条 本条例所称正常工作时间工资，是指员工在正常工作时间内为用人单位提供

正常劳动应得的劳动报酬。

正常工作时间工资由用人单位和员工按照公平合理、诚实信用的原则在劳动合同中依法约定，约定的正常工作时间工资不得低于市政府公布的最低工资标准。

第五条 用人单位应当按时、足额支付员工工资。

第六条 工资应当以货币形式支付，不得以实物等非货币形式支付。

用人单位应当至少每月向员工支付一次工资。

第七条 市、区人民政府劳动保障行政管理部门（以下简称劳动保障部门）负责对本条例的实施情况进行监督、检查。

公安、工商、建设等有关部门应当在各自职责范围内，协助劳动保障部门做好用人单位工资支付的监督管理工作。

第二章 工资支付一般规定

第八条 用人单位应当通过集体协商或者其他民主方式依法制定工资支付制度，并向本单位全体员工公布。

第九条 用人单位应当与员工约定工资及其支付周期、支付日等内容。

第十条 实行年薪制或者按照考核周期支付工资的，应当每月按照不低于最低工资的标准预付部分工资。

加班工资支付周期不得超过一个月。

第十一条 工资支付周期不超过一个月的，约定的工资支付日不得超过支付周期期满后第七日；工资支付周期超过一个月不满一年的，约定的工资支付日不得超过支付周期期满后的一个月；工资支付周期在一年或者一年以上的，约定的工资支付日不得超过支付周期期满后的六个月。

工资支付日遇法定休假节日或者休息日的，应当在之前的工作日支付。

第十二条 用人单位因故不能在约定的工资支付日支付工资的，可以延长五日；因生产经营困难，需延长五日以上的，应当征得本单位工会或者员工本人书面同意，但最长不得超过十五日。

第十三条 用人单位与员工的劳动关系依法解除或者终止的，支付周期不超过一个月的工资，用人单位应当自劳动关系解除或者终止之日起三个工作日内一次付清；支付周期超过一个月的工资，可以在约定的支付日期支付。

第十四条 员工工资应当从用人单位与员工建立劳动关系之日起计发至劳动关系解除或者终止之日。

劳动关系解除或者终止时，员工月度奖、季度奖、年终奖等支付周期未满的工资，按照员工实际工作时间折算计发。

第十五条 用人单位支付工资应当制作工资支付表。

工资支付表应当有支付单位名称、工资计发时段、发放时间、员工姓名、正常工作时间、加班时间、正常工作时间工资、加班工资等应发项目以及扣除的项目、金额及其工资账号等记录。

工资支付表至少应当保存两年。

用人单位支付员工工资时应当向员工提供一份本人的工资清单，并由员工签收。工资清单的内容应当与工资支付表一致，员工对工资清单表示异议的，用人单位应当予以答复。

第十六条 用人单位应当将工资支付给员工本人。

用人单位支付工资委托银行发放的，应当将工资存入员工本人账户。

用人单位以现金形式支付员工工资的，应当由员工本人领取，并在工资支付表上签收。员工因故不能亲自领取工资的，可以委托他人代领，但应当提供书面的授权委托。员工死亡的，工资由其继承人或者受遗赠人领取。

第十七条 用人单位以周、日、小时支付员工工资的，其工资折算按照每日工作八小时、每周工作四十小时、每月平均工作二十一点七五日计算。

第三章 加班工资支付标准

第十八条 用人单位有下列情形之一的，应当按照下列标准支付员工加班工资：

（一）安排员工在正常工作时间以外工作的，按照不低于员工本人正常工作时间工资的百分之一百五十支付；

（二）安排员工在休息日工作，又不能安排补休的，按照不低于员工本人正常工作时间工资的百分之二百支付；

（三）安排员工在法定休假节日工作的，按照不低于员工本人正常工作时间工资的百分之三百支付。

第十九条 实行综合计算工时工作制的员工，在综合计算工时周期内，员工实际工作时间达到正常工作时间后，用人单位安排员工工作的，视为延长工作时间，按照不低于员工本人正常工作时间工资的百分之一百五十支付员工加班工资。

用人单位安排实行综合计算工时工作制的员工在法定休假节日工作的，按照不低于员工本人正常工作时间工资的百分之三百支付员工加班工资。

第二十条 用人单位安排实行不定时工作制的员工在法定休假节日工作的，按照不低于员工本人正常工作时间工资的百分之三百支付员工加班工资。

第四章 假期工资支付标准

第二十一条 员工在法定休假节日期间休假的，用人单位应当支付工资。

实行小时、日工资制和计件工资制的员工在法定休假节日期间休假的，用人单位应当按照不低于员工本人正常工作时间工资的标准，支付其法定休假节日期间的工资。

第二十二条 员工依法享受年休假、探亲假、婚假、丧假、产假、看护假、节育手术假等假期的，用人单位应当视为提供正常劳动并支付工资。

第二十三条 员工患病或者非因工负伤停止工作进行医疗，在国家规定的医疗期内的，用人单位应当按照不低于本人正常工作时间工资的百分之六十支付员工病伤假期工资，但不得低于最低工资的百分之八十。

第二十四条 员工因工负伤医疗期间的工资或者工伤津贴按照工伤保险的有关规定执行。

第二十五条 员工请事假的，用人单位可以不支付其事假期间的工资。

第二十六条 实行综合计算工时制度的员工，在综合计算工时周期内，实际工作时间达到正常工作时间后的休息期间，用人单位应当视为提供正常劳动并支付工资。

第五章 特殊情况下的工资支付

第二十七条 员工在正常工作时间内，有下列情形之一的，用人单位应当视为提供正常劳动并支付工资：

（一）依法行使选举权或者被选举权；

（二）当选代表或者委员出席区以上人民代表大会及其常务委员会、政府、党派、工会、共青团、妇女联合会等组织召开的会议；

（三）作为人民陪审员参加审判活动或者作为证人参加诉讼、仲裁活动；

（四）《中华人民共和国工会法》规定的不脱产工会基层委员会委员参加工会活动；

（五）法律、法规规定的其他情形。

第二十八条 非因员工本人过错，用人单位部分或者整体停产、停业的，用人单位应当按照下列正常工作时间支付停工员工在停工期间的工资：

（一）停工一个月以内的，按照员工本人正常工作时间工资的百分之八十支付；

（二）停工超过一个月的，按照不低于最低工资的百分之八十支付。

第二十九条 因员工本人过错造成停工的，用人单位可以不支付该员工停工期间的工资，但经认定属于工伤的除外。

第三十条 员工被判处管制或者被判处拘役、有期徒刑适用缓刑或者被假释、监外执行、取保候审，劳动关系未解除的，用人单位应当按照其提供的劳动支付工资。

第三十一条 员工涉嫌违法犯罪被依法采取限制人身自由的强制措施或者受到限制人身自由的行政处罚的，用人单位可以不支付其被限制人身自由期间的工资。

第三十二条 用人单位依法破产、解散或者被撤销进行清算时，清算组织应当依照有关法律规定的清偿顺序，首先支付欠付的员工工资。

第六章 工资扣减

第三十三条 用人单位依法从员工工资中代扣或者代缴下列费用：

（一）员工本人工资的个人所得税；

（二）员工个人负担的社会保险费；

（三）协助执行法院判决、裁定由员工负担的抚养费、扶养费、赡养费；

（四）法律、法规规定应当由用人单位从员工工资中代扣或者代缴的其他费用。

第三十四条 用人单位可以从员工工资中扣减下列费用：

（一）员工赔偿因本人原因造成用人单位经济损失的费用；

（二）用人单位按照依法制定的规章制度对员工进行的违纪经济处罚；

（三）经员工本人同意的其他费用。

用人单位每月扣减前款第（一）（二）项费用后的员工工资余额不得低于最低工资。

第七章 最低工资

第三十五条 本条例所称最低工资，是指员工在正常工作时间内提供了正常劳动后，用人单位应当支付的最低限额的劳动报酬。但下列各项不得作为最低工资的构成部分：

（一）加班工资；

（二）夜班、高温、低温、井下、有毒有害等特殊工作条件下的补助；

（三）按照规定不属于工资的其他费用。

第三十六条 最低工资应当以员工本人及其平均赡养人口的最低生活费用为基数，并综合考虑下列因素加以确定：

（一）社会平均工资水平；

（二）劳动生产率水平和经济发展水平；

（三）就业状况；

（四）社会保险标准。

最低工资由市劳动保障部门会同市国有资产管理部门、市总工会、市总商会研究确定，报市人民政府（以下简称市政府）批准。

第三十七条 最低工资标准每两年至少调整一次。

第三十八条 市政府确定最低工资标准后，应在实施前一个月在市主要报刊、电台、电视台以及政府网站分别公布。新闻单位应当及时刊登、播放。

第三十九条 全日制就业劳动者最低工资以月最低工资为基本形式，非全日制就业劳动者最低工资以小时最低工资为基本形式。

第四十条 实行计件工资或者提成工资等工资形式的，应当按照正常工作时间进行折算，其相应的折算额不得低于最低工资。

第四十一条 市政府可以根据本市不同行政区域的具体情况确定不同的最低工资。

第四十二条 用人单位应当在市政府公布最低工资之日起一个月内，将当年度市政府有关最低工资的规定书面告知本单位员工。

第八章 监督检查

第四十三条 市、区人民政府应当建立对用人单位工资支付监控、工资支付信用信息等监督检查制度。

第四十四条 劳动保障部门应当依法对用人单位工资支付情况进行监督检查，对违法行为进行处理。

用人单位在接受监督检查时，应当如实报告情况，并提供相关的资料和证明。

第四十五条 劳动保障部门依法对用人单位工资支付情况进行监督检查时，公安、工商和建设等有关部门应当根据劳动保障部门的要求予以协助。

第四十六条 各级工会组织依法对用人单位的工资支付行为进行监督，对用人单位的违法行为有权制止并可以要求劳动保障部门处理用人单位的违法行为。

第四十七条 任何组织和个人对于违反工资支付法律、法规的行为有权向劳动保障部门检举和控告。

第四十八条 用人单位有下列情形之一的，员工有权向劳动保障部门举报：

（一）支付的工资低于最低工资的；

（二）克扣或者无故拖欠员工工资的；

（三）法定代表人或者经营负责人转移财产或者逃避、隐匿，可能影响员工工资支付的；

（四）其他可能影响员工工资支付的。

第四十九条 劳动保障部门接到举报后，应当在法定时限内办结，并将办理情况向举报人反馈

劳动保障部门应当为举报者保密。

第五十条 用人单位克扣、无故拖欠员工工资或者低于最低工资支付工资的，劳动保障部门有权要求用人单位在一年内定期报送工资支付表。

第五十一条　用人单位克扣、无故拖欠员工工资或者低于最低工资支付工资的，劳动保障部门可以视情节轻重向社会公布。

第九章　法律责任

第五十二条　用人单位为合伙形式的，合伙人对拖欠的员工工资承担连带责任，先行支付拖欠工资的合伙人可以依法向其他合伙人追偿。

第五十三条　在建筑活动中，建设单位、施工总承包企业等单位违法将工程发包、分包或者转包给未经工商登记不具备用工主体资格或者不具备相应资质条件的组织或者个人，该组织或者个人拖欠员工工资的，发包单位应当向员工垫付拖欠的工资。

第五十四条　用人单位实行承包经营，承包方拖欠员工工资的，发包方应当依法承担相应的法律责任。

第五十五条　用人单位有下列情形之一的，由劳动保障部门给予警告，责令限期改正；逾期未改正的，可以处以一万元以上五万元以下的罚款：

（一）未按照本条例规定制作或者保存工资支付表的；

（二）未按照本条例规定向员工提供工资清单的；

（三）以现金方式支付工资，未将工资支付表提供给员工签收的。

第五十六条　用人单位有下列情形之一的，由劳动保障部门责令限期改正；逾期未改正的，可以视情节轻重处以三万元以上五万元以下的罚款：

（一）支付员工工资低于最低工资的；

（二）克扣或者无故拖欠员工工资的；

（三）以实物等非货币形式支付员工工资的。

第五十七条　被举报、投诉的用人单位在劳动保障部门监督检查工资支付时，拒绝提供本单位工资支付相关资料或者隐瞒事实、出具虚假资料或者隐匿、毁灭相关资料的，由劳动保障部门视情节轻重，处以一万元以上五万元以下的罚款，并可以对用人单位主要负责人和直接责任人处以五千元以上两万元以下的罚款。

第五十八条　当事人对劳动保障部门作出的行政处罚决定不服的，可以依法申请行政复议或者提起行政诉讼。当事人逾期不申请行政复议，也不向人民法院提起行政诉讼，又不履行行政处罚决定的，劳动保障部门依法向人民法院申请强制执行。

第五十九条　劳动保障部门以及有关部门工作人员对用人单位进行工资支付监督检查时，应当遵守有关规定，并出示有效证件。

第六十条　劳动保障部门以及有关部门不按照本条例规定履行职责的，对直接负责的主管人员和直接责任人员依法给予行政处分。

劳动保障部门以及有关部门工作人员在工资支付监督检查中滥用职权、徇私舞弊、玩忽职守的，依法给予行政处分；构成犯罪的，依法追究刑事责任。

第十章　附　则

第六十一条　本条例下列用语的含义：

（一）正常工作时间，是指用人单位在法定工作时间内所确定的工作时间；

（二）正常劳动，是指员工按照劳动关系双方的约定，在正常工作时间内从事的劳动；

（三）克扣工资，是指用人单位违反本条例规定扣减员工工资的行为；

（四）无故拖欠工资，是指用人单位非因不可抗力，超过本条例规定或者认可的工资支付最后期限，未支付或者未全额支付员工工资的行为。

第六十二条 市政府可以根据本条例制定实施细则。

第六十三条 本条例自2004年12月1日起施行。

★地方性文件·上海市

4.6.5 上海市企业欠薪保障金筹集和垫付的若干规定（上海市人民政府令第19号 2009年9月起施行）

第一章 总 则

第一条 【目的和依据】为了帮助劳动者解决因企业欠薪引起的临时性生活困难，维护社会稳定，根据国务院有关文件精神和《上海市促进就业若干规定》，制定本规定。

第二条 【定义】本规定所称的欠薪，是指企业应当支付而未支付给劳动者的工资，以及解除、终止劳动合同时应当支付而未支付给劳动者的经济补偿金。

第三条 【适用范围】本市范围内企业缴纳欠薪保障费，以及劳动者因企业欠薪而申请先行垫付的，适用本规定。

建筑施工企业实行工资保证金制度的，不适用本规定。

第四条 【欠薪保障的原则】欠薪保障实行社会共济、应急帮助和有限垫付的原则，鼓励劳动者通过法律途径追讨欠薪，维护自身合法权益。

第五条 【资金来源】本市设立欠薪保障金。欠薪保障金的来源包括：

（一）企业缴纳的欠薪保障费及其利息收入；

（二）垫付欠薪款项的追偿所得；

（三）财政补贴；

（四）其他收入。

第二章 管理机构

第六条 【管理部门】上海市人力资源和社会保障局（以下简称市人力资源社会保障局）是本市欠薪保障工作的主管部门，履行下列职责：

（一）制定欠薪保障金的有关管理制度；

（二）审核、决定超过规定数额的垫付欠薪事项；

（三）向欠薪企业追偿由其决定垫付的欠薪款项；

（四）指导、监督区县人力资源和社会保障局（以下简称区县人力资源社会保障局）的欠薪保障工作；

（五）按照本规定应当履行的其他职责。

区县人力资源社会保障局负责本行政区域内的欠薪保障工作，履行下列职责：

（一）受理本行政区域内以及市人力资源社会保障局指定的垫付欠薪申请；

（二）审核、决定规定数额以内的垫付欠薪事项；

（三）向欠薪企业追偿由其垫付的欠薪款项；

（四）按照本规定应当履行的其他职责。

第一款、第二款所称的规定数额，由市人力资源社会保障局确定。

第七条 【财务管理】欠薪保障金实行收支两条线管理，设立财政专户，专款专用。

市人力资源社会保障局向区县人力资源社会保障局下拨的欠薪保障金，存入区县人力资源社会保障局开设的专户，实行分账核算管理。具体管理办法由市人力资源社会保障局与市财政局另行制定。

欠薪保障工作所需经费按规定列入同级财政预算。

第八条 【监督】上海市社会保障监督委员会对欠薪保障费的征缴、欠薪保障金的使用情况进行监督。

第三章 征 缴

第九条 【征缴机构】市人力资源社会保障局所属的社会保险经办机构具体负责欠薪保障费的征缴工作。

第十条 【缴费主体】本市范围内的企业应当依照本规定，在市人力资源社会保障局规定的缴费期限内缴纳欠薪保障费。

领取营业执照的企业分支机构，应当单独缴纳欠薪保障费。

企业缴纳的欠薪保障费在成本中列支。

第十一条 【缴费的标准和数额】企业、企业分支机构每年缴纳一次欠薪保障费。缴费的具体数额，为本市公布的月最低工资标准的数额。

第十二条 【缴费的调整与公布】根据欠薪保障金的收支情况，市人力资源社会保障局可适时提出调整缴费标准或者暂停征缴欠薪保障费的建议，经市人民政府批准后实施，并向社会公布。

第四章 申请与垫付

第十三条 【申请条件】有下列情形之一的，企业无力或暂时无力支付欠薪，被欠薪的劳动者本人可以申请垫付欠薪：

（一）企业因宣告破产、解散或者被撤销进入清算程序，且欠薪事实已由企业、企业清算组织确认，或者已由人力资源和社会保障行政部门或者劳动争议处理机构查实的；

（二）企业因经营者隐匿、出走等原因已停止经营，且欠薪事实已由人力资源和社会保障行政部门或者劳动争议处理机构查实的。

除上述情形外，因企业欠薪可能引发重大冲突，负责处理纠纷的行政机关已将纠纷情况和欠薪事实查清的，被欠薪的劳动者也可以申请垫付欠薪。

第十四条 【申请人资格的限制】在本规定第十三条所规定的情形中，属于下列人员的，不予垫付欠薪：

（一）欠薪企业的法定代表人或者经营者；

（二）欠薪企业中与前项人员共同生活的近亲属；

（三）拥有欠薪企业10%以上股份的人员；

（四）月工资超过本市职工月平均工资水平三倍的人员；

（五）累计欠薪数额不到200元的人员。

第十五条 【申请人应提供的材料】申请人应当提供本人身份证明、劳动关系证明，填写垫付欠薪申请书，并提供能够证明欠薪事实的相关材料。

属于本规定第十三条第二款规定情形的，申请人还需提供处理纠纷的行政机关出具的证明需要垫付欠薪的相关材料。

第十六条 【申请期限】劳动者申请垫付欠薪的，应当自取得证明欠薪事实的材料之日起 30 日内，向区县人力资源社会保障局提出申请。

劳动者因非自身原因超出规定期限提出申请的，区县人力资源社会保障局可以适当延长其申请期限。

第十七条 【审核与垫付】区县人力资源社会保障局收到申请后，应当及时进行审核，并在 10 个工作日内作出准予或者不予垫付的决定；对于超过规定数额的垫付事项，应当报市人力资源社会保障局审核决定。

人力资源和社会保障行政部门决定不予垫付的，不影响申请人根据劳动监察、劳动争议处理以及其他有关法律法规的规定要求企业支付欠薪的权利。

第十八条 【协助义务】人力资源和社会保障行政部门对申请材料进行审核，需要了解有关欠薪情况时，申请人、欠薪企业以及有关的机构和组织应当予以配合。

第十九条 【垫付标准】欠薪月数不超过 6 个月的，垫付欠薪按照实际欠薪月数计算；超过 6 个月的，按照 6 个月计算。

拖欠的月工资或者月经济补偿金高于本市当年职工月最低工资标准的，垫付欠薪的款项按照月最低工资标准计算；低于月最低工资标准的，按照实际欠薪数额计算。

第五章 追 偿

第二十条 【欠薪追偿权的转移】劳动者获得欠薪垫付的，作出垫付的人力资源和社会保障行政部门就垫付部分取得对企业的欠薪追偿权。

劳动者获得欠薪垫付的，不影响其依法要求企业支付其他欠薪部分的权利。

第二十一条 【偿还义务】企业应当及时偿还欠薪保障金垫付的欠薪款项。

第二十二条 【不履行偿还义务的救济途径】企业拖延或者拒不偿还被垫付的欠薪款项的，人力资源和社会保障行政部门可以依法申请人民法院强制执行或者向人民法院提起诉讼。

第二十三条 【清算程序中的追偿】因本规定第十三条第一款第（一）项情形垫付欠薪款项的，人力资源和社会保障行政部门可以通过参加债权人会议等形式参与财产分配，并依法优先受偿。

第六章 法律责任

第二十四条 【对欠薪企业的查处】企业无故拖欠劳动者的工资报酬，或者未依法支付经济补偿金的，由人力资源和社会保障行政部门根据《劳动保障监察条例》以及本市有关规定予以查处。

第二十五条 【不缴纳欠薪保障费的法律责任】企业未按规定缴纳欠薪保障费的，由市人力资源社会保障局责令限期缴纳；逾期仍不缴纳的，从欠缴之日起，按日加收 2‰滞纳金，并处以 1000 元以上 3000 元以下的罚款。滞纳金并入欠薪保障金。

第二十六条 【提供虚假资料的法律责任】以提供虚假资料或者虚构事实骗取欠薪垫付款项的，由人力资源和社会保障行政部门责令其退还；构成犯罪的，依法追究刑事责任。

第二十七条 【工作人员的违法责任】与实施欠薪保障有关的工作人员滥用职权、徇私舞弊、玩忽职守的，由有关部门给予行政处分；构成犯罪的，依法追究刑事责任。

第七章　附　则

第二十八条　【年度报告与审计】市人力资源社会保障局每年应当向市人民政府报告上一年度欠薪保障费的征缴和欠薪保障金的使用情况。

审计部门依法对欠薪保障金的收支情况进行审计监督。

第二十九条　【协调机制】上海市劳动关系协调联席会议可以定期对本市欠薪保障工作中的有关问题进行研究和协调。

第三十条　【表彰】企业在保障劳动者权益、推进和谐劳动关系方面有突出成绩的，人力资源和社会保障行政部门可予以表彰。

第三十一条　【实施日期】本规定自 2007 年 10 月 1 日起施行。上海市人民政府 1999 年 11 月 25 日印发的《上海市小企业欠薪基金试行办法》（沪府发［1999］043 号）和 2000 年 8 月 8 日批转的《关于本市小企业欠薪保障金收缴的实施意见》（沪府发［2000］038 号）同时废止。

4.6.6 关于本市 2015 年职工平均工资有关事宜的通知（沪人社综发［2016］12 号）

区县人力资源和社会保障局，各有关委、办、局，各控股（集团）公司、企业（集团）公司，各有关单位：

2015 年本市职工平均工资为 71268 元，月平均工资为 5939 元，比上年增长 8.9%。

凡按 2015 年本市职工平均工资计算的事项，均按本通知执行。

上海市人力资源和社会保障局

2016 年 3 月 31 日

4.7 高温津贴

★ 行政法规/部门规章/司法解释

4.7.1 防暑降温措施管理办法（安监总安健［2012］89号）

第一条 为了加强高温作业、高温天气作业劳动保护工作，维护劳动者健康及其相关权益，根据《中华人民共和国职业病防治法》、《中华人民共和国安全生产法》、《中华人民共和国劳动法》、《中华人民共和国工会法》等有关法律、行政法规的规定，制定本办法。

第二条 本办法适用于存在高温作业及在高温天气期间安排劳动者作业的企业、事业单位和个体经济组织等用人单位。

第三条 高温作业是指有高气温、或有强烈的热辐射、或伴有高气湿（相对湿度≥80%RH）相结合的异常作业条件、湿球黑球温度指数（WBGT指数）超过规定限值的作业。

高温天气是指地市级以上气象主管部门所属气象台站向公众发布的日最高气温35℃以上的天气。

高温天气作业是指用人单位在高温天气期间安排劳动者在高温自然气象环境下进行的作业

工作场所高温作业WBGT指数测量依照《工作场所物理因素测量第7部分：高温》（GBZ/T189.7）执行；高温作业职业接触限值依照《工作场所有害因素职业接触限值第2部分：物理因素》（GBZ2.2）执行；高温作业分级依照《工作场所职业病危害作业分级第3部分：高温》（GBZ/T229.3）执行。

第四条 国务院安全生产监督管理部门、卫生行政部门、人力资源社会保障行政部门依照相关法律、行政法规和国务院确定的职责，负责全国高温作业、高温天气作业劳动保护的监督管理工作。

县级以上地方人民政府安全生产监督管理部门、卫生行政部门、人力资源社会保障行政部门依据法律、行政法规和各自职责，负责本行政区域内高温作业、高温天气作业劳动保护的监督管理工作。

第五条 用人单位应当建立、健全防暑降温工作制度，采取有效措施，加强高温作业、高温天气作业劳动保护工作，确保劳动者身体健康和生命安全。

用人单位的主要负责人对本单位的防暑降温工作全面负责。

第六条 用人单位应当根据国家有关规定，合理布局生产现场，改进生产工艺和操作流程，采用良好的隔热、通风、降温措施，保证工作场所符合国家职业卫生标准要求。

第七条 用人单位应当落实以下高温作业劳动保护措施：

（一）优先采用有利于控制高温的新技术、新工艺、新材料、新设备，从源头上降低或者消除高温危害。对于生产过程中不能完全消除的高温危害，应当采取综合控制措施，使其符合国家职业卫生标准要求。

（二）存在高温职业病危害的建设项目，应当保证其设计符合国家职业卫生相关标准和卫生要求，高温防护设施应当与主体工程同时设计，同时施工，同时投入生产和使用。

（三）存在高温职业病危害的用人单位，应当实施由专人负责的高温日常监测，并按照有关规定进行职业病危害因素检测、评价。

（四）用人单位应当依照有关规定对从事接触高温危害作业劳动者组织上岗前、在岗期间和离岗时的职业健康检查，将检查结果存入职业健康监护档案并书面告知劳动者。职业健康检查费用由用人单位承担。

（五）用人单位不得安排怀孕女职工和未成年工从事《工作场所职业病危害作业分级 第3部分：高温》（GBZ/T229.3）中第三级以上的高温工作场所作业。

第八条 在高温天气期间，用人单位应当按照下列规定，根据生产特点和具体条件，采取合理安排工作时间、轮换作业、适当增加高温工作环境下劳动者的休息时间和减轻劳动强度、减少高温时段室外作业等措施：

（一）用人单位应当根据地市级以上气象主管部门所属气象台当日发布的预报气温，调整作业时间，但因人身财产安全和公众利益需要紧急处理的除外：

1. 日最高气温达到40℃以上，应当停止当日室外露天作业；

2. 日最高气温达到37℃以上、40℃以下时，用人单位全天安排劳动者室外露天作业时间累计不得超过6小时，连续作业时间不得超过国家规定，且在气温最高时段3小时内不得安排室外露天作业；

3. 日最高气温达到35℃以上、37℃以下时，用人单位应当采取换班轮休等方式，缩短劳动者连续作业时间，并且不得安排室外露天作业劳动者加班。

（二）在高温天气来临之前，用人单位应当对高温天气作业的劳动者进行健康检查，对患有心、肺、脑血管性疾病、肺结核、中枢神经系统疾病及其他身体状况不适合高温作业环境的劳动者，应当调整作业岗位。职业健康检查费用由用人单位承担。

（三）用人单位不得安排怀孕女职工和未成年工在35℃以上的高温天气期间从事室外露天作业及温度在33℃以上的工作场所作业。

（四）因高温天气停止工作、缩短工作时间的，用人单位不得扣除或降低劳动者工资。

第九条 用人单位应当向劳动者提供符合要求的个人防护用品，并督促和指导劳动者正确使用。

第十条 用人单位应当对劳动者进行上岗前职业卫生培训和在岗期间的定期职业卫生培训，普及高温防护、中暑急救等职业卫生知识。

第十一条 用人单位应当为高温作业、高温天气作业的劳动者供给足够的、符合卫生标准的防暑降温饮料及必需的药品。

不得以发放钱物替代提供防暑降温饮料。防暑降温饮料不得充抵高温津贴。

第十二条 用人单位应当在高温工作环境设立休息场所。休息场所应当设有座椅，保持通风良好或者配有空调等防暑降温设施。

第十三条 用人单位应当制定高温中暑应急预案，定期进行应急救援的演习，并根据从事高温作业和高温天气作业的劳动者数量及作业条件等情况，配备应急救援人员和足量的急救药品。

第十四条 劳动者出现中暑症状时，用人单位应当立即采取救助措施，使其迅速脱离高温环境，到通风阴凉处休息，供给防暑降温饮料，并采取必要的对症处理措施；病情严重者，用人单位应当及时送医疗卫生机构治疗。

第十五条 劳动者应当服从用人单位合理调整高温天气作息时间或者对有关工作地点、工作岗位的调整安排。

第十六条 工会组织代表劳动者就高温作业和高温天气劳动保护事项与用人单位进行平等协商，签订集体合同或者高温作业和高温天气劳动保护专项集体合同。

第十七条 劳动者从事高温作业的，依法享受岗位津贴。

用人单位安排劳动者在35℃以上高温天气从事室外露天作业以及不能采取有效措施将工作场所温度降低到33℃以下的，应当向劳动者发放高温津贴，并纳入工资总额。高温津贴标准由省级人力资源社会保障行政部门会同有关部门制定，并根据社会经济发展状况适时调整。

第十八条 承担职业性中暑诊断的医疗卫生机构，应当经省级人民政府卫生行政部门批准。

第十九条 劳动者因高温作业或者高温天气作业引起中暑，经诊断为职业病的，享受工伤保险待遇。

第二十条 工会组织依法对用人单位的高温作业、高温天气劳动保护措施实行监督。发现违法行为，工会组织有权向用人单位提出，用人单位应当及时改正。用人单位拒不改正的，工会组织应当提请有关部门依法处理，并对处理结果进行监督。

第二十一条 用人单位违反职业病防治与安全生产法律、行政法规，危害劳动者身体健康的，由县级以上人民政府相关部门依据各自职责责令用人单位整改或者停止作业；情节严重的，按照国家有关法律法规追究用人单位及其负责人的相应责任；构成犯罪的，依法追究刑事责任。

用人单位违反国家劳动保障法律、行政法规有关工作时间、工资津贴规定，侵害劳动者劳动保障权益的，由县级以上人力资源社会保障行政部门依法责令改正。

第二十二条 各省级人民政府安全生产监督管理部门、卫生行政部门、人力资源社会保障行政部门和工会组织可以根据本办法，制定实施细则。

第二十三条 本办法由国家安全生产监督管理总局会同卫生部、人力资源和社会保障部、全国总工会负责解释。

第二十四条 本办法所称“以上”摄氏度（℃）含本数，“以下”摄氏度（℃）不含本数。

第二十五条 本办法自发布之日起施行。1960年7月1日卫生部、劳动部、全国总工会联合公布的《防暑降温措施暂行办法》同时废止。

★ 地方性文件·广东省

4.7.2 广东省高温天气劳动保护办法（广东省人民政府令第166号 2012年3月起施行）

第十三条 每年6月至10月期间，劳动者从事露天岗位工作以及用人单位不能采取有效措施将作业场所温度降低到33℃以下的（不含33℃），用人单位应当按月向劳动者发放高温津贴。所需费用在企业成本费用中列支。

高温津贴标准和发放办法由省人力资源社会保障主管部门会同有关部门制定。

4.7.3 广东省人力资源和社会保障厅、广东省卫生厅、广东省安全生产监督管理局、广东省国家税务局、广东省地方税务局、广东省总工会关于公布我省高温津贴标准的通知（粤人社发［2012］118号）

为做好高温天气下劳动保护工作，保障劳动者的身体健康和生命安全，根据《广东省高温天气劳动保护办法》（广东省人民政府令第166号）要求，现公布我省高温津贴标准为每人每月150元；如按照规定需按天数折算高温津贴的，每人每天6.9元。

★地方性文件·上海市

4.7.4 上海市人力资源社会保障局关于做好本市夏季高温津贴发放工作的通知（沪人社综发［2016］23号）

各有关委、办、局，各控股（集团）公司、企业（集团）公司，各区县人力资源和社会保障局，各有关用人单位：

按照国家安全生产监督管理总局、卫生部、人力资源和社会保障部、中华全国总工会《防暑降温措施管理办法》（安监总安健［2012］89号）的相关要求，现就做好本市夏季高温津贴发放工作有关事宜通知如下：

一、企业每年6月至9月安排劳动者露天工作以及不能采取有效措施将工作场所温度降低到33℃以下的（不含33℃），应当向劳动者支付夏季高温津贴，标准为每月200元。

对于劳动者工作场所的性质难以确定的特殊情况，企业应结合实际，通过工资集体协商等民主管理程序，合理制定发放办法。

二、夏季高温津贴纳入工资总额。企业在发放夏季高温津贴的同时，应继续做好工作现场清凉饮料的供应。

三、有雇工的个体经济组织、民办非企业等用人单位参照执行。

四、本通知自2016年6月1日起施行。《关于调整本市企业高温季节津贴标准的通知》（沪人社综发［2011］43号）同时废止。

上海市人力资源和社会保障局

2016年5月23日

4.8 职工患病或非因工负伤相关

★ 法律

4.8.1 中华人民共和国劳动合同法（主席令第73号 2012年12月修正）

第四十二条 【用人单位不得解除劳动合同的情形】劳动者有下列情形之一的，用人单位不得依照本法第四十条、第四十一条的规定解除劳动合同：

（一）从事接触职业病危害作业的劳动者未进行离岗前职业健康检查，或者疑似职业病病人在诊断或者医学观察期间的；

（二）在本单位患职业病或者因工负伤并被确认丧失或者部分丧失劳动能力的；

（三）患病或者非因工负伤，在规定的医疗期内的；

（四）女职工在孕期、产期、哺乳期的；

（五）在本单位连续工作满十五年，且距法定退休年龄不足五年的；

（六）法律、行政法规规定的其他情形。

4.8.2 中华人民共和国社会保险法（主席令第35号 2011年7月起施行）

第十七条 参加基本养老保险的个人，因病或者非因工死亡的，其遗属可以领取丧葬补助金和抚恤金；在未达到法定退休年龄时因病或者非因工致残完全丧失劳动能力的，可以领取病残津贴。所需资金从基本养老保险基金中支付。

★ 行政法规/部门规章/司法解释

4.8.3 最高人民法院关于违反计划生育政策的超生子女可否列为职工的供养直系亲属等问题的复函（［90］法民字第17号）

劳动部保险福利司：

你司劳险司函字［1990］23号函收悉。经研究我们认为：

一、关于违反计划生育政策的超生子女是否可以列为职工的供养直系亲属，应否计入家庭人口的问题。根据我国婚姻法和民法通则的有关规定，婴儿自出生时起，即为父母的直系亲属，是家庭中的一员，由父母抚养至独立生活时止，这既是子女在法律上享有的权利，也是既存的事实。因此，将超生子女排除于职工的供养直系亲属和家庭人口之外的作法，仅就法律而言，似缺依据。

二、关于违反计划生育政策的超生子女是否可计入家庭人口，享受生活困难补助，以及职工因工或非因工死亡后是否可按供养直系亲属享受丧葬费、抚恤费、救济费等待遇的问题。由于（一）所述理由，原则上似以认可超生子女有权享受上述待遇为妥，但应与执行计划生育政策的情况有所区别，尤其对申请困难补助的情况应从严掌握。

以上意见仅供参考。

附：劳动部保险福利司关于违反计划生育政策的超生子女可否列为职工的供养直系亲属等问题的征求意见函劳险司函字［1990］23号

最高人民法院民事审判庭：

最近，有些地区在贯彻执行劳动部、财政部、全国总工会劳字［1989］51号《关于适当提高城镇职工生活困难补助标准的通知》中提出，对于违反计划生育政策的超生子女是否可以列为职工的供养直系亲属；应否计入家庭人口，享受生活困难补助；职工因工或非因工死亡后是否可按供养直系亲属享受丧葬费、抚恤费、救济费等待遇。根据我们掌握的情况，各地对违反计划生育政策，超生子女能否享受生活困难补助问题的处理上，大体有宽、严两种办法。少数地区在实施细则中规定，对不执行计划生育的多胎子女，不得计入家庭人口，不能享受生活困难补助

大多数省、市未做出明确规定，但一些基层单位根据困难补助中的问题，作出了对超计划生育不予补助的制约办法。少数省、市将超生子女计为家庭人口，享受生活困难补助。理由是：职工违反计划生育政策，已在有关的规定中作了处理，应该“罚了不打，打了不罚”。

我们认为，上述问题涉及的人数虽然不多，但政策性很强，一方面，不考虑计划生育因素不行，一旦处理不妥，客观上会起到鼓励超计划生育；另一方面，生活困难补助以及各项保险待遇处理不好，又影响安定团结。为此，请对上述问题提出意见，并于8月15日以前将意见函告我们。

1990年7月25日

4.8.4 企业职工患病或非因工负伤医疗期规定（劳部发［1994］479号）

各省、自治区、直辖市及计划单列市劳动（劳动人事）厅（局），上海市社会保险局，国务院各部、委，各直属机构：

为了适应劳动用工制度改革需要，保护劳动者合法权益，促进企业改革，完善劳动合同制度，根据《中华人民共和国劳动法》有关医疗期限的规定，我部制定了《企业职工患病或非因工负伤医疗期规定》，现予发布，自1995年1月1日起施行。

劳动部

一九九四年十二月一日

第一条 为了保障企业职工在患病或非因工负伤期间的合法权益，根据《中华人民共和国劳动法》第二十六、二十九条规定，制定本规定。

第二条 医疗期是指企业职工因患病或非因工负伤停止工作治病休息不得解除劳动合同的时限。

第三条 企业职工因患病或非因工负伤，需要停止工作医疗时，根据本人实际参加工作年限和在本单位工作年限，给予三个月到二十四个月的医疗期：

（一）实际工作年限十年以下的，在本单位工作年限五年以下的为三个月；五年以上的为六个月。

（二）实际工作年限十年以上的，在本单位工作年限五年以下的为六个月；五年以上十年以下的为九个月；十年以上十五年以下的为十二个月；十五年以上二十年以下的为十八个月；二十年以上的为二十四个月。

第四条 医疗期三个月的按六个月内累计病休时间计算；六个月的按十二个月内累计病休时间计算；九个月的按十五个月内累计病休时间计算；十二个月的按十八个月内累计病休时间计算；十八个月的按二十四个月内累计病休时间计算；二十四个月的按三十个月内累计病休时间计算。

第五条 企业职工在医疗期内，其病假工资、疾病救济费和医疗待遇按照有关规定

执行。

第六条 企业职工非因工致残和经医生或医疗机构认定患有难以治疗的疾病，在医疗期内医疗终结，不能从事原工作，也不能从事用人单位另行安排的工作的，应当由劳动鉴定委员会参照工伤与职业病致残程度鉴定标准进行劳动能力的鉴定。被鉴定为一至四级的，应当退出劳动岗位，终止劳动关系，办理退休、退职手续，享受退休、退职待遇；被鉴定为五至十级的，医疗期内不得解除劳动合同。

第七条 企业职工非因工致残和经医生或医疗机构认定患有难以治疗的疾病，医疗期满，应当由劳动鉴定委员会参照工伤与职业病致残程度鉴定标准进行劳动能力的鉴定。被鉴定为一至四级的，应当退出劳动岗位，解除劳动关系，并办理退休、退职手续，享受退休、退职待遇。

第八条 医疗期满尚未痊愈者，被解除劳动合同的经济补偿问题按照有关规定执行。

第九条 本规定自一九九五年一月一日起施行。

4.8.5 劳动部关于贯彻《企业职工患病或非因工负伤医疗期规定》的通知（劳部发［1995］236号）

各省、自治区、直辖市及计划单列市劳动（劳动人事）厅（局）：

1994年12月1日，我部发布了《企业职工患病或非因工负伤医疗期规定》（劳部发［1994］479号，以下简称《医疗期规定》）后，一些企业和地方劳动部门反映，《医疗期规定》中医疗期最长为24个月，时间过短，限制较死，在实际执行中遇到一定困难，要求适当延长医疗期，并要求进一步明确计算医疗期的起止时间。经研究，现对贯彻《医疗期规定》提出以下意见：

一、关于医疗期的计算问题

1. 医疗期计算应从病休第一天开始，累计计算。如：应享受三个月医疗期的职工，如果从1995年3月5日起第一次病休，那么，该职工的医疗期应在3月5日至9月5日之间确定，在此期间累计病休三个月即视为医疗期满。其它依此类推。

2. 病休期间，公休、假日和法定节日包括在内。

二、关于特殊疾病的医疗期问题

根据目前的实际情况，对某些患特殊疾病（如癌症、精神病、瘫痪等）的职工，在24个月内尚不能痊愈的，经企业和劳动主管部门批准，可以适当延长医疗期。

各省、自治区、直辖市在实施《医疗期规定》时，可根据当地实际情况，抓紧制定具体细则，并及时报我部备案。

一九九五年五月二十三日

4.8.6 劳动部办公厅关于因病或非因工负伤医疗期管理等若干问题的请示的复函（劳办函［1996］40号）

广州市劳动局：

你局《关于因病或非因工负伤医疗期管理等若干问题的请示》（穗劳函字［1996］第077号）收悉，经研究，现函复如下：

一、职工临近劳动合同期满才发病，累计医疗期未满而劳动合同期已满，且需停工休息治疗的，根据劳部发［1995］309号文第34条的规定，劳动合同的期限应自动延续至医疗期期满为止；在医疗期内医疗终结的，医疗终结之日即可终止劳动合同；对其中经劳动鉴定委员会鉴定为完全丧失劳动能力的，可办理因病或非因工负伤退休、退职手续。不需停工休息治疗者，只要合同期满，便可终止劳动合同。

二、职工的劳动合同期将满，经医疗诊断，怀疑患有某种绝症，但又不能马上确认而需待查，且需停工休息治疗者，可以比照第一种情况处理；不需停工休息治疗者，不适用医疗期有关规定。医疗期已满仍不能确认的，可以终止劳动合同。对于某些已经确认患有特殊疾病的职工，可以适当延长医疗期。

三、患病职工在合同期满终止劳动合同时，用人单位应当一次性支付劳动者不低于六个月工资的医疗补助费。对于患重病或绝症的职工，用人单位可以适当增加医疗补助费。

由于医疗期制度试行时间不长，尚待进一步完善，请你们在实践中根据当地实际情况予以总结完善。

★ 地方性文件 · 广东省

4.8.7 广东省企业职工假期待遇死亡抚恤待遇暂行规定（粤劳薪［1997］115号）

4月28日，省劳动厅印发了《广东省企业职工假期待遇死亡抚恤待遇暂行规定》，主要内容如下：

一、企业在以下法定节日，应依法安排职工休假：（一）元旦放假1天；（一）春节放假3天；（三）国际劳动节放假1天；（四）国庆节放假2天。

其他节日假期按有关法律、法规执行。

二、在一个单位连续工作满一年以上的职工，可享受带薪年休假。休假时间按本企业工龄计算：工作满一年未满五年者5天；满五年未满十年者7天；满十年未满二十年者10天；满二十年以上者14天。

三、职工本人结婚，可享受婚假3天，晚婚者（男年满25周岁、女年满23周岁）增加10天。职工结婚双方不在一地工作的，可根据路程远近给予路程假。途中交通费由职工自理。

四、职工的直系亲属（父母、配偶、子女）死亡，可给予3天以内的丧假。职工配偶的父母死亡，经单位领导批准，可给予3天以内丧假。需要到外地料理丧事的，可根据路程远近给予路程假，途中交通费由职工自理。

五、在一个单位连续工作满一年以上的职工，与配偶或父母不住在一地，又不能在公休假日内回家居住一个白天和一个晚上的，应在年休假期间安排探亲。其中，国有单位职工探亲时，年休假天数不足于原规定的探亲假天数部分可给予补齐。旅途车船费按财政部门有关规定执行。

六、女职工生育，产假90天，其中产前休假15天，难产的增加产假30天。多胞胎生育的，每多生育一个婴儿增加产假15天。实行晚育者（24周岁后生育第一胎）增加产假15天。领取《独生子女优待证》者增加产假35天，产假期间给予男方看护假10天。

七、职工享受节日休假、年休假、婚假、丧假、探亲假、产假、看护假期间，企业应按劳动合同规定的工资标准支付工资。其中，参加了生育保险的企业，女职工产假工资，可按当地生育保险规定的标准发给。

八、按国家规定可出国、出境探亲的职工，其探亲假待遇按国家有关规定办理。

九、年休假、婚假、丧假、探亲假、产假、看护假的假期原则上应一次性连续安排，假期内遇公休假日的，均不另加假期天数。

十、职工（含离退休人员）因病或非因工负伤死亡，发给丧葬补助费、供养直系亲属一次性救济金（或供养直系亲属生活补助费）、一次性抚恤金。

丧葬补助费的标准：3个月工资（月工资按当地上年度社会月平均工资计，下同）；

供养直系亲属一次性救济金标准：6个月工资；

一次性抚恤金标准：在职职工6个月工资；离退休人员3个月工资。

已参加社会养老保险的离退休人员死亡，由当地社会保险机构按养老保险有关规定发放待遇；在职职工因病或非因工负伤死亡，除有规定纳入社会保险支付的地方外，由企业按上述标准发给死亡抚恤待遇。

【法条延伸】

1.《中华人民共和国社会保险法》第十七条："参加基本养老保险的个人，因病或者非因工死亡的，其遗属可以领取丧葬补助金和抚恤金；在未达到法定退休年龄时因病或者非因工致残完全丧失劳动能力的，可以领取病残津贴。所需资金从基本养老保险基金中支付。"

2.《广州市中级人民法院关于审理劳动人事争议案件若干问题的研讨会纪要》（2014）第32条："社会保险法实施后，在职职工因病或非因工负伤死亡的，用人单位应依照《广东省企业职工假期待遇死亡抚恤待遇暂行规定》支付三项待遇，其中丧葬补助金和抚恤金由社保基金中支付，供养直系亲属一次性救济金由用人单位支付。因《社会保险法》只是从社会保险角度对非因工死亡的待遇作出规定，并没有禁止各地政府针对非因工死亡待遇问题规定用人单位的支付责任，广东省的上述暂行规定目前仍有效。"

十一、职工供养直属亲属死亡，由企业发给丧葬补助费，标准一个半月工资。

十二、本规定适用于广东省境内的企业、个体经济组织和与之形成劳动关系的劳动者，及国家机关、事业组织、社会团体和与之建立劳动合同关系的劳动者。

十三、本规定自发文之日起实施。今后国家有新规定，按国家的新规定执行。

4.8.8 广东省劳动厅关于职工因病或非因工死亡的一次性抚恤金发放对象的批复（粤劳薪［1997］233号）

惠州市劳动局：

你局《关于职工因病或非因工负伤死亡的一次性抚恤金是否按供养关系给予的请示》（惠市劳薪［1997］77号）收悉。经研究，答复如下：

《广东省企业职工假期待遇死亡抚恤待遇暂行规定》（粤劳薪［1997］115号）第十条规定的死亡抚恤待遇标准，是在国家《劳动保险条例》规定标准的基础上调整提高的，同时增加了一次性抚恤金待遇。一次性抚恤金是对死亡职工直系亲属的慰问，因此发放对象应是死者的直系亲属。而供养直系亲属一次性救济金，必须是与死者生前有供养关系的直系亲属才能、享受。

此复。

广东省劳动厅

一九九七年八月五日

4.8.9 广州市劳动和社会保障局关于申领供养直系亲属一次性救济金问题的复函（穗劳社函［2004］581号）

市社会保险基金管理中心：

你中心《关于申领供养直系亲属一次性救济金的请示》（穗社保中报［2004］62号）收悉。经研究，现回复如下：

根据原广东省劳动厅《关于职工因病或非因工死亡的一次性抚恤金发放对象的批复》（粤劳薪［1997］233号文）“供养直系亲属一次性救济金，必须是死者生前有供养关系的直系亲属才能享受”的规定，我们认为：凡属企业要求为其死亡的退休人员申领供养直系亲属一次性救济金的，应控制在与死者生前有供养关系的直系亲属范围，并提供退休人员劳动保险登记卡资料（或提供供养直系亲属医疗费报销的凭证为旁证）等证明才能办理。

广州市劳动和社会保障局

二〇〇四年十一月二十二日

4.8.10 关于自缢身亡员工死亡抚恤待遇问题的复函（粤劳社函［2008］2061号）

暨南大学附属第一医院：

你院《关于请求确认自缢身亡员工能否适用‘粤劳薪［1997］115号文’的函》（附一［2008］61号）悉。经研究，现答复如下：

《广东省企业职工假期待遇死亡抚恤待遇暂行规定》（粤劳薪［1997］115号）规定，“职工（含离退休人员）因病或非因工负伤死亡，发给丧葬补助费、供养直系亲属一次性救济金（或供养直系亲属生活补助费）、一次性抚恤金”，其中并没有排除自杀死亡情形。因此，职工自缢身亡，企业应当按照粤劳薪［1997］115号文规定发给死亡抚恤待遇。

广东省劳动和社会保障厅

二〇〇八年十二月二十九日

4.8.11 广东省高级人民法院印发《广东省高级人民法院关于审理劳动争议案件疑难问题的解答》的通知（粤高法［2017］147号　2017年8月1日实施）

10. 职工因病或者非因工死亡，其遗属能否主张一次性救济金（或供养直系亲属生活补助费）？

职工因病或者非因工死亡，其遗属依据《广东省企业职工假期待遇死亡抚恤待遇暂行规定》主张丧葬补助费、供养直系亲属一次性救济金（或供养直系亲属生活补助费）、一次性抚恤金的，予以支持。

★地方性文件·上海市

4.8.12 上海市人民政府印发修订后的《关于本市劳动者在履行劳动合同期间患病或者非因工负伤的医疗期标准的规定》的通知（沪府发［2015］40号）

各区、县人民政府，市政府各委、办、局：

现将修订后的《关于本市劳动者在履行劳动合同期间患病或者非因工负伤的医疗期标准的规定》印发给你们，请认真按照执行。

上海市人民政府

2015年8月17日

关于本市劳动者在履行劳动合同期间患病或者非因工负伤的医疗期标准的规定

为保证劳动合同方面法律、法规的顺利实施，切实保障劳动者的合法权益，现对本市劳动者在履行劳动合同期间患病或者非因工负伤的医疗期标准作如下规定：

一、医疗期是指劳动者患病或者非因工负伤停止工作治病休息，用人单位不得因此解除劳动合同的期限。

二、医疗期按照劳动者在本用人单位的工作年限设置。劳动者在本单位工作第1年，医疗期为3个月；以后工作每满1年，医疗期增加1个月，但不超过24个月。

三、劳动者经劳动能力鉴定委员会鉴定为完全丧失劳动能力但不符合退休、退职条件的，应当延长医疗期。延长的医疗期由用人单位与劳动者具体约定，但约定延长的医疗期与前条规定的医疗期合计不得低于24个月。

四、下列情形中关于医疗期的约定长于上述规定的，从其约定：

（一）集体合同对医疗期有特别约定的；

（二）劳动合同对医疗期有特别约定的；

（三）用人单位内部规章制度对医疗期有特别规定的。

五、劳动者在本单位工作期间累计病休时间超过按照规定享受的医疗期，用人单位可以依法与其解除劳动合同。

六、本规定施行前已经履行的劳动合同，其医疗期按照当时本市的相关规定执行。

七、本规定自2015年5月1日起施行，有效期至2020年6月30日。

4.8.13 关于本市因病或非因工死亡职工遗属等三类人员参加城乡居民养老保险有关问题的通知（沪人社农发［2016］20号）

市政府各委、办、局，控股（集团）公司，市社会保险事业管理中心，各区（县）人力资源和社会保障局、财政局：

为切实贯彻《社会保险法》，根据《上海市城乡居民基本养老保险办法》（沪府发［2014］30号），现就本市因病或非因工死亡职工遗属（以下简称职工遗属）、精减退职回乡老职工死亡后其配偶（以下简称精减老职工配偶）和被征地人员参加城乡居民养老保险有关问题通知如下：

一、本市户籍的职工遗属、精减老职工配偶，可按规定参加城乡居民养老保险。

二、已享受生活困难补助费的职工遗属、精减老职工配偶按规定参加城乡居民养老保险后，领取的城乡居民养老保险养老金低于生活困难补助费标准的，给予补足，补差金额由原生活困难补助费资金渠道列支。

三、已领取城乡居民养老保险养老金的人员，符合享受本市职工遗属或精减老职工配偶生活困难补助条件，且领取的养老金低于生活困难补助费标准的，可在按规定办理生活困难补助申领手续后给予补足，补差金额由生活困难补助费资金渠道列支。

四、市社会保险事业管理中心（以下简称市社保中心）应每年定期对职工遗属、精减老职工配偶的收入等信息进行核查，并按规定核定其生活困难补助费金额；对未按规定提供相关信息材料的，市社保中心暂停发放其生活困难补助费，待其提供相关信息材料后按规定核定其生活困难补助费金额，并从停发之月起补发并续发。

五、已按本市规定一次性缴纳基本养老、医疗保险费的被征地人员未就业的，可按规定参加城乡居民养老保险。

六、本通知自2016年7月1日起施行，有效期至2021年6月30日。

上海市人力资源和社会保障局

上海市财政局

2016年4月25日

4.9 安全相关

★ 法律

4.9.1 中华人民共和国劳动法（主席令第18号　2009年修正）

第五十二条　【用人单位职责】用人单位必须建立、健全劳动安全卫生制度，严格执行国家劳动安全卫生规程和标准，对劳动者进行劳动安全卫生教育，防止劳动过程中的事故，减少职业危害。

第五十三条　【劳动安全卫生设施标准】劳动安全卫生设施必须符合国家规定的标准。

新建、改建、扩建工程的劳动安全卫生设施必须与主体工程同时设计、同时施工、同时投入生产和使用。

第五十四条　【劳动者劳动安全防护及健康保护】用人单位必须为劳动者提供符合国家规定的劳动安全卫生条件和必要的劳动防护用品，对从事有职业危害作业的劳动者应当定期进行健康检查。

第五十五条　【特种作业资格】从事特种作业的劳动者必须经过专门培训并取得特种作业资格。

第五十六条　【劳动过程安全防护】劳动者在劳动过程中必须严格遵守安全操作规程。

劳动者对用人单位管理人员违章指挥、强令冒险作业，有权拒绝执行；对危害生命安全和身体健康的行为，有权提出批评、检举和控告。

第六十八条　【职业培训】用人单位应当建立职业培训制度，按照国家规定提取和使用职业培训经费，根据本单位实际，有计划地对劳动者进行职业培训。

从事技术工种的劳动者，上岗前必须经过培训。

第九十三条　【违章事故处罚】用人单位强令劳动者违章冒险作业，发生重大伤亡事故，造成严重后果的，对责任人员依法追究刑事责任。

4.9.2 中华人民共和国安全生产法（主席令第13号　2014年修正）

第二条　在中华人民共和国领域内从事生产经营活动的单位（以下统称生产经营单位）的安全生产，适用本法；有关法律、行政法规对消防安全和道路交通安全、铁路交通安全、水上交通安全、民用航空安全以及核与辐射安全、特种设备安全另有规定的，适用其规定。

第三条　安全生产工作应当以人为本，坚持安全发展，坚持安全第一、预防为主、综合治理的方针，强化和落实生产经营单位的主体责任，建立生产经营单位负责、职工参与、政府监管、行业自律和社会监督的机制。

第四条　生产经营单位必须遵守本法和其他有关安全生产的法律、法规，加强安全生产管理，建立、健全安全生产责任制和安全生产规章制度，改善安全生产条件，推进安全生产标准化建设，提高安全生产水平，确保安全生产。

第五条　生产经营单位的主要负责人对本单位的安全生产工作全面负责。

第六条　生产经营单位的从业人员有依法获得安全生产保障的权利，并应当依法履行安全生产方面的义务。

第七条　工会依法对安全生产工作进行监督。

生产经营单位的工会依法组织职工参加本单位安全生产工作的民主管理和民主监督，维护职工在安全生产方面的合法权益。生产经营单位制定或者修改有关安全生产的规章制度，应当听取工会的意见。

第十七条 生产经营单位应当具备本法和有关法律、行政法规和国家标准或者行业标准规定的安全生产条件；不具备安全生产条件的，不得从事生产经营活动。

第十八条 生产经营单位的主要负责人对本单位安全生产工作负有下列职责：

（一）建立、健全本单位安全生产责任制；

（二）组织制定本单位安全生产规章制度和操作规程；

（三）组织制定并实施本单位安全生产教育和培训计划；

（四）保证本单位安全生产投入的有效实施；

（五）督促、检查本单位的安全生产工作，及时消除生产安全事故隐患；

（六）组织制定并实施本单位的生产安全事故应急救援预案；

（七）及时、如实报告生产安全事故。

第十九条 生产经营单位的安全生产责任制应当明确各岗位的责任人员、责任范围和考核标准等内容。

生产经营单位应当建立相应的机制，加强对安全生产责任制落实情况的监督考核，保证安全生产责任制的落实。

第二十条 生产经营单位应当具备的安全生产条件所必需的资金投入，由生产经营单位的决策机构、主要负责人或者个人经营的投资人予以保证，并对由于安全生产所必需的资金投入不足导致的后果承担责任。

有关生产经营单位应当按照规定提取和使用安全生产费用，专门用于改善安全生产条件。安全生产费用在成本中据实列支。安全生产费用提取、使用和监督管理的具体办法由国务院财政部门会同国务院安全生产监督管理部门征求国务院有关部门意见后制定。

第二十一条 矿山、金属冶炼、建筑施工、道路运输单位和危险物品的生产、经营、储存单位，应当设置安全生产管理机构或者配备专职安全生产管理人员。

前款规定以外的其他生产经营单位，从业人员超过一百人的，应当设置安全生产管理机构或者配备专职安全生产管理人员；从业人员在一百人以下的，应当配备专职或者兼职的安全生产管理人员。

第二十二条 生产经营单位的安全生产管理机构以及安全生产管理人员履行下列职责：

（一）组织或者参与拟订本单位安全生产规章制度、操作规程和生产安全事故应急救援预案；

（二）组织或者参与本单位安全生产教育和培训，如实记录安全生产教育和培训情况；

（三）督促落实本单位重大危险源的安全管理措施；

（四）组织或者参与本单位应急救援演练；

（五）检查本单位的安全生产状况，及时排查生产安全事故隐患，提出改进安全生产管理的建议；

（六）制止和纠正违章指挥、强令冒险作业、违反操作规程的行为；

（七）督促落实本单位安全生产整改措施。

第二十三条 生产经营单位的安全生产管理机构以及安全生产管理人员应当恪尽职守，

依法履行职责。

生产经营单位作出涉及安全生产的经营决策，应当听取安全生产管理机构以及安全生产管理人员的意见。

生产经营单位不得因安全生产管理人员依法履行职责而降低其工资、福利等待遇或者解除与其订立的劳动合同。

危险物品的生产、储存单位以及矿山、金属冶炼单位的安全生产管理人员的任免，应当告知主管的负有安全生产监督管理职责的部门。

第二十四条 生产经营单位的主要负责人和安全生产管理人员必须具备与本单位所从事的生产经营活动相应的安全生产知识和管理能力。

危险物品的生产、经营、储存单位以及矿山、金属冶炼、建筑施工、道路运输单位的主要负责人和安全生产管理人员，应当由主管的负有安全生产监督管理职责的部门对其安全生产知识和管理能力考核合格。考核不得收费。

危险物品的生产、储存单位以及矿山、金属冶炼单位应当有注册安全工程师从事安全生产管理工作。鼓励其他生产经营单位聘用注册安全工程师从事安全生产管理工作。注册安全工程师按专业分类管理，具体办法由国务院人力资源和社会保障部门、国务院安全生产监督管理部门会同国务院有关部门制定。

第二十五条 生产经营单位应当对从业人员进行安全生产教育和培训，保证从业人员具备必要的安全生产知识，熟悉有关的安全生产规章制度和安全操作规程，掌握本岗位的安全操作技能，了解事故应急处理措施，知悉自身在安全生产方面的权利和义务。未经安全生产教育和培训合格的从业人员，不得上岗作业。

生产经营单位使用被派遣劳动者的，应当将被派遣劳动者纳入本单位从业人员统一管理，对被派遣劳动者进行岗位安全操作规程和安全操作技能的教育和培训。劳务派遣单位应当对被派遣劳动者进行必要的安全生产教育和培训。

生产经营单位接收中等职业学校、高等学校学生实习的，应当对实习学生进行相应的安全生产教育和培训，提供必要的劳动防护用品。学校应当协助生产经营单位对实习学生进行安全生产教育和培训。

生产经营单位应当建立安全生产教育和培训档案，如实记录安全生产教育和培训的时间、内容、参加人员以及考核结果等情况。

第二十六条 生产经营单位采用新工艺、新技术、新材料或者使用新设备，必须了解、掌握其安全技术特性，采取有效的安全防护措施，并对从业人员进行专门的安全生产教育和培训。

第二十七条 生产经营单位的特种作业人员必须按照国家有关规定经专门的安全作业培训，取得相应资格，方可上岗作业。

特种作业人员的范围由国务院安全生产监督管理部门会同国务院有关部门确定。

第四十一条 生产经营单位应当教育和督促从业人员严格执行本单位的安全生产规章制度和安全操作规程；并向从业人员如实告知作业场所和工作岗位存在的危险因素、防范措施以及事故应急措施。

第四十二条 生产经营单位必须为从业人员提供符合国家标准或者行业标准的劳动防护用品，并监督、教育从业人员按照使用规则佩戴、使用。

第四十三条 生产经营单位的安全生产管理人员应当根据本单位的生产经营特点，对安全生产状况进行经常性检查；对检查中发现的安全问题，应当立即处理；不能处理的，应当及时报告本单位有关负责人，有关负责人应当及时处理。检查及处理情况应当如实记录在案。

生产经营单位的安全生产管理人员在检查中发现重大事故隐患，依照前款规定向本单位有关负责人报告，有关负责人不及时处理的，安全生产管理人员可以向主管的负有安全生产监督管理职责的部门报告，接到报告的部门应当依法及时处理。

第四十四条 生产经营单位应当安排用于配备劳动防护用品、进行安全生产培训的经费。

第四十五条 两个以上生产经营单位在同一作业区域内进行生产经营活动，可能危及对方生产安全的，应当签订安全生产管理协议，明确各自的安全生产管理职责和应当采取的安全措施，并指定专职安全生产管理人员进行安全检查与协调。

第四十六条 生产经营单位不得将生产经营项目、场所、设备发包或者出租给不具备安全生产条件或者相应资质的单位或者个人。

生产经营项目、场所发包或者出租给其他单位的，生产经营单位应当与承包单位、承租单位签订专门的安全生产管理协议，或者在承包合同、租赁合同中约定各自的安全生产管理职责；生产经营单位对承包单位、承租单位的安全生产工作统一协调、管理，定期进行安全检查，发现安全问题的，应当及时督促整改。

第四十七条 生产经营单位发生生产安全事故时，单位的主要负责人应当立即组织抢救，并不得在事故调查处理期间擅离职守。

第四十八条 生产经营单位必须依法参加工伤保险，为从业人员缴纳保险费。

第四十九条 生产经营单位与从业人员订立的劳动合同，应当载明有关保障从业人员劳动安全、防止职业危害的事项，以及依法为从业人员办理工伤保险的事项。

生产经营单位不得以任何形式与从业人员订立协议，免除或者减轻其对从业人员因生产安全事故伤亡依法应承担的责任。

第五十条 生产经营单位的从业人员有权了解其作业场所和工作岗位存在的危险因素、防范措施及事故应急措施，有权对本单位的安全生产工作提出建议。

第五十一条 从业人员有权对本单位安全生产工作中存在的问题提出批评、检举、控告；有权拒绝违章指挥和强令冒险作业。

生产经营单位不得因从业人员对本单位安全生产工作提出批评、检举、控告或者拒绝违章指挥、强令冒险作业而降低其工资、福利等待遇或者解除与其订立的劳动合同。

第五十二条 从业人员发现直接危及人身安全的紧急情况时，有权停止作业或者在采取可能的应急措施后撤离作业场所。

生产经营单位不得因从业人员在前款紧急情况下停止作业或者采取紧急撤离措施而降低其工资、福利等待遇或者解除与其订立的劳动合同。

第五十三条 因生产安全事故受到损害的从业人员，除依法享有工伤保险外，依照有关民事法律尚有获得赔偿的权利的，有权向本单位提出赔偿要求。

第五十四条 从业人员在作业过程中，应当严格遵守本单位的安全生产规章制度和操作规程，服从管理，正确佩戴和使用劳动防护用品。

第五十五条 从业人员应当接受安全生产教育和培训，掌握本职工作所需的安全生产知识，提高安全生产技能，增强事故预防和应急处理能力。

第五十六条 从业人员发现事故隐患或者其他不安全因素，应当立即向现场安全生产管理人员或者本单位负责人报告；接到报告的人员应当及时予以处理。

第五十七条 工会有权对建设项目的安全设施与主体工程同时设计、同时施工、同时投入生产和使用进行监督，提出意见。

工会对生产经营单位违反安全生产法律、法规，侵犯从业人员合法权益的行为，有权要求纠正；发现生产经营单位违章指挥、强令冒险作业或者发现事故隐患时，有权提出解决的建议，生产经营单位应当及时研究答复；发现危及从业人员生命安全的情况时，有权向生产经营单位建议组织从业人员撤离危险场所，生产经营单位必须立即作出处理。

工会有权依法参加事故调查，向有关部门提出处理意见，并要求追究有关人员的责任。

第五十八条 生产经营单位使用被派遣劳动者的，被派遣劳动者享有本法规定的从业人员的权利，并应当履行本法规定的从业人员的义务。

4.9.3 中华人民共和国职业病防治法（主席令第48号 2016年7月修正）

第四条 劳动者依法享有职业卫生保护的权利。

用人单位应当为劳动者创造符合国家职业卫生标准和卫生要求的工作环境和条件，并采取措施保障劳动者获得职业卫生保护。

工会组织依法对职业病防治工作进行监督，维护劳动者的合法权益。用人单位制定或者修改有关职业病防治的规章制度，应当听取工会组织的意见。

第三十九条 劳动者享有下列职业卫生保护权利：

（一）获得职业卫生教育、培训；

（二）获得职业健康检查、职业病诊疗、康复等职业病防治服务；

（三）了解工作场所产生或者可能产生的职业病危害因素、危害后果和应当采取的职业病防护措施；

（四）要求用人单位提供符合防治职业病要求的职业病防护设施和个人使用的职业病防护用品，改善工作条件；

（五）对违反职业病防治法律、法规以及危及生命健康的行为提出批评、检举和控告；

（六）拒绝违章指挥和强令进行没有职业病防护措施的作业；

（七）参与用人单位职业卫生工作的民主管理，对职业病防治工作提出意见和建议。

用人单位应当保障劳动者行使前款所列权利。因劳动者依法行使正当权利而降低其工资、福利等待遇或者解除、终止与其订立的劳动合同的，其行为无效。

第五十六条 用人单位应当保障职业病病人依法享受国家规定的职业病待遇。

用人单位应当按照国家有关规定，安排职业病病人进行治疗、康复和定期检查。

用人单位对不适宜继续从事原工作的职业病病人，应当调离原岗位，并妥善安置。

用人单位对从事接触职业病危害的作业的劳动者，应当给予适当岗位津贴。

★ 行政法规/部门规章/司法解释

4.9.4 国家安全监管总局办公厅关于印发用人单位劳动防护用品管理规范的通知（安监总厅安健［2015］124号）

各省、自治区、直辖市及新疆生产建设兵团安全生产监督管理局，各省级煤矿安全监察局，有关中央企业：

鉴于《劳动防护用品监督管理规定》（国家安全监管总局令第1号）已于2015年7月1日废止，为加强用人单位劳动防护用品的管理，保护劳动者的生命安全和职业健康，依照《安全生产法》《职业病防治法》等法律、行政法规和规章，国家安全监管总局制定了《用人单位劳动防护用品管理规范》（以下简称《规范》），现印发给你们，并就贯彻落实《规范》提出如下要求：

一、要通过多种方式组织用人单位学习《规范》，指导用人单位对劳动防护用品的使用情况进行一次自查，并按照《规范》要求完善工作制度，为劳动者配备符合国家标准或者行业标准的劳动防护用品。

二、要引导劳动防护用品生产企业积极利用市场机制、行业自律等方式，规范行业行为和企业管理，为用人单位提供符合要求的劳动防护用品。

三、要把贯彻落实《规范》要求作为监督执法的重要内容，指导用人单位落实劳动防护用品管理各项要求，对未给劳动者配备劳动防护用品或者配备不符合国家标准或者行业标准劳动防护用品的，依法予以处罚。

安全监管总局办公厅

2015年12月29日

用人单位劳动防护用品管理规范

第一章　总　则

第一条　为规范用人单位劳动防护用品的使用和管理，保障劳动者安全健康及相关权益，根据《中华人民共和国安全生产法》《中华人民共和国职业病防治法》等法律、行政法规和规章，制定本规范。

第二条　本规范适用于中华人民共和国境内企业、事业单位和个体经济组织等用人单位的劳动防护用品管理工作。

第三条　本规范所称的劳动防护用品，是指由用人单位为劳动者配备的，使其在劳动过程中免遭或者减轻事故伤害及职业病危害的个体防护装备。

第四条　劳动防护用品是由用人单位提供的，保障劳动者安全与健康的辅助性、预防性措施，不得以劳动防护用品替代工程防护设施和其他技术、管理措施。

第五条　用人单位应当健全管理制度，加强劳动防护用品配备、发放、使用等管理工作。

第六条　用人单位应当安排专项经费用于配备劳动防护用品，不得以货币或者其他物品替代。该项经费计入生产成本，据实列支。

第七条　用人单位应当为劳动者提供符合国家标准或者行业标准的劳动防护用品。使用进口的劳动防护用品，其防护性能不得低于我国相关标准。

鼓励用人单位购买、使用获得安全标志的劳动防护用品。

第八条　劳动者在作业过程中，应当按照规章制度和劳动防护用品使用规则，正确佩戴和使用劳动防护用品。

第九条　用人单位使用的劳务派遣工、接纳的实习学生应当纳入本单位人员统一管理，并配备相应的劳动防护用品。对处于作业地点的其他外来人员，必须按照与进行作业的劳动者相同的标准，正确佩戴和使用劳动防护用品。

第二章　劳动防护用品选择

第十条　劳动防护用品分为以下十大类：

（一）防御物理、化学和生物危险、有害因素对头部伤害的头部防护用品。

（二）防御缺氧空气和空气污染物进入呼吸道的呼吸防护用品。

（三）防御物理和化学危险、有害因素对眼面部伤害的眼面部防护用品。

（四）防噪声危害及防水、防寒等的听力防护用品。

（五）防御物理、化学和生物危险、有害因素对手部伤害的手部防护用品。

（六）防御物理和化学危险、有害因素对足部伤害的足部防护用品。

（七）防御物理、化学和生物危险、有害因素对躯干伤害的躯干防护用品。

（八）防御物理、化学和生物危险、有害因素损伤皮肤或引起皮肤疾病的护肤用品。

（九）防止高处作业劳动者坠落或者高处落物伤害的坠落防护用品。

（十）其他防御危险、有害因素的劳动防护用品。

第十一条　用人单位应按照识别、评价、选择的程序（见附件1），结合劳动者作业方式和工作条件，并考虑其个人特点及劳动强度，选择防护功能和效果适用的劳动防护用品。

（一）接触粉尘、有毒、有害物质的劳动者应当根据不同粉尘种类、粉尘浓度及游离二氧化硅含量和毒物的种类及浓度配备相应的呼吸器（见附件2）、防护服、防护手套和防护鞋等。具体可参照《呼吸防护用品自吸过滤式防颗粒物呼吸器》(GB2626)、《呼吸防护用品的选择、使用及维护》(GB/T18664)、《防护服装化学防护服的选择、使用和维护》(GB/T24536)、《手部防护手套的选择、使用和维护指南》（GB/T29512）和《个体防护装备足部防护鞋（靴）的选择、使用和维护指南》(GB/T28409）等标准。

工作场所存在高毒物品目录中的确定人类致癌物质（见附件3），当浓度达到其1/2职业接触限值（PC-TWA或MAC）时，用人单位应为劳动者配备相应的劳动防护用品，并指导劳动者正确佩戴和使用。

（二）接触噪声的劳动者，当暴露于80dB≤LEX，8h<85dB的工作场所时，用人单位应当根据劳动者需求为其配备适用的护听器；当暴露于LEX，8h≥85dB的工作场所时，用人单位必须为劳动者配备适用的护听器，并指导劳动者正确佩戴和使用（见附件2）。具体可参照《护听器的选择指南》(GB/T23466)。

（三）工作场所中存在电离辐射危害的，经危害评价确认劳动者需佩戴劳动防护用品的，用人单位可参照电离辐射的相关标准及《个体防护装备配备基本要求》（GB/T29510）为劳动者配备劳动防护用品，并指导劳动者正确佩戴和使用。

（四）从事存在物体坠落、碎屑飞溅、转动机械和锋利器具等作业的劳动者，用人单位还可参照《个体防护装备选用规范》（GB/T11651)、《头部防护安全帽选用规范》（GB/T30041）和《坠落防护装备安全使用规范》(GB/T23468）等标准，为劳动者配备适用的劳动防护用品。

第十二条　同一工作地点存在不同种类的危险、有害因素的，应当为劳动者同时提供防御各类危害的劳动防护用品。需要同时配备的劳动防护用品，还应考虑其可兼容性。

劳动者在不同地点工作，并接触不同的危险、有害因素，或接触不同的危害程度的有害因素的，为其选配的劳动防护用品应满足不同工作地点的防护需求。

第十三条　劳动防护用品的选择还应当考虑其佩戴的合适性和基本舒适性，根据个人特点和需求选择适合号型、式样。

第十四条 用人单位应当在可能发生急性职业损伤的有毒、有害工作场所配备应急劳动防护用品，放置于现场临近位置并有醒目标识。

用人单位应当为巡检等流动性作业的劳动者配备随身携带的个人应急防护用品。

第三章 劳动防护用品采购、发放、培训及使用

第十五条 用人单位应当根据劳动者工作场所中存在的危险、有害因素种类及危害程度、劳动环境条件、劳动防护用品有效使用时间制定适合本单位的劳动防护用品配备标准（见附件4）。

第十六条 用人单位应当根据劳动防护用品配备标准制定采购计划，购买符合标准的合格产品。

第十七条 用人单位应当查验并保存劳动防护用品检验报告等质量证明文件的原件或复印件。

第十八条 用人单位应当确保已采购劳动防护用品的存储条件，并保证其在有效期内。

第十九条 用人单位应当按照本单位制定的配备标准发放劳动防护用品，并作好登记（见附件5）。

第二十条 用人单位应当对劳动者进行劳动防护用品的使用、维护等专业知识的培训。

第二十一条 用人单位应当督促劳动者在使用劳动防护用品前，对劳动防护用品进行检查，确保外观完好、部件齐全、功能正常。

第二十二条 用人单位应当定期对劳动防护用品的使用情况进行检查，确保劳动者正确使用。

第四章 劳动防护用品维护、更换及报废

第二十三条 劳动防护用品应当按照要求妥善保存，及时更换。

公用的劳动防护用品应当由车间或班组统一保管，定期维护。

第二十四条 用人单位应当对应急劳动防护用品进行经常性的维护、检修，定期检测劳动防护用品的性能和效果，保证其完好有效。

第二十五条 用人单位应当按照劳动防护用品发放周期定期发放，对工作过程中损坏的，用人单位应及时更换。

第二十六条 安全帽、呼吸器、绝缘手套等安全性能要求高、易损耗的劳动防护用品，应当按照有效防护功能最低指标和有效使用期，到期强制报废。

第五章 附 则

第二十七条 本规范所称的工作地点，是指劳动者从事职业活动或进行生产管理而经常或定时停留的岗位和作业地点。

第二十八条 煤矿劳动防护用品的管理，按照《煤矿职业安全卫生个体防护用品配备标准》（AQ1051）规定执行。

附件1　劳动防护用品选择程序

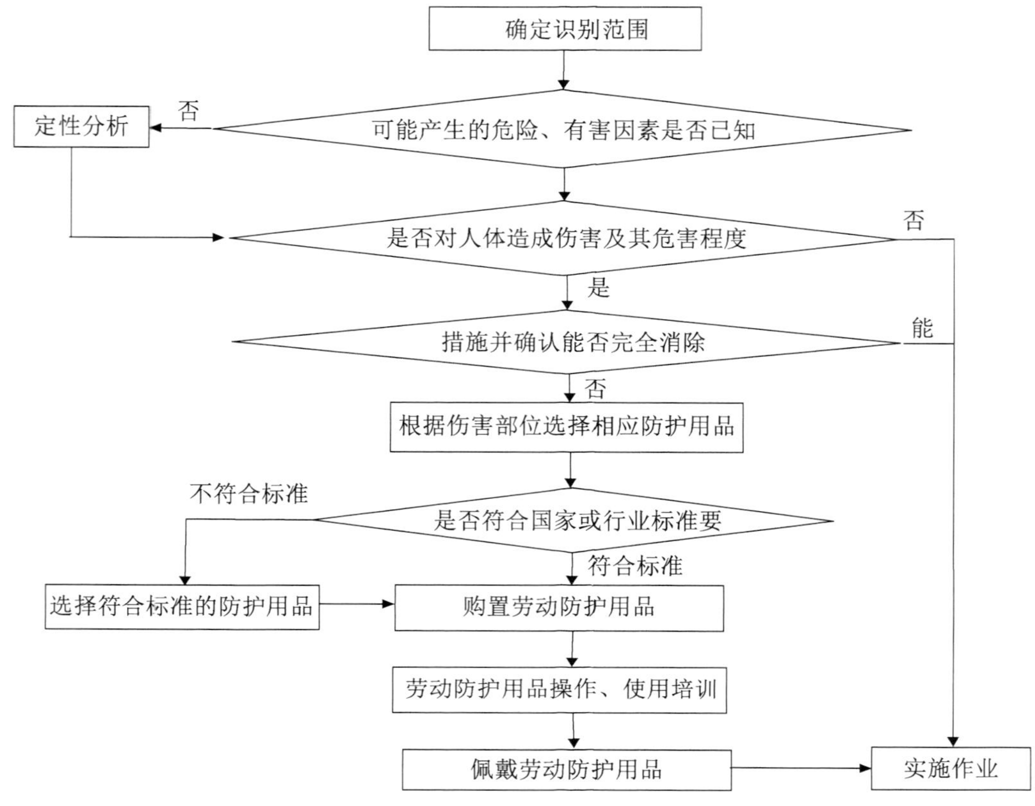

附件2　呼吸器和护听器的选用

危害因素	分　类	要　求
颗粒物	一般粉尘，如煤尘、水泥尘、木粉尘你、云母尘、滑石尘及其他粉尘。	过滤效率至少满足《呼吸防护用品自吸过滤式防颗粒物呼吸器》（GB2626）规定的KN90级别的防颗粒物呼吸器
	石棉	可更换式防颗粒物半面罩或全面罩，过滤效率至少满足GB2626规定的KN95级别的防颗粒物呼吸器
	矽尘、金属粉尘（如铅尘、镉尘）、砷尘、烟（如焊接烟、铸造烟）	过滤效率至少满足GB2626规定的KN95级别的防颗粒物呼吸器
	放射性颗粒物	过滤效率至少满足GB2626规定的KN100级别的防颗粒物呼吸器
	致癌性油性颗粒物 （如焦炉烟、沥青烟等）	过滤效率至少满足GB2626规定的KP95级别的防颗粒物呼吸器

续表

危害因素	分 类	要 求
化学物质	窒息气体	隔绝式正压呼吸器
	无机气体、有机蒸气	防毒面具、面罩类型： 工作场所毒物浓度超标不大于10倍，使用送风或自吸过滤半面罩；工作场所毒物浓度超标不大于100倍，使用送风或自吸过滤全面罩；工作场所毒物浓度超标大于100倍，使用隔绝式或送风过滤式全面罩
	酸、碱性溶液、蒸气	防酸碱面罩、防酸碱手套、防酸碱服、防酸碱鞋
噪声	劳动者暴露于工作场所80dB≤LEX，8h<85dB 的	用人单位应根据劳动者需求为其配备适用的护听器
	劳动者暴露于工作场所LEX，8h≥85dB 的	用人单位应为劳动者配备适用的护听器，并指导劳动者正确佩戴和使用。劳动者暴露于工作场所 LEX，8h 为 85~95dB 的应选用护听器 SNR 为 17~34dB 的耳塞或耳罩；劳动者暴露于工作场所 LEX，8h ≥95dB 的应选用护听器 SNR ≥34dB 的耳塞、耳罩或者同时佩戴耳塞和耳罩，耳塞和耳罩组合使用时的声衰减值，可按二者中较高的声衰减值增加 5dB 估算

附件 3 高毒物品目录中确定人类致癌物质

序号	毒物名称	英文名称	MAC（mg/m^3）	PC-TWA（mg/m^3）
1	苯	benzene	–	6
2	甲醛	formAldehyde	0.5	–
3	铬及其化合物（三氧化铬、铬酸盐、重铬酸盐）	chromicAndcompounds（chromiumtrioxide，chromAte，dichromAte）	–	0.05
4	氯乙烯	vinylchloride	–	10
5	焦炉逸散物	cokeovenemissions	–	0.1
6	镍与难溶性镍化合物	nickelAndinsolublecompounds	–	1
7	可溶性镍化合物	solublenickelcompounds	–	0.5
8	铍及其化合物	berylliumAndcompounds	–	0.0005
9	砷及其无机化合物	ArsenicAndinorgAniccompounds	–	0.01
10	砷化（三）氢；胂	Arsine	0.03	–

续表

序号	毒物名称	英文名称	MAC（mg/m^3）	PC-TWA（mg/m^3）
11	（四）羰基镍	nickelcArbonyli	0.002	-
12	氯甲基醚	chloromethylmethylether	0.005	-
13	镉及其化合物	CAdmiumAndcompounds	-	0.01
14	石棉总尘/纤维	Asbestos	-	0.80.8f/ml

注：根据最新发布的《高毒物品目录》和确定人类致癌物质随时调整。

附件4　用人单位劳动防护用品配备标准

岗位/工种	作业者数量	危险、有害因素类别	危险、有害因素浓度/强度	配备的防护用品种类	防护用品型号/级别	防护用品发放周期	呼吸器过滤元件更换周期

附件5　劳动防护用品发放登记表

单位/车间

序号	岗位/工种	员工姓名	防护用品名称	型号	数量	领用人签字	备注

★地方性文件·上海市

4.9.5 上海市安全生产条例（上海市人民代表大会常务委员会公告第37号　2012年1月起施行）

第一章　总　则

第一条　为了加强本市安全生产监督管理，防止和减少生产安全事故，保障人民群众生命和财产安全，促进经济发展和社会稳定，根据《中华人民共和国安全生产法》和其他有关法律、行政法规，结合本市实际，制定本条例。

第二条　本市行政区域内生产经营单位的安全生产及其相关监督管理活动，适用本条例。有关法律、法规对消防安全、道路交通安全、铁路交通安全、水上交通安全、民用航空安全等另有规定的，适用其规定。

第三条　安全生产管理应当以人为本，坚持安全第一、预防为主、综合治理的方针，实行政府领导、部门监管、单位负责、群众参与、社会监督的原则。

本市建立和健全各级安全生产责任制。

第四条 生产经营单位是安全生产的责任主体。

生产经营单位主要负责人对本单位的安全生产工作全面负责；分管安全生产的负责人协助主要负责人履行安全生产职责；其他负责人应当按照各自分工，负责其职责范围内的安全生产工作。

第五条 从业人员依法享有平等获得安全生产保障的权利，并应当依法履行安全生产方面的义务。

第六条 市和区、县人民政府应当加强对安全生产工作的领导，建立和完善安全生产监控体系、责任制度和考核制度，并将安全生产工作纳入国民经济和社会发展规划以及年度工作计划。

市安全生产委员会负责研究部署、统筹协调本市安全生产工作中的重大事项，并根据有关法律、法规和规章的规定，编制成员单位安全生产工作职责，报经市人民政府批准后执行。

乡、镇人民政府和街道办事处按照本条例规定，做好本辖区内相关的安全生产监督工作。

第七条 市和区、县安全生产监督管理部门（以下简称安全生产监管部门）对本行政区域内的安全生产工作实施综合监督管理，履行下列职责：

（一）会同有关部门编制、实施安全生产专项规划；

（二）指导、协调和监督同级人民政府有关部门和下级人民政府履行安全生产工作职责；

（三）依法对生产经营单位的安全生产工作实施监督检查；

（四）按照法律、法规和规章的规定，对涉及安全生产的有关事项实施审批、处罚；

（五）根据同级人民政府的授权或者委托，组织、协调、指挥安全生产应急救援，组织生产安全事故调查处理；

（六）法律、法规规定的其他职责。

第八条 本市公安、建设、质量技术监督、交通港口等依法对涉及安全生产的事项负有审批、处罚等监督管理职责的部门（以下统称专项监管部门），应当严格按照有关法律、法规和规章的规定，实施安全生产专项监督管理。

其他有关部门在各自职责范围内，做好有关的安全生产工作。

第九条 各级工会依法组织从业人员参加本单位安全生产工作的民主管理，对本单位执行安全生产法律、法规等情况进行民主监督，依法参加事故调查，维护从业人员在安全生产方面的合法权益。

第十条 各级人民政府及其有关部门应当采取多种形式，开展安全生产法律、法规和安全生产知识的宣传教育，增强全社会和从业人员的安全生产意识以及事故预防、自救互救的能力。

报刊、广播、电视、网络等单位有进行安全生产宣传教育的义务，有对违反安全生产法律、法规的行为进行舆论监督的权利。

第十一条 市和区、县人民政府及其有关部门应当鼓励安全生产科学技术研究，支持安全生产技术、装备、工艺的推广应用，扶持技术含量高、社会效益好的安全生产科技项目和相关生产经营单位，提高安全生产技术水平。

第十二条 本市推进安全生产社会化服务体系建设，支持有关中介服务机构依法开展安全生产评价、检测、检验、培训等活动。

从事安全生产评价、检测、检验、培训等活动的中介服务机构，应当具有法律、行政法规规定的资质，并依法对其提供的服务承担责任。

第二章 生产经营单位的安全生产保障

第十三条 生产经营单位应当具备法律、法规和强制性标准规定的安全生产条件。不具备安全生产条件的，不得从事生产经营活动。

生产经营单位应当遵守下列安全生产规定：

（一）生产经营场所和设施、设备符合安全生产的要求；

（二）建立安全生产规章制度和操作规程；

（三）保证安全生产所必需的资金投入；

（四）提供符合国家标准或者行业标准的劳动防护用品；

（五）设置安全生产管理机构或者配备安全生产管理人员；

（六）主要负责人和安全生产管理人员经安全生产培训、考核合格；

（七）从业人员经安全生产教育和培训合格，特种作业人员经专门的安全作业培训，并取得特种作业操作资格证书；

（八）采取职业危害防治措施。

第十四条 生产经营单位主要负责人应当履行《中华人民共和国安全生产法》和其他法律、法规规定的职责，定期研究安全生产问题，向职工代表大会、股东大会报告安全生产情况，接受安全生产监管部门和有关部门的监督检查，接受工会、从业人员对安全生产工作的民主监督。

第十五条 生产经营单位的安全生产管理机构和安全生产管理人员负有下列职责：

（一）贯彻国家安全生产的法律、法规和标准；

（二）协助制订安全生产规章制度和安全技术操作规程；

（三）开展安全生产检查，发现事故隐患，督促有关业务部门及时整改；

（四）开展安全生产宣传、教育培训，总结和推广安全生产的经验；

（五）参与新建、改建、扩建的建设项目安全设施的审查，管理和发放劳动防护用品；

（六）组织编制本单位的生产安全事故应急预案，并定期开展演练；

（七）协助调查和处理生产安全事故，进行伤亡事故的统计、分析，提出报告；

（八）其他安全生产工作。

生产经营单位的安全生产管理机构负责人应当具有注册安全工程师资格或者相应的安全生产管理能力。

第十六条 有下列情形之一的生产经营单位应当建立安全生产委员会，其他生产经营单位可以建立安全生产委员会：

（一）属于矿山、建筑施工和危险物品生产经营等高度危险性行业（以下简称高危行业）以及危险物品使用、储存、运输单位；

（二）属于金属冶炼、船舶修造、电力、装卸、道路交通运输等较大危险性行业（以下简称较大危险行业）的；

（三）从业人员三百人以上的。

生产经营单位的安全生产委员会由本单位的主要负责人、分管安全生产的负责人、安全生产管理机构及相关机构负责人、安全生产管理人员和工会代表及从业人员代表组成。

安全生产委员会审查本单位年度安全生产工作计划和实施、重大安全生产技术项目、安全生产各项投入等情况，研究和审查本单位有关安全生产的重大事项，督促落实消除事故隐患的措施。安全生产委员会至少每季度召开一次会议，会议应当有书面记录。

生产经营单位使用劳务派遣人员从事作业的，劳务派遣人员应当计入该生产经营单位的从业人员人数。

第十七条 生产经营单位应当建立安全生产的检查、教育培训、奖惩以及设施设备安全管理、职业危害防治、劳动防护用品配备和管理、危险作业安全管理、特种作业管理、事故报告处理等规章制度。

第十八条 生产经营单位应当建立、健全安全生产责任制，明确各岗位的责任人员、责任内容和考核要求。

第十九条 生产经营单位的决策机构、主要负责人或者个人经营的投资人应当保证安全生产所必需的资金投入，安全生产资金纳入年度生产经营计划和财务预算。

安全生产资金用于安全生产的技术项目、设施和设备，宣传、教育培训和奖励，劳动防护用品，安全生产的新技术、新工艺、新材料，重大危险源的监控和管理，应急救援器材、物资的储备，以及其他安全生产方面。安全生产资金不得挪作他用。

高危行业和较大危险行业的生产经营单位应当按照国家和本市有关规定建立安全生产费用管理制度，并于每年三月底前将本单位当年度安全生产费用提取、使用计划和上一年度安全生产费用提取、使用情况，报财政、安全生产监管部门备案。

第二十条 除法律、法规另有规定外，高危行业的生产经营单位，从业人员三百人以下的，至少配备一名专职安全生产管理人员；从业人员三百人以上的，至少配备三名专职安全生产管理人员；从业人员一千人以上的，至少配备八名专职安全生产管理人员；从业人员五千人以上的，至少配备十五名专职安全生产管理人员。

较大危险行业的生产经营单位，从业人员三百人以上的，至少配备两名专职安全生产管理人员；从业人员一千人以上的，至少配备五名专职安全生产管理人员；从业人员五千人以上的，至少配备十名专职安全生产管理人员。

前两款规定以外的其他生产经营单位，从业人员三百人以上的，至少配备一名专职安全生产管理人员；从业人员一千人以上的，至少配备两名专职安全生产管理人员；从业人员五千人以上的，至少配备五名专职安全生产管理人员。

第二十一条 矿山、建筑施工单位和危险物品的生产经营单位的主要负责人和分管安全生产的负责人任职前应当参加安全培训，并经考核合格；其他生产经营单位的主要负责人和分管安全生产的负责人在任职三个月内，应当参加安全培训，并经考核合格。

安全生产管理人员任职前应当参加安全培训，并经考核合格。

第二十二条 生产经营单位应当对下列人员及时进行安全生产教育和培训：

（一）新进从业人员；

（二）离岗六个月以上的或者换岗的从业人员；

（三）采用新工艺、新技术、新材料或者使用新设备后的有关从业人员。

生产经营单位应当对在岗的从业人员进行定期的安全生产教育和培训。从业人员未经安全生产教育和培训合格的，不得上岗作业。

第二十三条 安全生产教育和培训内容主要包括安全生产的法律、法规和规章制度，安全操作基本技能和安全技术基础知识，作业场所和工作岗位存在的危险因素、防范措施以及事故应急措施，劳动防护用品的性能和使用方法以及其他需要掌握的安全生产知识。

安全生产教育和培训情况应当记入从业人员安全生产记录卡，记录卡应当由考核人员和从业人员本人签名。

安全生产教育和培训的时间按照国家和本市有关规定执行，费用由生产经营单位承担。

生产经营单位可以委托安全生产中介服务机构或者相关的行业组织实施安全生产教育和培训。

第二十四条 从事电工作业、焊接与热切割作业、高处作业、制冷与空调作业、冶金生产安全作业、危险化学品安全作业、烟花爆竹安全作业等特种作业的人员，应当按照国家有关规定经专门的安全作业培训，经考核合格取得特种作业操作资格证书后，方可上岗作业。

生产经营单位不得安排无特种作业操作资格证书的人员从事特种作业。

生产经营单位指派从业人员参加专门的安全作业培训和特种作业操作资格考试的，应当承担该从业人员的培训和考试费用，并可以与该从业人员订立协议约定服务期限。

第二十五条 矿山企业、建筑施工企业和危险化学品、烟花爆竹、民用爆破器材生产企业在生产前，应当依照《安全生产许可证条例》，向有关部门申请领取安全生产许可证。

用于生产、储存危险物品的建设项目的安全设施设计，在报送安全生产监管部门和专项监管部门审查时，应当提供安全条件论证报告和具有相应资质的机构出具的安全评价报告。审查部门对审查结果负责。

用于生产、储存危险物品的建设项目竣工正式投入生产或者使用前，安全生产监管部门和专项监管部门应当对项目中的安全设施进行验收。项目经验收合格后，方可正式投入生产和使用。

第二十六条 生产经营单位应当对新建、改建、扩建生产、储存危险化学品的建设项目进行安全条件论证，并委托具有安全生产评价资质的中介服务机构进行项目安全评价。

生产、储存危险化学品的企业以及使用危险化学品从事生产的企业应当按照国家有关规定，委托具有安全生产评价资质的中介服务机构，对本企业的安全生产条件每三年进行一次安全评价，提出安全评价报告。安全评价报告应当包括对安全生产条件存在的问题进行整改的方案。

生产、储存危险化学品的企业以及使用危险化学品从事生产的企业应当及时将安全评价报告及整改方案的落实情况报安全生产监管部门备案。安全生产监管部门应当对安全评价报告及整改方案的落实情况进行抽查。

第二十七条 生产经营单位应当按照国家有关规定办理重大危险源备案，并采取下列监控措施：

（一）建立运行管理档案，对运行情况进行全程监控；

（二）定期对设施、设备进行检测、检验；

（三）定期进行安全评价；

（四）定期检查重大危险源的安全状态；

（五）制定应急救援预案，定期组织应急救援演练。

生产经营单位可以委托具有相应资质的中介服务机构，对重大危险源进行检测和安全评价，并提出完善监控的措施。

生产经营单位应当至少每半年向安全生产监管部门和专项监管部门报告重大危险源的监控措施实施情况；发生紧急情况时，应当立即报告安全生产监管部门和专项监管部门。

第二十八条 生产经营单位进行爆破、大型设备（构件）吊装、危险装置设备试生产、危险场所动火作业、有毒有害及受限空间作业、重大危险源作业等危险作业的，应当按批准权限由相关负责人现场带班，确定专人进行现场作业的统一指挥，由专职安全生产管理人员进行现场安全检查和监督，并由具有专业资质的人员实施作业。

生产经营单位委托其他有专业资质的单位进行危险作业的，应当在作业前与受托方签订安全生产管理协议。安全生产管理协议应当明确各自的安全生产职责。

生产经营单位或者接受委托的作业单位在危险作业前应当制定危险作业的方案和安全防范措施，并设置作业现场的安全区域。

从事危险作业时，作业人员应当服从现场的统一指挥和调度，并严格遵守作业方案、操作规程和安全防范措施。

第二十九条 生产经营单位为大型公共活动所设的临时性建筑物、构筑物及设施、设备的安全性能，应当经具有相应资质的机构检测、检验合格。

第三十条 生产经营单位不得将厂房、场所出租给不具备安全生产条件或者相应资质的单位或者个人。

生产经营单位出租厂房、场所给其他单位从事生产经营活动的，其出租的厂房、场所应当具备基本的安全生产条件，并书面告知承租人涉及厂房、场所安全的有关情况。租赁双方应当签订安全生产管理协议，明确双方对出租厂房、场所的安全管理责任。

出租方应当查验承租方所从事的生产经营范围，统一协调、管理同一区域多个承租单位的安全生产工作，加强对各承租人涉及厂房、场所安全行为的监督检查。发现承租方有安全生产违法行为的，应当及时劝阻并向所在地的安全生产监管部门和专项监管部门报告。

承租方应当严格遵守安全生产法律、法规，具备相应的安全生产资质和条件，并服从出租方对其安全生产工作的统一协调、管理。发生生产安全事故时，应当立即如实报告所在地的安全生产监管部门和专项监管部门。

第三十一条 生产经营单位应当为从业人员提供符合国家标准或者行业标准的劳动防护用品，并教育、督促从业人员正确佩戴、使用。生产经营单位不得以现金或者其他物品替代劳动防护用品的提供。

生产经营单位购买劳动防护用品时，应当查验产品质量合格证明；购买特种劳动防护用品时，还应当查验产品生产许可证和安全标志，并建立采购档案。

第三十二条 存在职业危害的生产经营单位应当依法建立职业危害防治制度，包括职业危害的防治责任、告知、申报、宣传教育、防护设施维护检修、日常监测、从业人员体检以及职业健康监护档案管理等内容。

存在职业危害的生产经营单位应当按照国家有关规定，委托具有相应资质的中介服务机构定期进行检测和评价。检测和评价报告应当向从业人员公布，并报安全生产监管部门备案。

生产经营单位发生职业危害事故，或者发现职业病病人、疑似职业病病人的，应当及时向安全生产监管部门和有关部门报告。

第三十三条　生产经营单位应当根据本单位的生产经营特点进行经常性的安全生产检查，定期进行专业性的安全生产检查，每月至少进行一次综合性的安全生产检查。

安全生产管理人员应当对检查中发现的事故隐患及时提出处理意见，跟踪事故隐患治理情况并记录在案。

第三十四条　生产经营单位对本单位的生产安全事故隐患治理负全部责任，发现事故隐患的，应当立即采取措施予以消除；对非本单位原因造成的事故隐患，不能及时消除或者难以消除的，应当采取必要的安全措施，并立即向安全生产监管部门和专项监管部门报告。

安全生产监管部门和专项监管部门接到报告后，应当及时进行处理。在隐患排除前，安全生产监管部门和专项监管部门可以在生产经营场所的明显位置设置事故隐患提示标志。

第三十五条　本市鼓励生产经营单位投保安全生产相关责任保险。

矿山、建筑施工、危险物品生产经营、道路交通运输、金属冶炼、船舶修造、装卸等行业的生产经营单位应当依照国家和本市的有关规定实行安全生产风险抵押金制度。发生生产安全事故时，原则上由企业先行支付抢险、救灾及善后处理费用，确实需要动用风险抵押金的，经安全生产监管部门和财政部门批准后，按照规定办理风险抵押金使用手续。生产经营单位投保安全生产相关责任保险的，经报送安全生产监管部门审核同意，可以免于存储安全生产风险抵押金。

第三十六条　生产经营单位按照国家和本市有关规定开展安全生产标准化工作，并接受安全生产监管部门的指导。

第三十七条　禁止生产经营单位及其有关负责人从事下列行为：

（一）指令或者放任从业人员违反操作规程或者安全管理规定从事作业；

（二）超过核定的生产能力、强度进行生产；

（三）隐瞒事故隐患，或者不及时处理已发现的事故隐患；

（四）违反操作规程或者安全管理规定从事作业；

（五）法律、法规规定的其他禁止行为。

第三章　从业人员的权利和义务

第三十八条　生产经营活动中，从业人员享有下列权利：

（一）在集体合同、劳动合同中，载明劳动安全、防止职业危害和工伤保险等事项；

（二）了解其作业场所、工作岗位存在的危险因素及防范、应急措施；

（三）对本单位安全生产工作中存在的问题提出建议、批评、检举和控告；

（四）拒绝违章指挥、强令冒险作业的要求；

（五）发现直接危及人身安全的紧急情况时，停止作业或者在采取可能的应急措施后撤离作业场所；

（六）因生产安全事故受到损害后提出赔偿要求；

（七）接受安全生产教育和培训，掌握本职工作所必需的安全生产技能；

（八）获得生产经营单位提供的符合国家和行业标准的劳动条件和劳动防护用品；

（九）因接触职业危害因素接受符合国家有关规定的职业健康检查；

（十）法律、法规规定的其他权利。

第三十九条　生产经营活动中，从业人员应当履行下列义务：

（一）严格遵守本单位的安全生产规章制度和操作规程；

（二）正确使用劳动防护用品；

（三）接受安全生产教育和培训；

（四）及时报告事故隐患和不安全因素；

（五）法律、法规规定的其他义务。

第四十条　生产经营单位使用劳务派遣人员从事作业的，应当将劳务派遣人员纳入本单位对从业人员安全生产的统一管理，履行安全生产保障责任，不得将安全生产保障责任转移给劳务派遣单位。

劳务派遣人员有依法向用工的生产经营单位主张安全生产的权利。

第四十一条　安全生产监管部门和有关部门应当加强对从业人员发生事故伤害的预防工作。

本市工伤保险基金按照国家和本市的有关规定安排一定比例的费用，用于工伤预防的宣传、培训等。

第四章　安全生产监督管理

第四十二条　本市实行各级人民政府和有关部门安全生产行政责任制度。

市和区、县人民政府及其有关部门的主要负责人对本地区、本行业的安全生产管理工作承担主要责任，其他分管负责人按照职责分工依法承担相应责任。

第四十三条　市和区、县人民政府应当对其所属部门和下级人民政府的安全生产工作进行年度考核，考核结果作为政府年度工作考核的重要依据。

市和区、县国有资产管理部门应当会同同级安全生产监管部门对其负责管理的国有企业的安全生产工作进行年度考核，考核结果纳入国有企业绩效考核。

第四十四条　市和区、县人民政府应当建立安全生产控制指标，对安全生产工作实行目标管理。

区、县人民政府和市有关部门每季度至少召开一次安全生产工作会议，分析本地区、本行业的安全生产形势和情况，研究、部署防范生产安全事故发生的措施和方案，协调并解决安全生产工作中的重大问题。

第四十五条　产业园区管理机构应当确定负责安全生产监督管理的机构和人员，支持、督促、检查本园区内生产经营单位的安全生产工作，并协助有关部门实施安全生产监督管理。发现安全生产违法行为或者事故隐患的，应当责令生产经营单位立即改正或者限期治理，并向有关部门报告。

第四十六条　乡、镇人民政府和街道办事处应当有相应机构和专门人员负责安全生产监督管理工作，对本辖区内高危行业和较大危险行业以外的生产经营单位实施安全生产日常检查，并协助有关部门实施安全生产监督管理。发现安全生产违法行为或者事故隐患的，应当向有关部门报告，并责令生产经营单位立即改正或者限期治理。

第四十七条　安全生产监管部门应当加强执法队伍的建设，依法开展行政执法工作。专项监管部门应当配置与其监督管理工作相适应的执法力量。

安全生产监管部门和专项监管部门应当定期对其执法人员开展安全生产技术知识、法律等方面的培训和考核。

第四十八条 市和区、县人民政府应当组织安全生产监管部门和专项监管部门对生产经营单位建立和落实安全生产责任制、生产安全事故隐患排查治理、安全生产教育和培训等安全生产工作以及容易发生事故的生产、经营场所或者施工的设备、设施和场所进行安全生产检查。

安全生产监管部门和专项监管部门可以实行联合检查，并采用定期检查、随时抽查的方式，对生产经营单位进行安全生产检查。

市安全生产监管部门应当会同有关部门组织编制危险化学品、易燃易爆物品、重大危险源、压力容器等重点事项的监督检查计划，明确实施监督检查的部门、频次等，并建立相应的监督检查记录制度。

第四十九条 安全生产监管部门和专项监管部门可以邀请专业技术人员和专家学者参与安全生产的监督检查、事故调查等工作，听取对专业技术问题的意见。

安全生产监管部门和专项监管部门应当建立、健全有关的专业技术人员和专家学者遴选、考核、奖酬、回避等制度。

第五十条 市安全生产监管部门会同有关部门组织编制安全生产重点监督管理单位目录，载明生产经营单位的名称、主要负责人姓名、监督管理部门以及监督管理的重点要求。

生产经营单位有下列情形之一的，应当列入安全生产重点监督管理单位目录：

（一）存在重大危险源的；

（二）存在重大事故隐患的；

（三）近三年内曾发生较大、重大或者特别重大生产安全事故的；

（四）市安全生产监管部门根据工作需要，认为有必要实行重点监督管理的其他情形。

第五十一条 生产经营单位存在重大生产安全事故隐患的，市和区、县人民政府应当指定有关部门督促生产经营单位制定、落实治理计划。

对于非生产经营单位原因造成，短时期内难以消除的重大生产安全事故隐患，市和区、县人民政府应当组织有关部门制定计划予以治理，并落实治理资金。任何单位和个人不得侵占治理资金或者挪作他用。

第五十二条 本市建立重大危险源信息监管系统，对重大危险源实施市和区、县两级监管。

安全生产监管部门和专项监管部门应当按照国家有关规定实施重大危险源备案。

第五十三条 本市对危险化学品行业实行统一规划、合理布局和严格控制。

本市有关部门组织编制城乡规划，应当根据本市实际情况，规划专门用于危险化学品生产、储存的区域和禁止建设危险化学品生产、储存项目的区域。

在城乡规划禁止建设危险化学品生产、储存项目的区域内，已建的危险化学品生产、储存项目，由安全生产监管部门会同有关部门督促生产经营单位在规定期限内进行调整；需要转产、停产、搬迁、关闭的，由市或者区、县人民政府组织有关部门实施，并根据有关规定给予补贴。

市安全生产监管、经济信息化部门应当会同有关部门，制定本市危险化学品产业结构调整指导目录。

市安全生产监管部门应当会同市经济信息化、发展改革、公安、交通港口、环保等部门，制定本市禁止、限制、管控危险化学品生产、储存、经营、使用、运输等的目录。

第五十四条　任何单位和个人发现生产经营单位存在重大事故隐患或者安全生产违法行为的，有权向安全生产监管部门和专项监管部门举报；对举报有功人员，由安全生产监管部门或者专项监管部门给予奖励。安全生产监管部门和专项监管部门应当为举报者保密。

本市对在改善安全生产条件、防止生产安全事故、参加抢险救护等方面取得显著成绩的单位和个人，给予奖励。

第五十五条　安全生产监管部门和专项监管部门应当通过电视、报纸、网络等媒体，对危害公共安全的安全生产违法行为及处理情况予以公布。

安全生产监管部门应当建立安全生产违法行为登录制度，在上海安全生产网上记载生产经营单位及其主要负责人、安全生产中介服务机构的有关违法行为及处理情况。任何单位和个人都有权进行查询。

第五章　生产安全事故的应急救援和调查处理

第五十六条　生产经营单位应当制定生产安全事故应急救援预案，报安全生产监管部门和专项监管部门备案。

高危行业的生产经营单位应当建立安全生产应急救援组织，配备应急救援器材、设备并进行经常性维护、保养。其他生产经营单位应当明确负责应急救援的人员。

生产经营单位应当每年至少组织一次综合应急救援预案演练或者专项应急救援预案演练。高危行业、较大危险行业的生产经营单位，应当每半年至少组织一次综合应急救援预案演练或者专项应急救援预案演练。

第五十七条　市和区、县人民政府应当建立、健全安全生产应急救援体系，根据本市突发公共事件总体预案，组织制定生产安全事故应急救援预案，确定应急救援队伍，储备应急救援物资、装备，加强安全生产应急救援资源共享和信息互通。

应急救援预案应当包括建立应急指挥体系，明确相关部门的应急救援职责，确定应急救援队伍，确定应急救援技术专家、建立抢险装备等信息数据库，确定交通、医疗、物资、经费、治安等保障措施，进行应急救援预案演练等。

第五十八条　生产经营单位发生生产安全事故后，应当在一小时内向安全生产监管部门和专项监管部门报告；情况紧急时，应当在三十分钟内向安全生产监管部门和专项监管部门报告。

安全生产监管部门和专项监管部门应当逐级上报事故情况。每级上报均应当在一小时内完成口头上报，在两小时内完成书面上报。

第五十九条　生产安全事故发生后，生产经营单位应当立即启动相应的应急救援预案，迅速采取有效措施，组织抢救，防止事故扩大，减少人员伤亡和财产损失；市或者区、县人民政府以及安全生产监管部门、相关专项监管部门接到事故报告后，应当立即组织事故救援。

第六十条　除法律、行政法规另有规定外，本市发生的生产安全事故按照下列规定进行调查：

（一）重大和较大生产安全事故，由市人民政府负责调查，市人民政府可以授权或者委托市安全生产监管部门或者其他有关部门组织调查；

（二）一般生产安全事故，由事故发生地区、县人民政府负责调查，区、县人民政府可以授权或者委托区、县安全生产监管部门或者其他有关部门组织调查。

市人民政府认为必要时，可以调查区、县人民政府负责调查的事故。

第六十一条 安全生产监管部门应当定期统计分析本行政区域内发生生产安全事故的情况，并定期向社会公布。

生产经营单位发生重大生产安全事故或者一年内发生两次以上较大生产安全事故，且对事故发生负有主要责任的，安全生产监管部门应当会同有关部门向社会公告，并向市发展改革、规划国土资源、建设交通、经济信息化以及金融监管等部门通报有关情况。

第六章 法律责任

第六十二条 违反本条例规定的行为，《中华人民共和国安全生产法》及其他有关法律、法规已有处罚规定的，依照其规定处罚；构成犯罪的，依法追究刑事责任。

生产经营单位发生生产安全事故，造成他人人身、财产损害的，依照有关法律，承担赔偿责任。

第六十三条 生产经营单位违反本条例第十九条第三款的规定，未将安全生产费用的有关情况报送备案的，由安全生产监管部门责令限期改正；逾期未改正的，处以五千元以下的罚款。

第六十四条 生产经营单位未按照本条例第二十条规定配备专职安全生产管理人员的，由安全生产监管部门责令限期改正；逾期未改正的，责令停产停业整顿，并可以依法处以罚款，罚款额按未配备安全生产管理人员人数计，每少配备一人罚款五千元。

第六十五条 生产经营单位主要负责人、分管安全生产的负责人、安全生产管理人员未按照本条例第二十一条的规定参加安全培训并经考核合格的，由安全生产监管部门责令限期改正；逾期未改正的，处以五千元以上二万元以下的罚款。

第六十六条 生产经营单位违反本条例第二十二条的规定，未对从业人员进行安全生产教育培训的，由安全生产监管部门责令限期改正；逾期未改正的，责令停产停业整顿，并可以依法处以罚款，罚款额按未培训从业人员人数计，每少培训一人罚款五百元。

第六十七条 生产经营单位违反本条例第二十八条第二款、第三款的规定，从事危险作业未签订安全生产管理协议，或者未设置作业现场安全区域的，由安全生产监管部门责令改正，并可以对生产经营单位和接受委托的作业单位处以五万元以上二十万元以下的罚款。

第六十八条 矿山、建筑施工、危险物品生产经营、道路交通运输、金属冶炼、船舶修造、装卸等行业的生产经营单位违反本条例第三十五条的规定，未足额存储安全生产风险抵押金且未投保安全生产相关责任保险的，由安全生产监管部门责令限期改正；逾期未改正的，处以一万元以上三万元以下的罚款。

第六十九条 生产经营单位及其有关负责人违反本条例第三十七条第一项至第四项的规定，从事禁止行为的，由安全生产监管部门对生产经营单位处以一万元以上三万元以下的罚款，对其有关负责人处以一千元以上一万元以下的罚款。

第七十条 各级人民政府及其有关部门的工作人员有下列情形之一的，依照《中华人民共和国公务员法》、《中华人民共和国行政监察法》等法律、法规，追究行政责任；构成犯罪的，依法追究刑事责任：

（一）未按照规定履行安全生产监督管理责任的；

（二）因其失职、渎职行为造成重大生产安全事故隐患的；

（三）发生生产安全事故，未按照规定组织救援或者玩忽职守致使人员伤亡或者财产损失扩大的；

（四）对生产安全事故隐瞒不报、谎报或者拖延报告的；

（五）阻挠、干涉生产安全事故调查处理或者生产安全事故责任追究的。

第七十一条 当事人对安全生产监管部门或者专项监管部门的具体行政行为不服的，可以依照《中华人民共和国行政复议法》或者《中华人民共和国行政诉讼法》的规定，申请行政复议或者提起行政诉讼。

当事人对具体行政行为逾期不申请复议，不提起诉讼，又不履行的，作出具体行政行为的安全生产监管部门或者专项监管部门可以申请人民法院强制执行。

第七章 附 则

第七十二条 本条例下列用语的含义是：

（一）生产经营单位，是指从事生产经营活动的企业、个体工商户以及其他能够独立承担民事责任的经营性组织。

（二）生产经营单位主要负责人，是指生产经营单位的法定代表人和实际负有本单位生产经营最高管理权限的人员。

（三）产业园区，是指依法设立并由市或者区、县人民政府派出或者指定机构管理的工业园区、高新技术产业开发区、保税区和出口加工区。

（四）危险物品，是指易燃易爆物品、危险化学品、放射性物品等能够危及人身安全和财产安全的物品。

第七十三条 国家机关、事业单位、人民团体、民办非企业单位在日常运营中的安全作业管理，参照执行本条例。法律、法规另有规定的，从其规定。

第七十四条 本条例自2012年1月1日起施行。

4.10 住房公积金

★ 行政法规/部门规章/司法解释

4.10.1 住房公积金管理条例（国务院令第350号　2002年施行）

第一章　总　则

第一条　为了加强对住房公积金的管理，维护住房公积金所有者的合法权益，促进城镇住房建设，提高城镇居民的居住水平，制定本条例。

第二条　本条例适用于中华人民共和国境内住房公积金的缴存、提取、使用、管理和监督。

本条例所称住房公积金，是指国家机关、国有企业、城镇集体企业、外商投资企业、城镇私营企业及其他城镇企业、事业单位、民办非企业单位、社会团体（以下统称单位）及其在职职工缴存的长期住房储金。

第三条　职工个人缴存的住房公积金和职工所在单位为职工缴存的住房公积金，属于职工个人所有。

第四条　住房公积金的管理实行住房公积金管理委员会决策、住房公积金管理中心运作、银行专户存储、财政监督的原则。

第五条　住房公积金应当用于职工购买、建造、翻建、大修自住住房，任何单位和个人不得挪作他用。

第六条　住房公积金的存、贷利率由中国人民银行提出，经征求国务院建设行政主管部门的意见后，报国务院批准。

第七条　国务院建设行政主管部门会同国务院财政部门、中国人民银行拟定住房公积金政策，并监督执行。

省、自治区人民政府建设行政主管部门会同同级财政部门以及中国人民银行分支机构，负责本行政区域内住房公积金管理法规、政策执行情况的监督。

第二章　机构及其职责

第八条　直辖市和省、自治区人民政府所在地的市以及其他设区的市（地、州、盟），应当设立住房公积金管理委员会，作为住房公积金管理的决策机构。住房公积金管理委员会的成员中，人民政府负责人和建设、财政、人民银行等有关部门负责人以及有关专家占1/3，工会代表和职工代表占1/3，单位代表占1/3。

住房公积金管理委员会主任应当由具有社会公信力的人士担任。

第九条　住房公积金管理委员会在住房公积金管理方面履行下列职责：

（一）依据有关法律、法规和政策，制定和调整住房公积金的具体管理措施，并监督实施；

（二）根据本条例第十八条的规定，拟订住房公积金的具体缴存比例；

（三）确定住房公积金的最高贷款额度；

（四）审批住房公积金归集、使用计划；

（五）审议住房公积金增值收益分配方案；

（六）审批住房公积金归集、使用计划执行情况的报告。

第十条 直辖市和省、自治区人民政府所在地的市以及其他设区的市（地、州、盟）应当按照精简、效能的原则，设立一个住房公积金管理中心，负责住房公积金的管理运作。县（市）不设立住房公积金管理中心。

前款规定的住房公积金管理中心可以在有条件的县（市）设立分支机构。住房公积金管理中心与其分支机构应当实行统一的规章制度，进行统一核算。

住房公积金管理中心是直属城市人民政府的不以营利为目的的独立的事业单位。

第十一条 住房公积金管理中心履行下列职责：

（一）编制、执行住房公积金的归集、使用计划；

（二）负责记载职工住房公积金的缴存、提取、使用等情况；

（三）负责住房公积金的核算；

（四）审批住房公积金的提取、使用；

（五）负责住房公积金的保值和归还；

（六）编制住房公积金归集、使用计划执行情况的报告；

（七）承办住房公积金管理委员会决定的其他事项。

第十二条 住房公积金管理委员会应当按照中国人民银行的有关规定，指定受委托办理住房公积金金融业务的商业银行（以下简称受委托银行）；住房公积金管理中心应当委托受委托银行办理住房公积金贷款、结算等金融业务和住房公积金账户的设立、缴存、归还等手续。

住房公积金管理中心应当与受委托银行签订委托合同。

第三章 缴 存

第十三条 住房公积金管理中心应当在受委托银行设立住房公积金专户。

单位应当到住房公积金管理中心办理住房公积金缴存登记，经住房公积金管理中心审核后，到受委托银行为本单位职工办理住房公积金账户设立手续。每个职工只能有一个住房公积金账户。

住房公积金管理中心应当建立职工住房公积金明细账，记载职工个人住房公积金的缴存、提取等情况。

第十四条 新设立的单位应当自设立之日起30日内到住房公积金管理中心办理住房公积金缴存登记，并自登记之日起20日内持住房公积金管理中心的审核文件，到受委托银行为本单位职工办理住房公积金账户设立手续。

单位合并、分立、撤销、解散或者破产的，应当自发生上述情况之日起30日内由原单位或者清算组织到住房公积金管理中心办理变更登记或者注销登记，并自办妥变更登记或者注销登记之日起20日内持住房公积金管理中心的审核文件，到受委托银行为本单位职工办理住房公积金账户转移或者封存手续。

第十五条 单位录用职工的，应当自录用之日起30日内到住房公积金管理中心办理缴存登记，并持住房公积金管理中心的审核文件，到受委托银行办理职工住房公积金账户的设立或者转移手续。

单位与职工终止劳动关系的，单位应当自劳动关系终止之日起30日内到住房公积金管理中心办理变更登记，并持住房公积金管理中心的审核文件，到受委托银行办理职工住房公积金账户转移或者封存手续。

第十六条 职工住房公积金的月缴存额为职工本人上一年度月平均工资乘以职工住房公积金缴存比例。

单位为职工缴存的住房公积金的月缴存额为职工本人上一年度月平均工资乘以单位住房公积金缴存比例。

第十七条 新参加工作的职工从参加工作的第二个月开始缴存住房公积金，月缴存额为职工本人当月工资乘以职工住房公积金缴存比例。

单位新调入的职工从调入单位发放工资之日起缴存住房公积金，月缴存额为职工本人当月工资乘以职工住房公积金缴存比例。

第十八条 职工和单位住房公积金的缴存比例均不得低于职工上一年度月平均工资的5%；有条件的城市，可以适当提高缴存比例。具体缴存比例由住房公积金管理委员会拟订，经本级人民政府审核后，报省、自治区、直辖市人民政府批准。

第十九条 职工个人缴存的住房公积金，由所在单位每月从其工资中代扣代缴。

单位应当于每月发放职工工资之日起5日内将单位缴存的和为职工代缴的住房公积金汇缴到住房公积金专户内，由受委托银行计入职工住房公积金账户。

第二十条 单位应当按时、足额缴存住房公积金，不得逾期缴存或者少缴。

对缴存住房公积金确有困难的单位，经本单位职工代表大会或者工会讨论通过，并经住房公积金管理中心审核，报住房公积金管理委员会批准后，可以降低缴存比例或者缓缴；待单位经济效益好转后，再提高缴存比例或者补缴缓缴。

第二十一条 住房公积金自存入职工住房公积金账户之日起按照国家规定的利率计息。

第二十二条 住房公积金管理中心应当为缴存住房公积金的职工发放缴存住房公积金的有效凭证。

第二十三条 单位为职工缴存的住房公积金，按照下列规定列支：

（一）机关在预算中列支；

（二）事业单位由财政部门核定收支后，在预算或者费用中列支；

（三）企业在成本中列支。

第四章 提取和使用

第二十四条 职工有下列情形之一的，可以提取职工住房公积金账户内的存储余额：

（一）购买、建造、翻建、大修自住住房的；

（二）离休、退休的；

（三）完全丧失劳动能力，并与单位终止劳动关系的；

（四）出境定居的；

（五）偿还购房贷款本息的；

（六）房租超出家庭工资收入的规定比例的。

依照前款第（二）（三）（四）项规定，提取职工住房公积金的，应当同时注销职工住房公积金账户。

职工死亡或者被宣告死亡的，职工的继承人、受遗赠人可以提取职工住房公积金账户内的存储余额；无继承人也无受遗赠人的，职工住房公积金账户内的存储余额纳入住房公积金的增值收益。

第二十五条 职工提取住房公积金账户内的存储余额的，所在单位应当予以核实，并出具提取证明。

职工应当持提取证明向住房公积金管理中心申请提取住房公积金。住房公积金管理中心应当自受理申请之日起3日内作出准予提取或者不准提取的决定，并通知申请人；准予提取的，由受委托银行办理支付手续。

第二十六条 缴存住房公积金的职工，在购买、建造、翻建、大修自住住房时，可以向住房公积金管理中心申请住房公积金贷款。

住房公积金管理中心应当自受理申请之日起15日内作出准予贷款或者不准贷款的决定，并通知申请人；准予贷款的，由受委托银行办理贷款手续。

住房公积金贷款的风险，由住房公积金管理中心承担。

第二十七条 申请人申请住房公积金贷款的，应当提供担保。

第二十八条 住房公积金管理中心在保证住房公积金提取和贷款的前提下，经住房公积金管理委员会批准，可以将住房公积金用于购买国债。

住房公积金管理中心不得向他人提供担保。

第二十九条 住房公积金的增值收益应当存入住房公积金管理中心在受委托银行开立的住房公积金增值收益专户，用于建立住房公积金贷款风险准备金、住房公积金管理中心的管理费用和建设城市廉租住房的补充资金。

第三十条 住房公积金管理中心的管理费用，由住房公积金管理中心按照规定的标准编制全年预算支出总额，报本级人民政府财政部门批准后，从住房公积金增值收益中上交本级财政，由本级财政拨付。

住房公积金管理中心的管理费用标准，由省、自治区、直辖市人民政府建设行政主管部门会同同级财政部门按照略高于国家规定的事业单位费用标准制定。

第五章 监 督

第三十一条 地方有关人民政府财政部门应当加强对本行政区域内住房公积金归集、提取和使用情况的监督，并向本级人民政府的住房公积金管理委员会通报。

住房公积金管理中心在编制住房公积金归集、使用计划时，应当征求财政部门的意见。

住房公积金管理委员会在审批住房公积金归集、使用计划和计划执行情况的报告时，必须有财政部门参加。

第三十二条 住房公积金管理中心编制的住房公积金年度预算、决算，应当经财政部门审核后，提交住房公积金管理委员会审议。

住房公积金管理中心应当每年定期向财政部门和住房公积金管理委员会报送财务报告，并将财务报告向社会公布。

第三十三条 住房公积金管理中心应当依法接受审计部门的审计监督。

第三十四条 住房公积金管理中心和职工有权督促单位按时履行下列义务：

（一）住房公积金的缴存登记或者变更、注销登记；

（二）住房公积金账户的设立、转移或者封存；

（三）足额缴存住房公积金。

第三十五条 住房公积金管理中心应当督促受委托银行及时办理委托合同约定的业务。

受委托银行应当按照委托合同的约定，定期向住房公积金管理中心提供有关的业务资料。

第三十六条 职工、单位有权查询本人、本单位住房公积金的缴存、提取情况，住房公积金管理中心、受委托银行不得拒绝。

职工、单位对住房公积金账户内的存储余额有异议的，可以申请受委托银行复核；对复核结果有异议的，可以申请住房公积金管理中心重新复核。受委托银行、住房公积金管理中心应当自收到申请之日起5日内给予书面答复。

职工有权揭发、检举、控告挪用住房公积金的行为。

第六章 罚 则

第三十七条 违反本条例的规定，单位不办理住房公积金缴存登记或者不为本单位职工办理住房公积金账户设立手续的，由住房公积金管理中心责令限期办理；逾期不办理的，处1万元以上5万元以下的罚款。

第三十八条 违反本条例的规定，单位逾期不缴或者少缴住房公积金的，由住房公积金管理中心责令限期缴存；逾期仍不缴存的，可以申请人民法院强制执行。

第三十九条 住房公积金管理委员会违反本条例规定审批住房公积金使用计划的，由国务院建设行政主管部门会同国务院财政部门或者由省、自治区人民政府建设行政主管部门会同同级财政部门，依据管理职权责令限期改正。

第四十条 住房公积金管理中心违反本条例规定，有下列行为之一的，由国务院建设行政主管部门或者省、自治区人民政府建设行政主管部门依据管理职权，责令限期改正；对负有责任的主管人员和其他直接责任人员，依法给予行政处分：

（一）未按照规定设立住房公积金专户的；

（二）未按照规定审批职工提取、使用住房公积金的；

（三）未按照规定使用住房公积金增值收益的；

（四）委托住房公积金管理委员会指定的银行以外的机构办理住房公积金金融业务的；

（五）未建立职工住房公积金明细账的；

（六）未为缴存住房公积金的职工发放缴存住房公积金的有效凭证的；

（七）未按照规定用住房公积金购买国债的。

第四十一条 违反本条例规定，挪用住房公积金的，由国务院建设行政主管部门或者省、自治区人民政府建设行政主管部门依据管理职权，追回挪用的住房公积金，没收违法所得；对挪用或者批准挪用住房公积金的人民政府负责人和政府有关部门负责人以及住房公积金管理中心负有责任的主管人员和其他直接责任人员，依照刑法关于挪用公款罪或者其他罪的规定，依法追究刑事责任；尚不够刑事处罚的，给予降级或者撤职的行政处分。

第四十二条 住房公积金管理中心违反财政法规的，由财政部门依法给予行政处罚。

第四十三条 违反本条例规定，住房公积金管理中心向他人提供担保的，对直接负责的主管人员和其他直接责任人员依法给予行政处分。

第四十四条 国家机关工作人员在住房公积金监督管理工作中滥用职权、玩忽职守、徇私舞弊，构成犯罪的，依法追究刑事责任；尚不构成犯罪的，依法给予行政处分。

第七章 附 则

第四十五条 住房公积金财务管理和会计核算的办法，由国务院财政部门商国务院建设行政主管部门制定。

第四十六条 本条例施行前尚未办理住房公积金缴存登记和职工住房公积金账户设立

手续的单位，应当自本条例施行之日起60日内到住房公积金管理中心办理缴存登记，并到受委托银行办理职工住房公积金账户设立手续。

第四十七条　本条例自发布之日起施行。

4.10.2 关于住房公积金管理若干具体问题的指导意见（建金管［2005］5号）

各省、自治区建设厅、财政厅，人民银行各分支机构，直辖市、新疆生产建设兵团住房公积金管理委员会、住房公积金管理中心：

为进一步完善住房公积金管理，规范归集使用业务，健全风险防范机制，维护缴存人的合法权益，发挥住房公积金制度的作用，现就住房公积金管理若干具体问题提出如下意见：

一、国家机关、国有企业、城镇集体企业、外商投资企业、城镇私营企业及其他城镇企业、事业单位、民办非企业单位、社会团体（以下统称单位）及其在职职工，应当按《住房公积金管理条例》（国务院令第350号，以下简称《条例》）的规定缴存住房公积金。有条件的地方，城镇单位聘用进城务工人员，单位和职工可缴存住房公积金；城镇个体工商户、自由职业人员可申请缴存住房公积金，月缴存额的工资基数按照缴存人上一年度月平均纳税收入计算。

二、设区城市（含地、州、盟，下同）应当结合当地经济、社会发展情况，统筹兼顾各方面承受能力，严格按照《条例》规定程序，合理确定住房公积金缴存比例。单位和职工缴存比例不应低于5%，原则上不高于12%。采取提高单位住房公积金缴存比例方式发放职工住房补贴的，应当在个人账户中予以注明。未按照规定程序报省、自治区、直辖市人民政府批准的住房公积金缴存比例，应予以纠正。

三、缴存住房公积金的月工资基数，原则上不应超过职工工作地所在设区城市统计部门公布的上一年度职工月平均工资的2倍或3倍。具体标准由各地根据实际情况确定。职工月平均工资应按国家统计局规定列入工资总额统计的项目计算。

四、各地要按照《条例》规定，建立健全单位降低缴存比例或者缓缴住房公积金的审批制度，明确具体条件、需要提供的文件和办理程序。未经本单位职工代表大会或者工会讨论通过的，住房公积金管理委员会和住房公积金管理中心（以下简称管理中心）不得同意降低缴存比例或者缓缴。

五、单位发生合并、分立、撤销、破产、解散或者改制等情形的，应当为职工补缴以前欠缴（包括未缴和少缴）的住房公积金。单位合并、分立和改制时无力补缴住房公积金的，应当明确住房公积金缴存责任主体，才能办理合并、分立和改制等有关事项。新设立的单位，应当按照规定及时办理住房公积金缴存手续。

六、单位补缴住房公积金（包括单位自行补缴和人民法院强制补缴）的数额，可根据实际采取不同方式确定：单位从未缴存住房公积金的，原则上应当补缴自《条例》（国务院令第262号）发布之月起欠缴职工的住房公积金。单位未按照规定的职工范围和标准缴存住房公积金的，应当为职工补缴。单位不提供职工工资情况或者职工对提供的工资情况有异议的，管理中心可依据当地劳动部门、司法部门核定的工资，或所在设区城市统计部门公布的上年职工平均工资计算。

七、职工符合规定情形，申请提取本人住房公积金账户内存储余额的，所在单位核实后，应出具提取证明。单位不为职工出具住房公积金提取证明的，职工可以凭规定的有效证明材料，直接到管理中心或者受委托银行申请提取住房公积金。

八、职工购买、建造、翻建、大修自住住房，未申请个人住房公积金贷款的，原则上职工本人及其配偶在购建和大修住房一年内，可以凭有效证明材料，一次或者分次提取住房公积金账户内的存储余额。夫妻双方累计提取总额不能超过实际发生的住房支出。

九、进城务工人员、城镇个体工商户、自由职业人员购买自住住房或者在户口所在地购建自住住房的，可以凭购房合同、用地证明及其他有效证明材料，提取本人及其配偶住房公积金账户内的存储余额。

十、职工享受城镇最低生活保障；与单位终止劳动关系未再就业、部分或者全部丧失劳动能力以及遇到其他突发事件，造成家庭生活严重困难的，提供有效证明材料，经管理中心审核，可以提取本人住房公积金账户内的存储余额。

十一、职工调动工作，原工作单位不按规定为职工办理住房公积金变更登记和账户转移手续的，职工可以向管理中心投诉，或者凭有效证明材料，直接向管理中心申请办理账户转移手续。

十二、职工调动工作到另一设区城市的，调入单位为职工办理住房公积金账户设立手续后，新工作地的管理中心应当向原工作地管理中心出具新账户证明及个人要求转账的申请。原工作地管理中心向调出单位核实后，办理变更登记和账户转移手续；原账户已经封存的，可直接办理转移手续。账户转移原则上采取转账方式，不能转账的，也可以电汇或者信汇到新工作地的管理中心。调入单位未建立住房公积金制度的，原工作地管理中心可将职工账户暂时封存。

十三、职工购买、建造、翻建和大修自住住房需申请个人住房贷款的，受委托银行应当首先提供住房公积金贷款。管理中心或者受委托银行要一次性告知职工需要提交的文件和资料，职工按要求提交文件资料后，应当在15个工作日内办完贷款手续。15日内未办完手续的，经管理中心负责人批准，可以延长5个工作日，并应当将延长期限的理由告知申请人。职工没有还清贷款前，不得再次申请住房公积金贷款。

十四、进城务工人员、城镇个体工商户和自由职业人员购买自住住房时，可按规定申请住房公积金贷款。

十五、管理中心和受委托银行应按照委托贷款协议的规定，严格审核借款人身份、还款能力和个人信用，以及购建住房的合法性和真实性，加强对抵押物和保证人担保能力审查。要逐笔审批贷款，逐笔委托银行办理贷款手续。

十六、贷款资金应当划入售房单位（售房人）或者建房、修房承担方在银行开设的账户内，不得直接划入借款人账户或者支付现金给借款人。

十七、借款人委托他人或者中介机构代办手续的，应当签订书面委托书。管理中心要建立借款人面谈制度，核实有关情况，指导借款人在借款合同、担保合同等有关文件上当面签字。

十八、各地要根据当地经济适用住房或者普通商品住房平均价格和居民家庭平均住房水平，拟订住房公积金贷款最高额度。职工个人贷款具体额度的确定，要综合考虑购建住房价格、借款人还款能力及其住房公积金账户存储余额等因素。

十九、职工使用个人住房贷款（包括商业性贷款和住房公积金贷款）的，职工本人及其配偶可按规定提取住房公积金账户内的余额，用于偿还贷款本息。每次提取额不得超过当期应还款付息额，提前还款的提取额不得超过住房公积金贷款余额。

二十、职工在缴存住房公积金所在地以外的设区城市购买自住住房的，可以向住房所在地管理中心申请住房公积金贷款，缴存住房公积金所在地管理中心要积极协助提供职工缴存住房公积金证明，协助调查还款能力和个人信用等情况。

本意见自发布之日起实施。各地可以结合实际制订具体办法。

建设部

财政部

中国人民银行

二〇〇五年一月十日

第五章 

社会保险及工伤相关

导读：本章节主要收录了医疗、养老、失业、工伤等社会保险的相关条文，为便于读者查询，在此进行如下说明：

本章节按照总分的方式进行编排，先就综合性事项进行汇总后，再对用工过程中较常遇到的热点问题进行汇总，即先就社保的综合性条文进行汇总，主要包含了社保的征缴、经办、监督等内容；尔后，再对社保中的几大类别，即养老、医疗、失业、工伤等四大板块进行分别汇总。

另外，工伤板块作为用工当中的核心环节，亦采用了总分的编排方式，先就工伤当中的综合性条文进行汇总，包括了工伤保险的经办流程、缴纳办法、实施办法等内容；尔后，在细分出工伤待遇、工伤认定、职业病、辅助器具、非法用工赔偿等五个具体板块。

最后，就本章节收录的条文，笔者已编制了相应的目录及表格，对关键性事项进行简要性列举，方便读者有基本的了解。

目　录

第五章　社会保险及工伤相关	
养老保险	1. 个人跨统筹地区就业的，其基本养老保险关系随本人转移，缴费年限累计计算。 个人达到法定退休年龄时，基本养老金分段计算、统一支付。 具体办法由国务院规定[5.2.1]；
	2. 参加基本养老保险的个人，达到法定退休年龄时累计缴费满十五年的，按月领取基本养老金[5.2.1]；
	3. 参加基本养老保险的个人，因病或者非因工死亡的，其遗属可以领取丧葬补助金和抚恤金；在未达到法定退休年龄时因病或者非因工致残完全丧失劳动能力的，可以领取病残津贴。所需资金从基本养老保险基金中支付[5.2.1]。
医疗保险	1. 基本医疗保险由用人单位和职工按照国家规定共同缴纳基本医疗保险费[5.3.1]；
	2. 参加职工基本医疗保险的个人，达到法定退休年龄时累计缴费达到国家规定年限的，退休后不再缴纳基本医疗保险费，按照国家规定享受基本医疗保险待遇；未达到国家规定年限的，可以缴费至国家规定年限[5.3.1]；
	3. 不纳入基本医疗保险基金支付范围：1）工伤保险基金中支付；2）第三人支付的；3）境外就医的；4）公共卫生负担的[5.3.1]；
	4. 医参加职工基本医疗保险的个人，基本医疗保险关系转移接续时，基本医疗保险缴费年限累计计算[5.3.3]。

续表

失业保险	1. 失业人员符合下列条件的，从失业保险基金中领取失业保险金：（一）失业前用人单位和本人已经缴纳失业保险费满一年的；（二）非因本人意愿中断就业的；（三）已经进行失业登记，并有求职要求的[5.4.1]；
	2. 可领取失业保险金的期限，失业人员失业前，累计缴费满 1-5 五年，最长为 12 个月；累计缴费满≤10 年，最长为 18 个月；累计缴费≥10 年以上的，最长 24 个月[5.4.1]；
	3. 失业保险金的标准，由省、自治区、直辖市人民政府确定，不得低于城市居民最低生活保障标准[5.4.1]；
	4. 企业应当及时为失业人员出具终止或者解除劳动关系的证明，并将失业人员的名单自终止或者解除劳动关系之日起十五日内告知社会保险经办机构[5.4.1]。
工伤待遇	1. 因工伤发生的下列费用，按照国家规定从工伤保险基金中支付：（一）治疗工伤的医疗费用和康复费用；（二）住院伙食补助费；（三）到统筹地区以外就医的交通食宿费；（四）安装配置伤残辅助器具所需费用；（五）生活不能自理的，经劳动能力鉴定委员会确认的生活护理费；（六）一次性伤残补助金和一至四级伤残职工按月领取的伤残津贴；（七）终止或者解除劳动合同时，应当享受的一次性医疗补助金；（八）因工死亡的，其遗属领取的丧葬补助金、供养亲属抚恤金和因工死亡补助金；（九）劳动能力鉴定费[5.6.1]；
	2. 因工伤发生的下列费用，按照国家规定由用人单位支付：（一）治疗工伤期间的工资福利；（二）五级、六级伤残职工按月领取的伤残津贴；（三）终止或者解除劳动合同时，应当享受的一次性伤残就业补助金[5.6.1]；
	3. 职工所在用人单位未依法缴纳工伤保险费，发生工伤事故的，由用人单位支付工伤保险待遇。用人单位不支付的，从工伤保险基金中先行支付[5.6.1]。

工伤待遇支付标准

伤残级别	一级	二级	三级	四级
伤残补助金	27 个月	25 个月	23 个月	21 个月
伤残津贴	90%工资	85%工资	80%工资	75%工资
工伤医疗补助金	15 个月	14 月	13 月	12 月
伤残级别	五级		六级	
伤残补助金	18 个月		16 个月	
伤残津贴	70%工资		60%工资	
工伤医疗补助金	10 个月		8 个月	
伤残就业补助金	50 个月		40 个月	
伤残级别	七级	八级	九级	十级

续表

<table>
<tr><td>伤残补助金</td><td>13个月</td><td>11个月</td><td>9个月</td><td>7个月</td></tr>
<tr><td>工伤医疗补助金</td><td>6个月</td><td>4个月</td><td>2个月</td><td>1个月</td></tr>
<tr><td>伤残就业补助金</td><td>25个月</td><td>15个月</td><td>8个月</td><td>4个月</td></tr>
<tr><td rowspan="5">工伤认定</td><td colspan="4">1. 职工或者其近亲属认为是工伤，用人单位不认为是工伤的，由用人单位承担举证责任[5.8.1.1]；</td></tr>
<tr><td colspan="4">2. 社会保险行政部门应当自受理工伤认定申请之日起60日内作出工伤认定决定，出具《认定工伤决定书》或者《不予认定工伤决定书》[5.8.1.3]；</td></tr>
<tr><td colspan="4">3. 由于不属于职工或者其近亲属自身原因超过工伤认定申请期限的，被耽误的时间不计算在工伤认定申请期限内。有下列情形之一耽误申请时间的，应当认定为不属于职工或者其近亲属自身原因：（一）不可抗力；（二）人身自由受到限制；（三）属于用人单位原因；（四）社会保险行政部门登记制度不完善；（五）当事人对是否存在劳动关系申请仲裁、提起民事诉讼[5.8.1.6]；</td></tr>
<tr><td colspan="4">4. 职工有下列情形之一的，应当认定为工伤：（一）在工作时间和工作场所内，因工作原因受到事故伤害的；（二）工作时间前后在工作场所内，从事与工作有关的预备性或者收尾性工作受到事故伤害的；（三）在工作时间和工作场所内，因履行工作职责受到暴力等意外伤害的；（四）患职业病的；（五）因工外出期间，由于工作原因受到伤害或者发生事故下落不明的；（六）在上下班途中，受到非本人主要责任的交通事故或者城市轨道交通、客运轮渡、火车事故伤害的；（七）法律、行政法规规定应当认定为工伤的其他情形[5.8.2.2]；</td></tr>
<tr><td colspan="4">5. 职工有下列情形之一的，视同工伤：（一）在工作时间和工作岗位，突发疾病死亡或者在48小时之内经抢救无效死亡的；（二）在抢险救灾等维护国家利益、公共利益活动中受到伤害的；（三）职工原在军队服役，因战、因公负伤致残，已取得革命伤残军人证，到用人单位后旧伤复发的。职工有前款第（一）项、第（二）项情形的，按照本条例的有关规定享受工伤保险待遇；职工有前款第（三）项情形的，按照本条例的有关规定享受除一次性伤残补助金以外的工伤保险待遇[5.8.2.2]。</td></tr>
<tr><td rowspan="3">上下班问题</td><td colspan="4">1. “上下班途中”既包括职工正常工作的上下班途中，也包括职工加班加点的上下班途中[5.9.1.1]；</td></tr>
<tr><td colspan="4">2. “受到机动车事故伤害的”既可以是职工驾驶或乘坐的机动车发生事故造成的，也可以是职工因其他机动车事故造成的[5.9.1.1]；</td></tr>
<tr><td colspan="4">3. 职工在上下班途中因违章受到机动车事故伤害的，只要其违章行为没有违反治安管理，应当认定为工伤[5.9.1.2]；</td></tr>
</table>

续表

	4. 对社会保险行政部门认定下列情形为“上下班途中”的，人民法院应予支持：（一）在合理时间内往返于工作地与住所地、经常居住地、单位宿舍的合理路线的上下班途中；（二）在合理时间内往返于工作地与配偶、父母、子女居住地的合理路线的上下班途中；（三）从事属于日常工作生活所需要的活动，且在合理时间和合理路线的上下班途中；（四）在合理时间内其他合理路线的上下班途中[5.9.1.9]。
工作时间 工作岗位 因工作原因	1. “职工在工作时间和工作岗位，突发疾病死亡或者在48小时之内经抢救无效死亡的，视同工伤”。这里“突发疾病”包括各类疾病。“48小时”的起算时间，以医疗机构的初次诊断时间作为突发疾病的起算时间[5.9.2.2]；
	2. 因工作安排，职工参加体育训练活动而受到伤害的认定为工伤[5.9.2.3]；
	3. 因履行工作职责受到暴力等意外伤害中的因履行工作职责受到暴力伤害是指受到的暴力伤害与履行工作职责有因果关系[5.9.2.4]；
	4. 职工受单位指派外出学习期间，在学习单位安排的休息场所休息时受到他人伤害的，应当认定为工伤[5.9.2.5]。
醉酒 刑事犯罪	1. 醉酒标准，按照《车辆驾驶人员血液、呼气酒精含量阈值与检验》执行。公安机关交通管理部门、医疗机构等有关单位依法出具的检测结论、诊断证明等材料，可作为认定醉酒的依据[5.9.3.1]；
	2. 故意犯罪的认定，应当以司法机关的生效法律文书或者结论性意见为依据[5.9.3.2]；
	3. 醉酒或吸毒的认定，应当以有关机关出具的法律文书或人民法院生效裁决为依据。无法获得上述证据的可以结合相关证据认定[5.9.3.2]；
	4. “自残或者自杀”等情形时，应当以有权机构出具的事故责任认定书、结论性意见和人民法院生效裁判等法律文书为依据，但有相反证据足以推翻事故责任认定书和结论性意见的除外[5.9.3.3]。
职业病	1. 用人单位与劳动者订立劳动合同（含聘用合同，下同）时，应当将工作过程中可能产生的职业病危害及其后果、职业病防护措施和待遇等如实告知劳动者，并在劳动合同中写明，不得隐瞒或者欺骗。劳动者在已订立劳动合同期间因工作岗位或者工作内容变更，从事与所订立劳动合同中未告知的存在职业病危害的作业时，用人单位应当依照前款规定，向劳动者履行如实告知的义务，并协商变更原劳动合同相关条款。用人单位违反前两款规定的，劳动者有权拒绝从事存在职业病危害的作业，用人单位不得因此解除与劳动者所订立的劳动合同[5.10.1]；

续表

	2. 用人单位不得安排未经上岗前职业健康检查的劳动者从事接触职业病危害的作业；不得安排有职业禁忌的劳动者从事其所禁忌的作业；对在职业健康检查中发现有与所从事的职业相关的健康损害的劳动者，应当调离原工作岗位，并妥善安置；对未进行离岗前职业健康检查的劳动者不得解除或者终止与其订立的劳动合同[5.10.1]；
	3. 用人单位不得依照本法第四十条、第四十一条的规定解除劳动合同：（一）从事接触职业病危害作业的劳动者未进行离岗前职业健康检查，或者疑似职业病病人在诊断或者医学观察期间的[5.10.2]。
辅助器具	1. 因工伤发生的下列费用，按照国家规定从工伤保险基金中支付：（四）安装配置伤残辅助器具所需费用[5.11.1]；
	2. 工伤职工认为需要配置辅助器具的，可以向劳动能力鉴定委员会提出辅助器具配置确认申请，并提交下列材料： （一）《工伤认定决定书》原件和复印件，或者其他确认工伤的文件； （二）居民身份证或者社会保障卡等有效身份证明原件和复印件； （三）有效的诊断证明、按照医疗机构病历管理有关规定复印或者复制的检查、检验报告等完整病历材料[5.11.3]；
	3. 用人单位未依法为劳动者缴纳工伤保险费，在劳动者发生工伤事故且与用人单位解除或终止劳动关系后，经劳动能力鉴定委员会确认需安装辅助器具，工伤职工请求一次性支付辅助器具更换费用的，应予支持[5.11.5]。
非法用工赔偿	1. 非法用工单位伤亡人员，是指无营业执照或者未经依法登记、备案的单位以及被依法吊销营业执照或者撤销登记、备案的单位受到事故伤害或者患职业病的职工，或者用人单位使用童工造成的伤残、死亡童工。前款所列单位必须按照本办法的规定向伤残职工或者死亡职工的近亲属、伤残童工或者死亡童工的近亲属给予一次性赔偿[5.12.1]；
	2. 一次性赔偿包括受到事故伤害或者患职业病的职工或童工在治疗期间的费用和一次性赔偿金。一次性赔偿金数额应当在受到事故伤害或者患职业病的职工或童工死亡或者经劳动能力鉴定后确定[5.12.1]；
	3. 一级伤残的为赔偿基数的16倍，二级伤残的为赔偿基数的14倍，三级伤残的为赔偿基数的12倍，四级伤残的为赔偿基数的10倍，五级伤残的为赔偿基数的8倍，六级伤残的为赔偿基数的6倍，七级伤残的为赔偿基数的4倍，八级伤残的为赔偿基数的3倍，九级伤残的为赔偿基数的2倍，十级伤残的为赔偿基数的1倍。 前款所称赔偿基数，是指单位所在工伤保险统筹地区上年度职工年平均工资[5.12.1]；
	4. 死亡赔偿标准：按照上一年度全国城镇居民人均可支配收入的20倍支付一次性赔偿金，并按照上一年度全国城镇居民人均可支配收入的10倍一次性支付丧葬补助等其他赔偿金5.12.1。

5.1 社保征缴、经办、综合相关

★ 法律

5.1.1 中华人民共和国社会保险法（主席令第35号 2011年7月起施行）

第一章 总 则

第一条 为了规范社会保险关系，维护公民参加社会保险和享受社会保险待遇的合法权益，使公民共享发展成果，促进社会和谐稳定，根据宪法，制定本法。

第二条 国家建立基本养老保险、基本医疗保险、工伤保险、失业保险、生育保险等社会保险制度，保障公民在年老、疾病、工伤、失业、生育等情况下依法从国家和社会获得物质帮助的权利。

第三条 社会保险制度坚持广覆盖、保基本、多层次、可持续的方针，社会保险水平应当与经济社会发展水平相适应。

第四条 中华人民共和国境内的用人单位和个人依法缴纳社会保险费，有权查询缴费记录、个人权益记录，要求社会保险经办机构提供社会保险咨询等相关服务。

个人依法享受社会保险待遇，有权监督本单位为其缴费情况。

第五条 县级以上人民政府将社会保险事业纳入国民经济和社会发展规划。

国家多渠道筹集社会保险资金。县级以上人民政府对社会保险事业给予必要的经费支持。

国家通过税收优惠政策支持社会保险事业。

第六条 国家对社会保险基金实行严格监管。

国务院和省、自治区、直辖市人民政府建立健全社会保险基金监督管理制度，保障社会保险基金安全、有效运行。

县级以上人民政府采取措施，鼓励和支持社会各方面参与社会保险基金的监督。

第七条 国务院社会保险行政部门负责全国的社会保险管理工作，国务院其他有关部门在各自的职责范围内负责有关的社会保险工作。

县级以上地方人民政府社会保险行政部门负责本行政区域的社会保险管理工作，县级以上地方人民政府其他有关部门在各自的职责范围内负责有关的社会保险工作。

第八条 社会保险经办机构提供社会保险服务，负责社会保险登记、个人权益记录、社会保险待遇支付等工作。

第九条 工会依法维护职工的合法权益，有权参与社会保险重大事项的研究，参加社会保险监督委员会，对与职工社会保险权益有关的事项进行监督。

第七章 社会保险费征缴

第五十七条 用人单位应当自成立之日起三十日内凭营业执照、登记证书或者单位印章，向当地社会保险经办机构申请办理社会保险登记。社会保险经办机构应当自收到申请之日起十五日内予以审核，发给社会保险登记证件。

用人单位的社会保险登记事项发生变更或者用人单位依法终止的，应当自变更或者终止之日起三十日内，到社会保险经办机构办理变更或者注销社会保险登记。

工商行政管理部门、民政部门和机构编制管理机关应当及时向社会保险经办机构通报用人单位的成立、终止情况，公安机关应当及时向社会保险经办机构通报个人的出生、死亡以及户口登记、迁移、注销等情况。

第五十八条 用人单位应当自用工之日起三十日内为其职工向社会保险经办机构申请办理社会保险登记。未办理社会保险登记的，由社会保险经办机构核定其应当缴纳的社会保险费。

自愿参加社会保险的无雇工的个体工商户、未在用人单位参加社会保险的非全日制从业人员以及其他灵活就业人员，应当向社会保险经办机构申请办理社会保险登记。

国家建立全国统一的个人社会保障号码。个人社会保障号码为公民身份号码。

第五十九条 县级以上人民政府加强社会保险费的征收工作。

社会保险费实行统一征收，实施步骤和具体办法由国务院规定。

第六十条 用人单位应当自行申报、按时足额缴纳社会保险费，非因不可抗力等法定事由不得缓缴、减免。职工应当缴纳的社会保险费由用人单位代扣代缴，用人单位应当按月将缴纳社会保险费的明细情况告知本人。

无雇工的个体工商户、未在用人单位参加社会保险的非全日制从业人员以及其他灵活就业人员，可以直接向社会保险费征收机构缴纳社会保险费。

第六十一条 社会保险费征收机构应当依法按时足额征收社会保险费，并将缴费情况定期告知用人单位和个人。

第六十二条 用人单位未按规定申报应当缴纳的社会保险费数额的，按照该单位上月缴费额的百分之一百一十确定应当缴纳数额；缴费单位补办申报手续后，由社会保险费征收机构按照规定结算。

第六十三条 用人单位未按时足额缴纳社会保险费的，由社会保险费征收机构责令其限期缴纳或者补足。

用人单位逾期仍未缴纳或者补足社会保险费的，社会保险费征收机构可以向银行和其他金融机构查询其存款账户；并可以申请县级以上有关行政部门作出划拨社会保险费的决定，书面通知其开户银行或者其他金融机构划拨社会保险费。用人单位账户余额少于应当缴纳的社会保险费的，社会保险费征收机构可以要求该用人单位提供担保，签订延期缴费协议。

用人单位未足额缴纳社会保险费且未提供担保的，社会保险费征收机构可以申请人民法院扣押、查封、拍卖其价值相当于应当缴纳社会保险费的财产，以拍卖所得抵缴社会保险费。

第八章 社会保险基金

第六十四条 社会保险基金包括基本养老保险基金、基本医疗保险基金、工伤保险基金、失业保险基金和生育保险基金。各项社会保险基金按照社会保险险种分别建账，分账核算，执行国家统一的会计制度。

社会保险基金专款专用，任何组织和个人不得侵占或者挪用。

基本养老保险基金逐步实行全国统筹，其他社会保险基金逐步实行省级统筹，具体时间、步骤由国务院规定。

第六十五条 社会保险基金通过预算实现收支平衡。

县级以上人民政府在社会保险基金出现支付不足时，给予补贴。

第六十六条 社会保险基金按照统筹层次设立预算。社会保险基金预算按照社会保险项目分别编制。

第六十七条 社会保险基金预算、决算草案的编制、审核和批准，依照法律和国务院规定执行。

第六十八条 社会保险基金存入财政专户，具体管理办法由国务院规定。

第六十九条 社会保险基金在保证安全的前提下，按照国务院规定投资运营实现保值增值。

社会保险基金不得违规投资运营，不得用于平衡其他政府预算，不得用于兴建、改建办公场所和支付人员经费、运行费用、管理费用，或者违反法律、行政法规规定挪作其他用途。

第七十条 社会保险经办机构应当定期向社会公布参加社会保险情况以及社会保险基金的收入、支出、结余和收益情况。

第七十一条 国家设立全国社会保障基金，由中央财政预算拨款以及国务院批准的其他方式筹集的资金构成，用于社会保障支出的补充、调剂。全国社会保障基金由全国社会保障基金管理运营机构负责管理运营，在保证安全的前提下实现保值增值。

全国社会保障基金应当定期向社会公布收支、管理和投资运营的情况。国务院财政部门、社会保险行政部门、审计机关对全国社会保障基金的收支、管理和投资运营情况实施监督。

第九章 社会保险经办

第七十二条 统筹地区设立社会保险经办机构。社会保险经办机构根据工作需要，经所在地的社会保险行政部门和机构编制管理机关批准，可以在本统筹地区设立分支机构和服务网点。

社会保险经办机构的人员经费和经办社会保险发生的基本运行费用、管理费用，由同级财政按照国家规定予以保障。

第七十三条 社会保险经办机构应当建立健全业务、财务、安全和风险管理制度。

社会保险经办机构应当按时足额支付社会保险待遇。

第七十四条 社会保险经办机构通过业务经办、统计、调查获取社会保险工作所需的数据，有关单位和个人应当及时、如实提供。

社会保险经办机构应当及时为用人单位建立档案，完整、准确地记录参加社会保险的人员、缴费等社会保险数据，妥善保管登记、申报的原始凭证和支付结算的会计凭证。

社会保险经办机构应当及时、完整、准确地记录参加社会保险的个人缴费和用人单位为其缴费，以及享受社会保险待遇等个人权益记录，定期将个人权益记录单免费寄送本人。

用人单位和个人可以免费向社会保险经办机构查询、核对其缴费和享受社会保险待遇记录，要求社会保险经办机构提供社会保险咨询等相关服务。

第七十五条 全国社会保险信息系统按照国家统一规划，由县级以上人民政府按照分级负责的原则共同建设。

第十章 社会保险监督

第七十六条 各级人民代表大会常务委员会听取和审议本级人民政府对社会保险基金

的收支、管理、投资运营以及监督检查情况的专项工作报告，组织对本法实施情况的执法检查等，依法行使监督职权。

第七十七条 县级以上人民政府社会保险行政部门应当加强对用人单位和个人遵守社会保险法律、法规情况的监督检查。

社会保险行政部门实施监督检查时，被检查的用人单位和个人应当如实提供与社会保险有关的资料，不得拒绝检查或者谎报、瞒报。

第七十八条 财政部门、审计机关按照各自职责，对社会保险基金的收支、管理和投资运营情况实施监督。

第七十九条 社会保险行政部门对社会保险基金的收支、管理和投资运营情况进行监督检查，发现存在问题的，应当提出整改建议，依法作出处理决定或者向有关行政部门提出处理建议。社会保险基金检查结果应当定期向社会公布。

社会保险行政部门对社会保险基金实施监督检查，有权采取下列措施：

（一）查阅、记录、复制与社会保险基金收支、管理和投资运营相关的资料，对可能被转移、隐匿或者灭失的资料予以封存；

（二）询问与调查事项有关的单位和个人，要求其对与调查事项有关的问题作出说明、提供有关证明材料；

（三）对隐匿、转移、侵占、挪用社会保险基金的行为予以制止并责令改正。

第八十条 统筹地区人民政府成立由用人单位代表、参保人员代表，以及工会代表、专家等组成的社会保险监督委员会，掌握、分析社会保险基金的收支、管理和投资运营情况，对社会保险工作提出咨询意见和建议，实施社会监督。

社会保险经办机构应当定期向社会保险监督委员会汇报社会保险基金的收支、管理和投资运营情况。社会保险监督委员会可以聘请会计师事务所对社会保险基金的收支、管理和投资运营情况进行年度审计和专项审计。审计结果应当向社会公开。

社会保险监督委员会发现社会保险基金收支、管理和投资运营中存在问题的，有权提出改正建议；对社会保险经办机构及其工作人员的违法行为，有权向有关部门提出依法处理建议。

第八十一条 社会保险行政部门和其他有关行政部门、社会保险经办机构、社会保险费征收机构及其工作人员，应当依法为用人单位和个人的信息保密，不得以任何形式泄露。

第八十二条 任何组织或者个人有权对违反社会保险法律、法规的行为进行举报、投诉。

社会保险行政部门、卫生行政部门、社会保险经办机构、社会保险费征收机构和财政部门、审计机关对属于本部门、本机构职责范围的举报、投诉，应当依法处理；对不属于本部门、本机构职责范围的，应当书面通知并移交有权处理的部门、机构处理。有权处理的部门、机构应当及时处理，不得推诿。

第八十三条 用人单位或者个人认为社会保险费征收机构的行为侵害自己合法权益的，可以依法申请行政复议或者提起行政诉讼。

用人单位或者个人对社会保险经办机构不依法办理社会保险登记、核定社会保险费、支付社会保险待遇、办理社会保险转移接续手续或者侵害其他社会保险权益的行为，可以依法申请行政复议或者提起行政诉讼。

个人与所在用人单位发生社会保险争议的，可以依法申请调解、仲裁，提起诉讼。用人单位侵害个人社会保险权益的，个人也可以要求社会保险行政部门或者社会保险费征收机构依法处理。

第十一章 法律责任

第八十四条 用人单位不办理社会保险登记的，由社会保险行政部门责令限期改正；逾期不改正的，对用人单位处应缴社会保险费数额一倍以上三倍以下的罚款，对其直接负责的主管人员和其他直接责任人员处五百元以上三千元以下的罚款。

第八十五条 用人单位拒不出具终止或者解除劳动关系证明的，依照《中华人民共和国劳动合同法》的规定处理。

第八十六条 用人单位未按时足额缴纳社会保险费的，由社会保险费征收机构责令限期缴纳或者补足，并自欠缴之日起，按日加收万分之五的滞纳金；逾期仍不缴纳的，由有关行政部门处欠缴数额一倍以上三倍以下的罚款。

第八十七条 社会保险经办机构以及医疗机构、药品经营单位等社会保险服务机构以欺诈、伪造证明材料或者其他手段骗取社会保险基金支出的，由社会保险行政部门责令退回骗取的社会保险金，处骗取金额二倍以上五倍以下的罚款；属于社会保险服务机构的，解除服务协议；直接负责的主管人员和其他直接责任人员有执业资格的，依法吊销其执业资格。

第八十八条 以欺诈、伪造证明材料或者其他手段骗取社会保险待遇的，由社会保险行政部门责令退回骗取的社会保险金，处骗取金额二倍以上五倍以下的罚款。

第八十九条 社会保险经办机构及其工作人员有下列行为之一的，由社会保险行政部门责令改正；给社会保险基金、用人单位或者个人造成损失的，依法承担赔偿责任；对直接负责的主管人员和其他直接责任人员依法给予处分：

（一）未履行社会保险法定职责的；

（二）未将社会保险基金存入财政专户的；

（三）克扣或者拒不按时支付社会保险待遇的；

（四）丢失或者篡改缴费记录、享受社会保险待遇记录等社会保险数据、个人权益记录的；

（五）有违反社会保险法律、法规的其他行为的。

第九十条 社会保险费征收机构擅自更改社会保险费缴费基数、费率，导致少收或者多收社会保险费的，由有关行政部门责令其追缴应当缴纳的社会保险费或者退还不应当缴纳的社会保险费；对直接负责的主管人员和其他直接责任人员依法给予处分。

第九十一条 违反本法规定，隐匿、转移、侵占、挪用社会保险基金或者违规投资运营的，由社会保险行政部门、财政部门、审计机关责令追回；有违法所得的，没收违法所得；对直接负责的主管人员和其他直接责任人员依法给予处分。

第九十二条 社会保险行政部门和其他有关行政部门、社会保险经办机构、社会保险费征收机构及其工作人员泄露用人单位和个人信息的，对直接负责的主管人员和其他直接责任人员依法给予处分；给用人单位或者个人造成损失的，应当承担赔偿责任。

第九十三条 国家工作人员在社会保险管理、监督工作中滥用职权、玩忽职守、徇私舞弊的，依法给予处分。

第九十四条 违反本法规定，构成犯罪的，依法追究刑事责任。

第十二章 附 则

第九十五条 进城务工的农村居民依照本法规定参加社会保险。

第九十六条 征收农村集体所有的土地，应当足额安排被征地农民的社会保险费，按照国务院规定将被征地农民纳入相应的社会保险制度。

第九十七条 外国人在中国境内就业的，参照本法规定参加社会保险。

第九十八条 本法自 2011 年 7 月 1 日起施行。

★ 行政法规/部门规章/司法解释

5.1.2 全国总工会劳动保险部关于劳动保险问题解答（1964 年）

十三、有关实施范围和哪些人不能享受保险待遇的问题

157. 政府机关和企业管理机关如何分别？

政府机关是指各级政府及其所属各部、委、局、处等而言，其全部管理费用、业务费用是由行政经费开支的，均属政府机关或行政管理机关。企业管理机关是指经营企业的单位而言，其管理费用与业务费用是完全由本企业或所属企业的业务收入项下开支的，即为企业管理机关。

158. 国营农牧场是否实行劳动保险条例？

没有按规定提交工资总额的 3%的劳动保险金的，不实行劳动保险条例。如只提取工资总额的 2%或 1.5%的劳保费的，其劳保待遇问题，可采取签订劳保合同的办法解决。

161. 劳改企业的职工是否实行劳动保险条例？

不实行，职工的劳保福利待遇，应按中华人民共和国公安部的规定办理。

162. 被剥夺政治权利的人能不能享受企业行政方面直接支付的劳动保险待遇？

被剥夺政治权利的人，不能享受劳动保险条例规定的待遇。如因工负伤，行政方面可给予治疗，并发给医疗期间的生活补助费。在患病时，如本人无力负担医疗费用，企业行政方面也可以适当照顾。

166. 不再企业行政编制以内的人员（如理发员）可否享受劳动保险待遇？

要根据他们的工资由哪里支付来决定。如果他们的工资由企业行政管理费或福利费项下开支，在行政编制以内，应和该企业职工一样享受保险待遇。如果他们的工资不是由企业方面负责开支，就不能与企业职工一样享受保险待遇。

169. 有些职工，因工作调动，到新工作单位报到，在途中发生了病、伤、残或死亡事故，应由哪个企业发给劳动保险待遇？

应由新调用企业按规定办理。

十四、有关各项待遇计算标准问题

170. 计算疾病、生育、工伤、残废、死亡等各项劳动保险待遇时，是否包括保留工资？

原则上应和计算退休费统一起来，不包括保留工资在内。但有些职工的保留工资如不属于私营企业带来的不合理的过高工资，而是由于调动工作改变工种后，新工作岗位工资低于原工资，经领导批准暂时保留原工资待遇的，他们在享受疾病、伤残、生育、死亡等各项劳动保险待遇时仍可按调换工种前的原工资数额计算待遇。

172. 领取因工残废补助费的职工，在患病、退休、退职或死亡时，是以本人工资为计

算标准发给抚恤费、救济费和补助费的，这里所说的“本人工资”是否包括因工残废补助费在内？

包括因工残废补助费在内。即将所得工资和因工残废补助费合并计算发给劳动保险待遇。

173. 享受退休费、因工残废抚恤费、非因工残废救济费的职工和享受因工死亡抚恤费的职工家属，在企业进行工资调整后，其所享受的待遇是否也跟着调整？

企业进行工资调整和工资区类别变动，只适用于在职生产的工人、职员，因此，享受退休和死亡等劳动保险待遇者，就不参加企业的工作调整。所以其原已领取的劳动保险待遇标准，不因企业工资调整和工资区类别的变动而变动。

174. 劳动保险条例实施细则第 18 条规定的平均工资，是否随着企业平均工资的变动而变动？

应随着企业平均工资的变动而变动。

175. 计件工资的职工享受劳保险待遇时，如何计算？

以本人工资计算待遇时，均按本人标准工资计算。退休的按退休细则 25 条规定办理。

176. 企业因故停产或减产，工人工资只发给 85%（或其他比例），保险待遇如何计算？

停工减产期间，职工享受保险待遇时，仍按本人原有工资计算，但所领得的保险待遇不得高于在职同等级工人的停工减产期间的工资。已领取退休费、因工或非因工残废退职抚恤费、救济费的职工，仍按原确定标准支付，不受停工减产的影响。

十五、有关供养直系亲属的待遇问题

179. 厂矿企业中的职工应征服兵役以后，其家属是否享受原单位的劳动保险待遇？

根据 1956 年 2 月 7 日中国人民解放军总政治部、内务部、劳动部关于厂矿企业职工入伍后其家属待遇问题的批复：在新的军人家属优待条例未颁发前，凡厂矿企业职工应征服兵役后，本人在服现役期间，其家属仍应享受原所在单位的劳动保险待遇。

180. 领取退休费、因工残废抚恤费或非因工残废救济费的职工的供养直系亲属还能不能享受医疗待遇？

因职工本人已不是企业在册人员，所以供养直系亲属也就不能继续享受医疗待遇。

181. 职工病伤超过 6 个月的，其供养直系亲属是否仍继续享受 50%的医疗待遇？

职工病伤虽然超过 6 个月，但仍还是企业在册人员，所以其供养直系亲属仍可享受 50%的医疗待遇。但职工医疗终结后，改领非因工残废救济费的，其供养直系亲属就不能再享受医疗待遇了。

182. 职工因工死亡后，其供养亲属是否还可享受原企业的医疗待遇？

不能享受了。

184. 职工家属患急病、负伤医疗施行手术，需要输血费用由谁负担？

经医师决定因病必须输血，其输血费用由企业补助 1/2.

185. 劳动保险条例第 13 条戊项规定“职工供养直系亲属患病时免费治疗”其中“免费治疗”应如何解释？

“免费治疗”是指挂号费、注射费与普通检查费，并包括普通化验费。

十六、有关如何划分供养直系亲属问题

187. 夫妻都工作，共同抚养子女，如何确定供养直系亲属？

应本着“细算账、合理分担”的精神来确定供养直系亲属。即以全家人口除全家收入，得出每人每月平均生活费，然后看职工本人所挣工资能够养活几口人，再从这几口人的范围内确定供养直系亲属。例如夫在本厂工作，每月工资60元，妻在他厂工作，每月工资45元，共同供养3个子女和两个弟妹，即全家7口人共同生活，平均每人生活费15元，这就是说，夫只能养活3人，妻只能养活2人，如果这5个家属都符合供养直系亲属的条件，则夫登记保险卡片时可登3人，妻登记2人。

193. 职工的父母有工作，工资收入只能维持其父母的生活，其弟、妹是否可列为供养直系亲属？

如其弟、妹确靠其工资收入供养，即可列为其供养直系亲属。

195. 一职工和他的父亲同在一个实施劳动保险的单位工作，其母原列为其父的供养直系亲属，后来其父因病死亡，其母领取了供养直系亲属救济费，但其要求将其母转为它的供养直系亲属是否可以？

应把已领的救济费作一详细计算，在此项费用可能维持生活的一段时间内，不应转为它的供养直系亲属。过了这段时间以后，则可列为其供养直系亲属。

196. 职工供养父母，又供养叔父和伯父（两房共一子的），他所供养的父母、叔父或伯父，能不能都算是供养直系亲属？

只有生身父母才可以列为供养直系亲属。

198. 某些地区有招女婿风俗，而且女婿必须负担岳父母的生活，这种情况下，岳父母是否可以作为供养直系亲属？

岳父母不能作为供养直系亲属。但如果是从小招赘，并由岳父母抚养长大者，如符合供养条件，可以算为供养直系亲属。

202. 女职工结婚后，丈夫死去，她丈夫父母和自己的父母都是靠她自己供养，是否全都列为职工的供养直系亲属？

公婆不得列为供养直系亲属。生身父母可以列为职工的供养直系亲属。

203. 女职工结婚后，原来娘家的弟、妹未满16岁，能不能算供养直系亲属？

女职工结婚后，如果她娘家的弟、妹确实没有人供养他们，而必须由她供养并合于实施细则修正草案第45条规定的，可以列为该女职工的供养直系亲属。

205. 职工子女弟妹年满16岁，但残废无工作能力，可否列为供养直系亲属？

可以列为供养直系亲属。

207. 供养直系亲属在一方确定后能不能再变动？

在下列两种情况下可以变动：

①供养直系亲属本人失去供养条件时（子女年满16岁，妻子、母亲已从事有报酬的工作等），即不能再作为职工的供养直系亲属。

②职工的收入发生变化。比如由兄供养母亲，如果兄将来失去劳动能力时，她的母亲依靠其弟弟供养，便可列为其弟的供养直系亲属。

208. 享受供养直系亲属抚恤费的家属，因生活困难而就业，其劳动保险待遇是否继续发给？

如果因家庭生活困难参加临时性的工作，收入不多，不能维持本人生活，还可以继续领取劳动保险待遇。如果参加正式工作，已有工资收入，即应停发或减发抚恤费。如以后又无收入时，还可继续发抚恤费。

5.1.3 实施《中华人民共和国社会保险法》若干规定（人力资源和社会保障部令第13号 2011年7月起施行）

第五章　关于基金管理和经办服务

第十六条　社会保险基金预算、决算草案的编制、审核和批准，依照《国务院关于试行社会保险基金预算的意见》（国发［2010］2号）的规定执行。

第十七条　社会保险经办机构应当每年至少一次将参保人员个人权益记录单通过邮寄方式寄送本人。同时，社会保险经办机构可以通过手机短信或者电子邮件等方式向参保人员发送个人权益记录。

第十八条　社会保险行政部门、社会保险经办机构及其工作人员应当依法为用人单位和个人的信息保密，不得违法向他人泄露下列信息：

（一）涉及用人单位商业秘密或者公开后可能损害用人单位合法利益的信息；

（二）涉及个人权益的信息。

第六章　关于法律责任

第十九条　用人单位在终止或者解除劳动合同时拒不向职工出具终止或者解除劳动关系证明，导致职工无法享受社会保险待遇的，用人单位应当依法承担赔偿责任。

第二十条　职工应当缴纳的社会保险费由用人单位代扣代缴。用人单位未依法代扣代缴的，由社会保险费征收机构责令用人单位限期代缴，并自欠缴之日起向用人单位按日加收万分之五的滞纳金。用人单位不得要求职工承担滞纳金。

第二十一条　用人单位因不可抗力造成生产经营出现严重困难的，经省级人民政府社会保险行政部门批准后，可以暂缓缴纳一定期限的社会保险费，期限一般不超过一年。暂缓缴费期间，免收滞纳金。到期后，用人单位应当缴纳相应的社会保险费。

第二十二条　用人单位按照社会保险法第六十三条的规定，提供担保并与社会保险费征收机构签订缓缴协议的，免收缓缴期间的滞纳金。

第二十三条　用人单位按照本规定第二十一条、第二十二条缓缴社会保险费期间，不影响其职工依法享受社会保险待遇。

第二十四条　用人单位未按月将缴纳社会保险费的明细情况告知职工本人的，由社会保险行政部门责令改正；逾期不改的，按照《劳动保障监察条例》第三十条的规定处理。

第二十五条　医疗机构、药品经营单位等社会保险服务机构以欺诈、伪造证明材料或者其他手段骗取社会保险基金支出的，由社会保险行政部门责令退回骗取的社会保险金，处骗取金额二倍以上五倍以下的罚款。对与社会保险经办机构签订服务协议的医疗机构、药品经营单位，由社会保险经办机构按照协议追究责任，情节严重的，可以解除与其签订的服务协议。对有执业资格的直接负责的主管人员和其他直接责任人员，由社会保险行政部门建议授予其执业资格的有关主管部门依法吊销其执业资格。

第二十六条　社会保险经办机构、社会保险费征收机构、社会保险基金投资运营机构、开设社会保险基金专户的机构和专户管理银行及其工作人员有下列违法情形的，由社会保险行政部门按照社会保险法第九十一条的规定查处：

（一）将应征和已征的社会保险基金，采取隐藏、非法放置等手段，未按规定征缴、入账的；

（二）违规将社会保险基金转入社会保险基金专户以外的账户的；

（三）侵吞社会保险基金的；

（四）将各项社会保险基金互相挤占或者其他社会保障基金挤占社会保险基金的；

（五）将社会保险基金用于平衡财政预算，兴建、改建办公场所和支付人员经费、运行费用、管理费用的；

（六）违反国家规定的投资运营政策的。

第七章　其　他

第二十七条　职工与所在用人单位发生社会保险争议的，可以依照《中华人民共和国劳动争议调解仲裁法》、《劳动人事争议仲裁办案规则》的规定，申请调解、仲裁，提起诉讼。

职工认为用人单位有未按时足额为其缴纳社会保险费等侵害其社会保险权益行为的，也可以要求社会保险行政部门或者社会保险费征收机构依法处理。社会保险行政部门或者社会保险费征收机构应当按照社会保险法和《劳动保障监察条例》等相关规定处理。在处理过程中，用人单位对双方的劳动关系提出异议的，社会保险行政部门应当依法查明相关事实后继续处理。

第二十八条　在社会保险经办机构征收社会保险费的地区，社会保险行政部门应当依法履行社会保险法第六十三条所规定的有关行政部门的职责。

第二十九条　2011 年 7 月 1 日后对用人单位未按时足额缴纳社会保险费的处理，按照社会保险法和本规定执行；对 2011 年 7 月 1 日前发生的用人单位未按时足额缴纳社会保险费的行为，按照国家和地方人民政府的有关规定执行。

第三十条　本规定自 2011 年 7 月 1 日起施行。

5.1.4 社会保险基金先行支付暂行办法（中华人民共和国人力资源和社会保障部令第15号　2011年7月起施行）

第一条　为了维护公民的社会保险合法权益，规范社会保险基金先行支付管理，根据《中华人民共和国社会保险法》（以下简称社会保险法）和《工伤保险条例》，制定本办法。

第二条　参加基本医疗保险的职工或者居民（以下简称个人）由于第三人的侵权行为造成伤病的，其医疗费用应当由第三人按照确定的责任大小依法承担。超过第三人责任部分的医疗费用，由基本医疗保险基金按照国家规定支付。

前款规定中应当由第三人支付的医疗费用，第三人不支付或者无法确定第三人的，在医疗费用结算时，个人可以向参保地社会保险经办机构书面申请基本医疗保险基金先行支付，并告知造成其伤病的原因和第三人不支付医疗费用或者无法确定第三人的情况。

第三条　社会保险经办机构接到个人根据第二条规定提出的申请后，经审核确定其参加基本医疗保险的，应当按照统筹地区基本医疗保险基金支付的规定先行支付相应部分的医疗费用。

第四条　个人由于第三人的侵权行为造成伤病被认定为工伤，第三人不支付工伤医疗费用或者无法确定第三人的，个人或者其近亲属可以持工伤认定决定书和有关材料向社会保险经办机构书面申请工伤保险基金先行支付，并告知第三人不支付或者无法确定第三人的情况。

第五条 社会保险经办机构接到个人根据第四条规定提出的申请后，应当审查个人获得基本医疗保险基金先行支付和其所在单位缴纳工伤保险费等情况，并按照下列情形分别处理：

（一）对于个人所在用人单位已经依法缴纳工伤保险费，且在认定工伤之前基本医疗保险基金有先行支付的，社会保险经办机构应当按照工伤保险有关规定，用工伤保险基金先行支付超出基本医疗保险基金先行支付部分的医疗费用，并向基本医疗保险基金退还先行支付的费用；

（二）对于个人所在用人单位已经依法缴纳工伤保险费，在认定工伤之前基本医疗保险基金无先行支付的，社会保险经办机构应当用工伤保险基金先行支付工伤医疗费用；

（三）对于个人所在用人单位未依法缴纳工伤保险费，且在认定工伤之前基本医疗保险基金有先行支付的，社会保险经办机构应当在3个工作日内向用人单位发出书面催告通知，要求用人单位在5个工作日内依法支付超出基本医疗保险基金先行支付部分的医疗费用，并向基本医疗保险基金偿还先行支付的医疗费用。用人单位在规定时间内不支付其余部分医疗费用的，社会保险经办机构应当用工伤保险基金先行支付；

（四）对于个人所在用人单位未依法缴纳工伤保险费，在认定工伤之前基本医疗保险基金无先行支付的，社会保险经办机构应当在3个工作日向用人单位发出书面催告通知，要求用人单位在5个工作日内依法支付全部工伤医疗费用；用人单位在规定时间内不支付的，社会保险经办机构应当用工伤保险基金先行支付。

第六条 职工所在用人单位未依法缴纳工伤保险费，发生工伤事故的，用人单位应当采取措施及时救治，并按照规定的工伤保险待遇项目和标准支付费用。

职工被认定为工伤后，有下列情形之一的，职工或者其近亲属可以持工伤认定决定书和有关材料向社会保险经办机构书面申请先行支付工伤保险待遇：

（一）用人单位被依法吊销营业执照或者撤销登记、备案的；

（二）用人单位拒绝支付全部或者部分费用的；

（三）依法经仲裁、诉讼后仍不能获得工伤保险待遇，法院出具中止执行文书的；

（四）职工认为用人单位不支付的其他情形。

第七条 社会保险经办机构收到职工或者其近亲属根据第六条规定提出的申请后，应当在3个工作日内向用人单位发出书面催告通知，要求其在5个工作日内予以核实并依法支付工伤保险待遇，告知其如在规定期限内不按时足额支付的，工伤保险基金在按照规定先行支付后，取得要求其偿还的权利。

第八条 用人单位未按照第七条规定按时足额支付的，社会保险经办机构应当按照社会保险法和《工伤保险条例》的规定，先行支付工伤保险待遇项目中应当由工伤保险基金支付的项目。

第九条 个人或者其近亲属提出先行支付医疗费用、工伤医疗费用或者工伤保险待遇申请，社会保险经办机构经审核不符合先行支付条件的，应当在收到申请后5个工作日内作出不予先行支付的决定，并书面通知申请人。

第十条 个人申请先行支付医疗费用、工伤医疗费用或者工伤保险待遇的，应当提交所有医疗诊断、鉴定等费用的原始票据等证据。社会保险经办机构应当保留所有原始票据等证据，要求申请人在先行支付凭据上签字确认，凭原始票据等证据先行支付医疗费用、工伤医疗费用或者工伤保险待遇。

个人因向第三人或者用人单位请求赔偿需要医疗费用、工伤医疗费用或者工伤保险待遇的原始票据等证据的，可以向社会保险经办机构索取复印件，并将第三人或者用人单位赔偿情况及时告知社会保险经办机构。

第十一条 个人已经从第三人或者用人单位处获得医疗费用、工伤医疗费用或者工伤保险待遇的，应当主动将先行支付金额中应当由第三人承担的部分或者工伤保险基金先行支付的工伤保险待遇退还给基本医疗保险基金或者工伤保险基金，社会保险经办机构不再向第三人或者用人单位追偿。

个人拒不退还的，社会保险经办机构可以从以后支付的相关待遇中扣减其应当退还的数额，或者向人民法院提起诉讼。

第十二条 社会保险经办机构按照本办法第三条规定先行支付医疗费用或者按照第五条第一项、第二项规定先行支付工伤医疗费用后，有关部门确定了第三人责任的，应当要求第三人按照确定的责任大小依法偿还先行支付数额中的相应部分。第三人逾期不偿还的，社会保险经办机构应当依法向人民法院提起诉讼。

第十三条 社会保险经办机构按照本办法第五条第三项、第四项和第六条、第七条、第八条的规定先行支付工伤保险待遇后，应当责令用人单位在10日内偿还。

用人单位逾期不偿还的，社会保险经办机构可以按照社会保险法第六十三条的规定，向银行和其他金融机构查询其存款账户，申请县级以上社会保险行政部门作出划拨应偿还款项的决定，并书面通知用人单位开户银行或者其他金融机构划拨其应当偿还的数额。

用人单位账户余额少于应当偿还数额的，社会保险经办机构可以要求其提供担保，签订延期还款协议。

用人单位未按时足额偿还且未提供担保的，社会保险经办机构可以申请人民法院扣押、查封、拍卖其价值相当于应当偿还数额的财产，以拍卖所得偿还所欠数额。

第十四条 社会保险经办机构向用人单位追偿工伤保险待遇发生的合理费用以及用人单位逾期偿还部分的利息损失等，应当由用人单位承担。

第十五条 用人单位不支付依法应当由其支付的工伤保险待遇项目的，职工可以依法申请仲裁、提起诉讼。

第十六条 个人隐瞒已经从第三人或者用人单位处获得医疗费用、工伤医疗费用或者工伤保险待遇，向社会保险经办机构申请并获得社会保险基金先行支付的，按照社会保险法第八十八条的规定处理。

第十七条 用人单位对社会保险经办机构作出先行支付的追偿决定不服或者对社会保险行政部门作出的划拨决定不服的，可以依法申请行政复议或者提起行政诉讼。

个人或者其近亲属对社会保险经办机构作出不予先行支付的决定不服或者对先行支付的数额不服的，可以依法申请行政复议或者提起行政诉讼。

第十八条 本办法自2011年7月1日起施行。

5.1.5 社会保险费申报缴纳管理规定（人力资源和社会保障部令第20号 2013年11月起施行）

《社会保险费申报缴纳管理规定》已经人力资源社会保障部第114次部务会审议通过，

现予公布，自2013年11月1日起施行。

部长　尹蔚民

2013年9月26日

第一章　总　则

第一条　为规范社会保险费的申报和缴纳管理工作，根据《中华人民共和国社会保险法》（以下简称社会保险法）、《社会保险费征缴暂行条例》，制定本规定。

第二条　用人单位进行缴费申报和社会保险经办机构征收社会保险费，适用本规定。

本规定所称社会保险费，是指由用人单位及其职工依法参加社会保险并缴纳的职工基本养老保险费、职工基本医疗保险费、工伤保险费、失业保险费和生育保险费。

第三条　社会保险经办机构负责社会保险缴费申报、核定等工作。

省、自治区、直辖市人民政府决定由社会保险经办机构征收社会保险费的，社会保险经办机构应当依法征收社会保险费。

社会保险经办机构负责征收的社会保险费，实行统一征收。

第二章　社会保险费申报

第四条　用人单位应当按月在规定期限内到当地社会保险经办机构办理缴费申报，申报事项包括：

（一）用人单位名称、组织机构代码、地址及联系方式；

（二）用人单位开户银行、户名及账号；

（三）用人单位的缴费险种、缴费基数、费率、缴费数额；

（四）职工名册及职工缴费情况；

（五）社会保险经办机构规定的其他事项。

在一个缴费年度内，用人单位初次申报后，其余月份可以只申报前款规定事项的变动情况；无变动的，可以不申报。

第五条　职工应缴纳的社会保险费由用人单位代为申报。代职工申报的事项包括：职工姓名、社会保障号码、用工类型、联系地址、代扣代缴明细等。

用人单位代职工申报的缴费明细以及变动情况应当经职工本人签字认可，由用人单位留存备查。

第六条　用人单位到社会保险经办机构办理社会保险缴费申报有困难的，经社会保险经办机构同意，可以邮寄申报。邮寄申报以寄出地的邮戳日期为实际申报日期。

有条件的地区，用人单位也可以按照社会保险经办机构的规定进行网上申报。

第七条　用人单位应当向社会保险经办机构如实申报本规定第四条、第五条所列申报事项。用人单位申报材料齐全、缴费基数和费率符合规定、填报数量关系一致的，社会保险经办机构核准后出具缴费通知单；用人单位申报材料不符合规定的，退用人单位补正。

社会保险经办机构在开展社会保险稽核工作过程中，发现用人单位未如实申报造成漏缴、少缴社会保险费的，按照社会保险法第八十六条的规定处理。

第八条　用人单位应当自用工之日起30日内为其职工申请办理社会保险登记并申报缴纳社会保险费。未办理社会保险登记的，由社会保险经办机构核定其应当缴纳的社会保险费。

用人单位未按照规定申报应缴纳的社会保险费数额的，社会保险经办机构暂按该单位上月缴费数额的110%确定应缴数额；没有上月缴费数额的，社会保险经办机构暂按该单位的经营状况、职工人数、当地上年度职工平均工资等有关情况确定应缴数额。用人单位补办申报手续后，由社会保险经办机构按照规定结算。

第九条 用人单位因不可抗力，不能按期办理缴费申报的，可以延期申报；不可抗力情形消除后，应当立即向社会保险经办机构报告。社会保险经办机构应当查明事实，予以核准。

第三章 社会保险费缴纳

第十条 用人单位应当持社会保险经办机构出具的缴费通知单在规定的期限内采取下列方式之一缴纳社会保险费：

（一）到其开户银行或者其他金融机构缴纳；

（二）与社会保险经办机构约定的其他方式。

社会保险经办机构、用人单位可以与银行或者其他金融机构签订协议，委托银行或者其他金融机构根据社会保险经办机构开出的托收凭证划缴用人单位和为其职工代扣的社会保险费。

第十一条 职工应当缴纳的社会保险费由用人单位代扣代缴。用人单位依法履行代扣代缴义务时，任何单位或者个人不得干预或者拒绝。

用人单位未按时足额代缴的，社会保险经办机构应当责令其限期缴纳，并自欠缴之日起按日加收0.5‰的滞纳金。用人单位不得要求职工承担滞纳金。

第十二条 征收的社会保险费，应当存入社会保险经办机构按照规定开设的社会保险基金收入户。社会保险经办机构应当按照有关规定定期将收到的基金存入依法开设的社会保险基金财政专户。

第十三条 社会保险经办机构对已征收的社会保险费，根据用人单位实际缴纳额（包括代扣代缴额）和代扣代缴明细，按照国家有关规定进行记账。

第十四条 用人单位应当按月将缴纳社会保险费的明细情况告知职工本人。

用人单位应当每年向本单位职工代表大会通报或者在本单位住所的显著位置公布本单位全年社会保险费缴纳情况，接受职工监督。

第十五条 社会保险经办机构应当及时、完整、准确地记录用人单位及其职工的缴费情况，并将缴费情况定期告知用人单位和职工。用人单位和职工有权按照《社会保险个人权益记录管理办法》等规定查询缴费情况。

社会保险经办机构应当至少每年一次向社会公布社会保险费征收情况，接受社会监督。

第四章 未按时足额缴纳社会保险费的处理

第十六条 用人单位有下列情形之一的，社会保险经办机构应当于查明欠缴事实之日起5个工作日内发出社会保险费限期补缴通知，责令用人单位在收到通知后5个工作日内补缴，同时告知其逾期仍未缴纳的，将按照社会保险法第六十三条、第八十六条的规定处理：

（一）未按规定申报且未缴纳社会保险费的；

（二）申报后未按时足额缴纳社会保险费的；

（三）因瞒报、漏报职工人数、缴费基数等事项而少缴社会保险费的。

第十七条 用人单位未按照本规定第十六条规定的期限补缴的，社会保险经办机构可以按照社会保险法第六十三条第二款的规定，向用人单位开户银行或者其他金融机构查询其存款账户。

第十八条 社会保险经办机构可以根据查询结果向所属的社会保险行政部门申请作出划拨社会保险费的决定，并提交下列材料：

（一）用人单位名称、法定代表人、地址、联系方式；

（二）用人单位开户银行、户名及账号；

（三）申请划拨的事实、理由及依据；

（四）申请划拨的社会保险费数额；

（五）社会保险行政部门要求提供的其他材料。

第十九条 社会保险行政部门接到社会保险经办机构划拨申请后，应当按照《中华人民共和国行政强制法》的规定，及时作出划拨社会保险费决定，并书面通知用人单位开户银行或者其他金融机构予以划拨。

第二十条 社会保险行政部门作出的划拨社会保险费决定，应当按照《中华人民共和国行政强制法》的规定送达用人单位，并抄送社会保险经办机构。

第二十一条 经查询，用人单位账户余额少于应当缴纳的社会保险费数额的，或者划拨后用人单位仍未足额清偿社会保险费的，社会保险经办机构可以要求用人单位以抵押、质押的方式提供担保。

第二十二条 用人单位应当到社会保险经办机构认可的评估机构对其抵押财产或者质押财产进行评估，经社会保险经办机构审核后，对能够足额清偿社会保险费的，双方依法签订抵押合同或者质押合同；需要办理登记的，应当依法办理抵押登记或者质押登记。

第二十三条 社会保险经办机构与用人单位签订抵押合同或者质押合同后，应当签订延期缴费协议，并约定协议期满用人单位仍未足额清偿社会保险费的，社会保险经办机构可以参照协议期满时的市场价格，以抵押财产、质押财产折价或者以拍卖、变卖所得抵缴社会保险费。

延期缴费协议期限最长不超过1年。

第二十四条 用人单位提供担保并签订延期缴费协议的，其职工在延缴期间按照规定享受社会保险待遇。

第二十五条 用人单位经责令仍未补缴且有下列情形之一的，社会保险经办机构可以按照社会保险法第六十三条第三款的规定，向所在地有管辖权的人民法院申请扣押、查封、拍卖用人单位财产，以拍卖所得抵缴应缴纳的社会保险费、滞纳金：

（一）经查询，用人单位开户银行账户余额少于应缴纳的社会保险费数额且未签订担保合同的；

（二）经划拨，用人单位仍未足额清偿应缴纳的社会保险费且未签订担保合同的；

（三）延期缴费协议期满，因担保财产的市场价格或者权利状况发生变化，用人单位仍未足额清偿应缴纳的社会保险费的。

第二十六条 社会保险经办机构申请人民法院强制执行的，应当提供下列材料：

（一）强制执行申请书；

（二）用人单位欠缴社会保险费及加收滞纳金的事实、理由和依据；

（三）社会保险经办机构限期补缴通知；

（四）用人单位的意见；

（五）用人单位有本规定第二十五条所列情形时的相关材料；

（六）申请强制执行的用人单位财产情况；

（七）法律、行政法规规定以及人民法院要求的其他材料。

强制执行申请书应当由社会保险经办机构负责人签名，加盖社会保险经办机构的印章，并注明日期。

第五章　法律责任

第二十七条　社会保险行政部门及其工作人员作出划拨社会保险费决定时，有下列行为之一的，按照《中华人民共和国行政强制法》的规定，由上级社会保险行政部门或者有关部门责令改正，对直接负责的主管人员和其他直接责任人员依法给予处分；给用人单位或者个人造成损失的，依法承担赔偿责任；构成犯罪的，依法追究刑事责任：

（一）违反法定程序作出划拨社会保险费决定的；

（二）未在规定时限内及时作出划拨社会保险费决定并书面通知用人单位开户银行或者其他金融机构的；

（三）决定划拨的社会保险费数额错误的；

（四）向当事人泄露信息影响划拨社会保险费的；

（五）有违反法律、法规和规章的其他行为的。

第二十八条　社会保险经办机构及其工作人员有下列行为之一的，由社会保险行政部门责令改正，视情节轻重对直接负责的主管人员和其他直接责任人员依法给予相应处分：

（一）未按照本规定第八条核定或者确定用人单位应当缴纳的社会保险费数额的；

（二）对已征收的社会保险费未按照国家规定记账的；

（三）未依法责令欠缴社会保险费的用人单位限期补缴社会保险费、加收滞纳金的；

（四）申请人民法院强制执行不符合规定的；

（五）签订担保合同和延期缴费协议不符合规定的；

（六）未按照规定审核、处置担保财产的；

（七）法律、法规和规章规定的其他情形。

第二十九条　社会保险经办机构擅自更改社会保险费缴费基数、费率，导致少收或者多收社会保险费的，由社会保险行政部门责令其追缴应当缴纳的社会保险费或者退还不应当缴纳的社会保险费；对直接负责的主管人员和其他直接责任人员依法给予处分。

第三十条　用人单位未按照规定向社会保险经办机构进行缴费申报或者未按照规定缴纳社会保险费的，社会保险行政部门应当依法查处。

用人单位未按时足额缴纳社会保险费的，由社会保险经办机构按照社会保险法第八十六条的规定，责令其限期缴纳或者补足，并自欠缴之日起按日加收0.5‰的滞纳金；逾期仍不缴纳的，由社会保险行政部门处欠缴数额1倍以上3倍以下的罚款。

第三十一条　用人单位未按月将代扣代缴社会保险费明细情况告知职工本人，或者未按照规定通报、公布本单位全年社会保险费缴纳情况的，职工有权向社会保险行政部门举报、投诉。

第六章 附 则

第三十二条 社会保险费由税务机关征收的，社会保险经办机构应当及时将用人单位和职工应缴社会保险费数额提供给税务机关；税务机关应当及时向社会保险经办机构提供用人单位和职工的缴费情况。

社会保险经办机构应当按月将单位和个人缴纳失业保险费的情况提供给负责支付失业保险待遇的经办机构。

第三十三条 以个人身份参加社会保险的，社会保险费申报和缴纳办法另行规定。

第三十四条 本规定自2013年11月1日起施行。原劳动和社会保障部《社会保险费申报缴纳管理暂行办法》（劳动和社会保障部令第2号）同时废止。

★ 地方性文件·广东省

5.1.6 广东省高级人民法院、广东省劳动人事争议仲裁委员会关于印发《广东省高级人民法院广东省劳动人事争议仲裁委员会关于审理劳动人事争议案件若干问题的座谈会纪要》的通知（粤高法［2012］284号）

第一条 用人单位为劳动者建立了社会保险关系，劳动者垫付用人单位未依法缴纳的社会保险费用后，请求用人单位返还的，作为劳动争议处理。

劳动者请求用人单位为其建立社会保险关系或缴纳社会保险费的，不作为劳动争议处理，劳动人事仲裁机构或人民法院应告知劳动者向社会保险行政部门或社会保险费征收机构寻求解决。

5.1.7 广东省社会保险基金监督条例（广东省第十二届人民代表大会常务委员会公告第55号 2016年7月起施行）

第一章 总 则

第一条 为了加强对社会保险基金的监督，保障社会保险基金的安全，维护参保人的合法权益，根据《中华人民共和国社会保险法》和有关法律、法规，结合本省实际，制定本条例。

第二条 本条例适用于本省行政区域内社会保险基金监督活动。

第三条 本条例所称社会保险基金是指基本养老保险基金、基本医疗保险基金、工伤保险基金、失业保险基金、生育保险基金等依法筹集并应当纳入社会保障基金财政专户管理的社会保险基金。

本条例所称社会保险基金监督是指对社会保险基金收支、管理、服务、投资运营等全过程的监督。

第四条 社会保险基金监督应当遵循客观、公正、合法、效率的原则，坚持预防与查处相结合。

第五条 各项社会保险基金按照社会保险险种分别建账，分账核算。社会保险基金应当存入社会保障基金财政专户，专款专用。

禁止隐匿、转移、侵占或者挪用社会保险基金。

第六条 县级以上人民代表大会及其常务委员会依法对本级人民政府社会保险基金预算、收支、管理、服务、投资运营等以及监督检查情况实施监督。

第七条 省人民政府应当加强对全省社会保险基金监督工作的领导，建立健全社会保险基金监督管理制度。

地级以上市人民政府应当根据国家和省的规定以及本市实际情况，建立健全社会保险基金监督管理制度。

县级人民政府应当建立健全社会保险基金安全责任制，做好社会保险基金监督管理工作。

第八条 县级以上人民政府社会保险行政部门主管本行政区域内社会保险基金监督工作。

县级以上人民政府财政部门、审计机关和社会保险费征收机构在各自的职责范围内负责有关的社会保险基金监督工作。

县级以上人民政府发展改革、公安、民政、卫生计生、工商、食品药品监管等部门以及人民银行分支机构、银行业监管机构、保险监管机构等按照各自职责，协同做好社会保险基金监督工作。

第九条 县级以上人民政府及其负责社会保险基金监督的行政部门应当加强社会保险基金监督队伍建设，提高社会保险基金监督能力。

第十条 社会保险基金监督工作所需经费由同级财政予以保障，不得在社会保险基金中列支。

第十一条 工会依法维护职工的合法权益，对涉及职工社会保险权益的事项进行监督。

第十二条 县级以上人民政府及其有关部门应当畅通社会保险基金社会监督渠道，建立健全社会保险基金社会监督机制，采取多种措施鼓励和支持社会各方面参与社会保险基金的监督。

第二章 监督内容

第十三条 社会保险基金监督主要包括下列内容：

（一）贯彻落实社会保险基金相关法律、法规以及国家和省的规定的情况；

（二）社会保险费核定、征收和划入社会保障基金财政专户情况；

（三）社会保险基金支出的审核、结算和社会保险待遇发放情况；

（四）社会保险基金收入户、支出户和社会保障基金财政专户等各类社会保险基金银行账户开设、管理及其基金的存储、划拨、结存情况；

（五）社会保险各类调剂金、储备金等的管理和使用情况；

（六）社会保险基金投资运营等保值增值情况；

（七）社会保险服务机构、承办社会保险业务的商业保险机构从事社会保险服务工作情况；

（八）社会保险基金预算编制、执行、调整和决算情况以及财务收支计划编制和执行情况；

（九）社会保险基金管理相关部门和机构内部控制制度的建立和执行情况；

（十）依法需要监督的其他事项。

第十四条 对社会保险行政部门的监督主要包括其履行下列职责的情况：

（一）统筹建立覆盖城乡的社会保障体系；

（二）拟订社会保险及其补充保险政策方案；

（三）审核汇总社会保险基金预算、决算草案；

（四）参与制定社会保险基金投资运营等保值增值计划；

（五）组织实施社会保险及其补充保险基金管理和监督制度；

（六）社会保险基金管理的其他事项。

第十五条　对社会保险费征收机构的监督主要包括其履行下列职责的情况：

（一）按时足额征收社会保险费；

（二）对申报的缴费基数、人数与实际不符的用人单位开展实地核查；

（三）对用人单位未按时足额缴纳社会保险费的行为进行查处；

（四）按照规定将已征收的社会保险费及时存入社会保障基金财政专户；

（五）向社会保险经办机构提供缴费单位和个人的缴费情况；

（六）参与编制社会保险基金征收预算草案；

（七）按照规定程序执行预算，并定期向同级社会保险行政部门和财政部门报告执行情况；

（八）社会保险基金征收管理的其他事项。

第十六条　对财政部门的监督主要包括其履行下列职责的情况：

（一）建立健全社会保险基金财务管理制度；

（二）按照规定开设、管理社会保障基金财政专户，对社会保险基金按险种分别建账，分账核算，执行国家统一的会计制度；

（三）组织编制社会保险基金预算，审核社会保险基金预算、决算草案；

（四）依法审核社会保险经办机构的用款申请并按时拨付社会保险基金待遇用款；

（五）按时足额将补助资金划转社会保障基金财政专户；

（六）会同社会保险行政部门制定社会保险基金保值增值计划，并报本级人民政府批准；

（七）按照国家要求做好社会保险基金投资运营工作；

（八）按照规定存储社会保险基金、安排社会保险基金存款组合；

（九）社会保险基金管理的其他事项。

第十七条　对社会保险经办机构的监督主要包括其履行下列职责的情况：

（一）建立健全业务、财务、安全和风险管理机制以及内部控制制度；

（二）按照规定编制社会保险基金预算、决算草案，提出预算调整建议，并按照规定程序执行预算，定期向同级社会保险行政部门和财政部门报告执行情况；

（三）及时、完整、准确地记录参加社会保险的个人缴费和用人单位为其缴费，以及享受社会保险待遇等个人权益记录；

（四）建立健全社会保险待遇申领、审核制度，审核享受社会保险待遇人员的领取资格和标准，核定并按时足额支付社会保险待遇，按照规定及时调整社会保险待遇；

（五）执行社会保险稽核制度，对社会保险待遇领取情况进行核查；

（六）按照规定及时与社会保险服务机构结算费用，加强对社会保险服务机构从事社会保险服务工作的核查；

（七）按照合同约定对承办社会保险业务的商业保险机构从事社会保险服务工作进行核查；

（八）按照规定及时公开社会保险信息，提供社会保险咨询、查询等服务，根据参保人要求提供其本人个人权益记录单；

（九）社会保险基金管理的其他事项。

第十八条 乡镇、街道社会保障公共服务机构应当完整、准确登记参保人缴费信息，并在规定的社会保险费缴费时限内将代收的社会保险费足额存入社会保障基金财政专户。

第十九条 医疗机构、康复机构、药品经营单位、辅助器具配置机构、社会保险待遇代发机构等社会保险服务机构应当加强内部管理，根据国家和省基本医疗保险、工伤保险和生育保险药品目录、诊疗项目、医疗服务设施标准等规定以及服务协议，为参保人提供必要合理的服务，接受并配合监督。

社会保险服务机构不得有下列行为：

（一）虚列社会保险基金支付项目，虚报社会保险基金支付金额；

（二）不按规定审核参保人身份，导致冒名享受社会保险待遇；

（三）违反规定将参保人在非协议医疗机构发生的医疗费用纳入医疗保险基金结算；

（四）出具虚假诊断证明、病历资料、鉴定意见、结算单据、发票、证明等骗取社会保险基金支出或者帮助他人骗取社会保险待遇；

（五）不按时足额发放社会保险待遇；

（六）违背诊疗规范进行过度检查、治疗、护理、康复等，造成社会保险基金不必要的支出；

（七）其他侵害社会保险基金安全的行为。

第二十条 承办社会保险业务的商业保险机构应当通过公开招投标方式选定。

承办社会保险业务的商业保险机构应当建立完整的资金使用账册，接受社会保险行政部门、审计机关、保险监管机构等的监督检查和社会保险经办机构的核查，并将承办的社会保险项目缴费标准、资金收支和结余情况、享受社会保险待遇的人次等信息向社会公开。

承办社会保险业务的商业保险机构需要增加社会保险基金支出的，应当向社会保险行政部门提供有关开支明细和资金使用效益等情况，由社会保险行政部门报统筹地区人民政府，统筹地区人民政府应当按照重大行政决策程序办理。

第二十一条 用人单位应当按照规定办理社会保险登记，如实申报应当缴纳的社会保险费，按时全员足额缴纳社会保险费。

任何单位和个人不得有下列行为：

（一）瞒报、漏报社会保险费缴费基数、人数，或者以发放补贴、签订协议等形式拒不履行社会保险登记、缴费义务；

（二）通过虚构劳动关系、伪造证明材料等方式获取社会保险参保和缴费资格；

（三）伪造、变造个人档案材料、身份证明、病历资料、鉴定意见、支付凭证、信息数据等，骗取社会保险待遇；

（四）违反规定重复领取社会保险待遇；

（五）冒用他人身份和社会保险证明骗取社会保险待遇；

（六）出借本人社会保险证件协助他人或者单位骗取社会保险待遇；

（七）隐瞒丧失领取条件的事实，领取社会保险待遇；

（八）其他侵害社会保险基金安全的行为。

第三章 人大监督

第二十二条 县级以上各级人民代表大会审查本级社会保险基金总预算草案及本级社会保险基金总预算执行情况；批准本级社会保险基金预算和本级社会保险基金预算执行情况的报告；改变或者撤销本级人民代表大会常务委员会关于社会保险基金预算、决算的不适当的决议；撤销本级政府关于社会保险基金预算、决算的不适当的决定和命令。

县级以上各级人民代表大会常务委员会监督本级社会保险基金预算的执行；审查和批准本级社会保险基金预算的调整方案；审查和批准本级社会保险基金决算；撤销本级政府和下一级人民代表大会及其常务委员会关于社会保险基金预算、决算的不适当的决定、命令和决议。

第二十三条 省人民代表大会常务委员会建立省级预算支出联网监督系统，完善系统的分析功能和预警功能，通过与省级国库集中支付系统、社会保险基金统计分析查询系统、社会保险基金财务信息系统等的联网，实现对社会保险基金运行状况的实时监督。

统筹地区人民政府应当加强组织协调，将社会保险业务相关系统与本级人民代表大会常务委员会建立的监督系统联网，并根据监督要求提供必要的信息数据支持，为本级人民代表大会常务委员会开展实时监督创造条件。

第二十四条 县级以上各级人民代表大会常务委员会听取和审议本级人民政府对社会保险基金收支、管理、服务、投资运营等以及监督检查情况的专项工作报告。

常务委员会组成人员对专项工作报告的审议意见交由本级人民政府研究处理，人民政府应当将研究处理情况由其办事机构送交本级人民代表大会有关专门委员会或者常务委员会有关工作机构征求意见后，向常务委员会提出书面报告。常务委员会认为必要时，可以对专项工作报告作出决议；本级人民政府应当在决议规定的期限内，将执行决议的情况向常务委员会报告。

本条第一款、第二款规定的专项工作报告及审议意见、决议，人民政府对审议意见研究处理情况或者执行决议情况的报告，由县级以上各级人民代表大会常务委员会向本级人民代表大会代表通报并向社会公布。

第二十五条 县级以上各级人民代表大会常务委员会通过开展执法检查等方式，对本级人民政府贯彻实施社会保险法律、法规，保障社会保险基金安全、有效运行，以及开展监督的情况进行监督。

开展执法检查等监督工作，可以根据需要邀请同级工会参与。

执法检查结束后，执法检查组应当及时提出执法检查报告。常务委员会组成人员对执法检查报告的审议意见连同执法检查报告，一并交由本级人民政府研究处理。人民政府应当将研究处理情况向常务委员会书面报告。

前款规定的执法检查报告及审议意见，人民政府对其研究处理情况的报告，由县级以上各级人民代表大会常务委员会向本级人民代表大会代表通报并向社会公布。

第二十六条 县级以上各级人民代表大会常务委员会依法对社会保险相关规范性文件进行备案审查。

第二十七条 各级人民代表大会常务委员会开展社会保险基金监督，对专业性较强的问题，可以通过召开论证会、评估会听取有关专家、专业机构、社会组织的意见，或者委托有关专家、专业机构、社会组织开展论证、评估，为监督工作提供专业支持。

第四章　行政监督

第二十八条　社会保险行政部门应当对下列内容进行监督检查：

（一）社会保险基金预算的编制、执行、调整情况；

（二）社会保险基金的收支、管理、服务和投资运营情况；

（三）有关单位和个人执行社会保险基金相关法律、法规以及国家和省的规定的情况；

（四）社会保险基金管理相关部门和机构内部控制制度的建立和执行情况。

第二十九条　社会保险费征收机构应当对用人单位办理社会保险登记及如实申报、按时足额缴纳社会保险费的情况进行监督检查。

第三十条　财政部门应当对社会保险基金财务、会计制度和社会保障基金财政专户管理规定等的执行情况，社会保险基金预算的编制、执行、调整情况，社会保险基金银行账户开设和管理情况，下级财政补助资金及时足额拨付情况，社会保险基金收支、管理、服务和投资运营情况进行监督检查。

第三十一条　审计机关应当对社会保险基金收支、管理、服务和投资运营情况进行审计监督，对社会保险基金收入户、支出户及社会保障基金财政专户基金管理情况进行审计。

第三十二条　负责社会保险基金监督的行政部门开展监督工作，应当实行日常监督和专项监督相结合，采取现场监督检查和非现场监督等方式，增强监督实效。

第三十三条　负责社会保险基金监督的行政部门依法实施现场监督检查，可以采取下列方式：

（一）依法进入被监督检查单位的有关场所进行实地调查、检查；

（二）询问与调查事项有关的单位和个人，要求其对与调查事项有关的问题作出说明、提供有关证明材料；

（三）依法收集有关情况和资料，对可能被转移、隐匿或者灭失的资料予以封存；

（四）依法可以采取的其他调查、检查措施。

实施现场监督检查，应当由两名以上监督人员共同进行并出示执法证件。实施社会保险基金现场监督检查的，一般在三个工作日前将监督检查通知书送达被监督检查单位。提前通知可能影响监督检查效果的，可以持监督检查通知书直接实施现场监督检查。

实施现场监督检查，可以根据需要组织工会、社会保险基金监督专家库专家、社会监督员参与。

第三十四条　负责社会保险基金监督的行政部门依法实施现场监督检查时，被监督检查单位和人员应当予以配合，如实提供与社会保险有关的资料，不得谎报、瞒报，不得拒绝、阻挠监督人员进入现场。

因监督检查工作需要，负责社会保险基金监督的行政部门可以要求公安、民政、税务、工商等部门以及社会保险服务机构、用人单位和个人提供相关材料、信息和数据，有关单位和个人应当及时提供。负责社会保险基金监督的行政部门应当做好信息保密工作。

社会保险行政部门在办理骗取社会保险待遇或者社会保险基金支出案件时，发现涉案人员有拒绝调查、逃匿或者转移、隐藏、销毁证据等行为的，依法可以要求公安机关派员提前介入协助调查，公安机关应当予以配合。

第三十五条　负责社会保险基金监督的行政部门应当建立健全非现场监督制度，对社会保险基金相关数据资料进行收集、整理、检查、分析，运用信息系统，预警监测社会保险基金运行情况，及时发现问题，采取防范措施，实现远程监督。在非现场监督过程中发现被监督单位有违反社会保险基金相关法律、法规以及国家和省的规定的行为，应当组织开展现场监督检查。

第三十六条　负责社会保险基金监督的行政部门发现涉嫌违反社会保险基金相关法律、法规的行为，属于本部门管辖范围，需要调查处理的，应当在发现之日起五个工作日内立案；不属于本部门管辖范围的，应当在发现之日起三个工作日内移交有权处理的部门。

第三十七条　负责社会保险基金监督的行政部门在监督过程中发现存在违反社会保险基金相关法律、法规以及国家和省的规定等问题的，应当在立案之日起六十个工作日内提出整改建议，依法作出处理决定或者向有关行政部门提出处理建议；情况复杂确需延长处理时限的，经本部门负责人批准，可以延长三十个工作日。有关单位应当按照要求整改或者作出处理，并将整改、处理情况报送提出建议的行政部门。

对违法行为的处理决定应当以书面形式或者法律允许的其他方式送达。

第三十八条　社会保险行政部门在办理案件时发现单位和个人涉嫌社会保险欺诈犯罪的，应当依法向同级公安机关移送案件。公安机关接到移送案件后，应当及时审查决定是否立案。

向公安机关移送涉嫌犯罪案件，应当移交案件的全部材料，移送案件时已经作出行政处罚决定的，应当将行政处罚决定书一并抄送公安机关。

公安机关在查处社会保险欺诈犯罪案件过程中，需要社会保险行政部门协助查证，提供有关社会保险信息数据和证据材料，或者就政策和专业问题进行咨询的，社会保险行政部门应当协助配合。

第三十九条　根据监督检查需要，负责社会保险基金监督的行政部门可以通过购买服务的方式委托会计师事务所、鉴定机构等社会专业机构开展论证、鉴定等。

负责社会保险基金监督的行政部门应当与受委托的专业机构签订委托协议，明确委托事项、工作要求、保密义务等。

第四十条　社会保险行政部门、社会保险费征收机构、卫生行政部门、社会保险经办机构和财政部门、审计机关对社会保险基金相关举报、投诉，应当依法处理，不得推诿。

第五章　社会监督

第四十一条　统筹地区人民政府应当成立社会保险监督委员会，对社会保险工作提出意见和建议，实施社会监督。

社会保险监督委员会的职责，成员构成、产生、任期，议事规则等有关事项由其章程规定。

社会保险监督委员会应当定期听取社会保险行政部门、社会保险费征收机构、社会保险经办机构、财政部门等关于社会保险基金收支、管理、服务和投资运营情况的汇报；根据需要，可以聘请会计师事务所对社会保险基金的收支、管理、服务和投资运营情况进行年度审计和专项审计，审计结果应当向社会公开。

社会保险监督委员会发现社会保险基金收支、管理、服务和投资运营中存在问题的，有权提出改正建议；对社会保险行政部门、社会保险费征收机构、社会保险经办机构、财政部门及其工作人员的违法行为，有权向有关部门提出依法处理建议。有关部门应当在三个月内将处理情况报告社会保险监督委员会。

第四十二条 社会保险监督委员会可以成立由社会保险、医疗、法律、会计、审计等方面的专家和工会代表组成的社会保险基金监督专家库，组织专家参与社会保险基金监督工作。

第四十三条 开展社会保险基金监督，可以邀请社会人士担任社会保险基金社会监督员。社会监督员可以对社会保险基金监督工作提出意见和建议，发现违反社会保险基金相关法律、法规以及国家和省的规定的行为，应当及时报告。

第四十四条 医疗机构、药品经营单位等社会保险服务机构行业协会应当加强行业自律，参与社会保险基金监督。

第四十五条 新闻媒体应当开展社会保险法律、法规、政策以及社会保险知识的公益宣传，并对违反社会保险基金相关法律、法规的行为进行舆论监督。有关社会保险的宣传报道应当真实、公正。

第四十六条 县级以上人民政府及其有关部门应当建立健全信息公开制度，加强社会保险信息披露，完善社会保险政策制定和决策程序，通过网络征询、媒体宣传、社会调查、论证、听证等方式公开听取社会意见。

县级以上人民政府及其有关部门制定涉及职工切身利益的社会保险政策、措施时，应当吸收同级工会参加研究。

第四十七条 社会保险行政部门应当及时公开社会保险政策文件、规划、办事规则以及违反社会保险基金相关法律、法规典型案件等。

社会保险费征收机构应当将缴纳社会保险费的办事指引等向社会公开，将缴费情况定期告知用人单位和参保人，通过本单位门户网站、媒体等每年定期向社会公布欠缴社会保险费数额较大的用人单位信息。

社会保险经办机构应当通过本单位门户网站、媒体每年定期向社会公布参加社会保险情况以及社会保险基金的收入、支出、结余和收益情况；通过本单位门户网站、服务窗口、乡镇（街道）和村（居）的公开专栏等载体，及时向社会公开各险种缴费基数上下限和缴费比例、各项待遇计发基数和标准、待遇调整情况、相关账户记账利率、各项社会保险服务的办事指引、签订服务协议的社会保险服务机构基本信息等，方便社会公众查询。

第四十八条 社会保险经办机构应当通过服务网点、自助终端、电话或者网站等途径，为用人单位、参保人免费提供社会保险信息查询服务，并根据参保人要求提供包含实际缴费情况、个人账户信息等内容的其本人个人权益记录单。

社会保险经办机构应当根据用人单位、参保人的要求，免费出具其参加社会保险、享受社会保险待遇情况的证明。

第四十九条 用人单位应当每年定期向本单位职工公开全年参加社会保险的职工名单、社会保险险种及费率、缴费时段等情况，接受工会和职工监督。

参保人有权向用人单位了解其个人参加社会保险情况，用人单位应当如实提供其在本单位的参保缴费时间、缴费基数等信息。

第五十条 任何组织和个人有权对违反社会保险基金相关法律、法规的行为进行举报、投诉。举报人、投诉人的合法权益依法受到保护，任何组织和个人不得阻挠、压制或者打击报复举报人、投诉人。有关部门应当对举报人的信息予以保密。

对举报骗取社会保险待遇或者社会保险基金支出情况属实，为查处重大违反社会保险法律、法规的行为提供主要线索和证据的举报人，给予奖励。

第六章　预防机制

第五十一条　统筹地区社会保险基金预算草案由社会保险经办机构会同社会保险费征收机构编制，经社会保险行政部门、财政部门审核后联合向本级人民政府报告，由本级人民政府报本级人民代表大会审查和批准。

社会保险基金预算应当按照收支平衡、适当留有结余的原则编制。社会保险基金不得用于平衡其他政府预算，一般公共预算可以补助社会保险基金。县级以上人民政府在社会保险基金出现支付不足时给予补贴。

社会保险基金预算不得随意调整。确因特殊情况需要调整的，应当按照国家有关预算管理规定执行。

第五十二条　社会保险经办机构、社会保险费征收机构和财政部门应当建立健全社会保险基金账务核对制度，定期相互核对社会保险基金收支情况，保证社会保险基金收支情况账证、账表、账账、账实相符，并对账目核对情况盖章确认。

实行地方税务机关征收社会保险费的地区，地方税务机关应当按照规定形成单位和个人缴费明细信息，及时提供给社会保险经办机构。社会保险经办机构应当根据地方税务机关提供的信息准确记录单位缴费情况及个人社会保险权益记录。财政部门应当将社会保障基金财政专户实收数与地方税务机关提供的上解数进行核对，并将社会保障基金财政专户存款明细情况盖章确认后，连同社会保障基金财政专户收支凭证提供给社会保险经办机构核对。

第五十三条　社会保险行政部门应当建立用人单位、参保人、社会保险服务机构和承办社会保险业务的商业保险机构的信用档案，加强与公安、民政、卫生计生、税务、工商、食品药品监管等部门以及人民银行分支机构、银行业监管机构、保险监管机构的协调合作，将欠缴社会保险费，以欺诈、伪造证明材料等手段办理社会保险业务，骗取社会保险待遇和社会保险基金支出等失信行为记入信用档案。失信行为情节严重的，社会保险行政部门应当将失信记录依法向社会公布。

第五十四条　地级以上市人民政府应当根据国家和省的统一规划，加强社会保险信息化建设。县级以上人民政府及其负责社会保险基金监督的行政部门、社会保险经办机构应当充分运用社会保险基金信息管理系统，提高运用信息化技术开展监督、核查的能力。

省人民政府应当组织社会保险行政、财政、公安、民政、卫生计生、税务、工商、食品药品监管等部门，社会保险经办机构以及银行、邮政、医疗机构、药品经营单位等社会保险服务机构，建立全省统一的社会保险信息共享平台，实现信息共享与互通，有关部门、机构应当将本单位管理或者产生的社会保险相关信息数据实时接入社会保险信息共享平台。开展社会保险基金监督，可以通过社会保险信息共享平台获取社会保险基金相关信息数据。

第五十五条　社会保险行政部门应当建立健全社会保险基金安全评估制度，定期对社会保险基金运行状况和风险管控状况开展安全评估。

安全评估的主要内容包括：

（一）社会保险基金支撑能力；

（二）社会保险基金资产管理质量；

（三）社会保险经办机构内部控制情况；

（四）存在的违反社会保险基金相关法律、法规以及国家和省的规定的情况及其对社会保险基金安全的影响；

（五）其他与社会保险基金安全相关的指标。

第五十六条 统筹地区人民政府应当建立健全社会保险基金预警应对机制。社会保险基金运行及风险管控等存在重大风险的，社会保险行政部门应当及时向本级人民政府和上一级行政主管部门报告，并提出相应的建议。本级人民政府和上一级行政主管部门应当及时采取措施化解风险。

第五十七条 社会保险行政部门发现本行政区域内发生隐匿、转移、侵占或者挪用社会保险基金等重大违反社会保险基金相关法律、法规问题时，应当按照规定及时向本级人民政府和上一级行政主管部门书面报告。

对涉及社会保险基金安全重大问题和紧急事项的举报，受理举报的部门应当及时向本级人民政府和上一级行政主管部门书面报告，并按照法定职责采取必要措施。

第五十八条 省人民政府及其有关部门、统筹地区人民政府应当定期对其出台的社会保险基金政策执行情况和实施效果进行评估，根据评估结果对相关政策作出修改、废止等处理。对与法律、法规相抵触，以及损害公民、法人或者其他组织合法权益的政策，应当停止执行。

第七章　法律责任

第五十九条 用人单位不办理社会保险登记，由社会保险费征收机构或者其行政主管部门责令改正；逾期不改正的，对用人单位处应缴社会保险费数额一倍以上三倍以下的罚款，对其直接负责的主管人员和其他直接责任人员处五百元以上三千元以下的罚款。

用人单位未按时足额缴纳社会保险费的，由社会保险费征收机构责令限期缴纳或者补足，并自欠缴之日起，按日加收万分之五的滞纳金；逾期仍不缴纳的，由社会保险费征收机构或者其行政主管部门处欠缴数额一倍以上三倍以下的罚款。

第六十条 社会保险经办机构以及医疗机构、药品经营单位等社会保险服务机构和承办社会保险业务的商业保险机构以欺诈、伪造证明材料或者其他手段骗取社会保险基金支出的，由社会保险行政部门责令退回骗取的社会保险金，处骗取金额二倍以上五倍以下的罚款。

社会保险服务机构有前款或者本条例第十九条第二款规定违法行为的，按照服务协议追究责任，根据情节严重程度，暂停履行或者解除服务协议；直接负责的主管人员和其他直接责任人员有执业资格的，依法吊销其执业资格。

承办社会保险业务的商业保险机构有本条第一款规定违法行为的，由社会保险经办机构解除合同，三年内不得承办社会保险业务。

第六十一条 以欺诈、伪造证明材料、冒用他人证件、虚构劳动关系等手段办理社会保险业务的，社会保险行政部门、社会保险费征收机构、社会保险经办机构不予办理，将有关情况记入其信用档案；情节严重的，处涉案金额一倍以上三倍以下的罚款。

以欺诈、伪造证明材料、虚构劳动关系或者其他手段骗取社会保险待遇的，由社会保险行政部门责令退还已骗取的社会保险待遇，并处骗取金额二倍以上五倍以下的罚款。

第六十二条 社会保险费征收机构有下列行为之一的，由本级人民政府或者有关行政部门依法责令改正；对直接负责的主管人员和其他直接责任人员依法给予处分：

（一）违反规定核准参保人资格的；

（二）不按规定将社会保险基金存入社会保障基金财政专户，或者违反规定开设社会保险基金收入户的；

（三）违反规定迟征、少征、多征、免征社会保险费和滞纳金的；

（四）违反规定擅自更改社会保险费基、费率，或者核销欠缴的社会保险费的；

（五）不按规定对未按时足额缴纳社会保险费的用人单位进行追缴的；

（六）违反规定设置或者擅自更改社会保险信息系统业务参数的；

（七）违反社会保险法律、法规的其他行为。

社会保险费征收机构有前款第三项、第四项行为的，由上一级社会保险费征收机构或者其行政主管部门责令追缴应当缴纳的社会保险费或者退还不应当缴纳的社会保险费。

第六十三条 财政部门有下列行为之一的，由本级人民政府或者有关行政部门依法责令改正；对直接负责的主管人员和其他直接责任人员依法给予处分；有违法所得的，没收违法所得：

（一）不按规定对社会保险险种分别建账、分账核算的；

（二）不按规定将社会保险基金存入社会保障基金财政专户，或者不落实社会保险基金优惠利率相关规定的；

（三）违反规定开设社会保险基金收入户、支出户和社会保障基金财政专户等银行账户的；

（四）不按规定审核社会保险经办机构的用款申请、按时拨付社会保险基金待遇用款、将补助资金足额划转社会保障基金财政专户的；

（五）从社会保险基金中列支或者代垫代付非社会保险待遇或者支出的；

（六）不按规定安排定期存款和购买国债等方式实现社会保险基金保值增值，或者违反规定投资运营的；

（七）违反社会保险法律、法规的其他行为。

第六十四条 社会保险经办机构有下列行为之一的，由社会保险行政部门责令改正；对直接负责的主管人员和其他直接责任人员依法给予处分；给社会保险基金、单位和个人造成损失的，依法承担赔偿责任：

（一）未将社会保险基金存入社会保障基金财政专户的；

（二）违反规定开设社会保险基金收入户、支出户的；

（三）违反规定审核社会保险待遇和社会保险基金支出的；

（四）不按规定支付社会保险待遇的；

（五）丢失或者篡改缴费记录、享受社会保险待遇记录等社会保险数据、个人权益记录的；

（六）违反规定结算社会保险基金支出，或者出具虚假社会保险基金财务会计报告的；

（七）违反规定设置或者擅自更改社会保险信息系统业务参数的；

（八）不按规定开展社会保险稽核的；

（九）违反社会保险法律、法规的其他行为。

第六十五条 社会保险行政部门、社会保险经办机构错误认定、审核社会保险待遇和社会保险基金支出的，应当依法重新认定和审核；给单位和个人造成损失的，依法承担赔偿责任。

导致少发社会保险待遇或者社会保险基金支出的，由社会保险经办机构补发；导致多发社会保险待遇或者社会保险基金支出的，社会保险经办机构应当负责追回。造成社会保险基金重大损失的，对直接负责的主管人员和其他直接责任人员依法给予处分。

第六十六条 任何单位和个人隐匿、转移、侵占、挪用社会保险基金或者违反规定投资运营的，由社会保险行政部门、财政部门或者审计机关责令追回。

乡镇、街道社会保障公共服务机构及其工作人员隐匿、滞压、转移、侵占、挪用社会保险费的，由乡镇人民政府、街道办事处或者上一级社会保险行政部门、财政部门、审计机关责令追回。

有本条第一款、第二款规定违法行为的，对直接负责的主管人员和其他直接责任人员依法给予处分；有违法所得的，没收违法所得。

第六十七条 负责社会保险基金监督的行政部门及其工作人员有下列行为之一的，对直接负责的主管人员和其他直接责任人员依法给予处分；给单位和个人造成损失的，应当承担赔偿责任：

（一）不履行社会保险基金监督法定职责的；

（二）隐瞒或者伪造证据的；

（三）泄露案件信息影响案件办理，或者泄露举报人信息、被监督单位商业秘密的；

（四）其他违反社会保险基金监督相关法律、法规的行为。

第六十八条 被监督单位和个人有下列行为之一的，由负责社会保险基金监督的行政部门予以制止，责令其限期改正；县级以上人民政府有关部门、机构及其工作人员有下列行为的，对直接负责的主管人员和其他直接责任人员依法给予处分；用人单位、社会保险服务机构、承办社会保险业务的商业保险机构等单位和个人有第一项、第二项、第三项行为之一的，由社会保险行政部门处二千元以上二万元以下的罚款：

（一）拒绝、阻挠监督人员进行监督检查的；

（二）拒绝或者无正当理由拖延提供与监督事项有关的资料，或者转移、隐匿、损毁被封存资料的；

（三）不按要求报送书面材料或者作出说明，隐瞒事实真相，出具伪证或者隐匿、毁灭证据的；

（四）转移、隐匿社会保险基金资产的；

（五）不按要求整改或者在整改过程中弄虚作假的；

（六）报复、陷害监督人员，阻挠、压制或者打击报复举报人、投诉人的；

（七）其他妨碍社会保险基金监督的行为。

第六十九条 国家工作人员在社会保险基金监督工作中滥用职权、玩忽职守、徇私舞弊的，依法给予处分。

第七十条 违反社会保险相关法律，构成犯罪的，依法追究刑事责任。

第八章 附 则

第七十一条 本条例自2016年7月1日起施行

5.1.8 中山市中级人民法院关于审理劳动争议案件若干问题的参考意见（2011年）

8.4【不缴社保的无效认定】劳动者与用人单位协议约定用人单位不缴纳社会保险费

的，因该约定条款违反国家强制性法律规定，应认定与约定无效。双方应各自承担相应的责任。

8.5【商业保险赔偿别除】劳动者的工伤待遇由用人单位承担的，劳动者又依人身保险或商业保险合同获得的赔偿，用人单位不得在工伤待遇中扣除。但用人单位为劳动者办理的雇主责任险理赔的部分除外。

8.6【第三人致害的双重赔偿】因用人单位以外的第三人侵权造成劳动者人身损害构成工伤的，有权同时获得工伤保险赔偿和人身侵权赔偿，用人单位和第三人均应当依法承担各自所负赔偿责任。对用人单位和第三人以劳动者已从其中一方先行获得赔偿为由主张免除或者减轻另一方赔偿责任的，不予支持。用人单位向劳动者支付工伤待遇后向第三人主张追偿权的，不予支持。

8.7【患病、非工伤解约的处理】劳动者患病或者非因工负伤，虽然未经劳动鉴定委员会确认，但用人单位依照《劳动合同法》第四十条第一款第（一）项规定以劳动者不能从事原工作、也不能从事用人单位另行安排的工作而解除劳动合同、劳动者确认用人单位解除劳动合同理由的，用人单位除应按《劳动合同法》支付经济补偿金以外，还应根据《违反和解除劳动合同的经济补偿办法》第6条的规定向劳动者支付医疗补助费。

劳动者不确认用人单位解除劳动合同理由的，用人单位应提交证据证明劳动者不能从事原工作、也不能从事用人单位另行安排的工作，否则应认定用人单位违法解除劳动合司，向劳动者支付违法解除劳动合同赔偿金。

5.1.9 惠州市中级人民法院、惠州市劳动人事争议仲裁委员会《关于审理劳动争议案件若干问题的会议纪要（试行）》(2012年)

第十条【未缴社保费的处理】 劳动者因用人单位未为其建立社会保险关系、未按时足额缴纳社会保险费向用人单位请求为其建立社会保险关系或主张补缴的，不予受理。告知劳动者通过社会保险行政部门、社会保险费征收机构解决。

第十一条【劳动者代缴社保费的返还】 用人单位为劳动者建立社会保险关系后，因用人单位未依法缴纳应由其缴纳的社会保险费用，劳动者代用人单位缴纳后，可要求用人单位返还。

第十四条【商业保险能否替代社会保险问题】 商业保险与社会保险性质不同，为劳动者缴纳社会保险费用是用人单位的法定义务。因此，用人单位虽然为劳动者办理了商业保险手续，但仍应为劳动者办理社会保险手续。

第三十四条【挂靠的责任承担问题】 挂靠在其他单位名下进行生产经营的挂靠人违反法律法规的规定侵害其招用的劳动者合法权益，区分下列四种情形进行处理：（一）挂靠人以自己的名义招用劳动者但不具有用工主体资格的，由挂靠人承担责任，被挂靠人承担补充清偿责任；（二）挂靠人以自己的名义招用劳动者且具有用工主体资格的，被挂靠人不承担责任；（三）挂靠人以被挂靠人名义招用劳动者的，被挂靠人未提供证据证明其已提出反对并将挂靠事实告知劳动者，挂靠人不具有用工主体资格的，由被挂靠人承担责任；（四）挂靠人以被挂靠人名义招用劳动者的，被挂靠人未提供证据证明其已提出反对并将挂靠事实告知劳动者，挂靠人具有用工主体资格的，由挂靠人承担责任，被挂靠人承担补充清偿责任。承担责任后，被挂靠人享有追偿权。

★地方性文件·上海市

5.1.10 上海市社会保险费征缴实施办法（上海市人民政府令第52号　2010年12月起施行）

第一条　【目的和依据】为了规范和加强社会保险费征缴工作，确保社会保险金的发放，根据《社会保险费征缴暂行条例》、《上海市城镇职工社会保险费征缴若干规定》以及国家有关规定，结合本市实际，制定本办法。

第二条　【适用范围】本市行政区域内基本养老保险费、基本医疗保险费、失业保险费、生育保险费等社会保险费（以下统称社会保险费）的征收、缴纳，适用本办法。

第三条　【有关解释】本办法所称缴费单位、缴费个人，是指依照有关法律、法规，以及国务院和市人民政府的规定，应当缴纳社会保险费的单位和个人。

第四条　【管理部门】市人力资源社会保障局负责本市社会保险费征缴的管理和监督工作。

市人力资源社会保障局所属的劳动监察机构，具体负责社会保险费缴纳情况的监督检查。

社会保险经办机构具体负责社会保险费的征缴工作，并受市人力资源社会保障局的委托，进行与社会保险费征缴有关的调查、稽核。

第五条　【工作原则】社会保险费实行集中、统一征收。

缴费单位、缴费个人应当按时足额缴纳社会保险费。

社会保险费不得减免。

第六条　【单位登记】新成立的缴费单位应当自成立之日起30日内，持营业执照或者登记证书等有关证件，到社会保险经办机构办理社会保险登记。社会保险经办机构审核后，发给社会保险登记证件。

社会保险登记事项包括：单位名称、住所、经营地点、单位类型、法定代表人或者负责人、开户银行账号以及国务院劳动保障行政部门规定的其他事项。

缴费单位的社会保险登记事项发生变更的，应当自变更之日起30日内，到原登记机构办理变更社会保险登记手续。

缴费单位因撤销、解散、破产以及其他情形依法终止的，应当自终止之日起30日内，到原登记机构办理注销社会保险登记手续。

第七条　【申报与核定】缴费单位应当向社会保险经办机构申报应当缴纳的社会保险费数额。

缴费单位的缴费个人人数等有关缴费事项发生变化的，应当在变化的当月向社会保险经办机构申报变更应缴纳的社会保险费数额。

社会保险经办机构应当对缴费单位申报的社会保险费数额予以核定。

第八条　【单位缴费时间】缴费单位应当在每月1日至15日内，按社会保险经办机构指定的日期缴纳社会保险费。

第九条　【个人缴费方式】缴费个人应当缴纳的社会保险费，由所在缴费单位从其本人工资中扣除后代为缴纳。

自由职业者、非正规劳动组织从业人员等个人自行缴费的，可以由本人向社会保险经办机构申请办理社会保险登记，并申报和缴纳社会保险费。

第十条 【申请缓缴的条件】缴费单位有下列情形之一，不能按月足额缴纳社会保险费的，经职工代表大会或工会同意，可以向市人力资源社会保障局申请缓缴社会保险费：

（一）经人民法院依法宣告进入破产程序的；

（二）停产、连续亏损一年以上，或者濒临破产的；

（三）市人民政府批准的其他情形。

第十一条 【缓缴申请】缴费单位申请缓缴的，应当提供相应的财产权证（包括房地产权证、有价证券、股权凭证等，下同）。

对财产有独立处置权的缴费单位，可以申请缓缴；对财产无独立处置权的缴费单位，可以与对其财产有处置权的第三方共同申请缓缴。

第十二条 【缓缴期限】申请缓缴社会保险费的，申请缓缴方应当提出缓缴期限和缴费计划。

缓缴期限最长不超过一年。

第十三条 【财产备案】符合缓缴条件的缴费单位，应当凭市人力资源社会保障局的通知，到依法取得资质的评估机构对其相应的财产进行评估。

评估价格作为确定缓缴数额的参考。

经评估后，缴费单位凭市人力资源社会保障局的通知，到本市住房保障房屋管理、规划国土资源等有关权证管理部门办理财产备案手续。

申请缓缴方用于备案的财产，应当没有其他债权的担保或者未被司法机关查封或者冻结。

第十四条 【缓缴批复】申请缓缴方办妥财产备案手续后，市人力资源社会保障局应当在 10 日内作出批复，并下达《批准缓缴社会保险费决定书》。

缓缴期以市人力资源社会保障局批准的期限为准。

第十五条 【缓缴数额的核定】缓缴社会保险费的数额，按申请缓缴当月单位应缴纳的数额乘以缓缴月份核定。缓缴期内，缓缴社会保险费的数额不得超过核定的数额。

缓缴的社会保险费在缓缴期内，不征收滞纳金。

第十六条 【禁止规定】缓缴方在缴清缓缴的社会保险费之前，不得转移已备案的财产。

第十七条 【优先偿付】已备案的财产因其他原因被处分转移时，应当优先偿付缓缴的社会保险费。

第十八条 【兼并、收购、重组规定】当缓缴方因被兼并、收购或者重组等原因决定解散时，即视为批准缓缴期满，缓缴方应在办理注销登记之前，缴清缓缴的社会保险费。

兼并方、收购方或者重组后新设立的单位符合条件的，可以重新申请缓缴。

第十九条 【注销备案】缓缴社会保险费的缴费单位应按批准的缴费计划还款。缓缴方缴清缓缴的社会保险费后，市人力资源社会保障局应当在 10 日内书面通知其办理注销财产备案手续。

缓缴方凭市人力资源社会保障局的通知，到原备案部门办理注销备案。

第二十条 【备案财产的强制执行】缓缴期满，缴费单位仍未按缴费计划足额缴纳社会保险费的，或者缓缴方在缓缴期间转移已备案的财产的，市人力资源社会保障局有权依法申请人民法院强制执行。

第二十一条 【备案财产的处理】申请人民法院强制执行期满，缓缴方仍未足额缴纳缓缴的社会保险费的，人民法院可以依法变现缓缴方备案的财产，所得的相应价款归入社会保险基金；经缓缴方与市人力资源社会保障局协商一致后，人民法院可以将备案财产交由市社会保险经办机构管理；暂时不能变现或者协商不成的备案财产，市人力资源社会保障局同意接受的，人民法院可以裁定给市社会保险经办机构管理，并适时变现。

第二十二条 【破产清偿】缴费单位在破产期间缓缴的社会保险费，在破产清算中偿还。

第二十三条 【查询】缴费单位、缴费个人有权查询本单位缴纳社会保障费的记录或者个人账户。

第二十四条 【职工监督】缴费单位应当每年向职工公布本单位全年缴纳社会保险费的情况，并接受职工监督。

第二十五条 【稽核】社会保险经办机构应当稽核缴费单位的职工人数、缴费基数和财务状况，确认缴费单位是否依法足额缴纳社会保险费。被稽核单位应当提供与缴纳社会保险费有关的用人情况、工资表、财务报表等资料，如实反映情况。

第二十六条 【告知】缴费单位不按规定办理社会保险登记，或者不按时足额缴纳社会保险费的，社会保险经办机构有权将缴费单位的违规行为以及由此侵害缴费个人合法权益的情况，告知缴费单位的工会组织或者缴费个人。市人力资源社会保障局有权将缴费单位的违规行为及由此侵害缴费个人合法权益的情况，告知缴费单位上级工会和市总工会；还可以根据情节轻重，向社会进行公开告示。

第二十七条 【滞纳金】缴费单位不按规定办理社会保险登记，或者不按时足额缴纳社会保险费的，由人力资源社会保障行政部门责令限期缴纳；逾期仍不缴纳的，从欠缴之日起，按日加收千分之二滞纳金。滞纳金并入社会保险基金。

第二十八条 【对欠缴单位的处理】缴费单位未按时足额缴纳社会保险费的，由社会保险经办机构进行催缴；当月内仍不缴纳的，从次月起移送劳动监察机构依法处理。

第二十九条 【举报】任何组织和个人发现社会保险费征缴中的违规行为，有权向劳动监察机构、社会保险经办机构举报。劳动监察机构或者社会保险经办机构对举报应当及时调查，并按规定处理。

劳动监察机构、社会保险经办机构应当为举报人保密。

★地方性文件·北京市

5.1.11 北京市高级人民法院、北京市劳动争议仲裁委员会关于劳动争议案件法律适用问题研讨会会议纪要（2009年）

35. 因用人单位未为农民工缴纳养老保险费，农民工在与用人单位解除或终止劳动合同后，要求用人单位赔偿损失的，应当自劳动合同解除或终止之日起一年内提出，赔偿数额的确定可参照《农民合同制职工参加北京市养老、失业保险暂行办法》（京劳险发［1999］99号）和《北京市农民工养老保险暂行办法》（京劳社养发［2001］125号）的规定。

5.1.12 北京市高级人民法院关于印发《劳动争议案件审理中涉及的社会保险问题研讨会会议纪要》的通知（2009年）

一、关于用人单位未按规定为农民工缴纳养老保险费的问题

1. 用人单位未按规定为农民工缴纳养老保险费，农民工主张予以补缴的，一般不予

受理。

用人单位未按规定为农民工缴纳养老保险费，农民工在与用人单位终止或解除劳动合同后要求用人单位赔偿损失的，应予受理。

2. 因用人单位未按规定为农民工缴纳养老保险费，农民工在与用人单位解除或终止劳动合同后，要求用人单位赔偿损失的，应当自劳动合同解除或终止之日起一年内提出。赔偿数额的确定可参照《农民合同制职工参加北京市养老、失业保险暂行办法》（京劳险发［1999］99号）和《北京市农民工养老保险暂行办法》（京劳社养发［2001］125号）的规定。

3. 为便于劳动仲裁部门和法院在案件审理中更及时准确地计算相应赔偿数额，市人力资源和社会保障局职工养老保险处、社会保险基金管理中心联合开发了计算农民工养老保险损失赔偿金的计算机程序软件，供仲裁员和法官在办案时参考使用。

二、关于用人单位未按规定为劳动者缴纳医疗保险费，导致劳动者不能享受医疗保险待遇，劳动者要求用人单位赔偿相关医疗保险待遇损失的问题

1. 因用人单位未按规定为劳动者缴纳医疗保险费，劳动者要求用人单位赔偿相关医疗保险待遇损失，劳动仲裁部门受理后，应要求劳动者提交相关医疗单据，并委托所在区县的医疗保险经办机构办助核算应由用人单位承担的医疗费数额。劳动仲裁部门和法院在处理相应案件时，均可参照。

2. 未经过仲裁前置程序直接起诉到法院的医保待遇损失争议案件，法院在受理后，应要求劳动者提交相关医疗单据，并可直接或通过所在区县劳动仲裁部门委托相应医疗保险经办机构协助核算应由用人单位承担的医疗费数额。

5.1.13 北京市高级人民法院、北京市劳动争议仲裁委员会关于劳动争议案件法律适用问题研讨会会议纪要（二）（京高法发［2014］220号）

46. 用人单位与劳动者约定，工资中包括用人单位负担的养老、医疗、失业等社会保险费，而不向社会保险经办机构缴纳社会保险费的，其效力如何认定？

用人单位负有自行申报按时足额缴纳社会保险费的法定责任，劳动者应当缴纳的社会保险费由用人单位代扣代缴。用人单位与劳动者约定工资中包括社会保险费，而不向社会保险经办机构缴纳社会保险费的行为无效。

劳动者主张未办社会保险损失赔偿的，可以从赔偿额中扣减用人单位已按约定支付给劳动者的社会保险费。

47. 《中华人民共和国社会保险法》于2011年7月1日起施行，在该法实施前，用人单位未为农民工缴纳养老保险的，因社会保险经办机构实际无法办理补缴手续，仲裁委、法院可以判令用人单位以金钱方式赔偿农民工未缴养老保险损失。现《中华人民共和国社会保险法》施行后已允许农民工补缴养老保险，农民工要求用人单位给付2011年7月1日后养老保险赔偿的诉讼请求是否还予以支持？

仲裁委、法院对于2011年6月30日前用人单位未为农民工缴纳养老保险的，可判决赔偿损失，对于2011年7月1日后农民工的养老保险问题原则上由社会保险经办机构和劳动行政部门依法处理，仲裁委、法院不再判决赔偿损失。

48. 用人单位以向劳动者支付金钱代替缴纳社会保险的，用人单位在补缴社会保险后能否要求劳动者返还已付金钱？

如果用人单位补缴社会保险后劳动者在社会保险方面已不存在损失的，用人单位可以

要求劳动者返还为代替缴纳社会保险而支付的金钱。

49. 超过法定退休年龄的农民工在工作期间发生工伤的，如何处理？

超过法定退休年龄的农民工在工作期间发生工伤要求认定劳动关系的，应当驳回其请求，可在裁判文书中确认属于劳务关系。超过法定退休年龄的农民工因无法享受工伤保险待遇，而主张工伤保险待遇赔偿的，应予支持。超过法定退休年龄的农民工受到第三人侵权，第三人侵权赔偿并不影响其向用人单位主张给予工伤保险待遇赔偿。

50. 用人单位未给劳动者缴纳社会保险费，劳动者通过其他渠道自行缴纳保险费后，要求用人单位据此支付费用是否支持？

劳动者通过其他渠道缴纳保险费包括劳动者自行缴纳和在其他用人单位缴纳两种形式，这两种形式均与劳动关系的真实状态不符，违反社会保险法的规定，对社会保险的登记、核定、缴纳、支付等正常秩序造成影响，因此仲裁委、法院不予支持。

5.1.14 北京市高级人民法院关于印发《2014年部分劳动争议法律适用疑难问题研讨会会议纪要》的通知

《会议纪要二》第50条：“用人单位未给劳动者缴纳社会保险费，劳动者通过其他渠道自行缴纳保险费后，要求用人单位据此支付费用是否支持？劳动者通过其他渠道缴纳保险费包括劳动者自行缴纳和在其他用人单位缴纳两种形式，这两种形式均与劳动关系的真实状态不符，违反社会保险法的规定，对社会保险的登记、核定、缴纳、支付等正常秩序造成影响，因此仲裁委、法院不予支持。”

问题：该条中的“不予支持”是指判决驳回该项诉讼请求还是裁定驳回该项起诉？

研讨意见：不属于法院的劳动争议受理范围，不予受理，已经受理的，裁定驳回起诉。如果与其他诉讼请求一并提出，且其他诉讼请求属于受理范围，则可以判决吸收裁定的方式作出判决。

5.1.15 北京市高级人民法院与北京市劳动人事争议仲裁委员会关于审理劳动争议案件法律适用问题的解答（2017年4月）

23. 劳动者先后曾在几家用人单位工作，其中的一家用人单位没有为其缴纳过养老保险，但是劳动者在其他单位的累计缴费年限已经符合办理退休的条件。劳动者达到法定退休年龄时被告知无法补缴养老保险，劳动者起诉要求赔偿养老金差额能否支持？

由于劳动者符合办理退休的条件，只是因其中的一家或几家用人单位未为其缴纳养老保险影响了其养老金水平，不属于无法享受养老保险待遇的情形，不符合《民事诉讼法》第一百一十九条第四项的规定，应裁定驳回劳动者的起诉。

5.2 养老保险相关

★ 法律

5.2.1 中华人民共和国社会保险法（主席令第35号 2011年7月起施行）

第二章 基本养老保险

第十条 职工应当参加基本养老保险，由用人单位和职工共同缴纳基本养老保险费。

无雇工的个体工商户、未在用人单位参加基本养老保险的非全日制从业人员以及其他灵活就业人员可以参加基本养老保险，由个人缴纳基本养老保险费。

公务员和参照公务员法管理的工作人员养老保险的办法由国务院规定。

第十一条 基本养老保险实行社会统筹与个人账户相结合。

基本养老保险基金由用人单位和个人缴费以及政府补贴等组成。

第十二条 用人单位应当按照国家规定的本单位职工工资总额的比例缴纳基本养老保险费，记入基本养老保险统筹基金。

职工应当按照国家规定的本人工资的比例缴纳基本养老保险费，记入个人账户。

无雇工的个体工商户、未在用人单位参加基本养老保险的非全日制从业人员以及其他灵活就业人员参加基本养老保险的，应当按照国家规定缴纳基本养老保险费，分别记入基本养老保险统筹基金和个人账户。

第十三条 国有企业、事业单位职工参加基本养老保险前，视同缴费年限期间应当缴纳的基本养老保险费由政府承担。

基本养老保险基金出现支付不足时，政府给予补贴。

第十四条 个人账户不得提前支取，记账利率不得低于银行定期存款利率，免征利息税。个人死亡的，个人账户余额可以继承。

第十五条 基本养老金由统筹养老金和个人账户养老金组成。

基本养老金根据个人累计缴费年限、缴费工资、当地职工平均工资、个人账户金额、城镇人口平均预期寿命等因素确定。

第十六条 参加基本养老保险的个人，达到法定退休年龄时累计缴费满十五年的，按月领取基本养老金。

参加基本养老保险的个人，达到法定退休年龄时累计缴费不足十五年的，可以缴费至满十五年，按月领取基本养老金；也可以转入新型农村社会养老保险或者城镇居民社会养老保险，按照国务院规定享受相应的养老保险待遇。

第十七条 参加基本养老保险的个人，因病或者非因工死亡的，其遗属可以领取丧葬补助金和抚恤金；在未达到法定退休年龄时因病或者非因工致残完全丧失劳动能力的，可以领取病残津贴。所需资金从基本养老保险基金中支付。

第十八条 国家建立基本养老金正常调整机制。根据职工平均工资增长、物价上涨情况，适时提高基本养老保险待遇水平。

第十九条 个人跨统筹地区就业的，其基本养老保险关系随本人转移，缴费年限累计计算。个人达到法定退休年龄时，基本养老金分段计算、统一支付。具体办法由国务院规定。

第二十条 国家建立和完善新型农村社会养老保险制度。

新型农村社会养老保险实行个人缴费、集体补助和政府补贴相结合。

第二十一条 新型农村社会养老保险待遇由基础养老金和个人账户养老金组成。

参加新型农村社会养老保险的农村居民，符合国家规定条件的，按月领取新型农村社会养老保险待遇。

第二十二条 国家建立和完善城镇居民社会养老保险制度。

省、自治区、直辖市人民政府根据实际情况，可以将城镇居民社会养老保险和新型农村社会养老保险合并实施。

★ 行政法规/部门规章/司法解释

5.2.2 国务院办公厅关于转发人力资源社会保障部、财政部城镇企业职工基本养老保险关系转移接续暂行办法的通知（国办发［2009］66号）

各省、自治区、直辖市人民政府，国务院各部委、各直属机构：

人力资源社会保障部、财政部《城镇企业职工基本养老保险关系转移接续暂行办法》已经国务院同意，现转发给你们，请结合实际，认真贯彻执行。

国务院办公厅

二〇〇九年十二月二十八日

第一条 为切实保障参加城镇企业职工基本养老保险人员（以下简称参保人员）的合法权益，促进人力资源合理配置和有序流动，保证参保人员跨省、自治区、直辖市（以下简称跨省）流动并在城镇就业时基本养老保险关系的顺畅转移接续，制定本办法。

第二条 本办法适用于参加城镇企业职工基本养老保险的所有人员，包括农民工。已经按国家规定领取基本养老保险待遇的人员，不再转移基本养老保险关系。

第三条 参保人员跨省流动就业的，由原参保所在地社会保险经办机构（以下简称社保经办机构）开具参保缴费凭证，其基本养老保险关系应随同转移到新参保地。参保人员达到基本养老保险待遇领取条件的，其在各地的参保缴费年限合并计算，个人账户储存额（含本息，下同）累计计算；未达到待遇领取年龄前，不得终止基本养老保险关系并办理退保手续；其中出国定居和到香港、澳门、台湾地区定居的，按国家有关规定执行。

第四条 参保人员跨省流动就业转移基本养老保险关系时，按下列方法计算转移资金：

（一）个人账户储存额：1998年1月1日之前按个人缴费累计本息计算转移，1998年1月1日后按计入个人账户的全部储存额计算转移。

（二）统筹基金（单位缴费）：以本人1998年1月1日后各年度实际缴费工资为基数，按12%的总和转移，参保缴费不足1年的，按实际缴费月数计算转移。

第五条 参保人员跨省流动就业，其基本养老保险关系转移接续按下列规定办理：

（一）参保人员返回户籍所在地（指省、自治区、直辖市，下同）就业参保的，户籍所在地的相关社保经办机构应为其及时办理转移接续手续。

（二）参保人员未返回户籍所在地就业参保的，由新参保地的社保经办机构为其及时办理转移接续手续。但对男性年满50周岁和女性年满40周岁的，应在原参保地继续保留基本养老保险关系，同时在新参保地建立临时基本养老保险缴费账户，记录单位和个人全部缴费。参保人员再次跨省流动就业或在新参保地达到待遇领取条件时，将临时基本养老保险缴费账户中的全部缴费本息，转移归集到原参保地或待遇领取地。

（三）参保人员经县级以上党委组织部门、人力资源社会保障行政部门批准调动，且与调入单位建立劳动关系并缴纳基本养老保险费的，不受以上年龄规定限制，应在调入地及时办理基本养老保险关系转移接续手续。

第六条　跨省流动就业的参保人员达到待遇领取条件时，按下列规定确定其待遇领取地：

（一）基本养老保险关系在户籍所在地的，由户籍所在地负责办理待遇领取手续，享受基本养老保险待遇。

（二）基本养老保险关系不在户籍所在地，而在其基本养老保险关系所在地累计缴费年限满10年的，在该地办理待遇领取手续，享受当地基本养老保险待遇。

（三）基本养老保险关系不在户籍所在地，且在其基本养老保险关系所在地累计缴费年限不满10年的，将其基本养老保险关系转回上一个缴费年限满10年的原参保地办理待遇领取手续，享受基本养老保险待遇。

（四）基本养老保险关系不在户籍所在地，且在每个参保地的累计缴费年限均不满10年的，将其基本养老保险关系及相应资金归集到户籍所在地，由户籍所在地按规定办理待遇领取手续，享受基本养老保险待遇。

第七条　参保人员转移接续基本养老保险关系后，符合待遇领取条件的，按照《国务院关于完善企业职工基本养老保险制度的决定》（国发［2005］38号）的规定，以本人各年度缴费工资、缴费年限和待遇领取地对应的各年度在岗职工平均工资计算其基本养老金。

第八条　参保人员跨省流动就业的，按下列程序办理基本养老保险关系转移接续手续：

（一）参保人员在新就业地按规定建立基本养老保险关系和缴费后，由用人单位或参保人员向新参保地社保经办机构提出基本养老保险关系转移接续的书面申请。

（二）新参保地社保经办机构在15个工作日内，审核转移接续申请，对符合本办法规定条件的，向参保人员原基本养老保险关系所在地的社保经办机构发出同意接收函，并提供相关信息；对不符合转移接续条件的，向申请单位或参保人员作出书面说明。

（三）原基本养老保险关系所在地社保经办机构在接到同意接收函的15个工作日内，办理好转移接续的各项手续。

（四）新参保地社保经办机构在收到参保人员原基本养老保险关系所在地社保经办机构转移的基本养老保险关系和资金后，应在15个工作日内办结有关手续，并将确认情况及时通知用人单位或参保人员。

第九条　农民工中断就业或返乡没有继续缴费的，由原参保地社保经办机构保留其基本养老保险关系，保存其全部参保缴费记录及个人账户，个人账户储存额继续按规定计息。农民工返回城镇就业并继续参保缴费的，无论其回到原参保地就业还是到其他城镇就业，均按前述规定累计计算其缴费年限，合并计算其个人账户储存额，符合待遇领取条件的，与城镇职工同样享受基本养老保险待遇；农民工不再返回城镇就业的，其在城镇参保缴费记录及个人账户全部有效，并根据农民工的实际情况，或在其达到规定领取条件时享受城镇职工基本养老保险待遇，或转入新型农村社会养老保险。

农民工在城镇参加企业职工基本养老保险与在农村参加新型农村社会养老保险的衔接政策，另行研究制定。

第十条　建立全国县级以上社保经办机构联系方式信息库，并向社会公布，方便参保人员查询参保缴费情况，办理基本养老保险关系转移接续手续。加快建立全国统一的基本养老保险参保缴费信息查询服务系统，发行全国通用的社会保障卡，为参保人员查询参保缴费信息提供便捷有效的技术服务。

第十一条 各地已制定的跨省基本养老保险关系转移接续相关政策与本办法规定不符的，以本办法规定为准。在省、自治区、直辖市内的基本养老保险关系转移接续办法，由各省级人民政府参照本办法制定，并报人力资源社会保障部备案。

第十二条 本办法所称缴费年限，除另有特殊规定外，均包括视同缴费年限。

第十三条 本办法从2010年1月1日起施行。

5.2.3 全国总工会劳动保险部关于劳动保险问题解答（1964年）

四、有关退休养老待遇的问题

46. 从事井下、高空、高温和有损身体健康的工种，在退休时其工龄如何折算？

凡从事井下、高空、高温和有损身体健康工种的职工，必须符合退休细则第六条规定，即从事高空工作累计满15年、井下高温工作累计满10年、从事有损身体健康工作累计满8年的，才能按退休规定第二条（二）项办理。上述工作累计年限，必须是实际的工作年限，不是折算的工龄年限。实际工作年限符合退休细则第六条规定的职工，才能按退休规定第二条（二）项办理。在计算待遇时，其从事井下、高空、高温和有损身体健康工种的工作期间，可以按照《劳动保险条例》第十五条丙、丁两项规定折算连续工龄及一般工龄。

47. 职工年老体弱，调换轻工作，工资降低了，如退休后生活发生困难时，是否可按企业平均工资计发退休费？

如退休时本人工资低于本企业的平均工资时，可按本企业平均工资计发退休费。但不应超过本人退休时的工资。

48. 享受疾病救济费待遇的人，具备退休条件者，可否按退休处理？

凡具备国务院颁布的《工人职员退休处理暂行规定》规定的退休条件者，均可以按退休处理。

49. 因工残废部分丧失劳动能力尚能工作的职工，在领取因工残废补助费期间，合于退休条件退休时，能不能领取因工残废补助费和退休费双重待遇？

不能，只能领取退休费。但在计算他们退休费时，应将他们本人工资和原领取的因工残废补助费合并计算。

50. 退休职工因家庭负担过重，生活发生困难，由哪个部门给予补助？

原则上应按退休规定实施细则第二十二条和精简安置办法的若干规定第十二条的规定执行，即由民政部门负责解决。如有的退休职工经过民政部门的救济，生活仍有困难，找到支付退休费的工会组织时，可以从劳动保险基金中（不实行保险单位由职工困难补助费中）给予适当补助

51. 退休的职工是否还发冬季煤火补贴？

不发，因他们已不是企业的在册人员。

52. 退休职工是否还享受房租津贴？

不应再享受房租津贴。

5.2.4 实施《中华人民共和国社会保险法》若干规定（人力资源和社会保障部令第13号2011年7月起施行）

《实施〈中华人民共和国社会保险法〉若干规定》已经人力资源和社会保障部第67次部务会审议通过，现予公布，自2011年7月1日起施行。

部长尹蔚民

二〇一一年六月二十九日

为了实施《中华人民共和国社会保险法》（以下简称社会保险法），制定本规定。

第一章　关于基本养老保险

第一条　社会保险法第十五条规定的统筹养老金，按照国务院规定的基础养老金计发办法计发。

第二条　参加职工基本养老保险的个人达到法定退休年龄时，累计缴费不足十五年的，可以延长缴费至满十五年。社会保险法实施前参保、延长缴费五年后仍不足十五年的，可以一次性缴费至满十五年。

第三条　参加职工基本养老保险的个人达到法定退休年龄后，累计缴费不足十五年（含依照第二条规定延长缴费）的，可以申请转入户籍所在地新型农村社会养老保险或者城镇居民社会养老保险，享受相应的养老保险待遇。

参加职工基本养老保险的个人达到法定退休年龄后，累计缴费不足十五年（含依照第二条规定延长缴费），且未转入新型农村社会养老保险或者城镇居民社会养老保险的，个人可以书面申请终止职工基本养老保险关系。社会保险经办机构收到申请后，应当书面告知其转入新型农村社会养老保险或者城镇居民社会养老保险的权利以及终止职工基本养老保险关系的后果，经本人书面确认后，终止其职工基本养老保险关系，并将个人账户储存额一次性支付给本人。

第四条　参加职工基本养老保险的个人跨省流动就业，达到法定退休年龄时累计缴费不足十五年的，按照《国务院办公厅关于转发人力资源社会保障部财政部城镇企业职工基本养老保险关系转移接续暂行办法的通知》（国办发［2009］66号）有关待遇领取地的规定确定继续缴费地后，按照本规定第二条办理。

第五条　参加职工基本养老保险的个人跨省流动就业，符合按月领取基本养老金条件时，基本养老金分段计算、统一支付的具体办法，按照《国务院办公厅关于转发人力资源社会保障部财政部城镇企业职工基本养老保险关系转移接续暂行办法的通知》（国办发［2009］66号）执行。

第六条　职工基本养老保险个人账户不得提前支取。个人在达到法定的领取基本养老金条件前离境定居的，其个人账户予以保留，达到法定领取条件时，按照国家规定享受相应的养老保险待遇。其中，丧失中华人民共和国国籍的，可以在其离境时或者离境后书面申请终止职工基本养老保险关系。社会保险经办机构收到申请后，应当书面告知其保留个人账户的权利以及终止职工基本养老保险关系的后果，经本人书面确认后，终止其职工基本养老保险关系，并将个人账户储存额一次性支付给本人。

参加职工基本养老保险的个人死亡后，其个人账户中的余额可以全部依法继承。

5.2.5 最高人民法关于审理劳动争议案件适用法律若干问题的解释（三）（法释［2010］12号）

第七条 用人单位与其招用的已经依法享受养老保险待遇或领取退休金的人员发生用工争议，向人民法院提起诉讼的，人民法院应当按劳务关系处理。

5.2.6 最高人民法院关于适用《中华人民共和国婚姻法》若干问题的解释（三）（法释［2011］18号）

第十三条 离婚时夫妻一方尚未退休、不符合领取养老保险金条件，另一方请求按照夫妻共同财产分割养老保险金的，人民法院不予支持；婚后以夫妻共同财产缴付养老保险费，离婚时一方主张将养老金账户中婚姻关系存续期间个人实际缴付部分作为夫妻共同财产分割的，人民法院应予支持。

5.2.7 人力资源社会保障部关于城镇企业职工基本养老保险关系转移接续若干问题的通知（人社部规［2016］5号）

各省、自治区、直辖市及新疆生产建设兵团人力资源社会保障厅（局）：

国务院办公厅转发的人力资源社会保障部、财政部《城镇企业职工基本养老保险关系转移接续暂行办法》（国办发［2009］66号，以下简称《暂行办法》）实施以来，跨省流动就业人员的养老保险关系转移接续工作总体运行平稳，较好地保障了参保人员的养老保险权益。但在实施过程中，也出现了一些新情况和新问题，导致部分参保人员养老保险关系转移接续存在困难。为进一步做好城镇企业职工养老保险关系转移接续工作，现就有关问题通知如下：

一、关于视同缴费年限计算地问题。参保人员待遇领取地按照《暂行办法》第六条和第十二条执行，即，基本养老保险关系在户籍所在地的，由户籍所在地负责办理待遇领取手续；基本养老保险关系不在户籍所在地，而在其基本养老保险关系所在地累计缴费年限满10年的，在该地办理待遇领取手续；基本养老保险关系不在户籍所在地，且在其基本养老保险关系所在地累计缴费年限不满10年的，将其基本养老保险关系转回上一个缴费年限满10年的原参保地办理待遇领取手续；基本养老保险关系不在户籍所在地，且在每个参保地的累计缴费年限均不满10年的，将其基本养老保险关系及相应资金归集到户籍所在地，由户籍所在地按规定办理待遇领取手续。缴费年限，除另有特殊规定外，均包括视同缴费年限。

一地（以省、自治区、直辖市为单位）的累计缴费年限包括在本地的实际缴费年限和计算在本地的视同缴费年限。其中，曾经在机关事业单位和企业工作的视同缴费年限，计算为当时工作地的视同缴费年限；在多地有视同缴费年限的，分别计算为各地的视同缴费年限。

二、关于缴费信息历史遗留问题的处理。由于各地政策或建立个人账户时间不一致等客观原因，参保人员在跨省转移接续养老保险关系时，转出地无法按月提供1998年1月1日之前缴费信息或者提供的1998年1月1日之前缴费信息无法在转入地计发待遇的，转入地应根据转出地提供的缴费时间记录，结合档案记载将相应年度计为视同缴费年限。

三、关于临时基本养老保险缴费账户的管理。参保人员在建立临时基本养老保险缴费账户地按照社会保险法规定，缴纳建立临时基本养老保险缴费账户前应缴未缴的养老保险费的，其临时基本养老保险缴费账户性质不予改变，转移接续养老保险关系时按照临时基本养老保险缴费账户的规定全额转移。

参保人员在建立临时基本养老保险缴费账户期间再次跨省流动就业的，封存原临时基本养老保险缴费账户，待达到待遇领取条件时，由待遇领取地社会保险经办机构统一归集原临时养老保险关系。

四、关于一次性缴纳养老保险费的转移。跨省流动就业人员转移接续养老保险关系时，对于符合国家规定一次性缴纳养老保险费超过 3 年（含）的，转出地应向转入地提供人民法院、审计部门、实施劳动保障监察的行政部门或劳动争议仲裁委员会出具的具有法律效力证明一次性缴费期间存在劳动关系的相应文书。

五、关于重复领取基本养老金的处理。《暂行办法》实施之后重复领取基本养老金的参保人员，由本人与社会保险经办机构协商确定保留其中一个养老保险关系并继续领取待遇，其他的养老保险关系应予以清理，个人账户剩余部分一次性退还本人。

六、关于退役军人养老保险关系转移接续。军人退役基本养老保险关系转移至安置地后，安置地应为其办理登记手续并接续养老保险关系，退役养老保险补助年限计算为安置地的实际参保缴费年限。

退役军人跨省流动就业的，其在 1998 年 1 月 1 日至 2005 年 12 月 31 日间的退役养老保险补助，转出地应按 11%计算转移资金，并相应调整个人账户记录，所需资金从统筹基金中列支。

七、关于城镇企业成建制跨省转移养老保险关系的处理。城镇企业成建制跨省转移，按照《暂行办法》的规定转移接续养老保险关系。在省级政府主导下的规模以上企业成建制转移，可根据两省协商，妥善转移接续养老保险关系。

八、关于户籍所在地社会保险经办机构归集责任。跨省流动就业人员未在户籍地参保，但按国家规定达到待遇领取条件时待遇领取地为户籍地的，户籍地社会保险经办机构应为参保人员办理登记手续并办理养老保险关系转移接续手续，将各地的养老保险关系归集至户籍地，并核发相应的养老保险待遇。

九、本通知从印发之日起执行。人力资源社会保障部《关于贯彻落实国务院办公厅转发城镇企业职工基本养老保险关系转移接续暂行办法的通知》（人社部发［2009］187 号）、《关于印发城镇企业职工基本养老保险关系转移接续若干具体问题意见的通知》（人社部发［2010］70 号）、《人力资源社会保障部办公厅关于职工基本养老保险关系转移接续有关问题的函》（人社厅函［2013］250 号）与本通知不一致的，以本通知为准。参保人员已经按照原有规定办理退休手续的，不再予以调整。

人力资源社会保障部

2016 年 11 月 28 日

★ 地方性文件·广东省

5.2.8 广东省社会养老保险实施细则（广东省人民政府令第 57 号 2000 年起施行）

《广东省社会养老保险实施细则》已经 2000 年 2 月 17 日广东省人民政府第九届 39 次常务会议通过，现予发布，自发布之日起施行。

省长 卢瑞华

二〇〇〇年三月三一日

第一条 根据《广东省社会养老保险条例》(以下简称条例),制定本实施细则。

第二条 条例所列均应依法参加单位所在地的社会养老保险。单位所在地原则上为工商营业执照上登记的住所所在地。有异地分支机构的,分支机构应作为独立的缴费单位参加所在地的社会养老保险。原实行行业统筹的中央部属企业由省社会保险经办机构直接管理。

条例第二条第(一)、(二)项所列被保险人,包括固定职工、合同制职工、临时工、农民轮换工、城镇个体经济组织的业主和从业人员、劳务输出人员、港澳台商投资企业中内地户籍员工及外商投资企业中的中国籍员工,均应在单位所在地参加社会养老保险。

实行企业化管理和经费自收自支或差额结算的事业单位及其所属全部职工,国家机关中的合同制职工、临时工,按本实施细则参加企业的养老保险统筹。

国家机关公务员、财政全额拨款的事业单位、社会团体工作人员的养老保险基金计征和发放办法另行规定。

第三条 社会保险经办机构可根据需要在镇(乡)、街道、行业、大型企业设立办事处或代办点。

第四条 单位要向所在地社会保险经办机构办理社会保险登记,领取《社会保险登记证》。登记事项包括:单位名称、住所或地址、单位类型、组织机构统一代码、主管部门、隶属关系、法定代表人或负责人、开户银行及账号、在职和离退休人员名册、社会保障号等。

新开办的单位,要在批准开办或领取营业执照 30 日内到当地社会保险经办机构办理登记,从单位开办之月起计缴养老保险费。单位登记事项发生变更或终止,要在 15 日内到当地社会保险经办机构办理变更或注销社会保险登记。

第五条 单位应在每年 6 月底前向社会保险经办机构申报缴费工资。职工的缴费工资按本人上年度月平均工资收入如实申报,单位的缴费工资按全部职工缴费工资之和申报。职工月平均工资收入按国家统计部门规定的工资总额项目计算,包括工资、奖金、津贴、补贴等货币工资收入。

每年 7 月至次年 6 月为一个缴费年度,缴费工资经社会保险部门核定后全年不变。

第六条 单位缴纳养老保险费的比例,由各地社会保险经办机构测定,经同级社会保险行政主管部门会同财政部门审核后,报同级人民政府批准后执行,并报省社会保险行政主管部门和财政部门备案。

养老保险基金不得搞赤字预算。养老保险测算期为 3 年。

第七条 单位和被保险人均应逐月按规定的缴费工资和缴费比例缴纳养老保险费。

养老保险费由地方税务机关征收。

第八条 从 1998 年 7 月 1 日起,全省统一按被保险人月缴费工资的 11%建立个人账户(原行业统筹的中央部属企业从 1998 年 1 月 1 日起,按被保险人月缴费工资的 11%建立个人账户)。其中,被保险人缴费全部计入个人账户,其余不足部分从单位缴费中划入;随着个人缴费比例的提高,单位缴费划入比例相应降低。个人缴费的具体比例和调整由省人民政府统一规定。

条例实施前的个人账户,与条例实施后的个人账户合并计算。被保险人中断社会养老保险关系时,其个人账户继续保留并计息,与重新参加后的个人账户合并计算。个人账户基金只用于本人养老，一般不得提前支取。农民合同制职工在终止或解除劳动合同后，社会保险经办机构可以将养老保险个人账户中的资金一次性发给本人，同时终结养老保险关系。

个人账户记账利率由省社会保险经办机构参考银行同期城乡居民储蓄存款利率统一规定及调整。

第九条 下岗职工、劳务输出人员、挂靠在人才交流机构的人员的养老保险费，由再就业服务中心、劳务输出管理机构、人才交流机构代扣代缴，或由本人直接缴纳。

第十条 过渡性养老金按以下办法计发：

（一）缴费年限累计满 10 年不满 15 年的被保险人，按其 1998 年 6 月 30 日前的缴费年限，每满一年计发本人指数化月平均缴费工资的 1%；

缴费年限累计满 15 年及以上的被保险人，按其 1998 年 6 月 30 日前的缴费年限，每满一年计发本人指数化月平均缴费工资的 1.2%；

从事过井下、高温、低温和有毒有害等特殊工种的被保险人退休，按其 1998 年 6 月 30 日前在特殊工种岗位工作的缴费年限，每满一年增发本人指数化月平均缴费工资 0.2%。

（二）调节金按 1997 年度所在市、县职工月平均工资的 10%计发。

第十一条 养老金每年 7 月进行调整。基础养老金每年 7 月按所在市上年度职工月平均工资的增长率同步调整；平均工资负增长时，基础养老金按负增长前的职工月平均工资计发。

过渡性养老金和个人账户养老金按所在市上年度平均缴费工资增长率的 40%至 60%调整，负增长时不调整，具体比例由各市确定。

第十二条 被保险人达到条例第十五条规定缴费年限，因病完全丧失劳动能力需提前退休的，相应减发过渡性养老金，每提前一年，减发本人指数化月平均缴费工资的 1%。从事特殊工种的被保险人提前退休的，其过渡性养老金不减发。

第十三条 被保险人在中断社会养老保险关系后又重新参加的，其缴费年限（含视同缴费年限的连续工龄，下同）前后合并计算；未能重新参加的，在达到退休条件时，可按中断关系前的缴费年限享受相应的养老保险待遇。

第十四条 一次性老年津贴的标准为：按 1998 年 6 月 30 日前的缴费年限，每满一年计发两个月本人指数化平均缴费工资。

第十五条 社会保险经办机构必须为参加养老保险的单位和被保险人建立档案，实行规范管理。

第十六条 养老保险待遇由被保险人退休前最后缴费单位所在地的社会保险经办机构负责给付。被保险人达到法定退休年龄，由所在缴费单位（失业期间达到法定退休年龄由本人）提前两个月向所在地的社会保险经办机构办理养老待遇申报手续。

本人在异地就业，其养老保险关系已转移至户籍所在地的，养老保险待遇由户籍所在地的社会保险经办机构负责给付。被保险人达到法定退休年龄，由本人提前两个月向户籍所在地社会保险经办机构办理养老待遇申报手续。

按月领取养老保险待遇的被保险人或其亲属，应于每年 6 月底前向社会保险经办机构提供由居住地户籍管理部门或有关单位出具的生存证明，逾期没有提供的，7 月份起暂停发放养老金。经证实生存者，可予补发。

第十七条 养老金实行社会化发放。社会保险经办机构根据就近、安全和方便原则，采取委托银行、邮局、社区等多种渠道将养老金直接发给被保险人。

第十八条 参加了社会工伤保险的被保险人，因工致残领取残疾退休金或因工死亡，其个人账户养老基金退还给本人或其法定继承人，同时终结养老保险关系。

第十九条 被保险人跨统筹范围变换工作单位时，应向社会保险经办机构申报办理暂停缴纳养老保险费手续。由社会保险经办机构将养老保险关系连同个人账户基金转移到迁入地的社会保险经办机构。迁入地的社会保险部门必须承认单位和被保险人在迁出地已按规定缴纳的养老保险费和办理了基金转移的缴费年限，不得要求单位或被保险人补缴。

第二十条 转移的养老保险关系包括以下内容：

（一）本人基本情况：社会保障号、姓名、性别、出生年月、参加工作时间、工作单位、职务、工资等级、工资额。

（二）缴费情况：临界指数、缴费年限、视同缴费年限、各年度缴费工资。

（三）个人账户情况：单位缴费记入个人账户累计总额、个人缴费累计总额、累计利息。

养老保险关系转移的格式由省社会保险行政主管部门统一制定。

转移的个人账户基金包括：单位缴费记入个人账户累计总额、个人缴费累计总额、累计利息。

第二十一条 养老保险关系跨省转移的，按照国家统一规定转移个人账户基金，个人账户从1998年7月1日（原行业统筹的中央部属企业从1998年1月1日）开始按缴费工资11%的额度转移。

第二十二条 养老保险基金实行全省统筹前，各市、县按养老保险基金单位缴费征收总额的一定比例向省、市社会保险经办机构上缴调剂金，具体比例由省人民政府统一确定和调整。不按规定上缴调剂金的，由财政部门相应扣减该地区的税收返还款或财政补贴。

养老保险基金征收总额指单位缴费和个人缴费之和。调剂金从单位缴费总额中提取。

第二十三条 各级政府必须保证养老保险基金的征集和待遇的给付。遇有特殊情况，结存的养老保险基金（含历年的积累基金和个人账户基金）不足两个月支付额时，由调剂金调剂和财政补贴。调剂金调剂办法，由省社会保险行政主管部门会同省财政部门制订，财政补贴办法按国家有关规定执行。

第二十四条 暂时没有能力缴纳养老保险费的单位，可以财产权抵押，向社会保险经办机构申请缓缴养老保险费。社会保险经办机构经检查单位经营状况和职工工资发放情况后，办理缓缴养老保险费手续。

养老保险费缓缴期限最长不超过一年。缓缴期间，单位不得转移已抵押的财产。缓缴期满后单位须补缴缓缴期间应缴的养老保险费（含个人缴费）本金及利息，免交滞纳金。缓缴期满后仍不能按规定缴纳养老保险费的，或在缓缴期间转移已抵押财产的，由社会保险经办机构申请人民法院按条例第十三条和第三十五条规定强制执行。

第二十五条 被保险人的缴费工资指数，是指被保险人的缴费工资与所在市上年度职工月平均工资之比。被保险人的平均工资缴费指数，是指被保险人一生缴费指数的加权平均值。本人指数化月平均缴费工资，是指被保险人的平均缴费工资指数乘以退休时所在市上年度职工月平均工资。

在当地实施《广东省职工社会养老保险暂行规定》前，被保险人的工资指数（即临界指数）统一按1993年本人档案标准工资加国家及省规定的补贴与所在市、县职工平均标准工资加国家及省规定的补贴之比调整计算。

第二十六条 农业企业的养老保险办法，根据农业企业的特点另行制定。退休费压负担过重，在条例实施前未能按统一标准纳入社会养老保险的企业，可暂时维持分档次定比例的办法，逐步过渡。

第二十七条 机关事业单位工作人员到企业工作，其养老保险关系和个人账户基金转移办法另行规定。

第二十八条 省、市、县各级都要成立社会保险监督委员会，履行社会监督职能。监委会日常办事机构设在同级审计部门。

第二十九条 养老保险实行年检制度。各级社会保险经办机构每年定期对用人单位的《社会保险登记证》进行年度审查。单位在办理工商年检和劳动用工手续时，应向有关部门提交《社会保险登记证》。

第三十条 各级工商行政管理部门颁发或注销企业、个体经济组织的营业执照，有关部门批准成立或撤销单位时，应知会当地社会保险经办机构。

第三十一条 单位拒不参加社会养老保险，经社会保险经办机构书面通知限期（不超过30天）参加仍不参加的，按条例第三十六条规定处理

第三十二条 条例所称欠缴养老保险费，是指单位（含所属被保险人）未获准缓缴而逾期未缴纳应缴的养老保险费，或瞒报人数和工资总额少缴的养老保险费。单位欠缴养老保险费，地方税务机关应向欠缴单位发出《社会保险费催缴通知书》，限定欠缴单位必须在限定的期限内，补缴应缴的养老保险费和利息；逾期仍不缴纳的，从欠缴之日起，按规定加收滞纳金。地方税务机关可申请人民法院强制执行。

单位或个人以非法手段冒领养老保险待遇的，应追回其全部违法所得，处以违法所得3倍罚款，罚款收入上缴国库。

第三十三条 本实施细则自发布之日起施行。

5.2.9 广东省人民政府办公厅转发国务院办公厅关于转发人力资源社会保障部财政部城镇企业职工基本养老保险关系转移接续暂行办法的通知（粤府办［2010］17号）

各地级以上市人民政府，各县（市、区）人民政府，省政府各部门、各直属机构：

现将《国务院办公厅关于转发人力资源社会保障部财政部城镇企业职工基本养老保险关系转移接续暂行办法的通知》（国办发［2009］66号）转发给你们，经省人民政府同意，结合我省实际提出如下意见，请一并贯彻执行。

一、实施全国统一的企业职工基本养老保险关系转移接续办法，是完善企业职工基本养老保险制度的重要环节，也是构建城乡统筹的社会保障体系的重要内容。各地、各有关部门要切实提高认识，加强组织领导，确保转移接续工作顺利开展。各地级以上市要按照国办发［2009］66号文和《印发广东省企业职工基本养老保险省级统筹实施方案的通知》（粤府办［2009］15号）等文件要求，抓紧做好本市单位缴费比例调整工作，确保实现全省缴费比例基本统一。

二、从2010年1月1日起，跨省流动就业的参保人按照国办发［2009］66号文规定办理养老保险关系转移接续，在省内流动就业的参保人仍按照《印发广东省基本养老保险关系省内转移接续暂行办法的通知》（粤府办［2008］76号）规定办理养老保险关系转移接续。

三、各地要进一步加大对社会保险经办管理服务体系建设的投入，加快推进养老保险信息系统建设，加强工作人员业务培训，为养老保险关系转移接续提供方便快捷的服务。各级社会保险经办机构要按照国家和省的要求，统一经办流程，及时为流动就业的参保人办理转移接续手续。要加大宣传力度，让广大参保人特别是流动就业人员了解新政策。要采取积极有效的措施，防止因政策调整引发不稳定因素，维护社会和谐稳定。

5.2.10 广东省人力资源和社会保障厅、广东省地方税务局《关于妥善解决企业未参保人员纳入企业职工基本养老保险问题的通知》（粤人社发［2011］237号）

各地级以上市人力资源和社会保障局（社会保障局）、地方税务局，横琴新区地方税务局，顺德区地方税务局：

经省人民政府同意，现就妥善解决我省企业未参保人员的养老保障问题有关事项通知如下：

一、人员范围

现为广东省户籍，至本通知实施之日前曾与我省各类企业（含农场）、国家机关、事业单位、社会团体和民办非企业（以下简称“单位”）建立劳动关系，因所在单位关闭破产，被吊销营业执照、被撤销、无生产经营能力等原因无力承担缴费责任或因超过法定时效无法要求用人单位补缴，从未参加我省城镇企业职工基本养老保险的各类人员。

用人单位依法主动补缴或者按法院、劳动争议仲裁委员会、社会保险行政部门、社会保险费征收机构、社会保险经办机构等出具的生效法律文书要求补申报和补缴手续的，不适用本通知。

二、纳入我省企业职工基本养老保险的办法

（一）直接纳入。目前仍未参保，原所在单位为国有和县以上集体企业，单位所在地正式实施《颁布〈广东省职工社会养老保险暂行规定〉的通知》（粤府［1993］83号，以下简称“83号文”）前达到国家规定退休年龄，并已在原单位办理退休（职）手续的原固定工和干部，从本通知实施之月起直接纳入单位所在地养老保险统筹。

（二）缴费纳入。除直接纳入以外的其他未参保人员，自愿按照本通知规定的一次性缴费办法缴清费用后纳入我省城镇企业职工基本养老保险。

三、缴费办法

（一）一次性缴费年限。

一次性缴费年限依据达到国家规定的退休年龄前建立劳动关系的工作年限确定。工作年限不含以国家干部（固定工）身份在国家机关、事业单位工作的年限。劳动关系通过个人的人事档案资料、劳动合同书、工资支付凭证等能证明本人曾有过的工作经历的材料，或人民法院、劳动仲裁委员会依法作出的生效法律文书进行确定。

属于国有和县以上集体企业原固定工和干部身份，计算一次性缴费年限的起始时间最早不超过当地实施83号文之月；属于合同制职工身份的，计算一次性缴费年限的起始时间最早不超过当地建立合同制职工养老保险之月；属于临时工身份的，计算一次性缴费年限起始时间最早不超过当地建立临时工养老保险之月。属于县以下集体企业和乡镇企业职工身份的，计算一次性缴费年限的起始时间参照合同制职工身份确定。

（二）一次性缴费基数。

缴费基数由申请人自行申报。缴费基数不低于申请时所在地级以上市（以下简称“所在市”）执行的养老保险缴费基数下限，不高于申请时上年度全省在岗职工月平均工资300%。

（三）缴费比例。

缴费比例为20%。

（四）缴费指数。

一次性缴费指数=缴费基数÷申请办理缴费时所在市社会保险年度使用的上年度全省在岗职工月平均工资。

（五）缴费费用。

一次性缴费的总额=缴费基数×20%×缴费月数，不计算利息。

四、缴费年限、视同缴费账户和个人账户

（一）缴费年限。

缴清全部费用后，一次性缴费年限计算为实际缴费年限。一次性缴费年限不作为地方养老金的计算依据。

缴清全部费用的时间为申请人的首次参保时间。

（二）视同缴费账户。

具有视同缴费年限的人员，由一次性缴费受理地按照《关于贯彻国务院完善企业职工基本养老保险制度决定的通知》（粤府［2006］96号，以下简称“96号文”）的规定为其补记视同缴费年限部分的视同缴费账户。

（三）个人账户。

一次性缴费基数的8%计入个人账户。

五、养老保险待遇计发办法

（一）直接纳入人员。

首次领取的基本养老金的月标准：以当地实施83号文时的标准，按83号文第三十四条规定的办法计算初始值，再按照当地实施83号文以来当地基本养老金的调整办法将初始值调整至本通知实施之月的标准。

基本养老金从本通知实施之月起按实施之月的标准发放，之前不补发。

（二）缴费纳入人员。

1. 本通知实施之月前已经达到国家规定退休年龄的人员一次性缴清全部费用后，符合96号文规定的按月领取基本养老金年限条件的，按96号文和《关于改革完善企业职工养老保险基本养老金计发办法的通知》（粤劳社电［2009］32号）规定计发基本养老金，从缴清费用的次月起发放，之前不补发；计发基数为缴清费用当月所在社保年度使用的全省在岗职工月平均工资。不符合96号文规定的按月领取基本养老金年限条件的，可按96号文的规定继续缴费。在符合《关于完善企业职工基本养老保险继续缴费有关规定的通知》（粤人社发［2011］37号）条件时，可申请一次性趸缴养老保险费。

2. 本通知实施之月后达到国家规定退休年龄的人员，在达到96号文规定的按月领取基本养老金条件时，按96号文规定计发基本养老金。

六、一次性缴费受理地

在原单位所在地社会保险经办机构办理一次性缴费。原单位为中央、省属和军队驻穗单位的，在省社会保险基金管理局办理。在不同单位工作过的，在工作时间最长的原单位所在地社会保险经办机构统一办理。

七、待遇核发地

按照省府办公厅《印发广东省基本养老保险关系省内转移接续暂行办法的通知》（粤府办［2008］76号，以下简称“76号文”）规定，最后参保地为待遇核发地。按本办法办理一次性缴费前已达到国家规定退休年龄，一次性缴费后符合按月领取基本养老金条件的人员，一次性缴费受理地即为其省内的最后参保地。

八、养老保险关系转移

按本通知一次性缴费形成的养老保险关系，在省内跨统筹区转移的，按照76号文以及省劳动保障厅、省财政厅《关于印发广东省基本养老保险关系转移责任与转移基金管理办法的通知》（粤劳社函［2008］2092号）的规定执行；跨省转移的，按国务院办公厅《关于转发人力资源社会保障部财政部城镇企业职工基本养老保险关系转移接续暂行办法》（国办发［2009］66号）的规定执行。

九、办理程序

（一）缴费纳入人员。

由申请人或原单位向社会保险经办机构提出申请，并提供相关反映与单位建立劳动关系的有关材料，经审核确认后可办理一次性缴费手续。

地税部门根据社会保险经办机构审核确认的一次性缴费申请材料或生效法律文书受理申请人员的一次性缴费手续和征收养老保险费。

（二）直接纳入人员。

直接纳入人员由原单位或个人向单位所在地人力资源和社会保障部门提出申请并提供相关材料。所在地人力资源和社会保障部门对申请人的资格进行审核，并经公示7天无反对意见后报地级以上市人力资源和社会保障部门予以资格确认。经确认资格的，由单位所在地社会保险经办机构负责办理待遇核发手续。原单位为中央、省属和军队驻穗单位的，由省人力资源社会保障厅负责办理资格审核，省社会保险基金管理局负责办理待遇核发。

经办规程由省社会保险基金管理局负责起草，报省人力资源社会保障厅审定。

十、其他

（一）未领取基本养老金的已参保人员，符合第一点其它规定，与单位（不含现工作单位）存续劳动关系期间未缴纳养老保险费的，可参照第三点和第四点的规定缴费、计算缴费年限和个人账户。

（二）已领取基本养老金的人员不适用本办法。

（三）本通知从2011年7月1日起实施。各地已经出台办法与本通知不一致的，按本通知执行。

二〇一一年八月二十九日

5.2.11 广东省高级人民法院、广东省劳动人事争议仲裁委员会关于印发《广东省高级人民法院广东省劳动人事争议仲裁委员会关于审理劳动人事争议案件若干问题的座谈会纪要》的通知（粤高法［2012］284号）

第一条 用人单位为劳动者建立了社会保险关系，劳动者垫付用人单位未依法缴纳的社会保险费用后，请求用人单位返还的，作为劳动争议处理。

劳动者请求用人单位为其建立社会保险关系或缴纳社会保险费的，不作为劳动争议处理，劳动人事仲裁机构或人民法院应告知劳动者向社会保险行政部门或社会保险费征收机构寻求解决。

第二条 劳动者以基本养老保险费的缴纳年限、缴纳数额不足为由，请求用人单位赔偿基本养老保险待遇损失的，不作为劳动争议处理。

按照省人力资源和社会保障厅、省地方税务局《关于妥善解决企业未参保人员纳入企业职工基本养老保险问题的通知》（粤人社发［2011］237号）【备注：收录在5.2.10］的规定，可纳入我省城镇企业职工基本养老保险统筹的劳动者请求用人单位赔偿基本养老保险待遇损失的，不作为劳动争议处理，劳动人事仲裁机构或人民法院应告知劳动者向相关社会保险经办机构寻求解决。

劳动者以用人单位未为其办理基本养老保险手续，且社会保险经办机构不能补办导致其无法享受基本养老保险待遇为由，请求用人单位赔偿损失的，应同时符合以下条件：

（1）用人单位未为劳动者参加基本养老保险；

（2）社会保险经办机构明确答复不能补办；

（3）劳动者达到法定退休年龄。

第十一条 用人单位招用已达到法定退休年龄但尚未享受基本养老保险待遇或领取退休金的劳动者，双方形成的用工关系按劳务关系处理。

5.2.12 广东省社会养老保险条例（广东省第十二届人民代表大会常务委员会第23号2014年11月修正）

第一章 总 则

第一条 为保障劳动者年老退休后的基本生活，维护社会安定，根据《中华人民共和国宪法》和有关法律、法规，结合我省实际，制定本条例。

第二条 本条例适用于我省行政区域内下列单位和人员（以下统称被保险人）：

（一）所有企业、城镇个体经济组织和与之形成劳动关系的劳动者；

（二）国家机关、事业单位、社会团体和与之建立劳动合同关系的劳动者。

国家机关、财政拨款的事业单位、社会团体工作人员的养老保险基金计征和发放办法由省人民政府另行制定。

第三条 社会养老保险实行法定基本养老保险、地方补充保险和单位补充保险等多层次的保险。政府鼓励有条件的地方、单位为被保险人建立补充保险。

第四条 社会保险行政部门主管社会养老保险工作，实行系统管理。

第五条 社会养老保险实行社会统筹和个人账户相结合方式，养老保险费用由国家、单位和个人三方合理负担。养老保险待遇同被保险人的缴费工资和缴费年限挂钩，并建立合理调节机制，使之与国民经济发展和人民生活水平相适应。

第六条　人民政府必须保证养老保险基金的征集和待遇的给付。

养老保险基金及其收益、各项养老保险待遇按国家规定免征税费。

第二章　养老保险基金的征集

第七条　社会养老保险以中华人民共和国居民身份证号作为被保险人唯一和终身的社会保障号。

第八条　养老保险基金的来源：

（一）单位和被保险人缴纳的养老保险费；

（二）养老保险基金的银行存款利息；

（三）基金收益；

（四）滞纳金；

（五）地方财政拨款；

（六）社会捐赠；

（七）其他收入。

第九条　单位和被保险人必须按规定的标准逐月缴纳养老保险费。被保险人缴纳的养老保险费全部计入个人账户；单位缴纳的养老保险费计入社会养老保险统筹基金。

第十条　被保险人按本人上年度月平均工资的一定比例缴纳养老保险费，缴费比例由省人民政府根据职工工资收入水平和个人账户积累的情况决定。单位按照国家与省规定的本单位职工工资总额的一定比例缴纳养老保险费，具体比例由社会保险行政部门会同财政部门测定，经上级社会保险行政部门审核后报同级人民政府批准执行。

被保险人上年度月平均工资高于或者低于省政府规定标准的，按照省政府规定执行。

第十一条　单位缴纳养老保险费按财税法规规定列支。个人缴纳养老保险费在征收个人所得税前扣缴。

第十二条　单位应缴纳的养老保险费，由开户银行凭社会保险费征收机构开具的托收单向单位扣缴，任何单位不得拒付。被保险人应缴纳的养老保险费由单位在工资中代扣缴。

第十三条　欠缴养老保险费、又没有能力补缴的单位，可用固定资产或实物变现抵缴。

第十四条　单位破产、终止或因其他原因中止经营清产核资时，清算人、单位必须分别通知单位所在地的社会保险经办机构，养老保险费应按工资同等顺序清偿。

分立、合并（兼并）单位要承担原单位的养老保险责任。

第三章　养老保险待遇

第十五条　被保险人经社会保险经办机构资格审查，达到法定退休年龄时累计缴费满十五年的，按月领取基本养老金。被保险人达到法定退休年龄时累计缴费不足十五年的，可以缴费至满十五年，按月领取基本养老金；也可以转入城乡居民社会养老保险，按照规定享受相应的养老保险待遇。

按月领取养老金的被保险人（含出境定居人员），必须每年提供生存证明。

第十六条　养老保险缴费年限指单位和被保险人都按规定标准缴费的年限。缴费年限按实际缴纳养老保险费的月份累计计算。

1998 年 7 月 1 日前（不含本日），被保险人已参加社会养老保险的年限计算为缴费年限。国有和县以上集体所有制单位的原干部和固定职工，在当地实施《广东省职工社会养老保险暂行规定》前，按照国家原规定计算的连续工龄视同缴费年限。

第十七条 符合本条例第十五条规定的被保险人，基本养老金由基础养老金、过渡性养老金和个人账户养老金组成，具体计发办法按照省政府规定执行。

基础养老金和过渡性养老金从社会养老保险统筹基金中支付，个人账户养老金从个人账户中支付。基本养老金每年按照国家和省的规定调整。

第十八条 1998 年 7 月 1 日前（不含本日）已经离退休的被保险人，保持原养老金水平，统一按基础养老金和过渡性养老金调整。

第十九条 职工基本养老保险个人账户不得提前支取。个人在达到法定的领取基本养老金条件前离境定居的，其个人账户予以保留，达到法定领取条件时，按照国家规定享受相应的养老保险待遇。其中，丧失中华人民共和国国籍的，可以在其离境时或者离境后书面申请终止职工基本养老保险关系。

被保险人死亡，个人账户储存额退还给其法定继承人，无法定继承人的，转入社会养老保险统筹基金。

第二十条 被保险人退休后死亡的丧葬费、供养直系亲属救济费、生活困难补助费由社会保险经办机构按国家和省有关规定发给。

第四章 养老保险管理

第二十一条 养老保险基金管理按国家规定执行。

养老保险基金按照国家规定的城乡居民储蓄存款同期利率计息，利息全部转入养老保险基金。

第二十二条 单位在取得营业执照或获准成立后的三十日内，必须向社会保险经办机构办理养老保险申报手续；单位变更、终止或人员增减、变动时，必须在十五日内向社会保险经办机构办理变更、终结养老保险关系手续。

第二十三条 社会保险经办机构必须为单位和被保险人建立社会养老保险档案。被保险人跨统筹范围变换工作单位时，必须办理养老保险关系和基金转移手续。

第二十四条 养老保险基金必须实行全额征收、全额拨付，任何单位不得挪用、截留。

基本养老金实行社会化发放。

第二十五条 养老保险基金实行全省统一核算。

在养老保险基金实行全省统一核算前，各市（地级及地级以上的市，下同）、县（含县级市、区，下同）按养老保险基金征收总额的一定比例上缴调剂金，用于对养老金发放困难地区和企业进行调剂。

第五章 监督检查

第二十六条 社会保险监督委员会是养老保险基金的监督组织，由人民政府代表、单位代表、被保险人代表三方等额组成，依法对养老保险行政执法与基金管理、使用进行社会监督。社会保险监督委员会的活动方式由章程规定，其章程须报同级人民政府批准。

第二十七条 国家审计机关依法对养老保险基金收支和单位缴纳养老保险费情况进行审计监督。各级社会保险部门应当建立健全养老保险基金预、决算和会计、统计及内部审计制度。

第二十八条 社会保险经办机构实行公开办事制度，向单位和被保险人公布基本养老金发放情况，提供个人账户有关信息和社会养老保险的咨询、查询服务。

第二十九条 单位必须向被保险人如实公布养老保险缴费情况。被保险人和工会组织有权监督单位按规定缴纳养老保险费，监督社会保险经办机构按规定发放养老金。

第三十条 社会保险部门有权对单位和被保险人参加社会养老保险、缴费及基本养老金发放等有关情况进行稽查。

第六章 法律责任

第三十一条 社会保险经办机构和社会保险费征收机构及其工作人员违反本条例规定，有下列行为之一的，由同级人民政府或上级机关责令其改正，情节严重的，对主管人员和直接责任人员给予行政处分；构成犯罪的，由司法机关依法追究刑事责任：

（一）违反养老保险基金的管理规定，未将养老保险基金及利息全部存入养老保险基金账户或未按规定向被保险人计发基本养老金的；

（二）擅自更改被保险人养老保险档案，利用职权营私舞弊的；

（三）挪用、贪污养老保险基金的；

（四）违反基金管理规定，造成基金损失的；

（五）擅自增加或减免应缴纳的养老保险费和滞纳金的。

拖欠被保险人基本养老金的，应将拖欠期间的利息连同本金一起补发。

第三十二条 人民政府及其部门、单位挪用、截留养老保险基金的，应责令其改正，并由其上级机关对主管人员和直接责任人员分别追究行政责任，对单位法定代表人，可由社会保险行政部门处以二千元至五千元的罚款；构成犯罪的，由司法机关依法追究刑事责任。

第三十三条 单位未按时足额缴纳养老保险费的，由社会保险费征收机构责令限期缴纳或者补足，并自欠缴之日起，按日加收应缴额万分之五的滞纳金；逾期仍不缴纳的，由有关行政部门处欠缴数额一倍以上三倍以下的罚款。

第三十四条 被保险人或其供养直系亲属在享受养老保险待遇条件变更或者失去领取条件时，应立即向社会保险经办机构报告。被保险人或其亲属以非法手段获取养老保险待遇的，应追回其全部非法所得，并可处以非法所得三倍罚款；构成犯罪的，由司法机关依法追究刑事责任。

第七章 争议处理

第三十五条 个人与所在用人单位发生社会保险争议的，可以依法申请调解、仲裁，提起诉讼。用人单位侵害个人社会保险权益的，个人也可以要求社会保险行政部门或者社会保险费征收机构依法处理。

第三十六条 用人单位或者个人认为社会保险费征收机构的行为侵害自己合法权益的，可以依法申请行政复议或者提起行政诉讼。

用人单位或者个人对社会保险经办机构不依法办理社会保险登记、核定社会保险费、支付社会保险待遇、办理社会保险转移接续手续或者侵害其他社会保险权益的行为，可以依法申请行政复议或者提起行政诉讼。

第八章 附 则

第三十七条 社会养老保险由单位所在地社会保险经办机构统一管理。中央、省属和军队驻穗单位由省社会保险经办机构直接管理；驻其他市、县的，可委托所在市的社会保险经办机构管理。

第三十八条　省、市、县补充养老保险办法由省、市、县人民政府制订。单位补充养老保险办法由单位根据有关规定制订。本条例除特指补充保险的条款外均为法定基本养老保险条款。

第三十九条　省人民政府根据本条例制定实施细则。

第四十条　本条例自1998年11月1日起施行。

★地方性文件·上海市

5.2.13 上海市城镇职工养老保险办法（上海市人民政府令第52号　2010年12月起施行）

第一章　总　则

第一条　为了保障城镇在职人员退休后的基本生活需要，根据《上海市城镇职工养老保险制度改革实施方案》，制定本办法。

第二条　本办法所称养老保险，是指经法定程序确立，由政府主管部门负责组织和管理，单位和在职人员共同承担养老保险费缴纳义务，退休人员按养老保险费缴纳状况享受基本养老保险待遇的社会保障制度。

第三条　本办法适用于本市范围内城镇的机关、企业、事业单位（以下简称“单位”）及其在职人员、退休人员。

外商投资企业的外籍人员以及国家另有规定的单位和人员不适用本办法。

第四条　养老保险实行国家、单位与个人共同承担费用，个人储存与统筹互济相结合，保障退休人员基本生活需要与激励在职人员积极性相结合的原则。

单位有为在职人员缴纳养老保险费的义务；在职人员有为自身缴纳养老保险费的义务。

在职人员由所在单位为其缴纳养老保险费和退休后享受养老保险待遇的权利受法律保护，任何单位和个人不得侵犯。

第五条　本市养老保险制度改革的目标，是逐步建立多层次的养老保险体系。除本办法规定的养老保险外，在有条件的单位，逐步推行单位补充养老保险；鼓励有条件的职工参加个人储蓄养老保险。

第二章　组织机构

第六条　本市设立市社会保险委员会，负责审议养老保险的发展规划，研究和决定养老保险的重大政策，筹划养老保险基金的保值、增值。

第七条　市人力资源社会保障局具体负责本市养老保险的管理工作。其职责是：

（一）负责养老保险制度的组织实施；

（二）编制养老保险的发展规划；

（三）拟订养老保险的地方性法规、规章草案；

（四）会同有关部门制定养老保险基金的财务、会计、统计和内部审计制度；

（五）监督养老保险费的缴纳、养老金的支付和养老保险基金的增值运营；

（六）领导社会保险经办机构的工作；

（七）执行市社会保险委员会决定的事项。

第八条 社会保险经办机构是具体承办养老保险事务的机构。其职责是：

（一）负责养老保险费的收缴和养老金的支付；

（二）管理个人养老保险账户；

（三）接受单位和在职人员、退休人员对养老保险情况的查询；

（四）办理市人力资源社会保障局委托或者授权办理的其他事务。

第三章 养老保险费的缴纳

第九条 凡属于本办法第三条第一款规定范围的单位，均应当向市人力资源社会保障局指定的社会保险经办机构办理单位和在职人员的养老保险登记手续；新设立的单位应当在设立之日起1个月内办理养老保险登记手续。

单位发生分立、合并、破产或者被撤销以及录用或者辞退在职人员（包括辞职、自动离职和开除、除名等情况）时，应当在1个月内向原受理登记的社会保险经办机构办理养老保险变更登记或者注销登记手续。

社会保险经办机构办理养老保险登记手续时，应当为单位设立养老保险编码，为在职人员设立个人养老保险账户，并核发《养老保险手册》。

第十条 在职人员的个人养老保险账户终生不变。《养老保险手册》记录在职人员在本办法实施前的连续工龄和本办法实施后记入个人养老保险账户中的储存额，作为退休时计发养老金的依据。

在职人员变动工作单位时，《养老保险手册》随同本人转移。

第十一条 养老保险费由单位和在职人员每月按规定期限缴纳，不得逾期缴纳或者漏缴、少缴。

第十二条 单位应当按本单位上一月全部在职人员工资总额的25.5%的比例缴纳养老保险费。

在职人员应当以本人上一年度月平均工资收入为缴费基数，按3%的比例缴纳养老保险费。在职人员上一年度月平均工资收入为上一年度全市在职人员月平均工资收入200%以上的，200%以上的部分不计入缴费基数；低于上一年度全市在职人员月平均工资收入60%的，以上一年度全市在职人员月平均工资收入的60%为缴费基数。

单位缴纳养老保险费的基数的计算口径，应当与在职人员缴纳养老保险费的基数的计算口径相一致。

单位和在职人员养老保险费缴纳比例的调整，由市人力资源社会保障局提出，报市社会保险委员会决定。

第十三条 单位缴纳的养老保险费按下列渠道列支：

（一）企业和自收自支的事业单位在税前列支；

（二）机关和全额预算、差额预算的事业单位从行政费或者事业费中列支。

第十四条 养老保险费按以下办法缴纳：

（一）在职人员应当缴纳的养老保险费，由单位在其每月工资中代扣。在职人员工资收入中缴纳养老保险费的部分免征个人所得税。

（二）单位每月应当按规定时间到社会保险经办机构核定本单位和在职人员应当缴纳的养老保险费，并按核定数额如数缴纳。

第十五条 社会保险经办机构对个人养老保险账户的储存额应当每年结算1次，并向在职人员出具养老保险费缴纳清单。

第十六条　个人养老保险账户中应当记入的养老保险费包括：

（一）个人缴纳的养老保险费；

（二）单位缴纳的养老保险费记入个人账户的部分：

（1）按在职人员个人缴费基数（不超过上一年度按全市在职人员月平均工资收入150%的部分）的一定比例（企业和自收自支的事业单位为8%，机关、全额预算事业单位为10%，差额预算事业单位为9%）记入的数额；

（2）按上一年度全市在职人员月平均工资收入的5%记入的数额。

单位缴纳的养老保险费记入个人账户的部分，应当随个人缴费比例的提高相应调整。

第十七条　单位缴纳的养老保险费除记入个人养老保险账户的部分外，均为社会统筹部分。

第十八条　记入个人养老保险账户的储存额，按不低于同期居民1年期银行定期储蓄存款利率的利率计息，具体利率每年由市人力资源社会保障局公布。

第十九条　养老保险基金的银行账户设在上海浦东发展银行。

第四章　养老保险待遇的享受

第二十条　享受养老保险待遇的退休人员应当同时具备以下条件：

（一）达到国家、本市规定的退休年龄；

（二）单位和本人按规定缴纳养老保险费；

（三）本办法实施前参加工作、连续工龄（包括缴费年限）满10年，或者本办法实施后参加工作、缴费满15年。

凡符合前款条件的退休人员，可以向社会保险经办机构办理领取养老金的手续；经社会保险经办机构核定后，按月领取养老金。

第二十一条　符合本办法第二十条第一款规定的失业人员，可以向社会保险经办机构办理手续，按月领取养老金。

第二十二条　本办法实施前参加工作、到达退休年龄时连续工龄（包括缴费年限）满5年不满10年的人员，应该退职；连续工龄满5年、因病或者非因工致残的在职人员，经劳动鉴定委员会确认完全丧失劳动能力的，可以退职。

退职人员按规定享受相应的养老待遇。

第二十三条　本办法实施前参加工作、连续工龄（包括缴费年限）不满5年或者本办法实施后参加工作、缴费不满15年，到达退休年龄的人员，可以向社会保险经办机构提出申请，将其个人养老保险账户中的全部储存额支付给本人，同时终止养老保险关系。

第二十四条　凡符合领取养老金条件的人员，其养老金可以终生领取。个人养老保险账户中的储存额已领完的，其养老金从养老保险基金的社会统筹部分中支付。

第二十五条　在职人员、退休人员死亡后，其个人养老保险账户储存额中属于个人缴纳部分的余额，可以一次性发给其经法定程序认定的继承人。

第二十六条　市人力资源社会保障局可以要求享受养老保险待遇的人员，按规定时间到社会保险经办机构办理复核手续；对不办理复核手续的，可以停止支付养老金。

退休人员出国、出境或者因其他原因，本人不能办理复核手续的，应当按国家有关规定出具证明其生存的证书。

退休人员出国、出境或者因其他原因，本人不能领取养老金，需委托他人代为领取的，应当出具经公证的委托代理书。

第二十七条 凡本办法实施后参加工作的人员，其退休后的养老金计算公式为：

月养老金=个人养老保险账户储存额÷120

第二十八条 凡本办法实施前参加工作、1995 年底前退休和退职的人员，先按原办法计算月养老金，再按个人累计缴费额的一定比例增发月养老金。增发比例按以下规定确定：

（一）企业退休人员的缴费年限加上本办法实施前的连续工龄满 10 年不满 15 年的，增发 11%；在此基础上每增加 5 年相应增加 1 个百分点，但增发比例最高不超过 16%。

（二）机关和事业单位退休人员的缴费年限加上本办法实施前的连续工龄满 10 年不满 15 年的，增发 2%；在此基础上每增加 5 年相应增加 1 个百分点，但增发比例最高不超过 7%。

（三）企业退职人员增发 10%；机关和事业单位退职人员增发 1%。

前款所述人员不论在哪个月份到达退休年龄，退休当年按 12 个月缴费，并按前款规定增发养老金。

离休干部、劳动模范、高级专家以及按国家规定可以享受提前退休待遇的人员等所享受的优惠待遇，仍按原规定执行。

第二十九条 本办法实施前参加工作、1996 年 1 月 1 日以后退休的人员，按其个人养老保险账户储存额，乘上规定系数，推算为全部工作年限的储存额。其养老金的计算公式为：

月养老金=个人养老保险账户储存额×系数÷120

按前款规定计发的养老金，如果低于按本办法第二十八条所规定办法计算的养老金标准的，可以改按第二十八条规定的办法计发。

第三十条 个人养老保险账户中的储存额，只能用于按月支付退休人员养老金，不能移作他用。

向退休人员支付养老金时，应当按个人养老保险账户中个人缴费额与单位缴费额的比例相应扣减储存额。

第三十一条 退休人员养老金的最低标准由市社会保险委员会规定。按规定领取的养老金低于最低标准的，可以按最低标准发给。

养老金的最低标准，随经济发展和本市居民消费价格指数上升的情况作调整。

第三十二条 退休人员的养老金每年根据本市上一年度居民消费价格指数上升幅度进行调整，于当年 4 月 1 日起开始执行。当年退休的人员的养老金自下一年度起调整。居民消费价格指数比上一年度下降时不作调整。

第三十三条 本市将根据国民经济的发展和养老保险基金的收支情况，参照在职人员实际工资的增长情况，不定期给予退休人员生活补贴；对有特殊困难的退休人员增加特殊生活补贴。

第三十四条 退休人员死亡后的丧葬补助费、供养直系亲属抚恤金、救济金等，按国家和本市的有关规定支付。

第五章 养老保险基金的使用和管理

第三十五条 养老保险基金的来源包括：

（一）单位和在职人员缴纳的养老保险费；

（二）养老保险基金的利息收入；

（三）养老保险基金的增值运营收入；

（四）依照本办法规定所收取的滞纳金。

第三十六条 养老保险基金主要用于退休人员养老金的支付；在养老保险基金不敷支付时，由地方财政给予补贴。

养老保险基金由市人力资源社会保障局集中管理，专款专用，任何单位和个人不得擅自动用。

第三十七条 养老保险基金的支付范围是：

（一）退休人员的养老金；

（二）退休人员死亡后按国家和本市有关规定支付的丧葬补助费、供养直系亲属的抚恤金、救济金等；

（三）在职人员、退休人员死亡后应当发给其法定继承人的个人养老保险账户中属于个人缴纳部分的余额；

（四）按本办法第三十三条规定发放的生活补贴。

经市社会保险委员会核准，社会保险经办机构可以按养老保险费实际征集额的一定比例提取管理费。

按前款规定提取的管理费免征税、费。

第三十八条 养老保险基金中用于发放养老金的周转部分，按不低于同期居民活期储蓄存款利率的利率计息，所得利息并入养老保险基金。

第三十九条 养老保险基金必须在保证正常支付和安全的前提下增值运营，不得进行回收期长、风险大或者投机性的投资。运营后归入养老保险基金的增值部分免征税、费。

第四十条 养老保险基金增值运营的收益率，由市社会保险委员会根据同期银行储蓄存款利率与居民消费价格指数等的实际状况确定。增值运营的最低收益率应当比同期银行1年期居民定期储蓄存款利率高2个百分点；当居民消费价格指数增幅较高时，收益率应当力求接近居民消费价格指数。

第四十一条 养老保险基金的增值运营委托上海浦东发展银行进行。

上海浦东发展银行应当会同市人力资源社会保障局制订养老保险基金的运营计划，并将执行情况及时报送市人力资源社会保障局。

上海浦东发展银行对养老保险基金的征集、支付、增值运营的账目，应当与其他商业经营账目分开设立，独立核算。

第四十二条 市人力资源社会保障局应当定期或者根据市社会保险委员会的要求，及时对养老保险基金的使用和管理情况进行汇总、核实，向市社会保险委员会汇报。

第四十三条 养老保险基金的征集、支付和增值运营，应当同时接受财政、审计部门和金融主管部门的监督。

第四十四条 本市设立由政府有关部门和社会公众代表参加的养老保险基金监督组织，监督养老保险基金的收支和管理。具体办法另行制定。

第六章 争议处理与处罚

第四十五条 在职人员与单位之间因缴纳养老保险费发生争议的，以及在职人员、退休人员或者单位与社会保险经办机构因养老保险问题发生争议的，可以向市人力资源社会保障局申请裁决。

第四十六条 在职人员、退休人员或者单位可以向社会保险经办机构要求核查个人或者单位养老保险费的缴纳情况和养老金的支付情况。社会保险经办机构应当无偿提供服务。

第四十七条 社会保险经办机构可以定期或者不定期地对养老保险费的缴纳情况进行检查。对不缴、漏缴或者少缴养老保险费的单位，由市人力资源社会保障局责令其限期缴纳；逾期不缴纳的，市人力资源社会保障局可以通过银行扣缴，并可处以未缴纳金额 1 至 2 倍的罚款，但最高不超过 3 万元。

第四十八条 社会保险经办机构对逾期缴纳养老保险费的单位，按日增收应缴纳金额 2‰的滞纳金。

滞纳金收入归入养老保险基金。

第四十九条 退休人员在享受养老保险待遇期间死亡的，其直系亲属或者有关单位应当及时到社会保险经办机构办理注销手续。

违反前款规定，以伪造有关证件或者其他手段多领、冒领养老金的，社会保险经办机构应当追回其多领、冒领的金额；情节严重的，市人力资源社会保障局可处以多领、冒领金额 1 至 5 倍的罚款，其中，对单位最高不超过 3 万元，对个人最高不超过 1000 元。

第五十条 当事人对市人力资源社会保障局的具体行政行为不服的，可以按照《中华人民共和国行政复议法》和《中华人民共和国行政诉讼法》的规定，申请行政复议或者提起行政诉讼。

当事人在法定期限内不申请复议，不提起诉讼，又不履行具体行政行为的，作出具体行政行为的部门可以依据《中华人民共和国行政诉讼法》的规定，申请人民法院强制执行。

第五十一条 对扰乱养老保险机构正常工作秩序的人员，由公安机关依照《中华人民共和国治安管理处罚法》予以处罚。

第七章 附 则

第五十二条 外商投资企业职工养老保险的过渡办法、私营企业职工和个体工商户的养老保险办法，按本办法的原则另行制定。

第五十三条 本市单位补充养老保险和个人储蓄养老保险办法另行制定。

第五十四条 本办法的具体应用问题由市人力资源社会保障局负责解释。

第五十五条 本办法自 1994 年 6 月 1 日起施行。

1993 年 1 月 1 日至本办法施行以前尚未实施《上海市城镇职工养老保险制度改革实施方案》的单位和个人，应当在本办法施行之日起 3 个月内，按该方案的要求履行应当承担的义务。

5.2.14 关于实施《上海市城乡居民基本养老保险办法》若干问题处理意见的通知（沪人社农发［2014］18 号）

市社会保险事业管理中心，各区县人力资源和社会保障局，各区县财政局：

为做好本市城乡居民养老保险的实施工作，根据《上海市城乡居民基本养老保险办法》（沪府发［2014］30 号，以下简称《办法》）以及《人力资源社会保障部关于印发城乡居民基本养老保险经办规程的通知》（人社部发［2014］23号），现就有关问题提出以下处理意见：

一、参保登记

（一）符合《办法》规定的人员应携带本人居民身份证和居民户口簿等材料到城乡居民养老保险经办机构（以下简称经办机构）办理参保登记手续。

（二）参保人员登记的基本信息发生变化的，应及时到经办机构办理变更登记手续。

二、个人缴费

（一）参保人员按自然年度自主选择缴费档次进行缴费。

（二）参保人员达到领取城乡居民养老保险待遇（以下简称养老金）年龄的，到龄当年可以缴纳本年度的城乡居民养老保险费（以下简称养老保险费）。

（三）参保人员在职保停止缴费的，停止缴费当年可以缴纳本年度的养老保险费。

三、集体补助

村集体（社区）、其他社会经济组织、公益慈善组织、个人对参保人员缴费给予补助或资助的，应到经办机构办理缴费手续。

四、补缴

（一）参保人员未满60周岁，可以补缴中断年度的养老保险费。

（二）本市新农保制度实施时，距养老金领取年龄不足15年的农村户籍参保人员，或本市城居保制度实施时，距养老金领取年龄不足15年的城镇户籍参保人员，在不足年份缴足养老保险费的，年满60周岁，也允许一次性补缴，补缴后累计缴费年限不超过15年。

（三）补缴标准由参保人员按办理补缴费手续时当年的缴费标准自主选择。

（四）补缴费不享受政府补贴。

五、养老保险待遇领取

（一）已享受职保、镇保和征地养老待遇的人员，不能享受养老金。

（二）本市新农保制度实施时，距养老金领取年龄不足15年的农村户籍参保人员，或本市城居保制度实施时，距养老金领取年龄不足15年的城镇户籍参保人员，在不足年份缴足养老保险费的，可以按月领取养老金。

（三）本市新农保制度实施时，距养老金领取年龄超过15年的农村户籍参保人员，或本市城居保制度实施时，距养老金领取年龄超过15年的城镇户籍参保人员，累计缴费满15年的，可以按月领取养老金。

（四）符合养老金领取条件的参保人员，应携带本人居民身份证和户口簿等材料到经办机构办理养老金申领手续。经办机构审核后，自办理养老金申领手续的次月起发放养老金。

（五）领取养老金人员在领取养老金期间服刑的，停止发放养老金。服刑期满后，本人应携带相关材料到经办机构提出申请。经办机构审核后，自办理申请手续的次月起发放养老金。

（六）养老金通过金融机构实行社会化发放。

六、个人账户管理

（一）市社会保险事业管理中心（以下简称市社保中心）负责管理参保人员的个人账户。个人账户用于计入个人缴费、政府补贴和集体补助（含对应的利息）。

（二）参保人员个人缴纳的养老保险费记入个人缴费部分；区县政府对参保人员缴费给予的补贴、为缴费困难群体代缴的养老保险费记入政府补贴部分；村集体（社区）、其他社会经济组织、公益慈善组织、个人对参保人员缴费给予的补助或资助记入集体补助部分。

（三）个人账户储存额按照自然年度计息。

参保人员当年缴纳的养老保险费从记入个人账户的次月起开始计息；个人账户储存额存满全年的，根据个人账户记账利率计算年利息；未存满全年的，根据实际存续的月份数乘以个人账户记账利率的十二分之一计算利息。个人账户储存额计算利息后见分进角。

（四）市社保中心每年向参保人员发放个人权益记录单。参保人员可以到经办机构查询本人个人账户信息。

（五）个人账户储存额只能用于个人账户养老金的支付，个人账户养老金从其个人账户对应项目的储存额余额中相应扣除，除出现养老保险关系终止情况外，个人账户储存额不得提前支取。

七、转移接续

（一）参保人员缴费期间户籍所在区县发生变化的，应携带本人居民身份证和户口簿等材料到经办机构提出申请，将其养老保险关系转移至新户籍所在地。

参保人员领取养老金期间户籍所在区县发生变化的，其养老保险关系不再转移，由区县（含乡镇）财政承担的基础养老金部分继续由原户籍所在地区县（含乡镇）财政承担。

（二）参保人员缴费期间户籍从外省市迁入本市的，应携带户籍关系转移证明、本人居民身份证和户口簿等材料到经办机构提出申请，经办机构审核后，将外省市城乡居民养老保险关系以及个人账户全部储存额转移至本市。

八、复核和注销

（一）经办机构对参保人员养老金领取资格进行公示，受理举报并对举报情况进行处理。

领取养老金人员没有通过资格认证的，经办机构暂停发放养老金，待其补办相关手续，通过资格认证后，从暂停发放之月起补发并续发养老金。

（二）参保人员死亡的，其家属应携带相关证明材料到经办机构办理注销登记手续，终止养老保险关系。

（三）以伪造有关证件或者其他手段多领、冒领养老金的，经办机构应及时封存被多领、冒领人员的个人账户，并负责追回被多领、冒领的养老金。

多领、冒领的养老金追回后，经办机构方可办理个人账户资金余额和丧葬补助金等支付手续。

九、经办管理

（一）市社保中心负责组织指导本市各级经办机构开展城乡居民养老保险经办管理服务工作；负责本市城乡居民养老保险基金市级管理以及财务统计工作；制定本市城乡居民养老保险业务、财务、安全、风险等经办管理制度；负责养老保险费的收缴、养老金的社会化发放工作；参与城乡居民养老保险信息化建设和管理工作；对区县经办机构的经办情况进行指导和监督考核。

（二）区县经办机构负责城乡居民养老保险的参保登记、个人账户建立、缴费核定、补助和资助核定、养老金核定、养老保险关系转移接续、档案管理、统计管理、受理咨询查询和举报等工作；对街道（乡、镇）社区事务受理中心（以下简称服务中心）的经办情况进行指导和监督考核。

（三）服务中心负责对参保人员的参保资格、基本信息、个人缴费、养老金领取资格及个人账户变更等进行初审，录入有关信息；负责受理咨询查询和举报、政策宣传、情况公示等工作。

服务中心要发挥居（村）委会的作用，指导居（村）委会协助办理城乡居民养老保险相关事务。

十、新老制度衔接

（一）原参加本市新农保或城居保的人员直接转入城乡居民养老保险，无需办理参保登记手续。

参保人员的本市新农保和城居保个人账户衔接至城乡居民养老保险个人账户，新农保和城居保缴费年限视作城乡居民养老保险缴费年限。

（二）已经领取本市新农保或城居保养老待遇的人员，其养老金不再重新核定，继续发放。

（三）参加过农村社会养老保险（以下简称老农保）的人员，符合养老金领取条件的，个人账户养老金按照《办法》规定计发；基础养老金按照老农保规定计发的标准低于《办法》规定的基础养老金标准的，按照《办法》规定发放基础养老金；高于《办法》规定的基础养老金标准的，先按照《办法》规定发放基础养老金，高出部分再发放过渡性养老金。

具体办法按照市政府批准的各区县新农保试点实施方案执行。

（四）老农保女性务工人员年满55周岁，符合老农保养老金领取条件的，可到经办机构办理养老金申领手续，在其年满60周岁前，按照老农保有关规定领取养老金。

老农保女性务工人员年满60周岁，原领取的个人账户养老金继续发放；原领取的养老金扣除个人账户养老金后，标准低于《办法》规定的基础养老金标准的，按照《办法》规定发放基础养老金；标准高于《办法》规定的基础养老金标准的，先按照《办法》规定发放基础养老金，高出部分再发放过渡性养老金。

具体办法按照市政府批准的各区县新农保试点实施方案执行。

（五）新农保基金中的“原统筹基金”分区县单独记账、核算，专款专用。

“原统筹基金”主要用于过渡性养老金发放，老农保的基金转移，以及老农保女性务工人员55周岁至60周岁期间的老农保基础养老金发放等。

“原统筹基金”使用完毕后，由区县（含乡镇）财政继续承担“原统筹基金”部分支出的金额。

十一、本通知自2014年5月1日起施行，有效期至2019年4月30日止。

《关于实施〈上海市人民政府贯彻国务院关于开展新型农村社会养老保险试点指导意见的实施意见〉若干问题处理意见的通知（一）》（沪人社农发［2010］62号）、《关于实施〈上海市人民政府贯彻国务院关于开展新型农村社会养老保险试点指导意见的实施意见〉若干问题处理意见的通知（二）》（沪人社农发［2010］63号）、《关于实施〈上海市人民政府贯彻国务院关于开展新型农村社会养老保险试点指导意见的实施意见〉若干问题处理意见的通知（三）》（沪人社农发［2010］70号）、《关于实施〈上海市人民政府贯彻国务院关于开展城镇居民社会养老保险试点指导意见的实施意见〉若干问题处理意见的通知》（沪人社农发［2012］32号）同时废止。

上海市人力资源和社会保障局

上海市财政局

2014年6月4日

5.3 医疗保险相关

★ 法律

5.3.1 中华人民共和国社会保险法（主席令第35号　2011年7月起施行）

第三章　基本医疗保险

第二十三条　职工应当参加职工基本医疗保险，由用人单位和职工按照国家规定共同缴纳基本医疗保险费。

无雇工的个体工商户、未在用人单位参加职工基本医疗保险的非全日制从业人员以及其他灵活就业人员可以参加职工基本医疗保险，由个人按照国家规定缴纳基本医疗保险费。

第二十四条　国家建立和完善新型农村合作医疗制度。

新型农村合作医疗的管理办法，由国务院规定。

第二十五条　国家建立和完善城镇居民基本医疗保险制度。

城镇居民基本医疗保险实行个人缴费和政府补贴相结合。

享受最低生活保障的人、丧失劳动能力的残疾人、低收入家庭六十周岁以上的老年人和未成年人等所需个人缴费部分，由政府给予补贴。

第二十六条　职工基本医疗保险、新型农村合作医疗和城镇居民基本医疗保险的待遇标准按照国家规定执行。

第二十七条　参加职工基本医疗保险的个人，达到法定退休年龄时累计缴费达到国家规定年限的，退休后不再缴纳基本医疗保险费，按照国家规定享受基本医疗保险待遇；未达到国家规定年限的，可以缴费至国家规定年限。

第二十八条　符合基本医疗保险药品目录、诊疗项目、医疗服务设施标准以及急诊、抢救的医疗费用，按照国家规定从基本医疗保险基金中支付。

第二十九条　参保人员医疗费用中应当由基本医疗保险基金支付的部分，由社会保险经办机构与医疗机构、药品经营单位直接结算。

社会保险行政部门和卫生行政部门应当建立异地就医医疗费用结算制度，方便参保人员享受基本医疗保险待遇。

第三十条　下列医疗费用不纳入基本医疗保险基金支付范围：

（一）应当从工伤保险基金中支付的；

（二）应当由第三人负担的；

（三）应当由公共卫生负担的；

（四）在境外就医的。

医疗费用依法应当由第三人负担，第三人不支付或者无法确定第三人的，由基本医疗保险基金先行支付。基本医疗保险基金先行支付后，有权向第三人追偿。

第三十一条　社会保险经办机构根据管理服务的需要，可以与医疗机构、药品经营单位签订服务协议，规范医疗服务行为。

医疗机构应当为参保人员提供合理、必要的医疗服务。

第三十二条　个人跨统筹地区就业的，其基本医疗保险关系随本人转移，缴费年限累计计算。

★ 行政法规/部门规章/司法解释

5.3.2 全国总工会劳动保险部关于劳动保险问题解答（1964年）

二、有关职工疾病和医疗待遇问题

1. 患病职工经医师检查后，证明可以恢复工作，在未分配工作以前，工会是否还发给疾病救济费？

经医师证明合企业劳动鉴定委员会鉴定认为可以恢复工作的，工会即停发疾病救济费，交由企业行政分配工作。

2. 有些厂矿企业超过6个月长期慢性病的职工很多，应该怎样解决？

在凡是有长期慢性病职工的厂矿企业，一般都应该注意做到以下各点：（1）企业医疗部门对长期病号应当定期进行健康检查，积极给予治疗，使其尽早恢复健康，回到工作岗位；（2）企业医疗部门应当切实根据患病职工的病情，严格掌握批准病假，健全批准病假制度；特别是对于已恢复健康的职工，应该及时督促其上班工作；对个别有意怠工，要求延长病假，无理取闹的，要给予监督和适当批评教育；（3）经过医疗部门检查诊断确定已经恢复健康（或者经过劳动鉴定委员会鉴定），提出证明可以恢复原工作或改作轻工作的，应停止发给疾病救济费。其工作问题和生活问题由企业行政负责解决。

3. 享受病假工资或疾病救济费的职工，复工后几天内旧病复发应如何处理？

职工病愈复工时，最好规定一个试工期，在试工期内旧病复发，试工前后的病假应继续计算。如果本单位没有规定试工期，职工确定病愈真正恢复健康，经医生证明可以复工，复工后，因工作过于劳累旧病复发，其病假时间可以重新计算。如果其病本来就没有好，而是有意要求医生开具复工证明，提前复工，以便继续领取病假工资，其上班几天以后，又请病假，应将其复工前病休时间与复工后病休时间连续计算。

4. 暂列编外的病弱职工，在未作最后处理期间，其本人及其家属劳动保险待遇如何处理？

应与在职职工享受同样待遇。

5. 职工患病停工休息一段时间后，医师确定他半日工作半日休息，其病假时间如何计算，疾病待遇如何计算？

半休的时间，以两个半天折合一天病假计算。半日工作由行政计发半日工资，半日休息按保险条例13条甲、乙项的规定计发半日病假工资或疾病救济费。

6. 在发冬季烤火费的地区内，6个月以上的长期病号，是否发给冬季烤火费？

可由劳动保险基金项下发给烤火费。在其他科目中列支。

7. 怎样掌握批准工人、职员的病假，病伤职工治疗痊愈需要复工和病伤职工是否丧失劳动能力，由谁来确定，国家在这方面有无规定？

中华人民共和国卫生部和中华全国总工会在1957年2月26日曾以（57）卫医崔字第68号和（57）会险通字第19号发出“重点试行‘批准工人、职员病、伤、生育假期试行办法’和‘医务劳动鉴定委员会组织通则’的联合通知”，在这两个试行草案中，对于如何掌握批准职工病假和怎样鉴定病伤职工的劳动力状况都初步做了一些规定。

8. 职工停止工作治疗时没有病假证明，能不能享受保险待遇？

不能。如当时无法取得医生证明时，也必须经工会小组长或劳动保险干事证明时，才能享受。

9. 工人因头晕、腹痛，只请2、3小时或半天假的，是否按病假计发待遇？

原则上应累计计发病假待遇。但如计算有困难时，企业行政方面也愿意按惯例计算也是可以的。

10. 职工病伤请医生出诊的费用由谁负担？

职工擅自请医生出诊的一切费用，均由职工本人自理。但如患急性病本人确实不能到医院治疗，医疗机构认为必须出诊的，出诊费和医疗费由行政负担。

11. 工人请事假回家，到家后生了急病来信续假算不算病假和能不能享受劳动保险待遇？

职工如果在请事假期间内生急病，可以按照劳动保险条例规定的有关疾病待遇享受，但在享受待遇时必须有当地人民公社生产大队或者当地的卫生医疗机构的证明。

12. 职工患病以后，可不可以找中医看病？

职工有病找中医医治，在医疗待遇上应该和西医一样，但必须到企业的特约中医或经企业医疗部门介绍的中医处治疗，才能按劳动保险条例第13条处理。私自找中医看病，其费用由本人自理。

13. 职工患病或非因工负伤来不及到本企业医疗所、医院、特约医院医治，自己就地找医院或大夫诊断治疗，其治疗费用由谁负担？

没有经过企业医疗行政同意而私自在外面找医生看病，其所需医药费由自己负担。职工如患急病，确实来不及到本企业医疗所、医院、特约医院医治，自己上附近的医院诊治，持有医院的急诊证明，其治疗费用，可由企业行政方面负担。但经过急诊之后，仍应回本企业医疗所、医院、特约医院医治。

14. 职工在指定医院治不好，必须转院时，由谁决定？

工人和职员患病或负伤，在该企业的医疗所、医院或特约医院无法医治，是不是需要转送其他医院医治，应由医院决定。

15. 职工治病需用膏方，可否作为一般药品处理？

一般像虎骨膏等一类的膏方，如果不是经医生认为是治疗病症上确实必须的，费用由自己负担。但如果是治疗非用膏方不行，经医生处方，也可作为一般药品处理。

16. 职工自己买的药品，费用由谁负担？

由职工本人负担。但凭企业医疗机构的医生正式处方购买的，其费用可由行政医药卫生经费中报销。

17. 有些特约联合诊所医生，在处方上给职工开上鸡、老酒、蹄子、糖等物品，能否由企业行政负担？

鸡、老酒、蹄子、糖等物品不属于药品范围，不应由企业行政负担。

18. 职工眼睛由散光的毛病，常常头痛，妨碍工作，请医生给他配了一副眼镜，这笔钱由谁开支？

应由职工本人自理。

19. 职工镶牙的费用应由谁负担？

要根据具体情况确定，如果是因工负伤，需要镶牙齿，这笔费用应由企业行政负担；如果是非因工负伤镶牙齿，其材料等费用应由职工自己负担。

20. 职工矫正口吃，是否可按疾病待遇处理？

经与卫生部研究认为：口吃是一种由语言习惯上造成的生理缺陷，不是疾病。所以职工矫正口吃时不能按疾病待遇处理，一切费用应由个人负担。

21. 职工患病施行手术的输血费、理疗费、X光透视照像费，由谁负担？

凡经医生决定的治疗时所必需的，均由企业行政负担。

22. 转业军人旧病复发应如何处理？

对此问题应慎重处理。凡转业军人在转业时如持有健康材料或者能够提出有关方面的确实证明，证明确系由于在艰苦环境作战所致的关节炎或严重胃病，转入企业后旧病复发的，可作个别问题按因工待遇处理。但一般不应按因工待遇处理，其生活如确有困难，则另外救济或补助。

23. 劳动保险条例实施细则第18条中规定，职工患病所领的救济费低于本企业平均工资40%的，按平均工资40%发给，如是非会员，是否还要折半发给？

非会员按平均工资40%的半数发给。

24. 职工病伤，根据实施细则修正草案第18条的规定，按平均工资40%计算的病伤救济费，如超过职工本人工资时，如何处理？

按平均工资40%计算的病伤救济费，如超过职工本人工资时，应按本人工资发给。但也不能超过其6个月以内的病假工资的待遇。

5.3.3 实施《中华人民共和国社会保险法》若干规定（人力资源和社会保障部令第13号2011年7月起施行）

第二章　关于基本医疗保险

第七条　社会保险法第二十七条规定的退休人员享受基本医疗保险待遇的缴费年限按照各地规定执行。

参加职工基本医疗保险的个人，基本医疗保险关系转移接续时，基本医疗保险缴费年限累计计算。

第八条　参保人员在协议医疗机构发生的医疗费用，符合基本医疗保险药品目录、诊疗项目、医疗服务设施标准的，按照国家规定从基本医疗保险基金中支付。

参保人员确需急诊、抢救的，可以在非协议医疗机构就医；因抢救必须使用的药品可以适当放宽范围。参保人员急诊、抢救的医疗服务具体管理办法由统筹地区根据当地实际情况制定。

★ 地方性文件·广东省

5.3.4 广东省高级人民法院、广东省劳动人事争议仲裁委员会关于印发《广东省高级人民法院广东省劳动人事争议仲裁委员会关于审理劳动人事争议案件若干问题的座谈会纪要》的通知（粤高法［2012］284号）

第三条　用人单位未依法为劳动者参加基本医疗保险或者缴纳基本医疗保险费，但劳动者符合享受基本医疗保险待遇的条件，劳动者请求用人单位参照基本医疗保险待遇标准报销医疗费用的，应予支持。

5.3.5 广东省人民政府办公厅关于进一步完善我省城乡居民大病保险制度的通知（粤府办［2015］85号）

各地级以上市人民政府，各县（市、区）人民政府，省政府各部门、各直属机构：

为深入贯彻落实《国务院办公厅关于全面实施城乡居民大病保险的意见》（国办发［2015］57号）精神，经省人民政府同意，结合我省实际，现就进一步完善我省城乡居民大病保险（以下简称大病保险）制度有关工作通知如下：

一、扩大大病保险覆盖范围

（一）高度重视大病保险工作。大病保险是基本医疗保险的重要组成部分，是基本医疗保障制度的拓展和延伸。各地要充分认识大病保险的重要意义，促进政府主导和发挥市场机制作用相结合，提高基本医疗保障管理水平和运行效率，有力缓解因病致贫、因病返贫问题。

（二）巩固大病保险成果。坚持以人为本、保障大病的原则，不断提高大病保险服务的可及性，深入做好城乡居民基本医疗保险参保缴费工作，确保全体城乡居民能够享受大病保险保障。

（三）扩大大病保险覆盖人群。按照推进医疗保险城乡一体化的总体要求，探索将大病保险向职工基本医疗保险参保人群延伸，形成覆盖职工和城乡居民、政策统一、相互衔接的大病保险制度，缩小城乡之间、制度之间大病保险的待遇差距，提升基本医疗保险的公平性。

二、健全大病保险筹资机制

（一）完善市级统筹。大病保险与基本医疗保险统一实行市级统筹，由各地级以上市统一筹资标准、待遇水平、承办机构和资金管理。

（二）健全筹资机制。各地要统筹考虑本地经济社会发展水平、基本医疗保险筹资能力、参保人员患大病发生高额医疗费用情况、大病保险保障水平等因素，科学细致地做好资金测算，合理确定大病保险的筹资标准，筹集比例一般为当年基本医疗保险基金收入的5%左右。

（三）拓宽资金来源。大病保险资金主要从基本医疗保险基金中筹集。有条件的地区可结合当地实际，积极探索政府补助、公益慈善等多渠道筹资机制。

三、稳步提高大病保险保障水平

（一）建立待遇动态调整机制。参保人患大病发生的住院和特定病种门诊高额医疗费用，由大病保险对经基本医疗保险按规定支付后个人负担的合规医疗费用给予保障。合规医疗费用的具体范围由省统一另行制定。要建立待遇动态调整机制，大病保险起付标准原则上应与各统筹地区上年度城乡居民人均可支配收入相当，并且不高于各统筹地区上年度城镇居民人均可支配收入；大病保险支付比例应达到50%以上，随着大病保险筹资能力、管理水平不断提高，进一步提高支付比例，更有效地减轻个人医疗费用负担。

（二）完善分段支付机制。各地要进一步完善分段支付机制，根据本地区大病保险资金筹集、医疗费用分布等因素，按医疗费用高低合理分段，科学设置大病保险支付比例，并按医疗费用越高，支付比例越高的原则，切实减轻大病患者的高额医疗费用负担。

（三）适当向困难群体倾斜。对困难群体下调大病保险起付标准，并提高报销比例，不设年度最高支付限额。其中，特困供养人员起付标准下调不低于80%，报销比例达到80%

以上；建档立卡的贫困人员、最低生活保障对象起付标准下调不低于70%，报销比例达到70%以上，妥善、精准解决各类困难群体的保障需求。

四、加强各项医疗保障制度的衔接

（一）发挥制度合力。各级人力资源社会保障、民政、卫生计生等有关部门要加强与商业保险机构、慈善机构的沟通协调，在基本医疗保险、大病保险、医疗救助、疾病应急救助、商业健康保险及慈善救助等制度的政策制定、待遇支付、管理服务等方面加强衔接，形成保障合力，共同发挥托底保障功能。

（二）实现“一站式”结算。加强医疗救助与基本医疗保险、大病保险信息系统的对接，实现人员信息、就医信息、医疗费用信息和基本医疗保险支付信息的共享，全面实现基本医疗保险、大病保险、医疗救助“一站式”直接结算，确保参保人方便、及时享受各项医疗保障待遇，切实减轻资金垫付压力。

五、加强监督管理，规范商业保险机构承办服务

（一）规范招标投标。坚持公开、公平、公正和诚实信用的原则，进一步完善商业保险机构承办大病保险办法，建立健全承办大病保险的招投标机制，规范招投标程序。

（二）严格履行合同。遵循收支平衡、保本微利的原则，对超出大病保险承办合同约定的结余或因政策调整带来的亏损，按照国家规定在签订合同时载明处理办法。承办大病保险的机构要规范资金管理，实行单独核算，确保资金安全和偿付能力，主动接受社会监督，及时向社会公开大病保险合同签订、筹资标准、待遇水平、支付流程和年度收支等情况。切实加强参保人个人信息安全保障，防止信息外泄和滥用。因违反合同约定，或发生其他严重损害参保人权益的情况，可按照约定提前终止或解除合同，并依法追究责任。

（三）强化监督管理。各有关部门要各负其责，协同推进医保支付方式改革，规范医疗行为、控制医疗费用，建立以保障水平和参保人满意度为核心的考核评价指标体系，切实保障参保人权益。建立奖惩机制，支持严格履行合同、有效提高管理服务水平的商业保险机构优先承办大病保险业务；对存在恶意竞标、拒赔拖赔、骗取资金等严重违规行为的商业保险机构，三年内不得承办本统筹地区大病保险业务。

各地、各部门要加强组织实施与协同配合，总结推广好的经验和做法，及时研究解决新情况新问题，不断巩固完善大病保险制度。要采取多种形式做好宣传和政策解读工作，使群众知悉大病保险政策和办理流程，为大病保险工作营造良好的社会氛围。各统筹地区要及时将本地区大病保险政策、招标文件和合同文本等相关材料报省人力资源社会保障厅备案。

5.3.6 惠州市中级人民法院、惠州市劳动人事争议仲裁委员会《关于审理劳动争议案件若干问题的会议纪要（试行）》（2012年）

第十三条　【医疗保险损失的受理及赔偿标准】用人单位未为劳动者缴纳医疗保险费，劳动者患病后无法享受医疗保险待遇的，劳动者要求用人单位赔偿损失的，应予受理。赔偿标准应按照《惠州市社会基本医疗保险办法》及医疗保险相关法规政策规定的应当获得医疗保险待遇的标准计算。

5.3.7 惠州市社会基本医疗保险办法（惠府［2015］158号）

各县、区人民政府，市政府各部门、各直属机构：

《惠州市社会基本医疗保险办法》业经十一届118次市政府常务会议通过。现印发给你们，请按照执行。

惠州市人民政府

2015年11月5日

第一章 总 则

第一条 为进一步完善我市社会基本医疗保险制度建设，保障人民群众的基本医疗，根据《中华人民共和国社会保险法》《国务院关于建立城镇职工基本医疗保险制度的决定》（国发［1998］44号）和《中共中央国务院关于深化医药卫生体制改革的意见》（中发［2009］6号）等有关法律、法规和政策规定，结合我市实际，制定本办法。

第二条 将城镇职工基本医疗保险与城镇职工生育保险并轨运行，称为城镇职工基本医疗保险（以下统称职工医保）。

社会基本医疗保险包括职工医保和居民基本医疗保险（含居民生育保险，以下统称居民医保），由市人民政府负责组织实施，实行统一制度、统一政策、统一管理，并遵循以下原则：

（一）社会基本医疗保险水平与经济社会发展水平相适应。

（二）社会基本医疗保险覆盖本市辖区内用人单位全体职工、本市户籍全体居民和在本市各类全日制普通高等学校、科研院所就读的全日制研究生和本专科学生、在本市各中小学和幼儿园就读的异地务工人员子女及中等职业技术学校（院）与技工学校（院）就读的全日制学生。

（三）社会基本医疗保险实行属地管理。

（四）社会基本医疗保险费（以下简称医保费），由用人单位、个人和财政合理分担。

（五）建立以社会基本医疗保险为基础，补充医疗保险、大病二次补偿和公务员医疗补助与企业医疗补助相结合的多层次社会基本医疗保险制度。

社会基本医疗保险基金（以下简称医保基金）实行市级统筹。医保基金由市实行统一收支管理、统一财政专户和分户核算与分级负责的原则。

各级人民政府应组织符合本条第二项规定的单位和个人依照本办法参加社会基本医疗保险，确保人人享有基本医疗保障；保证医保基金的征集和医疗保险待遇（以下简称医保待遇）给付，医保基金不足支付时，由市、县（区）人民政府统筹解决。

第三条 市人力资源和社会保障部门（以下简称市人社部门）负责全市社会基本医疗保险政策的拟定、组织实施和监督管理。市社会保险基金管理局及其下属机构（以下统称社保经办机构）具体承办社会基本医疗保险相关事务和居民医保费的收缴。

市、县（区）卫生和计划生育、食品药品监督管理部门应当配合社会基本医疗保险制度改革，同步推进医药卫生体制改革，加强医药卫生从业人员职业道德教育，规范医疗和经营行为，满足参保人员的基本医疗服务需求。

县（区）人力资源和社会保障部门［以下简称县（区）人社部门］负责本行政区域内社会基本医疗保险管理工作。

市、县（区）地税部门（以下简称征收机构）负责职工医保费的征收，确保完成职工医保的扩面征收任务。

市、县（区）发展改革、教育、公安、民政、财政、审计、工商等部门及残疾人联合会，按照各自职责，做好社会基本医疗保险管理工作。

第四条 市、县（区）社会保险监督委员会设立社会基本医疗保险监督检查小组，负责指导、协调和监督检查当地社会基本医疗保险工作。

第五条 医保基金及其收益、医保待遇按国家规定免征税费。

第六条 社会基本医疗保险实行定点医疗机构和定点售药店（以下统称定点机构）管理制度。

第二章 医保参保

第七条 参加社会基本医疗保险的人员统称为“参保人”，其中参加职工医保的称为“参保职工”、参加居民医保的称为“参保居民”。

第八条 本市行政区域内的机关、事业单位、社会组织、企业、民办非企业单位、个体工商户等组织（以下统称用人单位），应当按照属地管理原则，依法为全体职工办理职工医保。

无雇工的个体工商户、未在用人单位参加职工医保的非全日制从业人员以及其他灵活就业人员，可依照本办法选择参加职工医保。

在本市实现就业的外国人及港澳台人员，可依照本办法参加职工医保。

（一）用人单位应按有关规定到经营地或工商登记地的地税部门及社保经办机构办理参保及缴费登记，并按规定每月到地税部门申报缴纳职工医保费。

（二）本市户籍的非就业人员以灵活就业人员的身份办理职工医保时，携带本人身份证、户口簿到户籍所在地地税部门和社保经办机构办理参保、缴费和登记等相关手续。在全日制学校就读的学生或未满18周岁的居民（包括城镇和农村户籍，下同），不能以灵活就业人员身份参加职工医保。

第九条 居民医保是由政府组织、个人缴费（以下统称居民医保费）与财政补助相结合的医疗保险制度。

（一）除按本办法第八条规定参加了职工医保之外的本市户籍居民，参加居民医保。居民医保以家庭为参保单位，到户籍登记地社保经办机构或乡镇（街道）社会保险管理所（以下简称社保所）办理参保手续；同一户口簿内符合参保条件的成员必须按同一缴费档次同时参保。

1. 居民以家庭为单位参保时，应向社保经办机构或社保所提供户口簿及复印件，同时填写《惠州市居民基本医疗保险参保登记表》，办理参保登记手续。

2. 村民委员会为本辖区内居民办理参保时，应由家庭填写《惠州市居民基本医疗保险参保登记表》，由村民委员会代收医保费。村民委员会应汇总《惠州市居民基本医疗保险参保登记表》报送所在地社保所或社保经办机构，办理参保登记手续。

3. 享受最低生活保障的对象、农村五保户、城镇“三无人员”（无经济来源、无劳动能力、无法定赡养人或抚养人）、低收入家庭的未成年人和60周岁以上老年人、经市、县（区）人民政府确认的其他特殊困难居民及完全丧失或大部分丧失劳动能力的残疾居民（限各类残疾一级和二级人员）（以下统称特困群众），参加居民医保时，应持县级以上民政部门发放的有效证件或残疾人联合会发放的残疾证明随家庭一起参加居民医保。

（二）在我市各类全日制普通高等学校（含高职、民办高校、独立学院）、科研院所中接受普通高等学历教育的全日制本专科学生和研究生（含港、澳、台、华侨学生，以下统称大学生)，在中职技校（院，含民办）接受全日制教育的学生（以下统称中职技校学生)，参加居民医保（参加B档)。上述各类学生以下统称大中专学生。大中专学生由学校组织以学校或班级为单位参保，并统一填写《惠州市居民基本医疗保险参保登记表》，同时提供参保大中专学生的身份证复印件，到学校所在地社保经办机构或社保所办理参保手续。大中专学生参加居民医保的缴费时间，为每年的9月1日至11月30日。当年的9月1日至次年的8月31日为一个社保年度（以下简称学生社保年度)。

（三）异地务工人员参加本市职工医保后，其在本市中小学、幼儿园就读的子女，以学校或幼儿园为单位参保，并由学校或幼儿园统一填写《惠州市居民基本医疗保险参保登记表》，同时提供异地务工人员身份证复印件、结婚证、参保证明和子女身份证明材料，到学校所在地社保经办机构或社保所办理参保手续。夫妻一方为本市户籍并已参加职工医保的，其非本市户籍的子女可按此规定参加居民医保。

（四）因生产经营确有困难的国有、集体企业在职职工（以下统称困难企业人员)，可依照本办法参加居民医保。困难企业应到当地地税部门和社保经办机构办理职工医保暂停手续，当企业恢复生产或被转让、兼并后，原企业或承继企业应继续为其职工办理职工医保手续。困难企业进入破产资产清算时，应按相关法律、法规和政策的规定，优先为其职工缴纳社会保险费。

第十条 参保人有下列情形之一的，应及时到参保地地税部门、社保经办机构或社保所办理变更手续：

（一）参加职工医保的人员，在与用人单位终止或者解除劳动合同后，用人单位应在职工办理终止或解除劳动合同后的15个工作日内，到地税部门及社保经办机构办理医疗保险关系终结或转移等相关手续。

（二）参加居民医保的居民，实现就业后或以灵活就业人员身份参加职工医保的，自动中止居民医保关系，所缴的居民医保费不予退还。

（三）参保人应征入伍的，用人单位或家庭成员应在20个工作日内，凭当地政府征兵办发出的《入伍通知书》到户籍所在地地税部门及社保经办机构（或社保所）办理停保手续。退伍复员转业军人服役年限计算为累计缴费年限；新的续（参）保时间，从批准退出现役的时间开始计算。退伍复员转业军人在批准退出现役后3个月内办理续（参）保缴费手续的，其服现役时间视为职工医保或居民医保的连续缴费时间；超过3个月后再办理续（参）保的，按本年度内参保缴费的有关规定执行，其服役时间不计算为连续缴费时间[计划性安置或自主择（就）业的退伍复员转业军人因安置等情况造成的延期除外，但最长不超过6个月]。

（四）参加居民医保的家庭需改变缴费档次的，应在当年的10至12月份到当地村民委员会、社保所或社保经办机构办理下一年度缴费资料变更手续。

第十一条 参加社会基本医疗保险的人员，应到指定的金融机构办理“惠州市社会保障卡”（以下简称社保卡)，社保卡办理后，参保人凭社保卡就医或购药。在未办理社保卡前就医或购药的，参保人须出示本人身份证或户口簿原件。

第三章 医保基金征集

第十二条 职工医保费与生育保险费一并征收，统一管理。

医保基金分为 城镇职工基本医疗保险基金（以下简称职工医保基金)、居民基本医疗保险基金（以下简称居民医保基金）和基本医疗保险大病二次补偿基金（以下简称大病基金）。

职工医保基金分为：职工医疗保险统筹基金、职工补充医疗保险基金和职工个人账户（以下分别称职工医保统筹基金、补充医保基金和个人账户）。

第十三条 医保基金的来源：

（一）用人单位和参保人缴纳的医保费。

（二）各级财政补助资金。

（三）基金的利息收入。

（四）按规定收取的滞纳金。

（五）其他收入。

第十四条 参加职工医保（包括综合基本医疗保险、住院基本医疗保险、补充医疗保险）应按以下规定缴纳职工医保费：

（一）机关、事业单位、社会团体的职工必须参加综合基本医疗保险；其他用人单位或个人可以根据实际选择参加综合基本医疗保险或住院基本医疗保险。

综合基本医疗保险的缴费标准为：单位按职工月平均工资总额的6.5%逐月缴纳，职工按本人月平均工资总额的2%逐月缴纳。职工月平均工资总额低于全市上年度在岗职工月平均工资60%的，按全市上年度在岗职工月平均工资的60%计征，职工月平均工资总额高于全市上年度在岗职工月平均工资300%的，高出部分不计征职工医保费。个人缴费部分由用人单位按月从职工工资中代扣代缴。

住院基本医疗保险的缴费标准为：单位按全市上年度在岗职工月平均工资的2%逐月缴纳，职工个人不缴费。

灵活就业人员参保缴费由个人负责。

（二）参加职工医保的，必须参加补充医疗保险，补充医疗保险费由用人单位按全市上年度在岗职工月平均工资的0.5%逐月缴纳（灵活就业人员由本人缴纳）。

企业按本办法规定参加了我市社会基本医疗保险后，可按规定建立企业医疗补助，用于本单位参保人员的医疗费补助。企业医疗补助费在职工工资总额3%以内的部分，可以从成本中列支。

（三）参加职工医保的人员退休后，符合下列条件的，用人单位和个人不再缴纳职工医保费，按规定享受职工医保待遇：

1. 2016年办理按月领取养老保险待遇手续的人员，累计缴费年限满14年，其中本市实际缴费年限满10年；

2. 2017年办理按月领取养老保险待遇手续的人员，累计缴费年限满15年，其中本市实际缴费年限满11年；

3. 2018年办理按月领取养老保险待遇手续的人员，累计缴费年限满16年，其中本市实际缴费年限满12年；

4. 2019年办理按月领取养老保险待遇手续的人员，累计缴费年限满17年，其中本市实际缴费年限满13年；

5. 2020年办理按月领取养老保险待遇手续的人员，累计缴费年限满18年，其中本市实际缴费年限满14年；

6. 2021年办理按月领取养老保险待遇手续的人员，累计缴费年限满19年，其中本市实际缴费年限满15年；

7. 2022年办理按月领取养老保险待遇手续的人员，累计缴费年限满20年，其中本市实际缴费年限满16年；

8. 2023年办理按月领取养老保险待遇手续的人员，累计缴费年限满21年，其中本市实际缴费年限满17年；

5. 2024年办理按月领取养老保险待遇手续的人员，累计缴费年限满22年，其中本市实际缴费年限满18年；

10. 2025年办理按月领取养老保险待遇手续的人员，累计缴费年限满23年，其中本市实际缴费年限满18年；

11. 2026年办理按月领取养老保险待遇手续的人员，累计缴费年限满24年，其中本市实际缴费年限满18年；

12. 2027年及以后办理按月领取养老保险待遇手续的参保女职工，累计缴费年限满25年，其中本市实际缴费年限满18年；

13. 参保男职工按上述方法推算至2032年及以后办理按月领取养老保险待遇手续的，累计缴费年限满30年，其中本市实际缴费年限满18年。

参保职工不满前款规定缴费年限的（含已办理退休手续和达到退休年龄而未领取养老金或退休金的灵活就业人员），可继续缴费至规定年限后停止缴费并继续享受职工医保待遇。选择参加综合基本医疗保险的，按其基本养老金或退休金的8.5%（单位缴纳时，企业和个人的缴费比例为：6.5%和2%）逐月缴纳（基本养老金或退休金低于全市上年度在岗职工月平均工资60%的，按全市上年度在岗职工月平均工资的60%计征，基本养老金或退休金高于全市上年度在岗职工月平均工资300%的，高出部分不计征职工医保费。未领取养老金或退休金的，以本市上年度在岗职工月平均工资的60%为缴费工资总额）；选择参加住院基本医疗保险的，按本市上年度在岗职工月平均工资的2%逐月缴纳。同时，按本市上年度在岗职工月平均工资的0.5%缴纳补充医疗保险费。

计划安置的军队、武警部队转业干部和退役士官及经组织、人社部门办理调动手续的参保人达到法定退休年龄时，达不到规定缴费年限的，由用人单位按前款规定缴纳；自主择业的军队、武警部队转业干部和符合计划安置的军队、武警部队退役士官选择自主就业的参保人达到法定退休年龄时，达不到规定缴费年限的，由安置地财政按前款规定承担。

按国家和省规定的医疗保险关系转移接续办法办理转移的市外医疗保险缴费年限，纳入本条的累计缴费年限计算。

（四）本办法实施前已办理退休手续并选择一次性趸缴或按月已缴满10年的人员不再缴纳医保费；已选择一次性趸缴的，所缴医疗保险费不予退还；办理按月缴纳的，达到本条第三项第一目规定缴费年限后，可不再缴纳医保费，超出部分不予退还。

第十五条 居民医保基金由参保居民缴纳的医保费与各级政府财政补助组成。居民医保以家庭为参保单位，一个户口簿内符合参保条件的成员必须按同一缴费档次同时参保，参保单位可根据家庭实际选择以下缴费标准：

（一）A档：每人每年120元。

（二）B档：每人每年200元。

特困群众个人缴费部分（参加B档），由所在县（区）财政承担。

在我市就读的大中专学生以自愿为原则参加居民医保。其中，属于本市户籍已随家庭参加居民医保或本市行政区域外户籍已在户籍所在地参加城乡居民医保（含新型农村合作医疗）的学生，可不参加学校组织的居民医保。参保学生按B档的缴费标准缴纳医保费。

各级财政对居民医保的补助资金全部纳入居民医保基金（含中央和省对城镇居民基本医疗保险和新型农村合作医疗的补助资金）。市、县（区）财政补助居民医保的标准，按国家有关规定并结合我市实际，由市政府另行制定。

市财政按全市参加居民医保的人数，每人每年补助1元；各县（区）财政按本县（区）参加居民医保的人数，每人每年补助2元，作为居民生育保障补助资金，纳入居民医保基金统筹管理。

第十六条 居民医保费由社保经办机构负责征收，由参保居民按自然年度缴交。在一个年度内新参加居民医保的，应一次性缴纳当年医保费。连续参保的参保居民原则上应在每年的10月1日起至12月31日，到户籍所在地社保经办机构或社保所办理参保手续，并缴纳下一年度的医保费。

各乡镇政府和街道办事处负责辖区内居民参保的宣传发动、政策咨询，并在每年的10至12月份组织村民委员会和社区工作站动员所有居民参加居民医保。

居民以家庭为单位办理参保缴费的，应凭社保经办机构或社保所打印的缴费凭证，到社保经办机构指定的收费单位缴纳居民医保费。

村民委员会可在本村居民自愿的基础上统一选定一个缴费档次，并统一为辖区内居民代办参保缴费手续；村民委员会应到社保经办机构指定的收费单位缴纳代收的居民医保费。

由学校组织参保的大中专学生及异地务工人员子女的医保费由学校代收代缴。

第十七条 市、县（区）财政部门应将本级财政承担的居民医疗保险补助资金纳入当年财政预算。市、县（区）财政承担的居民基本医疗保险补助资金，应在每年的6月30日前，按社保经办机构提供的本年度参加居民医保人数和补助标准，一次性拨入市居民医保基金财政专户。省级以上财政补助的居民医疗保险资金，由省直接划入市居民医保基金财政专户。

特困群众参加居民医保的个人缴费部分，由其户籍所在地财政部门按照社保经办机构提供的本年度特困群众参加居民医保人数和补助标准，在当年的6月30日前将本年度的个人缴费部分，拨入其户籍所在地社保经办机构。

参保大中专学生所需政府补助资金，按照学校（含分校区）隶属关系，由同级财政负责安排。省财政对我市各类全日制普通高等学校和中职技校学生按照城镇居民参加基本医疗保险的补助办法给予补助；市、县（区）财政对大中专学生的补助标准按本市居民医保的补助标准执行。其中，市财政负担市属院校（含分校区或分支机构）及其县（区）所属中职技校参保学生的市级财政应补助资金；县（区）财政负担本县（区）参与举办的市属院校（含分校区或分支机构）及本县（区）所属中职技校参保学生的县（区）级财政应补助的资金。大学生日常所需的医疗资金，继续按高校隶属关系，由同级财政予以补助。

第四章 医保待遇

第十八条 参保职工和参保居民在本年度内参保缴费的，从参保人开始缴纳医保费的次月起按本办法规定享受医保待遇。

参保居民在规定缴费时间内缴纳下一年度医保费的，从下一年度 1 月 1 日起按本办法规定享受医保待遇。

参保人在应缴费日期内未缴费的，自欠缴医保费的次月起，停止享受医保待遇。

第十九条　参保人因病（含符合计划生育政策生育和意外伤害，下同）就医发生的在起付标准以上（特殊规定除外，下同）、最高支付限额以下的符合医保规定的药品、诊疗项目及医疗服务设施范围的门诊、住院医疗费用（以下简称政策内费用），由医保基金按规定的比例给予支付。医保药品按省规定的目录执行；诊疗项目、医疗服务设施范围及支付标准由市人社部门会同有关部门根据国家和省有关规定另行制定。

第二十条　参保居民应就近选择一家乡镇卫生院（含所辖行政村卫生站）或社区卫生服务中心（以下统称基层卫生服务机构）；参保职工可选择一家基层卫生服务机构（含一级定点机构）或二级、三级定点医疗机构，作为本人的门诊首诊医疗机构（以下简称门诊定点机构）。参保人因病在门诊定点机构发生门诊政策内医疗费用（含产前检查费），医保基金根据参保人的参保方式和缴费标准的不同，按以下不同的标准支付：

（一）参加职工医保的，医保基金支付标准为：每人每年的累计支付限额为 1000 元；在本市行政区域内基层卫生服务机构、二级、三级定点医疗机构就医的，单次门诊费用医保基金支付比例分别为 80%、60%、55%；经门诊定点机构转诊（含急诊）到本市行政区域内其他定点医疗机构就诊的门诊费用，支付比例分别减少 10 个百分点；每次支付限额为 140 元以下。

（二）参加居民医保 A 档的，医保基金支付标准为：每人每年的累计支付限额为 500 元；单次门诊费用支付比例为 55%，每次支付限额为 50 元以下；经门诊定点机构转诊（含急诊）到本市行政区域内其他定点医疗机构就诊的门诊费用，支付比例为 40%，每次支付限额为 30 元以下。

（三）参加居民医保 B 档的，医保基金支付标准为：每人每年的累计支付限额为 300 元；单次门诊费用支付比例为 75%，每次支付限额为 70 元以下；经门诊定点机构转诊（含急诊）到本市行政区域内其他定点医疗机构就诊的门诊费用，支付比例为 60%，每次支付限额为 60 元以下。

第二十一条　参保人因病发生的住院政策内费用（含为办理当次住院手续前 24 小时内在本院发生的政策内急诊和检查费用；留院观察期间发生的政策内费用，下同），在起付标准以上、最高支付限额以下的部分，由医保基金按规定支付。

起付标准按医院等级确定，一级医院 200 元、二级医院 400 元、三级医院 800 元。本市行政区域外的医院，起付标准统一为 1200 元。住院政策内费用在起付标准以下的由参保人自负。

第二十二条　参保人因病发生的住院政策内费用，医保基金在一个年度内的最高支付限额，按参保人的参保方式和缴费标准分别确定。参加职工医保的，职工医保统筹基金的最高支付限额为 60 万元；参加居民医保 A 档的为 40 万元、B 档的为 50 万元。

参加职工医保的，年度内发生的住院政策内费用，超过职工医保统筹基金最高支付限额的部分，由补充医保基金支付。参加居民医保的，年度内发生的住院政策内费用，超过居民医保基金最高支付限额的，医保基金不再支付当年的住院医疗费用，由参保人自行负担。

第二十三条 参保人因病住院发生的政策内费用，按参保方式和缴费标准的不同，享受相应的医保待遇。

（一）参保职工连续缴费满6个月后（不含6个月），在本市行政区域内定点医疗机构或经批准转院到本市行政区域外定点医疗机构就医的（含本市行政区域外的急诊住院），发生的住院政策内费用，职工医保统筹基金的支付比例为95%。自行到本市行政区域外定点医疗机构就医的，医保基金支付比例为70%；到本市行政区域外非定点医疗机构就医或参保缴费不满6个月（含6个月）的，医保基金支付比例为50%。

（二）参保职工年度内发生的住院政策内费用按规定报销后，超过职工医保统筹基金最高支付限额的部分，由补充医保基金支付95%，个人自付5%。

（三）参保居民因病住院，发生的住院政策内费用，居民医保基金的支付比例为：

1. 参加居民医保A档的，支付比例为一级医院95%，二级医院75%，三级医院65%。

2. 参加居民医保B档的，支付比例为一级医院95%，二级医院85%，三级医院75%。

3. 办理转院手续的参保居民，到本市行政区域外定点医疗机构住院发生的住院政策内费用（含本市行政区域外的急诊住院），居民医保基金支付比例按本市行政区域内同等级定点医疗机构的支付比例执行；自行到市外定点医院住院政策内费用的报销比例，各降20个百分点；到市外非定点医院住院政策内费用的报销比例为：A档40%、B档45%（异地就读的学生除外）。

（四）参保居民符合计划生育政策分娩或终止妊娠，发生的住院政策内费用，医保基金按下列比例支付：一级医院100%，二级和三级医院90%。

第二十四条 参保人一个年度内住院政策内费用，经医保基金支付后的个人自付比例部分费用（含住院起付标准，但不含特定门诊费用）累计达到10000元以上的部分，由大病基金支付95%。下列医疗费用不纳入大病基金支付范围：

（一）未经批准转院自行到本市行政区域外定点医疗机构或到市外非定点医疗机构就医的（异地就读的学生和本市行政区域外的急诊住院除外）。

（二）办理异地就医后到非选定医疗机构就医（不包括到本市行政区域内定点医疗机构就医）的。

第二十五条 参保人连续参保缴费满1年（含1年）后，因患规定的门诊特定病种疾病时，可申请办理门诊特定病种疾病待遇（以下简称特定门诊）。参保人就医的相关资料经社保经办机构指定的定点医疗机构审核后，符合规定条件的凭社保经办机构指定定点医疗机构出具的相关证明到当地社保经办机构申请办理。根据参保人的参保方式和缴费标准，享受以下不同的特定门诊待遇：

（一）由医保基金支付一定额度的特定门诊政策内医疗费用。

（二）特定门诊费用年度限额为医保基金按比例支付部分和参保人个人按比例支付部分之和（以下称特定门诊限额）。

（三）参保职工年度内特定门诊费用和住院医疗费用的医保基金最高支付限额分别计算。

（四）参保居民年度内特定门诊医疗费和住院费用的医保基金支付额累计计算，超过当年医保基金最高支付限额的，医保基金不再支付当年的医疗费用。

特定门诊的诊断标准及相关规定，由市人社部门在征求有关部门和医疗专家意见后另行制定。

第二十六条 下列24项特定门诊限额为4000元，职工医保基金的支付比例为95%，个人的支付比例为5%；居民医保基金的支付比例为55%，个人支付比例为45%。具体为：肝硬化（失代偿期）、慢性肾功能衰竭（尿毒症期）、恶性肿瘤（非放、化疗治疗）、慢性阻塞性肺气肿并反复肺感染、精神分裂症（经专科医院系统治疗1年以上）、再生障碍性贫血、系统性红斑狼疮、肺结核活动期间、类风湿性关节炎、慢性活动性肝炎（不含聚乙二醇干扰素α-2A〈或2b〉注射液治疗丙型肝炎）、帕金森病、糖尿病、冠心病（反复发作的心绞痛或心肌梗塞）、高血压病二期以上（含二期）、脑血管疾病及脑障碍性病变后遗症期、儿童白血病、艾滋病机会性感染、慢性粒细胞白血病、脑梗死、甲状腺功能亢进性心脏病、重症肌无力、骨髓增生异常综合症、心脏瓣膜置换和癫痫。

第二十七条 下列共10项特定门诊，医保基金的支付比例为95%，参保人个人的支付比例为5%。具体为：耐药性肺结核的特定门诊限额为1.5万元；恶性肿瘤（内分泌治疗）的特定门诊限额2万元；恶性肿瘤（放疗、化疗）、地中海贫血、慢性丙型肝炎（限聚乙二醇干扰素α-2A〈或2b〉注射液治疗）和骨髓增生异常综合症（放、化疗）的特定门诊限额为3万元；血友病、内脏器官置换术及骨髓移植术后（抗排斥治疗期）和慢性肾功能衰竭（尿毒症期的透析治疗）特定门诊限额为5万元；甲磺酸伊马替尼治疗慢性粒细胞白血病和胃肠间质瘤的特定门诊限额为7万元。

第二十八条 参保人患2项以上（含2项）特定门诊病种疾病的，其特定门诊限额标准以其中最高的一种确定，并在此基础上增加定额1000元；参保职工如患2项以上（含2项）门诊特定病种疾病的，其中有1项规定应在定点医疗机构就医的，须在定点医疗机构就医。

第二十九条 参保职工经批准享受下列8项特定门诊待遇的，可在本市行政区域内由社保经办机构指定的定点机构就医、购药：慢性活动性肝炎（不含聚乙二醇干扰素α-2A〈或2b〉注射液治疗丙型肝炎）、类风湿性关节炎、帕金森病、糖尿病、冠心病（反复发作的心绞痛或心肌梗塞）、高血压病二期以上（含二期）、脑血管疾病及脑障碍性病变后遗症期和内脏器官置换术及骨髓移植术后（抗排斥治疗期）。

第三十条 参保人经批准享受特定门诊待遇的，只能在本市行政区域内的定点医疗机构就诊；已办理异地就医手续、在本市行政区域外定点医疗机构就医的及符合本办法第二十九条规定的除外。

第三十一条 经批准享受特定门诊待遇的参保人，因患肺结核活动期间和慢性丙型肝炎（限聚乙二醇干扰素α-2A〈或2b〉注射液治疗）等2项病种疾病的，特定门诊待遇有效期为6个月，临床表现符合继续治疗条件的，经具有副主任职称以上专科医师确定，最长不超过12个月；耐药性结核病最长不超过36个月。

第三十二条 经批准享受特定门诊待遇的参保人，特定门诊限额，原则上应按一个年度内的最高支付限额的月平均数逐月使用，不可跨年度使用。与特定门诊病种疾病诊疗无关的医疗费用，医保基金不予支付。

第三十三条 参加职工综合基本医疗保险的参保职工和退休人员，建立个人账户。

（一）个人账户由参保职工个人缴费和依据不同年龄段按规定比例划入的单位缴费部分及存款利息组成。单位缴纳部分具体划入个人账户标准为：35周岁（含35周岁）以下的职工，按本人缴费工资的1%划入；35周岁以上至45周岁（含45周岁）的职工，按本人缴费工资的1.3%划入；45周岁以上至退休前的职工，按本人缴费工资的2%划入；退休人员以本人退休金（本人退休金低于全市上年度在岗职工月平均工资80%的，按全市上年度在岗职工月平均工资的80%计算）为基数按4.5%的比例划入。

（二）个人账户可用于支付参保职工本人及其配偶、父母、子女或本人其他亲属所发生的下列费用：

1. 在本市定点医疗机构就医发生的属个人支付的医疗费用和到定点售药店购买符合规定的商品所发生的费用；

2. 健康体检和预防接种疫苗费用（按规定免费的除外）；

3. 购买商业健康保险和缴纳医保费。

（三）参保职工死亡的，个人账户余额可由其法定继承人提取现金或消费；参保职工异地转移时，其个人账户余额可提取现金，并终结医疗保险关系。参保职工办理异地就医手续的，个人账户每年以现金形式划入本人金融账户。

第五章 职工生育保险待遇

第三十四条 参保职工连续缴纳医保费不满6个月（含6个月），符合计划生育政策终止妊娠或分娩的，发生的住院政策内费用，医保基金的支付比例为70%；连续缴纳医保费满6个月后（不含6个月），医保基金的支付比例为100%。

参保职工符合计划生育政策，在本市行政区域外住院分娩或终止妊娠的医疗费用（含生育时产生的其他医疗费用），以及参保职工未就业配偶未参加职工生育保险（本市职工医保）和户籍所在地新型农村合作医疗或城镇居民基本医疗保险（本市居民医保），符合计划生育政策住院分娩或终止妊娠产生的政策内住院医疗费用，实行总额包干，标准为2000元。

第三十五条 参保职工，按规定缴纳了职工补充医疗保险费，有下列情形之一的，享受生育津贴：

（一）女职工生育享受产假。

（二）享受计划生育手术休假。

（三）法律、法规、规章规定的其他情形。

参保职工符合上述条件享受生育津贴时，应当同时具备下列条件：

（一）用人单位为职工累计缴费（灵活就业人员连续参保缴费）满12个月（含12个月）以上，并继续缴费；参保职工生育（含住院分娩、中止妊娠和计划生育手术，下同）前6个月直至用人单位申领生育津贴时均处于职工医保参保缴费状态。参加居民医保的缴费时间不予累计计算为享受生育津贴的时间。

（二）已在社保经办机构办理生育备案登记。

（三）符合国家和省人口与计划生育规定。

第三十六条 生育津贴发放的标准：

（一）计发基数：生育津贴按照职工所在用人单位上年度在岗职工月平均工资计发（即：以参保人生育假期开始之日时的市上年度在岗职工月平均工资计算），每天的计发基数为全市上年度在岗职工月平均工资除以30天。

（二）生育假期的计算天数：

1. 产假：未满4个月流产的，15天；满4个月流产的，42天；分娩假期，98天；难产的增加30天；多胞胎的（每多一个），增加15天；大于23周岁怀孕生育第一孩的增加15天、领取独生子女证的增加35天；

2. 计划生育假：取出宫内节育器的，1天；放置宫内节育器的，2天；结扎输卵管的，21天；施行输精管结扎的，7天；施行输卵管或者输精管复通手术的，14天。同时施行两种节育手术的，合并计算假期。

不符合前款规定的假期期间，包括职工依照计划生育法律、法规规定享受奖励的产假或者看护假期，由用人单位按照规定发放工资，职工不享受生育津贴。

国家和省对前款规定的生育假期作出新规定的，生育津贴的计算天数相应调整。

第六章 医保待遇管理

第三十七条 参保人在同一时间段内，只能参加一种社会基本医疗保险，享受相应的医保待遇。

失业人员在领取失业保险金期间应参加职工医保，其单位缴费部分由失业保险基金承担，个人缴纳部分在每月领取的失业保险金中扣缴。本市户籍的失业人员在领取失业保险金期满后可按本办法的有关规定参加职工医保或居民医保。

第三十八条 参保人在定点机构门诊、住院或配药时发生的医疗费用，属个人支付的部分，由个人账户或现金支付；属于医保基金支付的，由社保经办机构与定点机构结算。医保基金与定点机构的具体结算办法由市人社部门会同市卫生和计划生育、财政、发展改革等行政部门另行制定。

参保人经本人选定的门诊定点机构转诊（含急诊）到本市行政区域内其他定点医疗机构门诊发生的医疗费用先由个人垫付后，持有效票据到选定的门诊定点机构按规定报销。

第三十九条 办理特定门诊的参保人到指定的定点机构就医、购药，个人只需支付个人自付部分，医保基金支付部分由社保经办机构与定点机构结算。

社保经办机构应加强对已办理特定门诊人员的跟踪服务管理，不定期组织对已办理特定门诊人员进行专项病种检查，检查所需的医疗费用由医保基金支付。

第四十条 参保人在本市行政区域外、本市行政区域内未与社保经办机构实行电脑联网的定点医疗机构住院发生的医疗费用，由个人现金垫付后，凭有效票据到社保经办机构或社保经办机构委托的医疗机构办理报销手续。

第四十一条 下列医疗费用不纳入医保基金支付范围：

（一）应当从工伤保险基金中支付的；

（二）应当由第三人负担的；

（三）应当由公共卫生负担的；

（四）到本市行政区域内非定点医疗机构（急诊除外）就诊（含分娩或终止妊娠）及售药店购药的费用；

（五）施行美容手术或先天性残疾进行非生理功能矫正治疗所发生的医疗费用；

（六）预防保健、疗养费用；

（七）应由计划生育服务技术项目支付的费用；

（八）因非医学需要或自行终止妊娠的费用；

（九）实施人工辅助生殖术的费用；

（十）因医疗事故发生的应当由医疗机构承担的费用；

（十一）在境外（含港澳台地区）就医的；

（十二）法律、法规、规章规定不予支付的费用。

医疗费用依法应当由第三人负担的，事故发生之日起3个月后经公安、司法机关处理无法认定责任人或责任人无赔偿能力的，由基本医疗保险基金先行支付。社保经办机构，有权向第三人追偿。

第七章　医保基金管理

第四十二条　用人单位及其职工应按时足额缴纳医保费。用人单位应定期向职工公布医保费的缴纳情况，接受工会组织和职工的监督。

企业发生撤销、吊销、解散、合并、分立、转让、租赁、承包等情况时，接收或承续经营者应承担其单位职工的医疗保险责任，及时缴纳职工医保费。破产企业应按规定优先清偿欠缴的医保费。

破产、关闭的国有、县级以上集体企业应为距法定退休年龄5年以内（含5年）的职工，一次性以全市上年度在岗职工月平均工资（以每年递增10%计算）为基数，按7%的缴费比例（含补充医疗保险）、个人按2%的比例缴至法定退休年龄；达到法定退休年龄后，缴费年限仍不符合本办法第十四条规定的，单位和个人缴费部分由个人缴至规定年限为止。

第四十三条　用人单位缴纳的医保费按下列渠道列支：机关和财政全额拨款的事业单位列入地方财政预算安排；其他事业单位和社会团体按原资金渠道解决；企业从成本中列支。

参保人个人缴纳的医保费不计征个人所得税。

第四十四条　用人单位未按规定缴纳医保费的，未缴费期间所属职工发生的医疗费用，由用人单位按本办法的相关规定承担（灵活就业人员由个人承担）。

用人单位未按规定足额缴纳和代扣代缴医保费的，由地税部门责令限期缴纳。

第四十五条　用人单位与参保职工解除或者终止劳动合同的，用人单位应当及时到地税部门及社保经办机构，办理医疗保险关系终结或者转移手续。

第四十六条　用人单位和职工个人缴纳的医保费，属于职工医保基金（含个人账户和统筹基金）；用人单位缴纳的补充医疗保险费，属于补充医保基金；居民个人缴纳的医保费与政府补助资金，属于居民医保基金；从职工补充医保基金和居民医保基金的历年结余按8：2的比例提取的资金，属于大病二次补偿基金；职工生育津贴从职工补充医保基金中据实列支。

第四十七条　社保经办机构应及时将征集的居民医保费划入市居民医保基金财政专户，同时编制居民医保费划解清单及相应的缴款凭证报送市财政部门，做好各级财政补助资金请拨、记账及对账工作；严格按照惠州市社会基本医疗保险基金会计核算管理的有关规定，对医保基金收支情况进行会计核算；市社保经办机构负责惠城区职工医保待遇的核发工作，并进行职工医保基金的会计核算。

每月3日前（逢节假日可顺延），各级地税部门和各级社保经办机构应将上月征集的医保费全额上缴至市医保基金财政专户。

由市医保基金财政专户预拨2个月的周转金到市社保经办机构医保基金支出专户，作为支付医疗费用的周转金。

社保经办机构可根据定点医疗机构的实际，预拨一定数量的周转金；预拨周转金应结合上年度医保基金支付该定点医疗机构医疗费用总额和年度考评结果确定，基层医疗机构不超过60%，其他医疗机构不超过15%。

第四十八条　门诊医疗费用按参保人参保方式和缴费标准的不同，实行年度定额包干给门诊定点机构使用，超支不补。门诊定额包干经费分别从职工医保基金和居民医保基金中列支。

门诊统筹的有关规定及包干经费的具体标准，由市人社部门会同市财政、发展改革、卫生和计划生育部门根据门诊包干经费的具体使用情况适时调整；另外按每人每年1元的标准增加门诊包干经费，作为参保人符合计划生育政策生育的产前检查费用。

第四十九条　医保基金纳入市财政专户管理，专款专用，任何单位和个人不得挤占挪用，不得用于平衡财政预算。

医保基金按国家规定利率计算利息。

第五十条　市、县（区）人社部门应加强对医保基金收支情况的监督，建立健全医保基金的预决算制度、财务会计制度和内部审计制度；市财政部门负责医保基金财政专户的管理；市、县（区）审计部门依法对医保基金进行审计监督。

第八章　医保经办服务

第五十一条　参保人跨年度住院的结算时间以出院时间为准，年度最高支付限额以出院时的自然年度计算。

参保居民在年度内转为参加职工医保的，在职工医保待遇生效前所发生的医疗费由居民医保基金支付；参保职工停保后在次月参加居民医保的，参保当月内发生的医疗费用，由居民医保基金按规定支付。

参保居民参保年度内选择参加职工医保的，视为职工医保连续缴费；居民医保参保缴费时间不计算为职工医保累计缴费年限。

第五十二条　符合本市入户条件的新生儿在出生后8个月（含8个月）内参保的，新生儿自出生之日起至办理参保缴费手续期间内因病住院（或因抢救无效死亡的）发生政策内费用，由居民医保基金按规定支付。新生儿跨年度产生的住院医疗费用，须缴纳上一年度的医疗保险费后，居民医保基金方可按规定支付；新生儿因抢救无效死亡的，凭医学死亡证明和夫妻双方的结婚证与户口簿登记参保缴费。

第五十三条　按国家和省规定的医疗保险关系转移接续办法办理转入的，在3个月内（含3个月）办理参保缴费手续，其缴费年限接续计算。

参保人连续欠缴医保费未超过3个月（含3个月）的可以补缴，补缴后连续计算参保时间，并正常享受医保待遇，其间发生政策内费用可由医保基金按规定支付。

连续欠缴医保费超过3个月（不含3个月）要求补缴的，原则上不予办理补缴手续。连续超过3个月需要补缴的，补缴时间只计算为累计缴费时间，不计算为连续缴费时间，期间发生的医疗费用医保基金不予支付；超过3个月以后再参保或补缴的，从参保或补缴的次月起享受医保待遇。

第五十四条　参保人因学习、工作或长期在本市行政区域外居住连续满1年以上的，需办理异地就医登记手续；参保人就医的定点医疗机构在诊疗等方面不具备相应的条件或因病情需要到异地就医的，需办理相应的转院手续。异地就医的有关规定由市人社部门会同卫生和计划生育部门另行制定。

第五十五条 利用职工个人账户缴纳医保费的，可在30天内持缴费凭证和社保卡到社保经办机构或指定银行办理冲卡手续，但只能划出个人账户的现有金额。

职工个人账户购买商业健康保险的办法，由市人社部门另行制定。

办理异地就医手续的参保职工，其个人账户金额按社保经办机构规定的时间划入本人的金融账户。

参保人在年度内因死亡、出国定居等原因终止医疗保险关系的，由社保经办机构对其个人账户余额进行清算，并按规定一次性予以支付。属于依法继承的，由继承人向社保经办机构提供本人与被继承人的法定证书或关系证明、被继承人的死亡证明及身份证复印件（需核对原件）。

第五十六条 参保人因病就医的，应出示本人社保卡（未办理社保卡的出示本人居民身份证，未办理居民身份证出示户口簿，转诊的需提供转院证明），在核对无误后办理就医手续。

（一）在与社保经办机构电脑联网的定点医疗机构就医的（市外定点机构需要提供转院证明），在本次医疗终结后，个人只需用个人账户余额或现金支付个人支付部分；属于医保基金支付的部分，由社保经办机构与定点医疗机构直接结算。

（二）在未与社保经办机构电脑联网或在本市行政区域外非定点机构及未联网结算的定点机构住院治疗的，医疗费用先由个人垫付，在本次医疗终结后6个月内（特殊情况下最长不超过12个月）凭疾病诊断证明书、出院小结原件、有效医疗费用票据原件、医疗费用明细清单、本人社保卡（复印件）、银行账号和本人身份证复印件（本人无身份证的提供户口簿，转院的需提供转院手续，异地就读的学生需提供学校证明）等资料，到社保经办机构或社保所办理报销手续。

（三）参保人在确诊怀孕后，应携带夫妻双方《身份证》《结婚证》《计划生育服务证》（需有本次怀孕的登记或审批）等相关证件，到参保地社保经办机构登记备案。未登记备案前发生的产前检查、生育等医疗费用，由参保人自负，医保基金不予支付。

参保人异地住院终止妊娠或分娩的，应按前款规定登记备案，并在终止妊娠或分娩之日起1年内持夫妻双方《身份证》《结婚证》《计划生育服务证》（需有本次怀孕的登记或审批）等相关证件以及婴儿《出生医学证明》或《死亡证》、出院小结、有效医疗费用票据原件、医疗费用明细清单、本人社保卡（复印件）、银行账号等相关资料，到参保地社保经办机构办理报销手续（参保职工领取包干经费）。

（四）参保人在本市行政区域内因病住院，在办理出院手续时，其本人或家属应在《惠州市社会基本医疗保险住院费用结算单》上签名认可。对有争议的医疗费用，参保人有权向医院查询有关明细项目。

（五）参保人经本人选定的门诊定点机构转诊（含急诊）到本市行政区域内其他定点医疗机构门诊就诊的，医疗费用先由个人垫付，参保人应在就诊之日起60日内凭疾病诊断证明书、门诊病历、有效医疗费用票据原件、医疗费用明细清单、本人社保卡（复印件）、银行账号和本人身份证复印件（本人无身份证的提供户口簿），转诊证明等资料到本人选定的门诊定点机构办理报销手续。

经门诊定点机构转诊的参保人，在规定时间内只能报销当次的门诊医疗费用。

（六）参保人因意外伤害住院治疗的，应向医疗机构说明具体情况，并由医疗机构开具《惠州市社会基本医疗保险意外伤害住院医疗费用申请表》，经社保经办机构核实后按规定支付相关医疗费用。

（七）参保人因急诊、急救、抢救或确因实施急救和抢救的医疗机构条件所限，在24小时内（不含24小时）确需转往其他医疗机构住院治疗的（或在此期间内死亡），期间产生的政策内医疗费用，由医保基金按住院的有关规定支付；其他在24小时内（不含24小时）住院无特殊规定情形的，按门诊统筹的有关规定执行。

参保人未在规定时限内申报医疗费用的，社保经办机构或门诊定点机构不予受理。

第五十七条 办理异地就医登记的参保人应到参保地社保经办机构或社保所领取《惠州市社会基本医疗保险异地居住就医登记表》一式两份，并选择1至2家居住地基本医疗保险定点医疗机构，经所选医疗机构和当地医疗保险经办机构盖章（需注明所选医疗机构的等级）确认后，交参保地社保经办机构备案。参保人在选定的医疗机构就医，及因病情需要由选定医疗机构办理转院手续到本市行政区域外定点医疗机构就医的，医保基金支付比例按本市行政区域内的同等级定点医疗机构标准执行。未办理转院自行到非选定医疗机构住院的，发生住院政策内费用，医保基金支付比例按本办法第二十三条的有关规定执行。

办理异地就医手续后，门诊医疗待遇按包干给门诊定点机构的费用标准一次性划入本人的金融账户。

异地就读的参保人只需凭就读学校的录取通知书或就读学校的其他有效证明（含证件），到参保地社保经办机构或社保所办理登记备案手续。门诊医疗待遇按前款规定执行。

参保大中专学生在本市行政区域内流动的，不办理异地就医手续。

参保大中专学生在假期和实习、休学期间因急危重病需异地住院治疗的，可先在异地住院治疗，并应在住院后的7日内向参保地社保经办机构报告，返校后（当年毕业的应在10月31日前）凭疾病诊断证明书、出院小结原件、有效医疗费用票据原件、医疗费用明细清单、本人社保卡复印件、银行账号和本人身份证复印件等资料，到参保地社保经办机构办理报销手续。

第五十八条 参保人因病造成进食、翻身、大小便、穿衣和洗漱、自我移动五项中有一项不能自理者，可申请办理家庭病床。家庭病床原则上由基层卫生服务机构负责，经社保经办机构同意的可由二级、三级医院负责。办理家庭病床期间，参保人不再享受普通门诊医疗待遇。

（一）参保人办理家庭病床由定点医疗机构诊治医师出具家庭病床通知单，经该医疗机构审查同意，并持家庭病床通知单报当地社保经办机构或社保所批准后，在定点医疗机构办理家庭病床登记手续。

（二）家庭病床医疗费用实行由社保经办机构与定点医疗机构定额结算的办法，其定额标准按实施家庭病床的定点医疗机构定额标准的70%计算，每3个月计算一次定额，由定点医疗机构向社保经办机构结算。参保人选用家庭病床治病时，起付标准按负责家庭病床的定点医疗机构的住院起付标准执行，起付标准以上的医疗费用，按负责家庭病床的定点医疗机构住院支付比例由医保基金支付。

（三）在设立家庭病床诊疗期间，医患双方应严格执行定点医疗机构及社保经办机构的各项规定和制度。

第五十九条 参保人应在每年的12月31日前，选定下一年度的门诊定点机构，并填写《惠州市门诊基本医疗保险登记表》。

具体方式为：

（一）参保人选定门诊定点机构后，由用人单位或个人到社保经办机构或社保所登记。

（二）本人凭社保卡和身份证到选定的门诊定点机构登记。

基层卫生服务机构应按方便参保人的原则，确定一定数量的行政村卫生站或社区卫生服务站作为其下属门诊定点机构，并报当地人社部门和社保经办机构备案，纳入该基层卫生服务机构管理。参保人原则上应在选定的门诊定点机构就医，因病情（不含急诊）需要到本市行政区域内其他定点机构就医的，门诊定点机构应按规定办理转诊手续，医疗费用报销按本办法第二十条和第五十六条第五项的规定执行。

参保人选定的门诊定点机构，原则上1个年度内保持不变。

参保大中专学生的门诊统筹，由学校统一选择本校举办的定点医疗机构或一家一级（二级）的公立定点医疗机构作为本学校参保大中专学生的门诊定点机构。基金支付比例统一按一级医院的有关规定执行。

第六十条 参保人申办特定门诊应凭社保经办机构指定的定点医疗机构出具的《惠州市社会基本医疗保险特定门诊申请表》和疾病诊断证明及其检查资料和病历等相关材料到当地社保经办机构办理手续。社保经办机构指定办理特定门诊申请的定点医疗机构，应严格执行人社部门和社保经办机构关于特定门诊的有关规定，不得为不符合规定条件的参保人开具相关的证明材料。

参保人申请特定门诊得到批复后，方可到指定的定点机构就诊、购药。

参保人转换医保险种后，特定门诊待遇按新参加的医保险种规定执行。

第六十一条 用人单位（包括灵活就业和退休人员）在达到本办法规定的享受生育津贴条件时，在职工生育结束后1年内向当地社会保险经办机构申请生育津贴。参保人享受生育假期间，用人单位因被吊销营业执照、责令关闭、撤销或者提前解散等客观原因或者无正当理由未按照规定发放生育假期间工资的，参保人可以在生育结束后1年内，凭相应证明和材料直接到当地社保经办机构申领生育津贴。

（一）应提供的材料：1. 单位申请时。（1）用人单位开具的书面委托证明及受托人的身份证（核对原件、留复印件）；（2）享受生育津贴职工的身份证（核对原件、留复印件）、婴儿出生证或死亡证明或流产证明（核对原件、留复印件），属计划生育手术的需提供相应的手术证明材料，属独生子女的需提供独生子女证（核对原件、留复印件）；（3）单位的开户银行及账号；（4）单位支付参保人生育假期的工资凭证。2. 个人申请时。用人单位因被吊销营业执照、责令关闭、撤销或者提前解散及灵活就业人员和退休人员，由个人申请。（1）参保人本人身份证（核对原件、留复印件），特殊情况需由配偶申请的须同时提供结婚证和配偶身份证（核对原件、留复印件）；（2）婴儿出生证或死亡证明或流产证明（核对原件、留复印件），属计划生育手术的需提供相应的手术证明材料，属独生子女的需提供独生子女证（核对原件、留复印件）；（3）申请人社会保障卡（核对原件、留复印件）。

（二）津贴发放：参保人所在单位应按相关法律法规的规定全额发放参保人生育假期间

的工资（含各类津补贴）。职工享受生育津贴时，视同用人单位已支付相应数额的工资。生育津贴高于职工本人工资的，用人单位应将高出本人工资的部分补发给参保人；生育津贴低于职工本人工资的，职工所在单位仍应按本人工资如实发放。

第九章　定点机构管理

第六十二条　定点机构实行信用等级和年度考评制度。定点机构的管理办法，由市人社部门会同有关部门，根据相关法律、法规、规章和政策另行制定。

第六十三条　社保经办机构应当与定点机构签订社会基本医疗保险服务协议，明确双方的责任、权利与义务。

第六十四条　各基层定点医疗机构应按要求为参保人建立健康档案，为参保人提供门诊基本医疗服务和健康指导。

第六十五条　社会基本医疗保险药品目录、诊疗目录及医疗保险费用支付范围按国家、省和市有关规定执行。市人社部门会同市发展改革、财政、卫生和计划生育和食品药品监督等有关部门，根据国家和省有关规定制定相应的支付标准，并制定惠州市社会基本医疗保险费用结算等管理规定。

第六十六条　定点机构应配备相应的社会基本医疗保险管理机构和人员，负责社会基本医疗保险的相关工作。

定点医疗机构的医务人员应严格按社会基本医疗保险范围提供基本医疗服务，并接受病人的监督；对特殊检查、治疗以及转院的，应严格按规定程序办理审批手续。定点医疗机构在与社保经办机构和参保人结算医疗费用时，应同时向付费方提供有关医疗费用的明细清单。定点医疗机构医务人员在使用自费药品和进行自费检查治疗前，应征得患者或患者亲属的同意，如患者病情危急需立即实施救治的，应在救治后履行书面告知义务。

非营利性定点医疗机构应严格按照县级以上价格主管部门核定的收费项目和标准收费。违反规定收取的费用，社保经办机构和参保人有权拒付。

定点医疗机构提供的超出社会基本医疗保险规定范围的服务项目、收费标准，未经县级以上卫生和计划生育、价格主管部门和人社部门批准的新技术、新项目发生的医疗费用，社保经办机构不予支付。

第六十七条　市、县（区）人社部门应组织卫生和计划生育、食品药品监督、价格主管等部门和社保经办机构，对定点机构执行社会基本医疗保险制度情况进行监督、检查和考评。

建立定点机构服务质量考评制度。社保经办机构应在定点机构基本医疗保险结算资金中按5%的比例暂扣服务质量考评金；使用个人账户结算的住院医疗费不设服务质量考评金，定点售药店和无住院定点医疗机构每年12月份的个人账户记账额度的50%作为全年的服务质量考评金。服务质量考评金根据年度考评结果给予返还或扣减，扣减的服务质量考评金全部划入居民医保基金统一管理使用；定点机构的管理工作经费纳入财政预算。

定点机构应实行医疗保险信息化管理，与当地社保经办机构联网，并为社会保险基金电子监察系统提供相关数据。

第十章　罚　则

第六十八条　各级政府有关部门应依法对医保欺诈行为进行防范与调查，及时纠正和查处基本医保欺诈行为，保证医保基金的安全运行。

社保经办机构负责对基本医保待遇支付情况进行审核，对定点机构进行日常核查，受理医保欺诈行为的举报与投诉，对涉嫌医保欺诈行为进行调查、取证并责令退回非法所得，并移交人社部门处理。

市、县（区）人社部门会同有关部门负责查处重大的医保欺诈案件，奖励举报人，对医保欺诈案件相关当事人依法进行处理；对涉嫌犯罪的医保欺诈案件，依法移交相关部门处理。

第六十九条 任何单位与个人都有权举报定点机构、参保人、用人单位以及相关部门工作人员的医保违法违规行为。

第七十条 定点机构有下列行为之一的，由社保经办机构追回违规费用、暂停结算或按协议约定终止服务协议；由市、县（区）人社部门给予通报、降低信用等级，并根据有关法律、法规和规章的规定进行处理：

（一）采取减免参保人起付标准、检查费、自费费用、自付比例费用等不正当手段，诱导参保人住院的；

（二）将本院科室承包、出租给个人或其他医疗机构，以本医疗机构名义开展诊疗活动，并列入医保费用结算的；

（三）未经市人社部门同意，以慈善、义诊等名义开展免费医疗活动，诱导参保人住院并擅自将医疗费用列入医保结算的；

（四）与参保人串通，冒名就医、配药或者挂名住院的；

（五）将应当由参保人个人负担的费用列入医保基金支付的；

（六）将非医保基金支付范围的医疗费用列入医保基金支付的；

（七）分解住院或者超量配药造成医保基金流失的；

（八）通过出售假冒、伪劣、过期药品等手段，骗取医保基金的；

（九）通过提供虚假疾病诊断证明、病历、处方和医疗费票据等手段，骗取医保基金的；

（十）重复收费、分解收费、多收医疗费用的；

（十一）搭车配药、收取商业贿赂、损害参保人利益、增加医保基金支出的；

（十二）使用社保卡配售非药品，以药易药、以药易物，套取医保基金的；

（十三）进销和存账、存物严重不符，提供虚假票据，以非法手段返利促销等，套取医保基金的；

（十四）转借医疗保险服务终端机（POS 机）给非定点机构使用或者代非定点机构使用医保基金进行结算的；

（十五）其他违反医保规定的行为。

社保经办机构可对违反上述规定的执业医师所开处方发生的医疗费用不予医保结算；情节严重的，由相关部门按有关法律、法规和规章的规定进行处理。

第七十一条 用人单位有下列行为之一的，由社保经办机构追回违规费用，由市、县（区）人社部门责令改正，并依据《社会保险法》《社会保险征缴条例》等有关法律、法规和规章的规定处理：

（一）不如实申报用工人数、工资总额的；

（二）为与本单位没有劳动合同的人员参加职工医保，骗取医保待遇的；

（三）将参保人社保卡提供给非参保人或者工伤职工就医，骗取医保基金的；

（四）其他违反社会基本医疗保险规定的行为。

第七十二条　参保人有下列行为之一的，由社保经办机构追回违规费用，暂停当事人医保待遇6个月，并由市、县（区）人社部门依据相关法律、法规和规章的规定进行处理：

（一）冒用他人社保卡住院（含特定门诊）就医或将本人身份证明和社保卡转借他人使用，骗取医保待遇的；

（二）伪造病历、处方、疾病诊断证明和医疗费票据等资料，骗取医保基金的；

（三）与定点机构或者其他人员串通，以药易药、以药易物，骗取医保基金的；

（四）短期内大量重复配药，造成医保基金浪费的；

（五）使用社保卡配取药品转手倒卖，骗取医保基金的；

（六）其他违反社会基本医疗保险规定的行为。

第七十三条　有关行政主管部门和社保经办机构工作人员有下列行为之一的，由所在单位或纪检、监察机关依法给予行政处分；构成犯罪的依法追究刑事责任：

（一）工作失职、渎职或者违反财经纪律造成医保基金损失的；

（二）与参保人或者定点机构串通，将自付医疗费用列入医保基金支付的；

（三）征收医保费或者审核医疗费用时徇私舞弊的；

（四）利用职权或者工作之便索贿受贿，牟取私利的；

（五）其他严重违反社会基本医疗保险规定，侵害参保人利益的。

第十一章　附　则

第七十四条　离休人员的医疗待遇不变，医疗费用按原资金渠道解决，支付确有困难的由当地政府解决。领取抚恤定期补助的优抚对象的医疗保障办法按国家、省、市的有关规定执行。

第七十五条　定点机构或定点医疗机构的医务人员对社保经办机构作出的处置有争议的，在60日内可申请复核或由同级人社部门协调处理；对同级人社部门协调的结果不服或对人社部门作出的处理决定有争议的，可以依法申请行政复议或者提起行政诉讼。

第七十六条　乡镇卫生院和社区卫生服务中心按一级医院的结算标准执行；各专科医院有住院功能的按县级以上卫生行政部门确定的医院等级管理。营利性医疗机构开展的医疗服务项目属于医保基金支付范围的（含药品），结算时各项目价格不得高于卫生和计划生育与价格主管部门公布的同类（级）医疗机构标准。

第七十七条　大病二次补偿的具体承办方式，由市政府另行规定。

第七十八条　本办法下列用语的含义：

本办法所称连续缴费，是指参保人在规定的时间缴纳医保费，包括本市户籍连续缴费的参保居民参加职工医保并缴费的、根据国家和省有关规定转移医保（含生育保险）关系并在3个月内（含3个月）参加本市职工医保的、欠缴（含停缴、间断缴等情形）不超过3个月（含3个月）并在期间内补缴的。

本办法所称灵活就业人员，是指具有本市户籍的未达到法定退休年龄的下岗失业人员及未实现就业的居民。

本办法所称退休人员，是指达到法定退休年龄，并符合本办法第十四条第三项规定的人员（含达到法定退休年龄及达到职工医保缴费年限，未按月领取养老保险待遇的人员）。

本办法所称基层卫生服务机构，是指乡镇卫生院、行政村卫生站和各街道办事处社区卫生服务中心。

本办法所称欠缴医保费，是指参保人因工作调动、辞职、社保关系中止与转移接续及其他情形下，终止（含中断）缴费或未在规定的时间内缴纳医保费。

本办法所称社会基本医疗保险欺诈，是指公民、法人或者其他组织在参加医保、缴纳医保费、享受医保待遇过程中，弄虚作假，隐瞒真实情况，少缴或者骗取医保基金的行为。

本办法所称定点医疗机构，是指经县级以上卫生行政部门批准取得医疗机构执业许可证，并与社保经办机构签订服务协议的医疗机构。

本办法所称定点售药店，是指经县级以上食品药品监督部门批准取得药品经营许可证和取得工商行政管理部门营业执照，并与社保经办机构签订服务协议的售药店。

本办法所称意外伤害，是指参保人因非第三方所受的伤害。

本办法所称自付比例部分费用，是指参保人因病住院就医时产生的符合规定纳入医保基金支付范围，应由个人按一定比例支付的部分医疗费用。

本办法所称每年和年度，是指每年的1月1日至12月31日，即自然年度（有特殊规定的除外）。

第七十九条 市人社、财政部门可以根据我市经济社会发展情况，对医保缴费、财政补助和相关医保待遇标准提出调整意见，报市政府批准后执行。

第八十条 各县（区）政府应加强对医保基金收支的监督管理，必须完成市政府下达的基本医疗保险参保和医保费征收任务，确保基金收支平衡。

完成当年征收任务后，本县（区）医保基金出现收不抵支时，由医保基金统筹解决。

未完成当年征收任务的，本县（区）医保基金出现收不抵支时，由市、县（区）财政按2:8的比例分担。

第八十一条 惠城区居民参加居民医保应由惠城区财政承担的补助资金，由市财政按每人每年5元的标准分担。

第八十二条 市人社部门应根据本办法会同相关部门制定并完善相应的配套文件。

第八十三条 本办法自2016年1月1日起施行。《惠州市社会基本医疗保险办法》（惠府令第74号）、《惠州市社会基本医疗保险实施细则（试行）》（惠府［2010］第129号）、《关于调整社会基本医疗保险有关政策的通知》（惠府办［2012］第36号）、《惠州市人民政府办公室关于扩大基本医疗保险门诊特定病种范围及待遇的通知》（惠府办［2013］第18号）、《惠州市人民政府办公室关于提高基本医疗保险门诊特定病种待遇的通知》（惠府办［2013］第78号）、《惠州市人民政府办公室关于调整社会基本医疗保险政策的通知》（惠府办［2014］第23号）同时废止；市人民政府及其所属部门在此前发布的有关社会基本医疗保险的相关文件，与本办法不一致的，按本办法的有关规定执行。本办法有效期5年。

★地方性文件·上海市

5.3.8 上海市城乡居民基本医疗保险办法实施细则（沪人社医发［2015］47号）

为了保证本市城乡居民基本医疗保险制度（以下简称“城乡居民医保”）的实施，根据《上海市人民政府关于印发〈上海市城乡居民基本医疗保险办法〉的通知》（沪府发［2015］57号，以下简称《城乡居民医保办法》），制定本细则。

一、适用对象

（一）《城乡居民医保办法》所称的“本市其他基本医疗保险”包括本市职工基本医疗保险、小城镇基本医疗保险。

（二）《城乡居民医保办法》所称的“具有本市户籍的中小学生和婴幼儿”具体包括：

1. 本市户籍的18周岁以下人员；18至20周岁的各类中等学校在册在籍学生、持《中华人民共和国残疾人证》或者仍在进行大病医疗的辍学人员。

2. 持有《上海市居住证》积分达到标准分值人员的18周岁以下同住子女，以及18至20周岁的各类中等学校在册在籍学生。

（三）《城乡居民医保办法》所称的“根据实际情况，可以参照适用本办法的其他人员”是指符合本市已有规定的，已在本市就读、居住的，具体包括：

1. 由本市动员分配支援外地建设的支内（支疆）、知青及其外省市籍配偶中，在外地办理退休（职）手续，已报入本市户籍，且医疗保障未落实的人员。

2. 本市户籍人员的配偶，暂未报入本市户籍，且无医疗保障的人员。

3. 持有《上海市居住证》积分达到标准分值人员的配偶，且无医疗保障的人员。

二、登记缴费

（一）参保人员按照登记缴费期次年末的实际年龄的缴费标准缴费。

（二）已核定为本市高龄老人、职工老年遗属、重残人员无需办理参保登记缴费手续。

（三）参保人员在登记缴费期内提出退保的，个人缴费部分可以退还本人；在城乡居民医保待遇享受期内，不办理退费、退保手续。

三、待遇享受

（一）参保人员在集中登记缴费期内完成缴费的，可在参保年度内享受城乡居民医保规定的医疗保险待遇。

（二）参保人员在参保年度内享受本市其他基本医疗保险待遇的，从享受之日起将停止享受城乡居民医保待遇。

（三）符合条件的新生儿登记缴费后，城乡居民医保待遇从出生之日起享受。

（四）符合条件的新报入本市户籍人员、新达到《上海市居住证》标准积分人员的配偶和子女、本市户籍人员的外省市配偶等，城乡居民医保待遇从登记缴费完成的次月1日起享受。

四、就医管理

中小学生和婴幼儿以外的参保人员，应当按规定在本市医保定点社区卫生服务中心（或者一级医疗机构，含村卫生室）门诊就医，如需要转诊治疗的，在办理转诊手续后可到二、三级医保定点医疗机构就医。参保人员一次转院的医疗机构原则上限一所，有效期为3个月。超出3个月后需继续转院的，参保人员应当到本市医保定点社区卫生服务中心（或者一级医疗机构，含村卫生室）重新办理转院手续。

五、零星报销

（一）参保人员在外省市长期居住的，办理就医关系转移手续后，在当地医保定点医疗机构发生的符合城乡居民医保规定的医疗费用，可以申请报销。

（二）参保人员在本市因院前急救、就医凭证报损、报失期间医疗费用先由参保人员现金支付，事后可凭有关资料向邻近的区县医保中心申请报销符合城乡居民医保规定的医疗费用。

六、其他

（一）参保人员暂不执行职工基本医疗保险关于部分诊疗项目、药品按比例分类支付的规定。

（二）参保人员因计划生育手术及其后遗症所发生的医疗费用，按照国家和本市的有关规定执行。

（三）参保人员大病保险，按照《关于印发〈上海市城乡居民大病保险试行办法〉的通知》（沪发改医改［2014］2号）的有关规定执行，由医保部门委托承办的商业保险机构经办。

（四）全日制大学生医疗保险的具体操作办法，按照现行有关规定执行。

（五）本实施细则自2016年1月1日起施行，有效期至2020年12月31日，同时《关于实施〈上海市城镇居民基本医疗保险试行办法〉有关事项的处理意见》（沪医保［2007］232号）废止。

5.3.9 上海市城乡居民基本医疗保险结算办法（沪人社医发［2015］46号）

为加强本市城乡居民基本医疗保险基金的支出管理，根据《上海市城乡居民基本医疗保险办法》（以下简称《城乡居民医保办法》），制定本办法。

一、医疗保险费用结算管理

本市城乡居民基本医疗保险的费用结算工作，由市人力资源和社会保障局（市医疗保险办公室，以下简称“市医保办”）统一管理。

（一）区县医疗保险事务中心（以下简称“区县医保中心”）负责城乡居民基本医疗保险费用结算的初审；市医疗保险事业管理中心（以下简称“市医保中心”），负责城乡居民基本医疗保险费用的审核、结算、拨付等工作。

（二）参保人员在本市定点医疗机构所发生的，符合城乡居民基本医疗保险（以下简称“城乡居民医保”）规定的医疗费用，由定点医疗机构向其所在的区县医保中心申请结算。

（三）参保人员在外省市医疗机构就医或未携带就医凭证急诊等原因发生的，符合城乡居民医保规定的医疗费用，由参保人员持有关资料向区县医保中心申请结算。

二、定点医疗机构结算

（一）门诊急诊医疗费用结算

参保人员（不含大学生）按照《城乡居民医保办法》的规定在本市定点医疗机构门诊急诊治疗所发生的医疗费用，属于城乡居民医保基金支付的医疗费用予以记账，其余部分由个人自负。记账的医疗费用，由定点医疗机构向所在地的区县医保中心申请结算，其余医疗费用由定点医疗机构向参保人员收取。

（二）住院或急诊观察室留院观察医疗费用结算

1. 参保人员住院或急诊观察室留院观察发生的医疗费用，属于城乡居民医保基金支付的费用，由定点医疗机构予以记账，其余部分由个人自负。记账的医疗费用，由定点医疗机构向所在地的区县医保中心申请结算；其余医疗费用，由定点医疗机构向参保人员收取。

2. 大学生在本市住院实行定点医疗（急诊住院除外），定点医院由各院校在本市基本医疗保险定点医疗机构范围内合理确定。大学生进行住院医疗的，由院校指定部门开具《上海市城乡居民基本医疗保险（大学生）住院结算凭证》（见附件1）。

定点医疗机构在收治大学生住院时，应当核验大学生的学生证（不能提供的，应由所在院校出具身份证明）和院校开具的住院结算凭证。

3. 参保人员住院或急诊观察室留院观察医疗，定点医疗机构可根据其病情适当收取预交费。具体标准按有关规定执行。

4. 跨年度的住院或急诊观察室留院观察医疗费用，按费用结算时所在年度的医疗费用进行结算。

5. 参保人员在一所定点医疗机构住院不足1个月的，出院时结算医疗费用；住院1个月以上的，每满1个月或出院时结算医疗费用。住院6个月以上的精神疾病患者、老年护理患者，也可每满6个月或出院时结算医疗费用。

6. 参保人员因病情需要由急诊观察室留院观察直接转入住院医疗后，急诊观察室留院观察所发生的医疗费用并入住院费用，不单独结算。

（三）其他

市医保办规定参保人员须自费的药品、医疗材料等费用以及不符合城乡居民医保规定的医疗费用，由定点医疗机构向参保人员收取。参保人员自费的这部分费用不计入门诊急诊费用累计。

（四）汇总与申报

1. 定点医疗机构应按月汇总医疗保险费用（含村卫生室的医疗保险费用），向所在地的区县医保中心申请结算。

2. 定点医疗机构根据参保人员医疗保险凭证、医疗项目、出院账单、大学生就医凭证或门诊急诊医药费用等资料，填写费用结算表和结算申报表。计算机数据库数据、费用结算表数据和结算申报表数据三者必须一致。

3. 定点医疗机构在每月的1日至10日内，向所在地的区县医保中心申请结算。

（五）结算审核与拨付

1. 区县医保中心在收到定点医疗机构提交的结算报表后的10个工作日内，按照《城乡居民医保办法》的有关规定进行审核并提出初审意见。区县医保中心可以根据有关规定要求定点医疗机构提供病历、处方、费用清单等有关资料。

2. 区县医保中心在初审结束后，对结算费用进行汇总，填写定点医疗机构结算区县汇总表，并将提出初审意见的结算申报表报送市医保中心。

3. 市医保中心在收到区县医保中心的初审意见之日起10个工作日内，根据《城乡居民医保办法》的有关规定进行审核，并将审核情况汇总报市医保办审定后，在7个工作日内予以拨付。

三、零星报销

（一）申报

1. 参保人员在外省市医疗机构就医或未携带就医凭证急诊等原因，所发生的属于城乡居民医保基金支付的医疗费用，先由参保人员个人垫付，然后由参保人员本人凭其医疗保险凭证以及身份证（或户口簿）、门诊急诊病历（或复印件）、出院小结、医疗费用专用收据等有关资料，到邻近的区县医保中心报销。如果委托他人办理报销事宜，被委托人在出具上述资料的同时，还必须出具被委托人的身份证。

2. 大学生在外省市发生急诊住院，或因病等休学期间在外省住院医疗，发生的属于城乡居民医保基金支付的部分，由院校按相关规定汇总后至所属的区县医保中心申请零星报销。区县医保中心审核后，将相关费用拨付至相关院校，由院校支付给大学生。

3. 参保人员零星报销应在就医医疗机构开具收据之日起的 3 个月内申请。零星报销的医疗费用按费用结算时所在年度的医疗费用处理。

（二）审核与支付

1. 区县医保中心在收到参保人员提交的零星报销的有关资料后，按照《城乡居民医保办法》的有关规定进行审核，对属于城乡居民医保基金支付的费用，予以支付。在审核中有疑问的，可将申报材料退回参保人员，并说明理由，或者报请市医保中心进行审核。

2. 区县医保中心按月汇总零星报销费用，按照有关资料填写零星报销汇总表和结算申报表，报送市医保中心。市医保中心按有关规定审定后予以支付。

上述有关费用结算表、结算申报表及区县汇总表的具体填写方法见附件 2。

四、其他

本办法自 2016 年 1 月 1 日起实施，有效期至 2020 年 12 月 31 日。2007 年 12 月 13 日《上海市城乡居民基本医疗保险结算办法》（沪医保［2007］233 号）同时废止。

5.3.10 关于本市基本医疗保险关系转移接续若干问题处理意见的通知（沪人社医发［2015］30 号）

各区县人力资源和社会保障局、医疗保险办公室，市医疗保险事业管理中心，各区县医疗保险事务中心：

为切实保障流动就业人员的合法权益，做好本市流动就业人员城镇职工基本医疗保险关系转移接续工作，根据人力资源和社会保障部、卫生部、财政部《关于印发流动就业人员基本医疗保障关系转移接续暂行办法的通知》（人社部发［2009］191 号，以下简称《暂行办法》）要求，经研究，现就本市城镇职工基本医疗保险关系转移接续若干问题的处理意见通知如下：

一、凡参加本市城镇职工基本医疗保险的人员，跨省、自治区、直辖市流动就业的，其基本医疗保险关系的转移接续，按照《暂行办法》和人力资源和社会保障部社会保险事业管理中心《关于印发流动就业人员基本医疗保障关系转移接续业务经办规程（试行）的通知》（人社险中心函［2010］58 号，以下简称《经办规程》）有关规定办理。

二、参加本市城镇职工基本医疗保险的流动就业人员，办理基本医疗保险关系转移接续手续，原则上应与城镇职工基本养老保险关系转移接续手续一并办理。

三、参加本市城镇职工基本医疗保险的流动就业人员，在按照规定参保缴费后，由市医保事业管理中心为其建立个人医疗账户。

本市城镇职工基本医疗保险参保人员流动到外省市就业的，在本市注销个人医疗账户，并由医保经办机构对个人医疗账户剩余资金进行清算，清算后的个人医疗账户余额（包括个人缴费部分和单位缴费划入部分）通过医疗保险经办机构转移。

四、市、区医疗保险经办机构要按照《暂行办法》和《经办规程》的要求，做好流动就业人员的基本医疗保险关系转移接续工作，及时记录更新流动人员参保信息，保证参保记录的完整性和连续性。

五、本市基本医疗保险关系转移接续的经办流程，由市医疗保险事业管理中心另行制定。

六、本通知自2015年1月1日起施行，有效期至2019年12月31日。

5.3.11 关于失业人员参加本市职工基本医疗保险有关事项的通知（沪人社就发［2016］34号）

各区县人力资源和社会保障局、医疗保险办公室，市就业促进中心，市社会保险事业管理中心，市人力资源和社会保障局信息中心、市医疗保险事业管理中心：

根据《社会保险法》《上海市人民政府关于贯彻实施〈社会保险法〉调整本市现行有关失业保险政策的通知》（沪府发［2016］42号）和《上海市人民政府关于调整本市城镇职工社会保险缴费比例的通知》（沪府发［2016］18号）的有关规定，现就本市失业人员（以下简称失业人员）参加职工基本医疗保险有关事项通知如下：

一、失业人员在领取失业保险金期间参加本市职工基本医疗保险。

领取失业补助金的本市农村原农民合同制工人参照执行。

二、失业人员参加本市职工基本医疗保险的缴费基数为上一年度全市职工月平均工资的60%，缴费费率为12%（其中2%视为个人缴费），所需费用由失业保险基金统一支付，失业人员个人不缴费。

失业人员参加职工基本医疗保险期间，医疗保险缴费年限累计计算。

三、失业人员自办理失业保险金申领手续当日起，按照本市职工基本医疗保险相关规定享受相应的医疗保险待遇。

一次性领取失业补助金的本市农村原农民合同制工人，自办理失业保险待遇申领手续当日起参加职工基本医疗保险并享受相应待遇，参保月份数按照领取失业补助金的月份数确定。

失业人员在参加职工基本医疗保险期间发生的医疗费用，若医疗保险网上结算功能尚未开通，由本人先行垫付，次月凭有关资料到区县医疗保险事务中心报销符合基本医疗保险规定的医疗费用。

四、失业人员参加职工基本医疗保险期间，不再享受《上海市失业保险办法》规定的相关医疗补助金待遇。

五、失业保险基金为失业人员参保后，由于用人单位补缴社会保险费等原因导致失业人员重复参保的，重复参保期间失业保险基金缴费部分退还失业保险基金。

六、市失业保险经办机构负责统一为失业人员办理参保手续。失业人员停止领取失业保险待遇的，由市失业保险经办机构统一办理停止缴费手续。

市失业保险经办机构统筹安排失业保险基金的各项支出，将需要为失业人员缴纳的职工基本医疗保险费纳入失业保险基金预算。

七、市社会保险经办机构设立“上海市失业人员缴纳医疗保险费结算专户”，做好失业人员缴纳职工基本医疗保险费的结算工作。

八、医疗保险经办机构要落实好参加职工基本医疗保险失业人员的待遇享受工作。

九、本通知自2016年7月1日起实施，有效期5年。

5.3.12 关于2016年度外来从业人员参加本市职工基本医疗保险后医保待遇衔接有关问题的通知（沪人社医发［2016］17号）

市医疗保险事业管理中心、市医疗保险监督检查所、市人力资源和社会保障咨询服务中心，各区县人力资源和社会保障局、医疗保险办公室，各定点医药机构：

为妥善做好非城镇户籍外来从业人员（以下简称外来从业人员）参加本市职工基本医疗保险工作，实现外来从业人员与本市职工医保缴费与待遇接轨。现就待遇衔接有关问题通知如下：

一、关于待遇调整的时间及人员范围

（一）2016年3月按规定正享受当月外来从业人员医保待遇的人员，自2016年4月1日起统一调整为享受职工基本医疗保险待遇。

（二）2016年3月新参保的外来从业人员，自2016年4月15日起享受职工基本医疗保险待遇。

二、关于就医记录册的使用

2016医保年度内，外来从业人员门诊就医时可暂不使用《上海市基本医疗保险门急诊就医记录册（自管）》。

三、其他

本办法自2016年4月1日起实施，有效期至2017年3月31日。《上海市人力资源和社会保障局，上海市医疗保险办公室关于下发〈关于外来从业人员参加本市城镇职工基本医疗保险若干问题的通知的实施细则〉的通知》（沪人社医发［2011］38号）同时废止。

5.3.13 上海市职工基本医疗保险综合减负实施办法（沪人社医发［2016］46号）

为了进一步完善本市职工基本医疗保险办法，切实解决部分参保人员自负医疗费的特殊困难，实施与参保人员年收入挂钩的医疗保险综合减负（以下简称“医保综合减负”），制定本实施办法。

一、适用对象

本实施办法适用于参加本市职工基本医疗保险的在职职工和退休人员（以下统称“参保人员”）。

二、适用条件

参保人员年自负医疗费累计超过其年收入一定比例的部分，实行医保综合减负，具体如下：

（一）因患大病或大部分丧失劳动能力原因无法就业的协议保留社会保险关系人员，年自负医疗费累计超过本市上年度最低生活标准25%以上的部分；

（二）在职职工年收入在本市上年度职工最低工资标准80%及以下的，年自负医疗费累计超过本市上年度职工最低工资标准80%的25%以上的部分；

（三）在职职工年收入在本市上年度职工最低工资标准80%至最低工资标准之间的，年自负医疗费累计超过其年收入25%以上的部分；

（四）在职职工年收入在本市上年度职工最低工资标准以上、职工年平均工资1.5倍以下的，年自负医疗费累计超过其年收入30%以上的部分；

（五）在职职工年收入在本市上年度职工年平均工资1.5倍以上、3倍以下的，年自负医疗费累计超过其年收入 40%以上的部分；

（六）退休人员年养老金在本市上年度职工最低工资标准 80%及以下的，年自负医疗费累计超过本市上年度职工最低工资标准 80%的 25%以上的部分；

（七）退休人员年养老金在本市上年度职工最低工资标准 80%至最低工资标准之间的，年自负医疗费累计超过其年养老金 25%以上的部分；

（八）退休人员年养老金在本市上年度职工最低工资标准以上的，年自负医疗费累计超过其年养老金 30%以上的部分。

三、综合减负标准及范围

（一）符合医保综合减负条件的参保人员，年自负医疗费累计超过本实施办法第二条规定比例的，超过部分的自负医疗费减负 90%。

（二）年自负医疗费是指在一个医保年度内，按照本市基本医疗保险规定现金自负的医疗费，即符合基本医疗保险诊疗项目、医疗服务设施和用药范围以及支付标准的医疗费中，按规定由个人现金自负的医疗费，其中包括诊疗项目分类自负的医疗费用、B 等病房分类自负的床位费，以及使用本市基本医疗保险药品目录中乙类药品分类自负的药品费用。

（三）年累计自负医疗费，不包括以下各项费用：

1. 按照本市医疗保险其他减负规定减负的医疗费。

2. 按照本市公务员医疗补助规定补助的医疗费。

3. 按照市总工会医疗互助保障计划规定报销的医疗费。

四、资金来源

医保综合减负资金从本市地方附加医疗保险基金中列支。

五、定点医疗

在一个医保年度内，实行综合减负的参保人员自申请办理综合减负后，原则上实行门诊定点医疗。参保人员可按有关规定选定 1 所一级医疗机构作为门诊定点医疗机构。如病情需要转诊至二、三级医疗机构医疗的，由该定点医疗机构出具转诊证明。属于住院和门诊大病医疗的，仍按照现行有关规定就医。

实行综合减负的参保人员，未按上述规定实行门诊定点就医的，其此后发生的门诊医疗费，不列入综合减负范围。

六、申请减负程序

（一）参保人员符合医保综合减负条件和标准的，可到就近的街道（镇）医保服务点申领《上海市职工基本医疗保险综合减负申请表》（简称《申请表》，见附件）。

（二）参保人员在按规定填写《申请表》后，在职职工应由所在单位盖章证明，未重新就业的协保人员及其他无工作单位的参保人员由所在地街道办事处或乡、镇人民政府的相关部门审核后盖章证明。退休人员无需盖章证明。

参保人员享受公务员医疗补助的，在《申请表》中填写本年度已享受的公务员医疗补助金额，并由单位盖章证明。

（三）参保人员持填写完整的《申请表》、本人社会保障卡（或医疗保险卡）、门急诊就医记录册和有关凭证至就近的区县医疗保险事务中心申请综合减负。

七、其他事项

参保人员申请本医保年度医疗费医保综合减负，截止日期为该医保年度结束后的第 3

年内，逾期不予受理。

八、施行日期

本实施办法自发文之日起施行，有效期5年。2016年8月16日至本实施办法发文之日，医保综合减负按本实施办法执行。

5.4 失业保险相关

★ 法律

5.4.1 中华人民共和国社会保险法（主席令第35号 2011年7月起施行）

第五章 失业保险

第四十四条 职工应当参加失业保险，由用人单位和职工按照国家规定共同缴纳失业保险费。

第四十五条 失业人员符合下列条件的，从失业保险基金中领取失业保险金：

（一）失业前用人单位和本人已经缴纳失业保险费满一年的；

（二）非因本人意愿中断就业的；

（三）已经进行失业登记，并有求职要求的。

第四十六条 失业人员失业前用人单位和本人累计缴费满一年不足五年的，领取失业保险金的期限最长为十二个月；累计缴费满五年不足十年的，领取失业保险金的期限最长为十八个月；累计缴费十年以上的，领取失业保险金的期限最长为二十四个月。重新就业后，再次失业的，缴费时间重新计算，领取失业保险金的期限与前次失业应当领取而尚未领取的失业保险金的期限合并计算，最长不超过二十四个月。

第四十七条 失业保险金的标准，由省、自治区、直辖市人民政府确定，不得低于城市居民最低生活保障标准。

第四十八条 失业人员在领取失业保险金期间，参加职工基本医疗保险，享受基本医疗保险待遇。

失业人员应当缴纳的基本医疗保险费从失业保险基金中支付，个人不缴纳基本医疗保险费。

第四十九条 失业人员在领取失业保险金期间死亡的，参照当地对在职职工死亡的规定，向其遗属发给一次性丧葬补助金和抚恤金。所需资金从失业保险基金中支付。

个人死亡同时符合领取基本养老保险丧葬补助金、工伤保险丧葬补助金和失业保险丧葬补助金条件的，其遗属只能选择领取其中的一项。

第五十条 用人单位应当及时为失业人员出具终止或者解除劳动关系的证明，并将失业人员的名单自终止或者解除劳动关系之日起十五日内告知社会保险经办机构。

失业人员应当持本单位为其出具的终止或者解除劳动关系的证明，及时到指定的公共就业服务机构办理失业登记。

失业人员凭失业登记证明和个人身份证明，到社会保险经办机构办理领取失业保险金的手续。失业保险金领取期限自办理失业登记之日起计算。

第五十一条 失业人员在领取失业保险金期间有下列情形之一的，停止领取失业保险金，并同时停止享受其他失业保险待遇：

（一）重新就业的；

（二）应征服兵役的；

（三）移居境外的；

（四）享受基本养老保险待遇的；

（五）无正当理由，拒不接受当地人民政府指定部门或者机构介绍的适当工作或者提供的培训的。

第五十二条 职工跨统筹地区就业的，其失业保险关系随本人转移，缴费年限累计计算。

★ 行政法规/部门规章/司法解释

5.4.2 实施《中华人民共和国社会保险法》若干规定（人力资源和社会保障部令第13号 2011年7月起施行）

第四章 关于失业保险

第十三条 失业人员符合社会保险法第四十五条规定条件的，可以申请领取失业保险金并享受其他失业保险待遇。其中，非因本人意愿中断就业包括下列情形：

（一）依照劳动合同法第四十四条第一项、第四项、第五项规定终止劳动合同的；

（二）由用人单位依照劳动合同法第三十九条、第四十条、第四十一条规定解除劳动合同的；

（三）用人单位依照劳动合同法第三十六条规定向劳动者提出解除劳动合同并与劳动者协商一致解除劳动合同的；

（四）由用人单位提出解除聘用合同或者被用人单位辞退、除名、开除的；

（五）劳动者本人依照劳动合同法第三十八条规定解除劳动合同的；

（六）法律、法规、规章规定的其他情形。

第十四条 失业人员领取失业保险金后重新就业的，再次失业时，缴费时间重新计算。失业人员因当期不符合失业保险金领取条件的，原有缴费时间予以保留，重新就业并参保的，缴费时间累计计算。

第十五条 失业人员在领取失业保险金期间，应当积极求职，接受职业介绍和职业培训。失业人员接受职业介绍、职业培训的补贴由失业保险基金按照规定支付。

★ 地方性文件·广东省

5.4.3 广东省失业保险条例（广东省第十二届人民代表大会常务委员会第6号 2013年11月起施行）

（2002年7月25日广东省第九届人民代表大会常务委员会第三十五次会议通过 2013年11月21日广东省第十二届人民代表大会常务委员会第五次会议修订 2013年11月21日公布 自2014年7月1日起施行）

广东省人民代表大会常务委员会

2013年11月21日

第一章 总 则

第一条 为了保障失业人员的基本生活，预防失业，促进就业，根据《中华人民共和国社会保险法》等有关法律、法规，结合本省实际，制定本条例。

第二条 本省行政区域内下列单位和人员应当参加失业保险：

（一）企业、非参照公务员法管理的事业单位和社会团体、民办非企业单位、基金会、律师事务所、会计师事务所等组织及其职工；

（二）与劳动者建立劳动关系的国家机关、参照公务员法管理的事业单位和社会团体及与其建立劳动关系的劳动者；

（三）有非军籍职工的军队、武警部队所属用人单位及其非军籍职工；

（四）有雇工的个体经济组织及其雇工；

（五）法律、法规、规章规定的其他单位和人员。

前款所列单位，以下统称用人单位；前款所列人员，以下统称职工。

第三条　用人单位和职工应当在用人单位注册登记地参加失业保险，依法按月缴纳失业保险费。

第四条　县级以上人民政府应当依法保证失业保险基金的征集和失业保险待遇的支付，在失业保险基金出现支付不足时给予补贴。

失业保险基金、失业保险待遇按照国家规定不计征税、费。

第五条　县级以上人民政府社会保险行政部门负责本行政区域的失业保险管理工作，其他有关部门在各自的职责范围内负责有关的失业保险工作。

社会保险费征收机构负责失业保险费的征收工作。

社会保险经办机构应当依照国家和省的规定具体承办失业保险事务，建立、健全失业保险业务、财务、安全和风险管理制度。

第六条　失业保险基金按照国家规定逐步实行省级统筹。

实行省级统筹前，失业保险基金由各地级以上市统筹。各统筹地区应当按照省人民政府规定的比例向省上缴调剂金，用于失业保险基金不敷使用时的调剂和省人民政府批准的预防失业、促进就业支出。

各统筹地区按时足额上缴调剂金后，失业保险基金不敷使用时，由省级调剂金调剂、地方财政补贴。

第二章　失业保险基金

第七条　失业保险基金由下列各项构成：

（一）失业保险费；

（二）失业保险基金的利息；

（三）滞纳金；

（四）财政补贴；

（五）依法纳入失业保险基金的其他资金。

第八条　用人单位以应当参加失业保险的职工的缴费工资之和为基数，按照国家和省规定的费率缴纳失业保险费。

职工以本人工资为基数，按照国家和省规定的费率缴纳失业保险费。

职工缴费工资不得低于失业保险关系所在地级以上市最低工资标准。本人工资高于失业保险关系所在地级以上市上年度在岗职工月平均工资三倍的，以失业保险关系所在地级以上市上年度在岗职工月平均工资的三倍为基数计算缴费。

第九条　省人民政府根据国家规定，可以结合本省经济社会发展形势、失业人员数量、失业保险基金数额等情况，合理调整失业保险费的费率。

统筹地区人民政府可以按照省人民政府的规定实行浮动费率，对稳定就业的用人单位适当下调费率。

第十条　用人单位应当自行申报、按时足额缴纳失业保险费，职工应当缴纳的失业保险费由用人单位代扣代缴。

社会保险费征收机构应当依法按时足额征收失业保险费，并提供失业保险缴费记录供用人单位和职工免费查询。

第十一条 用人单位破产、解散的，管理人、清算组应当通知统筹地区社会保险费征收机构和社会保险经办机构，并依法清偿失业保险费及其利息、滞纳金。

用人单位分立、合并的，承继单位享有原用人单位的失业保险权利并承担相应义务。

第十二条 失业保险基金用于下列支出：

（一）失业保险金；

（二）失业人员领取失业保险金期间的职工基本医疗保险费；

（三）失业人员在领取失业保险金期间死亡的，其遗属领取的丧葬补助金和抚恤金；

（四）失业人员领取失业保险金期间的求职补贴和接受职业介绍、职业培训的补贴；

（五）省人民政府按照国家有关规定批准的职业技能鉴定补贴等预防失业、促进就业支出；

（六）国务院规定或者批准的与失业保险有关的其他费用。

第十三条 失业保险基金应当列入预算管理。

社会保险费征收机构、社会保险经办机构所需经费列入预算，由财政拨付，不得从失业保险基金中提取任何费用。

第三章 失业保险待遇

第十四条 在法定劳动年龄内、有劳动能力、有就业意愿、处于无业状态的人员，可以到公共就业服务机构依法办理失业登记。

劳动者申请办理失业登记时，应当如实填写失业登记申请表，并提供本人身份证件和证明原身份的有关证明，以及与原单位解除或者终止劳动关系的证明。

第十五条 失业人员同时符合下列条件的，可以领取失业保险金，并按照规定享受其他失业保险待遇：

（一）失业前用人单位和本人已经缴纳失业保险费累计满一年，或者不满一年但本人有失业保险金领取期限的；

（二）非因本人意愿中断就业的；

（三）已经办理失业登记，并有求职要求的。

第十六条 非因本人意愿中断就业包括下列情形：

（一）依照《中华人民共和国劳动合同法》第四十四条第一项、第四项、第五项规定终止劳动合同的；

（二）用人单位依照《中华人民共和国劳动合同法》第三十九条、第四十条、第四十一条规定解除劳动合同的；

（三）用人单位依照《中华人民共和国劳动合同法》第三十六条规定向劳动者提出解除劳动合同并与劳动者协商一致解除劳动合同的；

（四）用人单位提出解除聘用合同或者被用人单位辞退、除名、开除的；

（五）劳动者本人依照《中华人民共和国劳动合同法》第三十八条规定解除劳动合同的；

（六）法律、法规、规章规定的其他情形。

第十七条 失业人员缴费时间一至四年的，每满一年，失业保险金领取期限为一个月；四年以上的，超过四年的部分，每满半年，失业保险金领取期限增加一个月。失业保险金领取期限最长为二十四个月。

第十八条 失业人员领取失业保险金后重新就业并参加失业保险的，缴费时间重新计算；再次失业的，失业保险金领取期限与前次失业应当领取而尚未领取的期限合并计算，最长不超过二十四个月。

失业人员未领取失业保险金的，原缴费时间予以保留，重新就业并参加失业保险的，缴费时间累计计算。

已经参加失业保险的国有和县以上集体所有制单位原干部和固定工，在当地实施失业保险制度前按照国家规定计算的连续工龄视同缴费时间。

第十九条 失业保险金由社会保险经办机构按照失业保险关系所在地级以上市最低工资标准的百分之八十按月计发，省人民政府根据国家规定，可以结合居民基本生活费用价格指数变动情况，适当调整失业保险金标准。

失业保险金标准不得低于当地城市居民最低生活保障标准。

第二十条 失业人员在领取失业保险金期间可以领取求职补贴，标准为本人失业前十二个月平均缴费工资的百分之十五，不足十二个月的，按照实际月数的平均缴费工资计算，领取期限最长不超过六个月。求职补贴随失业保险金按月发放。

失业人员在领取失业保险金期间达到法定退休年龄的，从次月开始，不再发放求职补贴。

第二十一条 女性失业人员在领取失业保险金期间生育的，可以向失业保险关系所在地社会保险经办机构申请一次性加发失业保险金，标准为生育当月本人失业保险金的三倍。

第二十二条 失业人员在失业保险金领取期限未满前重新就业，就业后签订一年以上劳动合同并参加失业保险满三个月的，可以向原失业保险金领取地社会保险经办机构申请一次性领取已经核定而尚未领取期限一半的失业保险金，不足一个月的部分按照一个月计算，并相应计算为领取期限。剩余的尚未领取期限与再次失业时的领取期限合并计算。

第二十三条 失业人员在失业保险金领取期限未满前开办企业、民办非企业单位或者从事个体经营的，凭营业执照或者登记证书及纳税证明，可以向原失业保险金领取地社会保险经办机构申请一次性领取已经核定而尚未领取期限的失业保险金，并相应计算为领取期限。

第二十四条 失业人员领取失业保险金期间在失业保险关系所在地参加职工基本医疗保险，享受基本医疗保险待遇。

失业人员应当缴纳的基本医疗保险费从失业保险关系所在地失业保险基金中支付，个人不缴纳基本医疗保险费。

第二十五条 失业人员在领取失业保险金期间死亡的，其遗属可以一次性领取丧葬补助金和抚恤金以及当月尚未领取的失业保险金。

丧葬补助金按照失业人员死亡时失业保险关系所在地级以上市上年度在岗职工月平均工资的三倍计发，抚恤金按照失业人员死亡时失业保险关系所在地级以上市上年度在岗职工月平均工资的六倍计发。

失业人员的遗属应当在失业人员死亡或者收到宣告失业人员死亡判决书之日起六个月

内，凭本人身份证明、与失业人员的关系证明和失业人员的死亡证明，到社会保险经办机构办理领取丧葬补助金、抚恤金和失业保险金的手续。

失业人员死亡同时符合领取失业保险丧葬补助金、基本养老保险丧葬补助金和工伤保险丧葬补助金条件的，其遗属只能选择领取其中的一项。

第二十六条 参加失业保险的失业人员可以按照省人民政府的规定，享受免费的职业介绍和减免费的职业培训。

第二十七条 失业人员领取失业保险金期间在本省参加职业技能鉴定的，在取得相应国家职业资格证书后可以领取职业技能鉴定补贴。失业人员在每一次领取失业保险金期间，领取职业技能鉴定补贴的次数不超过两次。

失业人员申请领取职业技能鉴定补贴的，应当在证书颁发之日起九十日内向失业保险关系所在地社会保险经办机构提出。超过时限申请的，不予受理。

职业技能鉴定补贴的标准为当次职业技能鉴定费。同一次职业技能鉴定已经享受就业专项资金、农村劳动力培训转移就业补贴资金等财政性资金补贴的，不再享受本条规定的补贴。

第二十八条 失业人员在领取失业保险金期间有下列情形之一的，停止领取失业保险金，并同时停止享受其他失业保险待遇：

（一）重新就业的；

（二）应征服兵役的；

（三）移居境外的；

（四）按月享受基本养老保险待遇的；

（五）无正当理由，累计三次拒不接受当地人民政府指定部门或者机构介绍的适当工作或者提供的培训的。

失业人员在领取失业保险金期间被判刑收监执行或者被强制隔离戒毒的，中断领取失业保险金，其失业保险金领取期间中断计算。中断原因消除后，失业人员可以继续申领失业保险金。

第四章 失业保险关系转移

第二十九条 失业人员领取失业保险金期间在本省行政区域内跨统筹地区重新就业并参加失业保险的，失业保险关系随本人转移，转移前的尚未领取期限与再次失业时的领取期限合并计算。

职工、未领取失业保险金的失业人员在本省行政区域内跨统筹地区就业并参加失业保险的，失业保险关系随本人转移，缴费时间累计计算。

第三十条 职工、失业人员按照本条例第二十九条规定转移失业保险关系的，应当凭本人身份证明及失业保险参保凭证，向转入地社会保险经办机构提出书面转移申请。

转入地社会保险经办机构应当在受理申请之日起七个工作日内进行审核，对符合本条例第二十九条规定条件的，向转出地社会保险经办机构发出同意接收函；对不符合本条例第二十九条规定条件的，书面说明理由并告知申请人。

转出地社会保险经办机构应当在收到同意接收函之日起七个工作日内，向转入地社会保险经办机构转移参保人员的失业保险缴费记录、缴费工资记录、享受待遇记录等材料。

转入地社会保险经办机构应当在收齐失业保险关系转移材料之日起七个工作日内办结

转移手续，并书面告知申请人。

第三十一条 户籍在本省行政区域内、统筹地区外的失业人员，符合失业保险金领取条件的，可以选择在统筹地区或者户籍所在地享受失业保险待遇。选择在户籍所在地享受失业保险待遇的，应当办理失业保险关系转移手续，失业保险待遇按照户籍所在地标准执行，由户籍所在地社会保险经办机构支付。

第三十二条 失业人员按照本条例第三十一条规定选择在户籍所在地享受失业保险待遇的，应当在办理失业登记后，凭本人身份证明、户籍证明、就业失业登记凭证到统筹地区社会保险经办机构开具失业保险关系转移凭证。

失业人员在取得失业保险关系转移凭证后，凭本人身份证明、失业保险关系转移凭证，向户籍所在地社会保险经办机构书面申请享受失业保险待遇。

户籍所在地社会保险经办机构应当在受理申请之日起七个工作日内进行审核，对符合本条例第三十一条规定条件的，向统筹地区社会保险经办机构发出同意接收函；对不符合本条例第三十一条规定条件的，书面说明理由并告知申请人。

统筹地区社会保险经办机构应当在收到同意接收函之日起七个工作日内，向户籍所在地社会保险经办机构转移参保人员的失业保险缴费记录、缴费工资记录、享受待遇记录等材料和失业保险基金。

户籍所在地社会保险经办机构应当在收齐失业保险关系转移材料和失业保险基金之日起七个工作日内办结转移手续，并作出书面支付决定，送达申请人，次月起发放失业保险金。失业保险金领取期限自户籍所在地社会保险经办机构作出书面支付决定之日起计算。

第三十三条 职工、失业人员按照本条例第二十九条规定转移失业保险关系的，失业保险基金不转移。失业人员按照本条例第三十一条规定选择在户籍所在地享受失业保险待遇的，社会保险经办机构应当办理失业保险基金转移手续，转移的基金数额为按照统筹地区标准核定的失业人员的失业保险金总额的一点五倍。

第三十四条 跨省、自治区、直辖市转移失业保险关系或者享受失业保险待遇的，按照国家有关规定执行。

符合失业保险金领取条件但不具有本省户籍的失业人员，要求不在参保地按月享受失业保险待遇且不转移失业保险关系的，可以向失业保险关系所在地社会保险经办机构申请领取一次性失业保险金。领取一次性失业保险金的，不再享受按月领取失业保险金以及其他失业保险待遇，同时终止失业保险关系。一次性失业保险金标准由省人民政府制定。

第五章 监督管理

第三十五条 社会保险行政部门依法对用人单位和个人遵守社会保险法律、法规情况，以及社会保险基金的收支、管理和投资运营情况进行监督检查。

财政部门和审计机关依法对失业保险基金的收支、管理情况进行监督。

社会保险监督委员会依法对失业保险基金的收支、管理情况实施社会监督。

第三十六条 任何组织或者个人有权对违反失业保险法律、法规的行为进行举报、投诉。

社会保险行政部门、社会保险经办机构、社会保险费征收机构和财政部门、审计机关对属于本部门、本机构职责范围的举报、投诉，应当依法处理；对不属于本部门、本机构职责范围的举报、投诉，应当按照规定书面告知举报人、投诉人，并移交有权处理的部门、机构处理。

第三十七条 社会保险经办机构提供失业保险服务，负责失业保险登记、失业保险费核定、失业保险待遇支付、失业保险关系转移、出具失业保险参保凭证等工作，每年向社会公布失业保险基金的收入、支出、结余和收益等情况，并建立失业保险缴费和享受待遇记录供用人单位和职工免费查询、核对。

公共就业服务机构负责办理失业登记工作，依法发放就业失业登记凭证，为失业人员提供就业服务和出具相关证明，并将失业人员就业、失业的相关信息告知失业保险关系所在地社会保险经办机构。

社会保险经办机构和公共就业服务机构应当公开失业保险的有关规定和办事制度，严格审核有关情况，加强信息交换网络和设施建设，完善就业、失业等相关信息的交换机制。

第三十八条 用人单位应当在终止或者解除劳动合同时为失业人员出具终止或者解除劳动关系证明，据实写明终止或者解除劳动关系的原因，告知其享有按照规定享受失业保险待遇的权利，并自终止或者解除劳动关系之日起十五日内将失业人员名单告知社会保险经办机构。

第三十九条 失业人员申请领取失业保险金，应当向最后参保地社会保险经办机构提出申请，并提供本人身份证明、就业失业登记凭证。需要办理失业保险关系转移的，应当办结转移手续后再提出申请。社会保险经办机构可以委托公共就业服务机构在办理失业登记的同时接受领取失业保险金的申请。

社会保险经办机构应当自受理申请之日起七个工作日内进行审核，对符合失业保险金领取条件的，作出书面支付决定，送达申请人，次月起发放失业保险金；对不符合失业保险金领取条件的，书面说明理由并告知申请人。

失业人员在办理失业登记之日起七个工作日内申请领取失业保险金的，失业保险金领取期限自失业登记之日起计算；超过时限申请的，失业保险金领取期限自申请领取失业保险金之日起计算。

第四十条 失业人员应当凭本人身份证明、就业失业登记凭证按月到社会保险经办机构办理领取失业保险金手续，说明求职和接受职业指导、职业培训情况。

失业人员有停止享受失业保险待遇情形的，应当及时告知社会保险经办机构。

失业人员无正当理由连续两个月不按照规定办理领取手续或者说明求职等情况的，视同重新就业。

第四十一条 用人单位或者个人认为社会保险费征收机构、社会保险经办机构的具体行政行为侵害自己合法权益的，可以依法申请行政复议或者提起行政诉讼。

第六章 法律责任

第四十二条 用人单位有下列行为之一的，由社会保险行政部门或者社会保险费征收机构依法处理；致使失业人员不能享受或者不能完全享受失业保险待遇的，用人单位依法承担赔偿责任：

（一）未参加失业保险的；

（二）未如实出具终止或者解除劳动关系证明的；

（三）未如实申报职工缴费工资的；

（四）未按时足额缴纳失业保险费的；

（五）违反失业保险法律、法规的其他行为。

对赔偿发生争议的，按照劳动争议处理程序处理。

第四十三条　以欺诈、伪造证明材料或者其他手段骗取失业保险待遇或者失业保险基金支出的，由社会保险行政部门责令退还，处骗取金额二倍以上五倍以下的罚款。

第四十四条　侵占、挪用或者违规投资运营失业保险基金的，由有权机关依法责令追回；有违法所得的，没收违法所得；对直接负责的主管人员和其他直接责任人员依法给予处分。

第四十五条　社会保险经办机构及其工作人员有下列行为之一的，由社会保险行政部门责令改正；给失业保险基金、用人单位或者个人造成损失的，依法承担赔偿责任；对直接负责的主管人员和其他直接责任人员依法给予处分：

（一）未履行失业保险法定职责的；

（二）未将失业保险基金存入财政专户的；

（三）克扣或者未按时支付失业保险待遇的；

（四）丢失或者篡改缴费记录、享受失业保险待遇记录等失业保险数据、个人权益记录的；

（五）违反失业保险法律、法规的其他行为。

第四十六条　社会保险费征收机构擅自更改失业保险费缴费基数、费率，导致少收或者多收失业保险费的，由有关行政部门责令其追缴少收的失业保险费或者退还多收的失业保险费；对直接负责的主管人员和其他直接责任人员依法给予处分。

第七章　附　则

第四十七条　本条例规定的缴费时间按月计算。

本条例规定的领取失业保险金期间，是指自失业保险金领取期限开始计算之日起至领取失业保险金最后一个自然月的最后一日。

本条例规定的正当理由包括失业人员在住院治疗期间、女性失业人员在怀孕期间、女性失业人员子女未满一周岁等情形。

第四十八条　失业人员在本条例施行时处于领取失业保险金期间的，失业保险待遇按照本条例执行。

第四十九条　本条例施行前按照原农民合同制工人办法参加失业保险的职工，在本条例施行前失业的，失业保险待遇按照原规定执行；在本条例施行时处于参保状态，本条例施行后失业的，失业保险待遇按照以下规定处理：

（一）在本条例施行前的连续缴费时间不满十二个月的，本条例施行前的连续缴费时间与本条例施行后的累计缴费时间合并计算，失业保险待遇按照本条例执行。

（二）在本条例施行前的连续缴费时间满十二个月的，其中的十二个月缴费时间与施行后的累计缴费时间合并计算，失业保险待遇按照本条例执行；施行前缴费时间超出十二个月的部分，每满一个月按照失业前十二个月平均缴费工资的百分之二的标准计发一次性生活补助。

第五十条　本条例自 2014 年 7 月 1 日起施行。

5.4.4 广东省工资支付条例（广东省第十二届人民代表大会常务委员会公告第65号 2016年9月起施行）

第二十九条 用人单位解除劳动关系的决定被裁决撤销或者判决无效的，应当支付劳动者在被违法解除劳动关系期间的工资，其工资标准为劳动者本人前十二个月的平均正常工作时间工资；劳动者已领取失业保险金的，应当全部退回社会保险经办机构。

对前款规定的期间有争议的，可以由劳动人事争议仲裁委员会或者人民法院予以裁决。

5.4.5 广东省高级人民法院、广东省劳动人事争议仲裁委员会关于印发《广东省高级人民法院广东省劳动人事争议仲裁委员会关于审理劳动人事争议案件若干问题的座谈会纪要》的通知（粤高法［2012］284号）

第十条 用人单位未依法为劳动者参加失业保险或者擅自停止缴纳失业保险费，劳动者依法向用人单位主张一次性赔偿的，应予支持。

5.4.6 惠州市中级人民法院、惠州市劳动人事争议仲裁委员会《关于审理劳动争议案件若干问题的会议纪要（试行）》（2012年）

第十二条 【失业保险损失的受理及赔偿标准】用人单位未为劳动者缴纳失业保险费，劳动者失业后无法享受失业保险待遇的，劳动者要求用人单位赔偿损失的，应予受理。赔偿标准应按照《广东省失业保险条例》及失业保险相关法规政策规定的应当获得失业保险待遇的标准计算。

★地方性文件·上海市

5.4.7 上海市人民政府关于外来从业人员参加本市生育、失业保险若干问题的通知（沪府发［2016］20号）

一、与本市用人单位建立劳动关系的外来从业人员，应当参加本市生育、失业保险。

三、外来从业人员参加本市失业保险，用人单位和个人按照与用人单位招用本市户籍人员相同的缴费比例缴纳失业保险费，缴费基数按照应缴养老保险费基数确定。

四、外来从业人员享受本市生育、失业保险待遇，按照国家和本市相关规定执行。

5.5 工伤保险经办及综合相关

★ 法律

5.5.1 中华人民共和国社会保险法（主席令第35号 2011年7月起施行）

第四章 工伤保险

第三十三条 职工应当参加工伤保险，由用人单位缴纳工伤保险费，职工不缴纳工伤保险费。

第三十四条 国家根据不同行业的工伤风险程度确定行业的差别费率，并根据使用工伤保险基金、工伤发生率等情况在每个行业内确定费率档次。行业差别费率和行业内费率档次由国务院社会保险行政部门制定，报国务院批准后公布施行。

社会保险经办机构根据用人单位使用工伤保险基金、工伤发生率和所属行业费率档次等情况，确定用人单位缴费费率。

第三十五条 用人单位应当按照本单位职工工资总额，根据社会保险经办机构确定的费率缴纳工伤保险费。

★ 行政法规/部门规章/司法解释

5.5.2 工伤保险条例（国务院令第586号 2011年1月起施行）

《国务院关于修改〈工伤保险条例〉的决定》已经2010年12月8日国务院第136次常务会议通过，现予公布，自2011年1月1日起施行。

总理温家宝

二〇一〇年十二月二十日

第一章 总 则

第一条 为了保障因工作遭受事故伤害或者患职业病的职工获得医疗救治和经济补偿，促进工伤预防和职业康复，分散用人单位的工伤风险，制定本条例。

第二条 中华人民共和国境内的企业、事业单位、社会团体、民办非企业单位、基金会、律师事务所、会计师事务所等组织和有雇工的个体工商户（以下称用人单位）应当依照本条例规定参加工伤保险，为本单位全部职工或者雇工（以下称职工）缴纳工伤保险费。

中华人民共和国境内的企业、事业单位、社会团体、民办非企业单位、基金会、律师事务所、会计师事务所等组织的职工和个体工商户的雇工，均有依照本条例的规定享受工伤保险待遇的权利。

第三条 工伤保险费的征缴按照《社会保险费征缴暂行条例》关于基本养老保险费、基本医疗保险费、失业保险费的征缴规定执行。

第四条 用人单位应当将参加工伤保险的有关情况在本单位内公示。

用人单位和职工应当遵守有关安全生产和职业病防治的法律法规，执行安全卫生规程和标准，预防工伤事故发生，避免和减少职业病危害。

职工发生工伤时，用人单位应当采取措施使工伤职工得到及时救治。

第五条 国务院社会保险行政部门负责全国的工伤保险工作。

县级以上地方各级人民政府社会保险行政部门负责本行政区域内的工伤保险工作。

社会保险行政部门按照国务院有关规定设立的社会保险经办机构（以下称经办机构）具体承办工伤保险事务。

第六条 社会保险行政部门等部门制定工伤保险的政策、标准，应当征求工会组织、用人单位代表的意见。

第二章 工伤保险基金

第七条 工伤保险基金由用人单位缴纳的工伤保险费、工伤保险基金的利息和依法纳入工伤保险基金的其他资金构成。

第八条 工伤保险费根据以支定收、收支平衡的原则，确定费率。

国家根据不同行业的工伤风险程度确定行业的差别费率，并根据工伤保险费使用、工伤发生率等情况在每个行业内确定若干费率档次。行业差别费率及行业内费率档次由国务院社会保险行政部门制定，报国务院批准后公布施行。

统筹地区经办机构根据用人单位工伤保险费使用、工伤发生率等情况，适用所属行业内相应的费率档次确定单位缴费费率。

第九条 国务院社会保险行政部门应当定期了解全国各统筹地区工伤保险基金收支情况，及时提出调整行业差别费率及行业内费率档次的方案，报国务院批准后公布施行。

第十条 用人单位应当按时缴纳工伤保险费。职工个人不缴纳工伤保险费。

用人单位缴纳工伤保险费的数额为本单位职工工资总额乘以单位缴费费率之积。

对难以按照工资总额缴纳工伤保险费的行业，其缴纳工伤保险费的具体方式，由国务院社会保险行政部门规定。

第十一条 工伤保险基金逐步实行省级统筹。

跨地区、生产流动性较大的行业，可以采取相对集中的方式异地参加统筹地区的工伤保险。具体办法由国务院社会保险行政部门会同有关行业的主管部门制定。

第十二条 工伤保险基金存入社会保障基金财政专户，用于本条例规定的工伤保险待遇，劳动能力鉴定，工伤预防的宣传、培训等费用，以及法律、法规规定的用于工伤保险的其他费用的支付。

工伤预防费用的提取比例、使用和管理的具体办法，由国务院社会保险行政部门会同国务院财政、卫生行政、安全生产监督管理等部门规定。

任何单位或者个人不得将工伤保险基金用于投资运营、兴建或者改建办公场所、发放奖金，或者挪作其他用途。

第十三条 工伤保险基金应当留有一定比例的储备金，用于统筹地区重大事故的工伤保险待遇支付；储备金不足支付的，由统筹地区的人民政府垫付。储备金占基金总额的具体比例和储备金的使用办法，由省、自治区、直辖市人民政府规定。

第六章 监督管理

第四十六条 经办机构具体承办工伤保险事务，履行下列职责：

（一）根据省、自治区、直辖市人民政府规定，征收工伤保险费；

（二）核查用人单位的工资总额和职工人数，办理工伤保险登记，并负责保存用人单位缴费和职工享受工伤保险待遇情况的记录；

（三）进行工伤保险的调查、统计；

（四）按照规定管理工伤保险基金的支出；

（五）按照规定核定工伤保险待遇；

（六）为工伤职工或者其近亲属免费提供咨询服务。

第四十七条　经办机构与医疗机构、辅助器具配置机构在平等协商的基础上签订服务协议，并公布签订服务协议的医疗机构、辅助器具配置机构的名单。具体办法由国务院社会保险行政部门分别会同国务院卫生行政部门、民政部门等部门制定。

第四十八条　经办机构按照协议和国家有关目录、标准对工伤职工医疗费用、康复费用、辅助器具费用的使用情况进行核查，并按时足额结算费用。

第四十九条　经办机构应当定期公布工伤保险基金的收支情况，及时向社会保险行政部门提出调整费率的建议。

第五十条　社会保险行政部门、经办机构应当定期听取工伤职工、医疗机构、辅助器具配置机构以及社会各界对改进工伤保险工作的意见。

第五十一条　社会保险行政部门依法对工伤保险费的征缴和工伤保险基金的支付情况进行监督检查。

财政部门和审计机关依法对工伤保险基金的收支、管理情况进行监督。

第五十二条　任何组织和个人对有关工伤保险的违法行为，有权举报。社会保险行政部门对举报应当及时调查，按照规定处理，并为举报人保密。

第五十三条　工会组织依法维护工伤职工的合法权益，对用人单位的工伤保险工作实行监督。

第五十四条　职工与用人单位发生工伤待遇方面的争议，按照处理劳动争议的有关规定处理。

第五十五条　有下列情形之一的，有关单位或者个人可以依法申请行政复议，也可以依法向人民法院提起行政诉讼：

（一）申请工伤认定的职工或者其近亲属、该职工所在单位对工伤认定申请不予受理的决定不服的；

（二）申请工伤认定的职工或者其近亲属、该职工所在单位对工伤认定结论不服的；

（三）用人单位对经办机构确定的单位缴费费率不服的；

（四）签订服务协议的医疗机构、辅助器具配置机构认为经办机构未履行有关协议或者规定的；

（五）工伤职工或者其近亲属对经办机构核定的工伤保险待遇有异议的。

第七章　法律责任

第五十六条　单位或者个人违反本条例第十二条规定挪用工伤保险基金，构成犯罪的，依法追究刑事责任；尚不构成犯罪的，依法给予处分或者纪律处分。被挪用的基金由社会保险行政部门追回，并入工伤保险基金；没收的违法所得依法上缴国库。

第五十七条　社会保险行政部门工作人员有下列情形之一的，依法给予处分；情节严重，构成犯罪的，依法追究刑事责任：

（一）无正当理由不受理工伤认定申请，或者弄虚作假将不符合工伤条件的人员认定为工伤职工的；

（二）未妥善保管申请工伤认定的证据材料，致使有关证据灭失的；

（三）收受当事人财物的。

第五十八条 经办机构有下列行为之一的，由社会保险行政部门责令改正，对直接负责的主管人员和其他责任人员依法给予纪律处分；情节严重，构成犯罪的，依法追究刑事责任；造成当事人经济损失的，由经办机构依法承担赔偿责任：

（一）未按规定保存用人单位缴费和职工享受工伤保险待遇情况记录的；

（二）不按规定核定工伤保险待遇的；

（三）收受当事人财物的。

第五十九条 医疗机构、辅助器具配置机构不按服务协议提供服务的，经办机构可以解除服务协议。

经办机构不按时足额结算费用的，由社会保险行政部门责令改正；医疗机构、辅助器具配置机构可以解除服务协议。

第六十条 用人单位、工伤职工或者其近亲属骗取工伤保险待遇，医疗机构、辅助器具配置机构骗取工伤保险基金支出的，由社会保险行政部门责令退还，处骗取金额 2 倍以上 5 倍以下的罚款；情节严重，构成犯罪的，依法追究刑事责任。

第六十一条 从事劳动能力鉴定的组织或者个人有下列情形之一的，由社会保险行政部门责令改正，处 2000 元以上 1 万元以下的罚款；情节严重，构成犯罪的，依法追究刑事责任：

（一）提供虚假鉴定意见的；

（二）提供虚假诊断证明的；

（三）收受当事人财物的。

第六十二条 用人单位依照本条例规定应当参加工伤保险而未参加的，由社会保险行政部门责令限期参加，补缴应当缴纳的工伤保险费，并自欠缴之日起，按日加收万分之五的滞纳金；逾期仍不缴纳的，处欠缴数额 1 倍以上 3 倍以下的罚款。

依照本条例规定应当参加工伤保险而未参加工伤保险的用人单位职工发生工伤的，由该用人单位按照本条例规定的工伤保险待遇项目和标准支付费用。

用人单位参加工伤保险并补缴应当缴纳的工伤保险费、滞纳金后，由工伤保险基金和用人单位依照本条例的规定支付新发生的费用。

第六十三条 用人单位违反本条例第十九条的规定，拒不协助社会保险行政部门对事故进行调查核实的，由社会保险行政部门责令改正，处 2000 元以上 2 万元以下的罚款。

第八章　附　则

第六十四条 本条例所称工资总额，是指用人单位直接支付给本单位全部职工的劳动报酬总额。

本条例所称本人工资，是指工伤职工因工作遭受事故伤害或者患职业病前 12 个月平均月缴费工资。本人工资高于统筹地区职工平均工资 300%的，按照统筹地区职工平均工资的 300%计算；本人工资低于统筹地区职工平均工资 60%的，按照统筹地区职工平均工资的 60%计算。

第六十五条 公务员和参照公务员法管理的事业单位、社会团体的工作人员因工作遭受事故伤害或者患职业病的，由所在单位支付费用。具体办法由国务院社会保险行政部门会同国务院财政部门规定。

第六十六条　无营业执照或者未经依法登记、备案的单位以及被依法吊销营业执照或者撤销登记、备案的单位的职工受到事故伤害或者患职业病的，由该单位向伤残职工或者死亡职工的近亲属给予一次性赔偿，赔偿标准不得低于本条例规定的工伤保险待遇；用人单位不得使用童工，用人单位使用童工造成童工伤残、死亡的，由该单位向童工或者童工的近亲属给予一次性赔偿，赔偿标准不得低于本条例规定的工伤保险待遇。具体办法由国务院社会保险行政部门规定。

前款规定的伤残职工或者死亡职工的近亲属就赔偿数额与单位发生争议的，以及前款规定的童工或者童工的近亲属就赔偿数额与单位发生争议的，按照处理劳动争议的有关规定处理。

第六十七条　本条例自2004年1月1日起施行。本条例施行前已受到事故伤害或者患职业病的职工尚未完成工伤认定的，按照本条例的规定执行。

5.5.3 部分行业企业工伤保险费缴纳办法（人力资源和社会保障部令第10号　2011年1月起施行）

《部分行业企业工伤保险费缴纳办法》已经人力资源和社会保障部第56次部务会议通过，现予公布，自2011年1月1日起施行。

部长　尹蔚民

二〇一〇年十二月三十一日

第一条　根据《工伤保险条例》第十条第三款的授权，制定本办法。

第二条　本办法所称的部分行业企业是指建筑、服务、矿山等行业中难以直接按照工资总额计算缴纳工伤保险费的建筑施工企业、小型服务企业、小型矿山企业等。

前款所称小型服务企业、小型矿山企业的划分标准可以参照《中小企业标准暂行规定》（国经贸中小企［2003］143号）执行。

第三条　建筑施工企业可以实行以建筑施工项目为单位，按照项目工程总造价的一定比例，计算缴纳工伤保险费。

第四条　商贸、餐饮、住宿、美容美发、洗浴以及文体娱乐等小型服务业企业以及有雇工的个体工商户，可以按照营业面积的大小核定应参保人数，按照所在统筹地区上一年度职工月平均工资的一定比例和相应的费率，计算缴纳工伤保险费；也可以按照营业额的一定比例计算缴纳工伤保险费。

第五条　小型矿山企业可以按照总产量、吨矿工资含量和相应的费率计算缴纳工伤保险费。

第六条　本办法中所列部分行业企业工伤保险费缴纳的具体计算办法，由省级社会保险行政部门根据本地区实际情况确定。

第七条　本办法自2011年1月1日起施行。

5.5.4 工伤保险经办规程（人社部发［2012］11号）

各省、自治区、直辖市及新疆生产建设兵团人力资源社会保障厅：

为全面贯彻落实社会保险法、新修订的《工伤保险条例》以及相关的法规和配套政策，进一步规范、统一工伤保险经办管理工作，我们对《工伤保险经办业务管理规程（试行）》（劳社厅发［2004］6号）进行了重新修订，形成了《工伤保险经办规程》（以下简称《规程》）。现印发你们，请遵照执行。

各地在实施《规程》过程中，可结合本地实际需要，按照精确化管理和信息化手段的要求，因地制宜补充、完善有关内容。请各地注意跟踪、了解《规程》实施情况，及时发现问题并研究提出解决意见和办法，有关情况及时向人力资源和社会保障部社会保险事业管理中心反馈。

二〇一二年二月六日

工伤保险经办规程

（本规程中附表可参见人社部网站）

第一章　总　则

第一条　为加强工伤保险业务经办管理，规范和统一经办操作程序，依据《中华人民共和国社会保险法》和《工伤保险条例》等有关法律法规，制定本规程。

第二条　全国各统筹地区社会保险经办机构（以下简称“经办机构”）经办工伤保险业务适用本规程。

代征工伤保险费的税务机关征收部门（以下简称“税务机关”）应参照执行本规程的有关规定。

第三条　工伤保险经办业务划分为社会保险登记，工伤保险费征缴，工伤医疗、康复与辅助器具配置管理，工伤待遇审核，工伤待遇和专项费用支付，财务管理，信息管理，稽核监督，权益记录与服务等内容。

第四条　经办机构内设登记、征缴、业务、财务、信息、稽核、档案等管理部门（以下简称登记部门、征缴部门、业务部门、财务部门等）。

各级经办机构应明确岗位职责，建立管理、服务、监督、考核等工作制度，保证业务经办的规范、便捷、高效、优质。各地区应逐步实行社会保险费统一征缴和支付，已实现的地区可依据本规程简化相关程序。

第二章　社会保险登记

社会保险登记包括参保登记、变更登记、注销登记、社会保险登记证管理等内容。

第一节　参保登记

第五条　登记部门应与工商行政管理、民政和机构编制管理机关等用人单位登记管理部门建立信息沟通机制，及时获取用人单位成立、终止的信息。

获取的信息包括：工商注册号、单位名称、法定代表人、注册类型、成立日期、变更事项、地址、联系电话等内容。

第六条 登记部门应及时接收公安机关通报的参保人员出生、死亡，公民身份号码、姓名变更以及户口登记、迁移、注销等情况，掌握个人信息变动情况。

第七条 用人单位依法参加工伤保险时，登记部门为其办理工伤保险参保登记。用人单位需填报《社会保险登记表》（表2-1）并提供以下证件和资料：

（一）营业执照、事业单位法人证书、社会团体法人登记证书、民办非企业单位登记证书或批准成立证件；

（二）组织机构统一代码证书；

（三）省、自治区、直辖市经办机构规定的其他证件和资料。

对在统筹地区外参加其他社会保险项目而申请在本地区参加工伤保险的，还应提供其社会保险登记证及统筹地区外的参保缴费证明。

跨地区的特殊行业应采取相对集中的方式在统筹层次较高的地区异地参加工伤保险。

第八条 用人单位依法为其职工办理社会保险登记时，需填报《参加社会保险人员登记变动申报名册》（表2-2）并提供以下证件和资料：

（一）居民身份证原件及复印件；

（二）劳动合同等用工手续；

（三）省、自治区、直辖市经办机构规定的其他证件和资料。

第九条 登记部门应自受理用人单位申报之日起15日内审核完毕。审核通过后，根据用人单位营业执照或其他批准成立证件中登记的主要经营范围，对照《国民经济行业分类》（GB/T4754-2011）和《工伤保险行业风险分类表》（《关于工伤保险费率问题的通知》劳社部发［2003］29号），确定其行业风险类别。

经办机构向首次参加社会保险的用人单位核发社会保险登记证，为首次参加社会保险的职工个人建立社会保险关系，核发社会保障卡。

未通过参保审核的，登记部门应书面向用人单位说明原因。

第十条 用人单位要为本月申报缴费期结束后新招录的职工及时申报并补缴工伤保险费，登记部门根据其填报的《参加社会保险人员登记变动申报名册》及相关资料，为其办理职工参保预登记。并在下月申报缴费期办理职工参保登记手续。

第二节 变更登记

第十一条 用人单位在以下事项变更时，填报《社会保险变更登记表》（表2-3），并提供本规程第七条规定的证件和资料，登记部门为其办理工伤保险变更登记手续。

（一）单位名称；

（二）单位地址；

（三）法定代表人或负责人；

（四）单位类型；

（五）组织机构统一代码；

（六）主管部门或隶属关系；

（七）开户银行及账号；

（八）经营范围；

（九）省、自治区、直辖市经办机构规定的其他事项。

第十二条 用人单位用工情况发生变更时，需填报《参加社会保险人员登记变动申报名册》并提供以下证件和资料：

（一）新招录：劳动合同等用工手续；

其中属于招录外单位在册不在岗职工（含企事业单位停薪留职人员、未达到法定退休年龄人员、下岗待岗人员及经营性停产放长假人员）在本单位从事临时劳动，存在多重劳动关系参加工伤保险的，需提供劳动协议或事实劳动关系的证明；

（二）解除或终止劳动关系：劳动合同到期、开除、辞退、辞职、应征入伍等相关资料或证明；

（三）退休：退休审批表；

（四）死亡：居民死亡医学证明书或其他死亡证明材料；

（五）其他情形：省、自治区、直辖市经办机构规定的其他相关资料。

第十三条 登记部门对用人单位社会保险登记事项发生变化的，收回原社会保险登记证，并重新核发。对职工姓名、公民身份号码发生变更的，更新社会保障卡。

未通过变更审核的，登记部门应书面向用人单位说明原因。

第三节 注销登记

第十四条 用人单位发生以下情形时，填报《社会保险注销登记表》（表2-4），登记部门为其办理社会保险注销登记手续：

（一）营业执照被注销或吊销；

（二）被批准解散、撤销、合并、破产、终止；

（三）国家法律、法规规定的其他情形。

根据《社会保险登记管理办法》，用人单位营业执照被注销或吊销且连续两年未办理登记证验证，经办机构可强制进行注销登记。

第十五条 用人单位办理注销登记时，根据注销类型分别提供以下证件和资料：

（一）注销通知或人民法院判决单位破产等法律文书；

（二）用人单位主管部门或有关部门批准解散、撤销、终止或合并的有关文件；

（三）社会保险登记证；

（四）省、自治区、直辖市经办机构规定的其他证件和资料。

第十六条 登记部门审核上述证件和资料，并会同征缴部门确认用人单位结清欠费、滞纳金等，对符合注销条件的，办理注销社会保险登记手续。对已注销社会保险登记的用人单位职工信息另行管理。

第四节 社会保险登记证管理

第十七条 登记部门应定期对用人单位进行社会保险登记证验证，审核其社会保险登记项目变化、规范参保等情况，并要求其在规定的时间内提供以下证件和资料：

（一）社会保险登记证；

（二）营业执照、批准成立证件或其他核准执业证件；

（三）组织机构统一代码证书；

（四）省、自治区、直辖市经办机构规定的其他证件和资料。

第十八条 登记部门审核用人单位提供的证件和资料，核实用人单位为其职工办理应参加保险项目的登记、申报工资和缴费、社会保险变更登记或注销登记，以及经办机构规定的其他情况，生成《社会保险验证审核表》（表2-5），并会同征缴部门和稽核部门确定审核结果。

对确认存在违规情况的，暂不予办理验证签章；对相关证件和资料齐全的，在社会保险登记证验证记录页，签署验证日期，加盖经办机构验证专用章。

第十九条 社会保险登记证有效期满或符合本规程第十一条规定的用人单位，登记部门受理申请后，重新核发社会保险登记证，记载重新核发登记证原因及日期。

符合本规程第十六条规定的用人单位，经办机构应收回社会保险登记证，加盖作废章。

第二十条 遗失、损毁社会保险登记证的，用人单位需要提供遗失、损毁证明资料，并提出书面申请，登记部门审核用人单位提供的相关证件和资料，补发社会保险登记证。

第二十一条 未按规定办理社会保险年检验证与换证的用人单位，应转交稽核部门督促办理。

第三章 工伤保险费征缴

工伤保险费征缴包括基数核定、费率核定、缴费核定、缴费结算、欠费管理等内容。

第一节 基数核定

第二十二条 征缴部门按统筹地区规定时间受理用人单位填报的《工伤保险缴费基数申报核定表》（表3-1），并要求其提供以下资料：

（一）劳动工资统计月（年）报表；

（二）职工工资发放明细表；

（三）《缴费工资申报名册》（表3-2）；

（四）省、自治区、直辖市经办机构规定的其他资料。

第二十三条 征缴部门在规定时间审核用人单位提供的基数核定申报资料，确认职工人数、工资总额后，核定当期缴费基数，生成《缴费基数确认名册》（表3-3），由用人单位确认。

审核用人单位缴费基数确认情况时，根据用人单位填报的《缴费基数确认情况汇总表》（表3-4），审核由职工签字确认的《缴费工资申报名册》、《缴费基数确认名册》或由用人单位签章确认的《缴费基数承诺书》（表3-5）。

第二十四条 核定缴费基数或审核基数确认情况时，若发现用人单位存在少报、漏报、瞒报情况的，征缴部门应要求用人单位限期补足，对拒不提供相关资料或不补足缴费的，转交稽核部门进行核查并责令补足。

第二节 费率核定

第二十五条 登记部门根据用人单位登记时确定的行业风险类别和国务院社会保险行政部门确定的行业差别费率标准（现行标准为《关于工伤保险费率问题的通知》），核定其工伤保险初次缴费的基准费率。

第二十六条 征缴部门根据当地的工伤保险费率浮动办法及《工伤保险费率浮动规程》（《关于印发工伤保险费率浮动规程的通知》人社险中心函［2011］101号），在核定基准费率的基础上，根据用人单位一定期限内工伤保险支缴率、工伤发生率、一至四级伤残人数或因工死亡人数等费率浮动考核指标，填写《工伤保险费率浮动明细表》（表3-6）确定用人单位缴费费率，并于5个工作日内填写《工伤保险费率浮动告知书》（表3-7）告知用人单位。用人单位对费率浮动结果有异议的，填写《重新核定工伤保险费率申请表》（表3-8）。

第二十七条　经办机构每年4月30日前填写《工伤保险费率浮动情况汇总表》（表3-9），报上级经办机构。根据工伤保险基金收支情况及基金预算执行情况，建立费率浮动效果跟踪分析制度，及时调整浮动费率。

第三节　缴费核定

第二十八条　征缴部门根据用人单位当期缴费人数、缴费基数、缴费费率核定缴费金额，以及补缴金额、滞纳金，核定当期工伤保险费应缴总额。

用人单位核对无误后，根据《工伤保险缴费申报（核定）表》（表3-10A）或《社会保险费申报（核定）表》（表3-10B），按规定时限办理缴费结算。

第二十九条　用人单位存在少报、漏报、瞒报等情况，征缴（登记）部门审核用人单位申报的《参加工伤保险人员补缴申报名册》（表3-11）及相关资料，根据缴费人数、缴费基数、补缴期限核定应补缴金额。

第三十条　征缴部门核定加收的用人单位滞纳金，根据用人单位应缴起始时间，以及应补缴金额予以核定，将滞纳金金额计入用人单位应缴总额。

用人单位应缴起始时间按照统筹地区相关规定执行。

第三十一条　难以直接按照工资总额计算缴纳工伤保险费的建筑施工企业、小型服务企业、小型矿山等企业的缴费核定，按照参保地所在省（自治区、直辖市）社会保险行政部门制定的建筑施工企业、小型服务企业、小型矿山等企业工伤保险费缴费办法、标准，分别核定应缴金额。

第四节　缴费结算

第三十二条　由经办机构征收的统筹地区，经办机构与国有商业银行签订收款服务协议，由商业银行受理用人单位采用委托扣款、小额借记、电汇、本票、刷卡等方式缴费。财务部门对账无误后，开具专用收款凭证，生成《工伤保险费实缴清单》（表3-12），并通知征缴部门。

由税务机关代征的统筹地区，经办机构按月将《工伤保险缴费核定汇总表》（表3-13）及《工伤保险缴费核定明细表》（表3-14）传送给税务机关，作为征收依据。税务机关收款后，每月在规定时间内向经办机构传送到账信息、《工伤保险费实缴清单》，转交相关收款凭证。

第三十三条　征缴部门根据《工伤保险费实缴清单》，向申报后未及时缴纳工伤保险费的用人单位发出《社会保险费催缴通知书》（表3-15）。用人单位逾期未足额缴纳的，征缴部门建立欠费台账如实登记后转欠费管理。

第五节　欠费管理

第三十四条　征缴部门根据工伤保险欠费台账，生成《社会保险费还欠通知单》（表3-16），通知用人单位偿还欠费。

第三十五条　根据《社会保险费征缴管理办法》，用人单位拒不缴纳欠费的，征缴部门会同稽核部门按照本规程第一三五条的规定处理。

第三十六条 对因筹资困难，无法足额偿还欠费的用人单位，转交稽核部门进行缴费能力稽核。经核查情况属实的，征缴部门与其签订社会保险还欠协议（以下简称“还欠协议”）。如欠费单位发生被兼并、分立、破产等情况时，按下列方法签订还欠协议：

（一）欠费单位被兼并的，与兼并方签订还欠协议；

（二）欠费单位分立的，与各分立方签订还欠协议；

（三）欠费单位进入破产程序的，与清算组签订清偿协议；

（四）单位被拍卖出售或租赁的，与主管部门签订还欠协议。

第三十七条 用人单位根据《工伤保险费还欠通知单》或还欠协议办理还欠的，由财务部门或税务机关按照本规程第三十二条收款。征缴部门根据还欠到账信息记载欠费台账。

破产单位无法完全清偿的欠费，征缴部门受理单位破产清算组提出的申请，转交财务部门按规定提请核销处理。

破产单位清算时应预留由用人单位支付的工伤保险待遇的相关费用。

第四章 工伤医疗、康复与辅助器具配置管理

工伤医疗、康复与辅助器具配置管理包括协议管理、工伤医疗管理、工伤康复管理、辅助器具配置管理等内容。

第一节 协议管理

第三十八条 经办机构与符合条件的医疗（康复）机构与辅助器具配置机构签订服务协议。

在公开、公正、平等协商的基础上，经办机构与获得执业许可证的医疗机构或康复机构签订医疗服务协议或康复服务协议；与符合条件的辅助器具配置机构签订辅助器具安装配置服务协议。

工伤医疗（康复）与辅助器具配置服务协议应包括服务人群、服务范围、服务内容、服务质量、费用结算办法、费用审核与控制、违约责任、监督考核、争议处理、协议有效期限等内容。

工伤医疗（康复）与辅助器具配置服务协议在履行过程中如遇情况变化，需要变更、补充或终止的，双方应及时协商议定。

第三十九条 业务部门应与签订服务协议的医疗（康复）机构和辅助器具配置机构（以下简称“工伤保险协议机构”）建立沟通机制，掌握工伤医疗（康复）及辅助器具配置情况，并进行工伤保险经办政策的宣传、解释与培训。

业务部门应将已签订服务协议的工伤保险协议机构名单及时向社会公布。

第四十条 业务部门按照协议对工伤保险协议机构进行监督监控，定期考核通报，并建立诚信服务评价制度。

如严重违反协议，协议双方均可单方解除协议。提出解除协议的一方应按照协议规定时间通知另一方，并协助做好已收治工伤职工的医疗（康复）服务并按规定结算工伤医疗（康复）费。

第二节 工伤医疗管理

第四十一条 职工发生工伤后，应在工伤保险协议机构进行治疗，情况紧急时可以先

到就近的医疗机构急救。

职工在统筹地区以外发生工伤的，应优先选择事故发生地工伤保险协议机构治疗，用人单位要及时向业务部门报告工伤职工的伤情及救治医疗机构情况，并待伤情稳定后转回统筹地区工伤保险协议机构继续治疗。

第四十二条 居住在统筹地区以外的工伤职工，经统筹地区劳动能力鉴定委员会鉴定或者经统筹地区社会保险行政部门委托居住地劳动能力鉴定委员会鉴定需要继续治疗的，工伤职工本人应在居住地选择一所县级以上工伤保险协议机构或同级医疗机构进行治疗，填报《工伤职工异地居住就医申请表》（表 4-1），并经过业务部门批准。

第四十三条 工伤职工因工伤进行门（急）诊或住院诊疗时，工伤保险协议机构应严格遵守工伤保险诊疗项目目录、工伤保险药品目录、工伤保险住院服务标准（以下简称“三目录”）。

第四十四条 工伤职工因旧伤复发需要治疗的，填写《工伤职工旧伤复发治疗申请表》（表 4-2），由就诊的工伤保险协议机构提出工伤复发的诊断意见，经业务部门核准后到工伤保险协议机构就医。

对旧伤复发有争议的，由劳动能力鉴定委员会确定。

第四十五条 工伤职工因伤情需要到统筹地区以外就医的，由经办机构指定的工伤保险协议机构提出意见，填写《工伤职工转诊转院申请表》（表 4-3），报业务部门批准。

第三节 工伤康复管理

第四十六条 工伤职工经治疗病情相对稳定后，因存在肢体、器官功能性障碍或缺陷，可以通过医疗技术、物理治疗、作业治疗、心理治疗、康复护理与职业训练等综合手段，使其达到功能部分恢复或完全恢复并获得就业能力，经办机构应鼓励其进行康复治疗，使其可以尽早重返工作岗位。

第四十七条 工伤职工需要进行身体机能、心理康复或职业训练的，应由工伤保险协议机构提出康复治疗方案，包括康复治疗项目、时间、预期效果和治疗费用等内容，用人单位、工伤职工或近亲属提出申请，填写《工伤职工康复申请表》（表 4-4），报业务部门批准。

第四十八条 工伤康复治疗的时间需要延长时，由工伤保险协议机构提出意见，用人单位、工伤职工或近亲属同意，并报业务部门批准。

第四十九条 工伤职工康复治疗结束后，应由工伤保险协议机构作出最终评价，制定社会康复方案，提供残疾适应指导、家庭康复指导等。业务部门应对工伤职工康复治疗情况进行跟踪管理。

业务部门应建立工伤康复评估专家数据库，随机抽取专家对申请工伤康复职工的康复价值、康复时限、康复效果进行评估。

第四节 辅助器具配置管理

第五十条 按照《工伤保险辅助器具配置管理办法》，工伤职工需要配置（更换）辅助器具的，由用人单位、工伤职工或近亲属填写《工伤职工配置（更换）辅助器具申请表》（表 4-5），并持劳动能力鉴定委员会出具的配置辅助器具确认书，由业务部门核准后到工伤职工选定的工伤保险协议机构配置。

第五十一条 统筹地区无法提供所需种类的辅助器具的，报业务部门批准，工伤职工可以到其它地区的工伤保险协议机构配置辅助器具，业务部门按照本统筹地区规定的目录及配置标准核定费用。

第五十二条 辅助器具配置协议机构应建立产品质量承诺和跟踪服务制度。业务部门根据协议对辅助器具配置机构进行监督管理，对工伤职工配置辅助器具的情况进行核查，并将核查结果作为评价辅助器具配置机构的依据。

第五章 工伤待遇审核

工伤待遇审核包括工伤登记、医疗（康复）待遇审核、辅助器具配置费用审核、伤残待遇审核、工亡待遇审核、涉及第三人的工伤待遇审核、先行支付审核等内容。

第一节 工伤登记

第五十三条 职工发生事故伤害，用人单位可通过电话、传真、网络等方式及时向业务部门进行工伤事故备案，并根据事故发生经过和医疗救治情况，填写《工伤事故备案表》（表5-1）。

第五十四条 职工发生事故伤害或按照职业病防治法规定被诊断、鉴定为职业病，经社会保险行政部门认定工伤后，用人单位应及时到业务部门办理工伤职工登记，填写《工伤职工登记表》（表5-2），并提供以下证件和资料：

（一）居民身份证原件及复印件；

（二）认定工伤决定书；

（三）工伤职工停工留薪期确认通知；

（四）省、自治区、直辖市经办机构规定的其他证件和资料。

停工留薪期内因工伤导致死亡的，还需提供居民死亡医学证明书或其他死亡证明材料。

第五十五条 工伤职工经劳动能力鉴定委员会鉴定伤残等级或护理等级后，用人单位应办理劳动能力鉴定登记，提供以下证件和资料：

（一）劳动能力鉴定结论书；

（二）省、自治区、直辖市经办机构规定的其他证件和资料。

第五十六条 业务部门核查工伤职工的参保缴费情况，审核用人单位提供的证件与资料，核对工伤认定事实与事故备案是否相符，对符合相关条件的职工确认领取工伤待遇资格，进行工伤登记。

第五十七条 职工被借调期间发生工伤事故的，或职工与用人单位解除或终止劳动关系后被确诊为职业病的，由原用人单位为其办理工伤登记。

第五十八条 业务部门审核用人单位提出工伤认定申请时间，超出规定时限的，不支付此期间发生的工伤待遇等有关费用。

第五十九条 进城务工的农村居民申请一次性领取工伤保险长期待遇的，需本人和用人单位书面申请，业务部门应向其说明丧失按月领取长期待遇资格，并与待遇申请人签订一次性领取长期待遇协议，终止工伤保险关系。

第六十条 工伤职工因转移、解除或终止劳动关系，因工伤保险关系发生变动而变更工伤登记，相关用人单位填写《工伤保险关系变动表》（表5-3）并提供相关证明资料。

第二节 医疗（康复）待遇审核

第六十一条 用人单位申报医疗（康复）费，填写《工伤医疗（康复）待遇申请表》

（表 5-4）并提供以下资料：

（一）医疗机构出具的伤害部位和程度的诊断证明；

（二）工伤职工的医疗（康复）票据、病历、清单、处方及检查报告；

居住在统筹地区以外的工伤职工在居住地就医的，还需提供《工伤职工异地居住就医申请表》。

工伤职工因旧伤复发就医的，还需提供《工伤职工旧伤复发申请表》。

批准到统筹地区以外就医的工伤职工，还需提供《工伤职工转诊转院申请表》。

（三）省、自治区、直辖市经办机构规定的其他证件和资料。

第六十二条 业务部门审核医疗（康复）费的内容包括：

（一）各项检查治疗是否与工伤部位、职业病病情相符；

（二）是否符合工伤保险“三目录”的规定；

（三）是否符合工伤康复诊疗规范和工伤康复服务项目的规定；

（四）省、自治区、直辖市经办机构规定的其他需要审核的内容。

第六十三条 经办机构应推行与工伤保险协议机构的直接联网结算。

已登记的工伤职工持社会保障卡到工伤保险协议机构就诊，工伤保险协议机构按照服务协议传送就诊医疗（康复）费用明细，业务部门根据规定应对药品明细、治疗（康复）项目、检查项目、病程记录及医疗（康复）票据等进行网上审核。

第六十四条 工伤职工住院治疗的，业务部门根据统筹地区人民政府规定的伙食补助费标准及工伤职工的住院天数，核定住院伙食补助费。

业务部门批准到统筹地区以外就医的，根据统筹地区人民政府规定的交通、食宿费标准，核定交通、食宿费用。

第六十五条 业务部门根据核定的工伤（康复）待遇，汇总生成《工伤医疗（康复）待遇审核表》（表 5-5），转经办机构财务部门。

第三节 辅助器具配置费用审核

第六十六条 工伤职工配置（更换）辅助器具，用人单位申报工伤职工的辅助器具配置费用时，提供以下资料：

（一）工伤职工配置（更换）辅助器具申请表；

（二）配置辅助器具确认书；

（三）辅助器具配置票据；

（四）省、自治区、直辖市经办机构规定的其他证件和资料。

第六十七条 业务部门根据辅助器具配置项目、标准，核定工伤职工的辅助器具安装、配置（更换）费用，生成《辅助器具配置费用核定表》（表 5-6），转财务部门。

第四节 伤残待遇审核

第六十八条 业务部门根据劳动能力鉴定结论、工伤职工本人工资或统筹地区上年度职工月平均工资，核定一次性伤残补助金、伤残津贴和生活护理费。

工伤职工与用人单位解除或终止劳动关系时，业务部门根据解除或终止劳动关系的时间和伤残等级，按照省、自治区、直辖市人民政府制定的标准核定一次性工伤医疗补助金。

伤残等级为一至四级的工伤职工退休后，基本养老保险待遇低于伤残津贴的，业务部门根据其基本养老待遇核定与伤残津贴的差额。

业务部门根据核定的伤残待遇生成《伤残待遇核定表》（表5-7），转财务部门。

第五节　工亡待遇审核

第六十九条　职工因工死亡或停工留薪期内因工伤导致死亡的，业务部门根据工亡时间上年度全国城镇居民人均可支配收入和统筹地区上年度职工月平均工资，核定一次性工亡补助金和丧葬补助金。

伤残等级为一至四级的工伤职工，停工留薪期满死亡的，业务部门根据统筹地区上年度职工月平均工资，核定丧葬补助金。

业务部门根据核定的工亡待遇生成《一次性工亡、丧葬补助金核定表》（表5-8），转财务部门。

第七十条　申请领取供养亲属抚恤金的，应提供以下资料：

（一）居民身份证原件及复印件；

（二）与工亡职工关系证明；

（三）依靠工亡职工生前提供主要生活来源的证明；

（四）完全丧失劳动能力的提供劳动能力鉴定结论书；

（五）孤儿、孤寡老人提供民政部门相关证明；

（六）在校学生提供学校就读证明；

（七）省、自治区、直辖市经办机构规定的其他证件和资料。

供养亲属范围和条件根据国务院社会保险行政部门有关规定确定。

第七十一条　职工因工外出期间发生事故或在抢险救灾中造成下落不明被认定为工亡的业务部门应在第4个月审核用人单位的证明和近亲属的申请资料，核定供养亲属抚恤金。

职工被人民法院宣告死亡的，业务部门核定其一次性工亡补助金和丧葬补助金。生活有困难的，经近亲属申请，可按照一次性工亡补助金的50%先进行核定，宣告死亡后核定其剩余的一次性工亡补助金和丧葬补助金。

第七十二条　业务部门审核供养亲属申请资料，根据本人工资，核定每个供养亲属享受的抚恤金金额。

核定的各供养亲属抚恤金之和不应高于因工死亡职工生前的本人工资。

业务部门根据核定的供养亲属抚恤金生成《供养亲属抚恤金核定表》（表5-9），转财务部门。

第六节　涉及第三人的工伤待遇审核

第七十三条　涉及第三人责任的，业务部门审核工伤待遇时，还应审核以下民事伤害赔偿法律文书：

（一）属于交通事故或者城市轨道交通、客运轮渡、火车事故的，需提供相关的事故责任认定书、事故民事赔偿调解书；

（二）属于遭受暴力伤害的，需提供公安机关出具的遭受暴力伤害证明和赔偿证明资料；

（三）经人民法院判决或调解的，需提供民事判决书或民事调解书等证明资料；

（四）省、自治区、直辖市经办机构规定的其他证件和资料。

第七十四条 业务部门根据民事伤害赔偿法律文书确定的医疗费与工伤待遇中的医疗费比较，不足部分予以补足，其工伤医疗待遇不得重复享受。

业务部门根据统筹地区社会保险行政部门制定的相关政策核定其他工伤待遇。

第七节 先行支付审核

第七十五条 按照《社会保险基金先行支付暂行办法》（人社部令 15 号），未依法缴纳工伤保险费的用人单位申请先行支付，需提供以下资料：

（一）社会保险登记证、工伤保险实缴清单或还欠协议；

（二）认定工伤决定书；

（三）先行支付书面申请资料；

（四）省、自治区、直辖市经办机构规定的其他资料。

用人单位拒不支付工伤待遇，工伤职工或近亲属申请先行支付的，需提供以下资料：

（一）工伤职工与用人单位的劳动关系证明；

（二）社会保险行政部门出具的用人单位拒不支付证明材料；

（三）认定工伤决定书；

（四）工伤职工或近亲属先行支付书面申请资料；

（五）省、自治区、直辖市经办机构规定的其他资料。

第七十六条 按照《社会保险基金先行支付暂行办法》，涉及第三人责任申请先行支付的，第三人不支付工伤医疗费用或者无法确定第三人的，业务部门审核以下资料：

（一）认定工伤决定书；

（二）工伤职工或近亲属先行支付书面申请资料；

（三）人民法院出具的民事判决书等材料；

（四）对肇事逃逸、暴力伤害等无法确定第三人的，需提供公安机关出具的证明材料；

（五）由社会保险行政部门提供的第三人不予支付的证明材料；

（六）由职工基本医疗保险先行支付的情况材料；

（七）省、自治区、直辖市经办机构规定的其他资料。

第七十七条 业务部门核定先行支付的工伤保险待遇，对本规程第七十五条规定的情况先行支付由工伤保险基金支付的各项工伤保险待遇；对本规程第七十六条规定的情况先行支付工伤医疗费。

业务部门应建立先行支付工伤保险待遇台账，通知稽核部门追偿。

第七十八条 职工申请工伤保险先行支付必须经过工伤认定，按照本规程第五十四条由用人单位、工伤职工或近亲属申请进行工伤登记。

第六章 工伤待遇和专项费用支付

工伤待遇和专项费用支付包括工伤待遇支付、专项费用支付、工伤待遇调整等内容。

第一节 工伤待遇支付

第七十九条 业务部门应将工伤待遇核定结果通知申请工伤待遇的用人单位或工伤职工、供养亲属，履行告知义务。

第八十条 业务部门每月根据工伤待遇、待遇调整、待遇重核等相关信息，建立当月工伤职工待遇支付台账，生成《工伤保险基金支出核定汇总表》（表 6-1），转财务部门。

伤残津贴、生活护理费从做出劳动能力鉴定的结论次月起计发；供养亲属抚恤金从死亡的次月起计发，下落不明的从事故发生的第4个月起计发。

用人单位或工伤职工垫付的工伤医疗费可通过签订代发协议的商业银行进行支付；在工伤保险协议机构发生的费用可通过与工伤协议机构网上审核后进行直接结算并支付。

第八十一条 工伤职工在享受工伤待遇期间被判刑收监的，其工伤待遇仍按照原渠道支付。

第八十二条 业务部门应建立工伤待遇支付数据库，为工伤保险经办管理的宏观决策提供支持。

有条件的地区，对部分病种的工伤医疗（康复）费可实行按病种付费、治疗周期限额控制等付费方式，对工伤职工在统筹地区外发生的工伤医疗（康复）费用可实行异地结算。

第八十三条 向医疗保险基金拨付应由工伤保险先行支付的费用、向工伤职工先行支付工伤保险待遇、涉及第三人的先行支付的医疗费的可参照以上程序执行。

第二节 劳动能力鉴定费、工伤预防费支付

第八十四条 工伤职工进行劳动能力鉴定后，经办机构与劳动能力鉴定委员会应直接结算劳动能力鉴定费。

用人单位或工伤职工垫付劳动能力鉴定费的，可支付给用人单位或工伤职工。

第八十五条 工伤预防费用于工伤事故和职业病预防的宣传、培训、职业健康体检补助等项目。

业务部门根据社会保险行政部门制定的年度工伤预防工作计划，按照工伤预防费使用范围、项目，在费用指标范围内编制支出预算并根据支出计划按季度（月度）提出工伤预防费支出申请，转财务部门。

经办机构按照当地劳动能力鉴定和工伤预防工作有关管理办法的规定，与政府采购中标的或有资质的受委托社会组织（机构）签订协议，明确双方的权利和义务，确保相关项目实施的效果和质量。

第八十六条 业务部门根据当地人民政府或社会保险行政部门、财政机关批准的工伤预防费项目预算，按季度（月度）核定支出项目金额，生成《工伤预防费支出明细表》（表6-2），转财务部门支付。

第三节 工伤待遇调整

第八十七条 根据工伤待遇调整政策，业务部门对工伤职工或供养亲属的工伤待遇进行统一调整，并建立待遇调整台账。

第八十八条 业务部门可通过民政、卫生、公安等政府部门的证明，对工伤职工或供养亲属享受待遇资格定期验证，确定其继续享受待遇资格。

第八十九条 工伤职工或供养亲属不再具备享受工伤待遇的条件，工伤职工拒不接受劳动能力鉴定或拒绝治疗的，业务部门停止支付工伤待遇。

对待遇享受资格停止后又具备享受资格的，业务部门审核用人单位、工伤职工或供养亲属提供的相关资料，符合条件的恢复支付其工伤待遇。

第九十条 用人单位、工伤职工或近亲属、工伤保险协议机构对工伤待遇核定金额有异议提出复核的，业务部门应进行复核，确需调整的，予以调整。

第七章 财务管理

财务管理包括基金收入管理、支出管理、会计核算、预算、决算等内容。

第一节 收入管理

第九十一条 由经办机构征收的工伤保险费，暂存于工伤保险费收入账户，每月月末全部转入财政专户。

由税务机关代征的工伤保险费直接纳入财政专户。

第九十二条 财务部门应定期与财政、税务机关进行对账。对账有差异的，须逐笔查清原因，调整相符。

第九十三条 财务部门根据省、自治区、直辖市人民政府制定的工伤保险储备金提取比例及管理办法预留工伤保险储备金（以下简称“储备金”），用于经办机构支付统筹地区重大工伤事故的工伤待遇。

第九十四条 财务部门在确保工伤待遇支付及储备金留存的前提下，根据工伤预防费的提取比例及使用和管理办法提取工伤预防费，用于开展工伤预防工作，专款专用。

第二节 支出管理

第九十五条 财务部门于每月月末根据基金支出计划制定下月用款计划，填制《工伤保险基金使用申请表》（表7-1）报同级财政机关审核，并确认资金到账情况。

财务部门对传来的支付凭证复核无误后及时办理支付。

第九十六条 对补助下级支出、上解上级支出、其他支出等款项，财务部门根据规定或支付凭证从“支出户”划拨或支付。

第九十七条 财务部门根据银行单据，将支出与退票情况及时反馈登记部门，登记部门对因银行开户信息错误造成退票的，重核银行开户信息，财务部门重新办理支付。

第九十八条 发生重大工伤事故，统筹地区工伤保险基金结余不足以支付工伤待遇时，财务部门填制《工伤保险储备金专项用款申请表》（表7-2），报送财政机关审批，并按规定办理支付。

第九十九条 财务部门根据工伤预防费支出申请，填制《工伤预防费专项用款申请表》（表7-3），报送社会保险行政部门、财政机关审批同意后，根据支出户开户行递送的银行单据确认到账。

财务部门根据《工伤预防费支出明细表》，将工伤预防费拨付到签订协议的委托单位。

第一〇〇条 对先行支付款项，按如下程序处理：

（一）用人单位或第三人在规定期限内偿还的，财务部门按相关规定处理；

（二）用人单位或第三人逾期未偿还或未足额偿还的，移交稽核部门进行核查并进行追偿；

（三）经人民法院判决破产或确无偿还能力的，经财政机关同意，财务部门按规定提请核销处理。

追偿办法及核销程序按照国家有关规定执行。

第三节 会计核算

第一〇一条 财务部门根据基金收入情况，做如下处理：

（一）由经办机构征收的，应根据开户行单据、专用收款收据、《工伤保险费实缴清单》，填制记账凭证；

由税务机关代征的，以财政专户开户行或税务机关传来的税收通用缴款书或税收完税凭证作为原始凭证，并根据税务机关传送的《工伤保险费实缴清单》，填制记账凭证；

（二）对“收入户存款”“支出户存款”生成的利息，以开户行递送的利息单据作为原始凭证，填制记账凭证；

（三）对上级下拨、下级上解收入，以财政专户缴拨凭证作为原始凭证，填制记账凭证。

（四）对滞纳金等其他收入，根据银行回单或财政机关转来的财政专户缴拨凭证等，填制记账凭证。

第一〇二条 财务部门根据基金支出情况，作如下处理：

（一）对工伤待遇支出，根据《工伤保险基金支出核定汇总表》，由开户行递送的单据及《工伤保险基金支出退票明细表》（表 7-4），填制记账凭证；

（二）对先行支付的支出，按照《社会保险基金先行支付暂行办法》处理。

（三）对工伤预防费用的支出，按照《工伤保险预防费使用管理暂行办法》处理。

（四）对补助下级、上解上级和其他支出等，以开户行单据作为原始凭证，填制记账凭证。

第一〇三条 财务部门根据收付款凭证，按照业务发生顺序逐笔登记现金日记账、银行存款日记账，再按科目分类汇总记账凭证，制作科目汇总表，登记总分类账。

第一〇四条 每月月末，收到银行账户对账单后，财务部门与银行存款日记账核对，编制银行存款余额调节表，并将现金日记账、银行存款日记账、明细分类账与总分类账核对。

第一〇五条 财务部门根据总分类账、明细分类账等，编制月、季、年度会计报表。

第一〇六条 财务部门应按会计制度要求，不断优化部门内岗位设置及工作流程，在保证不相容岗位分离且无缝衔接的基础上，健全初审复核、轮岗互查、相互制约的风险控制机制。

经办机构可与开户行搭建数据交换专线，利用银行账户监控系统和风险预警系统，确保基金划拨及时、准确，切实保证基金安全。

第四节　预　算

第一〇七条 由经办机构征收的，财务部门负责编制统筹地区工伤保险基金预算草案（以下简称“基金预算草案”），基金预算草案包含收入预算草案与支出预算草案。

由税务机关代征的，收入预算草案由财务部门会同税务机关编制。

第一〇八条 按照“以支定收、收支平衡”的原则，综合考虑统筹地区近年基金预算执行情况，编制下一年度基金预算草案。

收入预算草案要与本地区经济社会发展水平相适应，与社会平均工资增长相协调；支出预算草案应严格按照规定的支出范围、项目和标准进行测算，考虑政策、享受待遇人员等影响支出变动因素。

第一〇九条 统筹地区工伤保险基金预算（以下简称“基金预算”），由本级社会保险行政部门和财政机关汇总、审核后，联合报本级人民政府审批，报上级社会保险行政部门和财政机关。

统筹地区的经办机构将本级人民政府批准后的基金预算草案报上级经办机构。

第一一〇条　财务部门应及时分析基金预算执行情况，查明收支变化原因。预算年度终了，应对本年度基金预算执行情况进行分析评估，编制基金预算执行情况报告。

第一一一条　基金预算不得随意调整。由于执行中特殊情况需要增加支出或减少收入，与预算偏差较大的，财务部门要及时编制基金预算调整方案，由本级社会保险行政部门和财政机关汇总、审核后，联合报本级人民政府审批。

第五节　决　算

第一一二条　统筹地区财务部门根据决算编制工作要求，于年度终了前核对各项收支，清理往来款项，同开户行、财政专户对账，并进行年终结账。

第一一三条　统筹地区财务部门根据本年度各账户余额，编制年终决算资产负债表和有关明细表，编写报表附注及收支情况说明书，对重要指标进行财务分析，形成年度会计决算报告，由本级社会保险行政部门和财政机关汇总、审核后，联合报本级人民政府审批，报上级社会保险行政部门和财政机关。

统筹地区的经办机构将本级人民政府批准后的基金决算草案报上级经办机构。

第一一四条　经办机构定期向社会公布工伤保险基金的收入、支出、结余和收益情况。

第八章　信息管理

信息管理包括统计、精算和信息系统建设等内容。

第一节　统　计

第一一五条　工伤保险统计包括建立统计台账、编制统计报表、撰写分析报告等内容。

第一一六条　信息部门定期根据统计指标和统计分组，对数据进行整理加工，建立统计台账，依据社会保险统计报表制度要求，编制统计报表。

统计指标应根据政策变化及时调整完善。

第一一七条　经办机构根据统计台账和统计报表，对工伤保险运行情况开展分析，根据分析结果撰写分析报告。

第一一八条　经办机构应定期向社会公布工伤保险参保情况等信息。

第二节　精　算

第一一九条　工伤保险精算包括工伤保险年度精算分析、工伤保险专项精算分析和其他日常测算分析等。

在工伤保险费率和待遇水平等进行调整时，应开展专项精算分析，支持政策决策，评估风险与效率。

第一二〇条　精算部门制定精算工作方案，采集精算数据，建立精算基础数据库和运行数据库，建立相关模型并设定合理的参数假设，开展精算分析工作。

第一二一条　精算分析涉及参数应以统筹地区相关数据为基础进行假设，在统筹地区数据不充分的情况下，可参照全国或情况相近地区的相关参数确定，但要对数据的可参照性及差异性进行对比分析。

每年要根据工伤保险运行状况的变化，对上年度参数假设进行科学评估，对未来的参数假设作出相应调整。

第一二二条　精算部门应对精算预测结果进行分析，以保证预测质量，分析的主要内容包括验证预测成果的可信程度、分析主要预测指标和评估预测的不确定性。

精算部门根据分析结果按相关技术标准撰写精算报告，阐述分析方法、提出专业结论和政策建议。

第三节 信息系统

第一二三条 经办机构应按照国家规划，建立社会保险经办信息系统。

第一二四条 信息部门根据本规程制定的业务流程，编制社会保险经办信息系统中工伤保险部分的业务需求。

第一二五条 经办机构通过信息沟通机制获取的各类信息，可作为社会保险登记、工伤保险费征缴、工伤待遇审核与社会保险稽核的信息比对依据。

第一二六条 信息部门按照《关于开展工伤保险联网指标上报工作的通知》（人社部函［2008］176号）数据采集、审核、转换以及数据质量检查，并将交换库数据和数据质量检查表上报上级信息部门。

第一二七条 经办机构应与社会保险行政部门建立资源共享的信息网络，共享工伤职工参保、缴费、工伤认定、劳动能力鉴定、工伤待遇等情况的信息。

第九章 稽核监督

稽核监督包括对外稽核与内部监督，其中对外稽核包含稽核内容、稽核程序与处理。

第一节 稽核内容

第一二八条 参保登记稽核包括：

（一）核查用人单位是否依法办理工伤保险参保登记；

（二）查验用人单位社会保险登记证，审查用人单位工伤保险登记、变更是否符合规定。

第一二九条 缴费稽核内容包括：

（一）对用人单位的缴费检查，核实该单位的营业执照（副本）或登记证、职工工资发放明细表、劳动工资统计台账、财务相关账册（银行存款日记账、银行对账单、明细分类账）和相应的原始凭证、社会保险缴费申报（核定）表等有关资料；

（二）对建筑施工企业，按照本规程第三十一条确定缴费标准的，还应检查其建筑工程合同，核实其项目工程总造价。

对餐饮业、服务业、娱乐业等小型服务业以及有雇工的个体工商户，按照本规程第三十一条确定缴费标准的，还应核实其营业面积或营业额；

对小型矿山企业，按照本规程第三十一条确定缴费标准的，还应核实总产量、吨矿工资含量。

第一三〇条 对于欠缴工伤保险费的用人单位，在缴费稽核中应进行缴费能力稽核，其内容包括：

（一）查验用人单位的货币资金发生额和余额，重点查阅现金和银行存款情况；

（二）查验用人单位的各类对外投资情况；

（三）查验用人单位的各类债权情况；

（四）查验用人单位的实物资产。

第一三一条 待遇支付稽核的内容包括：

（一）对工伤职工待遇享受资格，核查其居民身份证、户口簿、户籍所在地公安机关或街道、乡镇政府提供的生存证明；

（二）对供养亲属待遇享受资格，按照本规程第七十条规定核查；

（三）对工伤保险协议机构执行协议情况进行核查：

1. 核查工伤职工就医身份的真实性；

2. 核查工伤保险协议机构提供各种资料的真实性，诊疗是否与伤情相符，费用是否符合工伤“三目录”规定；

3. 核查工伤保险协议机构为工伤职工配置辅助器具的情况。

（四）实行联网结算的统筹地区，可对工伤保险协议机构执行协议情况进行实时监控。

第二节 稽核程序与处理

第一三二条 稽核部门按照年度稽核工作计划，采取以下方式确定稽核对象：

（一）从数据库中随机抽取或根据信息异常情况确定；

（二）根据举报、有关部门转办、上级交办和异地协查信函等确定；

（三）根据民政、卫生、公安等部门提供的职工生存状况变动情况确定。

第一三三条 稽核部门对工伤保险登记缴费的稽核处理包括：

（一）对未办理社会保险登记的用人单位，报请社会保险行政部门督促其参保登记；

（二）对欠缴的用人单位，经缴费能力稽核后，初步认定无能力偿还的，按照本规程第一〇〇条第（三）款的规定处理，并通知征缴部门；

（三）对稽核对象少报、漏报、瞒报缴费基数和缴费人数的，应责令其补足，并通知征缴部门；

（四）稽核对象拒绝稽核或伪造、变造、故意毁灭有关账册、材料，拒不缴纳社会保险费的，应报请社会保险行政部门依法处罚。

第一三四条 稽核部门对工伤待遇支付的稽核处理包括：

（一）对工伤职工或供养亲属丧失待遇享受资格后仍继续领取的，应通知财务部门停止支付，并会同财务部门追回冒领的工伤待遇；

（二）对工伤职工或供养亲属骗取工伤待遇的，应通知财务部门停止支付，并会同财务部门追回骗取的工伤待遇，报请社会保险行政部门依法处罚；

（三）对工伤保险协议机构违反服务协议，以欺诈、伪造证明资料、医疗文书或其他手段骗取基金的，应会同财务部门根据情节轻重作如下处理：

1. 暂停直接责任人为参保人员服务的资格；

2. 暂停或解除工伤保险协议机构服务协议；

3. 报请社会保险行政部门处理。

第一三五条 对逾期仍未缴纳或补足工伤保险费的，稽核部门可采用如下程序处理：

（一）向银行和其他金融机构查询其存款账户；

（二）经社会保险行政部门批准，书面通知其开户行或其他金融机构划拨工伤保险费；

（三）用人单位账户余额不足缴纳工伤保险费的，可要求该用人单位提供担保，签订延期缴费协议；

（四）用人单位仍未足额缴纳工伤保险费且未提供担保的，可申请人民法院扣押、查封、拍卖其财产以抵缴工伤保险费；

对先行支付工伤待遇的追偿可参照以上程序处理。

第一三六条 对追偿或退还的工伤待遇，稽核部门填写《追偿（退还）工伤待遇审核表》（表9-1，表9-2），转财务部门处理。

第三节 内部监督

第一三七条 内部监督是指稽核部门对经办操作的合规性、准确性进行检查，防范经办风险。

第一三八条 内部监督的主要内容包括：

（一）参保登记监督包含用人单位类型、风险类别、浮动费率等信息登记的准确性；

（二）缴费监督包含缴费基数调整、还欠经办操作合规性；

（三）工伤待遇支付监督包含工伤登记及变动等资料的真实性和完整性，工伤待遇审核支付管理的合规性；

（四）财务监督包含检查工伤保险基金收入、支出凭证，会计账簿，核对账证是否相符；

（五）省、自治区、直辖市经办机构规定需内部监督的其他内容。

第一三九条 内部监督的主要方法包括检查核对法、抽查法、面询法、网上监督法。

稽核部门对内部监督中发现的问题提出整改意见，并跟踪监督落实情况。

第十章 权益记录与服务

权益记录与服务包括记录与查询、业务档案等内容。

第一节 记录与查询

第一四〇条 根据《社会保险个人权益记录管理办法》，经办机构应建立数据库，按照及时、完整、准确、安全、保密的管理原则，记载用人单位、参保职工登记信息和缴费情况，记载工伤职工和供养亲属享受工伤待遇情况，记载其它反映社会保险个人权益的信息。

第一四一条 经办机构应建立个人权益查询管理信息系统，通过专门窗口、自助终端、电话、网站等方式为工伤保险参保职工提供缴费记录和待遇记录查询服务。

参保职工需要书面查询个人权益记录的，经办机构应按规定提供。

参保职工对社会保险个人权益记录存在异议时，可以向经办机构提出核查申请，经办机构应按规定进行复核。

第一四二条 经办机构应每年至少一次将参保职工的个人权益记录通过邮寄方式寄送本人，也可以通过电子邮件、手机短信等多种方式向参保职工发送个人权益记录。

经办机构对参保职工的个人权益记录承担保密责任，不得违法泄露。

第二节 业务档案

第一四三条 工伤保险业务档案（以下简称“业务档案”），是指经办机构在办理工伤保险业务过程中，直接形成的具有保存和利用价值的专业性文字材料、电子文档、图表、声像等不同载体的历史记录。

第一四四条 经办机构各部门按照《社会保险业务档案管理规定（试行）》（人社部令3号）的规定及时对业务文件材料进行收集、整理、立卷、归档，确保业务档案齐全、完整、有效，并定期移交档案部门。

第一四五条 档案部门应按照业务档案保管、保密、利用、移交、鉴定、销毁等管理要求，保证业务档案妥善保管、有序存放，严防毁损、遗失和泄密。

档案部门对经过鉴定可以销毁的档案，编制销毁清册，按程序报社会保险行政部门备案后销毁。

第一四六条　业务档案的保管期限分为永久和定期两类，各类业务档案的具体保管期限按照《社会保险业务档案管理规定（试行）》规定的《社会保险业务材料归档范围与保管期限》执行。

第一四七条　经办机构应对业务档案进行影像化处理，实行档案数字化管理。

第十一章　附　则

第一四八条　对用人单位填写的表单，需经经办机构审核人、负责人签字或盖章。

对工伤保险申报缴费和待遇支付的核定结果需经审核人、负责人签字或盖章。

经办机构各部门之间传送的表单，需经办人、审核人、复核人、主管领导签字或盖章。

第一四九条　经办机构应规范票据管理，按照规定进行票据的填写、整理、保管等工作。

第一五〇条　在中国境内合法就业的外籍人员参加工伤保险，参照本规程经办。

第一五一条　各省、自治区、直辖市经办机构可根据本规程制定经办细则。

第一五二条　本规程由人力资源社会保障部负责解释。

第一五三条　本规程自发布之日起施行。

★ 地方性文件 · 广东省

5.5.5 广东省工伤保险条例（广东省第十一届人民代表大会常务委员会公告第69号 2012年1月起施行）

第五章　工伤保险基金

第四十四条　工伤保险基金的构成：

（一）用人单位缴纳的工伤保险费；

（二）工伤保险基金的利息；

（三）滞纳金；

（四）财政补贴；

（五）法律、法规规定的其他收入。

第四十五条　工伤保险基金根据以支定收、收支平衡的原则筹集。

统筹地区社会保险经办机构每年根据用人单位工伤保险费使用、工伤发生率等情况，按照国家规定的行业差别费率及行业内费率档次确定单位缴费费率。

第四十六条　工伤保险费由用人单位承担，职工个人不缴纳工伤保险费。

用人单位缴纳工伤保险费的数额为本单位职工工资总额乘以单位缴费费率之积。

难以按照工资总额缴纳工伤保险费的行业，其缴纳工伤保险费的具体方式按照国家有关规定执行。

第四十七条　工伤保险基金实行地级以上市统筹。

工伤保险基金应当建立储备金，市级统筹按照工伤保险基金征收总额的百分之十五建立储备金，其中，市级储备金留存百分之十，向省级储备金上解百分之五。

储备金用于重大事故、职业康复、伤残人员异地安置和基金不敷使用时的调剂。

市级储备金不足支付的，由省级储备金调剂、地级以上市人民政府财政垫付。

第四十八条 工伤保险基金存入社会保障基金财政专户并按照同期城乡居民储蓄存款利率计息，所得利息全部转入工伤保险基金。

第四十九条 工伤保险基金用于下列支出项目：

（一）工伤保险待遇；

（二）职业康复费用；

（三）工伤取证费和劳动能力鉴定费；

（四）工伤预防费。

前款第二项按照不超过上年度结存的工伤保险基金三分之一的比例，第三项按照不超过上年度工伤保险基金实际收缴总额百分之二的比例，由社会保险经办机构于每年九月提出下年度的用款支出计划，报同级社会保险行政部门和财政部门审核同意后，列入下年度工伤保险基金支出预算，下年度据实列支。

在保证本条例第四十七条第二款规定的储备金足额留存和本条第一款第一项、第二项、第三项规定的费用足额支付的前提下，可以按照不超过上年度工伤保险基金实际收缴总额百分之五的比例，提取工伤预防费。提取的费用由社会保险经办机构会同安全生产监督管理部门于每年九月提出下年度的用款支出计划，报同级社会保险行政部门和财政部门审核同意后，列入下年度工伤保险支出预算，下年度据实列支。

工伤预防费、工伤取证费和劳动能力鉴定费作为专项经费管理使用，专项经费管理使用按照国家和省的有关规定执行。

任何单位或者个人不得将工伤保险基金用于投资运营、兴建或者改建办公场所、发放奖金，或者挪作其他用途。

第六章 监督管理

第五十条 社会保险行政部门依法对工伤保险费的征缴和工伤保险基金的支付情况进行监督。

财政部门和审计机关依法对工伤保险基金的收支、管理情况进行监督。

各级社会保险经办机构应当建立健全内部审计制度。

社会保险监督委员会依法对工伤保险基金的收支、管理情况实施社会监督。

第五十一条 工会组织依法维护工伤职工的合法权益，对用人单位的工伤保险工作实行监督。

第五十二条 职工有权监督用人单位参加工伤保险及缴费情况。用人单位应当向职工如实通告因工伤亡、参加工伤保险和缴费情况。

第五十三条 用人单位和职工有权向社会保险费征收机构和社会保险经办机构查询本单位工伤保险缴费和工伤保险待遇支付情况。社会保险费征收机构和社会保险经办机构应当提供相应的查询、咨询服务。

五十四条 职工与用人单位发生工伤待遇方面的争议，按照处理劳动争议的有关规定处理。

第五十五条 有下列情形之一的，有关单位或者个人可以依法申请行政复议，也可以依法向人民法院提起诉讼：

（一）申请工伤认定的职工或者其近亲属、该职工所在单位对工伤认定申请不予受理的决定不服的；

（二）申请工伤认定的职工或者其近亲属、该职工所在单位对工伤认定结论不服的；

（三）用人单位对社会保险经办机构确定的单位缴费费率不服的；

（四）签订服务协议的医疗机构、康复机构、辅助器具配置机构认为社会保险经办机构未履行有关协议或者规定的；

（五）工伤职工或者其近亲属对社会保险经办机构核定的工伤保险待遇有异议的。

第七章　法律责任

第五十六条　用人单位依照本条例规定应当参加工伤保险而未参加的，由社会保险行政部门责令其限期参加并依法处理。用人单位未按时足额缴纳工伤保险费的，由社会保险费征收机构责令限期缴纳或者补足，并自欠缴之日起，按日加收万分之五的滞纳金；逾期仍不缴纳的，由有关行政部门处欠缴数额一倍以上三倍以下的罚款。

第五十七条　用人单位依照本条例规定应当参加工伤保险而未参加或者未按时缴纳工伤保险费，职工发生工伤的，由该用人单位按照本条例规定的工伤保险待遇项目和标准向职工支付费用。

用人单位按照规定补缴应当缴纳的工伤保险费和滞纳金后，由工伤保险基金和用人单位按照本条例的规定支付新发生的费用。

第五十八条　用人单位少报职工工资，未足额缴纳工伤保险费，造成工伤职工享受的工伤保险待遇降低的，工伤保险待遇差额部分由用人单位向工伤职工补足。

第五十九条　用人单位、工伤职工或者其近亲属骗取工伤保险待遇，医疗机构、康复机构、辅助器具配置机构骗取工伤保险基金支出的，由社会保险行政部门责令退还，处骗取金额二倍以上五倍以下的罚款；构成犯罪的，依法追究刑事责任。

第六十条　用人单位未按照本条例第十五条第一款规定提供证据，或者提供虚假资料的，由社会保险行政部门对其处以二千元以上二万元以下的罚款。

第六十一条　各级人民政府、有关行政管理部门和社会保险经办机构及其工作人员违反本条例，有下列行为之一的，上级机关应当责令其改正，追回挪用流失款项；有违法所得的，没收违法所得；对直接负责的主管人员和其他直接责任人员依法给予处分；构成犯罪的，依法追究刑事责任：

（一）擅自增加或者减免应当缴纳的工伤保险费及其利息或者滞纳金的；

（二）未按照规定将工伤保险费及其利息或者滞纳金全部存入工伤保险基金专户的；

（三）挪用工伤保险基金的；

（四）未按照规定核定各项工伤保险待遇标准或者领取期限的；

（五）未按照规定上解工伤保险储备金的。

第六十二条　社会保险行政部门工作人员有下列情形之一的，依法给予处分；构成犯罪的，依法追究刑事责任：

（一）无正当理由不受理工伤认定申请，或者弄虚作假将不符合工伤条件的人员认定为工伤职工的；

（二）未妥善保管申请工伤认定的证据材料，致使有关证据灭失的；

（三）收受当事人财物的。

第六十三条　从事劳动能力鉴定的组织或者个人有下列情形之一的，由社会保险行政部门责令改正，处二千元以上一万元以下的罚款；构成犯罪的，依法追究刑事责任：

（一）提供虚假鉴定意见的；
（二）提供虚假诊断证明的；
（三）收受当事人财物的。

第八章　附　则

第六十四条　中央、省属和军队驻穗单位工伤保险依法实行省本级统筹，工伤保险工作按照国家和省的有关规定执行。

第六十五条　劳动者达到法定退休年龄或者已经依法享受基本养老保险待遇的，不适用本条例。

前款规定的劳动者受聘到用人单位工作期间，因工作原因受到人身伤害的，可以要求用人单位参照本条例规定的工伤保险待遇支付有关费用。双方对损害赔偿存在争议的，可以依法通过民事诉讼方式解决。

第六十六条　本条例中下列用语的含义：

（一）本人工资，是指工伤职工在本单位因工作遭受事故伤害或者患职业病前十二个月平均月缴费工资。本单位为工伤职工缴纳工伤保险费不足十二个月的，以实际月数计算平均月缴费工资。本人工资高于统筹地区职工平均工资百分之三百的，按照统筹地区职工平均工资的百分之三百计算；本人工资低于统筹地区职工平均工资百分之六十的，按照统筹地区职工平均工资的百分之六十计算。

（二）原工资福利待遇，是指工伤职工在本单位受工伤前十二个月的平均工资福利待遇。工伤职工在本单位工作不足十二个月的，以实际月数计算平均工资福利待遇。

第六十七条　用人单位为职工办理工伤保险参保手续次日起，在规定的缴费周期内缴纳工伤保险费的，该参保职工发生工伤，由工伤保险基金按照本条例规定的工伤保险待遇项目和标准支付费用。

第六十八条　本条例自2012年1月1日起施行。本条例施行前已受到事故伤害或者患职业病的职工尚未完成工伤认定的，按照本条例的规定执行；本条例施行前已完成工伤认定的，本条例施行后发生的工伤保险待遇依照本条例的规定执行。

★地方性文件·上海市

5.5.6 上海市工伤保险实施办法（上海市人民政府令第93号公布　2013年1月起施行）

第一章　总　则

第一条　（依据）根据《中华人民共和国社会保险法》和《工伤保险条例》，结合本市实际，制定本办法。

第二条　（适用范围）本办法适用于本市行政区域内的企业、事业单位、国家机关、社会团体、民办非企业单位、基金会、律师事务所、会计师事务所等组织和有雇工的个体工商户（以下统称“用人单位”）及其从业人员。

第三条　（征缴管理）工伤保险费的征缴，按照《中华人民共和国社会保险法》和《社会保险费征缴暂行条例》的有关规定执行。

第四条　（公示与救治）用人单位应当将参加工伤保险的有关情况在本单位内公示。

从业人员发生工伤时，用人单位应当采取措施使工伤人员得到及时救治。

第五条　（管理部门）市人力资源社会保障局是本市工伤保险工作的行政主管部门，负责本市工伤保险工作的统一管理。

区、县人力资源社会保障局负责本行政区域内工伤保险的具体管理工作。

市社会保险事业基金结算管理中心（以下简称“社保经办机构”）具体负责工伤保险经办事务。市医疗保险事务管理中心和区、县医疗保险事务中心（以下统称“医保经办机构”）在职责范围内，配合做好工伤保险经办事务。

第六条　（监督）市人力资源社会保障局等部门制定工伤保险的政策、标准，应当征求工会组织、用人单位代表的意见。

工会组织依法维护工伤人员的合法权益，对用人单位的工伤保险工作实行监督。

第二章　工伤保险基金

第七条　（基金来源和储备金）工伤保险基金由用人单位缴纳的工伤保险费、工伤保险基金的利息和依法纳入工伤保险基金的其他资金构成。

工伤保险基金按照国家有关规定留有一定比例的储备金，用于本市重大事故的工伤保险待遇支付；储备金不足支付的，由市财政垫付。储备金的提取比例和使用，按照本市有关规定执行。

第八条　（缴费原则）用人单位应当按时缴纳工伤保险费。从业人员个人不缴纳工伤保险费。

工伤保险费根据以支定收、收支平衡的原则，确定费率。

第九条　（缴费基数）用人单位缴纳工伤保险费的基数，按照本单位缴纳城镇基本养老保险费的基数确定。

第十条　（费率）用人单位缴纳工伤保险费实行基础费率，基础费率统一为缴费基数的0.5%。

对发生工伤事故的用人单位，在基础费率的基础上，按照规定实行浮动费率。

浮动费率根据用人单位工伤保险费使用、工伤事故发生率等情况确定。浮动费率分为五档，每档幅度为缴费基数的0.5%，向上浮动后的最高费率（基础费率加浮动费率）不超过缴费基数的3%，向下逐档浮动后的最低费率不低于基础费率。浮动费率每年核定一次。

工伤保险费率浮动的具体办法，由市人力资源社会保障局会同市财政、卫生、安全生产监督管理等部门拟订，报市人民政府批准后执行。

第十一条　（支付范围）工伤保险基金用于本办法规定的工伤保险待遇，劳动能力鉴定，工伤预防的宣传、培训等费用，以及法律、法规规定的用于工伤保险的其他费用的支付。

工伤预防费用的提取比例、使用和管理，按照国家有关规定执行。

第十二条　（基金管理和监督）工伤保险基金实行全市统筹，存入本市市级社会保障基金财政专户，专款专用，任何单位和个人不得擅自动用。

市人力资源社会保障局依法对工伤保险费的征缴和工伤保险基金的支付情况进行监督检查。

市财政、审计部门依法对工伤保险基金的收支、管理情况进行监督。

第十三条　（经办机构经费）社保经办机构、医保经办机构开展工伤保险所需经费，由财政部门按照规定核定，纳入预算管理。

5.5.7 上海市工伤康复管理办法（沪人社福发［2013］46号）

第一条 为规范本市工伤康复管理工作，促进工伤康复事业健康发展，切实保障工伤人员的合法权益，根据《工伤保险条例》、《上海市工伤保险实施办法》以及《工伤康复服务规范（试行）》（2013修订版）和《工伤康复服务项目（试行）》（2013修订版）的规定，结合本市实际，制定本办法。

第二条 经本市区县人力资源和社会保障局认定为工伤或视同工伤，且因工伤造成残疾或身体功能障碍，在停工留薪期内经确认需要进行住院康复治疗的人员适用本办法。

第三条 工伤康复包括医疗康复、职业康复、社会康复，采取治疗和康复并重的方式，实行先治疗康复、后鉴定补偿的原则。

第四条 工伤康复人员进行住院工伤康复应当选择本市的工伤康复定点机构。

工伤康复定点机构应当符合原劳动保障部《工伤康复试点机构准入条件》，并与市医疗保险事务管理中心（以下简称市医保经办机构）签订工伤康复服务协议。

第五条 市人力资源和社会保障局是本市工伤康复工作的行政主管部门，负责制订本市工伤康复事业发展规划及政策，指导、监督规划和政策的实施，并对工伤康复定点机构履行工伤康复服务协议以及工伤康复费用的使用情况进行监督检查。

市社会保险事业管理中心（以下简称市社保经办机构）应当将工伤康复费用纳入工伤保险基金年度预算计划中，按照市医保经办机构的审核意见，与工伤康复定点机构结算工伤康复费用。

市医保经办机构负责与工伤康复定点机构签订工伤康复服务协议，并对住院工伤康复费用进行审核。区县医疗保险事务中心（以下简称区县医保经办机构）负责住院工伤康复费用的初审。

市劳动能力鉴定委员会（以下简称市劳鉴委）负责建立工伤康复医学专家组，对工伤人员的康复申请进行确认，并对工伤康复定点机构提供的工伤康复服务质量进行评估。区县劳动能力鉴定委员会（以下简称区县劳鉴委）负责受理住院工伤康复申请并进行初审。

市医疗保险监督检查所承担对工伤康复定点机构监督检查的具体工作。

第六条 工伤人员经抢救治疗生命体征相对稳定，存在残疾及身体功能障碍，或者经治疗工伤的医疗机构建议，需要在停工留薪期内住院工伤康复的，由用人单位、工伤人员或者其近亲属向用人单位所在地的区县劳鉴委提出住院工伤康复申请，并提供以下相关材料：

（一）填写完整的《住院工伤康复申请表》；

（二）工伤认定书原件和复印件；

（三）治疗工伤的医疗机构出具的医疗诊断证明原件和复印件。

材料齐全的，区县劳鉴委应当受理并对申请材料进行初审后报市劳鉴委。市劳鉴委应当自受理申请之日起15日内，委托市劳动能力鉴定中心组织工伤康复医学专家，对工伤人员的康复申请进行评估后作出确认意见，并及时将确认意见送达用人单位、工伤人员或者其近亲属和工伤康复定点机构。情况特殊的，作出确认意见的时限可以延长15日。

第七条 工伤康复人员应当自收到确认意见之日起30日内，持确认意见及相关材料到工伤康复定点机构办理住院工伤康复手续。工伤康复人员在住院工伤康复期间，应当服从工伤康复定点机构的安排，配合康复医师完成工伤康复计划。

工伤康复人员未在30日内办理住院工伤康复手续的，确认意见自然失效。工伤人员仍需要住院工伤康复的，应当按照本办法第六条的规定重新提出住院工伤康复申请，由市劳鉴委对其康复申请进行评估并作出确认意见。

第八条　工伤康复定点机构收到确认意见后，应当核对工伤康复人员的身份信息、工伤信息及参保信息，及时安排工伤康复人员入院，按照国家和本市有关规定，为工伤康复人员制订住院工伤康复计划并按计划提供康复服务，做好工伤康复人员康复效果的评定和建档工作。

住院工伤康复计划应当报市劳鉴委、社保经办机构和工伤康复定点机构所在地的区县医保经办机构备案。因情况特殊需要调整康复计划的，应当报市劳鉴委同意后实施。

住院工伤康复档案应当详细记录康复治疗过程，包括：住院工伤康复计划，康复治疗处方、康复实施人、康复实施时间、康复次数、经工伤康复人员签字确认的康复执行单，以及康复前期、中期、后期的诊断测评意见。住院工伤康复档案保存期限不少于30年。

第九条　工伤康复定点机构完成住院工伤康复计划后，应当及时通知工伤人员办理出院手续。

工伤康复人员在住院工伤康复期间要求延长康复期限的，用人单位、工伤康复人员或者其近亲属应当在住院工伤康复计划完成前提前15日，向工伤康复定点机构提出延长工伤康复期限的申请。对符合继续住院康复条件的工伤康复人员，由工伤康复定点机构出具诊断意见并提出延期康复建议后报市劳鉴委。市劳鉴委应当按本办法第六条第二款的规定，对工伤康复人员的继续康复申请进行评估并作出确认意见。

第十条　工伤康复人员在住院工伤康复期间，按照《上海市工伤保险实施办法》的规定享受住院伙食补助费和停工留薪期待遇。停工留薪期满工伤康复计划尚未完成的，继续享受停工留薪期待遇至工伤康复计划完成。

工伤康复人员在住院工伤康复期间需要配置辅助器具的，按本市辅助器具配置管理办法的有关规定执行。

第十一条　工伤康复人员完成工伤康复计划后，应当按规定进行劳动能力鉴定并享受工伤保险待遇。工伤康复人员拒不接受鉴定的，停止享受工伤保险待遇。

第十二条　工伤康复人员在住院工伤康复期间发生的符合《上海市工伤保险实施办法》和本办法规定的工伤康复费用，由工伤保险基金支付。

第十三条　工伤康复定点机构应当对住院工伤康复费用予以记账，按月向所在地的区县医保经办机构申报核定。

区县医保经办机构应当自收到申报核定申请之日起10日内对住院工伤康复费用进行初审，并将初审意见报送市医保经办机构。

市医保经办机构应当自收到初审意见之日起10日内，作出准予支付或不准予支付的审核意见，并将审核意见送交市社保经办机构。

市社保经办机构应当自收到审核意见之日起10日内与工伤康复定点机构结算工伤康复费用。

第十四条　工伤康复人员在住院工伤康复期间，用人单位欠缴工伤保险费的，工伤康复定点机构应当继续按住院工伤康复计划提供康复服务，符合《上海市工伤保险实施办法》

和本办法规定的工伤康复费用由工伤保险基金支付。社保经办机构应当依法责令用人单位补缴工伤保险费。

第十五条 工伤康复定点机构违反《上海市工伤保险实施办法》和本办法规定，擅自发生超出服务项目和支付标准的工伤康复费用，由工伤康复定点机构承担；工伤康复人员要求超出服务项目和支付标准提供康复服务发生的工伤康复费用，由工伤康复人员承担。

第十六条 住院工伤康复计划完成后，工伤康复定点机构未及时通知工伤康复人员办理出院手续的，完成住院工伤康复计划后发生的工伤康复费用，由工伤康复定点机构承担；工伤康复计划完成后，工伤康复人员拒不出院发生的工伤康复费用，由工伤康复人员承担。

第十七条 工伤康复定点机构违反本办法等有关规定，或不履行工伤康复服务协议书相关协议的，市人力资源和社会保障局可以按照工伤保险有关规定进行处理；情节严重的，市医保经办机构可以与工伤康复定点机构解除工伤康复服务协议。

第十八条 本办法自发文之日起实施，有效期至 2017 年 12 月 31 日。原《关于印发〈上海市工伤康复管理试行意见〉的通知》（沪人社福发［2010］71 号）同时废止。

5.6 工伤待遇及支付标准相关

★ 法律

5.6.1 中华人民共和国社会保险法（主席令第35号　2011年7月起施行）

第三十六条　职工因工作原因受到事故伤害或者患职业病，且经工伤认定的，享受工伤保险待遇；其中，经劳动能力鉴定丧失劳动能力的，享受伤残待遇。

工伤认定和劳动能力鉴定应当简捷、方便。

第三十八条　因工伤发生的下列费用，按照国家规定从工伤保险基金中支付：

（一）治疗工伤的医疗费用和康复费用；

（二）住院伙食补助费；

（三）到统筹地区以外就医的交通食宿费；

（四）安装配置伤残辅助器具所需费用；

（五）生活不能自理的，经劳动能力鉴定委员会确认的生活护理费；

（六）一次性伤残补助金和一至四级伤残职工按月领取的伤残津贴；

（七）终止或者解除劳动合同时，应当享受的一次性医疗补助金；

（八）因工死亡的，其遗属领取的丧葬补助金、供养亲属抚恤金和因工死亡补助金；

（九）劳动能力鉴定费。

第三十九条　因工伤发生的下列费用，按照国家规定由用人单位支付：

（一）治疗工伤期间的工资福利；

（二）五级、六级伤残职工按月领取的伤残津贴；

（三）终止或者解除劳动合同时，应当享受的一次性伤残就业补助金。

第四十条　工伤职工符合领取基本养老金条件的，停发伤残津贴，享受基本养老保险待遇。基本养老保险待遇低于伤残津贴的，从工伤保险基金中补足差额。

第四十一条　职工所在用人单位未依法缴纳工伤保险费，发生工伤事故的，由用人单位支付工伤保险待遇。用人单位不支付的，从工伤保险基金中先行支付。

从工伤保险基金中先行支付的工伤保险待遇应当由用人单位偿还。用人单位不偿还的，社会保险经办机构可以依照本法第六十三条的规定追偿。

第四十二条　由于第三人的原因造成工伤，第三人不支付工伤医疗费用或者无法确定第三人的，由工伤保险基金先行支付。工伤保险基金先行支付后，有权向第三人追偿。

第四十三条　工伤职工有下列情形之一的，停止享受工伤保险待遇：

（一）丧失享受待遇条件的；

（二）拒不接受劳动能力鉴定的；

（三）拒绝治疗的。

★ 行政法规/部门规章/司法解释

5.6.2 工伤保险条例（国务院令第586号　2011年1月起施行）

第五章　工伤保险待遇

第三十条　职工因工作遭受事故伤害或者患职业病进行治疗，享受工伤医疗待遇。

职工治疗工伤应当在签订服务协议的医疗机构就医，情况紧急时可以先到就近的医疗机构急救。

治疗工伤所需费用符合工伤保险诊疗项目目录、工伤保险药品目录、工伤保险住院服务标准的，从工伤保险基金支付。工伤保险诊疗项目目录、工伤保险药品目录、工伤保险住院服务标准，由国务院社会保险行政部门会同国务院卫生行政部门、食品药品监督管理部门等部门规定。

职工住院治疗工伤的伙食补助费，以及经医疗机构出具证明，报经办机构同意，工伤职工到统筹地区以外就医所需的交通、食宿费用从工伤保险基金支付，基金支付的具体标准由统筹地区人民政府规定。

工伤职工治疗非工伤引发的疾病，不享受工伤医疗待遇，按照基本医疗保险办法处理。

工伤职工到签订服务协议的医疗机构进行工伤康复的费用，符合规定的，从工伤保险基金支付。

第三十一条 社会保险行政部门作出认定为工伤的决定后发生行政复议、行政诉讼的，行政复议和行政诉讼期间不停止支付工伤职工治疗工伤的医疗费用。

第三十二条 工伤职工因日常生活或者就业需要，经劳动能力鉴定委员会确认，可以安装假肢、矫形器、假眼、假牙和配置轮椅等辅助器具，所需费用按照国家规定的标准从工伤保险基金支付。

第三十三条 职工因工作遭受事故伤害或者患职业病需要暂停工作接受工伤医疗的，在停工留薪期内，原工资福利待遇不变，由所在单位按月支付。

停工留薪期一般不超过12个月。伤情严重或者情况特殊，经设区的市级劳动能力鉴定委员会确认，可以适当延长，但延长不得超过12个月。工伤职工评定伤残等级后，停发原待遇，按照本章的有关规定享受伤残待遇。工伤职工在停工留薪期满后仍需治疗的，继续享受工伤医疗待遇。

生活不能自理的工伤职工在停工留薪期需要护理的，由所在单位负责。

第三十四条 工伤职工已经评定伤残等级并经劳动能力鉴定委员会确认需要生活护理的，从工伤保险基金按月支付生活护理费。

生活护理费按照生活完全不能自理、生活大部分不能自理或者生活部分不能自理3个不同等级支付，其标准分别为统筹地区上年度职工月平均工资的50%、40%或者30%。

第三十五条 职工因工致残被鉴定为一级至四级伤残的，保留劳动关系，退出工作岗位，享受以下待遇：

（一）从工伤保险基金按伤残等级支付一次性伤残补助金，标准为：一级伤残为27个月的本人工资，二级伤残为25个月的本人工资，三级伤残为23个月的本人工资，四级伤残为21个月的本人工资；

（二）从工伤保险基金按月支付伤残津贴，标准为：一级伤残为本人工资的90%，二级伤残为本人工资的85%，三级伤残为本人工资的80%，四级伤残为本人工资的75%。伤残津贴实际金额低于当地最低工资标准的，由工伤保险基金补足差额；

（三）工伤职工达到退休年龄并办理退休手续后，停发伤残津贴，按照国家有关规定享受基本养老保险待遇。基本养老保险待遇低于伤残津贴的，由工伤保险基金补足差额。

职工因工致残被鉴定为一级至四级伤残的，由用人单位和职工个人以伤残津贴为基数，缴纳基本医疗保险费。

第三十六条 职工因工致残被鉴定为五级、六级伤残的，享受以下待遇：

（一）从工伤保险基金按伤残等级支付一次性伤残补助金，标准为：五级伤残为18个月的本人工资，六级伤残为16个月的本人工资；

（二）保留与用人单位的劳动关系，由用人单位安排适当工作。难以安排工作的，由用人单位按月发给伤残津贴，标准为：五级伤残为本人工资的70%，六级伤残为本人工资的60%，并由用人单位按照规定为其缴纳应缴纳的各项社会保险费。伤残津贴实际金额低于当地最低工资标准的，由用人单位补足差额。

经工伤职工本人提出，该职工可以与用人单位解除或者终止劳动关系，由工伤保险基金支付一次性工伤医疗补助金，由用人单位支付一次性伤残就业补助金。一次性工伤医疗补助金和一次性伤残就业补助金的具体标准由省、自治区、直辖市人民政府规定。

第三十七条 职工因工致残被鉴定为七级至十级伤残的，享受以下待遇：

（一）从工伤保险基金按伤残等级支付一次性伤残补助金，标准为：七级伤残为13个月的本人工资，八级伤残为11个月的本人工资，九级伤残为9个月的本人工资，十级伤残为7个月的本人工资；

（二）劳动、聘用合同期满终止，或者职工本人提出解除劳动、聘用合同的，由工伤保险基金支付一次性工伤医疗补助金，由用人单位支付一次性伤残就业补助金。一次性工伤医疗补助金和一次性伤残就业补助金的具体标准由省、自治区、直辖市人民政府规定。

第三十八条 工伤职工工伤复发，确认需要治疗的，享受本条例第三十条、第三十二条

第三十三条 规定的工伤待遇。

第三十九条 职工因工死亡，其近亲属按照下列规定从工伤保险基金领取丧葬补助金、供养亲属抚恤金和一次性工亡补助金：

（一）丧葬补助金为6个月的统筹地区上年度职工月平均工资；

（二）供养亲属抚恤金按照职工本人工资的一定比例发给由因工死亡职工生前提供主要生活来源、无劳动能力的亲属。标准为：配偶每月40%，其他亲属每人每月30%，孤寡老人或者孤儿每人每月在上述标准的基础上增加10%。核定的各供养亲属的抚恤金之和不应高于因工死亡职工生前的工资。供养亲属的具体范围由国务院社会保险行政部门规定；

（三）一次性工亡补助金标准为上一年度全国城镇居民人均可支配收入的20倍。

伤残职工在停工留薪期内因工伤导致死亡的，其近亲属享受本条第一款规定的待遇。

一级至四级伤残职工在停工留薪期满后死亡的，其近亲属可以享受本条第一款第（一）项、第（二）项规定的待遇。

第四十条 伤残津贴、供养亲属抚恤金、生活护理费由统筹地区社会保险行政部门根据职工平均工资和生活费用变化等情况适时调整。调整办法由省、自治区、直辖市人民政府规定。

第四十一条 职工因工外出期间发生事故或者在抢险救灾中下落不明的，从事故发生当月起3个月内照发工资，从第4个月起停发工资，由工伤保险基金向其供养亲属按月支付供养亲属抚恤金。生活有困难的，可以预支一次性工亡补助金的50%。职工被人民法院宣告死亡的，按照本条例第三十九条职工因工死亡的规定处理。

第四十二条 工伤职工有下列情形之一的，停止享受工伤保险待遇：

（一）丧失享受待遇条件的；

（二）拒不接受劳动能力鉴定的；

（三）拒绝治疗的。

第四十三条 用人单位分立、合并、转让的，承继单位应当承担原用人单位的工伤保险责任；原用人单位已经参加工伤保险的，承继单位应当到当地经办机构办理工伤保险变更登记。

用人单位实行承包经营的，工伤保险责任由职工劳动关系所在单位承担。

职工被借调期间受到工伤事故伤害的，由原用人单位承担工伤保险责任，但原用人单位与借调单位可以约定补偿办法。

企业破产的，在破产清算时依法拨付应当由单位支付的工伤保险待遇费用。

第四十四条 职工被派遣出境工作，依据前往国家或者地区的法律应当参加当地工伤保险的，参加当地工伤保险，其国内工伤保险关系中止；不能参加当地工伤保险的，其国内工伤保险关系不中止。

第四十五条 职工再次发生工伤，根据规定应当享受伤残津贴的，按照新认定的伤残等级享受伤残津贴待遇。

第六十条 用人单位、工伤职工或者其近亲属骗取工伤保险待遇，医疗机构、辅助器具配置机构骗取工伤保险基金支出的，由社会保险行政部门责令退还，处骗取金额2倍以上5倍以下的罚款；情节严重，构成犯罪的，依法追究刑事责任。

5.6.3 全国总工会劳动保险部关于劳动保险问题解答（1964年）

五、关于划分因工与非因工待遇的界限问题

54. 因工与非因工的界限如何划分？

工人职员在下列情况下发生了问题，有可靠证明，可以享受因工待遇：

（1）从事本岗位工作或者执行企业行政临时指定或同意的工作而造成的负伤、残废或者死亡；

（2）在紧急情况下（如抢险救灾救人等），从事对企业或者社会有益的工作而造成疾病、负伤、残废或者死亡；

（3）从事与企业工作上有关的研究、发明、创造或者技术改进的工作而造成的负伤、残废、或者死亡；

（4）在企业的工作区域内工作时，遭受非本人所能抗拒的意外灾害而造成的负伤、残废，或者死亡；

（5）再生产或者工作中因为所从事的工作性质而造成的职业性疾病（符合中华人民共和国卫生部公布的职业病名单的规定者），以及由此而造成的残废或者死亡；

（6）集体乘坐本单位的车去开会、听报告或者参加指派的各种劳动（包括支援农业），所乘坐的车，出了非本人所应负责任的意外事故，造成职工负伤、残废或者死亡；

（7）企业以临时工棚作职工集体宿舍，质量很坏，没有及时修理，工棚倒塌，职工负伤、致残或被压死者。

工人职员在下列情况下发生问题，有可靠证明，可以比照因工待遇处理：（1）因工出差或者因为调动工作赴任往返途中遭遇本人所应负责任的意外事故而造成的负伤、残废或者死亡，以及在因工出差期间，由于执行紧急任务而死亡者；（2）因在工作中受伤而当时并未感觉，事后伤痛处发作疼痛，不能工作者；（3）工人职员因为工作而负伤，医疗终结以后，不论调到任何企业，旧病复发或者因为旧伤复发致成残废或者死亡；（4）因紧急任务加班加点至深夜，不能回家休息，临时在工作地点睡眠，遭到意外事故而负伤或者死亡，而非本人应负主要责任的；（5）革命军人在作战中负伤，或由于在战争的艰苦环境中造成的严重疾病（有可靠的组织证明）转入企业工作后，因旧病复发造成残废或者死亡；（6）在各种政治运动和日常工作中，坚持原则，向敌对分子或各种错误现象进行斗争的职工，被坏人谋害负伤、残废或者死亡者；（7）因严重的医疗责任事故而使病伤恶化或者致成残废、死亡，并经医务劳动鉴定委员会鉴定属实者；（8）在本单位集体食堂就餐，因食物中毒，造成疾病或死亡而非本人所应负的责任者；（9）职工参加本企业所组织的（不包括车间一级）各级体育活动比赛、劳卫制测验或者正式代表本企业参加上一级机关举办的体育运动比赛时负伤、残废或者死亡者；（10）企业领导指派或组织职工参观各种展览会、政治性活动，造成负伤、死亡而非本人应负主要责任者。

六、有关负伤待遇问题

55. 职工因工负伤痊愈后，旧伤复发，其劳动保险待遇如何处理？

如经医院检查证明，确系旧伤复发，可按因工负伤的规定办理。

56. 因工负伤职工，经医院和行政领导批准，并经地方卫生部门同意到外地治疗，但到达后，因医院床位少，一时不能住院，暂时住在旅馆内，其旅店费和膳费如何处理？

按本单位因工出差待遇处理。

57. 职工因工负伤（或患职业病）住疗养院期间，其伙食补助费可否和住院医疗期间一样，全部由企业行政负担？

不能，应与一般疗养员享受同样伙食补助。

58. 工厂企业内的绘图员、会计员等成天在桌子上办公，不可能像工人那样容易因公负伤，但因工作紧张，天长日久，得了肺结核等病，能不能算因公负伤？

不能算因公负伤。目前，以肺结核为例来说，这是一种社会病，也是传染病，虽然可能与工作有关，但是很难说它是由于工作而引起的疾病。

59. 工人因搬运重物，被压伤吐血者，算不算因工负伤？

如果有可靠证明，并经医生检查证实，可以算因工负伤。

60. 职工从事化学研究工作中毒，能不能按因工处理？

经医生诊断证明，确是从事化学工作中毒，应享受因工待遇。

61. 工人在生产时间打架负伤，其医疗期间工资和医药费应如何处理？

职工在生产时间打架，是一种违反劳动纪律的行为，企业行政和工会应当对他们进行教育。被打负伤的职工，其医疗期间的待遇，可比照因工负伤待遇处理。

62. 职工骑自行车上下班，途中因自己不慎被汽车轧伤，可否算因工负伤？

不能。

七、有关死亡待遇问题

63. 某职工患有高血压症，在工作中突然因脑溢血死亡，算因工死亡还是算疾病死亡？

应算因病死亡。

64. 在工作时间生急性病（如霍乱、盲肠炎等）死亡是否算因工？

不能算因工。

65. 工人上下班坐公共汽车，汽车翻了，负伤死亡，如何处理？

按非因工负伤和死亡待遇处理。

66. 职工因工死亡后，其妻另行结婚，其子女是否继续领取抚恤费？

原则上其子女可以继续领取抚恤待遇，如果新夫愿意而确也有能力供养前夫的子女时，就不再领取抚恤费。

67. 职工因工死亡时没有供养直系亲属，能不能发给抚恤费？

职工没有供养直系亲属，如有直系亲属，可酌情发给一次性抚恤费。

68. 职工及职工供养直系亲属自杀是否能享受劳动保险待遇？

凡属政治性自杀（指确有可靠材料）都不享受劳动保险待遇。如果是因家庭纠纷和其他生活问题而自杀者，可比照劳动保险条例第十四条非因工死亡的规定处理。

69. 职工因工死亡，其家属亲临料理丧事，其往返旅费由谁开支？

原则上由自己负担，如果本人负担有困难时，由企业行政设法予以补助。

70. 职工因工死亡后，其家属要求把灵柩运回原籍，费用如何解决？

不提倡运灵，应设法说服其家属，就地埋葬或火葬，如果其家属一定要运回，所需费用，由其家属与企业行政协商解决。

71. 学徒工因工死亡后，是否发给其家属抚恤费？

劳动部 1960 年曾以［60］中劳薪马字第 021 号函复贵州劳动局：“企业行政应当对其家属加以慰问并发给一次性的抚恤费，其数额由企业行政酌情决定”。

72. 1958 年以前退休职工办理易地支付待遇后死亡时，很难查询原单位的平均工资，其丧葬补助费如何发给？

按当地企业平均工资计发，或者按退休规定实施细则第十三条规定发给。

73. 在实行劳动保险的企业内，被剥夺政治权利的职工死后，他的家属可以享受供养直系亲属救济费吗？

不能享受。因职工本人已在法律上丧失了享受劳动保险待遇的权利，所以其家属享受待遇的权利也应意味着消灭。如生活上有困难，可请求当地民政部门给予救济。

八、有关残废待遇问题

75. 享受因工残废补助费的职工，由于技术提高而增加了工资，已超过了残废前的工资，其原已享受的残废补助是否要减少或取消？

如果残废程度没有改变，只是由于个人进步或技术提高而增加工资，其原已享受的因工残废补助费不应减少或取消。

76. 工人因工负伤治愈后，因残废不能做原来的工作，改做其他轻便工作，仍领原来的工资，能不能领取因工残废补助费？

没有降低原来工资的，不发给因工残废补助费。

77. 职工因工残废，已按规定发了残废补助费，后来身体完全恢复了健康，又能做原工作了，并恢复原来工资，或者残废加重了，由部分残废变成了需人扶持的残废，这样，其待遇是否随着残废程度的变化而变化？

其待遇应随着残废程度的变化而变化。

78. 享受因工残废补助费的职工，调到不实行劳动保险的企业工作，其原来享受的补助费应如何他处理？

原企业介绍工资关系时，应将原来享受因工残废补助费包括在本人工资内，一并介绍给调入单位。

79. 职工因工负伤残废后，由企业负担安装的假腿、假手，坏了以后的修理和换装费用应有谁负担？

如果是在该假腿、假手的保证使用年限内坏了需要修理的修理费，应由本人负担，如本人负担确有困难时，可请求企业行政和工会给予适当的补助和救济。如果假腿、假手已超过使用年限坏了需要修理或重新全装时，其所需费用，仍由企业方面负担。

80. 职工非因工负伤残废，需要安装假腿、假眼睛，其费用可否由行政负担？

不能。如果是生活上所必需，但经济上确有困难者，可以申请困难补助。

81. 异地支付因工残废抚恤费的残废人员，需换、修假肢，其费用由哪报销？

由发给其抚恤费的工会组织从劳保金中报销。

82. 有一个工人原来享受了因工部分残废补助费，后来因犯法受到纪律处分，企业行政开除了他，可不可以继续享受因工残废补助费？

职工被企业开除不再享受原企业的因工残废补助费。

5.6.4 劳动和社会保障部关于实施《工伤保险条例》若干问题的意见（劳社部函［2004］256号）

第六条　条例第十七条第四款规定“用人单位未在本条第一款规定的时限内提交工伤认定申请的，在此期间发生符合本条例规定的工伤待遇等有关费用由该用人单位负担”。这里用人单位承担工伤待遇等有关费用的期间是指从事故伤害发生之日或职业病确诊之日起到劳动保障行政部门受理工伤认定申请之日止。

第七条　条例第三十六条规定的工伤职工旧伤复发，是否需要治疗应由治疗工伤职工的协议医疗机构提出意见，有争议的由劳动能力鉴定委员会确认。

第八条　职工因工死亡，其供养亲属享受抚恤金待遇的资格，按职工因工死亡时的条件核定。

5.6.5 最高人民法院关于因第三人造成工伤的职工或其亲属在获得民事赔偿后是否还可以获得工伤保险补偿问题的答复（［2006］行他字第12号）

新疆维吾尔自治区高级人民法院生产建设兵团分院：

你院《关于因第三人造成工伤死亡的亲属在获得高于工伤保险待遇的民事赔偿后是否还可以获得工伤保险补偿问题的请示报告》收悉。经研究，答复如下：

原则同意你院审判委员会的倾向性意见。即根据《中华人民共和国安全生产法》第四十八条以及最高人民法院《关于审理人身损害赔偿案件适用法律若干问题的解释》第十二条的规定，因第三人造成工伤的职工或其近亲属，从第三人处获得民事赔偿后，可以按照《工伤保险条例》第三十七条的规定，向工伤保险机构申请工伤保险待遇补偿。

此复

二〇〇六年十二月二十八日

附：

新疆维吾尔自治区高级人民法院生产建设兵团分院关于因第三人造成工伤死亡的亲属在获得高于工伤保险待遇的民事赔偿后是否还可以获得工伤保险补偿问题的请示（2006年8月16日［2006］新高兵法行示字第1号）

最高人民法院：

我院审理秦永东不服新疆生产建设兵团建工师社会保障基金管理中心职工工伤保险待遇行政决定上诉一案，涉及因第三人造成工伤死亡的亲属在获得高于工伤保险待遇的民事赔偿后，是否还可以获得工伤保险补偿的问题，因审理中意见不一，特向贵院请示。

一、当事人的基本情况

上诉人（原审被告）兵刚建工师社会保险基金管理中心。（以下简称管理中心）

被上诉人（原审原告）：秦永东，男，汉族，35岁，新疆福达贸易有限公司职员，住乌鲁木齐市建设西街90号1号楼4单元401室。

二、案件的基本情况

2004年12月31日，秦永东的妻子张秋丽（生前系新疆兵团建工师昆仑工程建设总公司宏正造价事务所工程师）出差到沙湾县地税局做完工程决算审核后，乘坐该局的车返回乌鲁木齐市的途中，因该局驾驶员驾车发生交通事故，造成张秋丽死亡。经交通事故管理部门认定，驾驶员应承担交通事故的全部责任。车主单位沙湾县地税局给秦永东赔偿一次性死亡补助金150 068.8元、丧葬补助金7242元、被抚养人生活费43 305元、精神损害赔偿金20 000元，合计220 615.8元。张秋丽所在单位向管理中心报送了《工伤认定申请表》，2005年4月1日，管理中心作出张秋丽系因工死亡的工伤认定。同年5月20日，管理中心以事故方已赔付的费用均高于《工伤保险条例》（以下简称《条例》）规定的工伤待遇标准（一次性死亡补助金52 800元、丧葬补助金6600元、被抚养人生活费29 040元，合计88 400元）为由，作出不予支付工伤保险待遇的决定。

三、一审判决的理由及结果

一审法院认为：根据最高人民法院颁布的《关于审理人身赔偿案件适用法律若干问题的解释》（以下简称《解释》）第12条规定：“依法应当参加工伤保险的用人单位和个人，因工伤事故遭受人身损害，劳动者或者其近亲属向人民法院起诉请求用人单位承担民事赔偿责任的，告知其按《工伤保险条例》的规定处理。因用人单位以外的第三人侵权造成劳动者人身损害，赔偿权利人请求第三人承担民事赔偿责任的，人民法院应予支持。”最高人民法院副院长黄松有就《解释》答记者问时阐述：“如果劳动者受工伤是第三人的侵权行为造成，第三人不能免除民事赔偿责任。例如职工因公出差遭遇交通事故，工伤职工虽然享有工伤保险待遇，但对交通肇事者负有责任的第三人仍应承担民事赔偿责任。”以及兵团分院于2005年4月29日颁布的新高兵法发［2005］4号《关于审理人身损害赔偿案件若干问题的指导意见》（以下简称《指导意见》）第1条规定：“因第三人侵权赔偿与工伤赔偿保险机制目前在法律上是并行不悖的，一个属于私权范畴，一个属于公权范畴，二者不能混用，也不能相互替代”的精神可以认定因第三人侵权造成的工伤，劳动者或者其近亲属除了可以获得民事赔偿外，还可以获得工伤保险补偿。故判决撤销管理中心的不予赔偿的决定。

四、请示的问题及意见

对于工亡亲属在获得高于工伤保险待遇的民事赔偿后，是否还可以获得工伤保险补偿的问题，由于现行内法律、法规、司法解释没有明确规定，我院审判委员会讨论中形成两种意见：

第一种意见：《解释》第12条的规定对于本案所涉及的情况并没有明确规定，《条例》对交通事故引起的工伤如何赔付也没有涉及。而劳动部1996年8月12日公布的《企业职工工伤保险试行办法》（以下简称《试行办法》）中对由于交通事故引起的工伤补偿有具体规定，即交通事故引起的工伤待遇补偿问题，应当首先按照交通法规处理，交通事故已赔付丧葬费、一次性工亡补助金，亲属抚养费的，工伤保险经办机构不再支付相应待遇。《条例》出台后，对《试行办法》的规定没有明令废止。因此，劳动部的旧规定与新法规不相抵触，应继续执行。管理中心依据的新疆维吾尔自治区新劳社字［2004］67号《关于工伤保险几个有关问题的处理意见》、新疆生产建设兵团兵劳社发［2004］75号《关于工伤保险有关问题的处理意见》是自治区、兵团劳动和社会保险局按照《试行办法》第28条的规定作出的，管理中心依照上述规章及规范性文件作出工亡亲属在获得赔付金额高于工伤保险待遇的民事赔偿后，不再支付相应待遇的决定正确。

第二种意见：《试行办法》第28条规定随着2004年1月1日《条例》的实施，已经废止。按照《解释》第12条规定的精神，受害人从事故方（第三人）获得民事赔偿后，还可以按照《条例》第37条规定，向工伤保险机构申请工伤保险待遇补偿。黄松有副院长2003年12月9日就《解释》答记者问时有明确表述。我院的《指导意见》与《解释》是一致的，体现了保护受害人利益的立法精神。

我院审判委员会倾向于第二种观点，但认为由于本案涉及地方规范性文件的效力问题，并考虑到今后判决的有效执行，确需进一步明确。

请批复。

5.6.6 实施《中华人民共和国社会保险法》若干规定（人力资源和社会保障部令第13号 2011年7月起施行）

第十一条 社会保险法第三十八条第八项中的因工死亡补助金是指《工伤保险条例》第三十九条的一次性工亡补助金，标准为工伤发生时上一年度全国城镇居民人均可支配收入的20倍。

上一年度全国城镇居民人均可支配收入以国家统计局公布的数据为准。

第十二条 社会保险法第三十九条第一项治疗工伤期间的工资福利，按照《工伤保险条例》第三十三条有关职工在停工留薪期内应当享受的工资福利和护理等待遇的规定执行。

5.6.7 社会保险基金先行支付暂行办法（人力资源和社会保障部令第15号 2011年7月起施行）

第一条 为了维护公民的社会保险合法权益，规范社会保险基金先行支付管理，根据《中华人民共和国社会保险法》（以下简称社会保险法）和《工伤保险条例》，制定本办法。

第二条 参加基本医疗保险的职工或者居民（以下简称个人）由于第三人的侵权行为造成伤病的，其医疗费用应当由第三人按照确定的责任大小依法承担。超过第三人责任部分的医疗费用，由基本医疗保险基金按照国家规定支付。

前款规定中应当由第三人支付的医疗费用，第三人不支付或者无法确定第三人的，在医疗费用结算时，个人可以向参保地社会保险经办机构书面申请基本医疗保险基金先行支付，并告知造成其伤病的原因和第三人不支付医疗费用或者无法确定第三人的情况。

第三条 社会保险经办机构接到个人根据第二条规定提出的申请后，经审核确定其参加基本医疗保险的，应当按照统筹地区基本医疗保险基金支付的规定先行支付相应部分的医疗费用。

第四条 个人由于第三人的侵权行为造成伤病被认定为工伤，第三人不支付工伤医疗费用或者无法确定第三人的，个人或者其近亲属可以持工伤认定决定书和有关材料向社会保险经办机构书面申请工伤保险基金先行支付，并告知第三人不支付或者无法确定第三人的情况。

第五条 社会保险经办机构接到个人根据第四条规定提出的申请后，应当审查个人获得基本医疗保险基金先行支付和其所在单位缴纳工伤保险费等情况，并按照下列情形分别处理：

（一）对于个人所在用人单位已经依法缴纳工伤保险费，且在认定工伤之前基本医疗保险基金有先行支付的，社会保险经办机构应当按照工伤保险有关规定，用工伤保险基金先行支付超出基本医疗保险基金先行支付部分的医疗费用，并向基本医疗保险基金退还先行支付的费用；

（二）对于个人所在用人单位已经依法缴纳工伤保险费，在认定工伤之前基本医疗保险基金无先行支付的，社会保险经办机构应当用工伤保险基金先行支付工伤医疗费用；

（三）对于个人所在用人单位未依法缴纳工伤保险费，且在认定工伤之前基本医疗保险基金有先行支付的，社会保险经办机构应当在3个工作日内向用人单位发出书面催告通知，要求用人单位在5个工作日内依法支付超出基本医疗保险基金先行支付部分的医疗费用，并向基本医疗保险基金偿还先行支付的医疗费用。用人单位在规定时间内不支付其余部分医疗费用的，社会保险经办机构应当用工伤保险基金先行支付；

（四）对于个人所在用人单位未依法缴纳工伤保险费，在认定工伤之前基本医疗保险基金无先行支付的，社会保险经办机构应当在3个工作日向用人单位发出书面催告通知，要求用人单位在5个工作日内依法支付全部工伤医疗费用；用人单位在规定时间内不支付的，社会保险经办机构应当用工伤保险基金先行支付。

第六条 职工所在用人单位未依法缴纳工伤保险费，发生工伤事故的，用人单位应当采取措施及时救治，并按照规定的工伤保险待遇项目和标准支付费用。

职工被认定为工伤后，有下列情形之一的，职工或者其近亲属可以持工伤认定决定书和有关材料向社会保险经办机构书面申请先行支付工伤保险待遇：

（一）用人单位被依法吊销营业执照或者撤销登记、备案的；

（二）用人单位拒绝支付全部或者部分费用的；

（三）依法经仲裁、诉讼后仍不能获得工伤保险待遇，法院出具中止执行文书的；

（四）职工认为用人单位不支付的其他情形。

第七条 社会保险经办机构收到职工或者其近亲属根据第六条规定提出的申请后，应当在3个工作日内向用人单位发出书面催告通知，要求其在5个工作日内予以核实并依法支付工伤保险待遇，告知其如在规定期限内不按时足额支付的，工伤保险基金在按照规定先行支付后，取得要求其偿还的权利。

第八条 用人单位未按照第七条规定按时足额支付的，社会保险经办机构应当按照社会保险法和《工伤保险条例》的规定，先行支付工伤保险待遇项目中应当由工伤保险基金支付的项目。

第九条 个人或者其近亲属提出先行支付医疗费用、工伤医疗费用或者工伤保险待遇申请，社会保险经办机构经审核不符合先行支付条件的，应当在收到申请后5个工作日内作出不予先行支付的决定，并书面通知申请人。

第十条 个人申请先行支付医疗费用、工伤医疗费用或者工伤保险待遇的，应当提交所有医疗诊断、鉴定等费用的原始票据等证据。社会保险经办机构应当保留所有原始票据等证据，要求申请人在先行支付凭据上签字确认，凭原始票据等证据先行支付医疗费用、工伤医疗费用或者工伤保险待遇。

个人因向第三人或者用人单位请求赔偿需要医疗费用、工伤医疗费用或者工伤保险待遇的原始票据等证据的，可以向社会保险经办机构索取复印件，并将第三人或者用人单位赔偿情况及时告知社会保险经办机构。

第十一条 个人已经从第三人或者用人单位处获得医疗费用、工伤医疗费用或者工伤保险待遇的，应当主动将先行支付金额中应当由第三人承担的部分或者工伤保险基金先行支付的工伤保险待遇退还给基本医疗保险基金或者工伤保险基金，社会保险经办机构不再向第三人或者用人单位追偿。

个人拒不退还的，社会保险经办机构可以从以后支付的相关待遇中扣减其应当退还的数额，或者向人民法院提起诉讼。

第十二条 社会保险经办机构按照本办法第三条规定先行支付医疗费用或者按照第五条第一项、第二项规定先行支付工伤医疗费用后，有关部门确定了第三人责任的，应当要求第三人按照确定的责任大小依法偿还先行支付数额中的相应部分。第三人逾期不偿还的，社会保险经办机构应当依法向人民法院提起诉讼。

第十三条 社会保险经办机构按照本办法第五条第三项、第四项和第六条、第七条、第八条的规定先行支付工伤保险待遇后，应当责令用人单位在10日内偿还。

用人单位逾期不偿还的，社会保险经办机构可以按照社会保险法第六十三条的规定，向银行和其他金融机构查询其存款账户，申请县级以上社会保险行政部门作出划拨应偿还款项的决定，并书面通知用人单位开户银行或者其他金融机构划拨其应当偿还的数额。

用人单位账户余额少于应当偿还数额的，社会保险经办机构可以要求其提供担保，签订延期还款协议。

用人单位未按时足额偿还且未提供担保的，社会保险经办机构可以申请人民法院扣押、查封、拍卖其价值相当于应当偿还数额的财产，以拍卖所得偿还所欠数额。

第十四条 社会保险经办机构向用人单位追偿工伤保险待遇发生的合理费用以及用人单位逾期偿还部分的利息损失等，应当由用人单位承担。

第十五条 用人单位不支付依法应当由其支付的工伤保险待遇项目的，职工可以依法申请仲裁、提起诉讼。

第十六条 个人隐瞒已经从第三人或者用人单位处获得医疗费用、工伤医疗费用或者工伤保险待遇，向社会保险经办机构申请并获得社会保险基金先行支付的，按照社会保险法第八十八条的规定处理。

第十七条 用人单位对社会保险经办机构作出先行支付的追偿决定不服或者对社会保险行政部门作出的划拨决定不服的，可以依法申请行政复议或者提起行政诉讼。

个人或者其近亲属对社会保险经办机构作出不予先行支付的决定不服或者对先行支付的数额不服的，可以依法申请行政复议或者提起行政诉讼。

第十八条 本办法自2011年7月1日起施行。

5.6.8 财政部、国家税务总局关于工伤职工取得的工伤保险待遇有关个人所得税政策的通知（财税［2012］40号）

各省、自治区、直辖市、计划单列市财政厅（局）、地方税务局，新疆生产建设兵团财务局：

为贯彻落实《工伤保险条例》（国务院令第586号），根据个人所得税法第四条中“经国务院财政部门批准免税的所得”的规定，现就工伤职工取得的工伤保险待遇有关个人所得税政策通知如下：

一、对工伤职工及其近亲属按照《工伤保险条例》（国务院令第586号）规定取得的工伤保险待遇，免征个人所得税。

二、本通知第一条所称的工伤保险待遇，包括工伤职工按照《工伤保险条例》（国务院令第586号）规定取得的一次性伤残补助金、伤残津贴、一次性工伤医疗补助金、一次性伤残就业补助金、工伤医疗待遇、住院伙食补助费、外地就医交通食宿费用、工伤康复费用、辅助器具费用、生活护理费等，以及职工因工死亡，其近亲属按照《工伤保险条例》（国务院令第586号）规定取得的丧葬补助金、供养亲属抚恤金和一次性工亡补助金等。

三、本通知自2011年1月1日起执行。对2011年1月1日之后已征税款，由纳税人向主管税务机关提出申请，主管税务机关按相关规定予以退还。

5.6.9 人力资源和社会保障部关于执行《工伤保险条例》若干问题的意见（人社部发［2013］34号）

第八条 曾经从事接触职业病危害作业、当时没有发现罹患职业病、离开工作岗位后被诊断或鉴定为职业病的符合下列条件的人员，可以自诊断、鉴定为职业病之日起一年内申请工伤认定，社会保险行政部门应当受理：

（一）办理退休手续后，未再从事接触职业病危害作业的退休人员；

（二）劳动或聘用合同期满后或者本人提出而解除劳动或聘用合同后，未再从事接触职业病危害作业的人员。

经工伤认定和劳动能力鉴定，前款第（一）项人员符合领取一次性伤残补助金条件的，按就高原则以本人退休前12个月平均月缴费工资或者确诊职业病前12个月的月平均养老金为基数计发。前款第（二）项人员被鉴定为一级至十级伤残、按《条例》规定应以本人工资作为基数享受相关待遇的，按本人终止或者解除劳动、聘用合同前12个月平均月缴费工资计发。

第九条 按照本意见第八条规定被认定为工伤的职业病人员，职业病诊断证明书（或职业病诊断鉴定书）中明确的用人单位，在该职工从业期间依法为其缴纳工伤保险费的，按《条例》的规定，分别由工伤保险基金和用人单位支付工伤保险待遇；未依法为该职工缴纳工伤保险费的，由用人单位按照《条例》规定的相关项目和标准支付待遇。

第十条 职工在同一用人单位连续工作期间多次发生工伤的，符合《条例》第三十六、第三十七条规定领取相关待遇时，按照其在同一用人单位发生工伤的最高伤残级别，计发一次性伤残就业补助金和一次性工伤医疗补助金。

第十一条 依据《条例》第四十二条的规定停止支付工伤保险待遇的，在停止支付待遇的情形消失后，自下月起恢复工伤保险待遇，停止支付的工伤保险待遇不予补发。

第十二条 《条例》第六十二条第三款规定的“新发生的费用”，是指用人单位职工参加工伤保险前发生工伤的，在参加工伤保险后新发生的费用。

第十三条 由工伤保险基金支付的各项待遇应按《条例》相关规定支付，不得采取将长期待遇改为一次性支付的办法。

第十四条 核定工伤职工工伤保险待遇时，若上一年度相关数据尚未公布，可暂按前一年度的全国城镇居民人均可支配收入、统筹地区职工月平均工资核定和计发，待相关数据公布后再重新核定，社会保险经办机构或者用人单位予以补发差额部分。

本意见自发文之日起执行，此前有关规定与本意见不一致的，按本意见执行。执行中有重大问题，请及时报告我部。

5.6.10 最高人民法院关于审理工伤保险行政案件若干问题的规定（法释［2014］9号）

第八条 职工因第三人的原因受到伤害，社会保险行政部门以职工或者其近亲属已经对第三人提起民事诉讼或者获得民事赔偿为由，作出不予受理工伤认定申请或者不予认定工伤决定的，人民法院不予支持。

职工因第三人的原因受到伤害，社会保险行政部门已经作出工伤认定，职工或者其近亲属未对第三人提起民事诉讼或者尚未获得民事赔偿，起诉要求社会保险经办机构支付工伤保险待遇的，人民法院应予支持。

职工因第三人的原因导致工伤，社会保险经办机构以职工或者其近亲属已经对第三人提起民事诉讼为由，拒绝支付工伤保险待遇的，人民法院不予支持，但第三人已经支付的医疗费用除外。

5.6.11 人力资源社会保障部关于执行《工伤保险条例》若干问题的意见（二）（人社部发［2016］29号）

各省、自治区、直辖市及新疆生产建设兵团人力资源社会保障厅（局）：

为更好地贯彻执行新修订的《工伤保险条例》，提高依法行政能力和水平，妥善解决实际工作中的问题，保障职工和用人单位合法权益，现提出如下意见：

第一条 一级至四级工伤职工死亡，其近亲属同时符合领取工伤保险丧葬补助金、供养亲属抚恤金待遇和职工基本养老保险丧葬补助金、抚恤金待遇条件的，由其近亲属选择领取工伤保险或职工基本养老保险其中一种。

第二条 达到或超过法定退休年龄，但未办理退休手续或者未依法享受城镇职工基本养老保险待遇，继续在原用人单位工作期间受到事故伤害或患职业病的，用人单位依法承担工伤保险责任。

用人单位招用已经达到、超过法定退休年龄或已经领取城镇职工基本养老保险待遇的人员，在用工期间因工作原因受到事故伤害或患职业病的，如招用单位已按项目参保等方式为其缴纳工伤保险费的，应适用《工伤保险条例》。

第三条 《工伤保险条例》第六十二条规定的“新发生的费用”，是指用人单位参加工伤保险前发生工伤的职工，在参加工伤保险后新发生的费用。其中由工伤保险基金支付的费用，按不同情况予以处理：

（一）因工受伤的，支付参保后新发生的工伤医疗费、工伤康复费、住院伙食补助费、统筹地区以外就医交通食宿费、辅助器具配置费、生活护理费、一级至四级伤残职工伤残津贴，以及参保后解除劳动合同时的一次性工伤医疗补助金；

（二）因工死亡的，支付参保后新发生的符合条件的供养亲属抚恤金。

★ 地方性文件·广东省

5.6.12 广东省高级人民法院、广东省劳动争议仲裁委员会关于适用《劳动争议调解仲裁法》《劳动合同法》若干问题的指导意见（粤高法发［2008］13号）

第十五条 用人单位没有为劳动者缴纳工伤保险费，劳动者请求用人单位承担其工伤待遇，却不能提供劳动行政部门作出的工伤认定书的，劳动争议仲裁委员会应裁决不予支持，人民法院应裁定驳回其起诉。但下列情形除外：

（一）用人单位对构成工伤并无异议的；

（二）非法用工单位与非法用工中的伤亡人员就赔偿问题发生争议的。

5.6.13 广东省工伤保险条例（广东省第十一届人民代表大会常务委员会公告第69号 2012年1月起施行）

第四章 工伤保险待遇

第二十二条 职工发生工伤时，用人单位应当采取措施及时救治工伤职工。

职工治疗工伤应当在签订服务协议的医疗机构就医，情况紧急时可以先到就近的医疗机构急救；疑似职业病或者患职业病的，用人单位应当及时送省级卫生行政部门指定的医疗机构诊断，并及时送签订服务协议的医疗机构治疗。

职工经治疗伤情稳定，需要工伤康复的，用人单位、工伤职工或者其近亲属可以向统筹地区劳动能力鉴定委员会提出工伤康复申请。经劳动能力鉴定委员会确认，工伤职工可以在签订服务协议的康复机构进行康复。

第二十三条 工伤职工因医疗条件所限需要转院治疗的，应当由签订服务协议的医疗机构提出，经报社会保险经办机构同意；因康复条件所限需要转院康复的，应当由工伤职工、用人单位或者签订服务协议的康复机构提出，经报社会保险经办机构同意。

第二十四条 社会保险经办机构与医疗机构、康复机构签订服务协议，应当事先征求同级总工会、有关企业协会的意见。签订服务协议的医疗机构、康复机构名单应当向社会公布。

第二十五条 治疗工伤所需费用符合工伤保险诊疗项目目录、工伤保险药品目录、工伤保险住院服务标准的，从工伤保险基金支付。工伤保险诊疗项目目录、工伤保险药品目录、工伤保险住院服务标准按照国家和省的有关规定执行。

职工住院治疗工伤、康复的伙食补助费由工伤保险基金按照不低于统筹地区因公出差伙食补助标准的百分之七十支付。经批准转统筹地区以外门诊治疗、康复及住院治疗、康复的，其在城市间往返一次的交通费用及在转入地所需的市内交通、食宿费用，由工伤保险基金按照统筹地区人民政府规定的标准支付。

第二十六条　职工因工伤需要暂停工作接受工伤医疗的，在停工留薪期内，原工资福利待遇不变，由所在单位按月支付。停工留薪期根据医疗终结期确定，由劳动能力鉴定委员会确认，最长不超过二十四个月。

工伤职工鉴定伤残等级后，停发原待遇，按照本章的有关规定享受伤残待遇。工伤职工在鉴定伤残等级后仍需治疗的，经劳动能力鉴定委员会批准，一级至四级伤残，享受伤残津贴和工伤医疗待遇；五级至十级伤残，享受工伤医疗和停工留薪期待遇。

经劳动能力鉴定委员会确认可以进行康复的，工伤职工在签订服务协议的康复机构发生的符合规定的工伤康复费用，从工伤保险基金支付。

工伤职工在停工留薪期间生活不能自理需要护理的，由所在单位负责。所在单位未派人护理的，应当参照当地护工从事同等级别护理的劳务报酬标准向工伤职工支付护理费。

第二十七条　工伤职工已经被鉴定为一级至四级伤残等级并经劳动能力鉴定委员会确认需要生活护理的，由工伤保险基金按照工伤职工生活自理障碍等级支付生活护理费。

生活护理费以统筹地区上年度职工月平均工资的一定比例按月计发，标准为：一级为百分之六十，二级为百分之五十，三级为百分之四十，四级为百分之三十。

生活护理费每年按照统筹地区上年度职工平均工资增长同步调整，统筹地区上年度职工平均工资负增长时不调整。

第二十八条　工伤职工因日常生活或者就业需要，必须安装假肢、矫形器、假眼、假牙和配置轮椅、拐杖等辅助器具，或者辅助器具需要维修、更换的，由签订服务协议的医疗、康复机构提出意见，经劳动能力鉴定委员会确认，所需费用按照国家规定的标准从工伤保险基金支付。

辅助器具应当限于辅助日常生活及生产劳动之必需，并采用国内市场的普及型产品。工伤职工选择其他型号产品，费用高出普及型的部分，由个人自付。

第二十九条　职工因工致残被鉴定为一级至四级伤残，本人要求退出工作岗位、终止劳动关系的，办理伤残退休手续，享受以下待遇：

（一）一次性伤残补助金。由工伤保险基金按伤残等级支付，标准为：一级伤残为二十七个月的本人工资，二级伤残为二十五个月的本人工资，三级伤残为二十三个月的本人工资，四级伤残为二十一个月的本人工资。

（二）伤残津贴。由工伤保险基金按月支付，直至本人死亡，标准为：一级伤残为本人工资的百分之九十，二级伤残为本人工资的百分之八十五，三级伤残为本人工资的百分之八十，四级伤残为本人工资的百分之七十五。伤残津贴实际金额低于当地最低工资标准的，由工伤保险基金补足差额。

办理伤残退休手续的工伤职工应当参加统筹地区职工基本医疗保险。按照规定应当由用人单位缴纳的基本医疗保险费，由工伤保险基金承担。

一级至四级伤残职工与原单位保留劳动关系，退出工作岗位的，按照《工伤保险条例》的有关规定执行。

伤残津贴每年参照基本养老保险金的调整办法调整。

第三十条　一级至四级伤残职工户籍从单位所在地迁回原籍的，其伤残津贴可以由统筹地区社会保险经办机构按照标准每半年发放一次。用人单位应当按照统筹地区上年度职工月平均工资为基数发给六个月的安家补助费。所需交通费、住宿费、行李搬运费和伙食补助费等，由用人单位按照因公出差标准报销。

第三十一条 户籍不在统筹地区的一级至四级伤残职工，本人要求解除或者终止劳动关系并一次性享受工伤保险待遇的，可以与统筹地区社会保险经办机构签订协议，由社会保险经办机构按照以下规定支付工伤保险待遇费用，终结工伤保险关系：

（一）一次性伤残补助金。按照本条例第二十九条第一款第一项规定的标准计发。

（二）伤残津贴。按照本条例第二十九条第一款第二项规定的标准一次性计发十年。

（三）一次性工伤医疗补助金。按照以下标准计发：一级伤残为十五个月的本人工资，二级伤残为十四个月的本人工资，三级伤残为十三个月的本人工资，四级伤残为十二个月的本人工资。

（四）生活护理费。经劳动能力鉴定委员会确认需要生活护理的，按照本条例第二十七条第二款规定的标准一次性计发十年。

第三十二条 职工因工致残被鉴定为五级、六级伤残的，享受以下待遇：

（一）一次性伤残补助金。由工伤保险基金支付，标准为：五级伤残为十八个月的本人工资，六级伤残为十六个月的本人工资。

（二）保留与用人单位的劳动关系，由用人单位安排适当工作。难以安排工作的，由用人单位按月发给伤残津贴，标准为：五级伤残为本人工资的百分之七十，六级伤残为本人工资的百分之六十，并由用人单位按照规定为其缴纳应缴纳的各项社会保险费。伤残津贴实际金额低于当地最低工资标准的，由用人单位补足差额。

第三十三条 五级、六级伤残职工本人提出与用人单位解除或者终止劳动关系的，由工伤保险基金支付一次性工伤医疗补助金，由用人单位支付一次性伤残就业补助金，终结工伤保险关系：

（一）一次性工伤医疗补助金。标准为：五级伤残为十个月的本人工资，六级伤残为八个月的本人工资。

（二）一次性伤残就业补助金。标准为：五级伤残为五十个月的本人工资，六级伤残为四十个月的本人工资。

第三十四条 职工因工致残被鉴定为七级至十级伤残的，由工伤保险基金支付一次性伤残补助金，标准为：七级伤残为十三个月的本人工资，八级伤残为十一个月的本人工资，九级伤残为九个月的本人工资，十级伤残为七个月的本人工资。

七级至十级伤残职工依法与用人单位解除或者终止劳动关系的，由工伤保险基金支付一次性工伤医疗补助金，由用人单位支付一次性伤残就业补助金，终结工伤保险关系：

（一）一次性工伤医疗补助金。标准为：七级伤残为六个月的本人工资，八级伤残为四个月的本人工资，九级伤残为二个月的本人工资，十级伤残为一个月的本人工资。

（二）一次性伤残就业补助金。标准为：七级伤残为二十五个月的本人工资，八级伤残为十五个月的本人工资，九级伤残为八个月的本人工资，十级伤残为四个月的本人工资。

第三十五条 计发本条例第三十三条、第三十四条规定的一次性工伤医疗补助金和一次性伤残就业补助金，本人工资低于工伤职工与用人单位解除或者终止劳动关系前本人十二个月平均月缴费工资的，按照解除或者终止劳动关系前本人十二个月平均月缴费工资为基数计发。缴费工资不足十二个月的，以实际缴费月数计算本人平均月缴费工资。本人平均月缴费工资高于统筹地区职工平均工资百分之三百的，按照统筹地区职工平均工资的百分之三百计算；低于统筹地区职工平均工资百分之六十的，按照统筹地区职工平均工资的百分之六十计算。

第三十六条 工伤职工工伤复发，确认需要治疗的，享受本条例第二十五条、第二十六条和第二十八条规定的工伤待遇。

第三十七条 职工因工死亡，其近亲属按照下列规定从工伤保险基金领取丧葬补助金、供养亲属抚恤金和一次性工亡补助金：

（一）丧葬补助金为六个月的统筹地区上年度职工月平均工资。

（二）供养亲属抚恤金按照职工本人工资的一定比例发给由因工死亡职工生前提供主要生活来源、无劳动能力的亲属。标准为：配偶每月百分之四十，其他亲属每人每月百分之三十，孤寡老人或者孤儿每人每月在上述标准的基础上增加百分之十。核定的各供养亲属的抚恤金之和不应当高于因工死亡职工生前的工资。供养亲属的具体范围按照国务院社会保险行政部门的规定执行。

（三）一次性工亡补助金标准为上年度全国城镇居民人均可支配收入的二十倍。

伤残职工在停工留薪期内因工伤导致死亡的，其近亲属享受本条第一款规定的待遇。

一级至四级伤残职工在停工留薪期满后死亡的，其近亲属可以享受本条第一款第一项、第二项规定的待遇。

供养亲属抚恤金每年按照统筹地区上年度职工平均工资增长调整，统筹地区职工平均工资负增长时不调整。

第三十八条 职工因工外出期间发生事故或者在抢险救灾中下落不明的，按照《工伤保险条例》的有关规定处理。被宣告死亡后重新出现的，应当退还已发的供养亲属抚恤金和一次性工亡补助金。

第三十九条 定期领取伤残津贴的人员或者领取供养亲属抚恤金的供养亲属，应当每年提供由用人单位或者居住地户籍管理部门出具的生存证明，方可继续领取。

第四十条 工伤职工有下列情形之一的，停止享受工伤保险待遇：

（一）丧失享受待遇条件的；

（二）拒不接受劳动能力鉴定的；

（三）拒绝治疗的。

第四十一条 用人单位分立、合并、转让的，承继单位应当承担原用人单位的工伤保险责任；原用人单位已经参加工伤保险的，承继单位应当到当地社会保险经办机构办理工伤保险变更登记。

企业破产，因分立、合并之外的原因解散，或者终止的，在清算时依法拨付应当由用人单位支付的工伤保险待遇费用，清偿欠缴的工伤保险费及其利息和滞纳金。

第四十二条 用人单位实行承包经营的，工伤保险责任由职工劳动关系所在单位承担。

用人单位实行承包经营，使用劳动者的承包方不具备用人单位资格的，由具备用人单位资格的发包方承担工伤保险责任。

非法承包建筑工程发生工伤事故，劳动者的工伤待遇应当由分包方或者承包方承担，分包方或者承包方承担工伤保险责任后有权向发包方追偿。职工被借调期间受到工伤事故伤害的，由原用人单位承担工伤保险责任，但原用人单位与借调单位可以约定补偿办法。

第四十三条 职工所在用人单位未依法缴纳工伤保险费，发生工伤事故的，由用人单位支付工伤保险待遇。

用人单位不支付工伤保险待遇，工伤职工或者其近亲属可以提出先行支付的申请，经审核符合规定的，从工伤保险基金中先行支付工伤保险待遇项目中应当由工伤保险基金支付的项目。

从工伤保险基金中先行支付的工伤保险待遇应当由用人单位偿还。用人单位不偿还的，由社会保险经办机构依法向用人单位追偿。

5.6.14 广东省人力资源和社会保障厅、广东省财政厅关于进一步完善工伤保险有关待遇调整机制的通知（粤人社规［2016］9号）

各地级以上市人力资源和社会保障局（社会保障局）、财政局（委），顺德区人力资源和社会保障局、财税局，省社会保险基金管理局：

为更好地保障重度伤残职工以及工亡职工供养亲属基本生活，根据《广东省工伤保险条例》等有关规定，决定进一步完善伤残津贴、供养亲属抚恤金调整机制。现将有关事项通知如下：

一、进一步提高伤残津贴特别调整标准

从2016年1月1日起，一至四级工伤伤残职工的伤残津贴特别调整标准从150元提高至277元。按照下列情形分别发放：

（一）2015年12月31日（含本日）前已领取伤残津贴的一至四级工伤伤残职工，在2016年1月1日后仍符合继续享受伤残津贴条件的，从2016年1月起，在原发放标准基础上再按月加发127元伤残津贴；

（二）2016年1月1日（含本日）后首次核定伤残津贴的一至四级工伤伤残职工，在依照《工伤保险条例》规定核定的伤残津贴发放标准基础上，从首次享受伤残津贴之月起，直接按月调整加发277元伤残津贴。

二、进一步完善供养亲属抚恤金最低发放额标准确定机制

从2016年7月1日开始，各统筹地区供养亲属抚恤金最低发放额标准从300元/月调整至2016年本市城镇类的城乡低保标准（以下简称“本市城镇低保标准”），此后最低发放额标准每年7月1日按照当年本市城镇低保标准的调整而自动调整。其中，本统筹地区行政管辖范围内有两个或以上城镇低保标准的，按照最高的一个城镇低保标准确定。具体调整发放如下：

（一）当年6月30日（含本日）前已领取供养亲属抚恤金，在当年7月1日后仍符合继续享受供养亲属抚恤金条件的人员，在当年度正常调整之后其发放标准仍低于本市城镇低保标准的，从当年7月起调整至本市城镇低保标准额发放；

（二）当年7月1日（含本日）至次年6月30日（含本日）首次核定供养亲属抚恤金的人员，其依照《工伤保险条例》规定核定的抚恤金应发放标准低于本市城镇低保标准的，从首次享受之月起调整至本市城镇低保标准额发放。

广东省人力资源和社会保障厅

广东省财政厅

2016年9月26日

5.6.15 广东省高级人民法院印发《广东省高级人民法院关于审理劳动争议案件疑难问题的解答》的通知（粤高法［2017］147号　2017年8月1日实施）

12. 工伤保险条例中的上年度如何认定？

计算职工工伤保险待遇时，如需要参照“统筹地区上年度职工平均工资”“统筹地区上年度职工月平均工资”计算，按工伤职工发生事故时已公布的上年度职工平均工资认定。

14. 因生产安全事故发生工伤或患职业病的劳动者或其近亲属在劳动争议案件中能否一并主张精神损害赔偿？

为减少当事人讼累，因生产安全事故发生工伤或患职业病的劳动者或其近亲属在劳动争议纠纷案件中一并主张精神损害赔偿的，人民法院可一并处理，并根据工伤职工的工伤或职业病情况酌情确定精神损害赔偿数额。

15. 因生产安全事故受到伤害的从业人员及职业病患者主张工伤保险待遇后，又请求人身损害赔偿的，如何处理？

劳动者因安全生产事故或患职业病获得工伤保险待遇后，以人身损害赔偿为由请求用人单位承担赔偿责任的，如人身损害赔偿项目与劳动者已获得的工伤保险待遇项目本质上相同，应当在人身损害赔偿项目中扣除相应项目的工伤保险待遇数额，若相应项目的工伤保险待遇数额高于人身损害赔偿项目数额，则不再支持劳动者相应人身损害赔偿项目请求。

工伤保险待遇与人身损害赔偿本质上的相同的项目表：

工伤保险待遇项目	人身损害赔偿项目
住院治疗的伙食补助费	住院伙食补助费
停工留薪期工资	误工费
住院治疗的伙食补助费	残疾赔偿金
停工留薪期工资	丧葬费
住院治疗的伙食补助费	被抚养人生活费
停工留薪期工资	死亡赔偿金
住院治疗的伙食补助费	残疾辅助器具费

★地方性文件·上海市

5.6.16 上海市高级人民法院关于适用《劳动合同法》若干问题的意见（沪高法［2009］73号）

十五、用人单位依法终止工伤职工的劳动关系后相关待遇的支付

用人单位依法终止工伤职工的劳动合同，除依法支付经济补偿外，还应当按工伤保险的规定支付一次性工伤医疗补助金和伤残就业补助金的，主要是指以下情形：

（一）劳动合同期满的；

（二）用人单位被依法宣告破产的；

（三）用人单位被吊销营业执照、责令关闭、撤销或者用人单位决定提前解散的；

（四）自用工之日起一年内，劳动者不愿意订立书面劳动合同的。

5.6.17 上海市工伤保险实施办法（上海市人民政府令第93号公布　2013年1月起施行）

第五章　工伤保险待遇

第三十二条　【就医原则】从业人员因工作遭受事故伤害或者患职业病进行治疗，享受工伤医疗待遇。

工伤人员治疗工伤应当在本市定点医疗机构或者职业病定点医疗机构就医。情况紧急时，可以先到就近的医疗机构急救，伤情稳定后，应当及时转往定点医疗机构治疗。确需转往外省市治疗的，由本市定点医疗机构出具证明，报社保经办机构同意。

工伤人员需要进行工伤康复的，应当选择与市医保经办机构签订服务协议的工伤康复机构。

第三十三条　【工伤医疗和康复费用的支付】治疗工伤所需医疗费用符合国家和本市的工伤保险诊疗项目目录、工伤保险药品目录、工伤保险住院服务标准的，从工伤保险基金支付。

本市的工伤保险诊疗项目目录、工伤保险药品目录、工伤保险住院服务标准，按照本市有关基本医疗保险诊疗项目范围、用药范围以及医疗服务设施范围等规定执行。

工伤人员到工伤康复机构进行工伤康复的费用，符合国家和本市工伤康复服务项目、工伤康复诊疗规范的，从工伤保险基金支付。

区、县人力资源社会保障局作出认定为工伤的决定后发生行政复议、行政诉讼的，行政复议和行政诉讼期间不停止支付工伤人员治疗工伤的医疗费用。

工伤人员治疗非工伤引发的疾病，所需医疗费用不列入工伤保险基金支付范围。

第三十四条　【工伤医疗和康复费用的结算】工伤人员发生的工伤医疗和康复费用，经市或者区、县医保经办机构审核，由社保经办机构与本市定点医疗机构或者工伤康复机构结算。

工伤人员在非定点医疗机构进行急救或者按照本办法规定到外省市治疗发生的工伤医疗费用，由其个人先行支付后，按照规定向社保经办机构申请报销，经市或者区、县医保经办机构审核后，由工伤保险基金支付。

第三十五条　【住院伙食费补助、交通食宿费标准】工伤人员住院治疗工伤的，由工伤保险基金按照规定的标准，支付住院伙食补助费；经本市定点医疗机构出具证明，报社保经办机构同意，工伤人员到外省市就医的，由工伤保险基金按照规定的标准支付食宿费，交通费按照社保经办机构核定的交通工具乘坐费用实报实销。

住院伙食补助费、食宿费标准的确定及其适时调整办法，由市人力资源社会保障局拟订，报市人民政府批准后执行。

第三十六条　【辅助器具配置】工伤人员因日常生活或者就业需要，经鉴定委员会确认，应当选择到与社保经办机构签订服务协议的辅助器具配置机构安装假肢、矫形器、假眼、假牙和配置轮椅等辅助器具，所需费用符合国家和本市辅助器具安装配置项目和标准的，从工伤保险基金支付，并由社保经办机构与辅助器具配置机构结算。

第三十七条　【停工留薪期待遇】从业人员因工作遭受事故伤害或者患职业病需要暂停工作接受工伤治疗的，在停工留薪期内，原工资福利待遇不变，由所在单位按月支付。

停工留薪期一般不超过12个月，具体期限根据定点医疗机构出具的伤病情诊断意见确定。伤情严重或者情况特殊，经鉴定委员会确认，可以适当延长，但延长不得超过 12 个月。工伤人员评定伤残等级后，停发原待遇，按照本办法的有关规定享受伤残待遇。工伤人员停工留薪期满后仍需治疗的，继续享受工伤医疗待遇。

生活不能自理的工伤人员在停工留薪期需要护理的，由所在单位负责。

第三十八条　【生活护理待遇】工伤人员已经评定伤残等级并经鉴定委员会确认需要生活护理的，从工伤保险基金按月支付生活护理费。

生活护理费按照生活完全不能自理、生活大部分不能自理或者生活部分不能自理 3 个不同等级支付，其标准分别为上年度全市职工月平均工资的 50%、40%或者 30%。

第三十九条　【致残一至四级待遇】工伤人员因工致残被鉴定为一级至四级伤残的，保留劳动关系，退出工作岗位，享受以下待遇：

（一）从工伤保险基金支付一次性伤残补助金。一级伤残的，为 27 个月的工伤人员本人工资；二级伤残的，为 25 个月；三级伤残的，为 23 个月；四级伤残的，为 21 个月。

（二）从工伤保险基金按月支付伤残津贴。一级伤残的，为工伤人员本人工资的 90%；二级伤残的，为 85%；三级伤残的，为 80%；四级伤残的，为 75%。

（三）工伤人员到达法定退休年龄并办理按月领取养老金手续后，停发伤残津贴，享受基本养老保险待遇。基本养老保险待遇低于伤残津贴的，由工伤保险基金补足差额。工伤人员到达法定退休年龄又不符合按月领取养老金条件的，由工伤保险基金继续支付伤残津贴。

（四）参加本市基本医疗保险的用人单位和工伤人员以伤残津贴为基数，按月缴纳基本医疗保险费，享受基本医疗保险待遇。工伤人员到达法定退休年龄后，继续享受基本医疗保险待遇。工伤人员到达法定退休年龄，但不符合继续享受基本医疗保险待遇条件的，用人单位和工伤人员以伤残津贴为基数，按照基本医疗保险规定一次性缴纳基本医疗保险费至符合条件后，继续享受基本医疗保险待遇。

第四十条　【致残五至六级待遇】工伤人员因工致残被鉴定为五级、六级伤残的，享受以下待遇：

（一）从工伤保险基金支付一次性伤残补助金。五级伤残的，为 18 个月的工伤人员本人工资；六级伤残的，为 16 个月。

（二）保留与用人单位劳动关系，由用人单位安排适当工作。难以安排工作的，由用人单位按月发给伤残津贴。五级伤残的，为工伤人员本人工资的 70%；六级伤残的，为 60%。并由用人单位和工伤人员继续按照规定缴纳各项社会保险费。伤残津贴实际金额低于本市职工最低月工资标准的，由用人单位补足差额。

经工伤人员本人提出，该工伤人员可以与用人单位解除或者终止劳动关系，由工伤保险基金支付一次性工伤医疗补助金，由用人单位支付一次性伤残就业补助金。五级伤残的，分别为 18 个月的上年度全市职工月平均工资；六级伤残的，分别为 15 个月。

经工伤人员本人提出与用人单位解除劳动关系，且解除劳动关系时距法定退休年龄不足 5 年的，不足年限每减少 1 年，一次性工伤医疗补助金和一次性伤残就业补助金递减 20%，但属于《中华人民共和国劳动合同法》第三十八条规定的情形除外。

因工伤人员退休或者死亡使劳动关系终止的，不享受本条第二款规定的待遇。

第四十一条　【致残七至十级待遇】工伤人员因工致残被鉴定为七级至十级伤残的，

享受以下待遇：

（一）从工伤保险基金支付一次性伤残补助金。七级伤残的，为13个月的工伤人员本人工资；八级伤残的，为11个月；九级伤残的，为9个月；十级伤残的，为7个月。

（二）劳动合同期满终止，或者工伤人员本人提出解除劳动合同的，由工伤保险基金支付一次性工伤医疗补助金，由用人单位支付一次性伤残就业补助金。七级伤残的，分别为12个月的上年度全市职工月平均工资；八级伤残的，分别为9个月；九级伤残的，分别为6个月；十级伤残的，分别为3个月。

经工伤人员本人提出与用人单位解除劳动关系，且解除劳动关系时距法定退休年龄不足5年的，不足年限每减少1年，一次性工伤医疗补助金和一次性伤残就业补助金递减20%，但属于《中华人民共和国劳动合同法》第三十八条规定的情形除外。

因工伤人员退休或者死亡使劳动关系终止的，不享受本条第一款第二项规定的待遇。

第四十二条　【工伤复发】工伤人员工伤复发，经鉴定委员会确认需要治疗的，享受本办法第三十二条、第三十三条、第三十五条至第三十八条规定的工伤保险待遇。

工伤人员与用人单位解除或者终止劳动关系，并按照本办法规定享受一次性工伤医疗补助金和一次性伤残就业补助金的，不再享受本办法第三十二条、第三十三条、第三十五条至第三十八条规定的待遇。

第四十三条　【因工死亡待遇】从业人员因工死亡，其近亲属按照下列规定从工伤保险基金领取丧葬补助金、供养亲属抚恤金和一次性工亡补助金：

（一）丧葬补助金为从业人员因工死亡时6个月的上年度全市职工月平均工资。

（二）供养亲属抚恤金按照从业人员生前本人工资的一定比例发给其生前提供主要生活来源、无劳动能力的亲属。其中，配偶每月40%，其他亲属每人每月30%；孤寡老人或者孤儿每人每月在上述标准的基础上增加10%。核定的各供养亲属的抚恤金之和不应高于因工死亡人员生前本人工资。

（三）一次性工亡补助金标准为从业人员因工死亡时上一年度全国城镇居民人均可支配收入的20倍。

工伤人员在停工留薪期内因工伤导致死亡的，其近亲属享受本条第一款规定的待遇。

致残一级至四级的工伤人员在停工留薪期满后死亡的，其近亲属可以享受本条第一款第一项、第二项规定的待遇。

供养亲属的具体范围，按照国家有关规定执行。

第四十四条　【待遇调整】伤残津贴、供养亲属抚恤金、生活护理费的标准，由市人力资源社会保障局根据全市职工平均工资和生活费用变化等情况适时调整。调整办法由市人力资源社会保障局拟订，报市人民政府批准后执行。

第四十五条　【与其他赔偿关系】由于第三人的原因造成工伤的，由第三人支付工伤医疗费用。第三人不支付工伤医疗费用或者无法确定第三人的，由工伤保险基金先行支付。工伤保险基金先行支付后，社保经办机构有权按照规定向第三人追偿。

由用人单位或者工伤保险基金先行支付的停工留薪期工资福利待遇、一次性伤残补助金、一次性工亡补助金等其他工伤保险待遇的费用，工伤人员或者其近亲属在获得第三人赔偿后，应当予以相应偿还。

第四十六条　【因工外出发生事故或在抢险救灾中下落不明人员的待遇】从业人员因

工外出期间发生事故或者在抢险救灾中下落不明的，从事故发生当月起3个月内照发工资，从第4个月起停发工资，由工伤保险基金按照本办法第四十三条第一款第二项所规定的标准，向其供养亲属按月支付供养亲属抚恤金。生活有困难的，可以预支一次性工亡补助金的50%。从业人员被人民法院宣告死亡的，按照本办法第四十三条规定处理。

第四十七条　【待遇停止】工伤人员有下列情形之一的，停止享受工伤保险待遇：

（一）丧失享受待遇条件的；

（二）拒不接受劳动能力鉴定的；

（三）拒绝治疗的。

第四十八条　【保险责任确定】用人单位分立、合并、转让的，承继单位应当承担原用人单位的工伤保险责任。

用人单位实行承包经营的，工伤保险责任由从业人员劳动关系所在单位承担。

从业人员被借调期间受到工伤事故伤害的，由原用人单位承担工伤保险责任，但原用人单位与借调单位可以约定补偿办法。

劳务派遣单位的从业人员在劳务派遣期间受到工伤事故伤害的，工伤保险责任由劳务派遣单位或者用工单位承担，具体认定办法由市人力资源社会保障局制定。工伤保险浮动费率责任由用工单位承担。

企业破产的，在破产清算时依法拨付应当由单位支付的工伤保险待遇费用。

第四十九条　【境外赔偿】从业人员被派遣出境工作，依据前往国家或者地区的法律应当参加当地工伤保险的，参加当地工伤保险，其国内工伤保险关系中止；不能参加当地工伤保险的，其国内工伤保险关系不中止，按照本办法规定享受工伤保险待遇。

第五十条　【办理享受待遇的手续】从业人员因工伤亡的，由用人单位、工伤人员或者其近亲属到社保经办机构办理工伤保险待遇手续，并提供下列相应材料：

（一）填写完整的工伤保险待遇申请表；

（二）工伤医疗费用支付凭证；

（三）工伤人员与承担工伤保险责任用人单位存在劳动关系的证明材料；

（四）待遇享受人的身份证明及与因工死亡人员的供养关系证明；

（五）下落不明或者宣告死亡的证明材料；

（六）其他相关材料。

社保经办机构应当自接到享受工伤保险待遇申请之日起30日内，对工伤人员或者其近亲属享受工伤保险待遇的条件进行审核。符合条件的，核定其待遇标准并按时足额支付；不符合条件的，应当书面告知。

第六章　特别规定

第五十一条　【非全日制从业人员的规定】招用非全日制从业人员的用人单位应当按照本办法规定的缴费基数和费率，为其缴纳工伤保险费。

非全日制从业人员因工作遭受事故伤害或者患职业病后，与用人单位的劳动关系按照《中华人民共和国劳动合同法》《上海市劳动合同条例》的规定执行，享受下列工伤保险待遇：

（一）按照本办法规定由工伤保险基金支付的工伤保险待遇；

（二）由承担工伤保险责任的用人单位参照本办法规定支付停工留薪期待遇，且不得低于全市职工月最低工资标准；

（三）致残一级至四级的，由承担工伤保险责任的用人单位和工伤人员以享受的伤残津贴为基数，一次性缴纳基本医疗保险费至工伤人员到达法定退休年龄，享受基本医疗保险待遇；

（四）致残五级至十级的，由承担工伤保险责任的用人单位按照本办法规定的标准支付一次性伤残就业补助金。

第五十二条 【协保人员的工伤待遇】用人单位使用经就业登记的协保人员的，协保人员的工资收入不计入用人单位工伤保险缴费基数。

协保人员发生工伤的，可以按照本办法规定享受工伤保险待遇，社保经办机构按照规定核定用人单位下一年度的浮动费率。

第五十三条 【非正规就业劳动组织从业人员的规定】非正规就业劳动组织参照本办法规定的缴费基数和费率缴纳工伤保险费后，其按照规定在市或者区、县人力资源社会保障局进行登记的从业人员发生工伤的，可以享受本办法规定由工伤保险基金支付的工伤保险待遇。

第五十四条 【非城镇户籍外来从业人员的特别规定】因工致残一级至四级的非城镇户籍外来从业人员，可以按照本办法规定的待遇项目标准和支付方式，享受工伤保险待遇，也可以选择按一次性领取的方式享受。选择一次性领取工伤保险待遇的，由工伤人员在首次申领待遇时向社保经办机构提出，并以协议方式确认。一经确认，不再变更，其工伤保险关系终止，并与用人单位的劳动关系解除或者终止。

因工致残一级至四级的非城镇户籍外来从业人员选择按一次性领取的方式享受工伤保险待遇的，其工伤复发医疗费以及经鉴定委员会鉴定可以享受的一次性伤残补助金、伤残津贴、生活护理费和经确认配置辅助器具费等，由工伤保险基金一次性支付，支付标准由市人力资源社会保障局另行拟订，报市人民政府批准后执行。

第五十五条 【有关待遇计发的特别规定】按照本办法规定计发的一级至十级工伤人员一次性伤残补助金，低于3896元乘以与伤残等级相应的下列月份数之积的，差额部分由工伤保险基金予以补足：一级伤残的，为24个月；二级伤残的，为22个月；三级伤残的，为20个月；四级伤残的，为18个月；五级伤残的，为16个月；六级伤残的，为14个月；七级伤残的，为12个月；八级伤残的，为10个月；九级伤残的，为8个月；十级伤残的，为6个月。

按照本办法规定计发的一级至四级工伤人员当年度伤残津贴和因工死亡人员供养亲属抚恤金，低于市人力资源社会保障局公布的上述两项工伤保险待遇最低标准的，按最低标准计发。

第七章　法律责任

第五十六条 【法律责任】违反本办法规定的行为，《中华人民共和国社会保险法》《工伤保险条例》等法律法规有处理规定的，从其规定。

第五十七条 【相关机构的法律责任】工伤康复机构、辅助器具配置机构不按服务协议提供服务的，市医保经办机构、社保经办机构可以解除服务协议。

市医保经办机构、社保经办机构不按时足额结算费用的，由市人力资源社会保障局责令改正，工伤康复机构、辅助器具配置机构可以解除服务协议。

第五十八条 【应参保未参保或者未按规定缴费的规定】用人单位未依法缴纳工伤保险费的，按照《中华人民共和国社会保险法》和《社会保险费征缴暂行条例》的有关规定处理。

应当参加工伤保险而未参加或者未按规定缴纳工伤保险费的用人单位，未参加工伤保险或者未按规定缴纳工伤保险费期间，从业人员发生工伤的，由用人单位按照本办法规定的工伤保险待遇项目和标准支付费用。用人单位不支付的，从工伤保险基金中先行支付。从工伤保险基金中先行支付的费用，应当由用人单位偿还。用人单位不偿还的，社保经办机构依法追偿。

用人单位参加工伤保险并补缴应当缴纳的工伤保险费、滞纳金后，由工伤保险基金和用人单位依照本办法的规定支付新发生的费用。

第五十九条 【争议处理】工伤人员与用人单位发生工伤保险待遇方面争议，适用劳动人事争议处理的有关规定。

第六十条 【行政复议和行政诉讼】单位和个人对市或者区、县人力资源社会保障局，或者社保经办机构、医保经办机构依照本办法规定作出的具体行政行为不服的，可以依法申请行政复议或者提起行政诉讼。

第八章 附 则

第六十一条 【本人工资的定义】本办法所称本人工资，是指工伤人员因工作遭受事故伤害或者患职业病前12个月平均月缴费工资。本人工资高于本市职工平均工资300%的，按照本市职工平均工资的300%计算；本人工资低于本市职工平均工资60%的，按照本市职工平均工资的60%计算。

第六十二条 【关于适用范围的特别规定】国家对国家机关和参照公务员法管理的事业单位、社会团体的工伤保险另行作出规定的，按照国家规定进行调整。

第六十三条 【施行日期和废止事项】本办法自2013年1月1日起施行。2004年6月27日上海市人民政府令第29号发布、并根据2010年12月20日上海市人民政府令第52号《上海市人民政府关于修改〈上海市农机事故处理暂行规定〉等148件市政府规章的决定》修正的《上海市工伤保险实施办法》同时废止。

5.6.18 关于实施《上海市工伤保险实施办法》若干问题处理意见的通知（沪人社福发［2014］36号）

十、工伤人员在劳动关系存续期间经劳动能力复查鉴定，劳动功能和生活自理障碍程度发生变化的，自复查鉴定结论作出的次月起，按复查鉴定结论享受《实施办法》规定的除一次性伤残补助金以外的其他相关工伤保险待遇。

十一、曾经从事接触职业病危害作业的人员依法解除或者终止劳动关系（包括退休）后，未再从事接触职业病危害作业且被诊断、鉴定为职业病的，其经工伤认定和劳动能力鉴定后的相关待遇按下列规定确定：

（一）符合领取一次性伤残补助金条件的，其计发基数按本人解除或者终止劳动关系前12个月平均月缴费工资确定；已办理退休手续的按就高原则，以本人退休前12个月平均月缴费工资或者确诊职业病前12个月平均月养老金确定。

（二）符合领取一次性工伤医疗补助金和一次性伤残就业补助金条件的，其计发基数按本人解除或者终止劳动关系时上年全市职工月平均工资确定。

（三）伤残1~4级的，按《实施办法》规定享受相关待遇；尚未到达法定退休年龄的，在职业病诊断证明书或者职业病诊断鉴定书中明确的工伤保险责任单位和工伤人员按本市有关规定一次性缴纳基本医疗保险费至法定退休年龄后，可以享受基本医疗保险待遇。一次性缴费不足 15 年的，补足至 15 年。

十二、劳务派遣人员发生工伤后，经劳务派遣单位、用工单位、发生工伤的劳务派遣人员协商一致，将劳动合同用人单位主体由劳务派遣单位变更为用工单位的，工伤人员的工伤保险关系可以转移至用工单位。由用工单位持变更后的劳动合同及变更情况说明到本市社会保险事业管理中心办理相关手续。

十三、用人单位依法破产、关闭或者注销的，应当及时到本市社会保险事业管理中心办理相关手续，其工伤人员、因工死亡人员供养亲属的相关待遇按下列规定处理：

（一）伤残 1~4 级的工伤人员，由工伤保险基金继续按规定支付相关工伤保险待遇。其中，尚未到达法定退休年龄的，在用人单位和工伤人员按本市有关规定一次性缴纳基本医疗保险费至法定退休年龄后，继续享受基本医疗保险待遇。一次性缴费不足 15 年的，补足至 15 年。

（二）伤残 5 级及其以下的工伤人员已按月领取基本养老保险待遇的，保留工伤保险关系；尚未到达法定退休年龄、与用人单位终止劳动关系并按《实施办法》规定领取一次性工伤医疗补助金和一次性伤残就业补助金的，工伤保险关系终止。

（三）因工死亡人员的供养亲属，由工伤保险基金继续按规定支付供养亲属抚恤金至失去享受条件时止。

十四、因工死亡人员供养亲属范围及抚恤金享受条件按国家和本市规定执行。因工死亡人员供养亲属已经享受城乡居民养老保险待遇、城乡居民最低生活保障待遇、征地养老待遇的，其享受的上述待遇低于因工死亡人员供养亲属抚恤金标准的，由工伤保险基金补足差额。

十五、本通知自 2014 年 9 月 1 日起施行，有效期为 5 年。以往本市有关规定与本通知不一致的，以本通知为准。

上海市人力资源和社会保障局

2014 年 8 月 14 日

★地方性文件·北京市

5.6.19 北京市高级人民法院与北京市劳动人事争议仲裁委员会关于审理劳动争议案件法律适用问题的解答（2017 年 4 月）

26. 哪些近亲属可以享受《工伤保险条例》第三十九条规定中劳动者的工亡赔偿待遇？近亲属间如何分配劳动者的工亡赔偿待遇？

《工伤保险条例》规定的近亲属的范围不同于《继承法》的继承人范围。《工伤保险条例》规定的近亲属应包括配偶、父母、子女、兄弟姐妹、祖父母、外祖父母、孙子女、外孙子女和其他具有扶养、赡养关系的亲属。

依据《工伤保险条例》第三十九条规定“供养亲属抚恤金按照职工本人工资的一定比例发给由因工死亡职工生前提供主要生活来源、无劳动能力的亲属”。“供养亲属的具体范围由国务院社会保险行政部门规定”，具体认定可按原劳动和社会保障部《因工死亡职工供养亲属范围规定》执行。

5.7 工伤待遇焦点问题（责任承担、停工留薪）

5.7.1 责任承担相关

★ 行政法规/部门规章/司法解释

5.7.1.1 劳动和社会保障部关于实施《工伤保险条例》若干问题的意见（劳社部函［2004］256号）

各省、自治区、直辖市劳动和社会保障厅（局）：

《工伤保险条例》（以下简称条例）已于二〇〇四年一月一日起施行，现就条例实施中的有关问题提出如下意见。

第一条 职工在两个或两个以上用人单位同时就业的，各用人单位应当分别为职工缴纳工伤保险费。职工发生工伤，由职工受到伤害时其工作的单位依法承担工伤保险责任。

5.7.1.2 最高人民法院关于因第三人造成工伤的职工或其亲属在获得民事赔偿后是否还可以获得工伤保险补偿问题的答复（［2006］行他字第12号）

新疆维吾尔自治区高级人民法院生产建设兵团分院：

你院《关于因第三人造成工伤死亡的亲属在获得高于工伤保险待遇的民事赔偿后是否还可以获得工伤保险补偿问题的请示报告》收悉。经研究，答复如下：

原则同意你院审判委员会的倾向性意见。即根据《中华人民共和国安全生产法》第四十八条以及最高人民法院《关于审理人身损害赔偿案件适用法律若干问题的解释》第十二条的规定，因第三人造成工伤的职工或其近亲属，从第三人处获得民事赔偿后，可以按照《工伤保险条例》第三十七条的规定，向工伤保险机构申请工伤保险待遇补偿。

此复

二〇〇六年十二月二十八日

附：

新疆维吾尔自治区高级人民法院生产建设兵团分院关于因第三人造成工伤死亡的亲属在获得高于工伤保险待遇的民事赔偿后是否还可以获得工伤保险补偿问题的请示（2006年8月16日［2006］新高兵法行示字第1号）

最高人民法院

我院审理秦永东不服新疆生产建设兵团建工师社会保障基金管理中心职工工伤保险待遇行政决定上诉一案，涉及因第三人造成工伤死亡的亲属在获得高于工伤保险待遇的民事赔偿后，是否还可以获得工伤保险补偿的问题，因审理中意见不一，特向贵院请示。

一、当事人的基本情况

上诉人（原审被告）兵团建工师社会保险基金管理中心。（以下简称管理中心）

被上诉人（原审原告）：秦永东，男，汉族，35岁，新疆福达贸易有限公司职员，住乌鲁木齐市建设西街90号1号楼4单元401室。

二、案件的基本情况

2004年12月31日，秦永东的妻子张秋丽（生前系新疆兵团建工师昆仑工程建设总公司宏正造价事务所工程师）出差到沙湾县地税局做完工程决算审核后，乘坐该局的车返回乌鲁木齐市的途中，因该局驾驶员驾车发生交通事故，造成张秋丽死亡。经交通事故管理部门认定，驾驶员应承担交通事故的全部责任。车主单位沙湾县地税局给秦永东赔偿一次性死亡补助金150 068.8元、丧葬补助金7242元、被抚养人生活费43 305元、精神损害赔偿金20 000元，合计220 615.8元。张秋丽所在单位向管理中心报送了《工伤认定申请表》，2005年4月1日，管理中心作出张秋丽系因工死亡的工伤认定。同年5月20日，管理中心以事故方已赔付的费用均高于《工伤保险条例》（以下简称《条例》）规定的工伤待遇标准（一次性死亡补助金52 800元、丧葬补助金6600元、被抚养人生活费29 040元，合计88 400元）为由，作出不予支付工伤保险待遇的决定。

三、一审判决的理由及结果

一审法院认为：根据最高人民法院颁布的《关于审理人身赔偿案件适用法律若干问题的解释》（以下简称《解释》）第12条规定："依法应当参加工伤保险的用人单位和个人，因工伤事故遭受人身损害，劳动者或者其近亲属向人民法院起诉请求用人单位承担民事赔偿责任的，告知其按《工伤保险条例》的规定处理。因用人单位以外的第三人侵权造成劳动者人身损害，赔偿权利人请求第三人承担民事赔偿责任的，人民法院应予支持。"最高人民法院副院长黄松有就《解释》答记者问时阐述："如果劳动者受工伤是第三人的侵权行为造成，第三人不能免除民事赔偿责任。例如职工因公出差遭遇交通事故，工伤职工虽然享有工伤保险待遇，但对交通肇事者负有责任的第三人仍应承担民事赔偿责任。"以及兵团分院于2005年4月29日颁布的新高兵法发［2005］4号《关于审理人身损害赔偿案件若干问题的指导意见》（以下简称《指导意见》）第1条规定："因第三人侵权赔偿与工伤赔偿保险机制目前在法律上是并行不悖的，一个属于私权范畴，一个属于公权范畴，二者不能混用，也不能相互替代"的精神可以认定因第三人侵权造成的工伤，劳动者或者其近亲属除了可以获得民事赔偿外，还可以获得工伤保险补偿。故判决撤销管理中心的不予赔偿的决定。

四、请示的问题及意见

对于工亡亲属在获得高于工伤保险待遇的民事赔偿后，是否还可以获得工伤保险补偿的问题，由于现行的法律、法规、司法解释没有明确规定，我院审判委员会讨论中形成两种意见：

第一种意见：《解释》第12条的规定对于本案所涉及的情况并没有明确规定，《条例》对交通事故引起的工伤如何赔付也没有涉及。而劳动部1996年8月12日公布的《企业职工工伤保险试行办法》（以下简称《试行办法》）中对由于交通事故引起的工伤补偿有具体规定，即交通事故引起的工伤待遇补偿问题，应当首先按照交通法规处理，交通事故已赔付丧葬费、一次性工亡补助金，亲属抚养费的，工伤保险经办机构不再支付相应待遇。《条例》出台后，对《试行办法》的规定没有明令废止。因此，劳动部的旧规定与新法规不相抵触，应继续执行。管理中心依据的新疆维吾尔自治区新劳社字［2004］67号《关于工伤保险几个有关问题的处理意见》、新疆生产建设兵团兵劳社发［2004］75号《关于工伤保险有关问题的处理意见》是自治区、兵团劳动和社会保险局按照《试行办法》第28条的规定作出的，管理中心依照上述规章及规范性文件作出工亡亲属在获得赔付金额高于工伤保险待遇的民事赔偿后，不再支付相应待遇的决定正确。

第二种意见：《试行办法》第28条规定随着2004年1月1日《条例》的实施，已经废止。按照《解释》第12条规定的精神，受害人从事故方（第三人）获得民事赔偿后，还可以按照《条例》第37条规定，向工伤保险机构申请工伤保险待遇补偿。黄松有副院长2003年12月9日就《解释》答记者问时有明确表述。我院的《指导意见》与《解释》是一致的，体现了保护受害人利益的立法精神。

我院审判委员会倾向于第二种观点，但认为由于本案涉及地方规范性文件的效力问题，并考虑到今后判决的有效执行，确需进一步明确。

5.7.1.3 最高人民法院行政审判庭关于车辆挂靠其他单位经营车辆实际所有人聘用的司机工作中伤亡能否认定为工伤问题的答复（［2006］行他字第17号）

安徽省高级人民法院：

你院［2006］皖行他字第0004号《关于车辆挂靠其他单位经营车辆实际所有人聘用的司机工作中伤亡能否认定为工伤问题的请示》收悉。经研究，答复如下：

个人购买的车辆挂靠其他单位且以挂靠单位的名义对外经营的，其聘用的司机与挂靠单位之间形成了事实劳动关系，在车辆运营中伤亡的，应当适用《劳动法》和《工伤保险条例》的有关规定认定是否构成工伤。

2007年12月3日

5.7.1.4 人力资源和社会保障部关于执行《工伤保险条例》若干问题的意见（人社部发［2013］34号）

第七条 具备用工主体资格的承包单位违反法律、法规规定，将承包业务转包、分包给不具备用工主体资格的组织或者自然人，该组织或者自然人招用的劳动者从事承包业务时因工伤亡的，由该具备用工主体资格的承包单位承担用人单位依法应承担的工伤保险责任。

5.7.1.5 最高人民法院关于审理工伤保险行政案件若干问题的规定（法释［2014］9号）

第二条 人民法院受理工伤认定行政案件后，发现原告或者第三人在提起行政诉讼前已经就是否存在劳动关系申请劳动仲裁或者提起民事诉讼的，应当中止行政案件的审理。

第三条 社会保险行政部门认定下列单位为承担工伤保险责任单位的，人民法院应予支持：

（一）职工与两个或两个以上单位建立劳动关系，工伤事故发生时，职工为之工作的单位为承担工伤保险责任的单位；

（二）劳务派遣单位派遣的职工在用工单位工作期间因工伤亡的，派遣单位为承担工伤保险责任的单位；

（三）单位指派到其他单位工作的职工因工伤亡的，指派单位为承担工伤保险责任的单位；

（四）用工单位违反法律、法规规定将承包业务转包给不具备用工主体资格的组织或者自然人，该组织或者自然人聘用的职工从事承包业务时因工伤亡的，用工单位为承担工伤保险责任的单位；

（五）个人挂靠其他单位对外经营，其聘用的人员因工伤亡的，被挂靠单位为承担工伤保险责任的单位。

前款第（四）、（五）项明确的承担工伤保险责任的单位承担赔偿责任或者社会保险经办机构从工伤保险基金支付工伤保险待遇后，有权向相关组织、单位和个人追偿。

第八条 职工因第三人的原因受到伤害，社会保险行政部门以职工或者其近亲属已经对第三人提起民事诉讼或者获得民事赔偿为由，作出不予受理工伤认定申请或者不予认定工伤决定的，人民法院不予支持。

职工因第三人的原因受到伤害，社会保险行政部门已经作出工伤认定，职工或者其近亲属未对第三人提起民事诉讼或者尚未获得民事赔偿，起诉要求社会保险经办机构支付工伤保险待遇的，人民法院应予支持。

职工因第三人的原因导致工伤，社会保险经办机构以职工或者其近亲属已经对第三人提起民事诉讼为由，拒绝支付工伤保险待遇的，人民法院不予支持，但第三人已经支付的医疗费用除外。

★ 地方性文件·广东省

5.7.1.6 广东省高级人民法院关于印发《广东省高级人民法院关于审理劳动争议案件若干问题的指导意见》的通知（粤高法发［2002］21号）

第二十二条 用人单位未给劳动者缴纳社会保险费，劳动者遭受工伤的，由于用人单位违反保护劳动者的法定义务，用人单位应参照相关社会工伤保险法规的标准承担劳动者的全部工伤待遇。

第二十三条 劳动合同中有关限制或免除用人单位对劳动者工伤应承担的法律责任的约定无效。

第二十四条 受雇人因履行雇用合同遭受伤害的，不属于工伤事故，但雇主应承担人身损害赔偿责任。受雇人存在故意或重大过失的，适用《民法通则》第一百三十一条的规定。

第二十五条 劳动者的工伤系第三人侵权所致，劳动者先获得侵权赔偿的，用人单位承担的工伤补偿应扣除已支付的医疗费和丧葬费。

劳动者的工伤待遇由用人单位承担的，劳动者依人身保险合同获得的赔偿，用人单位不得主张在工伤待遇中扣除。

第二十六条 在工伤赔偿中，实际发生的费用、更换假肢的费用和劳动者急需的其他费用全部由用人单位支付的，用人单位应一次性支付。一次性支付的假肢费的数额可参照交通事故损害赔偿的标准。一次性支付确有困难的，人民法院可判决分期支付，并可责令用人单位提供相应的担保。

第二十七条 建设工程的分包人挂靠承包人，并以承包人名义承接工程的，人民法院可以责令分包人和承包人共同承担劳动者的工伤待遇。

承包人违反《建筑法》第二十四条、第二十八条和第二十九条的规定，对建设工程进行转包或分包的，劳动者的工伤待遇可由转包人、分包人和承包人共同承担。

第二十八条 劳动者被诊断患有职业病的，除依法享有工伤社会保险外，还可依照《民法通则》第一百一十九条的规定向用人单位请求损害赔偿，但该损害赔偿应扣除劳动者因职业病享有的工伤社会保险利益。

人民法院受理劳动争议案件后，劳动者根据上述规定向用人单位请求损害赔偿的，人民法院可一并审理。

第三十条 劳动者冒用他人名义与用人单位订立劳动合同的，应按实际劳动关系确定主体。用人单位以劳动者假冒身份证明为其投保而遭受社会保险损失的，用人单位和劳动者应按各自的过错承担相应的民事责任。

不满16岁的未成年人冒用他人名义与用人单位订立劳动合同或形成事实劳动关系的，劳动合同无效，但用人单位仍应按合同的约定支付报酬。该未成年人因工作遭致伤害的，应由用人单位负人身损害赔偿责任。

第三十一条 劳动者在《广东省社会工伤保险条例》实施前发生工伤，已由用人单位安置，后要求辞职的，其工伤辞退费应参照《广东省社会工伤保险条例实施细则》的规定支付。

因工伤而解除劳动合同后，劳动者同时请求用人单位支付工伤辞退费和经济补偿金的，人民法院应按《劳动法》第二十八条的规定处理。

5.7.1.7 广东省高级人民法院、广东省劳动争议仲裁委员会关于适用《劳动争议调解仲裁法》《劳动合同法》若干问题的指导意见（粤高法发［2008］13号）

第十五条 用人单位没有为劳动者缴纳工伤保险费，劳动者请求用人单位承担其工伤待遇，却不能提供劳动行政部门作出的工伤认定书的，劳动争议仲裁委员会应裁决不予支持，人民法院应裁定驳回其起诉。但下列情形除外：

（一）用人单位对构成工伤并无异议的；

（二）非法用工单位与非法用工中的伤亡人员就赔偿问题发生争议的。

★地方性文件·上海市

5.7.1.8 上海高级人民法院民一庭关于审理工伤保险赔偿与第三人侵权损害赔偿竞合案件若干问题的解答（2010年）

一、关于工伤保险赔偿案件与第三人侵权损害赔偿案件竞合的处理原则

我们认为，在第三人侵权引起工伤事故的情形下，会产生两种赔偿请求权，一是工伤职工的工伤保险赔偿请求权，二是工伤职工向第三人提起的侵权损害赔偿请求权。两种请求权的权利基础和归责原则不同，工伤赔偿请求权基础是劳动者因发生工伤事故获得的一种社会保险利益；工伤保险损害赔偿实行无过错责任原则，有社会保险性质；而第三人侵权损害赔偿请求权基础是劳动者因第三人侵权致害而取得，侵权损害赔偿实行的是民法的填平原则、过错原则和过失相抵原则，侵权损害赔偿的损失包括财产性损失及非财产性损失，其性质属于私法领域的赔偿。故在劳动者人身权受到第三人侵害的同时又被劳动行政部门认定为工伤的，如劳动者分别提起侵权损害赔偿之诉及申请工伤保险赔偿仲裁的，对于侵权损害赔偿的请求和不服工伤保险赔偿仲裁裁决提出的请求，法院应分别依法作出判决。同时，用人单位或工伤保险经办机构在履行了相应的赔偿义务后，可就劳动者已实际获得的重复的赔偿部分取得追偿权。

此外，法院应在判决书中明确办人单位或工伤保险经办机构享有的追偿权和侵权损害赔偿或工伤保险赔偿各重复赔偿项目的具体数额。

二、工伤保险赔偿和侵权损害赔偿竞合案件中具体赔偿项目如何认定

对于工伤保险赔偿和侵权损害赔偿竞合案件中具体赔偿项目的确定，目前审判实践中

存在不同的认识和处理方式。我们认为，对于工伤保险赔偿和侵权损害赔偿竞合的案件，还是应当考虑工伤和侵权案件两种不同赔偿制度的特点和功能。经过对两种赔偿制度所确定的赔偿项目的比较和分析，我们认为，工伤保险赔偿和侵权损害赔偿中相同并存重复的项目主要有这样一些，即：工伤保险赔偿中的原工资福利待遇（侵权损害赔偿中的误工费）、医疗费、停工留薪期间的护理费和生活护理费（侵权损害赔偿中的护理费）、住院伙食补助费、交通费、外省市就医食宿费（侵权损害赔偿中的外省市就医住宿费和伙食费）、康复治疗费（侵权损害赔偿中的康复费、康复护理费、适当的整容费、后续治疗费等）、辅助器费（侵权损害赔偿中的残疾辅助器具费）、供养亲属抚恤金（侵权损害赔偿中的被抚养人生活费）、丧葬补助金（侵权损害赔偿中丧葬费）等费用，我们认为这些项目如果重复赔偿，则违反了民法的填平原则和实际赔偿原则。故对上述项目，采取同一赔偿项目按照就高原则进行认定的方式来处理比较合理。

“就高原则”是指上述侵权损害和工伤保险相同并重复的赔偿项目，按照各自的计算标准，确定两者之中数额较高的作为劳动者应获得的赔偿数额的计算原则。

三、关于劳动者在侵权损害赔偿案件中就重复赔偿项目按照就原则已获得全额赔偿的，劳动者是否还可在工伤保险赔偿案件中主张复复赔偿的问题。

我们认为，法院在审理工伤保险赔偿案件中，如查明劳动者在侵权损害赔偿案件中已就相同并重复的赔偿项目按照就高原则获得足额赔偿，按照民法的填平原则，劳动者仍在工伤保险赔偿中主张赔偿的，法院主予支持。

四、关于用人单位或工伤保险经办机构向劳动者行使追偿权，法院如何处理的问题

我们认为，如果劳动者分别通过诉讼或仲裁，就工伤保险赔偿和侵权损害赔偿中的重复赔偿项目获得复复赔偿的，用人单位或工伤保险经办机构可以在扣除按照就高原则确定的劳动者应获得的赔偿数额后的剩余部分进行追偿，但其追偿的数额不得超过其实际支付的复复赔偿项目的总数。

用人单位或工伤保险经办机构行使追偿权的案件由各法院审理劳动争议案件的部门处理。

五、关于用人单位未依法参加工伤保险统筹的，如何进行处理的问题

我们认为，用人单位未依法为劳动者缴纳工伤保险，但劳动者已被认定为工伤的，用人单位仍应当依照《工伤保险条例》《上海市工伤保险实施办法》的相关规定支付工伤保险待遇。劳动者分别提起侵权损害赔偿或工伤赔偿仲裁、诉讼的，可参照本解答有关规定处理。

六、关于外来从业人员发生工伤保险和侵权损害赔偿竞合诉讼，法院如何处理的问题

我们认为《上海外来从业人员综合保险暂行办法》是针对本市外来从业人员的特别规定，在具体计算工伤保险待遇时有其特殊性，但其处理原则可参照本解答有关规定执行。

七、本解答自 2010 年 7 月 1 日起适用。

2010 年 7 月 1 日之前已受理的案件不适用本解答。

附件：

为方便各法院在审理工伤保险赔偿和侵权损害赔偿竞合案件时计算具体赔偿数额，现将两种赔偿制度的赔偿项目以表格形式分列如下：

一、重复赔偿项目对照列表

工伤	侵权
原工资福利	误工费
医疗费	医疗费
护理费（停工留薪期间）生活护理费	护理费
住院伙食补助费	住院伙食补助费
交通费	交通费
外省市就医食宿费	外省市就医住宿费、伙食费
康复治疗费	康复费、康复护理费、适当的整容费、后续治疗费
辅助器具费	残疾辅助器具费
供养亲属抚恤金	被抚养人生活费
丧葬补助金	丧葬费

二、兼得项目对照列表

工伤	侵权
一次性伤残补助金	残疾赔偿金
一次性工亡补助金	死亡赔偿金

三、专属项目对照列表

工伤	侵权
伤残津贴	营养费
一次性工伤医疗补助金和伤残就业补助金	精神抚慰金
	陪护人员住宿费、伙食费

二〇一〇年六月二十二日

【法条延伸】《关于审理工伤保险与第三人侵权赔偿竞合案件若干问题的解答》的理解与适用（作者：上海市高级人民法院赵明华、竺琴）

最近上海高院民一庭在多次研讨、修改，并征求了市人力资源和社会保障局有关部门意见的基础上，出台了《关于审理工伤保险与第三人侵权赔偿竞合案件若干问题的解答》（即民事法律适用问答2010年第2期，以下简称“解答”）。下文就“解答”在讨论过程中形成的一些思路和想法和大家作一个交流。

一、关于处理原则的问题

为了确定一个兼顾各方利益、公平合理、简便高效的处理原则，我们首先对四种处理模式进行了分析研究。我们认为，取代模式其优点在于可以减少诉讼，使受害劳动者在最快时间内得到补偿。但该模式剥夺了受害劳动者获得充分赔偿的权利，也无法充分体现对加害行为的制裁和事故发生的预防功能。选择模式在最大程度上赋予了劳动者充分选择救济方式的自由，符合当事人意思自治原则。但其缺陷主要表现为实质上限制了受伤害职工的选择自由，因为相对工伤保险赔偿，侵权损害赔偿数额较高，但受害人却需面临举证困难、执行不能等诉讼风险；而工伤保险虽稳定可靠，手续简便，期限较短，但赔偿数额相对较低，为此受害劳动者往往倾向于选择后者。补充模式是现代侵权责任制度与工伤保险制度长期磨合的产物，是当今世界上最为流行的一种救济模式，但其缺点表现为剥夺了受害职工获得完全赔偿的权利，违反了全面赔偿原则。同时，用人单位对工伤事故所负的责任仅限于支付工伤保险费，责任太轻，起不到制裁责任人的作用。兼得模式充分体现了以人为本的人性关爱，对受害劳动者的保护十分周到，但也有不足之处：首先，该模式背离了工伤保险创设的目的，用人单位既要承担工伤保险费用的交纳义务，还要承担民事侵权赔偿的责任，加重了其负担；其次，该模式与“受害人不应因遭受侵害获得意外收益”这一公认的基本准则相违背，也与国际惯例和传统观念相抵触，并有可能诱发工伤事故的道德风险。〔1〕

在分析研究了四种模式的利弊后，我们认为，首先，就工伤事故本身而言，其具有双重属性，既有工伤保险性质，又有人身侵权损害性质。工伤保险赔付，是基于劳动保险关系而产生的一种责任给付；而作为工伤事故责任构成的基础事实，工伤事故在民法领域又被评价为民事侵权行为，是对劳动者生命权、健康权、身体权的侵害，产生的是人身损害赔偿的法律关系。所以，工伤事故责任的内涵应当包括“工伤保险责任”和“人身损害赔偿责任”。对于第三人侵权造成工伤事故的，民事侵权赔偿和社会保险的双重属性更是显而易见。其次，就请求权角度来看，在第三人侵权引起工伤事故的情形下，会产生两种赔偿请求权，一是工伤劳动者向用人单位、工伤保险经办机构提起的工伤保险赔偿请求权，二是工伤劳动者向第三人提起的侵权损害赔偿请求权。再次，两种请求权的权利基础和归责原则不同，工伤赔偿请求权基础是劳动者因发生工伤事故获得的一种社会保险利益，工伤保险损害赔偿实行“无过错补偿原则”，只要发生工伤，社会保险经办机构和用人单位就应给予补偿，其性质属于社会法领域的赔偿；而第三人侵权赔偿请求权基础是劳动者因第三人侵权行为获得的损害赔偿利益，传统侵权损害赔偿实行“过错原则和过失相抵原则”“实际赔偿原则”“衡平原则”，侵权赔偿的损失包括财产性损失及非财产性损失，其性质属于私法领域的赔偿。最后，从两种制度的性质上分析，前者体现了社会对弱势群体的救助与保障，后者是法律赋予受害人以维护自身权利的救济。综合以上分析，我们认为该类竞合案件可以实行两种并行不悖的赔偿机制。但实践中采用兼得原则又会产生诸如加重用人单位负担、浪费有限的社会资源、违背“不应获得意外利益”原则等问题。

基于上述考虑，我们认为在处理此类案件时宜采用部分兼得的原则，即除对医疗费、护理费、交通费等实际发生的损失按照民法的“填平原则”和同一赔偿项目的“就高原则”进行相应抵扣计算损失外，其他赔偿项目则采用兼得原则全额支持。采用部分兼得原则的合理性在于：首先，充分保障了劳动者权利，方便劳动者以最快的速度，在最短的时间内，获得利益最大化赔偿，也不因存在工伤保险赔偿而免除侵权人责任；其次，基于工伤保险制度社会保险的性质和社会连带的理论基础，其目的仅在于保障劳动者的生存权，

〔1〕 边境：“论工伤赔偿与民事人身伤害赔偿的竞合”，湖南大学2007年硕士学位论文。

而对加害行为的惩戒和预防功能十分薄弱〔1〕，因此从侵权制度的过错归责原则出发，侵权行为人对由其过错产生的损害后果承担相应的终局赔偿责任，也体现了过错和责任相一致的原则；第三，可以充分运用社会保险风险转嫁的优点，降低企业的经营风险，分散职业危险责任，在一定程度上平衡了用人单位的利益，有利于实现“风险分担，社会互济”的社会保险制度的基本原则，节约了社会资源，体现了公平原则。故我们认为，采用部分兼得原则总体上讲是一个兼顾各方利益、比较公平合理、经济便捷的原则。

实际上，外省市法院在处理此类竞合案件时，也有采用类似处理原则的。例如，江苏高院和浙江高院分别在《关于在当前宏观经济形势下妥善审理劳动争议案件的指导意见》、《关于工伤赔偿法律适用问题的通知》中明确：第三人侵权造成劳动者人身损害，同时构成工伤的，劳动者可以获得工伤保险和侵权损害的双重赔偿，但用人单位承担的工伤保险责任中应扣除第三人已支付的医疗费、护理费、交通费等实际发生的费用。

二、关于部分兼得原则下如何具体计算工伤保险和侵权损害赔偿竞合案件具体赔偿数额的问题

对于这个问题，在研讨中大家也提出了很多想法和思路。第一种意见认为，工伤保险赔偿与民事侵权赔偿的案件，首先应寻求工伤保险赔偿救济，获赔的不足部分再以侵权损害赔偿诉讼方式予以弥补，即先工伤后侵权。第二种意见认为，工伤保险待遇与人身损害赔偿范围呈交集状态，两者既有同质性项目，又有各自特有的非同质性项目。对于非同质性项目，如工伤保险责任中一次伤残就业补助金等专有的补偿项目可以兼得。而同质性项目的给付，如工伤保险与侵权损害赔偿中均有的医疗费、护理费等，可以相互抵扣。如相互抵扣的，必须各项目数额明确，否则不得抵扣。第三种意见认为，工伤保险待遇包括物质性待遇和人身性待遇。人身性待遇如在工伤医疗期间不得解除劳动合同等，是民事赔偿所不能给予的，因此即使劳动者已经获得足额的民事赔偿，依然可以主张人身性待遇。财产性费用中除医疗费、交通费、误工费、护理费、被抚养人生活费、营养费等外，其余部分均可在工伤赔偿和侵权赔偿案件中给予受害人兼得索赔的权利。第四种意见认为，不考虑各类赔偿项目的性质，从便于案件处理的角度，采用总额就高抵扣的方法来认定最终的赔偿数额。第五种意见认为，在处理该类竞合案件时宜采用有限兼得的原则，即对于定额化赔偿项目（所谓定额化赔偿，即将受害人所受损害确定一个总体的赔偿额，以避免因所得不同产生个人差额，特别是避免偶然因素使加害者承担过大的赔偿额），如人身损害赔偿中的残疾赔偿金、死亡赔偿金，工伤保险赔偿中的一次性残疾就业补助金、一次性工亡补助金等，这些项目不考虑具体受害人的个人收入状况、职业、受教育程度等方面的差异，原则上按照平均收入乘以一定年限计算赔偿数额，应采用兼得的原则；而对于医疗费、护理费、交通费等实际发生的损失则根据民法的“填平原则”和同一赔偿项目的“就高原则”进行计算和抵扣。

对究竟采用何种计算方式，经过几次反复研究，大家形成了比较一致的意见，认为对于工伤保险和侵权损害赔偿竞合的案件，还是应考虑工伤和侵权案件两种不同赔偿制度的特点和功能，采用不同的处理方式，即对于工伤保险和侵权损害赔偿可以按赔偿项目的不同性质进行分类，并根据所分的类别分别确定处理原则。经过对两种赔偿制度所确定的赔

〔1〕 吴牧：“工伤损害有限双重赔偿模式论”，载《人民法院报》2008年8月12日。

偿项目的比较和分析，我们认为可以将赔偿项目具体分为三类：第一类项目，即工伤保险赔偿中的一次性伤残补助金、一次性工亡补助金和侵权损害赔偿中的残疾赔偿金、死亡赔偿金等，体现了两种制度的本质特点，属定额化赔偿，我们主张采用兼得原则，对此类项目可以在工伤保险赔偿或侵权损害赔偿案件中分别主张。第二类项目，即专属于工伤保险赔偿的项目如残疾津贴、一次性工伤医疗补助金和伤残就业补助金和专属于侵权赔偿的项目如营养费、陪护人员食宿费、精神抚慰金等项目，该类项目虽属实际支出项目，但却是工伤或侵权赔偿中特有的项目，无法在另一诉讼中获得赔偿，故我们认为此类项目不存在折抵的问题，应全额支持。第三类项目，即除兼得和专属项目外（即除第一、第二类项目之外）的其它财产性重复赔偿项目，如工伤保险赔偿中的原工资福利待遇（侵权损害赔偿中的误工费）、医疗费、停工留薪期间的护理费和生活护理费（侵权损害赔偿中的护理费）、住院伙食补助费、交通费、外省市就医食宿费（侵权损害赔偿中的外省市就医住宿费和伙食费）、康复治疗费（侵权损害赔偿中的康复费、康复护理费、适当的整容费、后续治疗费等）、辅助器具费（侵权损害赔偿中的残疾辅助器具费）、供养亲属抚恤金（侵权损害赔偿中的被抚养人生活费）、丧葬补助金（侵权损害赔偿中的丧葬费）等费用，我们认为此类项目系当事人实际支出项目，如重复赔偿违反了民法的填平原则和实际赔偿原则，故对此类项目的计算，采取同一赔偿项目就高进行折抵的原则来处理比较合理。当然，在案件处理中，三类项目具体赔偿项目的确定，还应参照劳动者个体受伤害程度或伤残等级所对应的赔偿项目来确定，侵权赔偿数额还需考虑过失相抵的问题。

三、关于劳动者分别主张侵权损害赔偿和工伤保险赔偿案件处理的程序问题

对于第三人侵权引发工伤赔偿和侵权赔偿竞合的案件，理论上应当由法律规定赔偿的程序，但目前没有法律的明确规定，故我们认为不能就此限制当事人的选择权。但当劳动者就此类案件提起仲裁或诉讼，在实行部分兼得原则时会产生诸多问题，比如劳动者先诉工伤再诉侵权，这里就涉及一个与仲裁的协调问题，可能工伤保险赔偿案件在仲裁程序中就已生效，案件不到法院来，怎么在侵权诉讼案件中实现折抵呢？对于第三类项目超额部分的认定如果是以最后执行到位的数额为准，那么怎么认定执行到位或不到位，也是一个实践中很难操作的问题。如果劳动者同时启动两个诉讼或一个仲裁一个诉讼程序，又怎样协调？是否中止其中一个案件，那么究竟中止哪个案件，由法院决定还是当事人选择？如果法院不在一个地区的怎样协调？由于赔偿到位数额的不确定性，如在第二个案件中直接对第三类项目进行抵扣，导致法院无法确定准确的赔偿数额，同时审理周期也会很长，具体执行也会遇到许多问题。鉴于此，我们提出了一种新的意见：在工伤保险赔偿和侵权损害赔偿竞合情况下，劳动者分别提起侵权赔偿之诉及申请工伤保险赔偿仲裁、诉讼的，法院可以按照侵权赔偿案件处理原则和工伤保险赔偿案件处理原则分别作出判决，同时法院在判决书中应明确侵权赔偿或工伤保险赔偿各具体赔偿项目的数额。对于第三类项目中的超额部分，用人单位或工伤保险经办机构在履行了相应支付义务后可以行使追偿权，向劳动者追偿。也就是说，把此类竞合问题分成三个部分分别处理，第一、第二部分按照原有的处理原则进行，把追偿权作为第三部分单独处理。因为，实际上追偿权的实现必须是劳动者在前两个诉讼中获得了超额部分，而所谓“超额部分”是指劳动者就第三类项目实际获得的赔偿数额扣除按照就高原则确定的赔偿数额之后的剩余部分。从“超额部分”涉及的几个项目看，数额不会很大，同时如劳动者尚在用人单位工作，基于劳资双方之间存在

一定的指挥、管理、监督与被指挥、被管理、被监督关系，通常情况下用人单位要求劳动者返还超额部分比较容易实现；同时对于工伤保险经办机构来讲，明确了可以通过诉讼来行使追偿权及追偿范围，保证了其垫付部分费用的回归，有利于社会救助资源的利用。这些案件数量一般不会很多，这样就把追偿权案件限制在一个很小的范围里，追偿权案件即使在审理中有一些困难，但总体上降低了大部分侵权、工伤赔偿案件的审理难度，比较具有可操作性。

另外，在研讨中，还有的同志提出了追偿权法律依据的问题。我们认为，2004 年的《上海市工伤保险实施办法》第 44 条规定：因机动车事故或其他第三方民事侵权引起工伤，用人单位或工伤保险基金按照本办法规定的工伤保险待遇先期支付的，工伤人员或其直系亲属在获得机动车事故等民事赔偿后，应当予以相应偿还。从这条规定来看，事实上赋予了用人单位或工伤保险经办机构的追偿权，所以一定条件下的追偿权还是有依据的。

另外需要强调的是，如受害劳动者在第三人侵权案件中就第三类项目已获得全部足额赔偿，或其中若干个具体赔偿项目如医疗费已实际获得了足额赔偿（即侵权人已实际足额支付或通过法院执行程序获得足额执行款项的），那么其在工伤保险赔偿案件中再提出相同请求的，则不予支持，以避免工伤保险经办机构和用人单位再行提起追偿权诉讼，造成讼累。

四、关于用人单位或工伤保险经办机构向劳动者行使追偿权，法院如何处理的问题

我们认为追偿权的范围应限定在第三类项目的“超额部分”。对于劳动者“实际获得的赔偿数额”应以用人单位或工伤保险经办机构、侵权人实际支付或案件进入执行程序后实际执行到的数额为准。如劳动者通过执行程序尚无法获得用人单位、工伤保险经办机构或侵权人的足额赔偿的，那么对于第三类项目数额又如何确定呢？因为拿到手的执行款往往是一个总数，一般很难区分第一、二、三类赔偿项目各自的具体数额。无法确定第三类项目的数额就不能按照我们前述所讲的原则确定第三类项目劳动者最终的具体赔偿数额。为此，我们考虑，对于执行不到位的情况，第三类项目赔偿数额的确定可以实际执行到的款项扣除第一、第二类项目后的余额为标准。这种方法计算起来比较简便。另外，我们还认为，如经法院执行侵权案件后，上述余额（第三类中的具体赔偿项目数额）为负数的，则用人单位或工伤保险基金经办机构不得向劳动者追偿。

5.7.1.9 上海市高级人民法院民事法律适用问答（2011 年）

五、个人之间形成劳务关系，提供劳务一方在劳务过程中因第三人的行为遭受损害，应当如何处理？

《侵权责任法》第三十五条对个人之间形成劳务关系中提供劳务一方因劳务造成他人损害的及自己受到损害作了规定，即提供劳务一方因劳务造成他人损害的，由接受劳务一方承担侵权责任；提供劳务一方因劳务自己受到损害的，根据双方各自的过错承担相应责任，但对在劳务过程中因第三人的行为导致提供劳务一方损害的情形未作规定。我们认为，从上述条文所确定的原则来看，对于个人之间形成劳务关系即个人雇佣关系中，接受劳务一方（即雇主）对提供劳务一方（即雇工）不再承担无过错责任，而是根据过错责任原则来确定赔偿责任。因此，当提供劳务一方因第三人行为遭受损害，应当由第三人承担侵权责任；如接受劳务一方存在过错，应当承担相应责任；对于第三人逃逸或者无力赔偿的情况，

可以根据《民法通则》第四条的规定，由接受劳务一方对提供劳务一方给予适当补偿。

5.7.1.10 上海高院关于劳动争议最新审判意见（2011 年第 3 期）

四、关于第三人侵权损害赔偿与工伤保险赔偿竞合案件中，劳动者在获得工伤保险赔偿后，如用人单位有过错的，是否还要另行承担侵权赔偿责任的问题

高院民一庭于去年 6 月下发《关于审理工伤保险赔偿与第三人侵权损害赔偿竞合案件若干问题的解答》，对于审理工伤保险赔偿与第三人侵权损害赔偿竞合案件的相关问题作了解答，统一了此类案件的执法思路。但部分法院、部分承办人员在具体处理此类案件过程中，对劳动者获得工伤保险赔偿后，如用人单位也有过错，是否应另行承担侵权赔偿责任存在不同的认识。我们认为，工伤保险制度通过设立社会互济性质的保险基金，对劳动者发生工伤进行了及时救济和赔偿，同时分散了企业经营风险，减轻了企业负担。由于工伤保险赔偿制度实行的是无过错责任原则，只要发生工伤损害，不考虑用人单位或劳动者本人是否存在过错，工伤保险基金与用人单位就应当按照《工伤保险条例》的规定支付工伤保险相关费用，用人单位的过错责任已被工伤赔偿责任所吸收，故即使用人单位对工伤发生有过错，也无需另行承担侵权赔偿责任。此外，虽然侵权赔偿和工伤赔偿的赔偿项目和标准略有差别，但工伤保险以其保留劳动关系等方式提供保障，且国务院新修订的《工伤保险条例》已将工伤赔偿标准大幅提高，所以也不存在工伤赔偿标准明显低于侵权赔偿标准的问题。

★地方性文件·北京市

5.7.1.11 北京市高级人民法院、北京市劳动争议仲裁委员会关于劳动争议案件法律适用问题研讨会会议纪要（2009 年）

34. 因第三人侵权而发生的工伤，如用人单位未为劳动者缴纳工伤保险费，应由用人单位按照《工伤保险条例》的有关规定向劳动者（或直系亲属）支付工伤保险待遇。侵权的第三人已全额给付劳动者（或直系亲属）医疗费、交通费、残疾用具费等需凭相关票据给予一次赔偿的费用，用人单位不必再重复给付。

35. 因用人单位未为农民工缴纳养老保险费，农民工在与用人单位解除或终止劳动合同后，要求用人单位赔偿损失的，应当自劳动合同解除或终止之日起一年内提出，赔偿数额的确定可参照《农民合同制职工参加北京市养老、失业保险暂行办法》（京劳险发［1999］99 号）和《北京市农民工养老保险暂行办法》（京劳社养发［2001］125 号）的规定。

5.7.1.12 北京市高级人民法院、北京市劳动争议仲裁委员会关于劳动争议案件法律适用问题研讨会会议纪要（二）（京高法发［2014］220 号）

21. 因工死亡职工的亲属能否要求确认劳动关系？

因工死亡职工的亲属可以要求确认劳动者与用人单位之间存在劳动关系，因工死亡职工的亲属的范围包括该职工的配偶、父母、子女、兄弟姐妹、祖父母、外祖父母、孙子女、外孙子女和其他具有扶养、赡养关系的亲属，因工死亡职工的亲属中任何一人均可作为仲裁申请人或诉讼原告。涉及因工死亡职工赔偿及享受待遇等主张，应由全部亲属作为当事人参加诉讼。

49. 超过法定退休年龄的农民工在工作期间发生工伤的，如何处理？

超过法定退休年龄的农民工在工作期间发生工伤要求认定劳动关系的，应当驳回其请求，可在裁判文书中确认属于劳务关系。

超过法定退休年龄的农民工因无法享受工伤保险待遇，而主张工伤保险待遇赔偿的，应予支持。

超过法定退休年龄的农民工受到第三人侵权，第三人侵权赔偿并不影响其向用人单位主张给予工伤保险待遇赔偿。

5.7.1.13 北京市高级人民法院关于印发《2014年部分劳动争议法律适用疑难问题研讨会会议纪要》的通知

五、《会议纪要二》第21条："因工死亡职工的亲属可以要求确认劳动者与用人单位之间存在劳动关系，因工死亡职工的亲属的范围包括该职工的配偶、父母、子女、兄弟姐妹、祖父母、外祖父母、孙子女、外孙子女和其他具有扶养、赡养关系的亲属，因工死亡职工的亲属中任何一人均可作为仲裁申请人或诉讼原告。涉及因工死亡职工赔偿及享受待遇等主张，应由全部亲属作为当事人参加诉讼。"

问题：能否理解为，只要求确认劳动关系的，任一亲属作原告即可；但要求赔偿或享受待遇的，应按照《继承法》规定的有继承权的全部亲属做原告。

研讨意见：只要求确认劳动关系的，任一亲属均可作为仲裁申请人或诉讼原告；但要求赔偿或享受待遇的，一般应由全部亲属作为当事人参加诉讼。

八、《会议纪要二》第49条第1款和第2款："超过法定退休年龄的农民工在工作期间发生工伤要求认定劳动关系的，应当驳回其请求，可在裁判文书中确认属于劳务关系。超过法定退休年龄的农民工因无法享受工伤保险待遇，而主张工伤保险待遇赔偿的，应予支持。"

问题：如果超过法定退休年龄的农民工经裁判确认为劳务关系后，能否依据《最高人民法院关于审理人身损害赔偿案件适用法律若干问题的解释》第十一条第二款规定主张雇员受害赔偿，而不选择工伤待遇赔偿？

研讨意见：可由当事人选择雇员受害赔偿或者工伤赔偿。

5.7.2 停工留薪相关

★ 行政法规/部门规章/司法解释

5.7.2.1 工伤保险条例（国务院令第375号　2010年12月修正）

第三十三条　职工因工作遭受事故伤害或者患职业病需要暂停工作接受工伤医疗的，在停工留薪期内，原工资福利待遇不变，由所在单位按月支付。

停工留薪期一般不超过12个月。伤情严重或者情况特殊，经设区的市级劳动能力鉴定委员会确认，可以适当延长，但延长不得超过12个月。工伤职工评定伤残等级后，停发原待遇，按照本章的有关规定享受伤残待遇。工伤职工在停工留薪期满后仍需治疗的，继续享受工伤医疗待遇。

生活不能自理的工伤职工在停工留薪期需要护理的，由所在单位负责。

第三十九条　职工因工死亡，其近亲属按照下列规定从工伤保险基金领取丧葬补助金、供养亲属抚恤金和一次性工亡补助金：

（一）丧葬补助金为6个月的统筹地区上年度职工月平均工资；

（二）供养亲属抚恤金按照职工本人工资的一定比例发给由因工死亡职工生前提供主要生活来源、无劳动能力的亲属。标准为：配偶每月40%，其他亲属每人每月30%，孤寡老人或者孤儿每人每月在上述标准的基础上增加10%。核定的各供养亲属的抚恤金之和不应高于因工死亡职工生前的工资。供养亲属的具体范围由国务院社会保险行政部门规定；

（三）一次性工亡补助金标准为上一年度全国城镇居民人均可支配收入的20倍。

伤残职工在停工留薪期内因工伤导致死亡的，其近亲属享受本条第一款规定的待遇。

一级至四级伤残职工在停工留薪期满后死亡的，其近亲属可以享受本条第一款第（一）项、第（二）项规定的待遇。

5.7.2.2 企业职工带薪年休假实施办法（人力资源和社会保障部令第1号　2008年9月起施行）

第六条　职工依法享受的探亲假、婚丧假、产假等国家规定的假期以及因工伤停工留薪期间不计入年休假假期。

5.7.2.3 实施《中华人民共和国社会保险法》若干规定（人力资源和社会保障部令第13号　2011年7月起施行）

第十二条　社会保险法第三十九条第一项治疗工伤期间的工资福利，按照《工伤保险条例》第三十三条有关职工在停工留薪期内应当享受的工资福利和护理等待遇的规定执行。

5.7.2.4 人力资源和社会保障部关于印发工伤保险经办规程的通知（人社部发［2012］11号）

第五十四条　职工发生事故伤害或按照职业病防治法规定被诊断、鉴定为职业病，经社会保险行政部门认定工伤后，用人单位应及时到业务部门办理工伤职工登记，填写《工伤职工登记表》，并提供以下证件和资料：

（一）居民身份证原件及复印件；

（二）认定工伤决定书；

（三）工伤职工停工留薪期确认通知；

（四）省、自治区、直辖市经办机构规定的其他证件和资料。

停工留薪期内因工伤导致死亡的，还需提供居民死亡医学证明书或其他死亡证明材料。

第六十九条　职工因工死亡或停工留薪期内因工伤导致死亡的，业务部门根据工亡时间上年度全国城镇居民人均可支配收入和统筹地区上年度职工月平均工资，核定一次性工亡补助金和丧葬补助金。

伤残等级为一至四级的工伤职工，停工留薪期满死亡的，业务部门根据统筹地区上年度职工月平均工资，核定丧葬补助金。

业务部门根据核定的工亡待遇生成《一次性工亡、丧葬补助金核定表》，转财务部门。

★ 地方性文件 · 广东省

5.7.2.5 广东省工伤保险条例（广东省第十一届人民代表大会常务委员会公告第69号 2012年1月起施行）

第十九条　省、地级以上市人民政府设立劳动能力鉴定委员会，由社会保险行政部门、卫生行政部门、工会组织、社会保险经办机构以及用人单位代表组成。

劳动能力鉴定委员会办公室设在社会保险行政部门。

劳动能力鉴定委员会负责劳动能力障碍程度和生活自理障碍程度鉴定，以及工伤医疗终结期和停工留薪期确认、工伤复发确认、辅助器具配置确认、工伤康复确认等工作。

第二十六条　职工因工伤需要暂停工作接受工伤医疗的，在停工留薪期内，原工资福利待遇不变，由所在单位按月支付。停工留薪期根据医疗终结期确定，由劳动能力鉴定委员会确认，最长不超过二十四个月。

工伤职工鉴定伤残等级后，停发原待遇，按照本章的有关规定享受伤残待遇。工伤职工在鉴定伤残等级后仍需治疗的，经劳动能力鉴定委员会批准，一级至四级伤残，享受伤残津贴和工伤医疗待遇；五级至十级伤残，享受工伤医疗和停工留薪期待遇。

经劳动能力鉴定委员会确认可以进行康复的，工伤职工在签订服务协议的康复机构发生的符合规定的工伤康复费用，从工伤保险基金支付。

工伤职工在停工留薪期间生活不能自理需要护理的，由所在单位负责。所在单位未派人护理的，应当参照当地护工从事同等级别护理的劳务报酬标准向工伤职工支付护理费。

第三十七条　职工因工死亡，其近亲属按照下列规定从工伤保险基金领取丧葬补助金、供养亲属抚恤金和一次性工亡补助金：

（一）丧葬补助金为六个月的统筹地区上年度职工月平均工资。

（二）供养亲属抚恤金按照职工本人工资的一定比例发给由因工死亡职工生前提供主要生活来源、无劳动能力的亲属。标准为：配偶每月百分之四十，其他亲属每人每月百分之三十，孤寡老人或者孤儿每人每月在上述标准的基础上增加百分之十。核定的各供养亲属的抚恤金之和不应当高于因工死亡职工生前的工资。供养亲属的具体范围按照国务院社会保险行政部门的规定执行。

（三）一次性工亡补助金标准为上年度全国城镇居民人均可支配收入的二十倍。

伤残职工在停工留薪期内因工伤导致死亡的，其近亲属享受本条第一款规定的待遇。

一级至四级伤残职工在停工留薪期满后死亡的，其近亲属可以享受本条第一款第一项、第二项规定的待遇。

供养亲属抚恤金每年按照统筹地区上年度职工平均工资增长调整，统筹地区职工平均工资负增长时不调整。

5.7.2.6 深圳市人力资源和社会保障局关于印发深圳市建筑施工企业参加工伤保险管理办法的通知（深人社规［2016］3号）

第十八条　建筑施工企业职工在建设项目工伤保险期限内遭受事故伤害或按照职业病防治法规定被诊断、鉴定为职业病，在工伤保险期限终结时尚未完成工伤认定或劳动能力鉴定的，其所在用人单位应当继续保证其医疗救治和停工留薪期的法定待遇，待完成工伤认定及劳动能力鉴定后，依法享受参保职工的各项工伤保险待遇。其中，应当由用人单位支付的待遇，工伤职工所在用人单位要按时足额支付，也可以根据工伤职工意愿一次性支付。

一级至四级伤残工伤职工和工亡职工供养亲属，由工伤保险基金按规定支付工伤保险待遇，不受建设项目工伤保险期限的限制。其中，由工伤保险基金支付工伤保险长期待遇的，不得改为一次性支付的办法支付。

5.7.2.7 广州市人力资源和社会保障局、广州市住房和城乡建设委员会、广州市地方税务局、广州市安全生产监督管理局、广州市总工会关于印发广州市建筑业职工参加工伤保险实施办法的通知（穗人社发［2015］73号）

第十三条 【保障衔接】对在建设项目工伤保险期限内发生工伤、工伤保险期限终结时尚未完成工伤认定或劳动能力鉴定的建筑职工，其所在用人单位应继续保证其医疗救治和停工留薪期的法定待遇。待完成工伤认定及劳动能力鉴定后，依法享受参保职工的各项工伤保险待遇。其中应由用人单位支付的待遇，工伤职工所在用人单位要按时、足额支付，也可以根据其意愿一次性支付。

一级至四级伤残工伤职工和工亡职工供养亲属按规定享受的工伤保险待遇，不受建设项目工伤保险期限的限制。由工伤保险基金支付的工伤保险长期待遇不得给予一次性支付。

★地方性文件·上海市

5.7.2.8 上海市工伤保险实施办法（上海市人民政府令第93号公布　2013年1月起施行）

第三十七条 【停工留薪期待遇】从业人员因工作遭受事故伤害或者患职业病需要暂停工作接受工伤治疗的，在停工留薪期内，原工资福利待遇不变，由所在单位按月支付。

停工留薪期一般不超过12个月，具体期限根据定点医疗机构出具的伤病情诊断意见确定。伤情严重或者情况特殊，经鉴定委员会确认，可以适当延长，但延长不得超过12个月。工伤人员评定伤残等级后，停发原待遇，按照本办法的有关规定享受伤残待遇。工伤人员停工留薪期满后仍需治疗的，继续享受工伤医疗待遇。

生活不能自理的工伤人员在停工留薪期需要护理的，由所在单位负责。

5.7.2.9 上海市工伤康复管理办法（沪人社福发［2013］46号）

第六条 工伤人员经抢救治疗生命体征相对稳定，存在残疾及身体功能障碍，或者经治疗工伤的医疗机构建议，需要在停工留薪期内住院工伤康复的，由用人单位、工伤人员或者其近亲属向用人单位所在地的区县劳鉴委提出住院工伤康复申请，并提供以下相关材料：

（一）填写完整的《住院工伤康复申请表》；

（二）工伤认定书原件和复印件；

（三）治疗工伤的医疗机构出具的医疗诊断证明原件和复印件。

材料齐全的，区县劳鉴委应当受理并对申请材料进行初审后报市劳鉴委。市劳鉴委应当自受理申请之日起15日内，委托市劳动能力鉴定中心组织工伤康复医学专家，对工伤人员的康复申请进行评估后作出确认意见，并及时将确认意见送达用人单位、工伤人员或者其近亲属和工伤康复定点机构。情况特殊的，作出确认意见的时限可以延长15日。

5.7.2.10 关于实施《上海市工伤保险实施办法》若干问题处理意见的通知（沪人社福发［2014］36号）

八、工伤人员在停工留薪期内到达法定退休年龄的，应当按规定办理按月领取基本养老保险待遇的手续，基本养老保险待遇低于原工资福利待遇的，由用人单位补足差额至劳动能力鉴定结论作出之月；不符合按月领取基本养老保险待遇的，由用人单位支付原工资福利待遇至劳动能力鉴定结论作出之月。

九、生活不能自理的工伤人员在停工留薪期内，经治疗工伤的定点医疗机构确认需要护理的，由用人单位负责派人护理或者按该定点医疗机构的护工标准支付护理费。

已经评残且按月享受工伤保险基金支付生活护理费的工伤人员，其住院治疗工伤期间因生活不能自理需护理的，不享受上款规定的待遇。

5.8 工伤认定相关

5.8.1 认定程序相关

★ 行政法规/部门规章/司法解释

5.8.1.1 工伤保险条例（国务院令第586号 2011年1月起施行）

第十七条 职工发生事故伤害或者按照职业病防治法规定被诊断、鉴定为职业病，所在单位应当自事故伤害发生之日或者被诊断、鉴定为职业病之日起30日内，向统筹地区社会保险行政部门提出工伤认定申请。遇有特殊情况，经报社会保险行政部门同意，申请时限可以适当延长。

用人单位未按前款规定提出工伤认定申请的，工伤职工或者其近亲属、工会组织在事故伤害发生之日或者被诊断、鉴定为职业病之日起1年内，可以直接向用人单位所在地统筹地区社会保险行政部门提出工伤认定申请。

按照本条第一款规定应当由省级社会保险行政部门进行工伤认定的事项，根据属地原则由用人单位所在地的设区的市级社会保险行政部门办理。

用人单位未在本条第一款规定的时限内提交工伤认定申请，在此期间发生符合本条例规定的工伤待遇等有关费用由该用人单位负担。

第十八条 提出工伤认定申请应当提交下列材料：

（一）工伤认定申请表；

（二）与用人单位存在劳动关系（包括事实劳动关系）的证明材料；

（三）医疗诊断证明或者职业病诊断证明书（或者职业病诊断鉴定书）。

工伤认定申请表应当包括事故发生的时间、地点、原因以及职工伤害程度等基本情况。

工伤认定申请人提供材料不完整的，社会保险行政部门应当一次性书面告知工伤认定申请人需要补正的全部材料。申请人按照书面告知要求补正材料后，社会保险行政部门应当受理。

第十九条 社会保险行政部门受理工伤认定申请后，根据审核需要可以对事故伤害进行调查核实，用人单位、职工、工会组织、医疗机构以及有关部门应当予以协助。职业病诊断和诊断争议的鉴定，依照职业病防治法的有关规定执行。对依法取得职业病诊断证明书或者职业病诊断鉴定书的，社会保险行政部门不再进行调查核实。

职工或者其近亲属认为是工伤，用人单位不认为是工伤的，由用人单位承担举证责任。

第二十条 社会保险行政部门应当自受理工伤认定申请之日起60日内作出工伤认定的决定，并书面通知申请工伤认定的职工或者其近亲属和该职工所在单位。

社会保险行政部门对受理的事实清楚、权利义务明确的工伤认定申请，应当在15日内作出工伤认定的决定。

作出工伤认定决定需要以司法机关或者有关行政主管部门的结论为依据的，在司法机关或者有关行政主管部门尚未作出结论期间，作出工伤认定决定的时限中止。

社会保险行政部门工作人员与工伤认定申请人有利害关系的，应当回避。

第四章 劳动能力鉴定

第二十一条 职工发生工伤，经治疗伤情相对稳定后存在残疾、影响劳动能力的，应当进行劳动能力鉴定。

第二十二条　劳动能力鉴定是指劳动功能障碍程度和生活自理障碍程度的等级鉴定。

劳动功能障碍分为十个伤残等级，最重的为一级，最轻的为十级。

生活自理障碍分为三个等级：生活完全不能自理、生活大部分不能自理和生活部分不能自理。

劳动能力鉴定标准由国务院社会保险行政部门会同国务院卫生行政部门等部门制定。

第二十三条　劳动能力鉴定由用人单位、工伤职工或者其近亲属向设区的市级劳动能力鉴定委员会提出申请，并提供工伤认定决定和职工工伤医疗的有关资料。

第二十四条　省、自治区、直辖市劳动能力鉴定委员会和设区的市级劳动能力鉴定委员会分别由省、自治区、直辖市和设区的市级社会保险行政部门、卫生行政部门、工会组织、经办机构代表以及用人单位代表组成。

劳动能力鉴定委员会建立医疗卫生专家库。列入专家库的医疗卫生专业技术人员应当具备下列条件：

（一）具有医疗卫生高级专业技术职务任职资格；

（二）掌握劳动能力鉴定的相关知识；

（三）具有良好的职业品德。

第二十五条　设区的市级劳动能力鉴定委员会收到劳动能力鉴定申请后，应当从其建立的医疗卫生专家库中随机抽取 3 名或者 5 名相关专家组成专家组，由专家组提出鉴定意见。设区的市级劳动能力鉴定委员会根据专家组的鉴定意见作出工伤职工劳动能力鉴定结论；必要时，可以委托具备资格的医疗机构协助进行有关的诊断。

设区的市级劳动能力鉴定委员会应当自收到劳动能力鉴定申请之日起 60 日内作出劳动能力鉴定结论，必要时，作出劳动能力鉴定结论的期限可以延长 30 日。劳动能力鉴定结论应当及时送达申请鉴定的单位和个人。

第二十六条　申请鉴定的单位或者个人对设区的市级劳动能力鉴定委员会作出的鉴定结论不服的，可以在收到该鉴定结论之日起 15 日内向省、自治区、直辖市劳动能力鉴定委员会提出再次鉴定申请。省、自治区、直辖市劳动能力鉴定委员会作出的劳动能力鉴定结论为最终结论。

第二十七条　劳动能力鉴定工作应当客观、公正。劳动能力鉴定委员会组成人员或者参加鉴定的专家与当事人有利害关系的，应当回避。

第二十八条　自劳动能力鉴定结论作出之日起 1 年后，工伤职工或者其近亲属、所在单位或者经办机构认为伤残情况发生变化的，可以申请劳动能力复查鉴定。

第二十九条　劳动能力鉴定委员会依照本条例第二十六条和第二十八条的规定进行再次鉴定和复查鉴定的期限，依照本条例第二十五条第二款的规定执行。

5.8.1.2 劳动和社会保障部关于实施《工伤保险条例》若干问题的意见（劳社部函［2004］256 号）

第四条　条例第十七条第二款规定的有权申请工伤认定的“工会组织”包括职工所在用人单位的工会组织以及符合《中华人民共和国工会法》规定的各级工会组织。

第五条　用人单位未按规定为职工提出工伤认定申请，受到事故伤害或者患职业病的职工或者其直系亲属、工会组织提出工伤认定申请，职工所在单位是否同意（签字、盖章)，不是必经程序。

第六条 条例第十七条第四款规定“用人单位未在本条第一款规定的时限内提交工伤认定申请的，在此期间发生符合本条例规定的工伤待遇等有关费用由该用人单位负担”。这里用人单位承担工伤待遇等有关费用的期间是指从事故伤害发生之日或职业病确诊之日起到劳动保障行政部门受理工伤认定申请之日止。

5.8.1.3 工伤认定办法（人力资源和社会保障部令第8号 2011年1月起施行）

新修订的《工伤认定办法》已经人力资源和社会保障部第56次部务会议通过，现予公布，自2011年1月1日起施行。劳动和社会保障部2003年9月23日颁布的《工伤认定办法》同时废止。

部长 尹蔚民

二〇一〇年十二月三十一日

第一条 为规范工伤认定程序，依法进行工伤认定，维护当事人的合法权益，根据《工伤保险条例》的有关规定，制定本办法。

第二条 社会保险行政部门进行工伤认定按照本办法执行。

第三条 工伤认定应当客观公正、简捷方便，认定程序应当向社会公开。

第四条 职工发生事故伤害或者按照职业病防治法规定被诊断、鉴定为职业病，所在单位应当自事故伤害发生之日或者被诊断、鉴定为职业病之日起30日内，向统筹地区社会保险行政部门提出工伤认定申请。遇有特殊情况，经报社会保险行政部门同意，申请时限可以适当延长。

按照前款规定应当向省级社会保险行政部门提出工伤认定申请的，根据属地原则应当向用人单位所在地设区的市级社会保险行政部门提出。

第五条 用人单位未在规定的时限内提出工伤认定申请的，受伤害职工或者其近亲属、工会组织在事故伤害发生之日或者被诊断、鉴定为职业病之日起1年内，可以直接按照本办法第四条规定提出工伤认定申请。

第六条 提出工伤认定申请应当填写《工伤认定申请表》，并提交下列材料：

（一）劳动、聘用合同文本复印件或者与用人单位存在劳动关系（包括事实劳动关系）、人事关系的其他证明材料；

（二）医疗机构出具的受伤后诊断证明书或者职业病诊断证明书（或者职业病诊断鉴定书）。

第七条 工伤认定申请人提交的申请材料符合要求，属于社会保险行政部门管辖范围且在受理时限内的，社会保险行政部门应当受理。

第八条 社会保险行政部门收到工伤认定申请后，应当在15日内对申请人提交的材料进行审核，材料完整的，作出受理或者不予受理的决定；材料不完整的，应当以书面形式一次性告知申请人需要补正的全部材料。社会保险行政部门收到申请人提交的全部补正材料后，应当在15日内作出受理或者不予受理的决定。

社会保险行政部门决定受理的，应当出具《工伤认定申请受理决定书》；决定不予受理的，应当出具《工伤认定申请不予受理决定书》。

第九条 社会保险行政部门受理工伤认定申请后，可以根据需要对申请人提供的证据进行调查核实。

第十条 社会保险行政部门进行调查核实，应当由两名以上工作人员共同进行，并出示执行公务的证件。

第十一条 社会保险行政部门工作人员在工伤认定中，可以进行以下调查核实工作：

（一）根据工作需要，进入有关单位和事故现场；

（二）依法查阅与工伤认定有关的资料，询问有关人员并作出调查笔录；

（三）记录、录音、录像和复制与工伤认定有关的资料。调查核实工作的证据收集参照行政诉讼证据收集的有关规定执行。

第十二条 社会保险行政部门工作人员进行调查核实时，有关单位和个人应当予以协助。用人单位、工会组织、医疗机构以及有关部门应当负责安排相关人员配合工作，据实提供情况和证明材料。

第十三条 社会保险行政部门在进行工伤认定时，对申请人提供的符合国家有关规定的职业病诊断证明书或者职业病诊断鉴定书，不再进行调查核实。职业病诊断证明书或者职业病诊断鉴定书不符合国家规定的要求和格式的，社会保险行政部门可以要求出具证据部门重新提供。

第十四条 社会保险行政部门受理工伤认定申请后，可以根据工作需要，委托其他统筹地区的社会保险行政部门或者相关部门进行调查核实。

第十五条 社会保险行政部门工作人员进行调查核实时，应当履行下列义务：

（一）保守有关单位商业秘密以及个人隐私；

（二）为提供情况的有关人员保密。

第十六条 社会保险行政部门工作人员与工伤认定申请人有利害关系的，应当回避。

第十七条 职工或者其近亲属认为是工伤，用人单位不认为是工伤的，由该用人单位承担举证责任。用人单位拒不举证的，社会保险行政部门可以根据受伤害职工提供的证据或者调查取得的证据，依法作出工伤认定决定。

第十八条 社会保险行政部门应当自受理工伤认定申请之日起60日内作出工伤认定决定，出具《认定工伤决定书》或者《不予认定工伤决定书》。

第十九条 《认定工伤决定书》应当载明下列事项：

（一）用人单位全称；

（二）职工的姓名、性别、年龄、职业、身份证号码；

（三）受伤害部位、事故时间和诊断时间或职业病名称、受伤害经过和核实情况、医疗救治的基本情况和诊断结论；

（四）认定工伤或者视同工伤的依据；

（五）不服认定决定申请行政复议或者提起行政诉讼的部门和时限；

（六）作出认定工伤或者视同工伤决定的时间。

《不予认定工伤决定书》应当载明下列事项：

（一）用人单位全称；

（二）职工的姓名、性别、年龄、职业、身份证号码；

（三）不予认定工伤或者不视同工伤的依据；

（四）不服认定决定申请行政复议或者提起行政诉讼的部门和时限；

（五）作出不予认定工伤或者不视同工伤决定的时间。

《认定工伤决定书》和《不予认定工伤决定书》应当加盖社会保险行政部门工伤认定专用印章。

第二十条 社会保险行政部门受理工伤认定申请后，作出工伤认定决定需要以司法机关或者有关行政主管部门的结论为依据的，在司法机关或者有关行政主管部门尚未作出结论期间，作出工伤认定决定的时限中止，并书面通知申请人。

第二十一条 社会保险行政部门对于事实清楚、权利义务明确的工伤认定申请，应当自受理工伤认定申请之日起15日内作出工伤认定决定。

第二十二条 社会保险行政部门应当自工伤认定决定作出之日起20日内，将《认定工伤决定书》或者《不予认定工伤决定书》送达受伤害职工（或者其近亲属）和用人单位，并抄送社会保险经办机构。

《认定工伤决定书》和《不予认定工伤决定书》的送达参照民事法律有关送达的规定执行。

第二十三条 职工或者其近亲属、用人单位对不予受理决定不服或者对工伤认定决定不服的，可以依法申请行政复议或者提起行政诉讼。

第二十四条 工伤认定结束后，社会保险行政部门应当将工伤认定的有关资料保存50年。

第二十五条 用人单位拒不协助社会保险行政部门对事故伤害进行调查核实的，由社会保险行政部门责令改正，处2000元以上2万元以下的罚款。

第二十六条 本办法中的《工伤认定申请表》《工伤认定申请受理决定书》《工伤认定申请不予受理决定书》《认定工伤决定书》《不予认定工伤决定书》的样式由国务院社会保险行政部门统一制定。

第二十七条 本办法自2011年1月1日起施行。劳动和社会保障部2003年9月23日颁布的《工伤认定办法》同时废止。

5.8.1.4 人力资源和社会保障部关于执行《工伤保险条例》若干问题的意见（人社部发［2013］34号）

第五条 社会保险行政部门受理工伤认定申请后，发现劳动关系存在争议且无法确认的，应告知当事人可以向劳动人事争议仲裁委员会申请仲裁。在此期间，作出工伤认定决定的时限中止，并书面通知申请工伤认定的当事人。劳动关系依法确认后，当事人应将有关法律文书送交受理工伤认定申请的社会保险行政部门，该部门自收到生效法律文书之日起恢复工伤认定程序。

第六条 符合《条例》第十五条第（一）项情形的，职工所在用人单位原则上应自职工死亡之日起5个工作日内向用人单位所在统筹地区社会保险行政部门报告。

第八条 曾经从事接触职业病危害作业、当时没有发现罹患职业病、离开工作岗位后被诊断或鉴定为职业病的符合下列条件的人员，可以自诊断、鉴定为职业病之日起一年内申请工伤认定，社会保险行政部门应当受理：

（一）办理退休手续后，未再从事接触职业病危害作业的退休人员；

（二）劳动或聘用合同期满后或者本人提出而解除劳动或聘用合同后，未再从事接触职业病危害作业的人员。

经工伤认定和劳动能力鉴定，前款第（一）项人员符合领取一次性伤残补助金条件的，按就高原则以本人退休前12个月平均月缴费工资或者确诊职业病前12个月的月平均养老金为基数计发。前款第（二）项人员被鉴定为一级至十级伤残、按《条例》规定应以本人工资作为基数享受相关待遇的，按本人终止或者解除劳动、聘用合同前12个月平均月缴费工资计发。

5.8.1.5 工伤职工劳动能力鉴定管理办法（人力资源和社会保障部、国家卫生和计划生育委员会令第21号　2014年4月起施行）

第一章　总　则

第一条　为了加强劳动能力鉴定管理，规范劳动能力鉴定程序，根据《中华人民共和国社会保险法》、《中华人民共和国职业病防治法》和《工伤保险条例》，制定本办法。

第二条　劳动能力鉴定委员会依据《劳动能力鉴定职工工伤与职业病致残等级》国家标准，对工伤职工劳动功能障碍程度和生活自理障碍程度组织进行技术性等级鉴定，适用本办法。

第三条　省、自治区、直辖市劳动能力鉴定委员会和设区的市级（含直辖市的市辖区、县，下同）劳动能力鉴定委员会分别由省、自治区、直辖市和设区的市级人力资源社会保障行政部门、卫生计生行政部门、工会组织、用人单位代表以及社会保险经办机构代表组成。

承担劳动能力鉴定委员会日常工作的机构，其设置方式由各地根据实际情况决定。

第四条　劳动能力鉴定委员会履行下列职责：

（一）选聘医疗卫生专家，组建医疗卫生专家库，对专家进行培训和管理；

（二）组织劳动能力鉴定；

（三）根据专家组的鉴定意见作出劳动能力鉴定结论；

（四）建立完整的鉴定数据库，保管鉴定工作档案50年；

（五）法律、法规、规章规定的其他职责。

第五条　设区的市级劳动能力鉴定委员会负责本辖区内的劳动能力初次鉴定、复查鉴定。

省、自治区、直辖市劳动能力鉴定委员会负责对初次鉴定或者复查鉴定结论不服提出的再次鉴定。

第六条　劳动能力鉴定相关政策、工作制度和业务流程应当向社会公开。

第二章　鉴定程序

第七条　职工发生工伤，经治疗伤情相对稳定后存在残疾、影响劳动能力的，或者停工留薪期满（含劳动能力鉴定委员会确认的延长期限），工伤职工或者其用人单位应当及时向设区的市级劳动能力鉴定委员会提出劳动能力鉴定申请。

第八条　申请劳动能力鉴定应当填写劳动能力鉴定申请表，并提交下列材料：

（一）《工伤认定决定书》原件和复印件；

（二）有效的诊断证明、按照医疗机构病历管理有关规定复印或者复制的检查、检验报告等完整病历材料；

（三）工伤职工的居民身份证或者社会保障卡等其他有效身份证明原件和复印件；

（四）劳动能力鉴定委员会规定的其他材料。

第九条 劳动能力鉴定委员会收到劳动能力鉴定申请后，应当及时对申请人提交的材料进行审核；申请人提供材料不完整的，劳动能力鉴定委员会应当自收到劳动能力鉴定申请之日起5个工作日内一次性书面告知申请人需要补正的全部材料。

申请人提供材料完整的，劳动能力鉴定委员会应当及时组织鉴定，并在收到劳动能力鉴定申请之日起60日内作出劳动能力鉴定结论。伤情复杂、涉及医疗卫生专业较多的，作出劳动能力鉴定结论的期限可以延长30日。

第十条 劳动能力鉴定委员会应当视伤情程度等从医疗卫生专家库中随机抽取3名或者5名与工伤职工伤情相关科别的专家组成专家组进行鉴定。

第十一条 劳动能力鉴定委员会应当提前通知工伤职工进行鉴定的时间、地点以及应当携带的材料。工伤职工应当按照通知的时间、地点参加现场鉴定。对行动不便的工伤职工，劳动能力鉴定委员会可以组织专家上门进行劳动能力鉴定。组织劳动能力鉴定的工作人员应当对工伤职工的身份进行核实。

工伤职工因故不能按时参加鉴定的，经劳动能力鉴定委员会同意，可以调整现场鉴定的时间，作出劳动能力鉴定结论的期限相应顺延。

第十二条 因鉴定工作需要，专家组提出应当进行有关检查和诊断的，劳动能力鉴定委员会可以委托具备资格的医疗机构协助进行有关的检查和诊断。

第十三条 专家组根据工伤职工伤情，结合医疗诊断情况，依据《劳动能力鉴定职工工伤与职业病致残等级》国家标准提出鉴定意见。参加鉴定的专家都应当签署意见并签名。

专家意见不一致时，按照少数服从多数的原则确定专家组的鉴定意见。

第十四条 劳动能力鉴定委员会根据专家组的鉴定意见作出劳动能力鉴定结论。劳动能力鉴定结论书应当载明下列事项：

（一）工伤职工及其用人单位的基本信息；

（二）伤情介绍，包括伤残部位、器官功能障碍程度、诊断情况等；

（三）作出鉴定的依据；

（四）鉴定结论。

第十五条 劳动能力鉴定委员会应当自作出鉴定结论之日起20日内将劳动能力鉴定结论及时送达工伤职工及其用人单位，并抄送社会保险经办机构。

第十六条 工伤职工或者其用人单位对初次鉴定结论不服的，可以在收到该鉴定结论之日起15日内向省、自治区、直辖市劳动能力鉴定委员会申请再次鉴定。

申请再次鉴定，除提供本办法第八条规定的材料外，还需提交劳动能力初次鉴定结论原件和复印件。

省、自治区、直辖市劳动能力鉴定委员会作出的劳动能力鉴定结论为最终结论。

第十七条 自劳动能力鉴定结论作出之日起1年后，工伤职工、用人单位或者社会保险经办机构认为伤残情况发生变化的，可以向设区的市级劳动能力鉴定委员会申请劳动能力复查鉴定。

对复查鉴定结论不服的，可以按照本办法第十六条规定申请再次鉴定。

第十八条 工伤职工本人因身体等原因无法提出劳动能力初次鉴定、复查鉴定、再次鉴定申请的，可由其近亲属代为提出。

第十九条 再次鉴定和复查鉴定的程序、期限等按照本办法第九条至第十五条的规定执行。

第三章 监督管理

第二十条 劳动能力鉴定委员会应当每3年对专家库进行一次调整和补充，实行动态管理。确有需要的，可以根据实际情况适时调整。

第二十一条 劳动能力鉴定委员会选聘医疗卫生专家，聘期一般为3年，可以连续聘任。

聘任的专家应当具备下列条件：

（一）具有医疗卫生高级专业技术职务任职资格；

（二）掌握劳动能力鉴定的相关知识；

（三）具有良好的职业品德。

第二十二条 参加劳动能力鉴定的专家应当按照规定的时间、地点进行现场鉴定，严格执行劳动能力鉴定政策和标准，客观、公正地提出鉴定意见。

第二十三条 用人单位、工伤职工或者其近亲属应当如实提供鉴定需要的材料，遵守劳动能力鉴定相关规定，按照要求配合劳动能力鉴定工作。

工伤职工有下列情形之一的，当次鉴定终止：

（一）无正当理由不参加现场鉴定的；

（二）拒不参加劳动能力鉴定委员会安排的检查和诊断的。

第二十四条 医疗机构及其医务人员应当如实出具与劳动能力鉴定有关的各项诊断证明和病历材料。

第二十五条 劳动能力鉴定委员会组成人员、劳动能力鉴定工作人员以及参加鉴定的专家与当事人有利害关系的，应当回避。

第二十六条 任何组织或者个人有权对劳动能力鉴定中的违法行为进行举报、投诉。

第四章 法律责任

第二十七条 劳动能力鉴定委员会和承担劳动能力鉴定委员会日常工作的机构及其工作人员在从事或者组织劳动能力鉴定时，有下列行为之一的，由人力资源社会保障行政部门或者有关部门责令改正，对直接负责的主管人员和其他直接责任人员依法给予相应处分；构成犯罪的，依法追究刑事责任：

（一）未及时审核并书面告知申请人需要补正的全部材料的；

（二）未在规定期限内作出劳动能力鉴定结论的；

（三）未按照规定及时送达劳动能力鉴定结论的；

（四）未按照规定随机抽取相关科别专家进行鉴定的；

（五）擅自篡改劳动能力鉴定委员会作出的鉴定结论的；

（六）利用职务之便非法收受当事人财物的；

（七）有违反法律法规和本办法的其他行为的。

第二十八条 从事劳动能力鉴定的专家有下列行为之一的，劳动能力鉴定委员会应当予以解聘；情节严重的，由卫生计生行政部门依法处理：

（一）提供虚假鉴定意见的；

（二）利用职务之便非法收受当事人财物的；

（三）无正当理由不履行职责的；

（四）有违反法律法规和本办法的其他行为的。

第二十九条 参与工伤救治、检查、诊断等活动的医疗机构及其医务人员有下列情形之一的，由卫生计生行政部门依法处理：

（一）提供与病情不符的虚假诊断证明的；

（二）篡改、伪造、隐匿、销毁病历材料的；

（三）无正当理由不履行职责的。

第三十条 以欺诈、伪造证明材料或者其他手段骗取鉴定结论、领取工伤保险待遇的，按照《中华人民共和国社会保险法》第八十八条的规定，由人力资源社会保障行政部门责令退回骗取的社会保险金，处骗取金额2倍以上5倍以下的罚款。

第五章 附 则

第三十一条 未参加工伤保险的公务员和参照公务员法管理的事业单位、社会团体工作人员因工（公）致残的劳动能力鉴定，参照本办法执行。

第三十二条 本办法中的劳动能力鉴定申请表、初次（复查）鉴定结论书、再次鉴定结论书、劳动能力鉴定材料收讫补正告知书等文书基本样式由人力资源社会保障部制定。

第三十三条 本办法自2014年4月1日起施行。

5.8.1.6 最高人民法院关于审理工伤保险行政案件若干问题的规定（法释［2014］9号）

第七条 由于不属于职工或者其近亲属自身原因超过工伤认定申请期限的，被耽误的时间不计算在工伤认定申请期限内。

有下列情形之一耽误申请时间的，应当认定为不属于职工或者其近亲属自身原因：

（一）不可抗力；

（二）人身自由受到限制；

（三）属于用人单位原因；

（四）社会保险行政部门登记制度不完善；

（五）当事人对是否存在劳动关系申请仲裁、提起民事诉讼。

第九条 因工伤认定申请人或者用人单位隐瞒有关情况或者提供虚假材料，导致工伤认定错误的，社会保险行政部门可以在诉讼中依法予以更正。

工伤认定依法更正后，原告不申请撤诉，社会保险行政部门在作出原工伤认定时有过错的，人民法院应当判决确认违法；社会保险行政部门无过错的，人民法院可以驳回原告诉讼请求。

5.8.1.7 人力资源社会保障部关于执行《工伤保险条例》若干问题的意见（二）（人社部发［2016］29号）

第七条 用人单位注册地与生产经营地不在同一统筹地区的，原则上应在注册地为职工参加工伤保险；未在注册地参加工伤保险的职工，可由用人单位在生产经营地为其参加工伤保险。

劳务派遣单位跨地区派遣劳动者，应根据《劳务派遣暂行规定》参加工伤保险。建筑施工企业按项目参保的，应在施工项目所在地参加工伤保险。

职工受到事故伤害或者患职业病后，在参保地进行工伤认定、劳动能力鉴定，并按照参保地的规定依法享受工伤保险待遇；未参加工伤保险的职工，应当在生产经营地进行工伤认定、劳动能力鉴定，并按照生产经营地的规定依法由用人单位支付工伤保险待遇。

第八条 有下列情形之一的，被延误的时间不计算在工伤认定申请时限内。

（一）受不可抗力影响的；

（二）职工由于被国家机关依法采取强制措施等人身自由受到限制不能申请工伤认定的；

（三）申请人正式提交了工伤认定申请，但因社会保险机构未登记或者材料遗失等原因造成申请超时限的；

（四）当事人就确认劳动关系申请劳动仲裁或提起民事诉讼的；

（五）其他符合法律法规规定的情形。

第九条 《工伤保险条例》第六十七条规定的“尚未完成工伤认定的”，是指在《工伤保险条例》施行前遭受事故伤害或被诊断鉴定为职业病，且在工伤认定申请法定时限内（从《工伤保险条例》施行之日起算）提出工伤认定申请，尚未做出工伤认定的情形。

第十条 因工伤认定申请人或者用人单位隐瞒有关情况或者提供虚假材料，导致工伤认定决定错误的，社会保险行政部门发现后，应当及时予以更正。

本意见自发文之日起执行，此前有关规定与本意见不一致的，按本意见执行。执行中有重大问题，请及时报告我部。

★ 地方性文件·广东省

5.8.1.8 广东省工伤保险条例（广东省第十一届人民代表大会常务委员会公告第69号 2012年1月起施行）

第十二条 用人单位应当在职工发生事故伤害或者按照职业病防治法规定被诊断、鉴定为职业病后的第一个工作日，通知统筹地区社会保险行政部门及其参保的社会保险经办机构，并自事故伤害发生之日或者按照职业病防治法规定被诊断、鉴定为职业病之日起三十日内，向统筹地区社会保险行政部门提出工伤认定申请。遇有特殊情况，经报社会保险行政部门同意，申请时限可以适当延长。

用人单位未按照前款规定提出工伤认定申请的，该职工或者其近亲属、工会组织自事故伤害发生之日或者按照职业病防治法规定被诊断、鉴定为职业病之日起一年内，可以直接向用人单位所在地统筹地区社会保险行政部门提出工伤认定申请。

用人单位未在本条第一款规定的时限内提交工伤认定申请的，在提出工伤认定申请之前发生的符合本条例规定的工伤待遇等有关费用由用人单位承担。

第十三条 未参加工伤保险的职工发生事故伤害或者被诊断、鉴定为职业病的，由用人单位生产经营所在地社会保险行政部门负责工伤认定。

第十四条 提出工伤认定申请应当提交下列材料：

（一）工伤认定申请表；

（二）用人单位与劳动者存在劳动关系（包括事实劳动关系）的证明材料；

（三）医疗诊断证明或者职业病诊断证明书（或者职业病诊断鉴定书）。

工伤认定申请表应当包括事故发生的时间、地点、原因以及职工伤害程度等基本情况。

工伤认定申请人提供材料不完整的，社会保险行政部门应当一次性书面告知工伤认定申请人需要补正的全部材料。申请人按照书面告知要求补正材料后，社会保险行政部门应当受理。

第十五条　社会保险行政部门受理工伤认定申请后，根据审核需要可以对事故伤害进行调查核实，用人单位、职工、工会组织、医疗机构以及有关部门有协助工伤调查和提供证据的义务。

职业病诊断和诊断争议的鉴定，依照职业病防治法的有关规定执行。对依法取得的职业病诊断证明书或者职业病诊断鉴定书，社会保险行政部门不再进行调查核实。

职工或者其近亲属、工会组织认为是工伤，用人单位不认为是工伤的，由用人单位承担举证责任。

第十六条　社会保险行政部门应当自受理工伤认定申请之日起六十日内作出工伤认定的决定，并书面通知申请工伤认定的职工或者其近亲属以及该职工所在单位。

社会保险行政部门对受理的事实清楚、权利义务明确的工伤认定申请，应当自受理工伤认定申请之日起十五日内作出工伤认定的决定。

作出工伤认定决定需要以司法机关或者有关行政主管部门的结论为依据的，在司法机关或者有关行政主管部门尚未作出结论期间，作出工伤认定决定的时限中止。

社会保险行政部门工作人员与工伤认定申请人有利害关系的，应当回避。

第三章　劳动能力鉴定

第十七条　职工发生工伤，经治疗伤情相对稳定（医疗终结期满）后存在残疾、影响劳动能力的，应当进行劳动能力鉴定。

用人单位、工伤职工或者其近亲属应当在工伤职工医疗终结期满三十日内向统筹地区劳动能力鉴定委员会提出劳动能力鉴定申请，并提供工伤认定决定和职工工伤医疗的有关资料。

医疗终结期的确认由劳动能力鉴定委员会按照国家和省的有关规定执行。医疗终结期需要延长的，由劳动能力鉴定委员会按照国家和省的有关规定批准。

第十八条　劳动能力鉴定是指劳动功能障碍程度和生活自理障碍程度的等级鉴定。

劳动功能障碍分为十个伤残等级，最重的为一级，最轻的为十级。

生活自理障碍等级根据进食、翻身、大小便、穿衣及洗漱、自主行动五项条件确定。五项条件均需要护理者为一级，五项中四项需要护理者为二级，五项中三项需要护理者为三级，五项中一至二项需要护理者为四级。

劳动能力鉴定及职工工伤与职业病致残等级标准按照国家有关规定执行。

第十九条　省、地级以上市人民政府设立劳动能力鉴定委员会，由社会保险行政部门、卫生行政部门、工会组织、社会保险经办机构以及用人单位代表组成。

劳动能力鉴定委员会办公室设在社会保险行政部门。

劳动能力鉴定委员会负责劳动能力障碍程度和生活自理障碍程度鉴定，以及工伤医疗终结期和停工留薪期确认、工伤复发确认、辅助器具配置确认、工伤康复确认等工作。

第二十条　劳动能力鉴定委员会收到劳动能力鉴定申请后，应当从其建立的医疗卫生专家库中随机抽取三名或者五名相关专家组成专家组，由专家组提出鉴定意见。劳动能力鉴定委员会根据专家组的鉴定意见作出工伤职工劳动能力鉴定结论，必要时，可以委托具备资格的医疗机构协助进行有关的诊断。

劳动能力鉴定委员会应当自收到劳动能力鉴定申请书之日起六十日内作出劳动能力鉴定结论，必要时，作出劳动能力鉴定结论的期限可以延长三十日。劳动能力鉴定结论应当及时送达申请鉴定的单位和个人。

劳动能力鉴定工作应当客观、公正。劳动能力鉴定委员会组成人员或者参加鉴定的专家与当事人有利害关系的，应当回避。

医疗卫生专家库的设置办法及劳动能力鉴定工作程序由省劳动能力鉴定委员会另行制定。

第二十一条 工伤职工及其近亲属或者用人单位对劳动能力鉴定委员会作出的劳动能力鉴定结论不服的，可以自收到鉴定结论之日起十五日内申请复查，对复查鉴定不服的，可以自收到复查鉴定结论之日起十五日内向上一级劳动能力鉴定委员会申请再次鉴定；也可以自收到鉴定结论之日起十五日内向上一级劳动能力鉴定委员会申请再次鉴定。

省级劳动能力鉴定委员会作出的劳动能力鉴定结论为最终结论。

★地方性文件·上海市

5.8.1.9 上海市工伤保险实施办法（上海市人民政府令第93号公布 2013年1月起施行）

第十七条 【认定申请】从业人员发生事故伤害或者按照职业病防治法规定被诊断、鉴定为职业病，所在单位应当自事故伤害发生之日或者被诊断、鉴定为职业病之日起30日内，向用人单位所在地的区、县人力资源社会保障局提出工伤认定申请。遇有特殊情况，经报区、县人力资源社会保障局同意，申请时限可以适当延长。

用人单位未按照前款规定提出工伤认定申请的，从业人员或者其近亲属、工会组织在事故伤害发生之日或者被诊断、鉴定为职业病之日起1年内，可以直接向用人单位所在地的区、县人力资源社会保障局提出工伤认定申请。

用人单位未在本条第一款规定的时限内提出工伤认定申请的，在此期间发生符合本办法规定的工伤待遇等有关费用，由该用人单位负担。

第十八条 【工伤认定申请材料】提出工伤认定申请，应当提交下列材料：

（一）工伤认定申请表；

（二）与用人单位存在劳动关系（包括事实劳动关系）的证明材料；

（三）医疗诊断证明或者职业病诊断证明书（或者职业病诊断鉴定书）。

工伤认定申请表应当包括事故发生的时间、地点、原因以及从业人员伤害程度等基本情况。

工伤认定申请人在本办法规定时限内提出工伤认定申请时所提供材料不完整的，区、县人力资源社会保障局应当自收到工伤认定申请之日起10个工作日内，一次性书面告知工伤认定申请人需要补正的全部材料。工伤认定申请人应当在30日内，按照要求补正材料，逾期不补正但未超过法定申请期限的，可以重新提出工伤认定申请。

第十九条 【受理】工伤认定申请人依法提出工伤认定申请，且提供的申请材料完整的，区、县人力资源社会保障局应当自收到工伤认定申请之日起10个工作日内发出受理通知书。不符合受理条件的，区、县人力资源社会保障局不予受理，并书面告知工伤认定申请人。

第二十条 【调查核实和举证责任】区、县人力资源社会保障局受理工伤认定申请后，根据审核需要可以对事故伤害进行调查核实，用人单位、从业人员、工会组织、医疗机构以及有关部门应当予以协助。职业病诊断和诊断争议的鉴定，依照职业病防治法的有关规定执行。对依法取得职业病诊断证明书或者职业病诊断鉴定书的，区、县人力资源社会保障局不再进行调查核实。

用人单位、从业人员或者其近亲属可以根据认定工伤或者视同工伤的不同情形，提交相关行政机关或者司法机关出具的有关证明材料或者法律文书。

从业人员或者其近亲属认为是工伤，用人单位不认为是工伤的，由用人单位承担举证责任。

第二十一条 【认定程序】区、县人力资源社会保障局应当自受理工伤认定申请之日起60日内作出工伤认定决定，并在作出工伤认定决定之日起10个工作日内将工伤认定决定送达申请工伤认定的从业人员或者其近亲属和该从业人员所在单位。

作出工伤认定决定需要以司法机关或者有关行政主管部门的结论为依据的，在司法机关或者有关行政主管部门尚未作出结论期间，作出工伤认定决定的时限中止，工伤认定时限中止的原因消除后，应当及时恢复。工伤认定时限中止、恢复的，区、县人力资源社会保障局应当告知有关当事人。

区、县人力资源社会保障局工作人员与工伤认定申请人有利害关系的，应当回避。

第二十二条 【工伤认定决定载明事项】工伤认定决定应当载明下列事项：

（一）用人单位和工伤人员的基本情况；

（二）受伤部位、事故时间和诊治时间或者职业病名称、伤害经过和核实情况，以及医疗救治基本情况和诊断结论；

（三）认定为工伤、视同工伤或者认定为不属于工伤、不视同工伤的依据；

（四）认定结论；

（五）申请行政复议或者提起行政诉讼的期限；

（六）作出认定决定的时间。

工伤认定决定应当加盖区、县人力资源社会保障局工伤认定专用印章。

第二十三条 【告知义务】区、县人力资源社会保障局向申请工伤认定的从业人员或者其近亲属和该从业人员所在单位送达工伤认定决定时，应当书面告知劳动能力鉴定的申请程序。

第四章 劳动能力鉴定

第二十四条 【劳动能力鉴定】从业人员发生工伤，经治疗伤情相对稳定后存在残疾、影响劳动能力的，应当进行劳动功能障碍程度和生活自理障碍程度的劳动能力鉴定。

劳动功能障碍分为十个伤残等级，生活自理障碍分为三个等级。

劳动能力鉴定标准，按照国家有关规定执行。

第二十五条 【鉴定机构】市和区、县劳动能力鉴定委员会（以下简称“鉴定委员会”）由同级人力资源社会保障、卫生等部门以及工会组织、社保经办机构代表、用人单位代表组成。市和区、县鉴定委员会办公室设在同级人力资源社会保障局，负责鉴定委员会的日常工作。

市劳动能力鉴定中心受市鉴定委员会的委托，负责职业病人员的劳动能力鉴定及工伤人员的再次鉴定等具体事务。

区、县鉴定委员会负责本行政区域内的工伤人员劳动能力鉴定。

鉴定委员会依法建立医疗卫生专家库，进行劳动能力鉴定。

第二十六条 【劳动能力鉴定申请材料】工伤人员的劳动能力鉴定，可以由用人单位、工伤人员或者其近亲属向区、县鉴定委员会提出申请。职业病人员的劳动能力鉴定，向市鉴定委员会提出申请。

提出劳动能力鉴定申请的，应当提交下列材料：

（一）填写完整的劳动能力鉴定申请表；

（二）工伤认定决定；

（三）定点医疗机构诊治工伤的有关资料。

第二十七条 【鉴定程序】鉴定委员会收到劳动能力鉴定申请后，应当从其建立的医疗卫生专家库中随机抽取3名或者5名相关专家组成专家组，并由专家组提出鉴定意见；必要时，可以委托具备资格的医疗机构协助进行有关的诊断。鉴定委员会根据专家组的鉴定意见，在收到劳动能力鉴定申请之日起60日内作出工伤人员劳动能力鉴定结论。必要时，作出劳动能力鉴定结论的时限可以延长30日。鉴定委员会应当自作出劳动能力鉴定结论之日起15日内，向申请劳动能力鉴定的用人单位、工伤人员或者其近亲属送达劳动能力鉴定结论，并书面告知办理享受工伤保险待遇的手续，提供工伤保险待遇申请表。

鉴定委员会组成人员或者参加鉴定的专家与当事人有利害关系的，应当回避。

第二十八条 【再次鉴定】申请劳动能力鉴定的用人单位、工伤人员或者其近亲属对劳动能力鉴定结论不服的，可以在收到该鉴定结论之日起15日内向市鉴定委员会提出再次鉴定申请。

市鉴定委员会对职业病人员申请再次鉴定的，应当另行组织专家组，进行再次鉴定。

市鉴定委员会作出的再次鉴定结论为最终结论。

第二十九条 【复查鉴定】自劳动能力鉴定结论作出之日起1年后，工伤人员或者其近亲属、用人单位或者社保经办机构认为伤残情况发生变化的，可以提出劳动能力复查鉴定申请。

第三十条 【再次鉴定和复查鉴定的期限】鉴定委员会进行再次鉴定和复查鉴定的期限，依照本办法第二十七条的规定执行。

第三十一条 【鉴定费用】工伤人员的初次劳动能力鉴定费用，由工伤保险基金支付。

用人单位、工伤人员或者其近亲属提出再次鉴定或者复查鉴定申请的，再次鉴定结论维持原鉴定结论，或者复查鉴定结论没有变化的，鉴定费用由提出再次鉴定或者复查鉴定申请的用人单位、工伤人员或者其近亲属承担；再次鉴定结论或者复查鉴定结论有变化，以及按照国家规定需要定期复查鉴定的，鉴定费用由工伤保险基金承担。

5.8.1.10 关于贯彻实施《工伤职工劳动能力鉴定管理办法》有关问题的通知（沪人社福发［2014］33号）

各区县人力资源和社会保障局、卫生和计划生育委员会，市劳动能力鉴定中心，申康医院发展中心，各市级医疗机构：日前，人力资源和社会保障部、国家卫生和计划生育委员会联合印发了《工伤职工劳动能力鉴定管理办法》（人社部和国家卫生计生委令第21号），请各有关单位认真执行。为了确保国家两部委令的落实，切实做好工伤人员的劳动能力鉴定工作，现就本市贯彻实施中的有关问题通知如下：

一、为了提高本市劳动能力鉴定工作专业化、标准化的水平，区县人力资源和社会保障局要按照市人力资源和社会保障局关于结合区县事业单位调整，进一步整合区县社会保险经办服务机构的指导意见，积极推进经办服务机构建设，以确保本市劳动能力鉴定工作规范有序开展。

二、为满足本市工伤劳动能力鉴定工作的需要，市、区县劳动能力鉴定委员会（以下简称"劳鉴委"）应当对劳动能力鉴定医疗卫生专家库实行动态管理，并为专家做好服务和保障工作。专家库的专家一般每3年进行一次调整和补充，也可根据需要适时调整和补充。专家的聘期一般为3年，可以连续聘任。

三、承担劳动能力鉴定医疗检查的指定医疗机构及其医务人员，应当积极配合劳鉴委做好工伤人员的医疗检查工作，并如实出具各项诊断证明和病历材料。劳鉴委对工伤人员提供的诊断证明和病历材料有异议需要核实的，医疗机构及其医务人员应当予以协助。

四、劳鉴委应当在作出劳动能力鉴定结论之日起15个工作日内，将鉴定结论书直接送达申请劳动能力鉴定的各方当事人，或者通过邮寄等方式送达。采用上述方式无法送达的，可以通过上海市人力资源和社会保障网（www.12333sh.gov.cn）公告送达。

五、本通知施行后，以往本市有关规定与本通知不一致的，以本通知为准。

六、上海市工伤劳动能力鉴定申请表、鉴定结论书等文书样式，由上海市人力资源和社会保障局统一制定。

附件：

1.《工伤职工劳动能力鉴定管理办法》（人社部和国家卫生计生委令第21号）
2. 上海市工伤劳动能力鉴定申请表
3. 初次（复查）鉴定结论书
4. 再次鉴定结论书
5. 劳动能力鉴定材料收讫补正告知书

上海市人力资源和社会保障局
上海市卫生和计划生育委员会
2014年7月28日

5.8.1.11 关于实施《上海市工伤保险实施办法》若干问题处理意见的通知（沪人社福发［2014］36号）

委、办、局，控股（集团）公司，市社会保险事业管理中心、市医疗保险事业管理中心、市劳动能力鉴定中心，各区县人力资源和社会保障局：

为贯彻实施《上海市工伤保险实施办法》（以下简称《实施办法》），现就有关问题的处理意见通知如下：

一、本市用人单位的从业人员发生事故伤害或者被诊断、鉴定为职业病（以下统称事故伤害）的，用人单位、从业人员或者其近亲属、工会组织（以下统称申请人）应当按照属地原则向单位或者法人注册登记地（以下统称注册地）的区县人力资源和社会保障局

（以下简称区县人社局）提出工伤认定申请。

二、在本市注册登记、但住所地在外省市或者未在本市注册登记、但已经批准参加本市工伤保险的用人单位，其使用的从业人员发生事故伤害的，申请人应当向单位参保所在地的区县人社局提出工伤认定申请。

三、在注册地和本市均未参加工伤保险的外省市在沪施工单位，其使用的非城镇户籍外来从业人员发生事故伤害，且申请人要求在本市进行工伤认定的，可以向项目施工地的区县人社局提出工伤认定申请。

四、从业人员到达法定退休年龄未办理按月领取基本养老保险待遇手续或者不符合按月领取基本养老保险待遇条件、继续在原用人单位工作期间发生事故伤害的，申请人可以向单位注册地的区县人社局提出工伤认定申请。

五、从业人员发生急性中毒事故的，申请人向单位注册地的区县人社局提出工伤认定申请时，应当提供安全生产监督管理等部门出具的事故处理意见或者就诊记录等材料。

六、申请人要求认定的工伤部位与医疗诊断证明记载的事故伤害部位有争议的，区县人社局可以要求申请人提供专业鉴定机构出具的有关伤病关联性的鉴定结论，申请人不提供或者确无法提供的，区县人社局可以咨询区县劳动能力鉴定委员会（以下简称区县劳鉴委），并根据专业鉴定机构、区县劳鉴委出具的鉴定结论或者咨询意见等作出工伤认定决定。

委托专业鉴定机构、区县劳鉴委对有关伤病关联性进行鉴定、咨询期间，作出工伤认定决定的时限中止。

七、区县人社局应当在作出工伤认定决定之日起10个工作日内，根据申请人确认的文书送达地址，将认定工伤决定书或者不予认定工伤决定书直接送达申请工伤认定的各方当事人，或者通过邮寄等方式送达。采用上述方式无法送达的，可以通过上海市人力资源和社会保障网（www.12333sh.gov.cn）公告送达。

5.8.2 工伤认定综合相关

★ 法律

5.8.2.1 中华人民共和国社会保险法（主席令第35号 2011年7月起施行）

第三十七条 职工因下列情形之一导致本人在工作中伤亡的，不认定为工伤：

（一）故意犯罪；

（二）醉酒或者吸毒；

（三）自残或者自杀；

（四）法律、行政法规规定的其他情形。

★ 行政法规/部门规章/司法解释

5.8.2.2 工伤保险条例（国务院令第586号 2011年1月起施行）

第三章 工伤认定

第十四条 职工有下列情形之一的，应当认定为工伤：

（一）在工作时间和工作场所内，因工作原因受到事故伤害的；

（二）工作时间前后在工作场所内，从事与工作有关的预备性或者收尾性工作受到事故伤害的；

（三）在工作时间和工作场所内，因履行工作职责受到暴力等意外伤害的；

（四）患职业病的；

（五）因工外出期间，由于工作原因受到伤害或者发生事故下落不明的；

（六）在上下班途中，受到非本人主要责任的交通事故或者城市轨道交通、客运轮渡、火车事故伤害的；

（七）法律、行政法规规定应当认定为工伤的其他情形。

第十五条 职工有下列情形之一的，视同工伤：

（一）在工作时间和工作岗位，突发疾病死亡或者在48小时之内经抢救无效死亡的；

（二）在抢险救灾等维护国家利益、公共利益活动中受到伤害的；

（三）职工原在军队服役，因战、因公负伤致残，已取得革命伤残军人证，到用人单位后旧伤复发的。

职工有前款第（一）项、第（二）项情形的，按照本条例的有关规定享受工伤保险待遇；职工有前款第（三）项情形的，按照本条例的有关规定享受除一次性伤残补助金以外的工伤保险待遇。

第十六条 职工符合本条例第十四条、第十五条的规定，但是有下列情形之一的，不得认定为工伤或者视同工伤：

（一）故意犯罪的；

（二）醉酒或者吸毒的；

（三）自残或者自杀的。

5.8.2.3 实施《中华人民共和国社会保险法》若干规定（人力资源和社会保障部令第13号 2011年7月起施行）

第三章 关于工伤保险

第九条 职工（包括非全日制从业人员）在两个或者两个以上用人单位同时就业的，各用人单位应当分别为职工缴纳工伤保险费。职工发生工伤，由职工受到伤害时工作的单位依法承担工伤保险责任。

第十条 社会保险法第三十七条第二项中的醉酒标准，按照《车辆驾驶人员血液、呼气酒精含量阈值与检验》（GB19522-2004）执行。公安机关交通管理部门、医疗机构等有关单位依法出具的检测结论、诊断证明等材料，可以作为认定醉酒的依据。

第十一条 社会保险法第三十八条第八项中的因工死亡补助金是指《工伤保险条例》第三十九条的一次性工亡补助金，标准为工伤发生时上一年度全国城镇居民人均可支配收入的20倍。

上一年度全国城镇居民人均可支配收入以国家统计局公布的数据为准。

第十二条 社会保险法第三十九条第一项治疗工伤期间的工资福利，按照《工伤保险条例》第三十三条有关职工在停工留薪期内应当享受的工资福利和护理等待遇的规定执行。

5.8.2.4 劳动和社会保障部办公厅关于对工伤认定法律适用问题的复函（劳社厅函［2007］345号）

辽宁省劳动保障厅：

你厅《关于工伤认定法律适用问题的请示》（辽劳社［2006］150号）收悉。经研究，我们认为，受伤职工符合《工伤保险条例》第十四条、第十五条规定的情形，且不存在第十六条情形的，应当认定为工伤或视同工伤；受伤职工虽不存在第十六条情形，但也不符合第十四条、第十五条规定情形的，不予认定为工伤或视同工伤；受伤职工虽符合第十四条、第十五条规定的情形，但存在第十六条情形的，不能认定为工伤或视同为工伤。

二〇〇七年九月五日

5.8.2.5 最高人民法院行政审判庭关于车辆挂靠其他单位经营车辆实际所有人聘用的司机工作中伤亡能否认定为工伤问题的答复（［2006］行他字第17号）

安徽省高级人民法院：

你院（2006）皖行他字第0004号《关于车辆挂靠其他单位经营车辆实际所有人聘用的司机工作中伤亡能否认定为工伤问题的请示》收悉。经研究，答复如下：

个人购买的车辆挂靠其他单位且以挂靠单位的名义对外经营的，其聘用的司机与挂靠单位之间形成了事实劳动关系，在车辆运营中伤亡的，应当适用《劳动法》和《工伤保险条例》的有关规定认定是否构成工伤。

2007年12月3日

5.8.2.6 最高人民法院行政审判庭关于劳动行政部门在工伤认定程序中是否具有劳动关系确认权请示的答复（［2009］行他字第12号）

湖北省高级人民法院：

你院《关于劳动行政部门在工伤认定程序中是否具有劳动关系确认权的请示》收悉。经研究，答复如下：

根据《劳动法》第九条和《工伤保险条例》第五条、第十八条的规定，劳动行政部门在工伤认定程序中，具有认定受到伤害的职工与企业之间是否存在劳动关系的职权。

此复。

2009年7月20日

附：

湖北省高级人民法院关于劳动行政部门在工伤认定程序中是否具有劳动关系确认权的请示（2009年4月1日［2009］鄂行他字第2号）

最高人民法院：

我省荆门市中级人民法院在审理李学良诉沙洋县人民政府工伤认定行政复议一案中，因对劳动行政部门是否具有认定劳动关系的职权问题认识不一，向我院请示。我院审判委员会经过讨论提出以下请示：

一、基本案情

原告李学良在沙洋黄土坡砖瓦厂从事切砖工种劳动时，因机器上的钢丝突然断裂而被刺伤左眼，经荆门市劳动能力鉴定委员会鉴定为七级伤残。原告向沙洋县人事劳动和社会保障局申请工伤认定。沙洋县人事劳动和社会保障局于2007年11月20日作出沙工伤决［2007］29号工伤认定决定书，认定原告与用人单位湖北沙洋新园农工贸有限公司存在劳动关系，认定原告为工伤。湖北沙洋新园农工贸有限公司不服，申请行政复议。沙洋县人民政府于2008年3月10日作出行政复议决定，以湖北沙洋新园农工贸有限公司与原告不存在劳动关系为由，撤销了沙工伤决（2007）29号工伤认定决定书。原告不服，诉至法院。

二、需要请示的问题

在工伤认定的行政程序中，劳动者与用人单位之间发生劳动争议时，工伤认定机关（劳动行政部门）是否对劳动关系具有确认权？

我院审判委员会讨论时形成两种意见：多数人意见认为，在工伤认定行政程序中，当事人之间对劳动关系是否存在产生争议时，应当先申请劳动争议仲裁，对仲裁裁决不服的，可向人民法院提起诉讼，即只有仲裁机关和人民法院才有权认定劳动关系。理由：第一，职权法定是依法行政的基本原则，对行政机关的行政职权而言，法无明文规定即禁止。《劳动法》是调整劳动关系的基本法律，该法第九条规定劳动行政部门主管劳动工作，但没有规定劳动行政部门认定劳动关系的职权，也没有规定在发生劳动争议（含劳动关系的确认）时，向劳动行政部门申请确认劳动关系的程序。第二，从《劳动法》第七十九条和《劳动争议调解仲裁法》第五条的规定看，发生劳动争议时，当事人可以申请调解，不愿调解或者调解不成的，只能向劳动争议仲裁委员会申请仲裁，对仲裁裁决不服的，可以向人民法院提起诉讼。因此，只有劳动争议仲裁委员会和人民法院有权对劳动关系作出认定。第三，如果赋予劳动行政部门认定劳动关系的职权，则剥夺了当事人申请劳动争议仲裁和提起诉讼的权利。同时，如果一方当事人对劳动行政部门劳动关系的认定不服，另行向劳动争议仲裁机关申请仲裁或提起诉讼的，则有可能出现仲裁裁决或法院裁判结果与劳动行政部门作出的确认不一致的情况。

少数人意见认为，劳动行政部门在工伤认定程序中有权认定劳动关系。理由是：第一，根据《工伤保险条例》的规定，工伤认定是劳动行政部门的法定职责，而劳动关系的存在与否是作出工伤认定的前提。第二，如果先通过劳动仲裁确认劳动关系，再进行工伤认定，不符合行政效率原则，也容易给当事人造成极大负担，不利于保护劳动者合法权益。

以上意见哪种正确，请予答复。

★ 地方性文件·广东省

5.8.2.7 广东省高级人民法院关于印发《广东省高级人民法院关于审理劳动争议案件若干问题的指导意见》的通知（粤高法发［2002］21号）

第十六条 当事人对劳动能力鉴定委员会的伤残等级鉴定结论不服的，可依法申请复查。当事人仅请求工伤赔偿，或对上述鉴定结论有异议又不申请复查而请求工伤赔偿的，人民法院经审查认为劳动能力鉴定委员会所作出的鉴定结论确有不妥，可不予采信，以人民法院审理认定的案件事实作为处理的依据。

5.8.2.8 广东省工伤保险条例（广东省第十一届人民代表大会常务委员会公告第69号 2012年1月起施行）

《广东省工伤保险条例》已由广东省第十一届人民代表大会常务委员会第二十八次会议于2011年9月29日修订通过，现将修订后的《广东省工伤保险条例》公布，自2012年1

月1日起施行。

广东省人民代表大会常务委员会
2011年9月29日

第一章　总　则

第一条　为了保障因工作遭受事故伤害或者患职业病的职工获得医疗救治和经济补偿，促进工伤预防和职业康复，分散用人单位的工伤风险，根据《中华人民共和国社会保险法》《工伤保险条例》，结合本省实际，制定本条例。

第二条　职工有依法享受工伤保险待遇的权利。本省行政区域内的企业、事业单位、社会团体、民办非企业单位、基金会、律师事务所、会计师事务所等组织和有雇工的个体工商户（以下称用人单位）应当在生产经营所在地依法参加工伤保险，为本单位全部职工或者雇工（以下称职工）缴纳工伤保险费。

国家机关和与其建立劳动关系的职工，依照本条例执行。

第三条　工伤保险工作应当坚持预防、救治、补偿和康复相结合的原则。

第四条　用人单位和职工应当遵守有关安全生产和职业病防治的法律法规，执行安全卫生规程和标准，预防工伤事故，减少职业病危害。

第五条　省人民政府社会保险行政部门负责全省的工伤保险工作，组织实施本条例。

市、县（含县级市、区）人民政府社会保险行政部门负责本行政区域内的工伤保险工作。

各级社会保险经办机构具体承办工伤保险事务。

第六条　各级人民政府应当发展工伤康复事业，帮助因工致残者得到康复和从事适合身体状况的劳动。

第七条　各级人民政府应当保证工伤保险基金的征集和工伤保险待遇的给付。遇有特殊情况，工伤保险基金不敷使用时，由统筹地区的人民政府给予补贴。

工伤保险基金、享受工伤保险待遇的收入按照国家规定不征收税、费。

第八条　工伤保险费由社会保险费征收机构征收。

第二章　工伤认定

第九条　职工有下列情形之一的，应当认定为工伤：

（一）在工作时间和工作场所内，因工作原因受到事故伤害的；

（二）工作时间前后在工作场所内，从事与工作有关的预备性或者收尾性工作受到事故伤害的；

（三）在工作时间和工作场所内，因履行工作职责受到暴力等意外伤害的；

（四）患职业病的；

（五）因工外出期间，由于工作原因受到伤害或者发生事故下落不明的；

（六）在上下班途中，受到非本人主要责任的交通事故或者城市轨道交通、客运轮渡、火车事故伤害的；

（七）法律、行政法规规定应当认定为工伤的其他情形。

第十条　职工有下列情形之一的，视同工伤：

（一）在工作时间和工作岗位，突发疾病死亡或者在四十八小时之内经抢救无效死亡的；

（二）在抢险救灾等维护国家利益、公共利益活动中受到伤害的；

（三）因工作环境存在有毒有害物质或者在用人单位食堂就餐造成急性中毒而住院抢救治疗，并经县级以上卫生防疫部门验证的；

（四）由用人单位指派前往依法宣布为疫区的地方工作而感染疫病的；

（五）职工原在军队服役，因战、因公负伤致残，已取得革命伤残军人证，到用人单位后旧伤复发的。

职工有前款第一、二、三、四项情形的，按照本条例的有关规定享受工伤保险待遇；职工有前款第五项情形的，按照本条例的有关规定享受除一次性伤残补助金以外的工伤保险待遇。

第十一条 职工符合本条例第九条、第十条的规定，但是有下列情形之一的，不得认定为工伤或者视同工伤：

（一）故意犯罪的；

（二）醉酒或者吸毒的；

（三）自残或者自杀的；

（四）法律、行政法规规定的其他情形。

★地方性文件·上海市

5.8.2.9 上海市工伤保险实施办法（上海市人民政府令第93号公布 2013年1月起施行）

第三章 工伤认定

第十四条 【认定工伤范围】从业人员有下列情形之一的，应当认定为工伤：

（一）在工作时间和工作场所内，因工作原因受到事故伤害的；

（二）工作时间前后在工作场所内，从事与工作有关的预备性或者收尾性工作受到事故伤害的；

（三）在工作时间和工作场所内，因履行工作职责受到暴力等意外伤害的；

（四）患职业病的；

（五）因工外出期间，由于工作原因受到伤害或者发生事故下落不明的；

（六）在上下班途中，受到非本人主要责任的交通事故或者城市轨道交通、客运轮渡、火车事故伤害的；

（七）法律、行政法规规定应当认定为工伤的其他情形。

第十五条 【视同工伤范围】从业人员有下列情形之一的，视同工伤：

（一）在工作时间和工作岗位，突发疾病死亡或者在48小时之内经抢救无效死亡的；

（二）在抢险救灾等维护国家利益、公共利益活动中受到伤害的；

（三）从业人员原在军队服役，因战、因公负伤致残，已取得革命伤残军人证，到用人单位后旧伤复发的。

从业人员有前款第一项、第二项情形的，按照本办法的有关规定享受工伤保险待遇；从业人员有前款第三项情形的，按照本办法的有关规定享受除一次性伤残补助金以外的工伤保险待遇。

第十六条 【工伤排除】从业人员符合本办法第十四条、第十五条的规定，但是有下列情形之一的，不得认定为工伤或者视同工伤：

（一）故意犯罪的；

（二）醉酒或者吸毒的；

（三）自残或者自杀的。

5.9 工伤认定焦点相关（上下班、工作时间、醉酒及刑事犯罪）

5.9.1 上下班问题

★ 行政法规/部门规章/司法解释

5.9.1.1 劳动和社会保障部关于实施《工伤保险条例》若干问题的意见（劳社部函［2004］256号）

第二条 条例第十四条规定“上下班途中，受到机动车事故伤害的，应当认定为工伤”。这里“上下班途中”既包括职工正常工作的上下班途中，也包括职工加班加点的上下班途中。“受到机动车事故伤害的”既可以是职工驾驶或乘坐的机动车发生事故造成的，也可以是职工因其他机动车事故造成的。

5.9.1.2 国务院法制办公室对《关于职工在上下班途中因违章受到机动车事故伤害能否认定为工伤的请示》的复函（国法秘函［2004］373号）

辽宁省人民政府法制办公室：

你室《关于职工在上下班途中因违章受到机动车事故伤害能否认定为工伤的请示》（以下简称《请示》）收悉。经研究，函复如下：

2003年4月27日国务院公布、自2004年1月1日起施行的《工伤保险条例》第十四条第（六）项规定：职工“在上下班途中，受到机动车事故伤害的”，应当认定为工伤；第十六条第（一）项规定：职工“违反治安管理伤亡的”，不得认定为工伤或者视同工伤。据此，职工在上下班途中因违章受到机动车事故伤害的，只要其违章行为没有违反治安管理，应当认定为工伤。

2004年12月28日

附：

辽宁省人民政府法制办公室关于职工在上下班途中因违章受到机动车事故伤害能否认定为工伤的请示（2004年11月1日辽政法［2004］16号）

国务院法制办公室：

我省大连市在审理有关工伤认定的复议案件过程中，对职工在上下班途中因违章受到机动车事故伤害能否认定为工伤问题认识不一致。一种意见认为，根据《工伤保险条例》第十四条第（六）项的规定，只要职工在上下班途中，受到机动车事故伤害的就应当认定为工伤，不需要考虑职工是否违章。另一种意见则认为，虽然《工伤保险条例》第十四条明确了认定工伤的七种行为，但同时受到第十六条规定的限制。虽然职工是在上下班途中，但因其违反交通规则，属于违反治安管理的情形，因此不能认定为工伤。

以上哪种意见为妥，请予明示。

5.9.1.3 最高人民法院行政审判庭关于如何适用《工伤保险条例》第十四条第（六）项及第十六条第（一）项如何理解的答复（［2004］行他字第19号）

北京市高级人民法院：

你院京高法［2004］336号《关于对〈工伤保险条例〉第十四条第（六）项及第十六条第（一）项如何理解的请示》收悉。经研究，答复如下：

根据《工伤保险条例》第十四条第（六）项的规定，职工在上下班途中因违章受到机动车事故伤害的，只要其违章行为没有违反治安管理，应当认定为工伤。

5.9.1.4 国务院法制办公室对安徽省人民政府法制办公室《关于〈工伤保险条例〉第十四条第六项适用问题的请示》的复函（国法秘复函［2008］375号）

安徽省人民政府法制办公室：

你办《关于〈工伤保险条例〉第十四条第六项适用问题的请示》（皖府法［2008］46号）收悉。经研究并征求人力资源和社会保障部的意见，答复如下：

请示中反映的职工李某从单位宿舍至其父母家的情形，属于《工伤保险条例》第十四条第六项规定的“在上下班途中”。

二〇〇八年九月十八日

附件：

关于《工伤保险条例》第十四条第六项适用问题的请示（皖府法［2008］46号）

国务院法制办公室：

我省六安市法制办公室就一起工伤认定行政复议案件来文请示，该案件基本情况：李某系六安市城区某公司职工，未婚。2007年6月18日晚，李某上夜班，6月19日凌晨3点多钟下班。李某下班后，先回单位为其安排的宿舍，因其6月19日白班轮休，单位又口头通知端午节放假半日，遂驾驶摩托车回六安市舒城县南岗镇父母家中（即李某户籍所在地）。19日凌晨4点多钟，在路途中，李某驾驶的摩托车与一小货车相撞，李某受重伤。经公安交警部门认定，货车驾驶员承担交通事故全责。2007年12月，李某向劳动保障部门申请工伤认定，2008年3月，劳动保障部门认定李某系下班途中遭受车祸，根据《工伤保险条例》第十四条第六项之规定认定李某属于工伤。李某就职的某公司不服，申请行政复议，认为李某已回到单位为其安排的宿舍，其下班行为已经完成，下班后再回父母家，途中受到的伤害不应是在下班途中发生的伤害，不能认定为工伤。在案件复议审理中，六安市政府法制办就李某遭受交通事故时是否属下班途中、其伤害能否认定工伤向我办请示，针对请示事项，我们存在两种不同意见：

一种意见认为李某不是在下班途中受到伤害，不能认定为工伤。主要理由是：（1）李某父母家是其户籍所在地但不是其经常居住地。自2005年8月李某进入某公司后就住在公司安排的职工宿舍，截止事故发生之日，李某住职工宿舍近2年。最高人民法院《关于适用〈中华人民共和国民事诉讼法〉若干问题的意见》第4条规定“公民的住所地是指公民的户籍所在地”，第5条规定“公民的经常居住地是指公民离开住所地至起诉时已连续居住一年以上的地方”。因而本案件中公司安排的职工宿舍为李某的经常居住地。（2）李某的户籍所在地不符合安徽省劳动和社会保障厅《关于上下班途中受伤认定工伤问题的复函》（劳社秘［2004］222号）中关于居住地的解释要求。该复函规定：“行程路线是指工作地点与居住地点间相对合理路线，居住地点包括单位提供的住地和本人常住地，或与上述住地同一城区的临时居住地”。李某的户籍所在地既非单位宿舍，也非其常住地，也不是同一城区的临时居住地。（3）李某从工作的车间到职工宿舍的路途是下班路途。本案件中李某回到职工宿舍，应视为其已经安全回到经常居住地，下班行为已经完成。（4）李某从经常居住地回户籍所在地，与下班路途是两回事，两地之间的路途不能视为下班路途。另一种意见认为李某是在下班途中受到机动车事故伤害的，应当认定为工伤。主要理由是：（1）李某未婚，户口与父母在一起，其户籍所在地即为住所地，是其节假日居住地。（2）安徽省劳动和社会保障厅《关于上下班途中受伤认定工伤问题的复函》（劳社秘［2004］222号）中规定："行程路线是指工作地点与居住地点间相对合理路线，居住地点包括单位提供的住地和本人常住地，或与上述住地同一城区的临时居住地"。李某从职工宿舍回住所地（节假日居住地），可视为其下班后回居住地点。（3）6月19日当日是端午节，李某工作的车间通知放假半日，李某回住所地与父母团聚，其行程路线具备合理性。因上述问题的认定涉及对行政法规《工伤保险条例》相关条款的认识和解释，特此请示，盼复。

二〇〇八年七月十五日

5.9.1.5 实施《中华人民共和国社会保险法》若干规定（人力资源和社会保障部令第13号 2011年7月起施行）

第十条 社会保险法第三十七条第二项中的醉酒标准，按照《车辆驾驶人员血液、呼气酒精含量阈值与检验》（GB19522-2004）执行。公安机关交通管理部门、医疗机构等有关单位依法出具的检测结论、诊断证明等材料，可以作为认定醉酒的依据。

5.9.1.6 最高人民法院行政审判庭关于职工无照驾驶无证车辆在上班途中受到机动车伤害死亡能否认定工伤请示的答复（［2011］行他字第50号）

新疆维吾尔自治区高级人民法院生产建设兵团分院：

你院《关于职工无照驾驶无证车辆在上班途中受到机动车伤害死亡能否认定工伤的请示》收悉。经研究，答复如下：

在《工伤保险条例（修订）》施行前（即2011年1月1日前），工伤保险部门对职工无照或者无证驾驶车辆在上班途中受到机动车伤害死亡，不认定为工伤的，不宜认为适用法律、法规错误

此复。

二〇一一年五月十九日

附：

新疆维吾尔自治区高级人民法院生产建设兵团分院关于职工无照驾驶无证车辆在上班途中受到机动车伤害死亡能否认定工伤的请示（［2011］新高兵法行他字第00001号）

最高人民法院：

新疆生产建设兵团农十三师中级人民法院在审理李采山花因劳动和社会保障行政确认一案时，涉及职工无照驾驶无证车辆在上班途中受到机动车伤害死亡能否认定工伤的问题，逐级向我院请示，我院经过讨论，请示如下：

一、当事人的基本情况

原告李采山花，女，1982年12月12日出生，身份证号码632122198212121568，藏族，系青海省民和回族土族自治县峡门镇甲子山村巴沟社农民，赵双存遗孀，住该社180号，暂住农十三师红星一场（以下简称红星一场）红星化工厂家属院。

被告新疆生产建设兵团农十三师劳动和社会保障局（以下简称十三师劳动保障局）住所地哈密市大营房百花路1号。

二、案件的基本情况

2008年7月26日7时10分，新疆哈密市晋太冶炼铸造有限责任公司员工赵双存（原告之夫）无驾驶证驾驶无牌照二轮摩托车从红星一场机耕队前往星鑫镍铁合金工地上班途中，当车由北向南行驶至红星一场园林三场路段时，与王中生驾驶的由南向北行驶的甘AB-7527号微型普通客车相撞，造成赵双存及乘车人李继林死亡的交通事故。李采山花于2009年4月8日向十三师劳动保障局提交认定工伤的书面申请，2009年8月25日，十三师劳动保障局作出师劳社工伤认［2009］4号工伤认定决定书，依据《道路交通安全法》第八条、第十九条、第三十五条和《工伤保险条例》第十六条第一款第（一）项的规定，确认赵双存属无证驾驶车辆发生交通事故造成死亡，不应认定为工伤，并作出不予认定赵双存为工亡的决定。李采山花收到上列决定书后不服，于同年9月1日向兵团劳动和社会保障局申请行政复议。同年10月12日，该局作出兵劳社复决字［2009］16号行政复议决定书，维持十三师劳动保障局作出师劳社工伤认［2009］4号工伤认定决定书。李采山花不服该行政复议决定，遂诉至法院。新疆生产建设兵团哈密垦区人民法院在审理该案过程中，就案件涉及职工无照驾驶无证车辆在上班途中受到机动车伤害死亡能否认定工伤的问题，逐级请示我院。

三、请示的问题及意见

职工无照驾驶无证车辆在上班途中受到机动车伤害死亡能否认定工伤的问题，由于现行的法律、法规、司法解释没有明确规定，我院讨论中形成两种意见：

第一种意见认为：赵双存生前无驾驶证驾驶无牌照摩托车在上班途中发生交通事故死亡，当地公安交警部门对该交通事故作出责任认定，赵双存违反《道路交通安全法》第八条、第十九条、第三十五条的规定，与驾驶另一机动车的王中生在此次交通事故中负同等责任。但对赵双存因无照驾驶无照车辆发生道路交通事故死亡，公安机关并未认定该行为属违反治安管理的行为。本案中赵双存因机动车事故死亡符合《工伤保险条例》第十四条有关在上下班途中，受到机动车事故伤害的规定，且没有证据证明赵双存存在《工伤保险条例》第十六条第（一）项规定不得认定为工伤或者视同工伤的情形，故赵双存上班途中因交通事故死亡依法应定性为工伤事故。十三师劳动保障局依据2000年12月14日由原劳动保障部办公厅下发的《劳动和社会保障部办公厅关于无证驾驶车辆发生交通事故是否认定工伤问题的复函》（劳社厅函［2000］150号）的规定，不予认定赵双存为工亡，明显属于适用法律不当，应当予以纠正。

第二种意见认为：虽然《工伤保险条例》规定了认定工伤的七种行为，但同时受到第十六条规定的限制，虽然职工是在上班途中发生机动车交通事故死亡，但因其无照驾驶无证车辆违反《道路交通安全法》的规定，属于违反治安管理的情形，同时根据（劳社厅函［2000］150号）《劳动和社会保障部办公厅关于无证驾驶车辆发生交通事故是否认定工伤问题的复函》："无证驾驶车辆发生交通事故而造成负伤、致残、死亡的，不应认定为工伤"的答复，不能认定为工伤。

我院倾向于第一种意见，但认为由于本案涉及对《工伤保险条例》和劳动和社会保障部政策的理解问题，同时考虑到今后判决的有效执行，确需进一步明确。

请批复。

二〇一一年三月十五日

5.9.1.7 人力资源和社会保障部关于执行《工伤保险条例》若干问题的意见（人社部发［2013］34号）

第二条 《条例》第十四条第（六）项规定的"非本人主要责任"的认定，应当以有关机关出具的法律文书或者人民法院的生效裁决为依据。

5.9.1.8 最高人民法院关于审理工伤保险行政案件若干问题的规定（法释［2014］9号）

第一条 人民法院审理工伤认定行政案件，在认定是否存在《工伤保险条例》第十四条第（六）项"本人主要责任"、第十六条第（二）项"醉酒或者吸毒"和第十六条第（三）项"自残或者自杀"等情形时，应当以有权机构出具的事故责任认定书、结论性意见和人民法院生效裁判等法律文书为依据，但有相反证据足以推翻事故责任认定书和结论性意见的除外。

前述法律文书不存在或者内容不明确，社会保险行政部门就前款事实作出认定的，人民法院应当结合其提供的相关证据依法进行审查。

第六条 对社会保险行政部门认定下列情形为"上下班途中"的，人民法院应予支持：

（一）在合理时间内往返于工作地与住所地、经常居住地、单位宿舍的合理路线的上下班途中；

（二）在合理时间内往返于工作地与配偶、父母、子女居住地的合理路线的上下班途中；

（三）从事属于日常工作生活所需要的活动，且在合理时间和合理路线的上下班途中；

（四）在合理时间内其他合理路线的上下班途中。

5.9.1.9 人力资源社会保障部关于执行《工伤保险条例》若干问题的意见（二）（人社部发［2016］29号）

第六条 职工以上下班为目的、在合理时间内往返于工作单位和居住地之间的合理路线，视为上下班途中。

★ 地方性文件·广东省

5.9.1.10 广东省工伤保险条例（广东省第十一届人民代表大会常务委员会公告第69号 2012年1月起施行）

第九条 职工有下列情形之一的，应当认定为工伤：

（六）在上下班途中，受到非本人主要责任的交通事故或者城市轨道交通、客运轮渡、火车事故伤害的；

5.9.2 工作时间/工作岗位/因工作原因等问题

★ 行政法规/部门规章/司法解释

5.9.2.1 最高人民法院行政审判庭关于河南省高级人民法院就《焦作爱依斯万方公司诉焦作市劳动局工伤认定案件的请示》的电话答复（［2004］行他字第14号）

河南省高级人民法院：

你院《焦作爱依斯万方公司诉焦作市劳动局工伤认定案件的请示》收悉。经研究，答复如下：

请示案件的事实发生在1996年10月1日至2004年1月1日期间应当适用《企业职工工伤保险试行办法》的有关规定，依法定程序处理工伤认定；2004年1月1日之后，应当适用《工伤保险条例》等有效的法律规范进行判断。

附：

河南省高级人民法院关于焦作爱依斯万方公司诉焦作市劳动局工伤认定案件的请示报告（2004年8月15日）

最高人民法院：

我院在审理焦作爱依斯万方公司诉焦作市劳动局工伤认定再审一案中，遇到规章适用的冲突问题，因为我院意见不一致，特向贵院请示。现将案件情况汇报如下：

一、当事人基本情况

申诉人（一审原告、原再审申诉人）：焦作爱依斯万方电力有限公司。

法定代表人：詹怀德，董事长。

被申诉人（一审被告、原再审被申诉人）：焦作市劳动局。

法定代表人：张清河，局长。

被申诉人（一审第三人、原再审第三人）：多海涛，男，1975年生，汉族，大专文化，焦作爱依斯万方电力有限公司助理工程师，住焦作市华宝路大成花园1号楼2单元4号。

法定代理人：葛翠环，1951年10月生，多海涛之母亲。

二、案件基本事实与审理经过

被诉具体行政行为：2001年2月15日，焦作市劳动局作出《关于对多海涛同志工伤认定的通知》（焦劳［2001］9号），查明：1997年4月21日，爱依斯万方电力有限公司职工多海涛在工作中由于锅炉吹管的强力爆吼声受到惊吓，当天经中国人民解放军160医院诊断为分裂样精神病。1998年4月26日，北京同仁医院诊断为精神分裂症。依据劳动部劳部发［1996］266号文件《企业职工工伤保险试行办法》第二章第八条第一、四款、第九章第五十五条、《企业职工伤亡事故分类》GB6441—86及有关司法解释之规定，认定多海涛为工伤。

爱依斯公司不服焦作市劳动局作出的该工伤认定，2001年5月1513向焦作市山阳区人民法院提起行政诉讼。山阳区人民法院于2001年7月2日作出［2001］山行初字第13号行政判决，查明：多海涛系焦作爱依斯公司职工，其工作岗位在汽机米。1999年4月21日，多海涛在工作中由于锅炉吹管的强力爆吼声受到惊吓，当天经中国人民解放军160医院诊断为分裂样精神病。1998年4月26日，北京同仁医院诊断为精神分裂症。至2000年8月10日，多海涛所支付的医疗费及去外地看病所支付的交通费等，原告按90%予以报销，双方均无争议。但此后，原告拒绝支付多海涛医疗费等。2000年8月29日，多海涛的法定代理人葛翠环向被告提出工伤保险待遇申请。2001年2月1日，被告作出《关于对多海涛同志应认定为工伤的函》（焦劳［2001］5号），认定多海涛为工伤。2000年2月20日，被告再次作出《关于对多海涛同志工伤认定的通知》，仍然认定多海涛为工伤。

一审认为，多海涛在工作中由于锅炉吹管的强力爆吼声受到惊吓，经医院诊断为分裂样精神病，属于工伤范围，应认定为工伤。被告认定多海涛为工伤的基本事实清楚，基本证据充分，适用法规正确。原告诉称被告认定工伤没有事实依据与事实不符，不予采纳。原告诉称多海涛或其亲属向被告提出工伤认定和被告作出工伤认定均超过法定的期限，程序违法的理由不能成立。判决：维持焦作市劳动局作出的《关于对多海涛同志工伤认定的通知》。

爱依斯公司不服一审判决，向焦作市山阳区人民法院申诉再审，山阳区人民法院于2002年2月28日作出［2002］山立申字第4号驳回再审申请通知书。爱依斯公司仍不服，向焦作市中级人民法院提出再审申请。焦作市中级人民法院于2002年5月14日作出［2002］焦行立通字第74号驳回再审申请通知书。爱依斯向本院继续申诉。本院于2002年11月1日，作出［2002］豫法立行字第121号行政裁定，指令焦作市中级人民法院对本案进行审理。

焦作市中级人民法院再审查明的事实与一审基本相同，并纠正了一审判决中出现的时间错误，多海涛受到惊吓的时间是1997年4月21日，而非1999年4月21日；焦作市劳动局作出焦劳［2001］9号通知的时间是2001年2月15日，而非2000年2月20日。再审另查明，2002年2月5日，焦作市劳动争议仲裁委员会在对工伤待遇争议庭审中，焦作爱依斯公司称多海涛的工伤事故劳动局已作了认定，该公司愿意给多海涛工伤待遇，但应该按法律的规定予以支付。当问到工伤认定、伤残鉴定、法院判决时，焦作爱依斯公司代理人回答：对工伤认定和判决书无异议，对伤残鉴定有异议，程序不合法。

再审认为，多海涛在工作中由于锅炉吹管的强力爆吼声受到惊吓，经医院诊断为分裂样精神病，属于工伤范围，焦作爱依斯公司于2002年2月5日向劳动仲裁机构表示愿意给多海涛工伤待遇，并对工伤认定和原审判决书表示无异议，原审人民法院维持焦作市劳动局作出的工伤认定通知并无不当。爱依斯公司以不是工伤提请再审，理由不足，其请求不予支持。故判决驳回了爱依斯公司的再审请求，维持了山阳区人民法院的一审判决。

爱依斯公司对再审判决仍不服，向本院申请再审。本院于2003年10月24日作出［2003］豫法立行字第56号行政裁定，由本院提审本案。

爱依斯公司的申诉理由是：(1) 本公司的锅炉吹管时间是1997年4月16日至4月19日上午11点多，多海涛受惊吓的时间是4月21日，锅炉吹管已结束，多海涛不可能是受锅炉吹管的响声的刺激，不应该认定为工伤。(2) 国家技术监督局发布的《职工工伤与职业病致残程度鉴定》中规定：精神分裂症为内源性精神病，发病主要决定于病人自身的生物学素质。精神分裂症不属于工伤。多海涛的病是精神分裂症，是由其自身原因引起的，不应认定为工伤。(3) 焦作市劳动局作出工伤认定的程序违法。所提供的证人证言不能作为认定多海涛为工伤的证据。(4) 本公司在仲裁机构的陈述主要是尊重法院的生效判决，并不构成对工伤事实的自认。请求本院撤销焦作中院再审判决和一审判决，撤销工伤认定通知。

焦作市劳动局答辩称，多海涛是在工作中受到刺激而导致精神病的，时间是1997年4月20日，有解放军160医院4月21日的病历为证，所以申诉人提供的锅炉吹管的时间应不予认定，多海涛符合工伤认定范围，应认定为工伤。多海涛的工伤形成与爱依斯锅炉爆吼声有因果关系。在作出工伤认定的程序中不存在程序违法的情况。请求维持再审判决。

多海涛辩称，其认定工伤的事实依据充分，有工人证言和解放军160医院的原始病历。申诉人引用的伤残鉴定标准不是认定工伤的依据，是工伤确认后在医疗期满终结时，对劳动者进行伤残等级鉴定的标准，多海涛的病不是在工伤过程中伴发的，应该认定成工伤。焦作市劳动局的工伤认定事实清楚，证据充分，程序合法，应该维持。

本院查明的事实与再审一致。

三、其他需要说明的问题

1. 山阳区法院一审判决生效后，焦作爱依斯公司未上诉，之后多海涛就工伤待遇申请仲裁，由于仲裁裁决的数额较大，爱依斯公司才提起民事诉讼，民事诉讼虽然在数额上有所下降，但公司仍认为太高，遂申请行政案件再审。目前民事判决已部分执行。

2. 从庭审情况看，多海涛的母亲葛翠环是其法定代理人，庭上情绪非常激动，有哭泣、并使用过激言语情况，其家庭中有三个子女，多海涛是精神分裂症，其姐姐（多海涛舅舅的女儿，因父母双亡，自幼跟随多海涛的母亲生活）是先天聋哑、先天性畸形，精神发育重度迟滞等病，家庭较特殊，一旦撤销工伤认定，很有可能引起当事人上访等不安定的情况。

3. 河南省政府外商投诉中心就本案向省政府提出了请求报告，该报告已转交本院。报告中称焦作爱依斯万方公司是由世界500强的美国AES发电公司与焦作万方公司合作设立的电力企业，美方控股。AES公司是世界500强中最早进入河南投资的外商，在我国外商投资企业中有举足轻重的地位，如果此案处理不公正，将对河南对外开放形象，投资环境、招商引资等产生负面影响。该报告中建议由省政府牵头，组织有省人大、省高法、省总工会、省企业经营环境整顿办公室、省劳动和社会保障厅、省外商投资中心和焦作市政府参加的联合调查组，对本案中爱依斯公司反映的问题进行调查。

4. 多海涛的母亲向法庭提交了2001年的《今日说法》中的一个案例，她认为该案例与多海涛的情况相同，应当参考。该案例讲的是连云港的一个银行搞抢劫演习，未通知银行职工，一名女职工因为突然而来的抢劫受到惊吓，成为精神病，一年后被认定为工伤，一审判决维持了工伤认定。

四、合议庭意见及审委会意见

经合议庭研究，认为本案最关键的问题是申诉人提出的国家技术监督局颁布的国家标准《职工工伤与职业病致残程度鉴定》在作工伤认定时是否应当适用。

该规定的主要内容是：附录C中C1、2规定“精神分裂症和躁郁症均为内源生精神病，发病主要决定于病人自身的生物学素质。在工伤或职业病过程中伴发的内源性精神病不应与工伤或职业病直接所致的精神病相混淆。精神分裂症和躁郁症不属于工伤或职业病性精神病。”

由于本案涉及医学专业知识和国家标准的适用问题，为了慎重，合议庭全体成员一起咨询了本院司法技术鉴定处的有关同志。并走访了省卫生厅、劳动厅和省技术监督局。他们的意见也不一致。

合议庭多数人意见认为：从审理情况看，多海涛的精神病是在工作过程中因噪声过大受到惊吓而引发的，从一般情理来说，认定为工伤更容易被接受；但是国家技术监督局公布的国家标准又明确精神分裂症不属于工伤，虽然这个标准是推荐性标准，但应当有一定的拘束力，我们要否定它必须有充分的理由。劳动局在认定工伤时不适用这一标准也要有充分的理由，因此，它应当作为是否认定构成工伤的依据。另一方面，这个依据比较绝对，在情感上对于多海涛的工作时间、工作地点造成精神病不按工伤对待难以接受，但多海涛不认定成工伤也并不意味着就没有救济途径，通过民事诉讼等手段仍可以获得一定的医疗费用等补偿。本案应当撤销工伤认定，撤销一审和焦作中院再审判决。

合议庭少数人意见认为：申诉人提供的这个标准是国家技术监督局1996年颁发的，属于附录C中的内容。这个标准属于国家标准中的推荐性标准，不属于强制性标准。根据国家标准化法的规定，推荐性标准由企业自愿采用，劳动局可以采用，也可以不采用。从这个标准的前言可以看出，这个标准是作为工伤、职业病患者在医疗期满后进行医学技术鉴定的依据，是在医疗期满后通过医学检查对伤残失能程度进行判定、申请伤残等级的标准，既不是认定工伤时应该遵守的标准，也不是强制性标准，不能作为本案认定工伤的唯一法定标准。另外，这个标准是从医学角度、从精神分裂症的发生原因作的规定，并没有将具体情况具体分析，如果都认定为不是工伤，有违公平的原则，而且受伤者也难以接受。劳动局认定工伤正确，应予维持。

本案经过审委会讨论，形成两种意见，多数人意见认为，工伤认定涉及劳动者与企业的关系，这种职能属于劳动部门，根据劳动部的《企业职工工伤保险试行办法》（下称《办法》）的规定，企业职工只要在工作时间和工作地点造成伤亡的，都应该认定为工伤，这是劳动部门认定工伤的依据，是劳动部门的行政权力，而技术监督局的标准是对伤残等级、伤残能力的鉴定标准，在这个标准中规定精神分裂症不属于工伤的内容超出了职权，所以在工伤认定时不应该适用。同时又认为，劳动部的《办法》与国家技术监督局的标准都属于规章，二者如何衔接和适用，属于规章适用的冲突问题，应向最高法院请示。

审委会少数人意见认为，精神分裂症不属于工伤是国家技术监督局发布的国家标准，如果不适用应该有充分的理由。同意适用国家标准，对本案不按工伤认定。

需请示的问题是：国家技术监督局发布的《职工工伤与职业病致残程度鉴定》在作工伤认定时是否应该适用。

5.9.2.2 劳动和社会保障部关于实施《工伤保险条例》若干问题的意见（劳社部函［2004］256号）

第三条 条例第十五条规定“职工在工作时间和工作岗位，突发疾病死亡或者在48小时之内经抢救无效死亡的，视同工伤”。这里“突发疾病”包括各类疾病。“48小时”的起算时间，以医疗机构的初次诊断时间作为突发疾病的起算时间。

5.9.2.3 国务院法制办公室对《关于职工参加单位组织的体育活动受到伤害能否认定为工伤的请示》的复函（国法秘函［2005］311号）

对辽宁省人民政府法制办公室的答复：

作为单位的工作安排，职工参加体育训练活动而受到伤害的，应当依照《工伤保险条例》第十四条第（一）项中关于“因工作原因受到事故伤害的”的规定，认定为工伤。

二〇〇五年八月十七日

5.9.2.4 劳动和社会保障部办公厅关于对《工伤保险条例》有关条款释义的函（劳社厅函［2006］497号）

大连市劳动保障局：

你局《关于对〈工伤保险条例〉第十四条第三款释义的请示》（大劳发［2006］60号，以下简称请示）收悉。经研究，现回复如下：

请示中“《工伤保险条例》第十四条第三款”应为“《工伤保险条例》第十四条第（三）项”，其中“因履行工作职责受到暴力等意外伤害”中的因履行工作职责受到暴力伤害是指受到的暴力伤害与履行工作职责有因果关系。

二〇〇六年九月四日

5.9.2.5 最高人民法院行政审判庭关于职工外出学习休息期间受到他人伤害应否认定为工伤问题的答复（［2007］行他字第9号）

辽宁省高级人民法院：

你院［2007］辽行他字第1号《关于职工外出学习休息期间受到他人伤害应否认定为工伤的请示》收悉。经研究，答复如下：

原则同意你院审判委员会倾向性意见，即职工受单位指派外出学习期间，在学习单位安排的休息场所休息时受到他人伤害的，应当认定为工伤。

此复。

2007年9月7日

附：

辽宁省高级人民法院关于职工外出学习休息期间受到他人伤害应否认定为工伤的请示

(2007年5月14日［2007］辽行他字第1号)

最高人民法院

阚晓猛不服盘锦市劳动和社会保障局不予认定工伤决定一案，原经盘锦市兴隆台区人民法院审理，维持了盘锦市劳动和社会保障局的不予认定工伤决定。阚晓猛不服，向盘锦市中级人民法院提出上诉，盘锦中院在审理过程中就《工伤保险条例》的理解和适用问题向本院请示。本院经审判委员会讨论，决定向你院请示。

请示的问题：职工外出学习休息期间受到他人伤害，是否属《工伤保险条例》第十四条第五项规定的：“因公外出期间，由于工作原因受到伤害”应认定为工伤的情形?

我院审判委员会意见：倾向认定为工伤，鉴于国家及省劳动和社会保障部门对此类情况有不同意见，为稳妥起见，请示最高人民法院。

我院倾向认定工伤的理由是：

1.《工伤保险条例》第十六条列举排除的不得认定或视同工伤的情形有：

(1) 因犯罪或者违反治安管理伤亡的；

(2) 醉酒导致伤亡的；

(3) 自残或者自杀的。

此条排除的情形均为受害人自身原因导致伤亡发生的，本案的情形并不在排除之内。

2.《工伤保险条例》第十四条第五项规定的：“因公外出期间，由于工作原因受到伤害”包括三个事实要件：一是有伤害结果的发生；二是时间系因公外出期间；三是原因系工作。本案的情形符合第一、二个条件，对此没有争议，只是对是否符合第三个条件存在不同理解。但第二、三个条件不应单独理解，应当结合起来。第二个条件应理解为整个外出期间皆为因公，并没有区分工作和休息，这也体现了外出期间的特殊性，否则没有必要将因公外出单独列举。虽然第二个条件中的"公"和第三个条件中的"工"用语不同，但公务和工作本身并没有明显的区别。第二个条件与第三个条件结合起来理解，只能得出一个结论，因公外出期间受到的伤害都是工作原因，这也和《工伤保险条例》第十六条列举排除的个人原因造成伤亡的相对应。

3.《工伤保险条例》是一个权利保障法，在法律条文本身规定不明确的条件下，应作出对权利人更为有利的理解，这符合该条例的立法宗旨。

4. 本案阚晓猛是在受单位指派外出学习期间发生的伤害，学校是接受单位的委托对其进行培训，休息的场所系学校指定。事实上，单位和学校之间形成了一个代为管理受培训学生的委托关系，并且学校对学生也有《短期培训班规章制度》，其中明确要求要严格遵守学校的各项规章制度，不准酗酒。本案加害人违反了学校的规章制度，也说明学校的管理还存在着不完善的地方。从这个角度来讲，也可以理解为阚晓猛系因工作原因受到的伤害。

5. 本案虽然阚晓猛已向加害人主张了民事赔偿，但按照最高人民法院《关于审理人身损害赔偿案件适用法律若干问题的解释》第十二条第二款的规定，并不排除享受工伤保险待遇的同时，赔偿权利人请求第三人承担民事赔偿责任。对此最高人民法院也有明确的答复。

上述意见当否，请批示。

5.9.2.6 最高人民法院关于职工因公外出期间死因不明应否认定工伤的答复（［2010］行他字第236号）

山东省高级人民法院：

你院《关于于保柱诉临清市劳动和社会保障局劳动保障行政确认一案如何适用〈工伤保险条例〉第十四条第（五）项的请示》收悉。经研究，答复如下：

原则同意你院的第一种意见。即职工因公外出期间死因不明，用人单位或者社会保障部门提供的证据不能排除非工作原因导致死亡的，应当依据《工伤保险条例》第十四条第（五）项和第十九条第二款的规定，认定为工伤。

此复。

二〇一一年七月六日

附：

山东省高级人民法院关于于保柱诉临清市劳动和社会保障局劳动保障行政确认一案如何适用《工伤保险条例》第十四条第（五）项的请示（鲁高法［2010］231号）

最高人民法院：

我院在办理于保柱诉临清市劳动和社会保障局劳动保障行政确认一案，对《工伤保险条例》第十四条第（五）项的规定理解与适用把握不准。经我院审判委员会研究后对如何适用相关规定存在不同意见，特向贵院请示。

一、当事人基本情况

申诉人（一审原告、二审上诉人）于保柱，男，1961年2月20日出生，汉族，河北省馆陶县魏僧寨镇申街东村村民，住该村。

被申诉人（一审被告、二审被上诉人）临清市劳动和社会保障局，住所地临清市果园路 80 号。

被申诉人（一审第三人、二审被上诉人）临清市龙业轴承有限公司，住所地临清市潘庄镇工业区。

二、原审法院查明的事实及裁判情况

临清市人民法院一审认定：2004 年 6 月 15 日，被告临清市劳动和社会保障局（以下简称临清市劳动局）作出临劳社工决［2004］3 号《关于不予认定于建强死亡为工伤的决定》，以于建强死亡的情形不符合《工伤保险条例》第十四条认定工伤的情形，也不符合第十五条视同工伤的情形为由，决定对于建强的死亡不予认定为工伤。原告于保柱（于建强之父）不服，向临清市人民政府申请行政复议。2004 年 10 月 22 日，临清市人民政府作出临政复决字［2004］第 022 号行政复议决定，维持了被告临清市劳动局的上述工伤认定。原告于保柱不服，诉至法院。根据被告提供的第三人临清市龙业轴承有限公司（以下简称龙业公司）的考勤表，对龙业公司经理魏师玉、车间主管陈彦军、原告于保柱、证人路长思的询问笔录以及于建强遗留的四份招工书面记录，能够证明于建强生前与第三人龙业公司有过事实劳动关系。根据被告提交的临清市公安局刑警大队的两份证明，能证实发现于建强尸体的地点是临清市青年办事处东窑村北卫运河内，时间是 2003 年 11 月 8 日，且排除他杀，但不能证明于建强死亡的具体时间、地点、原因及死亡的经过和现场。因此，不能判明于建强的死亡与其生前从事的工作有必然的因果关系，故而不能排除有《工伤保险条例》中规定的不得认定为工伤或视同工伤的情形。被告临清市劳动局根据调查的现有证据作出不予认定于建强工伤的决定并不违背法律规定，应依法予以维持。依据《中华人民共和国行政诉讼法》第五十四条第（一）项之规定，临清市人民法院于 2005 年 1 月 11 日作出［2004］临行初字第 169 号行政判决，判决维持临清市劳动局 2004 年 6 月 15 日作出临劳社工决［2004］3 号《关于不予认定于建强死亡为工伤的决定》的行政行为。

于保柱不服一审法院判决，向聊城市中级人民法院提起上诉。

聊城市中级人民法院经审理认为：

根据被上诉人临清市劳动局提供的龙业公司的考勤表和对魏师玉、陈彦军、于保柱的询问笔录，可以证明于建强于 2003 年 7 月 11 日到龙业公司上班，至 2003 年 10 月 3 日在龙业公司车间工作。被上诉人提供的对路长思的询问笔录和于建强遗物中的招工记录，可以证明于建强死亡前曾外出为龙业公司招工，并且这种招工行为是龙业公司安排或者同意的。因此，可以认定，于建强死亡前与龙业公司存在着事实上的劳动关系。

被上诉人提供的临清市公安局刑警大队的两份证明能够证明发现于建强尸体的时间和地点，但不能证明于建强死亡的具体时间、地点、原因，被上诉人、上诉人、原审第三人也均未提供其他证据予以证明。因此，不能认定于建强的死亡与其为龙业公司招工有必然的因果关系，不符合《工伤保险条例》第十四条规定的应当认定工伤的情形，也不符合该条例第十五条规定的应视同工伤的情形。被上诉人据此作出不予认定于建强死亡为工伤的决定，证据充分，适用法律正确。上诉人可在查清于建强死因后，依法再行提起工伤认定申请。

《工伤保险条例》第十九条第二款规定，职工或者其直系亲属认为是工伤，用人单位不认为是工伤的，由用人单位承担举证责任。《工伤认定办法》第十四条规定，在此情形下，用人单位拒不举证的，劳动保障行政部门可以根据受伤害职工提供的证据依法作出工伤结论。但这并不是说在用人单位不提供证据或者提供证据不完全的情况下，就应当推定为工伤。工伤认定部门仍然应依法调查取证，根据查证的情况作出是否应当认定工伤的决定。因此，上诉人所持原审第三人龙业公司未能举证证明于建强死亡不是工伤就应当认定是工伤的理由不能成立，不予支持。

对被上诉人作出工伤认定所适用的程序，当事人均不持异议，经审查确认其合法。

综上，被上诉人临清市劳动局作出的不予认定于建强死亡为工伤的决定，认定事实清楚，程序合法，适用法律正确，原审法院判决维持并无不当，依法应予维持。上诉人上诉理由不能成立，其上诉请求应依法予以驳回。依据《中华人民共和国行政诉讼法》第六十一条第（一）项之规定，聊城市中级人民法院于2005年4月11日作出［2005］聊行终字第19号行政判决，判决驳回上诉，维持原判。

三、合议庭审查意见

合议庭经审查，形成以下意见：

根据被上诉人临清市劳动局提供的龙业公司的考勤表和对魏师玉、陈彦军、于保柱的询问笔录，可以证明于建强于2003年7月11日到龙业公司上班，至2003年10月3日在龙业公司车间工作。被上诉人提供的对路长思的询问笔录和于建强遗物中的招工记录，可以证明于建强死亡前曾外出为龙业公司招工，并且这种招工行为是龙业公司安排或者同意的。因此，可以认定，于建强死亡前与龙业公司存在着事实上的劳动关系。

《工伤保险条例》第十九条第二款规定，“职工或者其直系亲属认为是工伤，用人单位不认为是工伤的，由用人单位承担举证责任。”《工伤保险条例》第十四条第（五）项规定，“职工有下列情形之一的，应当认定为工伤：（五）因工外出期间，由于工作原因受到伤害或者发生事故下落不明的；”根据本案有效证据，可以证明于建强死亡前曾外出为龙业公司招工，至于于建强死亡前是否因公外出，龙业公司并未提供证据证明于建强2003年10月3日前有辞职或请假的事实，且于建强遗物中记录招工的最后时间为2003年10月15日，可以推定于建强在2003年10月3日之后仍继续为龙业公司招工，其死亡时间应属于因公外出期间。

对于于建强的死亡是否属于工作原因的问题。临清市公安局刑警大队的两份证明能够证明发现于建强尸体的时间和地点，但不能证明于建强死亡的具体时间、地点、原因，各方当事人也均未提供其他证据予以证明。根据现有证据，虽然不能认定于建强的死亡与其为龙业公司招工必然有因果关系，但亦不能排除两者之间的因果关系。在用人单位举证不能的情况下，应先作出有利于职工的认定。因此，根据本案现有证据，可以推定于建强的死亡系由于工作原因，于建强的死亡符合《工伤保险条例》第十四条第（五）项“因工外出期间，由于工作原因受到伤害或者发生事故下落不明的”情形，临清市劳动局作出的《关于不予认定于建强死亡为工伤的决定》认定事实不清，适用法律错误，应予撤销。原审法院判决予以维持不当，应予以改判。

四、我院审判委员会意见

案经我院审判委员会研究，就职工因公外出期间死因不明的能否认定为工伤的问题形成两种不同意见。

第一种意见同意合议庭意见，认为职工因公外出期间死亡，虽然死因不明，但不能排除系由于工作原因导致死亡，且职工死亡发生在因公外出期间，应属于《工伤保险条例》第十四条第（五）项规定的“因工外出期间，由于工作原因受到伤害或者发生事故下落不明的”情形，应当认定为工伤。

第二种意见认为，职工因公外出期间死亡，但死因不明，不能认定职工的死亡系由于工作原因，不符合《工伤保险条例》第十四条第（五）项的规定，不应认定为工伤。

对本案如何适用法律，请给予批复。

二〇一〇年十二月二日

5.9.2.7 人力资源和社会保障部关于执行《工伤保险条例》若干问题的意见（人社部发［2013］34号）

第一条　《工伤保险条例》（以下简称《条例》）第十四条第（五）项规定的“因工外出期间”的认定，应当考虑职工外出是否属于用人单位指派的因工作外出，遭受的事故伤害是否因工作原因所致。

5.9.2.8 最高人民法院关于审理工伤保险行政案件若干问题的规定（法释［2014］9号）

第四条　社会保险行政部门认定下列情形为工伤的，人民法院应予支持：

（一）职工在工作时间和工作场所内受到伤害，用人单位或者社会保险行政部门没有证据证明是非工作原因导致的；

（二）职工参加用人单位组织或者受用人单位指派参加其他单位组织的活动受到伤害的；

（三）在工作时间内，职工来往于多个与其工作职责相关的工作场所之间的合理区域因工受到伤害的；

（四）其他与履行工作职责相关，在工作时间及合理区域内受到伤害的。

第五条　社会保险行政部门认定下列情形为“因工外出期间”的，人民法院应予支持：

（一）职工受用人单位指派或者因工作需要在工作场所以外从事与工作职责有关的活动期间；

（二）职工受用人单位指派外出学习或者开会期间；

（三）职工因工作需要的其他外出活动期间。

职工因工外出期间从事与工作或者受用人单位指派外出学习、开会无关的个人活动受到伤害，社会保险行政部门不认定为工伤的，人民法院应予支持。

5.9.2.9 人力资源社会保障部关于执行《工伤保险条例》若干问题的意见（二）（人社部发［2016］29号）

第四条　职工在参加用人单位组织或者受用人单位指派参加其他单位组织的活动中受到事故伤害的，应当视为工作原因，但参加与工作无关的活动除外。

第五条　职工因工作原因驻外，有固定的住所、有明确的作息时间，工伤认定时按照在驻在地当地正常工作的情形处理。

★ 地方性文件·广东省

5.9.2.10 广东省工伤保险条例（广东省第十一届人民代表大会常务委员会公告第69号 2012年1月起施行）

第二章 工伤认定

第九条 职工有下列情形之一的，应当认定为工伤：

（一）在工作时间和工作场所内，因工作原因受到事故伤害的；

（二）工作时间前后在工作场所内，从事与工作有关的预备性或者收尾性工作受到事故伤害的；

（三）在工作时间和工作场所内，因履行工作职责受到暴力等意外伤害的；

（四）患职业病的；

（五）因工外出期间，由于工作原因受到伤害或者发生事故下落不明的；

（六）在上下班途中，受到非本人主要责任的交通事故或者城市轨道交通、客运轮渡、火车事故伤害的；

（七）法律、行政法规规定应当认定为工伤的其他情形。

第十条 职工有下列情形之一的，视同工伤：

（一）在工作时间和工作岗位，突发疾病死亡或者在四十八小时之内经抢救无效死亡的；

（二）在抢险救灾等维护国家利益、公共利益活动中受到伤害的；

（三）因工作环境存在有毒有害物质或者在用人单位食堂就餐造成急性中毒而住院抢救治疗，并经县级以上卫生防疫部门验证的；

（四）由用人单位指派前往依法宣布为疫区的地方工作而感染疫病的；

（五）职工原在军队服役，因战、因公负伤致残，已取得革命伤残军人证，到用人单位后旧伤复发的。

职工有前款第一、二、三、四项情形的，按照本条例的有关规定享受工伤保险待遇；职工有前款第五项情形的，按照本条例的有关规定享受除一次性伤残补助金以外的工伤保险待遇。

5.9.3 醉酒、刑事犯罪等问题

★ 行政法规/部门规章/司法解释

5.9.3.1 实施《中华人民共和国社会保险法》若干规定（人力资源和社会保障部令第13号 2011年7月起施行）

第十条 社会保险法第三十七条第二项中的醉酒标准，按照《车辆驾驶人员血液、呼气酒精含量阈值与检验》（GB19522-2004）执行。公安机关交通管理部门、医疗机构等有关单位依法出具的检测结论、诊断证明等材料，可以作为认定醉酒的依据。

5.9.3.2 人力资源和社会保障部关于执行《工伤保险条例》若干问题的意见（人社部发［2013］34号）

第三条 《条例》第十六条第（一）项“故意犯罪”的认定，应当以司法机关的生效法律文书或者结论性意见为依据。

第四条 《条例》第十六条第（二）项“醉酒或者吸毒”的认定，应当以有关机关出具的法律文书或者人民法院的生效裁决为依据。无法获得上述证据的，可以结合相关证据认定。

5.9.3.3 最高人民法院关于审理工伤保险行政案件若干问题的规定（法释［2014］9号）

第一条 人民法院审理工伤认定行政案件，在认定是否存在《工伤保险条例》第十四条第（六）项“本人主要责任”、第十六条第（二）项“醉酒或者吸毒”和第十六条第（三）项“自残或者自杀”等情形时，应当以有权机构出具的事故责任认定书、结论性意见和人民法院生效裁判等法律文书为依据，但有相反证据足以推翻事故责任认定书和结论性意见的除外。

前述法律文书不存在或者内容不明确，社会保险行政部门就前款事实作出认定的，人民法院应当结合其提供的相关证据依法进行审查。

《工伤保险条例》第十六条第（一）项“故意犯罪”的认定，应当以刑事侦查机关、检察机关和审判机关的生效法律文书或者结论性意见为依据。

5.10 职业病相关

★ 法律

5.10.1 中华人民共和国职业病防治法（主席令第48号　2016年7月起施行）

（2001年10月27日第九届全国人民代表大会常务委员会第二十四次会议通过根据2011年12月31日第十一届全国人民代表大会常务委员会第二十四次会议《关于修改〈中华人民共和国职业病防治法〉的决定》第一次修正根据2016年7月2日第十二届全国人民代表大会常务委员会第二十一次会议《关于修改〈中华人民共和国节约能源法〉等六部法律的决定》第二次修正）

目　录

第一章　总　则

第一条　为了预防、控制和消除职业病危害，防治职业病，保护劳动者健康及其相关权益，促进经济社会发展，根据宪法，制定本法。

第二条　本法适用于中华人民共和国领域内的职业病防治活动。

本法所称职业病，是指企业、事业单位和个体经济组织等用人单位的劳动者在职业活动中，因接触粉尘、放射性物质和其他有毒、有害因素而引起的疾病。

职业病的分类和目录由国务院卫生行政部门会同国务院安全生产监督管理部门、劳动保障行政部门制定、调整并公布。

第三条　职业病防治工作坚持预防为主、防治结合的方针，建立用人单位负责、行政机关监管、行业自律、职工参与和社会监督的机制，实行分类管理、综合治理。

第四条　劳动者依法享有职业卫生保护的权利。

用人单位应当为劳动者创造符合国家职业卫生标准和卫生要求的工作环境和条件，并采取措施保障劳动者获得职业卫生保护。

工会组织依法对职业病防治工作进行监督，维护劳动者的合法权益。用人单位制定或者修改有关职业病防治的规章制度，应当听取工会组织的意见。

第五条　用人单位应当建立、健全职业病防治责任制，加强对职业病防治的管理，提高职业病防治水平，对本单位产生的职业病危害承担责任。

第六条　用人单位的主要负责人对本单位的职业病防治工作全面负责。

第七条　用人单位必须依法参加工伤保险。

国务院和县级以上地方人民政府劳动保障行政部门应当加强对工伤保险的监督管理，

确保劳动者依法享受工伤保险待遇。

第八条 国家鼓励和支持研制、开发、推广、应用有利于职业病防治和保护劳动者健康的新技术、新工艺、新设备、新材料，加强对职业病的机理和发生规律的基础研究，提高职业病防治科学技术水平；积极采用有效的职业病防治技术、工艺、设备、材料；限制使用或者淘汰职业病危害严重的技术、工艺、设备、材料。

国家鼓励和支持职业病医疗康复机构的建设。

第九条 国家实行职业卫生监督制度。

国务院安全生产监督管理部门、卫生行政部门、劳动保障行政部门依照本法和国务院确定的职责，负责全国职业病防治的监督管理工作。国务院有关部门在各自的职责范围内负责职业病防治的有关监督管理工作。

县级以上地方人民政府安全生产监督管理部门、卫生行政部门、劳动保障行政部门依据各自职责，负责本行政区域内职业病防治的监督管理工作。县级以上地方人民政府有关部门在各自的职责范围内负责职业病防治的有关监督管理工作。

县级以上人民政府安全生产监督管理部门、卫生行政部门、劳动保障行政部门（以下统称职业卫生监督管理部门）应当加强沟通，密切配合，按照各自职责分工，依法行使职权，承担责任。

第十条 国务院和县级以上地方人民政府应当制定职业病防治规划，将其纳入国民经济和社会发展计划，并组织实施。

县级以上地方人民政府统一负责、领导、组织、协调本行政区域的职业病防治工作，建立健全职业病防治工作体制、机制，统一领导、指挥职业卫生突发事件应对工作；加强职业病防治能力建设和服务体系建设，完善、落实职业病防治工作责任制。

乡、民族乡、镇的人民政府应当认真执行本法，支持职业卫生监督管理部门依法履行职责。

第十一条 县级以上人民政府职业卫生监督管理部门应当加强对职业病防治的宣传教育，普及职业病防治的知识，增强用人单位的职业病防治观念，提高劳动者的职业健康意识、自我保护意识和行使职业卫生保护权利的能力。

第十二条 有关防治职业病的国家职业卫生标准，由国务院卫生行政部门组织制定并公布。

国务院卫生行政部门应当组织开展重点职业病监测和专项调查，对职业健康风险进行评估，为制定职业卫生标准和职业病防治政策提供科学依据。

县级以上地方人民政府卫生行政部门应当定期对本行政区域的职业病防治情况进行统计和调查分析。

第十三条 任何单位和个人有权对违反本法的行为进行检举和控告。有关部门收到相关的检举和控告后，应当及时处理。

对防治职业病成绩显著的单位和个人，给予奖励。

第二章 前期预防

第十四条 用人单位应当依照法律、法规要求，严格遵守国家职业卫生标准，落实职业病预防措施，从源头上控制和消除职业病危害。

第十五条 产生职业病危害的用人单位的设立除应当符合法律、行政法规规定的设立条件外，其工作场所还应当符合下列职业卫生要求：

（一）职业病危害因素的强度或者浓度符合国家职业卫生标准；

（二）有与职业病危害防护相适应的设施；

（三）生产布局合理，符合有害与无害作业分开的原则；

（四）有配套的更衣间、洗浴间、孕妇休息间等卫生设施；

（五）设备、工具、用具等设施符合保护劳动者生理、心理健康的要求；

（六）法律、行政法规和国务院卫生行政部门、安全生产监督管理部门关于保护劳动者健康的其他要求。

第十六条 国家建立职业病危害项目申报制度。

用人单位工作场所存在职业病目录所列职业病的危害因素的，应当及时、如实向所在地安全生产监督管理部门申报危害项目，接受监督。

职业病危害因素分类目录由国务院卫生行政部门会同国务院安全生产监督管理部门制定、调整并公布。职业病危害项目申报的具体办法由国务院安全生产监督管理部门制定。

第十七条 新建、扩建、改建建设项目和技术改造、技术引进项目（以下统称建设项目）可能产生职业病危害的，建设单位在可行性论证阶段应当进行职业病危害预评价。

医疗机构建设项目可能产生放射性职业病危害的，建设单位应当向卫生行政部门提交放射性职业病危害预评价报告。卫生行政部门应当自收到预评价报告之日起三十日内，作出审核决定并书面通知建设单位。未提交预评价报告或者预评价报告未经卫生行政部门审核同意的，不得开工建设。

职业病危害预评价报告应当对建设项目可能产生的职业病危害因素及其对工作场所和劳动者健康的影响作出评价，确定危害类别和职业病防护措施。

建设项目职业病危害分类管理办法由国务院安全生产监督管理部门制定。

第十八条 建设项目的职业病防护设施所需费用应当纳入建设项目工程预算，并与主体工程同时设计，同时施工，同时投入生产和使用。

建设项目的职业病防护设施设计应当符合国家职业卫生标准和卫生要求；其中，医疗机构放射性职业病危害严重的建设项目的防护设施设计，应当经卫生行政部门审查同意后，方可施工。

建设项目在竣工验收前，建设单位应当进行职业病危害控制效果评价。

医疗机构可能产生放射性职业病危害的建设项目竣工验收时，其放射性职业病防护设施经卫生行政部门验收合格后，方可投入使用；其他建设项目的职业病防护设施应当由建设单位负责依法组织验收，验收合格后，方可投入生产和使用。安全生产监督管理部门应当加强对建设单位组织的验收活动和验收结果的监督核查。

第十九条 国家对从事放射性、高毒、高危粉尘等作业实行特殊管理。具体管理办法由国务院制定。

第三章 劳动过程中的防护与管理

第二十条 用人单位应当采取下列职业病防治管理措施：

（一）设置或者指定职业卫生管理机构或者组织，配备专职或者兼职的职业卫生管理人员，负责本单位的职业病防治工作；

（二）制定职业病防治计划和实施方案；

（三）建立、健全职业卫生管理制度和操作规程；

（四）建立、健全职业卫生档案和劳动者健康监护档案；

（五）建立、健全工作场所职业病危害因素监测及评价制度；

（六）建立、健全职业病危害事故应急救援预案。

第二十一条 用人单位应当保障职业病防治所需的资金投入，不得挤占、挪用，并对因资金投入不足导致的后果承担责任。

第二十二条 用人单位必须采用有效的职业病防护设施，并为劳动者提供个人使用的职业病防护用品。

用人单位为劳动者个人提供的职业病防护用品必须符合防治职业病的要求；不符合要求的，不得使用。

第二十三条 用人单位应当优先采用有利于防治职业病和保护劳动者健康的新技术、新工艺、新设备、新材料，逐步替代职业病危害严重的技术、工艺、设备、材料。

第二十四条 产生职业病危害的用人单位，应当在醒目位置设置公告栏，公布有关职业病防治的规章制度、操作规程、职业病危害事故应急救援措施和工作场所职业病危害因素检测结果。

对产生严重职业病危害的作业岗位，应当在其醒目位置，设置警示标识和中文警示说明。警示说明应当载明产生职业病危害的种类、后果、预防以及应急救治措施等内容。

第二十五条 对可能发生急性职业损伤的有毒、有害工作场所，用人单位应当设置报警装置，配置现场急救用品、冲洗设备、应急撤离通道和必要的泄险区。

对放射工作场所和放射性同位素的运输、贮存，用人单位必须配置防护设备和报警装置，保证接触放射线的工作人员佩戴个人剂量计。

对职业病防护设备、应急救援设施和个人使用的职业病防护用品，用人单位应当进行经常性的维护、检修，定期检测其性能和效果，确保其处于正常状态，不得擅自拆除或者停止使用。

第二十六条 用人单位应当实施由专人负责的职业病危害因素日常监测，并确保监测系统处于正常运行状态。

用人单位应当按照国务院安全生产监督管理部门的规定，定期对工作场所进行职业病危害因素检测、评价。检测、评价结果存入用人单位职业卫生档案，定期向所在地安全生产监督管理部门报告并向劳动者公布。

职业病危害因素检测、评价由依法设立的取得国务院安全生产监督管理部门或者设区的市级以上地方人民政府安全生产监督管理部门按照职责分工给予资质认可的职业卫生技术服务机构进行。职业卫生技术服务机构所作检测、评价应当客观、真实。

发现工作场所职业病危害因素不符合国家职业卫生标准和卫生要求时，用人单位应当立即采取相应治理措施，仍然达不到国家职业卫生标准和卫生要求的，必须停止存在职业病危害因素的作业；职业病危害因素经治理后，符合国家职业卫生标准和卫生要求的，方可重新作业。

第二十七条 职业卫生技术服务机构依法从事职业病危害因素检测、评价工作，接受安全生产监督管理部门的监督检查。安全生产监督管理部门应当依法履行监督职责。

第二十八条 向用人单位提供可能产生职业病危害的设备的，应当提供中文说明书，并在设备的醒目位置设置警示标识和中文警示说明。警示说明应当载明设备性能、可能产生的职业病危害、安全操作和维护注意事项、职业病防护以及应急救治措施等内容。

第二十九条 向用人单位提供可能产生职业病危害的化学品、放射性同位素和含有放射性物质的材料的，应当提供中文说明书。说明书应当载明产品特性、主要成分、存在的有害因素、可能产生的危害后果、安全使用注意事项、职业病防护以及应急救治措施等内容。产品包装应当有醒目的警示标识和中文警示说明。贮存上述材料的场所应当在规定的部位设置危险物品标识或者放射性警示标识。

国内首次使用或者首次进口与职业病危害有关的化学材料，使用单位或者进口单位按照国家规定经国务院有关部门批准后，应当向国务院卫生行政部门、安全生产监督管理部门报送该化学材料的毒性鉴定以及经有关部门登记注册或者批准进口的文件等资料。

进口放射性同位素、射线装置和含有放射性物质的物品的，按照国家有关规定办理。

第三十条 任何单位和个人不得生产、经营、进口和使用国家明令禁止使用的可能产生职业病危害的设备或者材料。

第三十一条 任何单位和个人不得将产生职业病危害的作业转移给不具备职业病防护条件的单位和个人。不具备职业病防护条件的单位和个人不得接受产生职业病危害的作业。

第三十二条 用人单位对采用的技术、工艺、设备、材料，应当知悉其产生的职业病危害，对有职业病危害的技术、工艺、设备、材料隐瞒其危害而采用的，对所造成的职业病危害后果承担责任。

第三十三条 用人单位与劳动者订立劳动合同（含聘用合同，下同）时，应当将工作过程中可能产生的职业病危害及其后果、职业病防护措施和待遇等如实告知劳动者，并在劳动合同中写明，不得隐瞒或者欺骗。

劳动者在已订立劳动合同期间因工作岗位或者工作内容变更，从事与所订立劳动合同中未告知的存在职业病危害的作业时，用人单位应当依照前款规定，向劳动者履行如实告知的义务，并协商变更原劳动合同相关条款。

用人单位违反前两款规定的，劳动者有权拒绝从事存在职业病危害的作业，用人单位不得因此解除与劳动者所订立的劳动合同。

第三十四条 用人单位的主要负责人和职业卫生管理人员应当接受职业卫生培训，遵守职业病防治法律、法规，依法组织本单位的职业病防治工作。

用人单位应当对劳动者进行上岗前的职业卫生培训和在岗期间的定期职业卫生培训，普及职业卫生知识，督促劳动者遵守职业病防治法律、法规、规章和操作规程，指导劳动者正确使用职业病防护设备和个人使用的职业病防护用品。

劳动者应当学习和掌握相关的职业卫生知识，增强职业病防范意识，遵守职业病防治法律、法规、规章和操作规程，正确使用、维护职业病防护设备和个人使用的职业病防护用品，发现职业病危害事故隐患应当及时报告。

劳动者不履行前款规定义务的，用人单位应当对其进行教育。

第三十五条 对从事接触职业病危害的作业的劳动者，用人单位应当按照国务院安全生产监督管理部门、卫生行政部门的规定组织上岗前、在岗期间和离岗时的职业健康检查，并将检查结果书面告知劳动者。职业健康检查费用由用人单位承担。

用人单位不得安排未经上岗前职业健康检查的劳动者从事接触职业病危害的作业；不

得安排有职业禁忌的劳动者从事其所禁忌的作业；对在职业健康检查中发现有与所从事的职业相关的健康损害的劳动者，应当调离原工作岗位，并妥善安置；对未进行离岗前职业健康检查的劳动者不得解除或者终止与其订立的劳动合同。

职业健康检查应当由省级以上人民政府卫生行政部门批准的医疗卫生机构承担。

第三十六条　用人单位应当为劳动者建立职业健康监护档案，并按照规定的期限妥善保存。

职业健康监护档案应当包括劳动者的职业史、职业病危害接触史、职业健康检查结果和职业病诊疗等有关个人健康资料。

劳动者离开用人单位时，有权索取本人职业健康监护档案复印件，用人单位应当如实、无偿提供，并在所提供的复印件上签章。

第三十七条　发生或者可能发生急性职业病危害事故时，用人单位应当立即采取应急救援和控制措施，并及时报告所在地安全生产监督管理部门和有关部门。安全生产监督管理部门接到报告后，应当及时会同有关部门组织调查处理；必要时，可以采取临时控制措施。卫生行政部门应当组织做好医疗救治工作。

对遭受或者可能遭受急性职业病危害的劳动者，用人单位应当及时组织救治、进行健康检查和医学观察，所需费用由用人单位承担。

第三十八条　用人单位不得安排未成年工从事接触职业病危害的作业；不得安排孕期、哺乳期的女职工从事对本人和胎儿、婴儿有危害的作业。

第三十九条　劳动者享有下列职业卫生保护权利：

（一）获得职业卫生教育、培训；

（二）获得职业健康检查、职业病诊疗、康复等职业病防治服务；

（三）了解工作场所产生或者可能产生的职业病危害因素、危害后果和应当采取的职业病防护措施；

（四）要求用人单位提供符合防治职业病要求的职业病防护设施和个人使用的职业病防护用品，改善工作条件；

（五）对违反职业病防治法律、法规以及危及生命健康的行为提出批评、检举和控告；

（六）拒绝违章指挥和强令进行没有职业病防护措施的作业；

（七）参与用人单位职业卫生工作的民主管理，对职业病防治工作提出意见和建议。

用人单位应当保障劳动者行使前款所列权利。因劳动者依法行使正当权利而降低其工资、福利等待遇或者解除、终止与其订立的劳动合同的，其行为无效。

第四十条　工会组织应当督促并协助用人单位开展职业卫生宣传教育和培训，有权对用人单位的职业病防治工作提出意见和建议，依法代表劳动者与用人单位签订劳动安全卫生专项集体合同，与用人单位就劳动者反映的有关职业病防治的问题进行协调并督促解决。

工会组织对用人单位违反职业病防治法律、法规，侵犯劳动者合法权益的行为，有权要求纠正；产生严重职业病危害时，有权要求采取防护措施，或者向政府有关部门建议采取强制性措施；发生职业病危害事故时，有权参与事故调查处理；发现危及劳动者生命健康的情形时，有权向用人单位建议组织劳动者撤离危险现场，用人单位应当立即作出处理。

第四十一条　用人单位按照职业病防治要求，用于预防和治理职业病危害、工作场所卫生检测、健康监护和职业卫生培训等费用，按照国家有关规定，在生产成本中据实列支。

第四十二条 职业卫生监督管理部门应当按照职责分工，加强对用人单位落实职业病防护管理措施情况的监督检查，依法行使职权，承担责任。

第四章 职业病诊断与职业病病人保障

第四十三条 医疗卫生机构承担职业病诊断，应当经省、自治区、直辖市人民政府卫生行政部门批准。省、自治区、直辖市人民政府卫生行政部门应当向社会公布本行政区域内承担职业病诊断的医疗卫生机构的名单。

承担职业病诊断的医疗卫生机构应当具备下列条件：

（一）持有《医疗机构执业许可证》；

（二）具有与开展职业病诊断相适应的医疗卫生技术人员；

（三）具有与开展职业病诊断相适应的仪器、设备；

（四）具有健全的职业病诊断质量管理制度。

承担职业病诊断的医疗卫生机构不得拒绝劳动者进行职业病诊断的要求。

第四十四条 劳动者可以在用人单位所在地、本人户籍所在地或者经常居住地依法承担职业病诊断的医疗卫生机构进行职业病诊断。

第四十五条 职业病诊断标准和职业病诊断、鉴定办法由国务院卫生行政部门制定。职业病伤残等级的鉴定办法由国务院劳动保障行政部门会同国务院卫生行政部门制定。

第四十六条 职业病诊断，应当综合分析下列因素：

（一）病人的职业史；

（二）职业病危害接触史和工作场所职业病危害因素情况；

（三）临床表现以及辅助检查结果等。

没有证据否定职业病危害因素与病人临床表现之间的必然联系的，应当诊断为职业病。

承担职业病诊断的医疗卫生机构在进行职业病诊断时，应当组织三名以上取得职业病诊断资格的执业医师集体诊断。

职业病诊断证明书应当由参与诊断的医师共同签署，并经承担职业病诊断的医疗卫生机构审核盖章。

第四十七条 用人单位应当如实提供职业病诊断、鉴定所需的劳动者职业史和职业病危害接触史、工作场所职业病危害因素检测结果等资料；安全生产监督管理部门应当监督检查和督促用人单位提供上述资料；劳动者和有关机构也应当提供与职业病诊断、鉴定有关的资料。

职业病诊断、鉴定机构需要了解工作场所职业病危害因素情况时，可以对工作场所进行现场调查，也可以向安全生产监督管理部门提出，安全生产监督管理部门应当在十日内组织现场调查。用人单位不得拒绝、阻挠。

第四十八条 职业病诊断、鉴定过程中，用人单位不提供工作场所职业病危害因素检测结果等资料的，诊断、鉴定机构应当结合劳动者的临床表现、辅助检查结果和劳动者的职业史、职业病危害接触史，并参考劳动者的自述、安全生产监督管理部门提供的日常监督检查信息等，作出职业病诊断、鉴定结论。

劳动者对用人单位提供的工作场所职业病危害因素检测结果等资料有异议，或者因劳动者的用人单位解散、破产，无用人单位提供上述资料的，诊断、鉴定机构应当提请安全生产监督管理部门进行调查，安全生产监督管理部门应当自接到申请之日起三十日内对存在异议的资料或者工作场所职业病危害因素情况作出判定；有关部门应当配合。

第四十九条 职业病诊断、鉴定过程中，在确认劳动者职业史、职业病危害接触史时，当事人对劳动关系、工种、工作岗位或者在岗时间有争议的，可以向当地的劳动人事争议仲裁委员会申请仲裁；接到申请的劳动人事争议仲裁委员会应当受理，并在三十日内作出裁决。

当事人在仲裁过程中对自己提出的主张，有责任提供证据。劳动者无法提供由用人单位掌握管理的与仲裁主张有关的证据的，仲裁庭应当要求用人单位在指定期限内提供；用人单位在指定期限内不提供的，应当承担不利后果。

劳动者对仲裁裁决不服的，可以依法向人民法院提起诉讼。

用人单位对仲裁裁决不服的，可以在职业病诊断、鉴定程序结束之日起十五日内依法向人民法院提起诉讼；诉讼期间，劳动者的治疗费用按照职业病待遇规定的途径支付。

第五十条 用人单位和医疗卫生机构发现职业病病人或者疑似职业病病人时，应当及时向所在地卫生行政部门和安全生产监督管理部门报告。确诊为职业病的，用人单位还应当向所在地劳动保障行政部门报告。接到报告的部门应当依法作出处理。

第五十一条 县级以上地方人民政府卫生行政部门负责本行政区域内的职业病统计报告的管理工作，并按照规定上报。

第五十二条 当事人对职业病诊断有异议的，可以向作出诊断的医疗卫生机构所在地地方人民政府卫生行政部门申请鉴定。

职业病诊断争议由设区的市级以上地方人民政府卫生行政部门根据当事人的申请，组织职业病诊断鉴定委员会进行鉴定。

当事人对设区的市级职业病诊断鉴定委员会的鉴定结论不服的，可以向省、自治区、直辖市人民政府卫生行政部门申请再鉴定。

第五十三条 职业病诊断鉴定委员会由相关专业的专家组成。

省、自治区、直辖市人民政府卫生行政部门应当设立相关的专家库，需要对职业病争议作出诊断鉴定时，由当事人或者当事人委托有关卫生行政部门从专家库中以随机抽取的方式确定参加诊断鉴定委员会的专家。

职业病诊断鉴定委员会应当按照国务院卫生行政部门颁布的职业病诊断标准和职业病诊断、鉴定办法进行职业病诊断鉴定，向当事人出具职业病诊断鉴定书。职业病诊断、鉴定费用由用人单位承担。

第五十四条 职业病诊断鉴定委员会组成人员应当遵守职业道德，客观、公正地进行诊断鉴定，并承担相应的责任。职业病诊断鉴定委员会组成人员不得私下接触当事人，不得收受当事人的财物或者其他好处，与当事人有利害关系的，应当回避。

人民法院受理有关案件需要进行职业病鉴定时，应当从省、自治区、直辖市人民政府卫生行政部门依法设立的相关的专家库中选取参加鉴定的专家。

第五十五条 医疗卫生机构发现疑似职业病病人时，应当告知劳动者本人并及时通知用人单位。

用人单位应当及时安排对疑似职业病病人进行诊断；在疑似职业病病人诊断或者医学观察期间，不得解除或者终止与其订立的劳动合同。

疑似职业病病人在诊断、医学观察期间的费用，由用人单位承担。

第五十六条 用人单位应当保障职业病病人依法享受国家规定的职业病待遇。

用人单位应当按照国家有关规定，安排职业病病人进行治疗、康复和定期检查。

用人单位对不适宜继续从事原工作的职业病病人，应当调离原岗位，并妥善安置。

用人单位对从事接触职业病危害的作业的劳动者，应当给予适当岗位津贴。

第五十七条 职业病病人的诊疗、康复费用，伤残以及丧失劳动能力的职业病病人的社会保障，按照国家有关工伤保险的规定执行。

第五十八条 职业病病人除依法享有工伤保险外，依照有关民事法律，尚有获得赔偿的权利的，有权向用人单位提出赔偿要求。

第五十九条 劳动者被诊断患有职业病，但用人单位没有依法参加工伤保险的，其医疗和生活保障由该用人单位承担。

第六十条 职业病病人变动工作单位，其依法享有的待遇不变。

用人单位在发生分立、合并、解散、破产等情形时，应当对从事接触职业病危害的作业的劳动者进行健康检查，并按照国家有关规定妥善安置职业病病人。

第六十一条 用人单位已经不存在或者无法确认劳动关系的职业病病人，可以向地方人民政府民政部门申请医疗救助和生活等方面的救助。

地方各级人民政府应当根据本地区的实际情况，采取其他措施，使前款规定的职业病病人获得医疗救治。

第五章 监督检查

第六十二条 县级以上人民政府职业卫生监督管理部门依照职业病防治法律、法规、国家职业卫生标准和卫生要求，依据职责划分，对职业病防治工作进行监督检查。

第六十三条 安全生产监督管理部门履行监督检查职责时，有权采取下列措施：

（一）进入被检查单位和职业病危害现场，了解情况，调查取证；

（二）查阅或者复制与违反职业病防治法律、法规的行为有关的资料和采集样品；

（三）责令违反职业病防治法律、法规的单位和个人停止违法行为。

第六十四条 发生职业病危害事故或者有证据证明危害状态可能导致职业病危害事故发生时，安全生产监督管理部门可以采取下列临时控制措施：

（一）责令暂停导致职业病危害事故的作业；

（二）封存造成职业病危害事故或者可能导致职业病危害事故发生的材料和设备；

（三）组织控制职业病危害事故现场。

在职业病危害事故或者危害状态得到有效控制后，安全生产监督管理部门应当及时解除控制措施。

第六十五条 职业卫生监督执法人员依法执行职务时，应当出示监督执法证件。

职业卫生监督执法人员应当忠于职守，秉公执法，严格遵守执法规范；涉及用人单位的秘密的，应当为其保密。

第六十六条 职业卫生监督执法人员依法执行职务时，被检查单位应当接受检查并予以支持配合，不得拒绝和阻碍。

第六十七条 卫生行政部门、安全生产监督管理部门及其职业卫生监督执法人员履行职责时，不得有下列行为：

（一）对不符合法定条件的，发给建设项目有关证明文件、资质证明文件或者予以批准；

（二）对已经取得有关证明文件的，不履行监督检查职责；

（三）发现用人单位存在职业病危害的，可能造成职业病危害事故，不及时依法采取控制措施；

（四）其他违反本法的行为。

第六十八条 职业卫生监督执法人员应当依法经过资格认定。

职业卫生监督管理部门应当加强队伍建设，提高职业卫生监督执法人员的政治、业务素质，依照本法和其他有关法律、法规的规定，建立、健全内部监督制度，对其工作人员执行法律、法规和遵守纪律的情况，进行监督检查。

第六章 法律责任

第六十九条 建设单位违反本法规定，有下列行为之一的，由安全生产监督管理部门和卫生行政部门依据职责分工给予警告，责令限期改正；逾期不改正的，处十万元以上五十万元以下的罚款；情节严重的，责令停止产生职业病危害的作业，或者提请有关人民政府按照国务院规定的权限责令停建、关闭：

（一）未按照规定进行职业病危害预评价的；

（二）医疗机构可能产生放射性职业病危害的建设项目未按照规定提交放射性职业病危害预评价报告，或者放射性职业病危害预评价报告未经卫生行政部门审核同意，开工建设的；

（三）建设项目的职业病防护设施未按照规定与主体工程同时设计、同时施工、同时投入生产和使用的；

（四）建设项目的职业病防护设施设计不符合国家职业卫生标准和卫生要求，或者医疗机构放射性职业病危害严重的建设项目的防护设施设计未经卫生行政部门审查同意擅自施工的；

（五）未按照规定对职业病防护设施进行职业病危害控制效果评价的；

（六）建设项目竣工投入生产和使用前，职业病防护设施未按照规定验收合格的。

第七十条 违反本法规定，有下列行为之一的，由安全生产监督管理部门给予警告，责令限期改正；逾期不改正的，处十万元以下的罚款：

（一）工作场所职业病危害因素检测、评价结果没有存档、上报、公布的；

（二）未采取本法第二十条规定的职业病防治管理措施的；

（三）未按照规定公布有关职业病防治的规章制度、操作规程、职业病危害事故应急救援措施的；

（四）未按照规定组织劳动者进行职业卫生培训，或者未对劳动者个人职业病防护采取指导、督促措施的；

（五）国内首次使用或者首次进口与职业病危害有关的化学材料，未按照规定报送毒性鉴定资料以及经有关部门登记注册或者批准进口的文件的。

第七十一条 用人单位违反本法规定，有下列行为之一的，由安全生产监督管理部门责令限期改正，给予警告，可以并处五万元以上十万元以下的罚款：

（一）未按照规定及时、如实向安全生产监督管理部门申报产生职业病危害的项目的；

（二）未实施由专人负责的职业病危害因素日常监测，或者监测系统不能正常监测的；

（三）订立或者变更劳动合同时，未告知劳动者职业病危害真实情况的；

（四）未按照规定组织职业健康检查、建立职业健康监护档案或者未将检查结果书面告知劳动者的；

（五）未依照本法规定在劳动者离开用人单位时提供职业健康监护档案复印件的。

第七十二条 用人单位违反本法规定，有下列行为之一的，由安全生产监督管理部门给予警告，责令限期改正，逾期不改正的，处五万元以上二十万元以下的罚款；情节严重的，责令停止产生职业病危害的作业，或者提请有关人民政府按照国务院规定的权限责令关闭：

（一）工作场所职业病危害因素的强度或者浓度超过国家职业卫生标准的；

（二）未提供职业病防护设施和个人使用的职业病防护用品，或者提供的职业病防护设施和个人使用的职业病防护用品不符合国家职业卫生标准和卫生要求的；

（三）对职业病防护设备、应急救援设施和个人使用的职业病防护用品未按照规定进行维护、检修、检测，或者不能保持正常运行、使用状态的；

（四）未按照规定对工作场所职业病危害因素进行检测、评价的；

（五）工作场所职业病危害因素经治理仍然达不到国家职业卫生标准和卫生要求时，未停止存在职业病危害因素的作业的；

（六）未按照规定安排职业病病人、疑似职业病病人进行诊治的；

（七）发生或者可能发生急性职业病危害事故时，未立即采取应急救援和控制措施或者未按照规定及时报告的；

（八）未按照规定在产生严重职业病危害的作业岗位醒目位置设置警示标识和中文警示说明的；

（九）拒绝职业卫生监督管理部门监督检查的；

（十）隐瞒、伪造、篡改、毁损职业健康监护档案、工作场所职业病危害因素检测评价结果等相关资料，或者拒不提供职业病诊断、鉴定所需资料的；

（十一）未按照规定承担职业病诊断、鉴定费用和职业病病人的医疗、生活保障费用的。

第七十三条 向用人单位提供可能产生职业病危害的设备、材料，未按照规定提供中文说明书或者设置警示标识和中文警示说明的，由安全生产监督管理部门责令限期改正，给予警告，并处五万元以上二十万元以下的罚款。

第七十四条 用人单位和医疗卫生机构未按照规定报告职业病、疑似职业病的，由有关主管部门依据职责分工责令限期改正，给予警告，可以并处一万元以下的罚款；弄虚作假的，并处二万元以上五万元以下的罚款；对直接负责的主管人员和其他直接责任人员，可以依法给予降级或者撤职的处分。

第七十五条 违反本法规定，有下列情形之一的，由安全生产监督管理部门责令限期治理，并处五万元以上三十万元以下的罚款；情节严重的，责令停止产生职业病危害的作业，或者提请有关人民政府按照国务院规定的权限责令关闭：

（一）隐瞒技术、工艺、设备、材料所产生的职业病危害而采用的；

（二）隐瞒本单位职业卫生真实情况的；

（三）可能发生急性职业损伤的有毒、有害工作场所、放射工作场所或者放射性同位素的运输、贮存不符合本法第二十五条规定的；

（四）使用国家明令禁止使用的可能产生职业病危害的设备或者材料的；

（五）将产生职业病危害的作业转移给没有职业病防护条件的单位和个人，或者没有职业病防护条件的单位和个人接受产生职业病危害的作业的；

（六）擅自拆除、停止使用职业病防护设备或者应急救援设施的；

（七）安排未经职业健康检查的劳动者、有职业禁忌的劳动者、未成年工或者孕期、哺乳期女职工从事接触职业病危害的作业或者禁忌作业的；

（八）违章指挥和强令劳动者进行没有职业病防护措施的作业的。

第七十六条 生产、经营或者进口国家明令禁止使用的可能产生职业病危害的设备或者材料的，依照有关法律、行政法规的规定给予处罚。

第七十七条 用人单位违反本法规定，已经对劳动者生命健康造成严重损害的，由安全生产监督管理部门责令停止产生职业病危害的作业，或者提请有关人民政府按照国务院规定的权限责令关闭，并处十万元以上五十万元以下的罚款。

第七十八条 用人单位违反本法规定，造成重大职业病危害事故或者其他严重后果，构成犯罪的，对直接负责的主管人员和其他直接责任人员，依法追究刑事责任。

第七十九条 未取得职业卫生技术服务资质认可擅自从事职业卫生技术服务的，或者医疗卫生机构未经批准擅自从事职业健康检查、职业病诊断的，由安全生产监督管理部门和卫生行政部门依据职责分工责令立即停止违法行为，没收违法所得；违法所得五千元以上的，并处违法所得二倍以上十倍以下的罚款；没有违法所得或者违法所得不足五千元的，并处五千元以上五万元以下的罚款；情节严重的，对直接负责的主管人员和其他直接责任人员，依法给予降级、撤职或者开除的处分。

第八十条 从事职业卫生技术服务的机构和承担职业健康检查、职业病诊断的医疗卫生机构违反本法规定，有下列行为之一的，由安全生产监督管理部门和卫生行政部门依据职责分工责令立即停止违法行为，给予警告，没收违法所得；违法所得五千元以上的，并处违法所得二倍以上五倍以下的罚款；没有违法所得或者违法所得不足五千元的，并处五千元以上二万元以下的罚款；情节严重的，由原认可或者批准机关取消其相应的资格；对直接负责的主管人员和其他直接责任人员，依法给予降级、撤职或者开除的处分；构成犯罪的，依法追究刑事责任：

（一）超出资质认可或者批准范围从事职业卫生技术服务或者职业健康检查、职业病诊断的；

（二）不按照本法规定履行法定职责的；

（三）出具虚假证明文件的。

第八十一条 职业病诊断鉴定委员会组成人员收受职业病诊断争议当事人的财物或者其他好处的，给予警告，没收收受的财物，可以并处三千元以上五万元以下的罚款，取消其担任职业病诊断鉴定委员会组成人员的资格，并从省、自治区、直辖市人民政府卫生行政部门设立的专家库中予以除名。

第八十二条 卫生行政部门、安全生产监督管理部门不按照规定报告职业病和职业病危害事故的，由上一级行政部门责令改正，通报批评，给予警告；虚报、瞒报的，对单位负责人、直接负责的主管人员和其他直接责任人员依法给予降级、撤职或者开除的处分。

第八十三条 县级以上地方人民政府在职业病防治工作中未依照本法履行职责，本行政区域出现重大职业病危害事故、造成严重社会影响的，依法对直接负责的主管人员和其他直接责任人员给予记大过直至开除的处分。

县级以上人民政府职业卫生监督管理部门不履行本法规定的职责，滥用职权、玩忽职守、徇私舞弊，依法对直接负责的主管人员和其他直接责任人员给予记大过或者降级的处分；造成职业病危害事故或者其他严重后果的，依法给予撤职或者开除的处分。

第八十四条 违反本法规定，构成犯罪的，依法追究刑事责任。

第七章 附 则

第八十五条 本法下列用语的含义：

职业病危害，是指对从事职业活动的劳动者可能导致职业病的各种危害。职业病危害因素包括：职业活动中存在的各种有害的化学、物理、生物因素以及在作业过程中产生的其他职业有害因素。

职业禁忌，是指劳动者从事特定职业或者接触特定职业病危害因素时，比一般职业人群更易于遭受职业病危害和罹患职业病或者可能导致原有自身疾病病情加重，或者在从事作业过程中诱发可能导致对他人生命健康构成危险的疾病的个人特殊生理或者病理状态。

第八十六条 本法第二条规定的用人单位以外的单位，产生职业病危害的，其职业病防治活动可以参照本法执行。

劳务派遣用工单位应当履行本法规定的用人单位的义务。

中国人民解放军参照执行本法的办法，由国务院、中央军事委员会制定。

第八十七条 对医疗机构放射性职业病危害控制的监督管理，由卫生行政部门依照本法的规定实施。

第八十八条 本法自2002年5月1日起施行。

5.10.2 中华人民共和国劳动合同法（主席令第73号 2012年12月修正）

第四十二条 【用人单位不得解除劳动合同的情形】劳动者有下列情形之一的，用人单位不得依照本法第四十条、第四十一条的规定解除劳动合同：

（一）从事接触职业病危害作业的劳动者未进行离岗前职业健康检查，或者疑似职业病病人在诊断或者医学观察期间的；

（二）在本单位患职业病或者因工负伤并被确认丧失或者部分丧失劳动能力的；

（三）患病或者非因工负伤，在规定的医疗期内的；

（四）女职工在孕期、产期、哺乳期的；

（五）在本单位连续工作满十五年，且距法定退休年龄不足五年的；

（六）法律、行政法规规定的其他情形。

★ 行政法规/部门规章/司法解释

5.10.3 企业职工患病或非因工负伤医疗期规定（劳部发［1994］479号）

第六条 企业职工非因工致残和经医生或医疗机构认定患有难以治疗的疾病，在医疗期内医疗终结，不能从事原工作，也不能从事用人单位另行安排的工作的，应当由劳动鉴定委员会参照工伤与职业病致残程度鉴定标准进行劳动能力的鉴定。被鉴定为一至四级的，应当退出劳动岗位，终止劳动关系，办理退休、退职手续，享受退休、退职待遇；被鉴定为五至十级的，医疗期内不得解除劳动合同。

第七条　企业职工非因工致残和经医生或医疗机构认定患有难以治疗的疾病，医疗期满，应当由劳动鉴定委员会参照工伤与职业病致残程度鉴定标准进行劳动能力的鉴定。被鉴定为一至四级的，应当退出劳动岗位，解除劳动关系，并办理退休、退职手续，享受退休、退职待遇。

5.10.4 关于贯彻执行《中华人民共和国劳动法》若干问题的意见（劳部发［1995］309号）

第七十八条　劳动者患职业病按照1987年由卫生部等部门发布的《职业病范围和职业病患者处理办法的规定》和所附的“职业病名单”（［87］卫防第60号）处理，经职业病诊断机构确诊并发给《职业病诊断证明书》，劳动行政部门据此确认工伤，并通知用人单位或者社会保险基金经办机构发给有关工伤保险待遇；劳动者因工负伤的，劳动行政部门根据企业的工伤事故报告和工伤者本人的申请，作出工伤认定，由社会保险基金经办机构或用人单位，发给有关工伤保险待遇。患职业病或工伤致残的，由当地劳动鉴定委员会按照劳动部《职工工伤和职业病致残程度鉴定标准》（劳险字［1992］6号）评定伤残等级和护理依赖程度。劳动鉴定委员会的伤残等级和护理依赖程度的结论，以医学检查、诊断结果为技术依据。

第七十九条　劳动者因工负伤或患职业病，用人单位应按国家和地方政府的规定进行工伤事故报告，或者经职业病诊断机构确诊进行职业病报告。用人单位和劳动者有权按规定向当地劳动行政部门报告。如果用人单位瞒报、漏报工作或职业病，工会、劳动者可以向劳动行政部门报告。经劳动行政部门确认后，用人单位或社会保险基金经办机构应补发工伤保险待遇。

第八十条　劳动者对劳动行政部门作出的工伤或职业病的确认意见不服，可依法提起行政复议或行政诉讼。

第八十一条　劳动者被认定患职业病或因工负伤后，对劳动鉴定委员会作出的伤残等级和护理依赖程度鉴定结论不服，可依法提起行政复议或行政诉讼。对劳动能力鉴定结论所依据的医学检查、诊断结果有异议的，可以要求复查诊断，复查诊断按各省、自治区和直辖市劳动鉴定委员会规定的程序进行。

5.10.5 最高院关于审理劳动争议案件适用法律若干问题的解释（二）（法释［2006］6号）

第六条　劳动者因为工伤、职业病，请求用人单位依法承担给予工伤保险待遇的争议，经劳动争议仲裁委员会仲裁后，当事人依法起诉的，人民法院应予受理。

第七条　下列纠纷不属于劳动争议：

（一）劳动者请求社会保险经办机构发放社会保险金的纠纷；

（二）劳动者与用人单位因住房制度改革产生的公有住房转让纠纷；

（三）劳动者对劳动能力鉴定委员会的伤残等级鉴定结论或者对职业病诊断鉴定委员会的职业病诊断鉴定结论的异议纠纷；

（四）家庭或者个人与家政服务人员之间的纠纷；

（五）个体工匠与帮工、学徒之间的纠纷；

（六）农村承包经营户与受雇人之间的纠纷。

5.10.6 最高人民法院研究室关于被告人阮某重大劳动安全事故案有关法律适用问题的答复（法研［2009］228号）

陕西省高级人民法院：

你院陕高法［2009］288号《关于被告人阮某重大劳动安全事故案有关法律适用问题的请示》收悉。经研究，答复如下：

用人单位违反职业病防治法的规定，职业病危害预防设施不符合国家规定，因而发生重大伤亡事故或者造成其他严重后果的，对直接负责的主管人员和其他直接责任人员，可以依照刑法第一百三十五条的规定，以重大劳动安全事故罪定罪处罚。

此复。

5.10.7 工伤认定办法（人力资源和社会保障部令第8号　2011年1月施行）

第四条　职工发生事故伤害或者按照职业病防治法规定被诊断、鉴定为职业病，所在单位应当自事故伤害发生之日或者被诊断、鉴定为职业病之日起30日内，向统筹地区社会保险行政部门提出工伤认定申请。遇有特殊情况，经报社会保险行政部门同意，申请时限可以适当延长。

第五条　用人单位未在规定的时限内提出工伤认定申请的，受伤害职工或者其近亲属、工会组织在事故伤害发生之日或者被诊断、鉴定为职业病之日起1年内，可以直接按照本办法第四条规定提出工伤认定申请。

第十三条　社会保险行政部门在进行工伤认定时，对申请人提供的符合国家有关规定的职业病诊断证明书或者职业病诊断鉴定书，不再进行调查核实。职业病诊断证明书或者职业病诊断鉴定书不符合国家规定的要求和格式的，社会保险行政部门可以要求出具证据部门重新提供。

5.10.8 工伤保险条例（国务院令第586号　2011年1月起施行）

第十四条　职工有下列情形之一的，应当认定为工伤：

（四）患职业病的；

第十七条　职工发生事故伤害或者按照职业病防治法规定被诊断、鉴定为职业病，所在单位应当自事故伤害发生之日或者被诊断、鉴定为职业病之日起30日内，向统筹地区社会保险行政部门提出工伤认定申请。遇有特殊情况，经报社会保险行政部门同意，申请时限可以适当延长。

用人单位未按前款规定提出工伤认定申请的，工伤职工或者其近亲属、工会组织在事故伤害发生之日或者被诊断、鉴定为职业病之日起1年内，可以直接向用人单位所在地统筹地区社会保险行政部门提出工伤认定申请。

按照本条第一款规定应当由省级社会保险行政部门进行工伤认定的事项，根据属地原则由用人单位所在地的设区的市级社会保险行政部门办理。

用人单位未在本条第一款规定的时限内提交工伤认定申请，在此期间发生符合本条例规定的工伤待遇等有关费用由该用人单位负担。

第十八条　提出工伤认定申请应当提交下列材料：

（一）工伤认定申请表；

（二）与用人单位存在劳动关系（包括事实劳动关系）的证明材料；

（三）医疗诊断证明或者职业病诊断证明书（或者职业病诊断鉴定书）。

工伤认定申请表应当包括事故发生的时间、地点、原因以及职工伤害程度等基本情况。

工伤认定申请人提供材料不完整的，社会保险行政部门应当一次性书面告知工伤认定申请人需要补正的全部材料。申请人按照书面告知要求补正材料后，社会保险行政部门应当受理。

第十九条 社会保险行政部门受理工伤认定申请后，根据审核需要可以对事故伤害进行调查核实，用人单位、职工、工会组织、医疗机构以及有关部门应当予以协助。职业病诊断和诊断争议的鉴定，依照职业病防治法的有关规定执行。对依法取得职业病诊断证明书或者职业病诊断鉴定书的，社会保险行政部门不再进行调查核实。

第三十条 职工因工作遭受事故伤害或者患职业病进行治疗，享受工伤医疗待遇。

第三十三条 职工因工作遭受事故伤害或者患职业病需要暂停工作接受工伤医疗的，在停工留薪期内，原工资福利待遇不变，由所在单位按月支付。

5.10.9 人力资源和社会保障部关于执行《工伤保险条例》若干问题的意见（人社部发［2013］34号）

第八条 曾经从事接触职业病危害作业、当时没有发现罹患职业病、离开工作岗位后被诊断或鉴定为职业病的符合下列条件的人员，可以自诊断、鉴定为职业病之日起一年内申请工伤认定，社会保险行政部门应当受理：

（一）办理退休手续后，未再从事接触职业病危害作业的退休人员；

（二）劳动或聘用合同期满后或者本人提出而解除劳动或聘用合同后，未再从事接触职业病危害作业的人员。

经工伤认定和劳动能力鉴定，前款第（一）项人员符合领取一次性伤残补助金条件的，按就高原则以本人退休前12个月平均月缴费工资或者确诊职业病前12个月的月平均养老金为基数计发。前款第（二）项人员被鉴定为一级至十级伤残、按《条例》规定应以本人工资作为基数享受相关待遇的，按本人终止或者解除劳动、聘用合同前12个月平均月缴费工资计发。

九、按照本意见第八条规定被认定为工伤的职业病人员，职业病诊断证明书（或职业病诊断鉴定书）中明确的用人单位，在该职工从业期间依法为其缴纳工伤保险费的，按《条例》的规定，分别由工伤保险基金和用人单位支付工伤保险待遇；未依法为该职工缴纳工伤保险费的，由用人单位按照《条例》规定的相关项目和标准支付待遇。

《劳务派遣暂行规定》（人力资源和社会保障部令第22号2014年3月起施行）

第十条 被派遣劳动者在用工单位因工作遭受事故伤害的，劳务派遣单位应当依法申请工伤认定，用工单位应当协助工伤认定的调查核实工作。劳务派遣单位承担工伤保险责任，但可以与用工单位约定补偿办法。

被派遣劳动者在申请进行职业病诊断、鉴定时，用工单位应当负责处理职业病诊断、鉴定事宜，并如实提供职业病诊断、鉴定所需的劳动者职业史和职业危害接触史、工作场所职业病危害因素检测结果等资料，劳务派遣单位应当提供被派遣劳动者职业病诊断、鉴定所需的其他材料。

★ 地方性文件·广东省

5.10.10 广东省高级人民法院、广东省劳动人事争议仲裁委员会关于印发《广东省高级人民法院广东省劳动人事争议仲裁委员会关于审理劳动人事争议案件若干问题的座谈会纪要》的通知（粤高法［2012］284号）

第四条 用人单位未为劳动者建立工伤保险关系，且用人单位以及受到事故伤害或者被诊断、鉴定为职业病的劳动者或者其近亲属、工会组织均未在法定期间申请工伤认定，以致社会保险行政部门不受理工伤认定申请，劳动者或者其近亲属请求用人单位支付工伤保险待遇的，劳动人事仲裁机构或人民法院应驳回劳动者或者其近亲属的申请或起诉，并告知其可另行主张人身损害赔偿，但用人单位对构成工伤无异议的除外。

第五条 劳动者因生产安全事故发生工伤或被诊断患有职业病，劳动者或者其近亲属已享受工伤保险待遇，又依据《最高人民法院关于确定民事侵权精神损害赔偿责任若干问题的解释》的规定向人民法院请求用人单位承担精神损害赔偿责任的，应予支持。

5.10.11 广州市中级人民法院关于审理劳动人事争议案件若干问题的研讨会纪要（2014年）

第九条 《中华人民共和国职业病防治法》第五十七条规定：用人单位对从事接触职业病危害的作业的劳动者，应当给予适当岗位津贴。鉴于岗位津贴并不是必须在工资结构中予以明确的项目，故除双方对岗位津贴有明确约定外，劳动者以此为由要求用人单位支付岗位津贴的，不予支持。

5.11 辅助器具相关

★ 法律

5.11.1 中华人民共和国社会保险法（主席令第35号　2011年7月起施行）

第三十八条　因工伤发生的下列费用，按照国家规定从工伤保险基金中支付：

（一）治疗工伤的医疗费用和康复费用；

（二）住院伙食补助费；

（三）到统筹地区以外就医的交通食宿费；

（四）安装配置伤残辅助器具所需费用；

（五）生活不能自理的，经劳动能力鉴定委员会确认的生活护理费；

（六）一次性伤残补助金和一至四级伤残职工按月领取的伤残津贴；

（七）终止或者解除劳动合同时，应当享受的一次性医疗补助金；

（八）因工死亡的，其遗属领取的丧葬补助金、供养亲属抚恤金和因工死亡补助金；

（九）劳动能力鉴定费。

★ 行政法规/部门规章/司法解释

5.11.2 工伤保险条例（国务院令第586号　2010年修正）

第三十二条　工伤职工因日常生活或者就业需要，经劳动能力鉴定委员会确认，可以安装假肢、矫形器、假眼、假牙和配置轮椅等辅助器具，所需费用按照国家规定的标准从工伤保险基金支付。

第四十七条　经办机构与医疗机构、辅助器具配置机构在平等协商的基础上签订服务协议，并公布签订服务协议的医疗机构、辅助器具配置机构的名单。具体办法由国务院社会保险行政部门分别会同国务院卫生行政部门、民政部门等部门制定。

第四十八条　经办机构按照协议和国家有关目录、标准对工伤职工医疗费用、康复费用、辅助器具费用的使用情况进行核查，并按时足额结算费用。

第五十条　社会保险行政部门、经办机构应当定期听取工伤职工、医疗机构、辅助器具配置机构以及社会各界对改进工伤保险工作的意见。

第五十五条　有下列情形之一的，有关单位或者个人可以依法申请行政复议，也可以依法向人民法院提起行政诉讼：

（一）申请工伤认定的职工或者其近亲属、该职工所在单位对工伤认定申请不予受理的决定不服的；

（二）申请工伤认定的职工或者其近亲属、该职工所在单位对工伤认定结论不服的；

（三）用人单位对经办机构确定的单位缴费费率不服的；

（四）签订服务协议的医疗机构、辅助器具配置机构认为经办机构未履行有关协议或者规定的；

（五）工伤职工或者其近亲属对经办机构核定的工伤保险待遇有异议的。

第五十九条　医疗机构、辅助器具配置机构不按服务协议提供服务的，经办机构可以解除服务协议。

经办机构不按时足额结算费用的，由社会保险行政部门责令改正；医疗机构、辅助器具配置机构可以解除服务协议。

第六十条 用人单位、工伤职工或者其近亲属骗取工伤保险待遇，医疗机构、辅助器具配置机构骗取工伤保险基金支出的，由社会保险行政部门责令退还，处骗取金额2倍以上5倍以下的罚款；情节严重，构成犯罪的，依法追究刑事责任。

5.11.3 工伤保险辅助器具配置管理办法（人力资源和社会保障部、民政部、国家卫生和计划生育委员会令第27号 2016年4月起施行）

《工伤保险辅助器具配置管理办法》已经人力资源社会保障部部务会、民政部部务会、国家卫生计生委委主任会议讨论通过，现予公布，自2016年4月1日起施行。

人力资源社会保障部部长 尹蔚民
民政部部长 李立国
国家卫生计生委主任 李 斌
2016年2月16日

第一章 总 则

第一条 为了规范工伤保险辅助器具配置管理，维护工伤职工的合法权益，根据《工伤保险条例》，制定本办法。

第二条 工伤职工因日常生活或者就业需要，经劳动能力鉴定委员会确认，配置假肢、矫形器、假眼、假牙和轮椅等辅助器具的，适用本办法。

第三条 人力资源社会保障行政部门负责工伤保险辅助器具配置的监督管理工作。民政、卫生计生等行政部门在各自职责范围内负责工伤保险辅助器具配置的有关监督管理工作。

社会保险经办机构（以下称经办机构）负责对申请承担工伤保险辅助器具配置服务的辅助器具装配机构和医疗机构（以下称工伤保险辅助器具配置机构）进行协议管理，并按照规定核付配置费用。

第四条 设区的市级（含直辖市的市辖区、县）劳动能力鉴定委员会（以下称劳动能力鉴定委员会）负责工伤保险辅助器具配置的确认工作。

第五条 省、自治区、直辖市人力资源社会保障行政部门负责制定工伤保险辅助器具配置机构评估确定办法。

经办机构按照评估确定办法，与工伤保险辅助器具配置机构签订服务协议，并向社会公布签订服务协议的工伤保险辅助器具配置机构（以下称协议机构）名单。

第六条 人力资源社会保障部根据社会经济发展水平、工伤职工日常生活和就业需要等，组织制定国家工伤保险辅助器具配置目录，确定配置项目、适用范围、最低使用年限等内容，并适时调整。

省、自治区、直辖市人力资源社会保障行政部门可以结合本地区实际，在国家目录确定的配置项目基础上，制定省级工伤保险辅助器具配置目录，适当增加辅助器具配置项目，并确定本地区辅助器具配置最高支付限额等具体标准。

第二章 确认与配置程序

第七条 工伤职工认为需要配置辅助器具的，可以向劳动能力鉴定委员会提出辅助器具配置确认申请，并提交下列材料：

（一）《工伤认定决定书》原件和复印件，或者其他确认工伤的文件；

（二）居民身份证或者社会保障卡等有效身份证明原件和复印件；

（三）有效的诊断证明、按照医疗机构病历管理有关规定复印或者复制的检查、检验报告等完整病历材料。

工伤职工本人因身体等原因无法提出申请的，可由其近亲属或者用人单位代为申请。

第八条 劳动能力鉴定委员会收到辅助器具配置确认申请后，应当及时审核；材料不完整的，应当自收到申请之日起5个工作日内一次性书面告知申请人需要补正的全部材料；材料完整的，应当在收到申请之日起60日内作出确认结论。伤情复杂、涉及医疗卫生专业较多的，作出确认结论的期限可以延长30日。

第九条 劳动能力鉴定委员会专家库应当配备辅助器具配置专家，从事辅助器具配置确认工作。

劳动能力鉴定委员会应当根据配置确认申请材料，从专家库中随机抽取3名或者5名专家组成专家组，对工伤职工本人进行现场配置确认。专家组中至少包括1名辅助器具配置专家、2名与工伤职工伤情相关的专家。

第十条 专家组根据工伤职工伤情，依据工伤保险辅助器具配置目录有关规定，提出是否予以配置的确认意见。专家意见不一致时，按照少数服从多数的原则确定专家组的意见。

劳动能力鉴定委员会根据专家组确认意见作出配置辅助器具确认结论。其中，确认予以配置的，应当载明确认配置的理由、依据和辅助器具名称等信息；确认不予配置的，应当说明不予配置的理由。

第十一条 劳动能力鉴定委员会应当自作出确认结论之日起20日内将确认结论送达工伤职工及其用人单位，并抄送经办机构。

第十二条 工伤职工收到予以配置的确认结论后，及时向经办机构进行登记，经办机构向工伤职工出具配置费用核付通知单，并告知下列事项：

（一）工伤职工应当到协议机构进行配置；

（二）确认配置的辅助器具最高支付限额和最低使用年限；

（三）工伤职工配置辅助器具超目录或者超出限额部分的费用，工伤保险基金不予支付。

第十三条 工伤职工可以持配置费用核付通知单，选择协议机构配置辅助器具。

协议机构应当根据与经办机构签订的服务协议，为工伤职工提供配置服务，并如实记录工伤职工信息、配置器具产品信息、最高支付限额、最低使用年限以及实际配置费用等配置服务事项。

前款规定的配置服务记录经工伤职工签字后，分别由工伤职工和协议机构留存。

第十四条 协议机构或者工伤职工与经办机构结算配置费用时，应当出具配置服务记录。经办机构核查后，应当按照工伤保险辅助器具配置目录有关规定及时支付费用。

第十五条 工伤职工配置辅助器具的费用包括安装、维修、训练等费用，按照规定由工伤保险基金支付。

经经办机构同意，工伤职工到统筹地区以外的协议机构配置辅助器具发生的交通、食宿费用，可以按照统筹地区人力资源社会保障行政部门的规定，由工伤保险基金支付。

第十六条 辅助器具达到规定的最低使用年限的，工伤职工可以按照统筹地区人力资源社会保障行政部门的规定申请更换。

工伤职工因伤情发生变化，需要更换主要部件或者配置新的辅助器具的，经向劳动能力鉴定委员会重新提出确认申请并经确认后，由工伤保险基金支付配置费用。

第三章 管理与监督

第十七条 辅助器具配置专家应当具备下列条件之一：

（一）具有医疗卫生中高级专业技术职务任职资格；

（二）具有假肢师或者矫形器师职业资格；

（三）从事辅助器具配置专业技术工作5年以上。

辅助器具配置专家应当具有良好的职业品德。

第十八条 工伤保险辅助器具配置机构的具体条件，由省、自治区、直辖市人力资源社会保障行政部门会同民政、卫生计生行政部门规定。

第十九条 经办机构与工伤保险辅助器具配置机构签订的服务协议，应当包括下列内容：

（一）经办机构与协议机构名称、法定代表人或者主要负责人等基本信息；

（二）服务协议期限；

（三）配置服务内容；

（四）配置费用结算；

（五）配置管理要求；

（六）违约责任及争议处理；

（七）法律、法规规定应当纳入服务协议的其他事项。

第二十条 配置的辅助器具应当符合相关国家标准或者行业标准。统一规格的产品或者材料等辅助器具在装配前应当由国家授权的产品质量检测机构出具质量检测报告，标注生产厂家、产品品牌、型号、材料、功能、出品日期、使用期和保修期等事项。

第二十一条 协议机构应当建立工伤职工配置服务档案，并至少保存至服务期限结束之日起两年。经办机构可以对配置服务档案进行抽查，并作为结算配置费用的依据之一。

第二十二条 经办机构应当建立辅助器具配置工作回访制度，对辅助器具装配的质量和服务进行跟踪检查，并将检查结果作为对协议机构的评价依据。

第二十三条 工伤保险辅助器具配置机构违反国家规定的辅助器具配置管理服务标准，侵害工伤职工合法权益的，由民政、卫生计生行政部门在各自监管职责范围内依法处理。

第二十四条 有下列情形之一的，经办机构不予支付配置费用：

（一）未经劳动能力鉴定委员会确认，自行配置辅助器具的；

（二）在非协议机构配置辅助器具的；

（三）配置辅助器具超目录或者超出限额部分的；

（四）违反规定更换辅助器具的。

第二十五条 工伤职工或者其近亲属认为经办机构未依法支付辅助器具配置费用，或者协议机构认为经办机构未履行有关协议的，可以依法申请行政复议或者提起行政诉讼。

第四章 法律责任

第二十六条 经办机构在协议机构管理和核付配置费用过程中收受当事人财物的，由人力资源社会保障行政部门责令改正，对直接负责的主管人员和其他直接责任人员依法给予处分；情节严重，构成犯罪的，依法追究刑事责任。

第二十七条 从事工伤保险辅助器具配置确认工作的组织或者个人有下列情形之一的，由人力资源社会保障行政部门责令改正，处2000元以上1万元以下的罚款；情节严重，构成犯罪的，依法追究刑事责任：

（一）提供虚假确认意见的；

（二）提供虚假诊断证明或者病历的；

（三）收受当事人财物的。

第二十八条 协议机构不按照服务协议提供服务的，经办机构可以解除服务协议，并按照服务协议追究相应责任。

经办机构不按时足额结算配置费用的，由人力资源社会保障行政部门责令改正；协议机构可以解除服务协议。

第二十九条 用人单位、工伤职工或者其近亲属骗取工伤保险待遇，辅助器具装配机构、医疗机构骗取工伤保险基金支出的，按照《工伤保险条例》第六十条的规定，由人力资源社会保障行政部门责令退还，处骗取金额2倍以上5倍以下的罚款；情节严重，构成犯罪的，依法追究刑事责任。

第五章 附 则

第三十条 用人单位未依法参加工伤保险，工伤职工需要配置辅助器具的，按照本办法的相关规定执行，并由用人单位支付配置费用。

第三十一条 本办法自2016年4月1日起施行。

5.11.4 人力资源社会保障部关于执行《工伤保险条例》若干问题的意见（二）（人社部发［2016］29号）

三、《工伤保险条例》第六十二条规定的“新发生的费用”，是指用人单位参加工伤保险前发生工伤的职工，在参加工伤保险后新发生的费用。其中由工伤保险基金支付的费用，按不同情况予以处理：

（一）因工受伤的，支付参保后新发生的工伤医疗费、工伤康复费、住院伙食补助费、统筹地区以外就医交通食宿费、辅助器具配置费、生活护理费、一级至四级伤残职工伤残津贴，以及参保后解除劳动合同时的一次性工伤医疗补助金；

（二）因工死亡的，支付参保后新发生的符合条件的供养亲属抚恤金。

★ 地方性文件·广东省

5.11.5 广东省高级人民法院、广东省劳动人事争议仲裁委员会关于印发《广东省高级人民法院广东省劳动人事争议仲裁委员会关于审理劳动人事争议案件若干问题的座谈会纪要》的通知（粤高法［2012］284号）

第六条 劳动者工伤由第三人侵权所致，第三人已承担侵权赔偿责任，劳动者或者其近亲属又请求用人单位支付工伤保险待遇的，用人单位所承担的工伤保险责任应扣除医疗费、辅助器具费和丧葬费。

第七条 用人单位未依法为劳动者缴纳工伤保险费，在劳动者发生工伤事故且与用人单位解除或终止劳动关系后，经劳动能力鉴定委员会确认需安装辅助器具，工伤职工请求一次性支付辅助器具更换费用的，应予支持。辅助器具更换费用的确定应以《广东省工伤康复服务项目及支付标准（试行）》规定的标准为依据，辅助器具更换周期的确定应以与统筹地区社会保险经办机构签订服务协议的辅助器具配制机构出具的意见为依据，计至工伤职工70周岁止。

第八条 无营业执照或者未经依法登记、备案的单位和被依法吊销营业执照或者撤销登记、备案的单位的职工以及用人单位使用的童工发生工伤事故，确需安装辅助器具，除《非法用工单位伤亡人员一次性赔偿办法》规定的一次性赔偿金外，职工及童工请求一次性支付辅助器具安装和更换费用的，应予支持。辅助器具安装和更换费用的确定应以《广东省工伤康复服务项目及支付标准（试行）》规定的标准为依据，辅助器具更换周期的确定应以与统筹地区社会保险经办机构签订服务协议的辅助器具配制机构出具的意见为依据，计至职工或童工70周岁止。

★地方性文件·上海市

5.11.6 上海市工伤保险实施办法（上海市人民政府令第93号公布 2013年1月起施行）

第三十六条 【辅助器具配置】工伤人员因日常生活或者就业需要，经鉴定委员会确认，应当选择到与社保经办机构签订服务协议的辅助器具配置机构安装假肢、矫形器、假眼、假牙和配置轮椅等辅助器具，所需费用符合国家和本市辅助器具安装配置项目和标准的，从工伤保险基金支付，并由社保经办机构与辅助器具配置机构结算。

5.11.7 上海市工伤保险辅助器具配置管理办法（沪人社福发［2014］45号）

第一条 为了维护工伤人员的合法权益，规范工伤保险辅助器具配置管理，提高工伤保险服务水平，根据《工伤保险条例》和《上海市工伤保险实施办法》，制定本办法。

第二条 本办法所称的工伤保险辅助器具（以下简称辅助器具）是指为替代或者补偿工伤人员因工伤造成身体功能缺失，恢复或者提高生活自理能力、就业能力所配置的辅助性器具。

第三条 经本市区县人力资源和社会保障局认定为工伤，且因工伤造成残疾或者身体功能缺失，经确认需要配置辅助器具的人员适用本办法。

第四条 市人力资源和社会保障局（以下简称市人社局）负责制定本市辅助器具配置的相关政策，确定本市辅助器具配置项目和费用标准，对本市辅助器具协议配置机构（以下简称协议配置机构）执行服务协议以及配置费用的使用情况进行监督检查。

市社会保险事业管理中心（以下简称社保经办机构）根据本市行业协会等推荐，按照公开、公平的原则，对申请承担辅助器具配置服务的机构资格条件进行审核确定，与协议配置机构签订服务协议并向社会公布，对协议配置机构提供的服务和辅助器具质量进行评估，审核辅助器具配置费用，与协议配置机构结算费用。

市、区县劳动能力鉴定委员会（以下简称劳鉴委）负责工伤人员辅助器具配置的确认工作。市劳鉴委负责的辅助器具配置确认工作委托市劳动能力鉴定中心承担。

第五条 协议配置机构应当在本市工商行政部门注册登记，并在本市行政区域内经营；符合国家辅助器具配置行业主管部门的资质规定；遵守工伤保险法律法规，严格执行国家和本市辅助器具配置政策，并按服务协议提供配置服务。

第六条 工伤人员因日常生活或者就业需要配置辅助器具的，由劳鉴委在对工伤人员进行劳动能力鉴定时予以确认，并出具《配置工伤保险辅助器具确认书》。

第七条 工伤人员在劳动能力鉴定前因伤情需要配置辅助器具的，可以携带《配置工伤保险辅助器具申请表》、《认定工伤决定书》、医疗诊断证明等材料，向用人单位注册地的区县劳鉴委提出配置辅助器具确认申请，其中职业病人员配置辅助器具确认的申请向市劳鉴委提出。

劳鉴委应当自受理申请之日起30日内，根据工伤人员伤残情况作出确认意见，出具《配置工伤保险辅助器具确认书》，并应当自作出确认意见之日起15日内分别送达工伤人员、用人单位。

第八条 工伤人员可以自主选择协议配置机构，并持《配置工伤保险辅助器具确认书》办理配置手续。

协议配置机构收到《配置工伤保险辅助器具确认书》后，应当核对工伤人员的身份信息和以往辅助器具配置信息，按照《上海市工伤保险辅助器具配置目录》的规定，及时为工伤人员配置辅助器具。

第九条 工伤人员配置的辅助器具到达规定的最低使用年限的，可以持原《配置工伤保险辅助器具确认书》按本办法第八条规定进行更换。

工伤人员因伤残情况发生变化需要配置辅助器具，或者原配置的辅助器具无法继续使用需要重新配置的，按照本办法第七条规定办理确认手续。

第十条 工伤人员按照《上海市工伤保险辅助器具配置目录》规定配置辅助器具的费用，从工伤保险基金支付，并由社保经办机构按规定与协议配置机构结算。

辅助器具在规定最低使用年限内因质量或者服务发生问题的，由协议配置机构承担相应责任；辅助器具因工伤人员自身使用不当发生问题的，由工伤人员承担相应责任。

辅助器具配置费用包括安装、维修、培训、更换配件的费用。

第十一条 工伤人员配置假牙等辅助器具的，应当在本市定点医疗机构配置，配置程序按照本办法规定执行，费用按《上海市工伤保险辅助器具配置目录》规定的标准报销。

第十二条 《上海市工伤保险辅助器具配置目录》由市人社局根据国家《工伤保险辅助器具配置目录》、本市社会经济发展水平和工伤保险基金支付能力等情况制定并适时调整。

第十三条 协议配置机构、本市定点医疗机构违反本办法规定，擅自超出配置项目范围和最高限额标准配置辅助器具的费用，由协议配置机构、本市定点医疗机构承担。工伤人员要求超出配置项目范围和最高限额标准配置辅助器具的费用，由工伤人员承担。

第十四条 协议配置机构、本市定点医疗机构违反本办法等有关规定，或未按服务协议提供相应服务的，由社保经办机构提出限期整改意见；情节严重的，社保经办机构可以解除服务协议。

社保经办机构不按时足额结算费用的，由市人社局责令改正；协议配置机构、本市定点医疗机构可以解除服务协议。

第十五条 用人单位应当参加而未参加工伤保险期间，或未按规定缴纳工伤保险费期间，工伤人员按照本办法规定配置辅助器具的费用，由用人单位按照本办法的规定支付。

第十六条 协议配置机构、本市定点医疗机构、用人单位、工伤人员或者其近亲属等骗取工伤保险基金支出的，由市人社局责令退还，处骗取金额2倍以上5倍以下的罚款；情节严重，构成犯罪的，依法追究刑事责任。

第十七条 本办法自2014年12月1日起施行，有效期为5年。以往本市有关规定与本办法不一致的，以本办法为准。

本办法实施前已经配置辅助器具的工伤人员，在到达规定的最低使用年限后需要更换辅助器具的，按本办法规定执行。

5.12 非法用工赔偿

★ 行政法规/部门规章/司法解释

5.12.1 非法用工单位伤亡人员一次性赔偿办法（人力资源和社会保障部令第9号　2011年1月起施行）

新修订的《非法用工单位伤亡人员一次性赔偿办法》已经人力资源和社会保障部第56次部务会议通过，现予公布，自2011年1月1日起施行。劳动和社会保障部2003年9月23日颁布的《非法用工单位伤亡人员一次性赔偿办法》同时废止。

部长：尹蔚民

二〇一〇年十二月三十一日

第一条　根据《工伤保险条例》第六十六条第一款的授权，制定本办法。

第二条　本办法所称非法用工单位伤亡人员，是指无营业执照或者未经依法登记、备案的单位以及被依法吊销营业执照或者撤销登记、备案的单位受到事故伤害或者患职业病的职工，或者用人单位使用童工造成的伤残、死亡童工。

前款所列单位必须按照本办法的规定向伤残职工或者死亡职工的近亲属、伤残童工或者死亡童工的近亲属给予一次性赔偿。

第三条　一次性赔偿包括受到事故伤害或者患职业病的职工或童工在治疗期间的费用和一次性赔偿金。一次性赔偿金数额应当在受到事故伤害或者患职业病的职工或童工死亡或者经劳动能力鉴定后确定。

劳动能力鉴定按照属地原则由单位所在地设区的市级劳动能力鉴定委员会办理。劳动能力鉴定费用由伤亡职工或童工所在单位支付。

第四条　职工或童工受到事故伤害或者患职业病，在劳动能力鉴定之前进行治疗期间的生活费按照统筹地区上年度职工月平均工资标准确定，医疗费、护理费、住院期间的伙食补助费以及所需的交通费等费用按照《工伤保险条例》规定的标准和范围确定，并全部由伤残职工或童工所在单位支付。

第五条　一次性赔偿金按照以下标准支付：

一级伤残的为赔偿基数的16倍，二级伤残的为赔偿基数的14倍，三级伤残的为赔偿基数的12倍，四级伤残的为赔偿基数的10倍，五级伤残的为赔偿基数的8倍，六级伤残的为赔偿基数的6倍，七级伤残的为赔偿基数的4倍，八级伤残的为赔偿基数的3倍，九级伤残的为赔偿基数的2倍，十级伤残的为赔偿基数的1倍。

前款所称赔偿基数，是指单位所在工伤保险统筹地区上年度职工年平均工资。

第六条　受到事故伤害或者患职业病造成死亡的，按照上一年度全国城镇居民人均可支配收入的20倍支付一次性赔偿金，并按照上一年度全国城镇居民人均可支配收入的10倍一次性支付丧葬补助等其他赔偿金。

第七条　单位拒不支付一次性赔偿的，伤残职工或者死亡职工的近亲属、伤残童工或者死亡童工的近亲属可以向人力资源和社会保障行政部门举报。经查证属实的，人力资源和社会保障行政部门应当责令该单位限期改正。

第八条　伤残职工或者死亡职工的近亲属、伤残童工或者死亡童工的近亲属就赔偿数额与单位发生争议的，按照劳动争议处理的有关规定处理。

第九条 本办法自2011年1月1日起施行。劳动和社会保障部2003年9月23日颁布的《非法用工单位伤亡人员一次性赔偿办法》同时废止。

★ 地方性文件·广东省

5.12.2 广东省高级人民法院、广东省劳动人事争议仲裁委员会关于印发《广东省高级人民法院广东省劳动人事争议仲裁委员会关于审理劳动人事争议案件若干问题的座谈会纪要》的通知（粤高法［2012］284号）

第八条 无营业执照或者未经依法登记、备案的单位和被依法吊销营业执照或者撤销登记、备案的单位的职工以及用人单位使用的童工发生工伤事故，确需安装辅助器具，除《非法用工单位伤亡人员一次性赔偿办法》规定的一次性赔偿金外，职工及童工请求一次性支付辅助器具安装和更换费用的，应予支持。辅助器具安装和更换费用的确定应以《广东省工伤康复服务项目及支付标准（试行）》规定的标准为依据，辅助器具更换周期的确定应以与统筹地区社会保险经办机构签订服务协议的辅助器具配制机构出具的意见为依据，计至职工或童工70周岁止。

第十三条 发包单位将建设工程非法发包给不具有用工主体资格的实际施工人或者承包单位将承包的建设工程非法转包、分包给不具有用工主体资格的实际施工人，实际施工人招用的劳动者请求确认其与具有用工主体资格的发包单位或者承包单位存在劳动关系的，不予支持，但社会保险行政部门已认定工伤的除外。劳动者依照《广东省工资支付条例》第三十二条、第三十三条或《劳动合同法》第九十四条与《非法用工单位伤亡人员一次性赔偿办法》直接主张由发包单位或者承包单位与实际施工人连带承担相应法律责任的，应予支持。

5.12.3 深圳市中级人民法院关于审理劳动争议案件的裁判指引（2015年）

第五十八条 个人承包、挂靠他人经营或借用他人营业执照经营的，承包人、挂靠人或借用人招用的劳动者请求确认其与具有用工主体资格的发包人、被挂靠人或被借用人存在劳动关系的，不予支持，但社会保险行政部门已认定工伤的除外。劳动者依据《广东省工资支付条例》第三十二条、第三十三条或《劳动合同法》第九十四条与《非法用工单位伤亡人员一次性赔偿办法》直接主张由发包人、被挂靠人或被借用人与承包人、挂靠人或借用人连带承担相应法律责任的，应予支持。

5.12.4 广东省高级人民法院印发《广东省高级人民法院关于审理劳动争议案件疑难问题的解答》的通知（粤高法［2017］147号 2017年8月1日实施）

11. 非法用工单位伤亡人员能否直接向人民法院起诉要求用工单位支付一次性赔偿？

非法用工单位伤亡人员（含死亡职工的近亲属）依据相关行政部门出具的非法用工处理意见要求单位支付一次性赔偿的，予以支持。非法用工单位伤亡人员不能提供相关行政部门出具的非法用工处理意见，人民法院可以根据查明的事实及《非法用工单位伤亡人员一次性赔偿办法》的规定认定非法用工关系是否成立，并据此认定非法用工单位应承担的赔偿责任。

第六章 

工会相关

导读：本章节主要收录的工会相关条文，因企业在用工当中，较为常有的环节为工会组织及权力部分、工会经费和财产部分，为此，本章节按照总分的方式进行编排，将工会相关的条文进行汇总，放置在第一点，作为综合部分，确保法条的全面性，另外，将工会组织及权力部分、工会经费和财产部分，在综合部分中抽取出来，成为本章节的第二点以及第三点，方便读者能快速查询到所需内容，确保了便捷性。

最后，就本章节收录的条文，笔者已编制了相应的目录及表格，对关键性事项进行简要性列举，方便读者有基本的了解。

目　录

第六章　工会相关	
工会组织	1. 各级工会委员会由会员大会或者会员代表大会民主选举产生。企业主要负责人的近亲属不得作为本企业基层工会委员会成员的人选[6.2.1]；
	2. 基层工会委员会每届任期三年或者五年。各级地方总工会委员会和产业工会委员会每届任期五年[6.2.1]；
	3. 基层工会委员会定期召开会员大会或者会员代表大会，讨论决定工会工作的重大问题。经基层工会委员会或者三分之一以上的工会会员提议，可以临时召开会员大会或者会员代表大会[6.2.1]；
	4. 企业行政负责人（含行政副职）、合伙人及其近亲属，人力资源部门负责人，外籍职工不得作为本企业工会主席候选人[6.2.3]；
	5. 工会基层组织的会员大会或者会员代表大会，每年至少召开一次。经基层工会委员会或者三分之一以上的工会会员提议，可以临时召开会员大会或者会员代表大会。工会会员在一百人以下的基层工会应当召开会员大会[6.2.4]；
	6. 企业召开职工代表大会的，职工代表人数按照不少于全体职工人数的百分之五确定，最少不少于三十人。职工代表人数超过一百人的，超出的代表人数可以由企业与工会协商确定[6.2.5]；
	7. 职工代表大会的代表由工人、技术人员、管理人员、企业领导人员和其他方面的职工组成。其中，企业中层以上管理人员和领导人员一般不得超过职工代表总人数的百分之二十[6.2.5]。

续表

<table>
<tr><td rowspan="4">工会权力</td><td>1. 企业、事业单位研究经营管理和发展的重大问题应当听取工会的意见；召开讨论有关工资、福利、劳动安全卫生、社会保险等涉及职工切身利益的会议，必须有工会代表参加。企业、事业单位应当支持工会依法开展工作，工会应当支持企业、事业单位依法行使经营管理权[6.2.1]。</td></tr>
<tr><td>2. 工会会员大会或者会员代表大会的职权是：
（一）审议和批准工会基层委员会的工作报告。
（二）审议和批准工会基层委员会的经费收支情况报告和经费审查委员会的工作报告。
（三）选举工会基层委员会和经费审查委员会。
（四）撤换或者罢免其所选举的代表或者工会委员会组成人员。
（五）讨论决定工会工作的重大问题[6.2.4]。</td></tr>
<tr><td>3. 企业工会委员会是职工代表大会的工作机构，负责职工代表大会的日常工作，履行下列职责：
（一）提出职工代表大会代表选举方案，组织职工选举职工代表和代表团（组）长；
（二）征集职工代表提案，提出职工代表大会议题的建议；
（三）负责职工代表大会会议的筹备和组织工作，提出职工代表大会的议程建议；
（四）提出职工代表大会主席团组成方案和组成人员建议名单；提出专门委员会（小组）的设立方案和组成人员建议名单；
（五）向职工代表大会报告职工代表大会决议的执行情况和职工代表大会提案的办理情况、厂务公开的实行情况等；
（六）在职工代表大会闭会期间，负责组织专门委员会（小组）和职工代表就企业职工代表大会决议的执行情况和职工代表大会提案的办理情况、厂务公开的实行情况等，开展巡视、检查、质询等监督活动；
（七）受理职工代表的申诉和建议，维护职工代表的合法权益；
（八）向职工进行民主管理的宣传教育，组织职工代表开展学习和培训，提高职工代表素质；
（九）建立和管理职工代表大会工作档案[6.2.5]。</td></tr>
<tr><td>4. 职工代表享有下列权利：
（一）选举权、被选举权和表决权；
（二）参加职工代表大会及其工作机构组织的民主管理活动；
（三）对企业领导人员进行评议和质询；
（四）在职工代表大会闭会期间对企业执行职工代表大会决议情况进行监督、检查[6.2.5]。</td></tr>
</table>

续表

经费	1. 建立工会组织的企业、事业单位、机关按每月全部职工工资总额的百分之二向工会拨缴的经费[6.2.1]；
	2. 工会的财产、经费和国家拨给工会使用的不动产，任何组织和个人不得侵占、挪用和任意调拨[6.2.1]；
	3. 各级工会经费收支情况应当由同级工会经费审查委员会审查，并且定期向会员大会或者会员代表大会报告，接受监督。工会会员大会或者会员代表大会有权对经费使用情况提出意见。工会经费的使用应当依法接受国家的监督[6.2.1]。
法律责任	违反工会法规定，有下列情形之一的：（1）职工因参加工会活动而被解除劳动合同的；（2）工会工作人员因履行本法规定的职责而被解除劳动合同的；由劳动行政部门责令恢复其工作，并补发被解除劳动合同期间应得的报酬，或者责令给予本人年收入二倍的赔偿[6.1.1]。

6.1 综　合

★ 法律

6.1.1 中华人民共和国工会法（主席令第18号　2001年10月修正）

目　录

第一章　总　则

第一条　为保障工会在国家政治、经济和社会生活中的地位，确定工会的权利与义务，发挥工会在社会主义现代化建设事业中的作用，根据宪法，制定本法。

第二条　工会是职工自愿结合的工人阶级的群众组织。

中华全国总工会及其各工会组织代表职工的利益，依法维护职工的合法权益。

第三条　在中国境内的企业、事业单位、机关中以工资收入为主要生活来源的体力劳动者和脑力劳动者，不分民族、种族、性别、职业、宗教信仰、教育程度，都有依法参加和组织工会的权利。任何组织和个人不得阻挠和限制。

第四条　工会必须遵守和维护宪法，以宪法为根本的活动准则，以经济建设为中心，坚持社会主义道路、坚持人民民主专政、坚持中国共产党的领导、坚持马克思列宁主义毛泽东思想邓小平理论，坚持改革开放，依照工会章程独立自主地开展工作。

工会会员全国代表大会制定或者修改《中国工会章程》，章程不得与宪法和法律相抵触。国家保护工会的合法权益不受侵犯。

第五条　工会组织和教育职工依照宪法和法律的规定行使民主权利，发挥国家主人翁的作用，通过各种途径和形式，参与管理国家事务、管理经济和文化事业、管理社会事务；协助人民政府开展工作，维护工人阶级领导的、以工农联盟为基础的人民民主专政的社会主义国家政权。

第六条　维护职工合法权益是工会的基本职责。工会在维护全国人民总体利益的同时，代表和维护职工的合法权益。

工会通过平等协商和集体合同制度，协调劳动关系，维护企业职工劳动权益。

工会依照法律规定通过职工代表大会或者其他形式，组织职工参与本单位的民主决策、民主管理和民主监督。

工会必须密切联系职工，听取和反映职工的意见和要求，关心职工的生活，帮助职工解决困难，全心全意为职工服务。

第七条　工会动员和组织职工积极参加经济建设，努力完成生产任务和工作任务。教育职工不断提高思想道德、技术业务和科学文化素质，建设有理想、有道德、有文化、有纪律的职工队伍。

第八条 中华全国总工会根据独立、平等、互相尊重、互不干涉内部事务的原则，加强同各国工会组织的友好合作关系。

第二章 工会组织

第九条 工会各级组织按照民主集中制原则建立。

各级工会委员会由会员大会或者会员代表大会民主选举产生。企业主要负责人的近亲属不得作为本企业基层工会委员会成员的人选。

各级工会委员会向同级会员大会或者会员代表大会负责并报告工作，接受其监督。

工会会员大会或者会员代表大会有权撤换或者罢免其所选举的代表或者工会委员会组成人员。

上级工会组织领导下级工会组织。

第十条 企业、事业单位、机关有会员二十五人以上的，应当建立基层工会委员会；不足二十五人的，可以单独建立基层工会委员会，也可以由两个以上单位的会员联合建立基层工会委员会，也可以选举组织员一人，组织会员开展活动。女职工人数较多的，可以建立工会女职工委员会，在同级工会领导下开展工作；女职工人数较少的，可以在工会委员会中设女职工委员。

企业职工较多的乡镇、城市街道，可以建立基层工会的联合会。

县级以上地方建立地方各级总工会。

同一行业或者性质相近的几个行业，可以根据需要建立全国的或者地方的产业工会。

全国建立统一的中华全国总工会。

第十一条 基层工会、地方各级总工会、全国或者地方产业工会组织的建立，必须报上一级工会批准。

上级工会可以派员帮助和指导企业职工组建工会，任何单位和个人不得阻挠。

第十二条 任何组织和个人不得随意撤销、合并工会组织。

基层工会所在的企业终止或者所在的事业单位、机关被撤销，该工会组织相应撤销，并报告上一级工会。

依前款规定被撤销的工会，其会员的会籍可以继续保留，具体管理办法由中华全国总工会制定。

第十三条 职工二百人以上的企业、事业单位的工会，可以设专职工会主席。工会专职工作人员的人数由工会与企业、事业单位协商确定。

第十四条 中华全国总工会、地方总工会、产业工会具有社会团体法人资格。

基层工会组织具备民法通则规定的法人条件的，依法取得社会团体法人资格。

第十五条 基层工会委员会每届任期三年或者五年。各级地方总工会委员会和产业工会委员会每届任期五年。

第十六条 基层工会委员会定期召开会员大会或者会员代表大会，讨论决定工会工作的重大问题。经基层工会委员会或者三分之一以上的工会会员提议，可以临时召开会员大会或者会员代表大会。

第十七条 工会主席、副主席任期未满时，不得随意调动其工作。因工作需要调动时，应当征得本级工会委员会和上一级工会的同意。

罢免工会主席、副主席必须召开会员大会或者会员代表大会讨论，非经会员大会全体会员或者会员代表大会全体代表过半数通过，不得罢免。

第十八条 基层工会专职主席、副主席或者委员自任职之日起，其劳动合同期限自动延长，延长期限相当于其任职期间；非专职主席、副主席或者委员自任职之日起，其尚未履行的劳动合同期限短于任期的，劳动合同期限自动延长至任期期满。但是，任职期间个人严重过失或者达到法定退休年龄的除外。

第三章 工会的权利和义务

第十九条 企业、事业单位违反职工代表大会制度和其他民主管理制度，工会有权要求纠正，保障职工依法行使民主管理的权利。

法律、法规规定应当提交职工大会或者职工代表大会审议、通过、决定的事项，企业、事业单位应当依法办理。

第二十条 工会帮助、指导职工与企业以及实行企业化管理的事业单位签订劳动合同。

工会代表职工与企业以及实行企业化管理的事业单位进行平等协商，签订集体合同。集体合同草案应当提交职工代表大会或者全体职工讨论通过。

工会签订集体合同，上级工会应当给予支持和帮助。

企业违反集体合同，侵犯职工劳动权益的，工会可以依法要求企业承担责任；因履行集体合同发生争议，经协商解决不成的，工会可以向劳动争议仲裁机构提请仲裁，仲裁机构不予受理或者对仲裁裁决不服的，可以向人民法院提起诉讼。

第二十一条 企业、事业单位处分职工，工会认为不适当的，有权提出意见。

企业单方面解除职工劳动合同时，应当事先将理由通知工会，工会认为企业违反法律、法规和有关合同，要求重新研究处理时，企业应当研究工会的意见，并将处理结果书面通知工会。

职工认为企业侵犯其劳动权益而申请劳动争议仲裁或者向人民法院提起诉讼的，工会应当给予支持和帮助。

第二十二条 企业、事业单位违反劳动法律、法规规定，有下列侵犯职工劳动权益情形，工会应当代表职工与企业、事业单位交涉，要求企业、事业单位采取措施予以改正；企业、事业单位应当予以研究处理，并向工会作出答复；企业、事业单位拒不改正的，工会可以请求当地人民政府依法作出处理：

（一）克扣职工工资的；

（二）不提供劳动安全卫生条件的；

（三）随意延长劳动时间的；

（四）侵犯女职工和未成年工特殊权益的；

（五）其他严重侵犯职工劳动权益的。

第二十三条 工会依照国家规定对新建、扩建企业和技术改造工程中的劳动条件和安全卫生设施与主体工程同时设计、同时施工、同时投产使用进行监督。对工会提出的意见，企业或者主管部门应当认真处理，并将处理结果书面通知工会。

第二十四条 工会发现企业违章指挥、强令工人冒险作业，或者生产过程中发现明显重大事故隐患和职业危害，有权提出解决的建议，企业应当及时研究答复；发现危及职工生命安全的情况时，工会有权向企业建议组织职工撤离危险现场，企业必须及时作出处理决定。

第二十五条 工会有权对企业、事业单位侵犯职工合法权益的问题进行调查，有关单位应当予以协助。

第二十六条 职工因工伤亡事故和其他严重危害职工健康问题的调查处理，必须有工会参加。工会应当向有关部门提出处理意见，并有权要求追究直接负责的主管人员和有关责任人员的责任。对工会提出的意见，应当及时研究，给予答复。

第二十七条 企业、事业单位发生停工、怠工事件，工会应当代表职工同企业、事业单位或者有关方面协商，反映职工的意见和要求并提出解决意见。对于职工的合理要求，企业、事业单位应当予以解决。工会协助企业、事业单位做好工作，尽快恢复生产、工作秩序。

第二十八条 工会参加企业的劳动争议调解工作。

地方劳动争议仲裁组织应当有同级工会代表参加。

第二十九条 县级以上各级总工会可以为所属工会和职工提供法律服务。

第三十条 工会协助企业、事业单位、机关办好职工集体福利事业，做好工资、劳动安全卫生和社会保险工作。

第三十一条 工会会同企业、事业单位教育职工以国家主人翁态度对待劳动，爱护国家和企业的财产，组织职工开展群众性的合理化建议、技术革新活动，进行业余文化技术学习和职工培训，组织职工开展文娱、体育活动。

第三十二条 根据政府委托，工会与有关部门共同做好劳动模范和先进生产（工作）者的评选、表彰、培养和管理工作。

第三十三条 国家机关在组织起草或者修改直接涉及职工切身利益的法律、法规、规章时，应当听取工会意见。

县级以上各级人民政府制定国民经济和社会发展计划，对涉及职工利益的重大问题，应当听取同级工会的意见。县级以上各级人民政府及其有关部门研究制定劳动就业、工资、劳动安全卫生、社会保险等涉及职工切身利益的政策、措施时，应当吸收同级工会参加研究，听取工会意见。

第三十四条 县级以上地方各级人民政府可以召开会议或者采取适当方式，向同级工会通报政府的重要的工作部署和与工会工作有关的行政措施，研究解决工会反映的职工群众的意见和要求。

各级人民政府劳动行政部门应当会同同级工会和企业方面代表，建立劳动关系三方协商机制，共同研究解决劳动关系方面的重大问题。

第四章 基层工会组织

第三十五条 国有企业职工代表大会是企业实行民主管理的基本形式，是职工行使民主管理权力的机构，依照法律规定行使职权。

国有企业的工会委员会是职工代表大会的工作机构，负责职工代表大会的日常工作，检查、督促职工代表大会决议的执行。

第三十六条 集体企业的工会委员会，应当支持和组织职工参加民主管理和民主监督，维护职工选举和罢免管理人员、决定经营管理的重大问题的权力。

第三十七条 本法第三十五条、第三十六条规定以外的其他企业、事业单位的工会委员会，依照法律规定组织职工采取与企业、事业单位相适应的形式，参与企业、事业单位民主管理。

第三十八条　企业、事业单位研究经营管理和发展的重大问题应当听取工会的意见；召开讨论有关工资、福利、劳动安全卫生、社会保险等涉及职工切身利益的会议，必须有工会代表参加。

企业、事业单位应当支持工会依法开展工作，工会应当支持企业、事业单位依法行使经营管理权。

第三十九条　公司的董事会、监事会中职工代表的产生，依照公司法有关规定执行。

第四十条　基层工会委员会召开会议或者组织职工活动，应当在生产或者工作时间以外进行，需要占用生产或者工作时间的，应当事先征得企业、事业单位的同意。

基层工会的非专职委员占用生产或者工作时间参加会议或者从事工会工作，每月不超过三个工作日，其工资照发，其他待遇不受影响。

第四十一条　企业、事业单位、机关工会委员会的专职工作人员的工资、奖励、补贴，由所在单位支付。社会保险和其他福利待遇等，享受本单位职工同等待遇。

第五章　工会的经费和财产

第四十二条　工会经费的来源：

（一）工会会员缴纳的会费；

（二）建立工会组织的企业、事业单位、机关按每月全部职工工资总额的百分之二向工会拨缴的经费；

（三）工会所属的企业、事业单位上缴的收入；

（四）人民政府的补助；

（五）其他收入。

前款第二项规定的企业、事业单位拨缴的经费在税前列支。

工会经费主要用于为职工服务和工会活动。经费使用的具体办法由中华全国总工会制定。

第四十三条　企业、事业单位无正当理由拖延或者拒不拨缴工会经费，基层工会或者上级工会可以向当地人民法院申请支付令；拒不执行支付令的，工会可以依法申请人民法院强制执行。

第四十四条　工会应当根据经费独立原则，建立预算、决算和经费审查监督制度。

各级工会建立经费审查委员会。

各级工会经费收支情况应当由同级工会经费审查委员会审查，并且定期向会员大会或者会员代表大会报告，接受监督。工会会员大会或者会员代表大会有权对经费使用情况提出意见。

工会经费的使用应当依法接受国家的监督。

第四十五条　各级人民政府和企业、事业单位、机关应当为工会办公和开展活动，提供必要的设施和活动场所等物质条件。

第四十六条　工会的财产、经费和国家拨给工会使用的不动产，任何组织和个人不得侵占、挪用和任意调拨。

第四十七条　工会所属的为职工服务的企业、事业单位，其隶属关系不得随意改变。

第四十八条 县级以上各级工会的离休、退休人员的待遇，与国家机关工作人员同等对待。

第六章 法律责任

第四十九条 工会对违反本法规定侵犯其合法权益的，有权提请人民政府或者有关部门予以处理，或者向人民法院提起诉讼。

第五十条 违反本法第三条、第十一条规定，阻挠职工依法参加和组织工会或者阻挠上级工会帮助、指导职工筹建工会的，由劳动行政部门责令其改正；拒不改正的，由劳动行政部门提请县级以上人民政府处理；以暴力、威胁等手段阻挠造成严重后果，构成犯罪的，依法追究刑事责任。

第五十一条 违反本法规定，对依法履行职责的工会工作人员无正当理由调动工作岗位，进行打击报复的，由劳动行政部门责令改正、恢复原工作；造成损失的，给予赔偿。

对依法履行职责的工会工作人员进行侮辱、诽谤或者进行人身伤害，构成犯罪的，依法追究刑事责任；尚未构成犯罪的，由公安机关依照治安管理处罚法的规定处罚。

第五十二条 违反本法规定，有下列情形之一的，由劳动行政部门责令恢复其工作，并补发被解除劳动合同期间应得的报酬，或者责令给予本人年收入二倍的赔偿：

（一）职工因参加工会活动而被解除劳动合同的；

（二）工会工作人员因履行本法规定的职责而被解除劳动合同的。

第五十三条 违反本法规定，有下列情形之一的，由县级以上人民政府责令改正，依法处理：

（一）妨碍工会组织职工通过职工代表大会和其他形式依法行使民主权利的；

（二）非法撤销、合并工会组织的；

（三）妨碍工会参加职工因工伤亡事故以及其他侵犯职工合法权益问题的调查处理的；

（四）无正当理由拒绝进行平等协商的。

第五十四条 违反本法第四十六条规定，侵占工会经费和财产拒不返还的，工会可以向人民法院提起诉讼，要求返还，并赔偿损失。

第五十五条 工会工作人员违反本法规定，损害职工或者工会权益的，由同级工会或者上级工会责令改正，或者予以处分；情节严重的，依照《中国工会章程》予以罢免；造成损失的，应当承担赔偿责任；构成犯罪的，依法追究刑事责任。

第七章 附 则

第五十六条 中华全国总工会会同有关国家机关制定机关工会实施本法的具体办法。

第五十七条 本法自公布之日起施行。1950 年 6 月 29 日中央人民政府颁布的《中华人民共和国工会法》同时废止。

★ 行政法规/部门规章/司法解释

6.1.2 中华全国总工会办公厅关于加强基层工会经费收支管理的通知（总工办发［2014］23 号）

各省、自治区、直辖市总工会，各全国产业工会，中共中央直属机关工会联合会、中央国家机关工会联合会，全总各部门、各直属单位：

为贯彻落实中央《关于改进工作作风、密切联系群众的八项规定》《党政机关厉行节约反对浪费条例》，以及全国总工会《关于贯彻中央改进工作作风、密切联系群众八项规定的实施办法》（总工发［2012］80号）《关于加强工会经费财务管理和审计监督切实管好用好工会经费的通知》（总工发［2013］51号）等文件精神，使工会经费更好地为基层工会工作服务、为职工群众服务，现就加强基层工会经费收支管理有关事项，通知如下：

一、基层工会经费收支管理原则

基层工会组织要认真贯彻落实中央关于勤俭节约的有关规定和全国总工会《关于加强工会经费财务管理和审计监督切实管好用好工会经费的通知》精神，发扬艰苦奋斗、勤俭节约的优良传统，切实加强工会经费收支管理，坚决制止奢侈浪费，合理有效地使用资金。要坚持工会经费为工会工作和职工群众服务的方向，确保工会经费取之于职工用之于职工，把更多工会经费用在职工身上，为职工群众办实事、做好事、解难事，让工会经费真正惠及职工群众和工会会员。

基层工会的经费收支管理，要贯彻以下原则：

（一）遵纪守法原则。各项经费收支，必须严格执行中央规定、国家法律法规、所在地方政府和中华全国总工会的有关规定，认真执行工会财务会计制度，遵守财务纪律。

（二）依法获取原则。基层工会的各项收入要根据《中华人民共和国工会法》和《中国工会章程》的规定，依法获取。

（三）经费独立原则。基层工会要依法取得社会团体法人资格，单独开设银行账户，实行工会经费独立核算。

（四）预算管理原则。基层工会经费各项支出应当全部纳入预算管理，按照全国总工会《工会预算管理办法》执行。

（五）服务职工原则。基层工会经费使用要突出重点，优化支出结构，集中财力保证维护职工的合法权益、开展职工服务和工会活动。

（六）勤俭节约原则。基层工会要贯彻中央厉行节约，反对浪费的要求，经费使用要精打细算，少花钱多办事，节约开支，提高经费使用效益。

（七）民主管理原则。要依靠职工和工会会员管好、用好经费，定期公布账目，实行民主管理，接受职工和工会会员监督以及经费审查委员会审查。

二、工会经费收入范围

基层工会的各项经费收入，要严格按照《中华人民共和国工会法》《中国工会章程》的规定，依法获得。包括：

（一）工会会员缴纳的会费。

（二）建立工会组织的单位按每月全部职工工资总额的2%向工会拨缴的经费，或上级工会委托税务机关代收工会经费后按规定比例转拨基层工会的经费。

（三）上级工会补助的款项。

（四）单位行政按照《中华人民共和国工会法》、《中国工会章程》和国家的有关规定给予工会组织的补助款项。

（五）工会所属的企业、事业单位上缴的收入。

（六）基层工会对外投资取得的收益。

（七）其他收入。

三、工会经费支出范围

工会经费应当全部用于为职工服务和开展工会活动。基层工会要按照所在省级工会确定的经费分成比例，及时足额上解经费。工会经费支出包括：

（一）工会为会员及其他职工开展教育、文体、宣传等活动产生的支出。基层工会应当将会员缴纳的会费全部用于会员活动支出。

1. 职工教育方面。用于工会开展职工教育、业余文化、技术、技能教育所需的教材、教学、消耗用品；职工教育所需资料、教师酬金；优秀学员（包括自学）奖励；工会为职工举办法律、政治、科技、业务、再就业等各种知识培训等。

2. 文体活动方面。用于工会开展职工业余文艺活动、节日联欢、文艺创作、美术、书法、摄影等各类活动；文体活动所需设备、器材、用品购置与维修费；文艺汇演、体育比赛及奖励费；各类活动中按规定开支的伙食补助费、夜餐费等；用会费组织会员观看电影、开展春游秋游等集体活动。

3. 宣传活动方面。用于工会开展政治、时事、政策、科技讲座、报告会等宣传活动；工会组织技术交流、职工读书活动、网络宣传以及举办展览、板报等所消耗的用品；工会组织的重大节日宣传费；工会举办的图书馆、阅览室所需图书、工会报刊以及资料费等。

4. 其他活动方面。除上述支出以外，用于工会开展的技能竞赛费用及其他活动的各项支出。

（二）工会直接用于维护职工权益的支出。包括工会协调劳动关系和调解劳动争议、开展职工劳动保护、向职工群众提供法律咨询、法律服务、对困难职工帮扶、向职工送温暖等发生的支出及参与立法和本单位民主管理、集体合同等其他维权支出。

（三）工会培训工会干部、加强自身建设及开展业务工作发生的各项支出。包括开展工会干部和积极分子的学习和培训所需教材资料和讲课酬金等；评选表彰优秀工会干部和积极分子的奖励；组织劳动竞赛、合理化建议、技术革新和协作活动；召开工会代表大会、委员会、经审会以及工会专业工作会议；开展外事活动、工会组织建设、建家活动、大型专题调研；经审经费、基层工会办公、差旅等其他专项业务的支出。

（四）工会从事建设工程、设备工具购置、大型修缮和信息网络购建而发生的支出。包括房屋建筑物购建、办公设备购置、专用设备购置、交通工具购置、大型修缮、信息网络购建等资本性支出。

《中华人民共和国工会法》规定，各级人民政府和企业、事业单位、机关应当为工会办公和开展活动，提供必要的设施和活动场所等物质条件。

在行政方面承担资本性支出的经费不足，并且基层工会有经费结余的情况下，工会经费可以用于必要的资本性支出。

（五）对工会管理的为职工服务的文化、体育、教育、生活服务等独立核算的事业单位的补助和非独立核算的事业单位的各项支出。

（六）由工会组织的职工集体福利等方面的支出。主要用于工会组织逢年过节向全体会员发放少量的节日慰问品，会员个人和家庭发生困难情况的补助，以及会员本人过生日的慰问等。

（七）以上支出项目以外的必要开支。

四、严格控制工会经费开支

（一）基层工会要认真贯彻落实《中华人民共和国工会法》《中国工会章程》，以及全国总工会《工会预算管理办法》《关于加强工会经费财务管理和审计监督切实管好用好工会经费的通知》精神，严格控制工会经费开支，各项开支实行工会委员会集体领导下的主席负责制，重大开支集体研究决定。

（二）不准将工会经费用于服务职工群众和开展工会活动以外的开支。

1. 不准用工会经费购买购物卡、代金券等，搞请客送礼等活动。

2. 不准违反工会经费使用规定，滥发津贴、补贴、奖金。

3. 不准用工会经费支付高消费性的娱乐健身活动。

4. 不准单位行政利用工会账户，违规设立“小金库”。

5. 不准将工会账户并入单位行政账户，使工会经费开支失去控制。

6. 不准截留、挪用工会经费。

7. 不准用工会经费参与非法集资活动，或为非法集资活动提供经济担保。

8. 不准用工会经费报销与工会活动无关的费用。

五、本通知下发后，全总2009年10月28日印发的《基层工会经费收支管理办法》（总工发［2009］47号）同时废止。

中华全国总工会办公厅

2014年7月3日

6.1.3 中国工会章程（2008年10月修正）

总 则

中国工会是中国共产党领导的职工自愿结合的工人阶级群众组织，是党联系职工群众的桥梁和纽带，是国家政权的重要社会支柱，是会员和职工利益的代表。

中国工会以宪法为根本活动准则，按照《中华人民共和国工会法》和《中国工会章程》独立自主地开展工作，依法行使权利和履行义务。

工人阶级是我国的领导阶级，是先进生产力和生产关系的代表，是改革开放和社会主义现代化建设的主力军，是维护社会安定的强大而集中的社会力量。中国工会高举中国特色社会主义伟大旗帜，以马克思列宁主义、毛泽东思想、邓小平理论和“三个代表”重要思想为指导，深入贯彻落实科学发展观，贯彻执行党的以经济建设为中心，坚持四项基本原则，坚持改革开放的基本路线，推动党的全心全意依靠工人阶级的根本指导方针的贯彻落实，全面履行工会的社会职能，在维护全国人民总体利益的同时，更好地表达和维护职工的具体利益，团结和动员全国职工自力更生，艰苦创业，为把我国建设成为富强民主文明和谐的社会主义现代化国家而奋斗。

中国工会的基本职责是维护职工合法权益。

中国工会动员和组织职工积极参加建设和改革，努力促进经济、政治、文化和社会建设；代表和组织职工参与国家和社会事务管理，参与企业、事业单位和机关的民主管理；教育职工不断提高思想道德素质和科学文化素质，建设有理想、有道德、有文化、有纪律的职工队伍。

国工会在社会主义市场经济条件下，坚持走中国特色社会主义工会发展道路，坚持组织起来、切实维权的工作方针，坚持以职工为本，主动依法科学维权的维权观，维护职工的经济、政治、文化和社会权利，参与协调劳动关系和社会利益关系，努力构建和谐劳动关系，促进经济发展和社会的长期稳定，为全面建设小康社会、构建社会主义和谐社会做贡献。

中国工会维护工人阶级领导的、以工农联盟为基础的人民民主专政的社会主义国家政权，协助人民政府开展工作，依法发挥民主参与和社会监督作用。

中国工会在企业、事业单位中，按照促进企事业发展、维护职工权益的原则，支持行政依法行使管理权力，组织职工参加民主管理和民主监督，与行政方面建立协商制度，保障职工的合法权益，调动职工的积极性，促进企业、事业的发展。

中国工会实行产业和地方相结合的组织领导原则，坚持民主集中制。

中国工会坚持群众化、民主化，保持同会员群众的密切联系，依靠会员群众开展工会工作。各级工会领导机关坚持把工作重点放到基层，全心全意为基层、为职工服务，增强基层工会的活力，把工会建设成为“职工之家”。

工会兴办的企业、事业，坚持为改革开放和发展社会生产力服务，为职工群众服务，为推进工运事业服务。

中国工会努力巩固和发展工农联盟，坚持爱国统一战线，加强包括香港特别行政区同胞、澳门特别行政区同胞、台湾同胞和海外侨胞在内的全国各族人民的大团结，促进祖国的统一、繁荣和富强。

中国工会在国际事务中坚持独立自主、互相尊重、求同存异、加强合作、增进友谊的方针，在独立、平等、互相尊重、互不干涉内部事务的原则基础上，广泛建立和发展同国际和各国工会组织的友好关系，同全世界工人和工会一起，为世界的和平、发展、工人权益和社会进步而共同努力。

第一章　会　员

第一条　凡在中国境内的企业、事业单位、机关和其他社会组织中，以工资收入为主要生活来源或者与用人单位建立劳动关系的体力劳动者和脑力劳动者，不分民族、种族、性别、职业、宗教信仰、教育程度，承认工会章程，都可以加入工会为会员。

第二条　职工加入工会，由本人自愿申请，经工会基层委员会批准并发给会员证。

第三条　会员享有以下权利：

（一）选举权、被选举权和表决权。

（二）对工会工作进行监督，提出意见和建议，要求撤换或者罢免不称职的工会工作人员。

（三）对国家和社会生活问题及本单位工作提出批评与建议，要求工会组织向有关方面如实反映。

（四）在合法权益受到侵犯时，要求工会给予保护。

（五）享受工会举办的文化、教育、体育、旅游、疗休养事业、生活救助、法律服务、就业服务等优惠待遇；享受工会给予的各种奖励。

（六）在工会会议和工会报刊上，参加关于工会工作和职工关心问题的讨论。

第四条　会员履行下列义务：

（一）学习政治、经济、文化、法律、科学、技术和工会基本知识。

（二）积极参加民主管理，努力完成生产和工作任务。

（三）遵守宪法和法律，维护社会公德和职业道德，遵守劳动纪律。

（四）正确处理国家、集体、个人三者利益关系，向危害国家、社会利益的行为作斗争。

（五）维护中国工人阶级和工会组织的团结统一，发扬阶级友爱，搞好互助互济。

（六）遵守工会章程，执行工会决议，参加工会活动，按月交纳会费。

第五条 会员组织关系随劳动（工作）关系变动，凭会员证接转。

第六条 会员有退会自由。会员退会由本人向工会小组提出，由工会基层委员会宣布其退会并收回会员证。

会员没有正当理由连续六个月不交纳会费、不参加工会组织生活，经教育拒不改正，应当视为自动退会。

第七条 对不执行工会决议、违反工会章程的会员，给予批评教育。对严重违法犯罪并受到刑事处分的会员，开除会籍。开除会员会籍，须经工会小组讨论，提出意见，由工会基层委员会决定，报上一级工会备案。

第八条 会员离休、退休和失业，可保留会籍。保留会籍期间免交会费。

工会组织要关心离休、退休和失业会员的生活，积极向有关方面反映他们的愿望和要求。

第二章 组织制度

第九条 中国工会实行民主集中制，主要内容是：

（一）个人服从组织，少数服从多数，下级组织服从上级组织。

（二）工会的各级领导机关，除它们派出的代表机关外，都由民主选举产生。

（三）工会的最高领导机关，是工会的全国代表大会和它所产生的中华全国总工会执行委员会。工会的地方各级领导机关，是工会的地方各级代表大会和它所产生的总工会委员会。

（四）工会各级委员会，向同级会员大会或者会员代表大会负责并报告工作，接受会员监督。会员大会和会员代表大会有权撤换或者罢免其所选举的代表和工会委员会组成人员。

（五）工会各级委员会，实行集体领导和分工负责相结合的制度。凡属重大问题由委员会民主讨论，作出决定，委员会成员根据集体的决定和分工，履行自己的职责。

（六）工会各级领导机关，经常向下级组织通报情况，听取下级组织和会员的意见，研究和解决他们提出的问题。下级组织向上级组织请示报告工作。

第十条 工会各级代表大会的代表和委员会的产生，要充分体现选举人的意志。候选人名单，要反复酝酿，充分讨论。选举采用无记名投票方式，可以直接采用候选人数多于应选人数的差额选举办法进行正式选举，也可以先采用差额选举办法进行预选，产生候选人名单，然后进行正式选举。任何组织和个人，不得以任何方式强迫选举人选举或不选举某个人。

第十一条 中国工会实行产业和地方相结合的组织领导原则。同一企业、事业单位、机关和其他社会组织中的会员，组织在一个工会基层组织中；同一行业或者性质相近的几个行业，根据需要建立全国的或者地方的产业工会组织。除少数行政管理体制实行垂直管理的产业，其产业工会实行产业工会和地方工会双重领导，以产业工会领导为主外，其他产业工会均实行以地方工会领导为主，同时接受上级产业工会领导的体制。各产业工会的领导体制，由中华全国总工会确定。

省、自治区、直辖市，设区的市和自治州，县（旗）、自治县、不设区的市建立地方总工会。地方总工会是当地地方工会组织和产业工会地方组织的领导机关。全国建立统一的中华全国总工会。中华全国总工会是各级地方总工会和各产业工会全国组织的领导机关。

中华全国总工会执行委员会委员和产业工会全国委员会委员实行替补制，各级地方总工会委员会委员和地方产业工会委员会委员，也可以实行替补制。

第十二条　县和县以上各级地方总工会委员会，根据工作需要可以派出代表机关。

县和县以上各级工会委员会，在两次代表大会之间，认为有必要时，可以召集代表会议，讨论和决定需要及时解决的重大问题。代表会议代表的名额和产生办法，由召集代表会议的总工会决定。

全国产业工会、各级地方产业工会、乡镇工会和城市街道工会的委员会，可以按照联合制、代表制原则，由下一级工会组织民主选举的主要负责人和适当比例的有关方面代表组成。

上级工会可以派员帮助和指导用人单位的职工组建工会。

第十三条　各级工会代表大会选举产生同级经费审查委员会。中华全国总工会经费审查委员会设常务委员会，省、自治区、直辖市总工会经费审查委员会和独立管理经费的全国产业工会经费审查委员会，应当设常务委员会。经费审查委员会负责审查同级工会组织及其直属企业、事业单位的经费收支和资产管理情况，监督财经法纪的贯彻执行和工会经费的使用，并接受上级工会经费审查委员会的指导。工会经费审查委员会向同级会员大会或会员代表大会负责并报告工作；在大会闭会期间，向同级工会委员会负责并报告工作。

上级经费审查委员会应当对下一级工会及其直属企业、事业单位的经费收支和资产管理情况进行审查。

中华全国总工会经费审查委员会委员实行替补制，各级地方总工会经费审查委员会委员和独立管理经费的产业工会经费审查委员会委员，也可以实行替补制。

第十四条　各级工会建立女职工委员会，表达和维护女职工的合法权益。女职工委员会由同级工会委员会提名，在充分协商的基础上组成或者选举产生，女职工委员会与工会委员会同时建立，在同级工会委员会领导下开展工作。企业工会女职工委员会是县或者县以上妇联的团体会员，通过县以上地方工会接受妇联的业务指导。

第十五条　县和县以上各级工会组织可以建立法律服务机构，为保护职工和工会组织的合法权益提供服务。

第十六条　成立或者撤销工会组织，必须经会员大会或者会员代表大会通过，并报上一级工会批准。工会基层组织所在的企业终止，或者所在的事业单位、机关和其他社会组织被撤销，该工会组织相应撤销，并报上级工会备案。其他组织和个人不得随意撤销工会组织，也不得把工会组织的机构撤销、合并或者归属其他工作部门。

第三章　全国组织

第十七条　中国工会全国代表大会，每五年举行一次，由中华全国总工会执行委员会召集。在特殊情况下，由中华全国总工会执行委员会主席团提议，经执行委员会全体会议通过，可以提前或者延期举行。代表名额和代表选举办法由中华全国总工会决定。

第十八条 中国工会全国代表大会的职权是：

（一）审议和批准中华全国总工会执行委员会的工作报告。

（二）审议和批准中华全国总工会执行委员会的经费收支情况报告和经费审查委员会的工作报告。

（三）修改《中国工会章程》。

（四）选举中华全国总工会执行委员会和经费审查委员会。

第十九条 中华全国总工会执行委员会，在全国代表大会闭会期间，负责贯彻执行全国代表大会的决议，领导全国工会工作。

执行委员会全体会议选举主席一人、副主席若干人、主席团委员若干人，组成主席团。

执行委员会全体会议由主席团召集，每年至少举行一次。

第二十条 中华全国总工会执行委员会全体会议闭会期间，由主席团行使执行委员会的职权。主席团全体会议，由主席召集。

主席团闭会期间，由主席、副主席组成的主席会议行使主席团职权。主席会议由中华全国总工会主席召集并主持。

主席团下设书记处，由主席团在主席团成员中推选第一书记一人，书记若干人组成。书记处在主席团领导下，主持中华全国总工会的日常工作。

第二十一条 产业工会全国组织的设置，由中华全国总工会根据需要确定。

产业工会全国委员会的建立，经中华全国总工会批准，可以按照联合制、代表制原则组成，也可以由产业工会全国代表大会选举产生。全国委员会每届任期五年。任期届满，应当如期召开会议，进行换届选举。在特殊情况下，经中华全国总工会批准，可以提前或者延期举行。

产业工会全国代表大会和按照联合制、代表制原则组成的产业工会全国委员会全体会议的职权是：审议和批准产业工会全国委员会的工作报告；选举产业工会全国委员会或者产业工会全国委员会常务委员会。独立管理经费的产业工会，选举经费审查委员会，并向产业工会全国代表大会或者委员会全体会议报告工作。产业工会全国委员会常务委员会由主席一人、副主席若干人、常务委员若干人组成。

第四章 地方组织

第二十二条 省、自治区、直辖市，设区的市和自治州，县（旗）、自治县、不设区的市的工会代表大会，由同级总工会委员会召集，每五年举行一次。在特殊情况下，由同级总工会委员会提议，经上一级工会批准，可以提前或者延期举行。工会的地方各级代表大会的职权是：

（一）审议和批准同级总工会委员会的工作报告。

（二）审议和批准同级总工会委员会的经费收支情况报告和经费审查委员会的工作报告。

（三）选举同级总工会委员会和经费审查委员会。

各级地方总工会委员会，在代表大会闭会期间，执行上级工会的决定和同级工会代表大会的决议，领导本地区的工会工作，定期向上级总工会委员会报告工作。

根据工作需要，省、自治区总工会可在地区设派出代表机关。直辖市和设区的市总工会可在区建立区一级工会组织或者设派出代表机关。

县和城市的区可在乡镇和街道建立乡镇工会和街道工会组织。

第二十三条 各级地方总工会委员会选举主席一人、副主席若干人、常务委员若干人，组成常务委员会。工会委员会、常务委员会和主席、副主席以及经费审查委员会的选举结果，报上一级总工会批准。

各级地方总工会委员会全体会议，每年至少举行一次，由常务委员会召集。各级地方总工会常务委员会，在委员会全体会议闭会期间，行使委员会的职权。

第二十四条 各级地方产业工会组织的设置，由同级地方总工会根据本地区的实际情况确定。

第五章 基层组织

第二十五条 企业、事业单位、机关和其他社会组织等基层单位，应当依法建立工会组织。社区和行政村可以建立工会组织。有会员二十五人以上的，应当成立工会基层委员会；不足二十五人的，可以单独建立工会基层委员会，也可以由两个以上单位的会员联合建立工会基层委员会，也可以选举组织员或者工会主席一人，主持基层工会工作。

职工二百人以上企业、事业单位的工会设专职工会主席。工会专职工作人员的人数由工会与企业、事业单位协商确定。

基层工会具备法人条件，依法取得社团法人资格，工会主席为法定代表人。

第二十六条 工会基层组织的会员大会或者会员代表大会，每年至少召开一次。经基层工会委员会或者三分之一以上的工会会员提议，可以临时召开会员大会或者会员代表大会。工会会员在一百人以下的基层工会应当召开会员大会。

工会会员大会或者会员代表大会的职权是：

（一）审议和批准工会基层委员会的工作报告。

（二）审议和批准工会基层委员会的经费收支情况报告和经费审查委员会的工作报告。

（三）选举工会基层委员会和经费审查委员会。

（四）撤换或者罢免其所选举的代表或者工会委员会组成人员。

（五）讨论决定工会工作的重大问题。

工会基层委员会和经费审查委员会每届任期三年至五年，具体任期由会员大会或者会员代表大会决定。任期届满，应当如期召开会议，进行换届选举。在特殊情况下，经上一级工会批准，可以提前或者延期举行。

会员代表大会的代表实行常任制，任期与本单位工会委员会相同。

第二十七条 工会基层委员会的委员，应当在会员或者会员代表充分酝酿协商的基础上选举产生；主席、副主席，可以由会员大会或者会员代表大会直接选举产生，也可以由工会基层委员会选举产生。大型企业、事业单位的工会委员会，根据工作需要，经上级工会委员会批准，可以设立常务委员会。工会基层委员会、常务委员会和主席、副主席以及经费审查委员会的选举结果，报上一级工会批准。

第二十八条 工会基层委员会的基本任务是：

（一）执行会员大会或者会员代表大会的决议和上级工会的决定，主持基层工会的日常工作。

（二）代表和组织职工依照法律规定，通过职工代表大会、厂务公开和其他形式，参加本单位民主管理和民主监督。企业、事业单位工会委员会是职工代表大会工作机构，负责职工代表大会的日常工作，检查、督促职工代表大会决议的执行。

（三）参与协调劳动关系和调解劳动争议，与企业、事业单位行政方面建立协商制度，协商解决涉及职工切身利益问题。帮助和指导职工与企业、事业单位行政方面签订劳动合同，代表职工与企业、事业单位行政方面签订集体合同或者其他专项协议，并监督执行。

（四）组织职工开展劳动竞赛、合理化建议、技术革新和技术协作等活动，总结推广先进经验。做好先进生产（工作）者和劳动模范的评选、表彰、培养和管理服务工作。

（五）对职工进行思想政治教育，鼓励支持职工学习文化科学技术和管理知识，开展健康的文化体育活动。办好工会文化、教育、体育事业。

（六）监督有关法律、法规的贯彻执行。协助和督促行政方面做好工资、劳动安全卫生和社会保险等方面的工作，办好职工集体福利事业，改善职工生活。依法参与劳动安全卫生事故的调查处理。

（七）维护女职工的特殊利益，同歧视、虐待、摧残、迫害女职工的现象作斗争。

（八）搞好工会组织建设，健全民主制度和民主生活。建立和发展工会积极分子队伍。做好会员的发展、接收、教育和会籍管理工作。

（九）收好、管好、用好工会经费，管理好工会资产和工会的企业、事业。

第二十九条 教育、科研、文化、卫生、体育等事业单位和机关工会，从脑力劳动者比较集中的特点出发开展工作，积极了解和关心职工的思想、工作和生活，推动党的知识分子政策的贯彻落实。组织职工搞好本单位的民主管理和民主监督，为发挥职工的聪明才智，创造良好的条件。

第三十条 工会基层委员会根据工作需要，可以在分厂、车间（科室）建立分厂、车间（科室）工会委员会。分厂、车间（科室）工会委员会由分厂、车间（科室）会员大会或者会员代表大会选举产生，任期和工会基层委员会相同。

工会基层委员会和分厂、车间委员会，可以根据需要设若干专门委员会或者专门小组。

按照生产（行政）班组建立工会小组，民主选举工会小组长，积极开展工会小组活动。

第六章 工会干部

第三十一条 各级工会组织按照革命化、年轻化、知识化、专业化的要求，努力建设一支坚持党的基本路线，熟悉本职业务，热爱工会工作，受到职工信赖的干部队伍。

第三十二条 工会干部要努力做到：

（一）认真学习马克思列宁主义、毛泽东思想、邓小平理论和“三个代表”重要思想，学习科学发展观，学习经济、法律和工会业务知识。

（二）执行党的基本路线和各项方针政策，遵守国家法律、法规，在改革开放和社会主义现代化建设中勇于开拓创新。

（三）忠于职守，勤奋工作，廉洁奉公，顾全大局，维护团结。

（四）坚持实事求是，认真调查研究，如实反映职工的意见、愿望和要求。

（五）坚持原则，不谋私利，热心为职工说话办事，依法维护职工的合法权益。

（六）作风民主，联系群众，自觉接受职工群众的批评和监督。

第三十三条 各级工会组织根据有关规定管理工会干部。重视培养和选拔青年干部、妇女干部、少数民族干部。

基层工会主席、副主席任期未满不得随意调动其工作。因工作需要调动时，应事先征得本级工会委员会和上一级工会同意。

第三十四条 各级工会组织建立与健全干部培训制度。办好工会干部院校和各种培训班。

第三十五条 各级工会组织关心工会干部的思想、学习和生活，督促落实相应的待遇，支持他们的工作，坚决同打击报复工会干部的行为作斗争。

县和县以上工会设立工会干部权益保障金，保障工会干部依法履行职责。

县和县以上工会可以为基层工会选派、聘用工作人员。

第七章 工会经费和资产

第三十六条 工会经费的来源：

（一）会员缴纳的会费。

（二）企业、事业单位、机关和其他社会组织按全部职工工资总额的百分之二向工会拨缴的经费或者建会筹备金。

（三）工会所属的企业、事业单位上缴的收入。

（四）人民政府和企业、事业单位、机关和其他社会组织的补助。

（五）其他收入。

第三十七条 县和县以上各级工会应当与税务、财政等有关部门合作，依照规定做好工会经费收缴和应当由财政负担的工会经费拨缴工作。

未成立工会的企业、事业单位、机关和其他社会组织，按工资总额的百分之二向上级工会拨缴工会建会筹备金。

第三十八条 工会资产是社会团体资产，中华全国总工会对各级工会的资产拥有终极所有权。根据经费独立原则，建立预算、决算、资产监管和经费审查监督制度。实行“统一领导、分级管理”的财务体制、“统一所有、分级监管、单位使用”的资产监管体制和“统一领导、分级管理、分级负责”的经费审查监督体制。工会经费、资产的管理和使用办法以及工会经费审查监督制度，由中华全国总工会制定。

第三十九条 各级工会委员会按照规定编制和审批预算、决算，定期向会员大会或者会员代表大会和上一级工会委员会报告经费收支和资产管理情况，接受上级和同级工会经费审查委员会审查监督。

第四十条 工会经费、资产和国家及企业、事业单位等拨给工会的不动产和拨付资金形成的资产受法律保护，任何单位和个人不得侵占、挪用和任意调拨；不经批准，不得改变工会所属企业、事业单位的隶属关系。

工会组织合并，其经费资产归合并后的工会所有；工会组织撤销或者解散，其经费资产由上级工会处置。

第八章 会 徽

第四十一条 中国工会会徽，选用汉字“中”、“工”两字，经艺术造型呈圆形重叠组成，并在两字外加一圆线，象征中国工会和中国工人阶级的团结统一。会徽的制作标准，由中华全国总工会规定。

第四十二条 中国工会会徽，可在工会办公地点、活动场所、会议会场悬挂，可作为纪念品、办公用品上的工会标志，也可以作为徽章佩戴。

第九章 附 则

第四十三条 本章程解释权属于中华全国总工会。

6.1.4 最高人民法院关于在民事审判工作中适用《中华人民共和国工会法》若干问题的解释（法释［2003］11号）

第一条 人民法院审理涉及工会组织的有关案件时，应当认定依照工会法建立的工会组织的社团法人资格。具有法人资格的工会组织依法独立享有民事权利，承担民事义务。建立工会的企业、事业单位、机关与所建工会以及工会投资兴办的企业，根据法律和司法解释的规定，应当分别承担各自的民事责任。

第二条 根据工会法第十八条规定，人民法院审理劳动争议案件，涉及确定基层工会专职主席、副主席或者委员延长的劳动合同期限的，应当自上述人员工会职务任职期限届满之日起计算，延长的期限等于其工会职务任职的期间。

工会法第十八条规定的"个人严重过失"，是指具有《中华人民共和国劳动法》第二十五条第（二）项、第（三）项或者第（四）项规定的情形。

第三条 基层工会或者上级工会依照工会法第四十三条规定向人民法院申请支付令的，由被申请人所在地的基层人民法院管辖。

第四条 人民法院根据工会法第四十三条的规定受理工会提出的拨缴工会经费的支付令申请后，应当先行征询被申请人的意见。被申请人仅对应拨缴经费数额有异议的，人民法院应当就无异议部分的工会经费数额发出支付令。

人民法院在审理涉及工会经费的案件中，需要按照工会法第四十二条第一款第（二）项规定的"全部职工""工资总额"确定拨缴数额的，"全部职工""工资总额"的计算，应当按照国家有关部门规定的标准执行。

第五条 根据工会法第四十三条和民事诉讼法的有关规定，上级工会向人民法院申请支付令或者提起诉讼，要求企业、事业单位拨缴工会经费的，人民法院应当受理。基层工会要求参加诉讼的，人民法院可以准许其作为共同申请人或者共同原告参加诉讼。

第六条 根据工会法第五十二条规定，人民法院审理涉及职工和工会工作人员因参加工会活动或者履行工会法规定的职责而被解除劳动合同的劳动争议案件，可以根据当事人的请求裁判用人单位恢复其工作，并补发被解除劳动合同期间应得的报酬；或者根据当事人的请求裁判用人单位给予本人年收入二倍的赔偿，并参照《违反和解除劳动合同的经济补偿办法》第八条规定给予解除劳动合同时的经济补偿金。

第七条 对于企业、事业单位无正当理由拖延或者拒不拨缴工会经费的，工会组织向人民法院请求保护其权利的诉讼时效期间，适用民法通则第一百三十五条的规定。

第八条 工会组织就工会经费的拨缴向人民法院申请支付令的，应当按照《最高人民法院关于适用〈中华人民共和国民事诉讼法〉若干问题的意见》第一百三十二条的规定交纳申请费；督促程序终结后，工会组织另行起诉的，按照《人民法院诉讼收费办法》规定的财产案件收费标准交纳诉讼费用。

6.1.5 集体合同规定（劳动和社会保障部令第22号 2004年5月起施行）

第二十条 职工一方的协商代表由本单位工会选派。未建立工会的，由本单位职工民主推荐，并经本单位半数以上职工同意。

职工一方的首席代表由本单位工会主席担任。工会主席可以书面委托其他协商代表代理首席代表。工会主席空缺的，首席代表由工会主要负责人担任。未建立工会的，职工一方的首席代表从协商代表中民主推举产生。

第五十条 劳动保障行政部门应当组织同级工会和企业组织等三方面的人员，共同协调处理集体协商争议。

第五十六条 用人单位无正当理由拒绝工会或职工代表提出的集体协商要求的，按照《工会法》及有关法律、法规的规定处理。

6.1.6 企业工会工作条例（试行）（总工发［2006］41号）

第一章 总 则

第一条 为加强和改进企业工会工作，发挥企业工会团结组织职工、维护职工权益、促进企业发展的重要作用，根据《工会法》、《劳动法》和《中国工会章程》，制定本条例。

第二条 企业工会是中华全国总工会的基层组织，是工会的重要组织基础和工作基础，是企业工会会员和职工合法权益的代表者和维护者。

第三条 企业工会以邓小平理论和“三个代表”重要思想为指导，贯彻科学发展观，坚持全心全意依靠工人阶级根本指导方针，走中国特色社会主义工会发展道路，落实“组织起来、切实维权”的工作方针，团结和动员职工为实现全面建设小康社会宏伟目标作贡献。

第四条 企业工会围绕企业生产经营，依法履行维护职工合法权益的基本职责，协调企业劳动关系，推动建设和谐企业，促进企业健康发展。

第五条 企业工会在本企业党组织和上级工会的领导下，依照法律和工会章程独立自主地开展工作，密切联系职工群众，关心职工群众生产生活，热忱为职工群众服务，努力建设成为组织健全、维权到位、工作活跃、作用明显、职工信赖的职工之家。

第二章 企业工会组织

第六条 企业工会依法组织职工加入工会，维护职工参加工会的权利。

第七条 会员二十五人以上的企业建立工会委员会；不足二十五人的可以单独建立工会委员会，也可以由两个以上企业的会员按地域或行业联合建立基层工会委员会。同时按有关规定建立工会经费审查委员会、工会女职工委员会。

企业工会具备法人条件的，依法取得社会团体法人资格，工会主席是法定代表人。

企业工会受法律保护，任何组织和个人不得随意撤销或将工会工作机构合并、归属到其他部门。

企业改制须同时建立健全工会组织。

第八条 会员大会或会员代表大会是企业工会的权力机关，每年召开一至两次会议。经企业工会委员会或三分之一以上会员提议可临时召开会议。

会员代表大会的代表由会员民主选举产生，会员代表实行常任制，任期与企业本届工会委员会相同，可连选连任。

会员在一百人以下的企业工会应召开会员大会。

第九条 会员大会或会员代表大会的职权：

（一）审议和批准工会委员会的工作报告。

（二）审议和批准工会委员会的经费收支情况报告和经费审查委员会的工作报告。

（三）选举工会委员会和经费审查委员会。

（四）听取工会主席、副主席的述职报告，并进行民主评议。

（五）撤换或者罢免其所选举的代表或者工会委员会组成人员。

（六）讨论决定工会工作其他重大问题。

第十条 会员大会或会员代表大会与职工代表大会或职工大会须分别行使职权，不得相互替代。

第十一条 企业工会委员会由会员大会或会员代表大会差额选举产生，选举结果报上一级工会批准，每届任期三年或者五年。

大型企业工会经上级工会批准，可设立常务委员会，负责工会委员会的日常工作，其下属单位可建立工会委员会。

第十二条 企业工会委员会是会员大会或会员代表大会的常设机构，对会员大会或会员代表大会负责，接受会员监督。在会员大会或会员代表大会闭会期间，负责日常工作。

第十三条 企业工会委员会根据工作需要，设立相关工作机构或专门工作委员会、工作小组。

工会专职工作人员一般按不低于企业职工人数的千分之三配备，具体人数由上级工会、企业工会与企业行政协商确定。

根据工作需要和经费许可，工会可从社会聘用工会工作人员，建立专兼职相结合的干部队伍。

第十四条 企业工会委员会实行民主集中制，重要问题须经集体讨论作出决定。

第十五条 企业工会委员（常委）会一般每季度召开一次会议，讨论或决定以下问题：

（一）贯彻执行会员大会或会员代表大会决议和党组织、上级工会有关决定、工作部署的措施。

（二）提交会员大会或会员代表大会的工作报告和向党组织、上级工会的重要请示、报告。

（三）工会工作计划和总结。

（四）向企业提出涉及企业发展和职工权益重大问题的建议。

（五）工会经费预算执行情况及重大财务支出。

（六）由工会委员会讨论和决定的其他问题。

第十六条 企业生产车间、班组建立工会分会、工会小组，会员民主选举工会主席、工会小组长，组织开展工会活动。

第十七条 建立工会积极分子队伍，发挥工会积极分子作用。

第三章 基本任务和活动方式

第十八条 企业工会的基本任务：

（一）执行会员大会或会员代表大会的决议和上级工会的决定。

（二）组织职工依法通过职工代表大会或职工大会和其他形式，参加企业民主管理和民主监督，检查督促职工代表大会或职工大会决议的执行。

（三）帮助和指导职工与企业签订劳动合同。就劳动报酬、工作时间、劳动定额、休息休假、劳动安全卫生、保险福利等与企业平等协商、签订集体合同，并监督集体合同的履行。调解劳动争议。

（四）组织职工开展劳动竞赛、合理化建议、技术革新、技术攻关、技术协作、发明创造、岗位练兵、技术比赛等群众性经济技术创新活动。

（五）组织培养、评选、表彰劳动模范，负责做好劳动模范的日常管理工作。

（六）对职工进行思想政治教育，组织职工学习文化、科学和业务知识，提高职工素质。办好职工文化、教育、体育事业，开展健康的文化体育活动。

（七）协助和督促企业做好劳动报酬、劳动安全卫生和保险福利等方面的工作，监督有关法律法规的贯彻执行。参与劳动安全卫生事故的调查处理。协助企业办好职工集体福利事业，做好困难职工帮扶救助工作，为职工办实事、做好事、解难事。

（八）维护女职工的特殊利益。

（九）加强组织建设，健全民主生活，做好会员会籍管理工作。

（十）收好、管好、用好工会经费，管理好工会资产和工会企（事）业。

第十九条 坚持群众化、民主化，实行会务公开。凡涉及会员群众利益的重要事项，须经会员大会或会员代表大会讨论决定；工作计划、重大活动、经费收支等情况接受会员监督。

第二十条 按照会员和职工群众的意愿，依靠会员和职工群众，开展形式多样的工会活动。

第二十一条 工会召开会议或者组织职工活动，需要占用生产时间的，应当事先征得企业的同意。

工会非专职委员占用生产或工作时间参加会议或者从事工会工作，在法律规定的时间内工资照发，其他待遇不受影响。

第二十二条 开展建设职工之家活动，建立会员评议建家工作制度，增强工会凝聚力，提高工会工作水平。

推动企业关爱职工，引导职工热爱企业，创建劳动关系和谐企业。

第四章　工会主席

第二十三条 职工二百人以上的企业工会依法配备专职工会主席。由同级党组织负责人担任工会主席的，应配备专职工会副主席。

第二十四条 国有、集体及其控股企业工会主席候选人，应由同级党组织和上级工会在充分听取会员意见的基础上协商提名。工会主席按企业党政同级副职级条件配备，是共产党员的应进入同级党组织领导班子。专职工会副主席按不低于企业中层正职配备。

私营企业、外商投资企业、港澳台商投资企业工会主席候选人，由会员民主推荐，报上一级工会同意提名；也可以由上级工会推荐产生。工会主席享受企业行政副职待遇。

企业行政负责人、合伙人及其近亲属不得作为本企业工会委员会成员的人选。

第二十五条 工会主席、副主席可以由会员大会或会员代表大会直接选举产生，也可以由企业工会委员会选举产生。工会主席出现空缺，须按民主程序及时进行补选。

第二十六条 工会主席应当具备下列条件：

（一）政治立场坚定，热爱工会工作。

（二）具有与履行职责相应的文化程度、法律法规和生产经营管理知识。

（三）作风民主，密切联系群众，热心为会员和职工服务。

（四）有较强的协调劳动关系和组织活动能力。

第二十七条 企业工会主席的职权：

（一）负责召集工会委员会会议，主持工会日常工作。

（二）参加企业涉及职工切身利益和有关生产经营重大问题的会议，反映职工的意愿和要求，提出工会的意见。

（三）以职工方首席代表的身份，代表和组织职工与企业进行平等协商、签订集体合同。

（四）代表和组织职工参与企业民主管理。

（五）代表和组织职工依法监督企业执行劳动安全卫生等法律法规，要求纠正侵犯职工和工会合法权益的行为。

（六）担任劳动争议调解委员会主任，主持企业劳动争议调解委员会的工作。

（七）向上级工会报告重要信息。

（八）负责管理工会资产和经费。

第二十八条 按照法律规定，企业工会主席、副主席任期未满时，不得随意调动其工作。因工作需要调动时，应征得本级工会委员会和上一级工会的同意。

罢免工会主席、副主席必须召开会员大会或会员代表大会讨论，非经会员大会全体会员或者会员代表大会全体代表无记名投票过半数通过，不得罢免。

工会专职主席、副主席或者委员自任职之日起，其劳动合同期限自动延长，延长期限相当于其任职期间；非专职主席、副主席或者委员自任职之日起，其尚未履行的劳动合同期限短于任期的，劳动合同期限自动延长至任期期满。任职期间个人严重过失或者达到法定退休年龄的除外。

第二十九条 新任企业工会主席、副主席，应在一年内参加上级工会举办的上岗资格或业务培训。

第五章 工作机制和制度

第三十条 帮助和指导职工签订劳动合同。代表职工与企业协商确定劳动合同文本的主要内容和条件，为职工签订劳动合同提供法律、技术等方面的咨询和服务。监督企业与所有职工签订劳动合同。

工会对企业违反法律法规和有关合同规定解除职工劳动合同的，应提出意见并要求企业将处理结果书面通知工会。工会应对企业经济性裁员事先提出同意或否决的意见。

监督企业和引导职工严格履行劳动合同，依法督促企业纠正违反劳动合同的行为。

第三十一条 依法与企业进行平等协商，签订集体合同和劳动报酬、劳动安全卫生、女职工特殊权益保护等专项集体合同。

工会应将劳动报酬、工作时间、劳动定额、保险福利、劳动安全卫生等问题作为协商重点内容。

工会依照民主程序选派职工协商代表，可依法委托本企业以外的专业人士作为职工协商代表，但不得超过本方协商代表总数的三分之一。

小型企业集中的地方，可由上一级工会直接代表职工与相应的企业组织或企业进行平等协商，签订区域性、行业性集体合同或专项集体合同。

劳务派遣工集中的企业，工会可与企业、劳务公司共同协商签订集体合同。

第三十二条 工会发出集体协商书面要约二十日内，企业不予回应的，工会可要求上级工会协调；企业无正当理由拒绝集体协商的，工会可提请县级以上人民政府责令改正，依法处理；企业违反集体合同规定的，工会可依法要求企业承担责任。

第三十三条 企业工会是职工代表大会或职工大会的工作机构，负责职工代表大会或职工大会的日常工作。

职工代表大会的代表经职工民主选举产生。职工代表大会中的一线职工代表一般不少于职工代表总数的百分之五十。女职工、少数民族职工代表的比例一般不低于本企业女职工、少数民族职工所占比例，农民工比较集中的企业要有相应的代表。

第三十四条 国有企业、国有控股企业职工代表大会或职工大会的职权：

（一）听取审议企业生产经营、安全生产、重组改制等重大决策以及实行厂务公开、履行集体合同情况报告，提出意见和建议。

（二）审议通过集体合同草案、企业改制职工安置方案。审查同意或否决涉及职工切身利益的重要事项和企业规章制度。

（三）审议决定职工生活福利方面的重大事项。

（四）民主评议监督企业中层以上管理人员，提出奖惩任免建议。

（五）依法行使选举权。

（六）法律法规规定的其他权利。

集体（股份合作制）企业职工代表大会或职工大会的职权：

（一）制定、修改企业章程。

（二）选举、罢免企业经营管理人员。

（三）审议决定经营管理以及企业合并、分立、变更、破产等重大事项。

（四）监督企业贯彻执行国家有关劳动安全卫生等法律法规、实行厂务公开、执行职代会决议等情况。

（五）审议决定有关职工福利的重大事项。

私营企业、外商投资企业和港澳台商投资企业职工代表大会或职工大会的职权：

（一）听取企业发展规划和年度计划、生产经营等方面的报告，提出意见和建议。

（二）审议通过涉及职工切身利益重大问题的方案和企业重要规章制度、集体合同草案等。

（三）监督企业贯彻执行国家有关劳动安全卫生等法律法规、实行厂务公开、履行集体合同和执行职代会决议、缴纳职工社会保险、处分和辞退职工的情况。

（四）法律法规、政策和企业规章制度规定及企业授权和集体协商议定的其他权利。

第三十五条 职工代表大会或职工大会应有全体职工代表或全体职工三分之二以上参加方可召开。职工代表大会或职工大会进行选举和作出重要决议、决定，须采用无记名投票方式进行表决，经全体职工代表或全体职工过半数通过。

小型企业工会可联合建立区域或行业职工代表大会，解决本区域或行业涉及职工利益的共性问题。

公司制企业不得以股东（代表）大会取代职工（代表）大会。

第三十六条 督促企业建立和规范厂务公开制度。不同类型企业可从实际出发，确定本企业厂务公开的具体内容。

第三十七条 凡设立董事会、监事会的公司制企业，工会应依法督促企业建立职工董事、职工监事制度。

职工董事、职工监事人选由企业工会提名，通过职工代表大会或职工大会民主选举产生，对职工代表大会或职工大会负责。企业工会主席、副主席一般应分别作为职工董事、职工监事的候选人。

第三十八条 建立劳动法律监督委员会，职工人数较少的企业应设立工会劳动法律监督员，对企业执行有关劳动报酬、劳动安全卫生、工作时间、休息休假、女职工和未成年工保护、保险福利等劳动法律法规情况进行群众监督。

第三十九条 建立劳动保护监督检查委员会，生产班组中设立工会小组劳动保护检查员。建立完善工会监督检查、重大事故隐患和职业危害建档跟踪、群众举报等制度，建立工会劳动保护工作责任制。依法参加职工因工伤亡事故和其他严重危害职工健康问题的调查处理。协助与督促企业落实法律赋予工会与职工安全生产方面的知情权、参与权、监督权和紧急避险权。开展群众性安全生产活动。

依照国家法律法规对企业新建、扩建和技术改造工程中的劳动条件和安全卫生设施与主体工程同时设计、同时施工、同时使用进行监督。

发现企业违章指挥、强令工人冒险作业，或者生产过程中发现明显重大事故隐患和职业危害，工会应提出解决的建议；发现危及职工生命安全的情况，工会有权组织职工撤离危险现场。

第四十条 依法建立企业劳动争议调解委员会，劳动争议调解委员会由职工代表、企业代表和工会代表组成，办事机构设在企业工会。职工代表和工会代表的人数不得少于调解委员会成员总数的三分之二。

建立劳动争议预警机制，发挥劳动争议调解组织的预防功能，设立建立企业劳动争议信息员制度，做好劳动争议预测、预报、预防工作。

企业发生停工、怠工事件，工会应当积极同企业或者有关方面协商，反映职工的意见和要求并提出解决意见，协助企业做好工作，尽快恢复生产、工作秩序。

第四十一条 开展困难职工生活扶助、医疗救助、子女就学和职工互助互济等工作。有条件的企业工会建立困难职工帮扶资金。

第六章 女职工工作

第四十二条 企业工会有女会员十名以上的，应建立工会女职工委员会，不足十名的应设女职工委员。

女职工委员会在企业工会委员会领导和上一级工会女职工委员会指导下开展工作。

女职工委员会主任由企业工会女主席或副主席担任。企业工会没有女主席或副主席的，由符合相应条件的工会女职工委员担任，享受同级工会副主席待遇。

女职工委员会委员任期与同级工会委员会委员相同。

第四十三条 女职工委员会依法维护女职工的合法权益，重点是女职工经期、孕期、产期、哺乳期保护，禁忌劳动、卫生保健、生育保险等特殊利益。

第四十四条 女职工委员会定期研究涉及女职工特殊权益问题，向企业工会委员会和上级女职工委员会报告工作，重要问题应提交企业职工代表大会或职工大会审议。

第四十五条 企业工会应为女职工委员会开展工作与活动提供必要的经费。

第七章 工会经费和资产

第四十六条 督促企业依法按每月全部职工工资总额的百分之二向工会拨缴经费、提供工会办公和开展活动的必要设施和场所等物质条件。

第四十七条 工会依法设立独立银行账户，自主管理和使用工会经费、会费。工会经费、会费主要用于为职工服务和工会活动。

第四十八条 督促企业按国家有关规定支付工会会同企业开展的职工教育培训、劳动保护、劳动竞赛、技术创新、职工疗休养、困难职工补助、企业文化建设等工作所需费用。

第四十九条 工会经费审查委员会代表会员群众对工会经费收支和财产管理进行审查监督。

建立经费预算、决算和经费审查监督制度，经费收支情况接受同级工会经费审查委员会审查，接受上级工会审计，并定期向会员大会或会员代表大会报告。

第五十条 企业工会经费、财产和企业拨给工会使用的不动产受法律保护，任何单位和个人不得侵占、挪用和任意调拨。

企业工会组织合并，其经费财产归合并后的工会所有；工会组织撤销或解散，其经费财产由上级工会处置。

第八章 工会与企业党组织、行政和上级工会

第五十一条 企业工会接受同级党组织和上级工会双重领导，以同级党组织领导为主。未建立党组织的企业，其工会由上一级工会领导。

第五十二条 企业工会与企业行政具有平等的法律地位，相互尊重、相互支持、平等合作，共谋企业发展。

企业工会与企业可以通过联席会、民主议事会、民主协商会、劳资恳谈会等形式，建立协商沟通制度。

第五十三条 企业工会支持企业依法行使经营管理权，动员和组织职工完成生产经营任务。

督促企业按照有关规定，按职工工资总额的百分之一点五至百分之二点五、百分之一分别提取职工教育培训费用和劳动竞赛奖励经费，并严格管理和使用。

第五十四条 企业行政应依法支持工会履行职责，为工会开展工作创造必要条件。

第五十五条 上级工会负有对企业工会指导和服务的职责，为企业工会开展工作提供法律、政策、信息、培训和会员优惠等方面的服务，帮助企业工会协调解决工作中的困难和问题。

企业工会在履行职责遇到困难时，可请上级工会代行企业工会维权职责。

第五十六条 县以上地方工会设立保护工会干部专项经费，为维护企业工会干部合法权益提供保障。经费来源从本级工会经费中列支，也可以通过其它渠道多方筹集。

建立上级工会保护企业工会干部责任制。对因履行职责受到打击报复或不公正待遇以及有特殊困难的企业工会干部，上级工会应提供保护和帮助。

上级工会与企业工会、企业行政协商，可对企业工会兼职干部给予适当补贴。

第五十七条 上级工会应建立对企业工会干部的考核、激励机制，对依法履行职责作出突出贡献的工会干部给予表彰奖励。

工会主席、副主席不履行职责，上级工会应责令其改正；情节严重的可以提出罢免的建议，按照有关规定予以罢免。

第九章 附 则

第五十八条 本条例适用于中华人民共和国境内所有企业和实行企业化管理的事业单位工会。

第五十九条 本条例由中华全国总工会解释。

第六十条 本条例自公布之日起施行。

6.1.7 企业工会主席产生办法（试行）（2008 年）

第一章 总 则

第一条 为健全完善企业工会主席产生机制，充分发挥工会主席作用，切实履行工作职责，增强工会组织凝聚力，根据《工会法》、《中国工会章程》和《企业工会工作条例》，制定本办法。

第二条 中华人民共和国境内企业和实行企业化管理的事业单位、民办非企业单位的工会主席产生适用本办法。

第三条 企业工会主席产生，应坚持党管干部、依法规范、民主集中、组织有序的原则。

第四条 上一级工会应对企业工会主席产生进行直接指导。

第二章 任职条件

第五条 企业工会主席应具备下列条件：

（一）政治立场坚定，热爱工会工作；

（二）具有与履行职责相应的文化程度、法律法规和生产经营管理知识；

（三）作风民主，密切联系群众，热心为会员和职工服务；

（四）有较强的组织协调能力。

第六条 企业行政负责人（含行政副职）、合伙人及其近亲属，人力资源部门负责人，外籍职工不得作为本企业工会主席候选人。

第三章 候选人产生

第七条 企业工会换届或新建立工会组织，应当成立由上一级工会、企业党组织和会员代表组成的领导小组，负责工会主席候选人提名和选举工作。

第八条 企业工会主席候选人应以工会分会或工会小组为单位酝酿推荐，或由全体会员以无记名投票方式推荐，上届工会委员会、上一级工会或工会筹备组根据多数会员的意见，提出候选人名单。

企业工会主席候选人应多于应选人。

第九条 企业党组织和上级工会应对企业工会主席候选人进行考察，对不符合任职条件的予以调整。

第十条 企业工会主席候选人应进行公示，公示期为七天。公示按姓氏笔画排序。

第十一条 企业工会主席候选人应报经企业党组织和上一级工会审批。

第十二条 上级工会可以向非公有制企业工会、联合基层工会推荐本企业以外人员作为工会主席候选人。

第四章　民主选举

第十三条　企业工会主席产生均应依法履行民主选举程序，经会员民主选举方能任职。

第十四条　选举企业工会主席应召开会员大会或会员代表大会，采取无记名投票方式进行。

因故未出席会议的选举人，不得委托他人代为投票。

第十五条　企业工会主席可以由会员大会或会员代表大会直接选举产生，也可以由企业工会委员会选举产生；可以与企业工会委员会委员同时进行选举，也可以单独选举。

第十六条　会员大会或会员代表大会选举企业工会主席，参加选举人数为应到会人数三分之二以上时，方可进行选举。

企业工会主席候选人获得赞成票超过应到会有选举权人数半数的始得当选。

第十七条　任何组织和任何个人不得妨碍民主选举工作，不得阻挠有选举权和被选举权的会员到场，不得以私下串联、胁迫他人等非组织行为强迫选举人选举或者不选举某个人，不得以任何方式追查选举人的投票意向。

第十八条　企业工会主席出现空缺，应在三个月内进行补选。

补选前应征得同级党组织和上一级工会的同意，暂由一名副主席或委员主持工作，一般期限不得超过三个月。

第五章　管理与待遇

第十九条　企业工会主席选举产生后应及时办理工会法人资格登记或工会法人代表变更登记。

企业工会主席一般应按企业副职级管理人员条件选配并享受相应待遇。

公司制企业工会主席应依法进入董事会。

第二十条　企业工会主席由同级党组织与上级工会双重领导，以同级党组织领导为主。尚未建立党组织的企业，其工会主席接受上一级工会领导。

第二十一条　职工二百人以上的企业依法配备专职工会主席。由同级党组织负责人担任工会主席的，应配备专职工会副主席。

企业应依法保障兼职工会主席的工作时间及相应待遇。

第二十二条　企业工会主席任期未满，企业不得随意调动其工作，不得随意解除其劳动合同。因工作需要调动时，应当征得本级工会委员会和上一级工会同意，依法履行民主程序。

工会专职主席自任职之日起，其劳动合同期限自动延长，延长期限相当于其任职期间；非专职主席自任职之日起，其尚未履行的劳动合同期限短于任期的，劳动合同期限自动延长至任期期满。任职期间个人严重过失或者达到法定退休年龄的除外。

罢免、撤换企业工会主席须经会员大会全体会员或者会员代表大会全体代表无记名投票过半数通过。

第二十三条　由上级工会推荐并经民主选举产生的企业工会主席，其工资待遇、社会保险费用等，可以由企业支付，也可以由上级工会或上级工会与其他方面合理承担。

第六章　附　则

第二十四条　联合基层工会、基层工会联合会主席的产生，参照本办法执行。

第二十五条 本办法由中华全国总工会负责解释。

第二十六条 本办法自发布之日起施行。

6.1.8 企业民主管理规定（总工发［2012］12号）

第一章 总 则

第一条 为完善以职工代表大会为基本形式的企业民主管理制度，推进厂务公开，支持职工参与企业管理，维护职工合法权益，构建和谐劳动关系，促进企业持续健康发展，加强基层民主政治建设，依据宪法和相关法律制定本规定。

第二条 企业民主管理工作应当坚持党的领导，以邓小平理论和“三个代表”重要思想为指导，深入贯彻落实科学发展观，坚定不移地贯彻落实党的全心全意依靠工人阶级的根本指导方针。

企业党组织应当加强对民主管理工作的领导和支持。

第三条 职工代表大会（或职工大会，下同）是职工行使民主管理权力的机构，是企业民主管理的基本形式。

企业应当按照合法、有序、公开、公正的原则，建立以职工代表大会为基本形式的民主管理制度，实行厂务公开，推行民主管理。公司制企业（以下简称公司）应当依法建立职工董事、职工监事制度。

企业应当尊重和保障职工依法享有的知情权、参与权、表达权和监督权等民主权利，支持职工参加企业管理活动。

第四条 企业职工应当尊重和支持企业依法行使管理职权，积极参与企业管理。

第五条 企业工会应当组织职工依法开展企业民主管理，维护职工合法权益。

上级工会应当指导和帮助企业工会和职工依法开展企业民主管理活动，对企业实行民主管理的情况进行监督。

第六条 企业代表组织应当推动企业实行民主管理，促进企业健康发展。

第七条 各级党委纪检部门、组织部门，各级人民政府国有资产监督管理机构和监察机关等有关部门应当依照各自职责，对企业民主管理工作进行指导、检查和监督。

第二章 职工代表大会制度

第一节 职工代表大会组织制度和职权

第八条 企业可以根据职工人数确定召开职工代表大会或者职工大会。

企业召开职工代表大会的，职工代表人数按照不少于全体职工人数的百分之五确定，最少不少于三十人。职工代表人数超过一百人的，超出的代表人数可以由企业与工会协商确定。

第九条 职工代表大会的代表由工人、技术人员、管理人员、企业领导人员和其他方面的职工组成。其中，企业中层以上管理人员和领导人员一般不得超过职工代表总人数的百分之二十。有女职工和劳务派遣职工的企业，职工代表中应当有适当比例的女职工和劳务派遣职工代表。

第十条 职工代表大会每届任期为三年至五年。具体任期由职工代表大会根据本单位的实际情况确定。

职工代表大会因故需要提前或者延期换届的，应当由职工代表大会或者其授权的机构决定。

第十一条 职工代表大会根据需要，可以设立若干专门委员会（小组），负责办理职工代表大会交办的事项。专门委员会（小组）成员人选必须经职工代表大会审议通过。

第十二条 职工代表按照基层选举单位组成代表团（组），并推选团（组）长。可以设立职工代表大会团（组）长和专门委员会（小组）负责人联席会议，根据职工代表大会授权，在职工代表大会闭会期间负责处理临时需要解决的重要问题，并提请下一次职工代表大会确认。

联席会议由企业工会负责召集，联席会议可以根据会议内容邀请企业领导人员或其他有关人员参加。

第十三条 职工代表大会行使下列职权：

（一）听取企业主要负责人关于企业发展规划、年度生产经营管理情况，企业改革和制定重要规章制度情况，企业用工、劳动合同和集体合同签订履行情况，企业安全生产情况，企业缴纳社会保险费和住房公积金情况等报告，提出意见和建议；

审议企业制定、修改或者决定的有关劳动报酬、工作时间、休息休假、劳动安全卫生、保险福利、职工培训、劳动纪律以及劳动定额管理等直接涉及劳动者切身利益的规章制度或者重大事项方案，提出意见和建议；

（二）审议通过集体合同草案，按照国家有关规定提取的职工福利基金使用方案、住房公积金和社会保险费缴纳比例和时间的调整方案，劳动模范的推荐人选等重大事项；

（三）选举或者罢免职工董事、职工监事，选举依法进入破产程序企业的债权人会议和债权人委员会中的职工代表，根据授权推荐或者选举企业经营管理人员；

（四）审查监督企业执行劳动法律法规和劳动规章制度情况，民主评议企业领导人员，并提出奖惩建议；

（五）法律法规规定的其他职权。

第十四条 国有企业和国有控股企业职工代表大会除按第十三条规定行使职权外，行使下列职权：

（一）听取和审议企业经营管理主要负责人关于企业投资和重大技术改造、财务预决算、企业业务招待费使用等情况的报告，专业技术职称的评聘、企业公积金的使用、企业的改制等方案，并提出意见和建议；

（二）审议通过企业合并、分立、改制、解散、破产实施方案中职工的裁减、分流和安置方案；

（三）依照法律、行政法规、行政规章规定的其他职权。

第十五条 县级以下一定区域内或者性质相近的行业内的若干尚不具备单独建立职工代表大会制度条件的中小企业，可以通过选举代表联合建立区域（行业）职工代表大会制度，开展企业民主管理活动。

工会负责组织建立区域（行业）职工代表大会制度。区域（行业）工会作为区域（行业）职工代表大会的工作机构承担日常工作。

第十六条 集团企业的总部机关和各分公司、分厂、车间以及其他分支机构可以按照一定比例选举产生职工代表，召开集团企业职工代表大会，实行企业民主管理。

集团企业的总部机关和各分公司、分厂、车间以及其他分支机构，按照本规定建立职工代表大会制度，在各自的职权范围内分别开展民主管理活动。

第二节 职工代表大会工作制度

第十七条 职工代表大会每年至少召开一次。职工代表大会全体会议必须有三分之二以上的职工代表出席。

第十八条 职工代表大会议题和议案应当由企业工会听取职工意见后与企业协商确定，并在会议召开七日前以书面形式送达职工代表。

第十九条 职工代表大会可以设主席团主持会议。主席团成员由企业工会与职工代表大会各团（组）协商提出候选人名单，经职工代表大会预备会议表决通过。其中，工人、技术人员、管理人员不少于百分之五十。

第二十条 职工代表大会选举和表决相关事项，必须按照少数服从多数的原则，经全体职工代表的过半数通过。对重要事项的表决，应当采用无记名投票的方式分项表决。

第二十一条 职工代表大会在其职权范围内依法审议通过的决议和事项具有约束力，非经职工代表大会同意不得变更或撤销。

企业应当提请职工代表大会审议、通过、决定的事项，未按照法定程序审议、通过或者决定的无效。

第二十二条 企业工会委员会是职工代表大会的工作机构，负责职工代表大会的日常工作，履行下列职责：

（一）提出职工代表大会代表选举方案，组织职工选举职工代表和代表团（组）长；

（二）征集职工代表提案，提出职工代表大会议题的建议；

（三）负责职工代表大会会议的筹备和组织工作，提出职工代表大会的议程建议；

（四）提出职工代表大会主席团组成方案和组成人员建议名单；提出专门委员会（小组）的设立方案和组成人员建议名单；

（五）向职工代表大会报告职工代表大会决议的执行情况和职工代表大会提案的办理情况、厂务公开的实行情况等；

（六）在职工代表大会闭会期间，负责组织专门委员会（小组）和职工代表就企业职工代表大会决议的执行情况和职工代表大会提案的办理情况、厂务公开的实行情况等，开展巡视、检查、质询等监督活动；

（七）受理职工代表的申诉和建议，维护职工代表的合法权益；

（八）向职工进行民主管理的宣传教育，组织职工代表开展学习和培训，提高职工代表素质；

（九）建立和管理职工代表大会工作档案。

第三节 职工代表的产生和权利义务

第二十三条 与企业签订劳动合同建立劳动关系以及与企业存在事实劳动关系的职工，有选举和被选举为职工代表大会代表的权利。

依法终止或者解除劳动关系的职工代表，其代表资格自行终止。

第二十四条 职工代表应当以班组、工段、车间、科室等为基本选举单位由职工直接选举产生。规模较大、管理层次较多的企业的职工代表，可以由下一级职工代表大会代表选举产生。

第二十五条 选举、罢免职工代表，应当召开选举单位全体职工会议，会议应有三分之二以上职工参加。选举、罢免职工代表的决定，应经全体职工的过半数通过方为有效。

第二十六条 职工代表实行常任制，职工代表任期与职工代表大会届期一致，可以连选连任。

职工代表出现缺额时，原选举单位应按规定的条件和程序及时补选。

第二十七条 职工代表向选举单位的职工负责并报告工作，接受选举单位职工的监督。

第二十八条 职工代表享有下列权利：

（一）选举权、被选举权和表决权；

（二）参加职工代表大会及其工作机构组织的民主管理活动；

（三）对企业领导人员进行评议和质询；

（四）在职工代表大会闭会期间对企业执行职工代表大会决议情况进行监督、检查。

第二十九条 职工代表应当履行下列义务：

（一）遵守法律法规、企业规章制度，提高自身素质，积极参与企业民主管理；

（二）依法履行职工代表职责，听取职工对企业生产经营管理等方面的意见和建议，以及涉及职工切身利益问题的意见和要求，并客观真实地向企业反映；

（三）参加企业职工代表大会组织的各项活动，执行职工代表大会通过的决议，完成职工代表大会交办的工作；

（四）向选举单位的职工报告参加职工代表大会活动和履行职责情况，接受职工的评议和监督；

（五）保守企业的商业秘密和与知识产权相关的保密事项。

第三十条 职工代表履行职责受法律保护，任何组织和个人不得阻挠和打击报复。

职工代表在法定工作时间内依法参加职工代表大会及其组织的各项活动，企业应当正常支付劳动报酬，不得降低其工资和其他福利待遇。

第三章　厂务公开制度

第三十一条 企业应当建立和实行厂务公开制度，通过职工代表大会和其他形式，将企业生产经营管理的重大事项、涉及职工切身利益的规章制度和经营管理人员廉洁从业相关情况，按照一定程序向职工公开，听取职工意见，接受职工监督。

第三十二条 企业主要负责人是实行厂务公开的责任人。企业应当建立相应机构或者确定专人负责厂务公开工作。

第三十三条 企业实行厂务公开应当遵循合法、及时、真实、有利于职工权益维护和企业发展的原则。

实行厂务公开应当保守企业商业秘密以及与知识产权相关的保密事项。

第三十四条 企业应当向职工公开下列事项：

（一）经营管理的基本情况；

（二）招用职工及签订劳动合同的情况；

（三）集体合同文本和劳动规章制度的内容；

（四）奖励处罚职工、单方解除劳动合同的情况以及裁员的方案和结果，评选劳动模范和优秀职工的条　件、名额和结果；

（五）劳动安全卫生标准、安全事故发生情况及处理结果；

（六）社会保险以及企业年金的缴费情况；

（七）职工教育经费提取、使用和职工培训计划及执行的情况；

（八）劳动争议及处理结果情况；

（九）法律法规规定的其他事项。

第三十五条 国有企业、集体企业及其控股企业除公开第十三条、第十四条和第三十四条规定的相关事项外，还应当公开下列事项：

（一）投资和生产经营管理重大决策方案等重大事项，企业中长期发展规划；

（二）年度生产经营目标及完成情况，企业担保，大额资金使用、大额资产处置情况，工程建设项目的招投标，大宗物资采购供应，产品销售和盈亏情况，承包租赁合同履行情况，内部经济责任制落实情况，重要规章制度制定等重大事项；

（三）职工提薪晋级、工资奖金收入分配情况；专业技术职称的评聘情况；

（四）中层领导人员、重要岗位人员的选聘和任用情况，企业领导人员薪酬、职务消费和兼职情况，以及出国出境费用支出等廉洁自律规定执行情况，职工代表大会民主评议企业领导人员的结果；

（五）依照国家有关规定应当公开的其他事项。

第四章 职工董事和职工监事制度

第三十六条 公司制企业应当依法建立职工董事和职工监事制度，支持职工代表大会选举产生的职工代表作为董事会、监事会成员参与公司决策、管理和监督，代表和维护职工合法权益，促进企业健康发展。

第三十七条 公司应当依法在公司章程中明确规定职工董事、职工监事的具体比例和人数。

第三十八条 职工董事、职工监事候选人由公司工会根据自荐、推荐情况，在充分听取职工意见的基础上提名，经职工代表大会全体代表的过半数通过方可当选，并报上一级工会组织备案。

工会主席、副主席应当作为职工董事、职工监事候选人人选。

第三十九条 公司高级管理人员和监事不得兼任职工董事；公司高级管理人员和董事不得兼任职工监事。

第四十条 职工董事、职工监事的任期与公司其他董事、监事的任期相同，可以连选连任。

第四十一条 职工董事、职工监事不履行职责或者有严重过错的，经三分之一以上的职工代表联名提议，职工代表大会全体代表的过半数通过可以罢免。

职工董事、职工监事出现空缺时，由公司工会依照本规定第三十七条的规定提出替补人选，提请职工代表大会民主选举产生。

第四十二条 职工董事依法行使下列权利：

（一）参加董事会会议，行使董事的发言权和表决权；

（二）就涉及职工切身利益的规章制度或者重大事项，提请召开董事会会议，反映职工的合理要求，维护职工合法权益；

（三）列席与其职责相关的公司行政办公会议和有关生产经营工作的重要会议；

（四）要求公司工会、公司有关部门和机构通报有关情况并提供相关资料；

（五）法律法规和公司章程规定的其他权利。

第四十三条 职工监事依法行使下列权利：

（一）参加监事会会议，行使监事的发言权和表决权；

（二）就涉及职工切身利益的规章制度或者重大事项，提议召开监事会会议；

（三）监督公司的财务情况和公司董事、高级管理人员执行公司职务的行为；监督检查公司对涉及职工切身利益的法律法规、公司规章制度贯彻执行情况；劳动合同和集体合同的履行情况；

（四）列席董事会会议，并对董事会决议事项提出质询或者建议；列席与其职责相关的公司行政办公会议和有关生产经营工作的重要会议；

（五）要求公司工会、公司有关部门和机构通报有关情况并提供相关资料；

（六）法律法规和公司章程规定的其他权利。

第四十四条 职工董事、职工监事应当履行下列义务：

（一）遵守法律法规，遵守公司章程及各项规章制度，保守公司秘密，认真履行职责；

（二）定期听取职工的意见和建议，在董事会、监事会上真实、准确、全面地反映职工的意见和建议；

（三）定期向职工代表大会述职和报告工作，执行职工代表大会的有关决议，在董事会、监事会会议上，对职工代表大会作出决议的事项，应当按照职工代表大会的相关决议发表意见，行使表决权；

（四）法律法规和公司章程规定的其他义务。

第四十五条 公司应当保障职工董事、职工监事依照法律法规和公司章程开展工作，为职工董事、职工监事履行职责提供必要的工作条件。

第四十六条 职工董事、职工监事在任职期间，除法定情形外，公司不得与其解除劳动合同。

第四十七条 职工董事、职工监事与公司的其他董事、监事享有同等的权利，承担相应的义务。

第五章 附 则

第四十八条 各地区、各有关部门和各企业根据本规定制定实施办法，推进企业民主管理工作。

第四十九条 集体企业依照《城镇集体所有制企业条例》等有关法律法规规定实行民主管理。

第五十条 本规定自发布之日起施行。

6.1.9 最高人民法院关于审理劳动争议案件适用法律若干问题的解释四（法释［2013］4号）

第十二条 建立了工会组织的用人单位解除劳动合同符合劳动合同法第三十九条、第四十条规定，但未按照劳动合同法第四十三条规定事先通知工会，劳动者以用人单位违法解除劳动合同为由请求用人单位支付赔偿金的，人民法院应予支持，但起诉前用人单位已经补正有关程序的除外。

★ 地方性文件·广东省

6.1.10 广东省实施《中华人民共和国工会法》办法（广东省第十届人民代表大会常务委员会公告第32号 2004年11月起施行）

第一条 为贯彻实施《中华人民共和国工会法》（以下简称《工会法》），结合本省实际，制定本办法。

第二条 在本省行政区域内的企业、事业单位、机关以及其他经济组织中，以工资收入为主要生活来源的体力劳动者和脑力劳动者，不分民族、种族、性别、职业、宗教信仰、教育程度，都有依法参加和组织工会的权利。

任何单位和个人不得以职工户籍、就业期限、就业形式为理由，也不得以变更或者解除劳动合同、降低工资、不缴纳社会保险费等手段阻挠、限制职工依法参加工会。

第三条 省、市、县（区）建立总工会。

乡镇、城市街道以及企业或者职工较多的村可以建立基层工会的联合会。

同一行业或者性质相近的几个行业，可以根据需要建立产业工会，或者建立区域性的产业工会联合会。产业工会联合会由下一级工会组织主要负责人和适当比例的会员代表组成。

第四条 具备设立工会组织条件的企业、事业单位、机关和其他经济组织在开业或者设立之日起六个月内应当建立工会组织。尚未建立工会组织的，上级工会可以督促并派员帮助、指导建立工会筹建组织，发展会员，召开会员大会或者会员代表大会，民主选举产生工会组织。任何单位和个人不得拖延或阻挠。

第五条 工会会员劳动关系变更，会籍转入变更后的单位工会，变更后的单位未建立工会的，由变更后所在地工会管理会籍。

尚未组建工会的企业、事业单位、机关以及其他经济组织，可由在本单位工作，并且其会籍由所在地工会管理的十名以上会员联名，向上一级工会申报建立工会。

第六条 工会工作人员的合法权益受法律保护。

工会主席、副主席任期未满的，不得随意调动其工作岗位。因工作需要调动时，应当事先征得本级工会委员会同意并报上一级工会。上一级工会应当在接到征求意见函后十日内作出书面答复；逾期未答复的，视为同意。

第七条 各级工会的经费审查委员会，对工会经费收支和财产管理情况至少每半年进行一次审查，并将审查情况向工会会员大会或者会员代表大会报告，接受监督。

工会经费审查委员会由工会会员大会或者会员代表大会选举产生。

第八条 女职工十人以上的单位，可以建立工会女职工委员会，在同级工会领导下开展工作。工会女职工委员会委员由同级工会提名，在充分协商的基础上产生，也可以召开女职工会员大会或者女职工会员代表大会选举产生。

女职工委员会维护女职工在政治、经济、文化、社会和家庭等方面的合法权益。

第九条 工会动员和组织职工积极参与经济建设，努力完成生产任务和工作任务。开展劳动竞赛和群众性的合理化建议、技术创新活动以及社会公益活动。

工会根据政府委托，与有关部门共同做好劳动模范和先进生产（工作）者的评选、表彰、培养和管理工作，宣传他们的事迹，关心他们的工作和生活。

第十条 工会应当依法监督劳动法律、法规的执行，参与劳动争议处理，维护职工合法权益。

县级以上人民政府可以与同级工会建立联席会议制度，通报工作情况，研究解决涉及职工切身利益的重大问题。

各级人民政府劳动行政部门应当会同同级工会和企业方面代表，建立劳动关系三方协商机制，定期召开协商会议，就劳动争议的预防、集体劳动争议和劳动关系突发事件的处理等劳动关系方面的重大问题进行研究，提出解决问题的意见。

街道办事处、村民委员会应当会同当地的工会组织和企业方面的代表建立协商劳动关系的机制，共同研究解决本区域内劳动关系方面的问题。

第十一条 工会代表职工与企业和实行企业化管理的事业单位就劳动报酬、工作时间、休息休假、劳动安全卫生、职业培训、保险福利等事项进行平等协商，签订集体合同或专项集体合同，协调劳动关系，维护职工合法权益。

第十二条 各级工会可以建立困难职工帮扶和法律援助机制，为困难职工提供帮助。

第十三条 企业、事业单位和其他经济组织违反劳动法律、法规规定，有下列侵犯职工劳动权益情形之一的，工会应当代表职工与其交涉，要求停止侵害，采取措施予以改正；企业、事业单位和其他经济组织应当研究处理，并在接到工会意见之日起十五日内书面答复工会；逾期不答复或者不改正的，工会可以提请劳动行政部门或者其他有关部门依法处理，劳动行政部门和其他有关部门应当自接到工会处理请求之日起三十日内将处理情况书面通知工会：

（一）克扣、拖欠职工工资，或者支付职工工资低于当地最低工资标准的；

（二）不提供劳动安全卫生设施、条件，或者劳动安全卫生设施、条件不符合国家规定的；

（三）随意延长劳动时间或者不按规定支付加班工资的；

（四）未依法为职工缴纳社会保险费的；

（五）侵犯女职工或者年满16周岁未满18周岁的未成年职工特殊权益的；

（六）不依法签订劳动合同或者违法解除劳动合同的；

（七）不依法支付解除劳动合同经济补偿金的；

（八）严重侵犯职工劳动权益的其他行为。

第十四条 企业、事业单位和其他经济组织管理人员对职工殴打、体罚、搜身、限制人身自由、侮辱人格、扣押身份证件等侵犯人身权利的，工会有权制止，并要求本单位采取措施处理；情节严重的，工会应当提请有关部门依法处理。

第十五条 企业单方面解除职工劳动合同的，应当事先将理由通知工会，工会认为违反法律、法规和有关合同，要求重新研究处理时，企业应当研究工会的意见，并将处理结果书面答复工会。

企业、事业单位和其他经济组织违反劳动法律、法规或者劳动合同，职工申请劳动争议仲裁或者向人民法院提起诉讼时，工会应当给予支持和帮助。

第十六条 工会参加企业的劳动争议调解工作。

乡镇、城市街道以及村工会和产业工会，可以会同有关方面的代表建立劳动争议调解组织。

劳动争议当事人可以向本企业劳动争议调解委员会申请调解，也可以向前款所述的劳动争议调解组织申请调解。

劳动争议仲裁委员会应当有同级工会代表参加。

第十七条 工会有权对企业、事业单位和其他经济组织侵犯职工合法权益的问题进行调查，企业、事业单位和其他经济组织以及相关人员应当予以协助。

第十八条 工会依法对劳动安全卫生工作实施监督。企业、事业单位和其他经济组织违反劳动安全卫生法律、法规的，工会有权要求纠正；拒不纠正的，工会可以要求有关部门依法处理。

企业、事业单位和其他经济组织发生伤亡事故或出现严重危害职工安全和健康的情况时，工会应当及时向所在单位和有关部门提出处理意见，并向上一级工会报告。所在单位和有关部门应当及时处理，并在收到意见之日起十五日内书面答复。

第十九条 工会依照国家规定对新建、扩建企业和技术改造工程中劳动条件和安全卫生设施与主体工程同时设计、同时施工、同时投产使用的情况进行监督，并提出意见和建议。

第二十条 国有企业和国有控股企业职工代表大会是企业实行民主管理的基本形式，是职工行使民主管理权力的机构，依照法律规定行使职权。

法律、法规规定应当提交职工大会或者职工代表大会审议、通过、决定的事项，企业、事业单位应当依法办理。

第二十一条 国有、集体及其控股企业有关生产经营和发展规划、年度生产经营目标、重大技术改造方案、重大工程招投标等应当适时向职工通报。

企业、事业单位和其他经济组织制定、修改规章制度，研究劳动就业和工资、福利分配方案，以及落实劳动安全卫生、社会保险等涉及职工切身利益的事项，必须有工会代表参加。工会可以对以上事项提出建议，所在单位应当对工会的建议给予答复。

第二十二条 基层工会的非专职委员占用生产或者工作时间从事工会工作，每月不超过三个工作日；从事工会工作期间工资及其他待遇不受影响。

基层工会的非专职委员参加上级工会组织的业务培训或者依法从事劳动法律监督、劳动争议调解工作，经所在单位同意，不受前款规定的三个工作日的限制。

第二十三条 建立工会组织的企业、事业单位、机关和其他经济组织应当于每月十五日前，按照本单位全部职工工资总额的百分之二，向本单位工会拨缴工会经费。职工工资总额按照国家的规定确定。所在单位工会或上级工会应当对工会经费的拨缴情况实施审查监督。

政府财政部门应当将由财政拨款的机关、事业单位的工会经费列入年度财政预算，并按月及时足额直接划拨本级地方总工会。地方总工会在收到财政划拨的工会经费的五个工作日内按规定比例上解和回拨。

第二十四条 企业、事业单位以及其他经济组织自工会筹建组织成立之日起，由市、县（区）总工会或者产业工会按照《工会法》有关工会经费数额的规定对其收取建会筹备金，待工会建立后，按照工会经费管理的规定返还给该工会。

第二十五条 各级人民政府和企业、事业单位、机关以及其他经济组织，应当为工会办公和开展活动提供必要的设施、活动场所等条件。

第二十六条 在城市建设中确需拆迁、改建工会所属的工人文化宫、俱乐部、疗养院、职工学校等职工活动场所，当地人民政府或者有关单位应当征求工会的意见，并在拆迁、改建所需土地和资金方面予以保障。

第二十七条 地方各级总工会、产业工会和具有社会团体法人资格的基层工会，可以依法登记设立为职工服务的企业、事业单位。

工会对其登记设立的企业、事业单位的财产享有所有权，工会和相关企业、事业单位的隶属关系非经法定程序不得改变。任何组织和个人不得侵占、挪用其财产，不得干涉其合法的生产经营活动。

第二十八条 工会的财产、经费和政府、单位拨给工会使用的不动产，任何组织和个人不得侵占、挪用和任意调拨。基层工会经费和用工会经费购置的财产，不得作为所在单位的经费和财产予以冻结、查封、扣押或者作其他处理。

工会组织合并，其经费、财产归合并后的工会所有；工会组织分立、撤销或者解散，其经费、财产应当在上一级工会的主持下进行审查处理。

工会资产由工会组织进行清查登记和管理。

第二十九条 地方各级总工会的离休、退休人员的待遇标准和资金来源，与国家机关工作人员同等对待。

第三十条 企业、事业单位和其他经济组织对依法履行职责的工会工作人员进行打击报复，有下列情形之一的，由劳动、人事行政部门依法予以处理：

（一）不按照《工会法》规定的程序调动工会主席、副主席工作岗位，又拒不纠正的；

（二）对依法履行职责的工会工作人员无正当理由调动工作岗位的；

（三）无正当理由降低工会工作人员工资的；

（四）无正当理由解除工会工作人员劳动合同的；

（五）违反法律、法规有关劳动合同延长期的规定解除劳动合同的；

（六）其他打击报复的行为。

第三十一条 有下列情形之一的，由劳动行政部门责令用人单位恢复其工作，并补发被解除劳动合同期间应得的报酬和福利待遇；未恢复工作的，责令给予本人上年年收入二倍的赔偿，并按照规定支付解除劳动合同的经济补偿金：

（一）工会工作人员因履行《工会法》和本办法规定的职责，被解除劳动合同或者被调动工作岗位导致解除劳动合同的；

（二）职工因参加工会活动被解除劳动合同的。

第三十二条 工会工作人员有下列情形之一的，由同级工会或者上级工会责令改正，对直接负责的主管人员和其他直接责任人员予以处分；情节严重的，依照《中国工会章程》予以罢免；造成损失的，应当承担赔偿责任；构成犯罪的，依法追究刑事责任：

（一）在推行平等协商和集体合同制度或者职工代表大会制度中不依法履行职责的；

（二）对侵犯职工合法权益的行为应当依法监督而不履行监督职责的；

（三）企业、事业单位和其他经济组织发生伤亡事故或者其他严重危害职工安全和健康的问题，不及时报告或者不依法调查的；

（四）造成工会资产流失的；

（五）截留、挪用、侵占或者贪污工会经费的。

第三十三条 本办法自2004年11月1日起施行。

★地方性文件·上海市

6.1.12 上海市工会条例（上海市人民代表大会常务委员会公告第24号 2010年9月起施行）

第一章 总 则

第一条 为了保障工会在国家政治、经济和社会生活中的地位，确定工会的权利和义务，发挥工会在社会主义现代化建设事业中的作用，根据《中华人民共和国宪法》、《中华人民共和国工会法》以及其他有关法律、法规，结合本市的实际情况，制定本条例。

第二条 在本市行政区域内的企业、事业单位、机关和工会均应当遵守本条例。

本市设置在外省市的企业、事业单位在处理与本单位工会的关系以及与上级工会关系时，也应当遵守本条例。

第三条 工会是在中国共产党领导下职工自愿结合的工人阶级的群众组织，是党联系职工群众的桥梁和纽带，是国家政权的重要的社会支柱，是职工合法权益的代表者和维护者。

第四条 工会必须遵守宪法和法律，支持改革开放和社会主义现代化建设，依照中国工会章程独立自主地开展工作，具有下列职责：

（一）维护职工合法权益是工会的基本职责。工会在维护国家整体利益的同时，代表和维护职工的合法权益。

（二）组织和教育职工依法行使民主权利，参与对国家事务、经济和文化事业、社会事务的管理，协助人民政府开展工作，维护社会主义国家政权。

（三）动员职工积极参加社会主义精神文明建设，教育职工提高思想道德、技术业务和科学文化素质，建设有理想、有道德、有文化、有纪律的职工队伍。

（四）动员和组织职工积极参加社会主义经济建设，努力完成生产和工作任务。

第五条 工会通过平等协商和集体合同制度，协调劳动关系，维护企业职工劳动权益。

工会依照法律规定通过职工代表大会或者其他形式，组织职工参与本单位的民主决策、民主管理和民主监督。

第六条 工会必须密切联系职工，听取和反映职工的意见和要求，关心职工的生活，帮助职工解决困难，全心全意为职工服务。

第七条 工会的合法权益受法律保护，任何企业、事业单位、机关和个人不得侵害。

第二章 工会组织

第八条 企业、事业单位、机关中以工资收入为主要生活来源的体力劳动者和脑力劳动者，均有依法参加和组织工会的权利，并有退出工会的自由。

第九条 工会各级组织按照民主集中制原则建立。

市和区、县建立地方总工会。

同一行业或者性质相近的行业，可以建立市或者区、县产业工会。

街道、乡镇建立地区工会。

经济开发区、工业（科技）园区等企业较为集中的区域可以建立基层工会的联合会。

企业、事业单位、机关有会员二十五人以上的，应当建立基层工会委员会；不足二十五人的，可以单独建立基层工会委员会，也可以由两个以上单位的会员联合建立基层工会委员会，也可以选举组织员一人，组织会员开展活动。

建立工会组织必须报上一级工会批准。

不按照中国工会章程组建的任何组织，不得以工会的名义开展活动，也不得替代工会行使职权。

第十条 企业、事业单位在筹建的同时应当支持职工筹建工会。

已经开业尚未建立工会组织的企业、事业单位，应当从开业之日起六个月内支持、帮助职工建立工会。

上级工会应当帮助、指导未建立工会的企业、事业单位的职工组建工会，企业、事业单位应当予以支持，并提供必要的条件。

第十一条 任何单位和个人不得阻挠职工依法组建工会，不得随意撤销、合并工会组织，不得将工会的办事机构归属于其他工作部门。

对没有建立工会组织的企业、事业单位，有关部门要积极支持、配合上级工会组织，指导职工建立工会，对于阻挠组建工会的违法行为，应当依法予以纠正。

第十二条 基层工会组织所在的企业终止，或者所在的事业单位、机关被撤销，该工会组织相应撤销，并报上一级工会备案。

第十三条 工会委员会和经费审查委员会由会员大会或者会员代表大会选举产生。企业主要负责人的近亲属不得作为本企业基层工会委员会成员的人选。

各级工会建立女职工委员会，女会员不足二十五人的设女职工委员。

市和区、县总工会，市产业工会以及街道、乡镇等工会，可以建立为职工服务的法律服务机构。

各级工会可以建立工会劳动法律监督组织。

第十四条 工会主席、副主席由会员大会或者会员代表大会选举产生，也可以由工会委员会选举产生，实行任期制。

第十五条 市和区、县总工会，市产业工会，具有社会团体法人资格。

依法建立的街道、乡、镇工会，区、县产业工会和基层工会具备下列条件，并报区、县总工会或者市产业工会核准后，取得社会团体法人资格：

（一）已经建立工会委员会；

（二）有必要的财产或者经费；

（三）有自己的名称和办公场所；

（四）能够独立承担民事责任。

依法具有或者取得社会团体法人资格的工会，其主席是法定代表人。

第三章 工会的权利和义务

第十六条 各级人民政府可以召开会议或者采取其他适当方式，向同级工会通报政府的重要工作部署和与工会工作有关的行政措施，研究解决工会反映的职工群众的意见和要求。

各级人民政府劳动行政部门应当会同同级工会和企业方面代表，建立劳动关系三方协商机制，共同研究解决劳动关系方面的重大问题。

街道办事处以及经济开发区、工业（科技）园区所在地负责劳动管理的部门，可以会同街道、经济开发区、工业（科技）园区的工会组织和企业方面的代表建立劳动关系三方协商机制，共同研究解决地区内劳动关系方面的重大问题。

第十七条　市和区、县人民政府制定国民经济和社会发展计划，市人民政府研究起草涉及职工切身利益的重大问题的法规、规章时，应当听取同级工会的意见。

市和区、县人民政府及有关部门在研究制定就业、工资、物价、安全生产、生活福利、社会保险等重大政策、措施时，或者成立涉及上述事项的社会监督机构时，应当吸收同级工会参加，听取工会的意见。

市和区、县总工会可以对就业、劳动报酬、物价、安全生产、生活福利、社会保险、职工队伍状况等问题进行调查分析，向人民政府提出意见或者建议。

第十八条　国有企业、国有控股企业、集体企业以及事业单位的职工代表大会（职工大会）是企业、事业单位实行民主管理的基本形式，是职工行使民主管理权力的机构，依照法律、法规以及国家和本市的其他有关规定审议、通过、决定企业事业单位的重大决策事项和涉及职工切身利益的事项。

国有企业、国有控股企业、事业单位的工会委员会是职工代表大会（职工大会）的工作机构，负责职工代表大会（职工大会）的日常工作，检查、督促职工代表大会（职工大会）决议的执行。集体企业的工会委员会，应当支持和组织职工参加民主管理和民主监督。其他企业、事业单位的工会委员会，依照法律规定组织职工采取与本单位相适应的形式参与民主管理。

企业、事业单位违反职工代表大会（职工大会）制度和其他民主管理制度的，工会有权要求纠正。

第十九条　企业、事业单位研究经营管理和发展的重大问题应当听取工会的意见；召开讨论有关工资、福利、劳动安全卫生、社会保险等涉及职工切身利益的会议，必须有工会代表参加。

第二十条　企业设立监事会的，工会的代表应当作为监事会成员候选人。

企业董事会中没有工会代表的，董事会研究决定有关职工劳动报酬、生活福利、安全生产以及劳动保护、社会保险等涉及职工切身利益的问题时，应当事先听取工会的意见，并邀请工会的代表列席会议。

董事会研究决定生产经营的重大问题、制定重要的规章制度时，应当听取工会的意见，取得工会的合作。

工会的代表列席董事会会议的费用，按照董事会成员的经费渠道列支。

第二十一条　工会代表职工与企业、实行企业化管理的事业单位通过平等协商，就劳动报酬、工作时间、休息休假、劳动安全卫生、保险福利以及其他事项，依法签订集体合同；也可以专门就工资事项，依法签订工资协议。集体合同草案、工资协议草案应当提交职工代表大会或者全体职工讨论通过，并依照有关规定报送劳动行政部门和上一级工会。

产业工会以及经济开发区、工业（科技）园区等企业较为集中区域的工会联合会可以代表职工与相应企业方面的代表进行平等协商，依法签订集体合同。

工会提出签订、变更集体合同的，企业、实行企业化管理的事业单位在接到书面通知后应当按照有关规定与工会平等协商。企业、实行企业化管理的事业单位无正当理由拒绝平等协商，或者因签订集体合同发生争议，双方协商解决不成的，工会可以要求当地政府的劳动行政部门依法协调处理。

因履行集体合同发生争议，经协商解决不成的，工会可以向劳动争议仲裁委员会申请仲裁，仲裁机构不予受理或者对仲裁裁决不服的，可以依法向人民法院提起诉讼。

第二十二条 企业、事业单位起草劳动合同文本时，应当征求本单位工会的意见。

工会应当指导职工签订劳动合同，并依法监督劳动合同的履行。

工会发现企业、事业单位与职工未依法签订劳动合同的，有权要求纠正，或者建议政府有关部门依法处理。

第二十三条 企业、事业单位处分职工，工会认为有法律依据不足、事实理由不充分、处分不当或者超过法定处理权限等情形的，有权提出意见。

企业单方面解除职工劳动合同时，应当事先将理由通知工会，工会认为企业违反法律、法规和有关合同，要求重新研究处理时，企业应当研究工会的意见，并将处理结果书面通知工会。

第二十四条 企业依法建立劳动争议调解委员会。劳动争议调解委员会主任由工会代表担任，办事机构设在工会。

区、县总工会，市产业工会和街道、乡镇工会可以会同有关方面的代表，建立劳动争议调解组织。

劳动争议当事人可以向本企业劳动争议调解委员会申请调解，也可以向前款所述的劳动争议调解组织申请调解。

政府建立劳动争议仲裁委员会应当有同级工会的代表参加。

第二十五条 企业、事业单位违反劳动法律、法规规定，有下列侵犯职工劳动权益情形，工会应当代表职工与企业、事业单位交涉，要求企业、事业单位采取措施予以改正；企业、事业单位应当予以研究处理，并向工会作出答复；企业、事业单位拒不改正的，工会可以请求当地人民政府依法作出处理：

（一）克扣、无故拖欠职工工资的；

（二）不提供劳动安全卫生条件，或者劳动安全卫生设施和条件不符合国家规定的；

（三）随意延长劳动时间或者不按规定支付延长劳动时间报酬的；

（四）侵犯女职工和未成年工特殊权益的；

（五）其他严重侵犯职工劳动权益的。

第二十六条 工会依照国家规定对新建、扩建企业和技术改造工程中的劳动条件和安全卫生设施与主体工程同时设计、同时施工、同时投产使用进行监督。对工会提出的意见，企业或者主管部门应当认真处理，并将处理结果书面通知工会。

第二十七条 工会发现企业、事业单位的经营、管理者违章指挥，强令职工冒险作业，或者在生产过程中有明显重大事故隐患和职业危害的，有权提出建议，企业、事业单位应当及时予以答复和解决；发现危及职工生命安全的情况时，工会有权向企业、事业单位建议组织职工撤离危险现场，企业、事业单位必须及时作出处理决定。

职工因工伤亡事故和其他严重危害职工健康问题的调查处理，必须有工会参加。工会应当向有关部门提出处理意见，并有权要求追究直接负责的主管人员和有关责任人员的责任。对工会提出的意见，应当及时研究，给予答复。

第二十八条 工会有权到企业、事业单位的生产、工作、营业等场所调查和监督劳动法律、法规的执行情况，有关方面应当予以支持。

工会对企业、事业单位侵犯职工合法权益的问题进行调查时，有关单位应当予以协助，如实说明情况，提供有关资料，不得阻挠或者拒绝调查。

工会在调查中应当依法保守企业、事业单位的商业秘密。

第二十九条 工会参与监督社会保险基金的管理、使用和职工最低工资、最低生活保障线的实施。

工会有权督促企业、事业单位、机关依照有关规定，为职工交纳养老、医疗、工伤、失业、生育等社会保险基金。

第三十条 企业、事业单位有关人员非法扣留职工居民身份证等合法证件和对职工非法搜身、拘禁以及侮辱人格、体罚、殴打等侵害职工合法权益的，工会有权制止并应当提出处理建议。负责处理的部门应当在三十日内将处理意见告知工会。

第三十一条 企业、事业单位发生停工、怠工事件，本单位工会应当立即向上级工会报告，并应当代表职工同企业、事业单位或者有关方面协商，反映职工的意见和要求，提出解决意见；协商不成的，上级工会应当及时与劳动行政部门、单位的主管部门等到事发单位了解情况，共同协商，妥善处理。

对于职工的合理要求，企业、事业单位应当予以解决。工会协助企业、事业单位做好工作，尽快恢复生产、工作秩序。

第三十二条 职工合法权益受到侵害的，工会应当支持职工依法提出申诉、申请仲裁、提起诉讼，并提供法律帮助。

第三十三条 工会应当支持企业、事业单位的经营、管理者依法进行生产、经营活动和科学管理，会同企业、事业单位教育职工以国家主人翁态度对待劳动，爱护国家和企业的财产，组织职工开展群众性的合理化建议、技术革新活动，进行业余文化技术学习和职工培训，组织职工开展文娱、体育活动。

第三十四条 工会协助企业、事业单位、机关组织职工参加疗养、休养活动，办好职工集体福利事业，做好社会保险工作。

第三十五条 根据政府委托，工会与有关部门共同做好劳动模范和先进生产（工作）者的评选、表彰、培养和管理工作，宣传他们的事迹，关心他们的工作和生活。

第三十六条 工会协助人民政府和有关单位做好离退休人员的工作，关心他们的生活，维护他们的合法权益。

第四章 工会的人员和财产

第三十七条 市和区、县总工会的专职工作人员的编制，由市总工会与市和区、县编制管理部门协商确定。产业工会和街道、乡镇等工会专职工作人员的编制，由其上一级工会与有关方面协商确定。

企业、事业单位有职工二百人以上的，应当配备必要的专职工会工作人员。专职工会工作人员的人数，由上一级工会与企业、事业单位协商确定。职工不足二百人的，可以配备专职或者兼职工会工作人员。

第三十八条 工会主席、副主席、委员任期未满的，不得随意调动其工会工作岗位或者劳动合同约定的岗位，因工作需要调动的，应当事先征得本单位工会委员会的同意；工会主席、副主席的调动，还应当征得上一级工会的同意。

调动工会筹建负责人的工作，应当事先征求上一级工会的意见。

征求上一级工会的意见应当采取书面形式。上一级工会应当在接到书面意见之日起十五日内予以答复，逾期未答复的，视为同意。

基层工会专职主席、副主席或者委员自任职之日起，其劳动合同期限自动延长，延长期限相当于其任职期间；非专职主席、副主席或者委员自任职之日起，其尚未履行的劳动合同期限短于任期的，劳动合同期限自动延长至任期期满。但是，任职期间个人严重过失或者达到法定退休年龄的除外。

基层工会专职主席、副主席或者委员任期期满不再担任专职工会职务的，所在单位应当妥善安排其工作。

第三十九条 基层工会工作人员的劳动报酬和其他福利待遇由其所在单位承担。

基层工会专职主席、副主席和委员的劳动报酬和其他福利待遇，国家和本市有规定的，按照规定执行；没有规定的，可以由本单位工会或者上级工会与用人单位协商约定。

街道、乡镇以上各级工会以及所属企业、事业单位工作人员和离休、退休人员的待遇，按照国家和本市的有关规定执行。

第四十条 基层工会委员会需要占用生产（工作）时间召开会议或者开展活动的，应当事先与所在单位的主管人员商定。

工会兼职委员每月可以有三个工作日从事工会工作，其工资照发，待遇不受影响；超过三个工作日的，应当事先征得所在单位的主管人员同意。

第四十一条 建立工会的企业、事业单位、机关应当于每月十五日前按照上月全部职工工资总额的百分之二向工会拨缴当月的工会经费。工资总额按国家统计局的规定计算。成立工会筹备组织的企业、事业单位、机关，应当自成立工会筹备组织之日起按前款规定向工会拨缴工会经费。

各级工会应当按规定的比例向上一级工会上解经费。

第四十二条 工会应当根据经费独立原则，建立预算、决算和经费审查监督制度。

各级工会经费收支情况应当由同级工会经费审查委员会审查，并且定期向会员大会或者会员代表大会报告，接受监督。工会的经费、财产和国家拨给工会使用的不动产，任何单位和个人不得侵占、挪用和任意调拨。

工会所属的为职工服务的企业、事业单位，其合法权益受法律保护，任何单位和个人不得随意改变其隶属关系。

工会组织合并，其经费、财产归合并后的工会所有；工会组织撤销，其经费和财产由上级工会处置。

第四十三条 各级人民政府和企业、事业单位、机关，应当为同级工会提供必要的办公场所和设施。

第五章 法律责任

第四十四条 工会对违反本条例规定侵犯其合法权益的，有权提请人民政府或者有关部门予以处理，或者向人民法院提起诉讼。

第四十五条 违反本条例规定，阻挠职工依法参加和组织工会或者阻挠上级工会帮助、指导职工筹建工会的，由劳动行政部门责令其改正；拒不改正的，由劳动行政部门提请市或者区县人民政府处理；以暴力、威胁等手段阻挠造成严重后果，构成犯罪的，依法追究刑事责任。

第四十六条 违反本条例规定，随意调动工会主席、副主席、委员的工会工作岗位或者劳动合同约定的岗位以及工会筹建负责人工作的，本单位工会或者上级工会可以向劳动行政部门提出，由劳动行政部门责令改正、恢复原工作；造成损失的，给予赔偿。

工会主席、副主席、委员或者工会筹建负责人对用人单位擅自变更劳动合同的，可以依法申请劳动仲裁，对仲裁裁决不服的，可以向人民法院提起诉讼。

对依法履行职责的工会工作人员进行侮辱、诽谤或者进行人身伤害，构成犯罪的，依法追究刑事责任；尚未构成犯罪的，由公安机关依照《中华人民共和国治安管理处罚法》的规定处罚。

第四十七条 违反本条例规定，有下列情形之一的，由劳动行政部门责令恢复其工作，并补发被解除劳动合同期间应得的报酬；职工、工会工作人员不愿恢复工作的，由劳动行政部门责令给予本人年收入二倍的赔偿，并依照解除劳动合同的规定给予经济补偿：

（一）职工因参加工会活动而被解除劳动合同的；

（二）工会工作人员因履行本条例规定的职责而被解除劳动合同的。

第四十八条 违反本条例规定，有下列情形之一的，由市或者区县人民政府责令改正，依法处理：

（一）妨碍工会组织职工通过职工代表大会和其他形式依法行使民主权利的；

（二）非法撤销、合并工会组织的；

（三）妨碍工会参加职工因工伤亡事故以及其他侵犯职工合法权益问题的调查处理的；

（四）无正当理由拒绝进行平等协商的。

第四十九条 侵占、挪用或者任意调拨工会财产、经费拒不返还的，工会可以向人民法院提起诉讼，要求返还，并赔偿损失。

第五十条 违反本条例规定，不按照中国工会章程组建，以工会名义开展活动，或者替代工会行使职权的组织，由社会团体登记管理部门依法取缔。

第五十一条 企业、事业单位和机关逾期未缴或者少缴工会经费的，工会应当向其发出催缴通知书，限期缴纳；逾期仍未缴纳的，基层工会或者上级工会可以依法向人民法院申请支付令；拒不执行支付令的，工会可以依法申请人民法院强制执行。

第五十二条 工会工作人员违反本条例规定，损害职工或者工会权益的，由同级工会或者上级工会责令改正，或者予以处分；情节严重的，依照《中国工会章程》予以罢免；造成损失的，应当承担赔偿责任；构成犯罪的，依法追究刑事责任。

第六章 附 则

第五十三条 本条例自1995年5月1日起施行。

6.1.13 上海市职工代表大会条例（上海市人民代表大会常务委员会公告第30号 2011年5月起施行）

第一章 总 则

第一条 为了保障职工的民主权利，构建和谐稳定的劳动关系，促进职工和企业、事业单位以及民办非企业单位等组织共同发展，根据《中华人民共和国宪法》、《中华人民共和国劳动法》、《中华人民共和国工会法》、《中华人民共和国公司法》、《中华人民共和国劳动合同法》以及其他有关法律、行政法规，结合本市实际，制定本条例。

第二条 本市行政区域内的企业、事业单位以及民办非企业单位等组织（以下统称“企事业单位”）建立和实施职工代表大会制度，适用本条例。

第三条 企事业单位应当建立职工代表大会制度。

职工人数在一百人以上的企事业单位应当召开职工代表大会；职工人数不足一百人的企事业单位一般召开职工大会。

职工代表大会（或者职工大会，下同）是企事业单位实行民主管理的基本形式，是协调劳动关系的重要制度，是职工行使民主管理权力的机构。

职工代表大会应当充分发扬民主，实行少数服从多数的原则。

第四条 企事业单位应当保障职工代表大会依法行使职权，保障职工依法享有知情权、参与权、表达权和监督权。

职工通过职工代表大会依法参与企事业单位民主管理，支持企事业单位合法的生产经营和管理活动，维护自身合法权益。

第五条 企事业单位的工会是职工代表大会的工作机构，承担职工代表大会的日常工作。

第六条 本市各级人民政府及其国有资产、教育、卫生等主管部门和人力资源社会保障等有关行政管理部门应当指导、督促企事业单位实行职工代表大会制度。

第七条 上级工会、行业协会和相关企业联合组织应当指导和帮助企事业单位建立健全职工代表大会制度。

第二章 职 权

第八条 职工代表大会依法行使审议建议、审议通过、审查监督、民主选举、民主评议等职权。

第九条 下列事项应当向职工代表大会报告，接受职工代表大会审议，听取职工代表大会代表（以下简称“职工代表”）的建议：

（一）企事业单位的发展规划，年度经营管理情况和重要决策；

（二）企事业单位制订、修改、决定直接涉及职工切身利益的规章制度或者重大事项；

（三）工会与企业就职工工资调整、经济性裁员、群体性劳动纠纷和生产过程中发现的重大事故隐患或者职业危害等事项进行集体协商的情况；

（四）职工代表大会工作机构的工作情况、联席会议协商处理的事项；

（五）国有、集体及其控股企业财务预决算，重组改制方案和重大改革措施，申请破产或者解散等重要事项；

（六）事业单位的财务预决算、重大改革改制方案等重要事项；

（七）法律法规规定或者企事业单位与工会协商确定应当向职工代表大会报告的其他事项。

第十条 下列事项应当向职工代表大会报告，并由职工代表大会审议通过：

（一）涉及劳动报酬、工作时间、休息休假、保险福利等事项的集体合同草案；

（二）工资调整机制、女职工权益保护、劳动安全卫生等专项集体合同草案；

（三）国有、集体及其控股企业的薪酬制度，福利制度，劳动用工管理制度，职工教育培训制度，改革改制中涉及的职工安置方案，以及其他涉及职工切身利益的重要事项；

（四）事业单位的职工聘任、考核奖惩办法，收益分配的原则和办法，职工生活福利制度，改革改制中涉及的职工安置方案，以及其他涉及职工切身利益的重要事项；

（五）法律法规规定或者企事业单位与工会协商确定应当提交职工代表大会审议通过的其他事项。

第十一条 下列事项应当向职工代表大会报告，并接受审查监督：

（一）职工代表大会提案办理情况；

（二）职工代表大会审议通过的重要事项落实情况；

（三）集体合同和专项集体合同履行情况；

（四）劳动安全卫生标准执行、社会保险费交缴、职工教育培训经费提取使用等情况；

（五）法律法规规定或者企事业单位与工会协商确定应当向职工代表大会报告并接受审查监督的其他事项。

第十二条 下列人员应当由职工代表大会民主选举产生：

（一）民主管理专门小组（委员会）成员；

（二）董事会和监事会中的职工代表；

（三）法律法规规定或者企事业单位与工会协商确定应当由职工代表大会民主选举产生的其他人员。

第十三条 下列人员应当接受职工代表大会的民主评议：

（一）董事会和监事会中的职工代表；

（二）国有、集体及其控股企业的高级管理人员，事业单位负责人，以及按照本市有关规定应当接受职工代表大会民主评议的其他人员；

（三）法律法规规定或者企事业单位与工会协商确定应当接受职工代表大会民主评议的其他人员。

第三章 职工代表

第十四条 企事业单位的职工可以当选为职工代表。

职工代表由职工民主选举产生，实行常任制，可以连选连任，任期与职工代表大会届期相同。

选举职工代表一般以分公司、分院（校）、部门、班组、科室等为选区。选举应当有选区全体职工三分之二以上参加，候选人获得选区全体职工半数以上赞成票方可当选。选举结果应当公布。

第十五条 职工代表的构成应当以一线职工为主体，中、高层管理人员不超过百分之二十，但跨地区、跨行业的大型集团型企业的比例可以适当提高。女职工代表比例一般与本单位女职工人数所占比例相适应。

教育、科技、文化、卫生等领域的企事业单位，职工代表应当以直接从事专业技术工作的人员为主体。

第十六条 职工代表的权利：

（一）在职工代表大会上，有选举权、被选举权、审议权和表决权；

（二）对涉及本单位发展和职工权益的重要事项有知情权、建议权、参与权和监督权；

（三）参加与职工代表履职相关的培训、检查等活动；

（四）因履职活动而占用生产、工作时间，按照正常出勤享受应得的待遇。

第十七条 职工代表的义务：

（一）学习、宣传有关法律法规和政策，提高自身素质，增强参与民主管理的能力，做好本职工作；

（二）联系选区职工，听取职工的意见和建议，表达职工的意愿和要求；

（三）执行职工代表大会决议，做好职工代表大会交办的各项工作；

（四）及时向选区职工通报参加职工代表大会活动和履行职责的情况，接受评议监督；

（五）模范遵守单位规章制度，保守商业秘密。

第十八条 职工代表出现缺额时，应当由原选区依照规定的民主程序及时补选。选举结果应当公布。

职工代表因无故不履行或者无法履行代表职责而被撤免的，应当经原选区全体职工半数以上同意。

第十九条 职工代表依法行使权利，任何组织和个人不得压制、阻挠和打击报复。

第四章 组织制度

第二十条 企事业单位职工代表大会的职工代表名额，按照下列规定确定：

（一）职工人数在一百人至三千人的，职工代表名额以三十名为基数，职工人数每增加一百人，职工代表名额增加不得少于五名；

（二）职工人数在三千人以上的，职工代表名额不得少于一百七十五名；

（三）职工人数不足一百人，实行职工代表大会制度的，职工代表名额不得少于三十名。

职工代表大会可以根据需要设置列席代表。列席代表无表决权和选举权。

第二十一条 职工代表大会每届任期为三年至五年。职工代表大会因故需要延期换届的，延期时间不得超过一年。

职工代表大会每年至少召开一次会议。企事业单位、工会或者三分之一以上职工代表提议，可以召开职工代表大会。

第二十二条 职工代表大会选举产生的主席团主持会议，处理大会期间有关重大问题。主席团人数不得少于七人，其中一线职工代表的比例不得少于百分之五十。

第二十三条 职工代表大会可以设立若干民主管理专门小组（委员会），组织职工代表开展民主管理专项活动，办理职工代表大会交办的有关事项。专门小组（委员会）负责人由职工代表担任。

第二十四条 职工代表大会闭会期间，除法律法规规定应当提交职工代表大会审议通过的事项外，对需要及时处理的重要事项，企事业单位可以召开职工代表大会联席会议进行协商处理，处理结果应当向下一次职工代表大会报告。

联席会议由工会负责召集，由职工代表团（组）长、民主管理专门小组（委员会）负责人、主席团成员、工会委员会委员参加。

第二十五条 企事业单位下属的分公司（厂）、分院（校）应当建立职工代表大会制度，行使与其管理权限相对应的职工民主管理权利。

第二十六条 职工代表大会的经费由企事业单位在管理费用中列支。

第五章 议事规则

第二十七条 职工代表大会须有全体职工代表三分之二以上出席，方可召开。

第二十八条 职工代表大会的议题和议程，由企事业单位与工会协商确定。

第二十九条 提交职工代表大会审议和审议表决的书面材料，应当在职工代表大会召开的七日前送交职工代表；职工代表团（组）应当组织职工代表讨论，由工会及时汇总整理职工代表团（组）的意见和建议。

职工代表对涉及职工切身利益的重要事项意见分歧较大的，由企事业单位和工会根据职工代表意见进行协商修改后，提交职工代表大会再次审议。

第三十条 职工代表大会审议通过事项，应采取无记名投票方式，并须获得全体职工代表半数以上赞成票方可通过。

第三十一条 职工代表大会审议通过的事项和决议应当在职工代表大会闭会后向全体职工公布。

第三十二条 法律法规规定应当提交职工代表大会审议的事项，未按照法定程序提交的，企事业单位的工会有权要求纠正，企事业单位应当根据工会的要求予以纠正。

法律法规规定应当提交职工代表大会审议通过的事项，未按照法定程序提交审议通过的，企事业单位就该事项作出的决定对本单位职工不具有约束力。

第三十三条 职工代表大会在其职权范围内审议通过的事项对本单位以及全体职工具有约束力，未经职工代表大会重新审议通过不得变更。

第六章 工作机构

第三十四条 企事业单位的工会在职工代表大会筹备和召开期间，履行下列职责：

（一）组织开展职工代表的选举、撤换、培训等工作；

（二）做好职工代表大会文件的准备工作；

（三）提出职工代表大会主席团成员、民主管理专门小组（委员会）成员候选人建议名单，董事会、监事会中的职工代表候选人建议名单；

（四）代表职工与企事业单位开展集体协商，形成集体合同草案、专项集体合同草案和起草说明、集体协商情况的报告等；

（五）组织职工代表团（组）在会前和会中对提交职工代表大会审议和审议表决的事项进行讨论，汇总整理意见，并与企事业单位协商修改；

（六）负责职工代表大会其他筹备和组织工作。

第三十五条 企事业单位的工会在职工代表大会闭会期间，履行下列职责：

（一）动员职工执行职工代表大会决议，督促决议的落实和提案的办理；

（二）建立与职工代表的联系制度，受理职工代表的申诉和提案，维护职工代表的合法权益；

（三）组织职工代表、民主管理专门小组（委员会）开展提案、巡视检查、质量评估等日常民主管理活动；

（四）完成职工代表大会交办的其他工作。

第三十六条 企事业单位的工会应当在职工代表大会闭会之日起七个工作日内，将会议的有关情况报告上一级工会。

第七章 区域性、行业性职工代表大会

第三十七条 社区、产业园区、商务楼宇等同一区域内的企业可以联合建立区域性职

工代表大会。生产经营业务相同或者相近的企业可以联合建立行业性职工代表大会。

区域性、行业性职工代表大会的工作机构是区域、行业工会。

乡、镇人民政府和街道办事处应当积极推动区域性、行业性职工代表大会的建立，支持和保障职工代表大会制度的正常运行。

第三十八条 区域性、行业性职工代表大会行使下列职权：

（一）听取区域、行业执行劳动法律法规和政策情况报告，区域、行业劳动关系状况报告，并提出意见和建议；

（二）审议区域、行业内企业有关劳动报酬、工作时间、休息休假、劳动安全卫生、保险福利、职工培训，以及劳动定额等直接涉及职工切身利益的重大事项，提出意见和建议；

（三）审议通过区域性、行业性集体合同草案和专项集体合同草案；

（四）审查监督区域、行业内企业执行劳动法律法规和区域性、行业性职工代表大会决定事项的情况，履行区域性、行业性集体合同情况；

（五）其他应当由区域性、行业性职工代表大会行使的职权。

第三十九条 区域性、行业性职工代表大会的职工代表人数和构成，由区域、行业工会与区域、行业内企业协商确定，并根据实际设立选区，组织职工按比例民主选举产生职工代表。

区域性、行业性职工代表大会的职工代表总数不得少于三十人，其中企业经营管理者不得超过百分之三十，一线职工不得少于百分之五十。

第四十条 区域性、行业性职工代表大会通过的集体合同、专项集体合同以及有关决议应当向全体职工公布。

第四十一条 区域性、行业性职工代表大会的组织制度、议事规则、工作机构的职责等参照企事业单位职工代表大会的有关规定实施。

第八章 监督检查和法律责任

第四十二条 市和区、县人力资源社会保障行政管理部门，同级工会和企事业单位代表，通过劳动关系三方协商机制，共同推进企事业单位建立健全职工代表大会制度。

第四十三条 市和区、县总工会应当将企事业单位实行职工代表大会制度的情况纳入工会劳动法律法规监督检查的内容。对企事业单位违反本条例规定的行为，可以发出工会劳动法律监督整改意见书，要求企事业单位予以改正。对逾期不改正的，可以根据需要向同级国有资产、教育、卫生等主管部门和人力资源社会保障等行政管理部门提出工会劳动法律监督处理建议书，国有资产、教育、卫生等主管部门和人力资源社会保障等行政管理部门应当依法进行调查处理。

第四十四条 企事业单位与工会因实施职工代表大会制度的事项发生争议，双方应当协商解决；协商不成的，提请上级工会与有关主管部门协调解决。

第四十五条 企事业单位违反本条例规定，有下列行为之一的，由市和区、县人民政府以及相关部门责令改正，对企事业单位法定代表人和有关责任人给予批评教育；拒不改正的，依法处理：

（一）阻挠建立职工代表大会制度的；

（二）妨碍职工代表大会依法行使职权的；

（三）应当提交职工代表大会审议和审议通过的事项，未按照法定程序提交，给职工造成损害的；

（四）擅自变更或者拒不执行职工代表大会决议并侵害职工权益的。

第四十六条 企事业单位法定代表人和其他管理人员对职工代表进行侮辱、诽谤或者以暴力、威胁等手段进行打击报复、人身伤害的，公安机关依法给予治安处罚；造成严重后果构成犯罪的，依法追究刑事责任。

企事业单位工会负责人不按照本条例规定履行职责，对职工权益造成损害的，由市和区、县、产业（局）工会责令限期改正，情节严重的，依法予以罢免。

第四十七条 市和区、县人民政府有关部门及其工作人员违反本条例规定，玩忽职守、滥用职权、徇私舞弊的，由其所在单位或者上级主管部门依法给予行政处分；构成犯罪的，依法追究刑事责任。

第九章 附 则

第四十八条 本条例自 2011 年 5 月 1 日起施行。

6.2 工会组织以及权利和义务

★ 法律

6.2.1 中华人民共和国工会法（主席令第18号　2001年10月修正）

第二章　工会组织

第九条　工会各级组织按照民主集中制原则建立。

各级工会委员会由会员大会或者会员代表大会民主选举产生。企业主要负责人的近亲属不得作为本企业基层工会委员会成员的人选。

各级工会委员会向同级会员大会或者会员代表大会负责并报告工作，接受其监督。

工会会员大会或者会员代表大会有权撤换或者罢免其所选举的代表或者工会委员会组成人员。

上级工会组织领导下级工会组织。

第十条　企业、事业单位、机关有会员二十五人以上的，应当建立基层工会委员会；不足二十五人的，可以单独建立基层工会委员会，也可以由两个以上单位的会员联合建立基层工会委员会，也可以选举组织员一人，组织会员开展活动。女职工人数较多的，可以建立工会女职工委员会，在同级工会领导下开展工作；女职工人数较少的，可以在工会委员会中设女职工委员。

企业职工较多的乡镇、城市街道，可以建立基层工会的联合会。

县级以上地方建立地方各级总工会。

同一行业或者性质相近的几个行业，可以根据需要建立全国的或者地方的产业工会。

全国建立统一的中华全国总工会。

第十一条　基层工会、地方各级总工会、全国或者地方产业工会组织的建立，必须报上一级工会批准。

上级工会可以派员帮助和指导企业职工组建工会，任何单位和个人不得阻挠。

第十二条　任何组织和个人不得随意撤销、合并工会组织。

基层工会所在的企业终止或者所在的事业单位、机关被撤销，该工会组织相应撤销，并报告上一级工会。

依前款规定被撤销的工会，其会员的会籍可以继续保留，具体管理办法由中华全国总工会制定。

第十三条　职工二百人以上的企业、事业单位的工会，可以设专职工会主席。工会专职工作人员的人数由工会与企业、事业单位协商确定。

第十四条　中华全国总工会、地方总工会、产业工会具有社会团体法人资格。

基层工会组织具备民法通则规定的法人条件的，依法取得社会团体法人资格。

第十五条　基层工会委员会每届任期三年或者五年。各级地方总工会委员会和产业工会委员会每届任期五年。

第十六条　基层工会委员会定期召开会员大会或者会员代表大会，讨论决定工会工作的重大问题。经基层工会委员会或者三分之一以上的工会会员提议，可以临时召开会员大会或者会员代表大会。

第十七条 工会主席、副主席任期未满时，不得随意调动其工作。因工作需要调动时，应当征得本级工会委员会和上一级工会的同意。

罢免工会主席、副主席必须召开会员大会或者会员代表大会讨论，非经会员大会全体会员或者会员代表大会全体代表过半数通过，不得罢免。

第十八条 基层工会专职主席、副主席或者委员自任职之日起，其劳动合同期限自动延长，延长期限相当于其任职期间；非专职主席、副主席或者委员自任职之日起，其尚未履行的劳动合同期限短于任期的，劳动合同期限自动延长至任期期满。但是，任职期间个人严重过失或者达到法定退休年龄的除外。

第三章 工会的权利和义务

第十九条 企业、事业单位违反职工代表大会制度和其他民主管理制度，工会有权要求纠正，保障职工依法行使民主管理的权利。

法律、法规规定应当提交职工大会或者职工代表大会审议、通过、决定的事项，企业、事业单位应当依法办理。

第二十条 工会帮助、指导职工与企业以及实行企业化管理的事业单位签订劳动合同。

工会代表职工与企业以及实行企业化管理的事业单位进行平等协商，签订集体合同。集体合同草案应当提交职工代表大会或者全体职工讨论通过。

工会签订集体合同，上级工会应当给予支持和帮助。

企业违反集体合同，侵犯职工劳动权益的，工会可以依法要求企业承担责任；因履行集体合同发生争议，经协商解决不成的，工会可以向劳动争议仲裁机构提请仲裁，仲裁机构不予受理或者对仲裁裁决不服的，可以向人民法院提起诉讼。

第二十一条 企业、事业单位处分职工，工会认为不适当的，有权提出意见。

企业单方面解除职工劳动合同时，应当事先将理由通知工会，工会认为企业违反法律、法规和有关合同，要求重新研究处理时，企业应当研究工会的意见，并将处理结果书面通知工会。

职工认为企业侵犯其劳动权益而申请劳动争议仲裁或者向人民法院提起诉讼的，工会应当给予支持和帮助。

第二十二条 企业、事业单位违反劳动法律、法规规定，有下列侵犯职工劳动权益情形，工会应当代表职工与企业、事业单位交涉，要求企业、事业单位采取措施予以改正；企业、事业单位应当予以研究处理，并向工会作出答复；企业、事业单位拒不改正的，工会可以请求当地人民政府依法作出处理：

（一）克扣职工工资的；

（二）不提供劳动安全卫生条件的；

（三）随意延长劳动时间的；

（四）侵犯女职工和未成年工特殊权益的；

（五）其他严重侵犯职工劳动权益的。

第二十三条 工会依照国家规定对新建、扩建企业和技术改造工程中的劳动条件和安全卫生设施与主体工程同时设计、同时施工、同时投产使用进行监督。对工会提出的意见，企业或者主管部门应当认真处理，并将处理结果书面通知工会。

第二十四条 工会发现企业违章指挥、强令工人冒险作业，或者生产过程中发现明显重大事故隐患和职业危害，有权提出解决的建议，企业应当及时研究答复；发现危及职工生命安全的情况时，工会有权向企业建议组织职工撤离危险现场，企业必须及时作出处理决定。

第二十五条 工会有权对企业、事业单位侵犯职工合法权益的问题进行调查，有关单位应当予以协助。

第二十六条 职工因工伤亡事故和其他严重危害职工健康问题的调查处理，必须有工会参加。工会应当向有关部门提出处理意见，并有权要求追究直接负责的主管人员和有关责任人员的责任。对工会提出的意见，应当及时研究，给予答复。

第二十七条 企业、事业单位发生停工、怠工事件，工会应当代表职工同企业、事业单位或者有关方面协商，反映职工的意见和要求并提出解决意见。对于职工的合理要求，企业、事业单位应当予以解决。工会协助企业、事业单位做好工作，尽快恢复生产、工作秩序。

第二十八条 工会参加企业的劳动争议调解工作。

地方劳动争议仲裁组织应当有同级工会代表参加。

第二十九条 县级以上各级总工会可以为所属工会和职工提供法律服务。

第三十条 工会协助企业、事业单位、机关办好职工集体福利事业，做好工资、劳动安全卫生和社会保险工作。

第三十一条 工会会同企业、事业单位教育职工以国家主人翁态度对待劳动，爱护国家和企业的财产，组织职工开展群众性的合理化建议、技术革新活动，进行业余文化技术学习和职工培训，组织职工开展文娱、体育活动。

第三十二条 根据政府委托，工会与有关部门共同做好劳动模范和先进生产（工作）者的评选、表彰、培养和管理工作。

第三十三条 国家机关在组织起草或者修改直接涉及职工切身利益的法律、法规、规章时，应当听取工会意见。

县级以上各级人民政府制定国民经济和社会发展计划，对涉及职工利益的重大问题，应当听取同级工会的意见。县级以上各级人民政府及其有关部门研究制定劳动就业、工资、劳动安全卫生、社会保险等涉及职工切身利益的政策、措施时，应当吸收同级工会参加研究，听取工会意见。

第三十四条 县级以上地方各级人民政府可以召开会议或者采取适当方式，向同级工会通报政府的重要的工作部署和与工会工作有关的行政措施，研究解决工会反映的职工群众的意见和要求。

各级人民政府劳动行政部门应当会同同级工会和企业方面代表，建立劳动关系三方协商机制，共同研究解决劳动关系方面的重大问题。

第四章　基层工会组织

第三十五条 国有企业职工代表大会是企业实行民主管理的基本形式，是职工行使民主管理权力的机构，依照法律规定行使职权。

国有企业的工会委员会是职工代表大会的工作机构，负责职工代表大会的日常工作，检查、督促职工代表大会决议的执行。

第三十六条 集体企业的工会委员会，应当支持和组织职工参加民主管理和民主监督，维护职工选举和罢免管理人员、决定经营管理的重大问题的权力。

第三十七条　本法第三十五条、第三十六条规定以外的其他企业、事业单位的工会委员会，依照法律规定组织职工采取与企业、事业单位相适应的形式，参与企业、事业单位民主管理。

第三十八条　企业、事业单位研究经营管理和发展的重大问题应当听取工会的意见；召开讨论有关工资、福利、劳动安全卫生、社会保险等涉及职工切身利益的会议，必须有工会代表参加。

企业、事业单位应当支持工会依法开展工作，工会应当支持企业、事业单位依法行使经营管理权。

第三十九条　公司的董事会、监事会中职工代表的产生，依照公司法有关规定执行。

第四十条　基层工会委员会召开会议或者组织职工活动，应当在生产或者工作时间以外进行，需要占用生产或者工作时间的，应当事先征得企业、事业单位的同意。

基层工会的非专职委员占用生产或者工作时间参加会议或者从事工会工作，每月不超过三个工作日，其工资照发，其他待遇不受影响。

第四十一条　企业、事业单位、机关工会委员会的专职工作人员的工资、奖励、补贴，由所在单位支付。社会保险和其他福利待遇等，享受本单位职工同等待遇。

★ 行政法规/部门规章/司法解释

6.2.2 企业工会工作条例（试行）（总工发［2006］41号）

第二章　企业工会组织

第六条　企业工会依法组织职工加入工会，维护职工参加工会的权利。

第七条　会员二十五人以上的企业建立工会委员会；不足二十五人的可以单独建立工会委员会，也可以由两个以上企业的会员按地域或行业联合建立基层工会委员会。同时按有关规定建立工会经费审查委员会、工会女职工委员会。

企业工会具备法人条件的，依法取得社会团体法人资格，工会主席是法定代表人。

企业工会受法律保护，任何组织和个人不得随意撤销或将工会工作机构合并、归属到其他部门。

企业改制须同时建立健全工会组织。

第八条　会员大会或会员代表大会是企业工会的权力机关，每年召开一至两次会议。经企业工会委员会或三分之一以上会员提议可临时召开会议。

会员代表大会的代表由会员民主选举产生，会员代表实行常任制，任期与企业本届工会委员会相同，可连选连任。

会员在一百人以下的企业工会应召开会员大会。

第九条　会员大会或会员代表大会的职权：

（一）审议和批准工会委员会的工作报告。

（二）审议和批准工会委员会的经费收支情况报告和经费审查委员会的工作报告。

（三）选举工会委员会和经费审查委员会。

（四）听取工会主席、副主席的述职报告，并进行民主评议。

（五）撤换或者罢免其所选举的代表或者工会委员会组成人员。

（六）讨论决定工会工作其他重大问题。

第十条 会员大会或会员代表大会与职工代表大会或职工大会须分别行使职权，不得相互替代。

第十一条 企业工会委员会由会员大会或会员代表大会差额选举产生，选举结果报上一级工会批准，每届任期三年或者五年。

大型企业工会经上级工会批准，可设立常务委员会，负责工会委员会的日常工作，其下属单位可建立工会委员会。

第十二条 企业工会委员会是会员大会或会员代表大会的常设机构，对会员大会或会员代表大会负责，接受会员监督。在会员大会或会员代表大会闭会期间，负责日常工作。

第十三条 企业工会委员会根据工作需要，设立相关工作机构或专门工作委员会、工作小组。

工会专职工作人员一般按不低于企业职工人数的千分之三配备，具体人数由上级工会、企业工会与企业行政协商确定。

根据工作需要和经费许可，工会可从社会聘用工会工作人员，建立专兼职相结合的干部队伍。

第十四条 企业工会委员会实行民主集中制，重要问题须经集体讨论作出决定。

第十五条 企业工会委员（常委）会一般每季度召开一次会议，讨论或决定以下问题：

（一）贯彻执行会员大会或会员代表大会决议和党组织、上级工会有关决定、工作部署的措施。

（二）提交会员大会或会员代表大会的工作报告和向党组织、上级工会的重要请示、报告。

（三）工会工作计划和总结。

（四）向企业提出涉及企业发展和职工权益重大问题的建议。

（五）工会经费预算执行情况及重大财务支出。

（六）由工会委员会讨论和决定的其他问题。

第十六条 企业生产车间、班组建立工会分会、工会小组，会员民主选举工会主席、工会小组长，组织开展工会活动。

第十七条 建立工会积极分子队伍，发挥工会积极分子作用。

第三章 基本任务和活动方式

第十八条 企业工会的基本任务：

（一）执行会员大会或会员代表大会的决议和上级工会的决定。

（二）组织职工依法通过职工代表大会或职工大会和其他形式，参加企业民主管理和民主监督，检查督促职工代表大会或职工大会决议的执行。

（三）帮助和指导职工与企业签订劳动合同。就劳动报酬、工作时间、劳动定额、休息休假、劳动安全卫生、保险福利等与企业平等协商、签订集体合同，并监督集体合同的履行。调解劳动争议。

（四）组织职工开展劳动竞赛、合理化建议、技术革新、技术攻关、技术协作、发明创造、岗位练兵、技术比赛等群众性经济技术创新活动。

（五）组织培养、评选、表彰劳动模范，负责做好劳动模范的日常管理工作。

（六）对职工进行思想政治教育，组织职工学习文化、科学和业务知识，提高职工素质。办好职工文化、教育、体育事业，开展健康的文化体育活动。

（七）协助和督促企业做好劳动报酬、劳动安全卫生和保险福利等方面的工作，监督有关法律法规的贯彻执行。参与劳动安全卫生事故的调查处理。协助企业办好职工集体福利事业，做好困难职工帮扶救助工作，为职工办实事、做好事、解难事。

（八）维护女职工的特殊利益。

（九）加强组织建设，健全民主生活，做好会员会籍管理工作。

（十）收好、管好、用好工会经费，管理好工会资产和工会企（事）业。

第十九条 坚持群众化、民主化，实行会务公开。凡涉及会员群众利益的重要事项，须经会员大会或会员代表大会讨论决定；工作计划、重大活动、经费收支等情况接受会员监督。

第二十条 按照会员和职工群众的意愿，依靠会员和职工群众，开展形式多样的工会活动。

第二十一条 工会召开会议或者组织职工活动，需要占用生产时间的，应当事先征得企业的同意。

工会非专职委员占用生产或工作时间参加会议或者从事工会工作，在法律规定的时间内工资照发，其他待遇不受影响。

第二十二条 开展建设职工之家活动，建立会员评议建家工作制度，增强工会凝聚力，提高工会工作水平。

推动企业关爱职工，引导职工热爱企业，创建劳动关系和谐企业。

第四章 工会主席

第二十三条 职工二百人以上的企业工会依法配备专职工会主席。由同级党组织负责人担任工会主席的，应配备专职工会副主席。

第二十四条 国有、集体及其控股企业工会主席候选人，应由同级党组织和上级工会在充分听取会员意见的基础上协商提名。工会主席按企业党政同级副职级条件配备，是共产党员的应进入同级党组织领导班子。专职工会副主席按不低于企业中层正职配备。

私营企业、外商投资企业、港澳台商投资企业工会主席候选人，由会员民主推荐，报上一级工会同意提名；也可以由上级工会推荐产生。工会主席享受企业行政副职待遇。

企业行政负责人、合伙人及其近亲属不得作为本企业工会委员会成员的人选。

第二十五条 工会主席、副主席可以由会员大会或会员代表大会直接选举产生，也可以由企业工会委员会选举产生。工会主席出现空缺，须按民主程序及时进行补选。

第二十六条 工会主席应当具备下列条件：

（一）政治立场坚定，热爱工会工作。

（二）具有与履行职责相应的文化程度、法律法规和生产经营管理知识。

（三）作风民主，密切联系群众，热心为会员和职工服务。

（四）有较强的协调劳动关系和组织活动能力。

第二十七条 企业工会主席的职权：

（一）负责召集工会委员会会议，主持工会日常工作。

（二）参加企业涉及职工切身利益和有关生产经营重大问题的会议，反映职工的意愿和要求，提出工会的意见。

（三）以职工方首席代表的身份，代表和组织职工与企业进行平等协商、签订集体合同。

（四）代表和组织职工参与企业民主管理。

（五）代表和组织职工依法监督企业执行劳动安全卫生等法律法规，要求纠正侵犯职工和工会合法权益的行为。

（六）担任劳动争议调解委员会主任，主持企业劳动争议调解委员会的工作。

（七）向上级工会报告重要信息。

（八）负责管理工会资产和经费。

第二十八条　按照法律规定，企业工会主席、副主席任期未满时，不得随意调动其工作。因工作需要调动时，应征得本级工会委员会和上一级工会的同意。

罢免工会主席、副主席必须召开会员大会或会员代表大会讨论，非经会员大会全体会员或者会员代表大会全体代表无记名投票过半数通过，不得罢免。

工会专职主席、副主席或者委员自任职之日起，其劳动合同期限自动延长，延长期限相当于其任职期间；非专职主席、副主席或者委员自任职之日起，其尚未履行的劳动合同期限短于任期的，劳动合同期限自动延长至任期期满。任职期间个人严重过失或者达到法定退休年龄的除外。

第二十九条　新任企业工会主席、副主席，应在一年内参加上级工会举办的上岗资格或业务培训。

第五章　工作机制和制度

第三十条　帮助和指导职工签订劳动合同。代表职工与企业协商确定劳动合同文本的主要内容和条件，为职工签订劳动合同提供法律、技术等方面的咨询和服务。监督企业与所有职工签订劳动合同。

工会对企业违反法律法规和有关合同规定解除职工劳动合同的，应提出意见并要求企业将处理结果书面通知工会。工会应对企业经济性裁员事先提出同意或否决的意见。

监督企业和引导职工严格履行劳动合同，依法督促企业纠正违反劳动合同的行为。

第三十一条　依法与企业进行平等协商，签订集体合同和劳动报酬、劳动安全卫生、女职工特殊权益保护等专项集体合同。

工会应将劳动报酬、工作时间、劳动定额、保险福利、劳动安全卫生等问题作为协商重点内容。

工会依照民主程序选派职工协商代表，可依法委托本企业以外的专业人士作为职工协商代表，但不得超过本方协商代表总数的三分之一。

小型企业集中的地方，可由上一级工会直接代表职工与相应的企业组织或企业进行平等协商，签订区域性、行业性集体合同或专项集体合同。

劳务派遣工集中的企业，工会可与企业、劳务公司共同协商签订集体合同。

第三十二条　工会发出集体协商书面要约二十日内，企业不予回应的，工会可要求上级工会协调；企业无正当理由拒绝集体协商的，工会可提请县级以上人民政府责令改正，依法处理；企业违反集体合同规定的，工会可依法要求企业承担责任。

第三十三条　企业工会是职工代表大会或职工大会的工作机构，负责职工代表大会或职工大会的日常工作。

职工代表大会的代表经职工民主选举产生。职工代表大会中的一线职工代表一般不少于职工代表总数的百分之五十。女职工、少数民族职工代表的比例一般不低于本企业女职工、少数民族职工所占比例，农民工比较集中的企业要有相应的代表。

第三十四条　国有企业、国有控股企业职工代表大会或职工大会的职权：

（一）听取审议企业生产经营、安全生产、重组改制等重大决策以及实行厂务公开、履行集体合同情况报告，提出意见和建议。

（二）审议通过集体合同草案、企业改制职工安置方案。审查同意或否决涉及职工切身利益的重要事项和企业规章制度。

（三）审议决定职工生活福利方面的重大事项。

（四）民主评议监督企业中层以上管理人员，提出奖惩任免建议。

（五）依法行使选举权。

（六）法律法规规定的其他权利。

集体（股份合作制）企业职工代表大会或职工大会的职权：

（一）制定、修改企业章程。

（二）选举、罢免企业经营管理人员。

（三）审议决定经营管理以及企业合并、分立、变更、破产等重大事项。

（四）监督企业贯彻执行国家有关劳动安全卫生等法律法规、实行厂务公开、执行职代会决议等情况。

（五）审议决定有关职工福利的重大事项。

私营企业、外商投资企业和港澳台商投资企业职工代表大会或职工大会的职权：

（一）听取企业发展规划和年度计划、生产经营等方面的报告，提出意见和建议。

（二）审议通过涉及职工切身利益重大问题的方案和企业重要规章制度、集体合同草案等。

（三）监督企业贯彻执行国家有关劳动安全卫生等法律法规、实行厂务公开、履行集体合同和执行职代会决议、缴纳职工社会保险、处分和辞退职工的情况。

（四）法律法规、政策和企业规章制度规定及企业授权和集体协商议定的其他权利。

第三十五条　职工代表大会或职工大会应有全体职工代表或全体职工三分之二以上参加方可召开。职工代表大会或职工大会进行选举和作出重要决议、决定，须采用无记名投票方式进行表决，经全体职工代表或全体职工过半数通过。

小型企业工会可联合建立区域或行业职工代表大会，解决本区域或行业涉及职工利益的共性问题。

公司制企业不得以股东（代表）大会取代职工（代表）大会。

第三十六条　督促企业建立和规范厂务公开制度。不同类型企业可从实际出发，确定本企业厂务公开的具体内容。

第三十七条　凡设立董事会、监事会的公司制企业，工会应依法督促企业建立职工董事、职工监事制度。

职工董事、职工监事人选由企业工会提名，通过职工代表大会或职工大会民主选举产生，对职工代表大会或职工大会负责。企业工会主席、副主席一般应分别作为职工董事、职工监事的候选人。

第三十八条 建立劳动法律监督委员会，职工人数较少的企业应设立工会劳动法律监督员，对企业执行有关劳动报酬、劳动安全卫生、工作时间、休息休假、女职工和未成年工保护、保险福利等劳动法律法规情况进行群众监督。

第三十九条 建立劳动保护监督检查委员会，生产班组中设立工会小组劳动保护检查员。建立完善工会监督检查、重大事故隐患和职业危害建档跟踪、群众举报等制度，建立工会劳动保护工作责任制。依法参加职工因工伤亡事故和其他严重危害职工健康问题的调查处理。协助与督促企业落实法律赋予工会与职工安全生产方面的知情权、参与权、监督权和紧急避险权。开展群众性安全生产活动。

依照国家法律法规对企业新建、扩建和技术改造工程中的劳动条件和安全卫生设施与主体工程同时设计、同时施工、同时使用进行监督。

发现企业违章指挥、强令工人冒险作业，或者生产过程中发现明显重大事故隐患和职业危害，工会应提出解决的建议；发现危及职工生命安全的情况，工会有权组织职工撤离危险现场。

第四十条 依法建立企业劳动争议调解委员会，劳动争议调解委员会由职工代表、企业代表和工会代表组成，办事机构设在企业工会。职工代表和工会代表的人数不得少于调解委员会成员总数的三分之二。

建立劳动争议预警机制，发挥劳动争议调解组织的预防功能，设立建立企业劳动争议信息员制度，做好劳动争议预测、预报、预防工作。

企业发生停工、怠工事件，工会应当积极同企业或者有关方面协商，反映职工的意见和要求并提出解决意见，协助企业做好工作，尽快恢复生产、工作秩序。

第四十一条 开展困难职工生活扶助、医疗救助、子女就学和职工互助互济等工作。有条件的企业工会建立困难职工帮扶资金。

第六章 女职工工作

第四十二条 企业工会有女会员十名以上的，应建立工会女职工委员会，不足十名的应设女职工委员。

女职工委员会在企业工会委员会领导和上一级工会女职工委员会指导下开展工作。

女职工委员会主任由企业工会女主席或副主席担任。企业工会没有女主席或副主席的，由符合相应条件的工会女职工委员担任，享受同级工会副主席待遇。

女职工委员会委员任期与同级工会委员会委员相同。

第四十三条 女职工委员会依法维护女职工的合法权益，重点是女职工经期、孕期、产期、哺乳期保护，禁忌劳动、卫生保健、生育保险等特殊利益。

第四十四条 女职工委员会定期研究涉及女职工特殊权益问题，向企业工会委员会和上级女职工委员会报告工作，重要问题应提交企业职工代表大会或职工大会审议。

第四十五条 企业工会应为女职工委员会开展工作与活动提供必要的经费。

第八章 工会与企业党组织、行政和上级工会

第五十一条 企业工会接受同级党组织和上级工会双重领导，以同级党组织领导为主。未建立党组织的企业，其工会由上一级工会领导。

第五十二条　企业工会与企业行政具有平等的法律地位，相互尊重、相互支持、平等合作，共谋企业发展。

企业工会与企业可以通过联席会、民主议事会、民主协商会、劳资恳谈会等形式，建立协商沟通制度。

第五十三条　企业工会支持企业依法行使经营管理权，动员和组织职工完成生产经营任务。

督促企业按照有关规定，按职工工资总额的百分之一点五至百分之二点五、百分之一分别提取职工教育培训费用和劳动竞赛奖励经费，并严格管理和使用。

第五十四条　企业行政应依法支持工会履行职责，为工会开展工作创造必要条件。

第五十五条　上级工会负有对企业工会指导和服务的职责，为企业工会开展工作提供法律、政策、信息、培训和会员优惠等方面的服务，帮助企业工会协调解决工作中的困难和问题。

企业工会在履行职责遇到困难时，可请上级工会代行企业工会维权职责。

第五十六条　县以上地方工会设立保护工会干部专项经费，为维护企业工会干部合法权益提供保障。经费来源从本级工会经费中列支，也可以通过其它渠道多方筹集。

建立上级工会保护企业工会干部责任制。对因履行职责受到打击报复或不公正待遇以及有特殊困难的企业工会干部，上级工会应提供保护和帮助。

上级工会与企业工会、企业行政协商，可对企业工会兼职干部给予适当补贴。

第五十七条　上级工会应建立对企业工会干部的考核、激励机制，对依法履行职责作出突出贡献的工会干部给予表彰奖励。

工会主席、副主席不履行职责，上级工会应责令其改正；情节严重的可以提出罢免的建议，按照有关规定予以罢免。

第九章　附　则

第五十八条　本条例适用于中华人民共和国境内所有企业和实行企业化管理的事业单位工会。

第五十九条　本条例由中华全国总工会解释。

第六十条　本条例自公布之日起施行。

6.2.3 企业工会主席产生办法（试行）（2008年）

第一章　总　则

第一条　为健全完善企业工会主席产生机制，充分发挥工会主席作用，切实履行工作职责，增强工会组织凝聚力，根据《工会法》《中国工会章程》和《企业工会工作条例》，制定本办法。

第二条　中华人民共和国境内企业和实行企业化管理的事业单位、民办非企业单位的工会主席产生适用本办法。

第三条　企业工会主席产生，应坚持党管干部、依法规范、民主集中、组织有序的原则。

第四条　上一级工会应对企业工会主席产生进行直接指导。

第二章　任职条件

第五条　企业工会主席应具备下列条件：

（一）政治立场坚定，热爱工会工作；

（二）具有与履行职责相应的文化程度、法律法规和生产经营管理知识；

（三）作风民主，密切联系群众，热心为会员和职工服务；

（四）有较强的组织协调能力。

第六条　企业行政负责人（含行政副职）、合伙人及其近亲属，人力资源部门负责人，外籍职工不得作为本企业工会主席候选人。

第三章　候选人产生

第七条　企业工会换届或新建立工会组织，应当成立由上一级工会、企业党组织和会员代表组成的领导小组，负责工会主席候选人提名和选举工作。

第八条　企业工会主席候选人应以工会分会或工会小组为单位酝酿推荐，或由全体会员以无记名投票方式推荐，上届工会委员会、上一级工会或工会筹备组根据多数会员的意见，提出候选人名单。

企业工会主席候选人应多于应选人。

第九条　企业党组织和上级工会应对企业工会主席候选人进行考察，对不符合任职条件的予以调整。

第十条　企业工会主席候选人应进行公示，公示期为七天。公示按姓氏笔画排序。

第十一条　企业工会主席候选人应报经企业党组织和上一级工会审批。

第十二条　上级工会可以向非公有制企业工会、联合基层工会推荐本企业以外人员作为工会主席候选人。

第四章　民主选举

第十三条　企业工会主席产生均应依法履行民主选举程序，经会员民主选举方能任职。

第十四条　选举企业工会主席应召开会员大会或会员代表大会，采取无记名投票方式进行。

因故未出席会议的选举人，不得委托他人代为投票。

第十五条　企业工会主席可以由会员大会或会员代表大会直接选举产生，也可以由企业工会委员会选举产生；可以与企业工会委员会委员同时进行选举，也可以单独选举。

第十六条　会员大会或会员代表大会选举企业工会主席，参加选举人数为应到会人数三分之二以上时，方可进行选举。

企业工会主席候选人获得赞成票超过应到会有选举权人数半数的始得当选。

第十七条　任何组织和任何个人不得妨碍民主选举工作，不得阻挠有选举权和被选举权的会员到场，不得以私下串联、胁迫他人等非组织行为强迫选举人选举或者不选举某个人，不得以任何方式追查选举人的投票意向。

第十八条　企业工会主席出现空缺，应在三个月内进行补选。

补选前应征得同级党组织和上一级工会的同意，暂由一名副主席或委员主持工作，一般期限不得超过三个月。

第五章 管理与待遇

第十九条 企业工会主席选举产生后应及时办理工会法人资格登记或工会法人代表变更登记。

企业工会主席一般应按企业副职级管理人员条件选配并享受相应待遇。

公司制企业工会主席应依法进入董事会。

第二十条 企业工会主席由同级党组织与上级工会双重领导，以同级党组织领导为主。尚未建立党组织的企业，其工会主席接受上一级工会领导。

第二十一条 职工二百人以上的企业依法配备专职工会主席。由同级党组织负责人担任工会主席的，应配备专职工会副主席。

企业应依法保障兼职工会主席的工作时间及相应待遇。

第二十二条 企业工会主席任期未满，企业不得随意调动其工作，不得随意解除其劳动合同。因工作需要调动时，应当征得本级工会委员会和上一级工会同意，依法履行民主程序。

工会专职主席自任职之日起，其劳动合同期限自动延长，延长期限相当于其任职期间；非专职主席自任职之日起，其尚未履行的劳动合同期限短于任期的，劳动合同期限自动延长至任期期满。任职期间个人严重过失或者达到法定退休年龄的除外。

罢免、撤换企业工会主席须经会员大会全体会员或者会员代表大会全体代表无记名投票过半数通过。

第二十三条 由上级工会推荐并经民主选举产生的企业工会主席，其工资待遇、社会保险费用等，可以由企业支付，也可以由上级工会或上级工会与其他方面合理承担。

第六章 附 则

第二十四条 联合基层工会、基层工会联合会主席的产生，参照本办法执行。

第二十五条 本办法由中华全国总工会负责解释。

第二十六条 本办法自发布之日起施行。

6.2.4 中国工会章程（2008 年 10 月修正）

第一章 会 员

第一条 凡在中国境内的企业、事业单位、机关和其他社会组织中，以工资收入为主要生活来源或者与用人单位建立劳动关系的体力劳动者和脑力劳动者，不分民族、种族、性别、职业、宗教信仰、教育程度，承认工会章程，都可以加入工会为会员。

第二条 职工加入工会，由本人自愿申请，经工会基层委员会批准并发给会员证。

第三条 会员享有以下权利：

（一）选举权、被选举权和表决权。

（二）对工会工作进行监督，提出意见和建议，要求撤换或者罢免不称职的工会工作人员。

（三）对国家和社会生活问题及本单位工作提出批评与建议，要求工会组织向有关方面如实反映。

（四）在合法权益受到侵犯时，要求工会给予保护。

（五）享受工会举办的文化、教育、体育、旅游、疗休养事业、生活救助、法律服务、就业服务等优惠待遇；享受工会给予的各种奖励。

（六）在工会会议和工会报刊上，参加关于工会工作和职工关心问题的讨论。

第四条 会员履行下列义务：

（一）学习政治、经济、文化、法律、科学、技术和工会基本知识。

（二）积极参加民主管理，努力完成生产和工作任务。

（三）遵守宪法和法律，维护社会公德和职业道德，遵守劳动纪律。

（四）正确处理国家、集体、个人三者利益关系，向危害国家、社会利益的行为作斗争。

（五）维护中国工人阶级和工会组织的团结统一，发扬阶级友爱，搞好互助互济。

（六）遵守工会章程，执行工会决议，参加工会活动，按月交纳会费。

第五条 会员组织关系随劳动（工作）关系变动，凭会员证接转。

第六条 会员有退会自由。会员退会由本人向工会小组提出，由工会基层委员会宣布其退会并收回会员证。

会员没有正当理由连续六个月不交纳会费、不参加工会组织生活，经教育拒不改正，应当视为自动退会。

第七条 对不执行工会决议、违反工会章程的会员，给予批评教育。对严重违法犯罪并受到刑事处分的会员，开除会籍。开除会员会籍，须经工会小组讨论，提出意见，由工会基层委员会决定，报上一级工会备案。

第八条 会员离休、退休和失业，可保留会籍。保留会籍期间免交会费。

工会组织要关心离休、退休和失业会员的生活，积极向有关方面反映他们的愿望和要求。

第二章 组织制度

第九条 中国工会实行民主集中制，主要内容是：

（一）个人服从组织，少数服从多数，下级组织服从上级组织。

（二）工会的各级领导机关，除它们派出的代表机关外，都由民主选举产生。

（三）工会的最高领导机关，是工会的全国代表大会和它所产生的中华全国总工会执行委员会。工会的地方各级领导机关，是工会的地方各级代表大会和它所产生的总工会委员会。

（四）工会各级委员会，向同级会员大会或者会员代表大会负责并报告工作，接受会员监督。会员大会和会员代表大会有权撤换或者罢免其所选举的代表和工会委员会组成人员。

（五）工会各级委员会，实行集体领导和分工负责相结合的制度。凡属重大问题由委员会民主讨论，作出决定，委员会成员根据集体的决定和分工，履行自己的职责。

（六）工会各级领导机关，经常向下级组织通报情况，听取下级组织和会员的意见，研究和解决他们提出的问题。下级组织向上级组织请示报告工作。

第十条 工会各级代表大会的代表和委员会的产生，要充分体现选举人的意志。候选人名单，要反复酝酿，充分讨论。选举采用无记名投票方式，可以直接采用候选人数多于应选人数的差额选举办法进行正式选举，也可以先采用差额选举办法进行预选，产生候选人名单，然后进行正式选举。任何组织和个人，不得以任何方式强迫选举人选举或不选举某个人。

第十一条 中国工会实行产业和地方相结合的组织领导原则。同一企业、事业单位、机关和其他社会组织中的会员，组织在一个工会基层组织中；同一行业或者性质相近的几个行业，根据需要建立全国的或者地方的产业工会组织。除少数行政管理体制实行垂直管理的产业，其产业工会实行产业工会和地方工会双重领导，以产业工会领导为主外，其他产业工会均实行以地方工会领导为主，同时接受上级产业工会领导的体制。各产业工会的领导体制，由中华全国总工会确定。

省、自治区、直辖市，设区的市和自治州，县（旗）、自治县、不设区的市建立地方总工会。地方总工会是当地地方工会组织和产业工会地方组织的领导机关。全国建立统一的中华全国总工会。中华全国总工会是各级地方总工会和各产业工会全国组织的领导机关。

中华全国总工会执行委员会委员和产业工会全国委员会委员实行替补制，各级地方总工会委员会委员和地方产业工会委员会委员，也可以实行替补制。

第十二条 县和县以上各级地方总工会委员会，根据工作需要可以派出代表机关。

县和县以上各级工会委员会，在两次代表大会之间，认为有必要时，可以召集代表会议，讨论和决定需要及时解决的重大问题。代表会议代表的名额和产生办法，由召集代表会议的总工会决定。

全国产业工会、各级地方产业工会、乡镇工会和城市街道工会的委员会，可以按照联合制、代表制原则，由下一级工会组织民主选举的主要负责人和适当比例的有关方面代表组成。

上级工会可以派员帮助和指导用人单位的职工组建工会。

第十三条 各级工会代表大会选举产生同级经费审查委员会。中华全国总工会经费审查委员会设常务委员会，省、自治区、直辖市总工会经费审查委员会和独立管理经费的全国产业工会经费审查委员会，应当设常务委员会。经费审查委员会负责审查同级工会组织及其直属企业、事业单位的经费收支和资产管理情况，监督财经法纪的贯彻执行和工会经费的使用，并接受上级工会经费审查委员会的指导。工会经费审查委员会向同级会员大会或会员代表大会负责并报告工作；在大会闭会期间，向同级工会委员会负责并报告工作。

上级经费审查委员会应当对下一级工会及其直属企业、事业单位的经费收支和资产管理情况进行审查。

中华全国总工会经费审查委员会委员实行替补制，各级地方总工会经费审查委员会委员和独立管理经费的产业工会经费审查委员会委员，也可以实行替补制。

第十四条 各级工会建立女职工委员会，表达和维护女职工的合法权益。女职工委员会由同级工会委员会提名，在充分协商的基础上组成或者选举产生，女职工委员会与工会委员会同时建立，在同级工会委员会领导下开展工作。企业工会女职工委员会是县或者县以上妇联的团体会员，通过县以上地方工会接受妇联的业务指导。

第十五条 县和县以上各级工会组织可以建立法律服务机构，为保护职工和工会组织的合法权益提供服务。

第十六条 成立或者撤销工会组织，必须经会员大会或者会员代表大会通过，并报上一级工会批准。工会基层组织所在的企业终止，或者所在的事业单位、机关和其他社会组织被撤销，该工会组织相应撤销，并报上级工会备案。其他组织和个人不得随意撤销工会组织，也不得把工会组织的机构撤销、合并或者归属其他工作部门。

第三章　全国组织

第十七条　中国工会全国代表大会，每五年举行一次，由中华全国总工会执行委员会召集。在特殊情况下，由中华全国总工会执行委员会主席团提议，经执行委员会全体会议通过，可以提前或者延期举行。代表名额和代表选举办法由中华全国总工会决定。

第十八条　中国工会全国代表大会的职权是：

（一）审议和批准中华全国总工会执行委员会的工作报告。

（二）审议和批准中华全国总工会执行委员会的经费收支情况报告和经费审查委员会的工作报告。

（三）修改《中国工会章程》。

（四）选举中华全国总工会执行委员会和经费审查委员会。

第十九条　中华全国总工会执行委员会，在全国代表大会闭会期间，负责贯彻执行全国代表大会的决议，领导全国工会工作。

执行委员会全体会议选举主席一人、副主席若干人、主席团委员若干人，组成主席团。

执行委员会全体会议由主席团召集，每年至少举行一次。

第二十条　中华全国总工会执行委员会全体会议闭会期间，由主席团行使执行委员会的职权。主席团全体会议，由主席召集。

主席团闭会期间，由主席、副主席组成的主席会议行使主席团职权。主席会议由中华全国总工会主席召集并主持。

主席团下设书记处，由主席团在主席团成员中推选第一书记一人，书记若干人组成。书记处在主席团领导下，主持中华全国总工会的日常工作。

第二十一条　产业工会全国组织的设置，由中华全国总工会根据需要确定。

产业工会全国委员会的建立，经中华全国总工会批准，可以按照联合制、代表制原则组成，也可以由产业工会全国代表大会选举产生。全国委员会每届任期五年。任期届满，应当如期召开会议，进行换届选举。在特殊情况下，经中华全国总工会批准，可以提前或者延期举行。

产业工会全国代表大会和按照联合制、代表制原则组成的产业工会全国委员会全体会议的职权是：审议和批准产业工会全国委员会的工作报告；选举产业工会全国委员会或者产业工会全国委员会常务委员会。独立管理经费的产业工会，选举经费审查委员会，并向产业工会全国代表大会或者委员会全体会议报告工作。产业工会全国委员会常务委员会由主席一人、副主席若干人、常务委员若干人组成。

第四章　地方组织

第二十二条　省、自治区、直辖市，设区的市和自治州，县（旗）、自治县、不设区的市的工会代表大会，由同级总工会委员会召集，每五年举行一次。在特殊情况下，由同级总工会委员会提议，经上一级工会批准，可以提前或者延期举行。工会的地方各级代表大会的职权是：

（一）审议和批准同级总工会委员会的工作报告。

（二）审议和批准同级总工会委员会的经费收支情况报告和经费审查委员会的工作

报告。

（三）选举同级总工会委员会和经费审查委员会。

各级地方总工会委员会，在代表大会闭会期间，执行上级工会的决定和同级工会代表大会的决议，领导本地区的工会工作，定期向上级总工会委员会报告工作。

根据工作需要，省、自治区总工会可在地区设派出代表机关。直辖市和设区的市总工会可在区建立区一级工会组织或者设派出代表机关。

县和城市的区可在乡镇和街道建立乡镇工会和街道工会组织。

第二十三条 各级地方总工会委员会选举主席一人、副主席若干人、常务委员若干人，组成常务委员会。工会委员会、常务委员会和主席、副主席以及经费审查委员会的选举结果，报上一级总工会批准。

各级地方总工会委员会全体会议，每年至少举行一次，由常务委员会召集。各级地方总工会常务委员会，在委员会全体会议闭会期间，行使委员会的职权。

第二十四条 各级地方产业工会组织的设置，由同级地方总工会根据本地区的实际情况确定。

第五章 基层组织

第二十五条 企业、事业单位、机关和其他社会组织等基层单位，应当依法建立工会组织。社区和行政村可以建立工会组织。有会员二十五人以上的，应当成立工会基层委员会；不足二十五人的，可以单独建立工会基层委员会，也可以由两个以上单位的会员联合建立工会基层委员会，也可以选举组织员或者工会主席一人，主持基层工会工作。

职工二百人以上企业、事业单位的工会设专职工会主席。工会专职工作人员的人数由工会与企业、事业单位协商确定。

基层工会具备法人条件，依法取得社团法人资格，工会主席为法定代表人。

第二十六条 工会基层组织的会员大会或者会员代表大会，每年至少召开一次。经基层工会委员会或者三分之一以上的工会会员提议，可以临时召开会员大会或者会员代表大会。工会会员在一百人以下的基层工会应当召开会员大会。

工会会员大会或者会员代表大会的职权是：

（一）审议和批准工会基层委员会的工作报告。

（二）审议和批准工会基层委员会的经费收支情况报告和经费审查委员会的工作报告。

（三）选举工会基层委员会和经费审查委员会。

（四）撤换或者罢免其所选举的代表或者工会委员会组成人员。

（五）讨论决定工会工作的重大问题。

工会基层委员会和经费审查委员会每届任期三年至五年，具体任期由会员大会或者会员代表大会决定。任期届满，应当如期召开会议，进行换届选举。在特殊情况下，经上一级工会批准，可以提前或者延期举行。

会员代表大会的代表实行常任制，任期与本单位工会委员会相同。

第二十七条 工会基层委员会的委员，应当在会员或者会员代表充分酝酿协商的基础上选举产生；主席、副主席，可以由会员大会或者会员代表大会直接选举产生，也可以由工会基层委员会选举产生。大型企业、事业单位的工会委员会，根据工作需要，经上级工会委员会批准，可以设立常务委员会。工会基层委员会、常务委员会和主席、副主席以及经费审查委员会的选举结果，报上一级工会批准。

第二十八条 工会基层委员会的基本任务是：

（一）执行会员大会或者会员代表大会的决议和上级工会的决定，主持基层工会的日常工作。

（二）代表和组织职工依照法律规定，通过职工代表大会、厂务公开和其他形式，参加本单位民主管理和民主监督。企业、事业单位工会委员会是职工代表大会工作机构，负责职工代表大会的日常工作，检查、督促职工代表大会决议的执行。

（三）参与协调劳动关系和调解劳动争议，与企业、事业单位行政方面建立协商制度，协商解决涉及职工切身利益问题。帮助和指导职工与企业、事业单位行政方面签订劳动合同，代表职工与企业、事业单位行政方面签订集体合同或者其他专项协议，并监督执行。

（四）组织职工开展劳动竞赛、合理化建议、技术革新和技术协作等活动，总结推广先进经验。做好先进生产（工作）者和劳动模范的评选、表彰、培养和管理服务工作。

（五）对职工进行思想政治教育，鼓励支持职工学习文化科学技术和管理知识，开展健康的文化体育活动。办好工会文化、教育、体育事业。

（六）监督有关法律、法规的贯彻执行。协助和督促行政方面做好工资、劳动安全卫生和社会保险等方面的工作，办好职工集体福利事业，改善职工生活。依法参与劳动安全卫生事故的调查处理。

（七）维护女职工的特殊利益，同歧视、虐待、摧残、迫害女职工的现象作斗争。

（八）搞好工会组织建设，健全民主制度和民主生活。建立和发展工会积极分子队伍。做好会员的发展、接收、教育和会籍管理工作。

（九）收好、管好、用好工会经费，管理好工会资产和工会的企业、事业。

第二十九条 教育、科研、文化、卫生、体育等事业单位和机关工会，从脑力劳动者比较集中的特点出发开展工作，积极了解和关心职工的思想、工作和生活，推动党的知识分子政策的贯彻落实。组织职工搞好本单位的民主管理和民主监督，为发挥职工的聪明才智，创造良好的条件。

第三十条 工会基层委员会根据工作需要，可以在分厂、车间（科室）建立分厂、车间（科室）工会委员会。分厂、车间（科室）工会委员会由分厂、车间（科室）会员大会或者会员代表大会选举产生，任期和工会基层委员会相同。

工会基层委员会和分厂、车间委员会，可以根据需要设若干专门委员会或者专门小组。

按照生产（行政）班组建立工会小组，民主选举工会小组长，积极开展工会小组活动。

第六章 工会干部

第三十一条 各级工会组织按照革命化、年轻化、知识化、专业化的要求，努力建设一支坚持党的基本路线，熟悉本职业务，热爱工会工作，受到职工信赖的干部队伍。

第三十二条 工会干部要努力做到：

（一）认真学习马克思列宁主义、毛泽东思想、邓小平理论和“三个代表”重要思想，学习科学发展观，学习经济、法律和工会业务知识。

（二）执行党的基本路线和各项方针政策，遵守国家法律、法规，在改革开放和社会主义现代化建设中勇于开拓创新。

（三）忠于职守，勤奋工作，廉洁奉公，顾全大局，维护团结。

（四）坚持实事求是，认真调查研究，如实反映职工的意见、愿望和要求。

（五）坚持原则，不谋私利，热心为职工说话办事，依法维护职工的合法权益。

（六）作风民主，联系群众，自觉接受职工群众的批评和监督。

第三十三条 各级工会组织根据有关规定管理工会干部。重视培养和选拔青年干部、妇女干部、少数民族干部。

基层工会主席、副主席任期未满不得随意调动其工作。因工作需要调动时，应事先征得本级工会委员会和上一级工会同意。

第三十四条 各级工会组织建立与健全干部培训制度。办好工会干部院校和各种培训班。

第三十五条 各级工会组织关心工会干部的思想、学习和生活，督促落实相应的待遇，支持他们的工作，坚决同打击报复工会干部的行为作斗争。

县和县以上工会设立工会干部权益保障金，保障工会干部依法履行职责。

县和县以上工会可以为基层工会选派、聘用工作人员。

6.2.5 企业民主管理规定（总工发［2012］12号）

第二章 职工代表大会制度

第一节 职工代表大会组织制度和职权

第八条 企业可以根据职工人数确定召开职工代表大会或者职工大会。

企业召开职工代表大会的，职工代表人数按照不少于全体职工人数的百分之五确定，最少不少于三十人。职工代表人数超过一百人的，超出的代表人数可以由企业与工会协商确定。

第九条 职工代表大会的代表由工人、技术人员、管理人员、企业领导人员和其他方面的职工组成。其中，企业中层以上管理人员和领导人员一般不得超过职工代表总人数的百分之二十。有女职工和劳务派遣职工的企业，职工代表中应当有适当比例的女职工和劳务派遣职工代表。

第十条 职工代表大会每届任期为三年至五年。具体任期由职工代表大会根据本单位的实际情况确定。

职工代表大会因故需要提前或者延期换届的，应当由职工代表大会或者其授权的机构决定。

第十一条 职工代表大会根据需要，可以设立若干专门委员会（小组），负责办理职工代表大会交办的事项。专门委员会（小组）成员人选必须经职工代表大会审议通过。

第十二条 职工代表按照基层选举单位组成代表团（组），并推选团（组）长。可以设立职工代表大会团（组）长和专门委员会（小组）负责人联席会议，根据职工代表大会授权，在职工代表大会闭会期间负责处理临时需要解决的重要问题，并提请下一次职工代表大会确认。

联席会议由企业工会负责召集，联席会议可以根据会议内容邀请企业领导人员或其他有关人员参加。

第十三条 职工代表大会行使下列职权：

（一）听取企业主要负责人关于企业发展规划、年度生产经营管理情况，企业改革和制定重要规章制度情况，企业用工、劳动合同和集体合同签订履行情况，企业安全生产情况，企业缴纳社会保险费和住房公积金情况等报告，提出意见和建议；

审议企业制定、修改或者决定的有关劳动报酬、工作时间、休息休假、劳动安全卫生、保险福利、职工培训、劳动纪律以及劳动定额管理等直接涉及劳动者切身利益的规章制度或者重大事项方案，提出意见和建议；

（二）审议通过集体合同草案，按照国家有关规定提取的职工福利基金使用方案、住房公积金和社会保险费缴纳比例和时间的调整方案，劳动模范的推荐人选等重大事项；

（三）选举或者罢免职工董事、职工监事，选举依法进入破产程序企业的债权人会议和债权人委员会中的职工代表，根据授权推荐或者选举企业经营管理人员；

（四）审查监督企业执行劳动法律法规和劳动规章制度情况，民主评议企业领导人员，并提出奖惩建议；

（五）法律法规规定的其他职权。

第十四条 国有企业和国有控股企业职工代表大会除按第十三条规定行使职权外，行使下列职权：

（一）听取和审议企业经营管理主要负责人关于企业投资和重大技术改造、财务预决算、企业业务招待费使用等情况的报告，专业技术职称的评聘、企业公积金的使用、企业的改制等方案，并提出意见和建议；

（二）审议通过企业合并、分立、改制、解散、破产实施方案中职工的裁减、分流和安置方案；

（三）依照法律、行政法规、行政规章规定的其他职权。

第十五条 县级以下一定区域内或者性质相近的行业内的若干尚不具备单独建立职工代表大会制度条件的中小企业，可以通过选举代表联合建立区域（行业）职工代表大会制度，开展企业民主管理活动。

工会负责组织建立区域（行业）职工代表大会制度。区域（行业）工会作为区域（行业）职工代表大会的工作机构承担日常工作。

第十六条 集团企业的总部机关和各分公司、分厂、车间以及其他分支机构可以按照一定比例选举产生职工代表，召开集团企业职工代表大会，实行企业民主管理。

集团企业的总部机关和各分公司、分厂、车间以及其他分支机构，按照本规定建立职工代表大会制度，在各自的职权范围内分别开展民主管理活动。

第二节 职工代表大会工作制度

第十七条 职工代表大会每年至少召开一次。职工代表大会全体会议必须有三分之二以上的职工代表出席。

第十八条 职工代表大会议题和议案应当由企业工会听取职工意见后与企业协商确定，并在会议召开七日前以书面形式送达职工代表。

第十九条 职工代表大会可以设主席团主持会议。主席团成员由企业工会与职工代表大会各团（组）协商提出候选人名单，经职工代表大会预备会议表决通过。其中，工人、技术人员、管理人员不少于百分之五十。

第二十条 职工代表大会选举和表决相关事项，必须按照少数服从多数的原则，经全体职工代表的过半数通过。对重要事项的表决，应当采用无记名投票的方式分项表决。

第二十一条　职工代表大会在其职权范围内依法审议通过的决议和事项具有约束力，非经职工代表大会同意不得变更或撤销。

企业应当提请职工代表大会审议、通过、决定的事项，未按照法定程序审议、通过或者决定的无效。

第二十二条　企业工会委员会是职工代表大会的工作机构，负责职工代表大会的日常工作，履行下列职责：

（一）提出职工代表大会代表选举方案，组织职工选举职工代表和代表团（组）长；

（二）征集职工代表提案，提出职工代表大会议题的建议；

（三）负责职工代表大会会议的筹备和组织工作，提出职工代表大会的议程建议；

（四）提出职工代表大会主席团组成方案和组成人员建议名单；提出专门委员会（小组）的设立方案和组成人员建议名单；

（五）向职工代表大会报告职工代表大会决议的执行情况和职工代表大会提案的办理情况、厂务公开的实行情况等；

（六）在职工代表大会闭会期间，负责组织专门委员会（小组）和职工代表就企业职工代表大会决议的执行情况和职工代表大会提案的办理情况、厂务公开的实行情况等，开展巡视、检查、质询等监督活动；

（七）受理职工代表的申诉和建议，维护职工代表的合法权益；

（八）向职工进行民主管理的宣传教育，组织职工代表开展学习和培训，提高职工代表素质；

（九）建立和管理职工代表大会工作档案。

第三节　职工代表的产生和权利义务

第二十三条　与企业签订劳动合同建立劳动关系以及与企业存在事实劳动关系的职工，有选举和被选举为职工代表大会代表的权利。

依法终止或者解除劳动关系的职工代表，其代表资格自行终止。

第二十四条　职工代表应当以班组、工段、车间、科室等为基本选举单位由职工直接选举产生。规模较大、管理层次较多的企业的职工代表，可以由下一级职工代表大会代表选举产生。

第二十五条　选举、罢免职工代表，应当召开选举单位全体职工会议，会议应有三分之二以上职工参加。选举、罢免职工代表的决定，应经全体职工的过半数通过方为有效。

第二十六条　职工代表实行常任制，职工代表任期与职工代表大会届期一致，可以连选连任。

职工代表出现缺额时，原选举单位应按规定的条件和程序及时补选。

第二十七条　职工代表向选举单位的职工负责并报告工作，接受选举单位职工的监督。

第二十八条　职工代表享有下列权利：

（一）选举权、被选举权和表决权；

（二）参加职工代表大会及其工作机构组织的民主管理活动；

（三）对企业领导人员进行评议和质询；

（四）在职工代表大会闭会期间对企业执行职工代表大会决议情况进行监督、检查。

第二十九条　职工代表应当履行下列义务：

（一）遵守法律法规、企业规章制度，提高自身素质，积极参与企业民主管理；

（二）依法履行职工代表职责，听取职工对企业生产经营管理等方面的意见和建议，以及涉及职工切身利益问题的意见和要求，并客观真实地向企业反映；

（三）参加企业职工代表大会组织的各项活动，执行职工代表大会通过的决议，完成职工代表大会交办的工作；

（四）向选举单位的职工报告参加职工代表大会活动和履行职责情况，接受职工的评议和监督；

（五）保守企业的商业秘密和与知识产权相关的保密事项。

第三十条 职工代表履行职责受法律保护，任何组织和个人不得阻挠和打击报复。

职工代表在法定工作时间内依法参加职工代表大会及其组织的各项活动，企业应当正常支付劳动报酬，不得降低其工资和其他福利待遇。

6.2.6 中华全国总工会关于印发《工会基层组织选举工作条例》的通知（总工发［2016］27号）

各省、自治区、直辖市总工会，各全国产业工会，中共中央直属机关工会联合会、中央国家机关工会联合会，全总各部门、各直属单位：

《工会基层组织选举工作条例》已经中华全国总工会第十六届书记处第五十五次会议审议通过，现印发给你们，请结合实际，认真贯彻执行。

中华全国总工会

2016年10月9日

第一章　总　则

第一条 为规范工会基层组织选举工作，加强基层工会建设，发挥基层工会作用，根据《中华人民共和国工会法》

《中国工会章程》等有关规定，制定本条例。

第二条 本条例适用于企业、事业单位、机关和其他社会组织单独或联合建立的基层工会委员会。

第三条 基层工会委员会由会员大会或会员代表大会选举产生。工会委员会的主席、副主席，可以由会员大会或会员代表大会直接选举产生，也可以由工会委员会选举产生。

第四条 工会会员享有选举权、被选举权和表决权。保留会籍的人员除外。

第五条 选举工作应坚持党的领导，坚持民主集中制，遵循依法规范、公开公正的原则，尊重和保障会员的民主权利，体现选举人的意志。

第六条 选举工作在同级党组织和上一级工会领导下进行。未建立党组织的在上一级工会领导下进行。

第七条 基层工会委员会换届选举的筹备工作由上届工会委员会负责。

建立的基层工会组织选举筹备工作由工会筹备组负责。筹备组成员由同级党组织代表和职工代表组成，根据工作需要，上级工会可以派人参加。

第二章　委员和常务委员名额

第八条 基层工会委员会委员名额，按会员人数确定：

不足25人，设委员3至5人，也可以设主席或组织员1人；

25 人至 200 人，设委员 3 至 7 人；

201 人至 1000 人，设委员 7 至 15 人；

1001 人至 5000 人，设委员 15 至 21 人；

5001 人至 10 000 人，设委员 21 至 29 人；

10 001 人至 50 000 人，设委员 29 至 37 人；

50 001 人以上，设委员 37 至 45 人。

第九条　大型企事业单位基层工会委员会，经上一级工会批准，可以设常务委员会，常务委员会由 9 至 11 人组成。

第三章　候选人的提出

第十条　基层工会委员会的委员、常务委员会委员和主席、副主席的选举均应设候选人。候选人应信念坚定、为民服务、勤政务实、敢于担当、清正廉洁，热爱工会工作，受到职工信赖。

基层工会委员会委员候选人中应有适当比例的劳模（先进工作者）、一线职工和女职工代表。

第十一条　单位行政主要负责人、法定代表人、合伙人以及他们的近亲属不得作为本单位工会委员会委员、常务委员会委员和主席、副主席候选人。

第十二条　基层工会委员会的委员候选人，应经会员充分酝酿讨论，一般以工会分会或工会小组为单位推荐。由上届工会委员会或工会筹备组根据多数工会分会或工会小组的意见，提出候选人建议名单，报经同级党组织和上一级工会审查同意后，提交会员大会或会员代表大会表决通过。

第十三条　基层工会委员会的常务委员会委员、主席、副主席候选人，可以由上届工会委员会或工会筹备组根据多数工会分会或工会小组的意见提出建议名单，报经同级党组织和上一级工会审查同意后提出；也可以由同级党组织与上一级工会协商提出建议名单，经工会分会或工会小组酝酿讨论后，由上届工会委员会或工会筹备组根据多数工会分会或工会小组的意见，报经同级党组织和上一级工会审查同意后提出。

根据工作需要，经上一级工会与基层工会和同级党组织协商同意，上一级工会可以向基层工会推荐本单位以外人员作为工会主席、副主席候选人。

第十四条　基层工会委员会的主席、副主席，在任职一年内应按规定参加岗位任职资格培训。凡无正当理由未按规定参加岗位任职资格培训的，一般不再提名为下届主席、副主席候选人。

第四章　选举的实施

第十五条　基层工会组织实施选举前应向同级党组织和上一级工会报告，制定选举工作方案和选举办法。

基层工会委员会委员候选人建议名单应进行公示，公示期不少于 5 个工作日。

第十六条　会员不足 100 人的基层工会组织，应召开会员大会进行选举；会员 100 人以上的基层工会组织，应召开会员大会或会员代表大会进行选举。

召开会员代表大会进行选举的，按照有关规定由会员民主选举产生会员代表。

第十七条　参加选举的人数为应到会人数的三分之二以上时，方可进行选举。

基层工会委员会委员和常务委员会委员应差额选举产生，可以直接采用候选人数多于应选人数的差额选举办法进行正式选举，也可以先采用差额选举办法进行预选产生候选人名单，然后进行正式选举。委员会委员和常务委员会委员的差额率分别不低于5%和10%。常务委员会委员应当从新当选的工会委员会委员中产生。

第十八条 基层工会主席、副主席可以等额选举产生，也可以差额选举产生。主席、副主席应从新当选的工会委员会委员中产生，设立常务委员会的应从新当选的常务委员会委员中产生。

第十九条 基层工会主席、副主席由会员大会或会员代表大会直接选举产生的，一般在经营管理正常、劳动关系和谐、职工队伍稳定的中小企事业单位进行。

第二十条 召开会员大会进行选举时，由上届工会委员会或工会筹备组主持；不设委员会的基层工会组织进行选举时，由上届工会主席或组织员主持。

召开会员代表大会进行选举时，可以由大会主席团主持，也可以由上届工会委员会或工会筹备组主持。大会主席团成员由上届工会委员会或工会筹备组根据各代表团（组）的意见，提出建议名单，提交代表大会预备会议表决通过。

召开基层工会委员会第一次全体会议选举常务委员会委员、主席、副主席时，由上届工会委员会或工会筹备组或大会主席团推荐一名新当选的工会委员会委员主持。

第二十一条 选举前，上届工会委员会或工会筹备组或大会主席团应将候选人的名单、简历及有关情况向选举人介绍。

第二十二条 选举设监票人，负责对选举全过程进行监督。

召开会员大会或会员代表大会选举时，监票人由全体会员或会员代表、各代表团（组）从不是候选人的会员或会员代表中推选，经会员大会或会员代表大会表决通过。

召开工会委员会第一次全体会议选举时，监票人从不是常务委员会委员、主席、副主席候选人的委员中推选，经全体委员会议表决通过。

第二十三条 选举采用无记名投票方式。不能出席会议的选举人，不得委托他人代为投票。

选票上候选人的名单按姓氏笔画为序排列。

第二十四条 选举人可以投赞成票或不赞成票，也可以投弃权票。投不赞成票者可以另选他人。

第二十五条 会员或会员代表在选举期间，如不能离开生产、工作岗位，在监票人的监督下，可以在选举单位设立的流动票箱投票。

第二十六条 投票结束后，在监票人的监督下，当场清点选票，进行计票。

选举收回的选票，等于或少于发出选票的，选举有效；多于发出选票的，选举无效，应重新选举。

每张选票所选人数等于或少于规定应选人数的为有效票，多于规定应选人数的为无效票。

第二十七条 被选举人获得应到会人数的过半数赞成票时，始得当选。

获得过半数赞成票的被选举人人数超过应选名额时，得赞成票多的当选。如遇赞成票数相等不能确定当选人时，应就票数相等的被选举人再次投票，得赞成票多的当选。

当选人数少于应选名额时，对不足的名额可以另行选举。如果接近应选名额且符合第八条规定，也可以由大会征得多数会员或会员代表的同意减少名额，不再进行选举。

第二十八条　大会主持人应当场宣布选举结果及选举是否有效。

第二十九条　基层工会委员会、常务委员会和主席、副主席的选举结果，报上一级工会批准。上一级工会自接到报告15日内应予批复。违反规定程序选举的，上一级工会不得批准，应重新选举。

基层工会委员会的任期自选举之日起计算。

第五章　任期、调动、罢免和补选

第三十条　基层工会委员会每届任期三年或五年，具体任期由会员大会或会员代表大会决定。经选举产生的工会委员会委员、常务委员会委员和主席、副主席可连选连任。基层工会委员会任期届满，应按期换届选举。遇有特殊情况，经上一级工会批准，可以提前或延期换届，延期时间一般不超过半年。

上一级工会负责督促指导基层工会组织按期换届。

第三十一条　基层工会主席、副主席任期未满时，不得随意调动其工作。因工作需要调动时，应征得本级工会委员会和上一级工会的同意。

第三十二条　经会员大会或会员代表大会民主测评和上级工会与同级党组织考察，需撤换或罢免工会委员会委员、常务委员会委员和主席、副主席时，须依法召开会员大会或会员代表大会讨论，非经会员大会全体会员或会员代表大会全体代表无记名投票过半数通过，不得撤换或罢免。

第三十三条　基层工会主席因工作调动或其他原因空缺时，应及时按照相应民主程序进行补选。

补选主席，如候选人是委员的，可以由工会委员会选举产生，也可以由会员大会或会员代表大会选举产生；如候选人不是委员的，可以经会员大会或会员代表大会补选为委员后，由工会委员会选举产生，也可以由会员大会或会员代表大会选举产生。

补选主席的任期为本届工会委员会尚未履行的期限。补选主席前征得同级党组织和上一级工会的同意，可暂由一名副主席或委员主持工作，期限一般不超过半年。

第六章　经费审查委员会

第三十四条　凡建立一级工会财务管理的基层工会组织，应在选举基层工会委员会的同时，选举产生经费审查委员会。

第三十五条　基层工会经费审查委员会委员名额一般3至11人。经费审查委员会设主任1人，可根据工作需要设副主任1人。

基层工会的主席、分管财务和资产的副主席、财务和资产管理部门的人员，不得担任同级工会经费审查委员会委员。

第三十六条　基层工会经费审查委员会由会员大会或会员代表大会选举产生。主任、副主任可以由经费审查委员会全体会议选举产生，也可以由会员大会或会员代表大会选举产生。

第三十七条　基层工会经费审查委员会的选举结果，与基层工会委员会选举结果同时报上一级工会批准。

基层工会经费审查委员会的任期与基层工会委员会相同。

第七章　女职工委员会

第三十八条　基层工会组织有女会员10人以上的建立女职工委员会，不足10人的设女职工委员。女职工委员会与基层工会委员会同时建立。

第三十九条　基层工会女职工委员会委员由同级工会委员会提名，在充分协商的基础上产生，也可召开女职工大会或女职工代表大会选举产生。

第四十条　基层工会女职工委员会主任由同级工会女主席或女副主席担任，也可经民主协商，按照相应条件配备女职工委员会主任。女职工委员会主任应提名为同级工会委员会或常务委员会委员候选人。基层工会女职工委员会主任、副主任名单，与工会委员会选举结果同时报上一级工会批准。

第八章　附　则

第四十一条　乡镇（街道）、开发区（工业园区）、村（社区）建立的工会委员会，县级以下建立的区域（行业）工会联合会如进行选举的，参照本条例执行。

第四十二条　本条例由中华全国总工会负责解释。

第四十三条　本条例自发布之日起施行，以往有关规定与本条例不一致的，以本条例为准。1992年5月18日全国总工会办公厅印发的《工会基层组织选举工作暂行条例》同时废止。

★ 地方性文件·广东省

6.2.7 广东省企业工会民主选举实施办法（2014年）

第一章　总　则

第一条　为尊重和落实职工民主权利，增强企业工会活力，根据《中华人民共和国工会法》、《中国工会章程》、《广东省实施〈中华人民共和国工会法〉办法》、《企业工会工作条例》等规定，结合我省实际，制定本实施办法。

第二条　本实施办法所称企业工会是指单个企业单独建立的工会委员会或多个25人以下小企业联合建立的工会委员会。

第三条　企业工会应当实施民主选举，通过选举产生充分体现会员意志的工会委员会。

企业工会民主选举，是指通过举行会员大会或会员代表大会，经全体会员或会员代表无记名投票，选举产生工会委员会成员。

第四条　企业工会民主选举可以直接选举，也可以间接选举，鼓励实行直接选举。

第五条　企业工会直接选举是由会员大会或会员代表大会选举产生工会主席、副主席和委员直接选举可采取提名候选人和不提名候选人两种方式进行：

提名候选人方式是指有提名工会主席、副主席、委员候选人的选举，即由全体会员或会员代表在选票上直接选取候选人，在获得应到会人数超过半数同意票的候选人中，按得票由多到少确定工会主席、副主席、委员。

不提名候选人方式是指没有提名工会主席、副主席、委员候选人的选举，即由全体会员或会员代表在选票上直接填写工会主席、副主席、委员人选姓名，在获得应到会人数超过半数同意票的被选举人中，按得票由多到少确定工会主席、副主席、委员。

第六条　间接选举是由会员大会或会员代表大会先选举产生工会委员，再召开工会委员会会议以无记名投票方式选举产生工会主席、副主席。

第七条　企业工会会员享有选举权和被选举权。企业工会民主选举时，应当充分发动和组织会员参加，尊重和保障会员行使民主权利，体现会员意志。

第八条　企业工会民主选举工作在同级党组织和上级工会领导下进行。上级工会可以派员对企业工会民主选举工作进行指导。

第二章　筹备与会员代表

第九条　新建立企业工会组织，应当成立由会员代表组成的领导小组（筹备组），负责企业工会民主选举工作。上级工会和企业党组织可派员参加领导小组（筹备组）。

第十条　工会换届的，由本届工会委员会负责下一届工会委员会民主选举工作。

第十一条　领导小组（筹备组）应当先广泛发展职工入会，然后根据该单位组织架构对应成立工会分会或工会小组，以工会分会或工会小组为选举单位，民主选举产生工会分会主席或工会小组长。

第十二条　会员不足100人的企业工会应当召开会员大会进行民主选举；会员100人以上的企业工会可以召开会员代表大会进行民主选举；鼓励会员100人以上的企业工会召开会员大会进行民主选举。

第十三条　会员100人至200人的单位，会员代表人数不少于会员的30%；会员201人至500人的单位，会员代表人数不少于会员的20%，且不少于60人；会员501至1000人的单位，会员代表人数不少于会员的10%，且不少于100人；会员1001人到5000人的单位，会员代表人数不少于会员的6%，且不少于100人；会员5001到10 000人的单位，会员代表人数不少于会员的5%，且不少于300人；会员超过10 000人的单位，会员代表人数原则上不超过500人。

第十四条　会员代表要有广泛的群众性和代表性，一线职工一般应占代表总数的60%以上。女代表、青年代表和具有本单位会员身份的劳务派遣员工代表应占一定比例。

第十五条　会员代表名额以选举单位（可为工会分会或工会小组，下同）人数为基础，兼顾会员的代表性进行分配。会员代表应由选举单位民主选举产生。

第十六条　会员代表实行常任制，即会员代表的任期与企业工会会员代表大会届期一致。会员代表可以连选连任。

第三章　候选人

第十七条　工会委员会委员名额应以奇数设置，依据会员人数多少来确定：不足200人的，设委员3~7人；201~1000人的，设委员7~15人；1001人至5000人的，设委员15至21人；5001人至10 000人的，设委员21至29人；10 000人以上的单位，委员原则上不超过37人。

第十八条　企业工会可以按以下方式推荐工会主席、副主席、委员候选人：

（一）会员自荐；

（二）10名以上会员联名推荐；

（三）工会分会或工会小组推荐；

（四）本届工会委员会或工会筹备组推荐；

（五）同级党组织推荐；

（六）上级工会推荐；

（七）其他方式推荐。

本届工会委员会或工会筹备组对候选人名单汇总并进行资格审查，下发到工会分会和工会小组讨论投票，根据得票数和代表性等情况提出候选人建议名单。

第十九条 工会主席、副主席、委员候选人应当按以下条件推荐：愿意为会员说话办事，有能力为会员说话办事，得到多数会员的信任。

第二十条 企业出资人（含合伙人）及其近亲属、法人代表、行政负责人不得提名为工会委员会成员候选人。人力资源部门负责人、外籍（含港澳台地区）职工不得提名为工会主席候选人。

第二十一条 企业工会主席、副主席、委员候选人应当报同级党组织和上一级工会审批。

第二十二条 工会委员、工会主席及副主席经无记名投票方式差额选举产生，工会委员差额比例不低于10%，工会主席、副主席候选人应当多于应选人。

第四章 民主选举

第二十三条 企业工会应当在选举前制定选举办法。选举办法内容包括：

（一）会员代表的条件与名额、组成结构、选举产生程序；

（二）民主选举方式；

（三）工会主席、副主席、委员候选人的条件、名额、提名方式，选举产生程序；

（四）选举有效性和有效票的规定；

（五）确定当选人的原则；

（六）候选人、当选人名单排列顺序的规定；

（七）填写选票的注意事项；

（八）监票人、计票人、唱票人的产生办法；

（九）选举的纪律；

（十）其他需要规定的内容。

选举办法应当于选举前经过会员大会或会员代表大会审议通过。

第二十四条 选举前，有工会主席、副主席、委员候选人的，其名单及基本情况应当于会员大会或会员代表大会召开七个工作日前向全体会员进行公示。

第二十五条 投票选举前，领导小组（筹备组）或本届工会委员会应当向会员大会或会员代表大会介绍工会主席、副主席、委员候选人基本情况。工会主席、副主席、委员候选人可在会员大会或会员代表大会上进行竞选演说及回答会员（代表）提问。

第二十六条 会员大会或会员代表大会到会人数须达到应到会人数的三分之二以上方可进行选举。会员（代表）确因工作需要，不能到场投票的，可采取流动票箱方式投票。使用流动票箱选举，应提前向全体会员公布，征求会员意见，并取得全体会员或会员代表过半数同意。

第二十七条 工会主席、副主席、委员候选人获得应参加选举人过半数选票的始得当选。

过半数选票的候选人多于应选名额的，按得票多少，至取足应选名额为止；当选人少于应选名额时，对不足的名额另行选举。

遇票数相等不能确定当选人时，以不同意票少者当选；当不同意票相等时，应就票数相等的候选人重新投票，得票多的当选。

如候选人均未获得应参加选举人过半数选票时，可组织会员（代表）对候选人进一步讨论酝酿，重新选举。

难以产生足额委员的，如达到本办法第十七条规定的人数底线时，经会员大会或会员代表大会同意，可以减少名额。

第二十八条 工会主席民主选举产生后，应当在会员大会或会员代表大会上进行表态性发言。

第二十九条 有下列情形之一的，选举无效，应重新选举：

（一）收回的选票多于发出选票的；

（二）使用暴力、威胁、贿赂、弄虚作假等手段影响、操纵选举过程及结果的；

（三）其他严重违反选举规定的情形。

第三十条 民主选举产生的工会主席、副主席、委员，应当于五个工作日内报同级党组织和上级工会审批，同级党组织和上级工会应当于十个工作日内批复。

非经会员大会或会员代表大会民主选举，由有关方面任命或指定产生的工会主席、副主席、委员，或当选人不符合第二十条规定的，上级工会不予批准。

第三十一条 经上级工会批复的工会委员会成员名单，应当于三个工作日内向全体会员进行公告。

第五章 任期、补选及罢免

第三十二条 企业工会每届任期三至五年，具体期限由会员大会或会员代表大会确定。新建立的企业工会原则上任期三年。

第三十三条 大型企业单位工会经上级工会批准，可设立常务委员会，负责工会委员会的日常工作，其下属单位可建立工会委员会。

第三十四条 企业工会主席、副主席任期未满时，不得随意调动其工作岗位。因工作需要调动时，应征得本级工会委员会和上一级工会的书面同意。

第三十五条 企业工会专职主席、副主席或者委员自任职之日起，其劳动合同期限自动延长，延长期限相当于其任职期间；非专职主席、副主席或者委员自任职之日起，其尚未履行的劳动合同期限短于任期的，劳动合同期限自动延长至任期期满。任职期间个人有严重过失或者达到法定退休年龄的除外。

第三十六条 企业工会主席、副主席、委员可连选连任。

第三十七条 企业工会主席、副主席、委员因个人原因辞去工会职务时，应当书面向工会委员会提出申请；企业工会主席或三分之一以上企业工会委员会成员出现空缺，应当在三个月内按原有民主选举程序进行补选。

第三十八条 企业工会每年至少召开一次会员大会或会员代表大会。大会期间，应组织会员（代表）对工会委员会及工会主席、副主席进行民主评议。经评议为不称职的主席、副主席，应报请上级工会和干部主管部门共同进行考察，如确认其不能再担任现任职务时，应召开会员大会或会员代表大会，经过全体会员或会员代表过半数通过，予以罢免。

工会主席、副主席严重不称职的，所在企业工会或三分之一以上的会员可临时动议，按本条前款相应程序进行撤换或罢免。

第六章　管理与监督

第三十九条　新任工会主席、副主席、委员，应在一年内参加上级工会举办的上岗资格或业务培训。

第四十条　上一级工会应当及时督促企业工会到期按时换届选举。在特殊情况下，经上一级工会批准，可以提前或者延期举行。

第四十一条　有条件的地方，可建立企业工会主席、副主席、委员职务津贴制度。

第四十二条　各级地方工会要按照《中华人民共和国工会法》、《中国工会章程》、《企业工会主席合法权益保护暂行办法》等规定，建立保护企业工会干部责任制，企业工会的上一级工会要切实负起责任，保护企业工会干部的合法权益。

第七章　附　则

第四十三条　企业工会同级经费审查委员会、女职工委员会的建立按中华全国总工会、广东省总工会的相关规定执行。

第四十四条　事业、机关单位及社会组织等单独或联合建立的工会委员会参照此办法执行。

第四十五条　本办法由广东省总工会负责解释。

第四十六条　本办法自下发之日起施行。

★地方性文件·上海市

6.2.8 上海市工会条例（上海市人民代表大会常务委员会公告第24号　2010年9月起施行）

第二章　工会组织

第八条　企业、事业单位、机关中以工资收入为主要生活来源的体力劳动者和脑力劳动者，均有依法参加和组织工会的权利，并有退出工会的自由。

第九条　工会各级组织按照民主集中制原则建立。

市和区、县建立地方总工会。

同一行业或者性质相近的行业，可以建立市或者区、县产业工会。

街道、乡镇建立地区工会。

经济开发区、工业（科技）园区等企业较为集中的区域可以建立基层工会的联合会。

企业、事业单位、机关有会员二十五人以上的，应当建立基层工会委员会；不足二十五人的，可以单独建立基层工会委员会，也可以由两个以上单位的会员联合建立基层工会委员会，也可以选举组织员一人，组织会员开展活动。

建立工会组织必须报上一级工会批准。

不按照中国工会章程组建的任何组织，不得以工会的名义开展活动，也不得替代工会行使职权。

第十条　企业、事业单位在筹建的同时应当支持职工筹建工会。

已经开业尚未建立工会组织的企业、事业单位，应当从开业之日起六个月内支持、帮助职工建立工会。

上级工会应当帮助、指导未建立工会的企业、事业单位的职工组建工会，企业、事业单位应当予以支持，并提供必要的条件。

第十一条　任何单位和个人不得阻挠职工依法组建工会，不得随意撤销、合并工会组织，不得将工会的办事机构归属于其他工作部门。

对没有建立工会组织的企业、事业单位，有关部门要积极支持、配合上级工会组织，指导职工建立工会，对于阻挠组建工会的违法行为，应当依法予以纠正。

第十二条　基层工会组织所在的企业终止，或者所在的事业单位、机关被撤销，该工会组织相应撤销，并报上一级工会备案。

第十三条　工会委员会和经费审查委员会由会员大会或者会员代表大会选举产生。企业主要负责人的近亲属不得作为本企业基层工会委员会成员的人选。

各级工会建立女职工委员会，女会员不足二十五人的设女职工委员。

市和区、县总工会，市产业工会以及街道、乡镇等工会，可以建立为职工服务的法律服务机构。

各级工会可以建立工会劳动法律监督组织。

第十四条　工会主席、副主席由会员大会或者会员代表大会选举产生，也可以由工会委员会选举产生，实行任期制。

第十五条　市和区、县总工会，市产业工会，具有社会团体法人资格。

依法建立的街道、乡、镇工会，区、县产业工会和基层工会具备下列条件，并报区、县总工会或者市产业工会核准后，取得社会团体法人资格：

（一）已经建立工会委员会；

（二）有必要的财产或者经费；

（三）有自己的名称和办公场所；

（四）能够独立承担民事责任。

依法具有或者取得社会团体法人资格的工会，其主席是法定代表人。

第三章　工会的权利和义务

第十六条　各级人民政府可以召开会议或者采取其他适当方式，向同级工会通报政府的重要工作部署和与工会工作有关的行政措施，研究解决工会反映的职工群众的意见和要求。

各级人民政府劳动行政部门应当会同同级工会和企业方面代表，建立劳动关系三方协商机制，共同研究解决劳动关系方面的重大问题。

街道办事处以及经济开发区、工业（科技）园区所在地负责劳动管理的部门，可以会同街道、经济开发区、工业（科技）园区的工会组织和企业方面的代表建立劳动关系三方协商机制，共同研究解决地区内劳动关系方面的重大问题。

第十七条　市和区、县人民政府制定国民经济和社会发展计划，市人民政府研究起草涉及职工切身利益的重大问题的法规、规章时，应当听取同级工会的意见。

市和区、县人民政府及有关部门在研究制定就业、工资、物价、安全生产、生活福利、社会保险等重大政策、措施时，或者成立涉及上述事项的社会监督机构时，应当吸收同级工会参加，听取工会的意见。

市和区、县总工会可以对就业、劳动报酬、物价、安全生产、生活福利、社会保险、职工队伍状况等问题进行调查分析，向人民政府提出意见或者建议。

第十八条 国有企业、国有控股企业、集体企业以及事业单位的职工代表大会（职工大会）是企业、事业单位实行民主管理的基本形式，是职工行使民主管理权力的机构，依照法律、法规以及国家和本市的其他有关规定审议、通过、决定企业事业单位的重大决策事项和涉及职工切身利益的事项。

国有企业、国有控股企业、事业单位的工会委员会是职工代表大会（职工大会）的工作机构，负责职工代表大会（职工大会）的日常工作，检查、督促职工代表大会（职工大会）决议的执行。集体企业的工会委员会，应当支持和组织职工参加民主管理和民主监督。其他企业、事业单位的工会委员会，依照法律规定组织职工采取与本单位相适应的形式参与民主管理。

企业、事业单位违反职工代表大会（职工大会）制度和其他民主管理制度的，工会有权要求纠正。

第十九条 企业、事业单位研究经营管理和发展的重大问题应当听取工会的意见；召开讨论有关工资、福利、劳动安全卫生、社会保险等涉及职工切身利益的会议，必须有工会代表参加。

第二十条 企业设立监事会的，工会的代表应当作为监事会成员候选人。

企业董事会中没有工会代表的，董事会研究决定有关职工劳动报酬、生活福利、安全生产以及劳动保护、社会保险等涉及职工切身利益的问题时，应当事先听取工会的意见，并邀请工会的代表列席会议。

董事会研究决定生产经营的重大问题、制定重要的规章制度时，应当听取工会的意见，取得工会的合作。

工会的代表列席董事会会议的费用，按照董事会成员的经费渠道列支。

第二十一条 工会代表职工与企业、实行企业化管理的事业单位通过平等协商，就劳动报酬、工作时间、休息休假、劳动安全卫生、保险福利以及其他事项，依法签订集体合同；也可以专门就工资事项，依法签订工资协议。集体合同草案、工资协议草案应当提交职工代表大会或者全体职工讨论通过，并依照有关规定报送劳动行政部门和上一级工会。

产业工会以及经济开发区、工业（科技）园区等企业较为集中区域的工会联合会可以代表职工与相应企业方面的代表进行平等协商，依法签订集体合同。

工会提出签订、变更集体合同的，企业、实行企业化管理的事业单位在接到书面通知后应当按照有关规定与工会平等协商。企业、实行企业化管理的事业单位无正当理由拒绝平等协商，或者因签订集体合同发生争议，双方协商解决不成的，工会可以要求当地政府的劳动行政部门依法协调处理。

因履行集体合同发生争议，经协商解决不成的，工会可以向劳动争议仲裁委员会申请仲裁，仲裁机构不予受理或者对仲裁裁决不服的，可以依法向人民法院提起诉讼。

第二十二条 企业、事业单位起草劳动合同文本时，应当征求本单位工会的意见。

工会应当指导职工签订劳动合同，并依法监督劳动合同的履行。

工会发现企业、事业单位与职工未依法签订劳动合同的，有权要求纠正，或者建议政府有关部门依法处理。

第二十三条 企业、事业单位处分职工，工会认为有法律依据不足、事实理由不充分、处分不当或者超过法定处理权限等情形的，有权提出意见。

企业单方面解除职工劳动合同时，应当事先将理由通知工会，工会认为企业违反法律、法规和有关合同，要求重新研究处理时，企业应当研究工会的意见，并将处理结果书面通知工会。

第二十四条　企业依法建立劳动争议调解委员会。劳动争议调解委员会主任由工会代表担任，办事机构设在工会。

区、县总工会，市产业工会和街道、乡镇工会可以会同有关方面的代表，建立劳动争议调解组织。

劳动争议当事人可以向本企业劳动争议调解委员会申请调解，也可以向前款所述的劳动争议调解组织申请调解。

政府建立劳动争议仲裁委员会应当有同级工会的代表参加。

第二十五条　企业、事业单位违反劳动法律、法规规定，有下列侵犯职工劳动权益情形，工会应当代表职工与企业、事业单位交涉，要求企业、事业单位采取措施予以改正；企业、事业单位应当予以研究处理，并向工会作出答复；企业、事业单位拒不改正的，工会可以请求当地人民政府依法作出处理：

（一）克扣、无故拖欠职工工资的；

（二）不提供劳动安全卫生条件，或者劳动安全卫生设施和条件不符合国家规定的；

（三）随意延长劳动时间或者不按规定支付延长劳动时间报酬的；

（四）侵犯女职工和未成年工特殊权益的；

（五）其他严重侵犯职工劳动权益的。

第二十六条　工会依照国家规定对新建、扩建企业和技术改造工程中的劳动条件和安全卫生设施与主体工程同时设计、同时施工、同时投产使用进行监督。对工会提出的意见，企业或者主管部门应当认真处理，并将处理结果书面通知工会。

第二十七条　工会发现企业、事业单位的经营、管理者违章指挥，强令职工冒险作业，或者在生产过程中有明显重大事故隐患和职业危害的，有权提出建议，企业、事业单位应当及时予以答复和解决；发现危及职工生命安全的情况时，工会有权向企业、事业单位建议组织职工撤离危险现场，企业、事业单位必须及时作出处理决定。

职工因工伤亡事故和其他严重危害职工健康问题的调查处理，必须有工会参加。工会应当向有关部门提出处理意见，并有权要求追究直接负责的主管人员和有关责任人员的责任。对工会提出的意见，应当及时研究，给予答复。

第二十八条　工会有权到企业、事业单位的生产、工作、营业等场所调查和监督劳动法律、法规的执行情况，有关方面应当予以支持。

工会对企业、事业单位侵犯职工合法权益的问题进行调查时，有关单位应当予以协助，如实说明情况，提供有关资料，不得阻挠或者拒绝调查。

工会在调查中应当依法保守企业、事业单位的商业秘密。

第二十九条　工会参与监督社会保险基金的管理、使用和职工最低工资、最低生活保障线的实施。

工会有权督促企业、事业单位、机关依照有关规定，为职工交纳养老、医疗、工伤、失业、生育等社会保险基金。

第三十条　企业、事业单位有关人员非法扣留职工居民身份证等合法证件和对职工非法搜身、拘禁以及侮辱人格、体罚、殴打等侵害职工合法权益的，工会有权制止并应当提出处理建议。负责处理的部门应当在三十日内将处理意见告知工会。

第三十一条 企业、事业单位发生停工、怠工事件，本单位工会应当立即向上级工会报告，并应当代表职工同企业、事业单位或者有关方面协商，反映职工的意见和要求，提出解决意见；协商不成的，上级工会应当及时与劳动行政部门、单位的主管部门等到事发单位了解情况，共同协商，妥善处理。

对于职工的合理要求，企业、事业单位应当予以解决。工会协助企业、事业单位做好工作，尽快恢复生产、工作秩序。

第三十二条 职工合法权益受到侵害的，工会应当支持职工依法提出申诉、申请仲裁、提起诉讼，并提供法律帮助。

第三十三条 工会应当支持企业、事业单位的经营、管理者依法进行生产、经营活动和科学管理，会同企业、事业单位教育职工以国家主人翁态度对待劳动，爱护国家和企业的财产，组织职工开展群众性的合理化建议、技术革新活动，进行业余文化技术学习和职工培训，组织职工开展文娱、体育活动。

第三十四条 工会协助企业、事业单位、机关组织职工参加疗养、休养活动，办好职工集体福利事业，做好社会保险工作。

第三十五条 根据政府委托，工会与有关部门共同做好劳动模范和先进生产（工作）者的评选、表彰、培养和管理工作，宣传他们的事迹，关心他们的工作和生活。

第三十六条 工会协助人民政府和有关单位做好离退休人员的工作，关心他们的生活，维护他们的合法权益。

第三十七条 市和区、县总工会的专职工作人员的编制，由市总工会与市和区、县编制管理部门协商确定。产业工会和街道、乡镇等工会专职工作人员的编制，由其上一级工会与有关方面协商确定。

企业、事业单位有职工二百人以上的，应当配备必要的专职工会工作人员。专职工会工作人员的人数，由上一级工会与企业、事业单位协商确定。职工不足二百人的，可以配备专职或者兼职工会工作人员。

第三十八条 工会主席、副主席、委员任期未满的，不得随意调动其工会工作岗位或者劳动合同约定的岗位，因工作需要调动的，应当事先征得本单位工会委员会的同意；工会主席、副主席的调动，还应当征得上一级工会的同意。

调动工会筹建负责人的工作，应当事先征求上一级工会的意见。

征求上一级工会的意见应当采取书面形式。上一级工会应当在接到书面意见之日起十五日内予以答复，逾期未答复的，视为同意。

基层工会专职主席、副主席或者委员自任职之日起，其劳动合同期限自动延长，延长期限相当于其任职期间；非专职主席、副主席或者委员自任职之日起，其尚未履行的劳动合同期限短于任期的，劳动合同期限自动延长至任期期满。但是，任职期间个人严重过失或者达到法定退休年龄的除外。

基层工会专职主席、副主席或者委员任期期满不再担任专职工会职务的，所在单位应当妥善安排其工作。

第三十九条 基层工会工作人员的劳动报酬和其他福利待遇由其所在单位承担。

基层工会专职主席、副主席和委员的劳动报酬和其他福利待遇，国家和本市有规定的，按照规定执行；没有规定的，可以由本单位工会或者上级工会与用人单位协商约定。

街道、乡镇以上各级工会以及所属企业、事业单位工作人员和离休、退休人员的待遇，按照国家和本市的有关规定执行。

第四十条　基层工会委员会需要占用生产（工作）时间召开会议或者开展活动的，应当事先与所在单位的主管人员商定。

工会兼职委员每月可以有三个工作日从事工会工作，其工资照发，待遇不受影响；超过三个工作日的，应当事先征得所在单位的主管人员同意。

6.2.9 上海市职工代表大会条例（上海市人民代表大会常务委员会公告第30号　2011年5月起施行）

第二章　职　权

第八条　职工代表大会依法行使审议建议、审议通过、审查监督、民主选举、民主评议等职权。

第九条　下列事项应当向职工代表大会报告，接受职工代表大会审议，听取职工代表大会代表（以下简称“职工代表”）的建议：

（一）企事业单位的发展规划，年度经营管理情况和重要决策；

（二）企事业单位制订、修改、决定直接涉及职工切身利益的规章制度或者重大事项；

（三）工会与企业就职工工资调整、经济性裁员、群体性劳动纠纷和生产过程中发现的重大事故隐患或者职业危害等事项进行集体协商的情况；

（四）职工代表大会工作机构的工作情况、联席会议协商处理的事项；

（五）国有、集体及其控股企业财务预决算，重组改制方案和重大改革措施，申请破产或者解散等重要事项；

（六）事业单位的财务预决算、重大改革改制方案等重要事项；

（七）法律法规规定或者企事业单位与工会协商确定应当向职工代表大会报告的其他事项。

第十条　下列事项应当向职工代表大会报告，并由职工代表大会审议通过：

（一）涉及劳动报酬、工作时间、休息休假、保险福利等事项的集体合同草案；

（二）工资调整机制、女职工权益保护、劳动安全卫生等专项集体合同草案；

（三）国有、集体及其控股企业的薪酬制度，福利制度，劳动用工管理制度，职工教育培训制度，改革改制中涉及的职工安置方案，以及其他涉及职工切身利益的重要事项；

（四）事业单位的职工聘任、考核奖惩办法，收益分配的原则和办法，职工生活福利制度，改革改制中涉及的职工安置方案，以及其他涉及职工切身利益的重要事项；

（五）法律法规规定或者企事业单位与工会协商确定应当提交职工代表大会审议通过的其他事项。

第十一条　下列事项应当向职工代表大会报告，并接受审查监督：

（一）职工代表大会提案办理情况；

（二）职工代表大会审议通过的重要事项落实情况；

（三）集体合同和专项集体合同履行情况；

（四）劳动安全卫生标准执行、社会保险费交缴、职工教育培训经费提取使用等情况；

（五）法律法规规定或者企事业单位与工会协商确定应当向职工代表大会报告并接受审查监督的其他事项。

第十二条 下列人员应当由职工代表大会民主选举产生：

（一）民主管理专门小组（委员会）成员；

（二）董事会和监事会中的职工代表；

（三）法律法规规定或者企事业单位与工会协商确定应当由职工代表大会民主选举产生的其他人员。

第十三条 下列人员应当接受职工代表大会的民主评议：

（一）董事会和监事会中的职工代表；

（二）国有、集体及其控股企业的高级管理人员，事业单位负责人，以及按照本市有关规定应当接受职工代表大会民主评议的其他人员；

（三）法律法规规定或者企事业单位与工会协商确定应当接受职工代表大会民主评议的其他人员。

第三章 职工代表

第十四条 企事业单位的职工可以当选为职工代表。

职工代表由职工民主选举产生，实行常任制，可以连选连任，任期与职工代表大会届期相同。

选举职工代表一般以分公司、分院（校）、部门、班组、科室等为选区。选举应当有选区全体职工三分之二以上参加，候选人获得选区全体职工半数以上赞成票方可当选。选举结果应当公布。

第十五条 职工代表的构成应当以一线职工为主体，中、高层管理人员不超过百分之二十，但跨地区、跨行业的大型集团型企业的比例可以适当提高。女职工代表比例一般与本单位女职工人数所占比例相适应。

教育、科技、文化、卫生等领域的企事业单位，职工代表应当以直接从事专业技术工作的人员为主体。

第十六条 职工代表的权利：

（一）在职工代表大会上，有选举权、被选举权、审议权和表决权；

（二）对涉及本单位发展和职工权益的重要事项有知情权、建议权、参与权和监督权；

（三）参加与职工代表履职相关的培训、检查等活动；

（四）因履职活动而占用生产、工作时间，按照正常出勤享受应得的待遇。

第十七条 职工代表的义务：

（一）学习、宣传有关法律法规和政策，提高自身素质，增强参与民主管理的能力，做好本职工作；

（二）联系选区职工，听取职工的意见和建议，表达职工的意愿和要求；

（三）执行职工代表大会决议，做好职工代表大会交办的各项工作；

（四）及时向选区职工通报参加职工代表大会活动和履行职责的情况，接受评议监督；

（五）模范遵守单位规章制度，保守商业秘密。

第十八条 职工代表出现缺额时，应当由原选区依照规定的民主程序及时补选。选举结果应当公布。

职工代表因无故不履行或者无法履行代表职责而被撤免的，应当经原选区全体职工半数以上同意。

第十九条 职工代表依法行使权利，任何组织和个人不得压制、阻挠和打击报复。

第四章 组织制度

第二十条 企事业单位职工代表大会的职工代表名额，按照下列规定确定：

（一）职工人数在一百人至三千人的，职工代表名额以三十名为基数，职工人数每增加一百人，职工代表名额增加不得少于五名；

（二）职工人数在三千人以上的，职工代表名额不得少于一百七十五名；

（三）职工人数不足一百人，实行职工代表大会制度的，职工代表名额不得少于三十名。

职工代表大会可以根据需要设置列席代表。列席代表无表决权和选举权。

第二十一条 职工代表大会每届任期为三年至五年。职工代表大会因故需要延期换届的，延期时间不得超过一年。

职工代表大会每年至少召开一次会议。企事业单位、工会或者三分之一以上职工代表提议，可以召开职工代表大会。

第二十二条 职工代表大会选举产生的主席团主持会议，处理大会期间有关重大问题。主席团人数不得少于七人，其中一线职工代表的比例不得少于百分之五十。

第二十三条 职工代表大会可以设立若干民主管理专门小组（委员会），组织职工代表开展民主管理专项活动，办理职工代表大会交办的有关事项。专门小组（委员会）负责人由职工代表担任。

第二十四条 职工代表大会闭会期间，除法律法规规定应当提交职工代表大会审议通过的事项外，对需要及时处理的重要事项，企事业单位可以召开职工代表大会联席会议进行协商处理，处理结果应当向下一次职工代表大会报告。

联席会议由工会负责召集，由职工代表团（组）长、民主管理专门小组（委员会）负责人、主席团成员、工会委员会委员参加。

第二十五条 企事业单位下属的分公司（厂）、分院（校）应当建立职工代表大会制度，行使与其管理权限相对应的职工民主管理权利。

第二十六条 职工代表大会的经费由企事业单位在管理费用中列支。

第五章 议事规则

第二十七条 职工代表大会须有全体职工代表三分之二以上出席，方可召开。

第二十八条 职工代表大会的议题和议程，由企事业单位与工会协商确定。

第二十九条 提交职工代表大会审议和审议表决的书面材料，应当在职工代表大会召开的七日前送交职工代表；职工代表团（组）应当组织职工代表讨论，由工会及时汇总整理职工代表团（组）的意见和建议。

职工代表对涉及职工切身利益的重要事项意见分歧较大的，由企事业单位和工会根据职工代表意见进行协商修改后，提交职工代表大会再次审议。

第三十条 职工代表大会审议通过事项，应采取无记名投票方式，并须获得全体职工代表半数以上赞成票方可通过。

第三十一条 职工代表大会审议通过的事项和决议应当在职工代表大会闭会后向全体职工公布。

第三十二条 法律法规规定应当提交职工代表大会审议的事项，未按照法定程序提交的，企事业单位的工会有权要求纠正，企事业单位应当根据工会的要求予以纠正。

法律法规规定应当提交职工代表大会审议通过的事项，未按照法定程序提交审议通过的，企事业单位就该事项作出的决定对本单位职工不具有约束力。

第三十三条 职工代表大会在其职权范围内审议通过的事项对本单位以及全体职工具有约束力，未经职工代表大会重新审议通过不得变更。

第六章 工作机构

第三十四条 企事业单位的工会在职工代表大会筹备和召开期间，履行下列职责：

（一）组织开展职工代表的选举、撤换、培训等工作；

（二）做好职工代表大会文件的准备工作；

（三）提出职工代表大会主席团成员、民主管理专门小组（委员会）成员候选人建议名单，董事会、监事会中的职工代表候选人建议名单；

（四）代表职工与企事业单位开展集体协商，形成集体合同草案、专项集体合同草案和起草说明、集体协商情况的报告等；

（五）组织职工代表团（组）在会前和会中对提交职工代表大会审议和审议表决的事项进行讨论，汇总整理意见，并与企事业单位协商修改；

（六）负责职工代表大会其他筹备和组织工作。

第三十五条 企事业单位的工会在职工代表大会闭会期间，履行下列职责：

（一）动员职工执行职工代表大会决议，督促决议的落实和提案的办理；

（二）建立与职工代表的联系制度，受理职工代表的申诉和提案，维护职工代表的合法权益；

（三）组织职工代表、民主管理专门小组（委员会）开展提案、巡视检查、质量评估等日常民主管理活动；

（四）完成职工代表大会交办的其他工作。

第三十六条 企事业单位的工会应当在职工代表大会闭会之日起七个工作日内，将会议的有关情况报告上一级工会。

第七章 区域性、行业性职工代表大会

第三十七条 社区、产业园区、商务楼宇等同一区域内的企业可以联合建立区域性职工代表大会。生产经营业务相同或者相近的企业可以联合建立行业性职工代表大会。

区域性、行业性职工代表大会的工作机构是区域、行业工会。

乡、镇人民政府和街道办事处应当积极推动区域性、行业性职工代表大会的建立，支持和保障职工代表大会制度的正常运行。

第三十八条 区域性、行业性职工代表大会行使下列职权：

（一）听取区域、行业执行劳动法律法规和政策情况报告，区域、行业劳动关系状况报告，并提出意见和建议；

（二）审议区域、行业内企业有关劳动报酬、工作时间、休息休假、劳动安全卫生、保险福利、职工培训，以及劳动定额等直接涉及职工切身利益的重大事项，提出意见和建议；

（三）审议通过区域性、行业性集体合同草案和专项集体合同草案；

（四）审查监督区域、行业内企业执行劳动法律法规和区域性、行业性职工代表大会决定事项的情况，履行区域性、行业性集体合同情况；

（五）其他应当由区域性、行业性职工代表大会行使的职权。

第三十九条 区域性、行业性职工代表大会的职工代表人数和构成，由区域、行业工会与区域、行业内企业协商确定，并根据实际设立选区，组织职工按比例民主选举产生职工代表。

区域性、行业性职工代表大会的职工代表总数不得少于三十人，其中企业经营管理者不得超过百分之三十，一线职工不得少于百分之五十。

第四十条 区域性、行业性职工代表大会通过的集体合同、专项集体合同以及有关决议应当向全体职工公布。

第四十一条 区域性、行业性职工代表大会的组织制度、议事规则、工作机构的职责等参照企事业单位职工代表大会的有关规定实施。

第八章 监督检查和法律责任

第四十二条 市和区、县人力资源社会保障行政管理部门，同级工会和企事业单位代表，通过劳动关系三方协商机制，共同推进企事业单位建立健全职工代表大会制度。

第四十三条 市和区、县总工会应当将企事业单位实行职工代表大会制度的情况纳入工会劳动法律法规监督检查的内容。对企事业单位违反本条例规定的行为，可以发出工会劳动法律监督整改意见书，要求企事业单位予以改正。对逾期不改正的，可以根据需要向同级国有资产、教育、卫生等主管部门和人力资源社会保障等行政管理部门提出工会劳动法律监督处理建议书，国有资产、教育、卫生等主管部门和人力资源社会保障等行政管理部门应当依法进行调查处理。

第四十四条 企事业单位与工会因实施职工代表大会制度的事项发生争议，双方应当协商解决；协商不成的，提请上级工会与有关主管部门协调解决。

第四十五条 企事业单位违反本条例规定，有下列行为之一的，由市和区、县人民政府以及相关部门责令改正，对企事业单位法定代表人和有关责任人给予批评教育；拒不改正的，依法处理：

（一）阻挠建立职工代表大会制度的；

（二）妨碍职工代表大会依法行使职权的；

（三）应当提交职工代表大会审议和审议通过的事项，未按照法定程序提交，给职工造成损害的；

（四）擅自变更或者拒不执行职工代表大会决议并侵害职工权益的。

第四十六条 企事业单位法定代表人和其他管理人员对职工代表进行侮辱、诽谤或者以暴力、威胁等手段进行打击报复、人身伤害的，公安机关依法给予治安处罚；造成严重后果构成犯罪的，依法追究刑事责任。

企事业单位工会负责人不按照本条例规定履行职责，对职工权益造成损害的，由市和区、县、产业（局）工会责令限期改正，情节严重的，依法予以罢免。

第四十七条 市和区、县人民政府有关部门及其工作人员违反本条例规定，玩忽职守、滥用职权、徇私舞弊的，由其所在单位或者上级主管部门依法给予行政处分；构成犯罪的，依法追究刑事责任。

第九章 附 则

第四十八条 本条例自2011年5月1日起施行。

6.3 工会的经费和财产

★ 法律

6.3.1 中华人民共和国工会法（主席令第18号 2001年10月修正）

第四十二条 工会经费的来源：

（一）工会会员缴纳的会费；

（二）建立工会组织的企业、事业单位、机关按每月全部职工工资总额的百分之二向工会拨缴的经费；

（三）工会所属的企业、事业单位上缴的收入；

（四）人民政府的补助；

（五）其他收入。

前款第二项规定的企业、事业单位拨缴的经费在税前列支。

工会经费主要用于为职工服务和工会活动。经费使用的具体办法由中华全国总工会制定。

第四十三条 企业、事业单位无正当理由拖延或者拒不拨缴工会经费，基层工会或者上级工会可以向当地人民法院申请支付令；拒不执行支付令的，工会可以依法申请人民法院强制执行。

第四十四条 工会应当根据经费独立原则，建立预算、决算和经费审查监督制度。

各级工会建立经费审查委员会。

各级工会经费收支情况应当由同级工会经费审查委员会审查，并且定期向会员大会或者会员代表大会报告，接受监督。工会会员大会或者会员代表大会有权对经费使用情况提出意见。

工会经费的使用应当依法接受国家的监督。

第四十五条 各级人民政府和企业、事业单位、机关应当为工会办公和开展活动，提供必要的设施和活动场所等物质条件。

第四十六条 工会的财产、经费和国家拨给工会使用的不动产，任何组织和个人不得侵占、挪用和任意调拨。

第四十七条 工会所属的为职工服务的企业、事业单位，其隶属关系不得随意改变。

第四十八条 县级以上各级工会的离休、退休人员的待遇，与国家机关工作人员同等对待。

★ 行政法规/部门规章/司法解释

6.3.2 关于工会财务管理体制和经费分成的暂行规定（工发财字［1982］2号）

按照《工会法》和《中国工会章程》的规定，会员交纳的会费和企业、事业、机关行政拨交的经费，是全国各级工会组织进行工作，开展职工群众性活动和举办工会各项事业的主要经费来源：其管理制度，由全国总工会制定。现对财务管理体制和经费分成作如下规定：

一、工会财务管理体制实行“统一领导，分级管理”的原则。全国总工会制订工会的财务方针、政策，制度和纪律，并检查督促其贯彻执行，对全国各级工会的财务工作实行统一领导。分级管理按地方工会分四级管理，即全国总工会为一级经费管理单位；省、市、自治区总工会为二级经费管理单位；县（市）总工会和直辖市属区、县工会为三级经费管理单位；基层工会和公司、总厂、矿区工会为四级经费管理单位。省、自治区属大市的区、县和自治州，需要增设一级经费管理单位的，由省、自治区总工会决定。全国产业工会，除铁路总工会、民航工会为二级经费管理单位外，都不在全国范围内按产业系统分级管理经费。

地区工会办事处一般不作为一级经费管理单位，省、自治区总工会认为需要管理经费的，由省、自治区总工会决定（作为第三级经费管理单位）。

二、基层以上（不含基层）各级经费管理单位的职责权限如下：

1. 宣传、贯彻、执行上级工会规定的财务工作方针、政策、制度、纪律；

2. 收好、管好、用好本级各项经费，按规定上缴经费，合理分配经费；

3. 编制本级预算、决算，并按规定审批和汇总所属工会及事业单位的预、决算；

4. 组织、领导、检查、督促下级工会和直属单位做好财务工作，并调查研究，总结交流经验，培训财会干部；

5. 发扬财务民主，接受本级经费审查委员会的审查，向本级工会委员会或代表大会报告财务工作，同时接受下级工会的监督。

为了在组织上保证完成上述任务，要在该工会委员（常委会）领导下，设管理财务的职能机构，并配备必要数量的干部。

基层工会经费管理的职责权限，按基层工会财务工作委员会工作条例规定办理。

三、各级经费管理单位的经费分成规定如下：

1. 基层工会所收会费全部自行留用。

2. 行政拨交工会经费的分成规定如下：基层工会分成不少于百分之六十；省、县（市）两级工会不超过百分之三十五，各留多少由省、市、自治区总工会决定；上交全国总工会百分之五。

3. 中央或省、市、自治区直属大型工矿联合企业的总厂、公司、矿区、有二级工会组织的，其经费分成一般不少于百分之七十，或者对其总厂、公司、矿区一级工会组织的经费按预算拨款或经费领报办法解决。采取那种办法，由省、市、自治区总工会决定。

4. 跨越数省、按系统核算、多层次的大型企业的工会，如内河航运、流域规划、石油管道等的工会组织，要求按系统管理经费的，经该企业工会组织所在地的省、市、自治区总工会报全国总工会批准后，可以按企业系统管理经费。其经费包括基层工会在内一般按百分之八十分成。其余经费，由基层工会上交所在地的县（市、直辖市属区）总工会，县（市、直辖市属区）总工会自留百分之十；其余百分之十上交省、市、自治区总工会，由省、市、自治区总工会上交全国总工会百分之五。

5. 省、市、自治区总工会对地质勘探野外作业的基层工会的经费，应给以适当照顾。

四、各级地方总工会要从实际出发，合理安排所属产业工会的经费。

省（自治区）和县（市、区）总工会所属产业工会的行政费和业务活动费，由各级地方总工会解决，在每年预算中予以妥善安排。可以对其行政费和业务活动费分别规定一定的经费控制指标，实行预算包干或领款报销。其人员编制不属于地方总工会的，可负但其业务活动费，不负担其行政费。

经省、市、自治区总工会批准的少数实行按系统管理经费的产业工会（作为第三级经费管理单位），其经费分成比例，应适应其行政费和业务活动费的实际需要。这些产业工会所属基层工会的职工参加当地县（市）总工会组织活动的，应给该县（市）总工会组织活动的，应给该县（市）总工会拨补一定数量的经费，具体办法由省、市、自治区总工会规定。

五、各省、市、自治区总工会，可根据本规定结合实际情况对财务管理分级、经费分成，作出补充规定，报全国总工会备案。

六、全国铁路总工会和民航工会工作委员会所属工会上交地方总工会和全国总工会的经费分成比例，由全国总工会批准，其系统内的财务分级、经费分成，由全国铁路总工会、民航工会工作委员会决定，报全国总工会备案。

七、本规定自一九八二年四月起执行。

6.3.3 最高人民法院关于产业工会、基层工会是否具备社团法人资格和工会经费集中户可否冻结划拨问题的批复（法复［1997］6号）

一、根据《中华人民共和国工会法》（以下简称工会法）的规定，产业工会社团法人资格的取得是由工会法直接规定的，依法不需要办理法人登记。基层工会只要符合《中华人民共和国民法通则》（以下简称民法通则）、工会法和《中国工会章程》规定的条件，报上一级工会批准成立，即具有社团法人资格。人民法院在审理案件中，应当严格按照法律规定的社团法人条件，审查基层工会社团法人的法律地位。产业工会、具有社团法人资格的基层工会与建立工会的企业法人是各自独立的法人主体。企业或企业工会对外发生的经济纠纷，各自承担民事责任。上级工会对基层工会是否具备法律规定的社团法人的条件审查不严或不实，应当承担与其过错相应的民事责任。

二、确定产业工会或者基层工会兴办企业的法人资格，原则上以工商登记为准；其上级工会依据有关规定进行审批是必经程序，人民法院不应以此为由冻结、划拨上级工会的经费并替欠债企业清偿债务。产业工会或基层工会投资兴办的具备法人资格的企业，如果投资不足或者抽逃资金的，应当补足投资或者在注册资金不实的范围内承担责任；如果投资全部到位，又无抽逃资金的行为，当企业负债时，应当以企业所有的或者经营管理的财产承担有限责任。

三、根据工会法的规定，工会经费包括工会会员缴纳的会费，建立工会组织的企业事业单位、机关按每月全部职工工资总额的百分之二的比例向工会拨交的经费，以及工会所属的企业、事业单位上缴的收入和人民政府的补助等。工会经费要按比例逐月向地方各级总工会和全国总工会拨交。工会的经费一经拨交，所有权随之转移。在银行独立开列的“工会经费集中户”，与企业经营资金无关，专门用于工会经费的集中与分配，不能在此账户开支费用或挪用、转移资金。因此，人民法院在审理案件中，不应将工会经费视为所在企业的财产，在企业欠债的情况下，不应冻结、划拨工会经费及“工会经费集中户”的款项。

6.3.4 最高人民法院关于在民事审判工作中适用《中华人民共和国工会法》若干问题的解释（法释［2003］11号）

第三条 基层工会或者上级工会依照工会法第四十三条规定向人民法院申请支付令的，由被申请人所在地的基层人民法院管辖。

第四条 人民法院根据工会法第四十三条的规定受理工会提出的拨缴工会经费的支付令申请后，应当先行征询被申请人的意见。被申请人仅对应拨缴经费数额有异议的，人民法院应当就无异议部分的工会经费数额发出支付令。

人民法院在审理涉及工会经费的案件中，需要按照工会法第四十二条第一款第（二）项规定的“全部职工”、“工资总额”确定拨缴数额的，“全部职工”、“工资总额”的计算，应当按照国家有关部门规定的标准执行。

第五条 根据工会法第四十三条和民事诉讼法的有关规定，上级工会向人民法院申请支付令或者提起诉讼，要求企业、事业单位拨缴工会经费的，人民法院应当受理。基层工会要求参加诉讼的，人民法院可以准许其作为共同申请人或者共同原告参加诉讼。

第七条 对于企业、事业单位无正当理由拖延或者拒不拨缴工会经费的，工会组织向人民法院请求保护其权利的诉讼时效期间，适用民法通则第一百三十五条的规定。

第八条 工会组织就工会经费的拨缴向人民法院申请支付令的，应当按照《最高人民法院关于适用〈中华人民共和国民事诉讼法〉若干问题的意见》第一百三十二条的规定交纳申请费；督促程序终结后，工会组织另行起诉的，按照《人民法院诉讼收费办法》规定的财产案件收费标准交纳诉讼费用。

6.3.5 企业工会工作条例（试行）（总工发［2006］41号）

第七章 工会经费和资产

第四十六条 督促企业依法按每月全部职工工资总额的百分之二向工会拨缴经费、提供工会办公和开展活动的必要设施和场所等物质条件。

第四十七条 工会依法设立独立银行账户，自主管理和使用工会经费、会费。工会经费、会费主要用于为职工服务和工会活动。

第四十八条 督促企业按国家有关规定支付工会会同企业开展的职工教育培训、劳动保护、劳动竞赛、技术创新、职工疗休养、困难职工补助、企业文化建设等工作所需费用。

第四十九条 工会经费审查委员会代表会员群众对工会经费收支和财产管理进行审查监督。

建立经费预算、决算和经费审查监督制度，经费收支情况接受同级工会经费审查委员会审查，接受上级工会审计，并定期向会员大会或会员代表大会报告。

第五十条 企业工会经费、财产和企业拨给工会使用的不动产受法律保护，任何单位和个人不得侵占、挪用和任意调拨。

企业工会组织合并，其经费财产归合并后的工会所有；工会组织撤销或解散，其经费财产由上级工会处置。

6.3.6 中国工会章程（2008年10月修正）

第七章 工会经费和资产

第三十六条 工会经费的来源：

（一）会员缴纳的会费。

（二）企业、事业单位、机关和其他社会组织按全部职工工资总额的百分之二向工会拨缴的经费或者建会筹备金。

（三）工会所属的企业、事业单位上缴的收入。

（四）人民政府和企业、事业单位、机关和其他社会组织的补助。

（五）其他收入。

第三十七条 县和县以上各级工会应当与税务、财政等有关部门合作，依照规定做好工会经费收缴和应当由财政负担的工会经费拨缴工作。

未成立工会的企业、事业单位、机关和其他社会组织，按工资总额的百分之二向上级工会拨缴工会建会筹备金。

第三十八条 工会资产是社会团体资产，中华全国总工会对各级工会的资产拥有终极所有权。根据经费独立原则，建立预算、决算、资产监管和经费审查监督制度。实行“统一领导、分级管理”的财务体制、“统一所有、分级监管、单位使用”的资产监管体制和“统一领导、分级管理、分级负责”的经费审查监督体制。工会经费、资产的管理和使用办法以及工会经费审查监督制度，由中华全国总工会制定。

第三十九条 各级工会委员会按照规定编制和审批预算、决算，定期向会员大会或者会员代表大会和上一级工会委员会报告经费收支和资产管理情况，接受上级和同级工会经费审查委员会审查监督。

第四十条 工会经费、资产和国家及企业、事业单位等拨给工会的不动产和拨付资金形成的资产受法律保护，任何单位和个人不得侵占、挪用和任意调拨；不经批准，不得改变工会所属企业、事业单位的隶属关系。

工会组织合并，其经费资产归合并后的工会所有；工会组织撤销或者解散，其经费资产由上级工会处置。

6.3.7 中华全国总工会办公厅关于加强基层工会经费收支管理的通知（总工办发［2014］23号）

各省、自治区、直辖市总工会，各全国产业工会，中共中央直属机关工会联合会、中央国家机关工会联合会，全总各部门、各直属单位：

为贯彻落实中央《关于改进工作作风、密切联系群众的八项规定》《党政机关厉行节约反对浪费条例》，以及全国总工会《关于贯彻中央改进工作作风、密切联系群众八项规定的实施办法》（总工发［2012］80号）《关于加强工会经费财务管理和审计监督切实管好用好工会经费的通知》（总工发［2013］51号）等文件精神，使工会经费更好地为基层工会工作服务、为职工群众服务，现就加强基层工会经费收支管理有关事项，通知如下：

一、基层工会经费收支管理原则

基层工会组织要认真贯彻落实中央关于勤俭节约的有关规定和全国总工会《关于加强工会经费财务管理和审计监督切实管好用好工会经费的通知》精神，发扬艰苦奋斗、勤俭节约的优良传统，切实加强工会经费收支管理，坚决制止奢侈浪费，合理有效地使用资金。要坚持工会经费为工会工作和职工群众服务的方向，确保工会经费取之于职工用之于职工，把更多工会经费用在职工身上，为职工群众办实事、做好事、解难事，让工会经费真正惠及职工群众和工会会员。

基层工会的经费收支管理，要贯彻以下原则：

（一）遵纪守法原则。各项经费收支，必须严格执行中央规定、国家法律法规、所在地方政府和中华全国总工会的有关规定，认真执行工会财务会计制度，遵守财务纪律。

（二）依法获取原则。基层工会的各项收入要根据《中华人民共和国工会法》和《中国工会章程》的规定，依法获取。

（三）经费独立原则。基层工会要依法取得社会团体法人资格，单独开设银行账户，实行工会经费独立核算。

（四）预算管理原则。基层工会经费各项支出应当全部纳入预算管理，按照全国总工会《工会预算管理办法》执行。

（五）服务职工原则。基层工会经费使用要突出重点，优化支出结构，集中财力保证维护职工的合法权益、开展职工服务和工会活动。

（六）勤俭节约原则。基层工会要贯彻中央厉行节约，反对浪费的要求，经费使用要精打细算，少花钱多办事，节约开支，提高经费使用效益。

（七）民主管理原则。要依靠职工和工会会员管好、用好经费，定期公布账目，实行民主管理，接受职工和工会会员监督以及经费审查委员会审查。

二、工会经费收入范围

基层工会的各项经费收入，要严格按照《中华人民共和国工会法》《中国工会章程》的规定，依法获得。包括：

（一）工会会员缴纳的会费。

（二）建立工会组织的单位按每月全部职工工资总额的2%向工会拨缴的经费，或上级工会委托税务机关代收工会经费后按规定比例转拨基层工会的经费。

（三）上级工会补助的款项。

（四）单位行政按照《中华人民共和国工会法》、《中国工会章程》和国家的有关规定给予工会组织的补助款项。

（五）工会所属的企业、事业单位上缴的收入。

（六）基层工会对外投资取得的收益。

（七）其他收入。

三、工会经费支出范围

工会经费应当全部用于为职工服务和开展工会活动。基层工会要按照所在省级工会确定的经费分成比例，及时足额上解经费。工会经费支出包括：

（一）工会为会员及其他职工开展教育、文体、宣传等活动产生的支出。基层工会应当将会员缴纳的会费全部用于会员活动支出。

1. 职工教育方面。用于工会开展职工教育、业余文化、技术、技能教育所需的教材、教学、消耗用品；职工教育所需资料、教师酬金；优秀学员（包括自学）奖励；工会为职工举办法律、政治、科技、业务、再就业等各种知识培训等。

2. 文体活动方面。用于工会开展职工业余文艺活动、节日联欢、文艺创作、美术、书法、摄影等各类活动；文体活动所需设备、器材、用品购置与维修费；文艺汇演、体育比赛及奖励费；各类活动中按规定开支的伙食补助费、夜餐费等；用会费组织会员观看电影、开展春游秋游等集体活动。

3. 宣传活动方面。用于工会开展政治、时事、政策、科技讲座、报告会等宣传活动；工会组织技术交流、职工读书活动、网络宣传以及举办展览、板报等所消耗的用品；工会组织的重大节日宣传费；工会举办的图书馆、阅览室所需图书、工会报刊以及资料费等。

4. 其他活动方面。除上述支出以外，用于工会开展的技能竞赛费用及其他活动的各项支出。

（二）工会直接用于维护职工权益的支出。包括工会协调劳动关系和调解劳动争议、开展职工劳动保护、向职工群众提供法律咨询、法律服务、对困难职工帮扶、向职工送温暖等发生的支出及参与立法和本单位民主管理、集体合同等其他维权支出。

（三）工会培训工会干部、加强自身建设及开展业务工作发生的各项支出。包括开展工会干部和积极分子的学习和培训所需教材资料和讲课酬金等；评选表彰优秀工会干部和积极分子的奖励；组织劳动竞赛、合理化建议、技术革新和协作活动；召开工会代表大会、委员会、经审会以及工会专业工作会议；开展外事活动、工会组织建设、建家活动、大型专题调研；经审经费、基层工会办公、差旅等其他专项业务的支出。

（四）工会从事建设工程、设备工具购置、大型修缮和信息网络购建而发生的支出。包括房屋建筑物购建、办公设备购置、专用设备购置、交通工具购置、大型修缮、信息网络购建等资本性支出。

《中华人民共和国工会法》规定，各级人民政府和企业、事业单位、机关应当为工会办公和开展活动，提供必要的设施和活动场所等物质条件。

在行政方面承担资本性支出的经费不足，并且基层工会有经费结余的情况下，工会经费可以用于必要的资本性支出。

（五）对工会管理的为职工服务的文化、体育、教育、生活服务等独立核算的事业单位的补助和非独立核算的事业单位的各项支出。

（六）由工会组织的职工集体福利等方面的支出。主要用于工会组织逢年过节向全体会员发放少量的节日慰问品，会员个人和家庭发生困难情况的补助，以及会员本人过生日的慰问等。

（七）以上支出项目以外的必要开支。

四、严格控制工会经费开支

（一）基层工会要认真贯彻落实《中华人民共和国工会法》《中国工会章程》，以及全国总工会《工会预算管理办法》《关于加强工会经费财务管理和审计监督切实管好用好工会经费的通知》精神，严格控制工会经费开支，各项开支实行工会委员会集体领导下的主席负责制，重大开支集体研究决定。

（二）不准将工会经费用于服务职工群众和开展工会活动以外的开支。

1. 不准用工会经费购买购物卡、代金券等，搞请客送礼等活动。

2. 不准违反工会经费使用规定，滥发津贴、补贴、奖金。

3. 不准用工会经费支付高消费性的娱乐健身活动。

4. 不准单位行政利用工会账户，违规设立“小金库”。

5. 不准将工会账户并入单位行政账户，使工会经费开支失去控制。

6. 不准截留、挪用工会经费。

7. 不准用工会经费参与非法集资活动，或为非法集资活动提供经济担保。

8. 不准用工会经费报销与工会活动无关的费用。

五、本通知下发后，全总 2009 年 10 月 28 日印发的《基层工会经费收支管理办法》（总工发［2009］47 号）同时废止。

中华全国总工会办公厅
2014 年 7 月 3 日

★ 地方性文件·广东省

6.3.8 广东省实施《中华人民共和国工会法》办法（广东省第十届人民代表大会常务委员会公告第 32 号　2004 年 11 月起施行）

第二十八条　工会的财产、经费和政府、单位拨给工会使用的不动产，任何组织和个人不得侵占、挪用和任意调拨。基层工会经费和用工会经费购置的财产，不得作为所在单位的经费和财产予以冻结、查封、扣押或者作其他处理。

工会组织合并，其经费、财产归合并后的工会所有；工会组织分立、撤销或者解散，其经费、财产应当在上一级工会的主持下进行审查处理。

工会资产由工会组织进行清查登记和管理。

6.3.9 转发全总《关于〈关于加强基层工会经费收支管理的通知〉的补充通知》的通知（粤工总［2015］4 号）

各地级以上市及顺德区总工会，省级产业工会、省直机关工会、中央驻穗单位和省属（集团）公司及省直有关厅（局）工会：

现将全总《关于〈关于加强基层工会经费收支管理的通知〉的补充通知》（工财发［2014］69 号）转发给你们，并结合我省实际，提出如下贯彻意见，请一并遵照执行。

一、关于逢年过节发放少量慰问品的标准

逢年过节（指国家规定的法定节日）向全体员工发放少量的节日慰问品，全年发放总金额控制在基层工会当年工会经费收入的 30%以内。

二、关于各类奖励、补助和慰问金的发放

（一）关于奖励、补助和慰问金的具体项目

基层工会在举办活动和开展各项工作中发生的奖励、补助和慰问金项目主要包括：

1. 优秀学员（包括自学）奖励；

2. 文艺汇演、体育比赛奖励；

3. 评选表彰优秀工会干部和积极分子奖励；

4. 各类活动中按规定开支的伙食补助费、夜餐费；

5. 逢年过节全体会员少量节日慰问品、会员个人和家庭困难补助、会员本人生日慰问等。

（二）关于奖励、补助和慰问金的发放

1. 明确发放标准。基层工会必须制定有关规定，遵循合理、适度原则明确奖励、补助和慰问金发放的统一标准，形成书面文件并广泛征求职工的意见，经本级工会委员会和经费审查委员会讨论通过后严格执行。

（1）对于奖励事项，应严格控制奖励面和奖励额度。奖励人数一般不超过参加人数的30%；奖励应以精神鼓励为主，物质激励为辅，奖励金一般不超过300元/人；

（2）工会组织集体活动，对因参与活动而误餐的工会干部和工会会员可按照当地财政部门规定的差旅费中伙食补助标准发放现金或安排工作餐，最高不超过50元/人/餐；

（3）对会员个人和家庭因特殊困难的补助应制定明确的标准，一般不超过2000元；

（4）会员本人生日慰问标准人均不得超过300元。

2. 完善发放手续。发放奖励、补助和慰问金时，要求审批手续齐全，实名制发放，并签收到位。

广东省总工会

2015年2月6日

关于《关于加强基层工会经费收支管理的通知》的补充通知

工财发［2014］69号

各省、自治区、直辖市总工会财务部，中华全国铁路总工会、中国民航工会全国委员会、中国金融工会全国委员会财务部（办公室），中共中央直属机关工会联合会、中央国家机关工会联合会办公室：

《中华全国总工会办公厅关于加强基层工会经费收支管理的通知》（总工办发［2014］23号，以下简称《通知》）印发后，全总陆续接到基层工会组织来信来电咨询此《通知》执行中的一些具体问题。现就《通知》有关内容补充通知如下：

一、《通知》规定基层工会组织用会费组织会员观看电影、开展春游秋游等集体活动。当会费不足时，基层工会可以用工会经费予以适当弥补。工会组织的会员春游秋游，应严格控制在单位所在城市，并做到当日往返。

二、《通知》规定基层工会组织逢年过节向全体会员发放少量的节日慰问品。其“逢年过节”的年节是指国家规定的法定节日；“节日慰问品”原则上为符合中国传统节日习惯的用品和职工群众必需的一些生活用品等。关于“少量”的标准，由省级工会根据当地的实际情况来确定。

三、《通知》规定基层工会组织用工会经费给予工会会员过生日的慰问。基层工会可以向会员送生日蛋糕等慰问品，也可向会员发放指定蛋糕店的领取蛋糕券。

四、《通知》规定对基层工会开展职工教育活动中的优秀学员（包括自学）给予奖励。基层工会组织在对优秀学员奖励时，应以精神鼓励为主、物质激励为辅。具体执行的标准，由省级工会根据本地区、本行业和本系统实际情况制定。

五、《通知》规定基层工会开展的各类文体活动按规定开支伙食补助费、夜餐费。基层工会组织可以以现金或实物形式对因参与活动而误餐的工会干部和工会会员给予补助。发放的标准参照当地工作餐的标准，并符合中央和本地区、本行业和本系统厉行节约反对浪费的相关规定。

附件：基层工会与单位行政方面有关费用划分的法律、法规（摘录）

全总财务部

2014年12月8日

附件：

基层工会与单位行政方面有关费用划分的法律、法规（摘录）

1.《中华人民共和国工会法》第四十五条：

各级人民政府和企业、事业单位、机关应当为工会办公和开展活动，提供必要的设施和活动场所等物质条件。

2. 国家计划委员会、国家建设委员会、中华人民共和国财政部、国家物资总局、中华全国总工会《关于妥善解决各级工会房屋、设备问题的通知》（［79］财事字第426号工发总字［1979］162号）：

产业公司工会和基层工会及其所属职工集体文化、福利事业所需房屋设备及其维修和水电取暖等费用，均由同级行政解决。

3.《中华人民共和国工会法》第四十一条：

企业、事业单位、机关工会委员会的专职工作人员的工资、奖励、补贴，由所在单位支付。社会保险和其他福利待遇等，享受本单位职工同等待遇。

4. 全国总工会、财政部《关于〈工会法〉中有关工会经费问题的具体规定》（工总财字［1992］9号）：

工会脱产专职人员工资等列支问题。全民所有制和集体所有制企业、事业单位和机关支付工会委员会脱产专职人员的工资、奖励、补贴、劳动保险和其他福利待遇，与所在单位行政管理人员有关经费的列支渠道相同。

5. 财政部《关于企业基层工会工作人员离、退休费和退职生活费开支问题的复函》（［82］财企字第98号）：

关于企业基层工会工作人员的离、退休费及退职生活费开支问题，应与企业职工一样，由企业行政方面负责支付，在营业外列支。

6. 全国总工会办公厅《关于解决劳动保护工作经费问题的通知》（工厅生字［1986］21号）：

基层工会为搞好劳动保护工作所需费用，应在本单位的行政劳动保护经费中支付，不能在工会经费中开支。

7. 国家劳动总局《关于企业劳动保护宣传教育经费开支问题的函》（［80］劳护字18号）：

凡企业开展劳动保护宣传教育（包括装备劳动保护教育室）所需经费，应按《安全技术措施计划的项目总名称表》第四项规定，在企业劳动保护措施经费中开支。

第四项的规定为：

购置或编印安全技术劳动保护的参考书、刊物、宣传画、标语、幻灯及电影片等。

举行安全技术劳动保护展览会、设立陈列室、教育室等。

安全操作方法的教育训练及座谈会、报告会等。

建立与贯彻有关安全生产规程制度的措施。

安全技术劳动保护的研究与试验工作，及其所需的工具、仪器等。

8. 全国总工会财务部《关于职工代表大会的费用由谁担负的通知》（工财字［1981］29号）：

职工代表大会的工作是整个企业的工作，其开支费用应由企业负担。

9. 财政部、全国总工会《关于组织少数劳动模范、先进工作者短期休养活动经费开支问题的通知》（工发财字［1982］100号）：

组织劳模、先进生产（工作）者休养活动的往返路费、伙食补助费和床位费由劳模、先进生产（工作）者所在单位的企业基金或利润留成中列支；活动费、公杂费由组织活动的工会负担。

10. 财政部《关于企业职工疗养费用开支的复函》（［82］财企字100号）：

职工经批准到疗养所疗养的往返路费，属于因工负伤的，全部由企业报销；属于疾病或非因工负伤的，五十公里以内的，由职工本人自理，五十公里以外的，原则上由企业补助二分之一。职工在疗养所疗养期间的伙食费，可由企业适当给予补助，最多不得超过伙食费的二分之一，如因身体衰弱或经济确实困难负担不起伙食费的，可酌量提高其补助费，但不得超过伙食费的三分之二。

★地方性文件·上海市

6.3.10 上海市工会条例（上海市人民代表大会常务委员会公告第24号 2010年9月起施行）

第四十一条 建立工会的企业、事业单位、机关应当于每月十五日前按照上月全部职工工资总额的百分之二向工会拨缴当月的工会经费。工资总额按国家统计局的规定计算。成立工会筹备组织的企业、事业单位、机关，应当自成立工会筹备组织之日起按前款规定向工会拨缴工会经费。

各级工会应当按规定的比例向上一级工会上解经费。

第四十二条 工会应当根据经费独立原则，建立预算、决算和经费审查监督制度。

各级工会经费收支情况应当由同级工会经费审查委员会审查，并且定期向会员大会或者会员代表大会报告，接受监督。工会的经费、财产和国家拨给工会使用的不动产，任何单位和个人不得侵占、挪用和任意调拨。

工会所属的为职工服务的企业、事业单位，其合法权益受法律保护，任何单位和个人不得随意改变其隶属关系。

工会组织合并，其经费、财产归合并后的工会所有；工会组织撤销，其经费和财产由上级工会处置。

第四十三条 各级人民政府和企业、事业单位、机关，应当为同级工会提供必要的办公场所和设施。

第五章 法律责任

第四十四条 工会对违反本条例规定侵犯其合法权益的，有权提请人民政府或者有关部门予以处理，或者向人民法院提起诉讼。

第四十五条 违反本条例规定，阻挠职工依法参加和组织工会或者阻挠上级工会帮助、指导职工筹建工会的，由劳动行政部门责令其改正；拒不改正的，由劳动行政部门提请市或者区县人民政府处理；以暴力、威胁等手段阻挠造成严重后果，构成犯罪的，依法追究刑事责任。

第四十六条 违反本条例规定，随意调动工会主席、副主席、委员的工会工作岗位或者劳动合同约定的岗位以及工会筹建负责人工作的，本单位工会或者上级工会可以向劳动行政部门提出，由劳动行政部门责令改正、恢复原工作；造成损失的，给予赔偿。

工会主席、副主席、委员或者工会筹建负责人对用人单位擅自变更劳动合同的，可以依法申请劳动仲裁，对仲裁裁决不服的，可以向人民法院提起诉讼。

对依法履行职责的工会工作人员进行侮辱、诽谤或者进行人身伤害，构成犯罪的，依法追究刑事责任；尚未构成犯罪的，由公安机关依照《中华人民共和国治安管理处罚法》的规定处罚。

第四十七条 违反本条例规定，有下列情形之一的，由劳动行政部门责令恢复其工作，并补发被解除劳动合同期间应得的报酬；职工、工会工作人员不愿恢复工作的，由劳动行政部门责令给予本人年收入二倍的赔偿，并依照解除劳动合同的规定给予经济补偿：

（一）职工因参加工会活动而被解除劳动合同的；

（二）工会工作人员因履行本条例规定的职责而被解除劳动合同的。

第四十八条 违反本条例规定，有下列情形之一的，由市或者区县人民政府责令改正，依法处理：

（一）妨碍工会组织职工通过职工代表大会和其他形式依法行使民主权利的；

（二）非法撤销、合并工会组织的；

（三）妨碍工会参加职工因工伤亡事故以及其他侵犯职工合法权益问题的调查处理的；

（四）无正当理由拒绝进行平等协商的。

第四十九条 侵占、挪用或者任意调拨工会财产、经费拒不返还的，工会可以向人民法院提起诉讼，要求返还，并赔偿损失。

第五十条 违反本条例规定，不按照中国工会章程组建，以工会名义开展活动，或者替代工会行使职权的组织，由社会团体登记管理部门依法取缔。

第五十一条 企业、事业单位和机关逾期未缴或者少缴工会经费的，工会应当向其发出催缴通知书，限期缴纳；逾期仍未缴纳的，基层工会或者上级工会可以依法向人民法院申请支付令；拒不执行支付令的，工会可以依法申请人民法院强制执行。

第五十二条 工会工作人员违反本条例规定，损害职工或者工会权益的，由同级工会或者上级工会责令改正，或者予以处分；情节严重的，依照《中国工会章程》予以罢免；造成损失的，应当承担赔偿责任；构成犯罪的，依法追究刑事责任。

第六章 附 则

第五十三条 本条例自 1995 年 5 月 1 日起施行。

第七章 

经济补偿及赔偿相关

导读：经济补偿及赔偿，是企业在用工当中以及劳动争议中最为关注的焦点，为此，笔者单独设立本章节，收录经济补偿及赔偿相关的条文，并进行对比区分，方便读者能全面掌握，并快速查询到所需内容，具体说明如下：

在本章中，笔者按照经济补偿金、赔偿金、双倍工资等三个不同类别进行编排，并将具体的内容进行区分后，分别放置在不同的表格中，如：经济补偿金需要支付的类型、无需补偿的类型、经济补偿金计算的标准等，方便读者快速厘清并迅速掌握劳动合同法颁布前后的各种区别，另外，在表格上均载明了目录号，方便读者能够对应查询到具体的法律条文。

目　录

<table>
<tr><th colspan="3">第七章　经济补偿及赔偿相关</th></tr>
<tr><th>事项</th><th>劳动合同法颁布前</th><th>劳动合同法颁布后</th></tr>
<tr><td rowspan="2">经济补偿的支付类别</td><td>1. 克扣或拖欠工资的；
按工资的25%支付经济补偿[7.1.3]；
2. 低于当地最低工资标准的；
按工资的25%经济补偿[7.1.3]；
3. 患病或者非因工负伤[7.1.3]；
4. 客观情况发生重大变化[7.1.3]；
5. 经营严重困难，
必须裁减人员的[7.1.3]；
6. 劳动者不胜任工作；≤12年[7.1.3]；
7. 协商一致；≤12年[7.1.3]；
7. 以暴力、威胁或者非法限制人身自
由的手段强迫劳动的[7.1.11]；
9. 未按照劳动合同约定支付劳动报酬或者未按照劳动合同约定提供劳动条件的[7.1.11]；
10. 拒不支付劳动者延长工作时间工资报酬的[7.1.11]。</td><td>1. 未按照劳动合同约定提供劳动保护或者劳动条件的[7.1.1]；
2. 未及时足额支付劳动报酬的[7.1.1]；
3. 未依法为劳动者缴纳社会保险费的[7.1.1]；
4. 用人单位的规章制度违反法律、法规的规定，损害劳动者权益的[7.1.1]；
5. 用人单位欺诈或免职自身责任，致使劳动合同无效的[7.1.1]；
6. 用人单位以暴力、威胁或者非法限制人身自由的手段强迫劳动者劳动的，或者用人单位违章指挥、强令冒险作业危及劳动者人身安全的[7.1.1]；
7. 用人单位与劳动者协商一致的[7.1.1]；
8. 患病或者非因工负伤、不能胜任工作、客观情况发生重大变化、经济性裁员的（提前1个月通知）[7.1.1]；
9. 用人单位被依法宣告破产的[7.1.1]；
10. 用人单位被吊销营业执照、责令关闭、撤销或者用人单位决定提前解散的[7.1.1]；
11. 固定期合同届满，用人单位不续签的[7.1.1]；
12. 用人单位经营期限届满，不再继续经营，导致劳动合同不能继续履行[7.1.1]；
13. 以完成一定工作任务为期限的合同，因任务完成而终止的[7.1.2]；
14. 双方均无法证明离职原因的[7.1.19/7.1.21]；
15. 双方约定不购买社保后，劳动者需要购买，用人单位在合理期限没有购买的[7.1.19]。</td></tr>
<tr><td colspan="2">备注：
劳动合同法关于经济补偿金及赔偿金的适用，在2008年颁布前后的法条存在多处不一致，为此，读者在使用法条时，需根据劳动者的入职时间，选择适用。</td></tr>
<tr><td>无需支付经济补偿情形</td><td>1. 劳动合同期满或者当事人约定的劳动合同终止条件出现的[7.1.5]；
2. 试用期间被证明不符合录用条件的；严重违反劳动纪律或者用人单位规章制度的；严重失职，营私舞弊，对用人单位利益造成重大损害的；被依法追究刑事责任的[7.7.3]。</td><td>1. 合同届满，用人单位提供同等用工条件，但劳动者不同意续签合同的[7.1.1/7.1.19]；
2. 劳动者违纪，根据劳动合同法第三十九条解除劳动合同的，以及劳动者因到达退休年龄，终止劳动合同的[7.1.5/7.1.9]；
3. 自用工之日起一个月内，劳动者不愿与公司签订劳动合同的[7.1.2]；
4. 自用工之日起一个月内，就签订劳动合同事项协商不一致，用人单位提出终止劳动关系的[7.1.18]；
5. 已约定不购买社保后又要求购买，但未给予合理期限或以其他原因辞职后，又以未购买社保主张经济补偿的[7.1.19]；</td></tr>
</table>

续表

		6. 用人单位按照劳动合同法支付经济补偿后；劳动者要求加多50%补偿的[7.1.22]； 7. 变更法人、负责人、投资者的[7.1.4/7.1.18]； 8. 劳动者在离职前已发放拖欠工资的[7.1.22]； 9. 调岗符合约定，劳动者解除合同，经济补偿不予支持[7.1.19]； 10. 行政区域内搬迁，劳动者要求用人单位支付经济补偿的，不予支持[7.1.22]。
补偿金计算标准	1. 解除劳动合同前十二个月的月平均工资[7.1.1]； 2. 月工资按照劳动者应得工资计算，工资低于当地最低工资标准的，按照当地最低工资标准计算[7.1.2]； 3. 经济补偿或赔偿金的基数不再以《劳动合同法》施行之日为界分段计算，均按照前十二个月的平均工资计算[7.1.21/7.1.23]； 4. 未休年休假工资报酬应纳入经济补偿金的计算基数[7.1.24]； 5. 未签合同支付二倍的工资，不纳入经济补偿金或赔偿金的计算基数[7.1.18]； 6. 劳动合同法实施前无需支付，实施后需支付经济补偿的，自劳动合同法实施之日起计算；协商解除、不胜任有12年的限制[7.1.19]； 7. 月工资按照职工应得工资计算，包括正常工作时间工资、加班工资以及奖金、津贴和补贴等货币性收入[7.1.2/7.1.20]。	
赔偿金部分	1. 用人单位违法解除劳动合同的，赔偿金的计算年限自2008年1月1日起计算，以前的工作年限按《劳动法》的规定计算赔偿金[7.1.18]； 2. 关于用人单位违法解除劳动合同支付赔偿金的年限计算问题，应按照《劳动合同法实施条例》第二十五条有关“赔偿金的计算年限自用工之日起计算”的规定确定，不再分段计算[7.1.21]； 3. 用人单位违法解除劳动合同的，包括劳动合同法实施前的工作年限[7.1.19]； 4. 劳动者月工资高于当地职工月平均工资三倍，赔偿金按照确定的经济补偿金标准的2倍计算[7.1.24]； 5. 劳动者按照劳动合同法第85条要求用人单位支付赔偿金，需要提供劳动部门出具的限期整改指令书[7.1.19]； 6. 用人单位违法解除，劳动者因没有通知，要求支付多一个月工资不予支持[7.1.21]。	
其他事项	税收	对于个人因解除劳动合同而取得一次性经济补偿收入，应按“工资薪金所得”项目计征个人所得税[7.1.7]。
	破产	在根据相关规定向破产企业职工发放安置费、经济补偿金后，不再就解除劳动合同补偿金予以补偿[7.1.13]。
	工龄	（1）劳动者非因本人原因从原用人单位被安排到新用人单位工作，原用人单位未支付经济补偿，劳动者在原单位的工作年限合并计算为新用人单位工作年限[7.1.2/7.1.16]； （2）转业军人的军龄作为计算职工经济补偿金的工作年限[7.1.12]。
	支付主体	（1）劳务派遣单位支付经济补偿金，按劳动合同法46条、47条计算； （2）不具备合法经营资格的出资人[7.1.2]。

续表

<table>
<tr><td rowspan="2">其他事项</td><td>仲裁诉讼</td><td>（1）不超过当地最低工资的12个月工资，一裁终局[7.1.18]；
（2）属于小额诉讼范围[7.1.17]。</td></tr>
<tr><td>协议</td><td>劳动者与用人单位就解除或者终止劳动合同办理相关手续、支付工资报酬、加班费、经济补偿或者赔偿金等达成的协议，不违反法律、行政法规的强制性规定，且不存在欺诈、胁迫或者乘人之危情形的，应当认定有效[7.1.15]。</td></tr>
<tr><td rowspan="5">双倍工资</td><td colspan="2">1. 用人单位自用工之日起超过一个月不满一年未与劳动者订立书面劳动合同的，应当向劳动者每月支付二倍的工资[7.2.1]；</td></tr>
<tr><td colspan="2">2. 用人单位违反本法规定不与劳动者订立无固定期限劳动合同的，自应当订立无固定期限劳动合同之日起向劳动者每月支付二倍的工资[7.2.1]；</td></tr>
<tr><td colspan="2">3. 二倍工资差额的计算基数为劳动者当月应得工资，但不包括以下两项：（1）支付周期超过一个月的劳动报酬，如季度奖、半年奖、年终奖、年底双薪以及按照季度、半年、年结算的业务提成等；（2）未确定支付周期的劳动报酬，如一次性的奖金，特殊情况下支付的津贴、补贴等[7.2.3]；</td></tr>
<tr><td colspan="2">4. 用人单位应自用工满一个月的次日起支付双倍工资至用工满一年或双方签订劳动合同前一日止，最长不超过11个月[7.2.5]；</td></tr>
<tr><td colspan="2">5. 不具备合法经营资格的用人单位或者其出资人承担责任的范围应以《劳动合同法》第九十三条规定的内容为限，即劳动报酬、经济补偿、赔偿金和损害赔偿责任，但不包括未签订书面劳动合同的二倍工资差额[7.2.3]。</td></tr>
</table>

7.1 经济补偿金及赔偿金相关

★ 法律

7.1.1 中华人民共和国劳动合同法（主席令第73号　2012年12月修正）

第四十六条　有下列情形之一的，用人单位应当向劳动者支付经济补偿：

（一）劳动者依照本法第三十八条规定解除劳动合同的；

（二）用人单位依照本法第三十六条规定向劳动者提出解除劳动合同并与劳动者协商一致解除劳动合同的；

（三）用人单位依照本法第四十条规定解除劳动合同的；

（四）用人单位依照本法第四十一条第一款规定解除劳动合同的；

（五）除用人单位维持或者提高劳动合同约定条件续订劳动合同，劳动者不同意续订的情形外，依照本法第四十四条第一项规定终止固定期限劳动合同的；

（六）依照本法第四十四条第四项、第五项规定终止劳动合同的；

（七）法律、行政法规规定的其他情形。

第四十七条　【经济补偿的计算】经济补偿按劳动者在本单位工作的年限，每满一年支付一个月工资的标准向劳动者支付。六个月以上不满一年的，按一年计算；不满六个月的，向劳动者支付半个月工资的经济补偿。

劳动者月工资高于用人单位所在直辖市、设区的市级人民政府公布的本地区上年度职工月平均工资三倍的，向其支付经济补偿的标准按职工月平均工资三倍的数额支付，向其支付经济补偿的年限最高不超过十二年。

本条所称月工资是指劳动者在劳动合同解除或者终止前十二个月的平均工资。

第七十一条　【非全日制用工的终止用工】非全日制用工双方当事人任何一方都可以随时通知对方终止用工。终止用工，用人单位不向劳动者支付经济补偿。

第八十五条　【未依法支付劳动报酬、经济补偿等的法律责任】用人单位有下列情形之一的，由劳动行政部门责令限期支付劳动报酬、加班费或者经济补偿；劳动报酬低于当地最低工资标准的，应当支付其差额部分；逾期不支付的，责令用人单位按应付金额百分之五十以上百分之一百以下的标准向劳动者加付赔偿金：

（一）未按照劳动合同的约定或者国家规定及时足额支付劳动者劳动报酬的；

（二）低于当地最低工资标准支付劳动者工资的；

（三）安排加班不支付加班费的；

（四）解除或者终止劳动合同，未依照本法规定向劳动者支付经济补偿的。

★ 行政法规/部门规章/司法解释

7.1.2 中华人民共和国劳动合同法实施条例（国务院令第535号　2008年9月起施行）

第五条　自用工之日起一个月内，经用人单位书面通知后，劳动者不与用人单位订立书面劳动合同的，用人单位应当书面通知劳动者终止劳动关系，无需向劳动者支付经济补偿，但是应当依法向劳动者支付其实际工作时间的劳动报酬。

第十条　劳动者非因本人原因从原用人单位被安排到新用人单位工作的，劳动者在原用人单位的工作年限合并计算为新用人单位的工作年限。原用人单位已经向劳动者支付经济补偿的，新用人单位在依法解除、终止劳动合同计算支付经济补偿的工作年限时，不再计算劳动者在原用人单位的工作年限。

第二十二条　以完成一定工作任务为期限的劳动合同因任务完成而终止的，用人单位应当依照劳动合同法第四十七条的规定向劳动者支付经济补偿。

第二十五条　用人单位违反劳动合同法的规定解除或者终止劳动合同，依照劳动合同法第八十七条的规定支付了赔偿金的，不再支付经济补偿。赔偿金的计算年限自用工之日起计算。

第二十七条　劳动合同法第四十七条规定的经济补偿的月工资按照劳动者应得工资计算，包括计时工资或者计件工资以及奖金、津贴和补贴等货币性收入。劳动者在劳动合同解除或者终止前12个月的平均工资低于当地最低工资标准的，按照当地最低工资标准计算。劳动者工作不满12个月的，按照实际工作的月数计算平均工资。

第三十一条　劳务派遣单位或者被派遣劳动者依法解除、终止劳动合同的经济补偿，依照劳动合同法第四十六条、第四十七条的规定执行。

7.1.3 劳动部关于印发《违反和解除劳动合同的经济补偿办法》的通知（劳部发［1994］481号）

各省、自治区、直辖市劳动（劳动人事）厅（局），国务院各部委、直属机构劳动人事部门，解放军总后勤部生产管理部：

为贯彻《劳动法》，使有关经济补偿的规定便于操作，我们制定了《违反和解除劳动合同的经济补偿办法》，现印发给你们，请按照执行。有关违反劳动合同的赔偿办法，按国家有关规定执行。

劳动部

一九九四年十二月三日

第一条　为了规范违反和解除劳动合同对劳动者的经济补偿标准，根据《中华人民共和国劳动法》的规定，制定本办法。

第二条　对劳动者的经济补偿金，由用人单位一次性发给。

第三条　用人单位克扣或者无故拖欠劳动者工资的，以及拒不支付劳动者延长工作时间工资报酬的，除在规定的时间内全额支付劳动者工资报酬外，还需加发相当于工资报酬百分之二十五的经济补偿金。

第四条　用人单位支付劳动者的工资报酬低于当地最低工资标准的，要在补足低于标准部分的同时，另外支付相当于低于部分百分之二十五的经济补偿金。

第五条　经劳动合同当事人协商一致，由用人单位解除劳动合同的，用人单位应根据劳动者在本单位工作年限，每满一年发给相当于一个月工资的经济补偿金，最多不超过十二个月。工作时间不满一年的按一年的标准发给经济补偿金。

第六条　劳动者患病或者非因工负伤，经劳动鉴定委员会确认不能从事原工作，也不能从事用人单位另行安排的工作而解除劳动合同的，用人单位应按其在本单位的工作年限，每满一年发给相当于一个月工资的经济补偿金，同时还应发给不低于六个月工资的医疗补助费。患重病和绝症的还应增加医疗补助费，患重病的增加部分不低于医疗补助费的百分之五十，患绝症的增加部分不低于医疗补助费的百分之百。

第七条 劳动者不胜任工作，经过培训或者调整工作岗位仍不能胜任工作，由用人单位解除劳动合同的，用人单位应按其在本单位工作的年限，工作时间每满一年，发给相当于一个月工资的经济补偿金，最多不超过十二个月。

第八条 劳动合同订立时所依据的客观情况发生重大变化，致使原劳动合同无法履行，经当事人协商不能就变更劳动合同达成协议，由用人单位解除劳动合同的，用人单位按劳动者在本单位工作的年限，工作时间每满一年发给相当于一个月工资的经济补偿金。

第九条 用人单位濒临破产进行法定整顿期间或者生产经营状况发生严重困难，必须裁减人员的，用人单位按被裁减人员在本单位工作的年限支付经济补偿金。在本单位工作的时间每满一年，发给相当于一个月工资的经济补偿金。

第十条 用人单位解除劳动合同后，未按规定给予劳动者经济补偿的，除全额发给经济补偿金外，还须按该经济补偿金数额的百分之五十支付额外经济补偿金。

第十一条 本办法中经济补偿金的工资计算标准是指企业正常生产情况下劳动者解除合同前十二个月的月平均工资。

用人单位依据本办法第六条、第八条、第九条解除劳动合同时，劳动者的月平均工资低于企业月平均工资的，按企业月平均工资的标准支付。

第十二条 经济补偿金在企业成本中列支，不得占用企业按规定比例应提取的福利费用。

第十三条 本办法自一九九五年一月一日起执行。

7.1.4 劳动部关于印发《关于贯彻执行〈中华人民共和国劳动法〉若干问题的意见》的通知（劳部发［1995］309号）

第三十五条 请长病假的职工在医疗期满后，能从事原工作的，可以继续履行劳动合同；医疗期满后仍不能从事原工作也不能从事由单位另行安排的工作的，由劳动鉴定委员会参照工伤与职业病致残程度鉴定标准进行劳动能力鉴定。被鉴定为一至四级的，应当退出劳动岗位，解除劳动关系，办理因病或非因工负伤退休退职手续，享受相应的退休退职待遇；被鉴定为五至十级的，用人单位可以解除劳动合同，并按规定支付经济补偿金和医疗补助费。

第三十六条 用人单位依据劳动法第二十四条、第二十六条、第二十七条的规定解除劳动合同，应当按照劳动法和劳动部《违反和解除劳动合同的经济补偿办法》（劳部发［1994］481号）支付劳动者经济补偿金。

第三十七条 根据《民法通则》第四十四条第二款“企业法人分立、合并，它的权利和义务由变更后的法人享有和承担”的规定，用人单位发生分立或合并后，分立或合并后的用人单位可依据其实际情况与原用人单位的劳动者遵循平等自愿、协商一致的原则变更、解除或重新签订劳动合同。在此种情况下的重新签订劳动合同视为原劳动合同的变更，用人单位变更劳动合同，劳动者不能依据劳动法第二十八条要求经济补偿。

第三十八条 劳动合同期满或者当事人约定的劳动合同终止条件出现，劳动合同即行终止，用人单位可以不支付劳动者经济补偿金。国家另有规定的，可以从其规定。

第三十九条 用人单位依据劳动法第二十五条解除劳动合同，可以不支付劳动者经济补偿金。

第四十条 劳动者依据劳动法第三十二条第（一）项解除劳动合同，用人单位可以不支付经济补偿金，但应按照劳动者的实际工作天数支付工资。

7.1.5 劳动部办公厅对《关于终止或解除劳动合同计发经济补偿金有关问题的请示》的复函（劳办发［1996］33号）

河北省劳动厅：

你厅《关于终止或解除劳动合同计发经济补偿金有关问题的请示》（冀劳办［1996］31号）收悉。经研究，现答复如下：

一、关于终止劳动合同的经济补偿金计发问题。《关于贯彻执行〈中华人民共和国劳动法〉若干问题的意见》（劳部发［1995］309号）规定："劳动合同期满或者当事人约定的劳动合同终止条件出现，劳动合同即行终止，用人单位可以不支付劳动者经济补偿金"。同时规定："国家另有规定的，可以从其规定"，是指现在仍然有效的《国营企业实行劳动合同制暂行规定》（国发［1986］77号）及《全民所有制企业招用农民合同制工人的规定》（1993年国务院令第87号）中的有关规定，即：凡属国有企业职工和与国家机关、事业组织、社会团体建立劳动合同关系的职工以及全民所有制企业招用的农民合同制工人，在劳动合同终止以后，仍应执行其中有关支付经济补偿金的规定。

二、关于合同制职工调动、转移工作单位经济补偿金计发问题。在全面实行劳动合同制度以后，职工调动、转移工作单位，均应通过与原用人单位终止劳动关系，再与新用人单位建立劳动关系来实现。职工提出调动、转移工作单位的，应当在与原用人单位解除劳动合同后，与新用人单位签订劳动合同。用人单位依据《劳动法》第二十四条向职工提出并经双方协商一致解除劳动合同的，应当向劳动者支付经济补偿金。由劳动者本人提出解除劳动合同的，用人单位可以不支付经济补偿金。

三、劳动合同制度实行以前原固定工在本单位的工作年限，应当作为计发经济补偿金的年限。

四、因用人单位的合并、兼并、合资、单位改变性质、法人改变名称等原因而改变工作单位的，其改变前的工作时间可以计算为"在本单位的工作时间"。由于成建制调动、组织调动等原因而改变工作单位的，是否计算为"在本单位的工作时间"。由于成建制调动、组织调动等原因而改变工作单位的，是否计算为"在本单位的工作时间"，在行业直属企业间成建制调动或组织调动等，由行业主管部门作出规定；其他调动，由各省、自治区、直辖市作出规定。

一九九六年二月十五日

7.1.6 劳动部办公厅关于对解除劳动合同经济补偿问题的复函（劳办发［1997］98号）

广州市劳动局：

你局《关于解除劳动合同经济补偿问题的请示》（穗劳函字［1997］193号）收悉。经研究，现答复如下：

一、关于对《违反和解除劳动合同的经济补偿办法》（劳部发［1994］481号）第五条中的"工作时间不满一年的按一年的标准发给经济补偿金"的理解问题。这里的"工作时间不满一年"是指两种情形，第一种是指职工在本单位的工作时间不满一年的；第二种是指职工在本单位的工作时间超过一年但余下的工作时间不满一年的。计发经济补偿金时对上述不满一年的工作时间都按工作一年的标准计算。

二、《违反和解除劳动合同的经济补偿办法》第五条关于“工作时间不满一年的按一年的标准发给经济补偿金”的规定，适用于该办法的第六条、第七条、第八条和第九条。

7.1.7 国家税务总局关于个人因解除劳动合同取得经济补偿金征收个人所得税问题的通知（国税发［1999］178号）

近接一些地区请示，要求对企业在改组、改制或减员增效过程中解除职工的劳动合同而支付给被解聘职工的一次性经济补偿金征收个人所得税政策问题加以明确。经研究，现规定如下：

一、对于个人因解除劳动合同而取得一次性经济补偿收入，应按“工资、薪金所得”项目计征个人所得税。

二、考虑到个人取得的一次性经济补偿收入数额较大，而且被解聘的人员可能在一段时间内没有固定收入，因此，对于个人取得的一次性经济补偿收入，可视为一次取得数月的工资、薪金收入，允许在一定期限内进行平均。具体平均办法为：以个人取得的一次性经济补偿收入，除以个人在本企业的工作年限数，以其商数作为个人的月工资、薪金收入，按照税法规定计算缴纳个人所得税。个人在本企业的工作年限数按实际工作年限数计算，超过12年的按12计算。

三、按照上述方法计算的个人一次性经济补偿收入应纳的个人所得税税款，由支付单位在支付时一次性代扣，并于次月7日内缴入国库。

四、个人按国家和地方政府规定比例实际缴纳的住房公积金、医疗保险金、基本养老保险金、失业保险基金在计税时应予以扣除。

五、个人在解除劳动合同后又再次任职、受雇的，对个人已缴纳个人所得税的一次性经济补偿收入，不再与再次任职、受雇的工资、薪金所得合并计算补偿个人所得税。

六、本通知自1999年10月1日起执行，此前规定与本通知规定不一致的，按本通知执行。

7.1.8 最高人民法院关于对经济确有困难的当事人提供司法救助的规定（2005年4月起施行）

第三条　当事人符合本规定第二条并具有下列情形之一的，可以向人民法院申请司法救助：（五）追索社会保险金、劳动报酬和经济补偿金的；

7.1.9 劳动和社会保障部办公厅关于对事实劳动关系解除是否应该支付经济补偿金问题的复函（劳社厅函［2001］249号）

浙江省劳动和社会保障厅：

你厅《关于事实劳动关系解除是否应该支付经济补偿金问题的请示》（浙劳社仲［2001］259号）收悉。经商最高人民法院，现答复如下：

最高人民法院《关于审理劳动争议案件适用法律若干问题的解释》（法释［2001］14号）第十六条规定：“劳动合同期满后，劳动者仍在原用人单位工作，原用人单位未表示异议的，视为双方同意以原条件继续履行劳动合同。一方提出终止劳动关系的，人民法院应当支持”。该规定中的“终止”，是指劳动合同期满后，劳动者仍在原用人单位工作，用人单位未表示异议的，劳动者和原用人单位之间存在的是一种事实上的劳动关系，而不等于双方按照原劳动合同约定的期限续签了一个新的劳动合同。一方提出终止劳动关系的，应认定为终止事实上的劳动关系。

二〇〇一年十一月二十六日

7.1.10 国家税务总局关于个人解除劳动合同取得经济补偿金征收个人所得税扣除基本养老等保险基金问题的批复（国税函［2001］665号）

辽宁省地方税务局：

你局《关于个人解除劳动合同取得经济补偿金在计征个人所得税时扣除基本养老等保险基金问题的请示》（辽地税发［2001］95号）收悉。经研究，现批复如下：

《国家税务总局关于个人因解除劳动合同取得经济补偿金征收个人所得税问题的通知》（国税发［1999］178号）第四条规定："个人按国家或地方政府规定比例实际缴纳的住房公积金、医疗保险金、基本养老保险金、失业保险基金（以下简称'四金'）在计税时应予以扣除"。此处所称应予扣除的实际缴纳的"四金"，是指个人在取得一次性经济补偿金时，按国家或地方政府规定比例实际缴纳的"四金"，在计税时应据实扣除。个人在取得一次性经济补偿金时未实际缴纳的"四金"以及以后实际缴纳的"四金"，不得在计算一次性经济补偿金应纳的个人所得税时扣除。

7.1.11 最高人民法院关于审理劳动争议案件适用法律若干问题的解释（法释［2001］14号）

第十四条　劳动合同被确认为无效后，用人单位对劳动者付出的劳动，一般可参照本单位同期、同工种、同岗位的工资标准支付劳动报酬。

根据《劳动法》第九十七条之规定，由于用人单位的原因订立的无效合同，给劳动者造成损害的，应当比照违反和解除劳动合同经济补偿金的支付标准，赔偿劳动者因合同无效所造成的经济损失。

第十五条　用人单位有下列情形之一，迫使劳动者提出解除劳动合同的，用人单位应当支付劳动者的劳动报酬和经济补偿，并可支付赔偿金：

（一）以暴力、威胁或者非法限制人身自由的手段强迫劳动的；

（二）未按照劳动合同约定支付劳动报酬或者提供劳动条件的；

（三）克扣或者无故拖欠劳动者工资的；

（四）拒不支付劳动者延长工作时间工资报酬的；

（五）低于当地最低工资标准支付劳动者工资的。

第二十条　用人单位对劳动者作出的开除、除名、辞退等处理，或者因其他原因解除劳动合同确有错误的，人民法院可以依法判决予以撤销。

对于追索劳动报酬、养老金、医疗费以及工伤保险待遇、经济补偿金、培训费及其他相关费用等案件，给付数额不当的，人民法院可以予以变更。

7.1.12 劳动和社会保障部办公厅关于复转军人军龄及有关人员工龄是否作为计算职工经济补偿金年限的答复意见（劳社厅函［2002］20号）

黑龙江省劳动和社会保障厅：

你厅《关于复转军人军龄及有关人员工龄是否作为计算职工经济补偿金年限的请示》（黑劳社呈［2001］45号）收悉。经研究，答复如下：

一、关于退伍、复员、转业军人的军龄是否作为计发经济补偿年限问题。按照《中华人民共和国兵役法》和中共中央、国务院、中央军委《军队转业干部安置暂行办法》（中发［2001］3号）第三十七条以及国务院、中央军委《关于退伍义务兵安置工作随用人单位改革实行劳动合同制度的意见》（国发［1993］54号）第五条规定，军队退伍、复员、转业军人的军龄，计算为接收安置单位的连续工龄。原劳动部《违反和解除劳动合同的经济补偿办法》（劳部发［1994］481号）规定，经济补偿金按职工在本单位的工作年限计发，因此，企业与职工解除劳动关系计发法定的经济补偿金时，退伍、转业军人的军龄应当计算为“本单位工作年限”。

二、关于组织调动、企业分立、合并后，经济补偿金年限计算问题，原劳动部办公厅《对〈关于终止或解除劳动合同计发经济补偿金有关问题的请示〉的复函》（劳办发［1996］33号）中第四条已有明确规定：“因用人单位的合并、兼并、合资、单位改变性质，法人改变名称等原因而改变工作单位的，其改变前的工作时间可以计算为在本单位的工作时间，由于成建制调动、组织调动等原因而改变工作单位的，是否计算为在本单位的工作时间，在行业直属企业间成建制调动或组织调动等，由行业主管部门作出规定，其他调动，由各省、自治区、直辖市作出规定”。对企业改制改组中已经向职工支付经济补偿金的，职工被改制改组后企业重新录用的，在解除劳动合同支付经济补偿金时，职工在改制前单位的工作年限可以不计算为改制后单位的工作年限。

二〇〇二年一月二十八日

7.1.13 最高人民法院关于对《最高人民法院关于审理企业破产案件若干问题的规定》第五十六条理解的答复（法函［2003］46号）

劳动和社会保障部：

你部2002年12月15日对我院《关于审理企业破产案件若干问题的规定》（以下简称《规定》）第五十六条执行中的有关问题征求意见的函收悉，经研究，答复如下：

一、《规定》第五十六条不适用于纳入国家计划调整的企业破产案件，该类企业破产案件适用国务院国发［1994］59号《关于在若干城市试行国有企业破产有关问题的通知》和国发［1997］10号《关于在若干城市试行国有企业兼并破产和职工再就业有关问题的补充通知》的有关规定。在根据相关规定向破产企业职工发放安置费、经济补偿金后，不再就解除劳动合同补偿金予以补偿。

二、《规定》第五十六条中“依法或者依据劳动合同”的含义是：第一，补偿金的数额应当依据劳动合同的约定，劳动合同中没有约定的，则应依照法律、法规、参照部门规章的相关规定予以补偿。第二，如果劳动合同约定的补偿金或者根据有关规定确定的补偿金额过低或者过高，清算组可以根据有关规定进行调整。调整的标准，应当以破产企业正常生产经营状况下职工十二个月的月平均工资为基数计算补偿金额：第三，清算组调整后，企业的工会、职工个人认为补偿金仍然过低的，可以向受理破产案件的人民法院提出变更申请；债权人会议对清算组确定的职工补偿金有异议的，按《规定》第四十四条规定的程序进行。

此复。

7.1.14 最高人民法院关于在民事审判工作中适用《中华人民共和国工会法》若干问题的解释（法释［2003］11号）

第六条　根据工会法第五十二条规定，人民法院审理涉及职工和工会工作人员因参加工会活动或者履行工会法规定的职责而被解除劳动合同的劳动争议案件，可以根据当事人的请求裁判用人单位恢复其工作，并补发被解除劳动合同期间应得的报酬；或者根据当事人的请求裁判用人单位给予本人年收入二倍的赔偿，并参照《违反和解除劳动合同的经济补偿办法》第八条规定给予解除劳动合同时的经济补偿金。

7.1.15 最高人民法院关于审理劳动争议案件适用法律若干问题的解释（三）（法释［2010］12号）

第十条　劳动者与用人单位就解除或者终止劳动合同办理相关手续、支付工资报酬、加班费、经济补偿或者赔偿金等达成的协议，不违反法律、行政法规的强制性规定，且不存在欺诈、胁迫或者乘人之危情形的，应当认定有效。

前款协议存在重大误解或者显失公平情形，当事人请求撤销的，人民法院应予支持。

第十三条　劳动者依据调解仲裁法第四十七条第（一）项规定，追索劳动报酬、工伤医疗费、经济补偿或者赔偿金，如果仲裁裁决涉及数项，每项确定的数额均不超过当地月最低工资标准十二个月金额的，应当按照终局裁决处理。

7.1.16 最高人民法院关于审理劳动争议案件适用法律若干问题的解释（四）（法释［2013］4号）

第五条　劳动者非因本人原因从原用人单位被安排到新用人单位工作，原用人单位未支付经济补偿，劳动者依照劳动合同法第三十八条规定与新用人单位解除劳动合同，或者新用人单位向劳动者提出解除、终止劳动合同，在计算支付经济补偿或赔偿金的工作年限时，劳动者请求把在原用人单位的工作年限合并计算为新用人单位工作年限的，人民法院应予支持。

用人单位符合下列情形之一的，应当认定属于“劳动者非因本人原因从原用人单位被安排到新用人单位工作”：

（一）劳动者仍在原工作场所、工作岗位工作，劳动合同主体由原用人单位变更为新用人单位；

（二）用人单位以组织委派或任命形式对劳动者进行工作调动；

（三）因用人单位合并、分立等原因导致劳动者工作调动；

（四）用人单位及其关联企业与劳动者轮流订立劳动合同；

（五）其他合理情形。

第十三条　劳动合同法施行后，因用人单位经营期限届满不再继续经营导致劳动合同不能继续履行，劳动者请求用人单位支付经济补偿的，人民法院应予支持。

7.1.17 最高人民法院关于适用《中华人民共和国民事诉讼法》的解释（法释［2015］5号）

第二百七十四条　下列金钱给付的案件，适用小额诉讼程序审理：

（六）劳动关系清楚，仅在劳动报酬、工伤医疗费、经济补偿金或者赔偿金给付数额、时间、方式上存在争议的劳动合同纠纷；

（七）劳务关系清楚，仅在劳务报酬给付数额、时间、方式上存在争议的劳务合同纠纷；

★ 地方性文件·广东省

7.1.18 广东省高级人民法院、广东省劳动争议仲裁委员会关于适用《劳动争议调解仲裁法》《劳动合同法》若干问题的指导意见（粤高法发［2008］13号）

第四条 人民法院受理破产申请后，劳动者对管理人列出的工资、经济补偿金、医疗费用等劳动债权清单提出异议，管理人不予更正，劳动者可以直接向受理破产申请的人民法院起诉。受理破产申请的法院是中级法院的，中级法院可以指定基层人民法院审理上述案件。

第九条 《劳动争议调解仲裁法》第四十七条应作如下理解：

（一）劳动者追索劳动报酬、工伤医疗费、经济补偿金或赔偿金，其仲裁请求涉及数项，分项计算数额不超过当地最低工资标准十二个月金额的，仲裁裁决为终局裁决；

（二）劳动者要求按国家法定标准执行工作时间、享受休息休假的争议，以及劳动者与用人单位发生本意见第二条规定的社会保险争议，仲裁裁决为终局裁决。

申请人的仲裁请求同时涉及仲裁终局裁决和非终局裁决事项的，劳动争议仲裁委员会应分别就仲裁终局裁决与非终局裁决事项作出裁决。

第二十一条 自用工之日起一个月内，劳动者与用人单位就签订劳动合同事项协商不一致，用人单位提出终止劳动关系的，无须支付经济补偿金。

自用工之日起超过一个月不足一年，用人单位有足够证据证明其与劳动者未能签订书面劳动合同的原因完全在劳动者，且用人单位无过错的，用人单位无须支付两倍工资。但用人单位提出终止劳动关系的，须支付经济补偿金。

第二十三条 用人单位变更名称、法定代表人、主要负责人或者投资人，不影响劳动合同的履行，劳动者的工作年限应连续计算。劳动者要求解除劳动关系并由用人单位（投资人）支付经济补偿金的，不予支持。

第二十四条 劳动者以用人单位在《劳动合同法》实施前未按当地规定的险种缴纳社会保险费为由，请求解除劳动合同并要求用人单位支付经济补偿金的，不予支持。

《劳动合同法》实施后，用人单位未按当地规定的险种为其建立社会保险关系，劳动者请求解除劳动合同并要求用人单位支付经济补偿金的，应予支持，但经济补偿金支付年限应从2008年1月1日起开始计算。劳动者以用人单位未足额缴纳或欠缴社会保险费为由请求解除劳动合同并要求用人单位支付经济补偿金的，不予支持。

第二十五条 劳动者以用人单位在《劳动合同法》实施前未及时足额支付劳动报酬为由，请求解除劳动合同并要求用人单位支付经济补偿金的，除符合最高人民法院《关于审理劳动争议适用法律若干问题的解释》第十五条规定的情形外，不予支持。

《劳动合同法》实施后，用人单位未及时足额支付劳动报酬，劳动者请求解除劳动合同并要求用人单位支付经济补偿金的，应予支持。

第三十条 《劳动合同法》实施后，用人单位违法解除或终止劳动合同，劳动者不要求继续履行劳动合同或劳动合同已经不能继续履行的，用人单位应按《劳动合同法》的规定向劳动者支付赔偿金，但无需另行支付经济补偿金。该赔偿金的计算年限自2008年1月

1日起计算，以前的工作年限按《劳动法》的规定计算赔偿金。

用人单位自用工之日起超过一个月不满一年未与劳动者订立书面劳动合同，应当向劳动者每月支付二倍的工资，其中加付的一倍工资不纳入经济补偿金或赔偿金的计算基数。

7.1.19 广东省高级人民法院、广东省劳动人事争议仲裁委员会关于印发《广东省高级人民法院广东省劳动人事争议仲裁委员会关于审理劳动人事争议案件若干问题的座谈会纪要》的通知（粤高法［2012］284号）

第二十条　劳动关系符合《劳动合同法》第十四条第二款第（一）（二）（三）项规定的情形，用人单位在与劳动者协商订立无固定期限劳动合同时提出的劳动报酬、劳动条件、福利待遇等事项不低于订立无固定期限劳动合同前的标准，劳动者拒不接受的，用人单位可以终止合同，且无须向劳动者支付经济补偿。

第二十二条　用人单位调整劳动者工作岗位，同时符合以下情形的，视为用人单位合法行使用工自主权，劳动者以用人单位擅自调整其工作岗位为由要求解除劳动合同并请求用人单位支付经济补偿的，不予支持：

（1）调整劳动者工作岗位是用人单位生产经营的需要；

（2）调整工作岗位后劳动者的工资水平与原岗位基本相当；

（3）不具有侮辱性和惩罚性；

（4）无其他违反法律法规的情形。

用人单位调整劳动者的工作岗位且不具有上款规定的情形，劳动者超过一年未明确提出异议，后又以《劳动合同法》第三十八条第一款第（一）项规定要求解除劳动合同并请求用人单位支付经济补偿的，不予支持。

第二十三条　劳动者依据《劳动合同法》第八十五条的规定请求用人单位支付赔偿金的，应提供劳动行政部门责令用人单位限期支付劳动报酬、加班费、经济补偿或低于最低工资标准的差额部分的限期整改指令书和用人单位逾期未履行该指令书的证据。

第二十四条　劳动者依照原劳动部《违反和解除劳动合同的经济补偿办法》第三条、第四条和第十条的规定，请求用人单位支付经济补偿金或额外经济补偿金的，不予支持。

第二十五条　用人单位与劳动者约定无须办理社会保险手续或将社会保险费直接支付给劳动者，劳动者事后反悔并明确要求用人单位为其办理社会保险手续及缴纳社会保险费的，如用人单位在合理期限内拒不办理，劳动者以此为由解除劳动合同并请求用人单位支付经济补偿，应予支持。

第二十六条　用人单位违法解除劳动合同，劳动者以用人单位未提前三十日以书面形式通知劳动者本人或额外支付劳动者一个月工资为由，向用人单位主张一个月工资赔偿的，不予支持。

第二十八条　劳动者以其他理由提出辞职，后又以用人单位存在《劳动合同法》第三十八条规定情形迫使其辞职为由，请求用人单位支付经济补偿的，不予支持。

第二十九条　劳动者与用人单位均无法证明劳动者的离职原因，可视为用人单位提出且经双方协商一致解除劳动合同，用人单位应向劳动者支付经济补偿。

第三十条　用人单位经营者欠薪逃匿，劳动者依照《劳动合同法》第四十六条请求用人单位支付经济补偿的，应予支持，经济补偿的支付年限从用工之日起算。

第三十一条　用人单位支付劳动者解除或终止劳动合同经济补偿或赔偿金时，经济补偿或赔偿金的基数为劳动者在劳动合同解除或者终止前十二个月的平均工资，不再以《劳动合同法》施行之日为界分段计算。劳动者月工资高于用人单位所在地上年度职工月平均工资三倍的，经济补偿或赔偿金的基数按用人单位所在地上年度职工月平均工资的三倍计算。

第三十二条 劳动关系建立于《劳动合同法》实施以前，但在《劳动合同法》实施后解除或终止的，经济补偿按以下方式计算：

（1）按《劳动合同法》实施以前的有关规定，用人单位无需支付经济补偿的，劳动者工作年限自《劳动合同法》实施之日起计算。

（2）按《劳动合同法》实施前后的有关规定，用人单位均需支付经济补偿的，劳动者的工作年限自用工之日起计算。用人单位与劳动者协商一致解除劳动合同或因劳动者不能胜任工作、经培训及调整岗位仍不能胜任工作为由解除劳动合同的，劳动者在《劳动合同法》实施以前计发经济补偿的工作年限最多不超过12年。劳动者月工资高于用人单位所在地上年度职工月平均工资的三倍，非因协商一致或劳动者不能胜任工作为由解除劳动合同的，劳动者在《劳动合同法》实施以前计发经济补偿的工作年限自用工之日起计算，不受最多不超过12年的限制。

第三十三条 《劳动合同法》实施后，用人单位违法解除或终止劳动合同，劳动者不要求继续履行劳动合同或劳动合同已经不能继续履行的，用人单位应按《劳动合同法》的规定向劳动者支付赔偿金，但无须另行支付经济补偿。赔偿金的计算年限自实际用工之日起计算，应包括劳动者在《劳动合同法》实施前的工作年限。

第三十四条 不具备合法经营资格的用人单位或者其出资人承担责任的范围应以《劳动合同法》第九十三条 规定的内容为限，即劳动报酬、经济补偿、赔偿金和损害赔偿责任，但不包括未签订书面劳动合同的二倍工资差额。劳动者因不具备合法经营资格的用人单位未为其参加社会保险导致的医疗费、失业待遇及生育待遇等损失属于损害赔偿责任范围。

7.1.20 广东省人力资源和社会保障厅关于做好企业转型升级过程中劳资纠纷预防处理工作的意见（粤人社规［2013］3号）

第二条 第四项经济补偿的计发办法按照《劳动合同法》及有关规定执行，计发经济补偿的月工资按照职工应得工资计算，包括正常工作时间工资、加班工资以及奖金、津贴和补贴等货币性收入。依法终止或者解除劳动关系的，应当在终止或者解除劳动关系当日结清并一次性支付职工工资。企业存在拖欠职工工资、欠缴社会保险费情况的，应当依法补发、清缴。

7.1.21 惠州市中级人民法院、惠州市劳动人事争议仲裁委员会关于审理劳动争议案件若干问题的会议纪要（试行）（2012年）

第二十七条 【违法解除劳动合同赔偿金的年限计算】关于用人单位违法解除劳动合同支付赔偿金的年限计算问题，应按照《劳动合同法实施条例》第二十五条有关“赔偿金的计算年限自用工之日起计算”的规定确定，不再分段计算。

第二十八条 【代通知金】用人单位违法解除劳动合同在确定支付赔偿金后，无需再支付未提前30天通知的代通知金。

第三十条　【劳动者离职原因无法证明】用人单位与劳动者均无法证明劳动者离职原因的，可视为双方协商一致并向劳动者提出解除劳动合同，应由用人单位向劳动者支付经济补偿。

7.1.22 深圳市中级人民法院关于审理劳动争议案件的裁判指引（2015 年）

第三十六条　当事人在诉讼过程中增加关于工资的25%经济补偿金及解除劳动合同经济补偿的50%额外经济补偿金请求的，可认定为该诉讼请求与讼争劳动争议具有不可分性。但当事人就同一请求增加数额的，不予支持。

第七十八条　劳动者在仲裁期间要求用人单位支付经济补偿，在诉讼期间变更为要求继续履行劳动合同，或者在仲裁期间要求用人单位继续履行劳动合同，在诉讼期间变更为要求用人单位支付经济补偿的，不予准许。

第七十九条　在用工之日起一个月内，劳动者拒绝签订书面劳动合同，用人单位书面提出终止劳动关系的，用人单位无需支付经济补偿，但应当依法向劳动者支付其实际工作期间的劳动报酬。

在自用工之日起超过一个月不满一年期间，劳动者拒绝签订书面劳动合同，用人单位书面提出终止劳动关系的，用人单位除向劳动者支付劳动报酬外，还应支付终止劳动关系的经济补偿。

自用工之日起满一年后，用人单位未与劳动者订立书面劳动合同的，视为自用工之日起满一年的当日已经与劳动者订立了无固定期限劳动合同，用人单位应当立即与劳动者补订书面劳动合同。

劳动合同期满后，劳动者继续在用人单位工作的，参照上述规定处理。

第八十条　用人单位在深圳市行政区域内搬迁，劳动者要求用人单位支付经济补偿的，不予支持。

用人单位由深圳市行政区域内向深圳市行政区域外搬迁，劳动者要求支付经济补偿的，应予支持。

第八十一条　劳动者依《劳动合同法》第三十八条、最高人民法院《关于审理劳动争议案件适用法律若干问题的解释》第十五条规定提出解除劳动合同的，用人单位应当支付劳动者经济补偿。但劳动者同时要求依据《违反和解除劳动合同的经济补偿办法》第十条规定支付50%额外经济补偿金的，不予支持。

劳动者以用人单位存在《劳动合同法》第三十八条第一款情形为由提出解除劳动合同的，应当在解除劳动合同时明确告知用人单位解除事由。劳动者在解除劳动合同时未明确告知用人单位解除事由，后又主张系被迫解除劳动合同，要求经济补偿的，不予支持。但劳动者有证据证明其解除劳动合同确实是因用人单位存在《劳动合同法》第三十八条第一款情形的除外。

第八十二条　劳动者以用人单位在《劳动合同法》实施前未及时足额支付劳动报酬为由，请求解除劳动合同并要求用人单位支付经济补偿的，除符合最高人民法院《关于审理劳动争议案件适用法律若干问题的解释》第十五条规定的情形外，不予支持。

《劳动合同法》实施后，劳动者以用人单位未及时足额支付劳动报酬为由，请求解除劳动合同并要求用人单位支付经济补偿的，应予支持。

劳动者于2008年1月1日前入职，其以用人单位未足额支付加班工资为由提出被迫解除劳动合同的，经济补偿的计算年限从2008年1月1日起算，但劳动者有证据证明用人单位存在拒不支付加班工资情形的除外。

第八十三条 最高人民法院《关于审理劳动争议案件适用法律若干问题的解释》第十五条第一款第（四）项所称的“拒不支付”是指劳动者向用人单位提出支付加班工资的请求，而用人单位明确拒绝；或者用人单位明确表示拒绝支付加班工资的。

第八十四条 对于用人单位有延期发放工资的情况，但在劳动者离职前已经发放，劳动者再以用人单位拖欠工资为由提出辞职，并要求用人单位支付拖欠工资25%经济补偿金及解除劳动合同经济补偿的，不予支持。

第八十六条 用人单位变更名称、法定代表人、主要负责人或者投资人，不影响劳动合同的履行，劳动者的工作年限应连续计算。劳动者因上述事由要求解除劳动合同并要求用人单位（投资人）支付经济补偿的，不予支持。

第八十七条 劳动者达到法定退休年龄，劳动合同终止，劳动者要求用人单位支付经济补偿的，不予支持。

第九十条 原“三来一补”企业在转型时已经向劳动者支付了解除劳动合同经济补偿，劳动者转入转型后的企业法人工作，该企业法人因故解除或终止双方的劳动合同，但该解除或终止行为被认定违法，该企业法人支付赔偿金时不再计算劳动者在原“三来一补”企业的工作年限。

第九十一条 “三来一补”企业转型登记为企业法人后，劳动合同由承继权利义务的新企业法人继续履行。劳动者以此为由要求支付经济补偿的，不予支持。

第九十二条 劳动者以用人单位未依法支付未签订书面劳动合同二倍工资、年休假工资和高温津贴为由提出被迫解除劳动合同并要求经济补偿的，不予支持。

第九十四条 用人单位未依法为劳动者缴纳社会保险费的，劳动者应当依法要求用人单位缴纳，用人单位在劳动者要求之日起一个月内未按规定缴纳的，劳动者有权提出解除劳动合同，用人单位应支付经济补偿，但经济补偿的支付年限应从2008年1月1日起计算。

第九十五条 用人单位违法解除或终止劳动合同，劳动者不要求继续履行劳动合同或劳动合同已经不能继续履行的，用人单位应按《劳动合同法》的规定向劳动者支付赔偿金，但无需另外支付经济补偿。赔偿金的计算年限自用工之日起连续计算。

第九十六条 用人单位解除劳动合同决定被裁决撤销或判决无效，双方继续履行劳动合同的，用人单位应当按照劳动者被违法解除劳动合同前十二个月的平均正常工作时间工资向劳动者支付被违法解除劳动合同期间的工资。

第九十七条 在计算经济补偿或赔偿金时，劳动者解除劳动合同前十二个月平均工资，除包括正常工作时间的工资外，还包括劳动者的加班工资。劳动者已领取的年终奖或年终双薪，计入工资基数时应按每年十二个月平均分摊。

用人单位因未在用工之日起一个月内签订劳动合同而按月向劳动者支付的二倍工资，其中加付的一倍工资不纳入经济补偿或赔偿金的计算基数。

7.1.23 中山市中级人民法院关于审理劳动争议案件若干问题的参考意见（2011年）

5.1【约定补偿金的认定】经济补偿金的数额及发放应按法定标准计付。如用人单位与劳动者之间对于经济补偿金的约定过分低于法定标准的，可根据有利于劳动者的原则进行适当调整。

5.2【经济补偿提前发放的效力认定】用人单位与劳动者双方在劳动合同中约定，每一合同履行期满由用人单位发放“解约补偿金”，或用人单位在合同期满终止发放补偿金，后双方依然延续劳动关系的，在用人单位应当支付劳动者经济补偿金时，以其连续工作年限计发，但已领取的上述款项应予以扣除。

5.3【新法后解约补偿金处理原则】《劳动合同法》实施以前已经建立劳动关系，《劳动合同法》实施后解除或终止的，计算经济补偿金时按以下原则处理：

（一）《劳动合同法》实施以前无需支付经济补偿金的，劳动者工作年限自《劳动合同法》实施之日起计算；

（二）《劳动合同法》实施前后均需要支付经济补偿金的，劳动者工作年限以《劳动合同法》实施日为界分别计算。《劳动合同法》实施以前的经济补偿金依照《劳动法》及其配套规定执行，《劳动合同法》实施后的经济补偿金依照《劳动合同法》的相关规定执行。

5.4【额外经济补偿金的新旧标准】《劳动合同法》施行后发生劳动争议的，《违反和解除劳动合同的经济补偿办法》规定的25%经济补偿金及50%额外经济补偿金已被《劳动合同法》第八十五条所吸收，对劳动者主张25%经济补偿金及50%的额外经济补偿金的诉讼请求应予驳回。

5.5【经济补偿金、赔偿金基数】用人单位支付劳动者解除劳动合同经济补偿金或赔偿金时，经济补偿金和赔偿金的计算基数为劳动者在劳动合同解除或者终止前十二个月的平均工资，不再分段计算。劳动者根据《劳动合同法》第八十二条规定所得二倍工资中加付的一倍工资、应休未休年休假额外支付的工资报酬不计入经济补偿金和赔偿金的计算基数。

5.6【赔偿金计算方法】《劳动合同法》第八十七条规定的赔偿金的计算方法为：以上述规定计算出的经济补偿金为基础，再乘以2计算出赔偿金。赔偿金的计算年限自用工之日起计算。

5.7【加付赔偿金的认定】劳动者根据《劳动合同法》第八十五条的规定向劳动行政部门投诉、劳动行政部门已责令用人单位限期支付而用人单位逾期不支付，劳动者要求加付50%至100%赔偿金的，应予支持。劳动者直接主张加付50%至100%赔偿金的，不予支持。

7.1.24 广州市中级人民法院关于审理劳动人事争议案件若干问题的研讨会纪要（2014年）

第五条　用人单位无故拖欠、克扣劳动者工资的违法行为发生于劳动者申请仲裁一年前，至劳动者申请仲裁时用人单位尚未纠正，如劳动者据此主张解除劳动合同，并要求用人单位支付解除劳动合同经济补偿金的，应予支持。

如果用人单位在劳动者申请仲裁前补发了未及时支付给劳动者的劳动报酬，即已经纠正其上述违法行为，劳动者再以用人单位曾经违法为由主张解除劳动合同并要求支付解除劳动合同经济补偿金的，不予支持。

第十一条　劳动者因工伤提起工伤赔偿，但同时还以用人单位没有为其参加社保为由而向用人单位提出解除劳动关系，并以此要求解除劳动合同的经济补偿金。根据《中华人民共和国劳动合同法实施条例》第二十三条规定、《中华人民共和国劳动合同法》第三十八条规定,《中华人民共和国劳动合同法》第四十六条的规定，对此，应一并支持。

第十八条 劳动者要求解除劳动合同经济补偿金，但经审理后认为用人单位系违法解除劳动合同需支付赔偿金的，可以支持其经济补偿金。如果劳动者要求解除劳动合同赔偿金，庭审中根据查明事实认定用人单位应当支付经济补偿金的，可直接支持经济补偿金。

第十九条 未休年休假工资报酬应纳入经济补偿金的计算基数。如果劳动者所获得的年休假工资对应的期间跨越离职前十二个月，那么应当按比例计入其平均工资当中，而不应直接将全部年休假工资都计入离职前十二个月的平均工资。

第二十条 职工非因工负伤且被鉴定为完全丧失劳动能力，用人单位无法为其办理退休、退职手续的情形，只要不存在《中华人民共和国劳动合同法》第四十二条规定不得解除情形的，用人单位可以解除与劳动者的劳动关系。但用人单位需要支付经济补偿金、医疗补助金。

第二十七条 劳动者月工资高于当地职工月平均工资三倍，其主张违法解除劳动合同的赔偿金是否也受3倍和不超过12年的限制的问题，根据《中华人民共和国劳动合同法》第47条、第87条规定，经济补偿金受3倍和不超过12年的限制，赔偿金则是按上述确定的经济补偿金标准的2倍计算。

7.1.25 广东省高级人民法院印发《广东省高级人民法院关于审理劳动争议案件疑难问题的解答》的通知（粤高法［2017］147号　2017年8月1日实施）

19. 劳动者在仲裁时仅主张解除劳动合同的经济补偿金，后在诉讼中主张赔偿金如何处理

解除劳动合同的经济补偿金和违法解除劳动合同的赔偿金均系基于解除劳动合同这一事实产生，当事人在申请劳动仲裁时主张解除劳动合同的经济补偿金，后在诉讼中变更为主张违法解除劳动合同的赔偿金的，可认定该诉讼请求与讼争劳动争议具有不可分性，应予合并审理。

★地方性文件·上海市

7.1.26 上海市高院关于审理劳动争议案件若干问题的解答（沪高法民一［2006］17号）

八、用人单位解除特殊劳动关系应否支持经济补偿金的问题

用人单位应参照国家有关标准为特殊劳动关系人员提供与劳动过程直接相关的劳动待遇及保障（如最低工资、工作时间及劳动保护），但用人单位解除特殊劳动关系时可以不支付经济补偿金。

用人单位克扣或者无故拖欠特殊劳动关系人员工资报酬的，以及拒不支付上述人员延长工作时间工资报酬的，除应全额支付工资报酬外，还应加付相当于工资报酬25%的经济补偿金。

【法条延伸】 上海市劳动和社会保障局关于特殊劳动关系有关问题的通知沪劳保关发［2003］24号

各委、办、局，各区、县劳动保障局，控股（集团）公司：

为维护劳动力市场的正常秩序，保障劳动者的合法权益，现对本市用人单位与劳动者形成特殊劳动关系有关问题通知如下：

一、本通知所称特殊劳动关系是现行劳动法律调整的标准劳动关系和民事法律调整的

民事劳务关系以外的一种用工关系，其劳动者一方在用人单位从事有偿劳动、接受管理，但与另一用人单位存有劳动合同关系或不符合劳动法律规定的主体条件。

二、用人单位使用下列人员之一的形成特殊劳动关系：

1. 协议保留社会保险关系人员；
2. 企业内部退养人员；
3. 停薪留职人员；
4. 专业劳务公司输出人员；
5. 退休人员；
6. 未经批准使用的外来从业人员；
7. 符合前条规定的其他人员。

三、用人单位与劳动者形成特殊劳动关系，应当参照执行以下劳动标准：

1. 工作时间规定；
2. 劳动保护规定；
3. 最低工资规定。

形成特殊劳动关系的双方当事人可以协商约定有关的劳动权利义务。

7.1.27 上海市高级人民法院关于适用《劳动合同法》若干问题的意见（沪高法［2009］73号）

二、劳动关系双方当事人未订立书面合同的处理

劳动合同的订立和履行，应当遵循诚实信用原则。劳动者已经实际为用人单位工作，用人单位超过一个月未与劳动者订立书面合同的，是否需要双倍支付劳动者的工资，应当考虑用人单位是否履行诚实磋商的义务以及是否存在劳动者拒绝签订等情况。如用人单位已尽到诚信义务，因不可抗力、意外情况或者劳动者拒绝签订等用人单位以外的原因，造成劳动合同未签订的，不属于《中华人民共和国劳动合同法实施条例》（以下简称“《实施条例》”）第六条所称的用人单位“未与劳动者订立书面劳动合同”的情况；因用人单位原因造成未订立书面劳动合同的，用人单位应当依法向劳动者支付双倍工资；但因劳动者拒绝订立书面劳动合同并拒绝继续履行的，视为劳动者单方终止劳动合同。

劳动合同期满后，劳动者继续为用人单位提供劳动，用人单位未表示异议，但当事人未续订书面劳动合同的，当事人应及时补订书面劳动合同。如果用人单位已尽到诚实信用义务，而劳动者不与用人单位订立书面劳动合同的，用人单位可以书面通知劳动者终止劳动关系，并依照《劳动合同法》第四十七条规定支付经济补偿；如劳动者拒绝订立书面劳动合同并拒绝继续履行的，视为劳动者单方终止劳动合同，用人单位应当支付劳动者已实际工作期间的相应报酬，但无须支付经济补偿金。

二十一、关于经济补偿金“分段计算”的问题

根据《劳动合同法》第九十七条的规定，《劳动合同法》施行之日存续的劳动合同，在《劳动合同法》施行后解除或终止的，其经济补偿金的具体计算方法如下：

（一）《劳动合同法》与2008年1月1日之前施行的相关法律法规的规定（以下简称“以前规定”）均规定应当支付经济补偿金的情况，且劳动者的月平均工资不高于上年度本市职工月平均工资三倍的，经济补偿金的计算基数按劳动者在劳动合同解除或终止前十

二个月的月平均工资确定。

（二）《劳动合同法》规定应当支付经济补偿金的情形，且不属于以前规定中“经济补偿金总额不超过劳动者十二个月的工资收入”情形的，经济补偿年限自用工之日起计算。《劳动合同法》规定应当支付经济补偿金的情形，但属于以前规定中“经济补偿金总额不超过劳动者十二个月的工资收入”情形的，劳动者在《劳动合同法》施行前的经济补偿年限按照以前规定计算；劳动者在《劳动合同法》施行后的工作年限在计算经济补偿年限时并入计算。

（三）符合《劳动合同法》规定三倍封顶的情形，实施封顶计算经济补偿年限自《劳动合同法》施行之日起计算，《劳动合同法》施行之前的工作年限仍按以前规定的标准计算经济补偿金。

（四）根据《劳动合同法实施条例》第二十五条的规定，用人单位违反《劳动合同法》的规定解除或终止劳动合同，依法支付劳动者赔偿金，赔偿金的计算年限自用工之日起计算。如劳动者在劳动合同被违法解除或终止前十二个月的月平均工资高于上年度本市职工月平均工资三倍的，根据《劳动合同法》第八十七条规定，应当按照第四十七条第二款规定的经济补偿标准计算。

7.1.28 民事法律适用问答（2013年第1期）

五、关于劳动争议案件中确定经济补偿金计算基数时是否需要将加班工资包括在内的问题

有的法院反映，一些用人单位加班已成为常态，劳动者的劳动报酬一般由最低工资和加班费组成，如在确定经济补偿金计算基数时不将加班费计算在内，则可能导致用人单位支付的经济补偿金过低的问题。我们认为，第一、经济补偿从性质上看系用人单位与劳动者解除或终止劳动关系后，为弥补劳动者损失或基于用人单位所承担的社会责任而给予劳动者的补偿，故经济补偿金应以劳动者的正常工作时间工资为计算基数。第二，加班工资系劳动者提供额外劳动所获得的报酬，不属于正常工作时间内的劳动报酬。第三，从原劳动部《关于贯彻〈中华人民共和国劳动法〉若干问题的意见》第55条和《劳动合同法实施条例》第27条规定来看，也应认为经济补偿金不包含加班费。综上，我们认为在计算经济补偿金计算基数时不应将加班工资包括在内。

如有证据证明用人单位恶意将本应计入正常工作时间工资的项目计入加班工资，以达到减少正常工作时间工资和经济补偿金计算标准的，则应将该部分“加班工资”计入经济补偿金的计算基数。

★地方性文件·北京市

7.1.29 北京市高级人民法院、北京市劳动争议仲裁委员会关于劳动争议案件法律适用问题研讨会会议纪要（2009年）

25.《劳动合同法》施行之日存续的劳动合同，在《劳动合同法》施行后解除或者终止，依照《劳动合同法》第四十六的规定应当支付经济补偿的，2007年12月31日前的经济补偿依照《劳动法》及其配套规定计算，2008年1月1日后的经济补偿依照《劳动合同法》的规定计算。

经济补偿金的基数为劳动者在劳动合同解除或者终止前十二个月的平均工资，不再分

段计算。

根据《劳动合同法》第四十七条、第八十七条、《劳动合同法实施条例》第二十五条的规定，用人单位违反劳动合同法的规定解除或终止劳动合同，应支付的赔偿金的计算方法为：自用工之日起依照《劳动合同法》第四十七条的规定计算出经济补偿金，再乘以2，即为赔偿金，不再分段计算。

用人单位违反《劳动合同法》的有关规定，需向劳动者每月支付二倍工资的，其加付的一倍工资不应计入经济补偿金和赔偿金的计算基数。

26. 在劳动仲裁或诉讼程序中，劳动者依据《劳动合同法》第八十五条的规定，要求用人单位加付赔偿金的，劳动仲裁委或人民法院不予支持。

27. 由于原劳动部制定的《违反和解除劳动合同的经济补偿办法》（劳部发［1994］481号）尚未被修改或废止，因此劳动者因追索劳动报酬要求用人单位支付25%的经济补偿金，或因解除劳动合同要求用人单位支付50%的额外经济补偿金，劳动仲裁委或人民法院仍可参照上述规定执行。

28. 劳动合同期满后，劳动者仍在用人单位工作，用人单位未与劳动者订立书面劳动合同的，用人单位应当自劳动合同期满的次日起至满一年的前一日向劳动者每月支付两倍的工资。两倍工资的计算基数应以相对应的月份的应得工资为准。

29. 用人单位未提前三十日通知劳动者劳动合同到期终止，劳动者要求用人单位按照《劳动合同法》第八十七条规定支付赔偿金的，不予支持；劳动者要求用人单位按照《北京市劳动合同规定》第四十七条规定，每延迟一日支付一日工资赔偿金的，应予支持。

30. 用人单位与劳动者解除或终止劳动合同时，自愿签订的和解协议，不违反法律和行政法规的强制性规定，在履行完毕后，一方当事人反悔，主张双方约定无效的，一般不予支持。但协议中双方的权利义务明显失衡，仲裁委或人民法院可予以适当调整。

用人单位与劳动者就工伤保险待遇达成的协议在履行完毕后，劳动者以双方约定的给付标准低于法定标准为由，在仲裁时效内要求用人单位按法定标准补足差额部分的，应予支持。

31. 《劳动合同法》实施后，用人单位未按本市规定的险种为劳动者建立社会保险关系，劳动者请求解除劳动合同并要求用人单位支付经济补偿金的，应予支持，但经济补偿金支付年限应从2008年1月1日起开始计算。劳动者以用人单位未足额缴纳或欠缴社会保险费为由请求解除劳动合同并要求用人单位支付经济补偿金的，不予支持。

32. 劳动者以用人单位在《劳动合同法》实施前未及时足额支付劳动报酬为由，请求解除劳动合同并要求用人单位支付经济补偿金的，除符合最高人民法院《关于审理劳动争议适用法律若干问题的解释》第十五条规定的情形外，不予支持。符合司法解释第十五条规定的情形的，经济补偿金的支付按劳动者在用人单位的工作年限，每满一年发给相当于一个月工资的经济补偿金，工作时间不满一年的按一年的标准发给经济补偿金。

33. 用人单位为其招用的劳动者办理了本市户口，双方据此约定了服务期和违约金，用人单位以双方约定为依据要求劳动者支付违约金的，不应予以支持。确因劳动者违反了诚实信用原则，给用人单位造成损失的，劳动者应当予以赔偿。

7.1.30 北京市高级人民法院与北京市劳动人事争议仲裁委员会关于审理劳动争议案件法律适用问题的解答（2017年4月）

16. 二次固定期限劳动合同到期后，用人单位发出终止劳动合同通知，劳动者主张用人单位支付违法终止劳动合同的赔偿金，是否支持？

在劳动者不符合《劳动合同法》第三十九条和第四十条第一项、第二项规定情形时，用人单位在二次固定期限劳动合同到期后直接发出终止劳动合同（关系）通知，不符合《劳动合同法》第十四条第二款第三项之规定，应认定为违法终止劳动合同（关系）。劳动者主张用人单位支付违法终止劳动合同的赔偿金，应予支持。

24. 劳动者以用人单位未依法为其缴纳社会保险为由提出解除劳动合同，要求用人单位支付经济补偿的，如何处理？

劳动者提出解除劳动合同前一年内，存在因用人单位过错未为劳动者建立社保账户或虽建立了社保账户但缴纳险种不全情形的，劳动者依据《劳动合同法》第三十八条的规定以用人单位未依法为其缴纳社会保险为由提出解除劳动合同并主张经济补偿的，一般应予支持。

用人单位已为劳动者建立社保账户且险种齐全，但存在缴纳年限不足、缴费基数低等问题的，劳动者的社保权益可通过用人单位补缴或社保管理部门强制征缴的方式实现，在此情形下，劳动者以此为由主张解除劳动合同经济补偿的，一般不予支持。

25. 劳动者要求用人单位不缴纳社会保险，后又以用人单位未缴纳社会保险为由提出解除劳动合同并主张经济补偿的，应否支持？

依法缴纳社会保险是《劳动法》规定的用人单位与劳动者的法定义务，即便是因劳动者要求用人单位不为其缴纳社会保险，劳动者按照《劳动合同法》第三十八条的规定主张经济补偿的，仍应予支持。

7.2 双倍工资相关规定

★ 法律

7.2.1 中华人民共和国劳动合同法（主席令第73号 2012年12月修正）

第八十二条 【不订立书面劳动合同的法律责任】用人单位自用工之日起超过一个月不满一年未与劳动者订立书面劳动合同的，应当向劳动者每月支付二倍的工资。

用人单位违反本法规定不与劳动者订立无固定期限劳动合同的，自应当订立无固定期限劳动合同之日起向劳动者每月支付二倍的工资。

行政法规/部门规章/司法解释

7.2.2 中华人民共和国劳动合同法实施条例（国务院令第535号 2008年9月起施行）

第六条 用人单位自用工之日起超过一个月不满一年未与劳动者订立书面劳动合同的，应当依照劳动合同法第八十二条的规定向劳动者每月支付两倍的工资，并与劳动者补订书面劳动合同；劳动者不与用人单位订立书面劳动合同的，用人单位应当书面通知劳动者终止劳动关系，并依照劳动合同法第四十七条的规定支付经济补偿。

前款规定的用人单位向劳动者每月支付两倍工资的起算时间为用工之日起满一个月的次日，截止时间为补订书面劳动合同的前一日。

第七条 用人单位自用工之日起满一年未与劳动者订立书面劳动合同的，自用工之日起满一个月的次日至满一年的前一日应当依照劳动合同法第八十二条的规定向劳动者每月支付两倍的工资，并视为自用工之日起满一年的当日已经与劳动者订立无固定期限劳动合同，应当立即与劳动者补订书面劳动合同。

★ 地方性文件·广东省

7.2.3 广东省高级人民法院、广东省劳动人事争议仲裁委员会关于印发《广东省高级人民法院广东省劳动人事争议仲裁委员会关于审理劳动人事争议案件若干问题的座谈会纪要》的通知（粤高法［2012］284号）

第十四条 用人单位自用工之日起超过一个月不满一年未与劳动者签订书面劳动合同，或者虽通知劳动者签订书面劳动合同但劳动者无正当理由拒不签订，用人单位未书面通知劳动者终止劳动关系的，应当按照《劳动合同法》第八十二条的规定向劳动者每月支付二倍工资。二倍工资差额的计算基数为劳动者当月应得工资，但不包括以下两项：

（1）支付周期超过一个月的劳动报酬，如季度奖、半年奖、年终奖、年底双薪以及按照季度、半年、年结算的业务提成等；

（2）未确定支付周期的劳动报酬，如一次性的奖金，特殊情况下支付的津贴、补贴等。

劳动合同期满后，劳动者仍在原用人单位工作，超过一个月双方仍未续订劳动合同，劳动者根据《劳动合同法》第八十二条第一款规定要求支付二倍工资的，应予支持。

用人单位自用工之日起满一年不与劳动者订立书面劳动合同，视为已订立无固定期限劳动合同，用人单位无需再支付用工之日起满一年后未订立书面劳动合同的二倍工资。

第十五条 劳动者请求用人单位支付未订立书面劳动合同二倍工资差额的仲裁时效，依照《劳动争议调解仲裁法》第二十七条第一款、第二款和第三款的规定确定。用人单位应支付的二倍工资差额，从劳动者主张权利之日起往前倒推一年，按月计算，对超过一年的二倍工资差额不予支持。

第三十四条 不具备合法经营资格的用人单位或者其出资人承担责任的范围应以《劳动合同法》第九十三条规定的内容为限，即劳动报酬、经济补偿、赔偿金和损害赔偿责任，但不包括未签订书面劳动合同的二倍工资差额。劳动者因不具备合法经营资格的用人单位未为其参加社会保险导致的医疗费、失业待遇及生育待遇等损失属于损害赔偿责任范围。

第三十七条 劳动者依据《劳动合同法》第四十条或第八十二条的规定请求用人单位支付代通知金或二倍工资的，作为《劳动争议调解仲裁法》第四十七条第一项规定的追索赔偿金争议处理。

劳动者请求用人单位支付工伤保险待遇，属于《劳动争议调解仲裁法》第四十七条第二项规定的因执行国家的劳动标准在社会保险方面发生的争议，劳动人事仲裁机构对此作出的仲裁裁决为终局裁决。

7.2.4 深圳市中级人民法院关于审理劳动争议案件的裁判指引（2015年）

第五十七条 劳动者与不具备合法经营资格的用人单位因用工关系产生争议，应当将该单位或出资人列为当事人，按照《劳动合同法》第九十三条的规定支付相关费用，即劳动报酬、经济补偿、赔偿金和损害赔偿责任，但不包括未签订书面劳动合同的二倍工资差额。

第六十四条 用人单位自用工之日起超过一个月不满一年未与劳动者签订书面劳动合同的，用人单位应自用工之日起满一个月的次日起支付二倍工资至双方签订书面劳动合同前一日时止。

劳动者拒绝与用人单位签订书面劳动合同，用人单位未按照《劳动合同法实施条例》第五条、第六条的规定书面通知劳动者终止劳动关系的，劳动者要求未签订书面劳动合同二倍工资的，应予支持。

劳动合同期满，劳动者继续在用人单位工作的，用人单位在劳动合同期满之日超过一个月不满一年未与劳动者签订劳动合同的，参照前两款的规定处理。

第六十五条 自用工之日起一个月内，或者劳动合同期满后劳动者仍在用人单位工作的一个月内，发生下列情形之一，导致用人单位未能与劳动者订立书面劳动合同的，该情形存续期间不计算在用人单位应当订立书面劳动合同的一个月期限内：（1）不可抗力；（2）劳动者丧失意思能力或被依法限制人身自由，客观上无法订立劳动合同；（3）因确认劳动关系争议或解除劳动关系是否合法争议申请劳动仲裁或者诉讼尚未结案；（4）因其他客观原因足以影响双方签订书面劳动合同的。

自前款规定的情形消除之日起，用人单位应当订立书面劳动合同的一个月期限继续计算。

第六十六条 用人单位未按照法定期限与劳动者签订书面劳动合同，即使后来双方签订了劳动合同，劳动者要求用人单位支付二倍工资至签订之日的，应予支持。但双方将劳动合同的签字日期倒签在法定期限之内或者双方约定的劳动合同期间包含了已经履行的事实劳动关系期间的，应视为双方自始签订了劳动合同，劳动者要求用人单位支付二倍工资的，不予支持。

第六十七条 用人单位拒绝与符合《劳动合同法》第十四条第二款规定的条件的劳动者签订无固定期限劳动合同，劳动者要求其支付二倍工资至补订无固定期限劳动合同前一日的，应予支持。

第六十八条 劳动合同期满，因劳动者具有《劳动合同法》第四十二条情形而导致双方劳动合同续延的，劳动者要求续延期间未签订书面劳动合同二倍工资，不予支持。

第六十九条 新公司筹备阶段聘用劳动者而未与劳动者签订书面劳动合同，劳动者要求新公司支付该期间二倍工资的，不予支持。

第七十条 《劳动合同法》第八十二条规定的二倍工资差额的计算基数应为包括加班工资在内的当月应得工资，但不包含支付周期超过一个月或未确定支付周期的劳动报酬。

7.2.5 惠州市劳动人事争议仲裁委员会关于审理劳动争议案件若干问题的会议纪要（试行）（2012 年）

第二十五条 【劳动合同期满未续签或终止的是否执行双倍工资】用人单位自用二之日起超过一个月不满一年未与劳动者签订劳动合同的，用人单位应自用工满一个月的次日起支付双倍工资至用工满一年或双方签订劳动合同前一日止，最长不超过 11 个月。

劳动合同期满，劳动者继续在用人单位工作的，用人单位在劳动合同期满之日超过一个月不满一年未与劳动者续签劳动合同的，参照前款处理。如果属于劳动者的原因，不与用人单位订立书面劳动合同，用人单位无需向劳动者支付双倍工资。

劳动合同期满，劳动者继续在用人单位工作的，用人单位在劳动合同期满之日超过一个月不满一年未与劳动者签订劳动合同的，符合《劳动合同法》第四十二条规定的情形，应按《劳动合同法》第四十五条执行，不支持双倍工资。

用人单位的人事经理等负责签订劳动合同事务的特定职位人员如未能举证证明未签劳动合同的责任在于用人单位的，其主张未签劳动合同双倍工资，不予支持。

用人单位未与其高级管理人员签订书面劳动合同，但用人单位能够提供聘任决定或聘任书，证明双方存在劳动权利义务且已实际履行的，高级管理人员以未签订书面劳动合同为由请求用人单位每月支付双倍工资的，不予支持。高级管理人员的范围依据《中华人民共和国公司法》第二百一十七条第（一）项的规定予以确定。

第二十六条 【未签劳动合同双倍工资的计算基数】未订立书面劳动合同的双倍工资的计算基数为：劳动者相对应的月份应得工资。

第三十七条 【未签劳动合同双倍工资的仲裁时效】未签劳动合同双倍工资差额属于赔偿金，申请仲裁时效适用一年时效。用人单位在用工满一个月起至用工一年内与劳动者签订书面劳动合同的，劳动者主张未签劳动合同双倍工资的仲裁时效期间从双方签订劳动合同之次日起计算；用人单位在用工之日起一年内未与劳动者签订书面劳动合同的，劳动者主张未签劳动合同双倍工资的仲裁时效期间从用工满一年之次日起计算。

第三十八条 【仲裁时效中断】劳动者向人大、政府等信访、上访，不应认定仲裁时效中断，只能向法院、劳动行政部门、工会等依法有权处理部门请求权利救济的才认定仲裁时效中断。

第四十条 【法律适用规则】劳动法与劳动合同法、劳动争议调解仲裁法、就业促进法等法律之间的关系，应该属于一般法与特别法的关系。故可以按特别法优于一般法，新法优于旧法的法律适用规则。

7.2.6 中山市中级人民法院关于审理劳动争议案件若干问题的参考意见（2011年）

4.6【双倍工资仲裁时效起算】劳动者根据《劳动合同法》第八十二条规定要求支付二倍工资的，因该工资差额本不属拖欠劳动报酬范围，故其仲裁时效应适用《调解仲裁法》第二十七条的规定，按下列情况确定劳动者追索二倍工资差额的仲裁时效起算点：

（一）劳动者与用人单位补签劳动合同之日；

（二）视为用人单位与劳动者签订无固定期限劳动合同之日。

4.7【双倍工资支付的基本情形】用人单位自用工之日起超过一个月不满一年未与劳动者签订书面劳动合同，或者因劳动者不愿签订书面劳动合同，用人单位未书面通知劳动者终止劳动关系的，应当依照《劳动合同法》第八十二条的规定向劳动者每月支付两倍的工资。

用人单位根据《劳动合同法实施条例》第六条终止劳动关系的，应当按照《劳动合同法》第四十七条的规定支付经济补偿金及未签书面劳动合同期间的双倍工资差额。

4.8【未签约双倍工资、补偿金计算年限】劳动者以用人单位未签订书面劳动合同为由解除劳动关系、主张双倍工资差额并主张经济补偿金的，应当支持。但因《劳动法》并无规定未签订书面劳动合同可解除劳动关系并应支付经济补偿金，故计算用人单位向劳动者支付经济补偿金的年限时，应从2008年1月1日起算。

《劳动合同法》实施后、《劳动合同法实施条例》实施前，用人单位以劳动者拒绝签订劳动合同为由解除劳动合同的，用人单位应依照《劳动合同法实施条例》的规定支付经济补偿金，并自用工之日起计算工作年限。劳动者主张用人单位违法解除劳动合同要求支付赔偿金的，不予支持。

4.9【视为无固定合同的双倍工资处理】依据《劳动合同法》第十四条第三款规定，视为双方已订立无固定期限劳动合同而未签书面劳动合同的，劳动者要求依据《劳动合同法》第八十二条支付二倍工资的，不予支持。

4.10【合同届满双倍工资】劳动合同期满后，劳动者仍在原用人单位工作，超过一个月双方仍未签订劳动合同的，劳动者根据《劳动合同法》第八十二条规定要求支付二倍工资的，应予支持。

4.11【特殊身份或情形的双倍工资处理】对存在特殊身份或特殊情形的劳动者要求依据《劳动合同法》第八十二条支付二倍工资的，不予支持。但存在特殊身份或特殊情形的劳动者能举证证明用人单位拒绝与其签订劳动合同的除外。

前款所述的特殊身份或特殊情形是指：劳动者具有负责人事管理，包括应参与或负责与用人单位其他员工签订劳动合同职责等身份或情形。

4.12【佐证曾签约的两倍工资】用人单位虽不能举证劳动合同原件，但有其他证据可以佐证双方的确签订过书面劳动合同的，对劳动者要求依据《劳动合同法》第八十二条支付二倍工资的，不予支持。

4.13【非要式劳动合同的两倍工资】用人单位已经与劳动者签订如《入职须知》、《入厂职工协议书》等内容的文件，虽未冠以《劳动合同》名称，但经审查上述文件的记载内容已经具备劳动合同的基本事项，或者虽然缺少部分条款，但根据上述书面文件内容可以确定双方之间基本权利义务关系情形，可以认定双方签订的上述文件是具有建立劳动关系性质的书面协议，应视为双方已经签订书面劳动合同。

4.14【双倍工资的计算基数】双倍工资应以劳动者的应得工资（劳动报酬）作为基数计算。

7.2.7 广州市中级人民法院关于审理劳动人事争议案件若干问题的研讨会纪要（2014年）

第二十二条　用人单位与劳动者签订的劳动合同仅约定了期限、劳动报酬，不完全具备《中华人民共和国劳动合同法》第十七条规定的必备条款，可以视为双方签订了劳动合同，用人单位不需要支付劳动者未签订书面劳动合同的二倍工资。且上述有效的劳动合同条款对双方都具有约束力。

★地方性文件 · 上海市

7.2.8 上海市高级人民法院关于适用《劳动合同法》若干问题的意见（沪高法［2009］73号）

二、劳动关系双方当事人未订立书面合同的处理

劳动合同的订立和履行，应当遵循诚实信用原则。劳动者已经实际为用人单位工作，用人单位超过一个月未与劳动者订立书面合同的，是否需要双倍支付劳动者的工资，应当考虑用人单位是否履行诚实磋商的义务以及是否存在劳动者拒绝签订等情况。如用人单位已尽到诚信义务，因不可抗力、意外情况或者劳动者拒绝签订等用人单位以外的原因，造成劳动合同未签订的，不属于《中华人民共和国劳动合同法实施条例》（以下简称"《实施条例》"）第六条所称的用人单位"未与劳动者订立书面劳动合同"的情况；因用人单位原因造成未订立书面劳动合同的，用人单位应当依法向劳动者支付双倍工资；但因劳动者拒绝订立书面劳动合同并拒绝继续履行的，视为劳动者单方终止劳动合同。

7.2.9 上海市高级人民法院《劳动争议案件若干问题的解答》（民一调研［2010］34号）

一、关于双倍工资的几个问题

1. 关于双倍工资的性质

我们认为，《劳动合同法》第82条第1款规定"用人单位自用工之日起超过一个月不满一年未与劳动者订立书面劳动合同的，应向劳动者每月支付二倍的工资"，从该条规定的立法本意分析，双倍工资的性质并非完全是劳动者提供正常劳动所获得的一种劳动报酬，其超出双方约定的劳动报酬的部分是因用人单位未按法律规定与劳动者签订书面劳动合同而应承担的法定责任。

2. 关于双倍工资的时效问题

我们认为，鉴于双倍工资的上述性质，双倍工资中属于双方约定的劳动报酬的部分，劳动者申请仲裁的时效应适用《劳动争议调解仲裁法》第27条第2至第4款的规定，而对双方约定的劳动报酬以外属于法定责任的部分，劳动者申请仲裁的时效应适应《劳动争议调解仲裁法》第27条第1款至第3款的规定，即从未签订书面劳动合同的第二个月起按月分别计算仲裁时效。

3. 关于双倍工资的计算基数的确定

经研究认为，劳动关系双方对月工资有约定的，双倍工资的计算基数应按照双方约定的正常工作时间月工资来确定。双方对月工资没有约定或约定不明的，应按《劳动合同法》第18条规定来确定正常工作时间的月工资，并以确定的工资数额作为双倍工资的计算基数。

如按《劳动合同法》第 18 条规定仍无法确定正常工作时间工资数额的，可按劳动者实际获得的月收入扣除加班工资、非常规性奖金、福利性、风险性等项目后的正常工作时间月工资确定。

如月工资未明确各构成项目的，由用人单位对工资构成项目进行举证，用人单位不能举证或证据不足的，双倍工资的计算基数按照劳动者实际获得的月收入确定。

按上述原则确定的双倍工资基数均不得低于本市月最低工资标准。

4. 对于劳动者采取不当手段恶意请求支付双倍工资差额，如何处理的问题

如确有证据证明，劳动者以获取不当利益为目的，通过找替身代签等手段，致用人单位未与其本人签订真实的书面劳动合同，上述行为既违反了《劳动合同法》第 3 条关于诚实信用的原则，也不符合《劳动合同法》第 82 条第 1 款关于支付双倍工资请求权成立的构成要件之一——须用人单位主观上未与劳动者签订书面劳动合同，故对其请求用人单位支付双倍工资差额的诉请应不予支持。

5. 对于企业人力资源高管利用自身的工作或职务便利，故意造成未签订书面合同假象，如何处理的问题

对于一些企业经理、人事主管等负责企业人力资源管理的高管，通过隐匿书面劳动合同等不良手段，使用人单位无法提供已签订过的书面劳动合同，企业高管以此为由主张双倍工资差额的，我们认为，用人单位虽无法提供书面劳动合同的原件，但有其他证据证明双方已签订了书面劳动合同的，不属于《劳动合同法》第 82 条第 1 款关于用人单位未与劳动者订立书面劳动合同的情形，对其提出要求用人单位支付双倍工资差额的诉请不予支持。

★地方性文件·北京市

7.2.10 北京市高级人民法院、北京市劳动争议仲裁委员会关于劳动争议案件法律适用问题研讨会会议纪要（二）（京高法发［2014］220 号）

28.《劳动合同法》第八十二条“二倍工资”的认定与起止时间、计算方法？

（1）依据《劳动合同法》第十条、第八十二条第一款规定，用人单位自用工之日起超过一个月不满一年未与劳动者订立书面劳动合同的，自用工之日满一个月的次日起开始计算二倍工资，截止点为双方订立书面劳动合同的前一日，最长不超过十一个月。

（2）用人单位因违反《劳动合同法》第十四条第三款规定，自用工之日满一年不与劳动者订立书面劳动合同，视为用人单位与劳动者已订立无固定期限劳动合同的情况下，劳动者可以向仲裁委、法院主张确认其与用人单位之间属于无固定期限劳动合同关系。在此情况下，劳动者同时主张用人单位支付用工之日满一年后的二倍工资的不予支持。

（3）如果劳动合同期满后，劳动者仍在用人单位工作，用人单位未与劳动者订立书面劳动合同的，计算二倍工资的起算点为自劳动合同期满的次日，截止点为双方补订书面劳动合同的前一日，最长不超过十二个月。

（4）用人单位违反《劳动合同法》第十四条第二款、第八十二条第二款规定，不与劳动者订立无固定期劳动合同的，二倍工资自应订立无固定期限劳动合同之日起算，截止点为双方实际订立无固定期限劳动合同的前一日。

（5）二倍工资中属于劳动者正常工作时间劳动报酬的部分，适用《调解仲裁法》二十七条第四款的规定；增加一倍的工资属于惩罚性赔偿的部分，不属于劳动报酬，适用《调

解仲裁法》二十七条第一款的规定，即一年的仲裁时效。

二倍工资适用时效的计算方法为：在劳动者主张二倍工资时，因未签劳动合同行为处于持续状态，故时效可从其主张权利之日起向前计算一年，据此实际给付的二倍工资不超过十二个月，二倍工资按未订立劳动合同所对应时间用人单位应当正常支付的工资为标准计算。

29. 用人单位与劳动者补签劳动合同，劳动者主张未订立劳动合同二倍工资可否支持？

用人单位与劳动者建立劳动关系后，未依法自用工之日一个月内订立书面劳动合同，在劳动关系存续一定时间后，用人单位与劳动者在签订劳动合同时将日期补签到实际用工之日，视为用人单位与劳动者达成合意，劳动者主张二倍工资可不予支持，但劳动者有证据证明补签劳动合同并非其真实意思表示的除外。

用人单位与劳动者虽然补签劳动合同，但未补签到实际用工之日的，对实际用工之日与补签之日间相差的时间，依法扣除一个月订立书面劳动合同的宽限期，劳动者主张未订立劳动合同二倍工资的可以支持。

30. 存在劳动者患病或者非因工负伤在规定的医疗期内，女职工在孕期、产期、哺乳期期间等《劳动合同法》第四十二条规定的情形，劳动合同期满时，用人单位未与劳动者续订劳动合同，是否认定为未订立劳动合同而支付二倍工资？

劳动合同期满，有《劳动合同法》第四十二条规定的情形的，劳动合同应当续延至相应的情形消失时终止，故在续延期间用人单位与劳动者无须订立书面劳动合同，故不应支付二倍工资。

31. 用人单位法定代表人、高管人员、人事管理部门负责人或主管人员未与用人单位订立书面劳动合同并依据《劳动合同法》第八十二条规定向用人单位主张二倍工资的，应否支持？

用人单位法定代表人依据《劳动合同法》第八十二条规定向用人单位主张二倍工资的，一般不予支持。

用人单位高管人员依据《劳动合同法》第八十二条规定向用人单位主张二倍工资的，可予支持，但用人单位能够证明该高管人员职责范围包括管理订立劳动合同内容的除外。对有证据证明高管人员向用人单位提出签订劳动合同而被拒绝的，仍可支持高管人员的二倍工资请求。

用人单位的人事管理部门负责人或主管人员依据《劳动合同法》第八十二条规定向用人单位主张二倍工资的，如用人单位能够证明订立劳动合同属于该人事管理部门负责人的工作职责，可不予支持。有证据证明人事管理部门负责人或主管人员向用人单位提出签订劳动合同，而用人单位予以拒绝的除外。

32. 用人单位与劳动者约定劳动合同到期续延，在劳动合同到期后劳动者继续工作，并主张未签订劳动合同的二倍工资是否支持？

因用人单位与劳动者在劳动合同中已经约定劳动合同到期续延，但未约定续延期限，在劳动合同到期后，劳动者仍继续工作，双方均未提出解除或终止劳动合同时，属于双方意思表示一致续延劳动合同，可视为双方订立一份与原劳动合同内容和期限相同的合同，故劳动者主张未签订劳动合同的二倍工资不应支持。

7.2.11 北京市高级人民法院关于印发《2014年部分劳动争议法律适用疑难问题研讨会会议纪要》的通知

一、《会议纪要二》第28条第（2）项："用人单位因违反《劳动合同法》第十四条第三款规定，自用工之日满一年不与劳动者订立书面劳动合同，视为用人单位与劳动者已订立无固定期限劳动合同的情况下，劳动者可以向仲裁委、法院主张确认其与用人单位之间属于无固定期限劳动合同关系。在此情况下，劳动者同时主张用人单位支付用工之日满一年后的二倍工资的不予支持。"

问题：此时如果劳动者没有主张确认无固定期限劳动合同关系，只主张支付用工之日满一年后的二倍工资，能否支持二倍工资？

研讨意见：在视为用人单位与劳动者已订立无固定期限劳动合同的情况下，对二倍工资不予支持。

二、《会议纪要二》第28条第（4）项："用人单位违反《劳动合同法》第十四条第二款、第八十二条第二款规定，不与劳动者订立无固定期限劳动合同的，二倍工资自应订立无固定期限劳动合同之日起算，截止点为双方实际订立无固定期限劳动合同的前一日。"

问题：对未订立无固定期劳动合同的二倍工资，是否没有时间上限？如果劳动者有证据证明其一直主张权利，没有超过时效，是否一直支持未订立无固定期劳动合同的二倍工资，支持至实际订立之日？

研讨意见：1. 用人单位违反《劳动合同法》第十四条第二款、第八十二条第二款规定而不与劳动者订立无固定期限劳动合同的，法律法规对用人单位向劳动者支付二倍工资没有规定时间上限，即未签无固定期劳动合同时间与因此支付的双倍工资时间相同，而不受支付十二个月二倍工资上限限制，但适用一年的仲裁时效（如何适用见以下问题三研究意见）。

2. 如果有证据证明没有超过时效，用人单位违法不与劳动者订立无固定期劳动合同的二倍工资，自应订立无固定期限劳动合同之日起算，截止点为双方实际订立无固定期限劳动合同的前一日。

三、《会议纪要二》第28条第（5）项："二倍工资中属于劳动者正常工作时间劳动报酬的部分，适用《调解仲裁法》二十七条第四款的规定；增加一倍的工资属于惩罚性赔偿的部分，不属于劳动报酬，适用《调解仲裁法》二十七条第一款的规定，即一年的仲裁时效。"该条第二款："二倍工资适用时效的计算方法为：在劳动者主张二倍工资时，因未签劳动合同行为处于持续状态，故时效可从其主张权利之日起向前计算一年，据此实际给付的二倍工资不超过十二个月，二倍工资按未订立劳动合同所对应时间用人单位应当正常支付的工资为标准计算。"

问题：对未签订书面劳动合同、未续签书面劳动合同、未签订无固定期限劳动合同的二倍工资时效，应如何确定起算和截止时间点？是否主动适用仲裁时效？

研讨意见：1. 二倍工资仲裁时效按天起算，不再按整段起算，时效可从劳动者主张权利之日起向前计算一年，据此实际给付的二倍工资不超过十二个月。

2. 仲裁时效抗辩应由用人单位提出。

［**计算示例**］

案例一：蒋某于2012年4月15日到公司工作，双方未签订劳动合同，至2013年5月

15 日双方劳动关系终止。蒋某于 2013 年 10 月 28 日申请仲裁要求支付未签订劳动合同的二倍工资。

——注：该案是未签订劳动合同的情形。自 2012 年 5 月 15 日用工满一个月应开始支付二倍工资，到 2013 年 4 月 15 日用工满一年视为订立无固定期限劳动合同。不考虑时效问题，蒋某能主张二倍工资的时间段为 2012 年 5 月 15 日至 2013 年 4 月 14 日。如用人单位提出时效抗辩，则蒋某于 2013 年 10 月 28 日申请仲裁，往前计算一年为 2012 年 10 月 28 日。故该案二倍工资支付期间为 2012 年 10 月 28 日至 2013 年 4 月 14 日。

案例二：齐某于 2005 年 3 月 1 日入职中科公司，双方签署最后一份劳动合同到期日为 2011 年 2 月 3 日，此后未续签。2013 年 1 月 25 日，双方劳动关系解除。齐某于 2013 年 3 月 26 日申请仲裁要求公司支付未续签劳动合同的二倍工资。

——注：该案是未续签劳动合同的情形。自 2011 年 2 月 4 日开始应支付二倍工资，总计 12 个月，到 2012 年 2 月 4 日满一年起视为已订立无固定期限劳动合同。不考虑时效问题，齐某能主张二倍工资的时间段为 2011 年 2 月 4 日至 2012 年 2 月 3 日。如用人单位提出时效抗辩，则齐某于 2013 年 3 月 26 日申请仲裁，往前计算一年为 2012 年 3 月 26 日。故该案中，齐某的二倍工资主张已过时效，不予支持。

案例三：陈某 1996 年 5 月 10 日起到公司工作，双方书面劳动合同期限至 2008 年 11 月 15 日。2008 年 10 月 14 日陈某以连续工作 12 年为由要求与公司签订无固定期限劳动合同，公司拒绝，公司一直未与陈某签订无固定期限劳动合同。2011 年 3 月 23 日，陈某申请仲裁要求公司支付未签订无固定期限劳动合同的二倍工资。

——注：该案是未签订无固定期限劳动合同的情形。根据《会议纪要二》第 28 条第（4）项，二倍工资自应订立无固定期限劳动合同之日起算，截止点为双方实际订立无固定期限劳动合同的前一日。不考虑时效问题，陈某可以主张二倍工资自 2008 年 11 月 16 日至双方实际订立无固定期限劳动合同的前一日。但如果用人单位提出时效抗辩，且陈某不能证明时效存在中止、中断情形的，陈某于 2011 年 3 月 23 日申请仲裁，往前计算一年为 2010 年 3 月 23 日，那么，陈某主张的 2010 年 3 月 23 日之前的二倍工资就过了仲裁时效期间，不予支持。

7.2.12 北京市高级人民法院与北京市劳动人事争议仲裁委员会关于审理劳动争议案件法律适用问题的解答（2017 年 4 月）

15. 劳动者与用人单位实际建立了全日制劳动关系，但双方订立的是非全日制劳动合同，用人单位是否需要向劳动者支付未订立劳动合同二倍工资差额？

劳动者已经与用人单位订立合同的情况下，劳动者主张未订立劳动合同二倍工资差额不予支持。在审理中注意全日制劳动关系与非全日制劳动关系的区分，充分保障劳动者实际权利。

第八章 

劳动仲裁及诉讼相关

导读：本章节主要收录劳动仲裁及劳动争议诉讼相关的条文，并按照用工当中的热点，进行分类，主要分为案件的受理及当事人、举证、仲裁与法院相关，现简要如下：

关于案件的受理及当事人部分：主要收录了如何认定用人单位、确定责任主体的问题，其中核心的部分为社会保险的缴纳、补缴等问题，能否立案受理，本章在目录号为8.1.5、8.1.11、8.1.13等条文中均有收录。

关于举证部分：因举证责任是劳动争议中争议焦点，且在实践中，劳动者以及用人单位往往认为，举证责任应当交由用人单位，但在实际上，法律、法规、地方性文件均对此进行了不同类别的区分，为此，笔者在本章节中，特别独立出来，方便读者根据自身情况，判决举证责任的分配，另外，在参考案例部分，亦收录了相关案例，可供读者参考。

关于仲裁与法院相关部分：主要涉及了劳动仲裁裁决过后与法院如何衔接的问题，重点为一裁终局的认定，另外亦包含了增加请求或承认请求的规定，比如惠州市颁布的会议纪要中规定，若劳动仲裁后，未提起民事诉讼的，未提起一方则视为对仲裁裁决的认可。

最后，就本章节收录的条文，笔者已编制了相应的目录及表格，对关键性事项进行简要性列举，方便读者有基本的了解。

目　录

<table>
<tr><th colspan="2">第八章　劳动仲裁及诉讼相关</th></tr>
<tr><td rowspan="5">劳动争议
案件的受理</td><td>1. 下列纠纷不属于劳动争议：（1）劳动者请求社会保险经办机构发放社会保险金的纠纷；（2）劳动者与用人单位因住房制度改革产生的公有住房转让纠纷；（3）劳动者对劳动能力鉴定委员会的伤残等级鉴定结论或者对职业病诊断鉴定委员会的职业病诊断鉴定结论的异议纠纷；（4）家庭或者个人与家政服务人员之间的纠纷；（5）个体工匠与帮工、学徒之间的纠纷；（6）农村承包经营户与受雇人之间的纠纷[8.1.4]；</td></tr>
<tr><td>2. 人民法院受理劳动争议案件后，当事人增加诉讼请求的，如该诉讼请求与讼争的劳动争议具有不可分性，应当合并审理；如属独立的劳动争议，应当告知当事人向劳动争议仲裁委员会申请仲裁[8.4.8]；</td></tr>
<tr><td>3. 征缴社会保险费属于社会保险费征缴部门的法定职责，不属于人民法院受理民事案件的范围[8.1.6]；</td></tr>
<tr><td>4. 劳动者以用人单位的工资欠条为证据直接向人民法院起诉，诉讼请求不涉及劳动关系其他争议的，视为拖欠劳动报酬争议，按照普通民事纠纷受理[8.1.7]；</td></tr>
<tr><td>5. 劳动人事争议仲裁委员会作出的调解书已经发生法律效力，一方当事人反悔提起诉讼的，人民法院不予受理；已经受理的，裁定驳回起诉[8.1.5]。</td></tr>
<tr><td rowspan="5">劳动仲裁及诉讼参与人</td><td>1. 劳务派遣单位或者用工单位与劳动者发生劳动争议的，劳务派遣单位和用工单位为共同当事人[8.2.1]；</td></tr>
<tr><td>2. 劳动者与起有字号的个体工商户产生的劳动争议诉讼，人民法院应当以营业执照上登记的字号为当事人，但应同时注明该字号业主的自然情况[8.2.3]；</td></tr>
<tr><td>3. 用人单位与其它单位合并的，合并前发生的劳动争议，由合并后的单位为当事人；用人单位分立为若干单位的，其分立前发生的劳动争议，由分立后的实际用人单位为当事人。用人单位分立为若干单位后，对承受劳动权利义务的单位不明确的，分立后的单位均为当事人[8.2.2]；</td></tr>
<tr><td>4. 劳动者与未办理营业执照、营业执照被吊销或者营业期限届满仍继续经营的用人单位发生争议的，应当将用人单位或者其出资人列为当事人；上述用人单位是以挂靠等方式借用他人营业执照经营的，应当将用人单位和营业执照出借方列为当事人[8.2.4]；</td></tr>
<tr><td>5. 申请仲裁时用人单位已不具备用工主体资格（注销、吊销营业执照、责令关闭等情形）的，劳动者与其发生用工争议的，可以将原用人单位、出资人、开办单位或主管部门列为当事人[8.2.8]。</td></tr>
</table>

续表

举证责任	1. 发生劳动争议，当事人对自己提出的主张，有责任提供证据。与争议事项有关的证据属于用人单位掌握管理的，用人单位应当提供；用人单位不提供的，应当承担不利后果[8.3.1]；
	2. 因用人单位作出的开除、除名、辞退、解除劳动合同、减少劳动报酬、计算劳动者工作年限等决定而发生的劳动争议，用人单位负举证责任[8.3.3]；
	3. 用人单位未与劳动者签订劳动合同，认定双方存在劳动关系时，用人单位对以下事项承担举证责任：（1）工资支付凭证或记录（职工工资发放花名册）、缴纳各项社会保险费的记录；（2）劳动者填写的用人单位招工招聘"登记表"、"报名表"等招用记录；（3）考勤记录[8.3.9]；
	4. 劳动者追索两年前的加班工资，原则上由劳动者举证，如超过两年部分的加班工资数额确实无法查证的，对超过两年部分的加班工资一般不予保护[8.3.6]；
	5. 劳动者与用人单位约定业务提成在业务款回收后才支付，且业务款回收由劳动者经手的，劳动者应对业务款回收的事实负举证责任[8.3.8]。
劳动仲裁与法院相连	1. 劳动争议仲裁委员会作出仲裁裁决后，当事人对裁决中的部分事项不服，依法向人民法院起诉的，劳动争议仲裁裁决不发生法律效力[8.4.2]；
	2. 劳动人事争议仲裁委员会作出的同一仲裁裁决同时包含终局裁决事项和非终局裁决事项，当事人不服该仲裁裁决向人民法院提起诉讼的，应按照非终局裁决处理[8.4.3]；
	3. 劳动仲裁机构就当事人的请求作出某一具体裁项后，当事人未就该具体裁项依法起诉，一般应视为认可该裁项[8.4.8]；
	4.《最高院关于审理劳动争议案件适用法律若干问题的解释》第六条规定："人民法院受理劳动争议案件后，当事人增加诉讼请求的，如该诉讼请求与讼争的劳动争议具有不可分性，应当合并审理。"该条款中的"不可分性"是指增加的诉讼请求与仲裁的事项是基于同一事实而产生的，相互之间具有依附性和相关性[8.4.8]。
一裁终局	1. 一裁终局的类型：（1）追索劳动报酬、工伤医疗费、经济补偿或者赔偿金，每项确定的数额均不超过当地月最低工资标准十二个月金额的争议；（2）因执行国家的劳动标准在工作时间、休息休假、社会保险等方面发生的争议[8.5.1]；
	2. 劳动人事争议仲裁委员会作出终局裁决，劳动者向人民法院申请执行，用人单位向劳动人事争议仲裁委员会所在地的中级人民法院申请撤销的，人民法院应当裁定中止执行[8.5.3]；

续表

	3. 代通知金或二倍工资的，属于一裁终局案件处理[8.5.6]；
	4. 劳动者请求用人单位支付工伤保险待遇，属于一裁终局裁决范围[8.5.6]。
小额诉讼	1. 劳动关系清楚，仅在劳动报酬、工伤医疗费、经济补偿金或者赔偿金给付数额、时间、方式上存在争议的劳动合同纠纷，适用小额诉讼[8.5.2]；
	2. 劳务关系清楚，仅在劳务报酬的给付数额、时间、方式上存在争议的劳务合同纠纷，适用小额诉讼[8.5.2]。
时间及期限	1. 劳动争议申请仲裁的时效期间为一年。仲裁时效期间从当事人知道或者应当知道其权利被侵害之日起计算[8.6.1]；
	2. 仲裁庭裁决劳动争议案件，应当自劳动争议仲裁委员会受理仲裁申请之日起四十五日内结束。案情复杂需要延期的，经劳动争议仲裁委员会主任批准，可以延期并书面通知当事人，但是延长期限不得超过十五日[8.6.1]；
	3.《劳动争议调解仲裁法》中规定的“三日”“五日”，均指工作日[8.6.5]。
财产保全	1. 因支付拖欠劳动报酬、工伤医疗费、经济补偿或者赔偿金事项达成调解协议，用人单位在协议约定期限内不履行的，劳动者可以持调解协议书依法向人民法院申请支付令[8.7.1]；
	2. 用人单位拖欠或者未足额支付劳动报酬的，劳动者可以依法向当地人民法院申请支付令[8.7.2]；
	3. 在诉讼过程中，劳动者向人民法院申请采取财产保全措施，人民法院经审查认为申请人经济确有困难，或有证据证明用人单位存在欠薪逃匿可能的，应当减轻或者免除劳动者提供担保的义务，及时采取保全措施[8.7.3]；
	4. 人民法院在审理劳动争议案件期间，有证据证明用人单位持续、大量拖欠劳动者工资，且准备或正在对资产进行藏匿、转移或变卖的，人民法院可依职权及时对用人单位的相应财产采取保全措施[8.7.5]。
执行	1. 仲裁庭对追索劳动报酬、工伤医疗费、经济补偿或者赔偿金的案件，根据当事人的申请，可以裁决先予执行，移送人民法院执行。仲裁庭裁决先予执行的，应符合下列条件：（1）当事人之间权利义务关系明确；（2）不先予执行将严重影响申请人的生活。劳动者申请先予执行的，可以不提供担保[8.7.1]；
	2. 对于劳动者申请强制执行的劳动争议案件，人民法院可以不受执行立案顺序的限制，优先予以执行[8.7.3]；

续表

	3. 用人单位财产不足以清偿所有债务的，应优先以用人单位财产清偿劳动者的工资债权。为保护劳动者的基本生存权和维护社会稳定，劳动者工资债权还可优先于担保物权和其他优先受偿权得到清偿[8.7.3]；
	4. 企业持续、大量拖欠劳动者工资，但企业有可供执行的土地使用权、厂房、机器设备等实物资产的，人民法院在执行拍卖过程中可要求拍卖人垫付该企业所拖欠的劳动者的工资后，再从拍卖企业财产所得款项中抵扣垫付的数额[8.7.3]。

8.1 劳动争议案件的受理

★ 法律

8.1.1 中华人民共和国劳动争议调解仲裁法（主席令第80号　2008年5月起施行）

第二十一条　劳动争议仲裁委员会负责管辖本区域内发生的劳动争议。

劳动争议由劳动合同履行地或者用人单位所在地的劳动争议仲裁委员会管辖。双方当事人分别向劳动合同履行地和用人单位所在地的劳动争议仲裁委员会申请仲裁的，由劳动合同履行地的劳动争议仲裁委员会管辖。

第二十六条　劳动争议仲裁公开进行，但当事人协议不公开进行或者涉及国家秘密、商业秘密和个人隐私的除外。

第二十九条　劳动争议仲裁委员会收到仲裁申请之日起五日内，认为符合受理条件的，应当受理，并通知申请人；认为不符合受理条件的，应当书面通知申请人不予受理，并说明理由。对劳动争议仲裁委员会不予受理或者逾期未作出决定的，申请人可以就该劳动争议事项向人民法院提起诉讼。

第三十条　劳动争议仲裁委员会受理仲裁申请后，应当在五日内将仲裁申请书副本送达被申请人。

被申请人收到仲裁申请书副本后，应当在十日内向劳动争议仲裁委员会提交答辩书。劳动争议仲裁委员会收到答辩书后，应当在五日内将答辩书副本送达申请人。被申请人未提交答辩书的，不影响仲裁程序的进行。

★ 行政法规/部门规章/司法解释

8.1.2 劳动部办公厅关于已撤诉的劳动争议案件劳动争议仲裁委员会是否可以再受理的复函（劳办发［1997］61号）

河北省劳动厅：

你厅《关于已按撤诉处理和申诉人申请撤诉的劳动争议案件是否可以再立案的请示》（冀劳办［1997］146号）收悉，经研究并与最高人民法院协商一致，现答复如下：

根据《中华人民共和国民事诉讼法》第一百一十一条第五项关于“对判决、裁定已发生法律效力的案件，当事人又起诉的，告知原告按申诉处理，但人民法院准许撤诉的裁定除外”的规定，最高人民法院在《关于适用〈中华人民共和国民事诉讼法〉若干问题的意见》（法发［1992］22号）第一百四十四条明确规定：“当事人撤诉或人民法院按撤诉处理后，当事人以同一诉讼请求再次起诉的，人民法院应予受理。”据上述规定精神，当事人撤诉或者劳动争议仲裁委员会按撤诉处理的案件，如当事人就同一仲裁请求再次申请仲裁，只要符合受理条件，劳动争议仲裁委员会应当再次立案审理，申请仲裁时效期间从撤诉之日起重新开始计算。

一九九七年七月八日

8.1.3 最高院关于审理劳动争议案件适用法律若干问题的解释（法释［2001］14号）

第一条　劳动者与用人单位之间发生的下列纠纷，属于《劳动法》第二条规定的劳动争议，当事人不服劳动争议仲裁委员会作出的裁决，依法向人民法院起诉的，人民法院应当受理：

（一）劳动者与用人单位在履行劳动合同过程中发生的纠纷；

（二）劳动者与用人单位之间没有订立书面劳动合同，但已形成劳动关系后发生的纠纷；

（三）劳动者退休后，与尚未参加社会保险统筹的原用人单位因追索养老金、医疗费、工伤保险待遇和其他社会保险费而发生的纠纷。

第二条 劳动争议仲裁委员会以当事人申请仲裁的事项不属于劳动争议为由，作出不予受理的书面裁决、决定或者通知，当事人不服，依法向人民法院起诉的，人民法院应当分别情况予以处理：

（一）属于劳动争议案件的，应当受理；

（二）虽不属于劳动争议案件，但属于人民法院主管的其他案件，应当依法受理。

第三条 劳动争议仲裁委员会根据《劳动法》第八十二条之规定，以当事人的仲裁申请超过六十日期限为由，作出不予受理的书面裁决、决定或者通知，当事人不服，依法向人民法院起诉的，人民法院应当受理；对确已超过仲裁申请期限，又无不可抗力或者其他正当理由的，依法驳回其诉讼请求。

【法条延伸】

广东省高级人民法院关于印发《广东省高级人民法院关于审理劳动争议案件若干问题的指导意见》的通知 粤高法发［2002］21号第十条《最高人民法院关于审理劳动争议案件适用法律若干问题的解释》第三条中的“其他正当理由”包括下列情形：（一）发生劳动者生病住院治疗等意外情况的；（二）劳动者与用人单位对劳动争议进行协商或曾达成和解的；（三）人民法院认为可以认定的其他合理情形。

第四条 劳动争议仲裁委员会以申请仲裁的主体不适格为由，作出不予受理的书面裁决、决定或者通知，当事人不服，依法向人民法院起诉的，经审查，确属主体不适格的，裁定不予受理或者驳回起诉。

第五条 劳动争议仲裁委员会为纠正原仲裁裁决错误重新作出裁决，当事人不服，依法向人民法院起诉的，人民法院应当受理。

第六条 人民法院受理劳动争议案件后，当事人增加诉讼请求的，如该诉讼请求与讼争的劳动争议具有不可分性，应当合并审理；如属独立的劳动争议，应当告知当事人向劳动争议仲裁委员会申请仲裁。

第七条 劳动争议仲裁委员会仲裁的事项不属于人民法院受理的案件范围，当事人不服，依法向人民法院起诉的，裁定不予受理或者驳回起诉。

第八条 劳动争议案件由用人单位所在地或者劳动合同履行地的基层人民法院管辖。

劳动合同履行地不明确的，由用人单位所在地的基层人民法院管辖。

第九条 当事人双方不服劳动争议仲裁委员会作出的同一仲裁裁决，均向同一人民法院起诉的，先起诉的一方当事人为原告，但对双方的诉讼请求，人民法院应当一并作出裁决。

当事人双方就同一仲裁裁决分别向有管辖权的人民法院起诉的，后受理的人民法院应当将案件移送给先受理的人民法院。

8.1.4 最高人民法院关于审理劳动争议案件适用法律若干问题的解释（二）（法释［2006］6号）

第三条 劳动者以用人单位的工资欠条为证据直接向人民法院起诉，诉讼请求不涉及劳动关系其他争议的，视为拖欠劳动报酬争议，按照普通民事纠纷受理。

第四条 用人单位和劳动者因劳动关系是否已经解除或者终止，以及应否支付解除或终止劳动关系经济补偿金产生的争议，经劳动争议仲裁委员会仲裁后，当事人依法起诉的，人民法院应予受理。

第五条 劳动者与用人单位解除或者终止劳动关系后，请求用人单位返还其收取的劳动合同定金、保证金、抵押金、抵押物产生的争议，或者办理劳动者的人事档案、社会保险关系等移转手续产生的争议，经劳动争议仲裁委员会仲裁后，当事人依法起诉的，人民法院应予受理。

第六条 劳动者因为工伤、职业病，请求用人单位依法承担给予工伤保险待遇的争议，经劳动争议仲裁委员会仲裁后，当事人依法起诉的，人民法院应予受理。

第七条 下列纠纷不属于劳动争议：

（一）劳动者请求社会保险经办机构发放社会保险金的纠纷；

（二）劳动者与用人单位因住房制度改革产生的公有住房转让纠纷；

（三）劳动者对劳动能力鉴定委员会的伤残等级鉴定结论或者对职业病诊断鉴定委员会的职业病诊断鉴定结论的异议纠纷；

（四）家庭或者个人与家政服务人员之间的纠纷；

（五）个体工匠与帮工、学徒之间的纠纷；

（六）农村承包经营户与受雇人之间的纠纷。

第八条 当事人不服劳动争议仲裁委员会作出的预先支付劳动者部分工资或者医疗费用的裁决，向人民法院起诉的，人民法院不予受理。

用人单位不履行上述裁决中的给付义务，劳动者依法向人民法院申请强制执行的，人民法院应予受理。

8.1.5 最高人民法院关于审理劳动争议案件适用法律若干问题的解释（三）（法释［2010］12号）

第一条 劳动者以用人单位未为其办理社会保险手续，且社会保险经办机构不能补办导致其无法享受社会保险待遇为由，要求用人单位赔偿损失而发生争议的，人民法院应予受理。

第二条 因企业自主进行改制引发的争议，人民法院应予受理。

第三条 劳动者依据劳动合同法第八十五条规定，向人民法院提起诉讼，要求用人单位支付加付赔偿金的，人民法院应予受理。

第十一条 劳动人事争议仲裁委员会作出的调解书已经发生法律效力，一方当事人反悔提起诉讼的，人民法院不予受理；已经受理的，裁定驳回起诉。

第十二条 劳动人事争议仲裁委员会逾期未作出受理决定或仲裁裁决，当事人直接提起诉讼的，人民法院应予受理，但申请仲裁的案件存在下列事由的除外：

（一）移送管辖的；

（二）正在送达或送达延误的；

（三）等待另案诉讼结果、评残结论的；

（四）正在等待劳动人事争议仲裁委员会开庭的；

（五）启动鉴定程序或者委托其他部门调查取证的；

（六）其他正当事由。

第十五条 劳动者依据调解仲裁法第四十八条规定向基层人民法院提起诉讼，用人单位依据调解仲裁法第四十九条规定向劳动人事争议仲裁委员会所在地的中级人民法院申请撤销仲裁裁决的，中级人民法院应不予受理；已经受理的，应当裁定驳回申请。

被人民法院驳回起诉或者劳动者撤诉的，用人单位可以自收到裁定书之日起三十日内，向劳动人事争议仲裁委员会所在地的中级人民法院申请撤销仲裁裁决。

第十七条 劳动者依据劳动合同法第三十条第二款和调解仲裁法第十六条规定向人民法院申请支付令，符合民事诉讼法第十七章督促程序规定的，人民法院应予受理。

依据劳动合同法第三十条第二款规定申请支付令被人民法院裁定终结督促程序后，劳动者就劳动争议事项直接向人民法院起诉的，人民法院应当告知其先向劳动人事争议仲裁委员会申请仲裁。

依据调解仲裁法第十六条规定申请支付令被人民法院裁定终结督促程序后，劳动者依据调解协议直接向人民法院提起诉讼的，人民法院应予受理。

8.1.6 最高人民法院研究室关于王某与某公司劳动争议纠纷申请再审一案适用法律问题的答复（法研［2011］31号 2011年3月9日）

甘肃省高级人民法院：

你院［2010］甘民申字第416号《关于王某与某公司劳动争议纠纷申请再审一案适用法律问题的请示》收悉。经研究，答复如下：

原则同意你院审委会的第一种意见，即根据《中华人民共和国劳动法》《社会保险费征缴暂行条例》的有关规定，征缴社会保险费属于社会保险费征缴部门的法定职责，不属于人民法院受理民事案件的范围。另，建议你院可结合本案向有关社会保险费征缴部门发出司法建议，建议其针对当前用人单位与劳动者之间因社会保险引发争议所涉及的保险费征缴问题，加强调查研究，妥善处理类似问题，依法保护有关当事人的合法权益。

8.1.7 最高人民法院关于审理劳动争议案件适用法律若干问题的解释（四）（法释［2013］4号）

第一条 劳动人事争议仲裁委员会以无管辖权为由对劳动争议案件不予受理，当事人提起诉讼的，人民法院按照以下情形分别处理：

（一）经审查认为该劳动人事争议仲裁委员会对案件确无管辖权的，应当告知当事人向有管辖权的劳动人事争议仲裁委员会申请仲裁；

（二）经审查认为该劳动人事争议仲裁委员会有管辖权的，应当告知当事人申请仲裁，并将审查意见书面通知该劳动人事争议仲裁委员会，劳动人事争议仲裁委员会仍不受理，当事人就该劳动争议事项提起诉讼的，应予受理。

8.1.8 第八次全国法院民事商事审判工作会议（民事部分）纪要（2016年）

第二十六条 劳动人事仲裁机构作出仲裁裁决，当事人在法定期限内未提起诉讼但再次申请仲裁，劳动人事仲裁机构作出不予受理裁决、决定或通知，当事人不服提起诉讼，经审查认为前后两次申请仲裁事项属于不同事项的，人民法院予以受理；经审查认为属于同一事项的，人民法院不予受理，已经受理的裁定驳回起诉。

★ 地方性文件·广东省

8.1.9 广东省部分法院审理劳动争议案件工作座谈会综述（粤高法发［1999］55号）

第一条 劳动争议案件的确认

准确判定劳动争议案件，是人民法院审理劳动争议案件的前提。与会者认为，构成劳动争议案件应具备以下三个条件：一是争议的主体必须适格，即符合《劳动法》第二条规定的主体范围。境外企业，国家机关的公务人员、法官、检察官等人员，雇请帮工帮助劳务的个人，均不属劳动法调整的范围，因此，不能成为劳动争议案件的主体；二是争议的主体之间必须存在劳动关系。劳动关系包括有书面的劳动合同和没有签订书面协议的口头合同两种情形所形成的劳动关系。企业与职工没有签订书面劳动合同，劳动合同期满后没有重新签订劳动合同而仍留在企业单位工作，构成事实劳动关系的，发生的争议仍属劳动争议，不能以双方没有书面合同为由认定不属劳动争议案件；三是争议的内容和事项必须是劳动法及其法规调整的范围。根据《劳动法》和《中华人民共和国劳动争议处理条例》等法律、法规的规定，主要是指因企业开除、除名。

辞退职工和职工辞职、自动离职发生的争议，因执行国家有关工资、保险、福利、培训、劳动保护的规定发生的争议，因履行劳动合同（包括执行、变更、解除、终止）发生的争议，等等。

第二条 劳动争议案件的管辖

由于劳动争议案件实行“先裁后审”的原则，人民法院的审理与劳动仲裁机构的裁决存在前置关系，因此，与会者认为，为方便人民法院与劳动仲裁机构工作上的联系，劳动争议案件一般应由劳动仲裁委员会所在地人民法院管辖。

8.1.10 广东省高级人民法院关于叶金娣等十六名职工因下岗对经济补偿问题发生纠纷应否受理的复函（粤高法立［2001］39号）

河源市中级人民法院：

你院《关于叶金娣等十六名职工因下岗对经济补偿问题发生纠纷应否受理的请示》收悉。本院经研究答复如下：

本院同意你院多数人的意见，即对职工因下岗对经济补偿问题发生争议，应当由政府有关部门按照企业改制的政策规定统筹解决，不属于劳动争议，不应以民事案件立案审理。对正在起诉的，应通知起诉人该争议不属法院民事案件受理范围，劝其撤回起诉，由政府有关部门进行统筹解决；若起诉人坚持起诉的，应依法裁定不予受理；对已受理的，应裁定驳回起诉。

8.1.11 广东省高级人民法院关于印发《广东省高级人民法院关于审理劳动争议案件若干问题的指导意见》的通知（粤高法发［2002］21号）

第一条 政府有关部门主导的国有企业改制，因企业职工下岗、整体拖欠职工工资引发的纠纷，应由政府有关部门按照企业改制的政策规定统筹解决，人民法院不予受理。

第二条　劳动者与用人单位因住房公积金发生的纠纷，不属于《劳动法》第二条规定的劳动争议，但双方当事人在劳动合同中有约定的除外。

第三条　当事人已签收劳动争议仲裁委员会对劳动争议作出的调解书，事后反悔向人民法院起诉的，人民法院应裁定不予受理；已受理的，应裁定驳回起诉。但裁定书应说明调解书已生效。

第四条　当事人为减少劳动争议的处理环节，将具有给付内容的劳动争议案件改变案由向人民法院直接起诉，如劳动报酬纠纷改成债务纠纷，工伤事故纠纷改成损害赔偿纠纷，人民法院应依据《劳动法》第七十九条的规定不予受理，告知当事人先向劳动争议仲裁委员会申请仲裁。

劳动者与用人单位对双方的劳动争议达成了明确的赔偿或补偿协议，后因款项的支付发生纠纷的，劳动者以债务纠纷向人民法院起诉的，人民法院可以受理。

第五条　社会保险部门已对劳动者的工伤待遇作出处理，当事人又向人民法院提起民事诉讼的，人民法院应裁定不予受理。

第六条　未经工商登记的企业与其所雇用的人员因用工关系发生纠纷，出资人属于《劳动法》第二条规定的用人单位的，该纠纷应作为劳动争议案件处理。

第七条　劳动者未履行劳动合同中约定的保守商业秘密的义务，造成用人单位商业秘密被侵害而发生的纠纷，可以按劳动争议案件处理。

第八条　当事人不服劳动争议仲裁委员会以当事人的仲裁申请超过60日期限、申请仲裁事项不属于劳动争议或申请仲裁主体不适格为由作出不予受理的书面裁决、决定或通知，向人民法院提起诉讼的，人民法院应当受理。对确因不可抗力或者其他正当理由延误申请仲裁、申请仲裁事项确属劳动争议、申请仲裁主体适格的，人民法院应当对案件进行实体处理。

劳动争议仲裁委员会以其他理由作出不予受理的书面裁决、决定或通知，当事人不服向人民法院提起诉讼的，人民法院不予受理。

第九条　当事人不服劳动争议仲裁委员会以当事人申请仲裁超过60日期限、申请事项不属于劳动争议或申请仲裁主体不适格为由作出的不予受理的决定或通知，应当自收到通知或决定书之日起15日内向人民法院起诉。当事人逾期向人民法院起诉的，可比照《劳动法》第八十三条的规定，裁定不予受理。

第十条　《最高人民法院关于审理劳动争议案件适用法律若干问题的解释》第三条中的“其他正当理由”包括下列情形：

（一）发生劳动者生病住院治疗等意外情况的；

（二）劳动者与用人单位对劳动争议进行协商或曾达成和解的；

（三）人民法院认为可以认定的其他合理情形。

第十一条　《劳动法》第八十二条规定的“劳动争议发生之日起”，应作如下理解：

劳动者请求用人单位补缴社会保险费的，应从劳动者知道或应当知道用人单位没有为其缴纳社会保险费之日起算。

劳动者请求用人单位承担工伤待遇的，应从其治疗终结之日或伤残等级评定之日起算。

劳动者请求用人单位支付拖欠的工资的，应从劳动争议纠纷发生之日起算。

劳动者请求用人单位返还订立劳动合同时收取的定金、保证金或抵押金（物）的，应从劳动关系终止之日起算。

8.1.12 广东省高级人民法院关于劳动者向人民法院起诉要求用人单位为其补缴社会保险费，人民法院应否受理及相关问题的批复（粤高法民一复字［2004］2号 2004年3月10日）

茂名市中级人民法院：

你院茂中法民请字［2003］1号请示收悉。经研究，答复如下：

一、根据《社会保险费征缴暂行条例》第二十三条、第二十七条以及《广东省社会养老保险条例》第三十五条、第三十六条的规定，征缴社会保险费属于社会保险部门的职责，社会保险部门征缴不到的，可依法申请人民法院强制执行。对于劳动者起诉要用人单位补缴社会保险费的，人民法院应告知其向社会保险部门申请处理。但是，劳动者退休后，与尚未参加社会保险统筹的原用人单位追索养老金、医疗费、工伤待遇等发生纠纷的，人民法院应当作为劳动争议案件受理。

二、劳动者达到法定退休年龄，用人单位未为其办理退休手续，劳动者继续在用人单位工作的，该劳动者仍属用人单位职工，与其他劳动者享有同等待遇。劳动者被用人单位裁减的，用人单位应依据劳动部《违反和解除劳动合同的经济补偿办法》的规定，向劳动者支付经济补偿金和额外经济补偿。

8.1.13 广东省高级人民法院关于对长期离岗的国有、集体企业职工与所在企业的劳动纠纷案件人民法院不予受理的批复（［2005］粤高法立复字第35号）

汕头市中级人民法院：

你院汕中法［2005］80号《关于处理当前汕头市国有、集体企业涉及历史遗留问题劳动纠纷案件的请示》收悉。经研究，答复如下：

企业职工因长期离岗而被所在企业解除劳动关系，现因企业改制引致纠纷，这属于政府有关部门主导的企业改制和劳动制度改革中出现的特殊现象，不是履行劳动合同中的问题，宜由政府协调有关部门统筹解决。同意你院请示的处理意见，人民法院对此类案件不应作为劳动争议案件受理。鉴于此类纠纷属于群体性纠纷，涉及人数众多，影响面广，你院应积极配合当地党委、政府，做好当事人的教育引导工作，尽力缓解矛盾，防止把群体性纠纷引向诉讼。

8.1.14 广东省高级人民法院、广东省劳动争议仲裁委员会关于适用《劳动争议调解仲裁法》《劳动合同法》若干问题的指导意见（粤高法发［2008］13号）

第二条　下列争议，应作为劳动争议处理：

（一）劳动者与用人单位因养老保险缴费年限发生的争议；

（二）劳动者以用人单位未为其缴纳社会保险费导致其损失为由，要求用人单位支付工伤、失业、生育、医疗待遇和赔偿金的；

（三）劳动者以用人单位降低其缴纳社会保险费的工资标准导致其损失为由，要求用人单位承担工伤待遇损失的。

第三条　劳动者与用人单位因住房公积金产生的争议，不作劳动争议处理。

第四条　人民法院受理破产申请后，劳动者对管理人列出的工资、经济补偿金、医疗费用等劳动债权清单提出异议，管理人不予更正，劳动者可以直接向受理破产申请的人民法院起诉。受理破产申请的法院是中级法院的，中级法院可以指定基层人民法院审理上述案件。

第六条　当事人以劳动争议仲裁委员会逾期未作出受理决定而直接向人民法院提起诉讼的，劳动者应向人民法院提交劳动争议仲裁委员会出具的已接受其申请材料的凭证及尚未受理的证明。

当事人以劳动争议仲裁委员会逾期未作出仲裁裁决而直接向人民法院提起诉讼的，人民法院经审查确实不存在鉴定、延误送达、移送管辖、案件排期及等待工伤复议、诉讼、评残结论等中止事由的，应予以受理。人民法院在审查时可以要求劳动者提供劳动争议仲裁委员会出具的《受理通知书》及尚未裁决的证明。

人民法院决定受理劳动者申请的，应在受理之日起五日内书面通知劳动争议仲裁委员会终结有关案件的仲裁。

8.1.15 广东省高级人民法院、广东省劳动人事争议仲裁委员会关于印发《广东省高级人民法院广东省劳动人事争议仲裁委员会关于审理劳动人事争议案件若干问题的座谈会纪要》的通知（粤高法［2012］284号）

第十二条　下列争议，作为劳动争议处理：

（1）劳动者与用人单位因应休未休年休假额外支付的工资产生的争议；

（2）劳动者与用人单位因发放高温津贴产生的争议；

（3）劳动者与不具备合法经营资格的用人单位因用工关系产生的争议。

第四十条　劳动人事仲裁机构以当事人的仲裁申请超过法定时效期间为由作出不予受理的决定，当事人不服该决定而向人民法院起诉的，人民法院应当对当事人的仲裁申请是否超过法定时效期间进行审查。

当事人在仲裁阶段未提出超过仲裁申请期间的抗辩，劳动人事仲裁机构对此进行了实体性裁决，应视为当事人在仲裁阶段放弃了申请仲裁期限的程序性抗辩权利。当事人在诉讼阶段以此为由进行抗辩的，人民法院不予支持。

8.1.16 惠州市中级人民法院、惠州市劳动人事争议仲裁委员会关于审理劳动争议案件若干问题的会议纪要（试行）（2012年）

第一条　【办理退休手续的处理】劳动者请求用人单位为其办理退休手续，不属于劳动争议案件，不予受理。告知劳动者通过劳动行政部门解决。

第二条　【持《合作协议》或《承包协议》请求确认劳动关系是否受理】用人单位与劳动者签订《合作协议》、《承包协议》等而未签订劳动合同的，劳动者持《合作协议》或《承包协议》要求确认劳动关系，可依法向劳动仲裁机构申请仲裁。

《合作协议》或《承包协议》的内容具有《劳动合同法》第十七条规定的主要条款的，根据协议的实际履行情况，可以认定双方存在劳动合同关系。否则，可由当事人持《合作协议》或《承包协议》直接向人民法院起诉。

8.1.17 深圳市中级人民法院关于审理劳动争议案件的裁判指引（2015年）

第一条　政府有关部门主导的国有企业改制，因企业职工下岗、整体拖欠职工工资引发的纠纷，应由政府有关部门按照企业改制的政策规定统筹解决，人民法院不予受理。

第二条 劳动者与用人单位因住房公积金发生的争议，不作劳动争议处理。

第三条 劳动者依据《人口与计划生育法》第二十七条、《广东省人口与计划生育条例》第三十八条、第三十九条，要求用人单位按月支付的独生子女保健费和奖励金以及在退休时一次性支付的上年度职工平均工资的30%待遇而产生的争议，不作劳动争议处理。

第四条 筹办单位发起人是自然人，筹办未成功的，在筹办期间发生的争议不作为劳动争议处理。

第五条 职工履行职务在单位借款挂账发生的纠纷，一方以劳动争议或以其他理由向人民法院起诉的，裁定不予受理；已受理的，裁定驳回起诉。

第六条 当事人已签收劳动争议仲裁委员会对劳动争议作出的调解书，事后反悔向人民法院起诉的，人民法院应裁定不予受理；已受理的，应裁定驳回起诉。但裁定书应说明调解书已生效，双方按原调解书执行。

第七条 因订立或履行企业年金方案发生的争议，根据《企业年金试行办法》的规定，按国家有关集体合同争议处理规定执行。

第八条 当事人为减少劳动争议的处理环节，将具有给付内容的劳动争议案件改变案由向人民法院直接起诉，如劳动报酬纠纷改为债务纠纷，工伤事故纠纷改为损害赔偿纠纷，人民法院应依据《劳动法》第七十九条的规定不予受理，告知当事人先向劳动争议仲裁委员会申请仲裁。

劳动者与用人单位对双方的劳动争议达成了明确赔偿或补偿协议，后因款项的支付发生纠纷，劳动者以债务纠纷向人民法院起诉的；或劳动者以用人单位的工资欠条为证据直接向人民法院起诉，诉讼请求不涉及劳动关系其他争议的，可按照普通民事纠纷受理。

第九条 劳动者违反保守商业秘密或竞业限制协议，用人单位要求追究劳动者违约责任的，应作为劳动争议处理。

用人单位以劳动者泄露商业秘密要求其承担侵权责任的，不作劳动争议处理。

第十条 劳动者要求对用人单位的规章制度予以纠正的，不作劳动争议处理；劳动者以用人单位的规章制度违反法律法规，给其造成损害为由，要求用人单位承担赔偿责任的，应作为劳动争议处理。

第十一条 劳动者在向行政部门寻求救济后，再申请劳动仲裁的，其未在行政部门提出的请求，应作为劳动争议受理；其在行政部门已提出过的请求不予受理。

第十二条 劳动者因用人单位代扣代缴个人所得税产生的争议，用人单位已举证证明代扣代缴的税款已缴交给税务机关，劳动者对代扣代缴的税款金额有异议的，不作劳动争议处理；用人单位不能证明代扣代缴的税款已缴交给税务机关的，应作为劳动争议处理。

8.1.18 广州市中级人民法院关于审理劳动人事争议案件若干问题的研讨会纪要（2014年）

第一条 劳动者要求用人单位公开其工资计算方式和基数的，不属于劳动仲裁处理范围。

第二条 劳动者与用人单位对劳动者是否符合退休条件产生争议的，不属于劳动争议案件受理范围。劳动者以此为由，主张继续履行劳动合同或赔偿损失等，应当以社保机构的审核结果为前提，仲裁委、人民法院在劳动争议案件中不直接就劳动者是否符合退休条件作出认定。

第三条 确认劳动关系的案件，其仲裁时效适用《劳动争议调解仲裁法》第二十七条的规定。

第四条 《中华人民共和国劳动争议调解仲裁法》第二十一条已经明确规定了劳动争议案件的管辖问题，故劳动争议仲裁管辖不应由用人单位和劳动者双方自行约定。

第二十一条 劳动者与用人单位达成就职意向协议，如在建立劳动关系之前一方违约导致未履行协议，因为用人单位并未实际发生用工，故双方劳动关系尚未建立，双方之间的争议不属于劳动争议。

8.1.19 广东省高级人民法院印发《广东省高级人民法院关于审理劳动争议案件疑难问题的解答》的通知（粤高法［2017］147号 2017年8月1日实施）

16. 劳动争议案件中涉及补缴社保费的该如何处理？

劳动者请求用人单位补缴其在职期间社会保险费的，不属劳动争议处理范围，不予处理。劳动者自行向社保部门补缴社会保险费后，要求用人单位赔偿其自行补缴部分的，予以支持，但支持的范围仅限于用人单位应缴纳部分。

17. 法院查明不存在劳动关系后如何处理？

仲裁机构以双方之间不存在劳动关系为由做出不予受理裁决，当事人不服向人民法院起诉的，人民法院审查后发现双方之间不存在劳动关系，可向劳动者释明转换适合程序，劳动者不同意转换为适合程序进行审理的，应当裁定驳回当事人的起诉。

★地方性文件·上海市

8.1.20 上海市高院关于审理劳动争议案件若干问题的解答（沪高法民一［2006］17号）

一、企业高级管理人员要求企业支付薪酬

（一）对于企业的现任法定代表人或负责人要求企业支付薪酬的纠纷，劳动争议处理机构不予受理。

企业的法定代表人或负责人要求企业支付薪酬的纠纷，符合以下情形的，劳动争议处理机构可以受理，但应慎重审查其诉讼请求；

1、法定代表人或负责人已经工商登记变更；

2、法定代表人或负责人虽未经工商变更登记，但股东大会或董事会已通过变更决议；

3、法定代表人或负责人已不能行使法定职权。

（二）审理中，企业高级管理人员仅凭单位盖章确认的欠薪证明，要求企业支付高额薪酬的，或者企业对其高级管理人员主张的诉讼请求和事实予以确认；劳动争议处理机构应向当事人释明，要求当事人进一步提供其他证据加以证明，防止损害国家、社会、集体及他人的合法利益。

（三）对于欠薪事实明确但具体欠薪金额不明确，当事人经释明后未能提供其他证据证明高额欠薪事实，且企业已处于经营困难、濒临破产并存在大量对外债务的情况下，劳动争议处理机构可参照本市相同或相近行业职工平均工资标准予以确认，本市相同或相近行业没有职工平均工资标准的，可参照本市职工平均工资标准予以确定。

四、从事自由职业人员到单位工作后的劳动关系处理问题

（一）从事自由职业人员在为单位提供属于民事劳务过程中发生的纠纷，不属于劳动争议，劳动争议处理机构不予受理。

（二）登记为自由职业的人员被单位录用，并符合标准劳动关系的条件的，劳动争议处理机构可以确认其与该单位存在劳动关系。

劳动关系存续期间的社会保险转为应参保险种缴纳，相应的差额由当事人按规定的比例各自承担。

因单位未为该类人员缴纳社会保险费期间而给劳动者造成的有关损失，劳动者可以要求用人单位缴纳。

九、外地劳动力在本市就业引发纠纷的是否应受仲裁前置约束

外地劳动者在本市就业产生的争议，经调解不成的，可以向劳动争议仲裁委员会申请仲裁，对仲裁裁决不服的，可以向人民法院起诉。

8.1.21 上海市高级人民法院关于劳动争议纠纷若干程序问题的意见（沪高法［2008］181号）

1. 涉及民办非企业单位劳动争议纠纷的处理

《劳动合同法》第二条规定，中华人民共和国境内的企业、个体经济组织、民办非企业单位等组织（以下称用人单位）与劳动者建立劳动关系，订立、履行、变更、解除或者终止劳动合同，适用本法。因此，民办非企业单位与劳动者之间发生的劳动争议纠纷，应当适用《劳动争议调解仲裁法》的规定进行处理。

8.1.22 上海市高级人民法院民二庭关于非正规就业劳动组织的诉讼主体资格问题的解答（2007年）

为统一对非正规就业劳动组织诉讼主体资格的认识，现将有关问题解答如下：

一、非正规就业劳动组织虽然未经工商核准登记并领取营业执照，不具备法人资格，但仍具有一定的组织机构和财产，符合最高法院《关于适用〈中华人民共和国民事诉讼法〉若干问题的意见》第40条关于“其他组织”的规定，属于该条第（9）项“符合本条规定条件的其他组织”，可作为诉讼主体参加诉讼。

二、非正规就业劳动组织经由政府部门登记、管理，有自己的称号、具备经营场所和一定资金，所以在相关案件中，目前仍以非正规就业劳动组织作为当事人更为合适，法院一般不需要再追加其开办人为共同被告。

三、非正规就业劳动组织与他人发生纠纷，其开办人作为原告起诉的，法院应告知其以组织作为诉讼主体，在核准机构登记的负责人作为诉讼代表人。

四、以非正规就业劳动组织作为被告的案件，其开办人一般应对组织的债务承担连带责任，如果原告将组织及其开办人列为共同被告，法院应当准许。

五、如果原告只起诉非正规就业劳动组织的开办人，从审执兼顾的角度出发，法院应告知当事人申请或依职权追加非正规就业组织作为共同被告参加诉讼。

六、高院民二庭制定的沪高法民二［2004］3号第二条和沪高法民二［2005］3号第三条关于非正规就业组织不具有独立的商事主体资格的规定，不再执行。

8.1.23 上海市高级人民法院关于适用《劳动合同法》若干问题的意见（沪高法［2009］73号）

十七、当事人因《劳动合同法》第八十五条规定引起争议的处理

本条规定的权利行使主体均为“劳动行政部门”，相对应的执法措施也是“责令”，包

括加罚50%-100%赔偿金的规定，也是劳动行政部门对用人单位进行行政处罚的依据。因此，本条规定涉及的内容，不是劳动争议处理的范围，本条规定也不能作为劳动争议纠纷裁决的依据。

8.1.24 上海市高级人民法院民一庭《民事法律适用问答》(2010年3月)

二、教师与事业编制学校之间人事争议纠纷是否应当受理?

教师与学校之间的人事争议逐步增多，对于该类纠纷的受理问题，经历了不同的认识阶段。1993年颁布的《教师法》规定，教师对学校或者其他教育机构侵犯其合法权益的，或者对学校或者其他教育机构作出的处理不服的，可以向教育行政部门提出申诉。根据该规定，法院不宜受理此类纠纷。2003年最高法院发布的《关于人民法院审理事业单位人事争议案件若干问题的规定》（以下简称“最高法院规定”）认为，事业单位与其工作人员之间因辞职、辞退及履行聘用合同所发生的争议，适用劳动法规定处理，当事人对人事争议仲裁裁决不服，可以向人民法院提起诉讼，人民法院应当依法受理。最高法院规定出台后，对于法院是否应当受理教师与事业编制学校之间的人事争议，审判实践中仍然存在一定争议。一种观点认为，因教师法对于教师与事业编制学校之间的争议有特别规定，法院不应受理此类案件。另一种观点认为，由于最高法院规定未将教师与学校之间的纠纷排除在人事争议案件范围外，且上海人事争议仲裁委员已受理教师与事业编制学校之间的纠纷，所以法院受理此类争议。对此，我们认为，对于教师与事业编制之间的人事争议应严格按照最高法院规定，仅受理教师与事业编制学校之间因辞职、辞退及履行聘用合同所发生的争议。对教师与事业编制学校之间因职级、职称、职务或者岗位调动等产生的争议，法院仍不应受理。

三、对于劳动者仅请求确认劳动关系或恢复劳动关系的纠纷是否应当受理?

劳动者因工伤鉴定等需要仅请求确认劳动关系或者劳动者仅要求恢复劳动关系的，对于该类案件是否应当受理存有一定争议。2008年颁布的《劳动争议调解仲裁法》已明确规定，因确认劳动关系发生的争议不服仲裁裁决的可以向法院起诉。因此，我们认为对劳动者仅请求确认劳动关系或者恢复劳动关系的纠纷，法院应当予以受理。但在这类纠纷的处理中，应结合上海高院下发的《关于贯彻审执兼顾原则的若干意见》、《关于劳动争议纠纷若干程序问题的意见》等指导性文件，适时、全面、准确地向劳动者做好释明工作。在用人单位不承认或拒绝恢复双方劳动关系时，法官可询问劳动者是否愿意变更诉请，以解除劳动合同并取得补偿的方式解决纠纷；劳动者坚持不变更的，法官应向其说明存在恢复劳动关系无法强制执行的风险，并询问劳动者在此情况下，是否愿意变更或者增加诉请，如要求用人单位直接支付工资报酬等；若劳动者仍坚持原诉请的，经告知风险并笔录后，根据案情可判决恢复双方的劳动关系。

8.1.25 上海市高级人民法院关于印发《关于船员劳务合同纠纷和船员劳动争议案件管辖的若干问题意见》的通知（沪高法（审）正［2011］11号）

市第一、第二中级法院，海事法院，铁路运输中级法院，各区、县法院，本院各相关部门：

为进一步规范上海辖区法院涉船员劳务合同纠纷和劳动争议案件的受理，根据相关法律以及司法解释有关精神，结合上海法院审判实际，制定了《关于船员劳务合同纠纷和船员劳动争议案件管辖的若干问题意见》。该意见已经高院审判委员会2011年第24次会议讨论通过，现将该意见印发给你们，请予贯彻执行。在审判实务中遇到具体问题，请及时报高院立案庭、民一庭、民四庭。

特此通知。

附：《关于船员劳务合同纠纷和船员劳动争议案件管辖的若干问题意见》

二〇一一年十二月五日

上海市高级人民法院关于船员劳务合同纠纷和船员劳动争议案件管辖的若干问题意见

为保护船员及用人单位双方的合法权益，规范上海辖区法院船员劳务合同纠纷和船员劳动争议案件的受理，按照《民事诉讼法》《海事诉讼特别程序法》《海商法》《劳动合同法》《劳动争议调解仲裁法》及相关司法解释的有关精神，结合上海辖区法院审判实际，提出以下指导意见。

一、《案由规定》第七章规定的应由海事法院受理的“船员劳务合同纠纷”是指船员就在船工作或服务，与船舶所有人或船舶经营人之间发生的劳务合同纠纷。

二、一般情况下，上述案件的双方当事人间仅为劳务合同关系，且一方为船员、另一方为船舶所有人或船舶经营人。

上款所称船员，包括船长、船员和在船上工作和服务的其他人员，如随船医生、厨师等。

三、上述案件当事人争议一般主要涉及的是船员在船工作或服务期间产生的工资、其他劳动报酬、船员遣返费用和社会保险费用，以及在船期间发生的人身和财产损害赔偿等。

四、上述案件所指的船舶应符合下列条件：

（1）航行于海上或通海水域（长江、黄浦江中下游）；

（2）非用于军事或政府公务；

（3）20总吨以上。

五、如船舶所有人或船舶经营人同时又是劳动合同法规定的用人单位的，船员为其在船上工作期间产生的工资、其他劳动报酬、船员遣返费用和社会保险费用的给付与用人单位发生争议，船员同时提出船舶优先权请求的，海事法院可以受理。

海事法院受理的上述案件中，如船员提出的诉讼请求还包含上述四项请求外的金钱给付请求的，海事法院可一并处理。但涉及其他劳动权利，应告知其按劳动争议程序向相关部门申请解决。

六、除上述规定的“船员劳务合同纠纷”外，其余涉及船员的劳动争议案件或劳务合同纠纷案件均由基层法院依法受理。

七、船员因不服劳动仲裁裁决向基层法院提起劳动争议诉讼，受理法院不得以船员享有船舶优先权为由移送海事法院。

八、本意见自二〇一一年十二月二十六日起施行。

8.1.26 上海市高级人民法院关于劳动争议最新审判意见（2011年第3期）

一、劳动者向法院提起诉讼时有数项诉讼请求，其中有一项为判决用人单位为其缴纳社会保险费的，法院如何处理的问题

我们认为，根据最高院《劳动争议案件适用法律若干问题的解释（三）》第一条规定及最高院民一庭负责人的相关讲话精神，法院仅受理因不能补办社保手续致劳动者无法享

受社会保险待遇的劳动争议案件。故对于用人单位和劳动者就社会保险费欠缴、拒缴或因缴费年限、缴费基数等发生的争议，由社会保险管理部门解决处理，法院不予受理。如当事人诉请中包含“缴纳社会保险费”的，则对“缴纳社会保险费”这一诉请可以“不属于法院受理范围”为由，不作处理，但对除此之外的其他诉请应当按照法律规定进行实体审理。

三、关于2011年1月1日前劳动者申请仲裁要求用人单位缴纳社会保险费，但因超过仲裁申请时效其申请或诉请被驳回，现以其已退休、不能补办社会保险手续、实际损失已发生为由，要求用人单位赔偿损失，法院是否受理的问题

我们认为，劳动者要求用人单位缴纳社会保险费的请求，法院已按当时的法律规定做出了处理。同时，根据我院2004年第4期《民事法律适用问答》的有关解答精神，劳动者超过仲裁申请期限提起仲裁，虽丧失了通过司法途径要求用人单位补缴社保费的胜诉权，但并不影响用人单位继续履行为劳动者缴纳社会保险费的行政法义务。因此，我们认为，2011年1月1日前劳动者已申请仲裁要求用人单位为其缴纳社保费，仲裁机构或法院以超过仲裁时效为由驳回其请求，现又以无法补办社保手续为由，要求赔偿社保待遇损失的，法院不予受理。

五、关于农民专业合作社与其成员或雇员之间因劳务报酬等引发的纠纷是否作为劳动争议案件受理的问题

近来，随着本市农民专业合作社不断发展，规模和专业化程度不断扩大、提高，农民专业合作社与其成员、雇员之间因劳务报酬的纠纷案件逐渐增多。此类案件是否属于劳动争议纠纷，农民专业合作社是否系《劳动法》、《劳动合同法》规定的用人单位主体，法律没有明确规定，在审判实践中也没有统一的认识。去年11月，市人大财经委针对农民专业合作社执法检查中遇到的问题专门召开了会议，今年4月一中院又就此问题邀请了市农委、市人保局及其部分法院召开研讨会进行专题研究，形成了比较一致的意见。我们认为，根据《农民专业合作社法》规定，农民专业合作社是在农村家庭承包经营基础上，同类农产品的生产经营者或同类农业生产经营服务的提供者、利用者，自愿联合、民主管理的互助性经济组织。即农民专业合作社系互助性经济组织，虽依法登记，但并非严格意义上的用人单位。且考虑到农民专业合作社目前尚处于起步阶段，相应的用工配套政策措施缺乏，需要一定的政策扶持，如严格依照《劳动法》、《劳动合同法》的规定来要求农民专业合作社，不利于进一步促进农民专业合作社的发展。故我们认为，目前农民专业合作社与其雇员之间因劳务报酬等产生的纠纷不宜定性为劳动争议案件。

另外，对于农民专业合作社与其内部成员之间在生产、劳动过程中产生的权利义务是否属于劳动法律关系的问题。我们认为，农村专业合作社系平等主体间按照自愿联合、民主管理、按盈余比例分配收入等原则设立的互助性经济组织，其与内部成员之间系平等主体之间的法律关系，不符合用人单位与劳动者管理与被管理、指挥与被指挥的劳动法律关系特征，故双方产生的纠纷应按相应的民事法律关系处理。

8.1.27 上海市人力资源和社会保障局关于停止经营型非正规就业劳动组织认定工作的通知（沪人社就发［2011］60号）

各区、县人力资源和社会保障局：

根据当前就业工作的实际情况，现将本市停止经营型非正规就业劳动组织认定工作的有关事项通知如下：

一、自2011年12月1日起，本市停止接收经营型非正规就业劳动组织的认定申请。

二、现处于有效期内的经营型非正规就业劳动组织，可继续按照原相关文件规定执行。各区、县人力资源社会保障部门要加强对现有经营型非正规就业劳动组织的日常管理，同时积极落实鼓励创业各项扶持政策措施，促进现有经营型非正规就业劳动组织转制为小企业、个体工商户等创业组织。

三、各区、县人力资源社会保障部门要积极稳妥推进停止接收经营型非正规就业劳动组织认定申请的相关工作，认真做好政策解释与创业指导工作。

上海市人力资源和社会保障局

二〇一一年十月十一日

8.1.28 上海市劳动和社会保障局印发关于进一步明确本市劳动人事争议仲裁管辖的若干规定（沪人社仲发［2014］38号）

为规范全市劳动人事争议仲裁案件办理，明确案件管辖范围，维护仲裁当事人合法权益，根据《劳动争议调解仲裁法》《劳动人事争议仲裁组织规则》《劳动人事争议仲裁办案规则》，《人事争议处理规定》和《上海市事业单位人事争议处理办法》等规定，对本市劳动人事争议仲裁管辖做出如下规定：

一、劳动争议由劳动合同履行地或者用人单位所在地的劳动人事争议仲裁委员会管辖。当事人分别向劳动合同履行地和用人单位所在地的劳动人事争议仲裁委员会申请仲裁的，由劳动合同履行地的劳动人事争议仲裁委员会管辖。

二、本市各级劳动人事争议仲裁委员会的管辖范围

（一）市劳动人事争议仲裁委员会管辖下列劳动人事争议：

1. 根据《中华人民共和国外资企业法》规定，在本市注册设立的注册资金在壹仟万美元以上或者相当于壹仟万美元以上的外资企业和劳动者发生的劳动争议；

2. 根据《中华人民共和国外资企业法实施细则》规定，参照执行的香港、澳门、台湾地区的公司、企业和其他经济组织或者个人或在国外居住的中国公民在大陆设立全部资本为其所有的，在本市注册设立的注册资金在壹仟万美元以上或者相当于壹仟万美元以上的企业和劳动者发生的劳动争议；

3. 经市人民政府及其有关主管部门批准成立的事业单位和中央、外省市在本市的事业单位发生的人事及劳动争议；

4. 驻沪军级以上军队聘用单位与文职人员发生的人事争议；

5. 取得合法就业资格的外籍人员、台港澳人员和定居国外人员与所在单位发生的劳动人事争议；

6. 本市范围内有重大影响的劳动争议案件。

（二）区（县）劳动人事争议仲裁委员会管辖下列劳动人事争议：

1. 市劳动人事争议仲裁委员会管辖范围以外的，用人单位所在地或者劳动合同履行地在本行政区域内的劳动争议；

2. 经区（县）人民政府及其有关主管部门批准成立的事业单位发生的人事及劳动争议；

3. 驻沪师级以下军队聘用单位与文职人员发生的人事争议。

三、仲裁申请接待、受理时的管辖审查

各级劳动人事争议仲裁委员会（以下简称“仲裁委员会”）应继续按照《关于进一步规范仲裁接待和案件移送的通知》（沪人社仲［2013］167号）的规定，做好仲裁申请的接待工作。

当事人仲裁申请时所填写的劳动合同履行地的地址、用人单位的送达地址、用人单位注册登记地址，有其一属于本区县行政区域内的（属于市仲裁委员会管辖的除外），该仲裁委员会对于材料齐备的仲裁申请应当出具收件回执。

仲裁委员会对符合《劳动人事争议仲裁办案规则》（以下简称“《办案规则》”）第三十条条件的仲裁申请应当予以受理，并在收到仲裁申请之日起五日内向申请人出具受理通知书。对不符合《办案规则》第三十条第一、二、三项规定之一的仲裁申请，仲裁委员会不予受理，并在收到仲裁申请之日起五日内向申请人出具不予受理通知书。对不符合《办案规则》第三十条第四项规定的仲裁申请，仲裁委员会应当在收到仲裁申请之日起五日内，向申请人作出书面说明并告知申请人向有管辖权的仲裁委员会申请仲裁。

四、附则

本规定自2014年10月1日起施行。有效期至2018年12月31日。

本规定施行前，各仲裁委员会已按原管辖规定受理，尚未审理完毕的劳动人事争议案件，继续处理。上海市劳动和社会保障局《关于调整本市劳动争议仲裁管辖的通知》（沪劳保仲发［2008］44号）同时废止。

★地方性文件·北京市

8.1.29 北京市高级人民法院、北京市劳动争议仲裁委员会关于劳动争议案件法律适用问题研讨会会议纪要（2009年）

一、关于劳动争议案件的受理范围问题

1. 根据《劳动争议调解仲裁法》《社会保险费征缴暂行条例》《社会保险稽核办法》《劳动保障监察条例》及我市的仲裁和审判实践，对于社会保险争议的受理应遵循以下原则：

（1）用人单位未为劳动者建立社会保险关系、欠缴社会保险费或未按规定的工资基数足额缴纳社会保险费的，劳动者主张予以补缴的，一般不予受理，告知劳动者通过劳动行政部门解决；

（2）由于用人单位未按规定为劳动者缴纳社会保险费，导致劳动者不能享受工伤、失业、生育、医疗保险待遇，劳动者要求用人单位赔偿损失或按规定给付相关费用的，应予受理；

（3）用人单位未为农民工缴纳养老保险费，农民工在与用人单位终止或解除劳动合同后要求用人单位赔偿损失的，应予受理。

2. 因用人单位迟延转档或将档案丢失，劳动者要求用人单位赔偿损失的纠纷，属于劳动争议案件受理范围，公安机关在特定历史时期接收部分社会人员的档案引发的纠纷除外。

3. 劳动者与用人单位因住房公积金的缴纳、办理退休手续发生的争议，不属于劳动争议案件受理范围。

8.1.30 北京市高级人民法院关于印发《劳动争议案件审理中涉及的社会保险问题研讨会会议纪要》的通知（2009年）

一、关于用人单位未按规定为农民工缴纳养老保险费的问题

1. 用人单位未按规定为农民工缴纳养老保险费，农民工主张予以补缴的，一般不予受理。

用人单位未按规定为农民工缴纳养老保险费，农民工在与用人单位终止或解除劳动合同后要求用人单位赔偿损失的，应予受理。

2. 因用人单位未按规定为农民工缴纳养老保险费，农民工在与用人单位解除或终止劳动合同后，要求用人单位赔偿损失的，应当自劳动合同解除或终止之日起一年内提出。赔偿数额的确定可参照《农民合同制职工参加北京市养老、失业保险暂行办法》（京劳险发［1999］99号）和《北京市农民工养老保险暂行办法》（京劳社养发［2001］125号）的规定。

3. 为便于劳动仲裁部门和法院在案件审理中更及时准确地计算相应赔偿数额，市人力资源和社会保障局职工养老保险处、社会保险基金管理中心联合开发了计算农民工养老保险损失赔偿金的计算机程序软件，供仲裁员和法官在办案时参考使用。

二、关于用人单位未按规定为劳动者缴纳医疗保险费，导致劳动者不能享受医疗保险待遇，劳动者要求用人单位赔偿相关医疗保险待遇损失的问题

1. 因用人单位未按规定为劳动者缴纳医疗保险费，劳动者要求用人单位赔偿相关医疗保险待遇损失，劳动仲裁部门受理后，应要求劳动者提交相关医疗单据，并委托所在区县的医疗保险经办机构协助核算应由用人单位承担的医疗费数额。劳动仲裁部门和法院在处理相应案件时，均可参照

2. 未经过仲裁前置程序直接起诉到法院的医保待遇损失争议案件，法院在受理后，应要求劳动者提交相关医疗单据，并可直接或通过所在区县劳动仲裁部门委托相应医疗保险经办机构协助核算应由用人单位承担的医疗费数额。

8.1.31 北京市高级人民法院关于处理涉及出租汽车的劳动合同及承包合同纠纷案件的通知（京高法发［2013］426号）

一、出租汽车司机与出租汽车公司之间以劳动合同、承包合同为依据提起的诉讼，未经劳动争议仲裁委员会处理的，立案庭应进行释明，引导当事人先行向劳动争议仲裁委员会申请仲裁。

二、对于劳动争议仲裁委员会以出租车司机与公司之间的纠纷属于承包纠纷为由出具不予受理通知书，当事人不服向法院起诉的，根据《最高人民法院关于审理劳动争议案件适用法律若干问题的解释》的规定，应视为劳动争议仲裁委员会已作出处理，法院应当受理。

三、出租汽车司机与出租汽车公司之间以劳动合同、作为劳动合同附件的承包合同为依据提起的诉讼，案由为劳动争议，由民一庭负责审理。

四、本通知自2013年12月21日起执行，此前受理的案件不再变更审判庭室。

特此通知。

8.1.32 北京市高级人民法院、北京市劳动争议仲裁委员会关于劳动争议案件法律适用问题研讨会会议纪要（二）（京高法发［2014］220号）

1. 当事人向劳动人事争议仲裁委员会或者劳动争议仲裁委员会（以下简称仲裁委）申请仲裁后又撤回申请，向法院起诉，如何处理？

当事人申请仲裁后又撤回申请的，法院不能视为已经过仲裁前置程序，可裁定不予受理，已经受理的裁定驳回起诉，并告知其先向仲裁委申请仲裁。

对于当事人在撤回申请后，再次向仲裁委申请仲裁，经仲裁委裁决或作出不予受理通知书后，法院可以受理。

2. 当事人申请仲裁后，无正当理由拒不到庭或者未经仲裁庭同意中途退庭，仲裁委按照撤回仲裁申请处理，并作出决定书的，当事人起诉到法院，如何处理？

法院经审查符合劳动争议受理条件的，可以受理。

3. 仲裁裁决作出后当事人未起诉，或裁决有多项内容，当事人仅就部分内容提起诉讼的，如何处理？

仲裁裁决作出后当事人未在法定期限内起诉，或仅就部分内容提起诉讼，法院只需审理当事人在法定期限内起诉的请求，保持当事人诉讼请求与审理内容的一致性。

对双方当事人均未起诉的仲裁结果部分，可在“本院认为”中予以确认，并直接写入判决主文。

法院对于案件事实的审理不受当事人诉讼请求的限制，法院应当结合证据对事实进行综合判断和认定。

法院对仲裁裁决确认是否存在劳动关系一项认为有误的，无论当事人是否提出诉讼请求，均可以直接予以认定，并根据所认定的事实作出相应判决。

4. 在仲裁程序中，证人出庭作证并接受质询，诉讼中证人是否仍需出庭？

证人可不再出庭，但仍有需要质询的事实或当事人又提供反证的除外。

5. 仲裁程序中当事人已经认可的相关案件事实，在诉讼程序中当事人又否认的，如何处理？

在诉讼程序中，除经对方当事人同意，或者有充分证据证明与事实不符的，对当事人否认在仲裁程序中所认可事实的主张不予支持。

6. 当事人已经签收仲裁委对劳动争议作出的调解书，事后反悔向法院起诉的，如何处理？

法院应裁定不予受理；已受理的，应裁定驳回起诉，但裁定书应说明调解书已生效，双方按原调解书执行。

7. 对于劳动争议仲裁申请人依法提出的仲裁请求，仲裁裁决书遗漏未予处理，当事人起诉至法院的如何处理？

法院应当予以审理，不得以相应请求未经仲裁前置程序为由不予处理。

8. 劳务派遣单位与用工单位之间基于《劳务派遣协议》而产生的纠纷，仲裁委、法院是否作为劳动争议案件处理？

劳务派遣单位与用工单位基于《劳务派遣协议》而产生的纠纷属于劳动合同以外的其他类型合同纠纷，不作为劳动争议案件处理。

9. 劳动者要求转移户口、归还户口页、终止用人单位与人才中心户口保管合同的纠纷是否作为劳动争议案件处理？

劳动者要求转移户口、归还户口页、终止用人单位与人才中心户口保管合同的纠纷，不作为劳动争议案件处理。

10. 用人单位指派劳动者长期在北京市从事业务，劳动者以在北京市某区县的居住地作为劳动合同履行地而向该地仲裁委申请仲裁或向基层法院起诉的，如何处理？

劳动者因用人单位的指派而长期在北京市从事业务，如其在北京有固定的办公地点，可以视办公地点所在地为劳动合同履行地，如因业务原因没有固定办公地点，则可以视其在北京的居住地为劳动合同履行地。劳动者应当向仲裁委、法院提供用人单位指派其长期在北京从事业务的证据，以及其在北京有无固定办公地点和长期居住地点的证据。

11. 劳动争议案件一审判决主文应如何表述？

（1）对双方当事人均未起诉的仲裁结果部分，一般应在判决“本院认为”的理由部分中表示予以确认，并可直接写入一审判决主文。

（2）仲裁结果为给付金钱，当事人不服起诉，一审法院认定不应给付金钱，判决主文表述为“无需支付”；一审法院认定应当给付金钱，则将给付金钱内容写入判决主文，不应写驳回当事人的请求；一审法院认定应当给付金钱但具体数额应调整，则在一审判决主文中写明经调整后需给付金钱的数额。

（3）仲裁结果未支持当事人某项请求，当事人不服起诉，一审法院认为应当支持该项请求，可直接写入一审判决主文；一审法院认为不应支持该项请求，应当判决驳回当事人该项请求。

50. 用人单位未给劳动者缴纳社会保险费，劳动者通过其他渠道自行缴纳保险费后，要求用人单位据此支付费用是否支持？

劳动者通过其他渠道缴纳保险费包括劳动者自行缴纳和在其他用人单位缴纳两种形式，这两种形式均与劳动关系的真实状态不符，违反社会保险法的规定，对社会保险的登记、核定、缴纳、支付等正常秩序造成影响，因此仲裁委、法院不予支持。

8.1.33 北京市高级人民法院关于印发《2014年部分劳动争议法律适用疑难问题研讨会会议纪要》的通知

《会议纪要二》第50条：“用人单位未给劳动者缴纳社会保险费，劳动者通过其他渠道自行缴纳保险费后，要求用人单位据此支付费用是否支持？劳动者通过其他渠道缴纳保险费包括劳动者自行缴纳和在其他用人单位缴纳两种形式，这两种形式均与劳动关系的真实状态不符，违反社会保险法的规定，对社会保险的登记、核定、缴纳、支付等正常秩序造成影响，因此仲裁委、法院不予支持。”

问题：该条中的“不予支持”是指判决驳回该项诉讼请求还是裁定驳回该项起诉？

研讨意见：不属于法院的劳动争议受理范围，不予受理，已经受理的，裁定驳回起诉。如果与其他诉讼请求一并提出，且其他诉讼请求属于受理范围，则可以判决吸收裁定的方式作出判决。

8.1.34 北京市高级人民法院与北京市劳动人事争议仲裁委员会关于审理劳动争议案件法律适用问题的解答（2017年4月）

23. 劳动者先后曾在几家用人单位工作，其中的一家用人单位没有为其缴纳过养老保险，但是劳动者在其他单位的累计缴费年限已经符合办理退休的条件。劳动者达到法定退休年龄时被告知无法补缴养老保险，劳动者起诉要求赔偿养老金差额能否支持？

由于劳动者符合办理退休的条件，只是因其中的一家或几家用人单位未为其缴纳养老保险影响了其养老金水平，不属于无法享受养老保险待遇的情形，不符合《民事诉讼法》第一百一十九条第四项的规定，应裁定驳回劳动者的起诉。

8.2 劳动仲裁及诉讼当事人

★ 法律

8.2.1 中华人民共和国劳动争议调解仲裁法（主席令第80号 2008年5月起施行）

第二十二条 发生劳动争议的劳动者和用人单位为劳动争议仲裁案件的双方当事人。

劳务派遣单位或者用工单位与劳动者发生劳动争议的，劳务派遣单位和用工单位为共同当事人。

第二十三条 与劳动争议案件的处理结果有利害关系的第三人，可以申请参加仲裁活动或者由劳动争议仲裁委员会通知其参加仲裁活动。

第二十四条 当事人可以委托代理人参加仲裁活动。委托他人参加仲裁活动，应当向劳动争议仲裁委员会提交有委托人签名或者盖章的委托书，委托书应当载明委托事项和权限。

第二十五条 丧失或者部分丧失民事行为能力的劳动者，由其法定代理人代为参加仲裁活动；无法定代理人的，由劳动争议仲裁委员会为其指定代理人。劳动者死亡的，由其近亲属或者代理人参加仲裁活动。

★ 行政法规/部门规章/司法解释

8.2.2 最高人民法院关于审理劳动争议案件适用法律若干问题的解释（法释［2001］14号）

第十条 用人单位与其它单位合并的，合并前发生的劳动争议，由合并后的单位为当事人；用人单位分立为若干单位的，其分立前发生的劳动争议，由分立后的实际用人单位为当事人。

用人单位分立为若干单位后，对承受劳动权利义务的单位不明确的，分立后的单位均为当事人。

第十一条 用人单位招用尚未解除劳动合同的劳动者，原用人单位与劳动者发生的劳动争议，可以列新的用人单位为第三人。

原用人单位以新的用人单位侵权为由向人民法院起诉的，可以列劳动者为第三人。

原用人单位以新的用人单位和劳动者共同侵权为由向人民法院起诉的，新的用人单位和劳动者列为共同被告。

第十二条 劳动者在用人单位与其他平等主体之间的承包经营期间，与发包方和承包方双方或者一方发生劳动争议，依法向人民法院起诉的，应当将承包方和发包方作为当事人。

8.2.3 最高人民法院关于审理劳动争议案件适用法律若干问题的解释（二）（法释［2006］6号）

第九条 劳动者与起有字号的个体工商户产生的劳动争议诉讼，人民法院应当以营业执照上登记的字号为当事人，但应同时注明该字号业主的自然情况。

第十条 劳动者因履行劳动力派遣合同产生劳动争议而起诉，以派遣单位为被告；争议内容涉及接受单位的，以派遣单位和接受单位为共同被告。

第十一条 劳动者和用人单位均不服劳动争议仲裁委员会的同一裁决，向同一人民法院起诉的，人民法院应当并案审理，双方当事人互为原告和被告。在诉讼过程中，一方当事人撤诉的，人民法院应当根据另一方当事人的诉讼请求继续审理。

8.2.4 最高人民法院关于审理劳动争议案件适用法律若干问题的解释（三）（法释［2010］12号）

第四条 劳动者与未办理营业执照、营业执照被吊销或者营业期限届满仍继续经营的用人单位发生争议的，应当将用人单位或者其出资人列为当事人。

第五条 未办理营业执照、营业执照被吊销或者营业期限届满仍继续经营的用人单位，以挂靠等方式借用他人营业执照经营的，应当将用人单位和营业执照出借方列为当事人。

第六条 当事人不服劳动人事争议仲裁委员会作出的仲裁裁决，依法向人民法院提起诉讼，人民法院审查认为仲裁裁决遗漏了必须共同参加仲裁的当事人的，应当依法追加遗漏的人为诉讼当事人。

被追加的当事人应当承担责任的，人民法院应当一并处理。

★ 地方性文件·广东省

8.2.5 广东省高级人民法院关于印发《广东省高级人民法院关于审理劳动争议案件若干问题的指导意见》的通知（粤高法发［2002］21号）

第十二条 当事人双方不服劳动争议仲裁委员会作出的同一裁决，均向同一人民法院起诉的，先起诉一方当事人为原告，但双方均应按规定预缴诉讼费；原告申请撤诉，人民法院裁定予以准许的，应直接更换双方的诉讼地位，通知双方继续进行诉讼。

第十五条 用人单位挂靠在其他单位名下或借用其他单位的营业执照进行生产经营，劳动者与用人单位发生劳动争议的，应当将用人单位和被挂靠人或出借人作为共同诉讼人。

8.2.6 广东省高级人民法院、广东省劳动争议仲裁委员会关于适用《劳动争议调解仲裁法》《劳动合同法》若干问题的指导意见（粤高法发［2008］13号）

第五条 劳动者与不具备合法经营资格的用人单位因用工关系产生争议，应当将该单位或出资人列为当事人。不具备合法经营资格的用人单位借用他人营业执照经营的，还应当将被借用营业执照的一方列为当事人。

在建设工程施工过程中，作为实际施工人的自然人与其非法招用的劳动者产生纠纷，劳动者申请仲裁或起诉的，应将具备用工主体资格的发包方列为被诉人或被告，并可视案情需要将施工的自然人、转包人、违法分包人列为被诉人或被告、第三人。

8.2.7 广东省高级人民法院、广东省劳动人事争议仲裁委员会关于印发《广东省高级人民法院广东省劳动人事争议仲裁委员会关于审理劳动人事争议案件若干问题的座谈会纪要》的通知（粤高法［2012］284号）

第十三条 发包单位将建设工程非法发包给不具有用工主体资格的实际施工人或者承包单位将承包的建设工程非法转包、分包给不具有用工主体资格的实际施工人，实际施工人招用的劳动者请求确认其与具有用工主体资格的发包单位或者承包单位存在劳动关系的，不予支持，但社会保险行政部门已认定工伤的除外。劳动者依照《广东省工资支付条例》第三十二条、第三十三条或《劳动合同法》第九十四条与《非法用工单位伤亡人员一次性赔偿办法》直接主张由发包单位或者承包单位与实际施工人连带承担相应法律责任的，应予支持。

第四十二条 工作人员对事业单位主管部门作出的辞退、除名、辞聘、提前解除聘用合同、按自动离职处理、不批准辞职（离职）等人事处理决定不服而申请仲裁或提起诉讼的，应当将事业单位及其主管部门作为共同当事人。

8.2.8 惠州市中级人民法院、惠州市劳动人事争议仲裁委员会关于审理劳动争议案件若干问题的会议纪要（试行）（2012 年）

第三条 【不具备用工主体资格的用人单位的诉讼主体】申请仲裁时用人单位已不具备用工主体资格（注销、吊销营业执照、责令关闭等情形）的，劳动者与其发生用工争议的，可以将原用人单位、出资人、开办单位或主管部门列为当事人。

第四条 【双重或多重用人关系的处理】用人单位与劳动者订立劳动合同的，以合同双方为当事人；没有订立劳动合同的，以实际使用劳动力的单位为一方当事人。订立劳动合同的单位与实际用工单位不一致的，或实际用工单位难以确定的，以及订立劳动合同的单位与作出处理的管理单位不一致的，具有利害关系的单位均应作为共同当事人，由实际用工单位或订立劳动合同的单位直接承担责任，其他具有利害关系的单位承担补充清偿责任。

第五条 【遗漏当事人】在下列案件中，因劳动仲裁程序遗漏了必须共同参加仲裁的当事人，人民法院在一审诉讼程序中可依法予以追加，无须再行仲裁：（一）劳动者与发包方和承包方双方或一方发生劳动争议、劳动者仅列发包方或承包方一方作为当事人的；（二）劳动者与起字号的个体工商户发生劳动争议而登记的户主与实际投资人不同、劳动者仅列登记的户主或实际投资人一方作为当事人的；或者劳动者仅列登记的字号作为当事人的；（三）劳动者与起字号的个人合伙发生劳动争议、劳动者仅列起字号的合伙企业一方作为当事人未列合伙人的；（四）在劳动合同中约定了补偿费用等部分用工责任由第三人承担且该约定未违反法律强制性规定的；（五）劳动者与企业的分支机构发生劳动争议、劳动者仅列企业的分支机构作为当事人未列企业的。（六）法律、行政法规规定的其他情形。

8.2.9 深圳市中级人民法院关于审理劳动争议案件的裁判指引（2015 年）

第十三条 “三来一补”企业，因其不具备对外独立承担民事权利义务的条件，在诉讼中应将“三来一补”企业和外方投资者一并列为当事人，共同承担责任。

向外方投资者送达法律文书时，可将法律文书送达给“三来一补”企业代收。

第十四条 个人独资企业与劳动者发生劳动争议，应以个人独资企业为当事人，但应同时注明投资人的基本信息。

第十五条 劳动者与起有字号的个体工商户发生劳动争议，应当以营业执照上登记的字号为当事人，但应同时注明该字号经营者的基本信息。

按上述原则，营业执照上登记的经营者与实际经营者不一致的，以字号和实际经营者为共同当事人。

第十六条 非法人单位与劳动者产生争议的，可将其上级法人单位列为共同诉讼主体参与诉讼，上级法人单位承担补充清偿责任。

第十七条 法人单位在开办新单位过程中，以新单位名义招用劳动者发生争议，后未开办成功的，以该法人单位为当事人；开办成功的，以该新单位为当事人。

第十八条 用人单位合并或分立后的民事诉讼主体，可按民事诉讼法中主体合并与分立的处理原则确定。用人单位合并前发生的争议，以合并后的用人单位作为一方当事人；用人单位分立前的争议，分立后分担分立前单位权利义务明确的，由承受权利义务的单位作为一方当事人；不明确的，将分立后的各单位共同列为当事人。

第十九条 企业自动歇业、视为自动歇业、被撤销或吊销营业执照的，应以该企业为当事人。如成立清算组清理债权债务的，以清算组的负责人为诉讼代表人；没有清算组的，以清算义务人为诉讼代表人。

用人单位未依法清算即注销的，以清算组成员或清算义务人或在公司登记机关办理注销登记时承诺对公司债务承担责任的第三人为当事人。

前两款规定的清算义务人按企业的不同性质分别确定，即国有企业为其主管部门；非公司制的集体企业为其开办者或出资者；法人型联营企业、中外合资企业法人和外商独资企业法人为其出资者；有限责任公司为其股东；股份有限公司为其控股股东。

第二十条 因招用尚未与原用人单位解除劳动合同的劳动者致原用人单位对劳动者、现用人单位提起诉讼的，应根据原用人单位的请求确定被告。原用人单位只请求解决与解除劳动合同有关问题的，可只以劳动者为被告；原用人单位向劳动者和现用人单位提出经济损失索赔请求的，应以劳动者和现用人单位为共同被告。

第二十一条 劳动者主张与用人单位存在劳动关系或者主张劳动法上的有关权利，用人单位否认双方之间存在劳动关系并主张劳动者是由不具备用工主体资格的承包人、挂靠人或营业执照借用人聘用的，应当将承包人、挂靠人或营业执照借用人追为当事人参加诉讼。

★地方性文件·上海市

8.2.10 上海市高级人民法院关于适用《劳动合同法》若干问题的意见（沪高法[2009]73号）

二十二、境外单位在沪设立的办事机构的诉讼主体地位

境外公司在沪设立办事机构的，该机构已经合法办理了登记手续，并按照相关法律规定通过对外服务机构招用劳动者，劳动者就相关劳动权利义务与该办事处产生纠纷的，可以该办事机构作为劳动争议的当事人；该办事机构未按照相关法律规定通过对外服务机构招用劳动者，劳动者就报酬支付等问题与该办事处产生纠纷的，作为民事纠纷处理，该办事机构可以作为民事诉讼的当事人。

8.3 举证责任分配

★ 法律

8.3.1 中华人民共和国劳动争议调解仲裁法（主席令第八十号　2008年5月起施行）

第六条　发生劳动争议，当事人对自己提出的主张，有责任提供证据。与争议事项有关的证据属于用人单位掌握管理的，用人单位应当提供；用人单位不提供的，应当承担不利后果。

★ 行政法规/部门规章/司法解释

8.3.2 劳动和社会保障部关于确立劳动关系有关事项的通知（劳社部发［2005］12号）

第一条　用人单位招用劳动者未订立书面劳动合同，但同时具备下列情形的，劳动关系成立。

（一）用人单位和劳动者符合法律、法规规定的主体资格；

（二）用人单位依法制定的各项劳动规章制度适用于劳动者，劳动者受用人单位的劳动管理，从事用人单位安排的有报酬的劳动；

（三）劳动者提供的劳动是用人单位业务的组成部分。

第二条　用人单位未与劳动者签订劳动合同，认定双方存在劳动关系时可参照下列凭证：

（一）工资支付凭证或记录（职工工资发放花名册）、缴纳各项社会保险费的记录；

（二）用人单位向劳动者发放的“工作证”、“服务证”等能够证明身份的证件；

（三）劳动者填写的用人单位招工招聘“登记表”、“报名表”等招用记录；

（四）考勤记录；

（五）其他劳动者的证言等。

其中，（一）（三）（四）项的有关凭证由用人单位负举证责任。

8.3.3 最高人民法院关于审理劳动争议案件适用法律若干问题的解释（法释［2001］14号）

第十三条　因用人单位作出的开除、除名、辞退、解除劳动合同、减少劳动报酬、计算劳动者工作年限等决定而发生的劳动争议，用人单位负举证责任。

8.3.4 最高人民法院关于审理劳动争议案件适用法律若干问题的解释（三）（法释［2010］12号）

第九条　劳动者主张加班费的，应当就加班事实的存在承担举证责任。但劳动者有证据证明用人单位掌握加班事实存在的证据，用人单位不提供的，由用人单位承担不利后果。

★ 地方性文件·广东省

8.3.5 广东省高级人民法院关于印发《广东省高级人民法院关于审理劳动争议案件若干问题的指导意见》的通知（粤高法发［2002］21号）

第十六条　当事人对劳动能力鉴定委员会的伤残等级鉴定结论不服的，可依法申请复查。当事人仅请求工伤赔偿，或对上述鉴定结论有异议又不申请复查而请求工伤赔偿的，人民法院经审查认为劳动能力鉴定委员会所作出的鉴定结论确有不妥，可不予采信，以人民法院审理认定的案件事实作为处理的依据。

8.3.6 广东省高级人民法院、广东省劳动争议仲裁委员会关于适用《劳动争议调解仲裁法》《劳动合同法》若干问题的指导意见（粤高法发［2008］13号）

第二十九条　劳动者主张加班工资，用人单位否认有加班的，用人单位应对劳动者未加班的事实负举证责任。用人单位以已经劳动者确认的电子考勤记录证明劳动者未加班的，对用人单位的电子考勤记录应予采信。

劳动者追索两年前的加班工资，原则上由劳动者负举证责任，如超过两年部分的加班工资数额确实无法查证的，对超过两年部分的加班工资一般不予保护。

8.3.7 惠州市中级人民法院、惠州市劳动人事争议仲裁委员会关于审理劳动争议案件若干问题的会议纪要（试行）（2012年）

第二十九条　【主张存在解除劳动合同的举证责任】当事人主张存在解除劳动合同或事实劳动关系事实的，应就此主张进行举证。

第三十九条　【法条竞合】劳动者依照《劳动合同法》第八十五条请求用人单位加付赔偿金的，已举证证明请求劳动行政部门责令用人单位限期支付劳动报酬、加班费、经济补偿或低于最低工资标准的差额部分而用人单位逾期未支付的事实，应予支持；否则应告知其先向劳动行政部门请求处理。

8.3.8 中山市中级人民法院关于审理劳动争议案件若干问题的参考意见（2011年）

3.5【仲裁未提供证据的处理】依法负有举证责任的用人单位在仲裁过程中无正当理由未提交或拒不提交证据，仲裁机关依据《劳动争议调解仲裁法》第三十九条第二款规定裁决用人单位承担不利后果的，该用人单位在法院诉讼阶段首次提交且不能说明正当理由的，法院可不予认定。

4.1【工资的认定】劳动者和用人单位对工资标准约定不明或者双方均无提供确切证据，可采取如下原则进行判定：

（一）对工资是否已经支付，用人单位负有完全的举证责任；

（二）对工资数额的认定，原则上由用人单位负有举证义务；

（三）对用人单位存有确属因客观原因无法对劳动者工资数额举证，劳动者又未能举证的，可参照如下顺序依次认定：

1. 有集体合同的，按照集体合同的规定认定；

2. 按照同工同酬的原则处理，参照劳动者或者用人单位能够充分证明的该用人单位同岗位的平均工资认定；

3. 参照中山市劳动和社会保障局发布的相应年度的中山市部分职位（工种）劳动力市场工资指导价位和中山市高技能（工种）指导价位中所列明的相应工种或者类似工种的工资中位数予以认定；

（四）对用人单位非因客观原因拒绝举证，但劳动者请求的数额亦存在明显过高或不合理的情况，可以结合案件情况，包括劳动者的岗位、年龄、工作经验等，结合中山市劳动和社会保障局发布的相应年度的中山市部分职位（工种）劳动力市场工资指导价位和中山市高技能（工种）指导价位中所列明的相应工种或者类似工种的工资（高位数）予以对照和审查其主张的数额，相应作出合理的、有利于劳动者的判定。

4.2【加班工资的认定】劳动者与用人单位对是否支付加班工资发生争议，应参照以下原则进行认定和处理：

（一）劳动者主张加班工资，应当负有合理的事实说明和表面证据证明的举证责任。劳动者有证据证明用人单位持有证明加班事实存在的证据，用人单位拒不提供的，可推定加班事实成立。

（二）用人单位认为已经足额支付劳动者近两年来的加班工资的，应由用人单位负举证责任；劳动者追索两年前的加班工资的，由劳动者对用人单位未足额支付加班工资负举证责任。

（三）对劳动者在岗时间长，但劳动强度与工作时间明显不一致或者长期处于等待状态且等待期间有休息场所可以休息、将在岗时间完全认定为工作时间明显不合理的特殊情况或者特殊岗位，在认定加班时间时，应充分考虑上述岗位的工作性质和当地劳动力价格水平，并尊重该行业和岗位工资支付的行规惯例，从严掌握和判断劳动者主张在标准工作时间以外的加班工资和加班时间。

（四）对劳动者主张的加班时间等存在明显不合理现象，在认定时应当进行合理性审查和折算。

（五）用人单位实际支付劳动者的工资未明确区分正常工作时间工资和加班工资，但用人单位有证据证明已支付的工资包含正常工作时间工资和加班工资的，可以认定用人单位已支付的工资包含加班工资。但折算后的正常工作时间工资低于当地最低工资标准或者计件工资中的劳动定额明显不合理的除外。

（六）劳动者与用人单位就工资、加班工资等劳动报酬的计算、支付达成结算协议，不违反法律、行政法规的强制性规定的，应认定有效，但有证据证明在协议签订时存在欺诈、胁迫、重大误解、显失公平或乘人之危等违背当事人真实意思表示的情形除外。

7.1【解约的举证责任】在劳动争议纠纷案件审理过程中，劳动者与用人单位对由谁提出解除或终止劳动关系的事实发生争议的，应当根据“谁主张谁举证”的原则确定举证责任。

劳动者应对其主张由用人单位解除其劳动关系的事实承担合理的、基本的举证责任。

用人单位应对其作出开除、除名、辞退、解除劳动合同等“决定”的事由及根据承担举证责任，证实其作出的上述决定具有如劳动合同约定、劳动者严重违反规章制度或违法等充分、确切的合法和合理之事由。

7.2【劳动关系举证原则】用人单位未与劳动者签订劳动合同，双方对是否存在劳动关系发生争议的，应根据“谁主张，谁举证”原则，确定劳动者负有基本和表面的举证义务。对劳动者没有任何证据而又无法查清事实的，应认定不存在劳动关系。

法院认定双方是否存在劳动关系时，可审查下列证据：

（一）工资支付凭证或记录（职工工资发放花名册），缴纳各项社会保险费的记录；

（二）用人单位向劳动者发放的“工作证”、“服务证”、上岗证、工号卡、出入证、健康证、银行工资卡等证明身份的证件；

（三）考勤记录；

（四）劳动者填写的用人单位“招聘登记表”、“报名表”等招用记录；

（五）其他相关证据。

法院应当根据上述证据的形成、来源、占有等因素，按照有利于劳动者的原则，合理确定当事人的举证责任。

7.4【社保赔偿问题的举证】劳动者依据本参考意见1.1第一款要求用人单位赔偿损失的，应对用人单位未为其建立社会保险关系、社会保险经办机构不能为其补办、导致劳动者具体明确损失负举证责任。对劳动者提交了社会保险经办机构出具的用人单位未为劳动者建立社会保险关系、不能为其补办导致劳动者无法享受社会保险待遇的具体损失数额《证明》的，可按社会保险经办机构确定的损失数额确定劳动者的损失，或者按用人单位应向社会保险经办机构缴纳的社会保险费数额确定劳动者的损失。

7.7【业务提成的举证责任】劳动者与用人单位约定业务提成在业务款回收后才支付，且业务款回收由劳动者经手的，劳动者应对业务款回收的事实负举证责任。

7.9【拒不出具解除通知的举证责任】劳动合同解除或终止后，用人单位未出具解除或终止劳动合同的有效证明，此后劳动者主张损失赔偿的，如果劳动者不能举证证明用人单位存在拒不出具相关证明的情况，则对劳动者主张损失赔偿的诉请，一般不予支持。

8.3.9 深圳市中级人民法院关于审理劳动争议案件的裁判指引（2015年）

第二十三条 劳动争议中，当事人对是否存在劳动关系发生争议时，举证责任如下分配：

（1）主张劳动关系成立的一方应当提交相应的劳动合同或就工资领取、社会保险、福利待遇及工作管理提供相关证据材料。

（2）劳动者已举证证明在用人单位劳动，但用人单位主张不存在劳动关系的，用人单位应当提交反证。

第二十四条 用人单位未与劳动者签订劳动合同，认定双方存在劳动关系时可参考下列凭证：

（1）工资支付凭证或记录（职工工资发放花名册），缴纳各项社会保险费的记录；

（2）用人单位向劳动者发放的“工作证”“服务证”等能够证明身份的证件；

（3）劳动者填写的用人单位招聘“登记表”“报名表”等招用记录；

（4）考勤记录；

（5）其他劳动者的证言等。

其中（1）（3）（4）项的有关凭证由用人单位负举证责任。

第二十五条 当事人因工资支付发生争议的，举证责任如下分配：

（1）用人单位应就劳动者已领取工资的情况进行举证。

（2）用人单位延期支付工资，劳动者主张用人单位系无故拖欠工资的，用人单位应就延期支付工资的原因进行举证。

（3）劳动者主张工资标准高于劳动合同约定或已实际领取的工资数额的，劳动者应就其主张的工资标准举证。

（4）因用人单位减少劳动报酬发生争议，由用人单位负举证责任。

（5）劳动者与用人单位约定业务提成在货款收回后才支付的，对货款收回的举证责任由劳动者负担。

（6）劳动者主张加班工资，用人单位否认有加班的，劳动者应就其存在加班事实或用人单位掌握加班事实存在证据承担举证责任；劳动者已举证证明其存在加班事实或用人单位掌握加班事实存在证据的，用人单位应就劳动者申请劳动仲裁之日前两年内的工作时间承担举证责任；

用人单位考勤记录虽无劳动者签名，但有其他证据（如经劳动者确认的工资支付凭证等）相佐证的，可作为认定劳动者工作时间的证据。

（7）劳动者主张用人单位拖欠劳动报酬的，用人单位应对劳动者申请劳动仲裁之日前两年内的工资支付情况承担举证责任，但劳动者有证据证明其在申请劳动仲裁前已向用人单位主张过权利的，用人单位应对劳动者首次主张权利之日前两年内的工资支付情况承担举证责任。

上款所称的工资支付情况应包括《深圳市员工工资支付条例》第十五条第二款所规定的相关内容。

第二十六条 当事人因劳动合同的订立与解除发生争议的，举证责任如下分配：

（1）当事人主张订立无固定期限劳动合同的，应就订立无固定期限劳动合同条件成立举证；

（2）当事人主张存在解除劳动合同或存在解除事实劳动关系事实的，应就此主张举证；

（3）用人单位解除劳动关系的，应就其解除原因举证；

（4）用人单位主张劳动者严重违反劳动纪律或企业规章制度的，应就劳动者存在严重违反劳动纪律或企业规章制度的事实以及企业规章制度经过民主程序制定并已向劳动者公示的事实举证。

第二十七条 当事人在劳动争议仲裁阶段向仲裁庭提交过的证据材料仍然应当按举证责任在人民法院指定的举证期限内向人民法院提交。

8.4 劳动仲裁与法院相关

★ 法律

8.4.1 中华人民共和国劳动法（主席令第18号 2009年修正）

第八十三条 【起诉和强制执行】劳动争议当事人对仲裁裁决不服的，可以自收到仲裁裁决书之日起十五日内向人民法院提起诉讼。一方当事人在法定期限内不起诉又不履行仲裁裁决的，另一方当事人可以申请人民法院强制执行。

★ 行政法规/部门规章/司法解释

8.4.2 最高人民法院关于审理劳动争议案件适用法律若干问题的解释（法释［2001］14号）

第十七条 劳动争议仲裁委员会作出仲裁裁决后，当事人对裁决中的部分事项不服，依法向人民法院起诉的，劳动争议仲裁裁决不发生法律效力。

第十八条 劳动争议仲裁委员会对多个劳动者的劳动争议作出仲裁裁决后，部分劳动者对仲裁裁决不服，依法向人民法院起诉的，仲裁裁决对提出起诉的劳动者不发生法律效力；对未提出起诉的部分劳动者，发生法律效力，如其申请执行的，人民法院应当受理。

8.4.3 最高人民法院关于审理劳动争议案件适用法律若干问题的解释（三）（法释［2010］12号）

第十三条 劳动者依据调解仲裁法第四十七条第（一）项规定，追索劳动报酬、工伤医疗费、经济补偿或者赔偿金，如果仲裁裁决涉及数项，每项确定的数额均不超过当地月最低工资标准十二个月金额的，应当按照终局裁决处理。

第十四条 劳动人事争议仲裁委员会作出的同一仲裁裁决同时包含终局裁决事项和非终局裁决事项，当事人不服该仲裁裁决向人民法院提起诉讼的，应当按照非终局裁决处理。

8.4.4 最高人民法院关于审理劳动争议案件适用法律若干问题的解释（四）（法释［2013］4号）

第二条 仲裁裁决的类型以仲裁裁决书确定为准。

仲裁裁决书未载明该裁决为终局裁决或非终局裁决，用人单位不服该仲裁裁决向基层人民法院提起诉讼的，应当按照以下情形分别处理：

（一）经审查认为该仲裁裁决为非终局裁决的，基层人民法院应予受理；

（二）经审查认为该仲裁裁决为终局裁决的，基层人民法院不予受理，但应告知用人单位可以自收到不予受理裁定书之日起三十日内向劳动人事争议仲裁委员会所在地的中级人民法院申请撤销该仲裁裁决；已经受理的，裁定驳回起诉。

8.4.5 第八次全国法院民事商事审判工作会议（民事部分）纪要（2016年）

第27条 当事人在仲裁阶段未提出超过仲裁申请期间的抗辩，劳动人事仲裁机构作出实体裁决后，当事人在诉讼阶段又以超过仲裁时效期间为由进行抗辩的，人民法院不予支持。

当事人未按照规定提出仲裁时效抗辩，又以仲裁时效期间届满为由申请再审或者提出再审抗辩的，人民法院不予支持。

★ 地方性文件·广东省

8.4.6 广东省高级人民法院关于印发《广东省高级人民法院关于审理劳动争议案件若干问题的指导意见》的通知（粤高法发［2002］21号）

第十七条 劳动争议当事人不服劳动争议仲裁委员会作出的有给付内容的裁决而向人民法院起诉，人民法院不支持当事人的诉讼请求的，不得直接驳回当事人的诉讼请求，应依据认定的案件事实重新作出处理。

8.4.7 广东省高级人民法院、广东省劳动人事争议仲裁委员会关于印发《广东省高级人民法院广东省劳动人事争议仲裁委员会关于审理劳动人事争议案件若干问题的座谈会纪要》的通知（粤高法［2012］284号）

第三十五条 因申请人无正当理由拒不到庭或者未经仲裁庭许可中途退庭，劳动人事仲裁机构按自动撤回申请处理后，申请人又提起仲裁申请，劳动人事仲裁机构作出不予受理的决定或通知，申请人不服该决定而向人民法院起诉的，人民法院应予受理。人民法院经审查认为确属无正当理由拒不到庭或者未经仲裁庭许可中途退庭的，应裁定驳回起诉。

第三十六条 当事人不服劳动人事仲裁机构以不符合《劳动争议调解仲裁法》第二十一条第二款有关地域管辖的规定为由作出不予受理的决定或通知，向人民法院提起诉讼的，人民法院不予受理。

第四十条 劳动人事仲裁机构以当事人的仲裁申请超过法定时效期间为由作出不予受理的决定，当事人不服该决定而向人民法院起诉的，人民法院应当对当事人的仲裁申请是否超过法定时效期间进行审查。

当事人在仲裁阶段未提出超过仲裁申请期间的抗辩，劳动人事仲裁机构对此进行了实体性裁决，应视为当事人在仲裁阶段放弃了申请仲裁期限的程序性抗辩权利。当事人在诉讼阶段以此为由进行抗辩的，人民法院不予支持。

第四十一条 劳动人事争议仲裁机构、人民法院审理人事争议案件适用《劳动争议调解仲裁法》《劳动人事争议调解仲裁办案规则》的规定，《劳动争议调解仲裁法》《劳动人事争议调解仲裁办案规则》未作规定的，依照《人事争议处理规定》有关规定执行。

劳动人事争议仲裁机构、人民法院审理人事争议案件，应当以国家有关人事法律、行政法规和国家有关人事政策为依据，国家法律、行政法规没有规定或者规定不明确的，可以参照部门规章、地方性法规、政府规章及人事管理规范性文件处理。规章及规范性文件没有规定或者规定不明确的，且纠纷性质与劳动争议类似的，可参照《劳动法》《劳动合同法》等规定处理。

8.4.8 惠州市中级人民法院惠州市劳动人事争议仲裁委员会关于审理劳动争议案件若干问题的会议纪要（试行）（2012年）

第七条 【未诉视为认可仲裁】劳动仲裁机构就当事人的请求作出某一具体裁项后，当事人未就该具体裁项依法起诉，一般应视为认可该裁项。

仲裁裁决作出后劳动者起诉，用人单位没有起诉或申请撤销的，人民法院认定用人单位应给付的款项比仲裁裁决的结果低的，视为用人单位同意仲裁结果，应按仲裁裁决的结果作出判决。

仲裁裁决作出后用人单位起诉，劳动者没有起诉的，人民法院认定用人单位应给付的款项比仲裁裁决的结果高的，视为劳动者同意仲裁结果，应按仲裁裁决的结果作出判决。

第八条 【用人单位起诉使仲裁裁决失去执行效力】用人单位不服确定其向劳动者承担法定义务的仲裁裁决，向人民法院起诉的，人民法院经审查认为仲裁裁决有理，除判决驳回用人单位的诉讼请求外，仍应对劳动者的实体权益作出判决，使劳动者获得申请强制执行的依据。

第九条 【诉讼请求与讼争的劳动争议具有不可分性的理解】《最高人民法院关于审理劳动争议案件适用法律若干问题的解释》第六条规定："人民法院受理劳动争议案件后，当事人增加诉讼请求的，如该诉讼请求与讼争的劳动争议具有不可分性，应当合并审理。"该条款中的"不可分性"是指增加的诉讼请求与仲裁的事项是基于同一事实而产生的，相互之间具有依附性和相关性。

8.4.9 深圳市中级人民法院关于审理劳动争议案件的裁判指引（2015年）

第二十八条 当事人因劳动人事争议仲裁委员会逾期未作出受理决定或逾期未作出仲裁裁决向人民法院起诉，人民法院决定予以受理的，应在受理之日起五日内书面通知劳动争议仲裁委员会终结有关案件的仲裁。

第二十九条 当事人不服劳动争议仲裁委员会不予受理裁定、决定或通知，应当自收到裁定、决定或通知之日起十五日内向人民法院起诉。当事人逾期向人民法院起诉的，可比照《劳动争议调解仲裁法》第五十条的规定，裁定不予受理；已受理的，裁定驳回起诉。

第三十条 当事人对劳动争议仲裁委员会作出准许撤回申诉或按撤回申诉处理的决定不服，向人民法院起诉的，裁定不予受理；已受理的，裁定驳回起诉。

第三十一条 当事人不服劳动争议仲裁委员会作出的仲裁裁决或不予受理决定、通知，向人民法院起诉，人民法院依法作出准许其撤诉或按撤诉处理的裁定，并已送达给双方当事人，当事人又提起诉讼的，人民法院不予受理。

第三十二条 双方当事人均不服劳动争议仲裁委员会对不属于终局裁决的劳动争议案件的同一裁决，向同一人民法院起诉的，人民法院应当并案审理，双方当事人互为原告和被告。在诉讼过程中，一方当事人撤诉的，人民法院应当根据另一方当事人的诉讼请求继续审理。

一方当事人起诉后，另一方当事人在收到劳动争议仲裁裁决书十五日后提出起诉或反诉的，人民法院不予受理。

《劳动争议调解仲裁法》第四十八条、第四十九条和第五十条分别规定十五日、三十日，均应从当事人收到仲裁裁决书的次日起算。

第三十三条 双方当事人之间不存在劳动关系，但一方当事人以劳动争议为由申请劳动仲裁，劳动争议仲裁委员会以双方争议不属于劳动法调整范围为由作出不予受理的书面裁定、决定或者通知，当事人不服，向人民法院起诉的，经审查，双方确实不存在劳动关系的，以主体不适格为由裁定驳回起诉。

第三十四条 劳动争议仲裁当事人一方或双方为二人以上的，人民法院应视案件需要将未向人民法院提起诉讼的当事人列为被告或第三人。

第三十五条 劳动争议仲裁机构就申诉人的请求作出某一具体裁决项后，当事人未就该具体裁决项依法提起诉讼，视为其对该具体裁决项的认可。

第三十六条 当事人在诉讼过程中增加关于工资的25%经济补偿金及解除劳动合同经济补偿的50%额外经济补偿金请求的，可认定为该诉讼请求与讼争劳动争议具有不可分性。但当事人就同一请求增加数额的，不予支持。

第三十八条 人民法院审理劳动争议案件时，当事人未提出诉讼时效抗辩，人民法院不应对诉讼时效问题进行释明及主动适用诉讼时效的规定进行裁判。

8.5 一裁终局相关

★ 法律

8.5.1 中华人民共和国劳动争议调解仲裁法（主席令第80号 2008年5月起施行）

第四十七条 下列劳动争议，除本法另有规定的外，仲裁裁决为终局裁决，裁决书自作出之日起发生法律效力：

（一）追索劳动报酬、工伤医疗费、经济补偿或者赔偿金，不超过当地月最低工资标准十二个月金额的争议；

（二）因执行国家的劳动标准在工作时间、休息休假、社会保险等方面发生的争议。

★ 行政法规/部门规章/司法解释

8.5.2 最高人民法院关于适用《中华人民共和国民事诉讼法》的解释（法释［2015］5号）

第二百七十四条 下列金钱给付的案件，适用小额诉讼程序审理：

（六）劳动关系清楚，仅在劳动报酬、工伤医疗费、经济补偿金或者赔偿金给付数额、时间、方式上存在争议的劳动合同纠纷；

（七）劳务关系清楚，仅在劳务报酬给付数额、时间、方式上存在争议的劳务合同纠纷；

8.5.3 最高人民法院关于审理劳动争议案件适用法律若干问题的解释（三）（法释［2010］12号）

第十三条 劳动者依据调解仲裁法第四十七条第（一）项规定，追索劳动报酬、工伤医疗费、经济补偿或者赔偿金，如果仲裁裁决涉及数项，每项确定的数额均不超过当地月最低工资标准十二个月金额的，应当按照终局裁决处理。

第十四条 劳动人事争议仲裁委员会作出的同一仲裁裁决同时包含终局裁决事项和非终局裁决事项，当事人不服该仲裁裁决向人民法院提起诉讼的，应当按照非终局裁决处理。

第十六条 用人单位依照调解仲裁法第四十九条规定向中级人民法院申请撤销仲裁裁决，中级人民法院作出的驳回申请或者撤销仲裁裁决的裁定为终审裁定。

第十八条 劳动人事争议仲裁委员会作出终局裁决，劳动者向人民法院申请执行，用人单位向劳动人事争议仲裁委员会所在地的中级人民法院申请撤销的，人民法院应当裁定中止执行。

8.5.4 最高人民法院关于审理劳动争议案件适用法律若干问题的解释（四）（法释［2013］4号）

第三条 中级人民法院审理用人单位申请撤销终局裁决的案件，应当组成合议庭开庭审理。经过阅卷、调查和询问当事人，对没有新的事实、证据或者理由，合议庭认为不需要开庭审理的，可以不开庭审理。

中级人民法院可以组织双方当事人调解。达成调解协议的，可以制作调解书。一方当事人逾期不履行调解协议的，另一方可以申请人民法院强制执行。

8.5.5 劳动人事争议仲裁办案规则（人力资源和社会保障部令第33号　2017年7月起施行）

第五十条　仲裁庭裁决案件时，申请人根据调解仲裁法第四十七条第（一）项规定，追索劳动报酬、工伤医疗费、经济补偿或者赔偿金，如果仲裁裁决涉及数项，对单项裁决数额不超过当地月最低工资标准十二个月金额的事项，应当适用终局裁决。

前款经济补偿包括《中华人民共和国劳动合同法》（以下简称劳动合同法）规定的竞业限制期限内给予的经济补偿、解除或者终止劳动合同的经济补偿等；赔偿金包括劳动合同法规定的未签订书面劳动合同第二倍工资、违法约定试用期的赔偿金、违法解除或者终止劳动合同的赔偿金等。

根据调解仲裁法第四十七条第（二）项的规定，因执行国家的劳动标准在工作时间、休息休假、社会保险等方面发生的争议，应当适用终局裁决。

仲裁庭裁决案件时，裁决内容同时涉及终局裁决和非终局裁决的，应当分别制作裁决书，并告知当事人相应的救济权利。

★ 地方性文件·广东省

8.5.6 广东省高级人民法院、广东省劳动争议仲裁委员会关于适用《劳动争议调解仲裁法》《劳动合同法》若干问题的指导意见（粤高法发［2008］13号）

第九条　《劳动争议调解仲裁法》第四十七条应作如下理解：

（一）劳动者追索劳动报酬、工伤医疗费、经济补偿金或赔偿金，其仲裁请求涉及数项，分项计算数额不超过当地最低工资标准十二个月金额的，仲裁裁决为终局裁决；

（二）劳动者要求按国家法定标准执行工作时间、享受休息休假的争议，以及劳动者与用人单位发生本意见第二条规定的社会保险争议，仲裁裁决为终局裁决。

申请人的仲裁请求同时涉及仲裁终局裁决和非终局裁决事项的，劳动争议仲裁委员会应分别就仲裁终局裁决与非终局裁决事项作出裁决。

第十条　劳动者就终局裁决向基层人民法院起诉，而用人单位依据《劳动争议调解仲裁法》第四十九条的规定向中级人民法院申请撤销仲裁裁决的，中级人民法院应不予受理。已经受理的，应裁定终结诉讼。但基层人民法院审理案件时，对用人单位的抗辩应一并处理。

劳动者起诉后撤诉或因超过起诉期间被驳回起诉的，用人单位自收到裁定书之日起三十日内可以向劳动争议仲裁委员会所在地的中级人民法院申请撤销仲裁裁决。

中级人民法院在受理用人单位撤销仲裁裁决的申请后，或基层人民法院在受理劳动者对于终局裁决不服的案件后，均应在开庭审理前审查是否同时存在撤销仲裁之诉和劳动者不服终局裁决的起诉，以便两级法院就有关案件进行协调和沟通。

第十三条　在人民法院审查用人单位撤销仲裁裁决的申请是否符合法定条件的期间，人民法院可不停止生效仲裁裁决的执行。

用人单位向人民法院申请撤销仲裁裁决被驳回的，又在执行程序中以相同理由提出不予执行申请的，人民法院不予支持。

第十四条　根据审理撤销仲裁裁决、执行仲裁裁决案件的实际需要，人民法院可以向作出原裁决的劳动争议仲裁委员会调阅案卷。在收到人民法院的函件后，劳动争议仲裁委员会应于五日内提供案卷。

人民法院在办理上述案件过程中作出的裁定，应当送作出原裁决的劳动争议仲裁委员会。

8.5.7 广东省高级人民法院、广东省劳动人事争议仲裁委员会关于印发《广东省高级人民法院广东省劳动人事争议仲裁委员会关于审理劳动人事争议案件若干问题的座谈会纪要》的通知（粤高法［2012］284号）

第三十七条　劳动者依据《劳动合同法》第四十条或第八十二条的规定请求用人单位支付代通知金或二倍工资的，作为《劳动争议调解仲裁法》第四十七条第一项规定的追索赔偿金争议处理。

劳动者请求用人单位支付工伤保险待遇，属于《劳动争议调解仲裁法》第四十七条第二项规定的因执行国家的劳动标准在社会保险方面发生的争议，劳动人事仲裁机构对此作出的仲裁裁决为终局裁决。

第三十八条　劳动人事仲裁机构作出的裁决书应当载明该裁决是否属于终局裁决。

劳动人事仲裁机构作出的裁决书已载明该裁决是否属于终局裁决，当事人在诉讼中又对有关终局裁决、非终局裁决的认定提出异议的，人民法院不予审查。

第三十九条　除《劳动争议调解仲裁法》第四十九条第一款第（四）（五）项规定的情形外，用人单位以认定事实错误为由申请撤销终局裁决的，人民法院不予支持。

劳动人事仲裁机构违反法定程序足以影响裁决结果的，用人单位可以依据《劳动争议调解仲裁法》第四十九条第一款第（三）项规定申请撤销仲裁裁决。

8.5.8 惠州市中级人民法院惠州市劳动人事争议仲裁委员会关于审理劳动争议案件若干问题的会议纪要（试行）（2012年）

第六条　【终局裁决问题】在诉讼中，当事人对劳动仲裁机构作出的裁决书是否属于终局裁决提出异议的，人民法院不予审查。

对于《劳动争议调解仲裁法》第四十七条规定的依法属于劳动仲裁终局裁决的争议事项，劳动仲裁机构以非终局裁决书形式作出裁决而用人单位向人民法院起诉的，人民法院应当予以受理。

对于《劳动争议调解仲裁法》第四十七条规定以外的属于劳动仲裁非终局裁决的争议事项，劳动仲裁机构以终局裁决书形式作出裁决而用人单位向人民法院申请撤销仲裁裁决的，人民法院应当予以受理。

8.5.9 深圳市中级人民法院关于审理劳动争议案件的裁判指引（2015年）

第三十七条　《劳动争议调解仲裁法》第四十九条第一款第（三）项规定的“违反法定程序”是指劳动仲裁裁决违反法定程序，足以影响案件公正裁决的。

第四十条　劳动者就终局裁决向基层人民法院起诉，而用人单位依据《劳动争议调解仲裁法》第四十九条的规定向中级人民法院申请撤销仲裁裁决的，中级人民法院对用人单位撤销仲裁裁决的申请应不予受理。已受理的，应裁定驳回申请。但基层人民法院审理案件时，对用人单位的抗辩应一并处理。

劳动者起诉后撤诉或因超过起诉期间被驳回起诉的，用人单位自收到裁定书之日起三十日内可以向劳动争议仲裁委员会所在地的中级人民法院申请撤销仲裁裁决。

中级人民法院在受理用人单位撤销仲裁裁决的申请后，或基层人民法院在受理劳动者对于终局裁决不服的案件后，均应在开庭审理前审查是否同时存在不服终局裁决的起诉或申请撤销仲裁裁决的情形。

8.5.10 广东省高级人民法院印发《广东省高级人民法院关于审理劳动争议案件疑难问题的解答》的通知（粤高法［2017］147号　2017年8月1日实施）

18. 对于终局裁决案件，如劳动者已向人民法院提起诉讼，用人单位能否依据《中华人民共和国劳动争议调解仲裁法》第四十九条规定提出抗辩？

劳动者依据《中华人民共和国劳动争议调解仲裁法》第四十八条规定向基层人民法院提起诉讼，用人单位依据该法第四十九条规定向劳动人事争议仲裁委员会所在地的中级人民法院申请撤销仲裁裁决的，中级人民法院应不予受理；已经受理的，应当裁定驳回申请。但基层人民法院审理案件时，对用人单位的抗辩应一并处理。用人单位的抗辩，除属于针对劳动者的诉讼请求提出的抗辩外，不得超出用人单位申请撤销的理由及《中华人民共和国劳动争议调解仲裁法》第四十九条规定的范围。

22. 劳动争议案件能否适用一审终审？

根据《广东省高级人民法院关于适用小额诉讼程序审理民事案件的操作指引》第1条的规定，对于劳动关系清楚，仅在劳动报酬、工伤医疗费、经济补偿金或赔偿金等给付数额、时间上存在争议的劳动合同纠纷案件，如当事人请求的单项数额均符合《中华人民共和国民事诉讼法》第一百六十二条“基层人民法院和它派出的法庭审理符合本法第一百五十七条第一款规定的简单的民事案件，标的额为各省、自治区、直辖市上年度就业人员年平均工资百分之三十以下的，实行一审终审”规定条件的，法院可适用小额诉讼程序审理。

★地方性文件·上海市

8.5.11 上海市高级人民法院关于劳动争议纠纷若干程序问题的意见（沪高法［2008］181号）

2. 一裁终局标的额标准的把握

根据《劳动争议调解仲裁法》第四十七条第一款第（一）项的规定，追索劳动报酬、工伤医疗费、经济补偿或者赔偿金，不超过当地月最低工资标准十二个月金额的争议，仲裁裁决为终局裁决。对此，一般应当以当事人申请仲裁时各项请求的总金额为标准确定该申请是否属于一裁终局的事项。

最低工资标准发生调整时，据以确定仲裁程序的申请仲裁标的额自最低工资标准公布之日起进行调整。最低工资标准调整后新受理的案件应当以新标准确定裁决效力。

3. 一裁终局事项标准的把握

根据《劳动争议调解仲裁法》第四十七条第一款第（二）项的规定，因执行国家的劳动标准在工作时间、休息休假、社会保险等方面发生的争议，仲裁裁决为终局裁决。因此，执行国家劳动标准产生的纠纷属于一裁终局的事项。

4. 争议内容既有一裁终局又有非一裁终局事项时的处理

当事人双方在同一起仲裁案件中的争议内容涉及多个方面，其中既包含属于法定一裁终局的争议，又有非法定一裁终局劳动争议事项的，该裁决一般不适用《劳动争议调解仲裁法》第四十七、四十八、四十九条关于终局裁决的规定。当事人双方不服裁决内容的，均可在法定期限内依法提起诉讼。

5. 对一裁终局裁决劳动者起诉，用人单位亦申请撤销裁决时的处理

根据《调解仲裁法》第四十八条的规定，劳动者对一裁终局裁决不服的，可以自收到仲裁裁决书之日起十五日内向人民法院提起诉讼，在此之前，中级法院对于用人单位一方撤销仲裁裁决的申请不予受理。因为劳动者一旦起诉，仲裁裁决就不再发生法律效力，用人单位申请撤销仲裁裁决就失去意义。因此，劳动者一方起诉的，基层法院即应对整个劳动争议进行全面审理。

如劳动者起诉后又撤诉的，经征询用人单位一方意见，用人单位要求继续审理的，人民法院可不予准许撤诉并仍对整个案件进行审理；用人单位也认为不需要继续审理的，可以准许劳动者撤诉，仲裁裁决发生相应法律效力。

6. 一裁终局裁决后劳动者申请执行，而用人单位申请撤销时的处理

一裁终局的劳动争议裁决，劳动者已申请执行，而用人单位申请撤销该裁决的，法院应当对被执行财产停止处分。如该裁决被撤销的，应当裁定终结执行。撤销裁决的申请被裁定驳回的，法院应当继续处分。

7. 一裁终局裁决被法院撤销后如何处理

根据《劳动争议调解仲裁法》第四十九条第三款的规定，仲裁裁决被人民法院裁定撤销的，当事人可以自收到裁定书之日起十五日内就该劳动争议事项向人民法院提起诉讼。因此，一裁终局裁决被撤销后，当事人双方均可直接向有管辖权的人民法院提起诉讼，无需再经过前置仲裁程序。

8. 一裁终局裁决的审查

一方当事人不服一裁终局裁决提起诉讼时，法院一般应根据裁决文书中程序性权利告知事项对该裁决进行审查，以判明该裁决是否属一裁终局裁决。

8.5.12 上海市高级人民法院《劳动争议案件若干问题的解答》(民一调研［2010］34号)

三、关于《劳动争议调解仲裁法》第47条“一裁终局”的几个问题

1. 关于“一裁终局”标的额标准的把握问题

《最高人民法院关于审理劳动争议案件适用法律若干问题的解释（三）》和最高院民一庭负责人的相关说明对“一裁终局”标的额的认定标准作了明确，即“追索劳动报酬、工伤医疗费、经济补偿或者赔偿金，如果仲裁裁决涉及数项，每项确定的数额均不超过当地月最低工资标准十二个月金额的，应当按照终局裁决处理。劳动者申请的数额与仲裁机构裁决的数额不一致的，应以劳动人事争议仲裁委员会作出最终裁决的数额作为标准，判断是否超过当地月最低工资标准十二个月金额。”故沪高法（2008）181号《关于劳动争议纠纷若干程序问题的意见》第2条关于“一裁终局标的额标准的把握”的规定予以废止。

2. 双倍工资中超出双方约定的劳动报酬部分是否属于“一裁终局”的范围

我们认为，对于双倍工资中超出双方约定的劳动报酬的部分，是因用人单位未按法律规定与劳动者签订书面劳动合同而应承担的法定责任，可按赔偿金看待，属于“一裁终局”的处理范围。

3. 竞业限制期限内用人单位按月给予劳动者的经济补偿是否属于“一裁终局”的范围

我们认为，如双方当事人对给付经济补偿事实没有异议，仅对是否已支付或支付金额

大小有争议的，从快速解决纠纷的角度出发，该经济补偿如在“一裁终局”标的额范围内的，可通过“一裁终局”的途径解决。

如案情比较复杂，涉及商业秘密、保密义务等内容的审查以及是否应当支付经济补偿发生争议的，通过“一裁终局”方式处理不利查明案件事实的，该经济补偿争议不宜通过“一裁终局”途径解决。

4. 替代通知期工资是否属于“一裁终局”的范围

我们认为，《劳动合同法》第40条规定，劳动者有患病、非因工负伤、不能胜任工作等情况下，用人单位提前三十日以书面形式通知劳动者本人或者额外支付劳动者一个月工资后，可以解除劳动合同。从法条本意理解，替代通知期工资系用人单位未提前30日通知劳动者解除劳动合同而给予的替代给付，故替代通知期工资系劳动者享有的期限利益，具有经济补偿的性质，属于“一裁终局”的处理范围。

5. 劳动部《违反和解除劳动合同的经济补偿办法》规定用人单位克扣或无故拖欠、拒不支付工资报酬等需支付25%的经济补偿金及未按规定给付经济补偿金须支付50%的额外经济补偿金应如何适用的问题

1994年劳动部《违反和解除劳动合同的经济补偿办法》规定，用人单位克扣或无故拖欠劳动者工资、拒不支付劳动者延长工作时间工资报酬的，除在规定时间内全额支付劳动报酬外，还需向劳动者加发相当于工资报酬25%的经济补偿金；用人单位低于当地最低工资标准支付劳动报酬的，在补足低于标准部分的同时，另向劳动者支付相当于低于部分25%的经济补偿金；用人单位解除劳动合同后，未按规定给予劳动者经济补偿的，除全额发给经济补偿金外，还须按该经济补偿金数额的50%支付额外经济补偿金。现《劳动合同法》第85条对此问题作出新的规定，即用人单位未按规定或约定及时足额支付劳动报酬、低于当地最低工资标准支付劳动者工资、安排加班不支付加班费、未按法律规定支付解除或终止劳动合同的经济补偿的，由劳动行政部门责令期限支付，逾期不支付的，用人单位按应付金额50%~100%的标准向劳动者加付赔偿金。

我们认为，因《劳动合同法》第85条对逾期支付劳动报酬、加班费、经济补偿等的法律责任已做了新的规定，应按《劳动合同法》第85条规定执行。该条规定的加付赔偿金，系赔偿金性质，属于《调解仲裁法》第47条“一裁终局”的处理范围。

6. 关于因工作时间、休息休假发生争议如何适用《调解仲裁法》47条规定的问题

我们认为，《调解仲裁法》47条第2项的规定主要是针对执行劳动制度如工作时间安排、休息休假天数等不涉及具体金额的情形。如因工作时间、休息休假发生的争议涉及具体金额给付的，如加班工资、带薪休假工资等，则应按本解答第三条第1点的规定，即根据具体加班工资、带薪休假工资等的数额是否超过本市月最低工资标准十二个月金额来确定是否属于“一裁终局”的范围。

8.5.13 上海市高级人民法院民一庭《民事法律适用问答》(2010年)

一、用人单位向中院申请撤销一裁终局的劳动仲裁裁决相关程序应如何处理？

近来，中院反映用人单位申请撤销一裁终局的劳动争议仲裁裁决后，有些劳动者因不服裁决向基层法院提起诉讼，也有些劳动者未提起诉讼，相关案件具体程序不够明确，且对于用人单位在劳动者起诉的案件跌地位及诉讼权利也存有一定的争议。对此，我们认为

对于一裁终局的劳动争议仲裁裁决，一旦劳动者起诉，仲裁裁决就不发生法律效力，此时用人单位再申请撤销仲裁裁决就失去意义，故原则上应当避免重复起诉的情况发生。用人单位向中院申请撤销仲裁裁决的，中院立案部门应在仲裁裁决书作出之日起十五日后审查核实劳动者是否已在法院提起诉讼，经审查核实劳动者未提起诉讼的予以立案。

经审查核实劳动者已经起诉的，告知用人单位直接作为劳动者起诉案件的被告参加诉讼，并将用人单位申请撤销的相关材料移送基层法院；如中院立案后发现基层法院又受理劳动者起诉的，中院应注销案件并将相关材料移送基层法院审理。基层法院应当对上述两种情况中劳动者和用人单位的诉讼请求进行全面审理。

8.5.14 上海市高级人民法院关于劳动争议最新审判意见（2011 年第 3 期）

二、关于用人单位不服“一裁终局”裁决，向中院申请撤销裁决，其诉请中包含“裁定撤销为劳动者缴纳社会保险费裁决”的，法院如何处理的问题

我们认为，如上所述，因是否缴纳社会保险费不属于法院受理范围，故即使仲裁机构对是否缴纳社会保险费作出实体裁决，也不属于法院审理的范围。中院可对除缴纳社保费外的其他诉请依法进行审查，以判定是否撤销“一裁终局”案件的裁决。如其诉请仅为“裁定撤销为劳动者缴纳社会保险费裁决”一项的，可裁定不予受理。如其诉请有数项，其中包含“裁定撤销为劳动者缴纳社会保险费裁决”的，经中院审理认为需依法裁定撤销裁决的，还应在裁定书中明确当事人就“缴纳社会保险费”诉请不得再向基层法院起诉；如经中院审理认为需维持裁决的，应在裁定书中明确就“缴纳社会保险费”的争议，不属于法院审理范围。

★地方性文件 · 北京市

8.5.15 北京市高级人民法院、北京市劳动争议仲裁委员会关于劳动争议案件法律适用问题研讨会会议纪要（2009 年）

4. 根据《劳动争议调解仲裁法》第四十七条的规定，适用一裁终局的劳动争议案件有两类，一是小额案件，即仅限于追索劳动报酬、工伤医疗费、经济补偿或赔偿金，不超过当事人申请仲裁时当地月最低工资标准十二个月金额的财产争议；二是标准明确的案件，即因执行国家的劳动标准在工作时间、休息休假等方面发生的争议。对于第一类案件，一般应当以当事人申请仲裁时各项请求的总金额为标准确定是否属于适用一裁终局的劳动争议案件。对于第二类案件，该类案件一般不涉及具体金额，主要是指因执行国家劳动标准而产生的争议。

5. 劳动者就终局裁决向基层人民法院起诉，而用人单位依据《劳动争议调解仲裁法》第四十九条的规定向中级人民法院申请撤销仲裁裁决的，中级人民法院应不予受理。已经受理的，应裁定终结诉讼。但基层人民法院审理案件时，对用人单位的请求应一并处理。劳动者起诉后撤诉或因超过起诉期间被驳回起诉的，用人单位自收到裁定书之日起三十日内可以向劳动争议仲裁委员会所在地的中级人民法院申请撤销仲裁裁决。中级人民法院在受理用人单位撤销仲裁裁决的申请后，或基层人民法院在受理劳动者对于终局裁决不服的案件后，均应在开庭审理前审查是否同时存在撤销仲裁之诉和劳动者不服终局裁决的起诉，以便两级法院就有关案件进行协调和沟通。

6. 根据审理申请撤裁案件的实际需要，人民法院可以向作出原裁决的劳动争议仲裁委

员会调阅案卷，劳动争议仲裁委员会应当及时提供案卷。人民法院就上述案件作出的裁定，应当送作出原裁决的劳动争议仲裁委员会。

7. 在劳动仲裁程序中遗漏了必须共同参加仲裁的当事人，人民法院在一审诉讼程序中可依法予以追加，无须再行仲裁。劳动争议仲裁委员会漏裁的事项，人民法院可直接作出处理。

8. 根据《最高人民法院关于审理劳动争议案件适用法律若干问题的解释》第六条规定："人民法院受理劳动争议案件后，当事人增加诉讼请求的，如该诉讼请求与讼争的劳动争议具有不可分性，应当合并审理"，该条款中的"不可分性"是指增加的诉讼请求与仲裁的事项是基于同一事实而产生的，相互之间具有依附性。

9. 当事人双方不服劳动争议仲裁委员会作出的同一仲裁裁决，均向同一人民法院起诉的，双方当事人互为原告和被告，先起诉的一方当事人列为"原告（被告）"，后起诉的一方当事人列为"被告（原告）"。

10.《劳动争议调解仲裁法》第四十八条和第四十九条涉及的期间的起算，应与《民事诉讼法》的有关规定相一致，均从次日起算；《劳动合同法》第十九条所称的"以上""不满"的界定，应与《民法通则》第一百五十五条的规定相一致。

11. 劳动者依据《劳动合同法》第三十条第二款和《劳动争议调解仲裁法》第十六条的规定向人民法院申请支付令的，应符合《民事诉讼法》第十七章的规定。

8.5.16 北京市高级人民法院、北京市劳动争议仲裁委员会关于劳动争议案件法律适用问题研讨会会议纪要（二）（京高法发［2014］220号）

1. 当事人向劳动人事争议仲裁委员会或者劳动争议仲裁委员会（以下简称仲裁委）申请仲裁后又撤回申请，向法院起诉，如何处理？

当事人申请仲裁后又撤回申请的，法院不能视为已经过仲裁前置程序，可裁定不予受理，已经受理的裁定驳回起诉，并告知其先向仲裁委申请仲裁。

对于当事人在撤回申请后，再次向仲裁委申请仲裁，经仲裁委裁决或作出不予受理通知书后，法院可以受理。

2. 当事人申请仲裁后，无正当理由拒不到庭或者未经仲裁庭同意中途退庭，仲裁委按照撤回仲裁申请处理，并作出决定书的，当事人起诉到法院，如何处理？

法院经审查符合劳动争议受理条件的，可以受理。

3. 仲裁裁决作出后当事人未起诉，或裁决有多项内容，当事人仅就部分内容提起诉讼的，如何处理？

仲裁裁决作出后当事人未在法定期限内起诉，或仅就部分内容提起诉讼，法院只需审理当事人在法定期限内起诉的请求，保持当事人诉讼请求与审理内容的一致性。

对双方当事人均未起诉的仲裁结果部分，可在"本院认为"中予以确认，并直接写入判决主文。

法院对于案件事实的审理不受当事人诉讼请求的限制，法院应当结合证据对事实进行综合判断和认定。

法院对仲裁裁决确认是否存在劳动关系一项认为有误的，无论当事人是否提出诉讼请求，均可以直接予以认定，并根据所认定的事实作出相应判决。

4. 在仲裁程序中，证人出庭作证并接受质询，诉讼中证人是否仍需出庭？

证人可不再出庭，但仍有需要质询的事实或当事人又提供反证的除外。

5. 仲裁程序中当事人已经认可的相关案件事实，在诉讼程序中当事人又否认的，如何处理？

在诉讼程序中，除经对方当事人同意，或者有充分证据证明与事实不符的，对当事人否认在仲裁程序中所认可事实的主张不予支持。

6. 当事人已经签收仲裁委对劳动争议作出的调解书，事后反悔向法院起诉的，如何处理？

法院应裁定不予受理；已受理的，应裁定驳回起诉，但裁定书应说明调解书已生效，双方按原调解书执行。

7. 对于劳动争议仲裁申请人依法提出的仲裁请求，仲裁裁决书遗漏未予处理，当事人起诉至法院的如何处理？

法院应当予以审理，不得以相应请求未经仲裁前置程序为由不予处理。

8. 劳务派遣单位与用工单位之间基于《劳务派遣协议》而产生的纠纷，仲裁委、法院是否作为劳动争议案件处理？

劳务派遣单位与用工单位基于《劳务派遣协议》而产生的纠纷属于劳动合同以外的其他类型合同纠纷，不作为劳动争议案件处理。

9. 劳动者要求转移户口、归还户口页、终止用人单位与人才中心户口保管合同的纠纷是否作为劳动争议案件处理？

劳动者要求转移户口、归还户口页、终止用人单位与人才中心户口保管合同的纠纷，不作为劳动争议案件处理。

10. 用人单位指派劳动者长期在北京市从事业务，劳动者以在北京市某区县的居住地作为劳动合同履行地而向该地仲裁委申请仲裁或向基层法院起诉的，如何处理？

劳动者因用人单位的指派而长期在北京市从事业务，如其在北京有固定的办公地点，可以视办公地点所在地为劳动合同履行地，如因业务原因没有固定办公地点，则可以视其在北京的居住地为劳动合同履行地。劳动者应当向仲裁委、法院提供用人单位指派其长期在北京从事业务的证据，以及其在北京有无固定办公地点和长期居住地点的证据。

11. 劳动争议案件一审判决主文应如何表述？

（1）对双方当事人均未起诉的仲裁结果部分，一般应在判决“本院认为”的理由部分中表示予以确认，并可直接写入一审判决主文。

（2）仲裁结果为给付金钱，当事人不服起诉，一审法院认定不应给付金钱，判决主文表述为“无需支付”；一审法院认定应当给付金钱，则将给付金钱内容写入判决主文，不应写驳回当事人的请求；一审法院认定应当给付金钱但具体数额应调整，则在一审判决主文中写明经调整后需给付金钱的数额。

（3）仲裁结果未支持当事人某项请求，当事人不服起诉，一审法院认为应当支持该项请求，可直接写入一审判决主文；一审法院认为不应支持该项请求，应当判决驳回当事人该项请求。

8.6 时间及期限相关

★ 法律

8.6.1 中华人民共和国劳动争议调解仲裁法（主席令第80号　2008年5月起施行）

第二十七条　劳动争议申请仲裁的时效期间为一年。仲裁时效期间从当事人知道或者应当知道其权利被侵害之日起计算。

前款规定的仲裁时效，因当事人一方向对方当事人主张权利，或者向有关部门请求权利救济，或者对方当事人同意履行义务而中断。从中断时起，仲裁时效期间重新计算。

因不可抗力或者有其他正当理由，当事人不能在本条第一款规定的仲裁时效期间申请仲裁的，仲裁时效中止。从中止时效的原因消除之日起，仲裁时效期间继续计算。

劳动关系存续期间因拖欠劳动报酬发生争议的，劳动者申请仲裁不受本条第一款规定的仲裁时效期间的限制；但是，劳动关系终止的，应当自劳动关系终止之日起一年内提出。

第三十五条　仲裁庭应当在开庭五日前，将开庭日期、地点书面通知双方当事人。当事人有正当理由的，可以在开庭三日前请求延期开庭。是否延期，由劳动争议仲裁委员会决定。

第四十三条　仲裁庭裁决劳动争议案件，应当自劳动争议仲裁委员会受理仲裁申请之日起四十五日内结束。案情复杂需要延期的，经劳动争议仲裁委员会主任批准，可以延期并书面通知当事人，但是延长期限不得超过十五日。逾期未作出仲裁裁决的，当事人可以就该劳动争议事项向人民法院提起诉讼。

仲裁庭裁决劳动争议案件时，其中一部分事实已经清楚，可以就该部分先行裁决。

第四十八条　劳动者对本法第四十七条规定（即：一裁终局）的仲裁裁决不服的，可以自收到仲裁裁决书之日起十五日内向人民法院提起诉讼。

第四十九条　用人单位有证据证明本法第四十七条规定（即：一裁终局）的仲裁裁决有下列情形之一，可以自收到仲裁裁决书之日起三十日内向劳动争议仲裁委员会所在地的中级人民法院申请撤销裁决：

（一）适用法律、法规确有错误的；

（二）劳动争议仲裁委员会无管辖权的；

（三）违反法定程序的；

（四）裁决所根据的证据是伪造的；

（五）对方当事人隐瞒了足以影响公正裁决的证据的；

（六）仲裁员在仲裁该案时有索贿受贿、徇私舞弊、枉法裁决行为的。

人民法院经组成合议庭审查核实裁决有前款规定情形之一的，应当裁定撤销。

仲裁裁决被人民法院裁定撤销的，当事人可以自收到裁定书之日起十五日内就该劳动争议事项向人民法院提起诉讼。

第五十条　当事人对本法第四十七条规定（即：一裁终局）以外的其他劳动争议案件的仲裁裁决不服的，可以自收到仲裁裁决书之日起十五日内向人民法院提起诉讼，期满不起诉的，裁决书发生法律效力。

★ 行政法规/部门规章/司法解释

8.6.2 最高人民法院关于审理劳动争议案件适用法律若干问题的解释（二）（法释［2006］6号）

第一条　人民法院审理劳动争议案件，对下列情形，视为劳动法第八十二条规定的“劳动争议发生之日”：

（一）在劳动关系存续期间产生的支付工资争议，用人单位能够证明已经书面通知劳动者拒付工资的，书面通知送达之日为劳动争议发生之日。用人单位不能证明的，劳动者主张权利之日为劳动争议发生之日。

（二）因解除或者终止劳动关系产生的争议，用人单位不能证明劳动者收到解除或者终止劳动关系书面通知时间的，劳动者主张权利之日为劳动争议发生之日。

（三）劳动关系解除或者终止后产生的支付工资、经济补偿金、福利待遇等争议，劳动者能够证明用人单位承诺支付的时间为解除或者终止劳动关系后的具体日期的，用人单位承诺支付之日为劳动争议发生之日。劳动者不能证明的，解除或者终止劳动关系之日为劳动争议发生之日。

第二条　拖欠工资争议，劳动者申请仲裁时劳动关系仍然存续，用人单位以劳动者申请仲裁超过六十日为由主张不再支付的，人民法院不予支持。但用人单位能够证明劳动者已经收到拒付工资的书面通知的除外。

第十二条　当事人能够证明在申请仲裁期间内因不可抗力或者其他客观原因无法申请仲裁的，人民法院应当认定申请仲裁期间中止，从中止的原因消灭之次日起，申请仲裁期间连续计算。

第十三条　当事人能够证明在申请仲裁期间内具有下列情形之一的，人民法院应当认定申请仲裁期间中断：

（一）向对方当事人主张权利；

（二）向有关部门请求权利救济；

（三）对方当事人同意履行义务。

申请仲裁期间中断的，从对方当事人明确拒绝履行义务，或者有关部门作出处理决定或明确表示不予处理时起，申请仲裁期间重新计算。

8.6.3 劳动人事争议仲裁办案规则（人力资源和社会保障部令第33号　2017年7月起施行）

第十条　当事人提出管辖异议的，应当在答辩期满前书面提出。仲裁委员会应当审查当事人提出的管辖异议，异议成立的，将案件移送至有管辖权的仲裁委员会并书面通知当事人；异议不成立的，应当书面决定驳回。

当事人逾期提出的，不影响仲裁程序的进行。

第十一条　当事人申请回避，应当在案件开庭审理前提出，并说明理由。回避事由在案件开庭审理后知晓的，也可以在庭审辩论终结前提出。

当事人在庭审辩论终结后提出回避申请的，不影响仲裁程序的进行。

仲裁委员会应当在回避申请提出的三日内，以口头或者书面形式作出决定。以口头形式作出的，应当记入笔录。

第二十六条　本规则第二条第（一）（三）（四）（五）项规定的争议，申请仲裁的时效期间为一年。仲裁时效期间从当事人知道或者应当知道其权利被侵害之日起计算。

本规则第二条第（二）项规定的争议，申请仲裁的时效期间适用公务员法有关规定。

劳动人事关系存续期间因拖欠劳动报酬发生争议的，劳动者申请仲裁不受本条第一款规定的仲裁时效期间的限制；但是，劳动人事关系终止的，应当自劳动人事关系终止之日起一年内提出。

第二十七条 在申请仲裁的时效期间内，有下列情形之一的，仲裁时效中断：

（一）一方当事人通过协商、申请调解等方式向对方当事人主张权利的；

（二）一方当事人通过向有关部门投诉，向仲裁委员会申请仲裁，向人民法院起诉或者申请支付令等方式请求权利救济的；

（三）对方当事人同意履行义务的。

从中断时起，仲裁时效期间重新计算。

第二十八条 因不可抗力，或者有无民事行为能力或者限制民事行为能力劳动者的法定代理人未确定等其他正当理由，当事人不能在规定的仲裁时效期间申请仲裁的，仲裁时效中止。从中止时效的原因消除之日起，仲裁时效期间继续计算。

第三十条 仲裁委员会对符合下列条件的仲裁申请应当予以受理，并在收到仲裁申请之日起五日内向申请人出具受理通知书：

（一）属于本规则第二条规定的争议范围；

（二）有明确的仲裁请求和事实理由；

（三）申请人是与本案有直接利害关系的自然人、法人或者其他组织，有明确的被申请人；

（四）属于本仲裁委员会管辖范围。

第三十一条 对不符合本规则第三十条第（一）（二）（三）项规定之一的仲裁申请，仲裁委员会不予受理，并在收到仲裁申请之日起五日内向申请人出具不予受理通知书；对不符合本规则第三十条第（四）项规定的仲裁申请，仲裁委员会应当在收到仲裁申请之日起五日内，向申请人作出书面说明并告知申请人向有管辖权的仲裁委员会申请仲裁。

对仲裁委员会逾期未作出决定或者决定不予受理的，申请人可以就该争议事项向人民法院提起诉讼。

第三十二条 仲裁委员会受理案件后，发现不应当受理的，除本规则第九条规定外，应当撤销案件，并自决定撤销案件后五日内，以决定书的形式通知当事人。

第三十三条 仲裁委员会受理仲裁申请后，应当在五日内将仲裁申请书副本送达被申请人。

被申请人收到仲裁申请书副本后，应当在十日内向仲裁委员会提交答辩书。仲裁委员会收到答辩书后，应当在五日内将答辩书副本送达申请人。被申请人逾期未提交答辩书的，不影响仲裁程序的进行。

第四十五条 仲裁庭裁决案件，应当自仲裁委员会受理仲裁申请之日起四十五日内结束。案情复杂需要延期的，经仲裁委员会主任或者其委托的仲裁院负责人书面批准，可以延期并书面通知当事人，但延长期限不得超过十五日。

第四十六条 有下列情形的，仲裁期限按照下列规定计算：

（一）仲裁庭追加当事人或者第三人的，仲裁期限从决定追加之日起重新计算；

（二）申请人需要补正材料的，仲裁委员会收到仲裁申请的时间从材料补正之日起重新计算；

（三）增加、变更仲裁请求的，仲裁期限从受理增加、变更仲裁请求之日起重新计算；

（四）仲裁申请和反申请合并处理的，仲裁期限从受理反申请之日起重新计算；

（五）案件移送管辖的，仲裁期限从接受移送之日起重新计算；

（六）中止审理期间、公告送达期间不计入仲裁期限内；

（七）法律、法规规定应当另行计算的其他情形。

第四十七条　有下列情形之一的，经仲裁委员会主任或者其委托的仲裁院负责人批准，可以中止案件审理，并书面通知当事人：

（一）劳动者一方当事人死亡，需要等待继承人表明是否参加仲裁的；

（二）劳动者一方当事人丧失民事行为能力，尚未确定法定代理人参加仲裁的；

（三）用人单位终止，尚未确定权利义务承继者的；

（四）一方当事人因不可抗拒的事由，不能参加仲裁的；

（五）案件审理需要以其他案件的审理结果为依据，且其他案件尚未审结的；

（六）案件处理需要等待工伤认定、伤残等级鉴定以及其他鉴定结论的；

（七）其他应当中止仲裁审理的情形。

中止审理的情形消除后，仲裁庭应当恢复审理。

第四十八条　当事人因仲裁庭逾期未作出仲裁裁决而向人民法院提起诉讼并立案受理的，仲裁委员会应当决定该案件终止审理；当事人未就该争议事项向人民法院提起诉讼的，仲裁委员会应当继续处理。

第六十四条　仲裁委员会应当自收到当事人集体劳动人事争议仲裁申请之日起五日内作出受理或者不予受理的决定。决定受理的，应当自受理之日起五日内将仲裁庭组成人员、答辩期限、举证期限、开庭日期和地点等事项一次性通知当事人。

第七十条　开庭之前，经双方当事人同意，仲裁庭可以委托调解组织或者其他具有调解能力的组织、个人进行调解。

自当事人同意之日起十日内未达成调解协议的，应当开庭审理。

第七十四条　经调解组织调解达成调解协议的，双方当事人可以自调解协议生效之日起十五日内，共同向有管辖权的仲裁委员会提出仲裁审查申请。

第七十六条　仲裁委员会审查调解协议，应当自受理仲裁审查申请之日起五日内结束。因特殊情况需要延期的，经仲裁委员会主任或者其委托的仲裁院负责人批准，可以延长五日。

第八十条　本规则规定的“三日”“五日”“十日”指工作日，“十五日”“四十五日”指自然日。

★ 地方性文件·广东省

8.6.4 广东省高级人民法院关于印发《广东省高级人民法院关于审理劳动争议案件若干问题的指导意见》的通知（粤高法发［2002］21号）

第十一条　《劳动法》第八十二条规定的“劳动争议发生之日起”，应作如下理解：

劳动者请求用人单位补缴社会保险费的，应从劳动者知道或应当知道用人单位没有为其缴纳社会保险费之日起算。

劳动者请求用人单位承担工伤待遇的，应从其治疗终结之日或伤残等级评定之日起算。

劳动者请求用人单位支付拖欠的工资的，应从劳动争议纠纷发生之日起算。

劳动者请求用人单位返还订立劳动合同时收取的定金、保证金或抵押金（物）的，应从劳动关系终止之日起算。

8.6.5 广东省高级人民法院关于进一步加强劳动争议案件审判工作的若干意见（粤高法［2005］16号）

第十三条 《劳动法》第八十二条规定的“劳动争议发生之日”，是指：

（一）用人单位明确拒绝支付工资之日或者承诺支付工资的期限届满之日；

（二）双方未明确工资支付期限的，劳动者主张权利之日；

（三）涉及劳动关系解除，用人单位不能举证证明解除时间的，劳动者主张权利之日；

（四）劳动者请求用人单位承担工伤待遇的，劳动者治疗终结之日或伤残等级评定之日。

第十四条 在申请仲裁期间内，劳动者因不可抗力等其他客观原因无法申请仲裁的，申请仲裁期间中止；从中止的原因消灭之日起，申请仲裁期间继续计算。

申请仲裁期间因劳动者向有关部门请求权利救济或者用人单位同意履行义务而中断，从有关部门作出处理决定、明确表示不予处理，或者用人单位明确拒绝履行义务时起，申请仲裁期间重新计算。

8.6.6 广东省高级人民法院、广东省劳动争议仲裁委员会关于适用《劳动争议调解仲裁法》《劳动合同法》若干问题的指导意见（粤高法发［2008］13号）

第七条 《劳动争议调解仲裁法》中规定的“三日”“五日”，均指工作日。

8.6.7 广东省高级人民法院、广东省劳动人事争议仲裁委员会关于印发《广东省高级人民法院广东省劳动人事争议仲裁委员会关于审理劳动人事争议案件若干问题的座谈会纪要》的通知（粤高法［2012］284号）

第四十三条 当事人申请人事争议仲裁的时效期间为一年，法律、行政法规或者国务院另有规定的，依照其规定。

8.6.8 广东省高级人民法院印发《广东省高级人民法院关于审理劳动争议案件疑难问题的解答》的通知（粤高法［2017］147号 2017年8月1日实施）

20. 退休人员就调休前的事宜发生劳动争议的，仲裁时效何时起计？

根据《广东省高级人民法院、广东省劳动人事争议仲裁委员会关于审理劳动人事争议案件若干问题的座谈会纪要》第11条的规定，达到退休年龄人员与用工单位之间的关系为劳务关系。劳动者达到退休年龄还继续在用人单位工作，后双方就退休前的事宜发生劳动争议的，仲裁时效从该劳动者达到退休年龄之日起计算。

8.7 财产保全支付令相关

★ 法律

8.7.1 中华人民共和国劳动争议调解仲裁法（主席令第80号 2008年5月起施行）

第十六条 因支付拖欠劳动报酬、工伤医疗费、经济补偿或者赔偿金事项达成调解协议，用人单位在协议约定期限内不履行的，劳动者可以持调解协议书依法向人民法院申请支付令。人民法院应当依法发出支付令。

8.7.2 中华人民共和国劳动合同法（主席令第73号 2012年12月修正）

第三十条 【劳动报酬】用人单位应当按照劳动合同约定和国家规定，向劳动者及时足额支付劳动报酬。

用人单位拖欠或者未足额支付劳动报酬的，劳动者可以依法向当地人民法院申请支付令，人民法院应当依法发出支付令。

★ 行政法规/部门规章/司法解释

8.7.3 最高人民法院关于审理劳动争议案件适用法律若干问题的解释（二）（法释［2006］6号）

第十四条 在诉讼过程中，劳动者向人民法院申请采取财产保全措施，人民法院经审查认为申请人经济确有困难，或有证据证明用人单位存在欠薪逃匿可能的，应当减轻或者免除劳动者提供担保的义务，及时采取保全措施。

第十五条 人民法院作出的财产保全裁定中，应当告知当事人在劳动仲裁机构的裁决书或者在人民法院的裁判文书生效后三个月内申请强制执行。逾期不申请的，人民法院应当裁定解除保全措施。

★ 地方性文件·广东省

8.7.4 广东省高级人民法院、广东省劳动争议仲裁委员会关于适用《劳动争议调解仲裁法》《劳动合同法》若干问题的指导意见（粤高法发［2008］13号）

第八条 劳动者依据《劳动合同法》第三十条第二款和《劳动争议调解仲裁法》第十六条的规定向人民法院申请支付令的，应符合《民事诉讼法》第十七章的规定。

人民法院裁定终结督促程序后，劳动者应先就劳动争议事项向劳动争议仲裁委员会申请仲裁。

【法条延伸】

《劳动合同法》第三十条 【劳动报酬】用人单位应当按照劳动合同约定和国家规定，向劳动者及时足额支付劳动报酬。用人单位拖欠或者未足额支付劳动报酬的，劳动者可以依法向当地人民法院申请支付令，人民法院应当依法发出支付令。

第十一条 劳动争议仲裁过程中，用人单位可能出现逃匿、转移财产等情形的，劳动者可以凭劳动争议仲裁委员会《受理通知书》向用人单位住所地人民法院提出财产保全申请。

劳动者的申请符合《民事诉讼法》第九十三条规定的，人民法院依法作出财产保全的裁定。劳动者在仲裁裁决生效或者人民法院判决生效后三个月内未申请人民法院强制执行，用人单位要求解除保全的，人民法院应当解除保全措施。劳动者确因经济困难不能提供财产担保的，也可提供保证人担保。

8.7.5 广东省高级人民法院关于印发《广东省高级人民法院关于审理劳动争议案件若干问题的指导意见》的通知（粤高法发［2002］21号）

第十四条 人民法院在审理劳动争议案件期间，有证据证明用人单位持续、大量拖欠劳动者工资，且准备或正在对资产进行藏匿、转移或变卖的，人民法院可依职权及时对用人单位的相应财产采取保全措施。

8.7.6 广东省高级人民法院关于进一步加强劳动争议案件审判工作的若干意见（粤高法［2005］16号）

第十一条 劳动争议仲裁过程中，劳动者可以向用人单位所在地人民法院提出财产保全的申请，但是应当提供担保。劳动者的申请符合《民事诉讼法》第九十三条规定的，应当依法作出财产保全的裁定。劳动者在仲裁裁决生效或者人民法院判决生效后三个月内未申请人民法院强制执行的，人民法院应当解除保全措施。

劳动者确因经济困难不能提供财产担保的，劳动者也可提供保证人担保。

第十二条 人民法院在审理劳动争议案件期间，有证据证明用人单位持续、大量拖欠劳动者工资，且准备或正在对资产进行藏匿、转移或变卖的，人民法院可根据劳动者的申请或依职权及时对用人单位的相应财产采取保全措施。

对于申请财产保全的劳动者，如确因经济困难无法提供财产担保的，人民法院可减轻或免除劳动者的担保义务，确有必要的可由劳动者提供保证人担保。

8.8 执行相关

★ 法律

8.8.1 中华人民共和国劳动争议调解仲裁法（主席令第80号 2008年5月起施行）

第四十四条 仲裁庭对追索劳动报酬、工伤医疗费、经济补偿或者赔偿金的案件，根据当事人的申请，可以裁决先予执行，移送人民法院执行。

仲裁庭裁决先予执行的，应当符合下列条件：

（一）当事人之间权利义务关系明确；

（二）不先予执行将严重影响申请人的生活。

劳动者申请先予执行的，可以不提供担保。

8.8.2 劳动人事争议仲裁办案规则（人力资源和社会保障部令第33号 2017年7月起施行）

第五十一条 仲裁庭对追索劳动报酬、工伤医疗费、经济补偿或者赔偿金的案件，根据当事人的申请，可以裁决先予执行，移送人民法院执行。

仲裁庭裁决先予执行的，应当符合下列条件：

（一）当事人之间权利义务关系明确；

（二）不先予执行将严重影响申请人的生活。

劳动者申请先予执行的，可以不提供担保。

★ 地方性文件·广东省

8.8.3 广东省高级人民法院关于印发《广东省高级人民法院关于审理劳动争议案件若干问题的指导意见》的通知（粤高法发［2002］21号）

第十三条 劳动争议仲裁委员会在紧急情况下，依法在劳动争议案件终结裁决作出之前，裁决用人单位预先支付劳动者工资、医疗费的，用人单位不得单独就该部分裁决向人民法院起诉。用人单位拒不执行的，劳动者可以向人民法院申请执行。

第十四条 人民法院在审理劳动争议案件期间，有证据证明用人单位持续、大量拖欠劳动者工资，且准备或正在对资产进行藏匿、转移或变卖的，人民法院可依职权及时对用人单位的相应财产采取保全措施。

8.8.4 广东省高级人民法院关于进一步加强劳动争议案件审判工作的若干意见（粤高法［2005］16号）

第十五条 对于劳动者申请强制执行的劳动争议案件，人民法院可以不受执行立案顺序的限制，优先予以执行。

第十六条 劳动者申请人民法院强制执行生效劳动争议仲裁裁决或民事判决的，人民法院免收申请执行费；申请执行标的额较大的，可以减收申请执行费。

第十七条 劳动者申请强制执行生效劳动争议仲裁裁决或民事判决的，人民法院应当自执行立案之日起三个月内执行完结。

第十八条 劳动争议仲裁委员会在劳动争议案件终结裁决作出之前，裁决用人单位预先支付劳动者工资、医疗费的，用人单位不得就该裁决向人民法院起诉。用人单位拒不执行的，劳动者可以向人民法院申请执行。

第十九条 劳动者申请人民法院强制执行的劳动争议案件，申请人无法提供被执行人的财产状况或线索的，由人民法院依职权对被执行人的财产状况进行调查取证。

第二十条 用人单位财产不足以清偿所有债务的，应优先以用人单位财产清偿劳动者的工资债权。为保护劳动者的基本生存权和维护社会稳定，劳动者工资债权还可优先于担保物权和其他优先受偿权得到清偿。

第二十一条 企业持续、大量拖欠劳动者工资，但企业有可供执行的土地使用权、厂房、机器设备等实物资产的，人民法院在执行拍卖过程中可要求拍卖人垫付该企业所拖欠的劳动者的工资后，再从拍卖企业财产所得款项中抵扣垫付的数额。

第二十二条 人民法院对欠薪单位执行到的每笔款项，均应当自该款项进入执行款专户之日起三日内支付给被欠薪的劳动者。

第二十三条 对劳动者申请执行的劳动争议案件，人民法院应当严格适用本院《关于对适用中止执行的若干问题的意见》，未经穷尽一切执行措施，不得裁定中止执行。

第二十四条 用人单位有能力履行已经发生法律效力的劳动争议案件仲裁裁决或民事判决而拒不履行的，人民法院可根据情节轻重对用人单位负责人予以罚款、拘留；情节严重的，依据《中华人民共和国刑法》第三百一十三条追究刑事责任。

8.8.5 广东省高级人民法院、广东省劳动争议仲裁委员会关于适用《劳动争议调解仲裁法》《劳动合同法》若干问题的指导意见（粤高法发［2008］13号）

第十二条 劳动争议仲裁委员会依据《劳动争议调解仲裁法》第四十四条的规定将先予执行裁决移送被执行人住所地或财产所在地的基层人民法院执行时，应向人民法院提供以下材料：

（一）移送执行函（函中注明案件双方当事人的联系电话及住所）；

（二）先予执行的裁决书；

（三）裁决书的送达证明。

8.8.6 深圳市中级人民法院关于审理劳动争议案件的裁判指引（2015年）

第四十三条 对于劳动者申请强制执行的劳动争议案件，人民法院可以不受执行立案顺序的限制，优先予以执行。

第四十四条 劳动者申请人民法院强制执行的劳动争议案件，申请人无法提供被执行人的财产状况或线索的，由人民法院依职权对被执行人的财产状况进行调查取证。

第四十五条 企业持续、大量拖欠劳动者工资，但企业有可供执行的土地使用权、厂房、机器设备等实物资产的，人民法院在执行拍卖过程中可要求拍卖人垫付该企业所拖欠的劳动者的工资后，再从拍卖企业财产所得款项中抵扣垫付的数额。

第四十六条 人民法院对欠薪单位执行到的每笔款项，均应当自该款项进入执行款专户之日起三日内支付给被欠薪的劳动者。

第四十七条 对劳动者申请执行的劳动争议案件，人民法院应当严格适用广东省高级人民法院《关于对适用中止执行的若干问题的意见》，未经穷尽一切执行措施，不得裁定中止执行。

第四十八条　用人单位有能力履行已经发生法律效力的劳动争议案件仲裁裁决或民事判决而拒不履行的，人民法院可根据情节轻重对用人单位负责人予以罚款、拘留；情节严重的，依据《中华人民共和国刑法》第三百一十三条追究刑事责任。

★地方性文件 · 上海市

8.8.7 上海市高级人民法院关于劳动争议纠纷若干程序问题的意见（沪高法［2008］181号）

9. 先予执行裁决的申请执行

根据《劳动争议调解仲裁法》第四十四条的规定，仲裁庭对追索劳动报酬、工伤医疗费、经济补偿或者赔偿金的案件，根据当事人的申请，可以裁决先予执行，移送人民法院执行。据此，当事人申请先予执行的，应向仲裁委员会提出，仲裁委员会经审查，认为事实清楚、责任明晰，不先予执行会影响当事人生活保障或及时治疗的，可作出先予执行裁决书，连同移送执行函，移送人民法院执行。先予执行裁决统一由被执行人住所地基层人民法院执行。

第九章

劳动监察及仲裁办案规则相关

导读：本章节主要收录了劳动监察以及仲裁办案规则两个部分的相关条文，简要如下：

关于劳动监察部分：作为企业或劳动者，往往对劳动部门的职权范围感觉陌生，并容易造成自身受损，比如，劳动监察部门对违法行为的查处具备时效性，超过两年的违法行为，没有发现也没有被投诉的，劳动部门不再查处；又如，企业进行集体性裁员时，需如何向劳动部门报备等，本章节为此，对相关条文进行收集，并在参考案例部分提供具体案例，方便读者参考借鉴。

关于仲裁办案规则部分：本章主要收录了劳动仲裁的具体流程以及相关规定，方便读者在处理劳动仲裁时，有具体的条文作为参考依据。

最后，就本章节收录的条文，笔者已编制了相应的目录及表格，对关键性事项进行简要性列举，方便读者有基本的了解。

目　录

9.4.3 广东省劳动人事争议处理办法（广东省人民政府令第 234 号　2017 年 5 月 1 日起施行）| 912

第九章　劳动监察及仲裁办案规则相关	
劳动监察	1. 用人单位应当建立以下用工管理台账，真实、准确记录各种用工信息：（一）职工名册。包括建立劳动关系的劳动者和被派遣劳动者的姓名、性别、身份证件号码、户籍地址及现住址、联系方式、用工形式、用工起止时间、劳动合同期限、工作岗位等内容。（二）录用登记。包括入职登记表、劳动者身份证件复印件等。（三）工时台账。包括打卡记录或者考勤表等上下班时间和加班时间的记录。（四）工资台账。包括正常工作时间工资、加班工资及其他劳动报酬的发放情况，列明支付日期、支付周期、支付对象姓名、工作时间，以及应发工资项目和数额，代扣、代缴、扣除项目和数额，实发工资数额，银行代发工资凭证或者劳动者签名等内容[9.1.1]；
	2. 违反劳动保障法律、法规或者规章的行为在 2 年内未被劳动保障行政部门发现，也未被举报、投诉的，劳动保障行政部门不再查处。 前款规定的期限，自违反劳动保障法律、法规或者规章的行为发生之日起计算；违反劳动保障法律、法规或者规章的行为有连续或者继续状态的，自行为终了之日起计算[9.1.1]；
	3. 对符合下列条件的投诉，人力资源社会保障行政部门应当在接到投诉之日起五个工作日内受理，并于受理之日立案查处：（一）投诉时间在法律、法规规定的查处期限内；（二）有明确的被投诉用人单位；（三）投诉人的劳动保障合法权益受到被投诉用人单位的侵害；（四）属于劳动保障监察职权范围并由受理投诉的人力资源社会保障行政部门管辖[9.1.1]；
	4. 人力资源社会保障行政部门对违反劳动保障法律、法规或者规章的行为，根据调查、检查的结果，应当自立案之日起四十五个工作日内作出以下处理[9.1.1]；
	5. 用人单位向社会保险经办机构申报应缴纳的社会保险费数额时，瞒报工资总额或者职工人数的，由劳动保障行政部门责令改正，并处瞒报工资数额 1 倍以上 3 倍以下的罚款[9.1.1]；
	6. 设区的市所设立的“区劳动保障行政部门”具有对用人单位实施劳动保障监察职权[9.2.2]。
仲裁办案规则	1. 劳动者一方在十人以上的争议，或者因履行集体合同发生的劳动争议，仲裁委员会可优先立案，优先审理；有共同请求的，劳动者可以推举三至五名代表人参加仲裁活动[9.4.1]；
	2. 承担举证责任的当事人应当在仲裁委员会指定的期限内提供有关证据。当事人在指定期限内不提供的，应当承担不利后果[9.4.1]；

续表

	3. 当事人和旁听人员应当遵守仲裁庭纪律，未经仲裁庭许可，不得进行录音、录像、拍照以及其他妨碍庭审的活动[9.4.2]；
	4. 仲裁庭裁决案件，应当自仲裁委员会受理仲裁申请之日起四十五日内结束。案情复杂需要延期的，经仲裁委员会主任批准，可以延期并书面通知当事人，但延长期不得超过十五日[9.4.1]；
	5. 仲裁调解和其他方式结案的案卷，保存期不少于五年，仲裁裁决结案的案卷，保存期不少于十年，国家另有规定的从其规定。保存期满后的案卷，应按照国家有关档案管理的规定处理[9.4.1]。

9.1 监察综合相关

★ 行政法规/部门规章/司法解释

9.1.1 劳动保障监察条例（国务院令第423号　2004年12月起施行）

目　录

第一章　总　则

第一条　为了贯彻实施劳动和社会保障（以下称劳动保障）法律、法规和规章，规范劳动保障监察工作，维护劳动者的合法权益，根据劳动法和有关法律，制定本条例。

第二条　对企业和个体工商户（以下称用人单位）进行劳动保障监察，适用本条例。

对职业介绍机构、职业技能培训机构和职业技能考核鉴定机构进行劳动保障监察，依照本条例执行。

第三条　国务院劳动保障行政部门主管全国的劳动保障监察工作。县级以上地方各级人民政府劳动保障行政部门主管本行政区域内的劳动保障监察工作。

县级以上各级人民政府有关部门根据各自职责，支持、协助劳动保障行政部门的劳动保障监察工作。

第四条　县级、设区的市级人民政府劳动保障行政部门可以委托符合监察执法条件的组织实施劳动保障监察。

劳动保障行政部门和受委托实施劳动保障监察的组织中的劳动保障监察员应当经过相应的考核或者考试录用。

劳动保障监察证件由国务院劳动保障行政部门监制。

第五条　县级以上地方各级人民政府应当加强劳动保障监察工作。劳动保障监察所需经费列入本级财政预算。

第六条　用人单位应当遵守劳动保障法律、法规和规章，接受并配合劳动保障监察。

第七条　各级工会依法维护劳动者的合法权益，对用人单位遵守劳动保障法律、法规和规章的情况进行监督。

劳动保障行政部门在劳动保障监察工作中应当注意听取工会组织的意见和建议。

第八条　劳动保障监察遵循公正、公开、高效、便民的原则。

实施劳动保障监察，坚持教育与处罚相结合，接受社会监督。

第九条　任何组织或者个人对违反劳动保障法律、法规或者规章的行为，有权向劳动保障行政部门举报。

劳动者认为用人单位侵犯其劳动保障合法权益的，有权向劳动保障行政部门投诉。

劳动保障行政部门应当为举报人保密；对举报属实，为查处重大违反劳动保障法律、法规或者规章的行为提供主要线索和证据的举报人，给予奖励。

第二章　劳动保障监察职责

第十条　劳动保障行政部门实施劳动保障监察，履行下列职责：

（一）宣传劳动保障法律、法规和规章，督促用人单位贯彻执行；

（二）检查用人单位遵守劳动保障法律、法规和规章的情况；

（三）受理对违反劳动保障法律、法规或者规章的行为的举报、投诉；

（四）依法纠正和查处违反劳动保障法律、法规或者规章的行为。

第十一条　劳动保障行政部门对下列事项实施劳动保障监察：

（一）用人单位制定内部劳动保障规章制度的情况；

（二）用人单位与劳动者订立劳动合同的情况；

（三）用人单位遵守禁止使用童工规定的情况；

（四）用人单位遵守女职工和未成年工特殊劳动保护规定的情况；

（五）用人单位遵守工作时间和休息休假规定的情况；

（六）用人单位支付劳动者工资和执行最低工资标准的情况；

（七）用人单位参加各项社会保险和缴纳社会保险费的情况；

（八）职业介绍机构、职业技能培训机构和职业技能考核鉴定机构遵守国家有关职业介绍、职业技能培训和职业技能考核鉴定的规定的情况；

（九）法律、法规规定的其他劳动保障监察事项。

第十二条　劳动保障监察员依法履行劳动保障监察职责，受法律保护。

劳动保障监察员应当忠于职守，秉公执法，勤政廉洁，保守秘密。

任何组织或者个人对劳动保障监察员的违法违纪行为，有权向劳动保障行政部门或者有关机关检举、控告。

第三章　劳动保障监察的实施

第十三条　对用人单位的劳动保障监察，由用人单位用工所在地的县级或者设区的市级劳动保障行政部门管辖。

上级劳动保障行政部门根据工作需要，可以调查处理下级劳动保障行政部门管辖的案件。劳动保障行政部门对劳动保障监察管辖发生争议的，报请共同的上一级劳动保障行政部门指定管辖。

省、自治区、直辖市人民政府可以对劳动保障监察的管辖制定具体办法。

第十四条　劳动保障监察以日常巡视检查、审查用人单位按照要求报送的书面材料以及接受举报投诉等形式进行。

劳动保障行政部门认为用人单位有违反劳动保障法律、法规或者规章的行为，需要进行调查处理的，应当及时立案。

劳动保障行政部门或者受委托实施劳动保障监察的组织应当设立举报、投诉信箱和电话。

对因违反劳动保障法律、法规或者规章的行为引起的群体性事件，劳动保障行政部门应当根据应急预案，迅速会同有关部门处理。

第十五条　劳动保障行政部门实施劳动保障监察，有权采取下列调查、检查措施：

（一）进入用人单位的劳动场所进行检查；

（二）就调查、检查事项询问有关人员；

（三）要求用人单位提供与调查、检查事项相关的文件资料，并作出解释和说明，必要时可以发出调查询问书；

（四）采取记录、录音、录像、照相或者复制等方式收集有关情况和资料；

（五）委托会计师事务所对用人单位工资支付、缴纳社会保险费的情况进行审计；

（六）法律、法规规定可以由劳动保障行政部门采取的其他调查、检查措施。

劳动保障行政部门对事实清楚、证据确凿、可以当场处理的违反劳动保障法律、法规或者规章的行为有权当场予以纠正。

第十六条　劳动保障监察员进行调查、检查，不得少于 2 人，并应当佩戴劳动保障监察标志、出示劳动保障监察证件。

劳动保障监察员办理的劳动保障监察事项与本人或者其近亲属有直接利害关系的，应当回避。

第十七条　劳动保障行政部门对违反劳动保障法律、法规或者规章的行为的调查，应当自立案之日起 60 个工作日内完成；对情况复杂的，经劳动保障行政部门负责人批准，可以延长 30 个工作日。

第十八条　劳动保障行政部门对违反劳动保障法律、法规或者规章的行为，根据调查、检查的结果，作出以下处理：

（一）对依法应当受到行政处罚的，依法作出行政处罚决定；

（二）对应当改正未改正的，依法责令改正或者作出相应的行政处理决定；

（三）对情节轻微且已改正的，撤销立案。

发现违法案件不属于劳动保障监察事项的，应当及时移送有关部门处理；涉嫌犯罪的，应当依法移送司法机关。

第十九条　劳动保障行政部门对违反劳动保障法律、法规或者规章的行为作出行政处罚或者行政处理决定前，应当听取用人单位的陈述、申辩；作出行政处罚或者行政处理决定，应当告知用人单位依法享有申请行政复议或者提起行政诉讼的权利。

第二十条　违反劳动保障法律、法规或者规章的行为在 2 年内未被劳动保障行政部门发现，也未被举报、投诉的，劳动保障行政部门不再查处。

前款规定的期限，自违反劳动保障法律、法规或者规章的行为发生之日起计算；违反劳动保障法律、法规或者规章的行为有连续或者继续状态的，自行为终了之日起计算。

第二十一条　用人单位违反劳动保障法律、法规或者规章，对劳动者造成损害的，依法承担赔偿责任。劳动者与用人单位就赔偿发生争议的，依照国家有关劳动争议处理的规定处理。

对应当通过劳动争议处理程序解决的事项或者已经按照劳动争议处理程序申请调解、仲裁或者已经提起诉讼的事项，劳动保障行政部门应当告知投诉人依照劳动争议处理或者诉讼的程序办理。

第二十二条　劳动保障行政部门应当建立用人单位劳动保障守法诚信档案。用人单位有重大违反劳动保障法律、法规或者规章的行为的，由有关的劳动保障行政部门向社会公布。

第四章　法律责任

第二十三条　用人单位有下列行为之一的，由劳动保障行政部门责令改正，按照受侵害的劳动者每人1000元以上5000元以下的标准计算，处以罚款：

（一）安排女职工从事矿山井下劳动、国家规定的第四级体力劳动强度的劳动或者其他禁忌从事的劳动的；

（二）安排女职工在经期从事高处、低温、冷水作业或者国家规定的第三级体力劳动强度的劳动的；

（三）安排女职工在怀孕期间从事国家规定的第三级体力劳动强度的劳动或者孕期禁忌从事的劳动的；

（四）安排怀孕7个月以上的女职工夜班劳动或者延长其工作时间的；

（五）女职工生育享受产假少于90天的；

（六）安排女职工在哺乳未满1周岁的婴儿期间从事国家规定的第三级体力劳动强度的劳动或者哺乳期禁忌从事的其他劳动，以及延长其工作时间或者安排其夜班劳动的；

（七）安排未成年工从事矿山井下、有毒有害、国家规定的第四级体力劳动强度的劳动或者其他禁忌从事的劳动的；

（八）未对未成年工定期进行健康检查的。

第二十四条　用人单位与劳动者建立劳动关系不依法订立劳动合同的，由劳动保障行政部门责令改正。

第二十五条　用人单位违反劳动保障法律、法规或者规章延长劳动者工作时间的，由劳动保障行政部门给予警告，责令限期改正，并可以按照受侵害的劳动者每人100元以上500元以下的标准计算，处以罚款。

第二十六条　用人单位有下列行为之一的，由劳动保障行政部门分别责令限期支付劳动者的工资报酬、劳动者工资低于当地最低工资标准的差额或者解除劳动合同的经济补偿；逾期不支付的，责令用人单位按照应付金额50%以上1倍以下的标准计算，向劳动者加付赔偿金：

（一）克扣或者无故拖欠劳动者工资报酬的；

（二）支付劳动者的工资低于当地最低工资标准的；

（三）解除劳动合同未依法给予劳动者经济补偿的。

第二十七条　用人单位向社会保险经办机构申报应缴纳的社会保险费数额时，瞒报工资总额或者职工人数的，由劳动保障行政部门责令改正，并处瞒报工资数额1倍以上3倍以下的罚款。

骗取社会保险待遇或者骗取社会保险基金支出的，由劳动保障行政部门责令退还，并处骗取金额1倍以上3倍以下的罚款；构成犯罪的，依法追究刑事责任。

第二十八条　职业介绍机构、职业技能培训机构或者职业技能考核鉴定机构违反国家有关职业介绍、职业技能培训或者职业技能考核鉴定的规定的，由劳动保障行政部门责令改正，没收违法所得，并处1万元以上5万元以下的罚款；情节严重的，吊销许可证。

未经劳动保障行政部门许可，从事职业介绍、职业技能培训或者职业技能考核鉴定的组织或者个人，由劳动保障行政部门、工商行政管理部门依照国家有关无照经营查处取缔的规定查处取缔。

第二十九条 用人单位违反《中华人民共和国工会法》，有下列行为之一的，由劳动保障行政部门责令改正：

（一）阻挠劳动者依法参加和组织工会，或者阻挠上级工会帮助、指导劳动者筹建工会的；

（二）无正当理由调动依法履行职责的工会工作人员的工作岗位，进行打击报复的；

（三）劳动者因参加工会活动而被解除劳动合同的；

（四）工会工作人员因依法履行职责被解除劳动合同的。

第三十条 有下列行为之一的，由劳动保障行政部门责令改正；对有第（一）项、第（二）项或者第（三）项规定的行为的，处2000元以上2万元以下的罚款：

（一）无理抗拒、阻挠劳动保障行政部门依照本条例的规定实施劳动保障监察的；

（二）不按照劳动保障行政部门的要求报送书面材料，隐瞒事实真相，出具伪证或者隐匿、毁灭证据的；

（三）经劳动保障行政部门责令改正拒不改正，或者拒不履行劳动保障行政部门的行政处理决定的；

（四）打击报复举报人、投诉人的。

违反前款规定，构成违反治安管理行为的，由公安机关依法给予治安管理处罚；构成犯罪的，依法追究刑事责任。

第三十一条 劳动保障监察员滥用职权、玩忽职守、徇私舞弊或者泄露在履行职责过程中知悉的商业秘密的，依法给予行政处分；构成犯罪的，依法追究刑事责任。

劳动保障行政部门和劳动保障监察员违法行使职权，侵犯用人单位或者劳动者的合法权益的，依法承担赔偿责任。

第三十二条 属于本条例规定的劳动保障监察事项，法律、其他行政法规对处罚另有规定的，从其规定。

第五章 附 则

第三十三条 对无营业执照或者已被依法吊销营业执照，有劳动用工行为的，由劳动保障行政部门依照本条例实施劳动保障监察，并及时通报工商行政管理部门予以查处取缔。

第三十四条 国家机关、事业单位、社会团体执行劳动保障法律、法规和规章的情况，由劳动保障行政部门根据其职责，依照本条例实施劳动保障监察。

第三十五条 劳动安全卫生的监督检查，由卫生部门、安全生产监督管理部门、特种设备安全监督管理部门等有关部门依照有关法律、行政法规的规定执行。

第三十六条 本条例自2004年12月1日起施行。

9.1.2 重大劳动保障违法行为社会公布办法（人力资源和社会保障部令第29号 2017年1月起施行）

第一条 为加强对重大劳动保障违法行为的惩戒，强化社会舆论监督，促进用人单位遵守劳动保障法律、法规和规章，根据《劳动保障监察条例》《企业信息公示暂行条例》等有关规定，制定本办法。

第二条 人力资源社会保障行政部门依法向社会公布用人单位重大劳动保障违法行为，适用本办法。

第三条 人力资源社会保障行政部门向社会公布重大劳动保障违法行为，应当遵循依法依规、公平公正、客观真实的原则。

第四条 人力资源社会保障部负责指导监督全国重大劳动保障违法行为社会公布工作，并向社会公布在全国有重大影响的劳动保障违法行为。

省、自治区、直辖市人力资源社会保障行政部门负责指导监督本行政区域重大劳动保障违法行为社会公布工作，并向社会公布在本行政区域有重大影响的劳动保障违法行为。

地市级、县级人力资源社会保障行政部门依据行政执法管辖权限，负责本辖区的重大劳动保障违法行为社会公布工作。

第五条 人力资源社会保障行政部门对下列已经依法查处并作出处理决定的重大劳动保障违法行为，应当向社会公布：

（一）克扣、无故拖欠劳动者劳动报酬，数额较大的；拒不支付劳动报酬，依法移送司法机关追究刑事责任的；

（二）不依法参加社会保险或者不依法缴纳社会保险费，情节严重的；

（三）违反工作时间和休息休假规定，情节严重的；

（四）违反女职工和未成年工特殊劳动保护规定，情节严重的；

（五）违反禁止使用童工规定的；

（六）因劳动保障违法行为造成严重不良社会影响的；

（七）其他重大劳动保障违法行为。

第六条 向社会公布重大劳动保障违法行为，应当列明下列事项：

（一）违法主体全称、统一社会信用代码（或者注册号）及地址；

（二）法定代表人或者负责人姓名；

（三）主要违法事实；

（四）相关处理情况。

涉及国家秘密、商业秘密以及个人隐私的信息不得公布。

第七条 重大劳动保障违法行为应当在人力资源社会保障行政部门门户网站公布，并在本行政区域主要报刊、电视等媒体予以公布。

第八条 地市级、县级人力资源社会保障行政部门对本辖区发生的重大劳动保障违法行为每季度向社会公布一次。

人力资源社会保障部和省级人力资源社会保障行政部门每半年向社会公布一次重大劳动保障违法行为。

根据工作需要，对重大劳动保障违法行为可随时公布。

第九条 县级以上地方人力资源社会保障行政部门在向社会公布重大劳动保障违法行为之前，应当将公布的信息报告上一级人力资源社会保障行政部门。

第十条 人力资源社会保障行政部门应当将重大劳动保障违法行为及其社会公布情况记入用人单位劳动保障守法诚信档案，纳入人力资源社会保障信用体系，并与其他部门和社会组织依法依规实施信息共享和联合惩戒。

第十一条 用人单位对社会公布内容有异议的，由负责查处的人力资源社会保障行政部门自收到申请之日起 15 个工作日内予以复核和处理，并通知用人单位。

重大劳动保障违法行为处理决定被依法变更或者撤销的，负责查处的人力资源社会保障行政部门应当自变更或者撤销之日起10个工作日内，对社会公布内容予以更正。

第十二条　人力资源社会保障行政部门工作人员在重大劳动保障违法行为社会公布中滥用职权、玩忽职守、徇私舞弊的，依法予以处理。

第十三条　本办法自2017年1月1日起施行。

9.1.3 人力资源社会保障部关于印发企业劳动保障守法诚信等级评价办法的通知（人社部规［2016］1号　2017年1月起施行）

第一条　为增强劳动保障监察的针对性和效率，实行企业分类监管，督促企业遵守劳动保障法律规定，履行守法诚信义务，根据《劳动保障监察条例》有关规定，制定本办法。

第二条　企业劳动保障守法诚信等级评价是根据企业遵守劳动保障法律、法规和规章的情况，对企业进行劳动保障守法诚信等级评价的行为。

第三条　开展企业劳动保障守法诚信等级评价，应当根据事实，遵循依法、公正原则。

第四条　县级以上地方人力资源社会保障行政部门按照劳动保障监察管辖范围负责企业劳动保障守法诚信等级评价工作，由劳动保障监察机构负责组织实施，每年开展一次评价。

第五条　企业劳动保障守法诚信等级评价主要依据日常巡视检查、书面材料审查、举报投诉查处以及专项检查等劳动保障监察和其他有关工作中取得的企业上一年度信用记录进行。

开展企业劳动保障守法诚信等级评价应注意听取当地政府有关部门及工会组织的意见和建议。

第六条　人力资源社会保障行政部门根据下列情况对企业劳动保障守法诚信等级进行评价：

（一）制定内部劳动保障规章制度的情况；

（二）与劳动者订立劳动合同的情况；

（三）遵守劳务派遣规定的情况；

（四）遵守禁止使用童工规定的情况；

（五）遵守女职工和未成年工特殊劳动保护规定的情况；

（六）遵守工作时间和休息休假规定的情况；

（七）支付劳动者工资和执行最低工资标准的情况；

（八）参加各项社会保险和缴纳社会保险费的情况；

（九）其他遵守劳动保障法律、法规和规章的情况。

第七条　企业劳动保障守法诚信等级划分为A、B、C三级：

（一）企业遵守劳动保障法律、法规和规章，未因劳动保障违法行为被查处的，评为A级。

（二）企业因劳动保障违法行为被查处，但不属于C级所列情形的，评为B级。

（三）企业存在下列情形之一的，评为C级。

1. 因劳动保障违法行为被查处三次以上（含三次）的；

2. 因劳动保障违法行为引发群体性事件、极端事件或造成严重不良社会影响的；

3. 因使用童工、强迫劳动等严重劳动保障违法行为被查处的；

4. 拒不履行劳动保障监察限期整改指令、行政处理决定或者行政处罚决定的；

5. 无理抗拒、阻挠人力资源社会保障行政部门实施劳动保障监察的；

6. 因劳动保障违法行为被追究刑事责任的。

第八条 作出劳动保障守法诚信等级评价的人力资源社会保障行政部门可以适当方式将评价结果告知企业。

第九条 劳动保障守法诚信等级评价结果应归入企业劳动保障守法诚信档案，至少保留3年。

第十条 人力资源社会保障行政部门根据企业劳动保障守法诚信等级评价情况，对劳动保障监察管辖范围内的企业实行分类监管。

对于被评为A级的企业，适当减少劳动保障监察日常巡视检查频次。

对于被评为B级的企业，适当增加劳动保障监察日常巡视检查频次。

对于被评为C级的企业，列入劳动保障监察重点对象，强化劳动保障监察日常巡视检查。

第十一条 对于被评为C级的企业，人力资源社会保障行政部门应对其主要负责人、直接责任人进行约谈，敦促其遵守劳动保障法律、法规和规章。

第十二条 企业劳动保障守法诚信等级评价结果确定后，发生劳动保障违法行为需要降级的，作出评价的人力资源社会保障行政部门应当重新评价，及时调整其劳动保障守法诚信等级。

第十三条 人力资源社会保障行政部门应当与工商、金融、住房城乡建设、税务等部门和工会组织建立信用信息交换共享机制，对企业实行守信联合激励和失信联合惩戒。

第十四条 人力资源社会保障行政部门应当加强劳动保障监察管理信息系统建设，充分利用信息技术和手段，整合信息资源，提高企业劳动保障守法诚信等级评价工作效率。

第十五条 人力资源社会保障行政部门工作人员在企业劳动保障守法诚信等级评价工作中滥用职权、玩忽职守、徇私舞弊的，按照有关规定给予处分。

第十六条 对其他劳动保障监察对象开展劳动保障守法诚信等级评价工作，依照本办法执行。

第十七条 省级人力资源社会保障行政部门可根据本办法和本地实际，制定实施办法。

第十八条 本办法自2017年1月1日起施行。

★ 地方性文件·广东省

9.1.4 广东省劳动保障监察条例（广东省第十一届人民代表大会常务委员会公告第91号 2013年5月起施行）

第一章 总 则

第一条 为了保障劳动保障法律、法规和规章的实施，规范劳动保障监察工作，预防和查处违反劳动保障法律、法规或者规章的行为，维护劳动者的合法权益，根据《中华人民共和国劳动法》等劳动保障法律、法规，结合本省实际，制定本条例。

第二条 本条例适用于对在本省行政区域内的企业、有雇工的个体经济组织、民办非企业单位、基金会、会计师事务所、律师事务所等组织（以下称用人单位）进行劳动保障监察。

对职业中介机构、职业技能培训机构、职业技能考核鉴定机构、外国企业常驻代表机构和社会保险服务机构进行劳动保障监察，依照本条例执行。

对国家机关、事业单位、社会团体执行劳动保障法律、法规和规章的情况进行劳动保障监察，由人力资源社会保障行政部门根据其职责，依照本条例执行。

第三条 劳动保障监察遵循公正、公开、高效、便民的原则。

实施劳动保障监察，坚持日常巡视检查为主、预防与查处相结合、教育与处罚相结合，接受社会监督。

第四条 各级人民政府应当加强劳动保障监察工作，建立健全预防和查处劳动保障违法行为的工作机制和维护劳动者权益目标责任制度，对所属的有关部门和下一级人民政府进行考核和监督。

劳动保障监察所需经费列入本级财政预算。

第五条 各级人力资源社会保障行政部门主管本行政区域内的劳动保障监察工作。

公安、司法行政、财政、住房城乡建设、卫生、国资、税务、工商、安监等有关部门以及用人单位的主管部门，应当在各自职责范围内协同做好劳动保障监察工作。

第六条 各级工会依法维护劳动者的合法权益，对用人单位遵守劳动保障法律、法规和规章的情况进行监督；发现用人单位存在劳动保障违法行为的，应当及时向人力资源社会保障行政部门报告；出现重大劳动保障违法事件时，应当到场了解情况，根据职责协助处理。

人力资源社会保障行政部门在劳动保障监察工作中应当注意听取工会组织的意见和建议；接到工会关于用人单位劳动保障违法行为的报告后，应当按照有关法律、法规的规定及时处理，并将处理结果告知工会。

第七条 用人单位、劳务派遣用工单位应当遵守劳动保障法律、法规和规章，完善劳动用工管理，接受和配合劳动保障监察。

企业联合会、工商业联合会等企业方面代表依法引导、帮助用人单位规范用工，配合做好劳动保障监察工作。

第八条 任何组织或者个人对违反劳动保障法律、法规或者规章的行为，有权向人力资源社会保障行政部门举报。

劳动者认为用人单位侵犯其劳动保障合法权益的，有权向人力资源社会保障行政部门投诉。

第二章 劳动保障监察机构和监察员

第九条 人力资源社会保障行政部门实施劳动保障监察，履行下列职责：

（一）宣传劳动保障法律、法规和规章，引导、督促用人单位贯彻执行；

（二）检查用人单位遵守劳动保障法律、法规和规章的情况；

（三）受理对违反劳动保障法律、法规或者规章的行为的举报、投诉；

（四）依法纠正和查处违反劳动保障法律、法规或者规章的行为。

县级以上人力资源社会保障行政部门设立的劳动保障监察机构和人力资源社会保障行政部门依法委托实施劳动保障监察的组织（以下统称劳动保障监察机构）具体负责劳动保障监察工作。

第十条 各级人民政府应当加强劳动保障监察队伍建设，保障有效、全面履行劳动保障监察职责所需要的场所、装备等条件。

第十一条 人力资源社会保障行政部门或者劳动保障监察机构中实施劳动保障监察的人员（以下简称劳动保障监察员）进行调查、检查，不得少于两人，并应当佩戴统一的劳动保障监察标志，出示劳动保障监察证件。

劳动保障监察员在实施劳动保障监察时，应当遵守有关回避的规定。

第十二条 劳动保障监察员应当忠于职守，秉公执法，勤政廉洁，保守秘密。

任何组织或者个人对劳动保障监察员的违法违纪行为，有权向人力资源社会保障行政部门或者有关机关检举、控告。

第十三条 人力资源社会保障行政部门及其劳动保障监察员依法行使劳动保障监察职权受法律保护，任何组织或者个人不得干涉和阻挠。

第三章　劳动保障监察预警监控

第十四条 用人单位应当建立以下用工管理台账，真实、准确记录各种用工信息：

（一）职工名册。包括建立劳动关系的劳动者和被派遣劳动者的姓名、性别、身份证件号码、户籍地址及现住址、联系方式、用工形式、用工起止时间、劳动合同期限、工作岗位等内容。

（二）录用登记。包括入职登记表、劳动者身份证件复印件等。

（三）工时台账。包括打卡记录或者考勤表等上下班时间和加班时间的记录。

（四）工资台账。包括正常工作时间工资、加班工资及其他劳动报酬的发放情况，列明支付日期、支付周期、支付对象姓名、工作时间，以及应发工资项目和数额，代扣、代缴、扣除项目和数额，实发工资数额，银行代发工资凭证或者劳动者签名等内容。

（五）法律、法规和规章规定的其他台账。

用工管理台账应当至少保存两年，职工名册、录用登记应当至少保存至劳动者离职后两年。

第十五条 《广东省高等学校学生实习与毕业生就业见习条例》规定的实习、见习单位接收实习、见习人员的，应当建立以下管理台账：

（一）实习、见习人员名册。包括姓名、性别、身份证件号码、户籍地址与现住址、联系方式，实习学生所在学校、是否顶岗实习，以及实习、见习的起止时间、工作岗位等内容。

（二）实习、见习时间台账。包括打卡记录或者考勤表等实习、见习工作时间的记录。

（三）报酬台账。包括报酬、补助、补贴的发放情况。

（四）购买意外伤害保险的台账。

（五）法律、法规和规章规定的其他台账。

实习、见习人员管理台账应当至少保存至实习、见习结束后两年。

第十六条 人力资源社会保障行政部门在用人单位设立的劳动保障宣传设施、举报投诉信箱，用人单位应当妥善保护，不得涂污、损毁或者遮盖。

第十七条 人力资源社会保障行政部门应当建立用人单位用工信息采集制度，建立劳动保障监察信息档案，逐步建立全省统一的劳动保障监察管理系统。

用人单位应当按照要求通过网络、书面等方式如实提供订立劳动合同、工资支付、工作时间、参加社会保险等相关情况和资料。

人力资源社会保障行政部门实施劳动保障监察，需要获取用人单位登记注册企业名称、住所、法定代表人姓名、注册资本、经营范围、设立时间等信息的，可以向工商行政部门提出查询要求，工商行政部门应当及时提供。

第十八条 人力资源社会保障行政部门应当建立用人单位劳动保障守法诚信档案，实行分级、分类监管。

对发生重大劳动保障违法行为的用人单位，由人力资源社会保障行政部门向社会公布。公布内容包括用人单位名称、法定代表人（主要责任人）姓名、基本违法事实、处理结果等。

第十九条 人力资源社会保障行政部门应当对有重大劳动保障违法记录的用人单位实行重点监控，加强日常监管，增加检查频次。

有关行政部门审查用人单位承接投资、参加政府采购等申请时，应当将用人单位三年内是否存在劳动保障违法记录作为参考。

第二十条 人力资源社会保障行政部门应当按照规定及时将依法生效法律文书确认的用人单位劳动保障违法信息告知中国人民银行当地分支机构，并由其录入中国人民银行企业信用信息基础数据库。

第二十一条 县级以上人民政府及其有关部门应当建立健全劳动保障违法行为预警机制。

县级以上人民政府应当制定劳动保障群体性事件应急预案。对因拖欠或者克扣劳动者工资（以下称欠薪）等劳动保障违法行为引发群体性事件的，人力资源社会保障、公安等部门和工会、企业方面代表应当按照应急预案迅速处理，有关部门应当根据各自职责依法对违法行为给予处罚。

建筑施工企业因欠薪引发群体性事件的，住房城乡建设部门应当迅速到场协助处理，对涉嫌违法发包、分包、转包、拖欠工程款等违法行为应当依法处理。

第四章 劳动保障监察的实施

第一节 一般规定

第二十二条 劳动保障监察以日常巡视检查、审查用人单位按照要求报送的书面材料、受理举报投诉、开展专项执法检查和网络监察等形式进行。

人力资源社会保障行政部门应当主动对用人单位开展日常巡视检查，制定年度巡查计划，确定重点检查范围，定期检查用人单位的用工情况。

第二十三条 人力资源社会保障行政部门依法对下列事项实施劳动保障监察：

（一）用人单位制定直接涉及劳动者切身利益的规章制度的情况；

（二）用人单位建立用工管理台账的情况；

（三）用人单位与劳动者订立劳动合同、约定试用期及其他必备条款、交付劳动合同文本、出具解除或者终止劳动关系证明等情况；

（四）用人单位执行最低工资标准、支付劳动者工资、经济补偿金及赔偿金的情况；

（五）用人单位遵守有关就业登记备案的规定，以及遵守台、港、澳人员在内地就业和外国人在中国境内就业规定的情况；

（六）用人单位遵守女职工、未成年工特殊劳动保护规定和禁止使用童工规定的情况；

（七）用人单位遵守工作时间和休息休假规定的情况；

（八）用人单位办理社会保险登记和申报缴费数额的情况；

（九）劳务派遣单位、用工单位遵守劳务派遣有关规定的情况；

（十）外国企业常驻代表机构、涉外就业服务单位遵守有关聘用中国雇员管理规定的情况；

（十一）职业中介机构、职业技能培训机构和职业技能考核鉴定机构遵守有关职业介绍、职业技能培训和职业技能考核鉴定规定的情况；

（十二）医疗机构、药品经营单位等社会保险服务机构遵守社会保险相关规定的情况；

（十三）实习、见习单位遵守有关学生实习、见习劳动保障法律法规的情况；

（十四）法律、法规和规章规定的其他劳动保障监督检查事项。

第二十四条 人力资源社会保障行政部门对违反劳动保障法律、法规或者规章的行为作出行政处罚或者行政处理决定前，应当听取用人单位的陈述、申辩；作出行政处罚或者行政处理决定，应当告知用人单位依法享有申请行政复议或者提起行政诉讼的权利。

法律、法规规定应当依法听证的，应当告知用人单位有权依法要求举行听证；用人单位要求听证的，人力资源社会保障行政部门应当组织听证。

第二十五条 单位或者个人阻挠劳动保障监察的，公安机关应当按照治安管理处罚有关规定处理。

第二节　管　辖

第二十六条 对用人单位的劳动保障监察，由用人单位用工所在地的县（县级市、市辖区）或者地级以上市人力资源社会保障行政部门管辖。具体管辖范围应当向社会公开。

第二十七条 对下列用人单位的劳动保障监察，由省人力资源社会保障行政部门管辖：

（一）驻穗的中央、省属国有企业及国有控股企业；

（二）驻穗的中央、省直国家机关、事业单位、社会团体等组织以及部队所属用人单位；

（三）发生重大劳动保障违法行为，省人力资源社会保障行政部门认为需要直接管辖的。

第二十八条 对职业中介机构、职业技能培训机构、职业技能考核鉴定机构的劳动保障监察，由其所在地的县（县级市、市辖区）或者地级以上市人力资源社会保障行政部门管辖；需要吊销许可证的，应当提请核发许可证的人力资源社会保障行政部门处理。

第二十九条 对外国企业常驻代表机构的劳动保障监察，由用工所在地的地级以上市人力资源社会保障行政部门管辖。

第三十条 对医疗机构、药品经营单位等社会保险服务机构骗取社会保险基金支出，以及个人、法人或者其他组织骗取社会保险待遇的劳动保障监察，由支出基金或者发放待遇的社会保险经办机构所属的人力资源社会保障行政部门管辖。

第三十一条 劳务派遣单位和用工单位在劳务派遣用工中存在劳动保障违法行为的，对一方劳动保障违法行为有管辖权的人力资源社会保障行政部门可以一并处理。

第三十二条 上级人力资源社会保障行政部门认为必要时，可以查处其行政区域内案情重大的劳动保障违法案件，也可以将自己管辖的案件指定下级人力资源社会保障行政部门办理；下级人力资源社会保障行政部门认为案情重大的案件，可以提请上级人力资源社会保障行政部门办理。

两个或者两个以上的人力资源社会保障行政部门发生管辖争议时，由发生争议的各方协商解决；协商不成的，提请共同的上一级人力资源社会保障行政部门指定管辖。

第三节 程 序

第三十三条 人力资源社会保障行政部门发现用人单位可能存在劳动保障违法行为，需要调查处理的，应当在发现之日起五个工作日内立案。

第三十四条 人力资源社会保障行政部门应当向社会公布举报投诉电话，设置举报投诉信箱和电子信箱，指定人员受理举报投诉。

人力资源社会保障行政部门对不具有管辖权的举报，应当在接到举报之日起五个工作日内移送有管辖权的人力资源社会保障行政部门。

第三十五条 以匿名方式向人力资源社会保障行政部门反映用人单位劳动保障违法行为，或者以实名方式反映但不提出维护其具体权益主张的，按照举报处理。

实名举报人要求反馈处理情况，且有明确、有效的联系方式的，人力资源社会保障行政部门应当将处理情况答复举报人。

第三十六条 人力资源社会保障行政部门应当为举报人保密；对举报属实，为查处重大违反劳动保障法律、法规或者规章的行为提供主要线索和证据的举报人，给予奖励。

奖励资金由同级财政列支，具体奖励办法由省人民政府另行制定。

第三十七条 对符合下列条件的投诉，人力资源社会保障行政部门应当在接到投诉之日起五个工作日内受理，并于受理之日立案查处：

（一）投诉时间在法律、法规规定的查处期限内；

（二）有明确的被投诉用人单位；

（三）投诉人的劳动保障合法权益受到被投诉用人单位的侵害；

（四）属于劳动保障监察职权范围并由受理投诉的人力资源社会保障行政部门管辖。

投诉人应当向人力资源社会保障行政部门当面提交本人身份证明、投诉文书和反映劳动关系存在的证明材料。书写投诉文书确有困难的，可以口头投诉，由劳动保障监察机构记录，并由投诉人签名。

第三十八条 投诉文书应当载明下列事项：

（一）投诉人的姓名、身份证件号码、法律文书指定送达地址和联系电话；

（二）被投诉用人单位的名称、住所、联系电话；

（三）劳动保障合法权益受到侵害的事实和明确、具体的投诉请求。

投诉文书还可以载明证据和证据来源、证人姓名和联系方式等。

第三十九条 因同一事由引发十人以上集体投诉的，投诉人可以推选出五名以下代表进行投诉，并向人力资源社会保障行政部门提交投诉人签名或者盖章的推选书。

第四十条 人力资源社会保障行政部门应当对以下投诉按照不同情形分别处理：

（一）不属于劳动保障监察职权范围的，告知投诉人。

（二）属于劳动保障监察职权范围但不属于受理投诉的人力资源社会保障行政部门管辖的，应当告知投诉人向有管辖权的人力资源社会保障行政部门提出。

（三）投诉时间超出劳动保障违法行为查处期限的，不予受理。

（四）已经按照劳动争议处理程序申请仲裁、提起诉讼，或者已经向人民法院申请支付令的，不予受理。但劳动争议仲裁机构或者人民法院裁决认为应当由有关行政部门解决，对其请求事项不予受理或者予以驳回的除外。

（五）按照法律、法规和规章规定应当通过劳动争议处理程序解决的，不予受理。

（六）对人力资源社会保障行政部门已经按照劳动保障监察程序作出处理的同一事项重复投诉的，不予受理。

（七）投诉文书应当载明的事项不明确或者提供材料不齐全的，一次性告知补正；补正后符合规定的，予以受理。

（八）投诉人通过信函邮寄等形式或者委托他人提交投诉材料，经投诉人本人核实，情况属实并符合受理条件的，予以受理。

前款规定的告知和不予受理决定应当采用书面形式，并在接到投诉之日起五个工作日内作出；逾期未告知的，自收到投诉材料之日起即为受理。

第四十一条 人力资源社会保障行政部门依法实施劳动保障监察，有权采取下列调查、检查措施：

（一）进入用人单位的劳动场所实地调查、检查；

（二）就调查、检查事项询问有关人员；

（三）要求相关单位或者个人提供与调查、检查事项相关的文件资料或者证据材料，必要时可以发出询问通知书；

（四）查阅本条例规定的台账等有关资料，采取记录、录音、录像、照相或者复制等方式收集有关情况和资料；

（五）在证据可能被伪造、变造、损毁、灭失或者事后难以取得的情况下，可以采取证据登记保存措施；

（六）委托会计师事务所对用人单位工资支付等进行审计；

（七）委托专门的鉴定机构对专门性问题进行鉴定；

（八）法律、法规和规章规定的其他调查、检查措施。

人力资源社会保障行政部门实施调查、检查时，被检查的单位和个人不得拒绝、阻挠调查人员进入劳动场所，应当如实陈述和提供相关资料，并在调查笔录上签名或者盖章；拒绝签名或者盖章的，由调查人员注明拒签事由。

第四十二条 用人单位发生欠薪，人力资源社会保障行政部门应当依法及时调查处理。

用人单位发生欠薪，人力资源社会保障行政部门可以采用电话、书面或者张贴公告，以及其他可以确认收悉的方式，通知其法定代表人或者主要负责人接受调查或者配合处理；用人单位法定代表人或者主要负责人无正当理由不接受调查或者配合处理的，人力资源社会保障行政部门可以通过当地新闻媒体或者人力资源社会保障行政部门门户网站，公开用人单位名称、涉嫌欠薪情况、法定代表人或者主要负责人个人基本信息，公告通知其接受调查或者配合处理。

人力资源社会保障行政部门按照前款规定公告通知后，用人单位法定代表人或者主要负责人仍不接受调查或者配合处理的，按照《广东省工资支付条例》以逃匿方式拖欠工资的有关规定处理。

第四十三条 人力资源社会保障行政部门对金钱给付等投诉案件，可以依一方当事人申请并经对方同意后，组织双方调解。

调解达成一致意见并当场全部履行的，人力资源社会保障行政部门视情节轻重依法不予处罚或者减轻对用人单位的处罚。

调解达成一致意见但未当场全部履行的，当事人双方可以向劳动争议仲裁机构申请审查确认后出具仲裁调解书。人力资源社会保障行政部门视情节轻重依法从轻或者减轻对用人单位的处罚。

第四十四条　有下列情形之一的，人力资源社会保障行政部门应当终止调解：

（一）一方当事人拒绝继续调解的；

（二）经调解无法达成一致意见的；

（三）人力资源社会保障行政部门认为应当终止调解的其他情形。

调解终止后，人力资源社会保障行政部门应当继续按照劳动保障监察程序进行处理。

第四十五条　人力资源社会保障行政部门对违反劳动保障法律、法规或者规章的行为，根据调查、检查的结果，应当自立案之日起四十五个工作日内作出以下处理：

（一）对依法应当受到行政处罚的，依法作出行政处罚决定；

（二）对应当改正未改正的，依法责令改正或者作出相应的行政处理决定；

（三）依法撤销立案。

对情况复杂的，经人力资源社会保障行政部门负责人批准，可以延长三十个工作日。属于投诉案件的，应当书面通知投诉人。公告、委托审计或者鉴定等期间不计算在办案时限内。

投诉事项属于未依法支付工资、经济补偿金、赔偿金，经调查查实的证据证明违法行为存在的，应当依法责令改正或者作出相应的行政处理决定。

对前款规定的投诉事项，人力资源社会保障行政部门已按照本条例第四十一条的有关规定充分调查核实，仍无法查实相关事实，双方存在争议的，告知投诉人按照劳动争议处理程序办理。

发现违法案件不属于劳动保障监察事项的，应当及时移送有关部门处理；存在拒不支付劳动报酬，骗取社会保险基金支出或者社会保险待遇，或者雇用童工从事危重劳动等情形，涉嫌犯罪的，应当依法移送司法机关。

第四十六条　有下列情形之一的，中止计算监察办案时限：

（一）依法必须以司法机关、劳动争议仲裁机构或者有关行政部门的结论为依据的，在司法机关、劳动争议仲裁机构或者有关部门尚未作出结论期间；

（二）投诉人无法联系或者存在其他不可抗拒的事由，致使调查取证无法进行的。

办案中止由人力资源社会保障行政部门负责人批准，并自批准之日起三个工作日内书面通知投诉人，投诉人无法联系的除外。中止原因消除后，恢复案件办理。

第四十七条　经立案调查后发现有下列情形之一的，人力资源社会保障行政部门可以撤销立案：

（一）违法事实不成立的；

（二）违法行为已经改正，依法可以不予处罚的；

（三）投诉不符合规定的受理条件但已经立案的；

（四）投诉案件投诉人撤回投诉的；

（五）经人力资源社会保障行政部门调解达成一致意见，已当场全部履行或者置换劳动争议仲裁调解书的；

（六）法律、法规和规章规定的其他情形。

投诉案件撤销立案的，应当告知投诉人。

第四十八条 人力资源社会保障行政部门制作出限期整改指令书、行政处理决定书、行政处罚决定书等法律文书后，应当在宣告后当场送达当事人；无法当场送达的，应当在七个工作日内参照民事诉讼的有关规定送达。

按照规定采取公告方式送达的，应当在受送达人办公场所或者住所张贴，并同时在当地新闻媒体或者人力资源社会保障行政部门门户网站公告，公告期为六十日；但按照本条例第四十二条规定处理的，或者用人单位的欠薪等劳动保障违法行为引发群体性事件的，公告期为三日。

投诉人指定法律文书送达地址的，人力资源社会保障行政部门可以通过邮政机构向该地址邮寄送达法律文书。

第四十九条 人力资源社会保障行政部门作出行政处罚、行政处理决定的，应当自决定书发出之日起十日内报送上一级人力资源社会保障行政部门备案。

第五章 法律责任

第五十条 用人单位违反本条例第十四条、第十五条规定，未建立、保存相关台账，或者伪造相关台账的，由人力资源社会保障行政部门责令改正，并可处以二千元以上二万元以下的罚款。

第五十一条 用人单位的规章制度规定了罚款内容，或者其扣减工资的规定没有法律、法规依据的，由人力资源社会保障行政部门责令改正，给予警告。

用人单位对劳动者实施罚款或者没有法律、法规依据扣减劳动者工资的，由人力资源社会保障行政部门责令限期改正；逾期未改正的，按照被罚款或者扣减工资的人数每人二千元以上五千元以下的标准处以罚款。

第五十二条 用人单位发生欠薪的，由人力资源社会保障行政部门责令其限期支付；逾期不支付的，责令用人单位按照应付金额百分之五十以上一倍以下的标准向劳动者加付赔偿金。

用人单位发生欠薪，人力资源社会保障行政部门按照本条例第四十二条第二款规定公告通知后，其法定代表人或者主要负责人仍不接受调查或者配合处理的，由人力资源社会保障行政部门处以一万元以上五万元以下的罚款；引发严重影响公共秩序事件的，由公安机关依法处理；构成犯罪的，依法追究刑事责任。

第五十三条 用人单位有下列行为之一的，由人力资源社会保障行政部门责令改正，处以二千元以上二万元以下的罚款：

（一）拒绝、阻挠劳动保障监察员进行调查、检查的；

（二）无正当理由，拒绝按照劳动保障监察询问通知书要求在指定时间和地点接受调查询问的；

（三）拒绝提供或者报送用工信息等相关材料的；

（四）出具伪证、隐匿证据、毁灭证据或者教唆劳动者进行虚假陈述的；

（五）对人力资源社会保障行政部门采取登记保存措施的证据材料及相关设备擅自处理的。

违反前款规定，构成违反治安管理行为的，由公安机关依法给予治安管理处罚；构成犯罪的，依法追究刑事责任。

第五十四条　用人单位违反劳动保障法律、法规或者规章的行为经人力资源社会保障行政部门作出行政处罚决定后，在一年内又发生同类违法行为的，应当依法从重处罚。

第五十五条　人力资源社会保障行政部门、劳动保障监察机构及其工作人员有下列行为之一的，对直接负责的主管人员和其他直接责任人员，依法给予处分；构成犯罪的，依法追究刑事责任：

（一）不依法处理举报、投诉，造成严重后果的；

（二）不按照规定程序调查处理劳动保障监察案件，造成严重后果的；

（三）对应当予以纠正和处罚的劳动保障违法行为不予纠正、处罚，致使劳动者合法权益遭受损害的；

（四）泄露被检查单位商业秘密或者举报人有关情况的；

（五）索取、收受用人单位财物或者谋取其他不正当利益的；

（六）参与被检查单位安排的有碍公正执法的活动的；

（七）其他徇私舞弊、滥用职权、玩忽职守的行为。

人力资源社会保障行政部门、劳动保障监察机构及其工作人员违法行使职权，侵犯用人单位或者劳动者的合法权益的，依法承担赔偿责任。

第六章　附　则

第五十六条对个人、法人或者其他组织骗取社会保险基金支出或者社会保险待遇的行为实施劳动保障监察，依照本条例执行。

第五十七条　依法应当办理营业执照没有办理或者已被依法吊销营业执照的单位有劳动用工的行为，以及未经许可擅自从事职业中介活动的行为，由人力资源社会保障行政部门依照本条例实施劳动保障监察，并及时通报工商行政部门依法查处。

第五十八条　本条例自2013年5月1日起施行。1996年7月12日广东省第八届人民代表大会常务委员会第二十三次会议通过的《广东省劳动监察条例》同时废止。

★地方性文件·上海市

9.1.5 上海市实施《劳动保障监察条例》若干规定（上海市人民政府令第64号　2006年10月起施行）

第一条【目的】　为了实施《劳动保障监察条例》，结合本市实际情况，制定本规定。

第二条【适用范围】　市和区、县人力资源和社会保障局（以下统称人力资源社会保障行政部门）对本市行政区域内企业、个体工商户以及使用建立劳动合同关系劳动者的国家机关、事业单位和社会团体（以下称用人单位）进行劳动保障监察，适用本规定。

人力资源社会保障行政部门对本市行政区域内职业介绍机构、职业技能培训机构和职业技能考核鉴定机构开展业务活动进行劳动保障监察，依照本规定执行。

第三条【管理部门】　市人力资源社会保障行政部门是本市劳动保障监察工作的行政主管部门。区、县人力资源社会保障行政部门负责本辖区内的劳动保障监察工作。

市劳动保障监察总队和区、县劳动保障监察大队，分别接受市和区、县人力资源社会保障行政部门的委托，具体实施劳动保障监察。

本市公安、工商、财政、税务等有关部门应当依法履行各自职责，协同人力资源社会保障行政部门做好劳动保障监察工作。

第四条【管辖】 本市行政区域内对用人单位的劳动保障监察，由用人单位用工所在地的区、县人力资源社会保障行政部门管辖。用人单位用工所在地可以是用人单位主要用工行为发生地，也可以是用人单位住所地。

区、县人力资源社会保障行政部门对劳动保障监察管辖有争议，或者根据工作需要确需指定管辖的，由市人力资源社会保障行政部门指定管辖。

对职业介绍机构、职业技能培训机构和职业技能考核鉴定机构执行有关职业介绍、职业技能培训和职业技能考核鉴定规定的情况，由其所在地的人力资源社会保障行政部门实施劳动保障监察；需要对其违法行为处以吊销许可证行政处罚的，由原实施行政许可的人力资源社会保障行政部门实施。

市人力资源社会保障行政部门根据工作需要，可以直接调查处理区、县人力资源社会保障行政部门管辖的案件。

第五条【对投诉的处理】 对用人单位违反劳动保障法律、法规和规章的投诉，有下列情形之一的，人力资源社会保障行政部门不予受理：

（一）依法应当通过劳动争议处理程序解决的；

（二）已经按照劳动争议处理规定进入仲裁或者诉讼程序的；

（三）依法应当由其他机关处理的。

人力资源社会保障行政部门对劳动者就本条第一款第（一）、（三）项的投诉不予受理的，应当书面告知其可以依法向劳动争议处理机构或者其他有权处理的机关申请处理。

第六条【不重复处理的规定】 劳动者向人力资源社会保障行政部门投诉，且已经依法进入劳动保障监察程序，劳动者就相同请求事项又向劳动争议处理机构提出处理申请的，劳动争议处理机构可以不再重复处理。

第七条【特别规定】 劳动者就用人单位克扣或者无故拖欠工资报酬、支付工资低于本市最低工资标准以及解除劳动合同未依法给予经济补偿，向人力资源社会保障行政部门投诉并经查实的，人力资源社会保障行政部门应当责令用人单位限期支付；用人单位逾期不支付的，责令用人单位按照应付金额50%以上1倍以下的标准计算，向劳动者加付赔偿金。

劳动者与用人单位就克扣或者无故拖欠工资报酬的具体数额、实际支付工资低于本市最低工资标准的差额或者经济补偿的具体标准存在争议的，用人单位负有提供工资支付凭证等证据的义务。用人单位拒绝提供或者逾期不能提供证据的，人力资源社会保障行政部门可以根据劳动者投诉时提供的材料认定事实，并责令用人单位限期支付；用人单位逾期不支付的，责令用人单位按照应付金额50%以上1倍以下的标准计算，向劳动者加付赔偿金。

第八条【对用人单位阻挠监察的处理】 人力资源社会保障行政部门实施劳动保障监察，有权采取下列调查、检查措施：

（一）进入用人单位的劳动场所进行检查；

（二）就调查、检查事项询问有关人员；

（三）要求用人单位提供与调查、检查事项相关的文件资料；

（四）采取记录、录音、录像、照相或者复制等方式收集有关情况和资料；

（五）委托会计师事务所对用人单位工资支付、缴纳社会保险费的情况进行审计。

用人单位阻挠人力资源社会保障行政部门采取前款规定的调查、检查措施的，由人力资源社会保障行政部门责令改正，可处以2000元以上2万元以下的罚款。

第九条【举报奖励】 对为查处重大违反劳动保障法律、法规或者规章的行为提供主要线索和证据的举报人，人力资源社会保障行政部门可以给予奖励。

举报奖励的具体办法由市人力资源社会保障行政部门会同市财政部门另行制定。

第十条【参照执行】 本规定第二条规定范围之外的其他组织，人力资源社会保障行政部门对其执行国家和本市有关社会保险规定的情况实施劳动保障监察，参照本规定执行。

第十一条【施行日期】 本规定自2007年1月1日起施行。市政府2000年9月20日发布的《上海市劳动监察规定》同时废止。

9.2 监察职权相关

★ 行政法规/部门规章/司法解释

9.2.1 劳动保障监察条例（国务院令第423号　2004年12月起施行）

第二章　劳动保障监察职责

第十条　劳动保障行政部门实施劳动保障监察，履行下列职责：

（一）宣传劳动保障法律、法规和规章，督促用人单位贯彻执行；

（二）检查用人单位遵守劳动保障法律、法规和规章的情况；

（三）受理对违反劳动保障法律、法规或者规章的行为的举报、投诉；

（四）依法纠正和查处违反劳动保障法律、法规或者规章的行为。

第十一条　劳动保障行政部门对下列事项实施劳动保障监察：

（一）用人单位制定内部劳动保障规章制度的情况；

（二）用人单位与劳动者订立劳动合同的情况；

（三）用人单位遵守禁止使用童工规定的情况；

（四）用人单位遵守女职工和未成年工特殊劳动保护规定的情况；

（五）用人单位遵守工作时间和休息休假规定的情况；

（六）用人单位支付劳动者工资和执行最低工资标准的情况；

（七）用人单位参加各项社会保险和缴纳社会保险费的情况；

（八）职业介绍机构、职业技能培训机构和职业技能考核鉴定机构遵守国家有关职业介绍、职业技能培训和职业技能考核鉴定的规定的情况；

（九）法律、法规规定的其他劳动保障监察事项。

第十二条　劳动保障监察员依法履行劳动保障监察职责，受法律保护。

劳动保障监察员应当忠于职守，秉公执法，勤政廉洁，保守秘密。

任何组织或者个人对劳动保障监察员的违法违纪行为，有权向劳动保障行政部门或者有关机关检举、控告。

9.2.2 最高人民法院行政审判庭关于设区的市的区劳动和社会保障局是否具有劳动保障监察职权的答复（［2010］行他字第128号）

山东省高级人民法院：

你院报送的《关于区劳动和社会保障局是否具有劳动保障监察职权的请示》收悉。经研究，答复如下：

原则同意你院审判委员会多数人的意见。即根据《劳动保障监察条例》第十三条的规定，设区的市的“区劳动保障行政部门”具有对用人单位实施劳动保障监察职权，但地方性法规或者规章明确规定由市劳动保障行政部门实施的除外。

此复。

二〇一〇年十月二十五日

附：

山东省高级人民法院关于区劳动和社会保障局是否具有劳动保障监察职权的请示

（鲁高法函［2010］8号）

最高人民法院：

济南市中级人民法院在审理徐福常诉济南市槐荫区劳动和社会保障局（以下简称劳动局）一案中，对《山东省劳动和社会保障监察条例》第八条关于区劳动局可以行使劳动保障监察职权的规定把握不准，就有关问题向我院请示。经我院审判委员会研究后对如何适用相关法律规定存在不同意见，特向贵院请示。

一、当事人基本情况

上诉人（原审被告）济南市槐荫区劳动和社会保障局，住所地济南市槐荫区北小辛庄西街24号。

法定代表人汪浩，局长。

委托代理人潘刚，该局劳动监察科干部。

被上诉人（原审原告）徐福常，男，1950年6月9日出生，汉族，无业，住济南市槐荫区国庄426号。

委托代理人杨立民、申春华，山东国盾律师事务所律师。

原审第三人山东峨嵋集团有限公司，住所地济南市槐荫区西郊峨嵋山下。

法定代表人李庆林，董事长。

原审第三人济南峨嵋制动水口厂，住所地济南市槐荫区西郊峨嵋山下。

法定代表人李庆林，厂长。

二、案件事实及一审审理情况

2009年5月20日，槐荫区劳动局收到原告徐福常的投诉书，要求对第三人违反劳动法的行为进行查处。2009年5月25日，劳动局以“违反劳动保障法律、法规或者规章的行为在2年内未被劳动保障行政部门发现，也未被举报、投诉的，劳动保障行政部门不再查处”为由，认为原告的投诉不符合受理条件，决定不予受理。并作出槐劳社监不受字［2009］第003号劳动保障监察不予受理投诉决定书。原告不服，诉至法院，要求撤销该决定，并判令被告对第三人的违法行为履行法定职责。

一审法院认为，《劳动保障监察条例》（国务院令第423号）第十三条第一款规定：对用人单位的劳动保障监察，由用人单位用工所在地的县级或者设区的市级劳动保障行政部门管辖。被告槐荫区劳动局以“违反劳动保障法律、法规或者规章的行为在2年内未被劳动保障行政部门发现，也未被举报、投诉的，劳动保障行政部门不再查处”为由，作出不予受理决定，显然不符合上述管辖的规定，应予撤销。依照《中华人民共和国行政诉讼法》第五十四条第（二）项第4目之规定，判决：一、撤销被告济南市槐荫区劳动和社会保障局于2009年5月25日作出的槐劳社监不受字［2009］第003号劳动保障监察不予受理投诉决定书。二、驳回原告徐福常的其他诉讼请求。槐荫区劳动保障局对于一审法院判决关于其无劳动监察管辖权的认定不服，向济南中院提起上诉。

三、中院请示的问题及我院意见

《劳动保障监察条例》（国务院令第423号）第十三条第一款“对用人单位的劳动保障监察，由用人单位用工所在地的县级或者设区的市级劳动保障行政部门管辖”的规定与

《山东省劳动和社会保障监察条例》第八条“省劳动和社会保障行政部门负责对中央所属、省属用人单位及与之合资、合作企业和外省、部队驻鲁用人单位实施劳动和社会保障监察。设区的市和县（市、区）劳动和社会保障行政部门的监察管辖范围，由设区的市人民政府确定”的规定不一致。国务院《条例》只规定县（没有区）和设区的市级劳动保障行政部门有劳动监察权，而省《条例》规定区的劳动保障行政部门可以行使劳动监察权，因此，应如何理解和适用省《条例》和国务院《条例》的相关规定，区劳动保障部门是否有权进行劳动监察。

我院审判委员会研究后形成两种意见：

第一种意见认为：《山东省劳动和社会保障监察条例》的规定与国务院《劳动保障监察条例》的规定并不冲突，区劳动保障部门有劳动监察职权。主要理由：一是国务院《劳动保障监察条例》虽然只规定县、设区的市劳动保障行政部门有劳动监察权，但并未明确否定区级劳动保障行政部门行使劳动监察权，区和县系平级的行政单位，可以扩大解释国务院《劳动保障监察条例》规定的“县”，将其包括县和区。二是实践中，不仅区劳动保障部门行使劳动监察职权，而且省级劳动保障行政部门也在行使劳动保障监察权，系地方性法规授权，人民法院不宜否认他们的行政执法权。

第二种意见认为：《山东省劳动和社会保障监察条例》的规定与国务院《劳动保障监察条例》的规定冲突，区劳动保障部门依法不具有劳动监察职权。主要理由：一是从立法原意上看，如果国务院打算赋予省和区劳动保障行政部门劳动监察权，在制定条例过程中会加以明确。否则，应理解为立法者不准备赋予其行政执法权。二是根据法律适用的原则，国务院《劳动保障监察条例》是上位法，《山东省劳动和社会保障监察条例》是下位法，下位法与上位法冲突的，适用上位法的规定。

本案经我院审判委员会研究，多数委员倾向于第一种意见。

本案如何适用法律，请给予批复。

★ 地方性文件·广东省

9.2.3 广东省劳动保障监察条例（广东省第十一届人民代表大会常务委员会公告第91号　2013年5月起施行）

第二章　劳动保障监察机构和监察员

第九条　人力资源社会保障行政部门实施劳动保障监察，履行下列职责：

（一）宣传劳动保障法律、法规和规章，引导、督促用人单位贯彻执行；

（二）检查用人单位遵守劳动保障法律、法规和规章的情况；

（三）受理对违反劳动保障法律、法规或者规章的行为的举报、投诉；

（四）依法纠正和查处违反劳动保障法律、法规或者规章的行为。

县级以上人力资源社会保障行政部门设立的劳动保障监察机构和人力资源社会保障行政部门依法委托实施劳动保障监察的组织（以下统称劳动保障监察机构）具体负责劳动保障监察工作。

第十条　各级人民政府应当加强劳动保障监察队伍建设，保障有效、全面履行劳动保障监察职责所需要的场所、装备等条件。

第十一条　人力资源社会保障行政部门或者劳动保障监察机构中实施劳动保障监察的

人员（以下简称劳动保障监察员）进行调查、检查，不得少于两人，并应当佩戴统一的劳动保障监察标志，出示劳动保障监察证件。

劳动保障监察员在实施劳动保障监察时，应当遵守有关回避的规定。

第十二条　劳动保障监察员应当忠于职守，秉公执法，勤政廉洁，保守秘密。

任何组织或者个人对劳动保障监察员的违法违纪行为，有权向人力资源社会保障行政部门或者有关机关检举、控告。

第十三条　人力资源社会保障行政部门及其劳动保障监察员依法行使劳动保障监察职权受法律保护，任何组织或者个人不得干涉和阻挠。

第三章　劳动保障监察预警监控

第十四条　用人单位应当建立以下用工管理台账，真实、准确记录各种用工信息：

（一）职工名册。包括建立劳动关系的劳动者和被派遣劳动者的姓名、性别、身份证件号码、户籍地址及现住址、联系方式、用工形式、用工起止时间、劳动合同期限、工作岗位等内容。

（二）录用登记。包括入职登记表、劳动者身份证件复印件等。

（三）工时台账。包括打卡记录或者考勤表等上下班时间和加班时间的记录。

（四）工资台账。包括正常工作时间工资、加班工资及其他劳动报酬的发放情况，列明支付日期、支付周期、支付对象姓名、工作时间，以及应发工资项目和数额，代扣、代缴、扣除项目和数额，实发工资数额，银行代发工资凭证或者劳动者签名等内容。

（五）法律、法规和规章规定的其他台账。

用工管理台账应当至少保存两年，职工名册、录用登记应当至少保存至劳动者离职后两年。

第十五条　《广东省高等学校学生实习与毕业生就业见习条例》规定的实习、见习单位接收实习、见习人员的，应当建立以下管理台账：

（一）实习、见习人员名册。包括姓名、性别、身份证件号码、户籍地址与现住址、联系方式，实习学生所在学校、是否顶岗实习，以及实习、见习的起止时间、工作岗位等内容。

（二）实习、见习时间台账。包括打卡记录或者考勤表等实习、见习工作时间的记录。

（三）报酬台账。包括报酬、补助、补贴的发放情况。

（四）购买意外伤害保险的台账。

（五）法律、法规和规章规定的其他台账。

实习、见习人员管理台账应当至少保存至实习、见习结束后两年。

第十六条　人力资源社会保障行政部门在用人单位设立的劳动保障宣传设施、举报投诉信箱，用人单位应当妥善保护，不得涂污、损毁或者遮盖。

第十七条　人力资源社会保障行政部门应当建立用人单位用工信息采集制度，建立劳动保障监察信息档案，逐步建立全省统一的劳动保障监察管理系统。

用人单位应当按照要求通过网络、书面等方式如实提供订立劳动合同、工资支付、工作时间、参加社会保险等相关情况和资料。

人力资源社会保障行政部门实施劳动保障监察，需要获取用人单位登记注册企业名称、住所、法定代表人姓名、注册资本、经营范围、设立时间等信息的，可以向工商行政部门提出查询要求，工商行政部门应当及时提供。

第十八条 人力资源社会保障行政部门应当建立用人单位劳动保障守法诚信档案，实行分级、分类监管。

对发生重大劳动保障违法行为的用人单位，由人力资源社会保障行政部门向社会公布。公布内容包括用人单位名称、法定代表人（主要责任人）姓名、基本违法事实、处理结果等。

第十九条 人力资源社会保障行政部门应当对有重大劳动保障违法记录的用人单位实行重点监控，加强日常监管，增加检查频次。

有关行政部门审查用人单位承接投资、参加政府采购等申请时，应当将用人单位三年内是否存在劳动保障违法记录作为参考。

第二十条 人力资源社会保障行政部门应当按照规定及时将依法生效法律文书确认的用人单位劳动保障违法信息告知中国人民银行当地分支机构，并由其录入中国人民银行企业信用信息基础数据库。

第二十一条 县级以上人民政府及其有关部门应当建立健全劳动保障违法行为预警机制。

县级以上人民政府应当制定劳动保障群体性事件应急预案。对因拖欠或者克扣劳动者工资（以下称欠薪）等劳动保障违法行为引发群体性事件的，人力资源社会保障、公安等部门和工会、企业方面代表应当按照应急预案迅速处理，有关部门应当根据各自职责依法对违法行为给予处罚。

建筑施工企业因欠薪引发群体性事件的，住房城乡建设部门应当迅速到场协助处理，对涉嫌违法发包、分包、转包、拖欠工程款等违法行为应当依法处理。

9.3 监察实施相关

★ 行政法规/部门规章/司法解释

9.3.1 劳动保障监察条例（国务院令第423号 2004年12月起施行）

第十三条 对用人单位的劳动保障监察，由用人单位用工所在地的县级或者设区的市级劳动保障行政部门管辖。

上级劳动保障行政部门根据工作需要，可以调查处理下级劳动保障行政部门管辖的案件。劳动保障行政部门对劳动保障监察管辖发生争议的，报请共同的上一级劳动保障行政部门指定管辖

省、自治区、直辖市人民政府可以对劳动保障监察的管辖制定具体办法。

第十四条 劳动保障监察以日常巡视检查、审查用人单位按照要求报送的书面材料以及接受举报投诉等形式进行。

劳动保障行政部门认为用人单位有违反劳动保障法律、法规或者规章的行为，需要进行调查处理的，应当及时立案。

劳动保障行政部门或者受委托实施劳动保障监察的组织应当设立举报、投诉信箱和电话。

对因违反劳动保障法律、法规或者规章的行为引起的群体性事件，劳动保障行政部门应当根据应急预案，迅速会同有关部门处理。

第十五条 劳动保障行政部门实施劳动保障监察，有权采取下列调查、检查措施：

（一）进入用人单位的劳动场所进行检查；

（二）就调查、检查事项询问有关人员；

（三）要求用人单位提供与调查、检查事项相关的文件资料，并作出解释和说明，必要时可以发出调查询问书；

（四）采取记录、录音、录像、照相或者复制等方式收集有关情况和资料；

（五）委托会计师事务所对用人单位工资支付、缴纳社会保险费的情况进行审计；

（六）法律、法规规定可以由劳动保障行政部门采取的其他调查、检查措施。

劳动保障行政部门对事实清楚、证据确凿、可以当场处理的违反劳动保障法律、法规或者规章的行为有权当场予以纠正。

第十六条 劳动保障监察员进行调查、检查，不得少于2人，并应当佩戴劳动保障监察标志、出示劳动保障监察证件。

劳动保障监察员办理的劳动保障监察事项与本人或者其近亲属有直接利害关系的，应当回避。

第十七条 劳动保障行政部门对违反劳动保障法律、法规或者规章的行为的调查，应当自立案之日起60个工作日内完成；对情况复杂的，经劳动保障行政部门负责人批准，可以延长30个工作日。

第十八条 劳动保障行政部门对违反劳动保障法律、法规或者规章的行为，根据调查、检查的结果，作出以下处理：

（一）对依法应当受到行政处罚的，依法作出行政处罚决定；

（二）对应当改正未改正的，依法责令改正或者作出相应的行政处理决定；

（三）对情节轻微且已改正的，撤销立案。

发现违法案件不属于劳动保障监察事项的，应当及时移送有关部门处理；涉嫌犯罪的，应当依法移送司法机关。

第十九条 劳动保障行政部门对违反劳动保障法律、法规或者规章的行为作出行政处罚或者行政处理决定前，应当听取用人单位的陈述、申辩；作出行政处罚或者行政处理决定，应当告知用人单位依法享有申请行政复议或者提起行政诉讼的权利。

第二十条 违反劳动保障法律、法规或者规章的行为在2年内未被劳动保障行政部门发现，也未被举报、投诉的，劳动保障行政部门不再查处。

前款规定的期限，自违反劳动保障法律、法规或者规章的行为发生之日起计算；违反劳动保障法律、法规或者规章的行为有连续或者继续状态的，自行为终了之日起计算。

第二十一条 用人单位违反劳动保障法律、法规或者规章，对劳动者造成损害的，依法承担赔偿责任。劳动者与用人单位就赔偿发生争议的，依照国家有关劳动争议处理的规定处理。

对应当通过劳动争议处理程序解决的事项或者已经按照劳动争议处理程序申请调解、仲裁或者已经提起诉讼的事项，劳动保障行政部门应当告知投诉人依照劳动争议处理或者诉讼的程序办理。

第二十二条 劳动保障行政部门应当建立用人单位劳动保障守法诚信档案。用人单位有重大违反劳动保障法律、法规或者规章的行为的，由有关的劳动保障行政部门向社会公布。

★ 地方性文件·广东省

9.3.2 广东省劳动保障监察条例（广东省第十一届人民代表大会常务委员会公告第91号 2013年5月起施行）

第一节 一般规定

第二十二条 劳动保障监察以日常巡视检查、审查用人单位按照要求报送的书面材料、受理举报投诉、开展专项执法检查和网络监察等形式进行。

人力资源社会保障行政部门应当主动对用人单位开展日常巡视检查，制定年度巡查计划，确定重点检查范围，定期检查用人单位的用工情况。

第二十三条 人力资源社会保障行政部门依法对下列事项实施劳动保障监察：

（一）用人单位制定直接涉及劳动者切身利益的规章制度的情况；

（二）用人单位建立用工管理台账的情况；

（三）用人单位与劳动者订立劳动合同、约定试用期及其他必备条款、交付劳动合同文本、出具解除或者终止劳动关系证明等情况；

（四）用人单位执行最低工资标准、支付劳动者工资、经济补偿金及赔偿金的情况；

（五）用人单位遵守有关就业登记备案的规定，以及遵守台、港、澳人员在内地就业和外国人在中国境内就业规定的情况；

（六）用人单位遵守女职工、未成年工特殊劳动保护规定和禁止使用童工规定的情况；

（七）用人单位遵守工作时间和休息休假规定的情况；

（八）用人单位办理社会保险登记和申报缴费数额的情况；

（九）劳务派遣单位、用工单位遵守劳务派遣有关规定的情况；

（十）外国企业常驻代表机构、涉外就业服务单位遵守有关聘用中国雇员管理规定的情况；

（十一）职业中介机构、职业技能培训机构和职业技能考核鉴定机构遵守有关职业介绍、职业技能培训和职业技能考核鉴定规定的情况；

（十二）医疗机构、药品经营单位等社会保险服务机构遵守社会保险相关规定的情况；

（十三）实习、见习单位遵守有关学生实习、见习劳动保障法律法规的情况；

（十四）法律、法规和规章规定的其他劳动保障监督检查事项。

第二十四条 人力资源社会保障行政部门对违反劳动保障法律、法规或者规章的行为作出行政处罚或者行政处理决定前，应当听取用人单位的陈述、申辩；作出行政处罚或者行政处理决定，应当告知用人单位依法享有申请行政复议或者提起行政诉讼的权利。

法律、法规规定应当依法听证的，应当告知用人单位有权依法要求举行听证；用人单位要求听证的，人力资源社会保障行政部门应当组织听证。

第二十五条 单位或者个人阻挠劳动保障监察的，公安机关应当按照治安管理处罚有关规定处理。

第二节 管 辖

第二十六条 对用人单位的劳动保障监察，由用人单位用工所在地的县（县级市、市辖区）或者地级以上市人力资源社会保障行政部门管辖。具体管辖范围应当向社会公开。

第二十七条 对下列用人单位的劳动保障监察，由省人力资源社会保障行政部门管辖：

（一）驻穗的中央、省属国有企业及国有控股企业；

（二）驻穗的中央、省直国家机关、事业单位、社会团体等组织以及部队所属用人单位；

（三）发生重大劳动保障违法行为，省人力资源社会保障行政部门认为需要直接管辖的。

第二十八条 对职业中介机构、职业技能培训机构、职业技能考核鉴定机构的劳动保障监察，由其所在地的县（县级市、市辖区）或者地级以上市人力资源社会保障行政部门管辖；需要吊销许可证的，应当提请核发许可证的人力资源社会保障行政部门处理。

第二十九条 对外国企业常驻代表机构的劳动保障监察，由用工所在地的地级以上市人力资源社会保障行政部门管辖。

第三十条 对医疗机构、药品经营单位等社会保险服务机构骗取社会保险基金支出，以及个人、法人或者其他组织骗取社会保险待遇的劳动保障监察，由支出基金或者发放待遇的社会保险经办机构所属的人力资源社会保障行政部门管辖。

第三十一条 劳务派遣单位和用工单位在劳务派遣用工中存在劳动保障违法行为的，对一方劳动保障违法行为有管辖权的人力资源社会保障行政部门可以一并处理。

第三十二条 上级人力资源社会保障行政部门认为必要时，可以查处其行政区域内案情重大的劳动保障违法案件，也可以将自己管辖的案件指定下级人力资源社会保障行政部门办理；下级人力资源社会保障行政部门认为案情重大的案件，可以提请上级人力资源社会保障行政部门办理

两个或者两个以上的人力资源社会保障行政部门发生管辖争议时，由发生争议的各方

协商解决；协商不成的，提请共同的上一级人力资源社会保障行政部门指定管辖。

第三节　程　序

第三十三条　人力资源社会保障行政部门发现用人单位可能存在劳动保障违法行为，需要调查处理的，应当在发现之日起五个工作日内立案。

第三十四条　人力资源社会保障行政部门应当向社会公布举报投诉电话，设置举报投诉信箱和电子信箱，指定人员受理举报投诉。

人力资源社会保障行政部门对不具有管辖权的举报，应当在接到举报之日起五个工作日内移送有管辖权的人力资源社会保障行政部门。

第三十五条　以匿名方式向人力资源社会保障行政部门反映用人单位劳动保障违法行为，或者以实名方式反映但不提出维护其具体权益主张的，按照举报处理。

实名举报人要求反馈处理情况，且有明确、有效的联系方式的，人力资源社会保障行政部门应当将处理情况答复举报人。

第三十六条　人力资源社会保障行政部门应当为举报人保密；对举报属实，为查处重大违反劳动保障法律、法规或者规章的行为提供主要线索和证据的举报人，给予奖励。

奖励资金由同级财政列支，具体奖励办法由省人民政府另行制定。

第三十七条　对符合下列条件的投诉，人力资源社会保障行政部门应当在接到投诉之日起五个工作日内受理，并于受理之日立案查处：

（一）投诉时间在法律、法规规定的查处期限内；

（二）有明确的被投诉用人单位；

（三）投诉人的劳动保障合法权益受到被投诉用人单位的侵害；

（四）属于劳动保障监察职权范围并由受理投诉的人力资源社会保障行政部门管辖。

投诉人应当向人力资源社会保障行政部门当面提交本人身份证明、投诉文书和反映劳动关系存在的证明材料。书写投诉文书确有困难的，可以口头投诉，由劳动保障监察机构记录，并由投诉人签名。

第三十八条　投诉文书应当载明下列事项：

（一）投诉人的姓名、身份证件号码、法律文书指定送达地址和联系电话；

（二）被投诉用人单位的名称、住所、联系电话；

（三）劳动保障合法权益受到侵害的事实和明确、具体的投诉请求。

投诉文书还可以载明证据和证据来源、证人姓名和联系方式等。

第三十九条　因同一事由引发十人以上集体投诉的，投诉人可以推选出五名以下代表进行投诉，并向人力资源社会保障行政部门提交投诉人签名或者盖章的推选书。

第四十条　人力资源社会保障行政部门应当对以下投诉按照不同情形分别处理：

（一）不属于劳动保障监察职权范围的，告知投诉人。

（二）属于劳动保障监察职权范围但不属于受理投诉的人力资源社会保障行政部门管辖的，应当告知投诉人向有管辖权的人力资源社会保障行政部门提出。

（三）投诉时间超出劳动保障违法行为查处期限的，不予受理。

（四）已经按照劳动争议处理程序申请仲裁、提起诉讼，或者已经向人民法院申请支付令的，不予受理。但劳动争议仲裁机构或者人民法院裁决认为应当由有关行政部门解决，对其请求事项不予受理或者予以驳回的除外。

（五）按照法律、法规和规章规定应当通过劳动争议处理程序解决的，不予受理。

（六）对人力资源社会保障行政部门已经按照劳动保障监察程序作出处理的同一事项重复投诉的，不予受理。

（七）投诉文书应当载明的事项不明确或者提供材料不齐全的，一次性告知补正；补正后符合规定的，予以受理。

（八）投诉人通过信函邮寄等形式或者委托他人提交投诉材料，经投诉人本人核实，情况属实并符合受理条件的，予以受理。

前款规定的告知和不予受理决定应当采用书面形式，并在接到投诉之日起五个工作日内作出；逾期未告知的，自收到投诉材料之日起即为受理。

第四十一条 人力资源社会保障行政部门依法实施劳动保障监察，有权采取下列调查、检查措施：

（一）进入用人单位的劳动场所实地调查、检查；

（二）就调查、检查事项询问有关人员；

（三）要求相关单位或者个人提供与调查、检查事项相关的文件资料或者证据材料，必要时可以发出询问通知书；

（四）查阅本条例规定的台账等有关资料，采取记录、录音、录像、照相或者复制等方式收集有关情况和资料；

（五）在证据可能被伪造、变造、损毁、灭失或者事后难以取得的情况下，可以采取证据登记保存措施；

（六）委托会计师事务所对用人单位工资支付等进行审计；

（七）委托专门的鉴定机构对专门性问题进行鉴定；

（八）法律、法规和规章规定的其他调查、检查措施。

人力资源社会保障行政部门实施调查、检查时，被检查的单位和个人不得拒绝、阻挠调查人员进入劳动场所，应当如实陈述和提供相关资料，并在调查笔录上签名或者盖章；拒绝签名或者盖章的，由调查人员注明拒签事由。

第四十二条 用人单位发生欠薪，人力资源社会保障行政部门应当依法及时调查处理。

用人单位发生欠薪，人力资源社会保障行政部门可以采用电话、书面或者张贴公告，以及其他可以确认收悉的方式，通知其法定代表人或者主要负责人接受调查或者配合处理；用人单位法定代表人或者主要负责人无正当理由不接受调查或者配合处理的，人力资源社会保障行政部门可以通过当地新闻媒体或者人力资源社会保障行政部门门户网站，公开用人单位名称、涉嫌欠薪情况、法定代表人或者主要负责人个人基本信息，公告通知其接受调查或者配合处理。

人力资源社会保障行政部门按照前款规定公告通知后，用人单位法定代表人或者主要负责人仍不接受调查或者配合处理的，按照《广东省工资支付条例》以逃匿方式拖欠工资的有关规定处理。

第四十三条 人力资源社会保障行政部门对金钱给付等投诉案件，可以依一方当事人申请并经对方同意后，组织双方调解。

调解达成一致意见并当场全部履行的，人力资源社会保障行政部门视情节轻重依法不予处罚或者减轻对用人单位的处罚。

调解达成一致意见但未当场全部履行的，当事人双方可以向劳动争议仲裁机构申请审查确认后出具仲裁调解书。人力资源社会保障行政部门视情节轻重依法从轻或者减轻对用人单位的处罚。

第四十四条 有下列情形之一的，人力资源社会保障行政部门应当终止调解：

（一）一方当事人拒绝继续调解的；

（二）经调解无法达成一致意见的；

（三）人力资源社会保障行政部门认为应当终止调解的其他情形。

调解终止后，人力资源社会保障行政部门应当继续按照劳动保障监察程序进行处理。

第四十五条 人力资源社会保障行政部门对违反劳动保障法律、法规或者规章的行为，根据调查、检查的结果，应当自立案之日起四十五个工作日内作出以下处理：

（一）对依法应当受到行政处罚的，依法作出行政处罚决定；

（二）对应当改正未改正的，依法责令改正或者作出相应的行政处理决定；

（三）依法撤销立案。

对情况复杂的，经人力资源社会保障行政部门负责人批准，可以延长三十个工作日。属于投诉案件的，应当书面通知投诉人。公告、委托审计或者鉴定等期间不计算在办案时限内。

投诉事项属于未依法支付工资、经济补偿金、赔偿金，经调查查实的证据证明违法行为存在的，应当依法责令改正或者作出相应的行政处理决定。

对前款规定的投诉事项，人力资源社会保障行政部门已按照本条例第四十一条的有关规定充分调查核实，仍无法查实相关事实，双方存在争议的，告知投诉人按照劳动争议处理程序办理。

发现违法案件不属于劳动保障监察事项的，应当及时移送有关部门处理；存在拒不支付劳动报酬，骗取社会保险基金支出或者社会保险待遇，或者雇用童工从事危重劳动等情形，涉嫌犯罪的，应当依法移送司法机关。

第四十六条 有下列情形之一的，中止计算监察办案时限：

（一）依法必须以司法机关、劳动争议仲裁机构或者有关行政部门的结论为依据的，在司法机关、劳动争议仲裁机构或者有关部门尚未作出结论期间；

（二）投诉人无法联系或者存在其他不可抗拒的事由，致使调查取证无法进行的。

办案中止由人力资源社会保障行政部门负责人批准，并自批准之日起三个工作日内书面通知投诉人，投诉人无法联系的除外。中止原因消除后，恢复案件办理。

第四十七条 经立案调查后发现有下列情形之一的，人力资源社会保障行政部门可以撤销立案：（一）违法事实不成立的；（二）违法行为已经改正，依法可以不予处罚的；（三）投诉不符合规定的受理条件但已经立案的；（四）投诉案件投诉人撤回投诉的；（五）经人力资源社会保障行政部门调解达成一致意见，已当场全部履行或者置换劳动争议仲裁调解书的；（六）法律、法规和规章规定的其他情形。

投诉案件撤销立案的，应当告知投诉人。

第四十八条 人力资源社会保障行政部门制作出限期整改指令书、行政处理决定书、行政处罚决定书等法律文书后，应当在宣告后当场送达当事人；无法当场送达的，应当在七个工作日内参照民事诉讼的有关规定送达。

按照规定采取公告方式送达的，应当在受送达人办公场所或者住所张贴，并同时在当地新闻媒体或者人力资源社会保障行政部门门户网站公告，公告期为六十日；但按照本条例第四十二条规定处理的，或者用人单位的欠薪等劳动保障违法行为引发群体性事件的，公告期为三日。

投诉人指定法律文书送达地址的，人力资源社会保障行政部门可以通过邮政机构向该地址邮寄送达法律文书。

第四十九条　人力资源社会保障行政部门作出行政处罚、行政处理决定的，应当自决定书发出之日起十日内报送上一级人力资源社会保障行政部门备案。

9.4 仲裁规则相关

★ 行政法规/部门规章/司法解释

9.4.1 劳动人事争议仲裁办案规则（人力资源和社会保障部令第33号　2017年7月起施行）

第一章　总　则

第一条　为公正及时处理劳动人事争议（以下简称争议），规范仲裁办案程序，根据《中华人民共和国劳动争议调解仲裁法》（以下简称调解仲裁法）以及《中华人民共和国公务员法》（以下简称公务员法）、《事业单位人事管理条例》、《中国人民解放军文职人员条例》和有关法律、法规、国务院有关规定，制定本规则。

第二条　本规则适用下列争议的仲裁：

（一）企业、个体经济组织、民办非企业单位等组织与劳动者之间，以及机关、事业单位、社会团体与其建立劳动关系的劳动者之间，因确认劳动关系，订立、履行、变更、解除和终止劳动合同，工作时间、休息休假、社会保险、福利、培训以及劳动保护，劳动报酬、工伤医疗费、经济补偿或者赔偿金等发生的争议；

（二）实施公务员法的机关与聘任制公务员之间、参照公务员法管理的机关（单位）与聘任工作人员之间因履行聘任合同发生的争议；

（三）事业单位与其建立人事关系的工作人员之间因终止人事关系以及履行聘用合同发生的争议；

（四）社会团体与其建立人事关系的工作人员之间因终止人事关系以及履行聘用合同发生的争议；

（五）军队文职人员用人单位与聘用制文职人员之间因履行聘用合同发生的争议；

（六）法律、法规规定由劳动人事争议仲裁委员会（以下简称仲裁委员会）处理的其他争议。

第三条　仲裁委员会处理争议案件，应当遵循合法、公正的原则，先行调解，及时裁决。

第四条　仲裁委员会下设实体化的办事机构，称为劳动人事争议仲裁院（以下简称仲裁院）。

第五条　劳动者一方在十人以上并有共同请求的争议，或者因履行集体合同发生的劳动争议，仲裁委员会应当优先立案，优先审理。

第二章　一般规定

第六条　发生争议的用人单位未办理营业执照、被吊销营业执照、营业执照到期继续经营、被责令关闭、被撤销以及用人单位解散、歇业，不能承担相关责任的，应当将用人单位和其出资人、开办单位或者主管部门作为共同当事人。

第七条　劳动者与个人承包经营者发生争议，依法向仲裁委员会申请仲裁的，应当将发包的组织和个人承包经营者作为共同当事人。

第八条　劳动合同履行地为劳动者实际工作场所地，用人单位所在地为用人单位注册、登记地或者主要办事机构所在地。用人单位未经注册、登记的，其出资人、开办单位或者主管部门所在地为用人单位所在地。

双方当事人分别向劳动合同履行地和用人单位所在地的仲裁委员会申请仲裁的，由劳动合同履行地的仲裁委员会管辖。有多个劳动合同履行地的，由最先受理的仲裁委员会管辖。劳动合同履行地不明确的，由用人单位所在地的仲裁委员会管辖。

案件受理后，劳动合同履行地或者用人单位所在地发生变化的，不改变争议仲裁的管辖。

第九条 仲裁委员会发现已受理案件不属于其管辖范围的，应当移送至有管辖权的仲裁委员会，并书面通知当事人。

对上述移送案件，受移送的仲裁委员会应当依法受理。受移送的仲裁委员会认为移送的案件按照规定不属于其管辖，或者仲裁委员会之间因管辖争议协商不成的，应当报请共同的上一级仲裁委员会主管部门指定管辖。

第十条 当事人提出管辖异议的，应当在答辩期满前书面提出。仲裁委员会应当审查当事人提出的管辖异议，异议成立的，将案件移送至有管辖权的仲裁委员会并书面通知当事人；异议不成立的，应当书面决定驳回。

当事人逾期提出的，不影响仲裁程序的进行。

第十一条 当事人申请回避，应当在案件开庭审理前提出，并说明理由。回避事由在案件开庭审理后知晓的，也可以在庭审辩论终结前提出。

当事人在庭审辩论终结后提出回避申请的，不影响仲裁程序的进行。

仲裁委员会应当在回避申请提出的三日内，以口头或者书面形式作出决定。以口头形式作出的，应当记入笔录。

第十二条 仲裁员、记录人员是否回避，由仲裁委员会主任或者其委托的仲裁院负责人决定。仲裁委员会主任担任案件仲裁员是否回避，由仲裁委员会决定。

在回避决定作出前，被申请回避的人员应当暂停参与该案处理，但因案件需要采取紧急措施的除外。

第十三条 当事人对自己提出的主张有责任提供证据。与争议事项有关的证据属于用人单位掌握管理的，用人单位应当提供；用人单位不提供的，应当承担不利后果。

第十四条 法律没有具体规定、按照本规则第十三条规定无法确定举证责任承担的，仲裁庭可以根据公平原则和诚实信用原则，综合当事人举证能力等因素确定举证责任的承担。

第十五条 承担举证责任的当事人应当在仲裁委员会指定的期限内提供有关证据。当事人在该期限内提供证据确有困难的，可以向仲裁委员会申请延长期限，仲裁委员会根据当事人的申请适当延长。当事人逾期提供证据的，仲裁委员会应当责令其说明理由；拒不说明理由或者理由不成立的，仲裁委员会可以根据不同情形不予采纳该证据，或者采纳该证据但予以训诫。

第十六条 当事人因客观原因不能自行收集的证据，仲裁委员会可以根据当事人的申请，参照民事诉讼有关规定予以收集；仲裁委员会认为有必要的，也可以决定参照民事诉讼有关规定予以收集。

第十七条 仲裁委员会依法调查取证时，有关单位和个人应当协助配合。

仲裁委员会调查取证时，不得少于两人，并应当向被调查对象出示工作证件和仲裁委员会出具的介绍信。

第十八条 争议处理中涉及证据形式、证据提交、证据交换、证据质证、证据认定等事项，本规则未规定的，可以参照民事诉讼证据规则的有关规定执行。

第十九条 仲裁期间包括法定期间和仲裁委员会指定期间。

仲裁期间的计算，本规则未规定的，仲裁委员会可以参照民事诉讼关于期间计算的有关规定执行。

第二十条 仲裁委员会送达仲裁文书必须有送达回证，由受送达人在送达回证上记明收到日期，并签名或者盖章。受送达人在送达回证上的签收日期为送达日期。

因企业停业等原因导致无法送达且劳动者一方在十人以上的，或者受送达人拒绝签收仲裁文书的，通过在受送达人住所留置、张贴仲裁文书，并采用拍照、录像等方式记录的，自留置、张贴之日起经过三日即视为送达，不受本条第一款的限制。

仲裁文书的送达方式，本规则未规定的，仲裁委员会可以参照民事诉讼关于送达方式的有关规定执行。

第二十一条 案件处理终结后，仲裁委员会应当将处理过程中形成的全部材料立卷归档。

第二十二条 仲裁案卷分正卷和副卷装订。

正卷包括：仲裁申请书、受理（不予受理）通知书、答辩书、当事人及其他仲裁参加人的身份证明材料、授权委托书、调查证据、勘验笔录、当事人提供的证据材料、委托鉴定材料、开庭通知、庭审笔录、延期通知书、撤回仲裁申请书、调解书、裁决书、决定书、案件移送函、送达回证等。

副卷包括：立案审批表、延期审理审批表、中止审理审批表、调查提纲、阅卷笔录、会议笔录、评议记录、结案审批表等。

第二十三条 仲裁委员会应当建立案卷查阅制度。对案卷正卷材料，应当允许当事人及其代理人依法查阅、复制。

第二十四条 仲裁裁决结案的案卷，保存期不少于十年；仲裁调解和其他方式结案的案卷，保存期不少于五年；国家另有规定的，从其规定。

保存期满后的案卷，应当按照国家有关档案管理的规定处理。

第二十五条 在仲裁活动中涉及国家秘密或者军事秘密的，按照国家或者军队有关保密规定执行。

当事人协议不公开或者涉及商业秘密和个人隐私的，经相关当事人书面申请，仲裁委员会应当不公开审理。

第三章 仲裁程序

第一节 申请和受理

第二十六条 本规则第二条第（一）（三）（四）（五）项规定的争议，申请仲裁的时效期间为一年。仲裁时效期间从当事人知道或者应当知道其权利被侵害之日起计算。

本规则第二条第（二）项规定的争议，申请仲裁的时效期间适用公务员法有关规定。

劳动人事关系存续期间因拖欠劳动报酬发生争议的，劳动者申请仲裁不受本条第一款规定的仲裁时效期间的限制；但是，劳动人事关系终止的，应当自劳动人事关系终止之日起一年内提出。

第二十七条　在申请仲裁的时效期间内，有下列情形之一的，仲裁时效中断：

（一）一方当事人通过协商、申请调解等方式向对方当事人主张权利的；

（二）一方当事人通过向有关部门投诉，向仲裁委员会申请仲裁，向人民法院起诉或者申请支付令等方式请求权利救济的；

（三）对方当事人同意履行义务的。

从中断时起，仲裁时效期间重新计算。

第二十八条　因不可抗力，或者有无民事行为能力或者限制民事行为能力劳动者的法定代理人未确定等其他正当理由，当事人不能在规定的仲裁时效期间申请仲裁的，仲裁时效中止。从中止时效的原因消除之日起，仲裁时效期间继续计算。

第二十九条　申请人申请仲裁应当提交书面仲裁申请，并按照被申请人人数提交副本。

仲裁申请书应当载明下列事项：

（一）劳动者的姓名、性别、出生日期、身份证件号码、住所、通讯地址和联系电话，用人单位的名称、住所、通讯地址、联系电话和法定代表人或者主要负责人的姓名、职务；

（二）仲裁请求和所根据的事实、理由；

（三）证据和证据来源，证人姓名和住所。

书写仲裁申请确有困难的，可以口头申请，由仲裁委员会记入笔录，经申请人签名、盖章或者捺印确认。

对于仲裁申请书不规范或者材料不齐备的，仲裁委员会应当当场或者在五日内一次性告知申请人需要补正的全部材料。

仲裁委员会收取当事人提交的材料应当出具收件回执。

第三十条　仲裁委员会对符合下列条件的仲裁申请应当予以受理，并在收到仲裁申请之日起五日内向申请人出具受理通知书：

（一）属于本规则第二条规定的争议范围；

（二）有明确的仲裁请求和事实理由；

（三）申请人是与本案有直接利害关系的自然人、法人或者其他组织，有明确的被申请人；

（四）属于本仲裁委员会管辖范围。

第三十一条　对不符合本规则第三十条第（一）（二）（三）项规定之一的仲裁申请，仲裁委员会不予受理，并在收到仲裁申请之日起五日内向申请人出具不予受理通知书；对不符合本规则第三十条第（四）项规定的仲裁申请，仲裁委员会应当在收到仲裁申请之日起五日内，向申请人作出书面说明并告知申请人向有管辖权的仲裁委员会申请仲裁。

对仲裁委员会逾期未作出决定或者决定不予受理的，申请人可以就该争议事项向人民法院提起诉讼。

第三十二条　仲裁委员会受理案件后，发现不应当受理的，除本规则第九条规定外，应当撤销案件，并自决定撤销案件后五日内，以决定书的形式通知当事人。

第三十三条　仲裁委员会受理仲裁申请后，应当在五日内将仲裁申请书副本送达被申请人。

被申请人收到仲裁申请书副本后，应当在十日内向仲裁委员会提交答辩书。仲裁委员会收到答辩书后，应当在五日内将答辩书副本送达申请人。被申请人逾期未提交答辩书的，不影响仲裁程序的进行。

第三十四条 符合下列情形之一，申请人基于同一事实、理由和仲裁请求又申请仲裁的，仲裁委员会不予受理：

（一）仲裁委员会已经依法出具不予受理通知书的；

（二）案件已在仲裁、诉讼过程中或者调解书、裁决书、判决书已经发生法律效力的。

第三十五条 仲裁处理结果作出前，申请人可以自行撤回仲裁申请。申请人再次申请仲裁的，仲裁委员会应当受理。

第三十六条 被申请人可以在答辩期间提出反申请，仲裁委员会应当自收到被申请人反申请之日起五日内决定是否受理并通知被申请人。

决定受理的，仲裁委员会可以将反申请和申请合并处理。

反申请应当另行申请仲裁的，仲裁委员会应当书面告知被申请人另行申请仲裁；反申请不属于本规则规定应当受理的，仲裁委员会应当向被申请人出具不予受理通知书。

被申请人答辩期满后对申请人提出反申请的，应当另行申请仲裁。

第二节 开庭和裁决

第三十七条 仲裁委员会应当在受理仲裁申请之日起五日内组成仲裁庭并将仲裁庭的组成情况书面通知当事人。

第三十八条 仲裁庭应当在开庭五日前，将开庭日期、地点书面通知双方当事人。当事人有正当理由的，可以在开庭三日前请求延期开庭。是否延期，由仲裁委员会根据实际情况决定。

第三十九条 申请人收到书面开庭通知，无正当理由拒不到庭或者未经仲裁庭同意中途退庭的，可以按撤回仲裁申请处理；申请人重新申请仲裁的，仲裁委员会不予受理。被申请人收到书面开庭通知，无正当理由拒不到庭或者未经仲裁庭同意中途退庭的，仲裁庭可以继续开庭审理，并缺席裁决。

第四十条 当事人申请鉴定的，鉴定费由申请鉴定方先行垫付，案件处理终结后，由鉴定结果对其不利方负担。鉴定结果不明确的，由申请鉴定方负担。

第四十一条 开庭审理前，记录人员应当查明当事人和其他仲裁参与人是否到庭，宣布仲裁庭纪律。

开庭审理时，由仲裁员宣布开庭、案由和仲裁员、记录人员名单，核对当事人，告知当事人有关的权利义务，询问当事人是否提出回避申请。

开庭审理中，仲裁员应当听取申请人的陈述和被申请人的答辩，主持庭审调查、质证和辩论、征询当事人最后意见，并进行调解。

第四十二条 仲裁庭应当将开庭情况记入笔录。当事人或者其他仲裁参与人认为对自己陈述的记录有遗漏或者差错的，有权当庭申请补正。仲裁庭认为申请无理由或者无必要的，可以不予补正，但是应当记录该申请。

仲裁员、记录人员、当事人和其他仲裁参与人应当在庭审笔录上签名或者盖章。当事人或者其他仲裁参与人拒绝在庭审笔录上签名或者盖章的，仲裁庭应当记明情况附卷。

第四十三条 仲裁参与人和其他人应当遵守仲裁庭纪律，不得有下列行为：

（一）未经准许进行录音、录像、摄影；

（二）未经准许以移动通信等方式现场传播庭审活动；

（三）其他扰乱仲裁庭秩序、妨害审理活动进行的行为。

仲裁参与人或者其他人有前款规定的情形之一的，仲裁庭可以训诫、责令退出仲裁庭，也可以暂扣进行录音、录像、摄影、传播庭审活动的器材，并责令其删除有关内容。拒不删除的，可以采取必要手段强制删除，并将上述事实记入庭审笔录。

第四十四条　申请人在举证期限届满前可以提出增加或者变更仲裁请求；仲裁庭对申请人增加或者变更的仲裁请求审查后认为应当受理的，应当通知被申请人并给予答辩期，被申请人明确表示放弃答辩期的除外。

申请人在举证期限届满后提出增加或者变更仲裁请求的，应当另行申请仲裁。

第四十五条　仲裁庭裁决案件，应当自仲裁委员会受理仲裁申请之日起四十五日内结束。案情复杂需要延期的，经仲裁委员会主任或者其委托的仲裁院负责人书面批准，可以延期并书面通知当事人，但延长期限不得超过十五日。

第四十六条　有下列情形的，仲裁期限按照下列规定计算：

（一）仲裁庭追加当事人或者第三人的，仲裁期限从决定追加之日起重新计算；

（二）申请人需要补正材料的，仲裁委员会收到仲裁申请的时间从材料补正之日起重新计算；

（三）增加、变更仲裁请求的，仲裁期限从受理增加、变更仲裁请求之日起重新计算；

（四）仲裁申请和反申请合并处理的，仲裁期限从受理反申请之日起重新计算；

（五）案件移送管辖的，仲裁期限从接受移送之日起重新计算；

（六）中止审理期间、公告送达期间不计入仲裁期限内；

（七）法律、法规规定应当另行计算的其他情形。

第四十七条　有下列情形之一的，经仲裁委员会主任或者其委托的仲裁院负责人批准，可以中止案件审理，并书面通知当事人：

（一）劳动者一方当事人死亡，需要等待继承人表明是否参加仲裁的；

（二）劳动者一方当事人丧失民事行为能力，尚未确定法定代理人参加仲裁的；

（三）用人单位终止，尚未确定权利义务承继者的；

（四）一方当事人因不可抗拒的事由，不能参加仲裁的；

（五）案件审理需要以其他案件的审理结果为依据，且其他案件尚未审结的；

（六）案件处理需要等待工伤认定、伤残等级鉴定以及其他鉴定结论的；

（七）其他应当中止仲裁审理的情形。

中止审理的情形消除后，仲裁庭应当恢复审理。

第四十八条　当事人因仲裁庭逾期未作出仲裁裁决而向人民法院提起诉讼并立案受理的，仲裁委员会应当决定该案件终止审理；当事人未就该争议事项向人民法院提起诉讼的，仲裁委员会应当继续处理。

第四十九条　仲裁庭裁决案件时，其中一部分事实已经清楚的，可以就该部分先行裁决。当事人对先行裁决不服的，可以按照调解仲裁法有关规定处理。

第五十条　仲裁庭裁决案件时，申请人根据调解仲裁法第四十七条第（一）项规定，追索劳动报酬、工伤医疗费、经济补偿或者赔偿金，如果仲裁裁决涉及数项，对单项裁决数额不超过当地月最低工资标准十二个月金额的事项，应当适用终局裁决。

前款经济补偿包括《中华人民共和国劳动合同法》（以下简称劳动合同法）规定的竞

业限制期限内给予的经济补偿、解除或者终止劳动合同的经济补偿等；赔偿金包括劳动合同法规定的未签订书面劳动合同第二倍工资、违法约定试用期的赔偿金、违法解除或者终止劳动合同的赔偿金等。

根据调解仲裁法第四十七条第（二）项的规定，因执行国家的劳动标准在工作时间、休息休假、社会保险等方面发生的争议，应当适用终局裁决。

仲裁庭裁决案件时，裁决内容同时涉及终局裁决和非终局裁决的，应当分别制作裁决书，并告知当事人相应的救济权利。

第五十一条 仲裁庭对追索劳动报酬、工伤医疗费、经济补偿或者赔偿金的案件，根据当事人的申请，可以裁决先予执行，移送人民法院执行。

仲裁庭裁决先予执行的，应当符合下列条件：

（一）当事人之间权利义务关系明确；

（二）不先予执行将严重影响申请人的生活。

劳动者申请先予执行的，可以不提供担保。

第五十二条 裁决应当按照多数仲裁员的意见作出，少数仲裁员的不同意见应当记入笔录。仲裁庭不能形成多数意见时，裁决应当按照首席仲裁员的意见作出。

第五十三条 裁决书应当载明仲裁请求、争议事实、裁决理由、裁决结果、当事人权利和裁决日期。裁决书由仲裁员签名，加盖仲裁委员会印章。对裁决持不同意见的仲裁员，可以签名，也可以不签名。

第五十四条 对裁决书中的文字、计算错误或者仲裁庭已经裁决但在裁决书中遗漏的事项，仲裁庭应当及时制作决定书予以补正并送达当事人。

第五十五条 当事人对裁决不服向人民法院提起诉讼的，按照调解仲裁法有关规定处理。

第三节 简易处理

第五十六条 争议案件符合下列情形之一的，可以简易处理：

（一）事实清楚、权利义务关系明确、争议不大的；

（二）标的额不超过本省、自治区、直辖市上年度职工年平均工资的；

（三）双方当事人同意简易处理的。

仲裁委员会决定简易处理的，可以指定一名仲裁员独任仲裁，并应当告知当事人。

第五十七条 争议案件有下列情形之一的，不得简易处理：

（一）涉及国家利益、社会公共利益的；

（二）有重大社会影响的；

（三）被申请人下落不明的；

（四）仲裁委员会认为不宜简易处理的。

第五十八条 简易处理的案件，经与被申请人协商同意，仲裁庭可以缩短或者取消答辩期。

第五十九条 简易处理的案件，仲裁庭可以用电话、短信、传真、电子邮件等简便方式送达仲裁文书，但送达调解书、裁决书除外。

以简便方式送达的开庭通知，未经当事人确认或者没有其他证据证明当事人已经收到的，仲裁庭不得按撤回仲裁申请处理或者缺席裁决。

第六十条　简易处理的案件，仲裁庭可以根据案件情况确定举证期限、开庭日期、审理程序、文书制作等事项，但应当保障当事人陈述意见的权利。

第六十一条　仲裁庭在审理过程中，发现案件不宜简易处理的，应当在仲裁期限届满前决定转为按照一般程序处理，并告知当事人。

案件转为按照一般程序处理的，仲裁期限自仲裁委员会受理仲裁申请之日起计算，双方当事人已经确认的事实，可以不再进行举证、质证。

第四节　集体劳动人事争议处理

第六十二条　处理劳动者一方在十人以上并有共同请求的争议案件，或者因履行集体合同发生的劳动争议案件，适用本节规定。

符合本规则第五十六条第一款规定情形之一的集体劳动人事争议案件，可以简易处理，不受本节规定的限制。

第六十三条　发生劳动者一方在十人以上并有共同请求的争议的，劳动者可以推举三至五名代表参加仲裁活动。代表人参加仲裁的行为对其所代表的当事人发生效力，但代表人变更、放弃仲裁请求或者承认对方当事人的仲裁请求，进行和解，必须经被代表的当事人同意。

因履行集体合同发生的劳动争议，经协商解决不成的，工会可以依法申请仲裁；尚未建立工会的，由上级工会指导劳动者推举产生的代表依法申请仲裁。

第六十四条　仲裁委员会应当自收到当事人集体劳动人事争议仲裁申请之日起五日内作出受理或者不予受理的决定。决定受理的，应当自受理之日起五日内将仲裁庭组成人员、答辩期限、举证期限、开庭日期和地点等事项一次性通知当事人。

第六十五条　仲裁委员会处理集体劳动人事争议案件，应当由三名仲裁员组成仲裁庭，设首席仲裁员。

仲裁委员会处理因履行集体合同发生的劳动争议，应当按照三方原则组成仲裁庭处理。

第六十六条　仲裁庭处理集体劳动人事争议，开庭前应当引导当事人自行协商，或者先行调解。

仲裁庭处理集体劳动人事争议案件，可以邀请法律工作者、律师、专家学者等第三方共同参与调解。

协商或者调解未能达成协议的，仲裁庭应当及时裁决。

第六十七条　仲裁庭开庭场所可以设在发生争议的用人单位或者其他便于及时处理争议的地点。

第四章　调解程序

第一节　仲裁调解

第六十八条　仲裁委员会处理争议案件，应当坚持调解优先，引导当事人通过协商、调解方式解决争议，给予必要的法律释明以及风险提示。

第六十九条　对未经调解、当事人直接申请仲裁的争议，仲裁委员会可以向当事人发出调解建议书，引导其到调解组织进行调解。当事人同意先行调解的，应当暂缓受理；当事人不同意先行调解的，应当依法受理。

第七十条　开庭之前，经双方当事人同意，仲裁庭可以委托调解组织或者其他具有调解能力的组织、个人进行调解。

自当事人同意之日起十日内未达成调解协议的，应当开庭审理。

第七十一条 仲裁庭审理争议案件时，应当进行调解。必要时可以邀请有关单位、组织或者个人参与调解。

第七十二条 仲裁调解达成协议的，仲裁庭应当制作调解书。

调解书应当写明仲裁请求和当事人协议的结果。调解书由仲裁员签名，加盖仲裁委员会印章，送达双方当事人。调解书经双方当事人签收后，发生法律效力。

调解不成或者调解书送达前，一方当事人反悔的，仲裁庭应当及时作出裁决。

第七十三条 当事人就部分仲裁请求达成调解协议的，仲裁庭可以就该部分先行出具调解书。

第二节 调解协议的仲裁审查

第七十四条 经调解组织调解达成调解协议的，双方当事人可以自调解协议生效之日起十五日内，共同向有管辖权的仲裁委员会提出仲裁审查申请。

当事人申请审查调解协议，应当向仲裁委员会提交仲裁审查申请书、调解协议和身份证明、资格证明以及其他与调解协议相关的证明材料，并提供双方当事人的送达地址、电话号码等联系方式。

第七十五条 仲裁委员会收到当事人仲裁审查申请，应当及时决定是否受理。决定受理的，应当出具受理通知书。

有下列情形之一的，仲裁委员会不予受理：

（一）不属于仲裁委员会受理争议范围的；

（二）不属于本仲裁委员会管辖的；

（三）超出规定的仲裁审查申请期间的；

（四）确认劳动关系的；

（五）调解协议已经人民法院司法确认的。

第七十六条 仲裁委员会审查调解协议，应当自受理仲裁审查申请之日起五日内结束。因特殊情况需要延期的，经仲裁委员会主任或者其委托的仲裁院负责人批准，可以延长五日。

调解书送达前，一方或者双方当事人撤回仲裁审查申请的，仲裁委员会应当准许。

第七十七条 仲裁委员会受理仲裁审查申请后，应当指定仲裁员对调解协议进行审查。

仲裁委员会经审查认为调解协议的形式和内容合法有效的，应当制作调解书。调解书的内容应当与调解协议的内容相一致。调解书经双方当事人签收后，发生法律效力。

第七十八条 调解协议具有下列情形之一的，仲裁委员会不予制作调解书：

（一）违反法律、行政法规强制性规定的；

（二）损害国家利益、社会公共利益或者公民、法人、其他组织合法权益的；

（三）当事人提供证据材料有弄虚作假嫌疑的；

（四）违反自愿原则的；

（五）内容不明确的；

（六）其他不能制作调解书的情形。

仲裁委员会决定不予制作调解书的，应当书面通知当事人。

第七十九条 当事人撤回仲裁审查申请或者仲裁委员会决定不予制作调解书的，应当终止仲裁审查。

第五章 附 则

第八十条 本规则规定的“三日”“五日”“十日”指工作日，“十五日”“四十五日”指自然日。

第八十一条 本规则自2017年7月1日起施行。2009年1月1日人力资源社会保障部公布的《劳动人事争议仲裁办案规则》（人力资源和社会保障部令第2号）同时废止。

9.4.2 劳动人事争议仲裁组织规则（人力资源和社会保障部令第34号 2017年7月起施行）

第一章 总 则

第一条 为公正及时处理劳动人事争议（以下简称争议），根据《中华人民共和国劳动争议调解仲裁法》（以下简称调解仲裁法）和《中华人民共和国公务员法》、《事业单位人事管理条例》、《中国人民解放军文职人员条例》等有关法律、法规，制定本规则。

第二条 劳动人事争议仲裁委员会（以下简称仲裁委员会）由人民政府依法设立，专门处理争议案件。

第三条 人力资源社会保障行政部门负责指导本行政区域的争议调解仲裁工作，组织协调处理跨地区、有影响的重大争议，负责仲裁员的管理、培训等工作。

第二章 仲裁委员会及其办事机构

第四条 仲裁委员会按照统筹规划、合理布局和适应实际需要的原则设立，由省、自治区、直辖市人民政府依法决定。

第五条 仲裁委员会由干部主管部门代表、人力资源社会保障等相关行政部门代表、军队文职人员工作管理部门代表、工会代表和用人单位方面代表等组成。

仲裁委员会组成人员应当是单数。

第六条 仲裁委员会设主任一名，副主任和委员若干名。

仲裁委员会主任由政府负责人或者人力资源社会保障行政部门主要负责人担任。

第七条 仲裁委员会依法履行下列职责：

（一）聘任、解聘专职或者兼职仲裁员；

（二）受理争议案件；

（三）讨论重大或者疑难的争议案件；

（四）监督本仲裁委员会的仲裁活动；

（五）制定本仲裁委员会的工作规则；

（六）其他依法应当履行的职责。

第八条 仲裁委员会应当每年至少召开两次全体会议，研究本仲裁委员会职责履行情况和重要工作事项。

仲裁委员会主任或者三分之一以上的仲裁委员会组成人员提议召开仲裁委员会会议的，应当召开。

仲裁委员会的决定实行少数服从多数原则。

第九条 仲裁委员会下设实体化的办事机构，具体承担争议调解仲裁等日常工作。办事机构称为劳动人事争议仲裁院（以下简称仲裁院），设在人力资源社会保障行政部门。

仲裁院对仲裁委员会负责并报告工作。

第十条 仲裁委员会的经费依法由财政予以保障。仲裁经费包括人员经费、公用经费、仲裁专项经费等。

仲裁院可以通过政府购买服务等方式聘用记录人员、安保人员等办案辅助人员。

第十一条 仲裁委员会组成单位可以派兼职仲裁员常驻仲裁院，参与争议调解仲裁活动。

第三章 仲裁庭

第十二条 仲裁委员会处理争议案件实行仲裁庭制度，实行一案一庭制。

仲裁委员会可以根据案件处理实际需要设立派驻仲裁庭、巡回仲裁庭、流动仲裁庭，就近就地处理争议案件。

第十三条 处理下列争议案件应当由三名仲裁员组成仲裁庭，设首席仲裁员：

（一）十人以上并有共同请求的争议案件；

（二）履行集体合同发生的争议案件；

（三）有重大影响或者疑难复杂的争议案件；

（四）仲裁委员会认为应当由三名仲裁员组庭处理的其他争议案件。

简单争议案件可以由一名仲裁员独任仲裁。

第十四条 记录人员负责案件庭审记录等相关工作。

记录人员不得由本庭仲裁员兼任。

第十五条 仲裁庭组成不符合规定的，仲裁委员会应当予以撤销并重新组庭。

第十六条 仲裁委员会应当有专门的仲裁场所。仲裁场所应当悬挂仲裁徽章，张贴仲裁庭纪律及注意事项等，并配备仲裁庭专业设备、档案储存设备、安全监控设备和安检设施等。

第十七条 仲裁工作人员在仲裁活动中应当统一着装，佩戴仲裁徽章。

第四章 仲裁员

第十八条 仲裁员是由仲裁委员会聘任、依法调解和仲裁争议案件的专业工作人员。

仲裁员分为专职仲裁员和兼职仲裁员。专职仲裁员和兼职仲裁员在调解仲裁活动中享有同等权利，履行同等义务。

兼职仲裁员进行仲裁活动，所在单位应当予以支持。

第十九条 仲裁委员会应当依法聘任一定数量的专职仲裁员，也可以根据办案工作需要，依法从干部主管部门、人力资源社会保障行政部门、军队文职人员工作管理部门、工会、企业组织等相关机构的人员以及专家学者、律师中聘任兼职仲裁员。

第二十条 仲裁员享有以下权利：

（一）履行职责应当具有的职权和工作条件；

（二）处理争议案件不受干涉；

（三）人身、财产安全受到保护；

（四）参加聘前培训和在职培训；

（五）法律、法规规定的其他权利。

第二十一条　仲裁员应当履行以下义务：

（一）依法处理争议案件；

（二）维护国家利益和公共利益，保护当事人合法权益；

（三）严格执行廉政规定，恪守职业道德；

（四）自觉接受监督；

（五）法律、法规规定的其他义务。

第二十二条　仲裁委员会聘任仲裁员时，应当从符合调解仲裁法第二十条规定的仲裁员条件的人员中选聘。

仲裁委员会应当根据工作需要，合理配备专职仲裁员和办案辅助人员。专职仲裁员数量不得少于三名，办案辅助人员不得少于一名。

第二十三条　仲裁委员会应当设仲裁员名册，并予以公告。

省、自治区、直辖市人力资源社会保障行政部门应当将本行政区域内仲裁委员会聘任的仲裁员名单报送人力资源社会保障部备案。

第二十四条　仲裁员聘期一般为五年。仲裁委员会负责仲裁员考核，考核结果作为解聘和续聘仲裁员的依据。

第二十五条　仲裁委员会应当制定仲裁员工作绩效考核标准，重点考核办案质量和效率、工作作风、遵纪守法情况等。考核结果分为优秀、合格、不合格。

第二十六条　仲裁员有下列情形之一的，仲裁委员会应当予以解聘：

（一）聘期届满不再续聘的；

（二）在聘期内因工作岗位变动或者其他原因不再履行仲裁员职责的；

（三）年度考核不合格的；

（四）因违纪、违法犯罪不能继续履行仲裁员职责的；

（五）其他应当解聘的情形。

第二十七条　人力资源社会保障行政部门负责对拟聘任的仲裁员进行聘前培训。

拟聘为省、自治区、直辖市仲裁委员会仲裁员及副省级市仲裁委员会仲裁员的，参加人力资源社会保障部组织的聘前培训；拟聘为地（市）、县（区）仲裁委员会仲裁员的，参加省、自治区、直辖市人力资源社会保障行政部门组织的仲裁员聘前培训。

第二十八条　人力资源社会保障行政部门负责每年对本行政区域内的仲裁员进行政治思想、职业道德、业务能力和作风建设培训。

仲裁员每年脱产培训的时间累计不少于四十学时。

第二十九条　仲裁委员会应当加强仲裁员作风建设，培育和弘扬具有行业特色的仲裁文化。

第三十条　人力资源社会保障部负责组织制定仲裁员培训大纲，开发培训教材，建立师资库和考试题库。

第三十一条　建立仲裁员职业保障机制，拓展仲裁员职业发展空间。

第五章　仲裁监督

第三十二条　仲裁委员会应当建立仲裁监督制度，对申请受理、办案程序、处理结果、仲裁工作人员行为等进行监督。

第三十三条　仲裁员不得有下列行为：

（一）徇私枉法，偏袒一方当事人；

（二）滥用职权，侵犯当事人合法权益；

（三）利用职权为自己或者他人谋取私利；

（四）隐瞒证据或者伪造证据；

（五）私自会见当事人及其代理人，接受当事人及其代理人的请客送礼；

（六）故意拖延办案、玩忽职守；

（七）泄露案件涉及的国家秘密、商业秘密和个人隐私或者擅自透露案件处理情况；

（八）在受聘期间担任所在仲裁委员会受理案件的代理人；

（九）其他违法违纪的行为。

第三十四条 仲裁员有本规则第三十三条规定情形的，仲裁委员会视情节轻重，给予批评教育、解聘等处理；被解聘的，五年内不得再次被聘为仲裁员。仲裁员所在单位根据国家有关规定对其给予处分；构成犯罪的，依法追究刑事责任。

第三十五条 记录人员等办案辅助人员应当认真履行职责，严守工作纪律，不得有玩忽职守、偏袒一方当事人、泄露案件涉及的国家秘密、商业秘密和个人隐私或者擅自透露案件处理情况等行为。

办案辅助人员违反前款规定的，应当按照有关法律法规和本规则第三十四条的规定处理。

第六章 附 则

第三十六条 被聘任为仲裁员的，由人力资源社会保障部统一免费发放仲裁员证和仲裁徽章。

第三十七条 仲裁委员会对被解聘、辞职以及其他原因不再聘任的仲裁员，应当及时收回仲裁员证和仲裁徽章，并予以公告。

第三十八条 本规则自2017年7月1日起施行。2010年1月20日人力资源社会保障部公布的《劳动人事争议仲裁组织规则》（人力资源和社会保障部令第5号）同时废止。

★ 地方性文件·广东省

9.4.3 广东省劳动人事争议处理办法（广东省人民政府令第234号 2017年5月1日起施行）

第一章 总 则

第一条 为公正、及时处理劳动、人事争议，规范案件处理程序，保障当事人合法权益，根据《中华人民共和国劳动争议调解仲裁法》《中华人民共和国公务员法》和《事业单位人事管理条例》等有关法律、法规，结合我省实际，制定本办法。

第二条 本办法适用于本省行政区域内劳动、人事争议的处理。

劳动、人事争议范围按照《中华人民共和国劳动争议调解仲裁法》《劳动人事争议仲裁办案规则》等有关规定执行。

第三条 处理劳动、人事争议，应当根据事实，遵循合法、公正的原则，着重调解，及时裁决，依法保护当事人的合法权益。

第四条 各级人民政府应当加强对劳动人事争议预防、调解和仲裁工作的领导，建立健全劳动人事争议调解仲裁工作协调和考核机制。

各级人民政府应当建立集体劳动人事争议案件应急处置预案，明确人力资源社会保障、公安、住房城乡建设、地方总工会等相关单位职责分工。

第五条　县级以上人民政府人力资源社会保障行政部门负责指导本行政区域内的劳动人事争议调解仲裁工作。

住房城乡建设、工商、税务、司法等有关行政部门在各自职责范围内，做好劳动人事争议预防和调处工作。

第六条　地方总工会会同企事业单位主管部门和企业联合会、工商业联合会等企业代表组织共同推动用人单位建立劳动人事争议调解组织，依法指导、督促基层工会开展劳动人事争议预防调处工作，为职工提供法律服务，支持和帮助职工依法维护自身合法权益。

企事业单位主管部门应当指导、帮助企事业单位预防、调处劳动人事争议。企业代表组织在调解仲裁过程中为企业提供法律服务，支持和帮助企业依法维护自身合法权益。

第七条　人力资源社会保障行政部门应当会同工会、企业代表组织建立协调劳动关系三方机制，推动工业园区、乡镇（街道）和产业系统建立协调劳动关系三方机制。

第八条　人力资源社会保障行政部门根据需要建立调解仲裁专家库。调解仲裁专家库的专家可以为劳动人事争议调解仲裁工作提供咨询意见或者建议。

第二章　劳动人事争议预防与调解

第九条　用人单位应当建立与职工的沟通协商机制，畅通职工诉求表达渠道，及时回应职工诉求。

发生劳动、人事争议，用人单位应当积极与职工协商解决；工会应当支持和帮助职工与用人单位协商。

第十条　用人单位出现生产经营重大变化，致使劳动合同无法继续履行的，应当制定相关工作方案。工作方案的内容包括拟采用的人员调整方案、劳动合同变更、解除或者终止及重新签订办法等。

用人单位出现前款规定情形的，人力资源社会保障行政部门、有关行政主管部门和工会、企业代表组织应当根据需要或者用人单位、职工的请求，及时给予指导帮助。

第十一条　人力资源社会保障行政部门可以通过收集用人单位经营变动、工资支付、社会保险、税费、租金与水电费缴交等信息，加强当地劳动人事争议风险预警工作。经济和信息化、工商、税务等行政部门及供水、供电企业事业单位发现企业出现不正常经营、提前解散等情形的，应当及时通报人力资源社会保障行政部门。

第十二条　住房城乡建设、交通、水利等行政主管部门应当建立建设工程领域职工工资与工程款分账管理等制度。

因违法分包、转包建设工程项目引发职工工资支付等劳动争议的，住房城乡建设、交通、水利、市政等行政主管部门应当及时查处相关违法行为，协调和督促建设施工企业解决劳动争议。

第十三条　发生劳动、人事争议，当事人可以向下列调解组织申请调解：

（一）用人单位劳动人事争议调解组织；

（二）人民调解组织；

（三）在乡镇（街道）设立的具有劳动、人事争议调解职能的组织；

（四）区域性、行业性劳动人事争议调解组织；

（五）其他依法设立的具有劳动、人事争议调解职能的组织。

用人单位设立的劳动人事争议调解组织，可以调解本单位及所管理的单位发生的劳动、人事争议。

第十四条 各级人民政府应当建立和完善劳动人事争议预防调解体系，加强县（区）、乡镇（街道）、村（居）劳动人事争议预防调解工作，保障各乡镇（街道）人力资源社会保障服务机构开展劳动人事争议预防调解工作所需的人员经费和场地设备。

乡镇（街道）人力资源社会保障服务机构在本区域依法开展下列劳动人事争议预防调解工作：

（一）宣传人力资源社会保障法律、法规及政策；

（二）指导用人单位完善争议预防调处机制；

（三）调解劳动、人事争议；

（四）支持指导村（居）服务平台开展劳动人事争议调解；

（五）其他劳动人事争议预防调解工作。

第十五条 人民调解组织应当依法将劳动人事争议纳入调解范围，积极开展劳动人事争议调解工作。劳动人事争议多发的乡镇、街道人民调解委员会可以设立专门的劳动人事争议调解服务窗口，选聘熟悉劳动人事争议调解工作的专职人民调解员，及时受理并调解劳动、人事争议。

第十六条 企业联合会、工商业联合会、行业协会（商会）依法成立的劳动争议调解组织，以及依法登记设立且业务范围包含劳动争议调解服务的社会组织，可以开展劳动争议预防调解工作。

工业园区、科技园区等企业集中的区域，可以成立由企业代表、职工代表和专业人员组成的劳动争议调解组织，为区域内企业及其职工提供劳动争议调解服务。

第十七条 人力资源社会保障行政部门可以根据需要，向社会公布本地区提供劳动人事争议调解服务的调解组织名单，供当事人选择。

各级人民政府可以将调解组织提供的劳动人事争议调解服务纳入政府向社会购买服务目录。各有关部门、地方总工会等可以通过政府购买服务形式交由调解组织承担劳动人事争议调解事务。仲裁机构可以委托有关调解组织开展调解工作。

第十八条 劳动人事争议调解组织的调解员应当由公道正派、联系群众、热心调解工作，并具有相应人力资源和社会保障法律知识、政策水平和文化水平的成年公民担任。劳动人事争议调解组织应当建立本组织开展调解工作的调解员名册。

人力资源社会保障行政部门应当加强劳动人事争议调解员培训，指导各类劳动人事争议调解组织开展调解工作，推进劳动人事争议调解规范化、专业化建设。

第十九条 人力资源社会保障行政部门建立和管理劳动人事争议调解员库。劳动人事争议调解员库由具有良好社会信誉和公信力、具备相关专业知识并愿意提供劳动人事争议调解服务的人员组成。

调解组织、仲裁机构等可以根据劳动人事争议调解的需要，从调解员库选择调解员参与调解工作。

调解员参与调解工作的，应当给予适当补贴。补贴经费由同级财政予以保障。

第二十条 发生劳动、人事争议，当事人可以书面或者口头向调解组织申请调解，也可以由调解组织在征得双方当事人同意后主动开展调解。

当事人到调解组织申请调解的，调解组织应当当场出具收件回执。通过电话方式申请调解的，调解组织应当予以登记，并根据当事人的申请出具回执。

除按照有关规定不得受理调解的纠纷外，本办法第十四条、第十五条规定的调解组织不得拒绝受理本区域内发生的劳动人事争议调解申请，原则上应当当场征求对方当事人的意见，并在3日内开展调解。

第二十一条　调解组织应当根据案情指定1名调解员或者组成调解小组。

调解小组可以由3名调解员组成。调解组织指定1名调解员担任组长，主持调解工作；另2名调解员由双方当事人在调解组织建立的调解员名册中各选定1名，也可以由调解组织指定。

调解组织可以邀请有关单位和个人协助调解。

第二十二条　调解应当遵循合法、自愿、公平、及时、保密原则。劳动人事争议调解组织可以按照下列程序进行调解：

（一）核实当事人身份、代理人身份及调解权限，告知当事人调解规则和有关事项；

（二）充分听取双方当事人对争议事实和理由的陈述，根据需要要求当事人就争议事项提交相关证据材料；

（三）根据争议事实、争议性质等情况，向当事人阐明相关法律、法规、政策规定，耐心开展协调、疏导工作；

（四）帮助双方当事人自愿和解或者达成调解协议。

当事人在调解过程中不得录音录像。调解员可以记录双方当事人在调解过程中的陈述，由调解员和双方当事人签名确认。

调解组织及其调解员应当对调解过程中获悉的相关信息和资料保密。

第二十三条　双方当事人经调解达成协议的，调解组织应当制作调解协议书，由双方当事人签字或者盖章，并经调解员签名、调解组织盖章后生效。调解协议对双方当事人具有约束力，当事人应当履行。

当事人认为无需制作调解协议书的，可以采取口头协议方式，调解员应当记录协议内容。

第二十四条　有以下情形之一的，调解组织应当终止调解：

（一）当事人自行和解的；

（二）一方或者双方当事人拒绝或者退出调解的；

（三）自调解组织收到调解申请之日起15日内或者双方当事人同意延长的期限内未达成调解协议的；

（四）调解组织认为不宜调解的；

（五）存在无法继续调解的其他情形的。

调解组织终止调解的，应当通知双方当事人并予以记录，除前款第一项的情形外，还应当同时告知当事人可以依法申请仲裁或者向有关部门投诉，并为申请仲裁的当事人提供指引和协助。仲裁机构可以委托调解组织办理仲裁申请的收件或者受理工作。

第二十五条　调解组织应当建立健全调解登记、调解记录、档案管理等制度，对当事人在调解过程中提交的有关证据材料、申请调解文书、调解记录、终止调解文书、调解协议书等材料应当保存不少于5年。

当事人可以申请查阅、复制调解记录。

第二十六条 当事人可以自调解协议生效之日起15日内，共同向有管辖权的仲裁机构申请仲裁审查确认。

第二十七条 当事人申请仲裁机构审查确认调解协议，应当由职工本人和用人单位代表双方共同到场，提交仲裁审查确认申请书、各自的调解协议书原件和身份证明、资格证明，以及与调解协议相关的证据材料。当事人应当对所提交材料和所作陈述的真实性承担法律责任。

第二十八条 当事人申请仲裁审查确认的材料齐备的，仲裁机构可以当场作出审查决定；无法当场办理的，应当出具收件回执，并在15日内作出审查决定。当事人的申请材料不齐备的，仲裁机构应当一次性告知需要补正的全部材料。

有下列情形之一的，仲裁机构不予受理：

（一）调解协议涉及事项不属于劳动人事争议仲裁处理范围的；

（二）调解协议涉及事项超出法定仲裁时效的；

（三）调解协议生效后超过15日的；

（四）申请人提交的申请材料经要求补正后，仍不齐备的；

（五）确认劳动关系的调解协议；

（六）集体协商争议达成的调解协议；

（七）其他不予受理的情形。

第二十九条 仲裁机构根据审查确认的需要，可以通知双方当事人共同到场核实相关情况，并要求当事人在指定期限内补充提交相关证据材料。

第三十条 仲裁机构经审查未发现以下情形的，可以出具仲裁调解书：

（一）违反法律、行政法规强制性规定的；

（二）损害国家利益、社会公共利益或者第三方合法权益的；

（三）违背社会公序良俗的；

（四）存在欺诈、胁迫、重大误解、乘人之危、显失公平情形的；

（五）调解协议内容不明确，不具有可执行性的；

（六）其他不宜作出审查确认的情形。

仲裁机构经审查认为不宜出具仲裁调解书的，应当出具驳回审查确认申请通知书。仲裁机构驳回审查确认申请的，不影响当事人依法申请仲裁或者通过其他法律途径解决的权利。

第三十一条 当事人达成调解协议后，未提出仲裁审查确认申请，一方当事人在约定的期限内不履行的，另一方当事人可以依法申请仲裁。

第三章 劳动人事争议仲裁

第一节 仲裁机构及仲裁员

第三十二条 劳动人事争议仲裁委员会按照统筹规划、合理布局和适应实际需要的原则设立，省人民政府可以决定在设区的市设立一个或者若干个仲裁委员会。

各级人民政府按照规定设立的劳动人事争议仲裁院为劳动人事争议仲裁委员会办事机构，承担劳动人事争议案件处理等日常工作。劳动人事争议仲裁委员会、劳动人事争议仲裁院以下统称为仲裁机构。

第三十三条 仲裁机构处理劳动、人事争议案件应当组成仲裁庭，实行一案一庭制。仲裁庭由3名仲裁员和至少1名书记员组成，设首席仲裁员；简单劳动、人事争议案件可以由1名仲裁员独任仲裁。

仲裁机构可以设立派出仲裁庭、专业仲裁庭或者巡回仲裁庭。

仲裁机构应当配备符合法定仲裁庭组成要求、满足案件处理需要的专职仲裁员、管理人员和记录、安保等辅助工作人员。

仲裁办案人员履行职责时应当统一着装，仲裁员应当佩戴仲裁徽章。

各级人民政府应当保障仲裁办案所需的场所、装备和安保等条件，仲裁员履行职责应当给予办案补助。

第三十四条 仲裁员应当符合国家规定的条件，并参加国家、省人力资源社会保障行政部门组织或者认可的聘前培训。经考核合格，可以聘任为仲裁员，履行仲裁员职责。

被聘任的仲裁员，由人力资源社会保障行政部门按照国家规定颁发仲裁员证和仲裁徽章。

第三十五条 仲裁机构可以根据办案需要，从相关主管部门、工会、用人单位等单位的人员以及专家、学者、律师中聘任兼职仲裁员。

兼职仲裁员在聘任期间不得担任受聘仲裁机构管辖范围内的劳动、人事争议案件的委托代理人。兼职仲裁员为律师的，不得审理其同一律师事务所律师作为委托代理人的案件。

兼职仲裁员存在未完成办案任务、办案质量不符合要求等不适合担任仲裁员情形的，应当解聘。

第三十六条 仲裁机构依据仲裁员品行、业务和理论水平、工作实绩和工作年限等情况，实行仲裁员分级管理。人力资源社会保障行政部门每年对仲裁员进行业务培训，仲裁机构对仲裁员履行职责的情况进行考核。考核结果、参加业务培训期间学习成绩和鉴定作为对仲裁员续聘、解聘、分级管理的依据。

仲裁员聘期届满未被续聘或者聘期内被解聘的，应当及时退回仲裁员证和仲裁徽章。

仲裁机构聘用、解聘或者续聘仲裁员，应当及时向社会公告。

第二节 受案范围与管辖

第三十七条 劳动、人事争议受理范围按照国家有关规定执行。

仲裁机构、人民法院作出的裁决、判决、调解书已经发生法律效力的，或者已经由人民法院对调解协议作出生效司法确认的案件，当事人就同一事项申请仲裁的，仲裁机构不予受理。

第三十八条 劳动、人事争议由劳动合同履行地或者用人单位所在地的仲裁机构管辖。仲裁机构应当公布其管辖范围。管辖层级不明确的，由县（市、区）仲裁委员会管辖。

劳动合同履行地为职工实际工作场所所在地。当事人就同一争议事项向多个合同履行地的仲裁机构申请仲裁的，由最先受理的仲裁机构管辖。劳动合同履行地不明确的，由用人单位所在地仲裁机构管辖。

双方当事人分别向劳动合同履行地和用人单位所在地的仲裁机构申请仲裁的，由劳动合同履行地仲裁机构管辖。用人单位所在地仲裁机构已受理仲裁申请的，应当将案卷材料移送至劳动合同履行地仲裁机构，并书面通知当事人。

国家和省对人事争议案件管辖、管辖范围划分等另有规定的，从其规定。

第三十九条 仲裁机构认为对劳动、人事争议案件没有管辖权的，应当在收到仲裁申请之日起5日内书面告知申请人。申请人向其他仲裁机构申请仲裁，收到仲裁申请的仲裁机构认为也不应当由其管辖的，应当在收到申请人仲裁申请后3日内提请共同的上一级仲裁机构主管部门指定管辖。

仲裁机构认为对所受理的劳动、人事争议案件无管辖权而决定移送到另一仲裁机构，受移送的仲裁机构认为也不应当由其管辖的，应当在接收案卷材料后3日内提请共同的上一级仲裁机构主管部门指定管辖。

仲裁机构因管辖发生争议，经协商无法达成一致意见的，应当及时提请共同的上一级仲裁机构主管部门指定管辖。

第四十条 当事人对管辖权有异议的，应当在答辩期内提出书面管辖权异议申请。仲裁机构应在收到当事人管辖权异议书面申请后5日内作出决定，通知当事人并说明理由。

第三节 仲裁参加人

第四十一条 发生劳动、人事争议的职工和用人单位为劳动人事争议仲裁案件的当事人。

第四十二条 未取得营业执照或者登记证书的用人单位分支机构，受用人单位委托依法与职工订立劳动合同的，发生劳动争议时，应当将具有用工主体资格的用人单位列为当事人。

已取得营业执照或者登记证书的用人单位分支机构，依法与职工订立劳动合同的，发生劳动争议时，应当将该分支机构列为当事人，并可以根据案件处理需要，将该用人单位列为共同当事人。

个体工商户作为用人单位时，应当以营业执照上登记的经营者为当事人。有字号的，以营业执照上登记的字号为当事人，但应当同时注明该字号经营者的基本信息。

第四十三条 死亡职工的近亲属与用人单位发生的丧葬、抚恤、救济和补助等待遇争议，职工近亲属为当事人。

参加仲裁活动的近亲属应当对该死亡职工近亲属的情况承担举证责任，并在举证期限内向仲裁机构提交有效证明材料。仲裁机构经审查发现有未参加仲裁活动的近亲属的，应当通知其参加仲裁活动。仲裁机构依法作出的裁决，不影响未参加仲裁活动的利害关系人依法对参加仲裁活动的近亲属向人民法院主张权利。

因职工死亡前的劳动报酬、经济补偿、赔偿金等事项与用人单位发生的争议，由其近亲属或者代理人参加仲裁活动。

第四十四条 与劳动、人事争议案件处理结果有利害关系的第三人，可以申请参加仲裁活动或者由仲裁机构通知其参加仲裁活动。

仲裁机构可以依法裁决第三人承担责任。经合法通知，第三人无正当理由拒不到庭的，仲裁机构可以缺席裁决。

仲裁调解书中协议由第三人承担责任的，必须由第三人与当事人共同达成协议，仲裁调解书应当依法送达第三人。

仲裁审理期限从仲裁机构追加第三人之日起重新计算。

第四十五条 当事人可以委托1至2名代理人参加仲裁活动。下列人员可以被委托为仲裁代理人：

（一）律师、基层法律服务工作者；

（二）当事人的近亲属或者工作人员；

（三）当事人所在村（居）委会、单位及有关社会团体推荐的本村（居）委会、单位、社会团体公民。

职工委托前款第二、三项规定的自然人作为代理人的，受委托的自然人不得以任何形式收取费用。

第四十六条　发生争议的职工一方在10人以上并有共同请求的，可以在职工当事人中推举3至5名代表人参加仲裁活动。仲裁机构可以根据案件处理的需要，要求职工当事人到仲裁机构办案场所推举代表人并签署授权委托书，明确委托事项和权限。

职工一方当事人无法推举代表人的，企业工会或者地方总工会应当组织职工当事人依法推举代表人。

代表人应当向仲裁机构提交全体职工当事人签名的推举书和授权委托书。代表人提出变更、增加、放弃仲裁请求，承认对方当事人及第三人的主张，或者进行和解、调解，应当征得所代表职工当事人的特别授权。

代表人征得所代表职工当事人同意后，可以以代表人名义为全体职工当事人委托1至2名代理人。

庭审结束前，职工当事人所推举的代表人撤回本人仲裁申请或者按撤回仲裁申请处理的，应当按照规定另行推举代表人。

第四十七条　仲裁机构可以根据案件处理需要书面通知职工本人、用人单位的法定代表人（主要负责人）或者工作人员到庭，代表人、代理人应当如实告知当事人。

经合法通知，前款规定的人员无正当理由拒绝到庭，代表人、代理人当庭对案件主要事实陈述不清，导致其应当承担举证责任的相关事实无法查明的，由其承担不利后果。

第四十八条　仲裁机构发现律师或者基层法律服务工作者在代理仲裁案件过程中违反法律法规、仲裁庭纪律或者职业操守的，可以将有关情况向同级司法行政部门通报，同级司法行政部门应当依法处理；不属于本部门处理的，应当报告有权管理的部门依法处理。

第四节　仲裁程序

第四十九条　申请人申请仲裁应当按照《中华人民共和国劳动争议调解仲裁法》的规定提出仲裁申请，提交与案件有关的证据材料和下列材料：

（一）职工申请仲裁的，提交本人身份证明材料和用人单位注册登记资料；

（二）用人单位申请仲裁的，提交营业执照、登记证书，法定代表人（主要负责人）身份证明书，授权委托书和职工身份证明。

当事人、第三人应当提供本人（用人单位主要负责人）及代理人的有效联系电话、地址，并书面确认其有效的送达地址。

第五十条　申请人的仲裁申请材料齐备的，仲裁机构应当当场出具收件回执。对符合受理条件的，应当建议先行调解。申请人不同意调解的，仲裁机构应当自收件之日起5日内出具受理通知书；申请人书面同意调解的，仲裁机构可暂不作出受理决定，并及时组织调解。自收件之日起15日内，当事人不愿继续调解或者调解不成的，仲裁机构应当出具受理通知书。

第五十一条　仲裁机构受理案件后，依照《劳动人事争议仲裁办案规则》有关规定撤销案件的，应当自作出撤销案件决定之日起5日内，向当事人出具不予受理通知书。不予受理通知书中应当载明撤销案件的情况和不予受理的理由。

第五十二条 当事人依法提出回避申请的，应当说明理由并提供证据，仲裁机构应当以书面或者口头形式告知当事人是否回避的决定，并由书记员记录在案。

当事人在庭审开始后辩论终结前提出回避申请，并提交了相应证据的，仲裁庭应当休庭，由仲裁机构作出是否回避的决定后及时恢复审理；如当事人未提交相应证据，仲裁庭认为不存在依法应当回避情形的，可以继续审理。当事人在庭审辩论终结后提出回避的，不影响仲裁程序的进行。

第五十三条 经当事人申请，仲裁庭对专门性问题认为需要鉴定的，可以交由当事人约定的鉴定机构鉴定；当事人没有约定或者无法达成约定的，由仲裁庭指定的鉴定机构鉴定。鉴定费原则上由申请鉴定的当事人先行垫付，由对鉴定意见承担不利后果的当事人承担。工伤及职业病的鉴定费用承担按照有关规定处理。

第五十四条 仲裁机构因处理劳动、人事争议案件需要，有权向工商、海关、税务、公安、司法、住房城乡建设、农业、水利、银行等有关单位或者个人调查取证，有关单位或者个人应当予以配合。

当事人出具录音、录像、电子文稿等证据的，应当注明来源和获取途径，证据来源不明或者非法获取的，不得作为定案依据。当事人出具录音、录像证据的，应当同时对其内容进行摘录。

第五十五条 仲裁机构决定中止案件审理的，应当向当事人送达中止审理通知书。中止审理的客观情形消除后，应当恢复审理并通知当事人，在中止审理通知书中已预先告知恢复审理日期的除外。

第五十六条 仲裁机构根据《中华人民共和国劳动争议调解仲裁法》的规定作出先行裁决的，应当明确告知当事人起诉权。

第五十七条 同一仲裁裁决涉及多项裁决内容，每项确定的数额均不超过当事人申请仲裁时当地月最低工资标准12个月金额的，该仲裁裁决为终局裁决。仲裁裁决的类型以仲裁裁决书确定为准。

第五十八条 仲裁文书送达，可采取直接送达、委托送达、邮寄送达、留置送达等方式。

受送达人被依法限制人身自由的，仲裁机构可以通过其所在看守所、监狱和其他执行机关转交仲裁文书，相关单位应当予以配合。

受送达人无法联系，或者以本条第一款规定的方式无法送达的，可以在人力资源社会保障行政部门的门户网站和受送达人住所地公告送达，自发出公告之日起，经过30日即视为送达。公告送达应当在案卷中注明原因和送达经过。

职工人数在10人以上的集体争议，仲裁机构以直接送达方式无法送达用人单位的，可以在有关基层组织见证下，在用人单位住所地或者生产经营场所张贴有关文书，并采用拍照、录像等方式记录，自张贴之次日起即视为送达。

已采用本条第四款规定方式送达的用人单位的其他职工申请仲裁，但人数不足10人的，仲裁机构可以适用同样的方式送达。

第五十九条 仲裁机构在处理劳动争议过程中发现用人单位存在其他劳动保障违法行

为的，可以书面建议劳动保障监察机构依法处理。

仲裁机构在案件处理完结后，可以向用人单位和有关部门提出依法规范用工行为、加强监督管理的书面建议。

第六十条 结案的仲裁案卷分正卷和副卷装订。立案审批表、组庭审批表、庭审提纲、调查提纲、案件讨论笔录、评议笔录、证人和代理人身份证明材料、结案审批表、延期审理审批表、仲裁文书底稿等应当装入副卷。

当事人及其代理人可以申请查阅、摘抄、复制除涉及保密事项外的案卷正卷材料，申请时应当提交申请书及有效身份证明、委托授权材料。

第五节 特别规定

第六十一条 仲裁机构审理简单劳动、人事争议案件，可以适用简易程序，当事人双方也可以约定适用简易程序。

适用简易程序审理的案件，仲裁机构可以采取缩短答辩期和举证期限、书面审理、当庭裁决、电子送达等办案方式。

仲裁机构在审理过程中，发现案件不宜适用简易程序的，终止适用简易程序。终止简易程序前，双方当事人已确认的事实，可以不再进行举证、质证。

第六十二条 当事人可以书面申请缩短或者放弃答辩期、举证期、开庭通知期等期间。

第六十三条 对职工一方当事人在50人以上的集体争议案件，仲裁机构可以根据案件处理需要，通知地方总工会、企业代表组织或者用人单位主管部门等有关方面代表参加调解仲裁活动，协助解决争议。

第六十四条 发生职工一方人数为50人以上的集体争议，经职工一方当事人申请，地方总工会应当及时指导和协助其与用人单位进行协商，反映职工意见和要求，提出解决方案，并可以根据职工的委托派员参加调解、仲裁活动，提供法律援助服务。

第六十五条 劳动、人事争议案件多发的地区，法律援助机构应当在基层劳动人事争议调解组织、仲裁机构派驻法律援助工作人员。

发生劳动、人事争议，职工在与用人单位协商、调解和仲裁活动中，因经济困难没有委托代理人的，可以向法律援助机构申请法律援助。其中职工追索劳动报酬、工伤待遇申请法律援助的，无需审查其经济困难条件。

调解组织、仲裁机构认为职工方需要法律援助的，可以向调解组织、仲裁机构所在地的法律援助机构发出法律援助建议函；法律援助机构应当对符合法定条件的职工提供法律援助。

第六十六条 劳动、人事争议有下列情形之一的，法律援助机构可以当即决定对职工一方当事人予以法律援助；法律服务机构也可以当即对其提供法律援助，同时报法律援助机构：

（一）可能造成社会秩序混乱，导致不良影响的；

（二）职工当事人可能面临人身危险和重大财产损害的。

第六十七条 禁止携带管制物品、易燃易爆物品、限制物品、强腐蚀性物品等危险物品进入仲裁场所。

仲裁参加人和其他人员应当配合仲裁机构的安全检查，遵守仲裁庭纪律。

第六十八条 仲裁委员会对本委员会作出的已经发生法律效力的仲裁裁决书、调解书，发现当事人在调解、仲裁过程中恶意串通、作出虚假陈述、提供虚假证据或者隐瞒关键证据等，导致仲裁机构认定的案件主要事实不清、处理结果错误，损害国家、集体或者第三人合法权益的，应当决定撤销，并予以重新处理。

决定重新处理的案件，由作出原生效仲裁裁决书、调解书的仲裁机构作出仲裁决定书，决定撤销原仲裁裁决书、调解书。

仲裁机构应当自作出撤销决定之日起5日内另行组成合议庭重新审理。

第四章　法律责任

第六十九条　用人单位、职工及有关人员在劳动人事争议处理中有损坏公私财物、威胁恐吓、限制人身自由、暴力伤害、破坏公共秩序等行为，违反治安管理规定的，按照《中华人民共和国治安管理处罚法》有关规定处理；涉嫌犯罪的，移送司法机关依法处理。

第七十条　当事人及有关人员在劳动人事争议仲裁期间有下列行为之一的，仲裁机构可以批评教育、责令退出仲裁庭；情节严重的，由公安机关按照《中华人民共和国治安管理处罚法》有关规定处理；涉嫌犯罪的，移送司法机关依法处理：

（一）干扰仲裁活动，违反仲裁庭纪律，阻碍仲裁工作人员执行职务的；

（二）提供虚假证据，或者伪造、变造、损毁证据（证明）材料的；

（三）故意损毁仲裁庭笔录等仲裁文书的；

（四）对仲裁工作人员、仲裁参加人侮辱、诽谤、诬陷、殴打或者打击报复的；

（五）未经准许录音、录像、摄影或者传播庭审活动的；

（六）其他妨碍仲裁活动的行为。

仲裁当事人或者代理人违反仲裁庭纪律，被责令退出仲裁庭的，视为其放弃庭审、质证等权利，有关情况记入庭审笔录，仲裁庭审可以继续进行。

第七十一条　劳动人事争议调解组织、仲裁机构的调解员、仲裁员以及其他工作人员在处理劳动人事争议中，有徇私舞弊、索贿受贿、玩忽职守、滥用职权等违法违纪行为的，劳动人事争议调解组织或者劳动人事争议仲裁委员会应当予以解聘，并可以移交所在单位或者相关部门依法处理；涉嫌犯罪的，移送司法机关依法处理。

第五章　附　则

第七十二条　本办法第四十一条至第四十三条、第四十五条至第四十七条第一款关于仲裁参加人的规定，以及第六十四条至第六十六条关于法律援助的规定，劳动人事争议调解活动可以参照执行。

除法律、法规和规章另有规定外，劳动争议与人事争议处理程序统一适用本办法的规定。劳动人事争议仲裁中涉及代理、送达、证据等事项，国家及本办法未明确的，可以参照《中华人民共和国民事诉讼法》及有关司法解释处理。

第七十三条　本办法规定的“3日”、“5日”按工作日计算，其他期间以自然日计算。期间开始之日不计算在期间内；期间届满的最后一日为节假日、休息日的，以节假日、休息日后的第一日为期间届满的日期。

第七十四条　劳动人事争议仲裁不收费。劳动人事争议仲裁工作所需经费和乡镇（街道）劳动人事争议调解工作经费，列入本级财政预算。

第七十五条　本办法自2017年5月1日起施行。1995年3月27日广东省人民政府发布的《广东省企业劳动争议处理实施办法》（粤府［1995］19号）同时废止。

案 例 篇

ANLIPIAN

第一章

劳动关系的确立及劳动合同履行相关

【案例一　劳动关系的确认】《合同书》具备了劳动合同的必要要素，双方属于劳动合同关系

【案情简介】陆某与中A公司于2013年5月签订《合同书》，于2013年7月签订《劳动合同书》，陆某认为2013年5月签订的《合同书》为委托合同，且该事实已经由合肥市蜀山区劳动仲裁委员会生效仲裁裁决确认。陆某为此，向法院主张相应权益。最高人民法院审理认为，该《合同书》具备劳动合同的必备要素，依法驳回陆某的诉讼请求。

【法院审理】首先，当事人之间法律关系的内容是判断该法律关系性质的基础和依据，对此，人民法院应当依法审查认定，当事人在相关仲裁或诉讼中所作的陈述只具有参考意义。生效仲裁裁决对《合同书》性质的认定，并非对事实的确认，而系对该事实所体现的法律关系性质的认定，不属于《最高人民法院关于民事诉讼证据的若干规定》第9条规定的“已为仲裁机构的生效裁决所确认的事实”而无需举证证明的范畴，不能因此证明并确定《合同书》的性质。换言之，人民法院对当事人之间法律关系性质的认定所遵循的原则是：以事实为依据，以法律为准绳，不受当事人对法律关系的性质及内容已经产生争议的情况下在仲裁或诉讼程序中所作的陈述或表态的影响，也不因生效仲裁裁决的认定而无需证明。

其次，委托合同是受托人为委托人办理委托事务，委托人支付约定报酬或不支付报酬的合同。当事人在履行委托合同的过程中地位是平等的，不具有管理与被管理的特点。而劳动合同是劳动者与用人单位之间确立劳动关系，明确双方权利和义务的协议。根据《中华人民共和国劳动法》第19条的规定，劳动合同的必备条款包括劳动合同期限、工作内容、劳动保护和劳动条件、劳动报酬、劳动纪律、劳动合同终止的条件、违反劳动合同的责任等。在劳动关系存续期间，用人单位与劳动者之间存在管理与被管理的隶属关系，这是劳动合同关系与委托合同关系的本质区别。本案中，《合同书》明确约定了陆某受聘担任项目公司总经理一职后的工资和奖金构成、发放方式、社会保险及工伤待遇，并约定陆某依法享有节假日、年休假等假期，且应遵守公司的各项规章制度。《合同书》的内容具备劳动合同的必备要素，体现了当事人之间在合同存续期间的管理与被管理的隶属关系，符合劳动合同的本质特征。故陆某与中A公司之间基于《合同书》形成了劳动关系，因履行《合同书》发生的争议属于劳动争议，二审裁定的认定正确。至于陆某所称的中A公司与陆某之间于2013年7月1日签订《劳动合同书》的事实，由于其与《合同书》在性质上并不必然排斥，故不能得出《合同书》的性质非劳动合同的结论。

再次，陆某的一审诉讼请求是基于其对法律关系性质的错误认识形成的，并不能改变

双方之间的争议系劳动争议的性质，其基于该错误认识而提起的诉讼请求显然不能证明并决定当事人之间法律关系的性质。

最后，在陆某以委托合同提起诉讼与双方存在的法律关系不符的情形下，其起诉在实质上不符合《中华人民共和国民事诉讼法》第119条规定的起诉条件，一审法院裁定驳回陆某的起诉、二审法院裁定驳回陆某的上诉是正确的。但这并不影响陆某可以再行以劳动争议为由向人民法院提起诉讼主张相应权利，一审裁定对此也予以指明，故一审、二审裁定并未侵害其诉权。

【案件索引】上述案例摘自“中国裁判文书网”，因篇幅问题，有简单改动。

审理法院：最高人民法院，案号为：［2015］民申字3557号。

【案例二 劳动关系的确认】基于《承揽合同》，且没有证据证明接受公司管理，不存在劳动关系

【案情简介】A公司与曹某签订的《电线电缆剥分承揽合同》，该合同的第2条第5项规定：乙方所有的工作人员必须严格遵守甲方的厂纪厂规和各项规章制度以及安全操作规程，严格做好安全生产。合同签订后，曹某带同罗某在A公司处上班，罗某认为，其接受A公司的管理，工作的内容是A公司单位业务的组成部分，曹某是A公司其中一个生产班组组长，罗某是该班组成员之一，罗某与A公司存在劳动合同关系。因A公司拒绝承认罗某为其公司员工，罗某为此，向劳动仲裁委及人民法院主张权益。

【法院审理】根据原劳动和社会保障部《关于确立劳动关系有关事项的通知》第2条第1款规定：“用人单位未与劳动者签订劳动合同，认定双方存在劳动关系时可参照下列凭证：（1）工资支付凭证或记录（职工工资发放花名册）、缴纳各项社会保险费的记录；（2）用人单位向劳动者发放的‘工作证’‘服务证’等能够证明身份的证件；（3）劳动者填写的用人单位招工招聘“登记表”“报名表”等招用记录；（4）考勤记录；（5）其他劳动者的证言等。”本案中，罗某没有提交入职资料或员工身份资料、考勤或工作记录等可以证明其与用人单位之间形成劳动关系的证据，也没有提交其向A公司领取工资的任何书面证据，仅仅提交了证人唐某、刘某等人的证人证言，拟证明其在A公司上班，但没有证据证实唐某等人系A公司的员工。因此，唐某等人并不符合上述法条中“其他劳动者”的情形。此外，罗某承认其有事不上班也不需要向A公司请假，表明罗某不需要接受A公司各项劳动规章制度的约束，不受A公司的管理。罗某到A公司工作是基于曹某与A公司签订的《电线电缆剥分承揽合同》，而工作人员由A公司直接雇请。故认定双方不存在事实劳动关系并无不当。

【案件索引】上述案例摘自“中国裁判文书网”，因篇幅问题，有简单改动。

审理法院：广东省高级人民法院，案号为：［2014］粤高法民申字第2437号。

【案例三 就业歧视】乙肝病毒携带者在缔结劳动合同的过程中，受到就业歧视，用人单位应承担缔约过失责任

【案情简介】肖某于2008年3月经环A公司面试后，根据环A公司的安排到指定的门诊进行体检。肖某提交的体检表上加盖有“环A公司体检专用章”字样的印章，并将乙肝抗原作为体检项目。尔后，环A公司以择优录取，且已有其他候选人为由，不录用肖某。肖某认为该公司的行为已构成就业歧视，向劳动仲裁委及人民法院主张权益。

【法院审理】劳动者依法享有平等就业和依法择业的权利，用人单位有自主用人的权利。用人单位招用人员时，可以根据实际需要将肝功能检查项目作为体检内容，但不得以应聘者是乙肝病毒携带者为由拒绝录用。

环A公司主张有更合适的人选，但未就该主张进行举证。且环A公司认可其在招聘员工的过程中，一般经过笔试、面试，且双方对工作待遇、工作岗位均协商一致后才会安排应聘者体检。为此，本院综合环A公司录用员工的环节和程序，认定环A公司是以肖某系乙肝病毒携带者为由拒绝录用肖某，依法应当承担相应的赔偿责任。

【案件索引】上述案例摘自“中国裁判文书网”，因篇幅问题，有简单改动。

审理法院：广东省深圳市中级人民法院，案号为：［2010］深中法民六终字第1032号。

【案例四　就业歧视】以方言沟通不通畅为由解除劳动合同，属于违法解除劳动合同，但不属于就业歧视

【案情简介】沈某于2010年入职广东科A股份有限公司，任行政部副经理岗位，入职两个月后，广东科A股份有限公司以沈某管理理念和工作经验与公司实际管理水平不融合，且其在广州方言上沟通不通畅为由，解除劳动合同关系。沈某为此，向劳动仲裁委及人民法院主张权益。

【法院审理】法律并不禁止用人单位根据自身经营的特点，对某些特定岗位设置相应的用工条件。本案中，广东科A股份有限公司之所以解除与沈某的劳动关系，是基于沈某不熟悉广州方言，而导致沟通不通畅，影响了正常的工作。因此，沈某认为存在就业歧视，依据不充分，本院亦不予支持。

【案件索引】上述案例摘自“中国裁判文书网”，因篇幅问题，有简单改动。

审理法院：广东省广州市中级人民法院，案号为：［2011］穗中法民一终字第4942号。

【案例五　就业歧视】以患有“肺纤维化病灶”为由拒绝录用，属于就业歧视

【案情简介】衣某通过网络应聘的方式参加某A通讯股份有限公司的网上招聘。2013年11月，某A通讯股份有限公司通过电子邮件方式发送《录用通知书》，承诺录用衣某到某A通讯股份有限公司工程服务处工作，与此同时，通知衣某参加体检，并到某A通讯股份有限公司处办理入职手续。

衣某从嘉兴至某A通讯股份有限公司（位于广东省深圳市）处办理入职手续时，某A通讯股份有限公司拒绝录用衣某，原因是衣某两次体检结果均显示其肺部存在学名为“肺纤维化病灶”的病症，但某A通讯股份有限公司并没有在录用前告知衣某该病症与其岗位——“工程设计”有关而不得录用。衣某在应聘过程中的交通费用、检查费用、学历认证费用、住宿费用等费用均系自行负担，衣某为此向劳动仲裁委及人民法院主张权益。

【法院审理】本案中，某A通讯股份有限公司没有在招聘时告知患有“肺纤维化病灶”不符合入职条件，在衣某报到入职时某A通讯股份有限公司以其患有“肺纤维化病灶”拒绝录用，属于就业歧视，侵犯了衣某的平等就业权，某A通讯股份有限公司应当承担相应的民事责任。

【案件索引】上述案例摘自“中国裁判文书网”，因篇幅问题，有简单改动。

审理法院：广东省深圳市中级人民法院，案号为：［2014］深中法民终字第1017号。

【案例六　试用期解除】未能举证证明录用条件和岗位要求，在试用期内以不符合录用资格为由解除劳动合同，属于违法解除

【案情简介】廖某于2014年7月入职B公司后，B公司以廖某的工作存在严重的问题，不符合录用条件为由，在试用期内与廖某解除劳动合同。廖某为此，向劳动仲裁委及人民法院主张权益。

【法院审理】根据《中华人民共和国劳动合同法》第21条规定："在试用期中，除劳动者有本法第三十九条和第四十条第一项、第二项规定的情形外，用人单位不得解除劳动合同。用人单位在试用期解除劳动合同的，应当向劳动者说明理由。"本案中，B公司主张因廖某不符合录用条件与其解除劳动关系。但B公司并未举证证明其所要求的录用条件和岗位要求的具体内容且已将上述要求告知廖某，B公司提交的佛山市公安消防支队顺德区大队责令限期整改通知书、催缴款通知书并不能证实廖某不胜任录用条件和岗位要求而给B公司造成了经济损失。依照《最高人民法院关于适用〈中华人民共和国民事诉讼法〉的解释》第90条的规定，B公司应当承担举证不能的不利后果，B公司属于违法解除劳动关系，应当支付赔偿金。

【案件索引】上述案例摘自"中国裁判文书网"，因篇幅问题，有简单改动。

审理法院：广东省佛山市中级人民法院，案号为：［2015］佛中法民四终字第1020号。

【案例七　试用期解除】应聘者提供虚假学历证明进行应聘的，属于以欺诈手段订立劳动合同，为无效合同

【案情简介】唐某于2002年3月以提供虚假学历证书和采用虚假陈述的欺诈方式，使冠A公司在违背真实意思的情况下与其签订了劳动合同。此后，在冠A公司每次要求员工更新人事资料时，唐某均填写了虚假信息。冠A公司接到相关举报后查实了上述事实，发现唐某在工作中存在虚报合同价格从中赚取差价的违规行为，使公司蒙受经济损失的同时影响了公司的声誉。鉴于此，冠A公司与唐某解除了劳动合同。唐某为此，向劳动仲裁委及人民法院主张权益。

【法院审理】唐某在入职时提供虚假学历并做虚假陈述的行为显然已经构成了欺诈。但唐某于2008年12月底与冠A公司续签劳动合同时是否构成欺诈存有争议，此问题关键在于续签劳动合同时冠A公司是否知晓唐某学历造假一事并作出了错误的意思表示。首先，唐某提供了马某的录音资料，欲证明续签合同时公司已知道其提供虚假学历一事，但上述录音有许多语意模糊的地方，并不足以证明马某已经将唐某伪造学历之事告知冠A公司。第二，冠A公司提供的马某的书面证言称：因工作调动，未将唐某学历造假之事上报公司，亦未对此事作出处理。虽马某系冠A公司管理人员，与公司方有一定利害关系，但该证据不是唯一证据，其证明力应结合其他证据综合判断。第三，冠A公司提供的调令显示，冠A公司与唐某续签劳动合同之前，马某确实已调任他处。第四，唐某2009年填写的人事资料卡"教育程度"一栏仍填写为西安工业学院材料工程系。综合双方当事人举证情况分析，可认定唐某对其入职时提供虚假学历一事一直采取隐瞒的态度，唐某亦无证据证明其提供虚假学历之行为已为冠A公司知悉并已获得了谅解，故唐某在2008年12月续签劳动合同时仍然构成欺诈。《劳动合同法》第26条、第39条明确规定，以欺诈的手段使对方在违背真实意思的情况下订立的劳动合同是无效的，用人单位可以据此解除劳动合同。故冠A公司与唐某解除劳动合同有法律依据，不应支付违法解除劳动合同赔偿金。

此外，我国劳动法律在充分保护劳动者合法权利的同时亦保护用人单位正当的用工管理权。用人单位通过企业规章制度对劳动者进行必要的约束是其依法进行管理的重要手段。冠A公司《员工手册》第34条规定：员工以欺骗手段虚报专业资格或其他各项履历，公司将予以解雇，且不给予任何经济补偿。审理时，唐某对该《员工手册》的真实性并无异议。唐某提供虚假学历之行为系冠A公司规章制度严令禁止，冠A公司依据企业的规章制度与唐某解除劳动合同，系其依法行使管理权的体现，亦无不可。而且，唐某于2007年签署有《任职承诺书》一份，内容为："本人作为冠A公司之员工，特作如下承诺：……本人以往提供给公司的个人材料均是真实有效的，如有做假，愿意无条件被解除合同……。"此任职承诺书是唐某与冠A公司基于诚信原则的约定，唐某对于违反约定义务的法律结果应是清楚的。双方的约定未违反法律规定，是合法有效的。故从该承诺的角度出发，冠A公司在查知唐某伪造学历后，基于承诺而解除合同亦是有依据的。

【案件索引】上述案例摘自"上海市高级人民法院网"，因篇幅问题，有简单改动。

审理法院：上海市第二中级人民法院，案号为：[2011]沪二中民三（民）终字第535号。（最高人民法院公布案例2012年第9期）

【案例八　试用期解除】仅以"人资培训反馈记录"为证人证言，没有其他证据予以佐证的，属于违法解除劳动合同关系

【案情简介】李某于2013年入职A公司，担任人事助理一职。入职后，A公司向李某出具试用期不合格通知单、试用期考核评估表，并解除与李某的劳动合同。其中，试用期考核评估表中的"评语"处填写："对降低新人离职率的专案一直未能有效展开，影响工作进度，工作无重点，无逻辑性。入职近2个月以来，对公司各类别员工区分不清，无法有针对性地开展培训工作"，"得分影响"处填写："1.1-10项所得总分共70分，具体目标达成事项所得总分共30分，最后总分26分……""考核结果"处填写："考核等级为：劣等，试用期不合格，不予录用"；试用期不合格通知单载明："您的工作能力、表现还未能达到此岗位的需求。请您在收到此通知单的当天办理工作交接以及离职手续，公司将额外补充三天的薪水。后附您的试用期考核评估表"。李某不确认存在试用期考核评估表、试用期不合格通知单上记载的试用期不合格的情形。李某为此，向劳动仲裁委及人民法院主张权益。

【法院审理】《最高人民法院关于民事诉讼证据的若干规定》第6条规定："在劳动争议纠纷案件中，因用人单位作出开除、除名、辞退、解除劳动合同、减少劳动报酬、计算劳动者工作年限等决定而发生劳动争议的，由用人单位负举证责任。"本案中，A公司提供了劳动合同、HR培训岗位职责说明书、试用期考核评估表等，主张李某在试用期内不符合录用条件给予辞退。A公司提供的人资培训反馈、仲裁庭调查笔录拟证明李某对新员工庄某某进行入职培训时怠于履行职责且错误百出；但仲裁庭调查笔录与人资培训反馈的内容均为庄某某的证人证言。根据《最高人民法院关于民事诉讼证据的若干规定》第69条的规定，庄某某的证人证言不能单独作为认定案件事实的依据。HR培训岗位职责说明书已明确规定李某工作职责。试用期考核评估表为A公司对李某的工作评价。在A公司未能提供证据证明李某确有违反工作职责及评估表上记载的情形的情况下，法院认定A公司违法解除李某劳动关系，A公司依法应向李某支付违法解除劳动关系的赔偿金。

【案件索引】上述案例摘自“中国裁判文书网”，因篇幅问题，有简单改动。

审理法院：广东省东莞市中级人民法院，案号为：［2014］东中法民五终字第1031号。

【案例九　试用期解除】在试用期内，劳动者生产的产品存在质量问题、经常需要返工，以不符合录用条件为由解除劳动合同，符合法律规定

【案情简介】A公司与陈某签订的劳动合同约定，陈某的工作任务或职责是负责对样衣及工艺进行保质、保量车板等。双方对保质保量及是否胜任工作的口头约定为：第一个月达到50%计件效率，第二个月达到60%计件效率，第三个月达到70%计件效率。陈某于2013年3月底入职，2013年4月计件效率为48%，5月计件效率为60%。A公司以陈某在试用期内生产的产品存在质量问题、经常需要返工，且陈某效率偏低，不服从主管指导为由，认为陈某不符合录用条件，在试用期内将陈某解雇，并于2013年5月将解雇陈某的事实与理由告知工会。陈某为此，向劳动仲裁委及人民法院主张权益。

【法院审理】A公司《员工手册》第2.7.1.2条规定“在试用期内，员工凡有下列情形之一的，属于不符合本职位录用条件，本公司可以解除劳动合同：入职填报个人或家庭有虚假资料和情况的、表现不能达到工作要求的、不能胜任工作或服务态度不好的、有不良表现或不良嗜好的、无正当理由而拒绝上级主管的合理指令或工作分配的……”另根据双方口头约定以及本案查明的事实，A公司的行为符合《中华人民共和国劳动合同法》第39条关于劳动者有在试用期间被证明不符合录用条件的情形的，用人单位可以解除劳动合同的规定和第43条关于用人单位单方解除劳动合同，应当事先将理由通知工会的规定，对陈某提出A公司支付违法解除劳动合同关系的赔偿金及解除劳动合同关系的经济补偿金的诉讼请求不予支持，认定事实和适用法律并无不当。

【案件索引】上述案例摘自“中国裁判文书网”，因篇幅问题，有简单改动。

审理法院：广东省高级人民法院，案号为：［2014］粤高法民申字第1962号。

【案例十　试用期解除】劳动者在试用期内经过两次考核，仍未能掌握岗位工作技能，公司因此解除劳动者，符合法律规定

【案情简介】肖某于2014年入职A酒店，双方约定入职三个月后经考核符合录用条件可以提前转正，但经考核肖某不符合录用条件。A酒店为此，给予肖某一个月的观察期，其后第二次考核仍然不符合录用条件。其中，对于肖某的第一次考核，A酒店提交了2014年7月人事变动表及员工表现评估表、岗前培训计划表、预订部应知应会测试试卷，其中员工表现评估表显示肖某在总分60分中得分45分，工作技能未达到岗位要求。肖某于2014年7月签名确认“本员工已知悉及讨论过以上评估”。对于肖某第二次考核，A苑酒店提交了人事变动表、员工表现评估表、岗前培训计划表，其中员工表现评估表显示肖某在总分60分中得分41分，工作技能仍未达到岗位要求，评语中写明了“试用期不合格”。肖某于2014年8月19日签名确认“本员工已知悉及讨论过以上评估”。综上，A酒店以肖某经两次考核，仍未能掌握岗位工作技能为由，与肖某解除劳动合同关系。肖某为此，向劳动仲裁委及人民法院主张权益。

【法院审理】本院认为，肖某入职三个月后经过两次考核，仍未能掌握岗位工作技能，且其本人也参与讨论并签名确认了上述考核的评估过程，故A酒店据此解除双方劳动关系并无不当，双方无需继续履行劳动合同。

【案件索引】上述案例摘自"中国裁判文书网"，因篇幅问题，有简单改动。

审理法院：广东省深圳市中级人民法院，案号为：[2015]深中法劳终字第4124号。

【案例十一 岗位调整】用人单位因生产紧张，对劳动者的岗位进行临时性调整的，属于用人单位的用工自主权

【案情简介】何某于2005年3月7日入职威A厂，双方签订了劳动合同，合同约定何某的工作岗位为资材部采购员，何某在担任采购员之前曾经在威A厂的PMC部门（注：PMC的工作是安排生产计划和跟进生产进度，需要到车间核查，但工作操作在办公室）工作过。

2012年10月11日何某收到工作调动安排的邮件，内容为：公司订单不多，现PMC人员紧张，接朱总指示把何某调去PMC帮忙，请何某在10月12日前将现有工作交接。何某在收到邮件后当日回复，表示其职位是采购员，劳动合同签的也是采购员，请履行劳动合同，或按劳动合同约定方式裁员。2012年10月12日早上，何某再次收到邮件，内容为PMC现在缺人手，现正式安排何某去PMC帮忙几个月，若不愿意接受，本部门也没有其他事情可供安排。

威A厂称因PMC员工成某从2012年10月1日至2012年12月31日请产假三个月，为了保证PMC部门的工作顺利开展，故决定将曾从事过PMC工作的何某调至PMC工作三个月，三个月后再回原工作岗位上班，而且工资待遇不变。

何某则认为其工作岗位是采购员，威A厂未经其同意单方调整其工作岗位，且降低了其2012年10月的工资，导致双方的劳动合同无法履行。何某没有接受工作调动，仍继续留在本部门上班。2012年11月27日何某没有回厂上班。

何某为此，提起劳动仲裁及诉讼。经审理认定，威A厂的调岗行为符合法律规定，驳回何某的诉讼请求。

【法院审理】威A厂未辞退何某，何某实际主张因威A厂单方调整其工作岗位，被迫解除劳动合同。威A厂有用工自主权，可以根据生产需要合理调配劳动力。威A厂因部门暂时性人员紧缺，要求何某临时到其他部门PMC岗位工作三个月。何某曾从事PMC岗位的工作，工作场所均在办公室，其工作性质、条件并未发生实质性改变。何某主张其工资随工作岗位调整而降低，但不能具体说明工资构成中被降低的部分，且威A厂核付何某2012年10月份工资金额并没有实际降低，何某提交的证据不足以证明其主张，依法不予采信。威A厂调整何某的工作岗位，是其合理行使自身的用工自主权，并无不当。何某不服从威A厂的正常工作安排，其主张被迫解除劳动合同，缺乏依据，依法不予支持。

【案件索引】上述案例摘自"中国裁判文书网"，因篇幅问题，有简单改动。

审理法院：广东省东莞市中级人民法院，案号为：[2013]东中法民五终字第1492号。

【案例十二 岗位调整】因生产经营需要调整劳动者的工作岗位，工作性质、原工资待遇不变，属于用人单位自主用工权

【案情简介】2006年11月16日，张某入职太A货柜公司工作，任职设备部电工，双方签订了期限自2012年1月1日起至2014年12月31日的劳动合同。2013年9月25日，太A货柜公司以张某拒绝到综合班上班等为由，根据《员工手册》奖罚规定第11条第（5）点、第12条第（1）点、第18条及《劳动合同法》第39条第2款的规定，决定自

2013年9月26日起解除其与张某的劳动合同关系。张某为此，提起劳动仲裁及诉讼，被依法驳回诉讼请求。

【法院审理】太A货柜公司因生产经营需要，将张某从设备部冲压电修班调动至设备部综合班工作，工作性质仍然属于电工，原工资待遇不变，该调整并不违反法律法规的规定，属于用人单位自主用工。张某拒不接受工作岗位调整，经太A货柜公司多次张贴通告通知及公司管理人员口头规劝的情况下，仍不到新工作岗位上班，严重违反用人单位制定的规章制度。太A货柜公司制订的《员工手册》经过职工代表大会集体表决通过，实体和程序均不违反法律规定。太A货柜公司根据《中华人民共和国劳动合同法》第39条第（二）项及《员工手册》相关规定，解除与张某的劳动合同，符合法律规定，不属于违法解除劳动合同。

【案件索引】上述案例摘自"中国裁判文书网"，因篇幅问题，有简单改动。

审理法院：广东省高级人民法院，案号为：［2015］粤高法民申字第291号。

【案例十三　岗位调整】用人单位撤销某部门，对劳动者岗位进行调整，双方因调岗事宜协商未果，用人单位因此解除劳动合同关系，符合法律规定

【案情简介】2004年6月，刘某入职德A电子有限公司处工作，2007年9月28日与德A电子有限公司签订了无固定期限劳动合同。合同约定刘某任职于采购部从事采购管理工作。2013年5月1日，德A电子有限公司设立了"供应链管理改善项目小组"。2013年5月31日，德A电子有限公司对刘某原所在工作部门——战略采购部进行合并重组。因刘某所处的部门合并，其工作岗位已不存在，德A电子有限公司多次与刘某协商变更劳动合同约定的工作岗位。因协商未果，德A电子有限公司解除与刘某的劳动合同关系，依法支付经济补偿金、代通知金等。

刘某认为，解除劳动合同的真实原因不是德A电子有限公司所谓"订立合同时所依据的客观情况发生变化"，而是因为"一条短信事件"触怒了某些领导，从而对刘某进行打击报复。德A电子有限公司随意调整组织架构并不构成客观情况发生重大变化，其解除劳动合同的行为，属于违法解除劳动合同关系。

双方为此，提起劳动仲裁及诉讼，经法院审理，认定德A电子有限公司解除劳动合同的行为，符合法律规定，无需支付违法解除劳动合同赔偿金。

【法院审理】德A电子有限公司因经营管理需要于2013年5月1日设立"供应链管理改善项目小组"，对该公司的组织架构进行调整，后决定对刘某所在工作部门——战略采购部进行合并重组，撤销该部门的机械电子组。该行为是德A电子有限公司行使自主经营权的表现。刘某所在的工作岗位，因机械电子组的撤销而不存在，致使双方劳动合同部分条款确因用人单位生产经营需要而无法继续履行。为此，德A电子有限公司多次与刘某协商，拟将刘某调整至物流部门任管理人员，并保持薪酬和福利不变，但刘某均表示不同意。依照《中华人民共和国劳动合同法》第40条第3项的规定："劳动合同订立时所依据的客观情况发生重大变化，致使劳动合同无法履行，经用人单位与劳动者协商，未能就变更劳动合同内容达成协议的，用人单位提前三十日以书面形式通知劳动者本人或者额外支付劳动者一个月的工资后，可以解除劳动合同。"故本案德A电子有限公司在征求公司工会意见并经同意后，解除与刘某的劳动合同，并按法定标准支付刘某含代通知金在内的补偿金、代通知金以及解除劳动合同前当月工资，符合法律规定，无需支付违法解除劳动合同赔偿金。

【案件索引】上述案例摘自“中国裁判文书网”，因篇幅问题，有简单改动。

审理法院：广东省惠州市中级人民法院，案号为：［2014］惠中法民三终字第202号。

【案例十四　办公迁移】用人单位跨市迁移办公场所，劳动者据此解除劳动合同，用人单位应当支付经济补偿金

【案情简介】力A机械厂因经营需要跨市搬迁办公场所，张某等17名员工因办公地点变更，向力A机械厂提出辞职，并提起劳动仲裁及诉讼。力A机械厂认为，讼争劳动关系是由劳动者一方辞职而解除，并非力A机械厂主动要求与之解除劳动关系，力A机械厂无需支付经济补偿金。经法院审理，认为力A机械厂变更办公地址，属于客观情况发生重大变化，劳动者因此提出辞职的，应当支付经济补偿金。

【法院审理】关于力A机械厂是否应支付经济补偿金及相关补偿数额计算问题，根据《中华人民共和国劳动合同法》（以下简称《劳动合同法》）第40条“有下列情形之一的，用人单位提前三十日以书面形式通知劳动者本人或者额外支付劳动者一个月工资后，可以解除劳动合同……（三）劳动合同订立时所依据的客观情况发生重大变化，致使劳动合同无法履行，经用人单位与劳动者协商，未能就变更劳动合同内容达成协议的”的规定，在双方订立劳动合同时的客观情况发生重大变化，而使原劳动合同的履行难以为继或无法继续履行，在协商变更原劳动合同无果的情形下，用人单位与劳动者之间可解除劳动合同，并承担相应的补偿金支付义务。

即该条法律规定适用的要件为：①劳动合同履行的前提条件发生重大变化；②双方协商变更劳动合同无果。在本案中，根据二审判决查明事实，张某等17名劳动者提出劳动仲裁申请的原因为力A机械厂跨市搬迁，变更工作地址，使原劳动合同无法继续履行，双方亦无法协商达成经济补偿协议。而根据仲裁庭审记录中力A机械厂“愿意迁入新址的员工可以续签劳动合同，不愿意随迁则不要续签”的陈述，可印证劳动者所言非虚。同时，又由于双方无法就劳动合同变更达成合意，故二审判决认定17名劳动者仲裁请求有事实与法律依据，《劳动合同法》第40条第3项规定的情形在本案中已经成就，用人单位应支付相应的经济补偿金，并无不当。

【案件索引】上述案例摘自“中国裁判文书网”，因篇幅问题，有简单改动。

审理法院：广东省高级人民法院，案号为：［2014］粤高法民申字第1413号。

【案例十五　合同履行】用人单位基于春节休假与员工协商一致，或放无薪假期，或提供同等工作岗位，劳动者要求支付停工工资，被驳回诉求

【案情简介】禾A公司称：因春节订单较少，且员工希望休假过年，为此，公司与员工协商放无薪假。另外，公司也提出，愿意回厂上班的，到关联企业××箱包厂，也就是楼下公司上班一个月，相关待遇不变。该通知是在职工大会上宣布，高某知晓该内容，也知道有人去××箱包厂工作。高某2月份没有上班，禾A公司也发放了法定节假日的工资，不存在未足额发放工资的事实。高某则称，禾A公司无权安排高某到另外一家公司上班。禾A公司因订单减少原因放无薪假属于违法行为，应按照《广东省工资支付条例》第35条的规定，支付正常工作时间工资。高某为此，提起再审申请，经法院审理，驳回其再审申请。

【法院审理】首先，关于无薪假的问题，《广东省工资支付条例》第35条规定：非因劳动者原因造成用人单位停工、停产，未超过一个工资支付周期（最长三十日）的，用人单位应当按照正常工作时间支付工资。该条例第25条规定：劳动者因事假未提供劳动期间，用人单位可以不支付工资。根据上述规定，支付正常工作时间工资的前提是非因劳动者原因造成用人单位停工、停产。而本案，根据一、二审查明，禾A公司在2015年2月放无薪假，是基于员工春节休假的意愿，以及公司订单减少的情况，经过双方协商，工会委员会讨论决定而形成。因此，本案属于双方合意，休假停产，并不符合前述规定用人单位支付正常工作时间工资的情形。而且，对于放弃休假选择工作的员工，禾A公司也提供了工作条件及同等的工资福利待遇。高某在没有提供劳动，也没有提供证据证明，禾A公司提供的工作条件或工资福利待遇与之前有显著差别等问题的情况下，主张禾A公司应当全额支付工资，理据不足，本院不予支持。

其次，关于是否应当支付解除劳动合同经济补偿金的问题。高某主张存在拖欠2月份工资，前提为禾A公司应当全额支付2月份工资。但根据上述分析，高某主张应当全额支付工资的理由不能成立，故其主张拖欠2月份工资，亦不能成立。根据高某提供的银行清单及工资条显示，虽然禾A公司之前确实存在2次工资拖延支付的情况，但2次延后时间均不长，且之后月份工资支付正常，没有再出现拖延情况。结合高某自行离职前，前述两次拖延的工资均早已足额支付的实际情况，二审判决认为高某以拖欠工资为由主张被迫解除劳动合同，理由不充分，进而对其主张的经济补偿金不予支持，并无不当。高某再审申请称二审判决认定事实不清，适用法律错误，理据不足，本院不予支持。

【案件索引】上述案例摘自“中国裁判文书网”，因篇幅问题，有简单改动。

审理法院：广东省高级人民法院，案号为：［2016］粤民申2418号。

【案例十六　合同履行】用人单位与员工约定违约金，用人单位提前解除合同，需按约定支付违约金

【案情简介】2010年，金某国入职安A公司工作，任总工程师的岗位，双方签订的劳动合同中包含了违约金条款。2014年，安A公司解除与金某国的劳动合同关系，金某国为此，提起劳动仲裁及诉讼。安A公司称：金某国在实际工作中，多次不能完成公司安排的工作任务，且经安A公司查实，金某国在前任职公司只是生产技术部的技术员，该工作属一般职位，不是技术部负责人。安A公司认为，按照《劳动合同法》第26条的规定，金某国通过欺骗手段取得安A公司信任将其聘任为总工程师，即使双方存在劳动合同，该份劳动合同也应该因为一方当事人欺诈被判定无效。因此，安A公司不存在违法解除劳动合同的事实，因此无需向金某国支付赔偿金156 816元。

【法院审理】二审法院认为：关于违法解除劳动合同赔偿金的问题，原审法院根据双方当事人的诉辩、提交的证据，进行了具体的分析认定，本院予以确认，安A公司应向金某国支付违法解除劳动合同赔偿金156 816元。

关于违约金问题，本案劳动合同约定：“当事人一方不履行合同或履行合同义务不符合约定条件，即违反合同时，甲方（即安A公司）违约，甲方支付给乙方（即金某国）剩余合同期总工资的200%，并开具乙方无责任证明。乙方违约，乙方支付给甲方剩余合同期总工资的200%，并开具乙方无责任证明。”

根据《劳动合同法》第25条的规定：“除培训违约金及保密和竞业限制违约金外，用人单位不得与劳动者约定由劳动者承担违约金。”本案劳动合同中：“乙方违约，乙方支付给甲方剩余合同期总工资的200%，并开具乙方无责任证明”的约定违反了上述法律规定，

该条款无效。根据《中华人民共和国劳动合同法》第27条的规定："劳动合同部分无效，不影响其他部分效力的，其他部分仍然有效。"本案劳动合同约定的公司违约和劳动者违约相互独立，劳动者违约的约定无效，并不影响公司违约条款的效力。因此，劳动合同中："甲方违约，甲方支付给乙方剩余合同期总工资的200%，并开具乙方无责任证明"的约定有效。

根据《外国人就业管理规定》第18条规定："用人单位与外国人订立的劳动合同的期限最长不得超过五年。"本案劳动合同约定的期限为十年，违反了该规定，依法应确定为五年，即该合同的期限为2010年3月1日至2015年2月28日。鉴于安A公司没有证据证明解除劳动关系通知书已经送达给金某国，本院采信金某国的主张，认定双方解除劳动关系的时间为2014年8月27日。因此，合同的未履行期间为2014年8月27日至2015年2月28日，该期间的总工资为205 133.33元。由于违约金和违法解除劳动合同赔偿金均为安A公司提前解除劳动合同该同一行为所导致的法律后果，故安A公司除应向金某国支付前述违法解除劳动合同赔偿金外，对于双方约定的违约金高于违法解除劳动合同赔偿金的部分，安A公司亦应支付。故安A公司实际应向金某国支付违约金253 450.66元（205 133.33元×200%-156 816元）。

再审法院认为：涉案劳动合同条款八约定："当事人一方不履行或者履行合同义务不符合约定条件，即违反合同时，甲方（即安A公司）违约，甲方支付给乙方（即金某国）剩余合同期总工资的200%，并开具乙方无责任证明；乙方违约，乙方支付给甲方剩余合同期总工资的200%，并开具甲方无责任证明。"上述约定，属于双方真实意思表示，但根据《中华人民共和国劳动合同法》第25条规定："除培训违约金及保密和竞业限制违约金外，用人单位不得与劳动者约定由劳动者承担违约金。"上述规定显示，法律仅限制用人单位不得与劳动者约定，由劳动者承担违约金的行为，并没有限制用人单位与劳动者约定，由用人单位承担违约金的行为。因此，双方约定金某国承担违约责任的内容因违反上述规定，无效。但安A公司违约承担违约金的内容，并不违反上述规定。《劳动合同法》第27条的规定："劳动合同部分无效，不影响其他部分效力的，其他部分仍然有效。"因此，在安A公司存在违约行为的情况下，二审判决依据双方约定，判令安A公司支付违约金，并无不当。安A公司主张全部条款内容无效，二审判决适用法律错误，与法律规定不符，本院不予支持。

【案件索引】上述案例摘自"中国裁判文书网"，因篇幅问题，有简单改动。

审理法院：广州市中级人民法院 二审［2015］穗中法民一终字第6202、6203号。

广东省高级人民法院 再审［2016］粤民申1759、1760号。

【案例十七　合同解除】两名劳动者因琐事打架，严重违反公司规定。用人单位因二人认错态度不同，对其中一名劳动者作出解除劳动合同的规定，被认定为显失公平、违法解除劳动合同

【案情简介】张某与郑某同为A洁公司员工，张某不服从管理，与其上司郑某打架，违法了公司制度和劳动纪律。A洁公司认为：对于因打架而解除劳动合同，并不是一刀切，同时也考虑其过错情节。根据双方陈述和《调解协议》可以认定，张某与郑某因工作琐事发生争执，郑某动手打伤张某，郑某存在主要过错。A洁公司以郑某认错态度较好而没有作出开除处理，却以张某认错态度不好而作出开除处理。张某为此，提起劳动仲裁及诉讼，经法院审理，认定A洁公司的解除行为显失公平，属于违法解除合同。

【法院审理】本案现争议的焦点问题是：A洁公司单方解除其与张某的劳动合同关系是否合法。A洁公司主张张某在厂区内有打架的行为，严重违反《员工手册》关于“在公司范围内（厂区、生活区）有打人或打架行为之双方”的规定为由予以辞退。

虽然根据A洁公司《员工手册》的规定，打架行为属于开除范围，但A洁公司对于因打架而开除，并不是一刀切，同时也考虑其过错情节。根据双方陈述和《调解协议》可以认定，张某与郑某因工作琐事发生争执，郑某动手打伤张某，郑某存在主要过错。A洁公司以郑某认错态度较好而没有作出开除处理，却以张某认错态度不好而作出开除处理。可见，A洁公司对张某作出辞退处理是显失公平的，况且A洁公司并没有确实证据证明张某认错态度不好。为此，A洁公司依据《员工手册》解除与张某的劳动合同显然不当，属于违法解除。

【案件索引】上述案例摘自“中国裁判文书网”，因篇幅问题，有简单改动。

审理法院：广东省高级人民法院，案号为：［2015］粤高法民申字第846号。

【案例十八　合同解除】劳动者在履行职务过程中发生交通事故，用人单位对其作出罚款、停班、解除劳动合同的决定，符合法律的规定

【案情简介】张某在西A公司任司机一职，张某于2012年8月12日、11月10日、12月12日发生了三宗交通事故。西A公司因此向张某作出了罚款、停班、解除劳动合同等决定。张某为此向劳动仲裁及法院提起仲裁及诉讼，诉请西A公司支付违法解除劳动合同赔偿金、工资差额、加班费并退回罚款。经法院审理认为，西A公司的决定符合法律规定，驳回张某的诉讼请求。

【法院审理】关于合同解除部分：西A公司因张某的三宗交通事故，承担的医疗费、赔偿费累计金额超过5万元。张某与西A公司所签订的《劳动合同》约定，张某给西A公司造成直接经济损失5千元以上的，西A公司可以解除劳动合同。张某签名确认的《驾驶员岗位责任书》明确写明，驾驶员连续在180天内发生上报责任事故2宗（含2宗）以上的，做辞退处理。西A公司依据上述《劳动合同》《驾驶员岗位责任书》的规定，解除与张某的劳动关系。经法院审理认为，西A公司的解除行为符合法律的规定。

关于停班及工资差额部分：在张某与西A公司签订劳动合同之前，西A公司制定的《关于2011年度驾乘人员停班、待班、公务活动工资发放标准的通知》及《关于调整2012年度公司驾乘人员各类工资标准的通知》已发布实施，且上述通知的工资发放标准未低于法定折算的工资标准，故原判决认为西A公司确定停班期工资69元/天，并不违反法律规定，对此予以确认，处理并无不当。上述通知规定停班人员在停班期间须到车队报到并服从车队工作安排，方可发放停班工资。张某在2012年11月份停班期报到5天、12月份停班期报到14天，西A公司按照张某实际上班时间发放2012年11月、12月份工资，未低于最低工资标准。因此，张某请求西A公司支付2012年11、12月份的工资差额及25%的经济补偿金，缺乏事实依据，本院不予支持。

关于加班费的计算部分，西A公司与张某签订的《劳动合同》约定：张某实行计件工资制，计件方法按公司制度执行，加班工资基数按当年度深圳市最低工资标准计发。深圳市宝安区人力资源局对西A公司提出综合计算工时工作制度的申请予以批准。经张某签名的2011年1月至2013年1月的工资发放明细表显示，折算后西A公司支付给张某的时薪并

未低于本地区最低工资标准，且张某在工资发放明细表上签名确认，从未提出异议。因此，原判决认定西A公司已足额支付张某上述时段的加班工资，处理并无不当。

关于罚款部分：因张某在履行职务过程中发生交通事故，西A公司根据《驾驶员岗位责任书》的规定，对张某处以罚款500元，张某对此签名确认。因此，原判决对张某提出西A公司退回上述款项的诉讼请求不予支持，处理并无不当。

综上，驳回张某的再审申请。

【案件索引】上述案例摘自“中国裁判文书网”，因篇幅问题，有简单改动。

审理法院：广东省高级人民法院，案号为：[2014]粤高法民申字第2191号。

【案例十九　合同解除】企业因经营状况困难，向劳动者支付经济补偿金后与其解除劳动合同，符合法律规定

【案情简介】陈某任职于毅A公司，任采购文员职务，毅A公司由于经营困难，为保持盈利模式，减少人工成本而裁减员工。为此，对陈某作出解除劳动合同的决定。陈某认为，其在毅A公司任职17年，解除劳动合同时，任何客观情况都没有发生变化，只是业务量减少了，故劳动合同完全可以继续履行，且陈某认为毅A公司从未就变更劳动合同内容与其进行过协商，该解除行为属于违法解除。

【法院审理】根据毅A公司在诉讼期间提交的社会保险费申报情况、增值税纳税申报情况等证据，可认定毅A公司从2013年1月至11月期间企业经营状况困难，员工人数大幅度减少。毅A公司因生产经营困难而决定将包括陈某在内的14名员工予以裁减，并将理由通知了工会，同时，对该14名员工按各自的工作年限足额支付了经济补偿及额外支付了1个月工资，符合《劳动合同法》第40条第3项“劳动合同订立时所依据的客观情况发生重大变化，致使劳动合同无法履行，经用人单位与劳动者协商，未能就变更劳动合同内容达成协议的，用人单位提前30日以书面形式通知劳动者本人或者额外支付劳动者1个月工资后，可以解除劳动合同”的规定，毅A公司与陈某解除劳动合同的行为，不构成违法解除劳动合同关系。

【案件索引】上述案例摘自“中国裁判文书网”，因篇幅问题，有简单改动。

审理法院：广东省高级人民法院，案号为：[2015]粤高法民申字第17号。

【案例二十　合同解除】劳动者因业务过失，用人单位对其作出降职、调岗处分。劳动者拒绝接受处分并存在怠工行为，用人单位据此解除劳动合同关系，符合法律规定

【案情简介】林某入职顺A公司工作，任运作主管。林某在工作因存在快件遗失事宜，顺A公司对其作出降职处罚。顺A公司认为，林某在调查过程中隐瞒事实并推卸责任，导致公司花费较长时间才查清原因，故顺A公司给予其扣分及降职处罚。但林某拒绝接受降职处罚，不配合调岗并向顺A公司提出申诉，顺A公司对林某的申诉给予了书面回复，并按照规定，变更了劳动合同。之后，林某仍拒绝上岗，顺A公司根据实际调查情况对林某消极怠工行为给予记过及扣分处理。根据前述扣分情况，林某已经被累计扣分22分，顺A公司根据《奖励与处罚管理规定》的规定，解除与其的劳动合同，同时也征求了工会的意见。

林某认为：①顺A公司故意夸大林某的过错，加重对其的处罚，扣罚10分并作降职处理，明显针对林某；②林某的病情不适宜调岗到新岗位，林某在一审时提交了其患有颈椎病的相关证据，而顺A公司在一审庭审中确认新岗位经常需要搬动大件物品及了解林某患有颈椎病的情况。一、二审对此不予认定，忽视了用人单位应有的保障劳动者安全生产的义务；③林某与顺A公司签订的劳动合同明确约定：双方协议一致，签订补充协议方可调整林某的工作岗位。但顺A公司没有按照法律以及合同的约定操作，擅自调整林某的工作岗位，从营运管理类降职为营运操作类，是严重违法的，连续三次处罚，是顺A公司滥用用工管理权的表现。

双方为此，提起劳动仲裁及诉讼。经审理认为，顺A公司解除林某的行为符合法律的规定，依法驳回林某的诉讼请求。

【法院审理】因林某作为运作主管负责的区域发生快件遗失事件，顺A公司根据林某的表现以及《奖励与处罚管理规定》的相关规定，对其作出行政扣分、降职降薪的处理决定。之后，林某又无合理理由未按公司安排到岗任职及上班期间有怠工行为。一、二审认为，顺A公司依据《奖励与处罚管理规定》的相关规定，解除与林某的劳动关系，有事实和公司规章制度的依据，符合法律的规定，并无不妥。调整后的新岗位为仓管，负责快递件的分拣等。林某虽主张患有颈椎病，但没有提交证据证明其病情不能从事全部快递件的分拣等工作。根据双方签订的劳动合同第11条第10项第1点约定，《奖励与处罚管理规定》等规章制度为合同附件，与合同具有同等效力。而根据《奖励与处罚管理规定》的规定，顺A公司有权根据扣分情况给予降职、降级或降薪处理。因此，林某主张顺A公司将其由营运主管调整为仓管，违反法律及合同约定，理据不足，本院不予支持。顺A公司对林某的处罚虽起于其主管区域快件丢失，但林某后续行为及表现亦多次违反《奖励与处罚管理规定》。林某主张顺A公司滥用用工管理权，存在针对个人的不公平处理等，理据不足，本院不予支持。

【案件索引】上述案例摘自“中国裁判文书网”，因篇幅问题，有简单改动。

审理法院：广东省高级人民法院，案号为：［2015］粤高法民申字第218号。

【案例二十一　合同解除】用人单位以客观情况发生重大变化为由解除劳动关系，因无法证明与劳动者存在协商的事实，被认定为违法解除

【案情简介】梁某任职于广A公司，自2010年7月开始，梁某为广A公司的关联企业佛A公司专门从事物流配套工作。2014年佛A公司因严重亏损、资不抵债等原因，作出了关闭企业、退出经营的决定。梁某所在的岗位因此遭受影响。广A公司认为其已经与梁某进行协商，并依法作出解除通知，符合法律的规定。梁某则认为，广A公司并未与其协商，广A公司的解除行为属于违法解除。

广A公司的答辩理由主要有：①广A公司已根据劳动合同法的规定，组织梁某等员工进行协商，协商内容包括换岗或终止补偿等。但因梁某就其在佛A公司工作期间产生的应由佛A公司报销的费用问题与广A公司发生分歧，后其反悔，并以《终止劳动关系通知书》作为申请劳动仲裁的证据，由此引发系列劳动争议。②梁某共同工作在佛A公司的员工已经与广A公司签订了相应的补偿文件，按照一般逻辑，梁某应当与广A公司就劳动关系的终止进行过协商。

另，广A公司为此，申请证人周某、鄢某、王某分别出庭作证。

周某作证称：其任广A公司经营管理部部长，佛A公司关闭后，主要负责员工的交接

问题。当时佛A公司物流部员工提出可以按照佛A公司员工买断。鄢某向公司反映过，鄢某与包括梁某在内的多名员工曾就解除劳动关系事宜进行过协商，员工当时均表示愿意协商，解除劳动关系。后广A公司发放《终止劳动关系通知书》。

鄢某作证称：其在佛A公司关闭前任佛A公司副总经理，现任广A公司副总经理。2014年11月，其曾在佛A公司办公室内与包括梁某在内的多名员工就解除劳动关系的问题进行协商，协商内容是解除劳动关系、员工一年工龄补偿一个月工资。当时协商的员工均表示同意该方案。后来因车辆的过桥费、油费、维修费、广州往返的车某、探亲假路费等费用报销问题而发生纠纷。

王某作证称：其是广A公司的员工。广A公司于2014年12月打电话问其是愿意调岗还是解除劳动关系，不愿意调岗就给补偿，其当时表示愿意调岗。因工作原因，其2014年5月8日起即在外地工作，不清楚鄢某有无召开会议讨论解除劳动关系问题。

经法院审理认为，广A公司未能证明其与梁某进行协商，广A公司解除梁某的行为属于违法解除，依法应当向梁某支付赔偿金。

【法院审理】依据《劳动合同法》第40条第3项的规定："劳动合同订立时所依据的客观情况发生重大变化，致使劳动合同无法履行，经用人单位与劳动者协商，未能就变更劳动合同内容达成协议的，用人单位提前三十日以书面形式通知劳动者本人或者额外支付劳动者一个月工资后，可以解除劳动合同。"

本案中，广A公司主张其依据上述规定解除与梁某的劳动关系，但广A公司并未提供充分证据证实双方曾在解除劳动关系前就劳动岗位变更进行过协商。本案证人周某、鄢某、王某的证言能证明广A公司曾告知梁某解除劳动关系并给予补偿，不能证明双方曾经协商过变更劳动合同的事宜。从证人证言看，实际上双方没有就变更劳动合同进行过协商。另一方面，佛A公司虽退出经营，但梁某与广A公司存在劳动关系，同为物流部的鄢某、王某仍然重新安排了岗位，并没有与佛A公司员工一样作解除劳动关系处理。广A公司仍继续经营，仍可安排梁某重新上岗。广A公司提交的《终止劳动关系确认书》能够证明其与物流部其他员工协商一致解除劳动关系的事实，但本案梁某并无签署上述确认书，反而能够证明广A公司未能与梁某协商一致解除劳动关系而单方面通知解除劳动关系的事实。可见，本案事实不符合《劳动合同法》第40条第3项的规定，广A公司构成违法解除，应当支付违法解除劳动合同赔偿金。

【案件索引】上述案例摘自"中国裁判文书网"，因篇幅问题，有简单改动。

审理法院：广东省广州市中级人民法院，案号为：[2015]穗中法民一终字第6478号。

【案例二十二　合同解除】用人单位决定撤销部门，召开会议并提供岗位，但劳动者均不同意，用人单位为此解除劳动合同，符合法律规定

【案情简介】牟某于2003年2月入职德A电子公司，任行政部司机班司机一职，双方签订了三次固定期限劳动合同。

2012年12月18日，德A电子公司作出《德A电子公司关于优化公司内部组织架构的决议》，决定"……公司决定对内部组织架构进行调整、改革、采取人员优化、组织重构、业务升级和降耗增效等措施……特作出如下决议……四、优化行政部后勤环节，公司清洁工作采取外包方式，撤销关闭行政部司机班。以上决议交由公司相关部门自本决议下发之日起，全面、认真、有序地予以贯彻落实。"

2013年3月11日，德A电子公司向其公司工会委员会发出《关于拟依法解除司机班人员劳动合同的通报》，主要内容为：“……将拟与原司机班人员通过协商提前解除劳动合同……特此通报并予以审查。”

2013年4月12日，德A电子公司工会委员会作出《关于拟依法解除司机班人员劳动合同的回函》，主要内容为：“……原则上同意并通过解聘方案。”当日，德A电子公司向其公司工会委员会通报《关于与司机班人员协商解除劳动合同会议情况的通报》，主要内容为德A电子公司未能与华某就解除劳动合同补偿方案达成一致，为此再次通报并提请工会，按照《劳动合同法》第40条第1款第3项的规定，根据具体岗位要求，对行政部司机班8人（包括华某）做出调岗等变更劳动合同处理。

2013年4月16日，德A电子公司收到其工会《关于与司机班人员协商解除劳动合同会议情况通报的回函》，主要内容为“……原则上同意并通过此方案，可在即日起执行。”2013年4月22日，德A电子公司向其工会委员会通报《关于与司机班人员协商变更或解除劳动合同会议情况的通报》，内容为：“2013年4月16日，人力资源部、行政部联合召集行政部司机班全体人员召开协商解除劳动合同或者变更劳动合同会议……会上，现场向8位人员送达了《变更劳动合同协议书》和《解除劳动合同证明书》……其中有2人已于当天办理了离职手续；其余6人已于2013年4月17日向公司提交回复书，明确回复既不愿意协商变更劳动合同也不愿意协商解除劳动合同……公司将依法与司机班6位人员解除劳动合同……”

当日，德A电子公司工会委员会就通报作出《关于与司机班人员协商变更或解除劳动合同会议情况通报的回函》，主要内容为：“……原则上同意并通过按照《劳动合同法》第40条第1款第3项的规定，与司机班6位人员解除劳动合同之方案可予以执行。”《变更劳动合同协议书》载明：“……原工作岗位由行政部司机变更为生产部员工或物料协调员……”。《解除劳动合同通知书》载明：“……公司现定于2013年4月23日与你解除劳动合同，公司将于2013年4月27日起停用你的考勤卡。请你于2013年4月26日前办理解除劳动合同的相关手续，公司将依法向你支付在职期间的工资和相应经济补偿金……。”

另查，德A电子公司作出的《2013年4月20日德A电子公司解除劳动合同人员经济补偿金及代通知金发放表》和企业网上银行付款凭证显示，德A电子公司已于2013年5月14日向华某支付经济补偿金人民币及代通知金。

华某认为，德A电子公司的解除行为违反法律的规定，提起劳动仲裁及诉讼。经法院审理认为，德A电子公司的解除行为符合法律的规定，驳回华某的诉讼请求。

【法院审理】一审法院认为：2012年12月18日，德A电子公司作出《德A电子公司关于优化公司内部组织架构的决议》，决定公司清洁工作采取外包方式，撤销关闭行政部司机班，召开三次会议，分别为协商解除劳动合同、协商变更劳动合同，并向华某送达《变更劳动合同协议书》。华某虽于次日书面回复不同意变更劳动合同，但德A电子公司在2013年4月22日依法解除劳动合同，并向华某送达了《解除劳动合同通知书》。三次会议均向其工会委员会通报会议情况，并经工会委员会回函同意。德A电子公司解除与华某的劳动合同，符合《中华人民共和国劳动合同法》第40条规定之情形，且已向原告足额支付经济补偿金及代通知金。因此，华某请求德A电子公司支付违法解除劳动合同赔偿金和代通知金，因无事实依据和法律依据，本院不予支持。

二审法院认为：德A电子公司为生存和发展，降低经营成本，撤销了行政部司机班，使劳动合同订立时所依据的客观情况发生了重大变化。司机岗位不存在后，德A电子公司协商上诉人变更工作岗位，在《变更劳动合同协议书》中提供的新岗位"生产部员工或物料协调员（由乙方自愿选择一个岗位）"与双方当事人在《劳动合同》中约定的"岗位（管理技术岗位或生产操作岗位）为生产/技术/管理岗位，职务（或工种）为员工/职员"基本相当，且与原工资待遇相当。但是华某明确表示不同意变更，导致双方无法达成调岗协议。原审法院在查清事实的前提下，认定德A电子公司单方解除劳动合同，符合《劳动合同法》第40条规定之情形，并无不当，本院予以维持。

【案件索引】上述案例摘自"中国裁判文书网"，因篇幅问题，有简单改动。

审理法院：广东省惠州市中级人民法院，案号为：[2014]惠中法民三终字第36号。

【案例二十三　合同解除】劳动者在工作期间，多次违反用人单位的规章制度，用人单位据此解除劳动合同关系，符合法律的规定

【案情简介】田某于2007年6月25日入职M公司，任工艺技术员，双方签订无固定期限劳动合同。田某入职后签收了M公司的《员工手册》，并于2008年2月3日再次进行学习。

2011年8月16日，M公司以田某一个月内三次在上班时间拨打证券公司电话进行与工作不相关的沟通为由给予田某口头警告，田某接受并签收了M公司发送的《口头警告信》。

2011年8月25日，M公司以田某在座位上睡觉为由给予田某书面警告，并提供一张田某斜躺在办公椅上的照片和一段双方谈话录音，录音中记录田某知悉M公司为员工提供专门休息场所，田某承认在椅子上休息，但认为根据照片无法判断是否睡觉，认为是在休息时间的休息姿势并无不妥，拒绝在《书面警告信》上签字。

2011年9月19日，M公司以田某在工作时间浏览与工作无关的网页为由给予田某严重书面警告，警告信记明"此次将累计至三级严重书面警告"，"在相应的追溯时间段内，如再有发生违纪行为，将被累计递进处理，导致第四级的纪律处分"，田某同意并签收了《严重书面警告信》。

M公司提供了与田某在2011年9月19日、12月2日、12月8日、12月15日、12月22日、2012年1月5日和1月9日的七段谈话录音。录音中田某承认没有参加晨会、车间分级审查等工作安排，田某认为系因身体不适导致无法完成工作任务，但其提供的病历未见医嘱证明田某的病情需要停工医疗。经M公司与田某多次沟通后，田某仍然出现缺席晨会及车间分级审查的情形。

2012年1月1[illegible]日，M公司以田某2011年9月至2012年1月9日期间无正当理由拒不履行工作职责，与之前的违纪行为累计递进至第四级违纪为由，给予田某解雇处分，解除双方劳动合同，田某签名确认收到M公司发出的《解除聘用合同通知》。

另外，田某签名确认的《工艺技术员岗位职责说明》记明工艺技术员岗位职责包括"按时参加车间每日晨会"和"每日到车间巡查生产及工艺状况，按时完成车间分级审查项目并及时记录"。M公司提供的《员工手册》载明：①"电子信息资源包括但不限于电脑、服务器、数据库、掌上电脑、电话……""将电子信息资源用于私人用途"属于纪律政策第一级违纪行为；②"休息时间内在未经允许的地方睡觉"属于纪律政策第一级违纪行为；③"在工作时间或工作岗位上做与工作无关的事，比如看报纸杂志、玩游戏等"属

于纪律政策第一级违纪行为；④“不服从公司和上级的工作安排”属于纪律政策第二级违纪行为；⑤处分方式为“同一情形的违反将累计递进处理”，累计三次第一级违纪行为的，第四次违纪将给予解雇处分。

田某认为其行为尚未达到严重违反劳动纪律的程度，M公司的解除行为属于违法解除，田某为此，提起劳动仲裁及诉讼。经法院审理，驳回田某的诉讼请求。

【法院审理】田某与M公司建立劳动关系并签订了劳动合同，双方均应诚信、全面履行合同义务，双方的合法权益均受法律保护。

M公司的《员工手册》并未违反法律法规的强制性规定且田某已书面确认知悉并承诺遵守该规定，故M公司的《员工手册》对田某具有约束力。田某使用公司电话在上班时间拨打证券公司电话进行与工作无关的通话，M公司依据《员工手册》的规定给予田某口头警告并无不妥；田某明知有专门休息场所却在办公场所睡觉，M公司依据《员工手册》的规定给予田某书面警告并无不妥；田某在上班时间浏览与工作无关的网页，M公司依据《员工手册》的规定给予田某严重书面警告并无不妥；田某主张因身体不适无法完成工作，但其提交的病历中未见医嘱建议其停工治疗；田某多次不参加晨会及分级审核等其职务范围内的工作，经M公司多次与其沟通后仍然出现上述情形，M公司依据《员工手册》的规定，按累计递进至第四级违纪处分给予田某解雇处分并无不妥，符合《劳动合同法》第39条第2项的规定，原审法院予以确认。田某请求M公司支付违法解除劳动合同经济补偿金、赔偿金，没有事实和法律依据，原审法院不予支持。

【案件索引】上述案例摘自“中国裁判文书网”，因篇幅问题，有简单改动。

审理法院：广东省广州市中级人民法院，案号为：［2013］穗中法民一终字第21号。

【案例二十四　合同解除】用人单位解除劳动者，不能证明劳动者存在严重失职的，属于违法解除

【案情简介】江某于2008年1月1日入职A邦涂料有限公司，任物流部领班、仓管员。2013年6月17日，A邦涂料有限公司以江某“未按公司规定对‘仓库作日出货登记及日盘点’，致使5月~6月实际出货量与库存管理出现较大异常，致库存和账目出现不符。因日常工作未执行到位，影响了终端销售，并使公司形象受到影响”为由，依据该公司《公司纪律处分细则》纪律条款第2条“工作态度和行为”第2点的规定，对江某作解除劳动合同处理。江某离职前12个月的月平均工资为5700元。A邦涂料有限公司的《公司纪律处分细则》纪律条款第2条“工作态度和行为”第a款“工作态度”第2点规定：“员工因工作不认真而造成失误，并影响到其他部门或客户，给公司造成损失，公司视情节轻重程度给予从书面警告、最后警告到违纪解除劳动合同之处理。”江某确认知悉上述细则的内容。

A邦涂料有限公司提交的仓管员的《岗位职责说明》中记载，仓管员的主要职责有六方面，其中第一方面为辅助仓库主管制定仓库工作规划，确保仓库各项任务得以落实，参与优化仓库管理流程，提供仓库服务质量。而该方面的具体工作内容包括监督货位卡记录完整、准确、及时及主导日盘点的工作、确保库存数量准确等；仓管员的考核指标包括仓库库存准确率100%、库存金额损失0.01%等。A邦涂料有限公司据此主张进行货位卡登记和日盘点是江某的工作职责。

江某对《岗位职责说明》的真实性不予确认，主张其在职期间均是按公司张贴在公告

栏中的《成品仓库现场领班工作职责》执行，该工作职责中并未包括A邦涂料有限公司所指的进行货位卡登记和日盘点。A邦涂料有限公司对《成品仓库现场领班工作职责》的真实性不予确认，但未提供证据证明《岗位职责说明》已经向江某送达。另，A邦涂料有限公司在原审庭审后向法院提交的书面说明中称，货位卡用于进行成品仓相关货物的进出库记录、盘点。该仓库原来由外包物流公司进行管理，每日进行手工盘点，并打印库存单。2013年3月该仓库收回公司管理后使用货位卡登记管理，但A邦涂料有限公司均未就上述主张提供证据予以证明。

经法院审理，认定A邦涂料有限公司的解除行为属于违法解除，需依法支付违法解除劳动合同的赔偿金。

【法院审理】 A邦涂料有限公司与江某签订《劳动合同》建立劳动关系，该《劳动合同》是双方当事人真实的意思表示，与我国现行的法律、行政法规并不相悖，是有效合同，对双方当事人具有约束力，双方应切实履行。

A邦涂料有限公司的《公司纪律处分细则》已向江某公示或告知，依照《最高人民法院关于审理劳动争议案件适用法律若干问题的解释》第19条的规定，A邦涂料有限公司的《公司纪律处分细则》可作为法院审理本案的依据。

本案争议的焦点是A邦涂料有限公司解除与江某的劳动合同是合法解除还是违法解除，对此分析认定如下：

首先，江某否认知悉A邦涂料有限公司的《岗位职责说明》，而A邦涂料有限公司亦未就此提供证据予以反驳，对《岗位职责说明》的真实性不予确认。A邦涂料有限公司没有证据证明进行货位卡登记和日盘点是江某的工作职责，应承担举证不能的不利后果，故A邦涂料有限公司关于江某“未按公司规定”对仓库作日出货登记及日盘点的主张缺乏制度依据，不予采信。

其次，无论是A邦涂料有限公司财务部的盘点报告，还是广州市南方会计师事务所有限公司作出的《专项审计报告》，上面记载的仅是成品仓库的盘盈盘亏情况及相应的存货金额，并没有反映出A邦涂料有限公司的实际损失金额，更不能反映出该盘盈盘亏情况是由于江某的行为而导致的。

综上，A邦涂料有限公司提供的证据既不能证明江某存在“因工作不认真而造成失误”的情形，也不能证明江某的行为“影响到其他部门或客户，给公司造成损失”，故江某的情形不符合A邦涂料有限公司《公司纪律处分细则》纪律条款第2条“工作态度和行为”下第a款“工作态度”中第2点的规定。A邦涂料有限公司据此来解除江某的劳动合同，缺乏事实和法律依据，应属违法解除，A邦涂料有限公司应向江某支付违法解除劳动合同的赔偿金62 700元（5700元×5.5个月×2倍）。A邦涂料有限公司主张无需支付上述赔偿金，于法无据，不予支持。

【案件索引】 上述案例摘自“中国裁判文书网”，因篇幅问题，有简单改动。

审理法院：广东省广州市中级人民法院，案号为：［2014］穗中法民一终字第1362号

【案例二十五　合同解除】用人单位以末位考核未通过为由解除劳动合同关系的，属违法解除

【案情简介】 2005年7月，王某进入中A通讯公司工作，该公司的《员工绩效管理办法》规定：“员工半年、年度绩效考核分别为S、A、C1、C2四个等级，分别代表优秀、良

好、价值观不符、业绩待改进四种评价；S、A、C（C1、C2）等级的比例分别为20%、70%、10%；不胜任工作原则上考核为C2。王某原在该公司分销科从事销售工作，2009年1月后因分销科解散等原因，转岗至华东区从事销售工作。2008年下半年、2009年上半年及2010年下半年，王某的考核结果均为C2。中A通讯公司认为，王某原不能胜任工作，经转岗后，仍不能胜任工作，故在支付了部分经济补偿金的情况下解除了劳动合同。王某为此，提起劳动仲裁及诉讼，经法院审理，认定中A通讯公司属于违法解除劳动合同。

【法院审理】为了保护劳动者的合法权益，构建和发展和谐稳定的劳动关系，《劳动法》《劳动合同法》对用人单位单方解除劳动合同的条件进行了明确限定。中A通讯公司以王某不胜任工作，经转岗后仍不胜任工作为由，解除劳动合同，对此应负举证责任。根据《员工绩效管理办法》的规定，“C（C1、C2）考核等级的比例为10%”，虽然王某曾经考核结果为C2，但是C2等级并不完全等同于“不能胜任工作”。中A通讯公司仅凭该限定考核等级比例的考核结果，不能证明劳动者不能胜任工作，不符合单方解除劳动合同的法定条件。虽然2009年1月王某从分销科转岗，但是转岗前后均从事销售工作，并存在分销科解散导致王某转岗这一根本原因，故不能证明王某系因不能胜任工作而转岗。因此，中A通讯公司主张王某不胜任工作，经转岗后仍然不胜任工作的依据不足，存在违法解除劳动合同的情形，应当依法向王某支付经济补偿标准二倍的赔偿金。

【最高人民法院推选指导意义】本案例系因末位淘汰制引发的劳动合同解除案例，具有一定的典型性。该指导案例旨在明确用人单位不能仅因劳动者在考核中居于末位等次而单方解除劳动合同。该案例裁判要点贯彻了《劳动法》和《劳动合同法》的有关规定，强调了单方解除劳动合同必须符合法定条件。对于严格把握用人单位单方解除劳动合同的条件，保护劳动者合法权益具有普遍指导意义。发布该指导性案例，一方面有利于依法促进就业，保护劳动者合法权益；另一方面也能够促使用人单位在遵守《劳动法》《劳动合同法》的前提下，制定合法合理的绩效考核体系和内部管理规章制度，从而维护和谐稳定的劳动关系，防范和减少劳动纠纷的发生，促进经济协调健康发展。

指导案例18号裁判要点确认：“劳动者在用人单位等级考核中居于末位等次，不等同于不能胜任工作，不符合单方解除劳动合同的法定条件，用人单位不能据此单方解除劳动合同。”该裁判要点针对法律和司法解释没有规定的末位淘汰制热点问题，以《劳动法》《劳动合同法》为依据，根据《劳动合同法》第47条、第48条、第87条等规定，重点分析了末位淘汰制不符合《劳动合同法》规定的“劳动者不能胜任工作，经过培训或者调整工作岗位，仍不能胜任工作的”情形，用人单位不能以此单方解除劳动合同。下面结合有关法律和司法解释等规定，围绕与裁判要点有关的问题逐一论证和说明。

1. 末位淘汰制是否属于用人单位规章制度。末位淘汰制作为绩效考核的一种管理制度，是指工作单位根据本单位的工作目标，结合各个岗位的实际情况，制定具体的考核指标体系对员工考核，并依据考核结果对得分靠后的员工予以淘汰的管理制度。这一制度源于美国通用电气公司杰克·韦尔奇创建的活力曲线，也叫10%淘汰率法则——每年对员工工作绩效严格评估，有10%的员工被评为C类落后员工，表现最差的员工通常会被淘汰。这是一种强势的管理制度，通过员工竞争激励机制，一方面有积极作用，从客观上推动了员工工作积极性，有利于提高企业竞争力；另一方面也有消极作用，如可能存在违法内容、给员工过大压力等。近年来，我国一些企业将末位淘汰制写入企业规章制度或者劳动合同中，作为绩效考核的重要内容，定期将业绩居于末位的劳动者降薪、调岗或解除劳动合同，由此引发的劳动争议纠纷逐渐增多。本案例中，中A通讯公司将其员工绩效管理办法在网上予以公示，使其成为一项单位内部规章制度。

我国《劳动合同法》第4条对用人单位制定规章制度的总体要求进行了规定，《最高人民法院关于审理劳动争议案件适用法律若干问题的解释》第19条对此也有涉及。据此用人单位的规章制度要合法有效，在劳动争议案件审理中可以作为依据之一，须同时具备以下条件：①规章制度的制定程序合法。用人单位在制定、修改或者决定有关劳动报酬、工作时间、休息休假、劳动安全卫生、保险福利、职工培训、劳动纪律以及劳动定额管理等直接涉及劳动者切身利益的规章制度或者重大事项时，应当经职工代表大会或者全体职工讨论，提出草案，听取意见，与工会或者职工代表平等协商后确定。②履行告知义务。用人单位应当将直接涉及劳动者切身利益的规章制度和重大事项决定予以公示，或者直接告知劳动者。③不违反国家法律、行政法规及政策规定。根据《劳动合同法》第80条规定："用人单位直接涉及劳动者切身利益的规章制度违反法律、法规规定的，由劳动行政部门责令改正，给予警告；给劳动者造成损害的，应当承担赔偿责任。"本案例中，中A通讯公司的员工绩效管理办法，内容属于涉及劳动者切身利益的重大事项。将其制定为单位的规章制度，要履行前述的协商制定程序和公示义务，制定包括实行末位淘汰的岗位、对象、程序、淘汰形式等内容的书面方案，充分征求员工意见，经过职工代表大会讨论后，向员工公示，并不得违反法律、法规的规定。

2. 末位淘汰制可否作为单方解除劳动合同条件。末位淘汰制作为用人单位的规章制度，并不意味着用人单位对业绩居于末位等次的劳动者可以单方面解除劳动合同。《劳动合同法》第39条、第40条和《劳动合同法实施条例》第19条规定了用人单位可以单方面解除劳动合同的法定情形。实践中劳动者与用人单位因为考核而解除劳动合同的过程中容易发生争议的情形主要有两种：一是劳动者严重违反用人单位的规章制度；二是劳动者不能胜任工作，经过培训或者调整工作岗位，仍不能胜任工作。下面对这两种情形逐一分析。

第一，劳动者考核等次居于末位，是否构成严重违反用人单位的规章制度。严重违反用人单位的规章制度，是指劳动者明知或应知规章制度的要求，却基于故意或重大过失的心态，实施了严重违反规章制度的行为。考核居于末位是一种客观状态，不是员工的主观行为。有考核就有先进与落后之分，从客观上讲任何规章制度都不可能禁止劳动者的工作业绩在单位考核中居于末位。因此，劳动者在考核中居于末位，并不意味着其严重违反用人单位的规章制度，用人单位不能以此为由单方面解除劳动合同。

第二，劳动者考核等次居于末位，是否属于劳动者不能胜任工作。劳动者考核居于末位等次，可能是其不胜任现职工作，也可能是其能够胜任现职工作，但因各种因素在某次考核中居于末位等次。因为末位等次总是客观存在的，每次考核中总会有人居于该等级，考核的末位等次不能直接等同于不胜任现职工作。以同一标准在相同行业考核，本单位考核的末位可能是其他单位考核的中位甚至首位，即"末位不末"，以此来认定劳动者不胜任工作也并不科学合理。即使考核居于末位等次的劳动者确实不能胜任现职工作，用人单位也不能直接与之解除劳动合同，而应当对劳动者先进行培训或调整工作岗位。只有在劳动者经培训或者调整工作岗位后仍不能胜任工作的情况下，才能提前30日以书面形式通知劳动者本人或者额外支付劳动者一个月工资后解除劳动合同。因此，用人单位不能仅因劳动者居于末位等次，就以其不能胜任工作为由而解除合同。

本案例中，中A通讯公司的《员工绩效管理办法》规定，员工半年、年度绩效考核登记分别为S、A、C1、C2四个等级，其中C（C1、C2）等级的比例为10%，不胜任工作原则上为C2等级。可以看出，中A通讯公司是以单位规章制度的形式规定了末位淘汰制。因王某3次为C2等级，中A通讯公司以其“不能胜任工作，经转岗后仍不胜任工作”为由，解除劳动合同。由此有两个问题需要研究：考核为C2是否意味着不能胜任工作？王某是否因不能胜任工作而进行转岗？

首先，考核为C2并不意味着不胜任工作。中A通讯公司在单位规章制度中限定了考核为C的比例为10%，即每次考核中，不管员工的业绩如何，总会有人被考核为C。如前所述，考核的末位等次不能直接等同于不胜任现职工作。中A通讯公司认为王某不胜任工作，应举证证明有合法的考核标准和王某不能胜任工作的具体事实，不能仅凭王某考核为C就认定其不胜任工作。

其次，王某没有因不能胜任工作而进行转岗。即使王某不能胜任工作，中A通讯公司也应该对其进行培训或调整工作岗位，只有仍不能胜任工作，才可以提前30日以书面形式通知其本人或者额外支付一个月工资后解除劳动合同。虽然在2009年1月，王某从该公司分销科转岗至另一岗位华东区工作，存在调整工作岗位的事实，但转岗的根本原因是王某原工作岗位解散，而且王某原工作岗位的其他员工均进行了转岗，并不能由此证明王某转岗是因不能胜任工作。因此，中A通讯公司主张王某不胜任工作，经转岗后仍然不胜任工作的依据不足，存在违法解除劳动合同的情形。

3. 末位淘汰制可否调整岗位或工资待遇。所谓淘汰，本意指去掉不合适的，留下合适的。淘汰制度，并非仅指解除劳动合同，而是可以泛指降级、降职、免职、调整工作岗位、待岗培训、解除劳动合同等多种形式。

劳动者在用人单位的工作岗位、工资待遇等，应由双方协商确定。根据《劳动合同法》第35条规定：“用人单位与劳动者协商一致，采用书面形式，可以变更劳动合同约定的内容。”调整工作岗位或者工资待遇等涉及劳动者切身利益，只要符合《劳动法》《劳动合同法》等法律规定，经过了前述的民主协商程序，可以视为双方事前协商约定了单方变更劳动合同的内容，就合法有效，对双方具有约束力。因此，如果将淘汰限定为降级、降职、免职、调整工作岗位、待岗培训等其他形式，用人单位就可以在不解除劳动合同的前提下，对考核居于末位的劳动者作出调整工作岗位等处理。但是，用人单位单方解除劳动合同的条件是法定的，即使用人单位以法定程序制订了以末位淘汰制为内容的规章制度，且经过公示，也不能将其作为单方解除劳动合同的条件。需要注意的是，用人单位将考核与劳动报酬、奖金等工资待遇相挂钩，不得违反法律法规的相关规定。例如，处于试用期的员工的工资不得低于本单位相同岗位最低档工资或者劳动合同约定工资的80%，且不得低于用人单位所在地的最低工资标准。

4. 其他需要说明的问题。

（1）参照该指导案例需要注意的问题。审理末位淘汰类具体案件时，要分别从考核制度制定的合法性、解除劳动合同条件的法定性、不能胜任工作的举证，以及对末位劳动者采取的不同处理形式等多方面进行具体分析。在《劳动合同法》第42条的法定情形下，用人单位不得依照本法第 40 条、第 41 条的规定解除劳动合同。在不解除劳动合同的前提下，用人单位可以依据合法的规章制度或者劳动合同，对考核居于末位的劳动者予以待岗培训、调整工作岗位等处理。故在参照适用该指导性案例时应注意区别案件的不同情况，依法作出正确妥当的裁判。

（2）如何进行科学合理的考核。考核中末位总是存在的，用人单位必须将不能胜任工作而处于末位和能胜任工作却处于末位区分开来。如果劳动者能胜任工作却处于末位，则用人单位根据规章制度或者劳动合同，可以对劳动者进行待岗培训、调整工作岗位等处理，而不能单方解除劳动合同。如果劳动者因不能胜任工作而处于末位，那么用人单位须先对其进行培训或调整工作岗位，只有仍不能胜任工作，才可以依法解除劳动合同。

要区分上述两种情形下的末位，就需要制定科学合理的考核指标，以判断劳动者能否胜任工作。首先，用人单位要有明确的目标管理制度和清晰的岗位职责，制定科学合理的考核标准和程序，将劳动者的工作职责、岗位要求细化、量化，明确不能胜任工作的具体标准和指标。其次，用人单位应当根据单位工作实际情况，在与劳动者或其代表民主协商的基础上，在单位规章制度或者劳动合同中对考核指标予以明确并公示告知，并注意不得违反法律法规的规定。

【案件索引】上述案例摘自“中国裁判文书网”，因篇幅问题，有简单改动。

审理法院：浙江省杭州市滨江区人民法院，案号为：［2011］杭滨民初字第 885 号。

（最高人民法院第 18 号指导案例 2013 年公布）

【案例二十六　合同解除】用人单位依据《销售责任协议》中的约定，对劳动者作出解除双方劳动合同的决定，符合法律规定

【案情简介】曾某为香 A 制药股份有限公司（以下简称“香 A 公司”）某销售区域的负责人，曾某与香 A 公司签订的《广州市香 A 制药股份有限公司销售责任协议》中明确约定，劳动者在销售行为中，有损害公司形象和利益的行为时，公司可以予以解雇。

在香 A 公司开展的“非常‘6+1’”销售活动中，曾某在其管理的销售区域内，存在以现金形式兑付陈列费用、违规补药品差价等行为，对香 A 公司造成不良影响。对该事实，曾某在其书写的《江门市场报告》中也予以承认，香 A 公司据此，解除与曾某的劳动合同关系。

曾某认为，香 A 公司在开展“非常 6+1”销售活动中的“陈列协议”违反法律规定；香 A 公司的销售人员违反陈列协议、个人代垫费用是因为香 A 公司违法开展“非常 6-1”销售活动所造成的。因此，香 A 公司解除其与申请人曾某的劳动合同违反法律规定，请求法院依法再审。

经法院审理，驳回曾某的再审申请。

【法院审理】本案的焦点问题是香 A 公司解除其与曾某劳动关系是否合法，是否需向曾某支付赔偿金。曾某与香 A 公司签订的《广州市香 A 制药股份有限公司销售责任协议》中明确约定：“劳动者在销售行为中，有损害公司形象和利益的行为时，公司可以予以解雇。”在香 A 公司开展的“非常‘6+1’”销售活动中，曾某在其管理的销售区域内，存在以现金形式兑付陈列费用、违规补药品差价等行为，对香 A 公司造成不良影响。对该事实，曾某在其书写的《江门市场报告》中也予以承认。

曾某作为该销售区域的负责人，理应对其管理区域内发生的违规行为承担责任。现香

A公司依据上述《销售责任协议》中的约定，作出解除双方劳动合同的决定，符合法律规定，原审法院予以认可并无不当。原审判决对曾某要求香A公司支付违法解除劳动合同的赔偿金不予支持系正确。香A公司开展的销售活动如存在违反法律行为，可由相关部门进行查处。原审判决根据曾某的诉讼请求进行审理判决正确，再审申请人曾某的再审申请理由不能成立，本院不予采纳。

【案件索引】上述案例摘自“中国裁判文书网”，因篇幅问题，有简单改动。

审理法院：广东省高级人民法院，案号为：［2015］粤高法民申字第1420号。

【案例二十七　合同解除】劳动者在明知病假未获得批准的情况下未按照用人单位的要求上班，属于严重违纪，用人单位解除该劳动者，符合法律的规定

【案情简介】麦某为宝A公司员工，其认为自从发病之日起直至收到《通知》之后五天内都有提交病假证明给宝A公司，双方一直保持着病况的信息交流，但一、二判决却无视该事实，错误认定其在接收到《通知》后的三天没有联系宝A公司。根据《企业职工患病或非因工负伤医疗期规定》第3条的规定，其理应可以享受9个月的患病救济时间。又根据《劳动法》第40条的规定，宝A公司应提前30天通知其解除劳动关系而非3天。麦某因仅患病15天即遭解雇不合法理，况且宝A公司还批准了其中5天病假，表明宝A公司知晓其患病情况。综上，原审判决存在认定的基本事实缺乏证据证明且适用法律确有错误的法定再审事由，故依法申请再审。经法院审理，认为宝A公司解除双方的劳动合同，符合法律的规定，依法驳回麦某的再审申请。

【法院审理】二审法院认为：麦某因上呼吸道感染多次到医院门诊治疗并向被上诉人申请病假，在收到宝A公司明确告知后续病假未被批准并要求其到岗上班的通知后，麦某没有到岗上班，也没有提交证据证明其已采取措施与宝A公司进行了有效沟通或者其病情属于不能到岗上班的情形，宝A公司依据相关制度解除劳动合同并无不当。本院审理期间，麦某没有提交新的证据佐证自己的主张，故本院认可原审法院的分析认定，对麦某要求支付解除劳动合同补偿金的上诉请求，不予支持。

再审法院认为：《中华人民共和国劳动合同法》第39条规定：“劳动者有下列情形之一的，用人单位可以解除劳动合同：（一）在试用期间被证明不符合录用条件的；（二）严重违反用人单位的规章制度的；（三）严重失职，营私舞弊，给用人单位造成重大损害的；（四）劳动者同时与其他用人单位建立劳动关系，对完成本单位的工作任务造成严重影响，或者经用人单位提出，拒不改正的；（五）因本法第二十六条第一款第一项规定的情形致使劳动合同无效的；（六）被依法追究刑事责任的。”

本案中，麦某因病向宝A公司请假，并提交了2013年4月10日至28日期间的病假建议书。但病假建议书仅是医生对伤病职工病休期限提出的建议，劳动者实际可休病假的天数需要由劳动者与用人单位协商确定，或由用人单位结合劳动者的病情依法确定。因此，麦某依法不能当然享受4月10日至28日的病假。宝A公司实际仅批准麦某休假五天，结合麦某患急性上呼吸道炎的实际情况，该休假天数合法合理。而且宝A公司于4月24日明确告知麦某4月14日后的病假并未获得公司批准，并通知麦某到岗。然而，麦某并未按照宝A公司的要求上班，其行为已经严重违反了宝A公司的规章制度。在此种情况下，宝A公司解除双方的劳动合同，符合法律的规定，依法无需向麦某支付经济补偿金或赔偿金。因此，一、二审判决未支持麦某要求宝A公司支付经济补偿金的相应诉讼请求并无

不当。

【案件索引】上述案例摘自“中国裁判文书网”，因篇幅问题，有简单改动。

审理法院：广州市中级人民法院，二审案号为：[2014] 穗中法民一终字第648号；

广东省高级人民法院，再审案号为：[2014] 粤高法民申字第1569号。

第二章

工种及用工形式相关

【案例二十八　非全日制用工】劳动者为棋院教练，平均工作时间不超过非全日制用工标准，认定为非全日制劳动关系

【案情简介】何某为南A棋院教练，双方未签订劳动合同，何某认为其工资按月计算，且已工作长达六年，不具备临时性，双方属于劳动合同关系。南A棋院则认为，何某并不是南A棋院的专职教练，只是兼职教练，何某自行开设有棋艺培训中心，并服务于多家培训机构和幼儿园、儿童活动中心，根据法律规定及常理可知，何某与南A棋院形成的不是劳动关系，只是劳务关系。何某为此，向劳动仲裁委及人民法院主张权益。

【法院审理】本案中，何某主张双方建立的是全日制的劳动关系，而南A棋院则主张是劳务关系，原审法院经审查后认定为非全日制的用工关系。因此，本案应当区分三种法律关系的性质和特征。全日制劳动关系是劳动关系的基本形式，指的是劳动者在用人单位管理和支配下，在正常工作时间内均提供劳动，收取劳动报酬的工作方式，其本质特征在于劳动者对于用人单位具有人身和经济方面的依附性。而劳务关系是平等民事主体之间，一方独立自主地向另一方提供劳务，双方不具有支配和依附关系，另一方支付报酬的工作方式。非全日制的用工关系是劳动关系的特殊形式之一，这种用工关系的履行方式与全日制劳动关系基本相同，只是工作时间比较短，提供劳动的方式、支付劳动报酬、解除劳动关系等比较灵活，可以同时与多个用人单位建立非全日制的用工关系。

本案中，何某与南A棋院虽然没有签订相关合同，但何某作为教练老师，根据南A棋院的排课安排授课，并接受南A棋院的管理，南A棋院根据何某提供的劳动支付相应的报酬，其履行特征符合劳动关系的法律特征。因此，何某与南A棋院之间建立的是劳动关系。

但是，如前所述，非全日制的用工关系同样属于劳动关系，何某与南A棋院到底属于全日制的劳动关系还是非全日制劳动关系，还要进一步进行区分。区分全日制劳动关系与非全日制的劳动关系主要根据劳动者提供的劳动时间，根据《劳动合同法》第68条规定，非全日制用工指的是劳动者在同一用单位平均每日工作时间不超过四小时，每周工作时间累计不超过二十四小时的用工形式。

本案中，根据何某的陈述和确认的事实，其工作时间最长的月份，平均工作时间亦不超过上述标准。另一方面，何某也没有证据证明其在没有课程安排的情况下需要接受南A棋院的统一管理。且根据何某本人在本案审理程序中的陈述，在没有课程安排时，何某可以自由支配时间。因此，何某与南A棋院的用工关系符合非全日制用工的法律特征。何某在二审中提交的工资表并不能证明其与南A棋院建立的是全日制的劳动关系，且根据该工资标准和何某陈述的课时费进行比照，其工作时间不超过非全日制用工的法定标准。因此，何某关于双方构成全日制用工关系的主张，本院不予支持。

【案件索引】上述案例摘自“中国裁判文书网”，因篇幅问题，有简单改动。

审理法院：广东省佛山市中级人民法院，案号为：［2015］佛中法民四终字第621号

【案例二十九　学生工】在校学生自行到用人单位处工作，用人单位未能证明其工作的目的是学习技能，被认定为形成劳动合同关系

【案情简介】胡某为东莞市某职业技术学校的在校生，学制三年。胡某在学习期间自行到A公司工作，并在工作期间发生交通事故致死。胡某家人为此，向劳动仲裁委及人民法院主张权益。

【法院审理】关于胡某与A公司是否构成劳动关系的问题，首先，胡某虽系在校学生，但其并未遵循学校的要求到安排的实习单位参加实习，而是自行找到A公司工作。A公司未能提交证据证明胡某在该司办理了实习手续或其工作的目的是学习技能，应承担举证不能的法律后果。根据本院现有证据可以证实，胡某的工作与A公司普通员工并无不同，A公司亦未能提供证据证明该司给予胡某学生待遇。其次，胡某在A公司工作并不属于“勤工助学”，A公司未能提供证据证明胡某在该司工作是短期的或者是不定期的行为。综上所述，胡某与A公司之间劳动关系成立。

【案件索引】上述案例摘自“中国裁判文书网”，因篇幅问题，有简单改动。

审理法院：广东省深圳市中级人民法院，案号为：［2015］深中法劳终字第2387号。

【案例三十　综合制用工】综合制用工的劳动者，与标准工作制劳动一样，均享有加班费、年休假、法定节假日等权利

【案情简介】邹某受聘于顺A速运有限公司（以下简称“顺A公司”），任快递员职务，双方约定的用工形式为综合计算工时工作制，有《综合计算工时工作制审批决定书》及《关于同意继续实行综合计算工时制的复函》。邹某因年休假问题以及加班费问题，与顺A公司产生纠纷，邹某为此，向劳动仲裁委及人民法院主张权益。

【法院审理】本案的争议焦点是邹某的加班工资应当如何计算，顺A公司是否足额向其支付了加班工资。综合计算工时工作制下，用人单位同样需要保障劳动者享有带薪年休假和法定休假日的权利。

根据考勤表，邹某在2014年1月至5月存在年休假及法定节假日，二审法院扣除年休假和法定节假日天数后按比例核算当月综合工时数无误，以每月上班小时数减去核算的当月法定综合工时数，计算邹某休息日加班时数亦无不当，与《综合计算工时工作制审批决定书》“周期内工作时间累计166.64小时”的规定并无冲突。经核，二审法院根据考勤表计算得出的邹某2014年1月至5月每月加班的小时数无误。

顺A公司、邹某双方确认的工资表明确记载“岗位工资2100元/月”，二审法院以此标准计算得出2014年1月至5月应得加班工资差额759.7元亦无误。因顺A公司存在自2014年1月起未足额支付邹某加班工资的情形，邹某以此为由解除劳动关系，符合《劳动合同法》规定的用人单位应支付经济补偿的情形，故二审法院认定顺A公司应向邹某支付解除劳动关系的经济补偿并无不当。

【案件索引】上述案例摘自“中国裁判文书网”，因篇幅问题，有简单改动。

审理法院：广东省高级人民法院，案号为：［2015］粤高法民申字第2236号。

【案例三十一 建筑工】A公司将工程分包给没有资质的承揽人，承揽人招聘的劳动者发生事故的，A公司与承揽人承担连带赔偿责任

【案情简介】周某在没有领取营业执照的情况下，承揽了众A公司的装修改建工程，工程项目包括拆除墙、地砖、天花和清理二楼淤泥。周某为此雇请欧某为其工作，负责前述工程的拆除墙、地砖、天花部分。2010年9月8日17时许，欧某在众A公司拆墙时被倒塌的墙身压伤，致多处骨折。经鉴定，大、小肠多处破裂，均构成十级伤残，右胫、腓骨骨折，伴右侧胫、腓神经管理方式受损，构成八级伤残。

【法院审理】一审法院认为：本案发生在《中华人民共和国侵权责任法》（以下简称《侵权责任法》）施行之后，按新法优于旧法的原则，应优先适用《侵权责任法》。根据《侵权责任法》第35条规定，个人之间形成劳务关系，提供劳务一方因劳务受到损害的，根据双方各自的过错承担相应的责任。欧某与周某之间是劳务雇佣关系，欧某在为周某提供劳务过程中造成自身损害，周某应依法承担雇主责任。最高人民法院《关于审理人身损害赔偿案件适用法律若干问题的解释》第10条规定，承揽人在完成工作过程中对第三人造成损害或者造成自身损害的，定作人不承担赔偿责任。但定作人对定作、指示或者选任有过失的，应当承担相应的赔偿责任。第11条第2款规定，雇员在从事雇佣活动中因安全生产事故遭受人身损害，发包人、分包人知道或者应当知道接受发包或者分包业务的雇主没有相应资质或者安全生产条件的，应当与雇主承担连带赔偿责任。同时，依照《中华人民共和国安全生产法》（以下简称《安全生产法》）和《生产安全事故报告和调查处理条例》规定，生产安全事故是指生产经营单位在生产经营活动中发生的造成人身伤亡或者直接经济损失的事故，一般可分为特别重大事故、重大事故、较大事故和一般事故等四个等级，并且在发生生产安全事故后应由政府相关部门组成事故调查组认定事故责任，再作出相应处理。最高人民法院《关于审理人身损害赔偿案件适用法律若干问题的解释》第11条第2款规定的“安全生产事故”和《安全生产法》和《生产安全事故报告和调查处理条例》规定的“生产安全事故”属同一概念，只有构成《安全生产法》上的生产安全事故，才可以适用《最高人民法院关于审理人身损害赔偿案件适用法律若干问题的解释》第11条第2款规定。本案中，欧某本次受伤并不符合《安全生产法》上的生产安全事故的构成要件，故不应适用《最高人民法院关于审理人身损害赔偿案件适用法律若干问题的解释》第11条第2款确定发包人众A公司的赔偿责任。因众A公司与周某之间是承揽关系，众A公司知道或者应当知道周某没有相应资质或安全生产条件而将案涉工程发包给周某施工，而周某雇请的欧某在施工过程中造成自身损害，众A公司存在选任过失，故应适用《最高人民法院关于审理人身损害赔偿案件适用法律若干问题的解释》第10条规定确定众A公司的赔偿责任。

二审法院认为：关于本案事故性质，《最高人民法院关于审理人身损害赔偿案件适用法律若干问题的解释》第11条第2款规定的“安全生产事故”必须经过相关行政机关的认定。本案事故并未经由相关行政机关认定为安全生产事故，故欧某依据上述法律规定要求周某、众A公司就其损害承担连带责任，依据不足，二审法院对此不予支持。对于周某、众A公司承担责任的形式，二审法院认为：本案存在两种法律关系，一是周某与众A公司之间的建设工程施工合同关系（也即承揽关系）；二是周某与欧某之间的雇佣关系，故周某与众A公司在责任的承担上存在一定的区别。对周某而言，作为雇主的周某理应对雇佣欧

某在从事雇佣活动中其遭受的人身伤害直接承担过错赔偿责任，至于欧某是否因其故意或重大过失致其受伤而应减轻周某的赔偿责任，周某并未提供证据予以证实。一审法院对周某的赔偿责任不予减轻并无不当，且其亦未提起上诉，二审法院亦不予以审查。但对众A公司而言，其作为定作人仅是因选任了无资质的周某从事工程施工，其与周某并没有共同的故意或过失，对欧某的受伤并不构成共同侵权，其应承担的仅是其选任过失的相应赔偿责任，是单方过错责任，两者之间并不构成连带责任。故周某承担赔偿责任是基于雇主责任，而众A公司承担赔偿责任是基于选任过失的过错责任，由于周某、众A公司均负有各自独立承担各自赔偿责任的义务，因此周某、众A公司在承担其应负的赔偿责任后并不享有追偿权，不能向另一人要求追偿。一审法院对此分析准确，确定周某、众A公司的赔偿责任比例并无不当，二审法院予以维持。

需要指出的是，因精神损害抚慰金具有一定的抚慰性，且系为补偿受害人所受的精神损害、抚慰受害人而确定的一次性赔偿项目，不宜在确定人身损害赔偿责任时按比例分担。一审法院将精神损害抚慰金亦按周某、众A公司的承担赔偿责任比例予以分担确认存在不当，基于各方当事人并未对此提出上诉，二审法院不作变更，予以维持。另，当事人未上诉部分，二审法院不予审查。

广东省人民检察院抗诉认为：二审判决以本案事故未经相关行政机关认定为安全生产事故为由，不适用《最高人民法院关于审理人身损害赔偿案件适用法律若干问题的解释》第11条第2款之规定，属适用法律确有错误。理由如下：

第一，二审判决认定“安全生产事故”必须经过相关行政机关的认定，缺乏依据。《最高人民法院关于审理人身损害赔偿案件若干问题的解释》第11条第2款规定：“雇员在从事雇佣活动中因安全生产事故遭受人身损害，发包人、分包人知道或者应当知道接受发包或者分包业务的雇主没有相应资质或者安全生产条件的，应当与雇主承担连带赔偿责任。”该条并未针对“安全生产事故”设定行政确认的前置程序。人民法院在审理案件时，完全可以根据法律规定的“安全生产事故”的内涵作出是否属于安全生产事故的认定。二审判决认定“安全生产事故”必须经过相关行政机关的认定，但又未列出法律依据，是对上述条文的理解错误，存在不当。

第二，根据相关规定，涉案事故属于生产安全事故，应适用《最高人民法院关于审理人身损害赔偿案件适用法律若干问题的解释》第11条第2款之规定。根据国家安全生产监督管理总局《关于生产安全事故认定若干意见问题的函》的规定，《安全生产法》所称的生产经营单位是指从事生产活动或者经营活动的基本单元，既包括企业法人，也包括不具有企业法人资格的经营单位、个人合伙组织、个体工商户和自然人等其他生产经营主体。生产经营单位在生产经营活动中发生的造成人身伤亡或者直接经济损失的事故，属于生产安全事故。无证照或者证照不全的生产经营单位擅自从事生产经营活动，发生造成人身伤亡或者直接经济损失的事故，属于生产安全事故。本案中，周某没有从事拆除工程的施工资质，其雇请欧某为其工作，导致欧某人身损害，符合上述规定，涉案事故可以认定为生产安全事故。众A公司知道或者应当知道周某没有相应资质或安全生产条件而将案涉工程发包给周某施工，符合《最高人民法院关于审理人身损害赔偿案件适用法律若干问题的解释》第11条第2款规定，应当与周某承担连带赔偿责任。

2015年8月14日，广东省高级人民法院向中山市安全生产监督管理局发出《关于涉案事故是否构成安全生产事故的函》调查以下事实："1. 生产安全事故是否需要政府相关部门作出认定？需要由什么部门作出认定？2.《最高人民法院关于审理人身损害赔偿案件适用法律若干问题的解释》第11条第2款所规定的'安全生产事故'和《中华人民共和国安全生产法》《生产安全事故报告和调查处理条例》规定的'生产安全事故'是否同一概念？安全生产事故是否也需要政府相关部门作出认定？3. 涉案事故发生后，安全监督管理部门是否派人查看现场？对涉案事故如何认定？是否认定涉案事故是安全生产事故？请提供相关的调查笔录。"

中山市安全生产监督管理局函复本院称："（一）根据国家安全监管总局《关于生产安全事故认定若干意见问题的函》（政法函［2007］39号）和《生产安全事故报告和调查处理条例》等相关规定指出'生产经营单位在生产经营活动中发生的造成人身伤亡或者直接经济损失的事故，属于生产安全事故。'（二）来函询问，《最高人民法院关于审理人身损害赔偿案件适用法律若干问题的解释》第11条第2款所规定的'安全生产事故'和《中华人民共和国安全生产法》《生产安全事故报告和调查处理条例》等相关的法律法规均使用'生产安全事故'是否同一概念的问题。生产安全事故的概念在上面的第一点当中已有明确解释，两者是否为同一概念我局无解释权。（三）涉案事故发生后，我市五桂山安监分局接到事故报告后立即派人查看现场，由于调查过程中相关涉案人员不配合调查，因行政职权限制无法强制相关涉案人员配合开展工作，导致调查进度一度中止。2014年9月19日广东中山市人民检察院发来《检察建议书》（中检民建字［2014］5号），根据相关要求，五桂山安监分局已重启对该事故的调查取证工作，五桂山安监分局于8月份对案件相关人员进行询问并制作询问笔录，案件后期工作仍在进行中，该案件最新工作情况五桂山安监分局会直接向你院回复。我局对该案件非常重视，已督促五桂山安监分局进行调查。"

广东省高级人民法院再审认为：根据检察机关的抗诉意见以及当事人的陈述，本案再审双方争议的主要问题是：（1）众A公司是否应当与周某承担连带责任？（2）是否应支持被抚养人的生活费？

关于众A公司是否应当与周某承担连带责任的问题。《建筑法》第2条规定："本法所称建筑活动，是指各类房屋建筑及其附属设施的建造和与其配套的线路、管道、设备的安装活动。"第22条规定："建筑工程实行直接发包的，发包单位应当将建筑工程发包给具有相应资质条件的承包单位。"第50条规定："房屋拆除应当由具备保证安全条件的建筑施工单位承担，由建筑施工单位负责人对安全负责。"《安全生产法》第86条规定："生产经营单位将生产经营项目、场所、设备发包或者出租给不具备安全生产条件或者相应资质的单位或者个人的，责令限期改正，没收违法所得；……导致发生生产安全事故给他人造成损害的，与承包方、承租方承担连带赔偿责任。"上述法律对从事建筑活动的企业所应当取得的职业资格证书均有明确的规定，建设单位在发包时，应当选择具有相应资质等级的施工单位。发包人知道或者应当知道接受发包业务的施工单位没有相应资质或者安全生产条件而进行发包，其行为违反了上述法律规定。如果因此导致发生施工人员人身损害事故，发包人与造成实际损害后果的施工单位就具有共同的过错，应依上述法律规定承担连带赔偿责任。

本案的装修工程涉及拆除墙、地砖、天花和清理淤泥，属于建筑活动。众A公司作为装修工程发包人，按照法律规定需审查周某的施工资质，聘请具有相应资质或生产条件的人实施装修工程。根据上述法律规定和《最高人民法院关于审理人身损害赔偿案件适用法律若干问题的解释》第11条关于“雇员在从事雇佣活动中遭受人身损害，雇主应当承担赔偿责任。……雇员在从事雇佣活动中因安全生产事故遭受人身损害，发包人、分包人知道或者应当知道接受发包或者分包业务的雇主没有相应资质或者安全生产条件的，应当与雇主承担连带赔偿责任”的规定，周某没有相应的施工资质，雇请欧某从事装修工程发生事故，造成欧某身体受到伤害，应由周某承担赔偿责任。众A公司明知周某没有相应资质而将涉案工程分包给周某，违反了法定义务，与周某具有共同过错，应承担连带赔偿责任。

众A公司辩称《最高人民法院关于审理人身损害赔偿案件适用法律若干问题的解释》第11条第2款适用的前提是“安全生产事故”，本案不属于安全生产事故。经查，国家安全生产监督管理总局《关于生产安全事故认定若干意见问题的函》阐明：“生产经营单位在生产经营活动中发生的造成人身伤亡或者直接经济损失的事故，属于生产安全事故”，“由建筑施工单位（包括无资质的施工队）承包的农村新建、改建以及修缮房屋过程中发生的造成人身伤亡或者直接经济损失的事故，属于生产安全事故。”据此，对于房屋新建、改建以及修缮过程中造成的人身伤亡事故，也属于生产安全事故之列。欧某在受雇工作过程中受伤，发生了人身伤害事故，将之列入安全生产事故的范畴，符合人们对于安全生产事故的通常理解，亦符合上述司法解释“雇员在从事雇佣活动中因安全生产事故遭受人身损害”的情形。且《中华人民共和国安全生产法》规定了生产安全事故发生后的处理程序，但没有规定承担法律责任的前置程序。众A公司抗辩缺乏法律依据，本院不予支持。

关于是否应支持被抚养人生活费的问题。根据《最高人民法院关于审理人身损害赔偿案件适用法律若干问题的解释》第28条第2款关于：“被抚养人是指受害人依法应当承担抚养义务的未成年人或者丧失劳动能力又无其他生活来源的成年近亲属。被抚养人还有其他抚养人的，赔偿义务人只赔偿受害人依法应当负担的部分。被抚养人有数人的，年赔偿总额累计不超过上一年度城镇居民人均消费性支出额或者农村居民人均年生活消费支出额”的规定，被抚养人的生活费应根据抚养人丧失劳动能力程度予以确定，而被抚养人限于受害人依法应当承担抚养义务的未成年人或者丧失劳动能力且无其他生活来源的成年近亲属。本案没有证据证明欧某的父母丧失了劳动能力且无其他生活来源，而且欧某在二审时确认其父母有打散工赚取收入。因此，二审法院对欧某所主张的被抚养人生活费不予支持，并无不当。

综上，众A公司应否承担连带责任的关键不在于涉案事故是否属于“安全生产事故”，而在于周某是否具有从事装修工程的资质。法定资质作为一种行业准入限制或准入资格，设立的目的就是为了保障产品质量与生产安全。众A公司在知道或者应当知道周某不具有相应施工资质的情况下，将涉案装修工程发包给周某完成，造成欧某遭受人身伤害。根据《最高人民法院关于审理人身损害赔偿案件适用法律若干问题的解释》第11条的规定，众A公司应与周某承担连带赔偿责任。欧某的损失为医疗费、误工费、护理费、交通费、营养费、精神损害抚慰金、残疾赔偿金、鉴定费等共计433 037.29元，扣除周某已经支付的62 500元，众A公司已经支付的53 000元，尚有损失317 537.29元，由周某承担赔偿责任，众A公司承担连带赔偿责任。检察机关抗诉理由成立，本院予以支持。

【案件索引】上述案例摘自“中国裁判文书网”，因篇幅问题，有简单改动。

审理法院为：广东省高级人民法院，案号为：［2015］粤高法审监民提字第57号。

【案例三十二 派遣工】劳动派遣的认定以及同工同酬的适用标准

【案情简介】盛某于2012年9月开始为孔旺A公司提供劳动，任职分割车间的分割工。在职期间，孔旺A公司、广州食A集团、建A公司、宏A公司、A浩公司均未与盛某签订劳动合同，亦未为其参加社会保险。盛某表示其仅与孔旺A公司建立劳动关系，并不认识建A公司、宏A公司及A浩公司。

孔旺A公司表示盛某是依据其与建A公司、宏A公司、A浩公司签订的劳务派遣协议及劳务派遣服务合同与上述三公司分别建立劳动关系后由上述公司派遣至其处工作。就此，孔旺A公司提供了劳务派遣协议、劳务派遣服务合同、资金汇划补充凭证，证实其向建A公司、宏A公司、A浩公司支付劳务费用。盛某对上述证据均不予确认。

建A公司、宏A公司则认为上述证据不足以证实盛某是由其派遣至孔旺A公司，其二公司仅为孔旺A公司代发工资，其收取的费用包括了代发的工人工资以及基于该项服务而产生的服务费。

A浩公司对上述证据没有异议。孔旺A公司未提供证据证实其依据劳务派遣协议或者劳务派遣服务合同向派遣单位提供劳务人员名单、工作职位和工作地点及其相关资料、劳务人员身份证复印件等相应资料。盛某认为，其在入职孔旺A公司后，孔旺A公司没有与其明确约定工资标准，但表示“同工同酬”。经了解，其所在的工作岗位工资标准为3000元至3500元之间，为此，盛某主张孔旺A公司应补发其2012年9月到2013年5月的工资。

【法院审理】一审法院认为：关于劳动关系的主体问题，虽孔旺A公司提交劳务派遣协议、劳务派遣服务合同拟证实其主张盛某与建A公司、宏A公司、A浩公司之间形成劳动关系。建A公司、宏A公司、A浩公司均表示从未与盛某就建立劳动关系进行协商，盛某亦表示其与建A公司、宏A公司、A浩公司之间不存在劳动关系。

而孔旺A公司亦未能提供证据证实其已经依据劳务派遣协议或者劳务派遣服务合同向派遣单位提供劳务人员名单、工作职位和工作地点及其相关资料、劳务人员身份证复印件等相应资料。孔旺A公司作为具有独立用工资格的企业，接受劳务派遣时，理应审查被派遣劳动者与派遣单位之间的劳动关系以及派遣时间、派遣岗位等情况，现无证据显示盛某已经与建A公司、宏A公司、A浩公司建立劳动关系，故孔旺A公司称盛某属于被派遣劳动者与事实不符，本院不予采纳。

盛某入职孔旺A公司，其从事的分割工作以及屠宰工作均属于孔旺A公司的业务组成部分，孔旺A公司亦向盛某发放劳动报酬并对盛某的出勤情况进行考勤，上述事实符合劳动和社会保障部《关于确定劳动关系有关事项的通知》第1条、第2条之规定，本院认定盛某与孔旺A公司之间形成劳动关系。

关于补发2012年9月到2013年5月的工资问题，盛某以“同工同酬”原则为由，要求孔旺A公司补发2012年9月至2013年5月的工资，但未能提供证据证实其他相同工作时间、工作岗位、工作强度的劳动者的工资待遇情况。且在实际用工中，即使同一部门，同一工种的不同员工，亦会因工龄、资质、经验、劳动成果等因素导致劳动报酬不一致，盛某要求补发上述期间的工资的诉求缺乏事实及法律依据，本院不予支持。

再审法院：关于拖欠工资及赔偿金的问题，盛某以“同工同酬”原则为由，要求孔旺记公司补发2012年10月至2013年5月的工资，但未能提供证据证实其他相同工作时间、工作岗位、工作强度的劳动者的工资待遇情况，且在实际用工中，即使同一部门，同一工种的不同员工，亦会因工龄，资质、经验、劳动成果等因素导致劳动报酬不一致，盛某要求补发上述期间的工资及赔偿金缺乏事实及法律依据，原审法院不予支持，并无不当。

【案件索引】上述案例摘自“中国裁判文书网”，因篇幅问题，有简单改动。

审理法院：广州市白云区人民法院一审案号为：［2014］穗云法江民初字27、90号，广州市中级人民法院二审案号为：［2015］穗中法民一终字第1711、1712号；广东省高级人民法院再审案号为：［2015］粤高法民申字第1946、1947号。

【案例三十三　派遣工】劳动者与没有派遣资格的A公司签订合同后被派遣到B公司，B公司与A公司对劳动者因劳务派遣造成的损害和后果承担连带责任，但B公司与该劳动者不存在劳动关系

【案情简介】A公司与B服务站于2009年至2010年期间签订了三份《运输装卸合同》，约定由B服务站组织人员到A公司从事搬运工作，从事搬运事务。2009年10月，A公司与C公司签订《劳务协议书》，约定C公司根据A公司的要求提供劳务人员。蓝某与B服务站于2009年10月签订劳动合同，2010年起，蓝某与C公司签订劳动合同。蓝某在日常工作中，由B服务站派员进行考勤管理及发放工资。

蓝某认为，A公司为了推卸企业的法定责任，才与B服务站签订虚假的《运输装卸合同》，B服务站不符合作为用人单位的主体资格，蓝某实际上是与A公司存在劳动关系。蓝某为此，向劳动仲裁委及人民法院主张权益。

【法院审理】基于本案查明的事实，B服务站与A公司存在劳务承包关系，蓝某是由B服务站、C公司派遣至A公司工作，与A公司不存在劳动关系，并无不当。蓝某提交的广州市中级人民法院［2013］穗中法民一终字第1612、1613号民事判决亦明确认定B服务站与A公司存在劳务派遣关系、林某（案外人）与B服务站存在劳动关系，与本案二审判决的认定并不矛盾。蓝某还主张B服务站不具备劳务派遣的资质，不具备用人主体资格，蓝某一直为A公司工作，其与A公司存在劳动关系。依据已经发生法律效力的［2013］穗中法民一终字第1612、1613号民事判决的认定，可确认A公司与蓝某之间存在事实的用工关系，A公司与B服务站对蓝某因劳务派遣造成的损害和后果承担连带责任，但A公司与蓝某之间不存在劳动关系。蓝某认为其与A公司之间存在事实劳动关系，缺乏事实和法律依据，本院不予支持。

【案件索引】上述案例摘自“中国裁判文书网”，因篇幅问题，有简单改动。

审理法院：广东省高级人民法院，案号为：［2014］粤高法民申字第315号。

【案例三十四　女职工】用人单位为劳动者购买农村医保，未购买生育保险，应承担相应的损失赔偿责任

【案情简介】钟某与皇A公司存在劳动关系，皇A公司没有为钟某参加生育保险，致使钟某在生育过程中产生的医疗费用无法由社会保险机构承担。钟某遂以皇A公司未为其参加生育保险，导致其无法享受生育保险待遇而请求皇A公司赔偿损失，提起仲裁及诉讼。

皇A公司认为：①其已为钟某办理了农民工医疗保险，且社会保险经办机构并未明确答复不能补办，故本案不属于人民法院受理劳动争议的范畴。②深圳实行多层次的社会医疗保险制度，钟某属于低收入非深户员工，皇A公司根据《深圳市社会医疗保险办法》第

10条的规定为其办理农民工保险，并未违反深圳市人力资源和社会保障局的规定。而《深圳市社会医疗保险办法》未对农民工医疗保险未能覆盖生育医疗保险的问题作出规定，导致地方法规与国家法规出现冲突，其后果不应由用人单位承担。

【法院审理】因钟某的生育行为已经完成，故皇A公司为其补办生育保险以期获得保险待遇已不可能。根据《最高人民法院关于审理劳动争议案件适用法律若干问题的解释（三）》第1条："劳动者以用人单位未为其办理社会保险手续，且社会保险经办机构不能补办导致其无法享受社会保险待遇为由，要求用人单位赔偿损失而发生争议的，人民法院应予受理"的规定，本案属于劳动争议，人民法院应予受理。《中华人民共和国社会保险法》（下称《社会保险法》）第53条规定："职工应当参加生育保险，由用人单位按照国家规定缴纳生育保险费，职工不缴纳生育保险费"，据此，皇A公司应当为钟某参加生育保险。

《深圳市社会医疗保险办法》（2008年3月1日起施行，下称《办法》）第8条第2款规定："鼓励用人单位为其非本市户籍员工参加综合医疗保险。"第13条规定："生育医疗保险适用于参加综合医疗保险未达法定退休年龄的人员。"从上述规定可知，《办法》仅是鼓励而非强制用人单位为其非深圳户口员工参加医疗保险。由于《办法》属于地方性法规，其效力低于社会保险法，故《办法》中减轻用人单位参保义务的规定因与法律规定相矛盾而不应适用。深圳市劳动人事争议仲裁机构等部门作出的会议纪要为地方相关部门的内部文件，不具有法律效力，不能作为审判适用的法律依据。《女职工劳动保护特别规定》（下称《特别规定》）为行政法规，其规定与《社会保险法》相一致，二审判决依据《特别规定》第8条第2款"女职工生育或者流产的医疗费用，按照生育保险规定的项目和标准，对已经参加生育保险的，由生育保险基金支付；对未参加生育保险的，由用人单位支付"的规定，判令皇A公司向钟某赔偿因该公司没有为钟某参加生育保险而导致的损失，符合法律和行政法规的规定，处理正确。

【案件索引】上述案例摘自"中国裁判文书网"，因篇幅问题，有简单改动。

审理法院：广东省高级人民法院，案号为：［2014］粤高法民申字第1777号。

【案例三十五　女职工】用人单位违法解除怀孕员工，需支付其怀孕期间至哺乳期届满前的各项损失

【案情简介】吴某于2011年10月31日入职于赢A公司，月工资为3000元。2012年1月初吴某怀孕，于2012年2月15日与赢A公司解除劳动合同关系。吴某为此，提起劳动仲裁及诉讼，经法院审理认为，赢A公司的解除行为属于违法解除，需承担吴某怀孕期间至哺乳期届满前的各项损失。

【法院审理】赢A公司主张因吴某无故旷工而导致解除劳动合同，但未能举证证明其在此期间曾经催告吴某回单位上班，亦未能举证证明其曾将公司的考勤规章告知过吴某，故一、二审判决参照《最高人民法院关于审理劳动争议案件适用法律若干问题的解释》第13条之规定，认定赢A公司解除劳动合同的行为属于违法解除。据此依据《中华人民共和国劳动合同法》第47条、第87条之规定，判令赢A公司应支付吴某违法解除劳动合同赔偿金3000元（3000元/月×0.5个月×2倍），符合法律规定。

另，吴某于2012年9月18日生育一子，故赢A公司未支付的孕期工资应从2012年2月15日计至2012年9月18日，共21 172.41元（3000元÷21.75天×11天+3000元×6个月+

3000 元÷21.75 天×12 天）。

至于产期工资，吴某没有举证证明出现难产情况，故产期工资应按顺产计为 90 天，共 9000 元（3000 元×3 个月）。

而哺乳期工资，因哺乳期应计至婴儿满一周岁，故扣除相应的产假 90 天后，哺乳期应为 9 个月，按劳动者上年度本人月均工资 20%计算，应为 5400 元（3000 元×9 个月×20%）。

关于生育医疗费的支付问题。《广州市企业职工生育保险实施细则（试行）》明确规定：女职工生育医疗费按顺产 1600 元计算，故赢 A 公司应向吴某支付生育医疗费 1600 元。而有关一次性分娩营养补助费的支付问题，因吴某要求按照上年度平均工资 4541 元/月为基数计算并未超过法律规定，故赢 A 公司应向吴某支付一次性分娩营养补助费 1135 元（4541 元×25%）。

【案件索引】上述案例摘自“中国裁判文书网”，因篇幅问题，有简单改动。

审理法院：广东省高级人民法院，案号为：［2013］粤高法民申字第 1244 号。

第三章 

工作时间及假期相关

【案例三十六　工作时间】劳动者为公司保安，因工作时间与生活时间难以区分，认定每日工作时间为17小时

【案情简介】涂某称，其于2007年11月9日到恒A公司上班，任宿舍楼保安，每天工作17小时（早上7点到晚上12点），在宿舍楼值班室值班，中午饭、晚饭都在值班室吃，到2008年7月18日，共工作了257天。恒A公司因涂某在工作期间与其他员工打架，严重违反公司制度为由，解除双方劳动关系。涂某为此，向劳动仲裁及法院主张权益。

【法院审理】二审法院认为：涂某工作的地点亦是生活地点，其主张每天工作17小时，仅提供自行书写的材料为证，其所主张的17小时还包含了每天两次来回厂区到宿舍打饭的时间，一审认定涂某每天工作17小时不当。从宿舍管理员的工作性质来看，涂某本身居住在宿舍，只有员工出入时，才需核对员工身份、为员工开门，其余时间可以自由活动，不能将其留守宿舍的时间等同于工作时间，可见涂某的工作时间与生活时间很难加以区分。且打卡行为并非涂某本人所为，打卡记录不能作为认定工作时间的依据，恒A公司主张按劳动合同涂某的工作时间为8小时，但该条款是原已印制的格式条款，主要适用于其他员工。从本案涂某作为宿舍管理员，其上班时间和生活时间存在难以区别的特殊情况，以及恒A公司称宿舍的工人去工厂上班的8小时，即涂某留守看管宿舍期间才能视为工作时间。结合实际情况中涂某在上述时间外，仍需长时间留在宿舍，员工出入宿舍时，对员工进行登记核对，负责开门等事实，即双方未按照合同中8小时工作制的通用条款实际履行，约定的工作时间明显与涂某实际的工作时间不符，故不予采信恒A公司的主张。涂某主张其入职时双方就工资待遇约定其每天24小时坚守在宿舍楼里面，每月工资1500元，吃住免费，涂某的主张更可信，予以采信。因此，涂某所主张的1500元工资并不是正常工作时间的工资，而是每天24小时守在宿舍楼所获得的报酬，已经包含加班费。涂某认为1500元是正常工作时间工资，并要求按此标准计算其加班费的上诉请求，不予支持。

再审法院认为：关于涂某的工作时间问题，涂某的工作时间从早上7点打开大门，开始上班，直到深夜零点。恒A公司认为根据劳动合同、工资表和考勤卡，涂某的实际工作时间为8小时，显然与事实不符。涂某的工作性质比较特殊，虽然是24小时没有离开值班室及宿舍区，但确实需要休息且有休息时间，涂某本人也没有请求按24小时计算。恒A公司提出涂某在晚上9时可以和别人下棋，说明涂某不在上班，但当时涂某仍然需要负责门卫安全，只能说明工作环境比较宽松，而不能说明已经下班。二审认定从宿舍到饭堂需9到12分钟有误，而且根据用人单位规章制度，直落加班不扣除用餐时间，所以用餐时间可以不作扣除。一审认定工作时间为17小时符合本案实际情况，应予维持。

关于工资标准问题。劳动合同约定试用期初定的月工资为690元，岗位加班津贴费310元。根据该条款，加班津贴是固定发放的，属于正常工作时间工资，而不属《劳动法》第44条规定延长工作时间的工资。另外，双方签字认可的"履历表"记明涂某的工作时间为8小时，试用期工资为1000元/月。劳动合同与履历表记载的试用期工资一致，应认定双方约定试用期法定工作时间8小时/天工资标准为1000元/月。根据劳动合同约定，试用期满后，恒A公司可根据涂某的工作能力和表现适当调整工资数额，但双方均没有举证证明试用期满后双方重新约定了工资数额，应认定仍然适用原约定的工资标准。因此一审认定涂某工资为690元/月不当。二审以涂某单方陈述"当时面试时，老板明确表明要找一个年纪大一点的人，才能熬得住时间，每天24小时坚守在宿舍楼里面，每月工资1500元，吃住免费"认定双方约定为1500元，24小时坚守岗位包括加班费依据不充分。而且，即使双方确实存在这样的约定，也属于违反《中华人民共和国劳动法》第44条关于按规定标准支付劳动者加班工资的规定，根据《中华人民共和国劳动合同法》第26条规定属于"用人单位免除自己的法定责任"而应认定无效的情形。因此原审认定涂某工资为1500元/月已经包括加班费不当，应予改正。

涂某每天工作17小时，即加班9小时，每月工资1000元，工作期间为2007年11月9日至2008年7月18日，中间所有休息日及法定节假日照常上班。依此计算，涂某的工资、工作日加班工资、法定节假日加班工资总计为38 284.03元，恒A公司已付8933元，尚欠29 351.03元，恒A公司应予支付。根据《违反和解除劳动合同的经济补偿办法》第3条"用人单位克扣或者无故拖欠劳动者工资的，以及拒不支付劳动者延长工作时间工资报酬的，除在规定的时间内全额支付劳动者工资报酬外，还需加发相当于工资报酬百分之二十五的经济补偿金"的规定，恒A公司应付给涂某经济补偿金7337.76元。

【案件索引】上述案例摘自"中国裁判文书网"，因篇幅问题，有简单改动。

审理法院：广东省高级人民法院，案号为：［2010］粤高法审监民提字第37号。

【案例三十七　节假日】劳动者主张三八妇女节工资，经法院认定，11天的法定节假日不包括三八妇女节，劳动者的请求没有法律依据，应依法予以驳回

【案情简介】秦某于2011年7月27日申请入职诚A物业公司，秦某主张在2013年3月"三八妇女节"有法定的半天假期，应补发工资，被法院予以驳回。

【法院审理】关于"三八妇女节"半天休假问题，根据国家每年法定节假日的11天安排，并没有"三八妇女节"的半天安排，故秦某主张"三八妇女节"半天应补发工资，没有法律、法规的依据，原审法院不予采纳。

【案件索引】上述案例摘自"中国裁判文书网"，因篇幅问题，有简单改动。

审理法院为：广东省珠海市中级人民法院，案号为：［2014］珠中法民一终字第742号。

【案例三十八　探亲假】探亲假属于企事业单位享有的福利待遇，民营企业不包括在内

【案情简介】吴某入职宝A公司后，因工作岗位调整的问题与公司发生争议，并依法提起劳动仲裁及诉讼，吴某为此，主张探亲假待遇在内的各种工资福利待遇。

【法院审理】关于探亲假待遇的问题。根据《国务院关于职工探亲假待遇的规定》，享有探亲假待遇的人员范围为国家机关、人民团体和全民所有制企业、事业单位的固定职工，宝A公司为民营企业，未包含在上述范围之内。故吴某主张探亲假待遇，依法无据，本院

不予支持。

【案件索引】上述案例摘自“中国裁判文书网”，因篇幅问题，有简单改动。

审理法院为：广东省高级人民法院，案号为：［2015］粤高法民申字第82号。

【案例三十九　年休假】劳动者虽入职A公司不足一年，但其在入职前已具有19年的工作经验，依法享有年休假期

【案情简介】杨某于2012年10月9日入职乐A公司从事硬件研发和测试工作，2013年6月24日，乐A公司向杨某发出《辞退通知书》，杨某于2013年6月26日办理了离职手续。另，杨某在入职乐A前有19年工作经验，杨某认为其应当享有年休假期，并为此提起仲裁及诉讼。

【法院审理】一审法院认为：关于年休假问题，根据双方签订的劳动合同，杨某虽然此前有19年工龄，但其入职乐A公司至解除劳动合同连续工作时间不足一年，根据国务院《职工带薪年休假条例》第2条规定：“机关、团体、企业……等单位的职工连续工作1年以上的享受带薪年假休假。”因此杨某不符合享受带薪年休假的条件，其要求乐A公司给予年休假补偿的理由不足，原审法院予以驳回。

二审法院认为：关于法定年休假问题。《企业职工带薪年休假实施办法》第3条规定，职工连续工作满12个月以上的，享受带薪年休假，而《关于〈企业职工带薪年休假实施办法〉有关问题的复函》（人社厅函［2009］149号文）有如下内容：“关于带薪年休假的享受条件《企业职工带薪年休假实施办法》第3条中的‘职工连续工作满12个月以上’，既包括职工在同一用人单位连续工作满12个月以上的情形，也包括职工在不同用人单位连续工作满12个月以上的情形。”因此，虽然杨某入职乐A公司未满12个月，但是鉴于其拥有19年的工龄，其依法应享受带薪年休假。原审法院认为杨某入职乐A公司未满1年而不享有法定年休假的理解欠妥，本院在此予以指正。依照《企业职工带薪年休假实施办法》第5条的规定，“职工新进用人单位且符合本办法第3条规定的，当年度年休假天数，按照在本单位剩余日历天数折算确定，折算后不足1整天的部分不享受年休假。前款规定的折算方法为：当年度在本单位剩余日历天数÷365天×职工本人全年应当享受的年休假天数。”杨某2012年10月9日入职，其2012年应当享受的年休假为2天（84÷365天×10），杨某2013年6月26日离职，其2013年应当享受的年休假为4天（177÷365天×10）。

【案件索引】上述案例摘自“中国裁判文书网”，因篇幅问题，有简单改动。

审理法院：广东省珠海市中级人民法院，案号为：［2014］珠中法民一终字第149号。

第四章

工资及福利相关

【案例四十　工资】用人单位在工资总额不变的情况下，对工资组成项目进行调整，不违反双方劳动合同的约定，不属于降低或克扣工资

【案情简介】罗某等18名劳动者主张，其每月的工资数额基本固定，奖金实际是从伙食津贴变更而来，2014年2月深圳市上调最低工资标准之后，A公司减少了奖金数额，并把减少的数额补贴到基本工资上，罗某等18人的工资总额虽然没有变化，但实际上变相降低了工资。A公司则主张，工资条中并没有伙食津贴，奖金的数额与出勤时间相关，并且奖金并非法律规定的项目。根据双方确认的劳动合同，A公司和罗某等18人在合同中约定的月工资数额是深圳市同期的最低工资，没有约定其他奖金及津贴，也没有约定工资组成项目。

【法院审理】只要A公司向罗某等18人支付的工资总额（加班工资除外）不低于深圳市同期的最低工资标准，就符合劳动合同的约定。2014年2月之后，A公司虽然降低了罗某等18人每月奖金的数额，但相应增加了基本工资的数额，罗某等18人的工资总额（加班工资除外）并未减少。因双方在劳动合同中只是约定了工资总额，而并未对工资组成项目作出约定，因此，A公司在不降低工资总额的情况下，对工资组成项目进行调整，不违反双方劳动合同的约定，也不违反法律的禁止性规定，不属于降低或克扣工资，故本院对罗某等18人主张的奖金差额不予支持。

【案件索引】上述案例摘自“中国裁判文书网”，因篇幅问题，有简单改动。

审理法院：广东省深圳市中级人民法院，案号为：［2015］深中法劳终字第2431－2448号。

【案例四十一　工资】劳动者主张病假工资还应包括奖励工资，经法院审理认为，用人单位在《员工手册》中已有明确约定，驳回劳动者的诉讼请求

【案情简介】罗某为太平A饭店员工，罗某在任期期间，因身体原因向太平A饭店申请病假，罗某认为病假工资还应包括奖励工资，为此，向劳动仲裁及法院主张权益。

【法院审理】关于太平A饭店应否向罗某支付病假工资问题，太平A饭店已按基本工资标准补发了罗某病假期间的基本工资，罗某认为其应得的病假工资还应包括奖励工资，但太平A饭店《员工手册》明确约定：“患病六个月享受全薪（不包括奖励工资）”。该约定对罗某具有约束力，故一、二审判决驳回罗某要求太平A饭店支付病假期间奖励工资的诉讼请求，并无不当。

【案件索引】上述案例摘自“中国裁判文书网”，因篇幅问题，有简单改动。

审理法院为：中华人民共和国最高人民法院，案号为：［2012］民监字第298号。

【案例四十二　加班费】用人单位与劳动者约定每周工作6天，每天工作8小时，每月工资均为4500元。认定为双方形成了固定工资、固定时间的双固定用工模式，已包含了加班费

【案情简介】李某受A公司的委派，到B公司的三个工程项目部工作，双方一直未签订劳动合同。李某自2011年任职以来，每月实发工资为4500元，存在休息日、节假日加班的事实，李某因用工问题，与A、B公司产生纠纷，并为此提前仲裁及诉讼。

【法院审理】根据李某主张，其每周工作6天，每天工作8小时，而其每月工资均为4500元（扣除社保等费用前），二审判决据此认为双方实际形成了固定工资、固定时间的双固定用工模式，并无不妥。对于4500元是否包含加班费，双方有不同意见，但按此标准折算，李某正常工作时间工资并不低于当地最低工资标准。二审判决据此认定4500元已经包括了加班费，并无不妥。李某主张4500元不包括加班费，但在长达2年期间按此方式收取工资，并没有证据证明李某曾就此提出过异议。李某主张二审判决不支持其加班费的主张错误，理据不足，本院不予支持。

【案件索引】上述案例摘自“中国裁判文书网”，因篇幅问题，有简单改动。

审理法院：广东省高级人民法院，案号为：［2015］粤高法民申字第416号。

【案例四十三　加班费】加班费的诉讼时效为2年，从仲裁之日起往前推算2年

【案情简介】2012年6月，何某与A公司经协商签订《解除劳动关系协议书》，约定A公司支付经济补偿金48 480元给何某，包括工龄、社保等一切经济补偿，何某收到补偿后，不再追究其他任何经济补偿，各自权利与义务就此终结，互不追究对方的任何责任。何某在签订该协议后，于2012年6月21日向广州市番禺区劳动争议仲裁委员会申请仲裁，请求A公司支付2007年9月至2009年2月期间的加班工资及50%赔偿金。

【法院审理】根据《中华人民共和国民法通则》第135条、第137条的规定，当事人“向人民法院请求保护民事权利的诉讼时效期间为二年，法律另有规定的除外”。“诉讼时效期间从知道或者应当知道权利被侵害时起计算”。即何某于2012年6月21日方主张权利，已超过二年诉讼时效。何某亦未提供证据证明本案存在诉讼时效中止、中断的事由，故一、二审法院以何某超过二年诉讼时效为由，驳回何某的诉讼请求，并无不当。另外，何某与A公司签订的协议书系双方的真实意思表示，何某已对自己的权利义务进行了处分。综上，何某的再审申请不符合法律规定的情形，应当依法予以驳回。

【案件索引】上述案例摘自“中国裁判文书网”，因篇幅问题，有简单改动。

审理法院：广东省高级人民法院，案号为：［2014］粤高法民申字第359号。

【法条延伸】中华人民共和国民法总则（主席令第六十六号　2017年10月1日起施行）

第一百八十八条　向人民法院请求保护民事权利的诉讼时效期间为三年。法律另有规定的，依照其规定。

诉讼时效期间自权利人知道或者应当知道权利受到损害以及义务人之日起计算。法律另有规定的，依照其规定。但是自权利受到损害之日起超过二十年的，人民法院不予保护；有特殊情况的，人民法院可以根据权利人的申请决定延长。

【案例四十四　加班费】加班费的计算基数，以劳动合同的规定为计算依据

【案情简介】王某受A博派遣公司的委派，到B远船务工作，王某认为其正常月工资为2900元（含工龄工资、岗位工资、各类补贴和其他项），加班费应该以王某实际取得的月工资为标准计算。王某因加班费问题，向法院提起诉讼，要求A博派遣公司以及B远船务支付足额支付加班工资。

【法院审理】关于王某加班工资计算标准问题。用人单位安排劳动者加班的，应当按照国家规定向劳动者支付不低于工资150%的加班费。为此劳动和社会保障部颁布的《工资支付暂行规定》第13条对加班费用计算标准做了进一步具体规定。劳动者在日法定标准工作时间以外的加班费计算原则是以劳动合同规定的劳动者本人小时工资为计算依据。

本案中，由于双方当事人在《劳动合同书》中并没有明确约定加班费计算和支付问题，原审法院根据相关法律法规的规定，结合王某系在辽宁省工作的实际情况，参照《辽宁省工资支付规定》认定以王某与A博派遣公司订立的《劳动合同书》中约定的工资标准作为计算加班费的基数，法律依据充分，应当予以确认。王某主张其加班费应当以其实际取得的月工资为标准作为计算基数，缺乏法律依据，不能予以支持。

关于本案用人单位是否已经足额支付了王某的加班工资的问题。原审法院参照劳动和社会保障部《工资支付暂行规定》第13条、《辽宁省工资支付规定》第22条中关于计算加班工资的日或者小时工资基数应当按照劳动合同中约定的劳动者本人工资标准确定的规定，按照延长工作时间加班工资的计算方法，以王某与A博派遣公司的《劳动合同书》中约定的最低工资标准为基数计算王某的加班费，符合法律规定，并无不当。

关于B远船务是否应当承担整个用工期间给王某造成的损失的问题。王某在B远船务工作的劳动报酬是由用工单位B远船务核定后交予劳务派遣单位，再由劳务派遣单位支付给王某。本案中，王某主张B远船务对整个用工期间的加班费和经济补偿金应承担连带责任，但是根据《劳动合同法》第92条的规定，只有在劳务派遣单位、用工单位违反该法有关劳务派遣规定，用工单位给被派遣劳动者造成损害的情况下，劳务派遣单位与用工单位才承担连带赔偿责任。根据原审查明的事实，B远船务提交了从2006年9月至2013年3月《劳务工王某出勤及工资情况》，证明B远船务支付的劳动报酬中已经包含了加班费用。因王某不能举证证明用工单位B远船务违反有关劳务派遣规定，给其造成《劳动合同法》第92条第2项规定的损害，故王某要求B远船务承担整个用工期间的加班费和经济补偿金，缺乏事实依据，不能予以支持。

【案件索引】上述案例摘自“中国裁判文书网”，因篇幅问题，有简单改动。

审理法院：中华人民共和国最高人民法院，案号为：[2015]民申字第610号

【案例四十五　加班费】劳动者主张提成工资中不包含加班费，但双方确认的《提成方案》中包含出勤天数的计算因素，法院认定用人单位已支付了足额的加班费

【案情简介】邝某任职于丰A汽车销售有限公司，其认为丰A汽车销售有限公司支付的提成工资是计件工资，不是按时间确定的加班工资，二审判决以提成工资作为判断加班工资是否支付的比照对象，没有法律和事实依据。邝某认为，其虽然没能提供2009年9月15日至2013年12月31日期间的加班证据，但是加班考勤的证据是由丰A公司掌握，依法

应由其提供。另外，既然认定了后两年的加班，不认定前两年的加班事实，难以令人信服。邝某为此，向广东省高级人民法院提起再审，经法院审理，驳回邝某的再审请求。

【法院审理】因邝某、丰A公司均向法院提交了《2013年售后服务部工资提成方案》（以下简称《提成方案》），且二审期间，邝某依据该《提成方案》，主张其工资结构为制度“工资+提成工资”，并得到支持。邝某申请再审称不确认该《提成方案》，与之前意思表示矛盾，本院不予支持。根据该《提成方案》，邝某所属的维修车间的工资计算具体记载如下：“车间班组内部的分配除考核评分外，应将员工出勤天数纳入组内作为分配因素，具体分配办法如下：A：班组可分配考核工资总额=班组工时提成总额-班组保底工资总额；B：个人考核系数=个人考评得分÷本班组人员考评总分，奖金系数=1/（∑个人当月出勤天数×个人考核系数）；个人考核工资=A×B×奖金系数×个人当月出勤天数。”该方案以大工举例，得出个人月工资收入=保底工资+个人实得提成工资（即上述公式计算出的个人考核工资）。

由此可见，邝某主张的提成工资在计算时已经将班组工时及员工个人出勤天数纳入计算因素，邝某申请再审称提成工资仅为计件的工资，与事实不符。二审判决认为邝某提成工资包含有加班工资，并无不当。二审判决在丰A公司无法提交考勤依据的情况下，采信邝某每月休息日加班四天，每天加班10小时的主张，核算邝某的时薪，结果均高于法律规定的最低时薪标准，也高于邝某基本时薪10.92元（1900÷21.75÷8），由此认定丰A公司已经足额支付了邝某的加班工资，并无不当。

关于2012年1月27日之前加班事实的举证责任问题。根据《最高人民法院关于审理劳动争议案件适用法律若干问题的解释（三）》第9条的规定，劳动者主张加班费的，应当就加班事实的存在承担举证责任，但劳动者有证据证明用人单位掌握加班事实存在的证据，用人单位不提供的，由用人单位承担不利后果。本案，邝某不能就2012年1月27日之前加班事实举证，也没有提交证据证明丰A公司还掌握两年前的加班事实证据。因此，邝某提出按照举一反三的思路，可以证实两年前存在加班的主张，理据不足，本院不予支持。

【案件索引】上述案例摘自“中国裁判文书网”，因篇幅问题，有简单改动。

审理法院：广东省高级人民法院，案号为：［2015］粤高法民申字第828号。

【案例四十六　加班费】企业因安全、消防、假日等需要，临时安排或根据制度安排与劳动者本职无关联的工作，属于值班而不是加班

【案情简介】自2007年3月至2009年3月，黎某按照广东省A医院单位排班安排，每隔五天或八天要上一天24小时的班，但广东省A医院却未支付加班费。黎某为此，向法院提起诉讼，请求法院判令广东省A医院向黎某支付2007年3月31日至2009年3月31日期间延长工作时间的加班工资。

【法院审理】本案争议的焦点之一是加班与值班的区别问题。值班一般是指单位因安全、消防、假日等需要，临时安排或根据制度安排劳动者与其本职无关联的工作；或虽与劳动者本职工作有关联，但值班期间可以休息的工作，一般为非生产性的工作。而加班则指劳动者在平时正常工作时间外，继续从事自己的本职工作。认定加班与值班，主要看劳动者是否继续在原来的岗位上工作，或者是否有具体的生产、经营任务。

本案中，从工作内容而言，根据双方签订的《劳动合同》《机电维修记录单》以及当事人陈述可知，黎某在正常工作时间的工作内容主要为对广东省A医院处中央空调系统及

末端设备（风柜、风机盘管）、净化系统、多联体空调、分体空调和冰箱（冰柜）等各类冷冻设备和热水炉的维修、巡查、定期保养以及紧急抢修，而值班时间的工作内容则包括更换灯管、修理吸尘器、修理自动门等非冷冻设备日常维护保养工本职工作的事务。从工作强度而言，黎某在值班时间主要是为了处理应急事件，工作强度不大，且广东省A医院有在电房里安置床位，如果没有工作的话，黎某就可以休息，甚至睡觉。综上所述，由于黎某值班的工作内容不同于正常工作时间的工作内容，工作强度低于正常工作时间的工作强度，且在值班的工作过程中可以休息，故对于黎某认为24小时班制均为工作时间的主张不予支持，认定该班制值班时间应为12小时，广东省A医院无需向其支付该时间段的加班费。

本案争议的焦点之二是除上述12小时值班外每天延长工作4小时应否支付加班工资的问题。

据黎某、广东省A医院于2008年1月份签订的协议书以及双方均确认的2007年3月至2009年3月期间的排班表可以相互印证，广东省A医院在安排黎某延长工作时间4小时加班均在当日之后安排黎某补休，故黎某要求除上述12小时值班外每天延长工作4小时的加班工资没有事实根据。但因广东省A医院对于广州市越秀区劳动争议仲裁委员会作出的广东省A医院向黎某支付2007年3月至2009年3月期间延长工作时间的加班工资2509.6元的裁决没有提起诉讼，应视为广东省A医院同意上述裁决，故对此照准。

【案件索引】上述案例摘自“中国裁判文书网”，因篇幅问题，有简单改动。

审理法院：广东省广州市中级人民法院，案号为：[2010]穗中法民一终字第3102号。

【案例四十七　奖金】用人单位制定的《奖金计算方案》，虽然召开了职工大会，但经法院认定，该方案在程序上存在违法，劳动者据此解除劳动合同，符合法律规定

【案情简介】A公司分别于2013年4月23日和2013年5月24日召开职工大会，宣布对《奖金计算方案》进行修改和公示，修订后的《奖金计算方案》对全勤奖、交通住房补贴、职务加级、技术加级的计算方法进行了变更。

蔡某等97名劳动者分别于2013年4月25日和2013年5月27日两次以书面形式向A公司提出反对施行修订后的《奖金计算方案》的意见，但A公司仍于2013年6月1日起实施修订后的《奖金计算方案》。为此，蔡某等97名劳动者要求与A公司解除劳动关系，并要求A公司支付经济补偿。

【法院审理】根据《中华人民共和国劳动合同法》第38条第一款第（四）项“用人单位的规章制度违反法律、法规的规定，损害劳动者权益的，劳动者可以解除劳动合同”的规定，本案应先确定A公司是否存在违法制定规章制度的情形。而衡量用人单位规章制度的合法性要从以下三个因素来判定：①规章制度内容合法；②规章制度的制定程序合法；③规章制度制定后须公示。且上述三个要素必须同时具备。

本案中，虽然A公司就修订《奖金计算方案》召开了职工大会，但没有证据证明该修订系经过双方讨论、平等协商达成一致的意思表示后而确定，且包括蔡某等97人在内的120余名劳动者，均在A公司就修订《奖金计算方案》召开的两次职工大会后，立即联名以书面形式两次向A公司提出了反对《奖金计算方案》修订案实施的意见。因反对人数已经超过应出席职工大会人数的一半以上，故可认定A公司修订《奖金计算方案》没有完成

《劳动合同法》第4条第2款规定的法定程序，二审判决据此认定A公司修订的《奖金计算方案》在程序上存在违法。虽然蔡某等97人与A公司签订的劳动合同中约定了劳动者的绩效薪酬或奖金的计发办法按公司制定的办法执行，津贴、补贴的发放标准和办法按公司制定的办法执行，但双方在签订劳动合同时，A公司已制定了有关奖金、津贴、补贴等的计发办法并一直执行，故二审判决认定双方签订劳动合同时原有的《奖金计算方案》属于劳动合同的附件，A公司对《奖金计算方案》进行修订，实为对履行双方所订劳动合同具体内容的变更，符合本案事实。根据《劳动合同法》第35条“用人单位与劳动者协商一致，可以变更劳动合同约定的内容”的规定，A公司未能举证证明其修订《奖金计算方法》已与劳动者协商一致，属于单方变更劳动合同的内容，依法不受法律保护。

【案件索引】上述案例摘自“中国裁判文书网”，因篇幅问题，有简单改动。

审理法院：广东省高级人民法院，案号为：［2014］粤高法民申字第2304号。

【案例四十八　非因工死亡】劳动者非因工死亡，包含已满退休年龄的职工，亦适用于100人以下私营企业

【案情简介】王某入职新A公司，在非工作时间，因自身疾病原因致死。新A公司认为，根据（粤劳薪［1997］233号）广东省劳动厅给惠州市劳动局《关于职工因病或非因工死亡的一次性抚恤金发放对象的批复》中提到：《广东省企业职工假期待遇死亡抚恤待遇暂行规定》（粤劳薪［1997］115号）第10条规定的死亡抚恤待遇标准，是在国家《劳动保险条例》规定标准的基础上调整提高的。但《中华人民共和国劳动保险条例》和《中华人民共和国劳动保险条例实施细则修正草案》中的企业适用范围指的是100人以上的国营、公私合营、私营及合作社经营的工厂、矿场及其附属单位与业务管理机关；铁路、航运、邮电的各企业单位及附属单位。而新A公司职员少于100人，不属于此类企业，因此，《广东省企业职工假期待遇死亡抚恤金待遇暂行规定》第10条不适用于本案。

《广东省企业职工假期待遇死亡抚恤金待遇暂行规定》不加限制地规定职工因病或非因工伤亡，企业发给丧葬补助费、供养直系亲属一次性救济金、一次性抚恤金，这一规定不合理合法。同时，第10条规定中并无使用“必须”“应当”等强制性词语，因此应视为自愿性、建议性或选择性要求。

新A公司为此，向法院提起诉讼，经法院审理，驳回新A公司的诉讼请求。

【法院审理】《广东省企业职工假期待遇死亡抚恤金待遇暂行规定》第10条规定：“职工（含离退休人员）因病或非因工负伤死亡，发给丧葬补助费，供养直系亲属一次性救济金（或供养直系亲属生活补助费）、一次性抚恤金。……在职职工因病或非因工负伤死亡，除有规定纳入社会保险支付的地方外，由企业按上述标准发给死亡抚恤待遇。”新A公司未为王某购买社保，王某在新A公司工作期间非因工死亡。原审参照上述规定，判令新A公司向王某直系亲属支付丧葬补助费、一次性救济金、一次性抚恤金并无不当，本院予以确认。新A公司上诉认为《广东省企业职工假期待遇死亡抚恤金待遇暂行规定》第10条不适用于本案，王某直系亲属已获得的商业保险理赔款20 000元应扣减本案赔偿费用的主张，均依据不充分，本院不予采纳。

【案件索引】上述案例摘自“中国裁判文书网”，因篇幅问题，有简单改动。

审理法院：广东省广州市中级人民法院，案号为：［2015］穗中法民一终字第2982号。

第五章

工伤相关

【案例四十九 停工留薪】停工留薪期内的原工资福利待遇不变，仅指正常工作时间的工资福利待遇，不包括加班费

【案情简介】吴某为伟A纸业有限公司员工，吴某在工作期间发生工伤，双方就停工留薪期工资的计算标准产生纠纷，吴某为此，提起劳动仲裁及诉讼。

【法院审理】根据《广东省工伤保险条例》第26条规定："职工因工伤需要暂停工作接受工伤医疗的，在停工留薪期内，原工资福利待遇不变，由所在单位按月支付。"停工留薪期内的原工资福利待遇不变，仅指正常工作时间的工资福利待遇，不包括加班费。因双方签订的劳动合同约定吴某的初始工资为1100元/月，伟A纸业有限公司也以1100元/月的标准为申请人吴某购买社保。所以，一、二审以初始工资1100元/月计算吴某的停工留薪期工资，具有事实依据，适用法律正确，本院予以维持。

【案件索引】上述案例摘自"中国裁判文书网"，因篇幅问题，有简单改动。

审理法院：广东省高级人民法院，案号为：［2014］粤高法民申字第2224号。

【案例五十 停工留薪】用人单位以严重影响公司正常经营为由解除劳动合同，因劳动者还处于停工留薪期，用人单位的解除理由不符合法律规定

【案情简介】贾某2012年7月入职繁A公司任职模具师傅，双方签订了劳动合同。同年8月22日晚上，贾某在工作中受伤。东莞市社会保障局认定贾某此次受伤事故为工伤。贾某工伤后，东莞市劳动能力鉴定委员会于2012年12月14日出具告知书，告知贾某"未达医疗终结标准或伤病情未达相对稳定"；直至2013年10月28日东莞市劳动能力鉴定委员会作出鉴定结论，鉴定贾某符合医疗终结标准。

【法院审理】依据《广东省工伤保险条例》第26条"停工留薪期根据医疗终结期确定，由劳动能力鉴定委员会确认，最长不超过二十四个月"的规定，认定贾某至2013年10月28日之前还处于停工留薪期于法有据。繁A公司于2013年4月2日出具《终止或解除劳动关系合同证明》，以贾某严重违反公司规章制度，严重影响了繁A公司的正常经营和工作等为由，提出自2013年4月1日起解除/终止与贾某的劳动关系。因贾某还处于停工留薪期，繁A公司以上述理由解除与贾某的劳动关系不符合法律规定。原判决根据《中华人民共和国劳动合同法》第48条"用人单位违反本法规定解除或者终止劳动合同，劳动者要求继续履行劳动合同的，用人单位应当继续履行"的规定，对贾某要求繁A公司恢复双方劳动关系的诉讼请求，予以支持理据充分。繁A公司所提再审申请理由缺乏事实和法律依据，本院不予支持。

【案件索引】 上述案例摘自“中国裁判文书网”，因篇幅问题，有简单改动。

审理法院：广东省高级人民法院，案号为：［2015］粤高法民申字第838号。

【案例五十一　工伤相关】劳动者因户籍不在统筹地区以及四级伤残为由，主张用人单位一次性支付十年伤残津贴，符合法律规定

【案情简介】 颜某为广东兴A公司员工，颜某在工作期间被认定罹患职业病，伤残等级为四级，颜某就伤残津贴一次性领取问题，提起劳动仲裁及诉讼。

【法院审理】 关于伤残津贴差额能否一次性领取的问题，《广东省工伤保险条例》第29条规定：“职工因工致残被鉴定为一级至四级伤残，本人要求退出工作岗位、终止劳动关系的，办理伤残退休手续，享受以下待遇：（一）一次性伤残补助金。由工伤保险基金按伤残等级支付，标准为：一级伤残为二十七个月的本人工资，二级伤残为二十五个月的本人工资，三级伤残为二十三个月的本人工资，四级伤残为二十一个月的本人工资。（二）伤残津贴。由工伤保险基金按月支付，直至本人死亡，标准为：一级伤残为本人工资的百分之九十，二级伤残为本人工资的百分之八十五，三级伤残为本人工资的百分之八十，四级伤残为本人工资的百分之七十五。伤残津贴实际金额低于当地最低工资标准的，由工伤保险基金补足差额……”；第31条规定：“户籍不在统筹地区的一级至四级伤残职工，本人要求解除或者终止劳动关系并一次性享受工伤保险待遇的，可以与统筹地区社会保险经办机构签订协议，由社会保险经办机构按照以下规定支付工伤保险待遇费用，终结工伤保险关系：（一）一次性伤残补助金。按照本条例第二十九条第一款第一项规定的标准计发。（二）伤残津贴。按照本条例第二十九条第一款第二项规定的标准一次性计发十年。（三）一次性工伤医疗补助金。按照以下标准计发：一级伤残为十五个月的本人工资，二级伤残为十四个月的本人工资，三级伤残为十三个月的本人工资，四级伤残为十二个月的本人工资。（四）生活护理费。经劳动能力鉴定委员会确认需要生活护理的，按照本条例第二十七条第二款规定的标准一次性计发十年。”

本案中，颜某以户籍地在湖南省且为四级伤残，已不方便继续上班，不便每月向用人单位申领伤残津贴为由，请求广东兴A公司一次性支付伤残津贴差额而不是按月支付具有事实依据及客观合理性，判令广东兴A公司应向颜某一次性支付十年伤残津贴。

【案件索引】 上述案例摘自“中国裁判文书网”，因篇幅问题，有简单改动。

审理法院：广东省高级人民法院，案号为：［2014］粤高法民申字第2454号。

【案例五十二　工伤相关】劳动者入职时提供虚假姓名且超过工伤认定的期限，但不免除用人单位因未交纳社保而产生的责任承担

【案情简介】 蒲A贵冒用“蒲B贵”的名义入职奥A公司处工作，双方没有签订劳动合同，蒲A贵在职期间，奥A公司未为蒲A贵购买工伤保险。蒲A贵在2011年1月13日工作时因头顶上的冲床螺杆破裂掉下砸中头部而受伤。事故发生后，蒲A贵被送到医院救治，诊断为右额骨凹陷性骨折，右额叶脑挫裂伤，并施行右额骨凹陷性骨折切复内固定术。奥A公司对蒲A贵在工作中受伤的事实无异议，并在蒲A贵治疗终结后同意蒲A贵进行工伤认定。由于蒲A贵申报的身份信息与本人身份信息不符，劳动保障行政部门没有在《工伤认定申请表》中盖章。2012年2月7日，蒲A贵向劳动保障行政部门申请工伤认定，又被以“超过法定的时效”为由通知不予受理。故此，蒲A贵受伤后未经工伤认定，不能通

过工伤索赔享受工伤待遇。

蒲A贵为此，以人身损害为由请求奥A公司予以赔偿，其请求赔偿的数额和范围应按《最高人民法院关于审理人身损害赔偿案件适用法律若干问题的解释》的规定、参照《广东省2011年度道路交通事故人身损害赔偿计算标准》计算。

【法院审理】蒲A贵冒名入职，事故发生后又因身份信息没有及时更改，导致工伤认定无法进行。蒲A贵固然有错，但其未在规定的期限内申请工伤认定，不能成为奥A公司免除责任的理由。蒲A贵在2011年2月13日出院后，于2012年2月7日申请工伤认定，同年5月4日提起工伤索赔，诉讼时效因其持续主张权利而中断，故原审认定蒲A贵的起诉没有超过诉讼时效期间并无不当。奥A公司以蒲A贵的起诉已超过为其一年的诉讼时效为由，要求驳回蒲A贵的诉讼请求理由不充分，原判决不予采纳正确。

蒲A贵是在工作过程中受伤，并非因道路交通事故受伤，故广东龙城法医临床司法鉴定所按照国家标准（GB/T16180-2006）《劳动能力鉴定职工工伤与职业病致残等级》第i）项九级3，对蒲A贵的伤情作出（2011）临鉴字第131号《司法鉴定意见书》符合本案实际，原判决予以确认正确。蒲A贵被评定为八级伤残，原审参照“2011年度城镇居民人均可支配收入标准”确定残疾赔偿金并无不当。根据《关于审理人身损害赔偿案件适用法律若干问题的解释》第17条第2款及第31条第1款的规定，残疾赔偿金是受害人因伤致残，增加了生活上需要支出的必要费用以及因丧失劳动能力导致的收入损失，其性质属物质损害赔偿金。而根据《关于审理人身损害赔偿案件适用法律若干问题的解释》第18条及第31条第2款的规定，精神损害抚慰金是受害人或者死者近亲属遭受精神损害所造成的损失，其性质属精神损害赔偿金，两者不能替代或包含。故原审根据蒲A贵的伤残等级，在判决奥A公司赔偿伤残赔偿金的同时，确定奥A公司赔偿精神损害抚慰金20 000元并无不当。奥A公司认为原审重复计算赔偿金的理由不充分，本院不予采纳。奥A公司虽主张其已向蒲A贵支付了工伤期间的工资、护理费、住院伙食费、交通费，但没有提供充分有效的证据予以证实，故其要求不予支付的理由不充分。蒲A贵是在奥A公司处工作时受伤的，故蒲A贵对伤残鉴定所造成的损失理应由奥A公司赔偿。奥A公司认为该费用应由蒲A贵承担的理由不成立。奥A公司没有提供蒲A贵对其受伤致残存在过错的证据，故蒲A贵造成的上述损失应全部由奥A公司承担。再审申请人奥A公司的再审申请理由不能成立，本院不予采纳。

【案件索引】上述案例摘自“中国裁判文书网”，因篇幅问题，有简单改动。

审理法院：广东省高级人民法院，案号为：［2013］粤高法民申字第1719号。

【案例五十三　工伤相关】用人单位聘请了冒用他人身份的未成年工，该名未成年工在工作期间发生工伤，用人单位需按照工伤待遇进行赔付，其中包含51年的假肢更换费用

【案情简介】2012年5月8日，李某使用“王某”的身份入职昊A公司，任烫金工。李某以“王某”的名义与昊A公司签订了合同期限从2012年5月9日起至2013年5月8日止的劳动合同，约定正常工作时间工资1100元/月。劳动合同第6条“其他约定条款”第2条约定：“乙方（李某）所提供个人身份证、学历证书、资料均为真实、有效，如与其相反将作无薪开除处理。”

李某在昊A公司工作期间均以“王某”名义签收工资。李某入职后，昊A公司没有为

李某或“王某”参加社会工伤保险。2012年8月18日19时17分，李某在上班期间操作烫金机时，不慎被机器压伤右手2~5指。随后，李某被送到原广州市番禺区鱼窝头医院治疗，李某被诊断为“右2~5指毁损伤。”

2012年11月29日，广州市番禺区人力资源和社会保障局作出穗番人社工伤认［2012］86245号认定工伤决定书，认定李某劳动功能障碍程度（伤残等级）为六级。李某在广东省工伤康复中心安装半掌假肢1个，支付辅助器具费2060元。当日，广东省工伤康复中心向李某出具了1份《辅助器具安装证明》，载明：“患者李某为提高生活自理能力、代偿部分功能、弥补外观缺损，该患者于2013年5月10日在我科室装配半掌假肢（特殊定制）壹个。该假肢价格为人民币壹仟玖佰捌拾元整（￥1980.00），此类假肢使用寿命一般一至二年，为保证正常使用建议定期维修更换。”

李某自受伤后没有再回昊A公司上班。2012年11月9日，昊A公司以李某使用他人身份证冒用“王某”名义混进公司，根据双方签订的《劳动合同》第6条第2款的规定，对李某作出开除处理。李某为此，提起劳动仲裁及诉讼。

【法院审理】原审法院认为，①李某与昊A公司之间已建立了劳动关系，双方合法的劳动权益均应受到国家法律法规的保护。②根据《广东省工伤保险条例》第2条第1款：“职工有依法享受工伤保险待遇的权利。本省行政区域内的企业、事业单位、社会团体、民办非企业单位、基金会、律师事务所、会计师事务所等组织和有雇工的个体工商户（以下称用人单位）应当在生产经营所在地依法参加工伤保险，为本单位全部职工或者雇工（以下称职工）缴纳工伤保险费”及第57条第1款：“用人单位依照本条例规定应当参加工伤保险而未参加或者未按时缴纳工伤保险费，职工发生工伤的，由该用人单位按照本条例规定的工伤保险待遇项目和标准向职工支付费用”的规定，李某在工作期间受伤，并被有关部门认定为工伤以及被鉴定为六级伤残，昊A公司没有为李某参加社会保险，因此，李某的工伤保险待遇应当由昊A公司支付。现鉴于昊A公司对于李某主张的第一项及第二项诉讼请求（即一次性工伤医疗补助金22 987.20元、一次性伤残就业补助金114 936元）没有异议，故该院依法予以确认。③鉴于李某与昊A公司在庭审中均确认双方的劳动关系已于2012年11月9日解除，故该院依法予以确认。另外，由于李某在诉讼中已明确表示要求与昊A公司终结工伤保险关系，且双方的劳动关系已于2012年11月9日解除，故该院依法确认终结双方的工伤保险关系。④根据《广东省工伤保险条例》第28条：“伤职工因日常生活或者就业需要，必须安装假肢、矫形器、假眼、假牙和配置轮椅、拐杖等辅助器具，或者辅助器具需要维修、更换的，由签订服务协议的医疗、康复机构提出意见，经劳动能力鉴定委员会确认，所需费用按照国家规定的标准从工伤保险基金支付。辅助器具应当限于辅助日常生活及生产劳动之必需，并采用国内市场的普及型产品。工伤职工选择其他型号产品，费用高出普及型的部分，由个人自付。”的规定，鉴于昊A公司没有为李某参加社会保险，现李某经广州市劳动能力鉴定委员会确认需要配置半掌假肢（特殊定制），且双方的劳动关系已于2012年11月9日解除，故李某请求昊A公司一次性支付该辅助器具更换费用合法有理，该院予以支持。现根据广东省工伤康复中心向李某出具的《辅助器具安装证明》，并结合《广东省工伤康复服务项目及支付标准（试行）》的规定标准，从公平合理、符合实际的情况出发，该院确认该半掌假肢（特殊定制）的更换费用每次为1800元，更换的周期为1.5年，鉴于李某已于2013年5月10日安装半掌假肢1个（该费用已由昊A

公司负担），计算至李某70周岁止，昊A公司需一次性支付李某辅助器具费61 200元（1800元×51年÷1.5年）。

昊A公司上诉称：①由于李某未达到昊A公司招聘员工年龄的要求，盗用王某的身份证进入昊A公司上班。昊A公司是按照王某的身份证信息为李某购买的商业保险。由于李某提供虚假的身份信息，造成李某正常的工伤医疗费与部分的赔偿不能实现。②在正常情况下，半手掌的假肢器具的使用周期为2年，如果因为李某不注意使用，可能会造成使用寿命不到两年。因李某个人不注意保养的原因造成的损失，应由其本人承担责任。③更换假肢费用的计算基数不应为1800元/次，根据《医疗事故处理条例》，昊A公司只应就补偿功能缺失的器具进行赔偿，根据李某提交的《辅助器具安装证明》记载是其安装的假肢是用于提高生活自理能力，代偿部分功能以及外观缺损，公司补偿的器具费用不包括外观缺损部分的，应当按照1980元×50%计算。根据《最高人民法院关于审理人身损害赔偿案件适用法律若干问题的解释》第32条的规定："辅助器具费用应参照护理费的赔偿期限，最长不超过20年。"据此，请求：判决李某承担昊A公司商业保险未能正常赔偿的金额18 692.9元；判决李某的假肢更换周期为2年，其费用为1980÷2×20×50%＝9900元。

二审法院认为，原审法院根据双方当事人的诉辩、提交的证据对本案事实进行了认定，并在此基础上依法作出原审判决，合法合理，且理由阐述充分，本院予以确认。对于双方争议的假肢更换费用的确定问题，原审根据李某出具的《辅助器具安装证明》并参照《广东省工伤康复项目及支付标准（试行）》的规定标准，酌情确定假肢更换费周期为1.5年，每次费用为1800元并无不当，且逐次支付假肢更换费有别于一次性支付，因此，李某主张按其实际更换产生的费用并考虑物价上涨因素，调高该赔偿标准缺乏合法依据，理据不足，本院不予采纳。昊A公司主张按2年确定更换周期，并以补偿的器具费用不包括外观缺损部分为由要求按前述标准折半计算假肢更换费用，缺乏合法依据，本院不予支持。李某因案涉工伤造成的身体伤害伴随终生，考虑其尚且年轻，与法定退休年龄相差甚远，客观上无论是工作还是生活均确需假肢更换费用，故原审判决假肢更换费用计算到李某70岁止合理。昊A公司上诉请求调整赔偿年限的理由亦不充分，本院不予接纳。至于昊A公司主张李某应赔偿其商业保险未能理赔的损失问题，属于昊A公司二审新增的诉讼请求，本院依法不予调处。故本院认可原审法院对本案事实的认定和处理意见，对李某、昊A公司的上诉请求，均不予支持。

【案件索引】上述案例摘自"中国裁判文书网"，因篇幅问题，有简单改动。

审理法院：广东省广州市中级人民法院，案号为：［2015］穗中法民一终字第2019号。

【案例五十四 工伤相关】劳动者在用人单位处因操作机器致死，因该劳动者属于弹性工作时间，且企业未建立上下班考勤制度，驳回《不予认定工伤决定书》

【案情简介】李X荣（李X龙的弟弟）与李X龙均为莲A木箱店木工，李X荣为莲A木箱店其中一个开料组的组长，上班不需考勤，工资结算方式为计件结算（按立方数计）。2015年1月16日11时30分许，李X荣在莲A木箱店车间锯木头时，由于木料头反弹飞出砸中腹部致内脏出血，经抢救无效死亡。

事发后，江门市公安局高新技术产业开发区派出所对相关在场人员进行了询问调查和现场勘查，其中杨某称李X荣当日是回来领取工资的；王某称当日结算工资，李X荣才回单位，李X荣操作的机械需要三个人才能正常运作；吴某称当日只有钉板组的人员上班，事发时只有李X荣一人在操作机械。

2015年1月20日，李X龙就李X荣的死亡向江海区事务局提起工伤认定申请。江海区事务局受理后，认定事实为：李X荣是开料组的师傅，有两位开机搭档分别是王某和罗某，2015年1月14日至16日由于没有原木原材开界自己班组安排休息。2015年1月16日上午回莲A木箱店结算工资，李X荣、王某、罗某三人先后回到店里，期间（11时许）李X荣拿着一把手动电锯到堆放原木场地，在已经放了很久的长木堆里的其中一根长圆柱材上锯下一节直径30多厘米、长20多厘米的木墩，返回启动开料电锯，再将木墩一分为二锯成两块。由于其独自操作，对面无人接应，致使木墩与电锯锯片受力不均匀，导致木墩从中心裂开四瓣弹出，其中一瓣弹打在李X荣的腹部致内脏出血抢救无效死亡。据此认为，李X荣的开料组已在2015年1月14日开始休息，2015年1月16日是回莲A木箱店结算工资，当日11时左右其启动开料电锯锯木墩不是上班开工。

综上所述，李X荣于2015年1月16日11时许在莲A木箱店用开料电锯锯木墩，导致木墩爆裂弹打自己腹部，经抢救无效死亡的事件不是在工作时间，不是因为工作受到事故伤害。根据《工伤保险条例》第14条、第15条的规定，李X荣受伤后死亡不符合认定工伤和视同工伤的情形。2015年2月2日，江海区事务局作出江海社事工不认字［2015］4号《不予认定工伤决定书》。李X龙为此向法院提起诉讼，一审、二审法院均驳回其诉讼请求，李X龙提起再审，高级人民法院认定，《不予认定工伤决定书》依法应予撤销，并依法作出工伤认定结论。

【法院审理】本案为工伤认定行政纠纷。二审争议焦点是江海区事务局作出的《不予认定工伤决定书》是否合法。

《工伤保险条例》第14条规定：“职工有下列情形之一的，应当认定为工伤：（一）在工作时间和工作场所内，因工作原因受到事故伤害的；（二）工作时间前后在工作场所内，从事与工作有关的预备性或者收尾性工作受到事故伤害的……”《工伤认定办法》第17条规定：“职工或者其近亲属认为是工伤，用人单位不认为是工伤的，由该用人单位承担举证责任。用人单位拒不举证的，社会保险行政部门可以根据受伤害职工提供的证据或者调查取得的证据，依法作出工伤认定决定。”《最高人民法院关于审理工伤保险行政案件若干问题的规定》第4条规定：“社会保险行政部门认定下列情形为工伤的，人民法院应予支持：（一）职工在工作时间和工作场所内受到伤害，用人单位或者社会保险行政部门没有证据证明是非工作原因导致的；……”本案中，用人单位莲A木箱店采用的是弹性工作时间，有木料时开工，没木料时休息，工资为计件工资，既没有建立正规的用工制度，也未建立上下班考勤制度。而在2015年1月16日案发当时，也有其他工作组在莲A木箱店内开工。李X龙认为李X荣是在工作时间和工作场所因工作原因受到事故伤害导致死亡的，申请了证人王某、罗某于一审庭审中出庭作证，证明系组长李X荣打电话要求他们回来开工的。根据上述规定，莲A木箱店主张李X荣当日是回来领取工资的，当日放假，李X荣不是在工作时间内受伤致死的，应对此承担举证责任。但案发当日莲A木箱店并未给李X荣结算工资，莲A木箱店也未提供证明李X荣所在工作组当日放假的证据，故其应承担举证不能的责任。根据上述事实和理由，综合本案其他证据，应当认定李X荣系在工作时间、工作场所内发生事故死亡。

另，莲A木箱店提出李X荣系违反工作规定，私自到厂外杂草丛中找废弃多年的旧木头，并私自开动电锯锯木墩做砧板，准备带回家自用的主张，但其所提供的证据均为莲A木箱店其他员工“听说”而来，属传来证据，并无其他直接证据予以佐证。而江海区事务局作出《不予认定工伤决定书》前，只调取了黄某、韦某、吴某等人作出的书面说明，未对证人王某、罗某等进行询问核实，也没有就致李X荣死亡的木头来源进行调查、比对、核实，在未查清上述关键事实的基础上作出《不予认定工伤决定书》属于证据不足、事实不清，依法应予撤销。因此，一审判决驳回李X龙的诉讼请求不当，本院依法予以纠正。江海区事务局应当对李X龙就李X荣因工死亡向其提起的工伤认定申请重新进行调查核实，再行依法作出工伤认定结论。

【案件索引】上述案例摘自“中国裁判文书网”，因篇幅问题，有简单改动。

审理法院：广东省高级人民法院，案号为：［2015］粤高法行终字第419号。

【案例五十五 工伤相关】劳动者罹患职业病，除获得工伤待遇外，可主张精神抚慰金

【案情简介】颜某为广东兴A公司员工，颜某在工作期间被认定罹患职业病，伤残等级为四级，颜某就精神抚慰金问题，提起劳动仲裁及诉讼。

【法院审理】关于精神抚慰金的问题。《工伤保险条例》第14条第4点的规定，职工患有职业病的应认定为工伤，可以享受相关工伤保险待遇。而《职业病防治法》第59条亦规定：“职业病病人除依法享有工伤保险外，依照有关民事法律，尚有获得赔偿的权利的，有权向用人单位提出赔偿要求。”因工伤保险待遇与人身损害赔偿的赔偿项目中，除了精神损害赔偿金外其他项目的性质基本相同，故劳动者不能既依据《工伤保险条例》请求用人单位赔偿工伤保险待遇，又依据《最高人民法院关于审理人身损害赔偿案件适用法律若干问题的解释》的规定，请求用人单位承担人身损害赔偿的责任。患职业病的劳动者在享受了工伤保险待遇之后，若又依照《职业病防治法》第59条的规定，请求用人单位承担人身损害赔偿责任的，用人单位承担的人身损害赔偿责任的范围仅限于精神损害赔偿。据此，二审判决参照劳动者的伤残情况酌情判令广州兴A公司应向颜某支付精神抚慰金70 000元，基本合理。

【案件索引】上述案例摘自“中国裁判文书网”，因篇幅问题，有简单改动。

审理法院：广东省高级人民法院，案号为：［2014］粤高法民申字第2454号。

【案例五十六 工伤相关】劳动者因工负伤的后续治疗费，由用人单位承担

【案情简介】李某为星A公司的员工，受星A公司的派遣到A公司工作。李某在A公司从事搬运岗位期间，因接触粉尘致使李某患有尘肺病，星A公司与李某因鉴定结论以及后续医疗费等问题产生纠纷。

星A公司认为，其已依法为李某缴纳社会保险，履行了社会赋予企业依法经营的义务，维护了星A公司的合法权益。产生的工伤事故应当由社保机构依法赔偿，而不是企业，特别是后续治疗部分，应实报实销。缴纳社会保险的作用，就是出现疾病事故的劳动者都可以享受大部分的免费治疗、救助，如果大部分的责任都由一个为其依法缴纳社会保险的企业来承担，那无疑会严重损害企业的合法权益。经法院审理认为，星A公司需承担李某的后续治疗费用。

【法院审理】二审法院认为：关于星A公司是否需向李某支付后续治疗费的问题。依上

所述，广东南粤法医临床司法鉴定所出具的《司法鉴定意见书》合法有效，司法鉴定意见载明李某需要后续治疗，其中常规检查费每年不低于273.7元，日常医药费每天40~60元。故本院可以认定李某的后续治疗费必然发生。原审法院酌情判决星A公司向李某支付十年的常规检查费1677元，日常医药费167 500元并无不当，本院予以维持。

至于星A公司主张社保基金和其向李某支付的一次性伤残补助金、一次性医疗补助金、一次性就业补助金就包含了李某的日常医药费用的问题。根据《劳动法》第73条第1款第3项的规定，劳动者在因公受伤的情形下，依法享受社会保险待遇。《工伤保险条例》对工伤保险待遇作了全面、细致的规定。根据上述规定，工伤保险待遇是劳动者在因工负伤、致残、死亡的情况下应当享受的合法权益，受到法律保护。该权利是劳动者根据法律的规定所享有的一种既得权利。而后续治疗费系劳动者因工伤、职业病等而产生的一种可得权利，二者属于不同的法律关系，不可相互代替。星A公司与李某劳动关系解除后，根据社保机构向原审法院的回复意见，工伤保险基金不予支付李某后续治疗费。因此，只有让星A公司向李某支付后续治疗费用，才能充分地体现工伤保险制度为因工负伤致残、患职业病的劳动者提供物质帮助，保障其丧失或部分丧失劳动能力后仍能正常生活的宗旨，使劳动者不因劳动关系的解除而丧失生活、康复的保障。

再审法院认为：

（1）关于鉴定程序和鉴定结论是否合法的问题。根据《最高人民法院关于民事诉讼证据的若干规定》第33条、34条、36条的规定，举证期限可由当事人协商一致并经人民法院认可确定或直接由人民法院指定，当事人在举证期限内举证确有困难的，经向人民法院申请并批准后，可延长举证期限。因此，根据上述规定，举证期限不是不变期限，也不是仅存在一次的期限。在一审法庭辩论终结前，当事人提供新证据、提出鉴定或重新鉴定的申请后，合议庭可以根据案情需要决定是否重新指定举证期限，重新组织双方进行证据交换。经审查，本案的鉴定程序，程序上并无不当之处。至于星A公司所称鉴定依据不合法的问题，在其仅有质疑而并未提供充分的相反证据推翻广东南粤法医临床司法鉴定所出具的《司法鉴定意见书》上述鉴定结论的情况下，二审判决采信上述鉴定结论，符合民事诉讼证据规则，并无不当。

（2）关于李某的后续治疗费是否必然发生的问题。由于司法鉴定意见载明李某需要后续治疗，而根据《最高人民法院关于审理人身损害赔偿案件适用法律若干问题的解释》第19条第2款的规定，对于有医疗证明或者鉴定结论确定必然发生的医疗费用，可以与已经发生的医疗费一并予以赔偿。

（3）对于星A公司所称后续治疗费应由社保部门承担的问题，由于一审期间佛山市顺德区社会保险基金管理局龙江办事处明确复函认为李某因职业病进行后续治疗的一切费用，工伤保险基金不予支付，故二审判决认定该笔费用应由用人单位予以承担，有事实与法律依据，亦无不当。

（4）关于日常医药费是否应由医保报销承担部分的问题，本院认为：首先，李某所得职业病是在与星A公司建立劳动关系期间，其职业病与该公司派遣其到用工单位工作之间存在直接因果关系，则星A公司应对其健康权受损害的后果承担赔偿责任。其次，由于星A公司已经与李某解除劳动关系，而社保机构又明确回复对于李某的后续治疗费不承担支付义务，故李某因工作期间产生工伤，应由星A公司承担治疗义务。最后，医保费用有一定比例限额，其所承保的，是投保公民在保险期间的符合规定的疾病治疗费用，而因工负伤所产生的费用，其性质与治疗工伤、职业病费用不同，工伤治疗费，不应包括在缴纳医保费用的报销范围内，二者制度设计目的不同，承保范围亦不相同，不应混同。根据上述分析，星A公司以鉴定程序和结论违法、后续治疗费未实际发生不应赔付且应由社保部门承担、日常医药费应由医保报销等为由，主张不应承担李某后续治疗费，二审判令支付错误，理据不足，本院不予支持。

【案件索引】上述案例摘自“中国裁判文书网”，因篇幅问题，有简单改动。

审理法院：佛山市中级人民法院二审案号为：［2013］佛中法民四终字第1628号；

广东省高级人民法院再审案号为：［2014］粤高法民申字第1952号。

【案例五十七　工伤相关】非法用工中关于一次性赔偿及后续治疗费的认定

【案情简介】黄某在未办理工商注册登记的情况下，出资经营了“茗剪发廊”，聘用曾某工作，属于非法用工。曾某在“茗剪发廊”工作过程中因履行工作职责受到暴力意外伤害，经鉴定构成7级伤残，黄某与曾某就非法用工赔偿事宜产生纠纷。

【法院审理】二审法院认为：①关于《司法鉴定文书》效力问题。本案的《司法鉴定文书》虽非用人单位所在地市级劳动能力能鉴定委员会作出，经查，作出鉴定的机构——广东经纬司法鉴定所具有伤残程度鉴定资质，负责鉴定的是三名法医师并均有签名，且黄某在一审庭审质证时已明确表示，对该证据的真实性和伤残等级认定均无异议，并明确表示不需要重新鉴定，因此该《司法鉴定文书》具有法律效力，原审法院予以采信正确。据此认定曾某七级伤残有法律依据。黄某上诉主张《司法鉴定文书》无效没有法律依据，本院不予采纳。②关于一次性赔偿金标准问题。依据《非法用工单位伤亡人员一次性赔偿办法》第5条、第7条的规定，一次性赔偿金按照以下标准支付：七级伤残的为赔偿基数的4倍，本办法所称的赔偿基数是指单位所在地工伤保险统筹地区上年度职工年平均工资。曾某于2013年10月发生工伤，佛山地区2012年度在岗职工年平均工资为46 203元，月平均工资为3850元，原审法院依此标准正确。黄某主张的全市城镇私营单位就业人员年平均工资作为赔偿标准，与上述规定不符，本院不予支持。故此，根据《工伤保险条例》第63条、《非法用工单位伤亡人员一次性赔偿办法》第5条的规定，黄某应支付一次性赔偿金184 800元（3850元/月×12个月×4倍）予曾某。③关于后续医疗费问题。本案中，关于曾某发生工伤，经鉴定机构广东经纬司法鉴定所评估，曾某的后续医疗费尚需15 000元。首先，该费用是由第三方鉴定机构评估所得；其次，黄某在一审庭审质证时对该证据的真实性也无异议；并且一次性处理了后续医疗费又可减少双方的诉累。故此原审法院确定后续医疗费15 000元并无不当，本院予以维持。

再审法院认为：本案为非法用工损害赔偿纠纷，争议焦点为《司法鉴定文书》的效力、一次性赔偿金的计算标准、曾某后续生活费和住院期间生活费以及鉴定费的事实认定问题。

关于《司法鉴定文书》的效力问题。经查，本案《司法鉴定文书》的鉴定机构广东经纬司法鉴定所具有伤残程度鉴定资质，负责鉴定的是三名法医师并均有签名，且黄某在一审庭审质证时已明确表示，对该证据的真实性和伤残等级的认定均无异议，并明确表示不需要重新鉴定，因此该《司法鉴定文书》具有法律效力，一、二审法院予以采信并据此认定曾某七级伤残有法律依据。黄某主张《司法鉴定文书》无效，要求重新进行鉴定没有法律依据，本院不予采纳。

关于一次性赔偿金计算标准问题。依据《非法用工单位伤亡人员一次性赔偿办法》第5条、第7条的规定，一次性赔偿金按照以下标准支付：七级伤残的为赔偿基数的4倍，本办法所称的赔偿基数是指单位所在地工伤保险统筹地区上年度职工年平均工资。曾某于2013年10月发生工伤，佛山地区2012年度在岗职工年平均工资为46 203元，月平均工资为3850元，原审法院依此采用的计算标准正确。黄某主张应以全市城镇私营单位就业人员年平均工资作为赔偿标准，理据不足，本院不予支持。

关于后续医疗费问题。本案中，经鉴定机构广东经纬司法鉴定所评估，曾某的后续医疗费尚需15 000元。由于该费用是由第三方鉴定机构评估所得，且黄某在一审庭审质证时对该证据的真实性也无异议，鉴于一次性处理了后续医疗费又可减少双方的诉累，故原审法院确定后续医疗费15 000元并无不当，本院予以维持。至于生活费、鉴定费问题，一、二审法院已根据双方当事人的诉辩、提交的证据进行了认定，合法合理，且理由阐述充分，本院予以维持。

【案件索引】上述案例摘自“中国裁判文书网”，因篇幅问题，有简单改动。

审理法院：佛山市中级人民法院二审案号为：［2014］佛中法民四终字第1389号；

广东省高级人民法院再审案号为：［2015］粤高法民申字第1378号。

第六章

工会相关

【案例五十八　工会相关】工会经费账户不视为所在企业的财产，不因企业欠款被冻结或划扣

【案情简介】建A集团公司因买卖合同纠纷一案，被某中级人民法院立案执行。在执行过程中，因建A集团公司未履行生效法律文书确定的义务，人民法院冻结被执行人建A集团公司在中国农业银行账户内的资金165 265.15元。2015年8月，异议人建A集团二会委员会向本院提出书面异议，认为本院冻结的账户是其在银行独立开设账户，与建A集团账户无关，其未参与建A集团的经营活动，请求法院解除对该账户的冻结。

【法院审理】本院认为，异议人建A集团工会委员会向法院提交的进账单等证据可证实法院冻结的账户是异议人在银行独立开设的"工会经费集中户"，与被执行人建A集团经营资金无关，该账户内资金属工会经费，根据《最高人民法院关于产业工会、基层工会是否具备社团法人资格和工会经费集中户可否冻结划拨问题的批复》第3条规定："人民法院在审理案件中，不应将工会经费视为所在企业的财产，在企业欠债的情况下，不应冻结、划拨工会经费及"工会经费集中户"的款项。本院冻结异议人账户的执行行为不当，应予以撤销。故异议人建A集团工会委员会的异议理由成立，本院予以支持。

【案件索引】上述案例摘自"中国裁判文书网"，因篇幅问题，有简单改动。

审理法院为：银川市中级人民法院，案号为：［2015］银执异字第73号

【案例五十九　工会相关】劳动合同届满但工会任期未满，自动延续，无需支付未签订劳动合同双倍工资差额

【案情简介】蔡某于2002年8月26日入职开A公司处，双方最后一期劳动合同终止时间为2012年8月25日。劳动合同到期后，开A公司于同月30日向蔡某发出《告知》，通知劳动合同期届满后自动续延至被告工会任期届满之日，即2013年4月29日，双方劳动关系在蔡某的工会委员任期届满之日自动终止。2013年10月27日开A公司向蔡某发出《有关催促员工交还公司财物和办理离职手续事宜》，以工会改选换届于2013年10月28日完成，蔡某不在新一届工会委员会成员名单中，双方劳动关系于2013年10月27日终止为由，通知被告2013年10月31日前完成相关离职手续。双方就延续期间未签劳动合同是否需要双倍工资差额的问题提起诉讼。

【法院审理】本院认为，首先，根据《工会法》第18条规定，开A公司与蔡某最后一份劳动合同签订期限至2012年8月25日，尚未履行的劳动合同期限短于工会委员任期的，劳动合同期限自动延长至任期期满，开A公司续延双方的劳动合同至蔡某工会任期届满之

日符合法律规定。其次，开A公司出具《告知》明确双方的劳动合同期届满后续延至蔡某工会任期届满之日，双方确认因工会委员换届选举尚未进行，蔡某仍在履行工会委员职责。开A公司亦是在确认蔡某不在新一届工会委员会成员名单后，根据工会换届选举时间作出终止劳动关系通知的。综合开A公司作出的《告知》及通知、工会换届选举时间、蔡某的履职情况等分析，开A公司的真实意思表示是双方劳动合同续延至蔡某不再履行工会委员职责之时，即工会换届选举大会召开之日。据此，开A公司与蔡某的劳动合同续延至2013年11月28日，开A公司主张无需向蔡某支付未签订劳动合同双倍工资差额，理据充分，本院予以支持。一、二审法院对此认定有误，本院予以纠正。

【案件索引】上述案例摘自“中国裁判文书网”，因篇幅问题，有简单改动。

审理法院为：广东省高级人民法院，案号为：[2016]粤民再120号。

【案例六十　工会相关】企业破产后，所在工会撤销，工会经费资产由上级工会处置，职工没有诉讼主体资格

【案情简介】汪某等370人系金A公司职工，金A公司2007年5月向法院申请破产，2009年5月26日，法院裁定终结金A公司破产程序。1991年~2001年，金A公司都是委托企业工会代发职工工资，工会代发工资时每月从人头上扣下部分工资代为投资，建宿舍楼和门面房，所有资金及财产一直在工会名下代管。2009年3月2日，A霞工会联合会接受了金A公司工会的相应资产。汪某等370人请求A霞工会联合会返还属于其所有的门面房上下23间、平房10间以及107 500元。

【法院审理】一审法院经审查认为，根据《中华人民共和国工会法》第12条规定：“基层工会所在的企业终止或者所在的事业单位、机关被撤销，该工会组织相应撤销，并报告上一级工会。”《中国工会章程》第40条规定：“工会组织撤销或者解散，其经费资产由上级工会处置。”《中华人民共和国工会法》第54条规定：“侵占工会经费和财产拒不返还的，工会可以向人民法院提起诉讼，要求返还，并赔偿损失。”本案中，金A公司作为企业法人已被裁定破产程序终结，该企业工会组织相应撤销，该工会组织的经费资产应由上级工会即A霞工会联合会处置，但至目前为止，无证据证明A霞工会联合会对金A公司工会组织经费资产进行了完全处置。在上级工会组织“处置”前置行为未履行或未完全履行的情况下，汪某等原金A公司职工向该院提起诉讼，不属于人民法院直接受理的民事案件的范围。而工会的财产、经费和国家拨给工会使用的不动产，任何组织和个人不得侵占、挪用和任意调拨，如有侵占工会经费和财产拒不返还的，应由工会组织向人民法院提起诉讼，汪某等370人与工会经费资产并无法律上的直接利害关系。据此，依照《中华人民共和国民事诉讼法》第119条的规定，该院裁定对汪某等原金A公司370名职工的起诉，不予受理。

高级人民法院认为，《中国工会章程》第40条规定：“工会组织合并，其经费资产归合并后的工会所有；工会组织撤销或者解散，其经费资产由上级工会处置。”根据上述规定，栖霞街道工会联合会接受原金A公司工会资产，符合法律规定。《中华人民共和国工会法》第46条、第54条规定：“工会的财产、经费和国家拨给工会使用的不动产，任何组织和个人不得侵占、挪用和任意调拨。侵占工会经费和财产拒不返还的，工会可以向人民法院提起诉讼，要求返还，并赔偿损失。”由此可见，对工会资产行使诉权的应当是工会组织。汪某等370人不具备本案诉讼主体资格。故汪某等370人在A霞工会联合会对上述资产未处

置前起诉要求其返还，不符合民事诉讼法的起诉条件。

【案件索引】上述案例摘自“中国裁判文书网”，因篇幅问题，有简单改动。

审理法院为：江苏省高级人民法院，案号为：［2014］苏民诉申字第00058号

第七章 

经济补偿及赔偿相关

【案例六十一 经济补偿金】劳动者以《个人所得税纳税证明》为证据，证明其12个月平均工资，因纳税项目中包含了不应纳入法定工资计薪标准的其他所得，被人民法院予以驳回

【案情简介】刘某认为，法院认定其离职前12个月的月平均工资计算错误，导致经济补偿金计算错误。刘某提供广东省地方税务局出具的刘某2012年1月至12月《个人所得税纳税明细信息》中显示，刘某离职前12个月平均工资，应按该年度实发工资和奖金总额除以12，计算出刘某月平均工资为13 505.05元，但二审判决认定刘某离职前12个月月平均工资为8500元，是认定事实错误，并造成和A公司未支付足额经济补偿金给刘某。综上，刘某请求依法再审。

【法院审理】关于刘某离职前12个月的月平均工资认定标准问题。《劳动法》第47条规定："用人单位根据本单位的生产经营特点和经济效益，依法自主确定本单位的工资分配方式和工资水平。"工资，是指用人单位基于劳动关系，按照劳动者提供劳动的数量和质量，以货币形式支付给劳动者本人的全部劳动报酬。一般包括：各种形式的工资（计时工资、计件工资、岗位工资、职务工资、技能工资等）、奖金、津贴、补贴、延长工作时间及特殊情况下支付的属于劳动报酬性的工资收入等；但不包括用人单位按照规定负担的各项社会保险费、住房公积金，劳动保障和安全生产监察行政部门规定的劳动保护费用，按照规定标准支付的生子女补贴、计划生育奖，丧葬费、抚恤金等国家规定的福利费用和属于非劳动报酬性的收入。

根据上述规定，用人单位有自主薪酬制定权，只要其支付给劳动者的小时工资不低于法定最低工资标准，即在法律层面上认定其工资支付制度合法有效。同时，用人单位有权按其公司制定的符合法律要求的工资支付制度，以劳动者一定期限内的工作数量和质量为判断标准，来确定应支付给劳动者的一定期限内的工资。

本案中，刘某在再审申请中提供了其2012年个人所得税纳税明细的新证据，欲证明其税前的2012年的工资总额及月平均工资均超出本案二审认定的数额。但是，刘某2012年1月至12月个人所得税纳税明细中一笔53 999.67元，在另案［2014］穗天法民一初字第969号案件中，其起诉称该笔费用为其2011年的年终奖，现又主张该笔费用为其2012年的工资收入所得，前后主张矛盾，说法不一，本院不予采信。

同时，根据《个人所得税法实施条例》第8条第1款的规定："工资、薪金所得，是指个人因任职或者受雇而取得的工资、薪金、奖金、年终加薪、劳动分红、津贴、补贴以及与任职或者受雇有关的其他所得。"因此，个人所得税纳税基数，除每月劳动者应得工资外，还包括了不应纳入法定的工资计薪标准的劳动者的其他所得。因此，仅凭刘某在再审

申请期间提供的其2012年1月至12月的《个人所得税纳税明细》，不能推翻二审判决根据刘某自2012年1月至12月的实发工资总额84 234.92元，并加上和A公司克扣的2012年12月工资2597.5元，推算出的其离职前12个月工资总额86 832.42元及月平均工资7236.04元的事实认定。综上，驳回刘某的再审申请。

【案件索引】上述案例摘自“中国裁判文书网”，因篇幅问题，有简单改动。

审理法院：广东省高级人民法院，案号为：［2014］粤高法民申字第2282号。

【案例六十二　经济补偿金】劳动者因工受伤后未参加工作，其认为在计算经济补偿金时，应当根据工伤前的工资标准进行计算，经法院审理，驳回其再审请求

【案情简介】吕某是某矿务局八道壕煤矿的煤矿工人，2011年7月24日因工受伤后至2014年6月18日（与八道壕煤矿清算组解除劳动关系）前一直未参加工作。吕某认为，人民法院在核算吕某经济补偿金时应当按照吕某享受工伤保险待遇的基数（3528.45元/月）计算，并为此提出再审申请。

【法院审理】关于吕某要求补足经济补偿金差额13 653.15元能否支持的问题。《中华人民共和国劳动合同法》第36条规定：“用人单位与劳动者协商一致，可以解除劳动合同。”该法第47条第1款规定：“经济补偿按劳动者在本单位工作的年限，每满一年支付一个月工资的标准向劳动者支付。六个月以上不满一年的，按一年计算；不满六个月的，向劳动者支付半个月工资的经济补偿。”该条第3款规定：“本条所称月工资是指劳动者在劳动合同解除或者终止前十二个月的平均工资。”

经审查，虽然吕某受伤前的月平均工资为3528.45元，但由于其自2011年7月24日受伤后至2014年6月18日与八道壕煤矿清算组解除劳动关系前一直未参加工作，故其要求按照工伤前工资标准认定其解除劳动合同前12个月平均工资的主张明显缺乏法律依据。

经进一步审查，吕某认可其工伤后的平均月工资为1578元，且八道壕煤矿清算组计算出的吕某解除合同前12个月的月平均工资亦为1578元，并以此为标准计算了吕某按7年工龄应得经济补偿金总额11 046元后，吕某于2014年6月18日在《破产企业职工领取经济补偿金审批表》中签字并领取了全部经济补偿金。根据该审批表所载内容，吕某在领取一次性经济补偿金后即与企业解除了劳动关系。吕某签字并领取经济补偿金的行为表明其与八道壕煤矿清算组就经济补偿金问题达成了一致，并据此协商解除了双方之间的劳动合同，属于双方当事人对自身权利的处分，应受到法律保护。依据《最高人民法院关于审理劳动争议案件适用法律若干问题的解释（三）》第10条之规定：“劳动者与用人单位就解除或者终止劳动合同办理相关手续、支付工资报酬、加班费、经济补偿或者赔偿金等达成的协议，不违反法律、行政法规的强制性规定，且不存在欺诈、胁迫或者乘人之危情形的，应当认定有效。前款协议存在重大误解或者显失公平情形，当事人请求撤销的，人民法院应予支持。”因此，对于吕某所提出的增加13 653.15元经济补偿金的请求，其应当提供证据证明其之前的签字确认及领取行为存在上述司法解释规定的有关撤销情形，否则，应当承担举证不能的法律后果。经审查，吕某既无证据证明其于2014年6月18日签字确认及领取之行为系陷于意思表示不真实而为之，亦无证据表明双方约定的经济补偿金数额显失公平，据此，原判决未予支持吕某此项主张不存在适用法律错误的问题。吕某的此项再审申请不能成立，本院不予支持。

【案件索引】上述案例摘自“中国裁判文书网”，因篇幅问题，有简单改动。

审理法院为：最高人民法院，案号为：［2015］民申字第3494号。

【案例六十三 经济补偿金】解除劳动合同前12个月的平均工资包括年底双薪、总经理特别嘉奖等奖金部分

【案情简介】广A文化传播有限公司与李某在2012年3月13日建立劳动关系，广A文化传播有限公司以李某工作失职为由解除劳动合同，被法院认定为违法解除。广A文化传播有限公司就违法解除以及解除劳动合同前12个月的平均工资计算标准等事宜提起上诉。

【法院审理】关于解除劳动合同前12个月月平均工资的计算问题。根据《劳动合同法实施条例》第27条：“劳动合同法第四十七条规定的经济补偿的月工资按照劳动者应得工资计算，包括计时工资或者计件工资以及奖金、津贴和补贴等货币性收入。劳动者在劳动合同解除或者终止前12个月的平均工资低于当地最低工资标准的，按照当地最低工资标准计算。劳动者工作不满12个月的，按照实际工作的月数计算平均工资。”的规定，

原审法院将广A文化传播有限公司向李某发放的年底双薪、总经理特别嘉奖计算入解除劳动合同前12个月平均内符合上述规定，本院予以维持。广A文化传播有限公司上诉请求剔除年底双薪、总经理特别嘉奖与法律规定相悖，本院不予采纳。

【案件索引】上述案例摘自“中国裁判文书网”，因篇幅问题，有简单改动。

审理法院为：广东省广州市中级人民法院，案号为：［2015］穗中法民一终字第2670号。

【案例六十四 经济补偿金】劳动者因家中有事辞职后，又以用人单位未缴纳社保为由，主张经济补偿金，被法院依法驳回

【案情简介】刘某与港A厂于2012年8月20日签订《劳动合同》，2013年9月26日刘某以“家中有事”为由向港A厂提出辞职申请。尔后，刘某又以港A厂存在《劳动合同法》第38条规定的情形为由主张解除劳动合同，并要求经济补偿。经法院审理，驳回刘某的诉讼请求。

【法院审理】确定劳动者辞职的原因应以其辞职时的意思表示为准，刘某在其辞职时未以其权利受到损害作为辞职的理由，其后又以港A厂存在过错为由要求港A厂支付经济补偿，有违诚实信用原则。对该主张，二审判决不予支持，亦无不当。

【案件索引】上述案例摘自“中国裁判文书网”，因篇幅问题，有简单改动。

审理法院为：广东省高级人民法院，案号为：［2014］粤高法民申字第2575号。

【案例六十五 双倍工资】用人单位未与劳动者签订《劳动合同》，在计算二倍工资赔偿时包括加班费部分

【案情简介】李某于2012年7月18日入职保A公司，保A公司一直未与李某签订劳动合同，李某为此，提起劳动仲裁及诉讼。

【法院审理】依据《劳动合同法》第14条第3款的规定：“用人单位自用工之日起满一年不与劳动者订立书面劳动合同的，视为双方已订立无固定期限劳动合同。”本案中，李某于2012年7月18日入职保A公司，保A公司至李某离职之日仍未与其订立书面劳动合同，依据法律的相关规定，应视为双方从2013年7月18日开始已订立无固定期限劳动合同。但在2013年7月18日之前，双方仍属于未签订劳动合同的状态，故保A公司仍应向

李某支付2012年8月18日至2013年7月17日期间的未签订劳动合同二倍工资。但因2013年1月17日之前的二倍工资的诉求已超过法定仲裁申请时效，依法不应予以支持。故原审法院对李某诉求的2013年1月18日至2013年7月17日期间的未签劳动合同二倍工资予以支持并无不当，本院亦予支持。

依据法律法规的规定，二倍工资差额的计算基数为劳动者当月应得工资，只是不包括支付周期超过一个月或未确定支付周期的劳动报酬，即加班工资应计入二倍工资计算基数。据此，保A公司应向李某2013年1月18日至2013年7月17日期间未签劳动合同二倍工资差额为20 100元。原审法院对二倍工资差额计算基数认定有误，本院依法予以纠正。保A公司上诉请求无需支付该二倍工资差额，缺乏法律依据，本院不予支持。李某该项上诉请求有理，本院依法予以支持。

【案件索引】上述案例摘自“中国裁判文书网”，因篇幅问题，有简单改动。

审理法院为：深圳市中级人民法院，案号为：[2014]深中法劳终字第3931号。

【案例六十六　双倍工资】用人单位在劳动合同期限届满后，仍与劳动者保持用工关系，但未签订劳动合同的，依法应当支付二倍赔偿

【案情简介】陈某与明A公司签订的劳动合同期限为：2013年3月1日至2014年2月28日。合同期满后，双方当事人虽未签订新的劳动合同，但陈某仍继续在明A公司工作。2014年6月1日，明A公司解除与陈某的劳动关系。

【法院审理】根据《最高人民法院关于审理劳动争议案件适用法律若干问题的解释》第16条第1款规定：“劳动合同期满后，劳动者仍在原用人单位工作，原用人单位未表异议的，视为双方同意以原条件继续履行劳动合同。一方提出终止劳动关系的，人民法院应当支持”以及《劳动合同法》第10条第1款规定：“建立劳动关系，应当订立书面劳动合同。”由于《劳动合同》期限届满后，陈某仍在明A公司工作，故明A公司理应与陈其续签劳动合同或重新签订劳动合同，但明A公司未签订劳动合同，依照《中华人民共和国劳动合同法》第82条第1款的规定，明A公司应支付二倍工资给陈某。因此，原审判决明A公司从2014年4月1日至2014年6月1日期间向陈某和支付二倍工资并无不当。

【案件索引】上述案例摘自“中国裁判文书网”，因篇幅问题，有简单改动。

审理法院为：广东省高级人民法院，案号为：[2015]粤高法民申字第1661号。

【案例六十七　双倍工资】某员工担任企业的人事经理一职，其工作职责包括劳动合同的签订工作。现该人事经理以企业未与其签订《劳动合同》为由，主张二倍工资赔偿，被依法驳回

【案情简介】李某入职沃A公司，任行政人事经理一职，李某认为：沃A公司在一审庭审中承认未与李某签订劳动合同的事实，也说明了未签订劳动合同的事实过程，不能因为李某担任人事经理职务就不受到法律的保护，李某也并无权利与自己签订劳动合同。另外，沃A公司的上一任人事经理也并无签订劳动合同，证明沃A公司存在故意不给人事经理签订劳动合同以规避企业风险的意图。二审判决把没有签订劳动合同的责任归于李某缺乏法律依据。综上，李某请求依法予以再审。

【法院审理】李某任职沃A公司行政人事经理，其工作职责包括与员工签订劳动合司，且李某入职时签订的《新员工培训计划》亦明确载明入职一个月内签订劳动合同。现李某

主张沃A公司拒绝与其签订劳动合同，但其提供的证据并不足以证明其主张。二审判决综合本案证据及查明事实，结合李某的职位及职责判定双方未签订劳动合同的原因在于李某，该认定结论符合《最高人民法院关于民事诉讼证据的若干规定》第64条“审判人员应当依照法定程序，全面、客观地审核证据，依据法律的规定，遵循法官职业道德，运用逻辑推理和日常生活经验，对证据有无证明力和证明力大小独立进行判断，并公开判断的理由和结果”的规定，并无不当。因此，在李某没有提供证据足以推翻二审判决的情况下，本院对其再审理由不予采纳。

【案件索引】上述案例摘自“中国裁判文书网”，因篇幅问题，有简单改动。

审理法院为：广东省高级人民法院，案号为：［2016］粤民申4345号。

【案例六十八　双倍工资】两公司在混同用工时，仅其中一家公司与劳动者签订劳动合同，劳动者起诉另外一家公司要求支付二倍工资，被法院驳回

【案情简介】雷某根据A公司发布的招聘广告前往应聘，并填写了A公司的入职申请表，领取了A公司颁发的厂牌。但雷某的工作地点、劳动合同的签订单位、作出解除决定的单位、办理离职手续的单位均为B公司，雷某认为其为A公司员工，并非B公司员工。为此，雷某向劳动仲裁委及人民法院主张A公司未与雷某签劳动合同，需向雷某支付两倍工资赔偿的诉请。

【法院审理】法院认为，结合A公司与B公司均为雷某缴纳相关社会保险以及A公司与B公司签订了公司转让合同而未完成工商登记等事实，认为A公司与B公司存在用工混同的情形。由于A公司与B公司用工混同，而B公司在雷某入职之日起一个月内已经与其签订了劳动合同，故雷某请求支付未签劳动合同的二倍工资差额的诉讼请求没有依据，依法不予支持。

【案件索引】上述案例摘自“中国裁判文书网”，因篇幅问题，有简单改动。

审理法院：广东省高级人民法院，案号为：［2014］粤高法民申字第2074号。

【案例六十九　双倍工资】某公司仅与劳动者签订《应聘人员登记表》和《员工转正考核表》，因上述表格不完全具备劳动合同的必要条款，该公司依法应当支付二倍赔偿

【案情简介】叶某于2011年11月14日入职日期中A公司后，直至2012年12月31日解除时，中A公司都没有依法与叶某签订书面劳动合同，叶某为此，主张未签劳动合同二倍赔偿。

中A公司认为：《应聘人员登记表》和《员工转正考核表》是双方确立劳动关系、明确双方劳动权利义务的书面形式的劳动协议。双方在《应聘人员登记表》约定叶某的工作地点、试用期及工资。依据《劳动合同法》第19条的规定，双方约定的试用期，属于劳动合同期限。因此，双方达成了劳动合同的书面协议。对于双方书面劳动协议中欠缺方面可以根据《劳动合同法》第18条“劳动合同对劳动报酬和劳动条件等标准约定不明确，引发争议的，用人单位与劳动者可以重新协商；协商不成的，适用集体合同规定；没有集体合同或者集体合同未规定劳动报酬的，实行同工同酬；没有集体合同或者集体合同未规定劳动条件等标准的，适用国家有关规定”和第81条“用人单位提供的劳动合同文本未载明本法规定的劳动合同必备条款或者用人单位未将劳动合同文本交付劳动者的，由劳动行政部

门责令改正；给劳动者造成损害的，应当承担赔偿责任”的规定来救济。因此，叶某该项请求没有事实依据。

【法院审理】双方有无签订书面劳动合同及中A公司应否向叶某支付未签订书面劳动合同的双倍工资差额的问题，《劳动合同法》第10条规定：“建立劳动关系，应当订立书面劳动合同。已建立劳动关系，未同时订立书面劳动合同的，应当自用工之日起一个月内订立书面劳动合同。用人单位与劳动者在用工前订立劳动合同的，劳动关系自用工之日起建立。”该法第16条规定：“劳动合同由用人单位与劳动者协商一致，并经用人单位与劳动者在劳动合同文本上签字或者盖章生效。劳动合同文本由用人单位和劳动者各执一份。”该法第17条规定：“劳动合同应当具备以下条款：（一）用人单位的名称、住所和法定代表人或者主要负责人；（二）劳动者的姓名、住址和居民身份证或者其他有效身份证件号码；（三）劳动合同期限；（四）工作内容和工作地点；（五）工作时间和休息休假；（六）劳动报酬；（七）社会保险；（八）劳动保护、劳动条件和职业危害防护；（九）法律、法规规定应当纳入劳动合同的其他事项。劳动合同除前款规定的必备条款外，用人单位与劳动者可以约定试用期、培训、保守秘密、补充保险和福利待遇等其他事项。”

本案中，叶某入职中A公司单位工作后，中A公司并未依法与叶某签订书面的劳动合同，故依法应当承担未签订书面劳动合同的法律责任。虽然中A公司在叶某入职时填写了《应聘人员登记表》，但该《应聘人员登记表》并不完全具备书面劳动合同的必要条款，且该登记表仅由中A公司持有，不符合“劳动合同文本由用人单位和劳动者各执一份”的规定。因此，中A公司认为其已经与叶某签订书面劳动合同而无需因此承担责任的抗辩理由不成立。

【案件索引】上述案例摘自“中国裁判文书网”，因篇幅问题，有简单改动。

审理法院为：广东省高级人民法院，案号为：［2014］粤高法民终字第10号。

第八章 

劳动仲裁及诉讼相关

【案例七十　案件受理】当事人在劳动仲裁撤诉后，又以同一仲裁请求再次申请仲裁的，只要符合受理条件，应当再次立案审理

【案情简介】王某于2013年7月1日入职惠城区大A酒店，每月工资4300元。王某入职后，大A酒店一直没有跟上诉人签订劳动合同，但双方建立了事实劳动关系。2014年4月17日下午，王某接到酒店通知，被告知从4月18日起，上诉人不用再去上班。王某于2014年4月29日向惠州仲恺高新区劳动人事争议仲裁委员会申请劳动仲裁，并于2014年5月29日申请撤回仲裁申请。此后，王某与大A酒店并未就劳动赔偿事宜协商一致，因此，王某于2014年6月4日又向惠州仲恺高新区劳动人事争议仲裁委员会申请劳动仲裁，该仲裁委于2014年6月6日作出不予受理的通知。王某于2014年6月16日向惠州市惠城区人民法院提起民事诉讼，2014年6月20日，惠州市惠城区人民法院作出［2014］惠城法仲立民初字第9号民事裁定，裁定对王某的起诉不予受理，王某为此，提起上诉，二审法院认定王某的起诉符合受理条件，裁定撤销原裁定。

【法院审理】本院认为，根据《劳动部办公厅关于已撤诉的劳动争议案件劳动争议仲裁委员会是否可以再受理的复函》（劳办发［1997］61号）“当事人撤诉或者劳动争议仲裁委员会按撤诉处理的案件，如当事人就同一仲裁请求再次申请仲裁，只要符合受理条件，劳动争议仲裁委员会应当再次立案审理，申请仲裁时效期间从撤诉之日起重新开始计算”，以及《劳动人事争议仲裁办案规则》第31条“对仲裁委员会逾期未作出决定或决定不予受理的，申请人可以就该争议事项向人民法院提起诉讼”的规定，上诉人王某的起诉符合人民法院受理的条件。

【案件索引】上述案例摘自“中国裁判文书网”，因篇幅问题，有简单改动。

审理法院：广东省惠州市中级人民法院，案号为：［2014］惠中法立民终字第208号。

【案例七十一　法院管辖】劳动者与用人单位均对劳动仲裁不服，在相同的一天，分别向不同地区的法院立案，经最高院审理认为，应交由劳动合同履行地法院审理为宜

【案情简介】2014年6月3日湖北省武汉市武昌区人民法院立案的［2014］鄂武昌民初字第02917号陈某诉黑龙江A制药有限公司（以下简称龙A制药）劳动争议纠纷一案，与2014年6月3日黑龙江省绥化市北林区人民法院立案的［2014］绥北宝民初字第122号龙A制药诉陈某劳动争议纠纷一案，两地人民法院之间因管辖权产生争议，协商未果。2016年7月6日，湖北省高级人民法院报请本院指定管辖。

【法院审理】根据《最高人民法院关于审理劳动争议案件适用法律若干问题的解释》

的规定，劳动争议案件由用人单位所在地或者劳动合同履行地的基层人民法院管辖。湖北省武汉市武昌区人民法院作为劳动合同履行地的基层人民法院，黑龙江省绥化市北林区人民法院作为用人单位所在地的基层人民法院，对案件均享有管辖权。在当事人双方就同一仲裁裁决分别向多个有管辖权的人民法院起诉的，为了便于查清案件事实，保证裁判的统一性，宜由同一法院并案审理。考虑到两地法院同日立案、劳动合同履行地在武汉市、双方亦是先由湖北省劳动人事争议仲裁委员会进行仲裁，为方便劳动者诉讼，便于法院查明案件事实，由湖北省武汉市武昌区人民法院并案审理为宜。

【案件索引】上述案例摘自“中国裁判文书网”，因篇幅问题，有简单改动。

审理法院为：最高人民法院，案号为：［2016］最高法民辖30号。

【案例七十二 案件受理】征缴社会保险费用是社保行政机构的法定职责，不属于劳动争议案件的受理范围

【案情简介】雷某称，其自2011年11月24日入职某销售部以来，某销售部一直没有为其购买社会保险为由，提起再审请求，经法院审理，驳回其再审请求。

【法院审理】关于社会保险费用的问题。征缴社会保险费用是社保行政机构的法定职责，根据《最高人民法院关于审理劳动争议案件适用法律若干问题的解释（二）》第7条“下列纠纷不属于劳动争议：（一）劳动者请求社会保险经办机构发放社会保险金的纠纷。”之规定，雷某关于某销售部为其足额补缴社会保险费用的诉请不属于人民法院审理劳动争议案件的范围，一、二审法院不予审处并无不当。

【案件索引】上述案例摘自“中国裁判文书网”，因篇幅问题，有简单改动。

审理法院：广东省高级人民法院，案号为：［2016］粤民申1242号。

【案例七十三 一裁终局】一裁终局最高限额以仲裁裁决支持的金额为准

【案情简介】谢某入职富A公司后，因未签劳动合同，对劳动报酬、工伤医疗等事宜提起劳动仲裁，仲裁委经审理后，作出一裁终局的裁定。富A公司认为，其与谢某之间有签订书面劳动合同。富A公司于庭审之前向仲裁委提交书面劳动合同，仲裁委不予以接收，导致仲裁委以富A公司没有提交证据证明为由，认定富A公司与谢某之间没有签订书面劳动合同，从而裁令富A公司支付谢某未签订劳动合同二倍工资差额23 586元。另外，仲裁裁决认定本案为终局裁决，适用法律不当。根据《中华人民共和国劳动争议调解仲裁法》第47条第1款之规定：“追索劳动报酬、工伤医疗费、经济补偿或者赔偿金，不超过当地月最低工资标准十二个月金额的争议。”2016年深圳市最低工资标准为2030元，最低工资标准12个月金额为24 360元，而谢某请求追偿的金额总共为60 000元，超过最低工资标准12个月，富A公司为此，提起撤销之诉。

【法院审理】针对本案仲裁有无超出终局裁决最高限额问题，根据相关规定，劳动争议终局裁决的最高限制金额系以仲裁裁决支持的金额为准，本案仲裁未超出最高限额，裁决程序并未违反法律规定。针对二倍工资问题，根据富A公司的主张，本案仲裁因其提交的劳动合同证据已过举证期限而不予质证和认证。经核查，仲裁庭审笔录未记录富A公司有无提交劳动合同证据，仅简单记录富A公司没有在举证期限内提交证据而省略质证环节，故本院采信富A公司的主张。根据《民事诉讼法》相关规定，对当事人逾期提交的与案件基本事实有关的证据，应予以质证和认证。本院依照《民事诉讼法》第154条第1款第11

项、《劳动争议调解仲裁法》第 49 条第 1 款第 3 项、《诉讼费用交纳办法》第 14 条第 5 项、第 38 条第 4 款的规定，裁定如下：撤销深圳市龙岗区劳动人事争议仲裁委员会深龙劳人仲（龙岗）案［2016］52 号仲裁裁决。

【案件索引】上述案例摘自“中国裁判文书网”，因篇幅问题，有简单改动。

审理法院：深圳市中级人民法院，案号为：［2016］粤 03 民特 161 号。

【案例七十四　一裁终局】一次性伤残就业补助金、停工留薪期工资、生活护理费等属于一裁终局的范围

【案情简介】先 A 公司认为：一次性伤残就业补助金、生活护理费均不属于终局裁决的范围，且仲裁裁决的四项合计已超过深圳市最低工资标准 12 个月的合计，故仲裁委员会适用法律错误，违反法定程序，应予以撤销。

【法院审理】劳动者关于一次性伤残就业补助金、停工留薪期工资、生活护理费等工伤保险待遇请求属于《中华人民共和国劳动争议调解仲裁法》第 47 条第 1 款第 2 项规定的“因执行国家的劳动标准在社会保险方面发生的争议”，故上述请求并不受 12 个月最低工资标准数额的限制。因此，仲裁裁决认定本案属于一裁终局并无不当。申请人先 A 公司以仲裁委员会适用法律有误为由申请撤销仲裁裁决，缺乏法律依据，本院不予支持。

【案件索引】上述案例摘自“中国裁判文书网”，因篇幅问题，有简单改动。

审理法院：深圳市中级人民法院，案号为：［2016］粤 03 民特 585 号。

【案例七十五　一裁终局】工资报酬支付、未签劳动合同支付二倍工资等，各单项均未高于当地最低工资的，属于一裁终局的范围

【案情简介】陈某于 2015 年 4 月 17 日入职蓝 A 经营部，任出纳，双方未签订劳动合同。陈某因解除劳动合同与蓝 A 经营部产生纠纷，蓝 A 经营部认为裁决结果高于 2015 年中山市最低工资标准 18 120 元所以非一裁终局，经法院审理，被依法驳回。

【法院审理】《劳动争议仲裁调解法》第 47 条第 1 项规定：“下列劳动争议，除本法另有规定的外，仲裁裁决为终局裁决，裁决书自作出之日起发生法律效力：（一）追索劳动报酬、工伤医疗费、经济补偿或者赔偿金，不超过当地月最低工资标准十二个月金额的争议；……”第 49 条规定：“用人单位有证据证明本法第四十七条规定的仲裁裁决有下列情形之一，可以自收到仲裁裁决书之日起三十日内向劳动争议仲裁委员会所在地的中级人民法院申请撤销裁决：（一）适用法律、法规确有错误的；（二）劳动争议仲裁委员会无管辖权的；（三）违反法定程序的；（四）裁决所根据的证据是伪造的；（五）对方当事人隐瞒了足以影响公正裁决的证据的；（六）仲裁员在仲裁该案时有索贿受贿、徇私舞弊、枉法裁决行为的。人民法院经组成合议庭审查核实裁决有前款规定情形之一的，应当裁定撤销。”

本案中，首先，蓝 A 经营部未支付陈某 2015 年 10 月工资，中山市劳动人事争议仲裁委员会依据《劳动法》第 3 条、第 50 条裁决蓝 A 经营部应支付陈某该月工资适用法律正确。其次，未订立书面劳动合同加付一倍的工资属于惩罚性的赔偿金，故各单项均未高于 2015 年中山市最低工资 18 120 元，本案劳动争议属于仲裁裁决一裁终局的争议。

【案件索引】上述案例摘自“中国裁判文书网”，因篇幅问题，有简单改动。

审理法院：中山市中级人民法院，案号为：［2016］粤 20 民特 70 号。

【案例七十六 举证责任】劳动者与用人单位未签订劳动合同，法院根据公平原则和诚实信用原则，采信劳动者关于每月工资数额的主张

【案情简介】赵某于2008年10月进入盈A公司处从事染色工作，双方未签订劳动合同，工资约定按件计算。2010年5月8日，赵某在工作中搬运货物时，因堆起的货物倒下，不慎被压伤。盈A公司认为，赵某在事发前12个月平均工资是2300元，事发后盈A公司每月预支3000元给赵某夫妻补贴生活，并从事发时起至2013年5月份已经领取了37个月，赵某则认为每月工资为3000元，双方据此产生争议，诉至法院。

【法院审理】一审法院认为：根据最高人民法院《关于民事诉讼证据的若干规定》第6条“在劳动争议纠纷案件中，因用人单位作出开除、除名、辞退、解除劳动合同、减少劳动报酬、计算劳动者工作年限等决定而发生劳动争议的，由用人单位负举证责任”及第7条“在法律没有具体规定，依本规定及其他司法解释无法确定举证责任承担时，人民法院可以根据公平原则和诚实信用原则，综合当事人举证能力等因素确定举证责任的承担”的规定，本案中，关于赵某工伤前12个月的平均工资，因赵某工资是按件计酬的，故工资的举证责任应在盈A公司处，现盈A公司只出示了赵某于漂染车间的4名同事的证明及年份不明的“盈辉漂染厂1月份染色车间工资表”，这两证据并不能证实赵某工伤前12个月的平均工资，故盈A公司应承担举证不能的不利后果。而赵某伤后均按月3000元领取待遇，且主张伤前亦是每月3000元工资，因此，一审法院确认赵某受伤前12个月的平均工资为3000元。

再审法院认为：关于盈A公司2010年6月至2013年5月（共计36个月）每月支付给赵某的3000元属于停工留薪期间工资、伤残津贴还是预付款问题。盈A公司主张争议款项是属于预付给赵某夫妻的生活费，除原审提交的证据外，在本院再审期间提供了吴某、严某的证言。综合盈A公司提供的证人证言和赵某的陈述，本院认为，盈A公司提交的证据还不足以证明争议款项是属于预付给赵某夫妻的生活费，理由如下：吴某代表盈A公司与赵某协商时，没有第三人在场，双方对争议款项的性质持不同说法。吴某称因赵某受伤后没有工作，就没有工资，盈A公司出于人道主义，每个月预付3000元给赵某作为夫妻两人的生活费，对此，既没有其他证据予以佐证，也不符合工伤保险条例的规定。证人严某的证言并不能证明争议款项的性质或者用途，且赵某对严某的证言予以否认，对严某的证言，本院不予采纳。赵某认为按照《广东省工伤保险条例》第26条的规定，不管赵某受伤后是否实际工作，都要发工资，并主张3000元大部分是他自己或者由他妻子到盈A公司财务领取并按工资报表形式签收的。对此，赵某一审还提交了银行转账凭条予以佐证。银行转账凭条付款方“关某”是盈A公司的员工，盈A公司对赵某的说法既未能提供相反证据予以否定，也未能作出合理说明。因争议款项发放的具体情况记录于盈A公司的财务资料中，本院再审期间曾要求盈A公司提交与本案相关的财务资料，但盈A公司未能提交，应由盈A公司承担举证不能的不利后果。综上所述，赵某主张争议款项是停工留薪期间工资、伤残津贴的主张更符合常理，也符合《工伤保险条例》的有关规定，检察机关抗诉理由成立，本院予以采纳。

【案件索引】上述案例摘自“中国裁判文书网”，因篇幅问题，有简单改动。

审理法院为：广东省高级人民法院，案号为：［2016］粤民再349号。

【案例七十七　举证责任】劳动者主张用人单位单方解除劳动合同，需承担举证责任

【案情简介】邓某入职联A公司后，因劳动合同解除事宜与联A公司产生纠纷，邓某认为，2012年6月19日下午，联A公司口头宣布解雇邓某，还把邓某的电脑、桌椅等搬离办公室，让保安队长将邓某押解出厂，这不是解雇而是强行停止工作。联A公司在劳动局调解时因不愿支付高额赔偿金，才于2012年8月4日向邓某发出回厂上班的函。邓某于8月5日收到通知后按照要求于8月8日回厂上班却被挡在厂区外，邓某只能报警，但二审法院对这一事实视而不见，错误适用举证责任分配，判决不当。邓某为此，向高级人民法院提起再审申请。

【法院审理】关于举证责任的问题。《最高人民法院关于民事诉讼证据的若干规定》（下称《若干规定》）第6条规定："在劳动争议纠纷案件中，因用人单位作出的开除、除名、辞退、解除劳动合同、减少劳动报酬、计算劳动者工作年限等决定而发生的劳动争议，用人单位负举证责任。"根据该规定文义，只有在开除、除名、辞退、解除劳动合同、减少劳动报酬、计算劳动者工作年限等决定是由用人单位单方面作出而导致劳动争议时，用人单位才承担举证责任。在本案中，邓某主张是联A公司强行解除与其的劳动关系，联A公司对此予以否认，这表明双方当事人对于是否联A公司单方面解除与邓某的劳动关系的事实存在争议。

因此，本案应首先对联A公司是否单方面解除与邓某的劳动关系这一争议的事实进行分析认定，在联A公司单方解除双方的劳动关系时，联A公司才应依法对其解除劳动关系的正当性承担举证责任。邓某作为本案的原告，其主张联A公司强行解除与其劳动关系，根据《若干规定》第2条，"当事人对自己提出的诉讼请求所依据的事实或者反驳对方诉讼请求所依据的事实有责任提供证据加以证明"的规定，二审法院认定邓某应对此承担举证责任于法有据，不存在错误分配举证责任的情形。由于邓某没有能够提供这方面的证据予以证明，故二审法院对其主张不予采纳并无不当，本院予以支持。

【案件索引】上述案例摘自"中国裁判文书网"，因篇幅问题，有简单改动。

审理法院为：广东省高级人民法院，案号为：［2015］粤高法民申字第652号。

【案例七十八　合并审理】劳动者在劳动仲裁阶段未提起停工留薪期工资和伤残津贴，在诉讼阶段主张，可合并审理

【案情简介】赵某于2008年10月进入盈A公司处从事染色工作，双方未签订劳动合同，工资约定按件计算。2010年5月8日，赵某在工作中搬运货物时，因堆起的货物倒下，不慎被压伤。赵某的停工留薪期工资和伤残津贴在劳动仲裁中未提出请求，现在诉讼阶段主张，经法院审理，可合并审理。

【法院审理】停工留薪期工资和伤残津贴均是职工工伤后享受工伤保险待遇的项目内容，根据最高人民法院《关于审理劳动争议案件适用法律若干问题的解释》第6条"人民法院受理劳动争议案件后，当事人增加诉讼请求的，如该诉讼请求与讼争的劳动争议具有不可分性，应当合并审理"的规定，该两项请求是属于整个工伤保险待遇劳动争议的组成部分，是不可分的，应当合并审理。因此即使赵某在劳动仲裁阶段并没有提出停工留薪期工资和伤残津贴，在诉讼阶段进行主张，符合上述规定。

【案件索引】上述案例摘自"中国裁判文书网"，因篇幅问题，有简单改动。

审理法院为：广东省高级人民法院，案号为：［2016］粤民再349号。

第九章

劳动监察及仲裁办案规则相关

【案例七十九　劳动监察】某公司已组织工会召开会议，制定方案，并将裁员相关资料向劳动监察部门报送。经法院审理认为，某公司的做法符合法律规定，劳动监察部门作出的处罚决定应当予以撤销

【案情简介】深圳市宝安区人力资源局（以下简称“宝安人力局”）于2014年7月10日、8月15日接到深圳市局12345转来来信反映荣A公司存在违法裁员问题。宝安人力局遂就上述事项进行相关调查。宝安人力局遂决定并案处理，并于2014年8月20日立案。2014年8月21日，宝安人力局向荣A公司作出深宝劳监令XA2014007号《劳动监察限期整改指令书》，告知荣A公司：“经查，你单位存在违法经济性裁员劳动违法行为，责令你公司自收到本指令书之日起7日内改正，同时把改正情况书面报深圳市宝安区新安劳动办402室（电话2796×××4）。”该《劳动监察限期整改指令书》于同日送达给荣A公司。2014年8月25日，荣A公司通过邮政特快专递EMS将其整改报告书邮寄给宝安人力局法制科，收件人为罗小姐，收件电话为2766×××6，并附注向法制科补交一份《经济性裁员名单》（原未报送的经济性裁员20名员工名单）。2014年9月16日，宝安人力局向荣A公司调查违法经济性裁员的整改情况，认定荣A公司并未依法作出整改措施，遂于2014年10月29日作出深（宝）劳监告XA2014007号《劳动监察行政处罚事先告知书》，向荣A公司告知拟对其作出行政处罚的事实、理由和依据，并告知荣A公司依法享有陈述、申辩等权利。在听取荣A公司申辩之后，宝安人力局于2014年11月28日作出本诉深（宝）劳监罚XA2014007号《劳动监察行政处罚决定书》，认定荣A公司存在违法经济性裁员、责令改正拒不改正的违法行为，依据《劳动保障监察条例》第30条第1款第3项，决定对荣A公司处以罚款人民币2000元的行政处罚。该处罚决定于同日直接送达荣A公司。荣A公司对处罚决定不服，遂提起本案行政诉讼。

【法院审理】一审法院认为，本案中，荣A公司存在违法经济性裁员行为，宝安人力局依法查处后发出《劳动监察限期整改指令书》，荣A公司应当依法进行相应整改。荣A公司在收到该《劳动监察限期整改指令书》后，仅向宝安人力局以邮寄方式补充提交了涉及违法经济性裁员的20名员工的名单和书面报告，且并未按照宝安人力局已告知的指定方式和地点提交材料。宝安人力局经核查后认定荣A公司存在违法经济性裁员、经责令改正仍拒不改正的违法行为并无不当。荣A公司的行为违反了《劳动保障监察条例》的相关规定，依法应当受到相应的处罚。宝安人力局对荣A公司的违法事实认定清楚，证据确实、充分，适用法律正确，处罚符合法定程序，对荣A公司作出本诉处罚决定并无不当。

二审法院认为，《企业经济性裁减人员规定》第4条第4项规定：“用人单位确需裁减人员，应按下列程序进行：向当地劳动行政部门报告裁减人员方案以及工会或者全体职工的意见，并听取劳动行政部门的意见。”本案中，上诉人在进行企业经济性裁员之前，已按照《企业经济性裁减人员规定》，组织工会召开会议，制定《经济性减裁人员方案》，并将裁员相关资料向被上诉人报送。其中《经济性裁员汇总表》中已确定的人员45名，未确定的人员20名。根据《企业经济性裁减人员规定》第4条的规定，劳动行政部门即本案的被上诉人对上诉人的裁员行为有备案审查权，被上诉人认为上诉人违法的主要事实为《经济性裁员汇总表》中的后20人名单确定后未及时上报，遂作出《劳动监察限期整改指令书》，要求上诉人七日内整改。上诉人在七日内向被上诉人上报了《整改报告》及《20人经济性裁员名单》，在被上诉人未明确要求整改举措的情况下，上诉人依据《劳动监察限期整改指令书》字面意思理解，本院认为上诉人已经作出了整改措施，符合《企业经济性裁减人员规定》第4条的规定。至于该两份文件的送达问题，被上诉人要求上诉人“报深圳市宝安区新安劳动办402室”无任何法律依据，不符合行政管理的便民原则，上诉人选择EMS邮寄至被上诉人法制科并无不妥，被上诉人当庭也确认收到。因此，上诉人已按照相关法律规定完成了整改措施，被上诉人作出的《劳动监察行政处罚决定书》认定上诉人“违法经济性裁员，责令拒不改正”事实不清，证据不足，上诉人的上诉理由成立，本院予以支持。

【案件索引】上述案例摘自“中国裁判文书网”，因篇幅问题，有简单改动。

审理法院为：广东省深圳市中级人民法院，案号为：[2015] 深中法行终字第1078号。

【案例八十　劳动监察】劳动者主张用人单位为其补缴社会保险，因劳动者主张的违法行为已超过2年，劳动保障行政部门依法不再查处，驳回劳动者的诉讼请求

【案情简介】何某2009年前入职马尼托A公司，马尼托A公司于2009年12月为何某购买社会保险。何某认为，马尼托A公司在2009年12月前，未为何某购买社会保险的违法事实清楚，要求马尼托A公司为其补缴社会保险，经人民法院审理，驳回何某的诉讼请求。

【法院审理】《劳动保障监察条例》第20条规定：“违反劳动保障法律、法规或者规章的行为在2年内未被劳动保障行政部门发现，也未被举报、投诉的，劳动保障行政部门不再查处。前款规定的期限，自违反劳动保障法律、法规或者规章的行为发生之日起计算；违反劳动保障法律、法规或者规章的行为有连续或者继续状态的，自行为终了之日起计算。”本案中，何某在原审程序中提交的《社会保险缴费情况核对表》以及人社局对何某所作的《劳动保障监察调查询问笔录》等可以证明，马尼托A公司已于2009年12月份按照何某的实际工资为何某缴纳了社会保险的五险，符合《广东省社会保险费征缴办法》第6条的规定，即何某投诉该公司2009年12月份之前存在的关于缴纳社会保险费的违法行为，已于2009年12月份终止。何某投诉该公司2009年12月份之前未缴纳和未足额缴纳社会保险的行为违法，最迟应于2011年12月前向人社局提出。但何某于2012年10月才向人社局投诉，已明显超过上述法定期限，且无证据证明劳动保障行政部门在此期间发现该公司存在何某投诉的上述违法行为。故南海人社局对何某该项诉求不再查处并无不当。

【案件索引】上述案例摘自“中国裁判文书网”，因篇幅问题，有简单改动。

审理法院为：广东省高级人民法院，案号为：[2015] 粤高法行申字第113号。